# 中国质量技术监督年鉴

## 2001

中国质量技术监督年鉴编辑委员会 编

中国标准出版社

责任编辑 袁晓玲 花建华 王 涛

**图书在版编目(CIP)数据**

中国质量技术监督年鉴.2001/中国质量技术监督年鉴编辑委员会编.—北京:中国标准出版社,2001.12
ISBN 7-5066-2600-4

Ⅰ.中… Ⅱ.中… Ⅲ.产品质量—技术监督—中国—2001—年鉴 Ⅳ.F273.2-54

中国版本图书馆CIP数据核字(2001)第078864号

中国标准出版社出版
北京复兴门外三里河北街16号
邮政编码:100045
电话:68523946 68517548
中国标准出版社秦皇岛印刷厂印刷
新华书店北京发行所发行 各地新华书店经售
*
开本 880×1230 1/16 印张 29¾ 彩插 25 字数 902 千字
2002年2月第一版 2002年2月第一次印刷
*
定价 148.00 元
网址 www.bzcbs.com



ISBN 7-5066-2600-4

# 目　录

# 前　言

2000年，是迈向新世纪的关键一年，在以江泽民同志为核心的党中央领导下，全国各族人民团结奋斗，开拓创新，各个方面都取得了重大成就。党中央、国务院进一步加强对质量技术监督工作的领导，国家重新修定了《产品质量法》，中央领导就质量技术监督工作多次作出重要批示，为我们的工作指明了前进的方向，明确了目标和任务，极大地鼓舞了全系统广大干部群众的士气，质量技术监督各项工作取得了明显成效，为国民经济和社会发展做出了应有贡献。特别是在国务院统一部署下，全国打假联合行动经过地方各级政府、国务院各部门的共同努力，取得了既有声势、又有实效的阶段性成果，一个"假冒伪劣，人人喊打"的社会氛围正在逐渐形成。

全系统的广大干部职工按照国家局党组提出的把握一条主线、打好五个硬仗、推动三项改革、确保一个到位的总体工作要求，面对紧张繁忙的工作，表现出强烈的责任感和顽强的斗志，体现出一种积极向上、不怕困难的创业精神和一种面向市场、奋力开拓的创新精神，为质量技术监督工作和事业的发展做出了贡献。

质量工作不断深化。按照国务院质量决定的要求，推动质量工作和打假工作责任制在省一级政府的落实；推动企业开展以"五查"为主要内容的质量自查活动；加强对质量状况的调查；鼓励和支持企业把实施名牌战略作为企业质量发展目标的一个重要组成部分；改进和完善监督工作，监督抽查的有效性进一步增强。产品免检制度开始实施。

"打假"工作力度进一步加大，扶优治劣向纵深发展。从提出狠抓"三重一大"，发展到与部门、企业联手打假，同扶优扶强并举并重，"打假"工作不断向纵深发展。在全国打假联合行动中，各级质量技术监督部门行动迅速、措施有力，发挥了打假主力军作用，打掉制假售假窝点2万余个，查处了一批大案要案，受到社会各界的普遍欢迎。

标准化、计量工作的技术基础作用进一步发挥。重点标准制修订速度进一步加快，农业标准化工作的力度进一步加大，标准化工作的改革已有了实质性启动。计量工作“390”计划全面启动,法制计量在大宗物品交易、商品量计量监督和公正计量等方面进一步发挥作用。

安全监察工作进一步强化。开展锅炉、特种设备安全检查,整顿了“土锅炉”;加强对气瓶产品的监督检查,开展了对气瓶充气站和检验站的整顿工作;游乐设施安全检查工作步入正轨。

自身建设取得较大发展。管理体制改革在省局一级已基本到位,省以下各地(市)、县局也都独立设置,全系统统一了机构名称,明确了行政级别。事业发展迈上了新台阶,起草了质量技术监督“十五”发展计划和三年改革与发展实施意见。法制工作得到进一步加强,着重抓了新《产品质量法》的宣贯和实施工作。行风建设取得阶段成果,队伍素质有了新的提高。

2001 年版《中国质量技术监督年鉴》,全面真实记录了 2000 年质量技术监督系统的工作,具有连续性和一定的参考价值。欢迎广大读者对本书存在的不足之处提出批评指正。

编　者

2001 年 6 月

# 特　载

# 吴邦国副总理对贯彻实施《产品质量法》千家企业新世纪质量宣言大会所作重要批示

加强产品质量工作，对国民经济和社会发展具有非常重要的意义。修订后的《产品质量法》即将正式施行，这是质量工作的一件大事。各地区、各部门、各企业要以贯彻实施《产品质量法》为契机，进一步加强产品质量工作，努力改变一些产品档次偏低、可靠性不强、质量不稳定、抽查合格率较低的状况，严厉打击制造和经销假冒伪劣产品违法犯罪行为，全面提高我国产品质量的总体水平，为促进国民经济持续快速健康发展做出新的更大的贡献。

吴邦国

2000年8月30日

# 统一思想 加强领导<br>深入开展严厉打击制售假冒伪劣<br>商品的违法犯罪活动

## ——吴邦国副总理在全国“打假”联合行动电视电话会议上的讲话

2000年10月26日

不久前闭幕的党的十五届五中全会，通过了《中共中央关于制定国民经济和社会发展第十个五年计划的建议》，对新世纪初期我国改革开放和现代化建设作出了重大战略部署。现在全国上下都在认真学习、深入贯彻五中全会精神。根据五中全会精神，针对当前生产销售假冒伪劣商品违法犯罪活动猖獗的问题，国务院决定在全国范围内开展一场声势浩大而又讲求实效的打假联合行动，以维护社会主义市场经济秩序，促进国民经济持续快速健康发展。近日，国务院发出了《关于开展严厉打击制售假冒伪劣商品违法犯罪活动联合行动的通知》(以下简称《通知》)，各地区、各部门一定要坚决贯彻执行。下面，我代表国务院讲几点意见。

## 一、充分认识深入开展打假联合行动的重要性和紧迫性

为了迅速开展严厉打击生产销售假冒伪劣商品的违法犯罪活动，并取得切实成效，首先必须提高认识，统一思想，增强开展打假联合行动的自觉性。

多年来，在党中央、国务院领导下，各地区、各部门和广大企业对产品质量工作越来越重视，工作力度不断加大，我国产品质量总体水平有了较大提高，部分产品质量接近或达到国际先进水平。与此同时，打假工作也取得了一定成绩。据有关部门和地方的不完全统计，自1992年以来，全国查处假冒伪劣商品案件143万余件；扣留收审违法犯罪分子7642人，判刑2100人，其中有24人被判处死刑；有1722名党政干部因包庇、纵容或参与制假售假，受到党纪、政纪直至刑事处罚；查处了一大批重大恶性案件。打假工作在发展经济、维护市场秩序中发挥了重要作用，得到了广大人民群众的拥护。

但是，我们也必须清醒地看到，假冒伪劣商品屡禁不止的问题并没有从根本上得到解决。突出表现在以下几个方面：一是假冒伪劣商品种类多、数量大、范围广。目前，相当一批国内外名牌商品受到不同程度的侵害，市场上有些著名品牌的商品被假冒的数量甚至超过了真品的数量。假冒伪劣商品已由一般生活用品发展为高档消费品和重要的生产资料。盗版的光盘、软件泛滥，用旧货和劣质零部件拼装或改装的计算机、轿车也出现在市场上；假烟、假酒以及假药、过期药和使用过的一次性医疗器械屡禁不止。去年，国家质量技术监督局对283家名优商品生产企业进行了调查，16类650余种商品几乎全被假冒，其中的160家企业，仅1998年就损失产值96亿元。二是区域性、集团性、大规模地制假售假问题越来越突出。过去，制假售假活动主要是单兵作战和简陋的小生产。现在，一些地方的制假售假活动不仅发展为利用先进设备，进行大规模的专业化生产，而且组织起一条龙的产、供、销网络，形成了一批制假窝点和售假集散地。例如，去年查处的江西假冒飞蝶牌吊扇案，横跨江西、浙江、广东三省，集产、供、销为一体。同时，制假售假行为越来越隐蔽，手段越来越狡诈，由公开转为隐蔽，由固定转为流动。有的在地下建立了制假加工厂。三是参与制假售假的单位和人员日趋复杂，生产销售假冒伪劣

商品的违法犯罪分子气焰嚣张。制假售假不仅有个体工商户、私营企业、乡镇企业，而且还有三资企业、国有企业；有的与党政机关、执法机关的腐败分子相串通，有的甚至与境内外黑社会势力相勾结。一些不法之徒公然抗拒执法检查，暴力抗拒事件不断发生。

必须看到，假冒伪劣商品横行，对我国社会生活和经济建设造成了多方面的恶劣影响，已成为社会的一大公害。第一，严重危害人民身体健康和生命安全。近几年，劣质食品、饮料造成中毒，劣质洗涤品、化妆品灼伤毁容，劣质煤气罐、啤酒瓶爆炸致伤致残，劣质电器、热水器致死人命等恶性事件也频频发生。假冒伪劣商品使广大消费者蒙受了人身的、经济的和精神的多方面伤害。第二，严重扰乱市场经济秩序，损害企业权益。假冒伪劣商品的不正当竞争和低价倾销，导致真货斗不过假货，名优商品斗不过伪劣商品。同时，假冒伪劣商品横行，打击了企业开发新产品的积极性。几乎每一种新产品投放市场，都会出现相应的假冒伪劣商品，许多企业已不愿或不敢在新技术开发和新产品研制上大量投资，严重影响了我国企业的技术进步和产品质量的提高。第三，导致国家税收大量流失。由于假冒伪劣商品基本上是非法地下生产，又主要以非正当手段进入市场流通，因此，既逃避了流转税，也逃掉了企业所得税。据测算，近几年假冒伪劣商品造成的国家税收损失每年高达250亿元左右。第四，败坏我国商品信誉和国家声誉。由于假冒伪劣商品的影响，中国商品的信誉前些年在俄罗斯等独联体国家几近受到毁灭性的打击。近年来，假冒伪劣商品又出现在非洲、西欧的一些国家市场上，造成了恶劣影响。在国内，外商对于假冒伪劣商品侵权行为的投诉案件急剧增加。假冒伪劣商品泛滥，不仅损坏国内的投资环境，而且引发双边或多边的贸易纠纷。第五，制假售假违法犯罪活动滋生大量的腐败现象。从已查处的案件看，凡是假冒伪劣商品猖獗的地区，也是腐败现象比较严重的地方。假冒伪劣商品横行，有的就是因某些腐败分子的直接参与、包庇和纵容而猖獗。这不仅败坏了社会风气，而且腐蚀了一批国家工作人员，严重损害了党和政府在人民群众心目中的形象。

假冒伪劣商品屡禁不止，概括起来看，主要有这样几个原因：第一，一些地方对假冒伪劣商品猖獗的危害性、严重性认识不足。有些地方把打假工作与发展经济对立起来，担心打假会影响经济发展，甚至错误地认为出现假冒伪劣商品是市场经济发展中的必然现象和必经阶段。因而对打假工作重视不够，领导不力，有的采取敷衍、推诿的消极态度，有的甚至干扰对假冒伪劣商品的查处。由于地方保护和干预，使一些假冒伪劣商品案件不能及时查办，以致酿成大祸。第二，查处和打击的力度不够。牟取暴利是制假售假的根本动力，而打击不力、处罚过轻致使制假售假的违法收益几十倍、上百倍地大于违法成本。从近几年的情况看，查出后的罚款额占查处案值的平均比例只有4.85%；在查处的制假售假者中，被判刑的平均比例只有万分之几。这就造成制假售假者普遍存在侥幸心理，胆子越来越大。第三，行政执法队伍力量薄弱、装备落后。不少地方的行政执法部门人员编制不足，办案经费缺乏，甚至连必要的交通工具和通讯器材也没有；一些执法人员的政治思想和业务素质不高，对制假售假的新情况、新特点研究不够，还有执法不严的现象。同时，有关部门之间工作配合协调不力，相关的法律法规不够严密、可操作性较差，也使制假售假有机可乘。

党中央、国务院高度重视打假工作。江泽民总书记对此作过多次批示。1998年1月，他在山西朔州假酒案发生后，立即作出指示，对制造贩卖假酒的不法犯罪分子，必须依照有关法律从速从严惩处；工商行政管理和技术监督部门一定要依照国家有关法律法规，加强市场管理和打假力度，确保人民群众的生命安全。1999年1月，宁夏银川锅炉爆炸案发生后，他又马上作出重要指示，象锅炉这类压力容器，它的质量好坏，直接关系到国家财产和群众生命的安全，切不可稍有疏忽。对锅炉这种产品，从制造到安装，每一环节都必须进行严格的质量检验，不合格的绝不允许出厂和使用。朱镕基总理最近在一份关于假冒外资企业名牌产品的情况反映上批示，假冒伪劣产品，已经给国家声誉和国家利益造成重大损害，必须开展一次声势浩大而又讲求实效，从根本上完善法制的联合打击和治理行动。我们一定要深刻领会和贯彻落实中央领导同志的一系列指示精神。严厉打击生产销售假冒伪劣商品违法犯罪活动，既是实践江泽民总书记提出的“三个代表”重要思想的具体行动，又是维护社会主义市场经济秩序，保护广大人民群众和企业合法权益的需要，也是进一步扩大对外开放，营造良好的市场和投资环境的需要。各地区、各部门一定要迅速动员起来，深入开展一场声势浩大而又讲求实效的打假联合行动。

## 二、深入开展打假联合行动需要着力抓好的几个问题

《通知》指出，为了迅速、严厉地打击生产销售假冒伪劣商品的违法犯罪活动，从现在起到 2001 年春节前，要集中时间、集中力量，在全国范围内开展一场打假联合行动。要开展好这场打假联合行动并取得实效，必须做到充分准备，周密部署，精心组织，动员各方面力量，联合打击，综合治理。为此，特别需要抓好以下三个方面的工作。

### （一）突出重点，明确目标

目前，制假售假问题严重，涉及许多地区、许多行业，必须抓住重点，明确打击目标，解决突出问题。

这次打假联合行动的工作重点是“三重一大”：*一是重点商品*。要将假冒伪劣农药、复混肥、种子、建筑用钢材、汽车配件、卷烟、药品、一次性输液（输血、注射）器、化妆品等 9 类涉及人体健康和人身、财产安全，社会反映强烈的商品作为严厉查办的重点商品。*二是重点市场*。要把问题严重，假冒伪劣商品充斥的集散地作为治理整顿的重点市场。*三是重点地区*。要把具有明显“一地一品”或“一地多品”制假售假，在全国产生恶劣影响的地区作为彻底整治的重点地区。*四是大案要案*。对涉及面广、数额巨大、危害严重、影响恶劣的典型案件，要严肃查处。同时，对外商投资企业举报投诉的制假售假案件要作为重点，给予高度重视，只要举报属实，就要做到发现一件，查处一件。

通过这次打假联合行动，要坚决取缔一批制假售假企业，惩处一批首恶分子和惯犯，处理一批违法违纪机关工作人员，曝光一批典型案件。一定要动真的，碰硬的，坚决打掉制假售假违法犯罪活动的嚣张气焰。

### （二）严肃查处大案要案，依法严厉打击犯罪分子

打假联合行动要取得实效，必须坚决惩处一批制假售假数额巨大、情节严重的大案要案，对违法犯罪集团和犯罪分子要“打痛、打死”。只有彻底查处大案要案，严厉打击犯罪分子，才能有力地震慑违法犯罪势力，也才能更好地教育干部和群众。首先，有关地方对已查清，但尚未处理的重大案件，要依法从快从重处理，严厉惩处违法犯罪分子，这是打假联合行动取得成效的突破口。第二，要进一步广泛发动企业和群众举报、揭发制假售假线索，对本地区新发现的大案要案，迅速组织力量调查核实，弄清案源。第三，要加大查处大案要案的工作力度。对发案率高、重大案件久拖不结的地区和单位，要由上级部门组织专门力量直接查处；对大案要案，主要领导要亲自过问；对涉及多部门、多地区的重大案件，有关地区和部门要联合办案，提高办案效率。第四，在查处大案要案中，要坚决排除一切阻力和干扰，不论案件涉及到什么单位、什么人，都要一查到底，绝不姑息，绝不手软。第五，对那些性质恶劣、情节严重的制假售假犯罪分子，要依法给予严厉的法律制裁。有的要令其倾家荡产，有的要判重刑，绝不允许以罚代刑、罚过放行。

在这次打假联合行动中，要坚决依照《中华人民共和国产品质量法》（以下简称《质量法》）和《中华人民共和国刑法》（以下简称《刑法》）的有关条款，对制假售假窝点，一律吊销其营业执照、生产许可证、经营许可证，没收假冒伪劣商品和制假设备、工具、原辅材料及包装物，彻底摧毁其制假售假能力。对为制假售假活动提供运输、仓储、保管等便利条件的，要予以查处，形成对重点地区制假售假活动“围、追、堵、截”的打击态势。

### （三）综合治理，健全法制，从根本上制止制假售假活动

打假既是当前一项非常紧迫的工作，也是一项长期的任务，要坚持标本兼治，综合治理。

一要整顿市场秩序，规范市场行为。要强化市场监管，健全市场规则，形成竞争有序的市场秩序。对于关系人民生命财产安全等方面的重要商品，一定要坚持严格的市场准入制度，不符合准入要求的产品，一律不得进入市场。要加强对批发市场和专业市场的管理，对售假严重的市场，必须责令限期整顿，整顿后仍达不到要求的，要坚决予以关闭。切实加强对商品标识和广告的管理，严格审查各类商品广告，严禁利用虚假广告推销假冒伪劣产品。强化对旧货市场的管理，严禁危害人体健康、人身和财产安全的废旧物资、设备再次投入使用。

二要健全法制。各地区、各部门要全面清理、废除与国家法律法规相抵触的地方法规和部门规章。针对制售假冒商品严重的情况，进一步完善和修订现行有关法律法规，使打假工作全面纳入法制化轨道。同时，要加强执法监督检查工作，杜绝有法不依和执法犯法现象，切实加大执法力度。

要深入开展法制教育。大力进行《质量法》、《中华人民共和国商标法》、《中华人民共和国专利法》、《中华人民共和国消费者权益保护法》，以及《刑法》有关条款的普法教育，提高全民法制观念。要在全社会形成自觉抵制和打击制假售假违法犯罪活动的环境。

三要把打假工作与反腐败结合起来。在打假工作中，要全面贯彻《中国共产党党员领导干部廉洁从政若干准则》（试行）。对制假售假瞒案不报、压案不查、干扰办案和说情的政府机关工作人员，要按照有关规定追究责任。对直接参与和组织制假售假违法犯罪活动的腐败分子，要依法追究刑事责任，坚决惩处。

四要加强对名优商品生产企业合法权益的保护。要教育和鼓励名优商品生产企业和经营者自觉维护企业信誉，积极参与打击制假售假违法犯罪活动。继续深入开展“百城万店无假货”和“清柜台”等活动，努力创建“购物放心店”、“放心街”、“放心市场”。

## 三、加强组织领导，狠抓贯彻落实

假冒伪劣商品涉及的范围非常广泛，情况复杂，任务艰巨。要取得打假联合行动的实效，必须加强组织领导，各方面协调配合，形成整体合力。

### （一）加强对打假联合行动的领导和协调

国务院决定成立由有关部门组成的全国打假工作协调小组，负责对全国打假工作的协调、指导和监督检查。全国打假工作协调小组办公室设在国家质量技术监督局，具体负责全国打假工作的日常联络和协调工作。各省、自治区、直辖市人民政府要由主管领导负责本地区打假联合行动工作，加强领导，加强协调，做好打假工作的组织和实施。

这次打假联合行动以省为单位组织实施，各省、自治区、直辖市人民政府要按照国务院的统一部署，制定本地区的联合行动方案，确定本地区联合行动打击的重点商品、重点市场和重点地区。对涉及跨省区的重点对象和案件，由全国打假协调小组办公室商有关地方政府确定。各省、自治区、直辖市人民政府和国务院有关部门要将本地区、本部门的打假工作部署、实施情况和查办大案要案情况，及时报告全国打假工作协调小组办公室。全国打假工作协调小组办公室要及时将有关重要情况通报全国，重大问题上报国务院，确保信息畅通，协调到位。

### （二）认真落实打假工作领导责任制

去年全国质量工作会议上已明确提出，要在各级政府建立质量工作和打假工作领导责任制。新公布的《质量法》也进一步明确了各级政府在产品质量工作中的责任。一些地方之所以出现区域性、大规模的制假售假问题，就是与责任制的不落实有关。各地一定要按照落实质量工作和打假领导责任制的要求，高度重视，加强领导，省级政府要组织层层落实领导责任制，并将任务和责任逐级分解到具体地区、具体单位和具体人。对这次打假联合行动确定的全国性重点整治的地区和市场，其所在省、自治区、直辖市人民政府要派出工作组直接督查、督办。

### （三）严格要求执法队伍，严肃执法纪律

“正人必须先正己。”在打假联合行动中，凡行政执法人员徇私舞弊的，都要给予严肃处理。特别是那些为制假售假分子通风报信，相互勾结、包庇、纵容的，要坚决清除出国家机关和执法队伍，构成犯罪的，要依法追究刑事责任。

### （四）发挥宣传舆论作用，形成强有力的社会监督

加强舆论监督，形成声势浩大的宣传舆论和社会监督氛围。各级政府要将新闻宣传工作纳入打假联合行动的整体方案，组织电视、广播、报刊、网络等新闻媒体参与有关工作。对重点打击的制假售假窝点、假货集散地、大案要案，以及地方保护的典型，要及时曝光，加大曝光力度，以增强联合打假的威慑力。

### （五）增加办案经费，落实资金来源

为了确保打假联合行动的顺利进行，各省、自治区、直辖市人民政府和国务院有关部门要在资金上给予必要支持，加强打假执法队伍的装备力量，提高打假执法的战斗力。要尽快制定打假举报奖励办法，切实落实奖励经费，以鼓励和支持广大群众和各类企业举报、揭发制假售假违法犯罪活动。对打假工作中表现突出的执法单位和人员，也要给予奖励。

### （六）加强监督和检查工作

这次打假联合行动取得显著效果的标志，一是要看重点商品、重点市场、重点地区的制假售假违法犯罪活动是否得到有效遏制。二是要看大案要案和违法犯罪分子是否得到彻底查处和严惩。三是要看广大人民群众和中外工商企业对打假联合行动的成果是否真正满意。国务院责成国家质量技术监督局会同有关部门，在明年适当时候对这次打假联合行动的落实情况进行一次检查。

同志们，广大人民群众和中外工商企业对打假行动寄予很高期望。让我们高举邓小平理论伟大旗帜，在以江泽民同志为核心的党中央领导下，以贯彻党的十五届五中全会精神为动力，统一思想，统一行动，协同作战，努力夺取这场打假联合行动的胜利，为改革开放和现代化建设做出新的贡献。

# 专　　文

# 认真贯彻落实十五届五中全会精神 做好新世纪第一年的质量技术监督工作

## ——在全国质量技术监督局长会议上的讲话

国家质量技术监督局局长　李传卿

2000 年 12 月 26 日

这次全国质量技术监督局长会议，是在全党和全国各族人民胜利完成“九五”计划，即将跨入新世纪的形势下召开的一次重要会议。会议的主要任务是，贯彻落实十五届五中全会和中央经济工作会议精神，总结“九五”以来的质量技术监督工作，研究“十五”期间质量技术监督工作与事业改革发展的目标和任务，部署明年的工作，动员全系统广大干部职工为新世纪质量技术监督工作跃上新台阶开好局。下面，我讲四个问题：

## 一、质量技术监督工作对国民经济和社会发展的有效性有了明显提高

“九五”期间是质量技术监督工作和事业取得重大进展的时期。五年来，在党中央、国务院和各级党委、政府的正确领导下，在各有关部门的密切配合下，在社会各界的大力支持下，全系统广大干部职工以努力营造良好的市场环境、消费环境和投资环境，着力推动我国质量总体水平全面提高为目标，全面履行综合管理和行政执法职能，在提高质量、净化市场、加强技术基础、强化安全监察和推进与国际惯例接轨等方面做了大量工作，实现了“有为、有威、有位”的突破，质量技术监督工作在国民经济和社会发展中的地位更加突出，作用更加明显，为国民经济持续快速健康发展做出了应有贡献。

### （一）党和国家高度重视，质量技术监督工作地位不断提高

几年来，党中央、国务院高度重视质量技术监督工作，从多方面加强对质量技术监督工作的领导，采取重大举措，质量技术监督系统的职能和管理体制实现了前所未有的重大变革。在 1998 年机构改革时，国务院确定给质量技术监督部门增加质量管理、锅容管特安全监察等 19 项职能，加强了我们在综合管理和行政执法方面的职责和任务。1999 年初，党中央 2 号文件明确质量技术监督部门是加强部门，国务院决定对质量技术监督系统实行省以下垂直管理。一年多来，在各省（区、市）党委、政府的直接领导下，各省（区、市）局配合有关部门，比较顺利地完成了省局这一级管理体制改革的任务，省以下的体制改革正在逐步到位。为强化质量技术监督工作的法律保障，全国人大常委会今年 7 月 8 日审议通过新修改的《产品质量法》，进一步明确了各级政府对产品质量工作的责任，强化了质量技术监督部门在行政执法中的地位，补充、完善了行政执法的强制性措施，加大了对产品质量违法行为的处罚力度。这些重大举措，特别是全系统实行省以下垂直管理，对加快我国质量技术监督事业发展具有深远的影响。全系统广大干部职工从这些重大变化中，既感到肩负的责任重大，又受到鼓舞和振奋。目前，质量技术监督工作的力度不断加大，全系统的整体合力正在形成。这一点，已在这次全国打假联合行动中得到充分体现。

几年来，党中央、国务院就如何确定质量技术监督工作在经济和社会发展中的地位，如何做好新形势下的质量技术监督工作，做出了一系列重要的决定和指示。1995 年，国务院领导提出，建立完善的质量监督体系是建立社会主义市场经济体制的必要条件之一，对确立质量技术监督工作在社会主义市场

经济中的地位,明确了方向。1996年,国务院颁布《质量振兴纲要》,对加强质量工作,促进国民经济持续快速健康发展,制定了我国质量振兴的阶段性目标。1999年,国务院召开全国质量工作会议,作出了《关于进一步加强产品质量工作若干问题的决定》,对在市场经济条件下落实质量工作责任,加强质量技术监督工作,提高我国产品质量整体水平,作出了全面部署。今年10月,国务院决定在全国开展打假联合行动,在下发的《关于开展全国打假联合行动的通知》中,对质量技术监督部门牵头负责打假日常工作的组织联络和协调,又一次作出明确规定。与此同时,党中央、国务院领导近年来还就打假治劣、结构调整、产业升级、农产品生产加工、传统工业改造、高新技术开发、信息产业发展、进出口产品的质量监控和安全生产等方面对质量技术监督工作作了许多重要指示。为贯彻落实党中央、国务院的一系列重要决定和指示,各级质量技术监督部门和广大干部职工勤奋工作,积极探索,为改革开放和现代化建设做了大量卓有成效的工作,体现出一种积极向上、不畏艰难的创业精神和一种面向市场、奋力开拓的创新精神,初步形成了新形势下做好质量技术监督工作的基本思路和工作格局。几年来,质量技术监督工作对国民经济和社会发展的有效性进一步体现,工作地位不断提高,社会影响不断扩大,自身的凝聚力和战斗力不断增强。

### (二)以不断提高有效性为目标,各项工作取得显著成绩

在规划"九五"时,我们提出要着力提高质量技术监督工作对国民经济和社会发展的有效性。几年来,我们在质量技术监督工作必须始终坚持提高有效性的问题上认识更为明确,行动也更加自觉。全系统紧紧围绕实现"两个根本性转变",坚持以经济建设为中心,扎扎实实地做了许多有影响有成效的工作,取得了显著成绩。

——质量工作不断深化,产品质量水平有了新的提高。几年来,推进"质量立市",实施"名牌战略",落实省级政府的质量工作和打假工作责任制,质量技术监督工作在经济建设和社会发展中的重要作用,越来越受到政府、企业、社会各方面关注;组织企业开展质量自查,贯彻质量管理和质量保证系列标准,采用国际标准和国外先进标准,消灭无标生产,完善计量检测手段,开展质量认证,建立和完善质量保证体系,越来越多的企业走上质量效益型的发展道路;扩大监督抽查覆盖面,强化监督抽查后处理工作,实行目标管理,使一些重点监控的产品质量明显提高,一大批专业市场得到整顿,监督抽查的社会效应进一步增强;广泛开展"质量万里行"、"质量月"、"3·15保护消费者权益日"等活动,在报刊、电视、广播设立固定栏目,加大质量技术监督宣传工作的力度,推动了"质量振兴、人人有责"的社会氛围的形成。

——"打假"工作力度进一步加大,扶优治劣向纵深发展。几年来,"打假"工作从分散的专项行动,发展到"查大案、端窝点、整市场、清柜台、抓专项、保名优",多管齐下综合整治;从狠抓"三重一大",发展到与部门、企业联手打假,同扶优扶强并举并重,"打假"工作不断向纵深发展。从1996年到1999年底,全国质量技术监督系统共查处了制售假冒伪劣商品的违法案件56.58万件,标值125.42亿元;广泛开展"打假保名优"、"百城万店无假货"等活动,在社会各界共同参与下,创建了100多条"购物放心一条街",产品免检制度开始实施。目前正在进行的全国打假联合行动,由于各级质量技术监督部门行动迅速,措施有力,打掉制假售假窝点1万多个,查处了一批制假售假大案要案,受到企业、社会和地方政府的普遍欢迎。

——标准化、计量工作的技术基础作用进一步发挥,为经济发展和技术进步提供了全方位服务。"九五"期间,标准化工作从传统工农业产品向高新技术、环境保护、安全卫生和服务领域拓展,农业标准化工作为农业发展和农民致富作出了重大贡献,信息技术、粮食棉花、土工布等一批国家急需的重点标准和地方、行业标准的制修订,为一些重要产业政策的实施和地方经济发展提供了有力支持;法制计量在煤气、供水、粮食等大宗物品交易、商品量计量监督和公正计量等方面进一步发挥作用;通过帮助企业完善计量检测体系、加强计量基础工作,工业计量在提高质量、降低消耗、增加效益方面的作用得到进一步发挥;量值传递体系不断完善,计量科学研究取得新的突破,重力基准、大力值基准、新的长度米定义等已达到世界先进水平。

——安全监察工作进一步加强,锅容管特设备安全事故有所下降。"九五"期间,锅炉压力容器设备的定期检验率提高、安全事故率下降;通过坚持严格的统一管理,集中查处劣质钢瓶、清理整顿"土锅炉"、对索道和游乐设施开展普查,重特大事故得到有效遏制;锅容管特安全监察职能和机构的划转实现了平稳过渡。

——与国际惯例接轨迈出较大步伐,国际交流与合作取得实际成效。国家局代表我国加入了24个国际和区域性组织,与31个国家签署了双边合作协议,与52个国家建立了交流关系,并成功举办了1996年的OIML和2000年的ISO国际会议,我国质量技术监督工作在国际上的地位明显提高。

### (三)适应市场经济发展的需要,自身建设取得较大发展

几年来,为了适应社会主义市场经济的需要,各级质量技术监督部门积极推进自身的改革与发展,加快行政管理、技术保障、法律法规和中介服务"四个体系"的建设步伐,在为"大扇面"提供有效服务的过程中,"小扇面"的发展取得了可喜成绩。

——事业发展迈上了新的台阶。到1999年,全系统共有职工18.3万人,各类技术机构3895个;与"八五"末相比,全系统固定资产总额达57.1亿元,增长66.5%;仪器设备20.7亿元,增长63%;经费收入46.3亿元,增长102.2%,整体实力明显提高,相当一批地方局改善了职工工作和生活条件,面貌焕然一新;各级技术机构加大改革力度,科学研究取得可喜成绩,业务领域和服务范围不断扩大,技术保障水平进一步提高,自我发展能力显著增强;许多地方局在培育和发展检验、校准、认证、咨询市场方面进行了有益探索,各类技术机构在委托检验、公正计量、认证、校准、咨询服务等中介服务中发挥自身优势,走出了新的发展路子。

——法制工作得到进一步加强。"九五"期间,新制定部门规章34件,各省(区、市)地方法规和规章90件,质量技术监督行政执法体制日趋完善;加强法律知识和执法业务培训,实现了全系统执法人员持证上岗;政务公开、办案公开、程序公开和错案追究等制度全面实施,行政执法水平有了提高;全国人大常委会审议修改《产品质量法》,先后两次组织《产品质量法》贯彻实施情况的专项检查,对质量技术监督系统加强立法工作、加大执法力度、坚持依法行政起到了极大的促进作用。

——行风建设取得阶段性成果。按照中央和地方关于反腐倡廉和行风建设的统一部署,各级质量技术监督部门坚持开展行风互查,主动接受社会监督,坚决执行"五公开、十不准"、"五停止、一暂停"的规定,组织开展了以"三查三找"为主要内容的基层窗口单位行风整顿,建立了行风建设责任制,许多地方局被评为当地的行风建设先进单位,一大批基层同志被授于秉公执法、廉洁勤政的荣誉称号。

——队伍素质有了新的提高。通过认真开展"三讲"教育、"双思"教育和"警示"教育,认真学习"三个代表"的重要思想,多层次组织业务知识技能培训,全系统干部职工的整体素质明显提高,涌现了一批先进集体和先进个人,出现了像姜连芳、柳晨光、单国义、王立国等英雄模范。去年,我局和人事部第一次联合开展"双先"表彰活动,对引导全系统争先创优起到了极大的推动作用。

经过多年的实践和探索,全系统对做好新时期的质量技术监督工作在改革实践中积累了许多宝贵的经验:一是质量技术监督工作一定要坚持以经济建设为中心。质量技术监督工作是国民经济的一个重要组成部分。我们必须以提高质量技术监督工作对国民经济和社会发展的有效性为目标,紧密围绕国家和地方的经济建设开展工作,才能真正做到有所作为,为之有效。二是一定要坚持市场取向的改革。社会主义市场经济体制的建立和改革开放的深入发展,对质量技术监督工作提出了许多新的要求,我们只有坚持解放思想,不断深化改革,大胆探索新办法、新路子,才能适应新形势发展的需要。三是一定要坚持"小扇面"服从"大扇面"。为"大扇面"做好工作是政府设立我们这个部门的前提,"小扇面"只有服从"大扇面",为"大扇面"提供有效服务,才能持续快速发展。四是一定要坚持监督与服务相结合。监督和服务都是为了促进我国产品质量的提高。我们在实践中总结的"打假保名优"的做法,企业和地方政府都非常支持。只有把监督管理和有效服务结合起来,才能更好地规范市场、扶优治劣、引导消费、服务企业。五是一定要加快与国际接轨。质量技术监督工作在实行对外开放和应对国际竞争中有着非常重要的作

用。在我国即将加入WTO的新形势下,标准化、计量、质量工作和锅容管特安全监察工作必须加快推进与国际接轨。六是一定要坚持加强科学、公正、廉洁、高效的行风建设。在行政执法和综合管理中保证公正廉洁,关系到质量技术监督的兴衰,这不仅是个职业道德问题,也是市场经济的客观要求。全系统广大干部和职工都要时刻牢记,"有了公正廉洁,就站得住;失去公正廉洁,就会垮台"。

在总结成绩和经验的同时,我们也要高度重视存在的问题。在工作指导思想上,有时还不能很好地做到以经济建设为中心,有的工作与经济建设贴得不很紧;在具体工作中,标准、计量、质量等方面适应市场取向的改革力度不大,有的还停留在计划经济体制下的思路和方法上;在工作机制上,有许多方面已不能适应市场经济的要求,影响了有效性的提高;在自身建设上,由于长期投入不足,低水平重复建设,基础设施和条件相当落后;在队伍素质上,许多地方干部职工知识结构和工作能力参差不齐,解决业务技术骨干匮乏和工作水平不高的问题显得非常紧迫。各级质量技术监督部门对这些问题要认真研究,采取有力措施,切实加以解决。

## 二、以改革为动力,全面贯彻落实十五届五中全会精神

十五届五中全会通过的《中共中央关于制定国民经济和社会发展第十个五年计划的建议》明确指出,新世纪开始的五到十年,是我国经济和社会发展的重要时期,是进行经济结构战略性调整的重要时期,也是完善社会主义市场经济体制和扩大对外开放的重要时期。《建议》为新世纪之初的我国经济建设和社会发展指明了方向,也对质量技术监督工作提出了新的更高的要求。

——实现新的经济发展目标,要求我们必须下大力气推动我国产品质量总体水平的提高。在我国经济总量达到一定水平的情况下,要进一步发展,不断提高经济增长的质量和效益就成为关键问题。努力解决我国部分产品档次低、质量差、市场竞争力不强的问题,全面提高我国产品质量的总体水平,是促进经济增长方式根本性转变,实现国民经济持续快速健康发展的有效措施。我们必须从战略的高度来认识提高产品质量的问题,把促进我国产品质量提高到一个新水平,作为我们义不容辞的责任和使命。

——进行经济结构的战略性调整,要求我们必须认真做好标准化、计量、质量技术基础工作。提高经济的整体素质和竞争能力,实现可持续发展,与标准的制修订,计量测试手段、质量检验手段和质量管理制度的完善密切相关。实现结构调整不仅对我们做好标准、计量、质量技术基础工作提出了新要求,也为全系统技术机构发展提供了新的机遇。我们一定要为经济结构调整和产业优化升级做好全方位服务。

——完善社会主义市场经济体制,整顿和规范市场经济秩序,要求我们必须进一步加大用铁腕抓质量的工作力度。按照《建议》关于建立和完善全国统一、公平竞争、规范有序的市场体系的要求,中央经济工作会议已把打击假冒伪劣,强化质量监督,加强安全生产作为当前整顿和规范市场经济秩序的重要内容。全面贯彻落实中央的这一重大举措,不仅是我们应尽的职责,也是党和人民对我们的考验。

——扩大对外开放,要求我们必须加快各项工作与国际接轨的步伐。随着我国加入WTO,我国经济将在更高程度和更大范围融入世界经济全球化,我国产品将面临更加激烈的市场竞争。加快自身改革,采取有效措施,在提高我国产品竞争力和保护国内产业及市场两个方面发挥作用,是全系统面临的紧迫任务。

——促进科技进步和创新,要求我们必须加快技术机构的改革与发展。标准信息、计量检定、质量检验、锅容管特设备检验等技术机构是经济建设的技术基础,是质量技术监督工作的技术支撑。我们的技术机构要积极按照市场取向的原则加大改革力度,优化资源配置,提高技术水平,增强发展后劲,形成符合市场经济要求和科技发展规律的新机制。

——实行依法治国的基本方略,要求我们必须全面推进依法行政。在市场经济条件下,政府的任务就是管理和执法,政府工作必须实现法制化,做到依法行政、从严治政。我们只有进一步加强队伍建设,增强法制观念,努力提高行政执法水平,才能正确履行职责。

同志们,"十五"期间是质量技术监督工作有所作为的大好时期。为了规划好"十五"期间的工作,国

家局按照十五届五中全会精神，组织起草了质量技术监督“十五”计划草案，准备在国家“十五”规划纲要正式出台后，广泛征求各方面的意见，作进一步修改后下发。“十五”期间，质量技术监督工作和事业改革与发展的主要任务，可以概括为：坚持“一个中心”，抓好“三件大事”，力争在六个方面取得突破。

### （一）坚持“一个中心”

坚持以经济建设为中心，为国民经济和社会发展多做贡献，是我们的根本任务。只有始终不渝地坚持这个中心，将质量技术监督工作真正融入经济建设的主战场，我们才能实现从“有为—有威—有位”到“有位—有为—有效”的根本转变。我们在确定“十五”期间的工作目标和任务，推进改革与发展时，必须认真贯彻十五届五中全会精神，紧密结合经济工作的实际，在经济建设的主战场发挥应有作用。

### （二）抓好“三件大事”

“十五”期间要着力抓好的“三件大事”：一是提高质量技术监督工作对国民经济和社会发展的有效性；二是以改革为动力，把质量技术监督体系建成社会主义市场经济体制的一个重要基础和支撑；三是加强质量技术监督队伍建设。提高质量技术监督工作对国民经济和社会发展的有效性，发挥好质量技术监督工作不可替代的作用，是我们各项工作的出发点和落脚点；建立起为社会主义市场经济体制服务的重要基础和支撑，是我们加快质量技术监督工作和事业改革与发展的根本目标；加强质量技术监督队伍建设，是我们完成各项工作任务的基本保证。这“三件大事”是一个相互联系、相互促进的有机整体。“十五”期间，抓好“三件大事”，把十五届五中全会对质量技术监督工作提出的各项任务和要求落到实处，意义重大而深远。

### （三）力争在六个方面取得突破

从坚持“一个中心”，抓好“三件大事”的要求出发，“十五”期间，质量技术监督工作和事业的改革与发展应当力争在以下六个方面取得重大突破。

——在加强质量工作宏观指导方面取得突破。我们要按照提高经济增长的质量和效益的要求，通过做到“两个衔接”，即质量技术监督的“十五”计划与各级政府的“十五”计划相衔接，质量技术监督科技发展、基础设施建设、技术装备、经费保障等计划与有关部门专项计划相衔接，切实把质量技术监督工作纳入各级政府的国民经济和社会发展计划。在各级政府的领导下，协调有关部门，实现质量工作责任制和打假责任制从省级政府到县级政府的延伸，开展质量兴市、质量兴企活动，实施名牌战略，建立起引导企业自律、加强政府监管、运用市场机制相结合的质量工作新格局。

——在推动产品质量总体水平提高方面取得突破。我们要按照经济结构调整和产业优化升级的要求，以努力改变部分产品档次低、质量不稳定、可靠性不强、合格率不高的状况为目标，全面加强标准化、计量、质量管理、质量监督、质量认证等基础性工作。通过推广先进质量管理方法，改进质量监督，加大采标工作力度，提高产品标准水平，加强计量检测，推进质量认证等工作措施，促进我国产品质量总体水平再上新的台阶。

——在打假治劣，整顿和规范市场经济秩序方面取得突破。我们要按照完善社会主义市场经济体制的要求，进一步加大打击制假售假违法犯罪行为的工作力度，坚持打假与扶优相结合，探索建立打假治劣的长效管理机制；改革质量监督和市场监管方式，强化质量监督和市场监管；完善质量法制，严格依法行政，为优化消费环境、市场环境和投资环境，切实维护社会主义市场经济秩序，发挥不可替代的重要作用。

——在强化锅容管特安全监察方面取得突破。我们要在推动经济社会协调健康发展中，进一步坚持和完善锅容管特安全监察的基本制度，切实履行好对锅容管特全过程的安全监察职能，加强安全生产管理，努力实现杜绝特大事故、遏制重大事故、减少一般事故的安全监察工作目标。

——在推动技术机构深化改革加快发展方面取得突破。我们要按照国家深化科技体制改革的总体要求，积极探索标准、计量、质检、锅检等技术机构实行市场取向改革的途径，加快实现机制创新，增强自身实力，在完成政府法定检验任务的同时，提高面向市场的服务能力。要大力培育和发展检验、校准、认证和咨询市场，推动建立与之相适应的中介服务体系。

——在以县级局为重点的基层建设方面取得突破。我们要按照依法行政、从严治政的要求，加大以县级局为重点的基层建设的工作力度。要把县级机构理顺职能、政事分开，县级局配好班子、全员培训、依法行政、优化形象，技术机构优化资源配置、面向市场搞好服务，作为工作重点。研究处理好加强执法与减轻企业负担的关系、监督与服务的关系、垂管后县级局与县级政府的关系、发挥自身优势与利用社会资源的关系，努力使县级局的工作面貌有一个较大改变。

坚持一个中心，抓好"三件大事"，实现"六个突破"，关键在改革，出路在创新。我们应当清醒地认识到，经过二十多年的改革开放和发展，我国生产力水平迈上了一个大台阶，实现了市场供求关系、经济发展的体制环境、对外经济关系三个变化。在这样的大背景下，质量技术监督工作和事业如果不深化改革，不大胆创新，就会误时，就会误事。为了在"十五"期间迈好前几步，打好工作基础，国家局党组在组织起草"十五"计划的同时，制定了《质量技术监督工作和事业深化改革加快发展三年实施意见》，重点是要解决好机制问题，使我们的工作适应市场经济的要求。

针对目前工作和事业发展迫切需要解决的实际问题，《实施意见》提出了九个方面的改革与发展的具体任务。一是深化业务工作改革。要按照市场经济条件下政府职能转变的要求和市场取向的原则，对综合管理和行政执法的工作任务进行分类，进一步明确哪些由政府管、哪些属企业干，哪些要靠行政手段、哪些要靠市场机制，形成企业自律、政府监管、市场制约相结合的质量技术监督工作机制。如：质量管理工作，要提出将质量工作纳入地方国民经济和社会发展规划的具体内容，建立激励企业提高产品质量、争创名牌的机制；质量监督工作，要按照建立社会主义市场经济条件下完善的质量监督体系的要求，研究制定产品市场准入和市场退出制度，突出重点，分类管理，实行抽检分离，改革现有的监督管理办法；打假工作，要把落实责任制、制定阶段性重点目标、实行打假与扶优并举作为重点，研究建立集中打击和综合治理相结合的长效机制；标准化工作，要改进标准化工作的管理模式和运行机制，解决强制性标准与技术法规接轨问题，大力推动企业积极采用国际标准和国外先进标准、制定严格的内控标准；计量工作，要进一步改进和完善强检制度，建立健全量传、校准双轨体系；锅容管特安全监察工作，要积极探索进一步强化安全监察工作的措施，理顺工作职能，推动产品质量监督和安全监察工作形成一个有机整体；认证工作，要重点解决体系认证的有效性问题，加快产品认证的步伐，解决安全认证与生产许可证交叉问题；与国际接轨工作，要改革与 WTO 要求不相适应的工作制度，建立适应对外开放的工作体系。二是加快技术机构的改革与发展。总的原则是坚持市场取向，实行政事分开。要按照国家关于科技体制和事业单位改革的精神，充分发挥市场对优化资源配置的作用，引导技术机构进行重组、联合与合并，实现合理分工与合理布局，提高技术水平和保障能力；要研究技术机构进入市场的途径和方式，努力增强发展后劲，提高服务水平。三是积极培育和发展检验、校准、认证和咨询市场，加快质量中介服务体系建设。要对中介机构进行资格认可，对中介机构的行为进行规范，对其工作质量进行考核和监督。四是改革干部人事工作。大力推行干部公开选拔、竞争上岗、任前公示、聘任制和试用制等，实现真正意义上的能上能下、能进能出。五是加快法律法规体系建设。要按照依法治国的基本方略和充分体现减少政府对经济事务的行政审批的原则，根据加强市场监管和确保有效监控的要求，突出重点产品专门法，加快现有法律法规的修改和制定，为质量技术监督依法行政提供法律保障。六是全面加强队伍建设。把县级局的建设作为重点，提高队伍整体素质和依法行政水平。七是加强行风建设。突出从源头上预防和治理腐败，全面实行政务公开制度，建立健全内外部监督制约机制。八是解决经费不足的困难。积极探索多种形式的经费保障途径，采取资产重组、盘活存量等方式来增强实力。九是完善省以下垂直管理体制，确保职能、机构、编制、人员、经费落实到位。这次提交大家讨论的三年改革与发展的实施意见，需要大家集思广益，共同完善。《实施意见》确定后，各级质量技术监督部门要按照一年起步、三年初见成效的要求，认真抓好落实。国家局将抓紧时间，尽快对实施各项改革作出具体部署，并为地方局的改革工作给予指导、服务和帮助。

## 三、突出重点，确保中央经济工作会议的重大部署落到实处

明年是新世纪的开始之年，是实施“十五”计划的第一年，也是我们全系统实行垂直管理体制改革后的第一年。明年我们的工作能否有一个显著的变化，能否有一些标志性的进展，将对今后的工作和下一步的改革与发展产生重大的影响。十五届五中全会和中央经济工作会议结束后，国家局党组多次进行认真学习和研究，结合工作实际，提出明年质量技术监督工作的总体要求是：以十五届五中全会和中央经济工作会议精神为指导，以提高对国民经济和社会发展的有效性为目标，以深化改革为动力，以加快自身发展和加强队伍建设为保证，牢牢把握贯彻落实国务院质量决定这条主线，把打假放在各项工作的首位作为“一号工程”来抓，全面落实中央经济工作会议关于加强农业基础地位，调整和优化产业结构，深化国有企业改革，推进西部大开发，做好加入 WTO 的各项准备工作，整顿和规范市场经济秩序，推动经济发展和维护社会稳定对质量技术监督工作的要求，为国民经济和社会发展做出新的贡献。我们把它简称为：把握“一条主线”，抓好“一号工程”，落实六项任务，确保一个到位。

### （一）把握“一条主线”

《国务院关于进一步加强产品质量工作若干问题的决定》全面总结了改革开放以来我国质量工作的成功经验，以全面提高我国产品质量的总体水平为目标，系统提出了我国在社会主义市场经济条件下质量工作的指导思想和工作方针，进一步明确了质量技术监督工作的方向和任务。贯彻落实国务院的质量决定，推动我国产品质量总体水平的提高，是党中央、国务院赋予质量技术监督部门的重大职责；按照国务院质量决定的要求，动员和组织广大企业，努力解决我国部分产品档次低、质量差、抽查合格率较低的问题，是质量技术监督部门必须完成的任务。实现“十五”的发展目标，提高经济增长的质量和效益，产品质量总体水平的提高是一个关键性问题。我们必须牢牢把握贯彻落实《国务院关于进一步加强产品质量工作若干问题的决定》这条主线，为贯彻落实十五届五中全会精神，完成中央经济工作会议确定的各项任务，切实加强质量技术监督工作，努力推动产品质量总体水平的提高。

### （二）抓好“一号工程”

中央经济工作会议把“切实加强管理，整顿和规范市场经济秩序”作为明年经济工作的重大部署。深入开展打假联合行动，整顿和规范市场秩序，切实加强安全生产管理，是各级质量技术监督部门规范和整顿市场经济秩序的三项主要任务。最近，邦国副总理明确指示我们，当前要重点抓好打假工作，切实落实“四个一批”。春节以后，要巩固打假成果，使工作经常化、制度化。明年 2 月份，国务院将召开全国整顿市场秩序工作会议，作出全面部署。在听取有关地方局意见的基础上，国家局党组确定，在明年的总体工作中，要把打假治劣放在各项工作的首位作为“一号工程”来抓，以此带动全系统整顿和规范市场经济秩序工作的开展，带动质量技术监督工作各项任务的落实。按照国务院的统一部署和国务院领导的指示精神，明年的打假工作，要保证完成以下三个方面的任务。

第一，要坚持连续作战，把打假联合行动深入开展下去。打假联合行动已在全国范围逐步展开，并初见成效，受到了广大企业，特别是国有大中型企业和外商投资企业的热烈拥护，在社会上引起了强烈反响。人民群众把打假联合行动誉为“民心工程”。按照国务院的部署，还有大量工作需要我们去完成，对打假的成绩，我们还不能估计过高，明年的任务仍然相当艰巨。为了把国务院深入开展打假联合行动的各项部署落到实处，全系统必须进一步动员起来，采取以下措施：

一是要进一步提高认识，统一思想和行动。当前，各级质量技术监督部门主要负责人不仅要自己“上阵”，还要争取有关方面的领导同志亲自“挂帅”，使各方面都做到思想上高度重视，组织上保证到位，行动上全力以赴。对假冒伪劣采取什么样的态度，取决于对假冒伪劣有什么样的认识。前些年，广东潮阳

造假猖獗，地方领导对打假态度消极。前不久，我到潮阳打假现场进行调研时，发现潮阳发生了四个转变：从被动打假变为自己主动要打；从拒绝上边打变为要求和欢迎上边打：从消极甚至阻挠、抗拒打假变为积极打假；从过去害怕曝光变为欢迎舆论监督。这些转变得益于当地领导思想上提高了认识。他们认识到造假虽然可以得利于一时，但贻害长远，经济发展长久不了；认识到只有彻底打假才能促进经济健康发展，大打大繁荣，小打小繁荣，不打不繁荣；认识到打假关系到党和政府在人民群众中的形象，不打假无法向人民交代。打假还在继续，要巩固已经取得的成绩，并乘胜追击，把打假斗争引向深入，关键还在于提高认识。

二是从现在起到春耕前，集中组织好9个专项打假活动。包括：以9个主产棉区为重点，开展棉花专项打假活动；以广西、广东、湖南、湖北、山东等省区为重点，开展建筑用螺纹钢专项打假活动；以山西、陕西、内蒙、黑龙江等省区为重点，开展"土炼油"专项打假活动；以江苏、江西、浙江等省区为重点，开展一次性输液（输血、注射）器专项打假活动；以河南、福建、广东、广西等省区为重点，开展卷烟专项打假活动；配合农村电网改造，开展以电表、电线电缆、继电器等产品为重点的专项打假活动；以假货集散地为重点，开展化妆品（洗涤用品）专项打假活动；以长春汽贸城专项整治为突破口，开展全国联动的汽车配件专项打假活动；以农药、复混肥、种子、农机配件为重点，集中开展农资专项打假活动。

三是要狠抓大案要案查处，切实落实"四个一批"。各地方要集中力量，对列入本地区的重点商品、重点市场和重点区域进行"拉网式"检查，不留死角；要继续发动群众举报，实施举报奖励，进一步扩大案源；对已发生的大案要案，要组织力量彻查严处，集中力量突破一批涉及面广、数额巨大、危害严重、影响恶劣的大案要案，取缔一批制假售假企业，惩处一批首恶分子和惯犯，处理一批违法违纪机关工作人员，曝光一批典型案件。为了保证执法到位，取得预期成效，各地在查办案件中，要做到"五不放过"：案情没有搞清的不放过，假冒伪劣商品的源头和流向没有查明的不放过，制假售假责任者没有依法处理的不放过，该移送司法机关没有移送的不放过，支持参与制假售假的机关工作人员没有得到追究的不放过。春节前后，各地要结合本地区实际，分别开展假冒伪劣商品集中销毁活动和对违法犯罪分子公开宣判活动，继续扩大声势，形成震慑。

四是要坚决打击暴力抗法的嚣张气焰，对包庇、纵容制假售假活动的人一查到底。联合行动以来，已发生二十余起暴力抗法案件和国家机关工作人员支持造假案件。国务院领导对此十分重视，明确指示"凡在这次打假工作中发现的重大问题，都要一查到底，件件有交待。决不能让暴力抗法者，内外勾结、保护制假售假者，制假售假害人的人逍遥法外"。近日，我们已会同公安部、监察部下发了《坚决依法严惩严重阻碍打假联合行动违法犯罪活动的通知》，明确各地要重点查处组织、煽动群众暴力抗拒执法的首要分子和骨干分子，对任何敢于抗拒或阻碍执法的个人、国家机关工作人员，要配合公安部门依法查处；构成犯罪的，要坚决依法追究刑事责任。在查处国家机关工作人员包庇、纵容及参与制假售假违法违纪行为时，要会同监察部门查清事实，该给予纪律处分的就给予纪律处分，该开除公职的就开除公职，该移送司法机关的就移送司法机关。各地方局要加强协调，及时向国家局报告发现的问题，并报请当地政府严厉查处。同时要注意在打假行动前搞好预案，保证执法人员的安全。

五是要加大对大案要案查处工作的新闻报道力度，形成打假治劣的社会氛围。各级质量技术监督部门要按照国务院领导指示，进一步依靠当地新闻媒体，发挥广播、电视、报纸、网络的作用，在抓好打假日常动态报道的同时，大力加强对大案要案查处工作的新闻报道力度，特别是加强典型案件连续报道、重点区域跟踪报道和有深度的分析报道，在舆论上形成声像图文立体宣传的态势，对制假售假违法犯罪分子形成震慑，对广大人民群众给予鼓舞和教育。

六是要加大督办工作力度，落实情况通报制度。各级质量技术监督部门要按照国务院领导关于对重大案件要加强督查督办和件件要有交待的要求，注重督办本辖区大案要案的查处工作，尤其要协调公安、纪检监察等部门派员共同督办；要把督办大案要案的落实情况及时报告上级部门，取得上级部门的有力指导。这次全国局长会议之后，国家局领导将分别带队到各地进行督促检查，确保打假联合行动打出声势、打出实效。

第二，加大执法力度，整顿和规范市场秩序。按照中央经济工作会议的要求和国务院领导的指示，各级质量技术监督部门在整顿市场经济秩序中，要切实负起责任，加强市场监管。一是要加强对关系人民生命财产安全的重要产品的日常监督。一定要按照邦国副总理的指示，对于关系人民生命安全、农民利益和国家信誉的重要产品，尽快建立市场准入制度，不符合准入要求的产品一律不得进入市场。当前要突出抓好查市场、保“两节”的工作，对不符合安全要求的产品一律清除出市场，对屡教不改的经营业主，要主动争取工商部门配合，坚决取消经营资格。二是要加强对批发市场和专业市场的监督，对质量问题严重的，要责令限期整顿，整顿后仍达不到要求的，要提请当地政府坚决予以关闭。三是要加强对旧货市场的监督检查，严禁危害人体健康、人身和财产安全的废旧物资及其零配件以旧充新，以次充好，再次投入使用。四是在严厉打假的同时，加强对名优产品的保护，实行打与扶相结合，打与帮相结合，打与治相结合。要继续深入开展“百城万店无假货”和“清柜台”等活动，努力创建“购物放心店”、“放心街”、“放心市场”，办好打假成果和名优产品展示、展览会。

第三，认真开展综合治理，把打假工作经常化、制度化。打假既是当前一项非常紧迫的任务，也是一项长期任务。按照国务院关于要把集中打击与日常监督相结合，重点打击与综合治理相结合，加强市场监管与引导企业自律相结合，打假治劣与扶优扶强相结合的方针，我们一方面要较长时间保持打假的高压态势，防止死灰复燃；另一方面要从根本上完善法制，标本兼治。为落实邦国副总理关于巩固打假成果，使工作经常化、制度化的要求，各地要积极探索建立打假长效机制，包括市场经济条件下，部门之间、地方之间和执法部门与企业之间各方面协同作战、联手打假的机制；全过程执法的机制，即对生产、运输、仓储、批发、销售环节的全过程执法；打假治劣与扶持引导相结合的机制；垂直管理后，发挥自身优势和地方政府积极性相结合的机制。要将制假售假的惯犯及案值较大、性质恶劣的违法分子列出专门清单，向当地政府和工商、银行、税收、计划等部门通报，并公开曝光，发动社会各界进行监督。

### （三）落实六项任务

中央经济工作会议对明年的经济工作从10个方面作出了具体部署，其中有6个方面对质量技术监督工作提出了明确的要求。围绕这些要求，我们提出了明年的6项工作重点。

——围绕加强农业基础地位，努力增加农民收入，进一步做好各项工作。一是要充分发挥农业标准化在农业结构调整，实现农业产业化中的重要作用，完善农产品质量标准体系，扩大农业标准化示范区。要按照国务院领导最近的重要指示，尽快制定用粮食生产酒精等产品的有关标准，制定优质小麦标准及检测方法，建立健全“菜篮子”商品标准体系和产品质量检测体系，启动粮食、“菜篮子”产品质量认证工作。二是要围绕有关重点工作做好服务。要配合国储粮普查，做好计量器具的强制检定和粮食的质量检验工作；配合农村水利、电力事业的发展，加强对农田水利建设和农村电网改造项目所需设备、材料的质量监督。三是要围绕农业生产资料和与农民生产生活密切相关的商品，广泛组织开展“打假下乡”活动，向农民宣传质量法律法规、真假产品鉴别方法，传递支农产品质量信息，提高广大农民的质量法制意识和自我保护能力。四是要针对乡镇企业技术基础薄弱的实际，从强化监督和消灭无标生产入手，为乡镇企业服务，帮助乡镇企业提高产品质量。

——围绕大力调整经济结构、产业优化升级和信息化建设，发挥标准、计量、质量技术基础工作的作用。一是根据信息化带动工业化、改造传统工业和实现高新技术产业化等要求，做好标准化工作。要加强高新技术标准化工作，确保完成国家急需的高新技术产品标准的制修订任务；积极推进采标工作，引导和推动企业提高产品内控标准水平；加强服务标准化工作，推动第三产业的健康发展；深化标准化工作的改革，尽快建立面向企业的开放式标准制定办法，建立消灭无标生产工作动态管理制度。二是以提高质量和效益为目标，继续实施计量工作“390”计划。要抓好电能表、水表、煤气表、衡器、加油机和出租车计价器等6种重点计量器具的监督管理工作；引导定量包装商品生产企业提高计量保证能力，推动企业以完善计量检测体系为手段，向计量要效益；加强计量科研工作，积极参与国际比对，增加测试技术研究和基标准改造的投入，全面启动计量院二基地建设，加快提高计量技术机构的计量测试水平。三是紧密结合产业结构优化升级，组织好重点产品质量监督抽查，特别是要加强重点产品的跟踪抽查。对涉及人身安全健康、质量问题严重的产品，要盯着查、连续查，直至将有关产品撤下柜台。四是要围绕企业提高产品的市场竞争力，着力提高认证工作的有效性。要从规范管理、保证质量入手，大力整顿认证咨询市场，加强对认证机构和认证人员的监管，规范认证咨询行为；加快产品质量认证步伐，进一步完善国家认可制度，积极推进国际多边互认工作的进展。

——围绕进一步深化国有企业改革，采用多种形式为企业服务。一是综合运用标准化、计量、质量管理、质量监督、质量认证、安全监察等手段，找准为企业服务的切入点，为国企改革和发展多做工作。二是积极推进名牌战略的实施。国家局已着手组建以社团组织出面、政府部门支持的中国名牌战略推进组织，拟采用"用户满意度指数"等市场评价方式，向社会推出首批中国名牌产品。三是扩大产品免检制度实施范围，引导企业在提高产品质量和可靠性上下功夫。四是继续开展质量状况调查，为地方、行业和企业提供质量信息。五是结合质量资格水平考试制度的实施，把新一轮的质量培训工作落到实处。

——围绕推进西部大开发做好服务，促进地区经济协调发展。一是全系统都要认真落实国家局关于为实施西部大开发战略做好服务的要求，为西部大开发多做贡献。西部地方局要抓紧制定具体工作计划，认真组织实施；东部和中部地方局要按照对口支援关系，尽快确定重点项目，保证技术、设备、经费等支持项目的落实。二是国家局已争取到中央财政在执法装备、技术设备、信息网络建设等方面的资金支持，在分配方案中，把西部地区作为重点给予扶持。西部地区一定要把这笔钱管好用好，并积极争取地方财政支持，有重点地解决一些突出问题。三是在开展对口支援时，东部地方局要把具体任务落实到相关单位，并与受援地方签订目标责任书；西部地方局也要采取由省级局统一合理安排，内外部对口支援的办法，保证每个支援项目都能尽快发挥效益。

——认真做好我国加入 WTO 的有关准备工作。今年 5 月份以来，国务院责成有关部门加紧研究制定我国加入 WTO 的有关应对措施。最近，国务院领导又多次指示，要求我局抓紧做好农产品、粮食、纺织品等方面应对国际市场竞争和国外技术壁垒的标准、检测方法的制定工作。可以说，做好加入 WTO 的各项准备工作已是摆在全系统面前的一项紧迫任务。按照我国加入 WTO 的谈判进程，明年要抓紧做好以下几项工作。一是按照国务院领导确定的"四个一"的原则和国办关于安全认证（安全质量许可）的协调意见，与出入境检验检疫局密切配合，制定并组织实施安全认证（安全质量许可）管理办法，切实维护国家整体利益。二是加快与 WTO/TBT 相关的法律、法规、部门规章和规范性文件的制定、修改和废止工作。三是认真研究提出运用技术标准等手段保护国内产业和市场的措施。四是抓紧开展强制性标准的清理和改革，研究统一国内外计量器具、锅容管特设备制造许可管理的意见，研究提出境外在华认证机构、检验机构、校准机构、锅容管特检验机构管理办法。五是认真做好入世后对外通报的各项技术准备工作，确立对外公告的模式，加强对 WTO/TBT 知识的学习和宣传。

——加强锅炉压力容器压力管道特种设备安全监察工作。一是要坚持按照七个环节全过程管理的原则，确保设备安全运行，力争杜绝特大事故、遏制重大事故、减少一般事故。二是从明年起，在全国范围内开展锅容管特设备普查登记工作，力争三年完成。三是制订责任目标，确保检验工作质量，提高定期检验率。四是完善事故报告调查处理和情况通报制度，建立全国锅容管特事故调查处理机构，加大事故处理逐级督办力度，切实提高事故结案率。五是以小型和常压热水锅炉、液化石油气钢瓶、罐车和充装站为重点，强化现场安全监察，严厉整顿违规行为，加快实现电梯、客运索道安全检验合格标志的更换。

### （四）确保一个到位

当前，全系统省以下垂直管理体制改革在省级已基本完成。明年的重点是在确保市（地）、县两级体制改革基本到位的前提下，抓好技术机构改革和基层组织建设。一是各省级局要按照国发[1999]8 号文件要求划转和理顺质量技术监督的机构和职能，落实各级机构的人员编制，落实各项经费。质量管理、锅容管特安全监察工作尚未划转到位的地方一定要抓紧工作，实现同步划转。二是各地要在抓好市（地）、县两级机构改革的同时，按照精简机构、提高效能、政事分开的原则，结合实际制定规划，加快技术机构改革的步伐。国家局已就计量院、标物中心、标准研究中心、锅检中心等直属机构的改革提出了原则意见，目前正在与有关部门积极协商之中。三是在市(地)、县两级体制改革全面到位的同时，各省(区、市)局要把县级局的建设提到议事日程，开展试点工作；国家局将选择若干个县级局作为联系点，通过总结试点经验，提出指导性意见，推动全系统以县级局为重点的基层建设。

## 四、切实加强队伍建设，努力实现“十五”第一年良好开局

明年的工作任务繁重而艰巨。为了确保明年各项工作任务的顺利完成，我们要从以下三个方面加强队伍建设，确保实现“十五”第一年的良好开局。

### (一) 以“三个代表”的重要思想指导我们的各项工作

江泽民总书记提出的“三个代表”的重要思想，是对马克思主义建党学说的新发展，是对党的性质、宗旨和根本任务的新概括，是对新形势下加强党的建设提出的新要求。各级质量技术监督部门必须以“三个代表”的重要思想，统领我们的各项工作，切实把“三个代表”的要求落到实处。首先，我们必须充分认识“三个代表”重要思想对质量技术监督工作的重大指导意义。产品质量是一个国家经济实力的重要标志，推动我国产品质量提高到一个新的水平，是我们党始终成为先进社会生产力代表的具体体现；产品质量是一个国家民族素质和精神文明程度的综合体现，反映了社会文明进步的水平，把产品质量搞上去，是我们党始终代表先进文化前进方向的具体体现；整顿和规范市场经济秩序，为广大企业和人民群众营造良好的消费环境、市场环境和投资环境，关系到广大人民群众的切身利益，是我们党代表最广大人民群众的根本利益的具体体现。其二，要把“三个代表”的要求自觉地落实到各项工作之中。切实做好质量技术监督工作，是落实“三个代表”重要思想的客观要求。我们必须把“三个代表”的要求作为衡量各项政策措施、检验各方面工作效果的重要标准，在质量技术监督工作和事业的方方面面体现“三个代表”的要求。其三，要按照“三个代表”的要求提高干部队伍思想政治素质。“三个代表”的重要思想为我们党迎接新世纪、经受新考验、实现新任务、赢得新发展，提供了强大的思想武器。各级质量技术监督部门，特别是领导干部，要带头学习和实践“三个代表”的重要思想，同时认真抓好全体干部职工的学习和教育，推动各项工作的顺利完成。

### (二) 推进三个转变，不断提高工作效率和工作水平

党的十五届五中全会和中央经济工作会议对进一步改进政府对经济事务的管理提出了明确要求。在前不久召开的全国政府系统秘书长、办公厅主任会议上，镕基总理又对转变政府职能、改进工作方式和搞好机关的信息化建设作了重要指示。我们要按照中央的要求，切实抓好工作职能、工作方式和工作作风的转变。

转变工作职能。要按照减少对经济事务的行政性审批原则，对现有工作职能的内容、实现方式进行认真研究，明确质量技术监督行政机关要做政府机关应该做的事情，该放开的工作，要坚决放开，切实减少行政审批项目。特别要防止和纠正一说加强某项工作，就要增加管理、申报、审核手段的片面认识。明年国家局要继续清理现有行政审批事项，能精简的一定要精简，可改为备案管理的要改为备案管理，需要保留的也要简化程序，规定时限，改进服务。要按照政事分开的原则，切实理顺并划分清楚质量技术监督行政机关和技术机构的不同职责。质量技术监督行政机关的职责就是综合管理和行政执法两大职能，技术机构的职责是做好行政机关授权或委托的任务，同时积极面向市场，开展中介服务。要坚决纠正目前部分地方存在的技术机构代替行政机关行使管理和执法职能的现象，也要坚决纠正部分地方行政机关与技术机构“一体化”的问题。各级质量技术监督部门要增强服务意识，拓宽服务领域，提高服务质量，努力做到群众满意、企业满意、社会满意。

转变工作方式。全系统的工作千头万绪，首先要抓住重点，统筹兼顾，才能把握工作的主动权。各级

质量技术监督部门的领导同志，特别是省(区、市)局的主要负责人，一定要把抓班子、带队伍，抓全局、管宏观，抓协调、促服务作为重点，努力创造条件，调动一切积极因素，确保主要任务的完成。各地质量技术监督部门在工作中都有不少好的经验和作法，我们要善于“解剖麻雀”，发现典型，总结经验，用于指导和推动全省乃至全国质量技术监督事业的发展。当然，全国各地质量技术监督部门的基础条件和工作情况千差万别，各不相同，国家局对省级局、省级局对各市(地)、县局要区分不同情况，进行分类指导。积极推进政府机关的信息化建设，是提高工作效率的重要途径。国家局已多次研究全系统信息化建设问题，并向财政部争取到信息系统建设资金。国家局将在充分考虑地方实际需要的基础上，用好这笔资金。各省(区、市)局要把信息化建设提上重要日程，按照国家局的统一部署，积极安排好配套资金，尽快把全国质量技术监督系统的信息网络建设起来。

转变工作作风。从群众中来，到群众中去，这是转变工作作风的基本要求。国家局和省(区、市)局在每出台一项政策、部署一项重大的决定前，都要加强调查研究，深入基层，广泛听取基层局的意见。这样出台的政策、决定才能具有可操作性，才能真正得到贯彻落实。我们的政府是人民的政府，人民政府的根本职责是全心全意为人民服务。各级质量技术监督部门在为企业和社会服务方面，要把企业的需求、广大群众的需求放在第一位，坚决克服少数地方存在的“门难进、脸难看、话难听、事难办”的衙门作风。不可否认，现在我们一些基层单位的经费不能完全保障，但这不能作为我们降低服务标准，或借机收费的理由。各级质量技术监督部门都要树立全局观念，从全系统管理体制改革的新形势来考虑自己的工作，在全系统建立起快速反应的工作机制来增强整体合力。各地方局要结合本地区实际，创造性地贯彻落实国家局的统一部署和工作安排，对工作中出现的重大情况和问题，要及时向上级反映。这样才能不断提高工作效率，体现全系统新的精神风貌。

### (三)按照“只能加强、不能放松”的要求，切实加强队伍建设

邦国副总理最近明确指出：队伍建设仍是质量技术监督工作的关键，只能加强不能放松。造就一支政治坚定、公正廉洁、纪律严明、业务精通、作风优良的队伍，是一项十分紧迫的任务。垂直管理体制改革到位以后，首先要认真抓好各级领导班子建设。当前，各地要结合调整市(地)、县两级领导班子的实际情况，认真研究解决一些地方局领导班子知识结构和年龄结构不尽合理，年轻干部偏少的问题。要加快培养、选拔年轻干部的步伐，并在市(地)、县局人员定编定岗后，对领导干部普遍进行一次培训，以适应新时期工作的需要。二是加强人才队伍建设。各级质量技术监督部门要努力营造用好人才、吸引人才的良好环境，加快建立有利于各类优秀人才脱颖而出、人尽其才的机制。要积极引进具有高学历、高素质，能适应高新技术发展和信息化建设需要的人才，加快人才队伍的建设。三是加强教育培训工作。各级质量技术监督部门都要建立教育培训领导责任制，制定教育培训的中长期规划，做到人员的教育培训与人员的使用相结合，使教育培训工作制度化、规范化。加快推行逢进必考和向社会公开招考制度，从人员素质上把好入口关。四是加强行风建设。要严格落实党风廉政建设责任制，着力从源头上预防和治理腐败，要严格执行“收支两条线”规定，加强对行政审批权的监督，大力推行政务公开，加大过错责任追究力度。明年，国家局将对省(区、市)局反腐败抓源头工作情况进行一次检查，并在适当时候对开展“争创文明单位”和“争当人民满意公务员”活动的情况进行总结表彰。

再过几天我们就要进入新的世纪了。随着两个月来全国打假联合行动步步深入，党和人民对我们在新的一年里寄予了更高的期望。我们深切地感到，质量技术监督肩负的担子很重，责任重大。我们相信，在党中央、国务院的正确领导下，在全系统广大干部职工的共同努力下，我们一定能够向党和人民交上一份合格的答卷，把质量技术监督工作和事业发展推上新台阶，为国民经济和社会发展做出新的贡献。

# 李传卿同志在全国质量技术监督局长座谈会议上的讲话

2000 年 7 月 6 日

同志们：

这次座谈会是在质量技术监督的改革和发展进入一个关键时期召开的。近两年来，随着国务院对质量技术监督部门职能的确定，各省级局机构改革逐步到位，省以下垂直管理体制改革全面实施，质量技术监督系统发生了非常大的变化。去年 11 月国务院召开了全国质量工作会议并发布《关于进一步加强产品质量工作若干问题的决定》，特别是今年以来，中央作出了一系列重大决策，对新时期的质量技术监督工作提出了明确的目标和要求。在这样一个形势下，我们召开这次座谈会，以落实中央一系列有关重大决策，推动质量技术监督深化改革，加快发展，进一步提高对促进国民经济建设和社会发展的有效性为主题，是非常必要的。在两天的座谈讨论中，同志们以江总书记“三个代表”的重要思想为指导，围绕当前需要抓好的重点工作和如何深化改革、加快发展，谈了许多非常重要的意见，提出了许多很好的工作建议。会议时间虽然不长，但会上会下气氛热烈，讨论发言积极踊跃，研究问题切合实际，在统一思想、抓好工作，立足当前、着眼长远，研究新情况，解决新问题等方面，都有了新的收获。

这次座谈会由于时间比较短，要讨论的问题也比较多，所以没有安排各地的同志专门汇报上半年工作。但从大家的发言可以看出，自去年 11 月全国质量工作会议到现在这半年多时间里，全系统，特别是地方局的同志，面对紧张、繁忙的工作，表现出良好的精神状态和旺盛的斗志，各项工作都取得了很大进展。集中说来，有这样几个特点：

*一是在地方党委、政府的领导和支持下，全系统省以下垂直管理体制改革进展顺利。*全系统除西藏区局由原来的处级升为副厅级独立设置外，其余都是作为省级人民政府的直属机构，实现了省级局级别全部到位。省以下各级质量技术监督部门都已独立设置，统一了机构名称和行政级别。从各省（区、市）来说，无论是新调任的，还是留任的省局领导，都表现出很高的工作积极性和开拓进取精神，机关也出现了新的生机与活力。

*二是各省（区、市）政府认真传达贯彻国务院质量工作会议精神，质量技术监督工作在国民经济和社会发展中的地位进一步提高。*质量工作和打假工作两个责任制在省一级已基本落实，许多省（区、市）政府进一步明确了当地质量工作、打假工作由质量技术监督部门统一负责，已有 20 个省（区、市）政府正式向国家局报送了两个责任制落实情况的专题报告。各级质量技术监督部门创造性地开展工作，进一步得到了社会各界的支持。

*三是突出“三重一大”开展打假治劣，执法力度进一步加大。*今年以来，各级质量技术监督部门认真贯彻落实中央领导对江西烟花爆竹安全事故的重要批示，在全国范围开展对烟花爆竹生产销售的清理整顿，并举一反三，组织锅炉、压力容器、客运架空索道、游乐设施、电梯安全大检查，整顿“土锅炉”，查禁劣质钢瓶，清理整顿农资市场和“农资”专项打假，开展打击劣质钢材的专项斗争和“打假保名优”活动，取得了显著成效。各地以“五子”商品为重点，加强经常性检查，对一批不合格商品集中查处并予曝光，起到了引导消费、扶优治劣的作用。各地在加大质量监督抽查力度的同时，高度重视后处理工作，推动了不合格产品生产企业的整改。特别是在依法处罚产品不合格企业的同时，各地方局还主动帮助企业查找原因，制定整改措施，受到了企业的普遍欢迎。中央和地方（如辽宁）有关新闻单位陆续开辟专栏，加大了对产品质量监督抽查的宣传力度，得到社会各界的广泛支持。

*四是围绕提高对国民经济建设的有效性，管理职能进一步深化。*从全国来说，部署广大企

业认真开展以"五查"为重点的质量自查活动和着手新一轮的质量培训，组织重点产品标准水平普查，进一步扩大农业标准化工作试点区，加大消灭无标生产工作力度，全面启动计量工作"390"计划，进一步规范认证认可工作，提高认证工作的有效性，精心组织大中城市创建"购物放心一条街"活动，为重点专业市场提供质量技术监督全面服务，等等，为促进产品质量提高，促进市场繁荣发展发挥了积极作用。

五是认真贯彻落实国务院关于把工作重点放到加强管理上来的要求，推动了机关思想观念、工作作风、工作方式的转变。近年来，结合省以下垂直管理体制改革的实施，各省(区、市)局转变领导方式，调整工作思路，对重点任务实行了责任制；组织专项调研，采取切实措施，加强了对基层的领导；深入基层，为基层排忧解难，加强了对基层服务，全系统的凝聚力进一步增强，机关面貌起了很大变化。

今年以来，国家局和各地方局普遍开展了"三讲"教育和"回头看"活动，广大干部职工通过认真学习江泽民总书记重要讲话，特别是"三个代表"的重要论述，受到极大的教育和鼓舞。国家局党组在学习江总书记的重要论述时，深刻体会到，"三个代表"的重要思想，高屋建瓴，总揽全局，具有很强的理论性、实践性和鲜明的时代特征。"三个代表"的重要思想，是新的历史条件下全面加强党的建设的伟大纲领，是永远保持党的先进性、战斗力和创造力的行动指南。组织全系统广大干部职工学习"三个代表"思想、树立"三个代表"观念、实践"三个代表"要求，既是我们各级质量技术监督部门和领导干部的一项紧迫的现实任务，也是一项长期的历史任务。我们一定要深刻认识和牢牢把握"三个代表"的精神实质，结合实际，把"三个代表"的要求，落实到坚定理想信念中去，落实到坚定正确地执行党的路线方针政策中去，落实到"三讲"教育"回头看"的整改措施中去，落实到质量技术监督各项工作中去。国家局党组认为，当前全系统要在有为一有威一有位的基础上，以"有位"(工作地位)、"有为"(有所作为)、"有效"(工作成效)的实际行动来实践"三个代表"的要求，以改革创新的精神研究新情况、解决新问题，开创新局面。

根据大家在讨论中提出的对抓好当前工作的意见和建议，国家局党组进行了认真研究。下面，我按照局党组讨论的意见，从想大事、议大事、抓大事出发，集中谈几个关系全局的重点工作问题。

## 一、关于管理体制改革问题

去年开始的省以下垂直管理体制改革，今年以来进入了全面实施阶段。实事求是讲，与有的系统经费有基础、编制有基数相比，我们绝大部分地方都是基础条件差，工作难度大。但各省级局的同志以高度的事业心和责任感，克服种种困难，做了大量艰苦、细致的工作。有的省级局领导同志在自己工作岗位还没有确定的情况下，全身心地组织实施管理体制改革；有的新到任的同志一到岗位，就把体制改革作为重中之重的工作；有的已经确定离岗的省级局负责人，仍然为落实编制、经费等问题多方奔走；有的省级局机关在人员面临精减、机构进行调整的同时，丝毫没有放松体制改革工作。同志们以自己辛勤的努力，解决了大量实际问题，创造了许多很好的经验，保证了全系统管理体制改革的顺利实施。从这次会上大家的交流发言中，我感到有这样几个特点是值得充分肯定的。一是充分依靠地方党委、政府领导，解决突出问题。如河南、北京、浙江等地方局在上报方案之前，多次向地方党委和政府的领导汇报，争取支持；在组织实施中及时听取党委、政府的指示，认真贯彻，使一些突出问题很快得到了解决。二是反复与有关部门协商，实现了重点突破。如河南省局在接收基层的人员时，反复与地方政府协商，取得他们的理解和支持，做到了交接双方和干部本人的"三满意"；江苏省局会同编制、人事、财政、计划、经贸、劳动等部门一起下发了操作性较强的文件。三是从实际出发，确保编制和机构到位。如黑龙江等地通过多方协商，确保了必须的编制。四是加强对外协调，营造良好的外部环境。如四川省局取得财政厅的支持，通过扩大基数，使今年的财政拨款比去年增长13%；不少地方把向省里要政策作为增加经费的重要途径，行政收费和罚没收入高比例返还，如海南等地。我这里概括的几条还不能充分反映同志们所做的工作和取得的成绩，但这些经验和做法是我们在下一段工作中应认真加以坚持的。

当前，全系统省以下垂直管理体制改革工作的发展还很不平衡。由于各地的基础条件、外部环境有差异，因而有的地方进展较快，有的则慢一点；有的地方已基本到位，有的还正在“攻坚”。特别是有的地方职能划转还没有到位，有的地方编制和经费还没有完全落实，一些地方的班子配备还不齐不全，面临着艰巨的任务。国家局党组在认真分析目前体制改革进展情况和存在问题时，认为存在上述这些情况可以说是正常现象。我们应按照从总体上加快工作进度，力争年内全系统省以下垂直管理体制改革基本到位的目标，在已经取得成绩的基础上，抓好这样几个关键环节。

*一是要保证职能到位*。职能到位是管理体制改革的中心环节，我们必须尽最大的努力，确保实现。从各地反映的情况看，各项职能和需要随之划转的机构、人员大部分到了位。目前仅有少数省（区、市）在质量管理和锅容管特的职能和机构划转工作遇到了一些困难。关于质量管理的职能，本来是非常明确的，个别地方在划转时不顺利，主要原因是省里这一级协调工作有难度，但我也听说有的省级局有畏难情绪。希望同志们一定要从思想上高度重视质量管理职能，进一步深化责任意识，主动同有关部门做好协调，必要时，国家局将配合你们一道去做工作。1998 年 12 月 7 日，总理秘书通知我，经贸委抓质量，是要求把抓质量融入它的各项工作中去，而不是设机构，也不能设人。这个通知就是我们协调的依据。关于锅容管特职能，主要是特种设备的界定，国家局一直坚持电梯、起重机械、厂内机动车辆、客运索道、游艺机和游乐设施、防爆电器等六种特种设备的管理职能，必须按国务院规定整体划转给质量技术监督部门。国家经贸委也同意这些特种设备是一个整体，不能分由两个部门管的意见。中编办在这个问题上与我们局的认识是一致的，对整体划转的态度也是明确的。经我们与中编办多次协商，中编办已同意与国家局一起就锅容管特的职能划转问题提出具体意见。6 月下旬，国家局以局长令发布了《特种设备质量监督与安全监察规定》，各地一定要严格执行。

*二是要合理确定编制*。各省情况不同，核定编制也要采取多种方式。在一些省（区、市）核定编制时，国家局曾配合地方的同志一起到中编办做工作，并取得了成效，今后我们还将这样做。一些省级局采取“在全系统调整行政和事业编制比例”与“一次定编，三年到位”的做法，比较容易得到各方面认同，是可以借鉴的。关于省级局内部机构的设置，应按国务院有关文件精神，实现系统内部基本对口。比如内蒙古区局的法规处，原来没有，后来按国家局的意见向区党委、区政府汇报，得到区编制部门支持，得到圆满解决。海南省局也有类似情况。

*三是要落实必要的保障经费*。实现中央确定的“收支两条线”，一律“吃皇粮”，既需要有一个过程，也应该充满信心。关键还是靠我们做好工作。解决经费矛盾的出路主要靠我们多汇报、多宣传，争取财政多支持。这方面，不光地方局“跑”，国家局也一直在“跑”，并已有了初步进展。根据许多省（区、市）成功的经验，“跑”，主要是跑财政、跑计委、跑省领导。第一要增加拨款基数，用于吃饭和办事；第二要明确在严格收支两条线管理的前提下，争取提高返还比例，用于建设和发展；第三要大力推动技术机构和事业单位加快走向市场，努力扩大服务领域，在不影响公正性原则的前提下，拓宽增收渠道，走出以改革求发展的新路子。

*四是要重视技术机构的调整设置工作*。精简效能，实现资源的优化配置，是这次调整设置好技术机构的基本原则。有一个县级市设了 9 个技术机构，光计量就有 3 个。不调整怎么能行？我们系统经济实力有限，技术力量也很紧缺，如果不下决心利用这次机会调整技术机构设置，不仅工作会受影响，今后还要背上许多包袱。对此，国家局党组态度是十分明确的。关于省级局和省会城市技术机构的设置，同样要遵循精简效能的原则，我们还是强调要合并；同样也面对现实，实事求是，对省级和副省级市技术机构暂时无法合并的，允许有一个过渡期。但有一条必须保证做到，就是经过这次管理体制改革，不能再发生两个部门在一个地方“抢饭吃”的问题了。这一点，务必请在座的各位高度重视，认真解决好。

随着省以下垂直管理体制到位，我们各级质量技术监督部门，特别是各级领导干部，一定要树立全系统一盘棋的思想；全系统广大干部职工，一定要坚持发扬艰苦奋斗的优良传统。我们系统是在比较困难的情况下发展起来的。如果说艰苦奋斗是我们多年来已经形成的“无形资产”的话，那么全系统同心同德，形成整体合力则是我们要努力争创的新优势。管理体制改革为我们把老传统和新优势结合好创造了重要条件，我们一定要共同努力，不断增强全系统凝聚力，使之成为我们最宝贵的财富。

## 二、关于把握一条主线问题

去年年底，在讨论贯彻全国质量工作会议精神时，国家局党组提出，要以全面贯彻落实全国质量工作会议的各项部署和国务院的质量决定，作为当前和今后一个时期的工作主线，并把这一点写进了今年的工作要点中。我们在学习江总书记关于“三个代表”的重要论述时，党组的同志结合改革开放以来，中央领导对加强质量工作的一系列重要指示，我国产品质量状况和质量技术监督工作的发展变化，一致认为，全国质量工作会议和国务院的质量决定，全面总结了改革开放以来我国质量工作的成功经验，系统提出了加强我国产品质量工作的指导思想和工作方针，进一步明确了质量技术监督工作的方向和任务。以贯彻落实国务院质量决定为我们当前和今后一个时期的工作主线，是全系统落实“三个代表”的集中体现。

产品质量是一个国家经济实力的重要标志之一。发展先进的社会生产力，要求我们必须把产品质量搞上去。推动产品质量提高，包括促进工程质量、服务质量的提高，是我们党“始终成为先进社会生产力的代表”对各级质量技术监督部门的要求；产品质量既是一个企业各方面工作的综合反映，也是一个国家民族素质的体现。应该说高质量的产品是物质文明和精神文明建设的综合体现，从一个侧面反映了先进文化方向。把质量搞上去，也是落实“我们党始终代表先进文化前进方向”的要求；我们依法行政，为企业创造公平竞争的市场环境，为消费者创造放心满意的购物环境，正是最广大人民群众根本利益的要求。我们提出创造两个环境，就是要维护和代表最广大人民群众的根本利益。

国务院领导在全国质量工作会议上指出，在我国面临经济结构调整的关键时期，质量工作正是主攻方向。没有质量就没有效益，放任假冒伪劣，国家就没有希望。加强质量工作，努力提高产品总体水平，是实现我国经济振兴的关键。在这次会上，许多同志在发言中也谈到了这样的认识。因此，局党组认为有必要再次强调，在当前形势下，各级质量技术监督部门一定要联系实际，认真学习和实践“三个代表”的重要论述，将全面贯彻落实国务院的质量决定作为工作主线，以创造两个环境，促进产品质量提高的实际行动，把“三个代表”的要求落到实处。各地的工作实践证明，把握了这条主线，就能比较好地体现对国民经济建设的有效性，在实际工作中落实“三个代表”的要求。如浙江省抓住区域性质量问题进行专项治理，使永康的电动工具、温岭的微型水泵质量合格率显著提高，形成了当地经济发展的产业优势，质量技术监督工作的地位和作用也因此而大大提高。

## 三、关于加强依法行政

依法行政是我们的重要职责。江泽民总书记在党的十五大报告中明确提出：“依法治国，是党领导人民治理国家的基本方略”。同时，他还强调，“一切政府机关都必须依法行政”。质量技术监督部门是国务院重要的执法机构，在贯彻依法治国基本方略中，我们作为政府机关和政府工作人员来说，必须保证做到依法行政、依法办事。当前，我们系统除了法律法规建设还不适应形势发展外，一些地方执法水平不高，有法不依、执政不严的现象也经常发生。近年来，国家公布了《行政诉讼法》、《行政复议法》等法律。我们如果不依法行政，甚至执法犯法，轻则就会成为被告，受到法律的追究，给事业带来不利影响；严重的甚至给国家和人民造成损失。因此，各级质量技术监督部门，特别是领导干部，一定要把依法行政作为关系全局和长远的一件大事，真正落实到质量技术监督工作的各个方面、各个环节。

坚持依法行政，要求我们各级领导干部，必须切实按照依法治国、依法行政的要求，转变思想观念，转变工作习惯，转变工作方式；认真学习和掌握法律知识，增强法律意识，不断提高依法行政的能力和水平；带头在宪法和法律法规的范围内活动，依法决策、依法处理问题，自觉地把自己的行为纳入法制化的轨道。

当前，我们要把进一步加大执法力度作为依法行政的重点。针对一些地方存在的“假冒伪劣横行、市场欺诈行为不断”的情况，质量技术监督部门必须遵照国务院领导用铁腕抓质量的指示精神，进一步加大执法力度，切实做到有法必依、执法必严、违法必究。依法行政，必须铁面无私，执法如山。要坚决消除执法中的腐败现象，决不允许搞人情执法，徇私枉法。要坚决纠正不顾国家利益和人民根本利益的本位主义和地方保护主义，对违法者一定要严肃查处。九届全国人大常委会第16次会议正在审议《产品质量法》修正案。修正案进一步明确了各级人民政府和其他国家机关、社会团体以及产品质量责任主体，生产者、销售者相应的法律责任；进一步补充、完善了产品质量监督管理制度，大大提高了法律规范的可操作性。特别是在规范质量技术监督部门行政行为的同时，赋予了质量技术监督部门“打假治劣”所必需的现场检查、调查取证、查封扣押等行政强制措施。这对我们加大行政执法力度，狠狠打击制假售假违法行为，提供了重要的法律依据。昨天上午我参加了全国人大常委会法律委员会对《产品质量法》(修正案)的审议，估计7月8日全国人大常委会通过这个修正案问题不大。在9月1日正式实施前，国家局将抓住三个环节，即“宣、培、贯”，做好新的《产品质量法》的实施准备工作。“宣”就是在各种新闻媒体上宣传修改的重点内容；“培”就是举办由各地法规处长、监督处长、稽查队长参加的骨干培训班；“贯”就是国家局要研究提出一个实施意见，同时配合全国人大法工委和国务院法制办各编一本修改后的《产品质量法》条文释义。各地方局在这一段时间里，要抓紧学习和掌握《产品质量法》修改后的内容，做好相应的实施准备工作。

为配合修改后的《产品质量法》出台，各级质量技术监督部门一定要围绕国家局确定的10大类重点产品、10个重点市场和30个重点地区，发挥全系统整体配合的优势，集中整治，抓出成效。今年上半年，我们对农资市场、儿童玩具市场，对区域性生产销售劣质钢材、区域性生产安装“土锅炉”以及烟花爆竹等几个大的专项整顿工作，干得是有成效的。今年下半年，同样要打好几个硬仗，主要是：同吉林省政府共同整治长春“汽贸城”的质量问题，具体方案已经国务院领导同意，近期动员后就要开始实施；同国家冶金局共同组织在全国范围内，以螺纹钢为重点的建筑用钢材的专项打假，促进钢铁工业结构调整；继续在几个重点地区深入开展农资产品打假和农资市场整顿；继续对生产劣质钢瓶的地方和企业进行集中整治；落实邦国副总理批示，与上海强生公司等企业组织联手打假保名优活动。

## 四、关于为推动国企改革发展加强服务

党的十五届四中全会通过的《中共中央关于国有企业改革和发展若干重大问题的决定》，对国有企业的跨世纪发展作出了全面部署。认真贯彻落实四中全会精神，努力实现国有企业改革和发展的三年目标，是今年经济工作的重中之重。近年来，各地在引导、帮助、服务企业方面做了大量工作，受到当地政府的高度重视。这次座谈中，大家一致认为，在推动企业改革和发展中，我们质量技术监督部门要把“服务”这面旗帜举起来，而且一定要摸清企业需要什么，了解企业的难点在哪里，结合我们的职能，扬长避短，发挥优势，干企业希望我们干的事。我完全同意这个看法。过去，我们经常讲两句话，一句是按照“政府需要、企业欢迎、群众信赖、社会赞誉”的要求，要做企业欢迎的事，不做企业不欢迎的事，更不能做给企业添难的事；一句是“既要做质量的忠诚卫士，又要做企业的良师益友”。这个说法不一定准确，但意思和大家是一样的。我们在为企业服务的工作中，应当抓住这样几个重点：

1．**树立促进发展的观念**。我们为企业服务的根本目的，从微观上来说，就是帮助企业有好的产品占领市场和有效提高市场占有率；从宏观上说，就是要提高我国产品质量的整体水平。近几年，我们一直坚持监督与服务相结合的方针，从一定意义上起到了扶优治劣、促进提高的目的。各地已形成不少行之有效的好做法、好经验。河南省局通过如何为企业服务的大讨论，纠正了一些同志简单地把监督与服务对立起来的不正确看法，统一了为企业服务的认识，摆正了自已同企业的关系，明确了为企业服务的目标，也找到了为企业服务的多种途径和方法。一年多来，他们为企业服务的工作搞得有声有色，不仅得到了企业的赞誉，也受到省委、省政府的表扬。从服务的角度去促进企业提高质量、加快发展，不仅是我

们做好“大扇面”工作的需要，也能带动“小扇面”的工作。上海、山东、河南等地方局和技术机构由于服务企业的工作不断深化，既体现了社会效益，也为自身提供了经济效益。

2. 体现分类指导的原则。在市场经济条件下，企业遇到的困难和问题，都在随着市场形势的变化而不断变化。如果我们不能按照企业的实际情况提供帮助，服务企业就变成了一句空话。分类指导的关键是要深入企业、调查研究。湖北黄石市局认真分析国内外市场的需求变化，对每一个企业分别提出了加强管理、提高质量、推动产品升级换代的意见，并协调组织标准、计量、质量等几个方面联合行动，对企业的帮助起到了“对症下药”的作用。沈阳市局组织力量解决亏损企业关键性技术问题，为企业增收节支，扭转亏损起到了很好的作用。许多地方局和技术机构的同志，经常主动到企业去了解情况，帮助企业加强技术基础工作，成为企业的贴心人。他们的这种主动上门精神，很值得学习。

3. 采取扶优治劣的措施。建立优胜劣汰的市场机制是建立社会主义市场经济体制的必然要求。当前，优难胜、劣不汰现象仍十分突出，我们在加大打假力度的同时，也要积极落实好扶优措施。今年，主要采取以下几个措施：一是大力开展创建“放心一条街”活动。年初已作部署，年底将组织验收；二是组织实施免检制度。对产品质量确实过得硬的产品实行一定时间内的免检；三是防止重复抽查。国家监督抽查的产品，地方不得另行重复抽查，上一级监督抽查的产品、下一级不得另行重复抽查；四是在今年质量月期间，表彰和宣传一批管理基础好、质量水平高的先进企业和为质量振兴做出突出贡献的先进个人；五是大力推进实施名牌战略，继续开展“打假保名优”活动。管理体制改革后，这些扶优治劣的措施应该说比较容易组织了。当前，要注重加强跨地区的，特别是省际之间的联手打假保名优活动。近年来，广东、河南、山东等一些地方组织专项联合打假保名优，取得了较好的效果。上海、安徽、福建等地联合行动，打击生产销售假冒“喔喔”、“大白兔”奶糖的违法活动，使上海“冠生园”等四家大型糖果企业销售显著回升。这些做法，显示了系统内联合作战的能力，为我们提供了值得借鉴的经验。

4. 面向全社会，为各类企业做好服务。这次我们提请代表们讨论的是为推动国有企业改革和发展做好服务的意见，但文件最后也强调了：在为国有企业服务的同时，也要加强为中小企业及各类企业服务，包括为合资企业，外商独资企业和个体(私营)企业服务。我们要充分发挥各级质量技术监督部门和技术机构与地方经济联系密切的优势，为他们提供有效的服务。在这方面，有些地方做得不错。比如，浙江临海市有一个乡镇集中了1500多家生产彩灯的企业，由于这些企业大部分都是规模很小的家庭式工厂，要求每家都建立自己的产品检验、测试机构不可能，也不必要。当地质量技术监督部门在了解到这一情况后，主动与镇上联手，发动各家企业集资建立了一个彩灯检测中心，由当地行业协会管理，质量技术监督部门业务指导，统一为各家提供检测服务，当地群众十分满意。希望各地在这方面创造更多、更好的经验。

## 五、关于为实施西部大开发战略做好工作

实施西部大开发，加快中西部地区发展，是党中央总揽全局、面向新世纪作出的重大决策。在实施西部大开发战略部署中做好有关质量技术监督工作，并动员全系统开展为西部大开发服务，是我们应有的职责。今年以来，西部的一些地方局围绕当地党委、政府提出的重点，开展了许多为西部大开发服务的工作。如陕西省局为山川秀美工程制定多项地方标准，贵州省局在全系统组织开展为西部大开发做贡献的大讨论，四川、新疆、青海局已提出了比较具体的工作设想，上海、云南两个局已就对口支援问题达成协议。国家局党组从今年年初开始，组织专门力量就为实施西部大开发服务的问题进行调研，多次召开专题研讨会，并对可能给予的支持进行了研究。由于做好这项工作需要组织动员全系统的力量，我这里强调一下组织实施这项工作应注意的几个问题。

1. 进一步提高对实施西部大开发战略的认识。党中央作出西部大开发，这个关系中华民族全面振兴和共同繁荣的战略部署，在全国人民中引起了强烈反响，在国际上也引起了普遍关注。我们一

定要深刻认识，实施西部大开发战略，将为二十一世纪我国经济的发展开拓新的广阔空间，是保持我国经济持续快速健康发展的重大战略措施。西部大开发，必将有力地增强对经济增长的拉动，创造巨大的市场需求。实施西部大开发，加强国内经济联合，进一步促进生产力的合理布局，使东、中、西部地区形成各具特色、优势互补的经济，将大大提高我国的生产社会化水平和经济效益、增强我们在国际上的竞争力。质量技术监督在西部大开发中有许多工作要做。各地质量技术监督部门的同志包括东部、中部、西部，都要积极动员起来，既要有紧迫感，又要做好长期奋斗的思想准备，发挥各自的优势，形成全系统的合力，按照西部地区要立足于自力更生，东部地区要热情支持，国家局要加大倾斜的总体思路，为实施西部大开发做出应有的贡献。

2. *要有所作为*。为西部大开发做好质量技术监督工作，既是职责所在，也为我们提供了有所作为的巨大空间。首先是西部地区的质量技术监督部门要有所作为，一定要在西部大开发的基础设施建设、生态环境保护、农业结构调整、发展旅游服务等工作中，运用标准、计量、质量等有效手段，选择几件可以充分发挥作用的重点工作，认真组织实施；对需要提请政府和有关部门列入规划的项目，或是配合有关部门共同完成的工作，要主动向政府提出意见，积极承担任务，体现大局观念和协作精神。其他地区的质量技术监督部门一方面要为提高西部地区质量技术监督系统的业务、技术水平给予多种支持，另一方面也要为西部地区质量技术监督部门完成好重点工作任务献计出力，体现全系统为西部大开发多做贡献的整体合力。

3. *突出重点，量力而行*。我们按中央确定的省际对口支援的原则，确定了东西部省级局之间的对口支援关系。对一些需要动员全系统力量来办的，国家局将会统一安排。凡有支援任务的省（区、市）局，都要拿出实际行动，选择重点项目，保证技术力量、支撑经费等的落实。我讲的量力而行是积极的量力而行。各地方局都要从自己的实际出发，有条件办的事，一定要认真去办；不管办大事还是办小事，都是一种支持、贡献。

4. *倡导两个对口支援*。在开展对口支援时，东部有关省（区、市）局要调动全系统的积极性，可以把一些任务再分解到下边有能力的单位去，实行多层次的支援和服务。西部省（区、市）局也要调动自身的积极性，动员本省（区、市）内条件好的地方局和基层单位支援条件差的地方局和基层单位。

## 六、关于做好加入 WTO 的有关工作

加入 WTO 是党中央的重大决策，是深化改革、扩大开放，加快社会主义现代化建设的需要。加入 WTO 将促进并加快我国经济体制改革和向市场经济过渡的步伐，有利于我们按市场经济规律的要求完善法制建设，大大改善我国的投资环境，有利于进一步促进我国的外贸出口，有利于加快国内产业结构的调整和企业竞争力的增强。同时，加入 WTO 将对我国的经济工作和部分产业带来一定的压力和影响。我们目前正在执行的许多涉外的经济法规，包括我们的强制性标准、技术法规、合格评定程序等，不符合 WTO 有关规则的为数不少；政府机关包括我们的工作方式也需要适应新的形势。但总的来看，加入 WTO 对我国利大于弊，机遇大于挑战。去年年底，国家局成立了由王以铭副局长负责的专门工作小组，就我国加入 WTO 对质量技术监督工作提出的要求，我们应当采取的应对措施等进行了调研，召开了专题研讨会，并提出了工作意见。前天，我们请王以铭同志到会，专门给我们作了一次很好、很生动的辅导报告。今年 5 月份以来，国务院责成有关部门加紧研究制定我国加入 WTO 的有关应对措施。国家局按照国务院的统一部署，研究提出了为我国加入 WTO 做好有关质量技术监督工作的意见，并分别形成了向全系统下发的通知和向国务院上报的请示两个文件。这次下发的文件，对改革的方向任务作了原则性的说明，一些实质性的改革措施，还要待国务院决定之后再组织实施。这里我再简要讲一讲目前应做好的工作。

*一是质量技术监督工作要尽快适应加入 WTO 的新形势需求*。加入 WTO 为我国改革开

放和现代化建设提供了新的机遇，也对我们做好质量技术监督工作提出了新要求。我们设想从以下五个方面入手，加快业务工作改革和调整适应的步伐。第一，在加强对产品质量监督中，抓紧研究如何把工作重点转向保障人身安全和健康方面；第二，把工作领域从生产、流通并重逐步转向以市场和贸易为主；第三，结合全面推进依法行政工作，在行政执法中全面体现“合理、合法，科学、公正，公平、公开”的准则；第四，深化改革，加快建立健全符合社会主义市场经济规律和国际通行准则的市场监督体系和服务体系；第五，研究和借鉴国外成功经验和通行做法，加快推进各项业务工作与国际接轨，培育和发展包括验货市场、校准市场、认证市场和咨询服务市场的市场体系。

**二是抓紧研究有关技术法规的几个问题。**一要抓紧向国务院法制办报告，争取在国家建立技术法规体系，明确质量技术监督领域技术法规的地位；二要立即着手开展强制性标准的改革。强制性标准是我国技术法规的一种重要形式，如何按照 WTO/TBT 的要求，确定强制性标准制订的原则、内容和程序，需要我们有针对性地进行改革试点，取得经验。同时，还要对与贸易有影响的认证、认可，包括检验、计量型式批准、锅炉监管等规章进行梳理和修订，使之符合 WTO/TBT 的有关规则。

**三是研究提出运用技术性保护措施来保护国内产业和市场的意见。**合理利用技术壁垒，保护和支持农业及幼稚的民族工业，是 WTO 各成员国的通行作法。充分运用 WTO/TBT 对发展中成员的差别优惠待遇，抓住时机，提出利用技术法规、标准、符合性评定等手段合理保护的措施，是我们的重要工作。运用技术性措施保护国内产业和市场，涉及面广，十分复杂，其中很重要的一部分，是制定技术法规(强制性标准)、技术标准、符合性评定程序等。我国参加最近一轮 WTO 谈判的代表团回国后，已向各有关部门提出了近期的工作要求。国家局已组织工作班子对如何运用标准化手段保护国内产业和市场的问题抓紧进行研究，并将尽快提出具体方案。

**四是加快 WTO/TBT 咨询点建设步伐。**一方面，要抓紧与有关部门协商，确定我国 WTO/TBT 咨询点通报和咨询的业务范围，理顺与有关部门的工作关系；另一方面，要抓紧就有关技术法规、标准、符合性评定程序的形式、内容等问题进行研究，做好对外开展通报和咨询的技术准备工作。

**五是全系统要抓紧学习、尽快掌握 WTO 的基本知识。**世界贸易组织规则的专业性很强，我们大多数干部对 WTO 的新规则所知不多、或知之不深。因此，各省(区、市)质量技术监督局要尽快采取多种形式，组织干部职工认真学习有关业务知识，使我们在为我国加入 WTO 做好有关工作的同时，借鉴国外的先进经验，推动自身的改革和发展。国家局近期将通过组织专题讲座，举办 WTO 知识培训班，组织国际交流活动，进行加入 WTO 相关业务工作研讨等办法，进一步提高机关干部对 WTO 的理解和认识水平。同时，还会将有关工作情况将尽快通报给各省(区、市)局。

## 七、关于深化改革加快发展问题

在“三讲”教育“回头看”期间，国家局党组根据中央 4 号文件精神，通过认真学习江总书记关于总结过去、规划未来的重要讲话，提出了质量技术监督深化改革、加快发展的初步想法。最近，通过学习江总书记关于“三个代表”的重要论述，进一步提高了我们对改革发展的紧迫性和重要性的认识。在这次会上，许多地方局的同志联系当前工作实际，对质量技术监督的改革和发展也谈了很好的意见。我想借此机会，把需要认真研究解决的几个问题提出来，供大家思考。

**一是业务工作改革。**质量技术监督的业务工作，面宽线长，职责相互交叉，管理孰宽孰严的情况多有发生，不改革可能要误事了。业务工作改革，首先是要进一步明确提高质量、净化市场、加强技术基础、强化锅容管特安全监察、推进与国际惯例接轨五个方面的工作内容和工作重点，使这几个方面的工作关系、工作衔接更为科学、合理。第二是要根据我国加入 WTO 的要求，强化对关系人类和动植物安全与健康、国家安全、防止欺诈行为、环境保护等方面产品的监督职能和监督能力，并逐步拓展在市场和贸易服务方面的工作领域。第三是要集中解决对一种产品多种管理办法的问题，监督管理的产品过多的问题，重复检验、重复抽查的问题。第四是要按照市场经济规律，明确在质量技术监督领域，哪些要由政府管、哪些要由企业干、哪些靠行政手段、哪些靠市场机制、哪些要管住管好、哪些要放开放活，哪些要与国际接轨、哪些要合理保护等问题。第五是要研究在质量技术监督工作中，如何形成引导企业自律，加强政府监督，运用市场优胜劣汰机制三种手段相结合的工作机制。

二是技术机构改革。我这里讲的技术机构，主要是指系统内部。改革的目标是根据社会主义市场经济规律和科技自身发展规律，全面优化科技力量布局和科技资源配置，使我们的技术机构适应市场需求，更好地为经济建设和社会发展服务，并在争取国家经费支持的同时，努力提高自我发展能力，建立起"开放、流动、竞争、协作"的运行机制。当前，技术机构改革的首要任务是在争取列为公益服务型机构，争取财政支持方面有所突破，国家局正在加强同科技部联系。按照国务院关于深化科研机构管理体制改革的精神，我们的技术机构大部分都属于公益服务型机构，应按非营利性机构运行和管理。但是，按国务院规定，非营利性技术机构，也要优化结构、分流人员、转变机制，按照总体上保留不超过30%工作人员的要求，重新核定编制。也就是说，即使成为公益性服务机构，国家也只能在现有基础上给不超过30%的人"吃皇粮"，其余的也要走面向市场的路。第二项任务是各省(区、市)局要从实际出发，按照合理、有效的原则，对技术机构进行重新布局，解决好系统内技术机构重复设置、各类各级技术机构合理分工、为依法行政提供有效保障等问题。海南省局在全省19个市、县局中只在5个城市设技术机构的决定，我是非常赞成的。第三项任务是加快自身改革，拓宽服务领域，增强发展实力。各级技术机构都要在人事制度、分配制度等方面进行改革，按照新的机制和管理制度运行，承担政府、企业和其他社会组织委托的任务，按有关规定为社会提供有偿服务，提高面向市场服务的能力，最终实现经营管理的社会化。

三是干部人事工作改革。管理体制改革后，全系统干部人事工作的内容和方式较以前有了很大的变化。特别是省级局这一级，不光是工作量增加了，责任也比过去更重了。我们要结合管理体制改革工作，深化干部人事制度改革。从各级机关来说，根据中央的要求，重点是深化领导干部选拔任用制度改革，推进能上能下。主要措施是，完善民主推荐、民意测验、民主评议制度，建立领导干部任前公示制，推行公开选拔党政领导干部制度和竞争上岗，进一步完善调整不称职、不胜任现职干部的制度和办法，完善领导干部考核制度，推进领导干部交流工作。从事业单位来说，重点是形成有利于优秀人才成长和发挥作用的用人机制和重实绩重贡献的分配机制。主要措施是：全面推行聘用制度，建立和推行岗位管理制度，推行竞争上岗，建立公开招聘制度，制定固定岗位和流动岗位相结合的用人办法，形成"一池活水"的局面。通过改革，要加快形成有利于优秀年轻人才脱颖而出的机制。我们系统管理队伍和技术队伍，都面临人才匮乏、青黄不接的形势。根据中央最近一系列重要指示，各级领导对培养和选拔优秀年轻干部的工作务必高度重视。要当作一种政治责任，采取大胆改革的措施，给年青人压担子；要以事业留人、感情留人、适当的待遇留人，实行对优秀人才的激励政策，让自己内部的人才留得住、上得来；要建立健全促进人才合理流动的办法，吸引有水平、有能力的人才到我们系统工作。

四是加强中介机构建设。党的十五大对培育和发展社会中介组织提出了明确的要求。目前，包括质量技术监督中介机构在内的社会中介组织正在迅速发展。质量技术监督中介机构包括了标准、计量、质量认证、安全监察等许多方面。对中介机构建设，应当采取大力培育，促进发展，加强管理，严格监督的方针。具体设想从四个环节采取措施，主要是：采取积极的政策措施，做好培育、发展工作，使之能够做到自我约束、自负盈亏、自我发展、独立承担民事责任，并依据市场规则运行；通过资格认可和条件能力的评审，促进检验、校准、咨询等服务市场的形成；制定严格的管理制度，明确规范各类中介机构的职能和责任、权力和义务；实行认真的监督检查，使中介机构依法按照有关标准，客观、公正地开展有关中介服务活动。在新修改的《产品质量法》中，专门对从事认证和检验等中介机构的设立，中介服务的行为准则，中介机构违法违规造成损失的责任追究，作了明确规定。这是我们加强中介机构建设的重要法律依据。各级质量技术监督部门一定要严格按照修改后的《产品质量法》的有关规定，做好对中介机构的培育、发展、管理、监督等工作。

五是建立健全内外部监督制约机制。学习和借鉴有关执法部门的工作经验，我们在加强内外部的监督制约方面，设想采取以下的改革措施，主要是：按照法律、法规的规定，主动接受各级党委、人大、政府、政协和司法机关的监督和评议检查；把组织行风互查和行风监督员视察作为一项重要的工作制度，加强系统内部的层级监督和专项监督；建立规范统一的各级行政和执法工作程序，制定对要害部门和关键工作岗位人员的轮岗办法；完善政务公开、监督检查业务公开、执法办案程序公开、检验鉴定结果公开的范围、方式和途径；建立健全错案追究、举报反馈、办案回访等制度，规范对行政相对人、投诉人、举报人的告知、受理、办复制度和形式；高度重视和正确对待新闻媒体的批评意见，进一步发挥舆论监督的作用；认真做好行政复议工作，使之成为我们系统自我纠正错误的一种重要监督制度。

我们面临的改革任务，远不止我刚才讲的这几个方面。深化改革，一定要本着吃透两头，着眼全局，突出创新，务求实效的精神，积极稳妥地向前推进。国家局已组织了一个改革和发展工作研究小组，专门研究这个问题，并准备在今年年底，拿出一个今后几年改革发展的实施意见，并与制定“十五”规划相衔接。希望各省(区、局)的同志据此举一反三，提前考虑，早做准备。

## 八、关于加强队伍建设

队伍建设是我们全系统最重要的基础性工作。切实抓好队伍建设，造就一支政治坚定、公正廉洁、纪律严明、业务精通、作风优良的队伍，是各级领导班子的首要任务。特别是实行省以下垂直管理体制改革后，队伍建设的问题已成为一项十分紧迫的任务。队伍建设包含了许多内容，也涉及许多工作领域。国家局党组针对管理体制改革后的实际情况，认为在当前的形势下，是不是可以把以下四个方面作为队伍建设的重点，下功夫抓好、抓出成效。

一是认真抓好领导班子建设。首先要加强国家局和省级局领导班子自身建设，要全面落实江总书记关于“三个代表”的重要思想，以廉洁、勤政、务实、高效为标准，不断提高领导水平和执政能力，把国家局和省级局两级领导班子建设成一个坚强的团结的战斗集体。按照这一目标，1998 年，国家局党组搞了一个加强领导班子的自身建设的决定。去年“三讲”时，根据大家的意见，国家局党组又把修改这个意见作为整改措施之一提了出来。另一方面，要大力加强基层单位领导班子建设。辽宁省局在充分考核的基础上，把地(市)局的班子分为三类，一类是基本不动的，一类是需要部分调整的，还有一类是需要大动的，正在着手调整。有的省局加大省局机关与基层局、基层局相互之间干部交流的力度，使基层局领导干部素质有了明显提高。当前，各省(区、市)局都要抓紧对基层局领导班子建设摸清情况，明确要求，严格考核，配齐配好，特别是一把手。这次机构改革，省局领导班子变动较大，许多基层单位的班子也面临调整，抓好各级领导班子建设的任务非常繁重，各省(区、市)局党组的担子很重。国家局党组按照协助地方党委管理的原则，日前转发了局党组去年年底关于协管干部的会议纪要，同时准备在深入调查研究，总结地方局工作经验的基础上，适时交流这方面的工作情况。

二是加强以县级局为重点的基层建设。县级局是我们系统的基础，县级局的机构和人员要同时承担行政管理和执法监督两项工作任务。各省(区、市)局要结合管理体制改革工作，从配齐配好县级局领导班子，合理确定编制和调整人员结构，培训提高人员素质，规范行政行为等方面采取措施，狠抓落实。国家局准备在总结各地好的作法的基础上，今年年内提出一个指导性意见。

三是进一步加强执法队伍建设。我们系统执法队伍组建时间不长，是一支比较年轻的队伍，总的看这支队伍的情况是好的，但也存在着一些不可忽视的问题。根据各地方局同志的建议，当前要抓住管理体制改革和地方政府机构改革的有利时机，重点做好三项工作：第一，严把进人关。调配、录用行政执法人员一定要严格标准，要把那些政治素质好、有一定学历、有实践经验、业务比较精通的同志，选调到执法队伍中来，形成骨干力量；对少数“害群之马”，必须清理出去。第二，加强培训工作。当前的重点是结合人员调整和更换执法证工作，组织进行一次全员培训。最近，国家局正在搞一个培训教育计划，将在全系统实行执法岗位继续教育培训，并逐步创造条件，开展执法等级资格培训考核。第三，加强基础建设。要积极创造条件，解决基本的执法手段和工作条件，解决津贴、补助等待遇，探讨建立人身安全保险和受伤、牺牲人员抚恤制度，建立立功奖励机制。这个方面，新疆区局的做法对我们很有启发。

*四是切实加强行风建设*。行风建设是我们各级质量技术监督部门需要常抓不懈的工作。朱镕基总理多次告诫我们，质量技术监督部门是执法机构，有了公正廉洁，就在社会上站得住；失去公正廉洁，就要垮台。这是我们抓行风的重要指导思想。今年，国家局在抓行风建设方面重点安排了五件事：第一，严格实行“收支两条线”管理；第二，在全系统广泛开展“争创文明单位”和“争当人民满意的公务员”活动；第三，组织系统内开展行风互查；第四，请国家局的行风监督员带队到部分省（区、市）进行视察；第五，颁布严格实行过错责任追究方面的规章，要求各地从今年起开始严格执行。抓行风建设，同样要形成全系统的整体合力，各地方局要结合实际，明确目标要求，认真抓好落实。

同志们，我上边讲的8个问题，有些是属于长期的任务，有些是要在今年认真落实的。按照全年工作安排，把握一条主线，打好五个硬仗（即两个责任制检查、加大质量监督和打假力度、加强标准、计量、质量等基础工作、落实扶优措施、抓好队伍建设），推动三项改革（即直属单位改革、系统内技术机构改革和国家质检中心改革），确保一个到位（管理体制改革到位），任务十分繁重。特别是由于管理体制改革和省级局机关自身的机构改革占去了大量的时间和精力，要完成好今年的各项任务，下半年的工作相当艰巨。因此，在时间已经过半，任务还不能说完全过半的情况下，在各项工作齐头并进，“几个胖子同时进门”的情况下，特别需要国家局、省级局这两级周密计划，精心组织，加强领导，狠抓落实。根据今年我到几个省调研和同一些地方局同志交换工作意见的感受，为保证各项工作的顺利实施，我感到以下几个方面的工作关系需要处理好。

*一是关于改革和发展的关系*。当前，全系统广大干部职工想发展、盼发展、要发展的心情非常迫切，但有不少同志对怎样加快发展却认识不清，“等、靠、要”的思想还比较重。我在一些地方与技术机构职工交谈时了解到，许多单位业务不饱满，大家也都想多干活，但大部分是在坐等任务送上门。为此，我在座谈时提出：发展等不来，要不来，也靠不来，而是要自己干出来。发展靠什么？海南省万宁市局去年的罚没收入是9万元，今年由于加大工作力度，前5个月的罚没收入就达14.3万元。靠改革，靠艰苦奋斗，靠干。对内，要搞好人事、劳动、分配等各方面的改革，形成激励机制，调动各方面积极性；对外，要走出去，面向市场，拓宽领域，多方面为企业服务。同时要在全系统大力提倡发扬艰苦创业、艰苦奋斗的精神，以改革求发展。

*二是关于分类指导和发挥整体优势的关系*。管理体制改革后，质量技术监督工作的合力将大大增强。随着工作任务的加重，工作力度的加大，要求我们发挥好全系统的整体优势。但我们也要看到，由于地区之间发展的不平衡，也造成了全国省（区、市）之间，各省（区、市）的不同地区之间的工作条件、工作环境的差异。在这种情况下，对地方局实行分类指导的问题，显得十分重要。我通过对不同地方的考察，更加深了对这一问题的认识。实行分类指导，才能更充分地调动基层的积极性，使工作基础、条件不同的地方，共同为一个目标而努力。因此，如何对不同地区、不同工作基础的地方局实行分类指导，通过抓典型，帮促落后，使质量技术监督工作均衡发展，已成为摆在我们面前的一个突出课题。

*三是关于体制改革与业务工作的关系*。当前各地方局普遍忙于行政机构改革和管理体制改革，这方面的任务重，压力也很大，同时，由于尚未定岗，干部职工的思想也比较乱。如何在改革中做到秩序不乱、思想不散、工作不断，也是我们需要特别注意的一个问题。我在几个地方调研时，反复强调：党中央、国务院决定实行质量技术监督系统管理体制改革，是对我们寄予厚望。我们一定要从大局出发，立足当前，放眼长远，体制改革期间绝不能放松业务工作，尤其是锅容管特安全监察，生命攸关，至关重要，决不能稍有懈怠。只有有所作为，才能提高质量技术监督工作的地位，才能更有利于改革。反过来，改革促进了发展。如长春市局已完成对区、县局领导班子的调整，1236个编制全部到位，做到体制改革和业务工作两促进，全年收入可实现3500万元，整个队伍士气高涨。

四是关于实行业务领导和加强为基层服务的关系。在这次会议上我们提出了一个国家局对省级局实行业务领导的初步设想，以后要根据实践的情况予以完善。根据国务院的要求，国家局要管的，是属于执行法律或者执行国务院的行政法规、决定、命令的事项，包括在国务院规定的职权范围内，需要在全国范围内统一规范执行的事项。而且“管”的方式，要符合精简、效能、统一的原则和“三个转变，一个提高”的精神。做到这一点，还需请各地同志监督并帮助改进。实行业务领导的基本要求是，只要能把该管的事管住、管好就行了，办事手续和程序应越简单越好，一定要方便基层，方便老百姓。今后，国家局凡作出重大决定或重大决策，要事先征求地方局同志意见；在实施中，要尊重和依靠地方局，充分发挥两个积极性。在加强业务领导的同时，国家局机关必须增强服务意识，加强为地方服务，为基层服务。对地方、基层的同志到国家局机关联系工作，或者国家局的同志到地方、基层去，一定要坚持态度好、服务好、廉政好。国家局在条件方面比不上一些老部委、大部委，但我们有一个好的传统，就是同志间亲密无间，互相帮助，互相支持。我们是一条战线的战友，应当做到同呼吸、共命运、心连心。由于过去的工作基础和现行财政体制的关系，国家局在经费上不能给地方局太多的支持，但国家局的心是真诚的，在为地方局服务方面是不遗余力的。今后国家局将努力创造条件，加强工作沟通，增强感情投资，主动排忧解难，实施“暖心工程”，增强全系统的凝聚力。让我们一起努力，以全系统强大的整体合力，弥补我们客观工作条件的不足，同心同德，艰苦奋斗，深化改革，加快发展，开创工作新局面。

同志们，今年一年的工作做得如何，对今后一段时期的工作会产生重大影响。因此，希望大家统一思想，把当前工作和今后的发展结合起来，带领全系统广大干部职工奋力拼搏，务求必胜。这次座谈会在大家的共同努力下，圆满完成了各项任务，达到了预期的目的。我代表党组对同志们表示感谢，也代表大家对为我们提供良好服务的工作人员表示感谢。祝各位在返回途中一路平安。

谢谢！

# 李忠海副局长在全国质量技术监督系统办公室主任会议上的讲话

2000 年 5 月 27 日

同志们：

在全国质量技术监督系统管理体制改革深入进行的时候，召开这次全系统的办公室主任会很有必要。听长城同志汇报，在这次会议上大家重点围绕如何在新形势下加强办公室工作这个主题，就保证政务信息畅通，规范公文处理形式，加强督查督办工作，建立值班联络制度等问题进行了认真的讨论，并对提高办公室工作水平和人员素质交流了经验。大家还对几个文件稿提出了很好的意见，会议开得很成功。借这个机会，我向全系统在办公室工作岗位上辛勤工作的同志表示慰问，对大家为全局中心工作作出的贡献表示感谢。下面我讲三点意见：

## 第一，我们面临的新形势、新任务对办公室工作提出了更新、更高的要求

改革开放以来，质量技术监督工作在党中央、国务院正确领导下，在社会各界的热情支持下，在全系统广大干部职工的共同努力下，取得了很大的发展，为国民经济和社会发展做出了应有的贡献。这其中，自然少不了各级从事办公室工作同志的功劳。近年来，随着社会主义市场经济体制逐步建立，党和国家对质量技术监督工作更为重视，经济建设和社会发展对质量技术监督提出了许多新的要求，广大人民群众也对我们寄予了很高的期望。为了充分发挥质量技术监督在提高质量、净化市场、加强技术基础、推进与国际惯例接轨和强化锅容管特安全监察等方面的作用，党中央、国务院决定对质量技术监督的职能、机构设置作了重大调整，在全系统实行了省以下垂直管理的重大改革，赋予了我们更重的职责任务。为此，国务院专门召开了质量技术监督系统体制改革工作会议，国务院副总理吴邦国亲自到会作重要指示，部署质量技术监督系统的体制改革实施工作；事隔半年，国务院又召开了全国质量工作会议，朱镕基总理还对会议作了重要批示，吴邦国副总理又一次亲自到会作重要讲话。并作出了《关于进一步加强产品质量工作若干问题的决定》，明确了当前和今后一个时期质量技术监督的工作目标和任务。这个形势，对我们质量技术监督工作者来说，既是鼓舞，又是鞭策。既是机遇，又是挑战。目前，全系统上下正以认真学习江总书记"三个代表"的重要讲话为动力，加强党的建设，全面推进管理体制改革，以贯彻落实国务院质量决定为主线，从全面提高质量为主攻方向，开拓进取，努力工作，确保各项工作任务的完成。

李传卿局长在"三讲"总结过去的工作时说，这两年，即从 1998 年到现在，质量技术监督系统经历了有史以来最重大的变革。我想还可以再加一句，从现在到 2002 年，将是质量技术监督工作和事业发展最关键的时期。这两年，可以说大家都是在超负荷运转。但经过共同努力，我们还是基本完成了对质量技术监督影响深远的这一次变革。后两年，我们面临的任务将更加繁重。一是中央确定的经济结构战略性调整、国企改革、西部大开发等重大战略部署加紧实施，我们承担的职责和任务更加繁重；二是随着市场经济体制的完善和我国加入 WTO，将对我们如何适应形势的需要、深化自身改革、加快发展提出许多新的问题；三是在全系统实行管理体制改革之后，如何形成上下协调、政令畅通的工作机制。质量技术监督工作要适应这些重大变化，完成我们的使命。履行我们的职能，需要全系统共同努力，办公室的同志更要在其中做出应有的贡献。因此，我们一定要牢固树立全局观念，把围绕全局中心工作服好务作为办公室工作的出发点和落脚点，在议大事、抓大事、管大事、办大事方面发挥积极作用。一定要围绕各个阶段的中心工作做好协调服务，把保障机关全系统工作的高效运转作为日常工作的首要任务，在组织协调、计划安排、上下沟通、内外联系、后勤保障等方面全方位服务，确保万无一失。一定要认真抓好自身建设，把转变作风，提高效率作为每个人的自觉行动，在完善工作制度、坚持工作程序、严格遵守纪律、发扬拼

博精神、提供周到服务等方面走在机关的前头。这样，我们才能真正履行好参与政务、掌管事务、搞好服务的职责，向领导和同志们交上合格的答卷。我听说前天有的同志在发言中提到办公室的工作人员要发挥两种精神，即务实精神、奉献精神。我非常赞同。还要加一个团结协作精神，希望全系统办公室工作人员，一定要发挥求真务实、无私奉献精神，任劳任怨、埋头苦干、甘当无名英雄。

**第二，我们要把畅通政务信息，规范公文处理，及时督查督办、加强值班联络作为当前办公室的基础建设工作认真抓好**

在管理体制改革之前，由于各级质量技术监督部门都分别隶属于各自所在的地方政府领导，因而在工作制度，工作方式上难免有许多的不一致。管理体制改革后，国家局要对省级局实行业务领导，省级局以下要实行"五个统一"的垂直管理，这就要求办公室工作必须作出相应的改革和调整。到今年年底，全系统管理体制改革将全部到位，目前已有十来个省(区、市)已开始按新体制在运行。常言道，兵马未动、粮草先行。每遇到重要工作，办公室都是先期启动，先作准备。新的管理体制对各项工作都提出了新的要求。实施省以下垂直管理又对我们提出了许多新的任务。每项工作和任务不仅与办公室有关，还需要办公室先走一步。我理解这次全系统的管理体制改革带来的最大变化，就是自上而下的领导关系、管理方式要实现高度统一，这样才能保证政令畅通，克服各自为政的现象，有效地进行质量监督和市场监管。这个变化的形式、内容首先就要体现在办公室的工作上。这次办公室主任会把政务信息、公文处理、督查督办、值班联络作为重点，我认为抓到了点子上。当然，办公室工作不止这四项，但为保证管理体制改革的顺利实施，保证管理体制改革后的工作以新机制运行，就应当首先从这四个方面抓起，在这两天会上，大家已就国家局办公室提出的意见进行了讨论，并提出了许多很好的意见和建议。我想借此机会再谈谈对做好这几项工作的意见。

1. 做到政务信息上情下达、下情上报，是全系统实现统一管理、保证政令畅通的基础。中央对质量技术监督工作提出的明确要求，国家局对各项工作做出的统一部署，省级局的工作安排等首先要及时下达。由于全国各地情况差异很大，全系统如何贯彻落实，在贯彻落实中有什么问题，在工作中有什么创造性的经验，也要随时向上反映。全面、准确地理解上级精神和了解基层工作情况，是各级质量技术监督部门做好工作的前提。在当前改革任务、工作任务十分繁重，新情况、新问题不断出现的情况下，这一点就显得尤为突出。因此，全系统各级办公室首先要抓好政务信息的传递，保证上下之间及时、准确地相互了解情况，传达指令。锅容管特安全监察工作划过来之后，我们局系统对安全事故等方面的重要情况要求报送的更快、更多，地方局的同志要重视要情的及时上报，特别是一些重大事故、事件，千万不能延误。

2. 做到公文处理统一规范，是全系统实现政令统一的重要形式。长期以来，各地方局按当地政府的有关规定，在公文处理方面已形成了一些制度和办法。我们在办理各地方的来文、来电中看到，有的地方局公文处理得很规范，但也有少数地方局的公文办得不成样子。全系统管理体制改革后，公文处理中的这种不一致或不规范，不仅会影响我们的整体形象，还会对工作造成贻误。当前，中央、国务院特别强调要依法行政，我们作为执法部门，一言一行都必须严格依照法律、法规和有关制度。我们印发的每一份文件，都是政府行为的体现。无论是内容还是形式上的任何差错都会造成严重问题，有的还会引起行政复议案件。因此，我们一定要从依法行政的高度来对待公文处理工作，以严格的制度和程序来保证公文的质量。这次办公室主任会重点研究了公文格式、办理程序等方面的问题，这是最起码的要求。我们搞标准、质量的连文件都搞不好，岂不被人笑话。今后，还要进一步研究如何提高公文内在质量、如何确保公文办理的时限以及如何减少"文山"的问题。

3. 做到督查督办及时到位，是提高我们各项工作有效性的重要手段。加强督查督办工作过去虽然经常强调，但由于管理体制等方面的原因，全系统一直没有一个统一的说法。去年国家局"三讲"集中教育时，局党组根据机关和地方同志的意见，把建立健全督查制度、加强督查督办工作作为一条重要的整改措施。今年，国家局部署全年工作时，按照国务院关于加强管理、狠抓落实的要求，专门抓了重大工作和重要活动的督查工作，使今年工作有了一个好的开头。当前，各级质量技术监督部门的工作十分繁忙，有的是多项工作齐头并进，如果我们紧紧抓住督查督办这条线，就可以随时了解工作安排、工作进展，随时了解工作进展中遇到的问题和困难。一方面推动工作落实到位，一方面可以使领导根据新问题、新情况适当做出新决策。这次办公室主任会之后，首先是在全系统把督查工作的制度先建立起来，使之发挥应有的作用。今后，我们还要在总结实践经验的基础上，认真研究督查工作的责任等问题。

4. 做到值班到位，联络畅通，是保证全系统工作协调运转的关键。值班联络可以说是一件日常工作，但我为什么从保证工作运转的角度来讲呢。问题在于过去我们系统上下之间联系没有现在密切，工作职责，特别是处置重大事故的职责也没有现在多。下面有什么事也是先找地方政府，联系也方便。现在情况发生了很大变化，每遇重要事项或重要情况，上下之间立即就要联系。但近两年来，一些地方值班、联络常常出问题，有的地方局办公地点、电话变了好长时间也不向我们报告。有几次国家局有急事找省局，是通过省政府值班室才联络上。这种情况今后再也不能发生了。现在许多地方机构、人员正在变动之中，办公室联络极为重要，如果办公室能保持上下之间的联系，就不会误事；如果连办公室之间都联系不上了，全系统怎样正常运转。因此，我们一定要从增强整体意识，保证协调运转的高度来切实加强值班联络。局办公室就值班联络、重大事项报告向各省级局提了许多要求，我认为在当前情况下，还要从严才行。

这四方面的工作是我们目前迫切需要解决的。办公室的职责还涉及保密、档案、信访、办公自动化等各个方面，同样十分重要，一定要认真做好。随着垂直管理逐步到位，办公室工作要实现规范化、制度化管理。

### 第三，要不断加强办公室自身建设，提高人员素质，争创一流的工作成绩

办公室是一个机关的“窗口”和“中枢”。作为“窗口”，其工作好坏，工作人员的表现，都直接影响着一个机关、整个系统的形象，甚至党和政府在群众心目中的威信。作为“中枢”，办公室肩负上情下达，下情上报，联系左右，协调各方的任务，办公室无小事，不能有“盲区”。所以，我们要加强自身建设，提高整体素质，争创一流工作水平。

1. 要加强学习，全面提高素质。一是要加强政治理论学习，认真学习邓小平理论，特别是江总书记“三个代表”的重要思想和党的一系列方针政策，提高思想觉悟；要有政治敏感性，要增强全局观念，从改革和发展的大局来认识质量技术监督工作面临的形势和任务，不断适应社会主义市场经济发展的新要求，努力提高贯彻党的方针政策的能力，开创质量技术监督工作的新局面。二是加强业务学习，提高工作水平。质量技术监督工作涉及政策、法律、管理、技术等各个方面，政策性强、涉及业务面宽，在履行综合管理和行政执法职能过程中常常遇到一些新情况、新问题，办公室要当好领导的参谋与助手，必须对质量技术监督各项业务工作有深入地了解，这样才能做到心中有情况、对问题有分析、工作有思路。三是加强技能学习培训，提高工作效率。保障机关运转，各项工作顺利进行是办公室一项重要任务。办公室各岗位上的同志要熟练掌握和运用做好本职工作所必需的技能，每个同志都要不断加强业务技能学习和培训，提高工作水平和效率，同时要多搞一些专业性的培训和交流。

2. 建章立制。建立健全各项规章制度是办公室工作的基础，必须有法可依，有规可循，只能在大规矩下来发挥主观能动性。办公室面对上下，联系内外，一定要按规矩办事，一定要按程序办事，严格执行规章制度，是办公室完成各项任务的根本，不按规矩或有章不循将寸步难行。多少事实告诉我们，成也规矩程序，败也规矩程序。

3. 要吃苦耐劳，做无名英雄。办公室工作不求受到表扬，但求无大错。这并非降低工作要求和标准，而是办公室工作性质所决定的，工作做的再好是我们份内的事，但是不允许有差错。特别是要处理好三个关系，一是处理好对上的关系，对领导的指示，我们要认真落实，不能有丝毫懈怠；二是处理好与同级的关系。要耐心细致地听取他们的要求，在守原则、按程序的前提下，认真做好组织协调工作；三是处理好与基层的关系。满腔热忱地为基层服务，为群众服务，不仅是我们职责所在，也是实践全心全意为人民服务宗旨的根本要求，对任何来自基层反映的情况和问题，都要认真对待，认真处理。各级办公室的同志们也是这样做的，我们要再接再厉，做的更好。

4. 要严格要求，廉洁自律。办公室管钱、管物、管事，要做到常在河边走，保证不湿鞋。这就要求我们

不断加强学习，提高思想觉悟，增强自觉抵制各种诱惑的能力，正确对待手中权力，正确使用权力，防微杜渐，拒腐蚀，永不沾。

5. 要关心办公室同志的成长和生活。办公室工作很辛苦，也很清贫，各级领导应该从政治上、思想上、生活上关心体贴办公室的同志，多为他们的成长创造一些机会，要帮助他们解决生活中的实际困难。要用感情留人，用事业留人，用适当的待遇留人，真正把办公室建成一个团结的集体，有凝聚力的集体，有战斗力的集体。

同志们，通过这次会议，我们对做好办公室工作统一了认识，明确了任务，理清了思路，增强了信心，这是一次团结、鼓劲、交流、提高的会议。实行省以下垂直管理以后，各项工作需要及时沟通交流，这样的会议今后要每年开一次，为大家提供互相学习、切磋工作的机会。

# 蒲长城副局长在全国质量技术监督系统《产品质量法》宣贯工作会开始时的讲话

2000年7月26日

同志们：

今年7月8日，全国人民代表大会常务委员会第十六次会议，通过了关于修改《中华人民共和国产品质量法》的决定。同日，国家主席江泽民签署了第三十二号中华人民共和国主席令，公布了《中华人民共和国产品质量法》的决定，并确定于2000年9月1日起施行。新《产品质量法》的公布与实施，是我国社会经济生活中的一件大事，也是我国质量法制建设的重要里程碑，对我们进一步加强产品质量工作，努力提高质量技术监督工作对经济建设和社会发展的有效性，将产生极为深远的影响，发挥非常重要的作用。

在前不久召开的全国质量技术监督局长座谈会上，传卿局长代表国家局党组就以全面贯彻落实国务院质量决定为主线，落实中央一系列重大决策，加快全系统管理体制改革工作，推动质量技术监督深化改革，加快发展等问题，讲了很多重要的意见。传卿局长在讲话中，对我们全系统以江泽民总书记关于"三个代表"的重要论述为指导，做好当前和今后的质量技术监督工作，提出了明确要求，我们要结合工作实际，认真加以落实。传卿局长在谈到认真做好新《产品质量法》的学习宣传、贯彻实施工作时，要求各级质量技术监督部门在今年9月1日新《产品质量法》正式实施前，认真抓好三个环节，即"宣、培、贯"，做好各项准备工作。

围绕新《产品质量法》的出台，国家局最近集中抓了这样几件事：一是联合各新闻媒体开展了对新《产品质量法》的宣传，通过答记者问等形式，重点宣传《产品质量法》修改的重要意义和修改的主要内容。二是下发了认真学习宣传贯彻新《产品质量法》的通知，对各级质量技术监督部门学习、宣传的重点和工作提出了要求。国家局还和司法部联合发出了在全国范围内广泛开展宣贯活动的通知。三是配合全国人大法工委和国务院法制办编印了学习宣传贯彻新《产品质量法》的几本书，为全系统学习、培训、宣传等工作提供教材。四是组织力量着手起草实施新《产品质量法》的工作意见，相当于实施细则，并打算在执行一段后修改确定为部门规章，以指导全系统的执法工作。五是进一步加大执法力度作为依法行政的重点要求，在新《产品质量法》出台的同时，组织打好以"三重一大"为重点的监督执法的几个硬仗，即10大类重点产品、10个重点市场、30个重点地区的集中整治，同吉林省政府共同治理长春"汽贸城"市场的质量问题，我局与国家冶金局联合召开了部署建筑用钢材专项打假的电视电话会，共同组织全国范围内的建筑用钢材专项打假，深入开展农资产品打假和农资市场整顿，继续抓好对烟花爆竹等安全类产品的清理整顿，重点整治一些地方和企业生产劣质钢瓶的问题，组织有关地方和上海强生公司等企业进行联手打假保名优活动。最近，由传卿局长、明暹副局长带队，国家局组织专门工作班子到吉林省，与吉林省政府共同部署了"长春汽贸城"质量问题的整治工作。第六件事就是举办几期有地方局同志参加的骨干培训班，也就是采取国家局先培训骨干，再由地方局层层组织培训的办法，来全面、准确、深入学习和掌握新《产品质量法》的内容，以做好依法行政工作。我们今天召开的这个会，实际上也就是以会带训。

局党组，特别是传卿局长对这次会议非常重视，对会议参加人员、会议内容、会议开法，以及下一步要做好的工作，都作了明确指示。今后两天的会议，将邀请全国人大法工委、国务院法制办的领导同志讲课，并安排半天时间，请大家就学习、宣传、贯彻新《产品质量法》的工作进行讨论。会议结束前，明暹副局长将就贯彻实施新《产品质量法》的工作提出具体要求。刚才，兆彬同志向大家介绍了《产品质量法》的修改过程及有关问题，并谈了一些工作方面的设想意见，大家在会上还可以进一步展开讨论。我由于接手分管政宣司工作时间不长，因此，仅就自己初步学习新的《产品质量法》的认识，结合局党组的要求和当前的工作，谈一点想法，供大家参考。

学习好、宣传好、贯彻好新的《产品质量法》，与我们全系统实践“三个代表”的重要论述，贯彻依法治国的方略，坚持依法行政，加强产品质量工作，加大执法工作力度有密切的联系，是各级质量技术监督部门的一项重要工作任务。如何做到学习好、宣传好、贯彻好，我想有这样几个问题是应该重视和考虑的。

第一，《产品质量法》的修改，体现了质量责任重于泰山的精神，使我们看到党和国家对质量工作的重视程度更高了。

近年来，党中央、国务院高度重视质量问题，把质量工作摆到了全党工作，特别是经济工作的重要位置。在党的十五大提出的建设社会主义市场经济体制的蓝图中，在实现“两个根本性转变”的目标中，在经济结构调整的重大政策措施中，在健全和维护社会主义市场经济秩序的工作中，在组织实施产业结构调整、国企改革、加强农业、西部大开发、扩大对外开放等重大战略部署中，在保护人民生命财产安全、维护社会稳定的工作要求中，在应对加入 WTO 的工作准备中，党中央、国务院都对加强质量工作，提高我国产品质量的整体水平，加大市场监管和质量监督等方面，提出了明确的目标和要求。党中央、国务院这样重视质量工作，是因为产品质量差、档次低，假冒伪劣屡禁不止，质量事故时有发生，已在很大程度上制约了经济的发展，也严重削弱了我们在国际市场的竞争力。朱镕基总理指出，在当前经济结构调整的关键时期，质量正是主攻方向。有质量才有效益。放任假冒伪劣，国家就没有希望。《产品质量法》的修改是在这样的大形势、大背景下提出来的，也是在这样的大形势、大背景下出台的。

认真学习新的《产品质量法》，我们可以看到，修改后的《产品质量法》，以法律的形式，体现了党和国家关于质量工作的重大方针、政策，强化了中央提出的一系列加强质量工作的具体要求，从依法治国的高度，强调了质量工作的重要性，并将进一步推动全民族质量意识的提高。当前，我国改革开放和现代化建设的步伐不断加快，国民经济从今年以来出现了良好地发展势头，经济结构调整正向深层次推进。形势喜人也在摧人。一方面是党和政府要求我们必须加大质量工作力度，用铁腕抓质量；另一方面是人民群众希望我们以打假治劣的实际行动，使他们得以在放心满意的环境中购物，使企业得以在公平的市场环境中参与竞争。的确是质量责任重于泰山。我们必须清醒地看到这个大好形势对质量技术监督提出的新任务、新要求，联系中央的路线、方针、政策来认识这次《产品质量法》的修改，我们才能更深入地理解它的重要意义，更自觉地把本职工作同国家的大局联系起来，更深切地感到肩上担子的份量。由于时间关系，这里不可能展开来举例说明。但仅从新《产品质量法》“总则”里新增加的一条，即第七条关于各级人民政府的产品质量工作职责，我们就能清楚地看到，产品质量工作的重要性和工作责任已与过去有了很大的不同。

第二，《产品质量法》的修改，将党中央、国务院提出的有关加强质量工作的方针、依法行政的措施更为具体，使我们感到工作的紧迫感更强了。

大家知道，从 1998 年以来，党中央、国务院对加强质量工作，对我们质量技术监督工作，作出了许多重大决策，采取了几个大的改革措施。先是在 1998 年机构改革中，中央对质量技术监督部门的职能进一步给予加强，国家局成为国务院直属机构，并增加了多项职能；1999 年初党中央、国务院又决定对质量技术监督系统实行省以下垂直管理，实现了国家对质量工作领域的一次重大体制变更；同年 11 月，国务院召开了全国质量工作会议，发布了《关于进一步加强产品质量工作若干问题的决定》。传卿局长在受国务院委托，向全国人大常委会提交的《产品质量法》修改说明中，也介绍了上述情况。中央在短短两年时间里作出这些重大决策，不是偶然的，它是我国改革开放和现代化建设发展的需要，是实现党的十五大提出的建设社会主义市场经济体制的一项重要内容。《产品质量法》修改的部分，特别是新增加的内容，根据上述精神，进一步明确了各级人民政府和其他国家机关、社会团体以及产品质量责任主体；进一步补充、完善了产品质量监督管理制度，大大提高了法律规范的可操作性；进一步对企业提高产品质量、加强产品质量自律约束提出了要求，严格界定了生产者、经营者的法律责任；进一步体现了质量振兴、人人有责的精神，向社会各方面都规定了责任和义务。特别是在规范质量技术监督部门行政行为的同时，赋予了质量技术监督部门“打假治劣”所必需的行政强制措施。这几点，我们如果认真对照一下，就会深深体会到在党中央、国务院领导近两年的讲话和指示中，在国务院的有关文件中，都已提到了。

随着国家局和地方局职能调整和体制改革，随着国务院《关于进一步加强产品质量工作若干问题的决定》和新《产品质量法》的出台，我们国家的产品质量工作，可以说从行政职能上、管理体制上、法律手段上，即职能、体制、法律三方面都已比较齐全。抓好质量工作，推动我国产品质量整体水平的提高，关键是我们要去干了。这里，如果用万事俱备、只欠东风来说，好像有点简单。但认真分析起来看，过去我们经常说的诸如领导责任不明确，工作职能不到位、管理体制不顺、有效手段不足等问题，可以说基本解决了，至少是大部分解决了。在这种情况下，我们如果不能真正有所作为，恐怕是难以面对江东父老了。这两年，我参与了许多国家局文件、讲话材料的起草工作，每一次讲到形势任务时，局党组都反复强调要增强紧迫感、责任感。最近，通过学习江总书记的重要论述，联系这几年我们系统的变化和工作实际，我对增强我们紧迫感和责任感的压力有了更进一步的体会；对局党组反复强调的，坚持把贯彻落实国务院关于质量工作决定作为工作主线，以创造两个环境，促进产品质量提高的实际行动来落实“三个代表”的要求有了新的认识；也对坚持在有为、有威、有位的基础上，以有位、有为、有效来检查我们自身的工作更为坚定了。当然，一部质量法的出台，并不能一下子就解决所有的质量问题。提高产品质量，除了各级政府的责任、企业的责任外，还要靠国民素质和管理水平的提高，法制环境的完善。因此，我们还要有长期做艰苦工作的思想准备，坚持不懈地履行好自己的职责。

**第三，《产品质量法》的修改，加重了我们系统产品质量监督管理的责任和手段，使我们工作的责任更重、难度更大了。**

新《产品质量法》补充、完善了产品质量监督管理的行政执法手段和必要的行政强制措施，加大了对产品质量违法行为的法律制裁力度，这是解决长期困挠我们对假冒伪劣行为“打不疼、打不死”问题的根本办法。新《产品质量法》公布后，我听到不少基层的同志讲这下子我们就好干多了。但我为什么说工作难度反而更大了呢？这里，我用局党组在讨论关于加强依法行政工作时的意见，来说说这个“更难了”的道理。党中央、国务院在《关于地方政府机构改革的意见》中把质量技术监督局列为需要加强的执法监管部门，在贯彻依法治国基本方略中，我们作为政府机关和政府工作人员来说，必须保证做到依法行政、依法办事。近年来，国家公布了《行政诉讼法》、《行政复议法》等法律。我们如果不依法行政，甚至执法犯法，轻则就会成为被告，受到法律的追究，给事业带来不利影响；严重的甚至给国家和人民造成损失。我粗略算了一下，新《产品质量法》在赋予产品质量监督部门的处罚权方面修改、新增内容约有21个条、款，其中还有四条现场检查、调查取证、查封扣押等强制措施；新《产品质量法》在设定对质量违法行为的罚则等部分，共有大约17条修改和新增的条款，特别是在计算罚没违法所得数额等方面有了更具体的规定；新《产品质量法》在规范质量技术监督部门的行政行为，有关质检机构、中介组织的活动，以及因违反法律规定而应受的处罚等方面，修改和新增加了17条之多，其中新增加的条、款有11条。我例举这几组数字，不一定准确，但仅此不难看出，我们要重新学习、掌握的新《产品质量法》的内容确实不少。要做到严格地依法行政，保证我们的行政执法行为公正、准确，其中的难度就更大了。

过去，我们一些地方的同志在执法过程中，程序不对、手续不全、记录不认真的问题经常发生；个别人也曾执法违法、徇私舞弊、出据假证明或假报告；甚至还出现过个别地方包庇、放纵质量违法行为，阻挠、干预行政执法的情况。从今年9月1日起，我们一方面要仔细地研究和设计好新《产品质量法》的实施细节，保证那些新的、强制性的行政措施、手段、处罚能准确落实。像现场检查、调查取证等工作，有的和刑事侦察差不多一样了，我们必须加快训练和掌握这样的知识、技能。另一方面，我们还要随时随地考虑好自己的行政执法行为会不会有什么漏洞，如果行政相对人提出质疑、提请行政复议或提出行政诉讼时，你能不能保证自己的执法行为有理、有据。执法违法当然行不通了，就算你是认真依法行政，但任何一点工作上的疏漏都会造成很大的麻烦。这方面的例子和教训过去已有过许多了。说到这里，我想大家对传卿局长讲到的，轻则会被法律追究，重则给国家和人民造成损失的理解就会深刻了。如果说有哪位同志看了新《产品质量法》，回顾过去自己的行政执法工作时，额头上出点冷汗，背后冒点凉气，我想是件好事。

**第四，按照新《产品质量法》履行好法定职责，完成好党和人民交给我们的任务，标准更高了，要求更严了。**

我是质量技术监督系统的一员新兵。从调到国家局到现在，还不满三年时间。这三年中，我从学习到从事质量技术监督工作，从几乎一无所知到热爱质量技术监督事业，是因为我切身感受到了中央领导、人民群众对质量技术监督工作的重视和关心，看到了许许多多勤奋工作、艰苦奋斗的领导和同事们的敬业精神，也体会到了这项工作的重要。可以说，在党中央、国务院的正确领导下，在各级政府和有关部门的大力支持下，在社会各界的共同关心下，经过全系统广大干部职工的艰苦努力，质量技术监督工作取得了很大成绩，事业得到了很大发展，这是我们十分珍贵的基础。

随着社会主义市场经济体制的建立和完善，随着国际间竞争的日趋激烈，随着广大人民在物质、文化等方面对质量要求的不断增强，我们的工作任务越来越重，工作水平需要不断提高，许多方面的不适应就越发突出起来。新《产品质量法》可以说是对我们全方位的提出了更高的标准、更严的要求。比如说，在法律明确了产品质量责任的主体后，如何落实这些主体应负的责任，需要我们加强协调和管理，改革和完善许多工作制度，以及相应的规章；在法律大大提高了可操作性的情况下，需要我们随之改进和修订已有的工作制度；在法律严格规定了生产者、销售者相应的法律责任，明确了企业自律的基本要求时，需要我们进一步解决好对企业的指导和服务等问题；在法律赋予我们更多的行政强制措施后，需要我们更严格地按“科学、公正、廉洁、高效”的要求指导工作，在法律对我们质量技术监督部门规定了许多制约性条款后，需要我们进一步加强队伍建设，尽快建立起内外部监督制约机制。这些问题，有的属于新任务，有的则是以往工作还不适应的，哪一项都要花大气力才能做好。关于如何解决我们自身工作的不适应问题，国家局党组从去年的“三讲”教育到今年的“回头看”活动，多次做了认真研究。在国家局党组的整改措施中，把这项内容列为重要一条。在传卿局长提议下，国家局党组还专门组织力量，成立了改革与发展工作研究小组，已开展了工作。

真正做到高标准、严要求，涉及的内容会相当多。由于新《产品质量法》增加了许多需要我们与各方面合作完成的规定，我这里仅以自己工作中的一点体会，说一说与有关部门加强协调和配合的问题。质量问题涉及方方面面，质量工作必须依靠全社会来抓。因此，树立各部门齐抓共管、综合治理的思想对我们来说极为重要。今天来的地方局的同志都是从事法规和执法监督的，无论是行政执法和管理工作，都经常与其他部门打交道，发生工作联系。能不能做到主动协调，搞好配合，是我们经常遇到的问题，也是影响工作成效的一个关键问题。做好这方面工作，我从自己在局办公室工作的实际中，从国家局领导同志处理这些问题的工作中，体会到这样一句话，即一定要有大局意识、整体观念和主动协作精神。我们局组织起草关于全系统实施省以下垂直管理体制改革的方案，国务院关于质量工作决定这两个文件和参与修改《产品质量法》的过程，就很能说明这个问题。首先，国家局党组从抓大事、管全局的高度，明确了起草好文件的重要意义，提出了起草、修改的指导思想。尽管这两个文件、一个法主要讲的是质量技术监督工作，但局领导，经常强调的是要站在全局的高度来提出意见，从全局的角度来分析问题。在涉及到多个部门共同承担的工作任务时，局领导总是要我们充分听取和考虑其他部门的意见和要求；在需要其他部门帮助和支持的问题上，几位局领导都是亲自上门去给人家汇报，争取理解和支持。在需要和有关方面一起合作完成的工作上，局领导总是要求我们把别人让在前边。我在起草文件中，经常看到传卿局长把与我局并列的部门，改写到我局名称之前。实事求是讲，我们在具体工作中，常常遇到部门间发生矛盾、或是配合不好的问题。我从国家局党组这两年对有关问题的处理上，感到有两点是我们必须认真把握的：一是在质量工作领域，无论是政府监管，企业自律，还是市场制约，我们只能在其中发挥一部分作用，靠我们一家是“包”不下来的。二是在与其他部门发生职能、工作方面的矛盾时，切不可片面强调只有坚持自己的意见才是最好的办法，那种斤斤计较、“寸土必争”的干法只能是贻误工作，到头来也害了自己。在两个文件和质量法起草、修改过程中，几位局领导反复与有关方面协商，有时专门到一家一家部门、一个一个人那里去做工作，并对我们提出的工作意见作了许多大的调整。事实证明，这两个文件和质量法在出台后，得到了内外的一致好评，成为我们质量技术监督工作的一个新的起点。当然也有同志会说，文件和法律中还应加一些什么什么内容。但从整体看，这些修补的内容并不是关键问题。要知道，如果我们还是单方面强调把自己想要的都加上，文件和法能出台吗？这其中的难处、局领导和局机关有关司的同志为此付出的辛苦我就不说了。

同志们，我刚才讲的意见不准确、不合适的，供大家讨论。会议结束时，明暹副局长还要代表国家局向大家提出工作要求。我这里讲的全部是个人在学习新《产品质量法》后的认识和看法，不当之处，还请大家批评指正。

最后，我再对开好这次会议提几点要求。一是要高度重视、集中精力听好课、组织好讨论。局里几位领导同时到会并轮流主持，大家应从中看到国家局的重视程度。二是要认真研读新《产品质量法》，结合辅导讲课，既要明了新修改和增加的内容，又要掌握精神实质。三是要把《产品质量法》同国务院质量决定结合起来学习，从提高工作的有效性、加大执法力度和严格依法行政的高度，联系工作实际，思考和研究宣传贯彻新《产品质量法》的工作。四是要强调整体观念和组织纪律，认真按会议的安排，共同完成好会议的任务。最近北京地区气温高，许多同志可能不适应，我们一定尽力为大家服好务，也请大家注意健康安全。

# 朱明暹副局长在全国质量技术监督系统《产品质量法》宣贯工作会上的讲话

2000年7月28日

同志们：

这次《产品质量法》宣贯工作会议就要结束了。三天来，大家认真听取了全国人大法工委、国务院法制办领导同志的讲课，并按照传卿局长提出的统一思想、明确责任，加大力度，加强自律的要求，就学习、宣传、贯彻新《产品质量法》等进行了认真、热烈的讨论；长城同志还对如何学习好、宣传好、贯彻好新《产品质量法》讲了很好的意见；几位地方局的同志还在大会上交流了学习体会和工作打算。可以说，会议开得很成功，达到了预期的目的。在座的都是各省（区、市）分管法制工作的局领导，法规处、监督处、稽查处负责人，肩负着组织动员全系统深入学习、宣传和贯彻新《产品质量法》的重要使命。我们只有首先学习、掌握好《产品质量法》，真正理解这次对《产品质量法》修改的目的和重大现实意义，才能组织带领全系统广大干部职工学习好、宣传好、贯彻好新《产品质量法》，才能在推动全系统提高依法管理、依法行政的能力和水平方面发挥重要作用。根据国家局党组安排，下面我就下一步深入学习、宣传、贯彻新《产品质量法》，讲三点意见：

## 一、新《产品质量法》的颁布，是提高我国产品质量整体水平的重要保障

质量问题是关系改革开放和社会主义现代化建设全局的重大问题，提高产品质量是实现我国经济持续、快速、健康发展的基础。党中央、国务院一贯重视产品质量，把质量问题作为经济发展的一个战略问题。党的十五大以来，中央在对经济工作的指导上，着眼于经济体制和经济增长方式的根本性转变，一直强调在保持经济适度增长的同时，把工作的着力点放在优化结构，提高经济增长的质量和效益上来。我国改革开放二十年的经验表明，只有保持一定的发展速度，才能不断加快建设步伐，但片面追求速度，不讲质量，即使速度一时上去了，最终也会掉下来，使经济发展走弯路。江总书记曾明确指出，我们要的是速度，是实实在在，没有水份的速度，是协调发展、讲求质量效益的速度。因此，我们要讲速度、讲效益，就不能忽视产品质量，就必须把全面提高产品质量放在非常重要的位置。近年来，我国经济运行环境发生的一系列深刻变化，针对买方市场初步形成、社会主义市场经济的基本框架初步确立、对外经济联系日益密切，党中央、国务院采取了一系列重大决策，实施积极的财政政策、经济结构调整、扩大内需、加快国企改革与发展、实施西部大开发战略、加入WTO等。正是由于这些重大决策的有效实施，我国顶住了亚洲金融危机的冲击，保持经济以较快速度增长，今年上半年我国经济发展更是出现了稳步回升的良好势头。这些重大决策都对加强质量工作和提高产品质量提出了明确要求。提高产品质量是扩大国内需求、增强国际竞争力、实现产业升级、提高经济运行质量和效益的关键。

与此同时，党中央和国务院制定了一系列方针、政策，把提高产品质量的总体水平作为实现我国经济振兴的关键，提到了我国经济发展全局的重要位置。近几年来，全社会的质量意识不断提高，各级政府、广大企业和社会各界在加强质量工作、推动产品质量提高方面，做了大量工作，取得了较大成绩。在各地区、各部门和广大企业的努力下，我国产品质量呈现出稳中有升的态势。今年上半年，国家产品质量监督抽查合格率达到79.6%，比去年上升了1个百分点。为了从根本上解决产品档次低、质量差、假冒

伪劣屡禁不止、质量违法行为不断、重大恶性事件时有发生等制约我国经济发展的问题，切实加大质量工作力度，1998年以来，国务院机构改革，党中央、国务院采取一系列措施，先后从职能上加重了质量技术监督部门的责任，明确了质量工作的重要地位；从组织机构上强化了质量技术监督部门的权威性，全系统省以下各级地方局行政级别全部到位；从体制上进行了省以下垂直管理的改革，提升了质量技术监督系统在建立统一开放、竞争有序的市场中作用。现在，又从法律上为我们加强质量工作，履行好各项职能提供了重要保障。可以说，当前是充分发挥我们作用的极好的时期，党中央、国务院从各个方面为我们做好工作创造了极为有利的条件，关键看我们能否抓住机遇，有所作为。

新修改的《产品质量法》明确了各级人民政府在产品质量工作中的责任，建立了企业产品质量的自律机制，补充、完善了产品质量监督管理的行政执法手段和必要的行政强制措施，加大了对产品质量违法行为的法律制裁力度，加强了对产品质量监督部门和产品质量检验机构、认证机构的约束，建立了产品质量社会监督机制，为加强产品质量监督工作，全面提高我国产品质量，加大打假工作力度，保护广大消费者和工商企业合法权益，营造公平竞争的市场环境，培育优胜劣汰的市场机制提供了更加强大的法律武器，同时也为我们开创质量技术监督工作新局面提供了有力的法律保障。在《产品质量法》公布后，特别是在这次会议期间，大家都表示，现在，我们的工作目标和任务已经明确，组织保障和执法保障已更加完善，面对国家经济发展的迫切需要，面对党和人民的殷切期望，我们一定要万众一心，奋力拼搏，干出成绩。许多同志还客观地分析了我们自身工作存在的各种不适应，提出了需要通过转变观念、深化改革解决的实际问题。国家局党组认为，在当前形势下，我们能否不辜负党中央、国务院的重托，不辜负广大企业和人民群众的殷切期望，关键在干，贵在实干。各级质量技术监督部门一定要统一思想，提高认识，一定要认清市场竞争的严峻形势和质量对于企业发展、国家强盛所起的作用，以“三个代表”的重要思想为指导，以贯彻实施新《产品质量法》为契机，牢牢把握全面贯彻落实国务院质量决定这条主线，充分履行综合管理和行政执法两大职能，进一步提高质量技术监督工作对国民经济和社会发展的有效性，推动产品质量总体水平提高，实现我国质量振兴。当前，要抓住加强执法工作力度和加强自我约束力度这两个关键环节，把新《产品质量法》学习好、宣传好、贯彻好。

## 二、认真抓好宣传培训，为《产品质量法》的全面贯彻实施做好准备

新修改的《产品质量法》公布后，国家局迅速就学习、宣传、贯彻的工作发出了通知。各级质量技术监督部门按照国家局有关通知要求，也已紧急动员起来，在当地党委、政府的领导下，开始组织系统内部的学习、培训和面向社会的宣传普及工作。与此同时，新《产品质量法》的公布，引起了社会各界的广泛关注，许多企业、单位和个人纷纷向我们了解这部法内容和实施的有关情况。可以说，一个学习、宣传、贯彻新《产品质量法》的热潮正在兴起。抓住从现在起到《产品质量法》实施前的这一段有利时机，认真做好有关这部法的学习、宣传、培训和有关执法工作的准备，使全系统学习新法、掌握新法，使广大企业、消费者以及社会各界了解新法，遵守新法，是我们各级质量技术监督部门一项十分紧迫的任务。根据局党组的意见和同志们在这次会上提出的建议，我认为应认真做好以下几个方面的工作。

1. 采取多种形式，开展广泛深入地宣传活动。

各级质量技术监督部门要在各级党委、政府的领导下，密切联系司法、宣传等部门，将《产品质量法》的宣传工作作为当前各级地方普法宣传工作的重要内容。要充分利用各种媒体，灵活采取多种宣传形式，做好质量宣传工作。要通过在报刊、电视、广播、网络等媒体上开辟专栏，举办知识讲座、法律咨询、知识竞赛等多种群众喜闻乐见的形式，寓教于乐，引导广大企业和消费者在广泛参与中学法、知法、守法，自觉地用法。各地在宣传中还要区分不同对象，抓住重点，有针对性地对生产、经营企业和消费者进行重点宣传和普及。为加大宣传力度，提高宣传效果，今年的“质量万里行”要以《产品质量法》的宣贯为重点，

精心组织一些重大活动，造成声势；"质量月"活动要结合《产品质量法》的宣贯实施，把《产品质量法》的重要内容，特别是一些新增加的内容，作为主题。经过这一段时间的集中宣传活动，使《产品质量法》在全社会的认知程度得到进一步的提高，为下一步贯彻实施这部法打下一个良好的社会舆论基础。

2. 有计划、有重点地抓好全系统的法律培训工作，努力提高人员素质和依法行政水平。

这次《产品质量法》宣贯工作会为全系统《产品质量法》的宣贯工作开了好头。各级质量技术监督部门要尽快行动起来，自上而下地迅速组织全系统广大干部职工，尤其是机关干部、执法人员以及有关技术机构、中介组织的工作人员开展教育培训，务求准确地掌握新修改的《产品质量法》的内容，保证正确地履行综合管理和行政执法的职能的需要，打好全系统贯彻实施新《产品质量法》的法律知识基础。一是要制定切实可行的教育培训计划，充分考虑各地各级质量技术监督部门不同岗位、不同人员素质的实际情况，确保在今年9月1日前将所有工作人员基本培训一遍。二是要以法制和执法监督工作机构为主，重点抓好一批骨干人员的培训，并以点带面，为《产品质量法》在全系统的培训和普及工作提供必要的合格的师资。为此，国家局有关司还将陆续举办几期培训班，为各省（区、市）局培训骨干服务。三是要在抓好自身培训的同时，配合有关部门，有重点地开展对有关机关、企业、社会团体等方面的法律知识普及培训。

3. 抓紧进行各类规章制度的修订，为新《产品质量法》贯彻实施做好工作准备。

在1993年七届全国人大常委会审议通过《产品质量法》前后，制定了一系列的配套法规、规章，至今已形成了以《产品质量法》为主体，以配套法规、规章为补充的产品质量法规体系，而这次法律修改，由原来的五十一条增加到现在的七十四条，新增二十五条，修改二十条，删除二条，原来的《产品质量法》所确定的产品质量管理、监督和责任制度已有较大调整和变化，因此，作为产品质量法规体系重要组成部分的产品质量行政法规，部门规章，地方法规，地方规章等也要相应做调整，也就是做相应的"立、改、废"工作，牢牢夯实我们贯彻实施新《产品质量法》的执法工作基础。

一是对现行产品质量法规、规章，规范性文件等进行清理。清理是做好质量法规、规章"立、改、废"工作的重要前提和基础，因此，在清理过程中，要严格坚持以修改后的《产品质量法》尤其是修改内容为依据，同时要严格遵循《立法法》确定的立法原则。清理结果要能准确地反映现行法规规章中哪些需要废止，哪些需要进一步修改补充，哪些需要重新制订。

二是抓紧修改现行产品质量法规规章中与《产品质量法》不一致或者不适应的方面。新法加强了对产品质量监督部门以及产品质量检验机构、认证机构的约束，这就需要修改和完善产品质量监督部门自律规定以及产品质量检验机构、认证机构管理办法等。新《产品质量法》在产品质量监督检查制度、产品生产者、销售者质量义务、产品质量行政处罚力度等方面都做了重大修改，与之相适应，以前制定公布的有关这些方面的法规规章都应当进行适当的修改，还包括执法文书的修改等。

三是根据《产品质量法》新增加的内容，抓紧制定一批配套的法规规章。例如，《产品质量法》补充完善了产品质量监督管理的行政执法手段或者行政强制措施，这就需要抓紧制订质量技术监督强制措施程序和实施办法的规定。新产品质量法增加了对产品储运者、产品经营服务者的处罚规定，这就需要补充制订有关产品储运者、经营服务者的监督管理办法。

4. 转变观念、深化改革，以贯彻实施《产品质量法》带动质量技术监督工作再上新台阶。

通过《产品质量法》的宣传培训工作，不仅要在全社会掀起一个学法、知法、守法、用法的高潮，更重要的是要让全系统通过深入学习《产品质量法》的各项内容，深刻领会产品质量立法的实质，转变观念，深化改革。在贯彻实施的实际工作中努力提高质量技术监督工作对国民经济和社会发展的有效性，推动我国产品质量整体水平的提高。这是我们全面贯彻实施《产品质量法》，提高执法水平的重要思想基础。

一是各级质量技术监督部门要树立质量工作本身就是经济建设中心主战场重要组成部分的观念。

要充分认识到质量工作已经同经济发展水平、经济效益和综合国力的增强这个大局溶为一体。

二是要“权责一致，强化自我约束”的观念。有权力就有责任，有责任就有风险，有风险就必须强化自我约束。在加强自律、依法行政的同时，《产品质量法》还加强了对产品质量监督部门的约束，明确规定了产品质量监督检查的规则，以及检验机构、认证机构，和产品质量监督部门以及检验机构的从事中介活动的禁止性规定，各级质量技术监督部门应当严格遵守有关规定，坚持依法行政，决不能执法犯法。

三是进一步增强改革和创新的观念。新《产品质量法》的颁布实施，对我们的工作提出了更新更高的要求，面对许多新情况、新问题，我们必须进一步增强开拓创新观念，以改革的精神去迎接新的挑战。

在不久前刚刚结束的全国地方局长座谈会上，传卿局长代表局党组就质量技术监督工作如何进一步深化改革、加快发展问题作了明确的阐述。他指出：我们必须进一步提高对改革发展的紧迫性和重要性的认识。提出“再不改革可能就要误事了”的告诫。改革的总体思路是要把质量技术监督工作的重点转移到对关系到人身健康与财产安全、动植物安全与健康、国家安全等产品的监管上来，把工作的领域由生产流通并重，转移到以市场和流通领域为主方面来，在管理方法上要从以行政手段为主转移到行政和法律手段并重，坚持依法行政方面来。改革和发展的重点问题有五个方面，即业务工作、技术机构、干部人事工作改革，加强中介组织建设和建立健全内外部监督制约机制。业务工作的改革是要进一步明确提高质量、净化市场、加强技术基础，强化锅容管特安全监察、推进与国际惯例接轨的工作重点。干部人事工作改革，是要建立能上能下、能进能出的机制。技术机构改革，就是要按国家关于科技体制改革的要求，加快自身改革，增强发展实力。新《产品质量法》第二十条关于质检机构不得与行政机关存在隶属关系或其他经济利益关系的规定，是与社会中介机构一并提出来的。并不是指所有的质检机构。作为中介机构的质检机构，要与政府隶属关系脱钩，利用利益关系脱钩，是完全正确的。按照国家局与科技部共同研究的意见，将来大部分质检机构都要成为中介机构。但是在目前情况下，不是所有的质检机构全部是刀切为中介机构。质检机构，一部分必须是国家管理的，即，另一部分是中介机构。国外从事质检工作的实验室，也有一些是国家实验室。两种性质的质检机构在一定时期内要共同存在。新《产品质量法》的实施不会削弱我们系统质检机构建设，而且为进一步规范质检行为，加大执法监督力度提供了可靠保证。有关建立健全我们自身的监督制约机制问题，我在后边要专门讲，这里就不展开了。

## 三、突出“两个加强”，全面贯彻实施新的《产品质量法》，开创工作新局面

1. 新的《产品质量法》的颁布实施，必将在全国范围内形成一个学好新《产品质量法》、用好新《产品质量法》的高潮，全国质量技术监督战线的每一个同志都要珍惜这个难得的机遇，把新修改的《产品质量法》的每一条规定都落到实处，当务之急是围绕以下六个方面做好工作：

第一，协助各级人民政府落实在产品质量工作中的责任。各省、自治区、直辖市质量技术监督局要按照全国质量工作会议的部署，抓紧对本地区重点产品、重点行业质量的状况的调查，摸清这些产品的现状，与国内外同类产品的差距，存在的主要问题，并且提出相应的对策和建议，向当地人民政府、有关部门和企业通报。要抓住当前制定“十五规划”的有利时机，将切实提高本地区产品质量水平纳入当地政府制订的国民经济与社会发展规划，并加强领导，组织实施。同时，结合当前监察部、国家质量技术监督局正在全国开展的质量工作和打假工作责任制落实情况的检查，切实落实《产品质量法》赋予各级人民政府的质量工作职责。

第二，引导企业履行《产品质量法》规定的质量义务，建立企业保证产品质量的自律机制。各省、自治区、直辖市质量技术监督局要引导企业建立健全内部质量管理制度，完善质量保证体系，严格实施质量岗位规范，加强质量管理。帮助企业建立完善标准体系，消灭无标生产。对涉及人体健康，人身财产安全的产品，要督促企业严格执行强制性标准，禁止生产、销售不符合强制性标准的产品。帮助企业加强计量

检定检测体系建设，保证量值准确可靠传递和计量检验测试的准确性。对实施生产许可证的产品，要严格对企业的生产条件和质量体系审核。要坚持法律规定的自愿原则，大力推行产品质量认证和质量体系认证工作。要依法实施好以监督抽查为主要方式的产品质量监督检查制度，突出重点，探索适应社会主义市场经济需要的产品质量监控制度，加强对涉及人体健康，人身财产安全的产品，涉及国计民生的重要工业产品，以及广大消费者反映有严重质量问题的产品的监督，并监督不合格产品生产企业依照《产品质量法》的规定进行严格整改。

第三，运用好《产品质量法》赋予的行政强制手段，加大执法力度。要充分运用《产品质量法》新赋予质量技术监督部门在行政执法中对涉嫌违犯本法的行为行使的四项职权，即现场检查权、调查了解权、查阅复制权和封存扣押权，制止违法行为继续造成危害，取得可靠证据。对因不懂法、不理解而拒绝执法部门依法行使上述职权的人，要做耐心的宣传和说服工作；对不听劝阻，坚持拒绝、阻碍执法部门依法执行职务的，要及时果断地会同公安部门依法强制实施，绝不手软。行使封存扣押权是直接影响到行政相对人财产权的活动，一定要采取慎重的态度，杜绝随意封存扣押的现象。对采取封存扣押措施的要及时妥善地做出处理，不能久封不决，避免因此造成损失，导致行政赔偿。

第四，加大对产品质量违法行为的法律制裁力度。新修改的《产品质量法》将以违法所得为处罚基数修改为以生产销售的伪劣产品货值金额为处罚基数，这些伪劣产品包括已售出的和尚未售出的，并且在法律的第49条至53条连续五条的罚则中均规定了没收违法生产、销售产品的财产罚，加大了处罚力度，解决了“打不疼，打不死”的问题，并提高了法律的可操作性。各级质量技术监督部门要充分运用这一法律武器，围绕国家局确定的重点产品、重点市场和重点地区，集中时间，集中力量，从重从快从严地查处一批大案要案，做到有法必依，执法必严，违法必究。通过打击质量违法行为，整顿重点地区、重点市场，充分显示新修改的《产品质量法》的法律威严，震慑违法分子、遏制区域性、成规模的制假售假活动。

第五，建立产品质量社会监督机制。各级质量技术监督部门要充分发挥新闻、舆论和群众监督的作用，密切结合《产品质量法》的宣传贯彻工作，广泛发动工商企业和人民群众积极行使《产品质量法》赋予的权利向执法部门举报制假售假违法犯罪行为。要尽快促成各省、自治区、直辖市人民政府出台对举报人实施奖励的规定，并严格为举报人保密，以确保他们的安全。要积极受理群众的每一个举报和消费者的每一件申诉，并认真做出处理，绝不允许敷衍、推诿，否则要依法追究有关部门和人员的责任。要积极支持消费者和企业向质量违法犯罪分子提出侵权损害赔偿。进一步加大对制假售假违法犯罪分子的曝光力度，对重视产品质量和质量管理工作的工商企业要及时给予宣传和表扬。使广大群众和工商企业对新《产品质量法》有更深入的了解和切身的体会。形成假冒伪劣人人喊打，人人重视产品质量的良好社会氛围。

第六，严格执行对质量技术监督部门及产品质量检验机构、认证机构的自我约束，加强队伍建设。新的《产品质量法》对质量监督抽查的工作秩序、产品质量检验机构和从事检验、认证等社会中介机构的设立、业务活动和法律责任等增加了一系列规定，对重复抽查、推荐生产者产品、监制、监销等行为做了禁止性规定。各级质量技术监督部门及产品质量检验机构必须立即无条件地停止一切不符合法律规定的行为与活动，依法自觉约束本部门、本单位和每一个工作人员的行为，并形成制度。上级部门要加强对下级部门的监督，考核授权部门要加强对受权单位的监督，对于违反法律规定的，要依照《产品质量法》的规定严肃处理并追究其责任。各级质量技术监督部门要结合新的《产品质量法》的贯彻实施工作，按照发展社会主义市场经济的需要，加快建立一支政治坚定、公正廉洁、纪律严明、业务精通、作风优良的队伍。

2. 贯彻实施新《产品质量法》需要准确理解每一条款的立法本意，需要统一掌握一些新修改或新增加条款的执行办法，需要尽快调整或修改一些现行的工作制度。我根据初步学习新《产品质量法》的认识，结合工作实际，分三个方面就这部法有关条文的理解、执行问题谈一点意见。由于国家局准备在总结执法和行政工作经验的基础上制定具体实施办法，并正在与有关部门就需要共同配合的工作进行协调，我下面谈的意见就先不印了，因为也担心不准。

3. 贯彻实施新的《产品质量法》，尽快以新的《产品质量法》武装我们的队伍，是全国各级质量技术监督部门当前的头等大事。我们召开的这次会议，可以看做是一次贯彻实施《产品质量法》的动员大会，还有大量的、具体细致的工作需要国家局和各地的同志们共同去做。为确保贯彻实施工作在今年年底以前初见成效，就必须突出“两个加强”：一是突出加强工作力度，尤其是加强执法力度；二是突出加强队伍的自律。加强自律是加强执法力度的保证，加强执法力度必须以提高依法行政的水平为基础。

加强各项工作力度，尤其是加强执法工作的力度，就是将新的《产品质量法》运用于目前已经部署或正在进行的执法打假实战，能够使我们的执法力度在以往的基础上产生一个新的飞跃，同时，在具体的执法实践中学习《产品质量法》，运用《产品质量法》，也是贯彻实施《产品质量法》的最好方法。就而言，要抓住新的《产品质量法》颁布实施的机遇抓好国家局部署的五个专项工作：一是以长春市汽配贸易城为重点，在全国开展整治区域性假冒伪劣汽车配件问题；二是与国家冶金局共同组织实施在全国范围内开展以螺纹钢为主的建筑钢材的专项打假和整治工作；三是继续深入开展农资产品的打假和农资市场整顿，同时完成对重点区域的整治工作；四是继续对生产劣质钢瓶、土锅炉等劣质“锅容管特”产品的重点地区和企业进行集中整治；五是与上海强生公司等企业组织联手打假保名优活动。这些专项打假工作务必在今年年底以前取得实效。各省、自治区、直辖市在完成国家局的上述部署的同时，应当围绕国家局今年年初提出的关于开展“三重一大”打假工作的实施意见，按照本地区今年的整顿治理和专项打假工作的部署，也打上几个漂亮仗，既能向全社会显示新的《产品质量法》的威力，又能取得生动的、直接的体会和经验。

加强队伍自律。目的在于尽快使我们的体系和机制符合新的《产品质量法》的规定，适应社会主义市场经济体系和经济发展的需要。各级质量技术监督部门应认真对照新的《产品质量法》的规定，有领导、有组织、有计划、分阶段地把每一条要求落到实处，形成严格的制度。要坚定不移地贯彻执行依法行政的方针，做到职责法定、处罚法定和程序法定。要珍惜、维护质量技术监督部门科学、公正、廉洁、高效的形象。产品质量检验机构、认证机构必须客观、公正，并依法承担法律责任。要进一步加强思想政治工作，大力提高整个质量技术监督行政执法队伍的思想政治素质；加强教育培训，严格考核，所有执法人员都必须持证上岗，并实行定期轮岗制度；加强党风廉政建设，严格执行执法人员守则、岗位责任制、过错追究等制度，不断加大反腐败斗争的工作力度，坚决抵制金钱诱惑、地方保护、人情干扰对执法工作的影响，要把那些有违纪违法行为的人员和腐败分子及时从执法队伍中清理出去；采取走出去，请进来等多种方式，主动接受社会各界、人民群众和新闻舆论的监督。

同志们，新修改的《产品质量法》为全国质量技术监督工作开创新局面铺平了道路，奠定了基础，也大大鼓舞了全国 15 万质量技术监督战线的同志们的士气，我们一定要在贯彻新修改的《产品质量法》所创造的大好形势下努力使各项工作取得长足的进步。当然，在我们今后的质量监督和打假执法实践中，必然还会遇到一些新的困难和更复杂的情况，只要我们坚定不移地贯彻江泽民同志提出的“三个代表”的重要思想，坚持有法必依，违法必究，执法必严，锐意改革，知难而进，就一定能够克服困难，履行好法律赋予我们的职责，完成党和人民交给我们的光荣任务。

# 在全国质量技术监督局长会议结束时的讲话

国家质量技术监督局副局长　王秦平

2000年12月28日

这次全国质量技术监督局长会议经过两天半的议程，今天上午就要结束了。会议开始时，传卿同志代表国家局党组作了重要讲话；会议期间，上海、辽宁、广东、浙江、北京、新疆、山西、贵州八个省（区、市）局的负责同志，结合各自的工作实际，先后作了大会交流发言；会议围绕传卿同志的讲话进行了讨论；分组讨论修改了《关于质量技术监督工作和事业深化改革加快发展三年实施意见》和《2001年全国质量技术监督工作要点》两个文件。会议开得紧张而热烈，达到了预期目的。现在，我受国家局党组的委托，再讲三点意见。

## 一、关于对这次会议的总体评价

大家认为，这次会议是党的十五届五中全会和中央经济工作会议召开之后，全国质量技术监督系统召开的一次落实两会精神的重要会议。会议总结了质量技术监督系统“九五”期间的工作，明确了新世纪之初质量技术监督工作与事业改革发展的目标和任务，研究部署了明年的工作，既是“九五”的总结会，也是“十五”开局的动员会，对于动员全系统广大干部职工做好新世纪的质量技术监督工作具有重大而深远的意义。大家认为，传卿同志的讲话系统总结了“九五”期间全国质量技术监督工作取得的成绩，又客观真实地分析了存在的问题和不足，非常实事求是、恰如其分。讲话按照中央十五届五中全会和中央经济工作会议的精神，找准了质量技术监督工作与十五届五中全会精神的结合点，增强了大家推动质量技术监督工作和事业深化改革加快发展的责任感、紧迫感和使命感。在部署明年的工作时，强调把握“一条主线”，抓好打假这个“一号工程”，落实六项任务，确保一个到位，任务和要求明确而具体，使地方局的同志对做好明年的工作感到心中有了底数。讲话从贯彻落实江总书记“三个代表”重要思想的高度，提出推进三个转变，加强队伍建设，保证实现“十五”良好开局，抓住了做好工作的根本。讲话既总结了过去，又规划了今后；既放眼长远，又着眼于明年的起步，使大家感到鼓舞，振奋了精神。

大家认为，八个省（区、市）局负责同志的发言各有特色，分别围绕努力提高质量技术监督工作对国民经济和社会发展的有效性，推进改革，加强队伍建设，打假治劣，努力为老百姓办实事，为西部大开发做好有关工作，以质量为中心做好服务工作，建章立制、加强管理等方面所作的工作和体会，针对性强，听后很受启发，达到了交流经验、增进了解、促进共同提高的目的，对促进质量技术监督工作具有很好的指导作用。

关于明年的工作要点和三年改革与发展实施意见，与会的同志认真讨论，提出了许多很好的修改意见和建议。对明年的工作要点，国家局将按照大家所提意见，尽快修改后下发。对三年改革与发展实施意见，还请同志们带回去，建议召开省（区、市）局党组扩大会议，多方面征求意见，认真修改后于2001年1月10日前寄回国家局政宣司，国家局党组再认真汇总修改后下发。

大家一致认为，通过这次会议，提高了认识，统一了思想，明确了目标和任务，会议达到了预期目的，取得了成功。大家也表示，回去以后一定要按照传卿同志的讲话要求，结合实际，创造性地开展工作，在新世纪把质量技术监督工作和事业发展推上新台阶，为国民经济和社会发展做出新的贡献。

## 二、关于需要强调的几个问题

第一，把打假治劣放在头等重要的位置，全力以赴抓好"一号工程"。

深入开展打假联合行动，整顿和规范市场经济秩序，是中央经济工作会议对明年经济工作作出的重大部署之一。按照中央经济工作会议的部署和国务院领导同志的指示精神，国家局党组确定，在明年的总体工作中，要把打假治劣放在各项工作的首位，作为"一号工程"来抓。对此，各级质量技术监督部门务必在指导思想上高度重视，要切实把打假治劣当成头等大事，摆在各项工作的头等重要的位置，作为中心工作来抓，确保打假工作打出声势，打出实际效果。对打假工作的具体要求，传卿同志在讲话中已经作了详尽部署。我在这里主要强调三点。一是思想认识要落实到位。各级质量技术监督部门不仅自身要切实提高对打假工作的认识，而且要积极宣传放任假冒伪劣国家就没有希望的思想，统一大家对打假重要意义的认识，特别是各级领导对假冒伪劣危害性的认识。要深刻认识打假治劣工作的长期性和艰巨性，切实克服厌战情绪和畏难情绪，树立长期作战的思想，不断把打假工作引向深入。二是组织要落实到位。各级质量技术监督部门对打假工作要做到主要领导亲自抓，分管领导具体抓，对重大行动精心部署、精心组织、精心指挥。要主动向各级党委、政府汇报有关情况，争取当地党委、政府对打假工作的领导，积极争取有关部门的支持配合，积极做好协调工作，确保打假工作的力量到位。三是行动要落实到位。现在，国务院对打假工作的部署和要求都十分明确，关键是要在行动上狠抓落实。各地要按照国家局的总体部署，积极行动起来，不断扩大战果。当前的当务之急，就是各地要狠抓"四个一批"的落实，切实做到"五不放过"，特别是要突出抓好查市场、保"两节"的工作，让人民群众过好节。总之一句话，必须使打假工作这个"一号工程"的各项部署真正落到实处。

第二，确保全系统管理体制改革任务全面落实到位。

目前，省级局垂直管理体制改革工作已经基本完成，但部分市（地）、县两级体制改革尚未到位。明年，各省（区、市）局要切实加大力度，认真做好全系统管理体制改革的收尾工作。还没有获得政府批准"三定"方案的省级局要抓紧做工作，争取尽快得到批准；已经获得政府批准"三定"方案的省级局，要确保省以下各级质量技术监督部门的职能、机构、编制、经费、干部管理真正到位。质量管理、锅容管特安全监察工作尚未划转到位的地方，要尽快实现划转。各省级局在抓好管理体制改革的同时，要认真履行好对市（地）、县级局的垂直领导责任，切实加强各项业务管理，抓紧建立健全各项管理制度，明确省、市（地）、县级局三级各自的权责，尽快理顺垂管体制下的各项工作。各省（区、市）局要加强对市（地）、县级局的业务工作指导，尽快形成系统的整体合力，推进各项工作的开展。

第三，必须加快改革步伐，适应新形势的要求。

当前，我们全系统正处在转轨过程当中，垂直管理体制改革还没有全部到位，不少地方市（地）、县级财政供给已经切断，省级财政"皇粮"还没有足额到位。在机构改革当中，人员减少了，职能增加了，所有这些都给我们的工作带来了新的困难。我们必须用改革的精神解决这些问题，用改革的办法克服在前进道路上遇到的困难。

首先，还是要转变观念，我们国家社会主义市场经济体制框架已基本确定，我们的思想和思维方式要转变到市场经济的要求上来，不能再停留在计划经济的思维方式上。我们要坚持解放思想、实事求是的思想路线，认识新形势，研究新问题，创造性地开展工作。要改进工作作风，坚决反对形式主义、官僚主义。国家局和省级局要抽出时间和精力，深入基层，调查研究，切实做到抓全局、抓协调，定政策、管宏观，抓班子、带队伍。要去基层"解剖麻雀"，发现典型，总结经验，具体问题具体分析，进行分类指导，帮助基层解决棘手的问题。当然，国家局首先要带好头，帮助各省级局解决问题。要做到想基层之所想，急基层之所难，谋基层之所求，以改进我们工作作风的实际行动推动各项工作的开展。

其次，随着科技体制改革的进一步深化，以及加入 WTO 所带来的市场竞争的加剧，我们必须加快技术机构联合、重组的步伐，下决心解决机构重叠、低水平重复、力量分散等突出问题。加强技术机构的建设，是我们做好质量技术监督工作的基础。要坚持保证重点、集中支持的原则，集中资金用于支持重点技术机构的建设，省级局必须在统筹规划、合理布局、重组联合的基础上，加强重点技术机构建设。所有的技术机构都要转变观念，放开眼界，吸引人才，站在更高的层次上积极进行改革，不能只在原来的小摊摊上转来转去。

第四，要进一步加强队伍建设，维护“科学、公正、廉洁、高效”的行业形象。

讲学习、讲政治、讲正气是一个长期的任务，必须用邓小平理论武装我们的思想，才能提高我们队伍的素质。各级质量技术监督部门的干部职工，要紧密联系质量技术监督工作的实际，认真学习邓小平理论，学习江泽民总书记“三个代表”的重要思想，自觉地贯彻执行党的一系列方针、政策。我们要认真学习国家的一系列法律、法规，做到依法行政，在实践中提高我们判断形势、统揽全局的能力，提高我们的自身素质，把江总书记“三个代表”的重要思想，落实到我们的各项行动中去。

在队伍建设方面，首先要加强各级班子建设，配备好各级领导班子。各地要结合市（地）、县级局两级领导班子的实际情况，认真研究解决好少数地方局领导班子知识结构和年龄结构不尽合理的问题，使各级领导班子的整体素质有一个明显提高。

二是要加强执法队伍建设。我们系统的各级领导干部一定要带头学习法律、法规，依法行政。要用法律规范执法人员的行为，使全系统的执法人员切实做到有法必依，执法必严，违法必究。要坚决消除执法中的腐败现象，决不允许搞人情执法，徇私枉法。要坚决纠正不顾国家利益的本位主义和地方保护主义。对违法者一定要严肃查处，实行错案追究制。

三是要抓好以县级局为重点的基层组织建设。县级局是我们最薄弱的环节，抓好县级局为重点的基层组织建设是提高质量技术监督工作有效性的根本保证。明年各省（区、市）局要把县级局的建设摆上重要议事日程，选择一些县级局作为试点，拿出切实可行的试点方案，通过总结试点经验，推动面上工作的开展。

四是要抓好行风建设。镕基总理早在1993年就告诫我们：“技术监督有了公正、廉洁，在社会上就能站得住；失去公正、廉洁，就会垮台”。这次局长会议之前，邦国副总理又明确指示我们：“队伍建设仍是质量技术监督工作的关键，只能加强不能放松。”根据中央的要求，国家局党组研究确定了反腐败抓源头的指导思想，确定了今后两年反腐败抓源头的阶段性目标。为了保证把这些目标落到实处，也为了保证完成会议确定的各项任务，我们一定要加强对行政审批权的监督；要强化制约和监督，保证技术机构的公正性；要加强对认证和认证咨询机构的监督管理和认证人员的注册管理，规范认证咨询市场；要全面落实“收支两条线”的一系列规定；进一步推行政务公开制度；在全系统干部职工当中深入开展“争当人民满意的公务员”和“争创文明单位”的活动，大力表彰先进，弘扬正气，形成反腐倡廉、健康向上的风气。

## 三、认真抓好这次会议精神的传达贯彻

现在，我们系统在新世纪初期改革与发展的大政方针已经确定，明年的各项任务也已经明确，下一步的关键就是狠抓落实。各地方局的负责同志回去后，一是要先在党组内部学习传达这次会议精神，统一思想，形成共识。二是要把这次会议的精神向当地党委、政府汇报，取得支持。三是要把这次会议的精神在本系统内进行传达，并结合实际提出贯彻落实的意见。在贯彻落实的问题上，各省、市（地）、县级局的领导同志一定要按照传卿同志的讲话要求，切实转变工作作风，真抓实干，扎扎实实地把这次会议的精神贯彻下去，落到实处。贯彻落实这次会议精神，不能搞形式主义，不能满足于一般号召，停留在以会议贯彻会议，以文件落实文件。必须努力结合各地的实际，制定切实可行、行之有效的措施和计划，创造性地做好工作。各省级局的一把手要亲自抓这次会议精神的落实，抓安排部署，抓协调，抓工作进度。要加强对所属各市（地）、县级局贯彻落实这次会议精神情况的督促检查，以确保这次会议的精神和所确定的目标任务在各地得到切实的贯彻落实。对这次会议的贯彻落实情况，国家局将在明年适当时间深入到各地进行督促检查。

这里通报一个情况。国家局党组最近决定，创办《国家质量技术监督局公报》，向国内外公开发行，并作为我们向 WTO/TBT 协议方的正式通报材料。《公报》属于政报性质，主要刊登法律、法规，行政审批事项，标准发布公告，监督抽查公告，以及重要文件等。此事已经国家新闻出版署批准。明年 1 月份将出第一期。前三期向社会各界免费赠阅，明年 4 月份起公开征订。请各省(区、市)局高度重视此事，协助国家局把《公报》共同办好。

我再强调两件事。一是要认真做好全系统的稳定工作。要关心群众疾苦，帮助困难职工安排好生活。在"两节"期间，各级干部要走访困难职工，开展送温暖活动。二是最近邪教组织法轮功活动频繁，李洪志又跳出来鼓动闹事，全系统要认真做好法轮功练习者的转化工作，要坚决反对法轮功的违法活动。这两件事，各级领导都要切实负起责任，认真做好。

明年质量技术监督工作任务艰巨而繁重。落实这次会议精神，做好明年的工作，需要我们系统上下树立一盘棋思想，全系统拧成一股合力；需要我们不断克服困难，勇于创新，开拓进取，全力推进我们的事业向前发展。让我们以百倍的信心投入到工作中去，努力实现"十五"计划第一年的良好开局。

# 国家质量技术监督局副局长王以铭在全国质量技术监督认评处长工作会议上的讲话

同志们：

全国质量技术监督认评处长工作会议今天就要结束了。潘岳同志因为有其他的事情未能前来，希望我参加一下。下面讲几个问题，作为对会议的总结。

## 一、对本次会议的评价

这次会议是在国务院召开的全国质量工作会议结束不久举行的。全国质量工作会议是一次很重要的会议，朱镕基总理作了重要指示，吴邦国副总理发表了重要讲话。会议以后，国务院又发布了《关于进一步加强产品质量工作若干问题的决定》。在这样的形势下召开这一次会议，大家都非常重视。因为质量认证工作对提高我国的产品质量与我国企业的质量管理水平、增强我国企业的国际竞争力等都有十分重要的意义。会议之前，认评司的同志对会议进行了充分的准备。大家反映，提供给代表的几类文件准备得比较周到，也比较有用。在会上，夏铮铮同志代表认评司作了工作报告。参加会议的所有代表，围绕会议提出的一些议题进行了认真的讨论。代表们还本着对质量技术监督事业和质量认证工作负责的精神，提出了一些很好的建议和意见。对认评司提供的文件草案，代表们也提了不少意见。会议结束以后，认评司要认真研究，对文件做进一步的修改。其中，有些文件需要经局务会讨论通过后，以"局长令"的形式发布；有的需要与国务院其他部门联合发布；还有一些属于工作性文件。同时，这次会议也为预定在2000年召开的第三次全国质量认证工作会议作了一些准备。所以，我认为，这次会议达到了预期目标，是一次比较成功的会议。

## 二、对会议提出的几个问题的看法

在本次会议期间，代表们提出了许多值得研究的问题。我不想在这里全面地回答所有问题，只想就几个大家比较关心、影响比较大的问题谈一些个人的看法。

### 1. 安全认证与生产许可证

国家局认为：在目前的法律、法规下，安全认证与生产许可证这两种形式可以同时并存。国家局目前没有以一种形式取代另一种形式的计划。我们将采取一些措施，解决由于两证并存而出现的重复评审、重复检验、重复收费的问题。原则上，安全认证的产品目录与实施生产许可证的产品目录不应交叉；同时，实施两证的评审机构和检验机构、评审人员和检验人员也不搞重复建设。至于生产许可证和计量器具制造许可证之间的交叉，国家局决定，凡是根据《计量法》需要申请计量器具制造许可证的产品，一律不搞生产许可证。以上的意见，是国家局党组最近召开的务虚会的一些结论，以后将会发正式的文件。

目前，安全认证与生产许可证不仅存在重复和交叉的问题，二者本身也需要改进。

第一，安全认证的产品目录和实施生产许可证的产品目录不宜过大，面不宜过宽。从指导思想上讲，什么样的产品实施安全认证、什么样的产品实施生产许可证是明确的，但是，具体界定时，有些情况不是很容易说得清。同时，这个目录不宜由实施部门制订。

第二，两证的有效性问题。某个产品实施了安全认证或申请了生产许可证，是否达到了发证的目的？这个产品的质量和安全性能是否已达到预定的要求？这始终是个问题。如果获证产品的安全性能出了问题，损害了消费者和用户的利益，企业有责任，发证的单位有没有责任?这个问题目前在法律上没有完全解决。所以这两个证，包括我们局所发的其他证，都有些问题，需要我们认认真真去解决。我是分管计量的。我曾多次讲过，如果计量器具质量、计量性能出了问题，不仅企业要负责，颁发制造许可证的部门，也就是各级政府的计量行政部门也有责任。但这很难落实，法律上也没有足够的依据。

第三，两证甚至多证重复交叉的问题，迟早要解决，尤其是出自一个政府部门，而且都是对着产品的某一种性能，这是不能允许的。我想借用朱镕基总理针对政府机构改革中的某一个问题所讲的三句话：第一句是“维持现状”，第二句是“维持现状不等于合理”，第三句是“以后还是要解决的”。我对安全认证和生产许可证的认识也是这样的。随着法律、法规的不断完善和修改，随着市场经济的发展，随着进一步与国际接轨(比如加入WTO)，这个问题终将得到解决。

### 2. 关于质检机构的改革

质检机构是质量技术监督系统的技术机构的重要组成部分。从大类来讲，我们有标准情报机构、计量技术机构、质量检验机构、纤维检验机构及锅炉压力容器检验机构等。这些机构都需要进行改革，国家局也曾对这些技术机构的改革提出过一些意见。但由于种种原因，改革的步伐不大，认识还不统一，有些具体问题还没有得到很好的解决。

为什么现在要来讨论质检机构的改革呢？主要是受国家几项宏观改革的影响。第一是科技体制的改革。大家知道，国务院已对国家经贸委所属的10个国家局的242个科研机构进行了一次重大改革。改革的基本思路是企业化。这些科研机构总体上要变成科技企业或进入企业集团。在这242个科研机构中，就有96个国家级的质检中心。第二是事业单位的改革。国家对事业单位的改革整体上也已有所考虑，将逐步推行。这显然也影响到质检机构。因为目前，不管是系统内，还是系统外，质检机构的定位，绝大多数都是事业单位。第三是政府机构的改革。省级政府的机构改革正在紧锣密鼓地进行。一些专业经济部门将从政府机构序列中撤销，这又影响到原由这些部门所属的质检机构。同时，质量技术监督系统实行省以下垂直管理体制也会对质检机构产生影响。由于有这些因素，国家局感到，质检机构改革的要求更加迫切，必须加快步伐。

关于国家质检中心的改革，国家局已经有了一个基本的思路，正在成文阶段，将上报国务院。国家级的质检中心，除了极少数以各种形式成为政府的实验室或直属机构以外，都是中介性质的机构。这些质检中心是政府直属事业单位里的一部分，不是一个独立的法人实体，这与省里的质检所是不一样的。根据国家规定的企业化方向，这些国家质检中心的母体变成了一个科技企业，或进入了企业集团，它还能不能保留它的地位，还有没有资格成为国家质检中心？核心的问题是公正性问题。我们不能设想，由某一个冰箱集团企业里的一个研究所或质检中心去抽检全国的冰箱企业。因此，我们主张质检中心应该“剥离”出来。

国家质检中心从其母体中剥离出来后，有几种出路：第一，继续成为政府某个部门的直属事业单位；第二，作为一个独立的中介机构，其所有制形式可以探讨，可以多样化；第三，进入大学等单位：第四，合并到省级质检所。

至于地方质检机构的改革问题，包括系统内的省所、市所和县所，还包括系统外依法授权的质检站、质检中心，应根据省级政府的统一安排进行。我个人认为，有两个问题在地方质检机构改革时应认真考虑。第一是合理布局的问题。这个问题，大家认识基本还是一致的。在大会的交流中也提到有一些低水平的重复，互相争市场，而且不是争市场经济下的市场，而是争政府的抽检任务、检验任务。这些问题是一直存在的。现在实行了省以下垂直管理，省局应该积极提出建议，与省政府有关部门商量，通过改革解决合理布局的问题。第二是要充分重视增强质检机构的实力，组建一些有实力的质检集团或质检公司。在市场经济条件下，一旦检验市场形成，政府的检验任务所占的比例会越来越小。在这个检验市场里，我们的质检机构实力到底怎样？我一直倡导有条件的省、中心城市成立一些有实力的检验集团。这可以有多种形式。比如，核心机构是省所，可以与依法授权的质检站建立一定的业务联系。市场的经营可以集中,质检站变成实验室。现在一个比较好的现象是不少省所承担的政府检验任务所占比例已经很小,一般在30%、20%甚至在10%左右,大部分都是委托检验。这个形势很好。但是,如果一旦大家都变成了中介组织,平等竞争,你还能不能有这个实力?

### 3. 对质量认证工作的监督问题

我国在改革开放特别是提出建立社会主义市场经济目标以来,整个经济发展非常快。不仅反映在经济总量增加,也反映在经济结构发生了深刻的变化。在计划经济体制下,基本上不存在市场经济条件下的中介组织。但现在出现了很多中介组织。在我们系统,中介组织主要有质检、认证、计量等。与此对应,出现了很多的服务市场。对中介机构怎么监督、怎么管理?对这些服务市场怎么监管?应该说,目前还没有完善的法律、法规作指导,政府的行政性法规也没有完备的说明,还在摸索。但有的领域发展很快,比如股票市场,法律服务。这些经验都是值得我们借鉴的。因为从性质上讲都是一样的,都是中介组织提供服务,形成市场。认证机构是中介组织,认证机构的人员是从业人员。不管是质量体系认证还是产品质量认证,都是服务市场。企业去申请认证,是用户;认证机构是提供服务。

对质量认证工作的监督,要按照社会主义市场经济条件下对一类中介机构、一类服务市场的监督的角度去看。目前的认证机构,多数是政府办的,但是在市场经济条件下最终要变成真正的中介组织。

对于企业来讲,过去什么都由政府来管,后来提出政企分开,最终企业应该是市场经济的主体。中介机构也是市场经济的主体,只是担负不同角色。所以,政府不是直接去领导、直接去干预企业和中介组织。在这方面,我们的经验还不够,还需要进一步研究和探索。但是这个问题的性质是政府对中介机构、对服务市场怎么进行监督的问题。希望大家进一步研究。

认证机构是由国家认可机构认可的,认证人员是由国家注册机构注册的。谁认可,谁注册,谁就负有监督的责任。正象国务院学位委员会,其职责是授权某个高等学校具有某类专业、某种学位的授予权。如果这个学校在授予学位的过程中违反了规则,达不到标准,首先是由学位委员会把它的学位授予权收回。这就是一种监督的形式,而且是主要的形式。认证机构之所以是认证机构,首先是由认可机构认可的。因此,认可委是负有责任的。当然,作为一个中介组织,它还要接受政府部门的监督。比如说,中介机构在工商部门登记注册,那么,工商部门要从开业工商登记的角度对其进行监督,但不是监督认证机构对企业的认证对不对。政府的监督,首先要依法行政。在目前情况下,最大的问题是质量认证没有一个完备的法律,只是在各个不同的法律、法规里有些依据,但不是很完备。我们的监督,首先可以从质量技术监督部门负有对产品质量监督的职能出发。实际上,认评司提出的对安全认证的监督,主要是监督产品是不是符合既定的安全性能。还有一类监督是对认证市场的监管。这需要我们积累经验。首先要健全法律、法规。比如外资的认证机构进入中国市场的问题。这个问题早就提出了。但对外资的认证机构的管理,不仅是我们这个部门,还有工商、税务和外经贸部门。

中国合格评定国家认可中心是国家质量技术监督局的直属事业单位。组建国家认可中心,经过了几年的摸索。从目前来讲,用一个直属事业单位把几个认可/注册机构的秘书处联合起来是一种比较好的形式。我们希望随着中国质量认证制度的进一步完善,国家认可中心的工作能够更加成熟。这是我们的质量认证制度中的一个很重要的组成部分。各个国家对认可组织的定位是很不一样的。中介组织与政府也有各色各样的联系形式。中介组织的业务活动是独立的。其独立性的表现是它有一个独立的章程,是一个独立的法人实体。

我们国家目前关于中介组织的法律,特别是非营利性质的中介组织的法律还不完备。对中介机构和相应的服务市场如何监督的问题,我们可以进一步研究,逐步把质量认证的监督工作做得更好。

## 三、关于质量认证工作

中国质量体系认证机构国家认可委员会(CNACR)、中国认证人员国家注册委员会(CRBA)、中国产品质量认证机构国家认可委员会(CNACP)和中国实验室国家认可委员会(CNACL)的先后成立,标志着中国的质量认证制度初步建立。我认为,在大家的共同努力下,我国的质量认证工作取得了重大的成就。这些成就主要表现在3个方面。

第一,质量认证工作的业绩。截止到1999年11月30日,取得产品质量认证证书的企业10695家,发出的产品质量认证证书是47582张;有34家质量体系认证机构获得国家认可,这些机构共发出质量体系认证证书13243张;有239家实验室通过了实验室认可;通过注册的各级别审核人员6825人。这是一个很不错的业绩。我没有精确的统计数字。在国际上,一个国家的认证活动发展得这么快,即使不是唯一的,肯定也不多。从产品认证方面来讲,我们发出的证书,在整个IEC体系里是不低的。我估计我们的电子元器件的发证数量是最多的。当然有一个原因是我们的小企业多一点。在世界质量体系认证证书总量中,我国大约占5%。经过注册的认证人员已经名列前茅。这个业绩的取得是来之不易的,也是全国各方面(首先是质量技术监督部门)同心协力、共同努力的结果。

第二,我国质量认证制度已经基本建立,整体上运转是正常的。从质量认证体制讲,大体可以分成四个层次。第一层次是政府,由国家局授权组建国家认可/注册机构。这在不少国家是类似的。比如英国国家认可机构是由英国贸工部授权组建的。第二层次是国家认可/注册机构,对认证机构和认证人员进行认可/注册。第三层次是经过认可的认证机构、实验室及经过注册的人员的相关活动,包括认证咨询机构。第四层次是广大的企业(客户)。CNACR、CRBA、CNACP的秘书处已经实体化,联合组建了国家认可中心;CNACL的秘书处也将划归国家认可中心,保持相对独立运作。我认为,4个国家认可/注册委员会的建立和正常运作是一个不小的成就。大家知道,认证制度,特别是第三方认证制度是市场经济的产物。缺乏市场经济的环境,必然会给认证制度带来各色各样的不利影响。比如政府的不必要的干预,用政府的力量推行认证,强制某些企业必须在什么时间通过体系认证等。这是市场经济条件下不应该出现的。目前的产品质量认证机构不符合市场经济的要求,垄断的色彩比较重。下一步认评司可以规划一下,与国家认可中心一起研究,加紧推行产品质量认证机构的认可工作,加速产品质量认证机构的改革。

第三,我们已加入了质量认证领域所有重要的国际多边承认协议。加入每一个多边承认协议都必须通过严格的国际同行评审。这个成果是十分可贵的,说明中国的质量认证制度基本上是健全的,是得到国际上的承认的。这也说明,我国的质量认证管理水平达到了国际先进水平。我们不要老是小看自己,不要迷信别人。尽管质量认证制度不是我们自己的发明,但是我们经过几年的努力,达到了国际上的先进标准。我不敢说整个认证已经达到了国际先进水平,这也没法比较。但是我们质量认证的整体管理水平已经达到了国际上的先进水平。但我们的确付出了很多的精力去认真研究、探讨,并逐步实施。我们不仅实现了国际互认,而且还在国际上拥有了比较大的发言权。这也是非常可喜的。我们在认证领域的大多数国际组织中取得了重要的领导席位。这包括太平洋认可合作组织(PAC)、国际审核员培训和注册协会(IATCA)、亚太地区实验室认可合作组织(APLAC)和国际电工委员会符合评定局(IEC/CAB)。

从以上几方面可以看出,我国的质量认证工作已经取得了很大的成就。下一步发展,一定要研究质量认证工作所处的国际、国内环境。如果不关注这个环境,我们就可能偏离方向。我提出两个问题,供同志们考虑。

第一,国内对质量认证影响最大的因素是社会主义市场经济体制的初步形成。不仅是质量认证工作,整个质量技术监督工作都应该考虑到这个形势。一方面要通过我们的工作,促使社会主义市场经济体制更加完备,另一方面要通过改革,使我们的工作进一步适应社会主义市场经济。

我这里特别提出以下几个问题,请大家在工作中多加以考虑。(一)公平竞争。在市场经济体制下,政府管理经济的主要职能是保持公平竞争的环境。这一点对我们的工作非常重要。我们制订法规、规章制度,处理问题,都要考虑是否有利于或者妨碍公平竞争。我们都是从计划经济过来的,自觉不自觉地会忽视这个问题。(二)政府对市场有监管的职能,对宏观经济进行调控。但是,并不是所有的政府部门都去进行宏观调控,都去监管。宏观调控是有特定含义的。只有财政金融、货币、计划才是宏观调控的手段和方式。至于市场监管,首先必须依法行政。监管要有章可循。(三)政府的主要职责之一是制订市场经济规则，包括法律、法规。这些规则应该是明确的，具有一定透明度的。政府既然是规则的制订者，就不能同时又是比赛的参加者。(四)要尊重企业包括中介组织的市场主体地位。政府需要对它们的行为进行规范，对市场进行监管，但不是直接去干预企业正常的经营、管理和业务活动。(五)在社会主义市场经济下必然是多种所有制形式并存。在计划经济下，我们制订的许多规章制度的出发点都是以国有企业作为对象的。现在的情况发生了很大的变化。要对多种所有制企业平等对待，不能只是针对某一类企业制订政策。(六)注意全国统一大市场的形成。目前，在我国质量认证工作中有意无意地形成的地方割据，甚至地方保护，对社会主义市场经济的形成是极其不利的。社会主义市场经济的形成，对我们的整个工作有很大影响。我希望大家共同学习社会主义市场经济的基本原理、基本原则，把我们的工作做得更好。

第二，中国将要加入世贸组织。加入世贸以后，对质量技术监督工作有什么影响？跟我们关系特别大的是贸易技术壁垒(TBT)协议。TBT协议规定的主要领域是标准、技术法规、符合评定。这里的每一个领域都有很多问题需要去认真研究，要做很多的工作。

## 四、为把我国质量认证工作提高到一个新水平而努力

1. 努力提高质量认证的有效性。有效性是质量认证的核心问题。这是一个世界性的难题，绝不是中国的质量认证才有这个问题。我们一方面要多方面地解决质量认证的有效性问题；另一方面，对质量认证中出现的一些问题，也不必大惊小怪。我们需要的是保持清醒的头脑，针对存在的问题采取切实有效的措施。

2. 进一步重视质量认证的法制建设和制度建设。中国的质量认证制度基本建立了，但还不十分完备。特别是缺乏一部比较完备的规范质量认证的法律和配套的法规，质量认证只是在几个法律、法规中分散提到。如果我们不能在若干年内解决这个问题，必然影响质量认证的持续、健康发展。

3. 要加强对质量认证的研究工作。我国已经或将要成为质量认证大国，但还不是质量认证强国。我们对国际上有关质量认证的导则、准则、标准的贡献太小。质量认证包含技术，也包含管理，是渗透了文化的，因此它也是文化的一部分。这里有的是符合科学的，有的是属于文化的。中国作为一个大国，为什么不能对此作出实质性的贡献呢？这是一个很大的遗憾。我认为，中国质量管理中的某些问题，在没有形成中国自己的质量管理理论之前是解决不了的。把质量认证作为中国的质量事业的一部分，那它对中国经济的发展、对中国市场经济的发展所起的作用会更大。

# 事业发展概况

# 概　　述

质量技术监督部门履行标准化、计量、质量、锅炉压力容器与特种设备安全监察职能和行政执法职能。质量技术监督技术机构为质量技术监督部门履行职责提供技术保障，是质量技术监督体系的组成部分。十余年来，质量技术监督工作技术“以质量为中心，标准化、计量为基础”的方针，努力开展质量技术监督工作，推进质量技术监督事业发展。到2000年底，全国质量技术监督系统职工总人数已有15.8万人，比1999年的15.46万人增加0.34万人，增长2%；全系统共有机构5473个，比1999年的5942个减少469个，其中有行政机构2 802个，事业机构2 671个。基本形成了覆盖全国的质量技术监督行政管理体系和技术保障体系。

2000年全国地方质量技术监督系统及局直属单位经费收入总额为59.24亿元，比1999年的46.25亿元增加12.99亿元，增长28%；固定资产总额为66.01亿元，比1999年增长8.98亿元，增长16%，其中仪器设备25.15亿元，占固定资产总额的38%。

2000年，全国地方质量技术监督系统共受理行政案件72万件，复议案件867件，诉讼案件545件，罚没金额11.52亿元，为国家、用户和消费者挽回直接经济损失18.54亿元。

2000年，全国地方质量技术监督培训工作进展顺利，共举办培训班8 943次，培训人员14万人次，其中岗位培训8万人次。

2000年，全国质量技术监督系统科技项目立项424项，取得科技项目成果奖82项，其中获国家级奖5项，部门级奖24项，地方级奖53项。

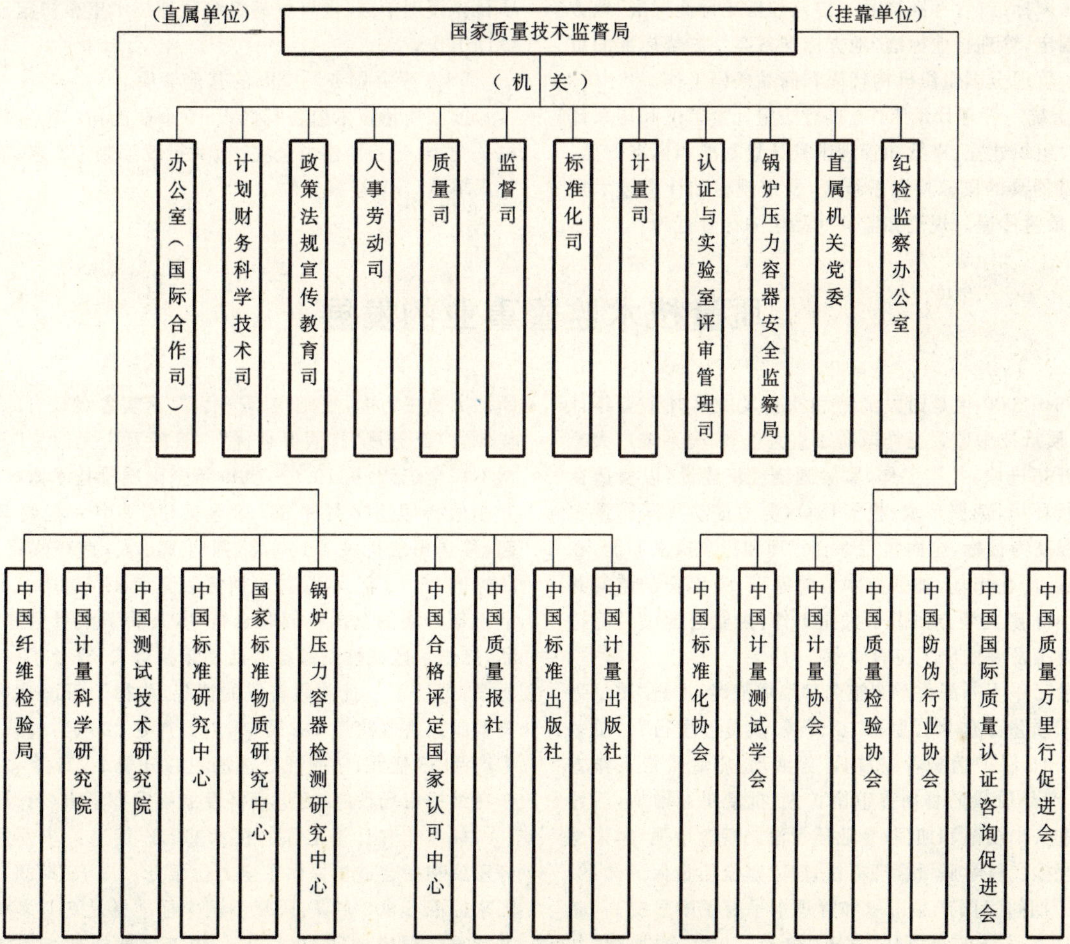


国家质量技术监督局机构设置图

# 质量技术监督行政机构

**【国家质量技术监督局】** 国家质量技术监督局是国务院管理标准化、计量、质量工作并行使执法监督职能的直属机构。主要职责是：

（一）拟定并贯彻执行国家有关质量技术监督工作的方针、政策和法律、法规，制定和发布规章、制度。组织实施相关法律、法规，指导监督行政执法工作。管理与质量技术监督有关的技术法规备案。

（二）管理质量监督工作。管理和指导质量监督检查。管理产品质量仲裁的检验、鉴定。组织协调依法查处生产和经销假冒伪劣商品活动中的质量违法行为。

（三）宏观管理和指导全国质量工作。组织实施《质量振兴纲要》。研究拟定提高我国质量水平的发展战略。推广先进的质量管理经验和方法。协调建立重大工程设备质量监理制度。负责组织重大产品质量事故的调查。管理工业产品生产许可证工作。

（四）统一管理国家标准的计划、审批、编号、发布。组织制定国家标准（含标准样品），协调和指导行业标准、地方标准的制定，管理行业标准、地方标准备案。监督标准的贯彻执行。管理全国组织机构代码和商品条码工作。

（五）统一管理计量工作。推行法定计量单位和国家计量制度。组织建立、审批和管理国家计量基准和标准物质。制定计量器具的国家检定系统表、检定规程和计量技术规范，组织量值传递。规范和监督商品量的计量行为。

（六）统一管理和监督认证认可工作。研究制定认证认可工作的规章、制度，审批、指导认可机构和认证人员注册机构。协调与监督实行强制性管理的安全认证。依法对质量检验机构授权和监督管理，对与质量技术监督相关的社会中介组织实行资格认可和监督管理。

（七）综合管理锅炉、压力容器、电梯、防爆电器等特种设备的安全监察监督工作，制定规章、制度并组织实施。对锅炉、压力容器实施进出口监督检查。

（八）组织制定质量技术监督事业发展规划。组织协调行业和专业的质量技术监督工作。管理和指导质量技术监督科技工作。组织管理质量技术监督的宣传、教育、培训、信息工作。组织实施相关专业的职业资格工作。管理局直属单位，指导挂靠的学会、协会工作。

（九）管理局机关和直属、挂靠单位的国际合作事务。代表国家参加有关质量技术监督方面的国际或区域性组织，签订与执行国际合作协议，审批与实施国际合作与交流项目。管理中国《世界贸易组织贸易技术壁垒协定》通报和咨询工作。

（十）承办国务院交办的其他事项。

国家质量技术监督局内设10个职能司（局、室）和直属机关党委、纪检监察办公室。机关行政编制180名。有10个直属单位，7个挂靠单位。

# 质量技术监督事业的发展

1996～2000年是国民经济和社会发展第九个五年计划期间，质量技术监督工作取得了重大进展。全系统广大干部职工开拓进取，扎实工作，紧紧围绕经济建设，以营造良好的市场环境、消费环境、投资环境，努力推动我国质量水平全面提高为目标，全面履行综合管理和行政执法职能，在提高质量、净化市场、加强技术监督基础、强化安全监察和推进与国际接轨等方面做了大量工作，为促进国民经济持续快速健康发展做出了应有贡献。

质量工作不断深化。实施名牌发展战略，推进“质量兴市”，落实质量工作责任制；广泛开展“质量万里行”、“质量月”、“3·15保护消费者权益日”等活动；质量监督工作力度加大，产品质量监督抽查范围扩大，批量明显增加，后处理工作进一步规范和加强；企业质量法制观念增强，越来越多的企业推广科学质量管理方法，建立健全质量保证体系，使“九五”期间我国产品质量和管理水平有了明显提高，通过质量体系认证的企业从“九五”初的519家，增加到“九五”末的25 588家，通过质量认证的产品从12 782个，增加到64 985个，产品等级品率从81.6%，上升到92.6%，提高了11个百分点，质量损失率从0.81%下降到0.62%。

广泛深入开展“打假”活动。各级质量技术监督部门不断加大执法力度，狠抓“三重一大”，落实各级政府的打假责任制，广泛开展“打假保名优”，“百城万店无假货”等活动。据不完全统计，从1996～1999年全国质量技术监督系统查办制假售假违法案件56.58余万件，其中大案要案9 406起，移送司法机关1 150起，判刑150人；查获假冒伪劣商品标值25.42亿元，端掉制假售假窝点29 596个。2000年下半年开展的全国打假联合行动，查获了大量假冒伪劣产品，打击了区域性制假售假活动猖獗势头，查处了一批大案要案，惩处了一批制假售假的惯犯，取得了阶段性成果，共捣毁制假售假窝点3.2万个，主要查处223起，查获假冒伪劣产品55亿元，依照征处违法犯罪分子2 731么。打假工作在维护市场秩序、促进经济发展中发挥了重要作用。

标准化和计量工作的技术基础作用进一步发挥，为经济发展和社会进步提供了全方位服务。“九五”期间，制修订国家标准5 600多项，研复制国家标准样品710多种，使国家标准数量增加到19 278项，国家标准样品增加到1 330多种；备案的行业标准已达3.2万多项，地方标准1.1万多项，企业标准90多万项；国家标准中有8 387个采用了国际标准和国外先进标准，采标率从“八五”末的38%提高到43.5%，还有相当一批行业标准、地方标准也采用了国际标准和国外先进标准；农业标准体系和质量检测体系初步建立；消灭无标生产工作已见成效；完成全国组织机构代码信息系统联网；条码系统成员发展到6万多家。计量工作取得长足进展。建立了基本适应国民经济和社会发展需要的国家计量基标准体系，有国家计量基准190项，社会公用计量标准4万多项，强制检定计量器具1.1亿台件，为社会提供了1.5亿台件计量器具检定服务，确保了国家计量单位制的统一和量值的准确可靠。

安全监察工作进一步加强，锅容管特设备安全事故率有所下降。建立了棉花公正检验制度，纤维质量监督执法力度进一步加大。

国际交流与合作取得实际成效。与31个国家签署了双边合作协议，与52个国家建立了交流关系；与有关国际组织成员签署了体系认证、认证人员注册、实验室认可互认协议。

法制工作得到加强。新制定部门规章34件，地方法规和规章90余件，法规体系日趋完善；实现了全系统执法人员持证上岗；政务公开、办案公开、程序公开和错案追究等制度全面实施，行政执法水平有了进一步提高。

坚持开展行风互查，加强基层窗口单位行风整顿，建立行风建设责任制，主动接受社会监督，涌现了一大批行风建设先进单位、先进个人。通过开展“警示”教育、“三讲”教育，认真学习“三个代表”的重要思想，举办多层次的业务知识技能培训，队伍素质有了新的提高。

质量技术监督自身建设取得较大发展。到2000年底全系统共有职工15.8万多人，各类技术机构2 231个，与“八五”末期相比，全系统固定资产总额达66.01亿元，增长了92%，仪器设备25.15亿元，增长了98%，2000年度经费收入59.24亿元，增长了158%，整体实力明显提高。各级技术机构加大改革力度，业务领域和服务范围不断扩大，自我发展能力显著增强；科学研究取得可喜成绩，技术服务水平进一步提高；检验、校准、公正计量、认证、咨询市场初步发展；各类技术机构发挥优势，开展中介技术服务，迈出了较大步伐。

# 直属挂靠单位

**【中国纤维检验局】** 目前，全国共有各级专业纤维检验机构171个，其中国家质量技术监督局直属机构1个，省及计划单列市级机构31个，地市级及以下机构139个。

2000年纤维检验工作取得了一定成绩。

**1. 立法工作**

为贯彻落实国务院总理关于纤维质量监督“抓紧立法”的重要指示，中国纤维检验局成立了《纤维质量监督条例》立法领导小组，制定了工作方案和推进工作的步骤，针对执法主体、公证检验、质量能力、监督检查等问题与国家纺织局、农业部、国家环保局、国家丝绸总公司等部门协调，已完成《纤维条例》的建议稿、讨论稿、征求意见稿、上报稿、报批稿和送审稿，《纤维条例》已报国务院。

**2. 棉花打假和执法工作**

2000年中国纤维检验局成功地组织了一场声势浩大的打击棉花掺杂使假违法行为的专项斗争。11月中旬联系中央电视台记者对河南尉氏县大桥乡棉花掺假窝点进行暗访，于11月26日在“焦点访谈”节目曝光，引起国务院领导及有关部门的高度重视，有关部门相继发文要求开展棉花专项打假行动，国务院派出督察组赴棉花主产省检查棉花打假工作。全国专业纤检机构全力以赴，共出动执法人员2.25万人次，查处涉案棉花1.42万吨，涉及金额1.46亿元，端掉造假窝点609个，拆除、销毁造假设备679台(套)，立案243起，其中大要案79起。这场行动狠狠打击了造假分子，成功地遏制了造假势头，整顿了棉花市场秩序。

按目前统计情况，2000年全国专业纤维检验机构共办理各类纤维质量行政案件3 059件，罚没金额3 173.1万元，挽回经济损失310.11万元。

**3. 纤维检验量**

2000年全国专业纤维检验机构共检验各类纤维9.3万批，218.1万吨，其中：棉花203.14万吨，毛类纤维3.13万吨，化纤10.65万吨，麻类纤维0.23万吨，蚕茧0.72万吨，进出口检验9.8万吨。与1999年相比，进出口检验增加了3.1万吨，棉花检验增加了99.4万吨，化纤检验增加了2.5万吨，毛类纤维检验下降了0.9万吨。

**4. 专业技术职务改革，建立棉花检验师执业资格制度**

棉花检验师执业资格制度是按照《国务院关于深化棉花流通体制改革的决定》(国发〔1998〕42号)文件精神，由国家人事部批准建立起来的。在国家质量技术监督局职业资格领导小组的领导下，中国纤维检验局召集农业、纺织、供销各部门代表研讨、制定了《棉花质量检验师执业资格制度暂行规定》，经人事部、国家质量技术监督局批准、发布实施。同时，对培训、考试等作出了明确的规定，为2001年棉花收购季节第一批棉检师持证上岗做好了充分准备。

**5. 纤维标准化工作**

全年共落实纤维标准制修订项目6项，完成了5项标准的制修订和研制工作，组织了1991～1994年批准发布的50项纤维国家标准复审，其中42项继续有效，7项需要修订，1项废止。完成了棉花实物标准中央样本采集、制作、审定，完成了25套口岸检验标准，制作了棉花实物标准1.4万套。

为配合棉花新标准《棉花　细绒棉》的全面实施，加快棉花标准改革步伐，组织研制了长度、马克隆值实物标准棉样，于8月通过专家审定，已经国家质量技术监督局发布、实施；组织了省级纤检机构进行棉花长度、马克隆值比对试验；进行了全国纤检机构棉花长度、马克隆值检验技术交流和考核工作。

**6. 省级专业纤检机构“三合一”考核工作**

根据国家质量技术监督局《关于对省级专业纤检机构进行考核的通知》(质技监局认发〔1998〕163号)，又有黑龙江、福建、广西、江苏、重庆纤维检验所等6家机构通过了

“三合一”考核现场评审，广州、浙江、黑龙江、广西纤维检验所经国家质量技术监督局批准通过“三合一”考核。省级专业纤检机构共有7个已通过“三合一”考核，5个通过现场评审。

**7. 纤维产品质量认证**

共完成7家企业产品认证，1家企业的监督审核，颁发认证证书9张，认证标志20万枚。

**8. 技术交流与培训**

经国家质量技术监督局、人事部审查、下发了修改后的纤检系统继续教育科目指南；举办了各类培训班5期，培训人员284人；开展了由中国实验室国家认可委员会委托的，有纤检、商检、院校和企业等各行业近100家实验室参加的纤纺专业能力验证活动，此次验证结果的报告作为我国开展能力验证工作的一部分质量记录和证据通过了国外同行的评审。

**9. “三讲”教育工作**

按照国家质量技术监督局党组关于“三讲”教育工作的部署和要求，一是把思想发动和理论学习摆在首位，始终立足于教育提高；二是充分发扬民主，坚持开门搞“三讲”；三是开展积极健康的思想斗争，统一思想，增进团结。测评结果，对领导班子、班子成员、处级领导干部剖析材料的满意和基本满意率分别为100%、96.6%和96.5%，处以上领导干部全部通过民主评议；四是边整边改，把开展“三讲”教育与推动当前工作紧密结合起来；五是切实加强组织领导，认真落实“三讲”教育责任制，保证了“三讲”教育顺利完成。

**10. 行风建设**

为进一步促进本系统队伍建设和作风建设，确保正确履行对纤维质量的监督管理、行政执法和公证检验职能，向系统下发了《关于进一步加强纤检系统行风建设的通知》，从7个方面提出了具体要求；聘请了8位行风监督员，对棉花、羊绒、茧丝国家公证检验和监督执法工作进行监督检查。在新棉收购和棉花打假专项行动期间，派出检查组，检查棉花收购中标准、政策的执行情况和工作人员的工作作风，受聘的行风监督员从中发挥了重要作用。

**【中国计量科学研究院】** 2000年计量院重视基础研究工作并取得一定成绩，两项科技成果获得国家科学技术奖励。其中“模/数、数/模转换器（ADC、DAC）静态特性测量标准”获得国家科学技术进步奖二等奖。“可倒置抗震高精度标准电池”，荣获国家技术发明奖二等奖。

2000年计量院完成了“量子化霍尔电阻基准”课题的研制工作，并在同年10月与日本电子综合技术研究所（ETL）进行了双边比对，比对结果两国1欧电阻量值的差别为1.3纳欧。根据日本专家估计，用1欧实物电阻作为可运输标准进行此种双边比对时，其不确定度约为±5纳欧。中、日两国的此项比对结果在国际上已发表的同类比对中是最好的。限制各国量子化霍尔的精度，在于低温电流比较仪的研制上，计量院研制的低温电流比较仪的创新点在于：阐明了电流跳跃现象的机理，设计出了一系列独特的方法，避免了电流跳跃。因而可把比例绕组匝数提高4倍，信噪比也得到了相应倍数的提高，由此低温电流比较仪的测量重复性可提高到$1\times10^{-9}$，甚至更高。该课题的研制为我国电磁计量标准的准确度整体提高到国际先进水平，进入国际等效区间打下了坚实的基础。

计量院领导重视基础研究工作，年初潘必卿院长要求全院职工，从2000年开始，正式启动和进入计量院一个新的快速发展阶段，力争用5～10年时间形成一批新王牌课题，建立一支王牌队伍。同时院制定政策，给予从事基础研究工作的优秀青年一定的津贴，2000年度院共有6位青年获得此项津贴。该政策鼓励年轻科技人员承担研究课题和从事新王牌项目研究，使他们更快、更好地成长。

计量科技对贸易的影响，随着市场国际化，越显其重要。

2000年，一外国业主在国际上招标购买批量电能表，我国一些厂家拟应标。外商的招标书中明确要求，中国厂家的产品要有中国计量科学研究院出具的试验报告才能认可。于是厂家来到计量院，提出全性能试验申请。在时间紧，难度大的情况下，计量院较好地完成了任务。

2000年，计量院完成国家重点投资大连北良港散粮秤量系经验收项目。该项目是世界银行贷款项目，是由当时国内贸易部负责，并于1996年投资8亿美元进行建设。国务院朱镕基总理及15个部委的领导都曾到现场视察并关注此项目。项目完工后，世界银行的监理方提出必须由中国计量科学研究院出具详细的验收方案。在国家重点投资建设的北良港散料秤量系统验收工作中，计量院以国家级社会公益型科研院所技术实力，在与国际接轨方面做出了实际贡献，体现了计量科学的公正性、权威性。

签署国际互认协议后，国内的厂家及国际上监理方都非常重视计量院出具的检测报告。面临新的形势和挑战，计量院一方面积极响应国际计量局倡导的参与关键量的比对工作（2000年共国际比对17项[其中关键比对11项]，一方面实验室按导则25的要求规范科学行为，并由院制定了管理办法（计量院法发[2000]078号），在检定、测试证书和检定结果通知书上，对于表述方式、打印格式进行了统一规范管理。2000年中国实验室国家认可委（CNACL）派专家组到计量院进行认可扩项/计量认证的现场评审，目前通过了451项认可扩项/计量认证项目，为扩大校准服务提供了有力的保障。2000年国际计量组织制定了校准测试能力表（简称CMC），并且首先在电磁和长度两个领域里开始工作，计量院电磁处和长度处经过努力，已完成该项工作。校准测试能力表（CMC）是一项技术基础性的工作，它体现了国家在这个领域里所能达到的水平。

2000年，计量院对福州惠泉啤酒集团企业，在啤酒生产线上进行巴氏杀菌最后一道把关，采用特殊的数学模型，并将引入计算机控制模块，开发出全新的杀菌机PU值（杀菌单位），温度实时测控系统，体现了计量分析在工业制造业中的价值。PU值（杀菌单位）控制系统节水效果也十分显著，按厂家计算，利用此装置，每天可节水几十吨，年节水、节能达到近百万元。对此厂家非常感兴趣。发酵罐是啤酒生产过程中最重要的管理环节，计量院创造性地提出了用循环扫描采集数据并进入可编程控制器的方案，完成了发酵罐群热工参量的测控，实现了对产品质量的量化管理，而厂家在此项技术改造中，使系统制造成本下降约40%。

福州惠泉啤酒集团的产量只有青岛啤酒厂的1/4，利税却达到青啤的60%，是质量使他们赢得了市场，是良好的检测设备和手段带来了很高的产品质量。现在，该集团在所有的新生产线上都选用计量院研制的“杀菌机PU值温度测控系统”和“电子工罐装机液气控制系统”。

2000年计量院隐含磁码防伪技术开发研究取得新进展，开发新型的CFW 7型验钞器，属于国内首次利用磁分布鉴别技术，能快速识别各种台湾版本的伪币，经中国人民银行货币金银处会同公安部的鉴伪专家检测后，向银行系统推荐使用。在公安部主办的“2000年国际防伪技术展览会”上，CFW7型验钞器受到众多参观者的好评。由于该验钞器鉴伪力度高，体积小、价格低，引起国内点钞、验钞器具行业高度重视，相关企业纷纷与计量院签订代理销售合作协议。计量院防伪技术研究成果，还在向税发票、烟草、制药行业的高力度防伪领域继续扩大推广应用。

2000年在科研体制改革方面，计量院根据国务院办公厅《关于深化科研机构管理体制改革实施意见的通知》(国办发[2000]38号文件)，积极稳妥地推动院体改工作。在深入学习文件基础上，成立了院体改组织机构，结合实际，自下而上收集、汇总材料和数据，编制了院体改方案(初稿)上报国家局。

2000年，国家发展计划委员会通知(计投资[2000]2305号)，计量院实验基地的可地性研究报告经国务院批准，该项目进入编制的初步设计和投资概算阶段。中国计量科学研究院第二基地有望在“十五”期间成为真正的现实。实验基地建设目标是集防微振、精密恒温、超级洁净、超低温技术为一体的国家级量子计量、超精密计量实验室，最终达到建立国际单位制的长度(米)、时间(秒)、电压(伏特)、电阻(欧姆)基本单位的量子计量基准水平目的。

一期工程解决改善计量基准和精密测量装置的运行条件，重点发展新一代的基准，使我国的计量基准总体上能与国际接轨，并为开展高新计量标准和测量技术的研究创造条件。实验基地占地面积55万平方米，一期工程总投资5.23亿元，计划于2004年完工投入使用。

**【中国测试技术研究院】** 2000年中国测试技术研究院继续坚持“以提高经济效益和服务质量为中心，调整结构、理顺职能、改善管理、增强市场竞争能力，为迎接科研机构深化改革做好准备”五十字工作方针，坚持深化内部改革，在实验室认可、实验室调整、工作环境整顿、基础设施改造、清产核资、财务审计、属地划转等重点工作中做了大量的工作，圆满完成了2000年度的各项重点目标和工作任务。计量检测任务和工作质量有了很大的提高；开发、生产的质量流量计、三维划线仪等拳头产品市场进一步拓展，出现了供不应求的局面；职工收入也有了普遍增长，住房得到了改善。两个文明建设取得了好的成绩，为今后的发展和深化体制改革打下良好的基础。

**1. 法制计量工作情况**

在用计量标准器具应送检578台(件)，送检率达到100%；电能表、水表、煤气表、衡器4种重点管理计量器具的定型鉴定获得国家质量技术监督局授权批准；完成了省级以上计量行政部门委托的计量器具新产品定型鉴定6项、样机试验71项、样机复查23项；组织完成了国家局委托的新疆、甘肃、宁夏、云南、贵州、信息产业部等部门的计量标准考核、复查81项；四川省企业标准考核、复查161项；组织完成了国家局、四川省局委托的计量器具生产条件许可证现场考核25次；完成了中国实验室国家认可委员会委托的计量认证4次；参加各部委计量认证5次；参加四川省计量认证3次；中国实验室国家认可委托的校准实验室认可1次；国家商检局校准实验室认可1次；组织参加四川省企业标准审定12项，地方规程审定1项；组织全院计量检定人员参加培训考核取证工作，有45人取得62项检定员证；完成“四川省计量器具产品质量监督检验站”的申报工作，办理了“计量认证合格证书”、“机构审查合格证书”。检测计量器具53 905台(件)、收入476万元，比1999年增长28.8%。

**2. 科研项目完成情况**

全年完成局管科研项目2项。《快速谱识别检测技术》、《螺旋桨节距测量机》两项已按计划完成并提交鉴定。局管项目《汽轮发动机组叶片分析仪》按计划进度实施。

自立科研项目5项。《平台测量装置》、《数据远程传输系统》、《掌式电离辐射计》、《虚拟仪器》、《CHXY～3000型测量划线仪》正按计划进行。其中，三项已分别交付用户使用。《红外热象仪参数测试技术研究》项目被解放军总装备部批准立项。

在国内外各类专业技术刊物发表科技论文、学术报告共30篇，其中工程所刘志宏的《改进微处理器控制的YAG激光器的可靠性》一文在2000年度美国光学国际会议(USA SPIE)上发表。

**3. 技术改造项目完成情况**

局管技改项目6项。《电动车辆快速充电器产业化》、《温度国家基准改造》、《电阻计温度灵敏度系数改造》按计划完成；《CT医用机检测装置》、《心电鉴护仪、超声胎儿监护仪现场测试》、《三座标测量仪技术改造》按计划进行。

局管设备更新项目2项。《大质量比较仪》已完成安装调试；《多功能校准器》完成订货合同。

西南国家计量测试中心技改项目3项。《工作基准砝码标准装置》、《频率标准装置》、《标准电能装置》按计划完成。

**4. 产品开发销售**

生产和销售各种产品1 198台(套)，销售收入1 187万元，新上项目和新产品开发10项。

2000年组织在职职工继续教育培训296人；并对385个企事业单位的704人进行了技术培训考核。

该院计量所和工程所进行结构和实验室调整后，于2000年4月通过了中国实验室认可委员会的三合一评审，并于2000年6月获得国家质量技术监督局能力认可证书，获准的计量检定项目137项、校准项目90项。国家传感器质检中心通过复查评审，获国家局授权证书，质检项目3项。

**【中国标准研究中心】** 中国标准研究中心是国家级标准研究技术机构。2000年是中国标准研究中心成立的第一年。在国家质量技术监督局的领导下，中心领导班子坚持正确的指导思想，带领全体职工开拓创业，拼搏进取，齐心协力，全面完成各项工作任务，为中心今后发展奠定了基础。

中国标准研究中心现有业务部门23个，研究处室8个，在职职工350人，拥有专业技术人员289人，占职工总人数的82.6%，其中：高级专业技术人员110人，中级专业技术人员117人，突出贡献的中青年专家1人，享受政府特殊津贴25人，博士研究生4人，硕士研究生34人。

2000年中国标准研究中心共完成40余项科研课题和国家标准制修订项目，其中："九五"国家科技攻关专题8项（① CAD标准化研究；② CAD标准一致性测试研究；③ 二维条码技术的研究与应用试点；④ 全国西文文献计算机联合编目系统质量管理和质量保证体系研究；⑤ 高新技术标准化体系框架及发展战略对策研究；⑥ 中国EDIFACT及其维护管理机制的研究和UN/EDIFACT中文版的开发；⑦ EDI位置码的研究与应用；⑧ 商贸EDI报文规范的研制）；"863"项目1项（CMIS标准化情报研究）；国家软科学项目2项（① 制造业信息技术应用标准化及我国采取的对策研究；② 有关科技中介组织机构管理模式的研究）；局青年基金项目2项（① 国家标准编制应用系统；② 条码印制品质量控制与质量管理研究）；局科技创新项目2项（① 中国条码商品信息服务系统；② 中国防伪网络系统工程）。2000版GB/T 19000等三项质量管理体系标准和GB/T 1.1—2000《标准化工作导则　第1部分：标准的结构和编写规则》等38项重大标准制修订项目如期或超额完成。审查国家标准草案976项，备案行业标准3 263项，备案地方标准968项。完成ISO、IEC标准题录等数据加工106 624条；根据双边协议，向德国西门子公司、美国HIS公司和日本标准化组织提供了国标更新数据；向国家科技图书文献中心提供数据13 467条，通过网络提供标准4 269件，提供原文复印46 000页，网上服务咨询5 500次。受理26家企业241个型号的节能产品认证申请，完成了18家企业158个型号的节能产品认证工作。

2000年组织机构代码和物品编码工作取得可喜成绩。全国组织机构代码中心完成了39个省、市、自治区和2 329个县级以上地区代码系统的全国联网，实现了代码管理的网络化，从根本上保证了代码管理水平和办码质量；继续坚持代码证IC卡的"四统一"原则，进一步规范IC卡的发放和管理，全年初始化IC卡37万张，截止2000年底，发卡总量达到73万张；与中华全国总工会联合下发了《关于工会法人组织申领中华人民共和国组织机构代码证的通知》（总工发[2000]4号），进一步拓宽了代码应用范围。中国物品编码中心在北京成功地组织了国际物品编码协会（EAN）2000年全会和2000年SCAN-CHINA展览会；与日本DENSO公司签订了合作协议；全面启动了商品条码印刷资格认定工作；承担了QR二维条码技术开发工作，全年新增系统成员15 000家，续展12 000家。

开展了ISO/IEC标准文件传递和国内标准文件分发及投票工作，全年收到ISO、IEC文件1 600件，进行ISO/IEC投票约2 100次；对国际标准化工作文件登记等4个模块进行了测试；完成产品质量国家监督抽查数据的接收、汇总、统计和维护工作，共接收国家监督抽查数据8 400条，汇总和统计数据近35 000条次；审查认证企业材料约4 500份，对电线电缆1 153家企业的2 146份材料和低压电器255家企业材料进行了预审查、登记、汇总，打印证书29 751张，整理申报材料10 000余份；大力普及WTO/TBT知识，开展相关培训，建立接收WTO/TBT通报信息数据库，开通咨询网站，翻译、录入有关技术法规通报，为我国入世执行TBT通报咨询制度做好了相应准备。

完成《世界标准信息》、《标准化参考资料》、《世界标准化与质量管理》、《条码与信息系统》、《术语标准化与信息技术》等五种杂志的编辑出版工作；编辑出版了《国家行政机关公文格式国家标准应用指南》、《2000版ISO/DIS 9000族国际标准草案》、《2000版ISO/DIS 9000族国际标准草案理解与实施》、《标准化与WTO》、《术语管理手册》、《21世纪计量展望》、《代码论文辑》（第二辑）和《CAD标准宣贯教材》等近10种图书，完成中国标准术语数据库的开发，收入术语281 841条，完成东亚术语论坛项目——多语种术语数据库的开发并通过验收；完成《国家行政机关公文编写模板V1.0》软件的开发并推广使用；完成全国电子业务标准化技术委员会秘书处、全国术语标准化技术委员会秘书处等12个秘书处的各项工作；拓宽标准图书发行工作渠道，全年接待用户4 000人次，来电咨询5 000人次，销售图书30 000余册，销售码洋110万元。

**【国家标准物质研究中心】** 2000年国家标准物质研究中心管理在研科研项目18项，其中争取到国家计委高技术发展部门科研项目1项，科技部基础科研项目3项；有5项科研成果获得中心不同等级的奖励。2000年中心开展国际比对2项，并取得佳绩。完成计量标准考核71项、进口计量器具定型鉴定和样机试验18项，中心新建立国家计量标准8项，在全国和国际公开刊物及学术会议上发表论文63篇。开展国际交流28人次。

2000年中心全年总收入2 252万元，其中国家拨款1 170万元；面向市场收入达921万元。2000年中心在原有的管理工作基础上，全面实行目标管理，建立符合ISO/IEC导则25（GB/T 15481）要求的质量体系，进一步明确了中心的质量方针及目标。经中国实验室认可委员会、国家质量技术监督局审核，120项顺利通过评审，获得实验室认可证书及计量认证合格证书，推动了实验室工作的科学化、民主化、规范化和制度化的进程，使中心管理活动进入了正确、科学的轨道，为中心各项业务工作的开展奠定了良好的管理基础。

标准物质研究中心现设有无机分析、有机分析、气体分析、无机万分量基准和物理化学计量等实验室标准物质技术管理室。

**【锅炉压力容器检测研究中心】** 锅炉压力容器检测研究中心（以下简称锅检中心）基本任务是：从事锅炉压力容器、压力管道和特种设备（电梯、起重机、厂内机动车、防爆电器、游乐设施、载人高架索道）以及相关设备制造与使用的检测检验、质量监督、技术鉴定、安全评定、失效分析、科研开发、人员培训，资格考核、产品进出口检验、进口许可审查、生产许可证审查、产品与体系认证评审、咨询服务、信息与标准和国内外技术与学术交流。

2000年是锅检中心发展史上不平凡的一年，也是承上启下、非常关键的一年。在这一年中，锅检中心领导班子两次重大调整。业务工作收入进入低谷时期，同时，还面临着科研事业单位管理体制重大改革。在这样的形势下，中心全体职工不畏艰难、齐心协力、奋力拼搏、开拓进取，圆满地完成了年初提出的各项任务，艰难地冲出了低谷，为中心在新世纪的发展奠定了基础。

锅检中心现有职工133人，专业技术人员101人，其中：研究员、教授级高工7人，高级专业技术人员42人，享受政府特殊津贴专家10人，具有博士学位5人。已有70多人获得了国内锅炉压力容器检验、无损检测或质量体系审核员资格证书；有8人获得了国外权威技术组织颁发的6种高级技术资格证书；有近20人在全国的20多个学术与技术组织中担任领导成员职务。

2000年，锅检中心以年初进行内部二级机构调整、人员竞争上岗为开端，新一届领导班子在"三讲"教育中得到锻炼，提高了领导和执政水平，增强了班子的凝聚力和战斗力，形成中心新一届的领导核心。全体职工在全面落实中心年初制定的2000年度"一个确保、三个突破、五个狠抓"重点业务工作中，勇于开拓、真抓实干，较好地完成了《锅检中心2000年业务工作计划纲要》所提出的各项任务指标和国家局、锅炉局交办的工作。

**1. 进口许可审查工作**

全年共完成一审52家、二审58家、形式许可6家、中期抽查37家，受理新申请厂家44家，提出并启动了"凭证进口"监督方案。同时，制定了许可办工作程序，完成了中期抽查办法，提出并试用了中期抽查记录、报告的格式与内容，修订并试用了工厂审查记录、报告的格式与内容，建立了进口许可进度及备案情况动态统计表，启动了换证准备工作，初步完成并试用了"进口许可管理软件"。

**2. 检验检测工作**

全年共实施各类检验检测合同项目31项，其中定期检验与评定项目17项，委托检验13项，长输管道监检1项，创造了良好的经济效益。除完成各类检验检测任务外，还开展了全国液化石油气钢瓶质量抽查工作，通过此项工作进一步锻炼了队伍，扩大了中心影响，取得了较好的社会效益。在完成了大量常规的定期检验业务之外，特别注重培育和开拓了电站锅炉检验、长管拖车检验和粮库薰蒸设备的检验等新的检验领域，为锅检中心检验检测业务的进一步发展奠定了基础，增强了后劲。

**3. 国内资质认可审查工作**

共完成了ISO 9000认证评审32家、压力管道安装单位资格审查19家、压力管道元件制造单位安全注册审查9家、三类压力容器制造许可证换证审查8家、瓶阀制造厂安全注册审查20余家，完成50余家瓶阀制造厂安全注册和88家三类压力容器制造厂换证的受理事务及相应的审查总结报告。此外，完成低压锅炉用焊接钢管鉴定审查2项，并完成了钢材认证实施办法报批稿。

**4. 科技工作**

锅检中心的科技工作以确保"九五"攻关课题的完成做为重点，加强了"十五"攻关与年度国家项目立项论证工作。同时，稳步地推进了试验室建设。

中心承担的3个"九五"攻关专题研究工作进入最后一年，也是极为关键的一年。已经在压力管道缺陷检测技术、安全状况等级评估方法和缺陷评估技术等方面取得突破性进展，为2001年初的鉴定验收做好了充分准备。此外，"九五"攻关课题管理组2000年的重点是提高课题成果的整体性、适用性和可靠性，协调、规范、启动专题验收各项准备工作。

在"十五"攻关论证方面，锅容管特安全工程领域的研究内容已经纳入国家科技部"城市工业安全"重点项目。全年共组织论证并按科技部和经贸委的要求上报了6个项目（其中开发专项1项、基础专项2项、公益专项2项、创新计划1项）的立项论证及申报材料，并有2项分别列入2000年基础和公益专项资金项目计划。

在试验室建设方面，按照锅检中心试验室建设总体规划的要求，稳步实施并基本完成了3个技改项目的调研与设备采购，初步建立了金相试验室、扫描电镜试验室、机械性能试验室、射线试验室（已经防疫站验收合格）和超声试验室，已基本具备对外开放的能力。提出了"国家气瓶试验室建设"方案，并落实了第一阶段国家拨款。

《热水过载提高压力容器安全性能研究》科研课题，通过了由师昌绪（两院院士）、钟群鹏（工程院士）等8名专家组成的鉴定委员会的鉴定，并对课题组人员付出的辛苦和成果水平给予了较高的评价。

由国家局申报的锅检中心"压力容器声发射检验技术与设备的研究"与"若干机械装备的重大事故原因分析诊断和安全评定技术研究"科研项目通过了国家科技部组织的科技进步与发明奖评审会专家评审，初步评审推荐获"国家科学技术进步二等奖"。

**5. 咨询与信息工程建设工作**

完成了锅检中心内部网络的调试，全面启用。完善、维护和更新了锅检中心中、英文主页。此项工程的全面验收和投用，提高了工作效率，有力地推动了进口许可业务的国内外咨询、查询和许可制度的宣传，明显降低了传真、电话、邮电等费用。通过内部网络，提高了锅检中心内部资源共享程度，启动了办公自动化软件。

在软件开发和推广应用方面，以配合锅炉局建立新的全国统计年报模式为切入点，编调软件、集中培训，并在全国30多个省的1200多个安全监察和检验机构推广使用。同时，针对检验单位特点开发和推广了锅炉定检软件、容器定检软件、进口检验软件、罐车定检软件、球罐安装监检软件、进口许可管理软件、图书标准管理软件、人力资源管理软件等。咨询与信息工程建设工作形成了一定影响、具备了一定规模、建立了良好的形象。

**6. 特种设备工作**

一年来，向锅炉局提交了《特种设备生产许可证实施细则》等6个规范性文件的征求意见稿和《滑道安全规范（暂行）》，参加了云、贵两省索道安全大检查。经批准成立了"索道与游艺机及游乐设施标准化委员会"，并正在发展会员，建立专家库。负责完成了40条滑道，并参加完成了20条滑道的安全检验，正在进行客运架空索道安全检验的技术准备工作。完成了5期国内、2期国际培训班或研讨会。

**7. 质检中心换证准备与事故调查办筹建工作**

2000年度主要完成了质量体系框架的调研、协调与沟通，并与国家试验室认可委员会就“锅检中心作为按照ISO/IEC 17025标准进行认可的首家质检中心”达成了一致。

国家锅炉压力容器、压力管道及特种设备事故预防调查中心的筹建工作现已基本完成。事故调查中心的日常工作开始启动，初步建立了工作程序，提出了“事故调查工作程序的暂行规定(讨论稿)”，按照锅炉局的要求，组织完成了事故案例采集、统计等，参加了多起事故调查和处理情况的跟踪调查等工作。

**8. 编辑出版工作**

2000年共完成《中国锅炉压力容器安全》中文版6期(约90万字)、英文版1期(约15万字)，编辑出版图书9种(455万字)，发行图书、标准200余种，还承揽了30余家企业的广告业务。为了把杂志办得更好，组织召开了2次读者座谈会，调整了版面设计，扩大了发行量，使刊物质量得到明显提高。

**9. 国际合作与交流**

2000年3月和11月邀请美国机械工程师协会(简称ASME)电梯行业的4名专家来华举办两期美国电梯管理与检验的专题技术讲座。重点介绍美国电梯的安全监督管理状况和有关标准法规。来自全国各地的87人参加了讲座。讲座内容结合我们的实际问题，对提高和改进我国的电梯的制造质量和监督管理水平起到了积极的作用。

应美国机械工程师协会、加拿大TSSA等组织的邀请，由锅检中心组团于2000年8月赴美国、加拿大对其进行锅容管特监察与检验机构管理、电梯与游乐设施安全标准和检测安全技术等方面的考察和访问。在考察、访问期间，探讨、研究了双方合作的具体内容。

**【中国合格评定国家认可中心】** 中国合格评定国家认可中心是国家质量技术监督局直属事业单位。

**1. 主要任务**

组织实施中国合格评定国家认可(注册)工作。

开展合格评定国家认可有关的国际合作活动；

主办《中国质量认证》杂志；

接受局交办的其他工作。

**2. 工作职能**

参与研究和制定国家有关法律、法规和方针、政策；依据国家有关的法律、法规、方针、政策和国际通行准则，组织制定实施认可/注册制度的工作方针和技术措施；实施质量体系认证机构、产品认证机构与实验室认可和认证人员注册及培训课程批准，包括制定认可/注册规范，受理认可/注册申请，实施评审与监督，批准、暂停与撤消认可/注册/培训课程资格，处理相关投诉与申诉；作为成员机构联系并参加国际认可论坛(IAF)、太平洋认可合作组织(PAC)、国际实验室认可合作组织(ILAC)/亚太实验室认可合作组织(APLAC)、国际审核员培训和注册协会(IATCA)的活动；开展认证、认可/注册的研究工作；负责《中国质量认证》杂志的编辑、出版、发行等日常工作；研究提出认证、认可/注册收费办法草案；接受局里交办的其他工作。

中国合格评定国家认可中心人员编制55人，内设机构12个。

**【中国质量报社】** 作为国家质量技术监督局的机关报和产业报协的一员，中国质量报始终坚持正确的舆论导向和办报方针，在宣传国家质量工作方针政策，宣传国家质量技术监督局的重要工作部署，报道全国工商企业质量工作经验，传播质量信息，打假扶优，净化市场，为企业、消费者和国民经济服务等方面，发挥了重要的舆论作用。近年来，随着刊期增加，版面扩展，报纸不断深化报道内容，开拓报道领域，视野从单一地关注质量技术监督工作，拓展为围绕国民经济建设大局，突出关注产品质量、服务质量、工程质量和广大人民群众的生活、生存质量等各个方面，逐步成为众媒体中质量文化传播的一面大旗，成为质量宣传的权威媒体之一。

面对越来越激烈的新闻竞争，全社职工知难而上，不断探索新的办报形式，突破传统的机关报模式，进行市场化、社会化改造，使之更贴近读者的需求，更为生动活泼，更使老百姓喜闻乐见。比如，为了增强报纸的战斗性和冲击力，注意了在新闻版上加强对重大事件的强势报道、深化报道和连续报道；为了增加版面的信息量并便于读者阅读，强调写短新闻，提倡简洁、活泼、犀利的语言风格；为了开阔报道领域，增加报纸的分量和可读性，开设了几个周刊，满足不同受众群体的需求，等等。

在新世纪之初的2001年，中国质量报重新调整版面，使报纸以崭新的面貌，继续与新老读者携手同行，共创辉煌。调整后的办报总体思路是：加强新闻板块，发挥周刊优势，调整版面布局，形成新的亮点；培养青年骨干，优化部门结构；完善运行机制，激发新的活力。报纸的定位是：质量技术监督工作的新闻助手，企业和消费者的质量参谋，质量信息的权威平台。报纸设有要闻、综合新闻、质量技监新闻及专刊、海外新闻、社会写真等版面和栏目，此外，改造、新设了《流行》、《创造》、《百姓》、《中国质量万里行》、《比较》等五个周刊。采编人员将以精品意识和精耕细作的态度，为广大读者提供更富于时代精神和新世纪特征的新闻作品。

经过十几年新闻实践的锤炼，报社打造出一支素质不断提高的新闻队伍，采编人员的新闻意识、创新意识逐步增强，报业管理和经营人员的策划意识和市场意识大为提高。

报社有员工138人，其中大专以上学历的有114人，占83%；具有中级专业技术职务的65人，高级专业技术职务的32人，占总数的70%以上。在经营和发行工作方面，几年来不断取得突破，经营额和发行量连年递增，为报社的发展提供了强大的经济后盾。通过市场占有份额的不断扩大，提高了报纸的社会影响力。

此外，报社开通的《中国质量新闻CQN》网站，开发了新的新闻传播形式，其浏览总量在同类网站中领先。

纵观十几年来的发展里程，改革、创新，不断进取，始终是中国质量报的主旋律。报社制定的改革发展方案和目标，以后又不断进行完善、细化，着力落实，使报社内部机制越来越有活力，外部发展空间越来越广阔，办报的质量越来越好，社会的影响力越来越大。

中国质量报，在激烈的市场竞争和各方面的关爱下，正在迅速成长。

**【中国标准出版社】** 中国标准出版社是我国唯一以出版国家标准、行业标准以及标准类图书和相关科技图书为主导业务的专业出版社，直属于国家质量技术监督局，依法享有我国国家标准、部分行业标准的专有出版权。主要出书范围包括国家标准，行业标准，国际标准和国外先进标准，重要标准的宣贯图书，各类标准汇编，标准化理论著作、教材、普及读物，质量技术监督法规、教材、宣贯图书，质量管理类图书，标准手册、词典、目录，以重要标准宣贯为内容的音像制品，国家标准光盘及其他多媒体电子出版物。现有职工 220 人，其中高级专业技术人员 40 人，中级专业技术人员 66 人。

2000 年，中国标准出版社在国家质量技术监督局的关怀和领导下，以江泽民主席“三个代表”重要思想和十五届四中全会精神为指针，解放思想，转变观念，建立适应社会主义市场经济的经营管理机制，通过市场配置资源推动生产经营，迎接事业单位改革的挑战。全社以经济效益为中心、以改革为动力、以管理为基础、以人才为保证、以搞好两个文明建设为目标，加快改革开放的步伐。在继续推行四个内部非法人二级核算部门经验的基础上，在发行中心试行了非法人二级核算，在校对室试行费用包干计酬管理办法，在编辑部门试行科技图书开发项目管理办法。经过全社干部职工的共同努力奋斗，全面超额完成了各项工作任务指标，使全社工作迈上了一个新台阶。2000 年发稿标准和图书共计 11 152 万字，出书 1 871 个品种，其中国家标准 935 种，行业标准 695 种，图书 241 种，再版重印标准图书 664 种。出版电子出版物 35 种，音像出版物 11 种，标准平均出版周期为 56 天，图书平均出版周期为 97 天，标准图书销售码洋 4 740 万元。2000 年，该社编辑部门进一步加强图书选题的策划与开发以及编辑队伍建设。通过积极开发图书选题范围、优化选题结构，一方面为质量技术监督事业多做贡献，在形成具有该社特色的标准和标准类图书选题体系上下功夫；另一方面，从适应和服务于国民经济发展的全局出发，到市场中去策划新的选题，以满足人民群众和广大消费者的需要。编辑部门重点抓了系列图书组稿、发稿和跟踪重点标准，组织出版了《2000 版 ISO/DIS 9000 族国际标准草案》和《2000 版 ISO/DIS 9000 族国际标准草案理解与实施》、《首都信息标准化指南》等图书。《中国机械设计大典》、《中国航空材料手册》、《中国工程材料手册》是实施精品战略组织策划的大型系列图书，均已列入“十五”国家重点图书出版规划项目。2000 年的图书选题从质量和水平上有了较大的提高。

出版部门加强出版成本、质量和周期的管理。在出版成本管理上，继续实行“一书一单”结算管理制度。在生产周期的管理上，规范生产环节的业务程序，保证了急件、重点书的生产周期。在图书质量的管理上，加强印制管理的责任意识，在图书封底上增加责任印制和责任校对的署名，并与奖罚挂钩，进一步保证了图书质量。根据新闻出版署对良好出版社的要求，对 1999 和 2000 年中出版的图书，随机抽取品种数的 20%，共 100 种，认真进行了编校质量自检工作。

发行部门继续加强队伍建设，努力建立适应市场机制的发行管理机制。2000 年重组了发行中心各级机构，并通过强化内部管理，理顺内外部运行程序，统一指挥，统一政策，指标到位等措施，保证了发行任务的完成。同时积极开拓适应市场机制的发行渠道，加强发行销售网络的建设。同年 9 月，召开了全国标准发行工作会议，通过了《标准图书发行公约》，进一步规范了标准图书市场，维护了社、站的共同利益。经过加强与全国各地各级新华书店的沟通了解，树立了该社在图书市场上良好的整体形象，扩大了影响，促进了标准图书的销售工作。

彩印中心继续发挥高科技设备的优势，使短缺的标准能及时补印，大大缩短了标准出版周期，彩印制版、印刷技术也有了明显的提高。在积极开拓市场，提高印制质量等方面取得了较大的成绩。

2000 年，中国标准出版社连续第七次被评为中央国家机关文明单位，再次被新闻出版署授予良好出版社称号。

**【中国计量出版社】** 中国计量出版社系国家质量技术监督局直属的中央一级专业出版社，是全国唯一出版计量图书为主的出版机构。

中国计量出版社的出书范围包括：

1. 法制计量（包括有关法规、技术规范、监督管理和单位制方面的图书等）；

2. 计量测试科学技术（目前已涉及到几何量、温度、力学、电磁学、电子学、时间频率、光学、化学、电离辐射等专业）；

3. 科技文化基础知识（例如物理、化学、数学、外语、误差理论等方面与计量密切有关的图书）；

4. 有关计量、质量方面的技术、管理和应用技术方面的图书、教材、科普读物以及科技类图书；

5. 与图书配套的音像出版物。

2000 年全年出版图书 302 种，其中新版图书 161 种，重印图书 141 种；出版计量检定规程 153 种，其中新版规程 67 种，重印规程 29 种。全年完成生产总值 2 791.32 万元，销售总码洋 1 428.98 万元。

在 2000 年的图书出版中，《计量法规手册》、《标准化法规手册》、《产品质量监督法规手册》、《计量工作文件选编（1988～2000 年）》、《标准化工作文件选编（1988～2000 年）》、《质量监督工作文件选编（1988～2000）》、《质量管理文件选编（1988～2000 年）》等工具书的出版，深受质量技术监督工作人员和广大企业职工的欢迎。尤其是产品质量法宣贯教材的及时出版，满足了质量技术监督部门和广大企业职工学习贯彻《产品质量法》的需求。为配合国家局的工作中国计量出版社还编辑出版了《产品免于质量监督检查工作实施指南》、《“三重一大”打假指导手册》、《法定计量检定机构教材指南》等书。为配合国家教委高校专业设置改革组织出版了大学和高职中专教材 16 种，列选选题 20 个。另外为了满足社会广大专业人员对电子技术应用图书的需求，中国计量出版社还组织出版了《新编电子电路大全》一套 6 本投入市场，受到广大读者普遍欢迎。

中国计量出版社注重加强质量管理，不断提高图书质量，缩短出书周期。全社职工树立了质量意识，严把图书质量关，减少差错率和质量事故。2000 年经检查全年图书优质品率达 50%以上，比 1999 年提高了 20 个百分点。

**【中国标准化协会】** 中国标准化协会是由全国从事标准化工作的单位和个人自愿参与组成的、经国家民政部门批准成立的全国性法人社会团体，是我国发展标准化科技事业的重要社会力量。中国标准化协会挂靠在国家质量技术监督局，接受中国科学技术协会的业务指导和社团登记机关民政部的监督管理。中国标准化协会日常办事机构为秘书处。秘书处下设：行政办公室（含人事部）、编辑出版部、技术发展部、标样工作部、教育培训部及中国标准化技术咨询服务中心等部门。

**（一）协会建设不断完善**

1．完成社团清理整顿、备案和注册工作。2000 年中国标协被国家民政管理部门重新确认登记，换发新的证件，顺利完成清理整顿工作。秘书处进一步对七个二级分会的情况进行调查了解，初步摸清有关情况，根据工作情况已撤销开放系统互联分会，同时为进一步对二级分会进行清理整顿和规范管理打下基础。

2．强化会员管理工作，提高管理水平。会员是中国标协重要的基本力量，摸清现有会员情况、建立有效管理手段、作好为会员服务工作是秘书处日常重要的工作内容。为此，2000 年重点开展了以下几件工作：

一是开发中国标协会员管理系统，建立了会员管理基本数据库，使会员管理步人自动化。

二是在建立现代化管理手段的基础上，对现有会员进行调查摸底，并开始会员重新登记、换证工作，为此重新设计制作了会员登记表格和证件，使会员的吸收、退出及管理工作逐步规范化。

三是初步建立为会员服务的机制。定期向会员提供中国标协出版的《中国标准化》杂志、《德国标准化》和《ASTM 标准化》等出版物；提供标准化信息及咨询服务；优惠提供参与中国标协各种活动。

四是采取多种方式积极发展会员，壮大标准化队伍。利用杂志、网络、会议及各种活动，向社会各界广泛宣传标准化和中国标协，引起社会各界对标准化的重视，吸引他们参加中国标协工作。

2000 年 1～12 月共新增会员 359 名，其中企业团体会员 50 名，个人会员 309 名。中国标协会员及企业团体会员的增加，充分体现了中国标协的工作以经济建设为中心，以企业为基础，贴近社会、贴近市场、贴近企业，服务于社会的宗旨。截至目前，中国标协有团体会员 100 个，个人会员 400 名。

五是广泛征集会员对中国标协工作的意见和建议。2000 年就十二个方面向会员发出征求意见表，反馈意见情况如下：

满意率占 42%　较满意率占 40%　不满意率占 18%。

会员对协会工作的意见和建议归纳起来有以下七个方面：

——协会应在新标准宣贯中发挥领先作用，大部分会员认为中国标协在学术交流、标准化知识、标准化讲座和培训中力度不够，加强标准的基础知识培训。

——应与地方标协加强联系，进一步发挥各省、市标协的作用，多组织活动，开展工作交流。

——加强计算机网络查询、电子信箱、网上提供咨询服务内容和标准化的信息。

——多开展一些高水平的标准化学术交流。

——加强国际标准先进技术的查询咨询服务，要积极参与国际标准化的各种活动。

——加强我国标准化工作的宣传力度。

——了解标准化协会的工作动态。

在这次活动中广大会员积极发表意见，给协会工作提出了良好的意见和建议。秘书处将认真研究，在今年的工作中加以落实。

3．健全完善协会各项管理制度，规范协会工作程序。

根据五届一次理事会的决议，秘书处起草了《会员管理办法（草案）》和《二级分会管理办法（草案）》，在 2000 年第一次理事长办公会议上《会员管理办法》已获得通过，各位理事长对《二级分会管理办法》提出了具体修改意见，秘书处又召集二级分会秘书长会议专门进行了讨论，现已完成修改，准备在本次理事长办公会议上在讨论一次。

按五届一次理事会的要求，去年完善了理事长办公会议和常务理事会议制度，使协会工作规范运作。

4．协会承担的工作有了进一步发展。国家质量技术监督局授权协会秘书处筹备组建中国防爆电器产品认证中心，为开展防爆电器强制认证工作作组织准备。为适应电器和电子产品大量应用中提出的安全问题，在一些企业积极倡议和支持下，国家质量技术监督局决定组建中国防雷标准化技术委员会，中国标协荣幸地承担了此项工作，现已完成组建工作，即将召开成立大会并开展防雷标准制订工作。

5．适应协会工作发展需要秘书处领导班子作了调整。王湘君副秘书长和张伟副秘书长分管工作作了调换，为各项工作的开展引进了新的思路和力量。

**（二）秘书处基础建设**

1．加快规章制度建设，使秘书处工作进一步规范化

为强化中国标协秘书处的内部管理，重新修订了《经济目标责任制管理办法》、《职工考勤管理办法》、《固定资产管理办法》、《机动车辆管理办法》、《各项费用使用规定》、《办公设备管理办法》、《日常办公用品管理办法》、《文档、印章管理办法》。《通讯工具使用管理办法》等 9 项管理制度。并新制定了《会议制度》、《自费出国学习、探亲、旅游、定居的规定》、《工作人员年度考核管理规定》、《人事档案管理规定》、补充养老保险管理办法》、《工作人员聘用规定》、《待岗下岗规定》、《人员出差管理要求》、《公费医疗管理暂行规定》、《工作人员休假暂行规定》、《职工取暖费用报销的（暂行）规定》、《职工义务献血管理办法》、《工作人员福利补助发放管理办法》等 13 项管理办法。现涉及秘书处行政管理和业务管理工作的规章制度共计 22 项，初步满足了秘书处日常管理和业务开展的需要。

2．严格管理，提高工作效率

制度的建立，重在落实，依据调整后的规章制度秘书处重点完成了以下几项工作：

——按照新修订后的《固定资产管理办法》，对秘书处

现有固定资产进行清理，摸清家底，分类建帐。对新购的资产，按新办法进行管理，由专人负责。对报废、报损的资产，成立资产核销工作组，监督、核查报废工作全过程。从而有效保护国有资产和集体财产，使协会资产及国家财产不流失、不损失、不丢失。

——规范财务报销制度。严格按照国家规定的财务制度进行报销。

——修改考勤管理制度，严格病假、事假管理，规范出勤行为。

3．完善组织机构建设

——为适应新形势下人事工作管理的需要，按国家局人劳司规定，组建成立人事部。负责秘书处人事管理工作。

——投资成立方圆标志认证中心，为中国方圆委工作实体化铺平了道路。

加强形象建设，树立中国标协良好形象首先改善办公条件，创造整洁、干净的办公环境。其次统一各种形象标志，树立整体一致的形象。最后加强形象宣传工作，规范宣传资料，编制协会宣传简介。

4．逐步实行市场机制下的用人机制，提高队伍的竞争意识

为了更好地适应市场经济的需要，根据国家在人事制度改革方面的有关精神，秘书处在用人方面逐步向能进能出，能上能下的方向调整。现有工作人员中，有固定人员，有社会招聘人员，有反聘的离退休人员，有临时聘用的人员等不同情况。现有工作人员中，中层干部实行竞争聘任上岗制度。不适应工作岗位需要的人员或工作态度有问题的人员，采取下岗或调离措施。专门制定了有关办法规范用人机制。

与用人机制相配套的经济目标责任制也已建立，秘书处各业务部门都实行了经济目标责任制，工作好坏直接与每个人的利益挂钩，有效地调动每一位人员的工作积极性，使大家开始适应市场竞争。

**（三）秘书处业务工作**

1．积极开展标准化学术研讨与交流

（1）举办“传统名优白酒原产地保护标准化研讨会”

4月29日在北京召开“传统名优白酒原产地域保护标准研讨会”。会议就我国在即将加入世界贸易组织（WTO）及市场经济环境下，如何按国际惯例、利用标准和原产地域产品保护等技术措施、有效地保护我国传统名优白酒，保护生产企业在自由贸易经济环境下的合法权益等问题进行探讨和研究；探讨确立茅台酒为原产地域命名的试点，进行相应国家标准立项申报工作，并在今年11月份组织召开了茅台酒原产地命名国家标准工作会。

（2）召开“全国软件产业标准化学术研讨会”

探讨软件质量体系认证标准化研究与推进工作，促进软件质量保证工作健康发展，为信息化做出努力；

（3）组织召开“空气净化器标准化的技术研讨”

5月初，组织开展了由政府主管部门倡导，企业赞助支持的热点产品——空气净化器的标准技术研讨会。

（4）召开“2000版ISO 9000族国际标准草案最新动态通报会”

8月22日在北京组织召开了“2000版ISO 9000族国际标准草案最新动态通报会”，及时通报了国际标准化组织质量管理与质量保证技术委员会的年会及标准修订最新动态，为国内实施开展质量咨询服务和标准转换提供了基础信心。

（5）积极开展国际间学术交流活动

11月初成功的举办了“因特网——中文汉字拼写方案”培训班。其方案应用在“因特网”上的交互平台，其市场发展前景被众多华语使用国家和地区看好，随着网络技术的发展和适用汉字作为联合国公务文字的使用，“因特网——中文汉字拼写方案”将广泛应用在各个领域。

2．标准制定工作

（1）组织成立GB 6932—1994《家用燃气热水器》国标修订起草工作组。

为进一步提高燃气热水器的质量标准，特别是在国家明令要求禁止生产销售直排式热水器背景下，协会及时组织有关专家、厂家及政府管理人员进行研讨，提出对原标准进行修订设想，并报国家局立项。由协会牵头组织，动员企业、检测机构。社会专家等参与组成标准修订起草工作组。现此项标准修订工作已开始启动，正进入征求意见稿（草稿）阶段。《燃气热水器》标准的修订，开创了由企业、政府共同参与修订国家标准之先河，为探讨新形势下制标改革打下了基础，积累了经验。截止今年12月底已举办了5次GB 6932—1994《家用燃气热水器》国标修订会。

（2）组织制定《直燃式空调器》国家标准。

3．重要国家标准的宣贯培训工作

——《粮食国家标准》班两期，共培训人员300名；

——《烟花炮竹国家标准》班两期，共培训人员150名；

——组织企业标准化工作人员培训班四期，共培训人员200名；

——筹备组织召开GB1系列标准和GB/T 19000族标准、GB/T 9704—1999《国家行政机关公文格式》国家标准宣贯工作。到12月底共培训办班10期，共培训人员400名；

4．编辑出版发行工作

编辑出版发行《中国标准化》和《德国标准化》（中文版）、美国《标准化新闻》（中文版）杂志，截止12月底，本年《中国标准化》出版发行12期，保证了时效，及时宣传有关政策并发布重要信息公告，及时报道广大标准化工作者关心的热点问题和最新动态。

5．咨询工作

随着经济体制改革的深入，企业进一步走向市场，竞争的压力使企业更加重视技术投入。为了更好满足企业需要，协会适时调整咨询服务机构，加强业务力量，提高业务人员的业务素质，以优质、高效、满意的服务满足社会需要：

（1）开展了2000版ISO 9000族标准转换工作，积极开展质量咨询服务工作；

（2）开展社会调查、咨询服务。接受亚信公司2000’产品服务质量及客户满意状况调查服务，为企业提供咨询服务，树立协会服务企业、贴近市场的良好形象；

（3）建立标准化计算机信息网（《中国标准化信息网》）和标准资料发行网，采用多种形式和方式宣传标准化；

(4) 受理来电、来函查询。近一年来,协会先后以多种形式及时快捷地为企业提供了标准化信息服务,其中提供文本400多件,发行标准码洋18.5万元,发行简报50多期,查询资料1 000件次;为15家企业提供了质量体系认证咨询服务,帮助企业先后顺利通过认证。

6. 国际交流与合作

(1) 今年3月在大连与“日本规格协会”举办双边标准化技术交流;

(2) 8月份组织完成赴加拿大境外标准培训工作。

(3) 10月份组织完成赴美国境外标准培训工作。

7. 会议组织情况

(1) 7月26日在北京组织召开了第五届第一次理事长办公会。

(2) 10月13日在全国政协礼堂举办了第31届世界标准日座谈会。

(3) 跟踪国际食品法典委员会(CAC)动态,组织开展国际间标准样品交流;

8. 其他工作

(1) 筹办专项产品展览,与成都市技术监督局等共同筹划2001年建筑材料展览,已完成了申报、立项工作。现招展、布展工作正在进展中;

(2) 策划与美国经济贸易委员会联合举办“WTO-中国经济-标准化”等高层次标准化理论研讨活动。

2000年在国家质量技术监督局和新一界理事会的领导下,在各分会的大力支持下,中标协的工作取得了很大的成绩。同时,也希望通过本次会议,为探索今后工作的发展思路,提高工作效率,增强工作信心等提出建设性的意见和建议,以不断完善我们工作。

**【中国计量测试学会】** 中国计量测试学会2000年组织召开了第五次会员代表大会。大会选举了理事长、副理事长、秘书长、常务理事、理事;通过了中国计量测试学会新章程;新一届理事会成员258人,6个工作委员会,27个专业委员会,团体会员单位123个,个人会员16 000人,其中院士11人。250名代表参加了会议,会议共起草和通过了16种文件。

制定和完善有关规章制度,成立了人事部门,加强了财务管理。

**(一) 学术交流**

1. 积极开展国内外学术交流

召开了2000年全国计量测试学术交流会,并出版了论文集。本次学术交流大会内容涉及计量基本理论,计量管理,几何量、光学、力学、热工、声学、电子、电磁、时间频率、化学与标准物质等方面。

2. 中国计量测试学会和台北计量工程学会共同举办了“第三届海峡两岸计量科技学术研讨会”。大会共收集论文46篇,并出版了论文集。大会进行了学术交流并组织参观了企业和技术机构,同时大会迫切希望尽快扩充包括的质量认证术语在内的“计量名词术语”,以推动计量测试技术和质量认证工作的开展。

3. 各计量专业委员会召开的学术交流会:

(1) 国外仪器应用专业委员会2000年召开了“总线与系统工程联合学术技术应用报告会”。(2)几何量专业委员会2000年召开了“纳米及微机械测量技术国际研讨会”。(3) 力学专业委员会2000年举办了三期力值和扭距测量不确定度讲习班,并参加了在日本举办的亚太地区“质量、测力与扭距测量技术研讨会”。(4)电子计量专业委员会2000年召开了“同轴热敏电阻座校准因子比对测量专题研讨会”。

4. 进一步加强与国际组织的密切合作,组织会员和专家参加国际会议并开展了国际合作。(1)2000年组织全国流量专家12人到巴西参加国际流量会议,参观流量企业,并获得了长期的合作项目。(2) 2000年组织专家12人到奥地利参加国际计量测试联合会(IMEKO)的IMEKO2000大会并参加了IMEKO总务委员会。(3)2000年还组织了两期参加美国实验室会议以及到美国计量测试和科研部门的考察。

**(二) 积极开展科普工作**

学会一直把科普作为重点工作来抓,如组织中小学生夏令营、参观计量科研机构、组织中学物理老师的培训、开展计量基本知识的普及。2000年编辑出版了《教你如何使用农药》。完成了《趣味计量》多媒体光盘脚本;编辑了《二十一世纪计量学丛书》科普书籍的第一稿。

**(三) 做好咨询服务**

1. 2000年学会咨询部组织编辑出版了《中国计量十五年》集册。该书回顾了我国计量事业十五年来的发展和所取得的成绩,并宣传了计量工作的效益。

2. 归口管理《计量在线网站》,用于发布学会信息。

3. 为了帮助企业完善计量检测体系,受国家质量技术监督局计量司委托,学会共举办了三期计量评审员培训班。为了更好地宣传国际计量管理的标准,学会组织举办了计量管理和计量技术方面的培训班,包括九期“测量不确定度”的学习班,和“统计技术”、“电话计费器检验”、“油品检验”等培训班。

**(四) 办好学术刊物**

1.《计量学报》是计量测试学术交流的阵地,学会一直非常重视学术刊物的内在质量,使它一直处于前500位引用率较高的科技刊物。

2. 归口管理了《中国计量》杂志,完善了领导班子的建设和队伍的建设。

**(五) 积极完成国家质量技术监督局交办的任务**

1. 受局委托,学会管理国家质量技术监督局职业资格技能鉴定中心。

2. 受局计量司委托,学会设立计量技术法规审查部。

3. 受局科研处的委托,承办了局系统科研成果评奖工作;按中国科协的要求,组织推荐了学科带头人。

**【中国计量协会】** 中国计量协会2000年,在国家质量技术监督局的领导下,在计量司的具体指导和帮助下,围绕质量技术监督中心任务,努力开拓,积极进取,推动了协会各项工作的发展。

(一) 开展“三讲”教育,完善内部机制的转化。根据党中央关于开展“三讲”教育的指示和要求,按照国家局党组的统一部署,认真开展了“三讲”集中教育,取得了一定的成效。(1)党支部制定了党员发展计划,积极慎重地做好党的积极分子的培养和发展工作(2000年党支部发展一名预备党员)。(2)进一步完善各项规章制度,每月召开一次工作通气会,通报有关情况,听取群众的意见和要求。(3)成立了中国计量协会工会委员会,注意发挥工会在维护职工民主权利,搞好职工物质文化活动方面的积极作用。(4)加强了领导班子的团结,做到相互支持,相互补台,相互尊重,相互帮助,顾全大局,自觉接受群众监督。(5)增强了改革发展的紧迫感,进一步转变思想观念,充分发挥主观能动性,在为政府、社会和企业服务中求得自身的经济效益,获得广阔的发展空间。(6)加强组织建设,按照民政部的要求,认真做好分支机构的清理整顿工作。同时,筹备组建了中国计量协会加油设备工作委员会;中国计量协会社会公证计量工作委员会;中国计量协会机动车检测工作委员会;中国计量协会能源测量工作委员会。

(二)深入调查研究,组织制定《国家计量产业技术政策》按照国家经贸委和国家质量技术监督局的要求,协会组织有关专家、企业技术管理人员通过多次研讨,形成了《我国计量器具发展现状的分析报告》(以下简称《分析报告》)。《分析报告》从我国计量器具的发展现状入手,针对我国计量产业中存在的四个方面主要问题,即:产品结构不合理,市场供求关系失衡;产品档次低,开发创新能力差;部分产品质量不稳定,假冒伪劣产品有蔓延趋势;规模效益差,产业发展后劲不足。指出了与国际发达国家比较存在的主要差距是:第一,产品结构水平较低;第二,科技水平落后;第三,生产装备落后。为了改变现状,缩小与国际先进水平的差距,努力建立起我国具有科技创新能力和市场竞争能力的计量产业。《分析报告》对我国计量器具制造产业发展战略提出了四条建议:一是要大力发展高新技术;二是要加快企业战略性改组;三是要加快生产结构的调整;四是要实施中国名牌战略。并要采取九项政策措施,即:健全法律法规,加强行业管理;面向市场经济,制定发展规划;调整产业结构,实现规模经营;调整工业品结构,加快产品升级;实行优惠政策,鼓励企业发展;加快技术改造,提高创新能力;加强质量管理,提高产品质量;加强产业协调,建立自律机制;提高人员素质,建立骨干队伍。

(三)积极开展计量教育培训,提高计量工作者素质。

1. 围绕计量工作的重点开展培训。2000年,协会共开展各种类型的培训班25期,培训人员1 773人。其中《测量不确定度评定与表示》国家技术规范培训班21期,培训人员1 556人;《法定计量检定机构考核规范》3期,培训人员197人;税控燃油加油机考评员培训班1期,培训人员20人。组织完成了全国制造计量器具许可证考评员的考核工作,审核考评员874人,核发考评员证书834人,发放制造计量器具许可证书7 345张。

2. 抓好培训的管理,重点抓好师资培训和教材的选用。协会聘请国家计量技术规范的起草者和相关专业的专家担任老师,受到学员的好评。协会使用的教材都是由国家局计量司组织有关专家统一编写,教材实用性强,有针对性,使培训做到了统一师资,统一教材。

(四)配合政府部门中心任务,认真做好服务。2000年,国家质量技术监督局和国家税务总局组织进行了税控一体加油机和税控计价器的试制和推广工作。协会承担了税控一体加油机和出租车计价器的推广和管理工作。为了扎实、有效地推进这项工作,协会的主要作法是:(1)对未取得制造计量器具许可证的企业,只提供少量的监控微处理器试制片,避免未取得许可证而获得一定数量监控微处理器,充斥市场,扰乱正常的生产秩序。(2)对获得制造计量器具许可证的企业,保证按时按量提供监控微处理器。(3)与此同时,注意与政府管理部门和企业间的沟通,发现问题及时反馈,把问题解决在萌芽状态之中。通过一年来的工作,税控一体加油机和税控计价器的生产使用逐步走上了正常工作轨道。

为配合计量管理部门加强对获得计量器具许可证单位的管理,中国计量协会在国际互联网上设立公告专栏,为全国获得计量器具制造许可证的单位发布公告。以便广大用户及时了解计量器具制造行业的动态和发展。同时有利于计量管理部门及时掌握信息,加强市场监督和管理。目前已经有8个省、市的计量器具生产企业近1 000多家在网上发布公告。上海市质量技术监督局高度重视做好这项工作,他们委派专人抓工作的动员、材料收集、审核和上报工作。目前,上海市参加网上公告的企业达505家。

(五)扩大国际合作,充分发挥协会在国际交往中的桥梁和窗口作用。2000年,协会组织考察团赴加拿大、日本、南非等国考察。与这些国家的计量组织、企业进行技术交流,洽谈贸易合作,帮助我国计量器具生产企业开辟国际合作渠道,为引进资金、技术和管理经验,加快技术进步,开拓国际市场起到了积极的作用。协会与北京市质量技术监督局共同举办了发展中国家仪器仪表技术与应用培训班。来自6个国家的14名学员参加了培训。中国计量专家和有关企业讲授并介绍了电能测量、光学测量、流量测量等计量实用技术和计量产品。通过培训和交流,使发展中国家的学员了解了中国高科技的发展及新技术产品开发情况,扩大了中国实用计量技术和产品的影响,促进了国际间的合作与交流。

**【中国质量检验协会】** 近年来,中国质量检验协会在国家质量技术监督局党组的领导下,协会在组织建设方面有了很大发展。根据工作需要,协会内部先后设立了9个职能部门以及《监督与选择》杂志社、北京中检经济技术公司、北京金天平质量评估中心和北京中质证咨询有限公司4个下属单位;发展单位会员近500个,其中国家级和部级质检机构有230多个,地方质检机构约100个、企业质检机构约100个地方质检协会30多个;其他各项工作也取得了一定的成绩。

2000年协会主要做了以下几方面的工作:

1. 宣传质量法规、政策,引导消费,服务社会。主办中国产品质量网(http://www.chinaquality.org.cn),既向世界提供中国产品质量信息,提高我国名牌产品与优秀企业的知名度和市场竞争力,也向社会宣传普及质量知识和消费常识,增强全民质量意识。在北京有线电视二台主办《质量与消费》电视专栏节目,重点报道国家监督抽查、专项抽查、全国统检情况,宣传质量好的产品和重视质量的企业,对违法制售假冒伪劣产品的行为给予曝光。成立联合打假防伪网络，该“网络”通过技术保证和严格管理，发挥协会优势，一方面保护网络成员企业的产品信誉和利益，另一方面协助和配合国家有关部门为企业打假服务。

2. 承担珠宝玉石质量检验执业资格组织管理工作。2000年中国质量检验协会受国家局委托，承担实施全国珠宝玉石质量检验执业资格制度的有关具体组织管理工作，并顺利组织完成了2000年度全国珠宝玉石质量检验专业技术人员执业资格考试以及质量检验师注册审批工作。2000年共有147人通过考试获得珠宝玉石质量检验专业技术人员执业资格证书，146人被批准注册申请。

3. 提高质检人员素质与质检工作的总体水平。举办了企业有关领导、质检人员参加的各类研修班、培训班20余期，参加人员约两千。培训班改变了企业质检人员长期无人培训的状况，使他们学到了不少新知识，提高了对质量工作的认识，专业素质和技术水平有所提高受到广大企业的欢迎。为促进质检人员的学习和交流，提高专业技术水平与人员素质，继续组织了优秀论文评选活动及赴美、澳国外培训考察。

经国家质量技术监督局批准设立的国家质量技术监督局质量申诉处理中心，由中国质量检验协会负责管理。

**【中国防伪行业协会】** 中国防伪行业协会是国家质量技术监督局归口领导下的全国性一级协会，是政府管理防伪行业，规范国内防伪技术产品市场和发展我国防伪事业的助手。它由从事防伪技术产品生产与应用的企业、科研、事业单位和防伪科技工作者、专业防伪工作者组成。中国防伪行业协会理事会是最高权力机构，设有七个专业委员会，会员已达200多家。理事会下设秘书处负责日常工作，内设综合部、信息咨询部、企业(会员)工作部等。

中国防伪行业协会的宗旨是：团结和组织防伪行业工作者，以邓小平理论为指导，贯彻党的基本路线和方针政策，遵守宪法、法律、法规和国家政策，遵守社会道德风尚，发挥政府与防伪企事业单位、用户及消费者之间的桥梁和纽带作用。坚持科学、公正的原则，维护会员的合法权益；组织研究、开发和推广防伪技术，提高防伪行业技术水平、管理水平和经济效益；推动全行业技术进步，提高产品质量；防范和揭露伪造假冒等违法犯罪活动，促进社会主义市场经济健康有序发展，为加速我国社会主义现代化服务。其主要任务：

（一）宣传贯彻国家有关的方针政策与法律法规，积极向有关部门反映意见和建议。

（二）接受政府部门委托，开展防伪行业情况的调查，提出行业发展规划、政策、税收、产品价格等建议。

（三）承办政府有关部门委托的有关防伪技术评审、标准制定、生产企业许可证的发放等行业发展的重大任务。

（四）组织研究、开发和推广新产品、新技术、新工艺、新材料，组织经验交流和技术成果的有尝转让工作。

（五）组织国内外防伪行业的先进产品和先进技术的展览(销)会和技术交流活动。编制产品综合样本等技术宣传资料，组织开展宣传普及活动。

（六）组织防伪行业技术情报和经济信息的收集与分析，进行市场预测、信息交流和咨询服务工作，向广大用户和会员单位提供咨询服务。

（七）组织会员单位的改革、管理和增产节约、增收节支工作的经验交流活动。

（八）推动防伪行业的横向联合，互相协作，协调会员单位在开发、生产、经营、技术合作、销售、引进技术和市场竞争的相互关系。

（九）根据行业发展的需要，培训行业专业技术人员，组织会员出国考察、学习和人才交流。

（十）编辑协会刊物及通讯。

（十一）为防伪行业引进国外先进技术、产品、设备进行调查咨询、通报情况。协助会员单位发展外向型企业，推出有竞争力的产品进入国际市场；提出质量及主要技术指标已达到国际同类产品水平的行业产品，协助政府贯彻“以产顶进”的方针，限制和减少防伪技术产品及材料进口，保护民族工业的发展。

（十二）对各省、自治区、直辖市、计划单列市的防伪协会进行业务协调和工作指导。

（十三）兴办经济实体，依法开展经营活动。

2000年中国防伪行业协会在国家质量技术监督局的领导下，认真学习邓小平理论，贯彻党的十五届五中全会和中央经济工作会议精神。协会按照“团结、求实、创效、发展”的工作方针，进一步理顺了工作关系，提高了协会自我发展能力，探索了工作改革新路子，各项工作取得了新成绩。

1. 成功地组织召开“中国防伪行业协会激光全息专业委员会年会”，探讨了防伪技术的发展趋势和面临的问题，交流了工作经验。制定了“激光全息专业自律公约”，为进一步规范激光全息专业健康有序地发展迈出了可喜的一步。

2. 为了配合贯彻实施新修定的《产品质量法》，与国家质量技术监督局打假办、全国防伪技术产品管理办公室共同组织召开了“全国防伪打假工作座谈会”。会议研讨了防伪工作与打假工作如何紧密配合并为贯彻实施《产品质量法》做好服务的有关问题。

3. 为了配合全国打假联合行动的开展，中国防伪行业协会、《中国防伪》杂志社与黑龙江省质量技术监督局联合主办了“防伪保真电视文艺晚会”。该晚会宣传了防伪知识，歌颂了质量技术监督部门和防伪打假工作的模范事迹，在社会上产生了良好的效果。

4. 为配合“3.15”消费者权益日活动，与中国保护消费者基金会联合举办了“2000年保护消费者技术与成就展”。

5.《中国防伪》杂志开办一年来，取得了良好的成绩。为促进我国防伪事业的发展、宣传党的方针政策以及普及防伪知识发挥了积极作用。在创刊一周年之际，在人民大会堂举办了《中国防伪》杂志创刊一周年活动，人大副委员长王光英和国家质量技术监督局副局长朱明暹到会并讲话。

6. 受国家质量技术监督局的委托，组织完成了“国家防伪产业技术政策”的制定工作。

7. 组织和完成了国家科技部“九五”攻关科研项目“中国防伪技术及其产业发展研究”，并顺利地通过了有关部门组织的验收。

8. 根据《防伪技术产品管理办法(试行)》的规定，受国家质量技术监督局委托，继续开展对防伪技术项目专家评审工作。2000年有4项防伪技术项目通过了专家评审，对推广先进的防伪技术和规范防伪行业的发展起到了积极的作用。

9. 继续组织实施“中国商品防伪保真网络系统工程”，并取得了重要的进展。

开展国际交流工作。2000年协会组织国外防伪专家来华讲学和国内优秀的防伪技术科研、生产应用企业和管理人员赴英、法考察，学习了国外先进的技术和管理模式，为我国防伪行业的进一步发展发挥了积极作用。

**【中国质量万里行促进会】** 2000年在国家质量技术监督局的指导下，在社会各界人士的关心支持下，在全体理事会员的共同努力下，万里行促进会扎实工作，奋力开拓，使质量万里行事业又掀起了一个新的高潮。

1. 紧紧抓住领导关心、群众关注、社会反映强烈的质量热点、难点问题，参与、组织打假行动，揭露曝光并协助执法部门查处了一批重大制假售假案件，取得了很好的社会效果，深受广大企业和消费者的好评，也得到了党和国家领导人的高度评价。

2. 在发挥群众监督、舆论监督与质量技术监督相结合方针指导下，特别注重发挥新闻媒体作用，在中央电视台、中央人民广播电台的有关栏目中播出有关质量万里行开展活动的新闻与纪实报道60余次，中央各大报刊及各部委局行业报刊发报道800余篇。

3. 和团中央、国家质量技术监督局联合开展了“质量、法制、服务三下乡”、“‘质量走过50年’首都大学生社会调查”、“质量万里行青年志愿者服务月”、“质量万里行西部行”等一系列活动。

4. 为迎接新世纪、为我国尽早加入WTO、为配合国家实施西部大开发战略，促进会组织协调几十家全国性行业协会开展了几次“打假扶优创名牌”、“西部开发”等高层论坛研讨会。

5. 强化为企业、为会员、理事，为消费者维权服务的功能，建立了企业维权网络，调查事务网络，并与司法部联合在全国挂牌设立了24家中国质量万里行促进会律师事务所。

6. 组织了各种培训20多期，培训了2000多人，并与境外联系，开辟了境外培训渠道。

7. 在全国设立了30个质量万里行投诉站，建立了投诉网络，受理投诉共有14 000多件，涉及金额近6亿元。

8. 新发展理事、会员20多个。

9. 建立了中国质量万里行网站，企业打假协作名牌服务网；与中国质量报、中国产经新闻报联合举办了中国质量万里行周刊和真品周刊；创办了万里行促进会通讯。

**【中国国际质量认证咨询促进会】** 中国国际质量认证咨询促进会(CCIQA)是由全国质量管理的先进企业及质量管理、认证、咨询组织共同发起，在民政部注册的全国性社会团体，业务主管部门是国家质量技术监督局。其办事机构(秘书处)受理事会领导。目前，全国有理事会员单位100个；团体会员单位166个；个人会员225人。

中国国际质量认证咨询促进会根据国际通行做法，帮助和指导企业获得国内外认证机构的认证，提高产品和服务竞争力，促使中国质量认证及咨询事业迅速走向世界。中国国际质量认证咨询促进会是国际权威质量保证组织IQA的正式团体会员(注册号B:400241)，与世界上主要的质量保证组织均有正式的合作关系。

中国国际质量认证咨询促进会在国家质量技术监督局认证与实验室评审管理司的直接业务指导下，创办了中国质量认证培训与信息中心，是国家认可的培训机构，至今已培养了几千名国家质量体系注册审核员和内部审核员；帮助发起创建了北京9000标准质量体系认证中心，该中心不仅通过了中国质量体系认证机构国家认可委员会的认可，而且是发展中国家首家通过英国皇家认可委员会(UKAS)认可的认证机构。CCIQA曾创办了《中国质量认证》杂志，并编辑和发行了我国首部《国家注册质量体系检查(审核)员教程》，以及编写出版了首部ISO 14000环境管理体系入门教材。

中国国际质量认证咨询促进会坚持从实际出发，学习借鉴国外先进的质量管理和质量保证的理论和实践，不断推动我国质量认证的宣传、培训、咨询和认证工作，为我国的质量认证事业的发展做出贡献。

# 党的建设和精神文明建设

2000年直属机关党委在中央国家机关党工委的领导和局党组的指导下，以邓小平理论和“三个代表”重要思想为指导，以贯彻落实十五届四中、五中全会精神和中央思想政治工作会议精神为重点，紧密结合质量技术监督工作实际，加强党员领导干部思想政治建设、基层党组织建设和党风廉政建设，为促进我局两个文明建设的协调发展和各项任务的顺利完成提供了有力的思想和组织保证。

**【思想政治建设】** 2000年主要做了3个方面的工作：

直属机关党委按照中央国家机关党工委的部署和局党组的要求，认真学习“三个代表”的重要思想，把理论武装工作引向深入。各直属、挂靠单位的领导班子中心组普遍坚持了政治理论学习制度，并结合今年开展的“三讲”教育，着重学习了江泽民总书记关于“三个代表”的重要思想。按照李传卿局长的要求，在学习中努力做到四个结合：一是学习江总书记“三个代表”重要思想与学习马列主义、毛泽东思想、邓小平理论相结合；二是与各单位开展的“三讲”教育工作相结合；三是与全面推动质量技术监督各项工作、加强队伍建设相结合；四是与自己的思想实际、世界观的改造相结合。在坚持领导班子中心组学习制度的同时，组织好干部职工的政治理论学习，通过学习使广大党员干部更深刻地认识到党员的先进性，进一步坚定了自己的政治信念。直属机关党委充分发挥党校班在理论武装工作中的作用，举办了国家质量技术监督局第3期党校班，来自局机关和直属单位的15名(局机关8名)处级以上党员干部参加了学习。

加强思想政治工作，为改革和发展提供良好的思想保证。各单位为确保科技体制改革的顺利进行，结合本单位的实际情况，在改革方案的出台、机构的设置、人员的安排等具体工作中积极引导职工正确处理全局与局部、集体与个人的关系，增强职工的心理承受力。各单位通过宣传党的路线、方针、政策对职工进行爱国主义、集体主义和社会主义教育，结合对“法轮功”的斗争，开展马克思主义唯物论和无神论教育，深刻揭批“法轮功”的反动本质和险恶用心。局直属机关党委以贯彻十五届五中全会精神，加强党的建设和思想政治建设为主题，召开了第八次思想政治工作研讨会。此次研讨会共提交论文25篇，评选出优秀论文12篇。计量学院刘黎清、原编码所李善德、计量院魏淑芝的论文获中央国家机关党建、政工研究会1999年研究成果三等奖。直属机关党委还获得中央国家机关党建、政工研究会1999年研究活动工作奖。为适应垂直管理的新形势，直属机关党委还召开了部分省(市)局思想政治工作座谈会，对如何适应垂直管理的新形势、切实加强质量技术监督系统的思想政治工作进行了研讨，提出了许多建设性的意见和建议。

认真开展“三讲”教育，不断提高党员干部思想政治素质。局机关开展“回头看”活动，把“三讲”教育引向深入。机关党委积极协助局“三讲”教育领导小组做好机关“三讲”教育“回头看”的组织协调工作，起草了《关于局机关“三讲”教育“回头看”活动的实施方案》，按照上级指示和局党组的要求，对“回头看”活动的学习内容、形式进行安排和部署。各单位按照中央有关文件精神和局党组的统一部署，认真开展“三讲”教育，成立了“三讲”教育领导小组和办事机构，党委书记(支部书记)承担起第一责任人的责任，与行政领导共同负责，认真完成了“思想发动、学习提高、自我剖析、听取意见、交流思想、开展批评、认真整改、巩固成果”四个阶段的任务，并实现了“三讲”教育与业务工作“两不误、两促进”。

**【基层组织建设】** 2000年主要做了以下几项工作：

按照《党章》要求，直属机关党委如期进行换届，召开了直属机关第四次党员代表大会，选举产生了直属机关第四届党的委员会和纪律检查委员会。党的委员会由(按姓氏笔画排列)于亚东、马林聪、王秦平、王向东、刘汉田、刘平均、刘卓慧、张玉宽、张健全、陆阳、陈飞、陈光、林树青、徐素华、路维金、潘必卿、魏俊等17名同志组成，王秦平任书记，徐素华任常务副书记，魏俊任专职副书记。纪律检查委员会由(按姓氏笔画排列)王步步、王海宁、刘洪生、陈飞、单向东、赵志恒、贺琛、董志民、景建国等9名同志组成，景建国任书记。

健全基层党组织。直属机关党委指导中国标准研究中心召开了第一届党员代表大会，选举产生了第一届党的委员会和纪律检查委员会。

各单位党委认真学习《关于深化科研机构管理体制改革的实施意见的通知》和《关于加强和改进科研院所党的建设工作的意见》的文件精神，结合本单位的工作实际，围绕中心工作开展党的工作，充分发挥党委在改革发展中的政治核心作用。

直属机关党委召开了京区系统1996～2000年度先进党支部、优秀共产党员、优秀党务工作者表彰大会，对计量院力学处党支部、光学处党支部、节能中心党支部、人事处党支部、标物中心第四党支部、标准中心第十一党支部、第十四党支部、锅检中心老干部党支部、计量出版社机关党支部、标准出版社出版部党支部、局机关锅炉局党支部、老干部司党支部等12个优秀党支部，计量院于靖、武荷莲、黄扬、张钟华、李烈民、赵淑香，标物中心方向、标准中心赵凤云、侯秋枫、赵楠，标准出版社余琦，质量报社陈龙，锅检中心贾国栋、沈雪萌，计量出版社杨兴祥、黄洁，局机关田世宏、王建平、惠博阳、瞿兆宁等20名优秀党员和计量院卢敬叁，计量出版社朱和平，锅检中心林树青，纤检局瞿晓，标准出版社梅大绂，标准中心王月明，局机关安国、袁俊明、张宝田等9名优秀党务工作者进行了表彰。

各单位党委贯彻“坚持标准、保证质量、改善结构、慎重发展”的方针，积极做好党员的发展工作，据统计，2000年京区单位共发展党员45名(局机关4名)

**【精神文明建设】** 2000年主要做了以下几件事：

继续抓好办实事工程。各单位按照精神文明建设领导小组的要求，明确职责分工，确定办实事内容，把办实事工作落到实处。局机关确定的7件实事基本落实。

按照上级的要求，做好文明单位的申报和复查工作。直属机关党委与有关司(室)对荣获“1999年度中央国家机关文明单位”的计量院、标准出版社、纤检局等单位进行了复育工作。

开展向受灾、贫困地区送温暖活动。响应国务院和中央国家机关工委的号召，积极发动京区系统广大职工为内蒙古受灾地区募集资金137 505元。在向定点扶贫县——甘肃礼县捐赠活动中，共捐献棉、毛巾被263床，棉(羽、皮)衣被1 832件，绒、毛衣裤2 132件，单衣10 112件，鞋(帽)6 522顶，文具用品5 000余件，电脑15台及其他物品1 080件。直属机关工会积极响应全国妇联和中央国家机关妇工委的号召，为“情系西部共享母爱”活动捐赠资金3000元。

**【工会工作】** 2000年主要做了以下几件工作：

积极配合党委组织好广大干部职工学习邓小平理论和江总书记“三个代表”的重要思想，教育引导职工树立正确的世界观、人生观和价值观。在与“法轮功”邪教组织的斗争中，对职工进行唯物论和无神论教育，提高了职工辨别是非的能力。

加大了对工会干部的培训力度，组织了工会主席、工会干部到四川进行调研，达到了学习培训和交流经验的目的。

坚持开展“送温暖”活动。2000年元旦春节期间，直属机关党委、工会和各单位党政领导共走访慰问困难职工、老干部145名(户)，投入资金102 600元；机关工会对24名同志进行了补助，合计金额9 200元。

按照“合格职工之家”和“先进职工之家”的条件，对已建成“合格职工之家”(标准中心、标物中心、计量出版社、质检协会、局机关)和“先进职工之家”(纤检局、计量院、标准出版社)进行了复查验收。并批准锅检中心为“合格职工之家”。

组织开展了"五好文明家庭"和"杰出母亲"的评选、推荐工作,有6户被评为京区系统"五好文明家庭",6位同志被评为"杰出母亲"。国家局推荐的计量院王东伟一家和王平同志分别被中央国家机关妇工委评为"五好文明家庭"和"杰出母亲",受到上级的表彰。

按照《直属机关工会2000年工作要点》有计划地开展了丰富多彩的文体活动。"三八"妇女节组织了妇女代表联谊会;举办了京区系统乒乓球比赛,计量院获男子团体冠军,标准中心获亚军,标准出版社和局机关获并列第三名,计量院获女子团体冠军,标准出版社获亚军,标准中心和标物中心获并列第三名;与团委共同组织了游泳比赛和春季植树活动。

注重组织建设。2000年指导计量协会和万里行促进会成立了工会,并对直属机关工会的组织机构及时进行了增补委员的工作。截止到2000年底,我局京区系统共有工会会员2 354人,基层工会组织13个。

工会财务工作在专、兼职财务和经审干部的共同努力下,获得1999年度中央国家机关工会财务工作竞赛特等奖;樊艳红同志获工会财务先进个人,同时被全国总工会授予全国工会财会先进工作者称号。

**【共青团工作】** 2000年主要做了以下工作:

2000年6月,直属机关团委举行换届改选,经选举,组成了由11人组成的共青团国家质量技术监督局直属机关第五届委员会,书记为郭欣,副书记为王慧琳、宋玉川、杨秀忠;继续开展"青年人才工程"和"青年文明工程",经直属机关团委推荐,局机关吴清海同志当选为全国青联委员,标准中心李爱仙同志被评为"中央国家机关优秀青年";举办了"3·15"青年义务咨询服务日活动;主办了京区系统职工游泳比赛;组织京区系统团员青年为我局定点扶贫县甘肃礼县捐赠图书5 000余册,为国家局援建的3所希望小学和一所职业中学建立了书库。

# 劳动人事工作

**【干部队伍建设】**

1. 国家质量技术监督局及部门主要负责人

局长李传卿同志,副局长王秦平、朱明暹、李忠海、蒲长城同志。

党组成员:李传卿、王秦平、朱明暹、李忠海、蒲长城、安国同志。

党组纪检组组长安国同志。

总工程师宣湘同志。

办公室:主任纪正昆同志,副主任罗建平、朱守均同志。

国际合作司:副司长刘新民、孔晓康同志。

计划财务科学技术司:司长刘平均同志,副司长侯玲林、徐武强同志。

政策法规宣传教育司:司长刘兆彬同志,副司长韩毅、田世宏同志。

人事劳动司:司长张玉宽同志,副司长王步步同志。

质量司:司长于猷忠同志,副司长邬建平、惠博阳同志。

监督司:司长吴清海同志,副司长武津生、严冯敏同志。

标准化司:司长石保权同志,副司长宿忠民、裘庆军同志。

计量司:司长陈万民同志,副司长宋伟同志。

认证与试验室评审管理司:司长夏铮铮同志,副司长刘安平、谢军同志。

锅炉压力容器安全监察局:局长张纲同志,局长助理宋继红同志。

直属机关党委:书记王秦平同志,常务副书记徐素华同志,副书记魏俊同志。

直属机关纪委:书记景建国同志。

纪检监察办公室:专员郭瑞林同志。

机关后勤服务中心:主任魏荣海同志,副主任曹宝玉、唐会生同志。

离退休干部局:局长赵兴斌同志,副局长马洪珍同志,局长助理陈光同志。

2. 国家质量技术监督局直属事业单位主要负责人

中国纤维检验局:局长陆阳同志,党委副书记兼副局长王乃华同志,副局长张克才同志,总工程师何永政同志;

中国计量科学研究院:院长兼党委书记潘必卿同志,副院长李振民、童光球(兼总工程师)、陆国强同志,党委副书记刘汉田、杜杨(兼纪委书记)同志;

中国标准研究中心:主任兼党委副书记矫云起同志,党委书记兼副主任陈飞同志,副主任李效民、赵楠同志,总工程师房庆同志,纪委书记张爱同志;

国家标准物质研究中心:主任于亚东同志,党委书记兼副主任袁俊明同志;

国家质量技术监督局锅炉压力容器检测研究中心:主任林树青同志,党委书记兼总工程师陈钢同志,副主任郭元亮、孙立捷同志,党委副书记兼纪委书记秦平彦同志;

中国合格评定国家认可中心:主任刘卓慧同志,党委书记兼副主任王向东同志,副主任樊恩建、肖建华同志;

中国质量报社:社长张凤山同志,党委书记兼副社长路维金同志,总编兼副社长陈廉同志,常务副总编汪发楷同志,副社长贺琛同志;

中国标准出版社:社长兼党委书记张健全同志,党委副书记兼纪委书记隋松鹤同志,副社长董志民、王守一同志,总编辑刘国普同志;

中国计量出版社:社长马纯良同志,党委书记兼副社长张文生同志,副社长袁中朝同志。

3. 按照国家质量技术监督局党组要求,人事劳动司于2001年1月14日至20日,举办了国家质量技术监督局第二期青年领导干部培训班,局机关和直属、挂靠单位30名司、处级干部参加了培训。党组成员、纪检组长安国同志做了开班动员。培训班结束时,党组书记、局长李传卿同志与培训班学员进行了座谈,并围绕贯彻落实"三个代表"重要思想，从认清责任、明确标准、加强锤炼、永葆先进四个方面就年轻干部成长问题做了重要讲话，提出了要求。

【科技队伍建设】

1. 经人事部等7个部委批准，国家质量技术监督局锅炉压力容器检测研究中心研究院沈功田同志，入选1999年度"百千万人才工程"第一、二层次人选。

2. 截止2000年年底，局直属、挂靠单位共有专业技术人员1 586人。其中，具有正研级专业技术资格55人，副研级专业技术资格498人，中级专业技术资格670人，初级专业技术资格363人。具有研究生以上学历178人，占专业技术人员总数的11.22%。

3. 经国家质量技术监督局专业技术职务任职资格评审委员会评审，有44位同志获得副研级专业技术职务任职资格。

【职业资格制度】

1. 2000年7月，国家局举办了2000年度全国珠宝玉石质量检验专业技术人员执业资格考试。来自全国26个省市的201名考生参加了考试，147人通过考试合格线并取得了珠宝玉石质量检验师执业资格证书。截止到2000年底，全国共有502人取得了珠宝玉石质量检验师执业资格证书，494人获得了《中华人民共和国珠宝玉石质量检验师注册证》。

2. 为了落实《国务院关于深化棉花流通体制改革的决定》(国发[1998]42号)，2000年6月，人事部和国家质量技术监督局联合颁发了《关于印发〈棉花质量检验师执业资格制度暂行规定〉的通知》(人发[2000]70号)。《通知》规定，棉花质量检验专业技术人员执业资格名称为棉花质量检验师，凡出具棉花质量检验证书的棉花质量监督单位和棉花收购、加工、经销等经营单位，在检验技术的关键岗位，必须配备棉花质量检验师；在产棉、用棉单位中，从事棉花质量检验关键岗位工作的专业技术人员，也应取得棉花质量检验师执业资格。国家对棉花质量检验师执业资格进行全国统一考试，并实行注册登记制度。人事部授权国家质量技术监督局负责全国棉花质量检验师执业资格制度的组织实施工作。人事部对其进行指导、监督、检查、国家质量技术监督局授权中国纤维检验局组织棉花质量检验师考试等具体工作。

为了保证棉花质量检验师执业资格制度的顺利实施，国家质量技术监督局下发了《关于印发〈棉花质量检验师执业资格考试实施细则(试行)〉的通知》(质技监局人发[2000]188号)、《关于印发〈棉花质量检验师岗位设置及职责暂行规定〉的通知》(质技监局人发[2000]189号)、《关于成立全国棉花质量检验人员执业资格考试专家委员会的通知》(质技监局人发[2000]149号)、《关于成立全国棉花质量检验人员执业资格制度工作办公室的通知》(质技监局人发[2000]150号)文件，国家质量技术监督局职业资格制度工作领导小组办公室下发了《关于印发〈棉花质量检验师考前培训暂行办法〉的通知》(质技监职办[2000]007号)文件。

棉花质量检验师是我局与人事部共同建立的第二个执业资格制度。这项制度的建立，有利于提高棉花质量检验人员的技术水平和综合素质，规范棉花流通中的质量行为，是深入开展棉花流通领域改革、做好棉花质量监督管理工作的有效措施。

3. 为了适应加入世贸组织和完善市场经济需要，科学、客观、公正地评价和选拔质量专业技术人才，加强质量专业技术人员队伍建设，提高产品质量水平和产品竞争力。2000年12月，人事部和国家质量技术监督局联合颁发了《关于印发〈质量专业技术人员职业资格考试暂行规定〉和〈质量专业技术人员职业资格考试实施办法〉的通知》(人发[2000]123号)。《通知》规定，国家对质量专业技术人员实行职业资格制度，纳入全国专业技术人员职业资格制度的统一规划。质量专业实行职业资格考试制度后，不再进行工程系列相应专业技术职务任职资格的评审工作。质量专业资格实行一考多用的原则。通过质量专业资格考试并获得该专业相应级别职业资格证书的工程技术人员，表明其已具备质量专业相应岗位职业资格和担任相应级别工程技术职务的水平和能力。质量专业资格考试工作，由人事部、国家质量技术监督局共同负责，两部门成立"质量专业资格考试专家委员会"和"质量专业资格考试办公室"。

【表彰工作】

1. 2000年4月，国务院决定授予1 931人全国劳动模范荣誉称号、授予1 015人全国先进工作者荣誉称号。国家标准物质研究中心研究员赵墨田同志、中国测试技术研究院高洁同志，被授予全国先进工作者荣誉称号。

2. 为了全面贯彻党的十五大精神，在全国质量技术监督系统建立起有效的激励机制，进一步提高质量技术监督系统的整体素质，优化质量技术监督系统的优良形象，促进全系统"两个文明"建设健康发展。2000年4月，国家质量技术监督局下发了《关于在全国质量技术监督系统开展"争做人民满意的公务员"和"争创文明单位"活动的通知》(质技监局人发[2000]65号)文件，决定在全国质量技术监督系统开展"争做人民满意的公务员"和"争创文明单位"活动。

3. 2000年5月，中国标准研究中心高级工程师左佩兰同志被国务院妇女儿童工作委员会授予全国优秀儿童工作者称号。

【社团管理】

1. 2000年8月，中国技术监督情报协会召开了换届大会，新组成的第三届理事会，由刘早生同志任会长，刘平均、陈飞、李效民、张健全、徐有毅、斯日古楞、邓志铜同志任副会长，齐璇同志任秘书长，聘请李忠海、陈万民同志为中国技术监督情报协会名誉会长。

2. 2000年12月，中国计量测试学会召开了换届大会，新组成的第五届理事会，王秦平同志任理事长，于亚东、迟惠生、宣湘、陈万民、潘必卿、娇云起、龚克、靳书元、谭久彬同志任副理事长，赵若江同志任秘书长，聘请王大珩、王以铭同志为中国计量测试学会名誉理事长。

# 纪检监察工作

**【党风廉政建设】** 2000年，全国质量技术监督系统坚持以邓小平党风廉政建设理论和江泽民总书记“三个代表”重要思想为指导，认真贯彻中纪委四次全会和国务院第二次廉政工作会议精神，紧紧围绕质量技术监督中心任务，加大工作力度，在领导干部廉洁自律、查办案件、纠正行业不正之风以及反腐败抓源头等方面取得新的成效。

领导干部廉洁自律工作。国家局和各省区市局按照党中央、国务院和当地党委、政府的部署和要求，在加强和深化领导干部廉洁自律方面着重做了以下几项工作：一是对干部职工自用小汽车进行了清理。二是对用公款为领导干部住宅配备电脑和支付上网费用情况进行了调查。三是对司局级以上领导干部的配偶、子女从业情况进行了摸底。为搞好上述三项工作，各单位成立了领导小组和办事机构；召开专题会议，进行动员；负责清理工作的同志认真负责，做了大量深入细致的工作；各单位坚持边清边改，对不符合规定的进行了清退和纠正。国家局党组根据质量技术监督职责范围和业务特点，制定了《厅(局)级以上领导干部配偶、子女个人经商办企业的具体规定》，此规定经中纪委常委会议审核，已印发全系统遵照执行。

在搞好三项清理工作的同时，各级质量技术监督部门还加强了廉洁自律规定的落实工作，巩固成果，防止反弹。国家局对出国(境)项目严格把关，2000年共派出团组250批(次)、888人(次)，没有出现公费出国(境)旅游的情况；对机关各司(室、局)提出的会议计划，经分管局领导审核，局务会议审定后方可召开，2000年全局计划召开会议71个，实际召开44个，减少27个。北京市局及所属18个区县局为加强领导干部廉洁自律工作，从内部职工中聘请了廉政监督员，听取意见和建议，针对问题，采取措施认真解决。在实施管理体制改革和事业单位改革中，各地方、各单位按照有关规定和要求，加强资产和资金管理，有效防止了问题的发生。

信访办理和案件查处工作。国家局和各省区市局加强了对信访办理和案件查处工作的领导。2000年，国家局纪检监察部门共受理信访举报429件，包括上级转办的10件、上年遗留的20件，共办理了459件(含重复来信64件)。按照分级负责、归口办理的原则，现已了结、转办374件，其中，国家局直接办理的18件；转国家局直属单位的12件；转各地方局的332件；转有关部门的12件。正在核查的21件。国家局加大对违纪违法案件的查处力度，严肃查处了局机关两名司、处级党员干部的嫖娼问题，依据党纪政纪的有关规定均给予他们开除党籍和行政撤职处分。对由地方检察机关立案的经济案件，国家局专案组积极配合，调查取证，涉案的两名犯罪分子分别受到法律制裁。

各地方、各单位在信访办理和案件查处方面也做了大量工作。湖北、河南、江苏、山西、新疆等省局重视做好这项工作。他们的共同做法是：一、领导把信访工作作为密切与人民群众联系、维护质量技术监督部门良好形象的一项重要工作，一把手亲自抓；二、不定期对信访工作进行分析，针对反映比较集中的问题，研究对策加以解决；三、对国家局和当地领导机关要求报送结果的信访事项抓紧调查核实，及时回复；四、重视做好来访人员的思想政治工作，按照有关政策规定妥善处理反映的问题。

行风建设工作。进一步规范行政执法行为，提高执法水平。为落实《国务院关于全面推进依法行政的决定》，国家局及时制定了《全面推行质量技术监督依法行政的若干意见》，以及《过错责任追究办法》等文件。各地方、各单位按照国家局“五公开、十不准”等规定，进一步规范执法人员的行为。北京、天津、陕西等省局建立健全行政执法责任制，并制定了罚没物品管理规定等制度；新疆、河北省局三次组织全系统案卷评比、互查互评活动。为严肃纪律，重庆市局向全系统发布实施了《关于对质量技术监督工作中违法违规行为的处理规定》。

进一步端正指导思想，增强服务意识。各级质量技术监督部门认真贯彻党的十五届四中全会精神，把为企业改革和发展服务作为工作的出发点和归宿。国家局向全系统印发了《关于质量技术监督系统为国有企业改革和发展做好服务的意见》。天津市局联系企业230多个，为企业办理业务实行“一站式”服务，提出了“五、四、三、二、一”竞赛标准。湖南省局向全系统提出让人民群众满意的工作目标，两年来共为5 000余家企业提供服务，帮助企业创直接经济效益2亿多元，受到政府、企业和群众的好评。浙江省局针对企业反映的突出问题，向全系统下发了《维护行业形象，严禁强制有偿服务》的五项规定。

加强监督检查，巩固工作成果。国家局从局机关有关司室、部分省区市局纪检监察部门抽调24名同志，于9月中旬至11月下旬，对华北、西北、华东、中南15个省区市局质量技术监督行风建设情况进行了互查。通过“听、访、谈、查”等形式，了解和掌握了基层的一些情况，发现了一些典型，同时也找到了当前存在的一些突出问题。各省际间相互交流，相互促进，达到了推动全系统行风建设的目的。新疆、江苏等省局开展行风整顿“回头看”活动，取得了较好效果。

根据当地政府的部署，山西、云南、北京、陕西、甘肃等省、市局认真组织全系统行风评议工作，党政齐抓共管，部门各负其责，干部职工积极参与，形成了良好工作局面。山西省质量技术监督系统在省政府组织的交通、民政、电信、质量技术监督4个行业重点评议中，排名第一。甘肃、云南省局对评议出的问题，研究具体措施，认真整改。

强化责任，加强领导。国家局和各省区市局把行风建设作为反腐败工作的一项重要任务，按照“谁主管谁负责”的原则，加强组织领导，落实责任。不少地方和单位层层签订行风目标责任书，将行风建设任务分解到各业务部门，明确责任，抓好落实。天津市局结合本系统的实际，一年一个重点，扎实推进工作。河南等省局把行风建设与业务工作、创建文明单位相结合，促进了两个文明建设的协调发展。

反腐败抓源头工作。深入开展了党风廉政教育。各级质量技术监督部门结合开展“三讲”教育和“三讲”教育“回头看”活动，组织学习江总书记在中纪委四次全会、广东高州以及在江苏、浙江、上海等地考察工作时的重要讲话，进一步加深了对从严治党和“三个代表”重要思想的理解。各单位根据中纪委、中组部、中宣部的要求，利用胡长清等重大典型案例，集中时间对党员干部深入进行警示教育。结合教育，国家局编发了《警示教育参考材料》，国家局锅检中心和浙江省局用本单位的典型案例教育干部职工，其他地方和单位也采取参观、收看影视等多种形式，提高教育的效果，增强干部职工拒腐防变的能力。

全面推行政务公开工作。目前，绝大多数省区市局在全系统实行了政务公开，新疆、内蒙古区局将政务公开的范围和要求汇编成册印发全系统；实行政务公开的单位设立了政务公开栏，有的单位设置了政务公开触摸屏。天津市局在市电视台开辟了“走进直播间”“公仆坐堂”专题栏目，成立了信息网络中心，将政务公开的内容在网上公布。

认真落实“收支两条线”规定。北京、陕西、湖北、江西、河北等省局会同省财政厅、工商行等部门向全系统下发了《行政事业性收费和罚没收入“收支两条线”管理办法》、《实施预算外资金“收支两条线”管理有关问题的通知》、《规范行政事业性收费票据管理、银行帐户管理的通知》等。江苏省局与省工商行签订《全省质量技术监督系统“收支两条线”资金上划、下拨联网协议》，实现了网络化管理。内蒙古、陕西等省局统一购买了省财政厅印制的票据，发至全系统使用，严格了票据的管理。黑龙江省局为推动全系统“收支两条线”规定的落实，专门成立了工作推进组，加强监督检查。湖北、河南等省局对落实“收支两条线”规定的情况进行了专项检查，严肃查处了一些违规违纪人员。

积极推行政府采购和会计委派等工作。国家局机关购置大宗物品，实行了预报告制度，经批准后再购置；计量院、质量报社、锅检中心等单位成立了大宗物品采购领导小组，建立了相应制度。天津、陕西省局对大宗物品纳入政府采购范围；新疆、河北省局规定，直属单位和市县局购买汽车、计算机等物品先提出计划，由省局统一采购。有的地方局开始实行会计委派制度。福建省局按照省委、省政府的统一部署，在全系统开展了行政效能建设，制定了六项制度，加强检查考核，促进了机关工作效率和工作质量的明显提高，受到有关领导的好评。

制定了质量技术监督系统反腐败抓源头工作的实施办法。国家局在深入调查和分析研究的基础上，结合质量技术监督的职责和行业特点，针对容易发生腐败问题的部位和环节，找出找准滋生腐败的源头，提出了在党的十六大之前，全系统反腐败抓源头工作的总体任务、阶段性目标以及要采取的措施。目前，各地方、各单位正在根据国家局党组关于《全国质量技术监督系统反腐败抓源头工作实施办法》的要求，认真抓好落实。

# 法制、宣传、教育

# 立 法 工 作

**【法律】** 2000年7月8日,第九届全国人民代表常务委员会第十六次会议审议通过了关于修改《中华人民共和国产品质量法》的决定。同日,江泽民主席以中华人民共和国主席令第33号公布。该决定自2000年9月1日起施行。

七届全国人大常委会第三十次会议于1993年2月22日通过的《产品质量法》自1993年9月1日起施行。7年来,对于增强全民族的质量意识、提高我国产品质量的总体水平、明确产品质量责任、保护消费者合法利益、维护社会经济秩序等方面,发挥了积极的作用。但是,近几年来,随着改革的深化、开放的扩大和社会主义市场经济的发展,这部法律已经难以适应新情况、新变化、新要求,其主要表现是:(1)面对经济全球化趋势的加快和我国即将加入WTO带来的机遇和挑战,我国产品质量总体状况与国际先进水平相比,仍有较大差距。一些产品档次偏低、可靠性不强、质量不稳定、抽查合格率较低的状况,已经越来越不适应经济发展和市场竞争的需要;(2)不少企业内部质量管理工作弱化,产品质量得不到保证。一些中小企业特别是私营企业、乡镇企业产品质量低劣的问题相当普遍;(3)有些地方领导的地方保护主义严重,质量意识淡薄,在经济工作中存在着"重数量、轻质量"的倾向,对解决本地区产品质量问题措施不力,个别地方甚至把提高产品质量和发展经济对立起来;(4)制售假冒伪劣产品的违法行为屡禁不止,有的地方制假、售假活动已经成为区域性问题,以暴力阻挠、抗拒打假执法的问题也时有发生,已对我国社会主义市场经济秩序造成严重损害;(5)法律对生产销售假冒伪劣产品行为规定的处罚力度不够,加上行政执法部门有缺乏必要的执法手段,对假冒伪劣产品生产销售活动"打不疼、打不死",形不成震慑力。为解决上述问题,全国人大决定修改《产品质量法》。

新修改的《产品质量法》由原来的51条增加到74条。其中新增加了25条,删除2条,修改了20条,近三分之二的条文有所修改。概括起来,《产品质量法》主要对以下六个方面进行了修改:一是明确了各级人民政府在产品质量工作中的责任;二是建立企业产品质量的约束机制;三是补充、完善了产品质量监督管理的行政执法手段和必要的行政强制措施;四是加大了对产品质量违法行为的法律制裁力度;五是加强了对产品质量监督部门以及产品质量检验机构、认证机构的约束;六是建立了产品质量社会监督机制。

新《产品质量法》的颁布实施,对我国经济建设和社会发展具有重要的现实意义,充分体现了党和政府全面推进依法行政、实施依法治国的基本方略。

**【法制性文件】** 2000年10月24日,国务院发出了关于开展严厉打击制售假冒伪劣商品违法犯罪活动联合行动的通知(国发[2000]32号),决定在全国范围内开展一场声势浩大而又讲求实效的严厉打击制售假冒伪劣商品违法犯罪活动的联合行动。《通知》提出以下要求:

一、统一思想,提高认识。《通知》要求,各地区、各部门一定要充分认识当前制售假冒伪劣商品违法犯罪的严重性和危害性。要站在改革开放和现代化建设全局的高度,站在依法治国、建设社会主义法治国家的高度,充分认识严厉击制售假冒伪劣商品违法犯罪活动的重要性和紧迫性。

二、突出重点,明确目标。《通知》要求,从现在起到2001年春节前,要集中时间、集中力量,在全国范围内开展一场打假联合行动。重点查处假冒伪劣农药、复混肥、种子、建筑用钢材、汽车配件、卷烟、药品、一次性输液器(输血、注射)器、化妆品等9类商品;重点整顿群众反映强烈、假冒伪劣商品充斥的集散地和具有明显一地一品或一地多品制假售假、在全国产生恶劣影响的地区。同时,还要严厉查处外商投资企业举报投诉的制假售假案件。

三、集中力量查处大案要案,严厉惩治违法犯罪分子。《通知》要求,打假联合行动一定要集中力量突破一批涉及面广、数额巨大、危害严重、影响恶劣的大案要案,依法从快、从重惩处一批制假售假违法犯罪的首恶分子和惯犯,形成对违法犯罪分子的震慑力量。要依法严厉打击区域性、集团性、大规模、屡打屡犯的制假售假活动,坚决取缔制假售假窝点。对情节严重的,要依法吊销其营业执照、生产许可证、经营许可证,没收假冒伪劣商品、制假设备和工具以及原辅材料和包装物,彻底摧毁其制假售假能力。在生产假冒伪劣产品的重点地区,要加强对大宗假冒伪劣商品批发商,以及为制假售假活动提供运输、仓储、保管等便利条件的单位和人员的查处,形成对重点地区制假售假活动进行集中打击的态势;对售假严重的市场要限期整顿,整顿后仍达不到要求的,要坚决予以关闭;对屡教不改的经营业主,要坚决清出市场,触犯刑律的依法追究刑事责任。

四、标本兼治,强化法制。《通知》要求,各地区、有关部门要按照"集中打击与日常监督相结合,重点打击与综合治理相结合,加强市场监管与引导企业自律相结合,打假治劣与扶优扶强相结合"的方针,既要较长时期地保持对制假售假违法犯罪活动的高压打击态势,防止出现反弹和死灰复燃,更要从根本上完善法制,标本兼治。

五、加强领导,狠抓落实。《通知》要求,要加强对打假联合行动的领导和协调;落实打假工作领导责任制;充分发挥舆论监督作用;制定打假举报奖励办法;建立打假联合行动通报制度。

**【部门规章】** 2000年,国家质量技术监督局以单独发布和与有关部门联合发布的形式发布了部门规章8件,分别是:

1. 有关消费争议的商品送检规定(2000年3月10日国家工商行政管理局、国家质量技术监督局、国家出入境检验检疫局、国家国内贸易局、国家轻工业局以工商消字[2000]第43号联合发布)

2. 产品免于质量监督检查管理办法(2000年3月9日国家技术质量监督局第8号局长发布令)

3. 质量技术监督行政复议实施办法(2000年4月24日国家质量技术监督局第9号局长令发布)

4. 质量技术监督行政执法过错责任追究规定2000年6月8日国家质量技术监督局第10号局长令发布)

5. 小型和常压热水锅炉安全监督规定(2000年6月15日国家质量技术监督局第11号局长令发布)

6. 安全技术防范产品管理办法(2000年6月16日国家质量技术监督局、公安部以第12号局长令联合发布)

7. 特种设备质量监督与安全监察规定(2000年6月29日国家质量技术监督局第13号局长令发布)

8. 质量技术监督技术成果奖励办法(2000年12月18日国家质量监督技术局第14号局长令发布)

**【地方法规、地方政府规章】** 2000年,共发布地方质量技术监督法规规章9件,分别是:

1. 南京市商品条码管理办法(2000年1月7日南京市人民政府令第178号发布)

2. 成都市组织机构代码管理办法(2000年1月21日成都市人民政府令第76号发布)

3. 河北省计量监督管理条例(2000年3月30日河北省第九届人大常委会第十四次会议通过,河北省人大常委会第36号公告发布)

4. 河南省计量监督管理条例(2000年5月27日河南省第九届人大常委会第十六次会议通过)

5. 重庆市计量监督管理条例(2000年5月25日重庆市第一届人大常委会第二十五次会议通过,重庆市人大常委会第132号公告发布)

6. 云南省珠宝玉石饰品质量监督管理办法(2000年6月15日云南省人民政府第39次常务会议通过,云南省人民政府令第95号发布)

7. 上海市计量监督管理条例(2000年9月22日上海市第十一届人大常委会第二十二次会议通过,上海市人大常委会第39号公告发布)

8. 黑龙江省质量认证条例(2000年12月14日黑龙江省第九届人大常委会第二十次会议通过)

9. 内蒙古自治区实施《中华人民共和国标准化法》办法(2000年12月12日内蒙古自治区第九届人大常委员会第二十次会议通过,2000年12月12日内蒙古自治区人大常委员第51号公告发布)

## 普 法 工 作

**【新产品质量法宣贯工作】** 2000年7月8日,《中华人民共和国产品质量法(修正案)》经第九届全国人大常委会第16次会议审议通过,并于9月1日正式实施。这是我国社会经济生活中的一件大事,是贯彻依法治国方略,落实"质量第一"方针的有力措施,也是促进经济健康发展的法律保障。

为了深入学习、贯彻落实好新修改的《产品质量法》,国家质量技术监督局和司法部联合发出"关于深入开展修改后的《中华人民共和国产品质量法》学习宣传活动的通知",对各省、自治区、直辖市及计划单列市质量技术监督局、司法厅(局)提出:要把《产品质量法》作为全国普法的重要内容之一,安排学习,开展大规模宣传,以推动社会各界和广大消费者学好、用好这部法律,使质量振兴、质量强国的观念变为全民族的自觉行动。

为使大家对该法确立的原则、制度,有关重要条款有了较深的理解,国家质量技术监督局组织召开了《产品质量法》宣贯大会,还在北京、无锡、秦皇岛等地举办了《产品质量法》培训班。

**【三五普法总结验收工作】** 根据中共中央、国务院转发的《中宣部、司法部关于在公民中开展法制宣传教育的第三个五年规划》和国家技术监督局《全国技术监督法制宣传教育第三个五年规划》的部署,质量技术监督系统"三五"普法工作自1996年始至2000年底顺利完成。

按照司法部、全国普法办公室发出的《全国"三五"法制宣传教育工作总结验收的意见》,国家质量技术监督局在2000年5月及时发出《关于做好全国质量技术监督系统"三五"法制宣传教育总结验收工作的通知》,明确了普法总结验收工作的指导思想、基本内容、验收标准、组织实施步骤等。

各级质量技术监督部门接到通知后,积极组织总结验收,把通过五年来学法、用法、护法的体会感受,执法、宣传法的经验教训,加以归纳整理,形成书面材料,上报国家质量技术监督局。国家质量技术监督局从实地考察和上报材料中,挖掘选择了一些有代表性的事例,组织编发了质量技术监督系统"三五"普法工作总结,上报给全国普法办公室。

质量技术监督系统普法工作总结涉及五个大的方面:

1. 领导者积极学法、用法、起到良好的表率作用;

2. 多种形式开展普法活动,为树立质量技术监督法制观念,提高全民族质量法律意识做不懈的努力;

3. 结合行业特点,组织法律教育培训,既全面广泛,又突出重点;

4. 坚持学用结合,严格依法办事,在执法实践中巩固和验证普法成果;

5."普法"促进了质量技术监督工作的进一步深化;

通过总结,使全系统更充分认识到法制宣传教育工作的重要性,虽然一个阶段的任务完成了,但贯彻依法治国,建设社会主义法制国家的任务却永远不会完结,还需继续努力奋斗。

**【评选普法先进工作】** 为了进一步推动依法行政,提高行政执法水平,在对全国质量技术监督系统"三五"普法进行认真总结的基础上,国家质量技术监督局决定表彰"三五"普法中积极工作且成绩突出的单位和个人。各省、市、自治区质量技术监督局根据国家局设定的评选条件,自下而上推荐出本部门的先进代表,先进集体、先进个人名单、主要事迹概述如下：

各地上报“三五”普法先进单位名单

| 序号 | 省级单位 | 上报单位 | 主要事迹 |
|---|---|---|---|
| 1 | 北京市 | 北京市质量技术监督局 | 1. 认真开展法制宣传教育，保证依法行政；2. 大力宣传质量技术监督法律法规，提高全社会质量意识和法制观念，促进社会经济健康发展；3. 开展法制宣传教育取得了丰硕成果 |
| 2 | | 北京市通州区质量技术监督局 | 1. 提高认识，摆正位置，加强领导，健全组织；2. 全面规划，加强计划，强化监督，保证实施；3. 突出实效，分层次，多角度，全方位抓好落实；4. 坚持常抓不懈，普法工作取得实效 |
| 3 | 上海市 | 上海市质量技术监督局 | 1. 完善三项制度，深入开展普法宣传教育(普法责任制、教育考核制、普法创新制)；2. 健全三种机制(法制保障、监督制约、队伍优化管理)；3. 狠抓三个结合，努力建设依法治质新高地 |
| 4 | | 上海市标准化研究院 | 1. 领导重视，组织落实；2. 基础保障，经费落实；3. 重点突出，措施落实“三五”普法既轰轰烈烈、又扎扎实实，不图虚名浮利、务求工作实效，推动了行政授权管理、技术保障和中介服务工作 |
| 5 | 天津市 | 天津市和平区质量技术监督局 | 围绕“三五”普法总体要求和总部署组织落实，坚持把普法工作作为一项重要任务，摆上重要议事日程，使技术监督法律、法规的宣传教育与履行行政执法、综合管理两项职能有机结合 |
| 6 | | 天津市西青区质量技术监督局 | 提高认识，加强领导，而且还体现在解放思想，真抓实干上，使技术监督法律、法规得到有效的落实和普及，为地方经济建设起到了“保驾护航”的作用 |
| 7 | 重庆市 | 重庆市九龙坡区质量技术监督局 | 1. 领导重视，制度健全；2. 普法到位，宣传有力；3. 依法管理，服务企业；4. 普法并举，取得成效。几年未发生过复议、诉讼和错案，未出现以权谋私、以收代罚、吃拿卡要的不良事件 |
| 8 | | 重庆市大足县质量技术监督局 | 1. 制定普法规划，强化法制教育；2. 领导带头学法，坚持依法行政；3. 搞好普法宣传，增强法律意识；4. 服务企业创名牌，规范市场促发展；5. 工打假重拳出击，查案联合行动 |
| 9 | 黑龙江省 | 黑龙江省质量技术监督局 | 领导组织有力，开展形式多样的法制宣传教育工作，全省建立法制宣传员、报告员、辅导员队伍，围绕地方经济工作重点，扶优治劣，有效维护广大消费者的合法权益 |
| 10 | | 黑龙江双城质量技术监督局 | 认真贯彻落实国家“三五”普法工作要求，把“三五”普法开展的有声有色，把促进地方产品质量上档次、上水平，作为“三五”普法工作所要达到的目的，受到一定效果 |
| 11 | 吉林省 | 四平市质量技术监督局 | 加强领导，完善制度，为普法依法治理提供组织保障；精心组织，落实措施，全面完成“三五”普法目标；依法决策，依法行政，依法治理工作得到领导和相关部门较高的评价 |
| 12 | 辽宁省 | 锦州市质量技术监督局 | 1. 加强组织领导；2. 加强法律的学习培训，提高队伍行政素质；3. 精心组织、广泛开展普法活动；4. 推行政务公开、抓好依法治理；5. 贯彻技术监督法律，促进经济发展 |
| 13 | | 鞍山市质量技术监督局 | 1. 以普法活动为契机，深入开展普法学习，努力提高全局人员素质；2. 深入贯彻实施技术监督法律、法规；3. 开展多项大型专项治理活动，较好地保护了消费者的合法权益 |

续表

| 序号 | 省级单位 | 上报单位 | 主要事迹 |
| --- | --- | --- | --- |
| 14 | 内蒙古自治区 | 包头市质量技术监督局 | 1. 领导重视，健全组织机构，明确职责；2. 建立健全各项规章制度，严格执行，为普法工作和依法行政提供保障；3. 加大普法宣贯教育的投入，努力提高人员素质；4. 扩大对社会普法工作面 |
| 15 | 山西省 | 山西省吕梁地区质量技术监督局 | 遵循"依法行政、普法先行"思路：1. 坚持内部和外部普法相统一，多管齐下抓落实；2. 坚持普法与执法相统一，突出重点求实效；3. 坚持普法工作与政务公开相统一，求真务实树形象 |
| 16 | | 山西省灵石县质量技术监督局 | 1. 以"三个代表"为指导，提高对普法认识；2. 采取多种形式广泛发动，使普法深入人心；3. 坚持"四个结合"把普法教育引向深入；4. 双向教育，提高队伍素质；5. 以普法教育为动力工作成效大 |
| 17 | 河北省 | 承德市质量技术监督局 | 坚持"内强素质，外树形象，巩固成绩，提高水平"的工作思路，强化法制宣教工作，加大法制建设力度，把学法、用法、依法行政严格管理贯穿于工作的始终，并收到实效 |
| 18 | | 涿州市质量技术监督局 | 通过普法工作，使广大企业和全市人民的质量技术监督法律意识明显提高，社会环境、市场秩序明显改善，狠抓依法管理，实施了"质量兴市、名牌兴企"战略，取得明显效果 |
| 19 | 山东省 | 泰安市质量技术监督局 | 按照"以执法为龙头，以宣传为先导，以质量为中心，以标准化，计量为基础"的工作方针，使全局工作在收入、检测设备、办公条件逐年改善，同时促进了全市经济的发展 |
| 20 | 江苏省 | 江苏省质量技术监督局政法处 | 该处担负着立法、执法监督检查、政策研究、法制宣传等职能，连续多年被评为先进集体。面向社会开展法律宣传，培训执法人员，坚持依法行政对案件严格把关，社会效果好 |
| 21 | | 江苏省徐州质量技术监督局 | 在执法工作中坚持事实清楚、证据确凿、处罚得当、程序合法、文书齐全，受到上级和当地政府多次表彰。普法因人而异有的放矢，保证学法成效不流于形式，使各项工作上档次 |
| 22 | 浙江省 | 浙江省湖洲市质量技术监督局 | 认真贯彻依法治国方略，深入开展法制教育，不断加大宣传力度，增强干部、职工的法律意识和法制观念，健全行政执法管理制度，增强市场监管机制，促进工作全面发展 |
| 23 | | 浙江省绍兴市质量技术监督局 | 开展多种形式的法制宣传教育，提高干部职工的法律知识水平和依法办事的能力，努力建设一支政治坚定、公正廉洁、纪律严明、业务精通、作风优良的队伍，把工作落到实处 |
| 24 | 安徽省 | 铜陵市质量技术监督局 | 1. 领导重视，提高全局同志对普法的思想认识；2. 加强普法宣传教育，提高全社会的法律意识；3. 狠抓建章立制；4. 加强依法行政，认真做好执法时的普法工作。没有发生过错案 |
| 25 | 江西省 | 南昌市质量技术监督局 | 通过实施教育、扩大宣传、督促检查几个阶段，使"三五"普法有组织、有步骤、有计划地进行，确保了人员、内容、时间、效果的四落实，顺利通过当地普法办考核验收 |
| 26 | 福建省 | 福建省宁德市质量技术监督局 | 建立组织机构制定规划，有组织有计划地开展普法工作，领导重视带头学法用法，坚持依法行政和依法决策，取得较好成效，宣传形式多样扩大社会影响力，严格依法管理提高服务企业有效性，为地方经济做贡献 |

续表

| 序号 | 省级单位 | 上报单位 | 主要事迹 |
|---|---|---|---|
| 27 | 河南省 | 周口市质量技术监督局 | 围绕普法依法治理全面规范行政执法管理,加强组织领导提高保障能力,加强机制建设提高执法效能,加强教育培训提高队伍素质,加强执法监督提高办案水平,加强信息建设提高执法有效性,加强对打假活动组织,提高质量技术监督部门的权威和地位 |
| 28 | 河南省 | 许昌市质量技术监督局 | 领导重视依法治理,促进依法行政,加强内部人员培训,提高队伍整体素质,掀起普法高潮,增强社会质量法律意识,先后获得各级政府、组织的表彰、嘉奖 |
| 29 | 湖北省 | 襄樊市质量技术监督局 | 抓好宪法、质量技术监督法律法规和相关法律知识的学习培训,使队伍人员能正确行使权利,开通"质量热线",率先推行执法公示制,开展"创造达标所队、争办案标兵"活动 |
| 30 | 湖南省 | 衡阳市质量技术监督局 | 为使普法有序进行,明确了领导目标责任,普遍开展函授教育,利用媒体广泛宣传,着重抓执法队伍素质和廉正建设,对违法违纪行为予以查处,为企业、消费者提供法律帮助 |
| 31 | 广西自治区 | 广西自治区质量技术监督局 | 组织落实,建立普法领导小组,制定规划,制度落实,建立考试、公布、检查、补考、奖惩制度,开展"质量兴桂""广西质量行"活动宣传法律,树立行业形象,效果良好 |
| 32 | 广西自治区 | 南宁市质量技术监督局 | 建立健全组织机构,年年普法有计划、有布置、有检查、有总结,坚持三项制度,保证三率(参学、参考、及格),形式多样,提高干部职工的学法兴趣,保证经费普法见成效 |
| 33 | 海南省 | 三亚市质量技术监督局 | 加强领导,把普法纳入重要工作议程,把加强法制宣传教育作为精神文明建设和民主法制建设的组成部分,坚持依法行政维护了三亚正常经济秩序 |
| 34 | 云南省 | 昆明市质量技术监督局 | 有组织有计划开展"三五"普法工作,做到年初有计划,半年有监督,年终有考评,普法有骨干,经费有保障,使执法人员明确执法目的,端正执法动机,素质有很大提高 |
| 35 | 贵州省 | 贵阳市质量技术监督局 | 加强领导组织落实,建立学习制度,认真学好普通法与专门法,围绕经济建设的发展,做好大中型企业的相关法律法规宣贯,扩大社会普法覆盖面,加强内部执法监督制约 |
| 36 | 贵州省 | 黔东南州质量技术监督局 | 通过法制宣传教育工作,全局干部职工法律意识明显增强,依法办事,依法维护单位和广大消费者的合法权益能力明显提高,无违法犯罪行为,两个文明协调发展 |
| 37 | 四川省 | 德阳市质量技术监督局 | 领导重视普法工作,从组织,人员、经费给以保证,部门执法责任制切实得到落实,干部职工依法行政的水平有较大提高,做到文明执法,为当地经济发展作出相当的贡献 |
| 38 | 四川省 | 成都市质量技术监督局金牛分局 | 突出抓邓小平理论和社会主义市场经济法律知识的学习,坚持法制宣传教育与法制实践相结合,扎实工作注重实效,围绕中心工作大局,推进依法治理,保一方改革发展稳定 |
| 39 | 甘肃省 | 甘肃省金昌市质量技术监督局 | 以邓小平理论和十五大精神为指针坚持基本路线,围绕经济工作中心,有针对性地加强领导干部、执法人员的法制教育,对群众关心政府关切,社会关注的难点热点加大执法力度 |
| 40 | 青海省 | 青海省湟中县质量技术监督局 | 围绕经济建设这个中心和建立社会主义市场经济体制的目标,提高全民法制意识,进而以提高产品质量为目的,强化监督职能,严格依法行政,为维护和规范市场经济秩序做贡献 |

续表

| 序号 | 省级单位 | 上报单位 | 主要事迹 |
|---|---|---|---|
| 41 | 宁夏自治区 | 石嘴山市质量技术监督局 | 认真组织干部职工学习法律法规，把三五普法计划落到实处，把普法工作考核与年度目标责任制考核结合起来，开展行之有效的行业管理和行政执法，不断推动作风建设 |
| 42 | | 吴忠市质量技术监督局 | 通过五年普法实践，干部职工法律意识普遍增强，执法人员熟练掌握法律武器并在执法中准确运用，加大执法力度，打出声势显示出力量为建立健康有序的市场竞争机制打下基础 |
| 43 | 新疆自治区 | 乌鲁木齐市质量技术监督局 | 局党组始终把普法及依法治市工作列入重要议事日程，建章立制经费到位分期分批多种形式开展法制教育，实施素质工程，提高全体干部依法办事能力，依法治理讲求实效 |

**全国“三五”普法先进个人上报表**

| 序号 | 省级单位 | 上报先进个人 | 先进事迹 |
|---|---|---|---|
| 1 | 北京市质量技术监督局 | 北京市质量技术监督局<br>梁益圃 | 认真落实国家局和北京市“三五”普法规划，抓好系统内和对社会两个环节，为增强全社会技术监督法制观念，履行法律赋予的职责取得明显效果 |
| 2 | | 北京市西城区质量技术监督局<br>吕东明 | 以身作则，钻研业务，充分发挥学识之长，努力工作，出色完成了普法工作任务，取得了优异的成绩，结合案例讲法，全局办案水平处在较高水平 |
| 3 | | 北京市房山区质量技术监督局<br>崔良生 | 爱岗敬业工作勤恳，热情宣传技术监督法律法规并取得一定成绩，多次受到上级领导的表彰，利用特长编写普法宣传材料，多角度宣传技术监督 |
| 4 | 上海市质量技术监督局 | 上海市质量技术监督局<br>王重华 | 学法与用法相结合，做到依法管理依法办事，为贯彻实施“三五”普法规划，增强干部职工的法制意识，提高执法人员依法行政观念作出显著成绩 |
| 5 | | 上海市质量技术监督局稽查大队<br>胡国良 | 该同志能把突出政治作为执法工作的根本原则，坚持行政执法为经济建设服务的宗旨，以文明廉洁、维护形象为目的，把保护消费者的合法权益作为自己神圣的义务，以认真的态度、出色的成绩，赢得了人民放心和满意 |
| 6 | 天津市质量技术监督局 | 天津市质量技术监督局<br>刘伯宗 | 抓普法，点面结合、引导普法工作向纵深发展；抓立法，远近结合为普法和执法创造好的条件，抓执法，完善机制，使普法工作落在实处 |
| 7 | | 天津市河东区质量技术监督局<br>唐红兵 | 脚踏实地开展了自身的普法教育，积极开展面向社会的法制宣传活动，普法与培训相结合、普法与执法相结合、普法与服务相结合 |
| 8 | | 天津市宝坻县质量技术监督局<br>李淑平 | 积极组织参与企业普法，利用多种形式向广大农民群众普法，主动与部门协作，开展深层次的普法活动，局内形成学法环境，组织制定执法责任制 |

续表

| 序号 | 省级单位 | 上报先进个人 | 先进事迹 |
|---|---|---|---|
| 9 | 重庆市质量技术监督局 | 重庆市质量技术监督局<br>舒莉 | 刻苦钻研技术监督法律知识及其他业务知识，努力提高法律素质，工作勤恳，认真负责，在立法、执法监督、法律宣传培训、政策调研成效显著 |
| 10 | | 重庆市铜梁县质量技术监督局<br>龙德沛 | 坚持四项基本原则，模范执行党的方针政策和法律、法规，坚持理论学习，依法行政，严于律己，廉洁奉公，积极投入普法和打假工作，表现突出 |
| 11 | | 重庆市忠县技术监督局<br>王维琪 | 带头学习法律提高执法水平，宣传法律促进质量意识，严守法律廉洁公正。单位无违纪，业务收入翻五番，荣获四好领导班子、最佳文明、合格行风 |
| 12 | 黑龙江省质量技术监督局 | 黑龙江省质量技术监督局<br>尹志清 | 发挥领导优势开展形式多样的宣传教育活动，使依法决策、依法管理、依法行政不断提高。围绕省经济工作重点，扶优限劣、引导消费、服务企业 |
| 13 | | 黑龙江双城市技术监督局<br>刘淑文 | 围绕“依法治局是兴局之本，依法管理是强局之路”指导思想，发挥专业特长，在普法、立法、公正执法方面作出突出成绩，得到多方肯定认可 |
| 14 | | 黑龙江牡丹江市质量技术监督局<br>冯铁君 | 作为该地区技术监督系统法制骨干，不断提高自身素质，热情开展普法宣传，组织法律法规培训班，积极建立规章制度，创造性推进部门法制工作 |
| 15 | 吉林省质量技术监督局 | 吉林市质量技术监督局<br>康建国 | 积极开拓新的工作思路，出主意，想办法，强化普法工作，注重总结推广学法用法经验。建立健全内部规章制度，完善制约措施 |
| 16 | | 吉林省四平市质量技术监督局<br>葛亚平 | 该同志肩负局法制、宣传、综合等多项职责和业务，坚持结合实际工作学习，努力实践，认真细致作好案件审理，为领导依法决策当好参谋 |
| 17 | | 吉林省长春市质量技术监督局<br>王松林 | 多年来积极认真学习质量法律、法规和相关法律，还攻读了法学研究生，并将学到的法律知识运用于实践，在系统执法工作中提出科学合法的建议 |
| 18 | 辽宁省质量技术监督局 | 辽宁省质量技术监督局<br>傅焕彬 | 负责制定辽宁省商品质量地方法规，为当地经济健康有序发展起到很大作用，刻苦学习法律理论知识，有较高的业务水平，积极投入普法宣传教育 |
| 19 | | 营口市质量技术监督局<br>马仁武 | 热受法律宣传工作，认真学习钻研有关法律，坚持懂法、用法、守法和秉公执法，成绩显著，得到社会各界高度赞扬，谦虚谨慎，执着进取 |
| 20 | 内蒙古自治区质量技术监督局 | 赤峰市质量技术监督局<br>娜日莎 | 带领广大干部职工扎实苦干，认真履行综合管理和行政执法两大职能，在“规范市场、扶优制劣、引导消费、服务企业”方面下大功夫 |
| 21 | | 呼伦贝尔盟质量技术监督局<br>陈兴月 | 恪尽职责，认真负责地做好本职工作，努力学习相关法律知识，在行政执法工作中勇挑重担，坚持原则，遵纪守法，廉洁奉公 |
| 22 | | 巴盟质量技术监督局<br>王胜利 | 一身挑四份重担任务艰巨不退缩，突出服务积极发挥参谋助手作用，深入基层开展调研，掌握普法工作动态，发挥组织协调作用，提高执法水平 |

续表

| 序号 | 省级单位 | 上报先进个人 | 先进事迹 |
| --- | --- | --- | --- |
| 23 | 山西省质量技术监督局 | 山西省质量技术监督局<br>史学礼 | 认真学习各项法律条文，把普法与加强机关党建相结合，与学习贯彻党的方针政策相结合，与做思想政治工作紧密结合，为本局领导学法创造条件 |
| 24 | | 山西省陵川县质量技术监督局<br>赵银根 | 是一位精通质量技术监督法律法规、勇于开拓、锐意进取的好领导，结合自身行业特点努力提高执法水平，不断加大执法力度，巩固打假治劣成果 |
| 25 | | 山西省清徐县质量技术监督局<br>张　发 | 抓普法工作以身作则，率先垂范，普治兼施，常抓不懈(走百村、进千家、访万民)在局内开展依法建制，以制治局工作，完成行政、监督服务任务 |
| 26 | 河北省质量技术监督局 | 河北省质量技术监督局<br>李　静 | 积极学习法津理论，为增强法津观念和法律意识，提高依法办事的能力奠定基础；有强烈的政治责任感和敬业精神，为普及法律努力做出贡献 |
| 27 | | 秦皇岛市质量技术监督局<br>李　坤 | 积极制定、实施本部门"三五"普法规划，在法制工作方面有所突破，深入宣传受到企业欢迎，廉洁奉公，依法行政得到周围同志赞誉 |
| 28 | | 廊坊市质量技术监督局<br>郗　静 | 认真学习贯彻"依法治国，建设社会主义法制国家"的方略，为依法决策、依法行政提供帮助，所辖范围未发生违法违纪问题，有效减少复议诉讼案 |
| 29 | 山东省质量技术监督局 | 山东省质量技术监督局<br>牟玉平 | 多年从事质量技术监督法制工作，努力学习法律知识具有较强的法制观念，本职工作认真负责，参与制定"三五"普法规划，并积极组织贯彻实施 |
| 30 | | 邹平县质量技术监督局<br>赵云勇 | 带领全局干部职工深入学习邓小平民主法制思想，提高队伍素质，利用"三五"普法时机，加大宣传力度，积极组织、参与普法，收到较好社会效果 |
| 31 | 江苏省质量技术监督局 | 江苏省质量技术监督局<br>张恒烈 | 直接参与地方性法规和规章的制定，受到社会好评，推动行政执法责任制的建立，参与普法，认真把好案审和复议关，注重法制网络建设工作 |
| 32 | | 江苏省苏州质量技术监督局<br>孔繁荣 | 运用所掌握的法律知识，积极开展三五普法宣传教育工作，规范执法，开拓质量技术监督法制工作新思路，为维护行业良好形象发挥了较大作用 |
| 33 | | 江苏省宿迁市泗阳质量技术监督局<br>薛　军 | 亲自宣讲法律，规范执法行为，始终在一线与行政执法人员摸爬滚打在一起，处理近千案件，从未完整地休息过节假日，自觉上交礼品，顶住说情 |

续表

| 序号 | 省级单位 | 上报先进个人 | 先进事迹 |
|---|---|---|---|
| 34 | 浙江省质量技术监督局 | 浙江省质量技术监督局<br>徐易北 | 承担本单位组织普法的日常具体工作，负责起草整理“三五”普法规划、年度计划、总结等文字资料，参与制定法规规章工作，爱岗敬业工作负责 |
| 35 | | 浙江省宁波市质量技术监督局<br>周曜 | 积极开展普法宣传活动，落实普法规划各项要求，组织辅导、宣讲、法律咨询活动，积极参与立法和推进行政执法责任制落实，执法力度大 |
| 36 | | 浙江省嘉兴市质量技术监督局<br>宋惠芳 | 负责普法的组织、宣传等工作，协助领导作好授课、考试，建立普法学法档案，结合行政执法责任制，对加强人员法律意识、业务素质有一定贡献 |
| 37 | 安徽省质量技术监督局 | 合肥市质量技术监督局<br>郑晓芸 | 推行行政执法责任制，做到依法行政，以宣传造势，扶优治劣、引导消费，为质量技术监督工作创造良好环境，三五普法成效显著 |
| 38 | | 蚌埠市质量技术监督局<br>马晓刚 | 立足岗位，兢兢业业，积极工作，认真负责，遵纪守法，廉洁公正，开拓创新，为本单位、本部门依法行政、宣传普及法律工作作出了突出成绩 |
| 39 | 江西省质量技术监督局 | 江西省质量技术监督局<br>邹凡 | 制定全省“三五”普法宣传教育规划，年度计划等，认真学习组织宣传讲法律，参与进行立法、执法检查工作，确保质量技术监督法律法规贯彻执行 |
| 40 | | 江西省吉安市质量技术监督局<br>胡火生 | 积极协同制定全市技术监督“三五”普法宣传教育规划，年度计划等，并认真组织实施，在3.15、质量月等活动中提供咨询服务，受到领导好评 |
| 41 | 福建省质量技术监督局 | 福建省质量技术监督局<br>杨崎 | 努力钻研质量技术监督法律法规学以致用积极实践，在地方立法、行政复议、执法监督、执法队伍管理及机关规范化、制度化建设等方面发挥作用 |
| 42 | | 厦门市质量技术监督局<br>左幼敏 | 努力学习法律理论知识，有较强的法制观念，在依法行政、依法办事实际中，实体法、程序法并重，发现问题及时纠正，作好行政复议及应诉工作 |
| 43 | 河南省质量技术监督局 | 河南省质量技术监督局<br>陈玉洁 | 该同志以满腔的热情和高度的责任心投入到“三五”普法工作中，努力提高自身的政治业务素质，积极组织法津、法规宣贯，加大对社会普法力度 |
| 44 | | 洛阳市质量技术监督局<br>高洛 | 带领有关同志钻研技术监督法律法规，结合单位实际相继制定出近50项规章制度，实行四分离、四责任、四审查、及四把关，奠定坚实执法基础 |

续表

| 序号 | 省级单位 | 上报先进个人 | 先进事迹 |
|---|---|---|---|
| 45 | 湖北省质量技术监督局 | 湖北省质量技术监督局<br>桑凤修 | 从事立法、普法、行政复议执法监督多年，努力学习法律理论，法律意识强，工作负责，有效指导规范系统行政执法行为，协调了有关部门的关系 |
| 46 | | 湖北省孝感市质量技术监督局<br>陈晓春 | 自觉学习宣传法律法规，自觉依法决策依法办事，在其管辖范围内的案件结案率、合格率逐年提高，一直稳定在98%以上，拒绝礼品，勤政廉洁 |
| 47 | | 湖北省松滋市质量技术监督局<br>许良甲 | 广泛涉猎法律理论及相关业务知识，致力"三五"普法宣传教育，从制度上规范内部行为，大张旗鼓传播质量技术监督法律法规，把住案件审理关 |
| 48 | 湖南省质量技术监督局 | 湖南省质量技术监督局<br>张立梅 | 坚持自己认真学习法律，同时为全省普法工作献计献策，为有效开展普法，制定了一系列目标，作为普法考核内容，协调普法经费落实，联系基层 |
| 49 | | 郴洲市质量技术监督局<br>黄柏连 | 制定普法宣传培训方案，落实普法教材，举办全民普法教育工作，覆盖面大，考试及格率高，被当地政府部门树为普法先进典型 |
| 50 | 广东省质量技术监督局 | 佛山市质量技术监督局<br>李水生 | 认真学习刻苦钻研法律取得较好成绩，在三五普法及具体执法工作中塌实肯干，业务能力和分析解决问题的能力强，积极向社会宣传法律受到好评 |
| | | 广州市质量技术监督局<br>廖国明 | 积极参与立法、普法和执法监督工作，表现突出，对执法案件严格把关，力保执法公正、公开、公平 |
| 51 | 广西自治区<br>质量技术监督局 | 柳州市质量技术监督局<br>温献红 | 努力学习法律理论知识，法制观念较强，认真审理案件为领导决策作好参谋，坚持原则工作负责，维护国家法律法规的尊严和质量技术监督的形象 |
| 52 | | 桂林市质量技术监督局<br>谢纯政 | 具有较强法律意识，为政府依法治市，依法治县提供决策帮助，积极组织法律学习，坚持依法行政，遵纪守法，不以权谋私，廉洁自律 |
| 53 | | 宾阳县质量技术监督局<br>韦全福 | 认真学习质量技术监督法律法规，在具体工作中依法办事，身体力行，深入企业宣讲法律几十场次，热情进行法律咨询，不办人情案、糊涂案 |
| 54 | 海南省质量技术监督局 | 海南省质量技术监督局<br>冯学行 | 多年从事立法、普法、案件审理工作，有较扎实的法学基础理论和较丰富的实践经验，在行政执法、普法活动中，工作认真，廉洁奉公，成绩突出 |
| 55 | | 海南省海口市技术监督局<br>冯荣森 | 负责召集全体干部和执法人员学习法律法规，成绩普遍优异，做好登记备案，投入精力，制定行政执法管理制度，严把案件审理关，工作受到好评 |

续表

| 序号 | 省级单位 | 上报先进个人 | 先进事迹 |
|---|---|---|---|
| 56 | 云南省质量技术监督局 | 红河州质量技术监督局<br>张卫林 | 负责法制工作积极主动，事业心强，针对部门执法出现的重实体、轻程序问题，尽其所能，进行指导建议，在普法、教育培训工作方面也颇受好评 |
| 57 | | 德宏州质量技术监督局<br>尹加生 | 把学法、用法作为言行、工作的准则，熟悉有关法律法规，严把行政执法案件审核关，在队伍形象、服务企业等方面受到边疆各界人士好评 |
| 58 | | 临沧县质量技术监督局<br>郭晋华 | 把学习业务和法律知识有机结合起来，指导工作实践，在领导决策时能及时提出符合法律要求的建议和帮助，注重办案质量较好履行自己工作职责 |
| 59 | 贵州省质量技术监督局 | 贵州省质量技术监督局<br>蓝端正 | 制定措施确保全省质量技术监督法制宣传教育工作顺利进行，采用应知应会等形式，提高干部职工的法律知识水平及业务素质，大力开展社会普法 |
| 60 | | 贵阳市质量技术监督局<br>杜钦明 | 面向社会进行普法宣传，根据企业、个体工商户不同层次对象，运用多种方式，将法律法规的基本精神宣传、贯彻落到实处，普及到家喻户晓 |
| 61 | 四川省质量技术监督局 | 四川省质量技术监督局<br>伍显奎 | 为全面落实"三五"普法工作规划，呕心沥血勤恳工作，努力学习法律知识，建立健全规章制度，公正执法捍卫法律，提出"规范质监行为、普法与服务并举"的方案，为普法提供创造性意见 |
| 62 | | 四川省绵阳质量技术监督局<br>舒远才 | 各项工作挑重担，积极开拓，努力钻研质量技术监督法律法规及相关业务知识，作风正派依法行政，从事宣传教育加强制度建设，为大家树立榜样 |
| 63 | 陕西省质量技术监督局 | 陕西省宝鸡市质量技术监督局<br>刘跃利 | 率先开展行政执法工作量化管理，主动编辑了《质量技术监督行政执法实用手册》方便执法人员工作，不计较得失报酬，审理60多起大案无错误 |
| 64 | | 陕西省延安市质量技术监督局<br>郭会拥 | 认真执行政策法律，为"两所"发展顾全大局团结群众积极奉献；把依法行政作为龙头，依法治理作为切入点，参加普法授课，接受投诉办理大案 |
| 65 | 甘肃省质量技术监督局 | 甘肃省质量技术监督局<br>魏华光 | 制定详实可行的"三五"普法规划，注重自身修养利用业余时间广泛学习法律，承担了大量立法及协调工作，积极组织宣传和教育培训执法检查等 |
| 66 | | 兰州市质量技术监督局<br>李　军 | 以良好的工作作风熟练的法律知识投身于工作，作为普法骨干严格要求自己先学一步，对加强队伍综合素质，提出适当的建议，执法水平普遍提高 |

续表

| 序号 | 省级单位 | 上报先进个人 | 先进事迹 |
| --- | --- | --- | --- |
| 67 | 青海省质量技术监督局 | 青海省贵德县质量技术监督局<br>马敏君 | 以身作则，带头普法，加强职业道德、服务人民，拒贿清廉、一身正气，依法办案成绩显著，深得职工赞誉，连年被评为州县先进 |
| 68 | | 青海省平安县质量技术监督局<br>俞平 | 建立法制宣传教育工作责任制，从内容、时间、步骤、要求等方面考评，保证领导、人员、措施三到位，使严肃执法文明执法公正执法蔚然成风 |
| 69 | 宁夏自治区<br>质量技术监督局 | 银川市质量技术监督局<br>赵敏 | 承担二五、三五普法具体工作，对本系统法制宣传教育作出重大贡献，作为专职法律干部，爱岗敬业钻研业务尽职尽责，不求名利不向组织要待遇 |
| 70 | | 固原地区质量技术监督局<br>杨志强 | 全方位多层次开展法律宣传教育，提高干部职工法制观念和法律意识，勤奋好学为学法用法树立了榜样，贯彻打击与教育结合方针，执法收到实效 |
| 71 | 新疆自治区<br>质量技术监督局 | 克拉玛依市质量技术监督局<br>王林星 | 为普法宣传做了大量细致的具体工作，不厌其烦进行现场法律咨询，受到群众好评，深入企业送法上门使质量违法逐步减少，推行责任制保证执法 |
| 72 | | 新疆伊犁地区尼勒克县<br>质量技术监督局<br>马福清 | 始终站在打假维权第一线，内强素质外树形象，借助司法机关经验完善行政执法工作，变消极为积极，变就事论事为强根固本，严格执纪标本兼治 |

## 执 法 工 作

**【行政执法人员】** 截至2000年底，全国质量技术监督系统通过法律法规知识培训、考核，取得行政执法资格人员总计为64 202名。其中具有综合执法资格的有53 379名，质量监督执法资格的有3 687名，计量执法资格的有3 939名，标准化执法资格的有1 209名，纤维监督执法资格的有990名，锅炉压力容器监察员有998名。取得行政执法岗位任职资格的有55 857名。

**【办理行政案件情况】** 2000年全国质量技术监督系统办理现场处罚行政案件446 552件。立案受理行政案件266 653件，给予行政处罚的255 933件，全部罚没金额11亿多元，为企业、事业单位和消费者挽回经济损失约18亿元。案件下达处罚决定书后，相对人自动配合执行处罚的有222 413件，申请法院强制执行的有9 721件。罚款金额五万元以上进行听证的案件有近500件。全部案件罚没物品总价值6亿多元，其中必须销毁处置的物品标值3亿多元。

**【行政复议案件情况】** 2000年国家质量技术监督局共收到22件行政复议申请，符合法律规定立案受理的14件，下达行政复议决定前，申请人自动撤回申请的6件。经国家质量技术监督局审理后，决定撤销原行政处罚决定的2件，维持原处罚决定的6件。

2000年全国各级质量技术监督部门受理行政复议案件867件，下达行政复议决定前，申请人自动撤回复议请求的220件，审理后维持原处罚决定的268件，高于撤销及变更原决定案件比例。

**【行政诉讼案件情况】** 2000年，全国质量技术监督系统在各级法院立案审理的行政诉讼案件共300件，其中原告方撤回起诉的79件，法院经审理维持原处罚决定的154件，撤销及变更原处罚决定的49件。

## 执法监督工作

**【执法证件管理】** 为贯彻落实党的十五大确立的“依法治国，建设社会主义法制国家”的基本方略，切实做到依法行政，国家质量技术监督局根据《技术监督行政执法证件徽章管理办法》(国家技术监督局第22号令)、《技术监督行政执法人员管理办法》(国家技术监督局第27号令)的规定，结合全国质量技术监督系统机构改革工作进展，在2000年组织开展了执法人员换发新执法证件工作。

国家质量技术监督局先后发出三份有关具体换证要求的文件，强调了换证工作的意义，提出应把此次换证做为加强行政执法工作管理的有利契机和有效手段，通过换证进一步提高执法人员的素质，坚持不走过场，不搞形式主义，认真审核严把上岗关。此次换发证件人员范围是：1　已取得技术监督行政执法资格证书；2　已取得技术监督行政执法证件；3　保留在执法岗位工作，独立承办或协办过行政执法案件；4　从事执法工作以来未发生过违法违纪情况的人员。换证工作由省级单位直接负责，所定计划、考题、人员统计等要求集中向国家质量技术监督局政法宣教司备案。截至2000年底全国已有广东、四川、河北等五、六个省、市启动了这项工作。

**【贯彻国务院依法行政决定】**　1999年年底，国务院根据全国依法行政工作会议精神，作出《国务院关于全面推进依法行政的决定》(国发[1999]23号)，国家质量技术监督局深入学习讨论后，研究拟定了贯彻这一《决定》的建议，经广泛征求各地方同志意见后，发出质量技术监督系统“关于贯彻落实《国务院关于全面推进依法行政的决定》的通知”。“通知”指出全面推进质量技术监督系统依法行政的指导思想是：邓小平理论和江总书记“三个代表”重要思想。

“通知”要求：深入贯彻依法治国基本方略和国务院《决定》，切实履行法律、法规和国务院赋予质量技术监督系统的综合管理和行政执法职责，依法行政，进一步加大工作力度，提高依法行政水平，认真做好提高质量，净化市场，加强技术基础，强化锅容管特安全监察，推进与国际惯例接轨的各项工作，为促进国民经济持续、快速、健康发展作出积极贡献。

“通知”明确推进质量技术监督系统依法行政的目标是：

——建立完善的质量技术监督法律、法规和规章，确保综合管理和行政执法的各项工作有法可依；

——全面履行质量技术监督法定职责，保证综合管理、行政执法职能到位，进一步提高工作的有效性；

——建立健全质量技术监督内部工作制度和监督制约机制，坚持从严治政，促进各项行政工作规范化、制度化；

——建立一支政治坚定、公正廉洁、纪律严明、业务精通、作风优良的质量技术监督队伍。

**【治乱减负工作】**　近年来，各级质量技术监督部门认真贯彻执行国务院“治乱减负”文件精神，加强了专项治理，严格控制对企业的乱收费、乱罚款、乱摊派行为，规范了各类检查评比。2000年，治乱减负面临新的形势、新的任务和新的要求。根据2000年全国治乱减负工作会议的工作部署，结合质量技术监督系统具体工作状况，国家局在上半年拟出治乱减负工作6项要求：

1. 进一步统一思想，提高认识，健全组织，狠抓落实；
2. 认真开展治乱减负“回头看”活动；
3. 继续抓好专项治理，继续落实中央文件中“九个严禁”规定；
4. 努力做好对乡镇企业治乱减负工作；
5. 清理整顿中介服务收费；
6. 进一步建立健全管理制度；

国家质量技术监督局在年底对上述工作进行了总结，基本情况汇集成文字报告，已呈送国务院减负办。

**【司法解释建议】**　近年来，制售假冒伪劣商品违法犯罪活动屡禁不止，不仅扰乱了我国正常的社会主义市场经济秩序，损害了国家利益和国家声誉，也给企业和消费者造成了极大的危害。1997年我国新修改的《刑法》，虽然增加了“生产、销售伪劣商品罪”等罪名，但是，由于有关规定含义不够明确，在司法实践中难于定罪，以致出现生产、销售伪劣商品刑事犯罪发案多，立案少，立案难的情况，不同程度地影响了对生产、销售伪劣商品犯罪分子的打击力度。

2000年8月17日，朱镕基总理在外事办呈送的一份情况反映上批示：“假冒伪劣产品横行，已经给国家声誉和国家利益造成重大损害，必须开展一次声势浩大而又讲求实效，从根本上完善法制的联合打击和治理行动”。10月24日，国务院发出了《国务院关于开展严厉打击制售假冒伪劣商品违法犯罪活动联合行动的通知》(国发[2000]32号)，要求集中力量突破一批涉及面广、数额巨大、危害严重、影响恶劣的大案要案，依法从快、从重惩处一批制假售假违法犯罪的首恶分子和惯犯，以增强法律的威慑力。鉴于在执法中存在对《刑法》有关条款理解不一致的问题，国家质量技术监督局根据打假联合行动的实际需要，向最高人民法院、最高人民检察院发出建议文函，要求尽快对《刑法》的有关条款作出便于实践操作的司法解释。建议主要针对《刑法》第140条罪名所涉及的销售金额、犯罪行为、犯罪主体、犯罪情节做出具体提示，并附相关案例四则。

# 宣　传　工　作

**【新闻报道工作】**　2000年质量技术监督宣传工作紧紧围绕全国质量技术监督中心工作，充分发挥质量新闻宣传与舆论监督在提高质量、规范市场、扶优治劣、引导消费、服务企业等方面所起的重要作用。一年中，组织各类新闻发布会19次；新华社发通稿近120篇；中央级报刊、广播、电视播发质量技术监督新闻宣传报道近2 300篇(次)，其中，中央电视台播出新闻消息220余条，制作播出《焦点访谈》、《生活》、《经济半小时》等电视专题节目30集；中央人民广播电台播发消息报道100余次。重点组织了以下几个方面的工作：

**（一）逐步建立产品质量监督公开曝光制度，形成强有力的舆论监督氛围。**

配合国家局与中宣部联合发出的《关于加强质量宣传工作的通知》，国家局下发了《关于进一步加大产品质量监督和打假工作宣传力度的通知》，要求各省、自治区、直辖市质量技术监督部门商请当地党报、电视台等重要新闻媒体开设产品质量监督宣传专栏、专版和专题节目，紧紧围绕领导关心、群众关心、社会关心的质量热点问题，加大产品质量监督的舆论宣传与曝光力度，为督促企业提高产品质量，扶优治劣，规范市场起到积极作用。继在《经济日报》开办质量专版以来，又在《人民日报》、中央电视台、中央人民广播电台等近10家中央新闻媒体上开办产品质量监督抽查《曝光台》专栏或专题节目，每周定期公布产品质量国家监督抽查结果。同时已相继有辽宁省的《辽宁日报》、山东省的《大众日报》等地方党报定期开设了质量监督宣传专版或专栏，进一步加大了对那些涉及人身安全健康的不合格产品、连续两次国家监督抽查不合格产品、影响国计民生的不合格产品、拒绝政府依法开展质量监督抽查的企业以及对以次充好、制假售假采取放任和纵容态度的单位给予公开曝光的力度，初步形成了产品质量监督抽查公开曝光新闻网络，建立起了公开曝光制度。

**（二）阶段性地完成了“全国打假联合行动”有关宣传报道工作。**

组织新华社、人民日报、中央电视台、中央人民广播电台、经济日报等中央新闻媒体对“全国打假电视电话会议”、“全国打假工作协调小组成立”、“国家质量技术监督局发出紧急通知”等作了重点报道。

先后组织中央新闻单位赴山东、河北、江苏、浙江、广东、上海、陕西等省、市跟踪采访报道打假联合行动。截止2000年12月，共组织中央新闻单位的记者50人次参与打假第一线采访报道，共播发打假新闻消息近500篇（条），通过各大媒体的集中报道，初步形成了“假冒伪劣人人喊打”的强大舆论氛围。

**中央新闻单位报道2000年联合打假行动如下表（按时间顺序排列）**

| 报道内容 | 新闻媒体 |
|---|---|
| 陕西省西安市“中国质量万里行西部行西安野玫瑰电脑城遇暴力抗法” | 中央电视台《现在播报》、人民日报、经济日报、法制日报、工人日报、中青、中国质量报等20余家 |
| 广东“打假”行动（传真机、摩托车、印刷包装等） | 中央电视台《新闻30分》、《新闻联播》、《焦点访谈》、人民日报、中国质量报等20余家 |
| 山东“打假”行动（舒肤佳香皂） | 中央电视台《新闻30分》、新华社、中国质量报等20余家 |
| 国务院召开全国打假电视电话会 | 中央电视台《新闻联播》、新华社、人民日报、中央广播电台、中国质量报等20余家 |
| 浙江“打假”行动（电池、螺蚊钢） | 中央电视台《现在播报》、法制日报、中国质量报等20余家 |
| 全国打假办第一次会议 | 中央电视台《现在播报》、人民日报、新华社、经济日报、法制日报、工人日报、中国质量报等30余家 |
| 江苏打假行动（汽配） | 中央电视台《现在播报》、经济日报、法制日报、中国质量报等20余家 |
| 开展全国打假行动紧急通知 | 中央电视台《现在播报》、《早间新闻》、新华社、人民日报、经济日报等30余家 |
| 河北廊坊打假行动（露露饮料、杀虫剂等） | 中央电视台《现在播报》、人民日报、法制日报、工人日报、中国质量报等20余家 |
| 打假办成员专访（高检、工商、质监） | 中央电视台《现在播报》、中国质量报社 |
| 浙江、广东打假行动（订书钉、摩托车……） | 中央电视台《现在播报》、中国质量报社等10余家 |
| 质监系统打假小结汇总 | 中央电视台《新闻联播》、新华社等20余家 |
| 河北石家庄铁路东货场打假（化汝品、香烟） | 中央电视台《现在播报》、《早间新闻》、《新闻联播》、中国质量报等20余家 |
| 全国打假行动一月情况综述 | 中央电视台《新闻联播》、新华社等20余家 |
| 陕西查处土炼油行动 | 中央电视台《新闻联播》、《现在播报》、新华社、中国质量报等20余家 |
| 开展棉花专项打假行动部署 | 中央电视台《新闻联播》、新华社等20余家 |
| 追踪假棉行动 | 中央电视台《焦点访谈》 |

续表

| 报道内容 | 新闻媒体 |
|---|---|
| 全国打假办公布七起暴力抗法事件 | 中央电视台《新闻联播》、新华社等30余家 |
| 打假中的地方保护主义 | 中央电视台《焦点访谈》、新华社等30余家 |
| 河南棉花打假行动 | 中央电视台《焦点访谈》 |
| 国家质监局查处掺油大米紧急通知 | 中央电视台《现在播报》、新华社等30余家 |
| 河南查处掺油大米行动 | 中央电视台《新闻30分》、《现在播报》 |
| 国家质量技术监督局等三部门发出查处掺油大米通知 | 中央电视台《现在播报》、新华社等20余家 |
| 广东潮阳宣判大会 | 中央电视台《焦点访谈》、新华社、中国质量报等20余家 |
| 湖北打击土炼钢 | 中央电视台《现在播报》、《焦点访谈》、新华社、中国质量报等20余家 |

**【围绕锅、容、管、特,积极做好新闻报道工作】** 完成了"纪念江总书记对锅炉批示一周年座谈会"的宣传报道组织工作,广泛宣传了党和政府对人民生命财产安全的高度重视,警示人们针对锅、容、管、特这些特种设备的安全质量一定要防患于未然。同时,配合座谈会的召开,与中央电视台共同制作了一期《焦点访谈》;完成了我局出台的有关锅炉、压力容器、游乐设施、电梯等特种设备的文件、规章的新闻报道工作。

**【认真做好标准化、计量工作的宣传报道】** 标准化、计量工作涉及到社会的各个领域,在促进企业技术进步,加快与国际惯例接轨工作中起着技术基础作用。结合2000年第32届世界标准日,完成了有关宣传报道及有关活动的组织协调工作;完成国家局颁布的重要标准的新闻报道的组织工作。组织新闻单位宣传报道了《定量包装商品净含量计量检验规则》,大力宣传定量包装商品净含量计量检验的规范化、科学化,促进广大定量包装商品生产企业提高计量法制意识。同时,广泛报道了我局与国家税务总局在全国范周内实施的加油机税控功能改造工作。

**【加强我国质量认证工作的宣传】** 为大力宣传我国质量认证工作的迅猛发展和我国质量认证国家认可制度在国际上的地位,组织中央电视台《新闻联播》、《中国新闻》、《财经报道》节目及新华社等中央新闻单位30家广泛报道了中国实验室国家认可委员会签署的亚太实验室认可合作组织多边互认协议。大力宣传中国实验室认可制度得到国际同行的承认,并且与世界影响力较强的实验室认可机构处于同等地位,广泛宣传该协议的签署对中国顺利加入世界贸易组织,进一步发展国际贸易和亚太地区经济合作的积极作用。

**【3.15国际消费者权益保护日系列宣传活动】** 为了使2000年"3·15"宣传活动更富新意,更具特色和更有成效,从1999底即开始着手筹备工作。国家局以局文形式在局系统内及早作出了部署,要求质量技术监督系统在3·15活动期间,围绕"规范市场,促进消费"这个主题,组织做好市场商品质量、计量执法大检查活动;选择涉及人体健康和人身财产安全的产品,组织开展"3·15"产品质量专项抽查和质量安全监察与打假活动及形式多样、群众喜闻乐见的质量法制宣传、消费知识咨询、产品质量免费检测服务等八项重点工作。

与中央电视台、最高人民法院、司法部、国家工商局、中国消费者协会联合主办了专题晚会,在全社会产生了积极反响,引起广大企业和消费者极大关注。

与北京市质量技术监督局、中国质量万里行促进会、中国质量报社在北京中友百货广场共同举办了以"铁腕抓质量、造福消费者"为主题的3·15大型现场咨询及免费检测宣传活动。与此同时,在全国范围内还展开了以北京为中心会场,上海、郑州、沈阳、长沙、福州、西安、武汉、杭州、南京、广州等10个城市为分会场的联动活动。现场咨询宣传活动突出了消费者主动参与性,强化了知识性、趣味性、服务性等特点。

**【黑龙江执法烈士先进事迹的宣传报道及有关组织工作】** 通过组织宣传报道黑龙江省泰来县质量技术监督局执法大队大队长单国义和副大队长王立国两位烈士的先进事迹,大力弘扬了他们为维护社会主义市场经济秩序,对国家、对人民高度负责,忠于职守,无私奉献的精神。参加了国家局赴黑龙江慰问烈士家属工作组,在现场组织中国质量报记者收集整理烈士事迹。组织中央电视台记者赴黑龙江对烈士事迹进行专题采访和报道。完成了在黑龙江齐齐哈尔召开的烈士表彰大会有关宣传报道工作。

**【新《中华人民共和国产品质量法》颁布后系列宣传活动】** 在全国人大常委会审议通过《产品质量法》后,组织新华社、人民日报、中央电视台、中央人民广播电台、经济日报等30余家新闻媒体广泛进行宣传报道,同时,还组织了人民日报、经济日报、法制日报、工人日报、中国质量报配发评论员文章。此外,为了加大宣传力度,就新《产品质量法》的修改情况及贯彻实施要求等问题组织新华社、中央电视台、法制日报等以李传卿局长答记者问的形式进行了报道。

举办全国范围内新《产品质量法》知识竞赛活动。这次竞赛活动由国家质量技术监督局、司法部、全国普法办主办,人民日报社、经济日报社、法制日报社、中国质量报社、TCL集团有限公司协办。

参赛场面异常踊跃。截至2000年10月15日,竞赛活动组织办公室共收到全国各地寄来的竞赛答卷邮件44 500

多份，全国 31 个省、市、自治区的人们踊跃参赛，总参赛人数达到了 47.9 万。其中以集体名义参赛人数 38.23 万人，个人参赛人数 9.57 万人。

参赛人员遍及各行各业，既有公、检、法、人大、政协、政府及质量技术监督系统的工作人员；有人民解放军现役军人、武警战士、大中小学学生；也有各类工商企业和事业单位从业人员；还有科学工作者、教师、离退休干部、个体经营户、农民等等。其中年纪最大的 77 岁，最小的仅 10 岁。

此次知识竞赛，集体参赛单位(部门)多达 4 400 多家，参赛人数超过 100 人的单位有 1 000 多家；参赛人数超过 400 人的单位在 100 家以上。广东机电工业协会、河南省许继集团有限公司、内蒙古宁城集团等几十家单位对本次竞赛十分重视。他们先组织员工学习，然后在单位内部进行竞赛，最后单位集体参赛、员工个人参赛。有的企业为组织员工参赛还成立了本单位《产品质量法》竞赛组委会。

竞赛活动组织办公室在一个月活动时间内，接待从全国各地打来的咨询电话近 2 000 人次，受理信函 100 多件，为参赛者邮寄参考书近百册、参考资料 2 000 余份。

此次知识竞赛，在竞赛程序、答卷的统计处理方式、阅卷方式以及抽奖、领奖方式上均经过了北京市公证处的公证与认可。最后评出：山东省质量技术监督局等 14 家省级质量技术监督局被授予组织奖；中国石油化工股份有限公司江西抚州乐安石油支公司等 17 家企业、单位获得集体奖；张振国等 1 160 人荣获个人奖；TCL 集团有限公司荣获特别奖。《人民日报》、《经济日报》、《法制日报》、《中国质量报》公布了获奖名单。

与国务院法制办公室、中央电视台联合组织了《产品质量法》电视讲座活动共 8 讲，每讲 30 分钟(在中央电视台一套节目每周播出一讲)。“讲座”主讲人由全国人大法工委、国务院法制办公室、国家质量技术监督局的有关领导和专家担任。通过侧重于从法修改的背景、法律渊源以及在整个国民经济中的重大影响等全局性的角度进行深入的阐述，帮助电视观众更透彻地了解每个法律条文的含义，从而增强执法、守法的自觉性。

**【2000 年全国质量月宣传活动】** 在 9 月 1 日新修改的《产品质量法》正式实施的第一天，组织了“千家企业新世纪质量宣言活动”。通过广泛宣传全国千家企业联名发表“新世纪质量宣言”，报道他们向祖国、向人民、向 21 世纪作出的以质量振兴为已任，把企业的实力整合为国家的竞争力的庄严承诺，在中外消费者心目中树立起中国企业和中国产品的良好形象，调动了企业及社会各方面积极参与我国质量振兴事业的积极性。

**【1999 年度十大质量新闻评选活动】** 为了回顾 1999 年我国质量领域发生的重大新闻事件，强化质量宣传力度，达到进一步唤起全民族的质量意识，推动我国质量振兴事业不断进步的目的。组织了“99 年度十大质量新闻评选活动”。

评委由来自中宣部、国家质量技术监督局、中华全国新闻工作者协会、新华社、人民日报、中央人民广播电台、中央电视台、光明日报、经济日报、法制日报、解放军报、科技日报、中国青年报、工人日报、中国质量报、中国质量万里行促进会、中国质量管理协会、中国消费者协会等有关部门、主要中央新闻单位和相关社会团体的领导、专家组成。

本次评选是从众多的候选题目中最终确定的。评选结果体现了新闻的真实性、广泛性、典型性、重大性的特点。

**1999 年度中国十大质量新闻评选委员会名单**

| | | |
|---|---|---|
| 主　任： | 潘　岳 | 国家质量技术监督局副局长 |
| 副主任： | 李宝善 | 中宣部新闻局局长 |
| | 栗国安 | 中华全国新闻工作者协会副主席 |
| | 金　光 | 国家质量技术监督局政宣司司长 |
| 评　委： | 张虎生 | 人民日报副总编 |
| | 皮树义 | 人民日报经济部副主任 |
| | 何　平 | 新华社副总编 |
| | 张锦胜 | 新华社国内部副主任 |
| | 孙玉胜 | 中央电视台新闻中心主任 |
| | 盖晨光 | 中央电视台新闻中心社会新闻部副主任 |
| | 庹　震 | 经济日报副总编 |
| | 庄汉隆 | 解放军报副总编 |
| | 何东平 | 光明日报编委 |
| | 胡占凡 | 中央人民广播电台副台长 |
| | 张　飚 | 科技日报总编辑 |
| | 雷晓路 | 法制日报副总编 |
| | 孟东明 | 工人日报副总编 |
| | 陈泉涌 | 中国青年报副总编 |
| | 张凤山 | 中国质量报社长 |
| | 陈　廉 | 中国质量报总编辑 |
| | 刘春京 | 中宣部新闻局处长 |
| | 叶柏林 | 国家质量技术监督局总工 |
| | 蒲长城 | 国家质量技术监督局办公室主任 |
| | 郭若虚 | 国家质量技术监督局质量司司长 |
| | 宣　湘 | 国家质量技术监督局监督管理司司长 |
| | 解艾兰 | 中国质量管理协会理事长 |
| | 杨坚昆 | 中国消费者协会秘书长 |
| | 李迎丰 | 中国质量万里行促进会秘书长 |

评委会办公室：田世宏、裴宁、孔丽英。

**评选出的 1999 年度全国十大质量新闻是：**

1. 宁夏锅炉爆炸案惊动高层，江总书记提出，人命关天的事，要确保万无一失。

2. 党中央、国务院决定建立全国统一有效的质量行政管理体系，质量技术监督实行省以下垂直管理。

3. 全国质量工作会议召开，《国务院关于进一步加强产品质量工作若干问题的决定》正式颁布。

4. 全国基础设施建设工程质量会议召开，国务院要求建设单位对工程质量终身负责。

5. 总投资近 33 亿元的广东佛山高速公路出现重大质量问题，通车仅 3 个月就被迫斥资 3000 万元进行修补。

6. 国家质量技术监督局首次举办产品不合格企业厂长(经理)学习班，强调企业一把手要对质量负总责。

7. 重庆虹桥垮塌案震惊全国，綦江县多位领导因腐败、玩忽职守被判重刑。

8. 深圳不法分子销售有毒猪油，导致赣州3人死亡、数百人中毒。

9. 广东揭阳劣质钢材生产基地被摧毁，由于此次打假行动将新闻曝光和打假执法两种手段创造性结合，使屡打不死的揭阳钢材造假得以根本整治。

10. 中国质量万里行促进会重拳出击，为害京、津、冀等地长达十年之久的死鸡案被曝光。

**【强化质量技术监督系统报刊、图书出版工作】** 组织召开了全国质量技术监督报刊主(总)编年会，全国质量技术监督系统37家报刊的主(总)编出席了会议。此次会议采用专家讲座、中心议题研讨和典型经验交流的形式进行。

此次会议旨在进一步加强对全国质量技术监督系统报刊工作的管理，提高报刊质量，增强报刊的市场竞争力。

会议主要围绕质量技术监督报刊现状，面临的机遇与挑战，以及如何在处理好社会新闻与行业新闻的报道、可读性与行业指导性的关系的基础上办出特色、办出质量水平等议题展开了热烈讨论。与会的《中国质量技术监督》、《巴蜀质量跟踪》和《中国质量报》等单位就在改革发展与激烈竞争中，如何深化改革、提高报何质量、增强自身的市场定位能力等进行了经验交流。会议提出要用改革精神进一步加强管理、优化结构，切实解决好自身的“定位、定向、定性”问题，尽快提高质量技术监督报刊的质量水平。会议还邀请了我国报刊界专家作了关于全国报刊改革及发展趋势和质量技术监督报刊如何面临机遇与挑战的专题讲座。使与会代表增长了知识，开阔了眼界。

完成国家新闻出版署1999年报、刊、出版社的年检工作。组织中国标准出版社、中国计量出版社完成重点图书、电子出版物、音像制品、“十五”规划和“九五”规划的执行情况检查工作。完成中国标准出版社、中国计量出版社年出版计划和全年书号分配工作。

**【编纂完成了《质量·标准化·计量百科全书》】** 在局、司领导下，组织成立了该书编委会，集结了国内近300名质量、标准化、计量专家，历时两年半时间编纂完成了《质量·标准化·计量百科全书》，于2000年12月正式出版，该书的编纂出版是20世纪中国质量技术监督领域一项重大的基础工作，是广大读者了解和学习质量、标准化、计量系列知识的一个重要窗口。

**【组织2000年中国质量万里行宣传活动】** 2000年的质量万里行活动以“质量·中国·21世纪”为主题，以贯彻实施《产品质量法》、全面落实《国务院关于进一步加强产品质量工作若干问题的决定》、推动全社会增强质量法制观念为主线，由国家质量技术监督局会同有关新闻单位协同组织、统一部署，采取动静结合、点面结合、中央与地方结合的方式，组织中央和地方新闻媒体与质量万里行开展的几项活动相配合，形成上下呼应的宣传高潮。

1. 新《产品质量法》实施后的第一案”新闻追踪采访以及打假活动。

2. 在四川成都市隆重举行了2000中国质量万里行记者采访团、企业服务团、质量专家宣讲团出征仪式；与四川省质量技术监督局联合主办了“中国西部质量论坛”活动。

3. ‘2000中国质量万里行西部行活动。结合西部大开发战略的实施，2000年中国质量万里行针对在西部开发中“东部假冒伪劣产品向西部转移”所造成的危害，组织中央及地方新闻媒体深入西部一线追踪采访报道；组织质量专家宣讲团，深入西部省(区)开展关于WTO与质量、质量管理与质量法制为主题的大型宣传活动。

# 教育工作

**【教育动态】** 按照国务院办公厅《转发教育部等部门关于调整国务院部门所属学校管理体制和布局结构实施意见》的文件精神，国家质量技术监督局所属的中国计量学院，实行国家质量技术监督局与浙江省共建，以浙江省管理为主的新的管理体制。2000年5月12日，国家质量技术监督局与浙江省人民政府在杭州举行中国计量学院管理体制调整交接仪式。李传卿局长率局办公室主任蒲长城及计量学院管理体制调整国家局工作班子一行7人，浙江省副省长鲁松庭率省教育厅、省计委、省编委、省质量技术监督局等有关部门负责人及中国计量学院领导班子成员一起参加了交接仪式。

按照国务院的统一部署，中国计量学院已经按新的管理体制运行。目前，中国计量学院拥有7个二级学院(机电工程学院、计量技术工程学院、信息工程学院、管理学院、文理学院、成人教育学院、高等职业技术学院)和1个独立设置的本科二级学院，10个本科专业(法学、机械设计制造及其自动化、测控技术与仪器、电气工程及其自动化、自动化、电子信息工程、计算机科学与技术、电子科学与技术、信息管理与信息系统、工商管理)和6个高职专业(机电一体化技术应用、计算机技术与应用、工业自动化、应用电子技术、机电产品质量检验、计量测试技术)的办学格局；初步形成了以计量测试及仪器为重点的建设学科，工、管、法相结合的办学特色，为学院进一步改革、建设和发展奠定了较好的基础。2000年中国计量学院完成全国普通本科招生计划1 512名，全国成人本科招生计划52名。另外，经浙江省政府批准，中国计量学院已首批进入省政府开辟的高教园区，在下沙经济技术开发区征地1 180亩，筹建新校区，计划在该区建设万人大学。2000年12月新校区已开工建设，预计2001年9月将招收第一批新生。

**【教育培训】** 新修定的《产品质量法》于2000年9月1日起实施。新《产品质量法》在加强对产品质量的监督管理、提高产品质量水平、明确产品责任、保护消费者的合法权益、维护社会经济秩序等方面，进一步做出了明确规定。为配合新《产品质量法》的学习、宣贯活动，特别是使质量技术监督系统的各级各类人员很好地执行《产品质量法》中有关质量技术监督行政执法职责和自身行为规范方面的规定，国家局会同有关单位联合举办了函授、面授形式的若干期新《产品质量法》的宣贯培训班，共培训学员1 400余人。

为了进一步提高全国省级质量技术监督局局长依法行政水平和科学决策能力，根据国家局2000年教育培训计划的安排，9月份，在广东省深圳市举办了为期一周的全国省级质量技术监督局局长研讨班。来自全国27个省（区、市）质量技术监督局的40位局领导参加了研讨及调研活动。国家质量技术监督局李传卿局长为研讨班讲授了第一课。清华大学经济管理学院魏杰教授、全国人大法工委经济法室主任安建、外经贸大学徐进亮博士、东南大学经济系主任李廉水教授及国家局的叶柏林、李春田同志，中国测试院院长陆志方同志在研修班上作了专题讲座。

随着质量技术监督系统省以下垂直管理体制改革工作的实施，全国地（市）、县级质量技术监督局的领导班子成员变动较大。为了使地（市）、县级质量技术监督局的领导班子成员能够更好地行使综合管理和行政执法的职能，国家局决定于2001年部署第三轮全国地（市）、县级质量技术监督局局长岗位培训工作。该培训具体由各省（区、市）级质量技术监督局负责组织实施。为确保培训质量，国家局于12月初在中国计量学院举办了师资培训班。来自全国27个省（区、市）级质量技术监督局和国家局培训中心选派的74位代表参加了培训班学习，经考试，全部取得了国家局颁发的教师聘书。

2000年9月，国家局组织本系统负责教育工作和培训工作的部分领导，一行14人赴俄罗斯、波兰，对两国标准化、计量、质量认证方面的机构进行了考察，并在真诚、友好的气氛中对这些领域中开展教育培训和法规建设等情况进行了交流与探讨。

**【教育培训基础建设】**

1. 教材建设。为了推动质量技术监督系统继续教育工作的开展，更好地规范、指导本系统专业技术人员的继续教育工作，提高专业技术人员的整体素质，国家质量技术监督局根据人事部关于编制继续教育科目指南的要求，编制了《质量技术监督信息专业技术人员继续教育科目指南》、《纤维检验专业技术人员继续教育科目指南》、《标准化专业技术人员继续教育科目指南》和《计量专业技术人员继续教育科目指南》。2000年2月，国家质量技术监督局和国家人事部联合以《关于印发质量技术监督系统专业技术人员继续教育科目指南的通知》（质技监局政发[2000]43号）文件将以上内容的专业技术人员继续教育科目指南印发各省级质量技术监督局、人事（人事劳动）局，以及国家局各直属单位。

多年以来，在对质量技术监督系统的人员进行质量技术监督基础知识的学习和培训方面，一直缺少一本内容新而比较全面的综合性教材。鉴于此，国家质量技术监督局于1999年开始着手组织局内外的有关同志编写《质量技术监督基础教程》（以下简称《教程》）一书。2000年6月，该书定稿；7月份，该书由中国标准出版社出版发行。这本37万字的《教程》，全面、系统地介绍了我国质量技术监督工作发展概况、工作职责、业务范围和各类专业方面的基础知识，是学习、研究质量技术监督工作，提高业务水平和工作能力的必备教材。

为贯彻落实第三次全国教育工作会议和第三次全国质量技术监督教育工作会议精神，指导和推动全国质量技术监督系统的教育工作，国家质量技术监督局政法宣教司组织编纂了《质量技术监督教育培训有关文件汇编》。本书收录了《中共中央国务院关于深化教育改革全面推进素质教育的决定》；第三次全国质量技术监督教育工作会议有关领导讲话、《质量技术监督教育培训管理办法》、《关于加强质量技术监督教育培训工作的意见》、经验交流材料等文件资料。另外，还收录了国家人事部关于继续教育的有关文件，以及人事部、国家质量技术监督局历时三年编写的《质量技术监督系统专业技术人员继续教育科目指南》。

2. 规章建设。根据国家质量技术监督局事业发展"十五"计划的编制要求，编制了国家质量技术监督局教育培训"十五"计划，作为质量技术监督"十五"计划的若干专题计划内容之一。

2000年初，编制完成并下发了《国家质量技术监督局2000年教育培训计划》。2000年国家局下达教育培训计划项目20项，截止到年底，完成计划项目16项，培训人员5 300余人。

为了对国家局各培训中心进行更规范、更有效的管理，以适应新形势的需求，国家局对1991年印发的《国家技术监督局培训中心管理办法》（技监局教发[1991]537号）进行了修改完善。新印发的《国家质量技术监督局培训中心管理办法》（质技监局政发[2000]14号，以下简称《管理办法》）在整体上进行了调整，加大了对培训中心宏观管理的力度，更注重对培训质量和培训效果的考核要求。新的《管理办法》共设7章25条，即：总则、组建原则、培训计划、教学管理、印章及发证管理、考核与奖惩、其他。

3. 基地建设。1999年9月，国家质量技术监督局组成专家考评组，对1988年以来，挂有国家技术监督局牌子的11个培训中心进行了全面的清理、整顿。根据考评结果，经研究决定，对原上海国际培训中心、深圳培训中心予以重新确认；对福州、北京通州和秦皇岛三个培训中心暂予保留，限期一年进行整改；其他培训中心予以摘牌。2000年12月，国家局组成复审工作组分别对暂予保留的三个培训中心进行了复审。复审结果表明，三个培训中心按照国家局提出的整改要求，都进行了认真的改进，在管理和培训质量方面均有不同程度的提高，其上级主管部门也对培训中心的各项工作给予了大力的支持。

# 质量管理

# 概 述

2000年是我国改革开放和现代化建设进程中具有标志意义的一年，是全面贯彻实施新《产品质量法》、进一步落实《国务院关于进一步加强产品质量工作若干问题的决定》的重要的一年，也是完成《质量振兴纲要》第一阶段目标的最后一年。随着我国经济结构调整和产业升级的积极推进，社会需求全面回升，带动经济增长加快，我国经济发展出现了重要的转机。良好的国民经济运行态势为我国质量工作提供了良好的环境，为继续提高我国产品质量、工程质量和服务质量总体水平奠定了稳固的基础。在党的十五大和十五届五中全会精神鼓舞下，在国务院的正确领导下，通过各部门、各地方和广大企业共同努力，我国质量工作在多方面取得实质性进展，为国民经济建设和社会发展作出了新的贡献。

## (一)贯彻《质量振兴纲要》取得阶段性成果

1996年国务院颁布的《质量振兴纲要》提出了到2000年和2010年两个阶段的质量振兴目标。几年来，在党中央、国务院的正确领导下，通过各级政府和广大企业的共同努力，我国产品质量的总体水平有所提高，质量工作也取得了新的进展，初步完成了《质量振兴纲要》第一阶段目标。

通过产业结构调整，资产优化重组，大力推行名牌战略，优良资产向名牌产品、名牌企业集中，主要产业的整体素质有所提高。到2000年，初步形成了一批具有国际竞争能力的大型企业和企业集团，特别是形成了一批以名牌产品为核心的具有较强竞争力的重点产业及一批大型企业。

1. 重点产品的实物质量水平不断提高，产品的可靠性也有大幅度的增长。

从产品质量监督抽查看，1992年到1994年连续三年国家监督抽查合格率一直在70%左右的低水平徘徊，2000年为78.9%，其中，大型企业、中型企业抽查合格率分别为93.5%、86.5%。2000年，根据全国52个重点工业城市10 000多家企业的统计，全年产品质量等级品率为92.60%，比1999年提高2.19个百分点；工业产品销售率稳中有升；新产品产值率为26.67%，比1999年提高3.94个百分点。

重大装备类产品如无线通讯设备的平均无故障运行时间提高到目前的700小时以上；程控交换机20年累计中断时间不超过1小时。微型计算机的平均无故障运行时间提高到10 000小时以上，联想计算机平均无故障时间在15 000小时以上；我国自主开发的“神威Ⅰ”高性能大型计算机，运算速度为每秒3 840亿浮点结果，在当今全世界已投入商业运行的前500台高性能计算机中排名第48位，主要技术指标和性能达到了世界一流水平，使我国成为继美、日等国之后具备研制高性能计算机能力的少数国家之一。一批重要机械产品产量跃居世界前列，先进制造技术得到大量采用；300/600 MW火电机组、大型钢厂冶炼和连铸连轧设备、千万吨级露天矿采掘设备、6 000米电驱动沙漠钻机和千吨级加氢反应器等一大批代表国力的、高水平的重大技术装备已全面实现国产化；轿车工业已形成了一定批量生产能力；机电产品已成为我国外贸出口的支柱产业；机械产品实物质量有所提高，发电设备质量得到改进，宝钢三期工程设备、加氢反应装置以及汽车产品的质量明显提高；从开发能力提高战役来看，企业技术中心建设工作得到加强，初步建立了49个国家级技术中心。

原材料类产品也有了很大程度的发展，钢材品种包括原子弹、氢弹、导弹、核潜艇、火箭、通信卫星等所需的关键金属材料，全部由国内研制成功并满足要求。一些企业生产的铝锻件、硬质合金产品、稀土产品、钽粉、钽丝、钽铌及其合金产品等，由于质量上乘，在国际上都有很高的知名度。原材料类产品中，目前我国有一批企业生产的铝锭、锌锭、铅锭、电解铜、电解镍、锡锭先后在伦敦金属交易所注册，其产品质量和服务质量水平已达到国际水平。建材产品仅装饰装修材料的种类就有4 000多个，新型墙体材料由不足墙体材料总量的5%，发展为占墙体材料总量的20%。石油和化工行业共有88家企业完成股份制改造并成功上市，形成了一批具有市场竞争力的大型企业集团；有1 600家石油和化工企业通过质量体系和产品质量认证。

消费类产品在品种和可靠性方面有长足的进步。大屏幕彩电质量水平达到国际同类产品水平。彩电的可靠性水平(平均无故障运行时间)平均达到2万小时以上。电冰箱、洗衣机、空调器等主要性能指标已达到国际先进水平。如小天鹅、海尔等厂家生产的洗衣机，无故障运行次数达到5 000～7 000次，已达到国外同类产品的先进水平。科龙冰箱的噪音只有33 dB，高于国际先进水平，保鲜技术已达到鱼类保鲜12天的国际水平。轻工产品在产量增长的同时，花色品种增加到近30万种，年均增加新的花色品种1万种。

元器件类产品的质量水平也有显著的提高。如集成电路的现场失效率由$0.5\times10^{-6}$/小时降低为$0.19\times10^{-6}$/小时；电容器的现场失效率由$1.76\times10^{-7}$/小时降低为$6.1\times10^{-8}$/小时。

重点产品的质量还存在以下主要问题：

整体产品质量与国际先进水平相比仍有一定差距。从上海的调查情况看，国有企业生产产品质量落后于合资企业，零配件、元器件质量落后于整机质量，三大高新技术产品质量落后于六大支柱产业，小型个体私营企业产品质量较差，区域性产品质量问题突出，产品质量总体水平仍然偏低。

数控车床、轿车等产品的性能和技术水平与国外先进水平差距较大；计算机、轿车等产品部分核心技术尚未掌握，关键设备靠进口；低压电器，数控车床、轿车、农用运输车等产品可靠性较差。防爆电气、轿车、婴幼儿配方乳粉、燃气热水器、啤酒等产品安全问题较为突出。

信息产品质量水平与国际先进水平相比仍有差距，其共性问题主要表现在：一是在性能、功能上没有明显优势，二是安全性、电磁兼容性问题仍未得到彻底解决；三是一致性、稳定性、可靠性仍然有待提高。

2. 工程质量基本能达到国家标准和规范要求

建筑工程基本能达到国家标准和规范要求，大中型工程建设项目综合试车和验收基本上能达到一次合格，工程质量一次验收合格率基本达到《质量振兴纲要》第一阶段目标的要求，但优良率还达不到《纲要》的要求。

主要体现在：一是大中型建设项目的工程质量，处于控制较好的状况而保持稳定。二是一般民用建筑工程质量合格率逐年提高。"七五"期末工程质量合格率62%，"八五"期末工程质量合格率82%，平均每年提高3至4个百分点，1999年工程质量大检查，合格率为95%。其中住宅小区建设试点取得了明显的成绩和丰富的经验，已竣工的试点小区工程质量合格率达100%，优良率在50%～70%，而且小区在规划设计、环境优化、使用功能等方面有了很大的提高。三是涌现出一大批严格管理、确保工程质量的企业和优秀项目经理。

各地的工程质量整体水平也都有明显提高，如：北京市工程质量达到国家标准或规范的峻工工程数及比例的，1996年为2 467项，占92.95%，1999年为3 209项，占100%；一次验收合格数及所占比例为，1996年2 301项，占92.93%，1999年为3 209项，占100%，优良竣工工程数及所占比例为，1996年433项，占17.5%，1999年641项，占20%。深圳市竣工交付使用的工程质量全部达到国家标准和规范要求。大中型工程建设项目综合试车和验收都一次合格，确保连续生产和正常使用，工程质量一次验收合格率为96%，优良率达43%。市安居工程竣工一次验收合格率达100%，市重点水利工程单元合格率达100%，优良平均达到70%以上。还有安徽省、四川省工程质量都接近《纲要》要求的目标。

但是，工程质量目前仍存在一些非常突出的问题。一是工程垮塌事故时有发生。二是一些民用建筑特别是住宅工程，影响使用功能的质量通病，成为群众投诉的热点。三是不仅在建的工程存在质量问题，而且前几年已建成使用的工程有些已暴露出了质量隐患，甚至有的还会影响到使用。

党中央、国务院对建筑工程的质量问题极为关心。1999年3月国务院办公厅发出了《关于加强基础设施工程质量管理的通知》，2000年1月，朱镕基总理签署了国务院第279号令，发布了《建设工程质量管理条例》，为加强建筑市场管理，建立公开、公正、平等竞争的市场秩序，保证工程质量创造良好的市场环境。此外，还强化了政府工程质量监督，组织了工程质量大检查。推进建设建理的制度，保证工程质量。到目前为止，全国31个省、自治区、直辖市和国务院46个工业交通部门(总公司)相继实行了建设监理制度，国家重点工程项目都已实行了监理。

3. 服务质量参差不齐，部分服务行业已全面推行服务质量国家标准，初步实现服务质量的制度化、程序化、标准化。

为了落实《质量振兴纲要》对服务质量提出的目标要求，1998年1月国家国贸委、国家质量技术监督局联合开展了全国服务质量调查，从调查结果来看，全国服务业服务质量参差不齐，管理水平不高，提高服务质量工作在落实《质量振兴纲要》过程中相对落后。

在服务行业中，宣贯GB/T 19000—ISO 9000系列标准越来越受到广大企业重视，一批企业通过了质量体系认证。民航、铁路等行业积极推行服务质量国家标准，比较重视为顾客服务，初步实现服务质量的制度化、程序化、标准化；其它行业，如旅游、商业，加强了服务质量监督力度，服务质量正在向制度化、程序化、标准化发展。部分地方制定了部分服务行业的地方标准并努力推行，但很多行业还处在无标可依的状况。

但我国服务业与许多经济发达国家相比差距甚大，服务质量现状不尽人意，特别是农村和边远地区还缺乏必要的服务设施和手段。消费者对服务质量投诉有增无减。"质量第一，顾客至上"的观念在相当一部分从业人员中尚未真正确立。这与整体环境和社会风气有关，显然服务质量的重要意义，从理论上被普遍接受，但在实际工作中被忽略，抓一阵，好一阵，不能巩固和持久。

**(二) 全面贯彻落实全国质量工作会议精神**

1. 按照全国质量工作会议精神和《国务院关于进一步加强产品质量工作若干问题的决定》的要求，我局会同监察部组成联合调查组，局领导和质量司、监督司对四川、湖北、福建、山东等省政府和有关市级政府对质量工作责任制和打假工作责任制进行了检查，督察各省开展一级对一级的责任制检查，推动了各省(区、市)政府"两个责任制"在省一级基本得到落实。

2. 加强对质量状况的调查。一是组织企业开展质量状况"五查"活动。按照全国质量工作会议的要求，2000年3月，国家局在全国范围内统一部署开展了"查质量意识、查质量水平、查质量体系、查现场管理、查售后服务"为主要内容的企业"五查"活动。共发放调查表3万份，收回有效调查表11 582份，初步建立了各类企业的质量档案，基本掌握了企业面上的质量状况，为今后质量工作打下了基础，对促进企业提高质量管理水平，加强质量管理工作的分类指导具有重要的作用。二是组织完成了对20个重点行业的质量状况调查，摸清了部分重点行业、重点产品的质量状况以及与世界先进水平的差距，提出了改进产品质量的对策和建议。三是开展了用户满意度指数试点调查的准备工作。成立了用户满意度指数试点工作领导小组，确定了第一批试点的产品，召开了用户满意度指数试点企业座谈会，制定了第一批试点产品(服务)用户满意度指数调查工作方案。

3. 在全国范围内表彰了质量管理先进企业和先进个人。近年来，我国广大企业及质量工作者，积极贯彻落实《质量振兴纲要》提出的要求，为我国的质量振兴事业进行了不懈的努力，在质量管理工作中涌现出了一批先进企业及个人。为了表彰先进，根据《国务院关于进一步加强产品质量工作若干问题的决定》中关于“要不断总结、推广质量管理的先进经验，表彰质量管理先进企业和个人”的要求，国家质量技术监督局于2000年8月授予了256家企业“2000年全国质量管理先进企业”荣誉称号、478名个人“2000年全国质量管理先进工作者”荣誉称号、60名个人“2000年全国质量管理突出贡献奖”荣誉称号。并于2000年9月1日召开了表彰大会。

4. 实施名牌战略，继续推动企业争创名牌产品。鼓励和支持企业把实施名牌战略作为企业质量发展目标的一个重要组成部分。目前，各省、自治区、直辖市已创出省级地方名牌产品5 848种，为2001年推出首批中国名牌产品打下了良好基础。机械、电子、化工、轻工、兵器、核工业、农业、建设、等部门也提出了实施名牌战略的目标。一批名牌产品已开始向规模经济发展，在国内外市场的竞争能力有了显著提高。

5. 改进和完善监督工作。一是认真做好产品质量国家监督抽查工作。今年共对8 142家企业生产的235类9 705种产品组织进行了国家监督抽查，抽查合格率为78.9%，比1999年同期提高0.3个百分点。其中，抽查国有大中型企业3 600家，抽查合格率为88%，高于平均抽查合格率9.1个百分点。二是加大监督抽查后处理力度。在加大监督抽查力度的同时，进一步重视了后处理工作，推动不合格产品生产企业的整改。人民日报、经济日报、中央人民广播电视台等中央和地方一些新闻单位开辟专栏，加大了对产品质量监督抽查和打假治劣工作的宣传力度，得到社会各界的广泛支持。三是按照对产品质量实行分类管理的思路，加强对重要产品的质量监控，进一步提高监督工作的有效性。四是加强了对烟花爆竹产品的监督力度，得到各方面高度重视。

6. 加强技术基础性工作。一是加强了重点标准制修订和宣贯工作，加大了农业标准化和消灭无标生产的工作力度。二是进一步加强质量认证工作。越来越多的企业把通过质量体系和产品认证作为完善质量保证体系、提高产品质量、扩大出口的重要手段。三是积极探索计量工作服务于企业的有效途径。在全面启动计量工作“390”计量的同时，以加强法制计量监督管理为重点，以推动企业完善计量检测体系为手段，向计量要效益。四是开展新一轮质量培训。这项工作受到了广大企业和有关部门的普遍欢迎。五是积极配合有关部门，加强质量监督，做好关闭质量低劣“五小”企业工作。

7. 坚持把打假放在突出位置来抓。2000年年初，对全系统提出了围绕“三重一大”深入开展打假斗争的要求。到国务院组织开展联合打假行动之前，重点抓了以下几个方面：一是按照抓好“三重一大”的要求，集中力量狠抓大案要案。在调查摸底的基础上，作出了狠抓10类重点商品、10个重点市场和30个重点区域的打假工作的具体部署，现在各级质量技术监督部门正认真落实。二是组织实施以“五子”商品为重点的市场商品大检查。通过查处一批不合格商品并予集中曝光，起到了引导消费、扶优治劣的作用。三是开展了打击假冒伪劣钢材、农资、汽车配件、燃气用具的专项打假斗争。四是加大了无证生产和销售产品的查处力度。在打假工作中形成的上述作法和经验，得到了国务院领导的肯定和社会的广泛支持，也为全国打假联合行动做了组织形式、工作方法等方面的准备。

8. 进一步加强了生产许可证的统一管理。统一由省局受理，统一收费，统一发证程序，统一发证，统一查处。全年启动了民爆器材等10多类产品的换（发）证工作，对内燃机等100多类产品进行了补证。全年共发证书3 290张。

9. 继续在全国范围内开展“质量月”、“质量万里行”、“3·15保护消费者权益日”、“百城万店无假货”、“青少年维权岗”、“用户满意工程”等活动，增强广大消费者的质量法制观念，促进全民质量意识的提高。进一步推动质量兴市工作，促进地方经济健康发展，召开了全国部分地区质量兴市工作座谈会。

10. 稳步推进工程设备监理工作。在《协调建立工程设备监理制度的方案》的框架范围内，由质量司牵头，政法宣教司、人事劳动司等单位参与，完成了《设备监理管理暂行办法》（征求意见稿）、《工程设备监理机构资格管理办法》（讨论稿）、《工程设备监理工程师执业资格制度暂行规定》（讨论稿）的起草工作，并已征求了国务院有关部门和局内有关司的意见，目前正在征求国家经济贸易委员会的意见，争取由国家质量技术监督局、国家发展计划委员会和国家经济贸易委员会三家联合发文，实质性地推进设备工程监理工作。

11. 贯彻“三包”规定，拓展“三包”产品范围。2000年我局对委托给信息产业部移动通信设备质量检测中心草拟的《移动电话机修理更换退货责任规定》、《固定电话机修理更换退货责任规定》，委托给国家广播电视产品质量监督检验中心草拟的《家用视听商品修理更换退货责任规定》，委托给中国电子质协和中国计算机用户协会草拟的《微型计算机商品修理更换退货责任规定》组织有关生产、销售和维修企业进行了认真的研讨，召开了一系列专题会。年内国家局与国家工商局、信息产业部共同完成了移动电话机、固定电话机、家用微型计算机和家用视听产品修理更换退货责任规定的专家论证会，广泛听取了各方面的意见，对文件进行了反复修改，为上述规定的顺利出台奠定了基础。

12. 建立适合我国国情的缺陷产品管理制度。根据2000年9月，日本三菱汽车公司因在我国境内销售的汽车有缺陷而采取“召回”行动，并主动向国家局汇报一事，结合国内出现缺陷产品尚无有效管理制度的状况，认为，在我国建立缺陷产品管理制度非常必要。经初步思考，认为，缺陷产品管理制度可以理解为由质量监督部门在内的有关部门依据法律监督、管理不符合保障人体健康和人身、财产安全标准和要求的缺陷产品的生产者，使其对成批量生产并投放到市场的，有设计、制造缺陷的产品进行收回和改造，维护公平竞争的市场秩序，避免用户、消费者的合法权益受到大范围危害的制度。建立这个制度将有助于提高政府对质量管理的有效性。为此国家局于年内在科技部申请了《缺陷产品管理制度研究》国家软科学研究课题，并委托人民大学法学院牵头研究。

13. 筹备质量专业资格考试工作。为了提高质量专业人员素质、加强质量队伍建设，国家人事部和国家质量技术监督局联合发文，决定从2001年1月1日起，对质量专业技术人员实行全国统一的职业资格考试制度。2000年主要起草了《质量专业技术资格考试暂行规定》和《质量专业技术资格考试实施办法》，翻译了美国质量工程师、质量技术员考试大纲，组织专家编写了《初、中级质量专业技术资格考试大纲》(草稿)。

# 质　量　立　市

质量立市活动是随着我国社会主义市场经济体制的逐步建立和完善，部分地区在推动地方经济发展的过程中，结合本地区经济和社会发展的实际，由当地政府组织开展的以提高质量整体水平、促进地方经济发展为主要内容的战略性措施。由于开展此项活动的地区既有市，也有县，有的地方称作“兴市”，有的地方称作“立市”，所以这里“质量立市”是一个统称。

全国最先开展质量立市活动的城市是浙江省温州市。改革开放以后，温州市被国务院确定为全国第一批沿海开放城市之一。在经过了十几年的温州人称之为“第一次创业”的经济快速增长期之后，一方面温州经济在总量上得到了极大的发展，另一方面也出现了产品质量低劣、制售假冒伪劣产品的严重局面，在全国产生了恶劣影响，使温州经济的发展面临着严峻的挑战。面对新的形势和挑战，温州人进行了认真、冷静的反思。在痛定思痛之后，温州市委、市政府于1993年下半年提出了质量立市工程，市政府还为此成立了领导小组。

1994年10月7日，温州市八届人大常委会九次会议审议通过了市政府提交审议的《温州市质量立市实施办法》。1995年2月14日，原国家技术监督局向全国转发了温州市人大颁布的《温州市质量立市实施办法》。

此后，全国陆续有许多地方为了提高质量水平，促进地方经济发展，纷纷借鉴温州的做法，开展了质量立市活动。截止到2000年底，全国约有85个市、县开展了质量立市活动。

为总结、交流近年来全国各地开展质量立市活动的情况和经验，推动质量立市活动在全国更加深入、广泛地开展，国家质量技术监督局于2000年8月8日至10日在温州市召开了“全国部分地区质量立市工作座谈会”。来自全国27个开展质量立市活动的市(县)政府主管市(县)长、质量技术监督局局长及11个省质量技术监督局质量处处长参加了会议。国家质量技术监督局王秦平副局长在会议开幕时作了重要讲话。浙江省温州市及开化县、吉林省四平市、河北省高碑店市、辽宁省瓦房店市、福建省福清市、河南省新乡市及巩义市、山东省即墨市、湖北省枣阳市、安徽省界首市、江苏省江阴市等12个市(县)在会议上进行了交流发言，全体代表还讨论修改了《国家质量技术监督局关于推动质量立市活动的若干意见(讨论稿)》。

会议总结和交流了自1993年温州市在全国率先开展质量立市活动7年来，全国开展质量立市活动的基本情况和取得的经验。与会代表一致认为，全国开展质量立市活动7年来的实践表明，质量立市活动是我国区域经济发展进程中，具有积极意义的质量振兴活动，是提高地区质量水平、促进地区经济发展的有效途径。随着我国社会主义市场经济体制基本框架的初步建立，市场供求关系发生了根本性变化，经济结构正面临重大调整的关键时期，质量正是主攻方向。大力推动质量立市活动在全国更加深入、广泛地开展，对增强全民质量意识，遏制假冒伪劣产品泛滥，建立优胜劣汰、公平竞争的市场环境，对提高区域经济发展的质量和效益，促进我国质量整体水平的提高，都具有重要的意义。希望已开展质量立市活动的地方认真总结经验，深入开展下去，全国其他地区学习开展质量立市活动地方的经验和作法，结合各自地方的实际，开展质量立市活动。

会议还分析了质量立市活动近年来在全国许多地方兴起的原因。首先是因为国务院颁布的《质量振兴纲要》提出了“质量振兴是全民族的事业”的要求，促使许多地方开展了质量立市活动；二是党中央、国务院提出我国经济的发展要实现两个根本性的转变，许多地方意识到必须以提高质量的总体水平来保证经济的增长；三是各地方为迎接我国加入世贸组织而进行战略准备，大力推进质量振兴事业正是必须考虑的战略问题。

与会代表希望国家质量技术监督局尽快向全国印发《国家质量技术监督局关于推动质量立市活动的若干意见》，并在适当的时候，表彰一批开展质量立市活动先进的市(县)。

质量立市活动的开展，促进了地方质量水平的提高，给地方经济的振兴带来了巨大活力。今后还会有更多的地方相继开展质量立市活动，以振兴地方经济，进而促进我国国民经济的整体发展。

# 名　牌　战　略

2000年的名牌战略推进工作主要有以下几项：一是对最近几年全国各省市自治区名牌工作的情况进行了摸底调查，通过分析汇总，掌握了最近几年全国各地开展名牌工作的情况；二是反复进行了“中国名牌产品推进管理办法”的修改工作，并形成了讨论稿；三是反复进行了“关于中国名牌产品推进管理办法的说明”的修改工作；四是设计出了“中国名牌产品”的评价指标体系；五是经过调查了解，做好了“名牌产品上网”的准备工作；六是通过发函催办，掌握了50多个部门参加“中国名牌战略推进工作委员会”人员名单，为成立中国名牌战略推进工作委员会做好了准备。

从对全国实施名牌战略情况的调查摸底情况看，自1996年国务院颁布《质量振兴纲要》中提出“实施名牌战略”以来，我国所有的省市自治区都成立了名牌战略领导小组或者类似的组织，不少省是由主管副省长牵头，依据1997年国家经贸委和国家技术监督局联合发出的《关于推动企业创名牌产品的若干意见》，组织开展了以产品实物质量、市场占有率、质量管理和质量保证等为主要指标、以名牌产品认定、推荐为主要内容的名牌战略实施工作。到2000年初，全国各省市自治区共认定、推荐省级名牌产品5 848个，名牌战略的实施，取得了一定的成效，主要表现一是推动了企业开展创名牌产品的活动，有力地促进了企业管理水平和产品质量的提高，名牌产品的竞争力不断增强；二是实施名牌战略成了地方经济腾飞的突破口；三是促进了资源的优化配置。

调查中也发现了一些很好的思路和做法，如湖北省在实施精品名牌战略过程中提出的“三个一批”（“巩固和发展一批”，“迅速壮大一批”，“发展储备一批”）的思路；天津、河北、北京等地的政策倾斜，对名牌开作和名牌产品给予资金支持；河北省围绕发展名牌产品强化技术改造；新疆提出“培育新疆特色”；河北、浙江、福建等省提出农业名牌战略，促进农业生产发展等等。

此外，为贯彻落实1999年9月初国务院领导关于进一步推进名牌战略实施的指示精神，我们进行了《中国名牌产品评价管理试行办法》的起草和反复修改工作，并与有关部门反复协商筹备成立中国名牌战略推进委员会。

# 表彰先进

根据《中华人民共和国产品质量法》第六条“对产品质量管理先进和产品质量达到国际先进水平、成绩显著的单位和个人，给予奖励”的规定，以及《国务院关于进一步加强产品质量工作若干问题的决定》中关于“要不断总结、推广质量管理的先进经验，表彰质量管理先进企业和个人”的要求，国家质量技术监督局于2000年6月发出通知，决定于2000年质量月（9月份）期间，在全国范围内表彰和宣传一批自1996年国务院颁布《质量振兴纲要》以来，在质量管理方面成绩显著的企业、在企业的质量管理工作中取得优异成绩的质量工作者和为我国质量管理做出突出贡献的专家、学者，以弘扬他们的先进质量管理经验和事迹，进一步调动广大企业及社会各方面积极参与我国质量振兴事业的积极性，提高我国的质量管理水平，更好地贯彻落实《质量振兴纲要》和《国务院关于进一步加强产品质量工作若干问题的决定》提出的奋斗目标和要求。

经各地方、各行业选拔、推荐和评审委员会专家的认真评审，并送中央企业工委、监察部、审计署、工商局、税务局、国务院稽查特派员总署审查，国家质量技术监督局于2000年8月作出决定，授予北京北开电气股份有限公司等254个企业“2000年全国质量管理先进企业”荣誉称号，授予杜国盛等474名个人“2000年全国质量管理先进工作者”荣誉称号，授予袁宝华等59名知名质量管理专家“2000年全国质量管理突出贡献奖”荣誉称号，并于9月1日在北京隆重召开千人大会，向受表彰的企业和个人代表颁发了奖牌和证书。

国家质量技术监督局在表彰决定中号召全国广大企业及质量工作者，以受到表彰的质量管理先进企业及个人为榜样，学习他们扎扎实实狠抓企业质量管理的做法和先进的质量管理经验，学习他们爱岗敬业、为质量工作无私奉献的作风，学习他们努力钻研、在质量管理的理论和实践中不断开拓创新的精神，为全面贯彻落实国务院《质量振兴纲要》和《国务院关于进一步加强产品质量工作若干问题的决定》提出的各项任务和目标，为进一步提高我国和质量水平，把我国的质量振兴事业不断推向前进而共同努力！

**2000年全国质量管理先进企业名单**

（以行政区划为序，排名不分先后）

| 企业名称 | 地区 | 企业名称 | 地区 |
|---|---|---|---|
| 北京北开电气股份有限公司 | 北京 | 天津钢管公司 | 天津 |
| 中国北京同仁堂集团公司 | 北京 | 天津汽车夏利股份有限公司 | 天津 |
| 北京燕京啤酒集团公司 | 北京 | 天津港务局 | 天津 |
| 北京吉乐电子集团有限公司 | 北京 | 天津劝业华联集团有限公司 | 天津 |
| 北京建筑材料集团有限责任公司 | 北京 | 天津药业有限公司 | 天津 |
| 时代集团公司 | 北京 | 天津滨江集团有限公司 | 天津 |
| 北京市西单商场股份有限公司 | 北京 | 海洋石油工程股份有限公司 | 天津 |
| 北京市液化石油气公司第一管理所呼家楼供应站 | 北京 | 邯郸钢铁集团有限责任公司 | 河北 |
| | | 石家庄三鹿集团股份有限公司 | 河北 |
| 公安部第一研究所 | 北京 | 宣化工程机械集团有限公司 | 河北 |
| 大通国际运输有限公司 | 北京 | 保定金风帆蓄电池有限公司 | 河北 |
| 中国航天科技集团公司第一研究院 | 北京 | 唐山陶瓷股份有限公司 | 河北 |
| 联想北京有限公司 | 北京 | 保定百货大楼 | 河北 |
| 北京铁路局 | 北京 | 河北沧州交通运输集团有限公司 | 河北 |
| 北京第一机床厂 | 北京 | 中国耀华玻璃集团公司 | 河北 |
| 资生堂丽源化妆品有限公司 | 北京 | 新兴铸管股份有限公司 | 河北 |

续表

| 企 业 名 称 | 地 区 | 企 业 名 称 | 地 区 |
|---|---|---|---|
| 山西太原钢铁集团有限公司 | 山西 | 上海市第一百货商店股份有限公司 | 上海 |
| 天脊煤化工集团有限公司 | 山西 | 大众交通集团股份有限公司大众出租汽车公司 | 上海 |
| 山西焦化集团有限公司 | 山西 | 沪东造船厂 | 上海 |
| 山西杏花村汾酒集团公司 | 山西 | 上海铁路局 | 上海 |
| 太原五一百货集团股份有限公司 | 山西 | 宝山钢铁股份有限公司 | 上海 |
| 晋城矿务局 | 山西 | 上海市燃料总公司 | 上海 |
| 内蒙古鄂尔多斯集团公司 | 内蒙古 | 上海新亚集团有限公司 | 上海 |
| 内蒙古伊利实业集团股份有限公司 | 内蒙古 | 上海烟草集团公司 | 上海 |
| 内蒙古仕奇集团有限责任公司 | 内蒙古 | 江苏春兰电器有限公司 | 江苏 |
| 内蒙古第一机械制造集团有限公司 | 内蒙古 | 无锡小天鹅股份有限公司 | 江苏 |
| 中国航天机电集团固体火箭发动机技术研究院 | 内蒙古 | 常柴股份有限公司 | 江苏 |
| 包头华资实业股份有限公司 | 内蒙古 | 连云港康缘制药有限责任公司 | 江苏 |
| 招商银行沈阳分行 | 辽宁 | 江苏双沟酒业集团有限公司 | 江苏 |
| 沈阳飞机工业集团有限公司 | 辽宁 | 淮阴卷烟厂 | 江苏 |
| 大连三洋制冷有限公司 | 辽宁 | 江苏索普集团有限公司 | 江苏 |
| 瓦房店轴承集团有限责任公司 | 辽宁 | 苏州飞利浦消费电子有限公司 | 江苏 |
| 营口冠华胶印机有限公司 | 辽宁 | 江苏省港航集团徐州港务管理局 | 江苏 |
| 辽宁华锦化工集团有限责任公司 | 辽宁 | 江苏江动集团有限公司 | 江苏 |
| 凌源钢铁集团有限责任公司 | 辽宁 | 扬州电信局 | 江苏 |
| 大连造船厂 | 辽宁 | 中国核工业华兴建设公司 | 江苏 |
| 丹东恒星泵业有限公司 | 辽宁 | 江苏新科电子集团公司 | 江苏 |
| 沈阳第一机床厂 | 辽宁 | 江苏大圣集团有限公司 | 江苏 |
| 大连市邮政局 | 辽宁 | 江苏亚太泵业集团公司 | 江苏 |
| 大连电业局 | 辽宁 | 无锡锅炉厂 | 江苏 |
| 中国第一汽车集团公司 | 吉林 | 江苏康博集团股份有限公司 | 江苏 |
| 中国石油天然气股份有限公司吉林石化分公司 | 吉林 | 杭州钢铁集团公司 | 浙江 |
| 吉林化纤集团有限责任公司 | 吉林 | 浙江三狮水泥股份有限公司 | 浙江 |
| 吉林敖东药业集团股份有限公司 | 吉林 | 巨化集团公司 | 浙江 |
| 长春市邮政局 | 吉林 | 万向集团公司 | 浙江 |
| 牡丹江恒丰纸业集团有限责任公司 | 黑龙江 | 德力西集团公司 | 浙江 |
| 哈尔滨红光锅炉集团公司 | 黑龙江 | 正泰集团公司 | 浙江 |
| 约翰·迪尔佳联收获机械有限公司 | 黑龙江 | 杭州娃哈哈集团有限公司 | 浙江 |
| 黑龙江省完达山企业集团乳品有限公司 | 黑龙江 | 茉织华实业集团有限公司 | 浙江 |
| 哈药集团有限公司 | 黑龙江 | 宁波波导股份有限公司 | 浙江 |
| 黑龙江金亚纺织集团有限公司 | 黑龙江 | 浙江钱江摩托车集团有限公司 | 浙江 |
| 中国石油天然气股份有限公司大庆石化分公司 | 黑龙江 | 浙江恒逸集团有限公司 | 浙江 |
| 哈尔滨东安发动机集团有限公司 | 黑龙江 | 镇海石油化工股份有限公司 | 浙江 |
| 大庆石油管理局 | 黑龙江 | 合肥荣事达洗衣机有限公司 | 安徽 |
| 上海航天设备制造总厂 | 上海 | 安徽古井贡酒股份有限公司 | 安徽 |
| 上海市第四建筑有限公司 | 上海 | 安徽商之都有限责任公司 | 安徽 |
| 上海福克斯波罗有限公司 | 上海 | 安徽铜都铜业股份有限公司金昌冶炼厂 | 安徽 |
| 上海三菱电梯有限公司 | 上海 | 安徽全柴动力股份有限公司 | 安徽 |
| 江南造船集团有限责任公司 | 上海 | 安徽水利建筑工程总公司 | 安徽 |
| 上海日立电器有限公司 | 上海 | 安徽新华印刷厂 | 安徽 |
| 上海旭电子玻璃有限公司 | 上海 | 安徽叉车集团公司 | 安徽 |
| 上海汽车股份有限公司汽车齿轮总厂 | 上海 | 合肥美菱股份有限公司 | 安徽 |
| 上海丝绸集团有限公司 | 上海 | 安徽海螺集团有限责任公司 | 安徽 |

续表

| 企业名称 | 地区 | 企业名称 | 地区 |
|---|---|---|---|
| 冠捷电子福建有限公司 | 福建 | 中国建筑第三工程局第一建筑安装工程公司 | 湖北 |
| 厦门航空有限公司 | 福建 | 湖北金龙泉啤酒有限公司 | 湖北 |
| 福州人造板厂 | 福建 | 湖北福星科技股份有限公司 | 湖北 |
| 福建省惠泉啤酒集团股份有限公司 | 福建 | 武汉健民药业集团股份有限公司 | 湖北 |
| 福建南平南孚电池有限公司 | 福建 | 武汉钢铁集团公司 | 湖北 |
| 福建移动通信有限责任公司 | 福建 | 湖北双环化工集团有限公司 | 湖北 |
| 福建龙溪轴承股份有限公司 | 福建 | 湖南韶峰水泥集团有限公司 | 湖南 |
| 福建水泥股份有限公司建福水泥厂 | 福建 | 株洲冶炼厂 | 湖南 |
| 厦门市邮政局 | 福建 | 湖南省岳阳纸业集团有限责任公司 | 湖南 |
| 江西凤凰光学仪器(集团)有限公司 | 江西 | 核工业湖南无纺布厂 | 湖南 |
| 昌河飞机工业(集团)有限责任公司 | 江西 | 湖南中太高新材料股份有限公司 | 湖南 |
| 南昌铁路局工程总公司 | 江西 | 湖南计算机股份有限公司 | 湖南 |
| 江西临川酒厂 | 江西 | 广东科龙电器股份有限公司 | 广东 |
| 海尔集团公司 | 山东 | 康佳集团股份有限公司 | 广东 |
| 海信集团公司 | 山东 | 广东风华高新科技集团有限公司 | 广东 |
| 青岛啤酒股份有限公司 | 山东 | TCL 王牌电器惠州有限公司 | 广东 |
| 山东小鸭集团有限责任公司 | 山东 | 广州友谊商店股份有限公司 | 广东 |
| 山东鲁抗医药集团有限公司 | 山东 | 广东坚美铝型材厂 | 广东 |
| 烟台张裕集团有限公司 | 山东 | 顺德市万和企业集团有限公司 | 广东 |
| 潍坊亚星集团有限公司 | 山东 | 广州铁路集团羊城铁路总公司 | 广东 |
| 济南四建集团有限责任公司 | 山东 | 深圳机场集团公司 | 广东 |
| 三联家电总公司 | 山东 | 珠海市电信局 | 广东 |
| 山东鲁能泰山电缆股份有限公司 | 山东 | 中山市邮政局 | 广东 |
| 青岛港务局 | 山东 | 深圳锦绣中华发展有限公司 | 广东 |
| 青岛海景花园大酒店 | 山东 | 深圳市华为电气技术有限公司 | 广东 |
| 中国石化集团胜利石油管理局 | 山东 | 深圳华侨城旅游度假区 | 广东 |
| 兖矿集团有限公司 | 山东 | 深圳航空公司 | 广东 |
| 淄博矿务局 | 山东 | 广州飞机维修工程有限公司 | 广东 |
| 山东电力集团公司 | 山东 | 广东省吉荣空调设备公司 | 广东 |
| 山东常林机械集团股份有限公司 | 山东 | 珠海经济特区红塔仁恒纸业有限公司 | 广东 |
| 河南新飞电器有限公司 | 河南 | 广西柳州钢铁集团公司 | 广西 |
| 河南省莲花味精集团有限公司 | 河南 | 平果铝业公司 | 广西 |
| 河南华英禽业集团股份有限公司 | 河南 | 桂林漓泉股份有限公司 | 广西 |
| 许继集团有限公司 | 河南 | 广西玉柴机器股份有限公司 | 广西 |
| 河南安阳彩色显像管玻壳有限公司 | 河南 | 广西百姓南方食品有限公司 | 广西 |
| 中国神马集团有限责任公司 | 河南 | 海南富岛化工有限公司 | 海南 |
| 河南省漯河市双汇实业集团有限责任公司 | 河南 | 庆铃汽车集团有限公司 | 重庆 |
| 河南仰韶集团 | 河南 | 重庆宗申摩托车科技集团有限公司 | 重庆 |
| 河南金雀电气股份有限公司 | 河南 | 太极集团有限公司 | 重庆 |
| 安阳钢铁集团有限责任公司 | 河南 | 重庆港口管理局 | 重庆 |
| 水利部小浪底水利枢纽建设管理局 | 河南 | 重庆百货大楼股份有限公司 | 重庆 |
| 河南邦杰集团有限公司 | 河南 | 中国石化集团四川维尼纶厂 | 重庆 |
| 中国洛阳浮法玻璃集团有限责任公司 | 河南 | 长安汽车集团有限责任公司 | 重庆 |
| 神龙汽车有限公司 | 湖北 | 四川长虹电器股份有限公司 | 四川 |
| 东风汽车公司 | 湖北 | 四川省宜宾五粮液集团有限公司 | 四川 |
| 武汉凌云集团有限责任公司 | 湖北 | 四川剑南春集团有限责任公司 | 四川 |
| 江汉石油管理局 | 湖北 | 成都地奥制药集团有限公司 | 四川 |

续表

| 企业名称 | 地区 | 企业名称 | 地区 |
|---|---|---|---|
| 攀枝花钢铁集团公司 | 四川 | 西安饮食服务集团股份有限公司西安饭庄 | 陕西 |
| 成都彩虹电器集团股份有限公司 | 四川 | 宝鸡卷烟厂 | 陕西 |
| 自贡硬质合金有限责任公司 | 四川 | 宝鸡桥梁厂 | 陕西 |
| 四川锦华股份有限公司 | 四川 | 陕西省水电工程局 | 陕西 |
| 四川双马水泥集团有限公司 | 四川 | 路桥集团第二公路工程局 | 陕西 |
| 自贡鸿鹤化工股份有限公司 | 四川 | 西安高压开关厂 | 陕西 |
| 国营八一二厂 | 四川 | 中国石油天然气股份有限公司兰州炼化分公司 | 甘肃 |
| 贵州茅台酒股份有限公司 | 贵州 | 酒泉钢铁集团有限责任公司 | 甘肃 |
| 贵州铝厂 | 贵州 | 兰州黄河啤酒有限公司 | 甘肃 |
| 贵州赤天化集团有限责任公司 | 贵州 | 青海铝业有限责任公司 | 青海 |
| 昆明卷烟厂 | 云南 | 西宁特殊钢集团有限责任公司 | 青海 |
| 云南白药集团股份有限公司 | 云南 | 夏进乳品饮料有限公司 | 宁夏 |
| 云南变压器有限责任公司 | 云南 | 中国石油天然气股份有限公司宁夏石化分公司 | 宁夏 |
| 昆明钢铁集团有限责任公司 | 云南 | 新疆八一钢铁集团有限责任公司 | 新疆 |
| 昆明百货大楼集团股份有限公司 | 云南 | 新疆特变电工股份有限公司 | 新疆 |
| 玉溪红塔烟草集团有限责任公司 | 云南 | 新疆伊力特实业股份有限公司 | 新疆 |
| 西藏自治区藏药厂 | 西藏 | 新疆友好集团股份有限公司天山百货大楼 | 新疆 |
| 西安飞机工业集团有限责任公司 | 陕西 | 新疆阿克苏青松建材化工总厂 | 新疆 |
| 西安印钞厂 | 陕西 | | |

**2000年全国质量管理先进工作者名单**

（以行政区划为序，排名不分先后）

| 姓名 | 单位及职务 | 地区 | 姓名 | 单位及职务 | 地区 |
|---|---|---|---|---|---|
| 杜国盛 | 中国石化集团北京燕山石油化工有限公司总经理 | 北京 | 许达哲 | 中国航天科技集团公司第一研究院院长 | 北京 |
| | | | 徐福祥 | 中国航天科技集团公司第五研究院院长 | 北京 |
| 殷顺海 | 中国北京同仁堂集团公司董事长 | 北京 | 赵以篪 | 中国核工业第二三建设公司质保经理 | 北京 |
| 杜　斌 | 北京市三露厂厂长 | 北京 | 陈荆民 | 国营华北光学仪器厂厂长 | 北京 |
| 金洪山 | 北京光学仪器厂厂长 | 北京 | 蔡淑华 | 中国航天机电集团第三研究院科技委YJ－85总设计师 | 北京 |
| 吕德增 | 北京北开电气股份有限公司技术质量部技术总监 | 北京 | | | |
| | | | 陈树林 | 中铁第十六工程局局长 | 北京 |
| 王治祥 | 北京天坛家具公司总工程师 | 北京 | 刘怀远 | 中国港湾建设(集团)总公司总裁 | 北京 |
| 漆小瑾 | 北京铜牛针织集团有限责任公司总工程师 | 北京 | 王小娟 | 北京京瑞大厦总经理 | 北京 |
| 倪众勤 | 北京华盾塑料公司总经理 | 北京 | 张学仁 | 中国国际航空公司副总裁 | 北京 |
| 王春利 | 北京莱市口百货股份有限公司副总经理 | 北京 | 鲍　磊 | 国家钢铁产品质量监督检验中心副主任 | 北京 |
| 张功焰 | 首钢总公司副总工程师 | 北京 | 李同成 | 中国有色金属工业标准计量质量研究所高级工程师 | 北京 |
| 董惠英 | 北京兆维电子(集团)有限责任公司质量保证部经理 | 北京 | | | |
| | | | 愧克功 | 中国华电电站装备工程(集团)总公司副总工程师 | 北京 |
| 穆　亮 | 北京王致和食品集团有限公司王致和食品厂厂长 | 北京 | | | |
| | | | 管学斌 | 天津光电通信公司总工程师 | 天津 |
| 王海林 | 北京市邮政管理局东区邮电局局长 | 北京 | 黄毅梅 | 天津华联商厦股份有限公司副总经理 | 天津 |
| 韩长增 | 北京市公共交通总公司第三保修分公司经理 | 北京 | 岳增世 | 天津滨江集团有限公司董事长 | 天津 |
| | | | 徐　宏 | 天津劝业场(集团)股份有限公司副总经理 | 天津 |
| 刘　钢 | 北京一轻集团有限责任公司技术开发部处长 | 北京 | | | |
| | | | 张　英 | 天津市旅游局企业管理处主任科员 | 天津 |
| 陈　华 | 北京第三制药厂质量保证部部长 | 北京 | 高存德 | 中法合营王朝葡萄酿酒有限公司总经理 | 天津 |
| 马建忠 | 北京金辰西科尼安全印务有限公司常务副总经理 | 北京 | 熊必琪 | 天津灯塔涂料股份有限公司总经理 | 天津 |
| | | | 姜宏儒 | 天津市交通委员会安全质量处主任科员 | 天津 |
| 尹佐周 | 公安部第一研究所质量管理处处长 | 北京 | 梁玉树 | 天津蓝天集团有限责任公司总经理 | 天津 |

续表

| 姓名 | 单位及职务 | 地区 |
|---|---|---|
| 徐庆有 | 天津泵业机械集团有限公司董事长 | 天津 |
| 禄大新 | 天津市中环半导体有限公司总经理 | 天津 |
| 李景春 | 中国人民解放军第三五二二工厂厂长 | 天津 |
| 刘玉明 | 中国船舶重工集团公司第七研究院七〇七研究所质量处处长 | 天津 |
| 李庆云 | 天津环渤海建筑材料中心批发市场总经理 | 天津 |
| 解春贵 | 大港油田集团有限责任公司总经理助理 | 天津 |
| 王惠平 | 中国海洋石油渤海公司综合协调部工程师 | 天津 |
| 宋福春 | 中国人民解放军第三五二六工厂厂长 | 天津 |
| 李建昭 | 华北制药股份有限公司副总经理 | 河北 |
| 田文华 | 石家庄三鹿集团股份有限公司董事长 | 河北 |
| 王一芳 | 邯郸钢铁集团有限责任公司副总经理 | 河北 |
| 李振江 | 石家庄神威药业股份有限公司董事长 | 河北 |
| 万铁锁 | 保定金风帆蓄电池有限公司质量保证部经理 | 河北 |
| 王建军 | 宣化工程机械集团有限公司总经理 | 河北 |
| 安路勤 | 北京铁路局石家庄铁路分局局长 | 河北 |
| 张　济 | 河北石油集团有限责任公司企业管理处副处长 | 河北 |
| 崔　伟 | 保定百货大楼董事长 | 河北 |
| 吴志伟 | 中国银行清苑支行副行长 | 河北 |
| 李庆江 | 河北晶牛集团有限责任公司副总经理 | 河北 |
| 曹永堂 | 河北沧州交通运输集团有限公司董事长 | 河北 |
| 赵永祥 | 石家庄市邮政局局长 | 河北 |
| 褚丽丽 | 河北省电力公司河北电力质量管理协会副秘书长 | 河北 |
| 何东颖 | 唐山钢铁股份有限公司质量管理处处长 | 河北 |
| 郭　东 | 华北石油管理局第一机械厂副厂长 | 河北 |
| 李世奇 | 河北旭日集团有限责任公司工业科技部部长 | 河北 |
| 王新华 | 唐山陶瓷集团卫陶有限公司副总经理 | 河北 |
| 高大彩 | 石家庄宝石电子集团公司元件厂厂长 | 河北 |
| 曹建军 | 遵化中国国际旅行社总经理 | 河北 |
| 刘世宏 | 中国耀华玻璃集团公司工会主席 | 河北 |
| 宓振军 | 唐山冀东水泥股份有限公司质量检验处处长 | 河北 |
| 刘海山 | 石家庄市邮政局副局长 | 河北 |
| 王　顺 | 河北沧州大化集团有限责任公司副总经理 | 河北 |
| 鲍利民 | 中国乐凯胶片公司质量处处长 | 河北 |
| 钟亚平 | 开滦(集团)有限责任公司总经理 | 河北 |
| 李德身 | 山西质量认证审核中心主任 | 山西 |
| 原崇乐 | 山西省质量管理协会秘书长 | 山西 |
| 申福昌 | 太原重型机械(集团)有限公司油膜轴承分公司经理 | 山西 |
| 白玉龙 | 山西云冈水泥集团有限公司总经理 | 山西 |
| 幸建国 | 山西大同齿轮集团有限责任公司总质量师 | 山西 |
| 张能虎 | 山西煤电(集团)有限责任公司官地矿矿长 | 山西 |
| 仝立祥 | 山西三维集团股份有限公司总经理 | 山西 |
| 宋祥贵 | 经纬纺织机械股份有限公司质量部部长 | 山西 |
| 白杰英 | 太原天龙集团股份有限公司副总经理 | 山西 |
| 安香莲 | 太原航空仪表有限公司质量处处长 | 山西 |
| 腾玉军 | 黄河万家寨水利枢纽有限公司总经理 | 山西 |
| 连　文 | 太原钢铁(集团)有限公司全面质量管理办公室主任 | 山西 |
| 袁宗本 | 晋城矿务局局长 | 山西 |
| 郝　忠 | 潞安矿务局局长 | 山西 |
| 张　志 | 内蒙古鄂尔多斯羊绒集团公司副总裁 | 内蒙古 |
| 孙立军 | 拉尔啤酒集团有限责任公司董事长 | 内蒙古 |
| 韩效义 | 包头铝业(集团)有限责任公司技术监督处处长 | 内蒙古 |
| 张建勇 | 包头钢铁(集团)有限责任公司技术监督处处长 | 内蒙古 |
| 刘　虹 | 内蒙古鹿王羊绒(集团)公司总经理 | 内蒙古 |
| 吕　惠 | 内蒙古电力(集团)有限责任公司副总经理 | 内蒙古 |
| 李柯钦 | 招商银行沈阳分行副行长 | 辽宁 |
| 姜　君 | 一汽金杯汽车股份有限公司副总经理 | 辽宁 |
| 李方勇 | 沈阳飞机工业(集团)有限公司董事长 | 辽宁 |
| 王　东 | 大连三洋制冷有限公司总经理助理 | 辽宁 |
| 王路顺 | 瓦房店轴承集团有限责任公司董事长 | 辽宁 |
| 曲金凯 | 鞍山自控仪表(集团)股份有限公司董事长 | 辽宁 |
| 周建男 | 抚顺特殊钢(集团)有限责任公司副总工程师 | 辽宁 |
| 马东清 | 本溪钢铁(集团)有限责任公司总工程师 | 辽宁 |
| 张冯军 | 黄海汽车(集团)有限责任公司客车制造公司副董事长 | 辽宁 |
| 张广新 | 锦州凌川酒业有限责任公司董事长 | 辽宁 |
| 吴贝丽 | 阜新市梅雪集团公司总工程师 | 辽宁 |
| 刘学智 | 营口冠华胶印机有限公司总经理 | 辽宁 |
| 王及元 | 辽阳钢管有限公司总经理 | 辽宁 |
| 孙秀坤 | 辽宁华锦化工(集团)有限责任公司质量处处长 | 辽宁 |
| 郝志强 | 凌源钢铁集团有限责任公司副总经理 | 辽宁 |
| 赵凤成 | 辽宁渤海造船厂机械工程总公司总经理 | 辽宁 |
| 宋希伟 | 国家消防电子产品质量监督检验中心主任 | 辽宁 |
| 梅友敏 | 大连造船厂质量处处长 | 辽宁 |
| 于　波 | 大连海洋渔业集团公司鱼品加工厂质量管理员 | 辽宁 |
| 邹　英 | 大连市邮政局副局长 | 辽宁 |

续表

| 姓名 | 单位及职务 | 地区 |
|---|---|---|
| 王正江 | 中油辽河油田公司副经理 | 辽宁 |
| 徐建一 | 中国第一汽车集团公司副总经理 | 吉林 |
| 张兴福 | 中国石油天然气股份有限公司吉林石化分公司副经理 | 吉林 |
| 付万才 | 吉林化纤集团有限责任公司董事长 | 吉林 |
| 夏增文 | 吉林华星电子集团有限公司董事长 | 吉林 |
| 张永平 | 公主岭轴承厂厂长 | 吉林 |
| 李荣均 | 长春长岭集团有限公司总工程师办公室主任 | 吉林 |
| 高季华 | 沈阳铁路局长春铁路分局总工程师室副主任 | 吉林 |
| 李一奎 | 通化东宝实业集团公司董事长 | 吉林 |
| 李　军 | 长春百事可乐饮料有限公司副总经理 | 吉林 |
| 杨化民 | 长春客车厂质量管理处处长 | 吉林 |
| 宋德才 | 吉林省电力有限公司企业管理部工程师 | 吉林 |
| 林福奎 | 牡丹江市基业纺织有限责任公司总经理 | 黑龙江 |
| 胡振岭 | 哈尔滨空调股份有限公司总经理 | 黑龙江 |
| 张　铁 | 牡丹江镜泊啤酒有限公司总经理 | 黑龙江 |
| 赵俊杰 | 哈尔滨水泥厂厂长 | 黑龙江 |
| 刘存周 | 哈药集团有限公司董事长 | 黑龙江 |
| 马成果 | 黑龙江双锅锅炉股份有限公司董事长 | 黑龙江 |
| 赵洪俊 | 黑龙江龙涤集团有限公司副总经理 | 黑龙江 |
| 苏盛波 | 哈尔滨第三发电有限责任公司总工程师 | 黑龙江 |
| 韩　耘 | 黑龙江省生物制品一厂厂长 | 黑龙江 |
| 庄玉坤 | 哈尔滨三九龙滨酒厂厂长 | 黑龙江 |
| 陈立祥 | 黑龙江金谷大厦总经理 | 黑龙江 |
| 徐寿山 | 黑龙江新三星集团股份有限公司董事长 | 黑龙江 |
| 李树林 | 黑龙江北疆企业集团有限公司副总经理 | 黑龙江 |
| 潭瑞松 | 哈尔滨东安发动机(集团)有限公司总经理 | 黑龙江 |
| 张　波 | 北航天鹅航空有限责任公司经营管理部副经理 | 黑龙江 |
| 夏毓灼 | 上海电气(集团)总公司董事长 | 上海 |
| 胡茂元 | 上海汽车工业(集团)总公司总裁 | 上海 |
| 秦纪南 | 上海工业电度表厂有限公司总经理 | 上海 |
| 马宝发 | 上海日用—友捷汽车电气有限公司总经理 | 上海 |
| 黄勇武 | 上海红双喜冠都体育用品有限公司总经理 | 上海 |
| 范培琪 | 上海理查包装机械有限公司总经理 | 上海 |
| 徐家平 | 上海新世界股份有限公司总经理 | 上海 |
| 苏寿南 | 上海针织九厂厂长 | 上海 |
| 刘福根 | 上海汽车地毯总厂厂长 | 上海 |
| 钱　培 | 上海住总(集团)总公司副总经理 | 上海 |
| 金光辉 | 第三航务工程局第一工程公司第一分公司总工程师 | 上海 |
| 陈俊东 | 上海航天局副总质量师 | 上海 |
| 陈彬华 | 上海信谊药业有限公司副总经理 | 上海 |
| 郑平山 | 上海市住安建设发展有限公司项目经理 | 上海 |
| 赵宜正 | 上海质量管理科学研究院管理标准研究所副所长 | 上海 |
| 倪祥萍 | 上海申新巴士有限公司49路车队经理 | 上海 |
| 张建杰 | 上海高桥石油化工公司高桥化工厂苯酚车间工艺组长 | 上海 |
| 何自明 | 上海市长途汽车运输公司驾驶员 | 上海 |
| 黄银龙 | 公安部第三研究所实验工厂厂长 | 上海 |
| 陈　忠 | 沪东造船厂质量保证部副主任 | 上海 |
| 周世春 | 宝山钢铁股份有限公司技术部部长 | 上海 |
| 吕永杰 | 上海梅林正广和(集团)有限公司董事长 | 上海 |
| 高　锋 | 上海石油化工股份有限公司塑料事业部经理 | 上海 |
| 周　波 | 上海氯碱化工股份有限公司总经理 | 上海 |
| 陈开庸 | 国家电力公司华东公司总工程师 | 上海 |
| 朱德坤 | 无锡小天鹅股份有限公司董事长 | 江苏 |
| 叶有伟 | 江苏恒顺集团有限公司总经理 | 江苏 |
| 高德康 | 江苏康博集团股份有限公司总裁 | 江苏 |
| 王三太 | 江苏林海动力机械集团公司副总经理 | 江苏 |
| 张凤军 | 江苏淮钢集团有限公司副总经理 | 江苏 |
| 尚德鑫 | 常林股份有限公司总经理 | 江苏 |
| 李锁云 | 徐州重型机械厂总经理 | 江苏 |
| 王　军 | 南通醋酸纤维有限公司副总经理 | 江苏 |
| 杨延栋 | 江苏洋河集团有限公司董事长 | 江苏 |
| 陈　忠 | 江苏通裕纺织集团有限公司总经理 | 江苏 |
| 丁山华 | 江苏上上电缆集团有限公司总经理 | 江苏 |
| 李洪金 | 南京华彩特种涂料厂厂长 | 江苏 |
| 廖建生 | 南京商厦股份有限公司董事长 | 江苏 |
| 周崇华 | 江苏悦达股份有限公司盐城拖拉机厂厂长 | 江苏 |
| 王绩荣 | 苏州电信局局长 | 江苏 |
| 任桂芳 | 连云港连众玻璃钢集团有限公司董事长 | 江苏 |
| 马大元 | 江苏大圣集团有限公司棉纺分公司经理 | 江苏 |
| 沈金全 | 武进市交通建设工程总公司总经理 | 江苏 |
| 吴玉君 | 江苏法尔胜股份有限公司副总经理 | 江苏 |
| 丁瑞宽 | 上海铁路局南京铁路分局工程师 | 江苏 |
| 孙小明 | 南京熊猫电子股份有限公司熊猫电视机厂质保部经理 | 江苏 |
| 季五一 | 中国铁路机车车辆工业总公司戚墅堰机车车辆厂质检处处长 | 江苏 |
| 沈建明 | 武进液压启闭机长厂长 | 江苏 |
| 华金荣 | 无锡锅炉厂厂长 | 江苏 |
| 王盘大 | 黑牡丹(集团)股份有限公司总经理 | 江苏 |
| 曹　勇 | 中国石油化工股份有限公司仪征化纤股份公司涤纶一厂厂长 | 江苏 |
| 仇方沂 | 淮阴卷烟厂副厂长 | 江苏 |
| 张小健 | 中国人民解放军第三三零四工厂厂长 | 江苏 |
| 秦吉强 | 杭州金松集团有限公司总经理 | 浙江 |
| 林世杰 | 杭州中美华东制药有限公司副总经理 | 浙江 |
| 王盛德 | 宁波中华纸业有限公司品质部处长 | 浙江 |
| 腾增寿 | 浙江东方集团公司总经理 | 浙江 |

续表

| 姓名 | 单位及职务 | 地区 |
|---|---|---|
| 张童生 | 人本集团有限公司总裁 | 浙江 |
| 姚海滨 | 浙江天女集团有限公司副总经理 | 浙江 |
| 叶小其 | 浙江欣欣饲料股份有限公司生产技术部经理 | 浙江 |
| 洪汉民 | 浙江荣盛电器有限公司总经理 | 浙江 |
| 顾林祥 | 浙江长城线缆集团有限公司董事长 | 浙江 |
| 张道才 | 浙江三花集团公司总经理 | 浙江 |
| 金文乾 | 浙江坚峰集团股份有限公司坚峰水泥公司董事长 | 浙江 |
| 包大新 | 横店集团东磁有限公司全质办主任 | 浙江 |
| 张剑星 | 浙江虎山集团有限公司董事长 | 浙江 |
| 叶仙玉 | 星星集团有限公司董事长 | 浙江 |
| 邱绩通 | 飞跃缝纫机集团公司质量检验部部长 | 浙江 |
| 徐有其 | 浙江纳爱斯化工股份有限公司质量管理科科长 | 浙江 |
| 刘惠平 | 景宁畲族自治县奇尔茶叶有限公司副总经理 | 浙江 |
| 张顺仙 | 浙江弘生集团有限公司副总工程师 | 浙江 |
| 杜桂福 | 杭州鸿雁电器公司总经理 | 浙江 |
| 汤家孟 | 宁波公路运输(集团)总公司宁波汽车南站经理 | 浙江 |
| 朱立华 | 林海市羊岩茶厂厂长 | 浙江 |
| 罗法根 | 衢县一品红椪柑有限公司董事长 | 浙江 |
| 沈华川 | 浙江万向特种轴承有限公司总经理 | 浙江 |
| 邓汉飞 | 水利部产品质量标准研究所监理监造处副处长 | 浙江 |
| 许传金 | 浙江恒逸集团有限公司喷织分公司总经理 | 浙江 |
| 祝亚芬 | 华联纺织有限公司东后纺车间主任 | 浙江 |
| 王建军 | 杭州卷烟厂副厂长 | 浙江 |
| 华冠雄 | 安徽华茂集团有限公司董事长 | 安徽 |
| 洪理芳 | 安徽飞彩(集团)有限公司董事长 | 安徽 |
| 唐圣寿 | 安徽省巢湖铸造厂有限责任公司董事长 | 安徽 |
| 刘　昌 | 安徽省红星机械厂总质量师 | 安徽 |
| 高成义 | 芜湖合成洗涤剂总厂副总工程师 | 安徽 |
| 张　强 | 安徽沙河王酒长厂长 | 安徽 |
| 张得利 | 安徽阜阳纺织有限公司董事长 | 安徽 |
| 江继忠 | 黄山永新装饰包装材料有限公司总经理 | 安徽 |
| 杨永和 | 马鞍山钢铁股份有限公司副总工程师 | 安徽 |
| 黄学年 | 中国石化股份有限公司安庆分公司副经理 | 安徽 |
| 李荣杰 | 安徽丰厚生物化学股份有限公司董事长 | 安徽 |
| 康舒怀 | 安徽龙津啤酒厂厂长 | 安徽 |
| 武　沧 | 安徽省凤台县水泥厂副厂长 | 安徽 |
| 林生叨 | 安徽铜都铜业股份有限公司金昌冶炼厂厂长 | 安徽 |
| 高　月 | 福建龙岩喜鹊纺织有限公司副总经理 | 福建 |
| 黄悠源 | 福建横安集团有限公司生产技术部经理 | 福建 |
| 邱金锦 | 福建南纺股份有限公司总经理 | 福建 |
| 陈坤勇 | 厦门金鹭特种合金有限公司副总工程师 | 福建 |
| 王　奋 | 三明钢铁厂品质管理部经理 | 福建 |
| 张树真 | 厦门法拉电子股份有限公司副总经理 | 福建 |
| 郭瑞涵 | 福建雪津啤酒集团公司总工程师 | 福建 |
| 林焕明 | 南平电缆股份有限公司董事长 | 福建 |
| 陈允冀 | 福建省东南电化股份有限公司总经理 | 福建 |
| 郑启荣 | 福建大通机电股份有限公司总工程师 | 福建 |
| 洪坤山 | 福建紫山集团有限公司品质管理部经理 | 福建 |
| 陈少波 | 福安市闽东安波电器有限公司总经理 | 福建 |
| 赵道玲 | 福建元洪房地产有限公司工程材料部项目经理 | 福建 |
| 叶清法 | 福建惠泉啤酒集团股份有限公司副总经理 | 福建 |
| 李绥鲜 | 福建龙溪轴承股份有限公司计量检验所所长 | 福建 |
| 何光同 | 福建省水利水电勘测设计研究院副总工程师 | 福建 |
| 朱清福 | 厦门市邮政局局长 | 福建 |
| 杨灿龙 | 江西临川酒厂厂长 | 江西 |
| 黄夫高 | 江西博雅生物制药有限公司董事长 | 江西 |
| 张兆丰 | 南昌铁路局工程总公司副总工程师 | 江西 |
| 严志峻 | 江西凤凰光学仪器(集团)有限公司副总经理 | 江西 |
| 邹海清 | 江西省贵溪火力发电厂厂长 | 江西 |
| 吴祥才 | 景德镇华意电器总公司董事长 | 江西 |
| 伍　勇 | 萍乡钢铁有限责任公司技术部副主任 | 江西 |
| 汪　剑 | 南昌卷烟厂质量管理科副科长 | 江西 |
| 杨金槐 | 昌河飞机工业(集团)有限责任公司总经理 | 江西 |
| 程　斌 | 江西万年青水泥股份有限公司化验室副主任 | 江西 |
| 高玉岭 | 海信集团公司总裁助理 | 山东 |
| 鲁群生 | 青岛澳柯玛集团总公司董事长 | 山东 |
| 王志强 | 济南二机床集团有限公司总质量师 | 山东 |
| 赵德广 | 烟台东方电子信息产业集团有限公司副总裁 | 山东 |
| 丁玉华 | 三角集团有限公司董事长 | 山东 |
| 蒋　惠 | 山东如意毛纺集团有限责任公司副总经理 | 山东 |
| 张素芳 | 山东省临沂九州集团总公司副总经理 | 山东 |
| 胥玉民 | 山东鲁能泰山电缆股份有限公司总工程师 | 山东 |
| 葛　黎 | 青岛市建筑工程质量监督站站长 | 山东 |
| 尹同远 | 山东晨鸣纸业集团股份有限公司总经理 | 山东 |
| 宋文俊 | 曲阜三孔啤酒有限公司董事长 | 山东 |
| 孙龙平 | 山东博山水泵厂股份有限公司董事长 | 山东 |
| 张怀连 | 山东沂州水泥集团总公司董事长 | 山东 |
| 王延康 | 中国石化集团齐鲁石油化工公司经理 | 山东 |

续表

| 姓名 | 单位及职务 | 地区 | 姓名 | 单位及职务 | 地区 |
|---|---|---|---|---|---|
| 郭　琴 | 山东新华医药集团有限责任公司副总经理 | 山东 | 詹　宇 | 中国建筑第三工程局第四建筑安装公司总经理 | 湖北 |
| 鞠振成 | 蒙阴银麦啤酒有限公司品质管理部部长 | 山东 | 韩广恩 | 湖北省十堰市质量管理协会理事长 | 湖北 |
| 柳富林 | 威海市金猴集团有限责任公司总经理 | 山东 | 孙桂芝 | 武汉健民药业集团股份有限公司质量保证部部长 | 湖北 |
| 刘　中 | 山东华众纸业有限公司生产三车间主任 | 山东 | | | |
| 侯德云 | 临朐县电信局局长 | 山东 | 胡少玉 | 湖北省药品监督管理局质量管理处主任科员 | 湖北 |
| 战　胜 | 烟台啤酒朝日有限公司副总经理 | 山东 | | | |
| 陈玉兰 | 青岛即发集团股份有限公司董事长 | 山东 | 童东城 | 东风汽车公司副总经理 | 湖北 |
| 常德传 | 青岛港务局局长 | 山东 | 范海生 | 湖北省宜昌市质量管理协会副理事长 | 湖北 |
| 张家祥 | 齐鲁动物保健品厂厂长 | 山东 | 汪志辉 | 湖北省标准化协会秘书长 | 湖北 |
| 于元波 | 烟台冰轮集团有限公司董事长 | 山东 | 王振利 | 湖北省质量管理协会秘书长 | 湖北 |
| 徐恭藻 | 青岛利群集团股份有限公司董事长 | 山东 | 黎　力 | 湖北省乡镇企业管理局科技指导处处长 | 湖北 |
| 宋淑慧 | 青岛双星集团公司质量监督部质量总工程师 | 山东 | 高立章 | 中国三江航天集团质量部副部长 | 湖北 |
| | | | 杨树林 | 核动力运行研究所质保处处长 | 湖北 |
| 吴则智 | 兖矿集团有限公司副总经理 | 山东 | 毛社平 | 中国船舶重工集团公司第七研究院七一〇〇研究所质量处处长 | 湖北 |
| 耿加怀 | 淄博矿务局局长 | 山东 | | | |
| 邵长金 | 新乡白鹭化纤集团有限责任公司副总经理 | 河南 | 林国雄 | 铁道部大桥工程局总工程师 | 湖北 |
| | | | 刘本仁 | 武汉钢铁(集团)公司总经理 | 湖北 |
| 李瑞瑞 | 河南矛盾集团股份有限公司副总经理 | 河南 | 肖家祥 | 华新水泥股份有限公司副总经理 | 湖北 |
| 藏克兴 | 焦作制动器(集团)有限责任公司董事长 | 河南 | 阎万朝 | 中国石油天然气总公司地球物理勘探局副局长 | 湖北 |
| 熊仲春 | 中国人民解放军第三五一五工厂厂长 | 河南 | | | |
| 宋有申 | 许昌卷烟厂厂长 | 河南 | 王坤法 | 中国人民解放军第三六一一工厂厂长 | 湖北 |
| 钱胜利 | 河南四五酒厂厂长 | 河南 | 陈木林 | 武汉凌云集团有限责任公司董事长 | 湖北 |
| 孙德顺 | 河南南阳纺织集团有限公司副总经理 | 河南 | 杨德泉 | 湖南计算机股份有限公司总裁 | 湖南 |
| 杨洪武 | 河南南阳航天水泥厂副厂长 | 河南 | 李韵珍 | 湖南韶峰水泥集团有限公司董事长 | 湖南 |
| 田文敏 | 中原大化集团有限责任公司质量管理处处长 | 河南 | 曹修运 | 株洲冶炼厂副厂长 | 湖南 |
| | | | 王　祥 | 湖南省岳阳纸业集团有限责任公司总经理 | 湖南 |
| 李松武 | 河南省华中医药集团总经理 | 河南 | | | |
| 马海洋 | 河南中轴集团有限公司董事长 | 河南 | 张正华 | 核工业湖南无纺布厂厂长 | 湖南 |
| 钟卫佳 | 洛阳铜加工集团有限责任公司总工程师 | 河南 | 庞长金 | 湖南中太高新材料股份有限公司总经理 | 湖南 |
| 张泉林 | 三门峡天元铝业集团有限公司总经理 | 河南 | 杨仕承 | 湖南大乘资氮集团有限公司董事长 | 湖南 |
| 蔡新德 | 禹州市禹王水泥有限公司副总经理 | 河南 | 罗　毅 | 常德卷烟厂厂长 | 湖南 |
| 李松普 | 安阳钢铁集团有限责任公司质量监督部部长 | 河南 | 罗元一 | 湖南邵阳化纤有限责任公司副总经理 | 湖南 |
| | | | 卢　捷 | 湖南九芝堂股份有限公司副总经理 | 湖南 |
| 刘永辉 | 河南金雀电气股份有限公司企业管理部部长 | 河南 | 郭锡铎 | 湖南湘大集团有限公司副总裁 | 湖南 |
| | | | 唐儒东 | 湖南省祁东洪城水泥有限公司总经理 | 湖南 |
| 刘炳银 | 河南新飞电器有限公司董事长 | 河南 | 刘建福 | 长沙卷烟厂副厂长 | 湖南 |
| 万　隆 | 河南省漯河市双汇实业集团有限责任公司董事长 | 河南 | 陈爱国 | 中国人民解放军第7319工厂品质保证部科长 | 湖南 |
| 陈　静 | 郑州轻金属研究院(国家轻金属质检中心)主任 | 河南 | 彭青海 | 广州白云国际机场集团公司旅客服务公司经理 | 广东 |
| 王春江 | 中国石化集团中原石油勘探局副局长 | 河南 | 梁　萍 | 南方航空(集团)公司规划发展部一级职员 | 广东 |
| 黄文标 | 神龙汽车有限公司质量管理部部长 | 湖北 | | | |
| 耿保延 | 江汉石油管理局副总工程师 | 湖北 | 吴俊光 | 广州铁路集团羊城铁路总公司总经理 | 广东 |
| 袁　远 | 湖北双环化工集团有限公司企业管理部副部长 | 湖北 | 何　斯 | 广东科龙冰箱制造有限公司副总经理 | 广东 |
| | | | 吴东聚 | TCL 王牌电器(惠州)有限公司质量管理部经理助理 | 广东 |
| 韩学仲 | 湖北省电力公司总经理 | 湖北 | | | |
| 李大红 | 湖北金龙泉啤酒有限公司总经理 | 湖北 | 郭如觉 | 中山电力工业局局长 | 广东 |

续表

| 姓名 | 单位及职务 | 地区 | 姓名 | 单位及职务 | 地区 |
|---|---|---|---|---|---|
| 李立红 | 广州友谊商店股份有限公司质量跟踪站副站长 | 广东 | 尹家绪 | 长安汽车(集团)有限责任公司总经理 | 重庆 |
| 余浪琴 | 广州市广州百货大厦质量跟踪站副站长 | 广东 | 雷千红 | 建设工业(集团)有限责任公司品质保证部部长 | 重庆 |
| 王冀川 | 广州市东方宾馆股份有限公司质量管理部经理 | 广东 | 白礼西 | 太极集团有限公司董事长 | 重庆 |
| 张秀华 | 康佳集团股份有限公司电器事业部质量管理办公室主任 | 广东 | 林瑞强 | 重庆庆江机器厂总工程师 | 重庆 |
| 张宗武 | 广东省邮政局副局长 | 广东 | 王国光 | 重庆港口管理局局长 | 重庆 |
| 陈昌 | 番禺珠江钢管有限公司董事长 | 广东 | 唐民伟 | 重庆钢铁(集团)有限责任公司总经理 | 重庆 |
| 李有泉 | 广东中联电缆事业有限公司董事长 | 广东 | 陈宗云 | 重庆四维瓷业股份有限公司董事长 | 重庆 |
| 冯洪波 | 广东省番禺市电缆厂有限公司总经理 | 广东 | 张民 | 重庆华陶瓷业有限公司总裁 | 重庆 |
| 许新华 | 汕头市电信局局长 | 广东 | 邓腾江 | 建设工业(集团)有限责任公司总经理 | 重庆 |
| 杜和平 | 中国长城计算机深圳股份有限公司副总经理 | 广东 | 项进 | 中国嘉陵工业股份有限公司(集团)品质技术部副部长 | 重庆 |
| 李荫荣 | 深圳石化工业集团股份有限公司总经理 | 广东 | 田德举 | 四川剑南春集团有限责任公司董事长 | 四川 |
| 冯帆生 | 广州中药一厂副厂长 | 广东 | 刘沛龙 | 四川省宜宾五粮液集团有限公司总工程师 | 四川 |
| 杜景坤 | 佛山市电信局局长 | 广东 | 赖登烽 | 四川省成都全兴酒厂副厂长 | 四川 |
| 袁雪梅 | 深圳市中兴通讯股份有限公司网络事业部质量部部长 | 广东 | 徐维萍 | 成都彩虹电器(集团)股份有限公司全面质量管理部部长 | 四川 |
| 王友来 | 康佳集团股份有限公司副总裁 | 广东 | 王春鸣 | 四川国栋建设股份有限公司董事长 | 四川 |
| 张正清 | 广州铁路(集团)公司董事长 | 广东 | 罗泽中 | 攀枝花市新钢钒股份有限公司总经理 | 四川 |
| 严勇麟 | 广州广之旅国际旅行社股份有限公司质量管理部经理 | 广东 | 袁秀平 | 泸州老窖股份有限公司总经理 | 四川 |
| 朱江洪 | 珠海格力电器股份有限公司总经理 | 广东 | 饶庶 | 眉山车辆厂总工程师 | 四川 |
| 温祁福 | 广州酒家企业集团有限公司董事长 | 广东 | 周文瑞 | 四川川橡(集团)有限公司董事长 | 四川 |
| 庞润流 | 佛山石湾鹰牌陶瓷有限公司总经理 | 广东 | 王用武 | 四川花瑞巾被有限责任公司董事长 | 四川 |
| 陈子汉 | 中国石油南方钻井公司质量安全部工程师 | 广东 | 李家明 | 四川沱牌曲酒股份有限公司副总经理 | 四川 |
| 程趃生 | 柳州市棉纺厂厂长 | 广西 | 文秉友 | 东方锅炉(集团)股份有限公司总经理 | 四川 |
| 王世平 | 南宁手扶拖拉机厂总工程师 | 广西 | 刘德萍 | 雅安三九药业有限公司副总工程师 | 四川 |
| 林卓毅 | 广西壮族自治区南宁铝厂质量检验处处长 | 广西 | 赵仲全 | 四川嘉华企业(集团)股份有限公司董事长 | 四川 |
| 刘祖法 | 广西梧州松脂股份有限公司副总经理 | 广西 | 卿三明 | 什邡卷烟厂副厂长 | 四川 |
| 曾光安 | 广西柳工机械股份有限公司总裁 | 广西 | 杜颖 | 德阳电缆股份有限公司副总经理 | 四川 |
| 黄杰 | 广西百姓南方食品有限公司品质部经理 | 广西 | 吕松堂 | 中国航空工业第六一一研究所总质量师 | 四川 |
| 覃曾志 | 广西壮族自治区来宾迁江糖业有限责任公司副董事长 | 广西 | 陈宝山 | 国营八一二厂厂长 | 四川 |
| 吴建社 | 海南珠江物业酒店管理有限公司总经理 | 海南 | 张履中 | 中国工程物理研究院技术监督部部长 | 四川 |
| 张洪斌 | 海南通什大江南水泥厂常务副厂长 | 海南 | 陈锦 | 成都发动机(集团)有限公司副总经理 | 四川 |
| 郭开铸 | 海南欣龙无纺股份有限公司董事长 | 海南 | 杨洪高 | 拜耳(四川)动物保健有限公司质量控制部工程师 | 四川 |
| 张会发 | 海南京碧实业发展有限公司宝华海景大酒店总经理 | 海南 | 冷正旭 | 贵州铝厂总工程师 | 贵州 |
| 张晖 | 三亚南山事业发展有限公司总裁 | 海南 | 袁仁国 | 贵州茅台酒股份有限公司总经理 | 贵州 |
| 陶景寿 | 重庆康明斯发动机有限公司质量管理处高级工程师 | 重庆 | 李大学 | 贵州赤天化集团有限责任公司董事长 | 贵州 |
| 王胜利 | 中国石化集团四川维尼纶厂质量管理处处长 | 重庆 | 杨光华 | 贵州省桥梁工程总公司第三工程处处长 | 贵州 |
| 吴云 | 庆铃汽车(集团)有限公司董事长 | 重庆 | 胡正中 | 贵州钢绳(集团)有限责任公司技术质量部部长 | 贵州 |
| 廖兴德 | 重庆地维水泥有限责任公司常务副总经理 | 重庆 | 夏小辉 | 贵州益佰制药有限责任公司技术厂长 | 贵州 |
| | | | 张正明 | 国营第四三二六厂厂长 | 贵州 |
| | | | 张婴 | 昆明百货大楼(集团)股份有限公司质量管理办公室主任 | 云南 |
| | | | 张理兴 | 昆明水泥股份有限公司副总工程师 | 云南 |
| | | | 杨永忠 | 昆明云内动力股份有限公司副总经理 | 云南 |
| | | | 李云祥 | 昆明机床股份有限公司副总经理 | 云南 |

续表

| 姓名 | 单位及职务 | 地区 | 姓名 | 单位及职务 | 地区 |
|---|---|---|---|---|---|
| 王承澜 | 云南铝业股份有限公司副总工程师 | 云南 | 梁国恒 | 天水长城开关厂厂长 | 甘肃 |
| 刘保新 | 云南云天化股份有限公司技术监督部工程师 | 云南 | 王　维 | 兰州三毛纺织(集团)有限责任公司总工程师 | 甘肃 |
| 刘玉荣 | 云南瑞龙集团有限公司董事长 | 云南 | 刘恩光 | 兰州铝业股份有限公司科学技术部经理 | 甘肃 |
| 余龙仙 | 云南云峰化学工业有限公司质量检验处处长 | 云南 | 杨开明 | 酒泉钢铁(集团)有限责任公司质量管理办公室主任 | 甘肃 |
| 孔繁义 | 云南铜业股份有限公司总经理 | 云南 | 王文戈 | 兰州兰新通信设备集团有限公司总裁 | 甘肃 |
| 卢建书 | 云南曲靖塑料集团有限公司董事长 | 云南 | 郁书良 | 西宁特殊钢集团有限责任公司质量监督部部长 | 青海 |
| 丁　昆 | 云南铜业股份有限公司电解分厂厂长 | 云南 | | | |
| 荣　健 | 西藏拉萨啤酒股份有限公司总经理助理 | 西藏 | 梁英馥 | 兰州铁路局西宁铁路分局总工程师办公室副主任 | 青海 |
| 卢学浩 | 西藏拉萨水泥厂总工程师 | 西藏 | | | |
| 金志国 | 青岛啤酒西安有限责任公司总经理 | 陕西 | 伍新甫 | 宁夏有色金属冶炼厂质量处处长 | 宁夏 |
| 南泽华 | 陕西省水电工程局副总工程师 | 陕西 | 胡生伟 | 银川市邮政局调度室主任 | 宁夏 |
| 杨文玺 | 陕西省公路勘察设计院副总工程师 | 陕西 | 陈　强 | 中国石油独山子石化分公司炼油厂质量环保处处长 | 新疆 |
| 王兴无 | 陕西渭通股份有限公司董事长 | 陕西 | | | |
| 赵万库 | 中国飞行试验研究院飞行部主任 | 陕西 | 刘玉霞 | 新疆友好(集团)股份有限公司天山百货大楼质量管理科科长 | 新疆 |
| 沙张明 | 陕西省延安百货大楼董事长 | 陕西 | | | |
| 李信好 | 西安车辆厂产品质量检查处处长 | 陕西 | 刘燕秋 | 新疆广汇石材股份有限公司质量技术检验中心主任 | 新疆 |
| 杨成海 | 宝鸡卷烟厂全面质量管理办公室主任 | 陕西 | | | |
| 张新宇 | 西安饮食服务(集团)股份有限公司西安饭庄总经理助理 | 陕西 | 徐书茂 | 哈密协力纺织有限责任公司质量管理科科长 | 新疆 |
| 马秋新 | 新疆天山水泥股份有限公司总工程师 | 新疆 | 宋香才 | 新疆第一建筑工程公司高层建筑分公司经理 | 新疆 |
| 龙　平 | 国营第二一二厂副总经理 | 陕西 | | | |
| 李玉斌 | 国营第八零四厂副厂长 | 陕西 | 李永东 | 新疆友好(集团)股份有限公司友好商场质量管理科副科长 | 新疆 |
| 张天玺 | 路桥集团第二公路工程局生产管理处处长 | 陕西 | 唐　勇 | 新疆航空公司飞机维修工程部副总经理 | 新疆 |
| 刘佐礼 | 西北民航机场建设监理咨询有限责任公司经理 | 陕西 | 郭睿斌 | 新疆纺织工业厅科技质量处工程师 | 新疆 |
| 张雅林 | 西安高压开关厂厂长 | 陕西 | 李永新 | 新疆石河子八一棉纺织集团公司总工程师 | 新疆 |
| 何国信 | 西安石油勘探仪器总厂副厂长 | 陕西 | 李建国 | 新疆湖光糖厂总工程师 | 新疆 |
| 方纪才 | 中国石油天然气股份有限公司兰州炼化分公司副总经理 | 甘肃 | 成　锋 | 新疆天富热电股份有限公司董事长 | 新疆 |
| | | | 张有为 | 新疆奎屯棉纺织厂总工程师 | 新疆 |

**2000年全国质量管理突出贡献奖名单**

（以行政区划为序，排名不分先后）

| 姓名 | 单位及职务 | 地区 | 姓名 | 单位及职务 | 地区 |
|---|---|---|---|---|---|
| 袁宝华 | 中国质量管理协会原会长 | 北京 | 杨志明 | 山西省人民政府副省长 | 山西 |
| 宋季文 | 中国质量管理协会原会长 | 北京 | 梁乃刚 | 东北大学教授 | 辽宁 |
| 岳志坚 | 原国家经济委员会副主任 | 北京 | 魏学颜 | 国家汽车质量监督检验中心主任 | 吉林 |
| 盛树仁 | 原国家计划委员会副主任 | 北京 | 张维德 | 哈尔滨市经济贸易委员会主任 | 黑龙江 |
| 陆燕逊 | 原机械工业部副部长 | 北京 | 苏树林 | 大庆油田有限责任公司总经理 | 黑龙江 |
| 解艾兰 | 中国质量管理协会秘书长 | 北京 | 钱仲裘 | 上海市质量技术监督局局长 | 上海 |
| 刘源张 | 中国科学院系统研究所研究员 | 北京 | 唐晓芬 | 上海质量管理科学研究院院长 | 上海 |
| 杨文士 | 中国人民大学教授 | 北京 | 李相荣 | 上海航天局总设计师 | 上海 |
| 钱仲侯 | 北方交通大学教授 | 北京 | 蒲振英 | 江苏省质量管理协会秘书长 | 江苏 |
| 张公绪 | 北京科技大学教授 | 北京 | 韩之俊 | 南京理工大学经济管理学院院长 | 江苏 |
| 何国伟 | 原航空航天工业部质量司研究员 | 北京 | 戴备军 | 浙江省质量技术监督局局长 | 浙江 |
| 郎志正 | 北京理工大学教授 | 北京 | 陈耀东 | 浙江省质量管理协会常务副会长 | 浙江 |
| 周源泉 | 中国航天科技集团第一研究院702所研究员 | 北京 | 张巨声 | 合肥美菱股份有限公司董事长 | 安徽 |
| | | | 杜　苏 | 福州大学管理学院教授 | 福建 |
| 李学方 | 北京标准化协会会长 | 北京 | 张瑞敏 | 海尔集团公司首席执行官 | 山东 |
| 刘纪原 | 中国航天科技集团公司原总经理 | 北京 | 唐文军 | 潍坊亚星化学股份有限公司副总经理 | 山东 |
| 杨为民 | 北京航天航空大学教授 | 北京 | 徐剂超 | 郑州航空工业管理学院副院长 | 河南 |
| 刘高倬 | 中国航空工业第一集团公司总经理 | 北京 | 刘景礼 | 河南省质量技术监督局局长 | 河南 |
| 李良巧 | 中国兵器工业系统工程研究所副总工程师 | 北京 | 张世端 | 神龙汽车有限公司总经理 | 湖北 |
| 张汝石 | 水利部建管司监管处处长 | 北京 | 朱永法 | 湖北省质量管理协会理事长 | 湖北 |
| 杨和平 | 北京首汽集团公司副总裁 | 北京 | 练田坚 | 广东省质量管理协会会长 | 广东 |
| 丁俊发 | 国家国内贸易局副局长 | 北京 | 叶玉青 | 信息产业部电子第五研究所所长 | 广东 |
| 丁卫东 | 中国建筑材料工业协会常务副会长 | 北京 | 雷尊巍 | 广西壮族自治区质量检验协会名誉理事长 | 广西 |
| 傅秀平 | 国家邮政局邮政科学研究规划院高级工程师 | 北京 | 张宗顺 | 重庆市质量管理协会常务副理事长 | 重庆 |
| | | | 张　力 | 交通部重庆公路科学研究所所长 | 重庆 |
| 陈国铭 | 中国石油化工股份有限公司炼油部质量处长 | 北京 | 韩儒理 | 四川省质量管理协会副理事长 | 四川 |
| | | | 付世乾 | 四川省质量管理协会秘书长 | 四川 |
| 阎善章 | 国家电力公司电力规划设计总院副总工程师 | 北京 | 唐惠龙 | 中国工程物理研究院副院长 | 四川 |
| | | | 刘钟祥 | 贵州黄果树烟草集团有限责任公司副总裁 | 贵州 |
| 王占忠 | 天津市质量管理协会秘书长 | 天津 | 卢　西 | 云南省送变电工程公司质量保证部主任 | 云南 |
| 何德祥 | 海洋石油工程股份有限公司总经理 | 天津 | 高文革 | 青海铝业有限责任公司总经理 | 青海 |
| 田生园 | 河北省保定市质量管理协会秘书长 | 河北 | 何加群 | 西北轴承股份有限公司总工程师 | 宁夏 |

# 质量月活动

根据国务院颁布的《质量振兴纲要》的要求，在认真总结前三年开展全国质量月活动成功经验的基础上，中共中央宣传部、国家质量技术监督局、国家经济贸易委员会、中华全国总工会和共青团中央等部门，共同组织、开展了“2000年全国质量月”活动。

2000年是国务院颁布《质量振兴纲要》后全国开展质量月活动的第四个年头，是实施新修订的《产品质量法》的第一年，是我国加入WTO谈判取得重大进展的一年，又是告别20世纪、迎接新世纪的承上启下的一年。为了把全国质量月活动引向深入并取得实效，在广泛征求意见的基础上，经过认真仔细研究，中共中央宣传部、国家质量技术监督局、国家经贸委、全国总工会、共青团中央于2000年7月联合发出了《关于开展“2000年全国质量月”活动的通知》，确定“2000年全国质量月”活动的主题是“质量一新世纪的呼唤”，并部署了全国质量月活动。

为加大质量月活动的宣传力度，取得新闻媒体的大力支持，国家质量技术监督局、国家经贸委、中国质量管理协会于8月18日在北京召开了“2000年全国质量月”活动新闻座谈会，国家质量技术监督局副局长王秦平，中国质量管理协会会长陈邦柱，国家经贸委副秘书长刘学良等领导与新华社、人民日报、中央电视台、中央人民广播电台、经济日报、光明日报、中国质量报、工人日报、中国青年报、法制日报等新闻单位记者参加了座谈会。

在2000年质量月期间，全国性活动主要有：

1. 国家质量技术监督局于9月1日在北京隆重召开了“贯彻实施《产品质量法》千家企业新世纪质量宣言大会”。国务院副总理吴邦国给大会发了贺信，指出“加强产品质量工作，对国民经济和社会发展具有非常重要的意义。修订后的《产品质量法》即将正式施行，这是质量工作的一件大事。各地区、各部门、各企业要以贯彻实施《产品质量法》为契机，进一步加强产品质量工作……全面提高我国产品质量的总体水平，为促进国民经济持续快速健康发展做出新的更大的贡献。”国家质量技术监督局李传卿局长在会上作了重要讲话。大会表彰了254家“2000年全国质量管理先进企业”，474名“2000年全国质量管理先进工作者”，59名获“2000年全国质量管理突出贡献奖”的专家和领导者，并向受表彰的企业和个人代表颁发了奖牌和证书。千家企业的代表在会上宣读了“新世纪质量宣言”。本次大会拉开了2000年全国质量月活动的序幕。

2. 开展了“2000年全国质量月——质量宣传咨询服务日”活动。由中宣部、国家质量技术监督局、国家经贸委、全国总工会、团中央联合主办，中国质量管理协会、全国用户委员会承办的“2000年全国质量月——北京质量宣传咨询服务日”活动于9月9日在北京翠微大厦广场举行。活动中共计散发历年质量月活动简介、新《产品质量法》、质量管理基本知识等宣传材料324种，共计19.8万余份，为3.4万人次提供服咨询。中国质量管理协会会长陈邦柱，国家质量技术监督局副局长王秦平，国家经贸委副秘书长刘学良，全国总工会副主席倪豪梅，共青团中央书记处书记孙金龙等领导出席了活动开幕式。全国各地也同时举办了同样活动。这次活动掀起了全国质量月宣传活动的高潮。

3. 召开了“2000年企业质量高层论坛”会议。根据2000年全国质量月活动的总体安排，中国质量管理协会于10月19～20日在北京钓鱼台国宾馆主持召开了“2000年企业质量高层论坛”会议。全国总工会书记处书记董力、共青团中央书记处书记赵勇、国家经贸委副秘书长刘学良、国家质量技术监督局质量司司长于献忠、中国质量管理协会会长陈邦柱、常务副会长程连昌、中国企业联合会名誉会长袁宝华等领导，武汉钢铁公司总经理刘本仁等全国知名企业的代表及全国知名质量管理专家教授出席和参加了会议。陈邦柱会长、刘学良副秘书长、于献忠司长在会上作了重点讲话和发言。会议分析了我国质量工作现状，找出了我国质量工作与国际先进水平的差距，总结了抓好企业质量工作的经验。

4. 中国质量管理协会、中华全国总工会、共青团中央、中国科学技术协会等单位于10月26日在江苏省南京市联合主持召开了“全国第二十二次质量管理小组代表会议”。全国各地区和各行业的全国优秀质量管理小组、质量信得过班组、质量管理小组活动优秀企业代表、全国质量管理小组活动卓越领导者代表，各地、各部门质协的负责同志和香港、台湾地区质量界的有关人士参加了会议。中国质量管理协会会长陈邦柱在会议开幕式上发表了重要讲话，常务副会长程连昌代表质量管理小组工作委员会做了题为“面向新世纪，开创新局面”的工作报告。会议对评选出的全国优秀质量管理小组、质量信得过班组、质量管理小组优秀企业和全国质量管理小组活动卓越领导者进行了表彰。

除上述全国性活动以外，各地方还开展了丰富多彩的质量月活动。这些活动呈现出如下明显特点：

1. 领导重视，组织落实。据统计，全国各省、自治区、直辖市都转发了国家五部门联合发出的《关于开展“2000年全国质量月”活动的通知》，对本地区质量月活动做了统一部署和安排。大多数省、自治区和直辖市成立了质量月组委会或领导小组，天津、四川、湖南、宁夏等省市自治区由常务副市长、副省长、自治区副主席任质量月领导小组组长。上海市副市长蒋以任，江西省副省长王君、河北省副省长郭世昌，西藏自治区副主席尼码次仁等领导通过发表电视讲话，出席质量月新闻发布会和电话电视会议，亲自部署和动员质量月活动。

2. 大力宣传新修订的《产品质量法》。一是各地领导亲自参加宣贯活动。上海市市长徐匡迪8月31日发表质量月电视讲话，要求“各级政府和各行业的主要领导，以学习和贯彻《产品质量法》为契机，引导全市生产和销售企业健全质量管理制度”；山东省省长李春亭就贯彻实施新《产品质量法》在《大众日报》上发表了署名文章；吉林省副省长李介车在《吉林日报》上发表了《认真贯彻实施〈产品质量法〉提高我省产品质量总体水平》的署名文章；福建省副省长贾锡太均出席了福建省贯彻实施新《产品质量法》座谈会；安徽省人大副主任吴昌期参加了“全省质量技术监督系统新《产品质量法》宣贯大会”。二是各地质量技术监督部门和质量管理协会开展了专项宣传工作。辽宁省质量技术监督局分三个阶段大力宣传《产品质量法》，即抓好学习培训、抓好宣传普及、举办网上研讨会，三个阶段安排周密、内容丰富；上海市、广西壮族自治区的质量技术监督局举办了宣传《产品质量法》的专场文艺晚会；江苏、江西、湖北和成都等省市质量技术监督局举办了《产品质量法》知识竞赛活动；重庆市质量技术监督局组织了《产品质量法》讲师团深入区县和企业巡回宣传，并组织了全市《产品质量法》普法考试。以上活动，形成了全国范围内学习、宣传新《产品质量法》的生动局面。

3. 许多地方活动形式和内容既注意宣传的轰轰烈烈，又注意工作的扎扎实实。江苏省根据国家五部门通知，高起点地制订了江苏省2000年质量月活动方案，省质量月活动领导小组于8月31日召开新闻发布会，向全社会公布质量月活动方案，并开展了召开“江苏高层质量论坛”、举办全省名品进名店、全省城市居民服务行业用户满意度调查、召开全省质量攻关经验交流会并出台《江苏质量攻关项目试行管理办法》等活动。重庆市为落实国家五部门《通知》安排，重点开展三大活动。一是“庆铃杯质量管理知识竞赛暨电视大奖赛”，全市有21万人参加了知识问卷竞赛，决赛于11月6日在重庆电视台举行，通过卫星频道面向全国播出；二是开展了“2000年重庆世纪质量大家行”系列活动，主要有名优产品展示、10万人参与的新世纪质量誓词活动、万众奔向新世纪质量火炬环城跑、新世纪质量文艺演出等；三是召开美容美发化装品博览会、QC小组代表大会。浙江省质量技术监督局会同省工商联和中国质量报社联合组织了民营企业高层质量论坛会议，与会各民营企业者总联名向全省民企发出了“从自己做起，以质兴业，创名牌民企”的倡议；上海市质量技术监督局和上海质量管理科学研究院联合筹建了“上海顾客满意度论坛”，召开了“顾客满意度理论与实践”学术研讨会；福建省质量技术监督局开展了“质量卫士行动周”活动，组织375家省内外知名企业参加福州大型商品博览会；黑龙江省质量技术监督局组织了“2000龙江质量行”活动；甘肃省质量技术监督局组织了“质量陇原行”活动；江西省质量技术监督局开展了“质量、法制、服务”三下乡活动。各地的活动活跃了全国质量月的形式，丰富了全国质量月的内容，扩大了全国质量月的影响。

4. 企业开展质量月活动注重实际效果。安庆石化分公司在质量月期间编制了 2001～2010 年《安庆石化质量振兴规划》；兖矿集团公司、韶关钢铁集团有限公司结合生产经营实际，在各个环节查隐患，找问题，加强公司质量管理工作；武汉钢铁公司质量月活动针对公司一些重点质量问题组织实物质量攻关，强化质量责任制的落实，取得了 9 月份钢及钢材综合合格率 99.63%、废品量同口径与 1999 相比减幅 40.08%、钢及钢材综合不良品率与 1999 年相比减幅 38.93%、经济损失与 1999 年同期相比下降 33%的实际效果；上海梅山（集团）有限公司开展了检查质量标准执行情况、"降废减损"和走访用户活动；邯郸钢铁集团有限责任公司广泛开展了以技术大比武为内容的"我为质量献一计""青年质量明星评比"活动；四方机车车辆厂在质量月中以换证复评工作为契机，积极开展"查质量意识，查质量水平，查保证体系，查标准执行情况，查计量检测保证，查现场管理，查质量损失，访问用户"的七查一访质量自查活动。企业在质量月中开展上述活动，强化了广大职工的质量意识，打下了良好的企业质量管理的群众基础。

自从国务院颁布《质量振兴纲要》以来，全国质量月活动已连续 4 年于每年 9 月在全国开展。4 年来全国开展质量月活动的实践表明，每年集中一段时间、确定一个主题，围绕实现国民经济发展目标，动员和组织社会各方面力量，采取多种形式，有针对性地开展质量月活动，对提高全民的质量意识，推动质量振兴事业，促进国民经济健康发展，有着重要的现实意义。

**【企业五查】** 为贯彻落实《国务院关于进一步加强产品质量工作若干问题的决定》，按照全国质量工作会议的要求，切实提高产品质量和企业质量管理水平，国家质量技术监督局于 2000 年 3 月份，在全国范围内统一部署了"查质量意识、查质量水平、查质量体系、查现场管理、查售后服务"为主要内容的企业"五查"活动，采用问卷的形式对企业的质量状况进行摸底调查。

本次调查以企业为单位，共发出 3 万份调查表，收回有效调查表 11 582 份。涉及机械、电子、冶金、化工、纺织、轻工、建材、有色等二十多个主要工业行业以及建筑业、服务业等。在收回的调查表中，可以明确划分企业规模的大型企业（含特大型企业）有 1 337 家，中小型企业有 5 949 家，规模大小比例也比较合适，调查统计数据具有一定的代表性。调查结果分析如下：

**1. 质量意识**

绝大多数领导看重质量。调查数据显示，98%的企业领导亲自主管质量工作；95%的企业领导直接参与制定质量方针和质量目标；96%的企业实行了质量否决权。90%的企业经常开展质量意识的宣传、教育活动。

绝大部分企业有专门的质量管理机构。在被调查企业中，有 94.92%的企业设置了专门的质量管理机构，质量机构人员配备占全体职工人数的 5.68%。其中，大型企业有专门质量管理机构的占 99%，中小型企业有专门质量管理机构的占 94%。

大型企业质量管理人员素质高。调查显示，46%的企业，质量机构大学毕业人员占 30%以上。其中，71%的大型企业和 40%的中小型企业，质量机构大学毕业的人员占 30%以上。有 30%的大型企业，质量管理人员中大学毕业生占一半。

质量培训作用明显。大部分企业质量管理培训比较正常。质量管理人员每年平均参加培训 2.38 次。85%的企业有较正规的质量管理培训计划，并认为其效果较好。大型企业中有正规培训计划的占 98%，且 94%的企业认为培训效果较好。中小型企业中有正规培训计划的占 82%，只有 75%的企业认为培训效果较好。

**2. 质量水平**

质量整体水平不断提高。主要产业的整体素质和企业的产品质量水平有了较明显的提高。约有 60%的企业产品质量优等品率达到了 50%以上，质量水平达到国际 20 世纪 80 年代末、90 年代初的水平。有 90%的企业制订了切实可行的提高质量的目标和措施。

主导产品采标情况较好。发达地区大型企业主导产品按国际先进标准或国际标准组织生产的比例达到 70%。据调查，绝大部分省、市、县基本消灭了无标生产；有 16.9%的大型企业主导产品已按国际先进标准组织生产，有19.6%的大型企业主导产品已按国际标准组织生产；半数大型企业执行国家标准，执行企业标准的占 13.8%；中小企业采用国际先进标准或国际标准组织生产仅占 17%，61%的中小型企业执行国家标准，执行企业标准的占 18%。

**3. 质量体系**

大部分企业建立了有效运行的质量体系。有 88%的企业建立了文件化的质量体系，其中大型企业高达 96%，中小型企业达 85%。有 77%的企业按照要求定期开展质量体系内部审核活动，对自身的质量体系的有效性、适宜性进行评价。83%的企业持续开展质量改进活动。

近三分之一的企业通过了质量体系认证。在被调查企业中，已有 32%的企业通过了 GB/T 19000—ISO 9000 质量体系认证。其中，大型企业通过质量体系认证的比例最高，达 66%以上；中小型企业通过质量体系认证的仅占 27%。

**4. 现场管理**

大型企业技术基础工作较好。调查显示，81%的大型企业在用各类生产设备完好率在 90%以上，10%的大型企业完好率在 80%～90%之间；中小企业中，只有 64%的企业在用各类生产设备完好率在 90%以上，有 17%的企业在用各类生产设备完好率在 80%～90%之间，有 19%的企业在用各类生产设备完好率在 80%以下，设备管理水平较差。有 90%的企业建立了必要的计量管理制度。其中，97%的大型企业建立了必要的计量管理制度，只有 88%的中小型企业建立了基本的计量管理制度。

大多数企业育比较严格的质量检验制度。调查显示，有 92%的企业建立了比较严格的原材料进厂检验制度，有 89%的企业出厂产品检验执行情况较好，出具的合格证、检验记录保存状况良好，能够严格执行产品质量出厂检验制度，做到"不合格产品不出厂"。在严格执行检验制度的同时，有 84%的企业工艺纪律执行良好，已形成制度。

大型企业文明生产、现场管理状况有了明显的改善。调查统计，有 89%的企业已开展文明生产、定置管理等活动，其中 83%的企业正在开展 5S（整理、整顿、清扫、清洁、自律）活动，多数企业的生产现场及其管理工作有了比较大的改观。

利用统计技术进行质量控制的效果参差不齐。在抓好生产现场管理的同时，有 74%的大型企业在质量监控和质量改进中已逐步开展统计过程控制(SPC)，及时发现和解决一些质量问题，取得较好的效果。但中小型企业能够初步使用统计方法收集和分析数据，解决一些质量问题的只占 57%，许多企业尚处在仅凭经验判断的阶段，应用统计技术解决质量问题的方法尚未普及。

**5. 售后服务**

售后服务是生产现场质量管理的延伸，是企业经营活动的重要组成部分。调查中发现，大部分企业领导都认识到市场及销售对企业经营的重要性，认识到要适应市场，就要转变观念，把研究用户的需要和研究用户对产品质量的意见摆在第一位。

大部分企业建立了售后服务规章制度。调查显示，有 86%的企业建立了售后服务规章制度；有 78%的企业建立了比较广泛的售后服务网络体系，其中，大型企业占 93%，中小型企业占 76%。

大型企业售后服务质量有所提高。90%的大型企业、特别是名牌企业为用户提供详尽的产品说明书，89%的大型企业定期组织维修人员培训，95%的大型企业已将质量控制延伸到产品的搬运、贮存、包装、防护和交付等过程中，并取得良好的效果；在加强售后服务的同时，95%的大型企业注重收集售后服务方面的信息。部分中小企业售后服务意识开始增强，有 77%的中小企业认为，他们为用户提供咨询和技术服务方面工作做得较好。

质量观念正在从“提供合格产品”向“提供用户满意的产品”转变。部分企业的售后服务已从走访用户、及时处理用户意见、解决质量问题，向为用户提供产品使用培训、根据用户要求生产特殊工艺指标的产品的方向发展。在加工制造业中，一些大型企业已普遍采取了建立用户档案，增加服务网点，提高售后服务人员水平等措施来提高服务质量。

本次企业质量“五查”活动初步摸清了当前企业质量工作的状况，也反映出了存在的一些问题和差距。

一是质量工作发展不平衡，企业质量工作出现两极分化的趋势。经济效益较好的企业，质量管理已初步实现制度化、程序化、规范化，而少数企业因效益下滑，企业领导人疲于应付生存危机，质量工作存在不同程度的失控现象，这在部分中小企业中尤为突出。

二是质量专业人才和企业管理骨干流失现象严重，质量队伍建设滞后。因尚未实施质量专业人员的专业职务评聘或考试工作，直接影响企业质量管理骨干和新分配的大专院校毕业生的个人利益，导致这部分人员转岗、流失严重；国内多数大专院校尚未开设质量管理专业，难以及时向企业输送质量专业人才。

三是采用国际或国外先进标准的比例区域性差距很大。发达地区，如上海、山东，主要工业产品采用国际标准或国外先进标准组织生产的比例达到了 70%，而一些不发达地区仅占 10%，大部分地区不到 30%，全国大型企业平均占 35.5%左右。采用标准的水平差距还很大。

四是质量管理需要提倡科学性和有效性。有 66%的大型企业虽然通过了质量体系认证，但只有 37%的企业认为过程控制和质量改进做得较好，在设计过程和质量保证方面缺乏采用科学的方法和预防性的措施，解决质量问题的方法尚处在传统的、仅凭经验判断的阶段；大部分企业缺乏质量创新的意识，不少企业的产品开发能力不足、缺少必要的科技投入。

五是中小企业、特别是乡镇企业和个体私有企业质量管理比较薄弱。主要表现在：

一些企业领导对质量工作的重视程度不够。个别企业的高层领导从未参加过质量法律法规知识等学习，没有明确的质量方针和目标，治厂不严，治质不严，质量管理松驰，产品质量低劣。

质量管理制度不健全。虽然有 27%的中小企业通过质量体系认证，但相当一部分企业质量管理制度不健全，有 6%的企业没有专门的质量管理机构，质量管理较为混乱，处于无序状态。

质量管理基础工作尚待提高。有的企业质量体系的有效性、稳定性不够；有的企业工艺装备陈旧落后，无质量检验机构和必要的检测手段；有的企业由于经济效益滑坡，资金短缺，投入少，给设备的维修更新带来一定困难，部分在用的计量器具未按周期检定。现场管理工作也存在一些问题，无法保证产品质量。

部分企业质量管理人员素质不高。从调查中发现，有 18%的企业缺乏正常的质量培训计划，企业一把手和广大职工处于企业两头位置的人员质量管理培训不够，管理人员和技术人员的质量培训也不到位。

小型、集体、乡镇企业的产品质量不够稳定。这些企业工序质量不稳定，生产过程不合格品率高，产品质量抽查合格率低，影响了总体质量水平和形象。

**【20 种重点产品质量调查】** 为了摸清部分重点行业、重点产品的质量状况以及存在的带有共性和倾向性的问题，找出这些行业和产品质量与世界先进水平的差距，提出改进产品质量的对策和建议，提高质量工作宏观指导的有效性，促进我国部分行业整体素质和企业质量管理水平的提高，以应对我国加入 WTO 以后企业面临的日益激烈的国内外市场竞争的挑战。国家质量技术监督局组织有关国家级质检中心于 1999 年 6 月至 2000 年 3 月开展了 20 种重点产品质量状况调查。

**1. 调查的对象**

根据现有的人力及物力条件，确定了计算机、数控机床、防爆电器、轿车、农用运输车、饲料加工机械、铝型材、低压电器、燃气热水器、空调、电冰箱、洗衣机、吸油烟机、电话机、婴儿配方奶粉、粮油、啤酒、服装、眼镜、化妆品等 20 种关系国计民生、与广大消费者生活密切相关的产品。

**2. 调查的内容**

(1) 产品质量现状及其发展趋势。主要包括行业生产能力、产品的档次、性能、可靠性等方面与国际先进水平的差距。

(2) 行业发展过程中存在的共性和带有倾向性的问题。

(3) 促进产品质量水平提高的对策、措施和建议。

**3. 调查的原则和方法**

为了保证调查结果科学、客观、真实，每类产品的调查工作由第三方公正机构——该类产品的国家级质检中心或者会同国家级的行业协会具体承担(具体承担单位见附件一)；调查过程中坚持以市场评价与实物质量评价相结合、问卷调查与实地调查相结合、定性分析与定量分析相结合的原则。

这次调查采用的主要方法：(1) 问卷调查，通过发放调查表对消费者和生产企业进行问卷调查；(2) 实地调查，一是访问用户，二是访问企业，三是访问市场；(3)召开质量分析会,包括召开企业座谈会和召开专家座谈会;(4)特尔斐法,选定部分专家,让他们对所调查产品的质量状况作出评价;(5)对历年来国家监督抽查结果进行分析;(6)综合分析质检中心和协会所掌握的资料。

**4. 对这次调查的总体评价**

通过这次调查,基本掌握了这 20 种产品的质量状况,与国外同类产品的差距,技术、管理和生产设备等方面存在的问题。

(1) 20 种产品的生产能力和产量都能够满足市场需求,但在质量方面,大多数产品存在不足。

(2) 进入 90 年代以来,20 种产品的质量水平都有了不同程度的提高,其中防爆电气、空调、冰箱、洗衣机、铝型材等产品的部分质量指标已达到或者接近国际先进水平,例如空调器产品制冷性能已接近国际先进水平;科龙电冰箱的性能已优于或同等于国际先进水平,噪音只有 33 dB,高于国际先进水平,保鲜技术已达到鱼类保鲜 12 天的国际水平;国产优秀的防曝加油机产品,其性能、技术含量和可靠性与国际先进水平相比不相上下,如郑州正星机器有限公司生产的 IC 卡加油机及联网管理系统技术,领先于国外同类产品,在国内市场上具有绝对优势。

(3) 20 种产品中,大部分产品都存在档次低、质量差、性能、技术水平和可靠性等比较落后,和国际先进水平相比差距仍然比较大的问题;燃气热水器、低压电器、吸油烟机、眼镜等产品假冒伪劣问题非常突出;部分产品如防爆电气、轿车、燃气热水器、婴幼儿配方乳粉、啤酒等产品的安全问题较为严重;部分产品如计算机、洗衣机、低压电器、铝型材等产品,标准水平低、标准落后问题很突出。

(4) 通过这次调查,发现了一批质量效益型先进企业,诸如石家庄三鹿乳业集团、常熟开关厂、南阳防爆集团有限公司、青岛海尔电冰箱有限公司、宁波帅康厨房设备有限公司、浙江杉杉集团有限公司、深圳华加日铝业有限公司、山东时风集团公司、江苏正昌集团等等。如石家庄三鹿集团股份有限公司结合本企业的实际情况编制了公司的质量方针、程序和作业指导书等,从原材料的采购到售后服务形成了一套完整的质量保证体系,各部门、岗位严格按照程序文件操作,使每个环节的质量都得到了有效控制。又如南阳防爆集团有限公司依靠技术进步,完善检测手段,狠抓产品质量,在质量、品种和档次上牢牢占稳了国内市场,产品还大量出口到美国和澳大利亚等地。通过加强管理,依靠技术进步,狠抓产品质量,南阳防爆集团有限公司的经济效益和市场占有率近 4 年来一直高居行业首位。

**【用户满意度指数调查】** 根据全国质量工作会议精神和《国务院关于进一步加强产品质量工作若干问题的决定》提出的"要研究和探索产品质量用户满意度指数评价方法,向消费者提供真实可靠的产品质量信息"'的要求,国家质量技术监督局在充分吸收国内外研究成果的基础上,决定进行用户满意度指数评价试点工作。

用户满意度指数是从用户或顾客的角度,对所购产品(或服务)进行总体评价的质量指标。它由用户的预期质量、实际感知的质量、实际感知的价值、总体满意程度、用户保持率(忠诚度)和用户抱怨(或投诉)6 部分构成。用多元统计的方法把从调查所得到的数据进行处理,得出每个企业、行业、产业和国家的用户满意度指数。用户满意度指数的测量最早开始于瑞典。之后,德国、美国也开始测量并正式公布测量的结果。现在,加拿大、日本、欧共体、以色列、马来西亚、韩国和我国台湾省等国家和地区也正在进行用户满意度指数的研究。

用户满意度指数是衡量产品质量和服务质量的客观标准,是检验企业满足用户需求、达到用户满意的重要尺度,对企业改进质量,提高效益具有非常重要的作用。用户满意度指数对社会也能产生很大的效益,它与目前我国所实行的消费信心指数、价格指数、环境指数相配套,有助于从质量这一侧面动态地评价经济增长的质量,提高社会公众的质量意识,弥补了服务行业缺乏质量评价指标的不足。

2000 年用户满意度指数试点做了以下工作:

1. 召开了由有关行业部门参加的用户满意度指数试点工作座谈会。会上介绍了用户满意度指数的概念和相关知识;讨论了《建立国家用户满意指数调查(评价)制度的若干规定》(征求意见稿);研究并确定了第一批试点的产品(服务)为:轿车、摩托车、冰箱、洗衣机、家用空调器、民航客运服务、固定电话通讯服务。

2. 成立了用户满意度指数试点工作领导小组。为了更好地推进试点工作,成立了以国家质量技术监督局副局长王秦平同志为组长、信息产业部科技司、信息产业部电信管理局、国家机械局行业管理司、国家轻工局行业管理司、中国民用航空总局安全技术中心等有关领导参加的用户满意度指数试点工作领导小组。

3. 召开了用户满意度指数试点企业座谈会。为了做好试点工作,充分听取试点企业的意见,得到试点企业的理解和支持,召开了占行业 GDP70% 的轿车、摩托车、冰箱、洗衣机、家用空调、航空公司和民用机场等试点企业座谈会。会上介绍了用户满意度指数的模型结构、计算方法、调查方案,得到了与会试点企业的理解和支持。

4. 在调查研究的基础上,国家质量技术监督局和清华大学企业研究中心制定了第一批试点产品(服务)用户满意度指数调查工作方案,确定了中国用户满意度指数调查方法。计划 2001 年 2~3 月在全国主要城市进行第一批试点产品(服务)用户满意度指数问卷调查工作。

**【质量专业职业资格制度】** 为了落实《质量振兴纲要》和《国务院关于进一步加强产品质量工作若干问题的决定》(国发[1999]24),根据人事部、原国家技术监督局"关于印发《计量、标准化和质量专业中、高级技术资格评审条件(试行)》的通知"(人职发[1994]7 号)和进一步完善专业职务聘任制的精神,2000 年 9 月,国家质量技术监督局向国家人事部报送了"关于建立质量专业技术资格考试制度的报告"。报告分析了我国质量专业技术人员的队伍情况和企业对质量技术人员的客观需求,据估计,全国 16.5 万家有规模以上企业中,至少有专职从事质量专业工作的人员 40 万人,专职加兼职的质量专业人员 100 万人。其中大学毕业或具有中、高级技术职称的不到半数。由于我国的高等教育长期没有普遍设立质量管理专业,企业的质量管理人员相当一部分是其它专业转行而来的,缺乏质量管理的系统知识和质量改进技术,是影响产品质量的重要原因之一。报告提出,在我国建立质量专业技术人员职业资格考试制度,通过系统的培训和统一考试,提高质量专业人员素质、加强质量队伍建设,不仅是深化专业技术职务改革的一项重要措施,也是提高产品质量,增强经济效益的重要途径之一。

质量专业人员资格考试制度是发达国家通行的评价质

量专业人员知识水平和业务能力的方法。美国、欧洲、日本和我国香港、台湾地区都有一套专门的评价质量专业人员的培训、考试和注册制度。美国从1966年最先在世界上实行质量工程师的考试注册制度。这项制度的建立,对保证企业产品质量,提高经济效益起到了很大的作用。美国实行的质量工程师考试注册制度,在世界上影响很大,目前已发展到在世界上19个国家和地区的30多个城市举办美国质量工程师的考试和发证,包括亚洲的东京、香港和新加坡等城市。

质量专业技术人员是指在营销和市场调研、开发设计、采购、生产制造、质量检验和销售服务等阶段的质量岗位以及管理工作岗位实施质量策划、质量控制、质量保证和质量改进,通晓管理和技术的专门人才。质量专业技术人员可以受聘为质量工程师,负责对影响产品质量的各环节、各因素制订计划和程序,建立质量控制标准,在实施过程中进行连续评价、验证和分析,对异常情况进行处置并采取纠正措施;负责开展企业职工的质量培训教育工作;协助企业领导制订和实施质量方针。

为了做好此项考试的准备工作,质量司组织有关人员查阅和翻译了大量的资料,专门组团考察了美国质量工程师考试注册制度。了解美国、日本、欧洲和我国台湾地区开展质量工程师资格考试制度的做法,结合我国的实际情况,制定了我国开展质量专业技术人员职业资格考试制度的方案。根据这个方案,结合人事部对专业技术资格考试的有关要求,起草了《质量专业技术资格考试暂行规定》(草稿)和《质量专业技术资格考试实施办法》(草稿)。翻译了美国质量工程师、质量技术员考试大纲,组织专家编写了《初、中级质量专业技术资格考试大纲》(草稿)。

经过与国家人事部反复沟通和协商,2000年12月,国家人事部和国家质量技术监督局联合发布了"关于印发《质量专业技术人员职业资格考试暂行规定》和《质量专业技术人员职业资格考试实施办法》的通知"。通知指出,从2001年1月1日起,对质量专业技术人员实行全国统一的职业资格考试制度,纳入全国专业技术人员职业资格制度的统一规划,由国家统一组织、统一时间、统一大纲、统一试题、统一标准、统一证书。用人单位根据岗位需要,按照德才兼备的原则,从获得职业资格的人员中择优聘任。实行全国统一考试后,不再进行工程系列相应专业技术职务任职资格的评审工作。

质量专业资格分为初级、中级和高级资格。初级资格作为质量专业岗位职业资格的上岗证,可根据有关规定聘任助理质量工程师职务。中级资格作为某些重要产品生产企业关键质量岗位的必备条件,可根据有关规定聘任质量工程师职务。高级资格实行考试与评审相结合的评价制度。

质量专业技术人员职业资格考试工作,由人事部、国家质量技术监督局共同负责。国家质量技术监督局负责拟定考试大纲、考试科目、考试命题、编写考试用书、研究建立考试题库,组织或授权组织考前培训等有关工作。人事部负责审定考试大纲、考试科目和试题,会同国家质量技术监督局对考试进行指导、监督、检查和确定合格标准。考试合格者,由各省、自治区、直辖市人事(职改)部门颁发人事部统一印制人事部、国家质量技术监督局用印的质量专业技术人员职业资格证书。质量专业资格考试,原则上每年举行一次。首次考试定于2001年9月23日进行。

## 工业产品生产许可证工作

2000年,国家质量技术监督局继续按照"三定"方案的要求,加强生产许可证统一管理:统一由省局受理,统一收费,统一发证程序,统一证书发放,统一查处。

启动了民爆器材产品、煤矿专用机电产品、食品电烤炉产品、卫星地面接受设备产品、铁路专用产品、集成电路(IC)卡及读写机产品、公路桥梁支座产品、化妆品和餐具洗涤剂产品、人民币伪钞鉴别仪产品等10多类产品的换(发)证工作;设立了相应的产品审查部;组织修订了相应的工业产品生产许可证实施细则;为了与计量法的要求一致,减轻企业负担,停止了对电能表产品颁发工业产品生产许可证工作。对证书有效期为2000年1月1日至2001年6月30日期间到期的产品证书有效期一律延长至换发新证。

对泵类产品、小型运输机械产品、内燃机产品、复混肥料产品、过磷酸钙产品、防水卷材产品、化妆品产品、餐具洗涤剂产品、施工升降机产品、建筑门窗产品、建筑幕墙产品、塔式起重机产品、广播铁塔产品、包装产品等100多类产品进行了补证。

全年共颁发工业产品生产许可证证书3 290张。

生产许可证制度作为一种政府强制管理制度,保证了产品的质量安全要求,并对贯彻执行国家宏观经济政策、环境保护政策、产业政策等,起到了积极的促进作用。如:2000年国家经济贸易委员会6号、14号、16号令中涉及生产许可证产品,国家质量技术监督局按照生产许可证的有关程序进行严格审查把关。

加强对生产许可证相关政策、法规、进度等方面的研究、起草工作。步后三次组织开会研究《工业产品生产许可证试行条例》的修订工作;研究起草了《工业产品生产许可证生产条件(质量体系)审查办法》;开展对生产许可证的信息(档案)管理工作的调查研究,并进行了初步的准备工作;草拟了《上报申证企业材料审查程序》(征求意见稿);草拟了《生产许可证证书发放、管理办法》(征求意见稿)。

在《中国质量报》、《人民日报(市场报)》、《监督与选择》杂志、《中国化妆品》杂志等,发布相关新闻10余篇。

2000年,生产许可证工作统一管理逐步落到实处,进一步提高了生产许可证工作的有效性。

## 主要工业产品质量指标

2000年全国重点工业城市质量指标统计信息网共统计了52个城市10 000余家工业企业的质量指标,涉及机械、电子、冶金、化工、石油、邮电、轻工、纺织、建材、有色、医药、中医药、船舶、烟草等14个行业。统计结果显示，重点工业城市产品质量呈稳定上升趋势，2000年1至4季度产品质量等级品率分别为91.82%、91.72%、91.27%、95.08%，全年产品质量等级品率为92.60%，比1999年提高了2.19个百分点。近年来，企业在激烈的市场竞争中，其活动逐步趋于理性，适应市场需求，调整产品结构，注重提高产品质量，已成为企业的自觉行为，使产品质量逐年提高。1998年质量等级品率为89.29%，比上年提高了4.49个百分点，1999年质量等级品率为90.41%，比1999年提高了1.12个百分点，2000年在多年连续提高的基础上继续攀升，是近年来最好水平。

2000年全国还统计了14个行业493家重点工业企业的产品质量状况。统计结果表明，重点工业企业产品质量水平呈波动上升趋势，统计范围内的产品质量等级品率为103.96%，已达到国际一般水平，比同期重点工业城市统计的产品质量等级品率92.60%高出了11.36个百分点。重点工业企业产品质量稳定提高率较上年略有下降，质量损失率与上年持平，工业产品销售率稳中有升，产销衔接好于1999年；新产品产值率为26.67%，比1999年提高了3.94个百分点，新产品开发能力明显高于一般企业。

全国工业产品质量指标统计为提高产品质量、加强企业管理、了解重点工业企业产品质量状况、推进质量工作提供了重要的决策依据，成为国民经济和社会发展的重要经济指标。

**2000年重点工业城市产品质量指标统计**

| 统计的城市数 | 时间 | 产品质量等级品率 | | | | | 质量损失率 |
|---|---|---|---|---|---|---|---|
| | | 工业总产值(不变价)/万元 | 指标/% | 优等品产值率/% | 一等品产值率/% | 合格品产值率/% | 工业总产值(现价)/万元 |
| 52 | 1季度 | 17 883 085.78 | 91.82 | 21.01 | 43.06 | 34.49 | 17 347 184.37 |
| 49 | 2季度 | 19 779 135.21 | 91.73 | 20.08 | 45.32 | 32.56 | 17 816 506.12 |
| 44 | 3季度 | 18 509 862.92 | 91.27 | 20.75 | 41.38 | 37.53 | 15 662 182.02 |
| 45 | 4季度 | 19 078 508.38 | 95.08 | 24.69 | 41.37 | 33.37 | 19 683 548.90 |
| | 全年 | 72 826 432.67 | 92.60 | 21.84 | 42.66 | 34.38 | 69 102 267.88 |

| 统计的城市数 | 时间 | 质量损失率 | | | 工业产品销售率 | | 新产品产值率 | |
|---|---|---|---|---|---|---|---|---|
| | | 指标/% | 内部损失率/% | 外部损失/率(%) | 指标/% | 工业销售产值/万元 | 指标/% | 新产品产值/万元 |
| 52 | 1季度 | 0.57 | 0.39 | 0.18 | 96.34 | 33 435 124.09 | 15.15 | 4 750 526.34 |
| 49 | 2季度 | 0.57 | 0.38 | 0.18 | 97.75 | 36 487 867.17 | 17.04 | 6 023 266.17 |
| 44 | 3季度 | 0.67 | 0.40 | 0.27 | 98.20 | 35 819 126.87 | 17.25 | 5 751 064.58 |
| 45 | 4季度 | 0.65 | 0.33 | 0.32 | 98.82 | 3 992 056.96 | 18.31 | 7 452 546.63 |
| | 全年 | 0.62 | 0.37 | 0.24 | 97.85 | 141 553 652.06 | 16.97 | 23 432 908.26 |

**2000年千户重点工业企业产品质量指标统计**

| 统计的企业数 | 时间 | 产品质量等级品率 | | | | | 质量损失率 | | | |
|---|---|---|---|---|---|---|---|---|---|---|
| | | 工业总产值(不变价)/万元 | 指标% | 优等品产值率/% | 一等品产值率/% | 合格品产值率/% | 工业总产值现价/万元 | 指标/% | 内部损失率/% | 外部损失率/% |
| 493 | 1季度 | 10 934 382.04 | 103.46 | 31.85 | 43.21 | 24.94 | 10 636 081.11 | 0.49 | 0.32 | 0.17 |
| 415 | 2季度 | 9 705 346.72 | 101.60 | 26.80 | 49.25 | 23.61 | 9 186 626.98 | 0.59 | 0.36 | 0.22 |
| 396 | 3季度 | 11 401 081.45 | 100.87 | 22.08 | 57.59 | 20.34 | 10 274 650.99 | 0.65 | 0.33 | 0.32 |
| 465 | 4季度 | 13311573.76 | 103.96 | 30.54 | 46.83 | 22.63 | 13 325 391.15 | 0.62 | 0.33 | 0.29 |
| | 全年 | 45 352 383.98 | 102.55 | 27.93 | 49.25 | 22.82 | 43 422 750.23 | 0.59 | 0.33 | 0.26 |

| 统计的城市数 | 时间 | 工业产品销售率 | | 新产品产值率 | | 稳定提高率 | |
|---|---|---|---|---|---|---|---|
| | | 指标/% | 工业销售产值/万元 | 指标/% | 新产品产/值/万元 | 指标/% | 可比项数 |
| 493 | 1季度 | 93.82 | 13 178 315.51 | 21.73 | 2 669 706.47 | 93.15 | 2 320 |
| 415 | 2季度 | 99.08 | 11 243 983.30 | 28.71 | 2 992 111.59 | 93.13 | 1 660 |
| 396 | 3季度 | 98.24 | 13 490 747.81 | 25.08 | 3 079 239.42 | 88.47 | 1 942 |
| 465 | 4季度 | 100.53 | 14 421 267.78 | 31.10 | 4 114 975.52 | 93.21 | 2 326 |
| | 全年 | 97.87 | 52 334 314.40 | 26.67 | 12 856 033.00 | 92.06 | 8248 |

**2000年质量指标综**

| 序号 | 填报单位 | | 产品质量等级品率 | | | | | |
|---|---|---|---|---|---|---|---|---|
| | | | 分等产品总产值/万元 | 指标/% | 优等品产值率/% | 一等品产值率/% | 合格品产值率/% | 工业总产值(现行价)/万元 |
| 1 | 北京 | 累计 | 2 801 145.15 | 94.34 | 33.94 | 20.80 | 45.26 | 2 745 095.26 |
| 2 | 天津 | 累计 | 2 814 896.24 | 85.88 | 14.58 | 48.45 | 31.10 | 2 480 332.44 |
| 3 | 石家庄 | 累计 | 2 571 314.66 | 91.56 | 26.40 | 30.34 | 43.27 | 1 947 767.25 |
| 4 | 唐山 | 累计 | 1 712 155.92 | 89.81 | 20.36 | 38.89 | 40.75 | 2 549 477.53 |
| 5 | 秦皇岛 | 累计 | 1 399 449.00 | 109.69 | 39.53 | 40.50 | 19.77 | 1 190 263.00 |
| 6 | 邯郸 | 累计 | 1 293 265.20 | 97.63 | 25.33 | 44.60 | 30.07 | 3 319 916.10 |
| 7 | 太原 | 累计 | 376 407.70 | 81.22 | 12.04 | 38.36 | 49.60 | 197 703.80 |
| 8 | 大同 | 累计 | 78 812.00 | 86.03 | 4.35 | 63.38 | 32.27 | 4 100.89 |
| 9 | 呼和浩特 | 累计 | 282 033.36 | 99.24 | 35.72 | 27.09 | 37.16 | 125 242.58 |
| 10 | 包头 | 累计 | 506 830.17 | 85.28 | 23.14 | 24.27 | 52.59 | 324 254.92 |
| 11 | 沈阳 | 累计 | 905 255.90 | 90.42 | 10.97 | 60.75 | 26.43 | 808 238.30 |
| 12 | 大连 | 累计 | 1 687 258.50 | 92.03 | 22.05 | 39.96 | 37.98 | 1 118 950.00 |
| 13 | 鞍山 | 累计 | 1 970 071.81 | 109.45 | 32.78 | 53.34 | 13.88 | 2 134 771.40 |
| 14 | 抚顺 | 累计 | 0.00 | 0.00 | 0.00 | 0.00 | 0.00 | 0.00 |
| 15 | 本溪 | 累计 | 0.00 | 0.00 | 0.00 | 0.00 | 0.00 | 0.00 |
| 16 | 丹东 | 累计 | 0.00 | 0.00 | 0.00 | 0.00 | 0.00 | 0.00 |
| 17 | 锦州 | 累计 | 513 550.00 | 105.73 | 45.39 | 20.68 | 33.93 | 264 984.00 |
| 18 | 长春 | 累计 | 0.00 | 0.00 | 0.00 | 0.00 | 0.00 | 0.00 |
| 19 | 吉林 | 累计 | 0.00 | 0.00 | 0.00 | 0.00 | 0.00 | 0.00 |
| 20 | 哈尔滨 | 累计 | 1 151 446.00 | 93.00 | 23.33 | 39.34 | 37.32 | 243 649.00 |
| 21 | 佳木斯 | 累计 | 36 957.82 | 97.83 | 12.82 | 70.01 | 17.17 | 35 615.08 |
| 22 | 牡丹江 | 累计 | 521 514.50 | 94.24 | 17.19 | 54.09 | 28.72 | 443 246.80 |
| 23 | 上海 | 累计 | 16 540 702.77 | 92.34 | 11.98 | 60.71 | 27.31 | 16 142 595.05 |
| 24 | 南京 | 累计 | 671 049.00 | 79.61 | 17.66 | 23.91 | 58.44 | 920 192.00 |
| 25 | 无锡 | 累计 | 0.00 | 0.00 | 0.00 | 0.00 | 0.00 | 0.00 |
| 26 | 徐州 | 累计 | 0.00 | 0.00 | 0.00 | 0.00 | 0.00 | 0.00 |
| 27 | 常州 | 累计 | 128 919.00 | 85.77 | 30.96 | 9.62 | 59.42 | 110 988.00 |
| 28 | 苏州 | 累计 | 847 718.00 | 110.72 | 33.24 | 54.97 | 11.79 | 790 756.00 |
| 29 | 南通 | 累计 | 0.00 | 0.00 | 0.00 | 0.00 | 0.00 | 0.00 |
| 30 | 连云港 | 累计 | 131 237.00 | 101.72 | 43.91 | 15.63 | 40.47 | 57 545.00 |
| 31 | 淮阴 | 累计 | 220 062.00 | 81.27 | 2.20 | 58.15 | 39.65 | 245 831.00 |
| 32 | 盐城 | 累计 | 266 594.00 | 66.24 | 8.66 | 18.62 | 69.26 | 297 268.00 |
| 33 | 扬州 | 累计 | 361 868.00 | 110.50 | 37.40 | 46.20 | 16.40 | 334 058.00 |
| 34 | 镇江 | 累计 | 0.00 | 0.00 | 0.00 | 0.00 | 0.00 | 0.00 |
| 35 | 杭州 | 累计 | 2 672 627.15 | 85.94 | 17.82 | 36.24 | 45.93 | 2 115 113.35 |
| 36 | 宁波 | 累计 | 0.00 | 0.00 | 0.00 | 0.00 | 0.00 | 0.00 |
| 37 | 温州 | 累计 | 352 382.31 | 94.91 | 18.91 | 52.00 | 29.09 | 259 931.98 |
| 38 | 嘉兴 | 累计 | 901 331.55 | 73.28 | 2.85 | 40.86 | 56.29 | 770 574.49 |

**合报表(75 个城市)**

| 质量损失率 | | | 工业产品销售率 | | 新产品产值率 | | |
|---|---|---|---|---|---|---|---|
| 指标/% | 内部损失率/% | 外部损失率/% | 指标/% | 工业销售产值/万元 | 指标/% | 工业总产值(不变价)/万元 | 新产品产值/万元 |
| 0.49 | 0.31 | 0.18 | 96.35 | 5 261 936.27 | 15.31 | 5 467 643.19 | 836 876.24 |
| 0.35 | 0.19 | 0.17 | 98.32 | 25 387 600.00 | 20.54 | 25 821 000.00 | 5 302 700.00 |
| 0.47 | 0.29 | 0.19 | 97.95 | 2 787 902.06 | 22.97 | 1 647 268.66 | 378 322.86 |
| 0.67 | 0.61 | 0.05 | 97.14 | 2 810 987.27 | 9.68 | 1 823 409.40 | 176 507.74 |
| 0.42 | 0.28 | 0.14 | 99.82 | 1 654 358.00 | 12.70 | 1 657 400.00 | 210 490.00 |
| 0.39 | 0.38 | 0.01 | 96.27 | 4 575 274.39 | 5.22 | 4 754 725.10 | 248 262.99 |
| 2.13 | 0.52 | 1.61 | 98.85 | 1 569 824.20 | 3.17 | 2 485 125.00 | 78 855.00 |
| 0.05 | 0.03 | 0.01 | 95.33 | 590 904.00 | 2.88 | 619 862.00 | 17 862.00 |
| 0.53 | 0.39 | 0.14 | 98.61 | 504 147.60 | 29.39 | 6 091.70 | 1 790.40 |
| 1.23 | 1.09 | 0.15 | 95.63 | 925 752.00 | 5.23 | 968 045.00 | 50 587.00 |
| 0.31 | 0.12 | 0.18 | 94.66 | 765 091.58 | 15.85 | 808 238.30 | 128 126.50 |
| 0.50 | 0.25 | 0.26 | 124.17 | 1 968 710.00 | 27.37 | 900 584.00 | 246 472.00 |
| 0.75 | 0.67 | 0.07 | 97.32 | 2 085 152.95 | 11.59 | 2 136 351.40 | 247 672.00 |
| 0.00 | 0.00 | 0.00 | 0.00 | 0.00 | 0.00 | 0.00 | 0.00 |
| 0.00 | 0.00 | 0.00 | 0.00 | 0.00 | 0.00 | 0.00 | 0.00 |
| 0.00 | 0.00 | 0.00 | 0.00 | 0.00 | 0.00 | 0.00 | 0.00 |
| 1.05 | 0.67 | 0.39 | 97.96 | 1 755 323.00 | 3.47 | 1 791 931.00 | 62 200.00 |
| 0.00 | 0.00 | 0.00 | 0.00 | 0.00 | 0.00 | 0.00 | 0.00 |
| 0.00 | 0.00 | 0.00 | 0.00 | 0.00 | 0.00 | 0.00 | 0.00 |
| 1.17 | 0.97 | 0.20 | 97.96 | 3 740 400.00 | 9.29 | 3 818 236.00 | 354 784.00 |
| 1.20 | 1.05 | 0.15 | 87.72 | 104 484.00 | 7.14 | 119 110.00 | 8 500.00 |
| 1.41 | 0.83 | 0.57 | 98.04 | 1 196 647.00 | 1.24 | 1 220 538.00 | 15 100.00 |
| 0.65 | 0.38 | 0.27 | 98.82 | 16 071 079.61 | 38.58 | 17 139 272.37 | 6 612 262.89 |
| 0.46 | 0.27 | 0.19 | 99.36 | 909 641.00 | 26.85 | 878 710.00 | 235 899.00 |
| 0.00 | 0.00 | 0.00 | 0.00 | 0.00 | 0.00 | 0.00 | 0.00 |
| 0.00 | 0.00 | 0.00 | 0.00 | 0.00 | 0.00 | 0.00 | 0.00 |
| 0.95 | 0.35 | 0.60 | 97.87 | 2 275 425.00 | 11.43 | 2 325 014.00 | 265 802.00 |
| 0.31 | 0.25 | 0.06 | 97.30 | 769 405.00 | 25.60 | 790 756.00 | 202 433.00 |
| 0.00 | 0.00 | 0.00 | 0.00 | 0.00 | 0.00 | 0.00 | 0.00 |
| 0.28 | 0.16 | 0.13 | 96.51 | 554 599.00 | 22.00 | 574 630.00 | 126 419.00 |
| 0.18 | 0.13 | 0.05 | 97.60 | 559 574.00 | 19.00 | 543 243.00 | 103 216.00 |
| 0.31 | 0.17 | 0.13 | 97.50 | 519 129.00 | 22.00 | 512 873.00 | 112 832.00 |
| 0.36 | 0.30 | 0.06 | 97.10 | 1 563 455.00 | 9.81 | 1 610 146.00 | 157 930.00 |
| 0.00 | 0.00 | 0.00 | 0.00 | 0.00 | 0.00 | 0.00 | 0.00 |
| 0.79 | 0.51 | 0.29 | 98.35 | 2 648 434.86 | 27.52 | 2 071 532.12 | 570 111.08 |
| 0.00 | 0.00 | 0.00 | 0.00 | 0.00 | 0.00 | 0.00 | 0.00 |
| 0.25 | 0.19 | 0.06 | 97.18 | 308 259.82 | 16.37 | 317 191.27 | 51 933.60 |
| 0.50 | 0.35 | 0.15 | 99.69 | 871 461.07 | 19.04 | 874 184.11 | 166 462.05 |

| 序号 | 填报单位 | | 产品质量等级品率 | | | | | |
|---|---|---|---|---|---|---|---|---|
| | | | 分等产品总产值/万元 | 指标/% | 优等品产值率/% | 一等品产值率/% | 合格品产值率/% | 工业总产值(现行价)/万元 |
| 39 | 合肥 | 累计 | 1 080 345.00 | 99.88 | 28.17 | 43.41 | 28.42 | 1 080 345.00 |
| 40 | 蚌埠 | 累计 | 285 933.20 | 86.23 | 7.75 | 56.97 | 35.28 | 186 655.40 |
| 41 | 福州 | 累计 | 284 763.99 | 99.45 | 23.64 | 51.62 | 24.74 | 277 027.71 |
| 42 | 南昌 | 累计 | 656 550.00 | 74.05 | 4.80 | 38.50 | 56.70 | 131 032.00 |
| 43 | 济南 | 累计 | 2 348 253.77 | 92.94 | 17.63 | 50.62 | 31.75 | 1 596 675.06 |
| 44 | 青岛 | 累计 | 0.00 | 0.00 | 0.00 | 0.00 | 0.00 | 0.00 |
| 45 | 烟台 | 累计 | 448 003.29 | 76.64 | 10.51 | 32.27 | 57.23 | 527 831.32 |
| 46 | 潍坊 | 累计 | 495 649.03 | 90.83 | 16.70 | 48.63 | 34.32 | 705 114.42 |
| 47 | 济宁 | 累计 | 0.00 | 0.00 | 0.00 | 0.00 | 0.00 | 0.00 |
| 48 | 威海 | 累计 | 1 268 581.00 | 93.75 | 18.45 | 51.25 | 29.64 | 1 268 581.00 |
| 49 | 泰安 | 累计 | 0.00 | 0.00 | 0.00 | 0.00 | 0.00 | 0.00 |
| 50 | 郑州 | 累计 | 748 850.07 | 101.01 | 38.47 | 25.08 | 36.45 | 882 140.08 |
| 51 | 洛阳 | 累计 | 662 752.76 | 86.55 | 11.49 | 50.13 | 38.38 | 442 055.22 |
| 52 | 武汉 | 累计 | 3 001 510.00 | 110.58 | 48.52 | 24.19 | 27.22 | 3 394 067.00 |
| 53 | 黄石 | 累计 | 827 394.94 | 114.04 | 43.04 | 41.98 | 14.97 | 364 378.94 |
| 54 | 十堰 | 累计 | 67 907.79 | 61.63 | 2.30 | 18.66 | 79.04 | 63 111.01 |
| 55 | 宜昌 | 累计 | 239 144.08 | 90.17 | 15.36 | 49.61 | 35.03 | 150 593.38 |
| 56 | 襄樊 | 累计 | 123662.68 | 102.26 | 26.90 | 50.72 | 22.38 | 85 038.34 |
| 57 | 长沙 | 累计 | 3 400 488.34 | 91.64 | 24.96 | 33.37 | 41.67 | 2 945 522.28 |
| 58 | 株洲 | 累计 | 549 314.58 | 117.57 | 49.54 | 36.07 | 14.39 | 352 178.48 |
| 59 | 衡阳 | 累计 | 555 926.51 | 27.05 | 5.38 | 13.41 | 11.13 | 166 351.43 |
| 60 | 岳阳 | 累计 | 70 664.26 | 104.05 | 35.96 | 36.18 | 27.86 | 134 565.26 |
| 61 | 广州 | 累计 | 2 497 003.83 | 103.56 | 39.95 | 27.55 | 32.17 | 2 432 200.77 |
| 62 | 深圳 | 累计 | 0.00 | 0.00 | 0.00 | 0.00 | 0.00 | 0.00 |
| 63 | 湛江 | 累计 | 1 151 609.81 | 57.83 | 7.57 | 0.52 | 91.91 | 25 895.38 |
| 64 | 南宁 | 累计 | 140 775.45 | 96.54 | 25.96 | 41.16 | 32.88 | 54 539.14 |
| 65 | 成都 | 累计 | 3 435 134.86 | 90.95 | 29.08 | 29.70 | 35.26 | 5 017 779.34 |
| 66 | 重庆 | 累计 | 3 259 928.64 | 93.15 | 16.74 | 53.08 | 29.92 | 3 483 258.37 |
| 67 | 自贡 | 累计 | 220 438.00 | 94.65 | 27.26 | 34.78 | 37.96 | 223 527.00 |
| 68 | 内江 | 累计 | 155 978.00 | 81.97 | 21.92 | 20.09 | 57.99 | 176 618.00 |
| 69 | 贵阳 | 累计 | 208 020.56 | 84.90 | 4.54 | 60.72 | 34.74 | 174 746.70 |
| 70 | 昆明 | 累计 | 231 899.43 | 58.66 | 0.03 | 17.53 | 82.18 | 255 941.35 |
| 71 | 西安 | 累计 | 560 535.00 | 64.94 | 2.51 | 24.86 | 72.63 | 487 371.00 |
| 72 | 兰州 | 累计 | 73 189.40 | 72.53 | 7.16 | 30.73 | 62.10 | 38 667.28 |
| 73 | 西宁 | 累计 | 17 680.09 | 67.71 | 0.00 | 35.59 | 64.23 | 0.00 |
| 74 | 石嘴山 | 累计 | 41 689.60 | 118.03 | 59.89 | 16.29 | 23.83 | 0.00 |
| 75 | 乌鲁木齐 | 累计 | 0.00 | 0.00 | 0.00 | 0.00 | 0.00 | 0.00 |
| 总计 | | 累计 | 72 826 432.67 | 92.60 | 21.84 | 42.66 | 34.38 | 69 102 268.88 |

续表

| 质量损失率 | | | 工业产品销售率 | | 新产品产值率 | | |
|---|---|---|---|---|---|---|---|
| 指标/% | 内部损失率/% | 外部损失率/% | 指标/% | 工业销售产值/万元 | 指标/% | 工业总产值（不变价）/万元 | 新产品产值/万元 |
| 0.60 | 0.43 | 0.17 | 99.93 | 2 805 200.00 | 18.35 | 2 807 100.00 | 514 985.00 |
| 0.29 | 0.20 | 0.09 | 96.04 | 271 854.40 | 12.29 | 238 593.90 | 29 331.00 |
| 0.34 | 0.26 | 0.08 | 95.69 | 229 821.78 | 23.79 | 205 348.69 | 48 849.38 |
| 0.83 | 0.52 | 0.32 | 99.33 | 1 064 354.00 | 14.86 | 1 071 495.00 | 159 209.00 |
| 0.36 | 0.23 | 0.13 | 97.52 | 2 303 979.80 | 11.90 | 3 161 900.00 | 376 294.00 |
| 0.00 | 0.00 | 0.00 | 0.00 | 0.00 | 0.00 | 0.00 | 0.00 |
| 0.35 | 0.17 | 0.18 | 98.22 | 584 429.73 | 12.83 | 595 048.30 | 76 318.80 |
| 0.29 | 0.15 | 0.14 | 97.41 | 5 329 803.84 | 15.94 | 5 935 032.20 | 946 220.31 |
| 0.00 | 0.00 | 0.00 | 0.00 | 0.00 | 0.00 | 0.00 | 0.00 |
| 0.67 | 0.53 | 0.14 | 96.76 | 1 227 479.00 | 16.50 | 1 268 581.00 | 209 316.00 |
| 0.00 | 0.00 | 0.00 | 0.00 | 0.00 | 0.00 | 0.00 | 0.00 |
| 0.53 | 0.21 | 0.33 | 96.57 | 933 296.42 | 6.53 | 889 769.01 | 58 088.44 |
| 1.38 | 0.66 | 0.72 | 100.14 | 1 581 023.78 | 6.86 | 1 578 788.20 | 108 242.30 |
| 0.44 | 0.28 | 0.16 | 104.29 | 3 958 447.00 | 22.93 | 3 290 905.00 | 754 614.00 |
| 0.19 | 0.12 | 0.07 | 96.74 | 255 443.88 | 31.06 | 391 101.47 | 121 473.75 |
| 0.55 | 0.50 | 0.05 | 91.56 | 64 558.71 | 10.75 | 57 996.93 | 6 234.27 |
| 0.44 | 0.33 | 0.11 | 66.93 | 427 337.47 | 1.81 | 638 882.50 | 11 557.48 |
| 0.52 | 0.22 | 0.30 | 99.77 | 161 551.09 | 16.78 | 125 419.87 | 21 041.20 |
| 0.71 | 0.43 | 0.27 | 88.25 | 3 583 972.29 | 10.65 | 3 133 995.89 | 333 847.37 |
| 1.28 | 0.86 | 0.41 | 97.93 | 2 043 697.90 | 4.09 | 2 086 934.00 | 85 326.90 |
| 0.47 | 0.27 | 0.20 | 94.38 | 68 847.99 | 17.84 | 94 127.27 | 16 795.36 |
| 0.14 | 0.08 | 0.06 | 111.98 | 150 682.08 | 0.31 | 134 565.26 | 413.14 |
| 0.62 | 0.38 | 0.24 | 99.93 | 2 684 209.43 | 14.73 | 1 948 075.41 | 287 040.22 |
| 0.00 | 0.00 | 0.00 | 0.00 | 0.00 | 0.00 | 0.00 | 0.00 |
| 0.88 | 0.49 | 0.39 | 97.83 | 1 974 287.89 | 10.47 | 15 725.79 | 1 646.60 |
| 0.75 | 0.43 | 0.32 | 80.84 | 158 456.85 | 12.32 | 90 455.77 | 11 140.36 |
| 0.38 | 0.28 | 0.10 | 97.50 | 13 730 509.20 | 3.47 | 14 082 600.00 | 488 912.40 |
| 1.58 | 0.42 | 1.16 | 97.08 | 3 681 323.01 | 31.62 | 3 461 253.09 | 1 094 275.79 |
| 0.54 | 0.39 | 0.15 | 98.39 | 219 920.00 | 14.50 | 223 527.00 | 32 417.00 |
| 0.27 | 0.19 | 0.08 | 98.75 | 174 417.00 | 9.04 | 176 618.00 | 15 964.00 |
| 2.28 | 1.47 | 0.80 | 101.17 | 188 534.98 | 25.20 | 186 357.81 | 46 956.99 |
| 0.67 | 0.39 | 0.28 | 96.04 | 1 075 017.00 | 3.83 | 1 119 288.10 | 42 874.90 |
| 0.14 | 0.05 | 0.09 | 96.70 | 5 136 000.00 | 10.45 | 5 311 000.00 | 555 000.00 |
| 0.66 | 0.42 | 0.24 | 89.40 | 624 052.81 | 12.36 | 36 360.65 | 4 495.20 |
| 0.00 | 0.00 | 0.00 | 89.07 | 23 243.23 | 13.86 | 26 094.33 | 3 617.75 |
| 0.00 | 0.00 | 0.00 | 70.41 | 102 941.82 | 0.00 | 0.00 | 0.00 |
| 0.00 | 0.00 | 0.00 | 0.00 | 0.00 | 0.00 | 0.00 | 0.00 |
| 0.62 | 0.37 | 0.24 | 97.85 | 141 553 652.06 | 16.97 | 138 066 051.06 | 234 329 908.26 |

**2000 年千户企业质量指标**

| 序号 | 省市 | | 产品质量等级品率 | | | | 质量损失率 | |
|---|---|---|---|---|---|---|---|---|
| | | | 工业总产值（不变价）/万元 | 等级品率/% | 优等品率/% | 一等品率/% | 工业总产值现价/万元 | 工业增加值/万元 |
| 1 | 北京 | 累计 | 3 024 474.26 | 112.99 | 55.00 | 15.99 | 1 745 776.64 | 84 175.40 |
| 2 | 天津 | 累计 | 1 261 516.45 | 102.69 | 17.48 | 70.42 | 695 367.95 | 258 336.58 |
| 3 | 河北 | 累计 | 4 151 439.76 | 104.27 | 38.29 | 31.97 | 5 527 164.74 | 1 426 200.93 |
| 4 | 山西 | 累计 | 422 192.67 | 87.58 | 17.89 | 39.37 | 290 677.91 | 13 031.94 |
| 5 | 内蒙古 | 累计 | 357 808.07 | 82.28 | 23.41 | 17.75 | 212 916.30 | 101.70 |
| 6 | 黑龙江 | 累计 | | | | | | |
| 7 | 吉林 | 累计 | 188 597.00 | 99.27 | 19.74 | 59.05 | 200 542.30 | 22 388.00 |
| 8 | 辽宁 | 累计 | | | | | | |
| 9 | 山东 | 累计 | 200 701.80 | 106.90 | 41.37 | 31.07 | 291 802.10 | |
| 10 | 上海 | 累计 | 11 302 765.93 | 100.21 | 15.87 | 68.68 | 12 197 601.91 | 2 664 293.42 |
| 11 | 江苏 | 累计 | 1 933 247.50 | 106.27 | 31.80 | 48.95 | 1 905 626.00 | |
| 12 | 安徽 | 累计 | | | | | | |
| 13 | 浙江 | 累计 | | | | | | |
| 14 | 江西 | 累计 | 810 495.27 | 88.19 | 21.01 | 34.36 | 505 839.74 | 239 416.38 |
| 15 | 福建 | 累计 | 635 772.97 | 114.56 | 45.53 | 38.05 | 300 262.14 | 7 289.00 |
| 16 | 河南 | 累计 | 2 697 418.99 | 110.94 | 37.16 | 47.56 | 2 229 201.51 | 331 785.75 |
| 17 | 湖北 | 累计 | 689 162.27 | 102.90 | 32.56 | 40.68 | 994 724.26 | 93 649.58 |
| 18 | 湖南 | 累计 | 1 596 549.25 | 99.55 | 37.21 | 24.68 | 1 502 209.60 | 368 904.07 |
| 19 | 广东 | 累计 | 937 585.14 | 112.86 | 52.80 | 20.12 | 372 497.64 | 98 636.23 |
| 20 | 海南 | 累计 | | | | | | |
| 21 | 广西 | 累计 | 834 170.96 | 103.63 | 33.32 | 40.62 | 892 211.81 | 209 784.74 |
| 22 | 陕西 | 累计 | 1 889 628.31 | 89.03 | 14.54 | 48.97 | 1 449 171.22 | 243 038.45 |
| 23 | 宁夏 | 累计 | 92 813.89 | 99.46 | 17.97 | 62.97 | 88 627.99 | 2 935.95 |
| 24 | 甘肃 | 累计 | 1 896 927.38 | 113.92 | 50.34 | 27.17 | 3 095 808.47 | 688 400.91 |
| 25 | 青海 | 累计 | | | | | | |
| 26 | 新疆 | 累计 | | | | | | |
| 27 | 四川 | 累计 | 4 244 804.73 | 102.43 | 24.74 | 55.37 | 4 595 482.24 | 1 447 667.88 |
| 28 | 贵州 | 累计 | 1 517 037.38 | 89.29 | 28.81 | 20.97 | 880 803.51 | 374 357.77 |
| 29 | 云南 | 累计 | 539 615.00 | 107.51 | 45.23 | 24.56 | 794 434.00 | 488 217.00 |
| 30 | 西藏 | 累计 | | | | | | |
| 31 | 重庆 | 累计 | 4 127 658.99 | 100.48 | 11.49 | 77.97 | 2 654 000.26 | 584 452.91 |
| 32 | 合计 | 累计 | 45 352 383.98 | 102.55 | 27.93 | 49.25 | 43 422 750.23 | 9 647 064.59 |

**综合报表（各省市）**

| | | 产销率 | | 新产品产值率 | | 稳定提高率 | | 上报企业数量 |
|---|---|---|---|---|---|---|---|---|
| 质量损失率 $F$/% | 质量损失率 $F'$/% | 工业销售产值/万元 | 产销率/% | 新产品产值/万元 | 新产品产值率/% | 可比项数 | 稳定提高率/% | |
| 0.55 | 3.84 | 2 911 818.89 | 96.64 | 759 142.16 | 28.76 | 9 | 100.00 | 12 |
| 0.35 | 0.89 | 1 447 897.54 | 100.03 | 531 076.65 | 58.16 | 297 | 98.65 | 32 |
| 0.37 | 1.42 | 6 632 069.53 | 98.22 | 844 585.93 | 13.18 | 780 | 90.51 | 49 |
| 0.24 | 3.56 | 456 457.18 | 92.00 | 33 067.29 | 10.73 | 39 | 94.87 | |
| 0.78 | 22.42 | 166 288.00 | 78.10 | 10 426.90 | 5.05 | 15 | 73.33 | |
| | | | | | | | | |
| 0.24 | 1.59 | 298 289.00 | 97.28 | 18 471.00 | 6.96 | 245 | 97.96 | 11 |
| | | | | | | | | |
| 0.28 | | 292 203.50 | 100.14 | 40 493.30 | 13.88 | | | |
| 0.51 | 2.00 | 12 399 174.69 | 98.18 | 4 477 274.86 | 35.44 | | | 69 |
| 0.63 | | 674 275.00 | 93.21 | 158 811.00 | 23.05 | 402 | 90.80 | 70 |
| | | | | | | | | |
| | | | | | | | | |
| 0.61 | 1.28 | 1 259 889.98 | 105.94 | 329 043.11 | 27.67 | 89 | 89.89 | 5 |
| 0.79 | 2.86 | 1 021 237.24 | 100.29 | 56 771.95 | 17.19 | 106 | 96.23 | |
| 0.99 | 4.85 | 2 539 534.05 | 84.39 | 828 027.63 | 36.96 | 1 251 | 92.09 | 29 |
| 0.20 | 0.56 | 1 220 413.27 | 102.45 | 93 737.45 | 13.94 | 146 | 91.10 | 12 |
| 0.51 | 0.77 | 3 233 075.81 | 100.00 | 204 861.16 | 6.85 | 591 | 86.97 | 24 |
| 0.60 | 2.77 | 1 206 238.59 | 92.71 | 252 297.93 | 37.77 | 62 | 88.71 | |
| | | | | | | | | |
| 0.74 | 1.48 | 983 787.50 | 101.23 | 390 895.91 | 47.15 | 657 | 96.04 | 10 |
| 2.38 | 6.87 | 1 694 991.51 | 94.36 | 286 711.55 | 16.15 | 531 | 79.28 | 22 |
| 0.63 | 18.89 | 126 894.03 | 115.28 | 5 178.03 | 9.92 | | | |
| 0.38 | 1.68 | 3 103 408.90 | 100.25 | 329 887.37 | 10.66 | 678 | 95.13 | 31 |
| | | | | | | | | |
| | | | | | | | | |
| 0.45 | 1.27 | 4 909 151.21 | 100.50 | 1 876 506.94 | 43.93 | 1 431 | 92.87 | 45 |
| 1.18 | 2.64 | 2 277 606.46 | 100.44 | 152 779.74 | 6.74 | 798 | 94.86 | 21 |
| 0.23 | 0.38 | 778 677.00 | 98.02 | 9 948.00 | 1.25 | 121 | 93.39 | |
| | | | | | | | | |
| 0.71 | 2.28 | 2 700 935.51 | 98.71 | 1 166 037.15 | 43.53 | | | 23 |
| 0.59 | 1.87 | 52 334 314.40 | 97.87 | 12 856 033.00 | 26.67 | 8 248 | 92.06 | 465 |

**2000 年千户企业质量指标**

| 行业 | | 产品质量等级品率 | | | | | | | | 稳定提高率 | | | 企业数量 |
|---|---|---|---|---|---|---|---|---|---|---|---|---|---|
| | | 工业总产值(不变)/万元 | 优等品产值/万元 | 一等品产值/万元 | 合格品产值/万元 | 等级品率/% | 优等品率/% | 一等品率/% | 合格品率/% | 稳定提高项数 | 可比项总数 | 稳定提高率 | |
| 机械 | 累计 | 14 003 257.28 | 781 194.60 | 9 861 705.47 | 3 360 357.21 | 90.79 | 5.58 | 70.42 | 24.00 | 1 834 | 2 101 | 87.29 | 139 |
| 电子 | 累计 | 6 726 494.60 | 866 021.23 | 4 659 216.01 | 1 201 257.36 | 97.51 | 12.87 | 69.27 | 17.86 | 920 | 976 | 94.26 | 38 |
| 冶金 | 累计 | 6 346 415.45 | 2 533 441.95 | 1 728 291.18 | 2 084 682.32 | 103.54 | 39.92 | 27.23 | 32.85 | 586 | 639 | 91.71 | 42 |
| 化工 | 累计 | 2 226 527.48 | 1 190 422.99 | 652 312.88 | 383 791.61 | 118.11 | 53.47 | 29.30 | 17.24 | 1 001 | 1 043 | 95.97 | 54 |
| 石化 | 累计 | 4 308 984.42 | 2 176 240.46 | 1 051 922.24 | 1 080 821.72 | 112.71 | 50.50 | 24.41 | 25.08 | 305 | 308 | 99.03 | 21 |
| 邮电 | 累计 | 178 399.45 | 62 517.05 | 72 428.08 | 43 454.32 | 105.34 | 35.04 | 40.60 | 24.36 | 27 | 34 | 79.41 | 5 |
| 轻工 | 累计 | 3 657 614.61 | 1 389 634.85 | 1 683 354.73 | 584 625.03 | 111.00 | 37.99 | 46.02 | 15.98 | 669 | 721 | 92.79 | 44 |
| 纺织 | 累计 | 1 077 872.24 | 206 801.60 | 790 237.57 | 80 833.07 | 105.84 | 19.19 | 73.31 | 7.50 | 249 | 278 | 89.57 | 32 |
| 建材 | 累计 | 520 190.58 | 266 273.63 | 165 144.36 | 88 772.59 | 117.06 | 51.19 | 31.75 | 17.07 | 270 | 297 | 90.91 | 22 |
| 有色 | 累计 | 2 258 188.79 | 1 630 629.66 | 357 026.83 | 270 532.31 | 130.11 | 72.21 | 15.81 | 11.98 | 443 | 496 | 89.31 | 23 |
| 医药 | 累计 | 1 645 562.19 | 477 181.81 | 657 981.21 | 510 399.18 | 98.99 | 29.00 | 39.99 | 31.02 | 669 | 717 | 93.31 | 21 |
| 中医药 | 累计 | 151 217.13 | 31 788.51 | 41 704.13 | 77 724.48 | 84.81 | 21.02 | 27.58 | 51.40 | 24 | 24 | 100 | 4 |
| 船舶 | 累计 | 26 398.00 | 1.00 | 19 944.00 | 6 453.00 | 87.78 | 0.00 | 75.55 | 24.45 | 9 | 10 | 90.00 | 1 |
| 消防 | 累计 | | | | | | | | | | | | |
| 烟草 | 累计 | 2 009 801.03 | 987 108.03 | 493 376.80 | 529 316.20 | 111.39 | 49.11 | 24.55 | 26.34 | 436 | 437 | 99.77 | 8 |
| 其它 | 累计 | 215 460.73 | 67 616.97 | 101 491.79 | 46 351.97 | 104.93 | 31.38 | 47.10 | 21.51 | 151 | 167 | 90.42 | 11 |
| 合计 | 累计 | 45 352 383.98 | 12 666 874.34 | 22 336 137.28 | 10 349 372.36 | 102.55 | 27.93 | 49.25 | 22.82 | 7 593 | 8 248 | 92.06 | 465 |

**综合报表(各行业)**

| 质量损失率 | | | | | | 产品销售率 | | | 新产品值率 | | |
|---|---|---|---|---|---|---|---|---|---|---|---|
| 工业总产值(现价)/万元 | 工业增加值/万元 | 内部质量损失/万元 | 外部质量损失/万元 | 质量损失率 $F$/% | 质量损失率 $F'$/% | 工业销售产值/万元 | 工业总产值(现价)/万元 | 产销率/% | 新产品产值/万元 | 工业总产值(现价)/万元 | 新产品产值率/% |
| 11 945 011.76 | 2 695 262.03 | 31 798.69 | 67 167.52 | 0.83 | 2.71 | 11 639 450.33 | 11 837 615.67 | 98.33 | 6 313 445.42 | 11 342 052.38 | 55.66 |
| 4 462 975.59 | 1 263 066.99 | 37 373.99 | 20 468.23 | 1.30 | 2.80 | 4 288 364.53 | 4 609 238.49 | 93.04 | 2 296 276.01 | 4 597 554.90 | 49.95 |
| 9 377 759.42 | 1 670 572.52 | 30 681.61 | 4 244.90 | 0.37 | 1.48 | 9017 114.09 | 9 107 473.69 | 99.01 | 984 658.78 | 8 577 419.00 | 11.48 |
| 1 436 250.88 | 252 677.08 | 5 627.44 | 3 792.00 | 0.66 | 2.76 | 2 760 868.94 | 2 808 058.83 | 98.32 | 411 126.37 | 1 987 590.76 | 20.68 |
| 5 838 460.13 | 429 049.50 | 4 931.72 | 127.95 | 0.09 | 1.07 | 9 970 590.85 | 9 964 442.72 | 100.06 | 323 122.42 | 6 300 339.28 | 5.13 |
| 169 794.95 | 21 530.04 | 772.38 | 640.65 | 0.83 | 2.82 | 145 875.08 | 169 795.08 | 85.91 | 29 565.20 | 95 121.03 | 31.08 |
| 3163226.78 | 776501.39 | 7695.53 | 9490.37 | 0.54 | 1.69 | 3310737.37 | 3 465 261.57 | 95.54 | 1 495 427.94 | 3 350 357.51 | 44.63 |
| 1 085 622.29 | 259 694.75 | 10 477.80 | 541.19 | 1.01 | 3.69 | 971 735.25 | 1 024 331.69 | 94.87 | 328 436.46 | 972 979.45 | 33.76 |
| 310 034.36 | 81 635.04 | 2 806.94 | 258.80 | 0.99 | 3.69 | 736 168.27 | 745 539.50 | 98.74 | 73 013.86 | 453 996.35 | 16.08 |
| 2 022 072.65 | 443 311.74 | 5 827.00 | 3 379.07 | 0.46 | 0.83 | 3 427 715.49 | 3 493 880.69 | 98.11 | 214 378.14 | 2 115 386.56 | 10.13 |
| 897 970.67 | 362 956.55 | 900.09 | 160.68 | 0.12 | 0.24 | 950 730.14 | 1 056 614.26 | 89.98 | 207 623.18 | 988 031.67 | 21.01 |
| 54 222.50 | 3 636.20 | 40.18 | 65.20 | 0.19 | 0.00 | 163 677.59 | 162 472.48 | 100.74 | 13 909.68 | 122 582.55 | 11.35 |
| 5 168.00 | 794.00 | 1.56 | 1.20 | 0.05 | 0.35 | 7 061.00 | 5 167.97 | 136.63 | 2 196.00 | 5 168.27 | 42.49 |
| | | | | | | | | | | | |
| 2 466 531.93 | 1 369 972.82 | 4 654.46 | 262.13 | 0.20 | 0.32 | 3 918 960.16 | 3 905 365.86 | 100.35 | 187 845.05 | 3 165 501.00 | 5.93 |
| 187 648.33 | 16 403.94 | 721.93 | 232.02 | 0.51 | 0.95 | 1 025 265.30 | 1 093 955.57 | 93.72 | 7054.51 | 57583.02 | 12.25 |
| 43 422 750.23 | 9 647 064.59 | 144 311.31 | 110 831.91 | 0.59 | 1.87 | 52 334 314.40 | 53 472 385.75 | 97.87 | 12 856 033.00 | 48 212 772.12 | 26.67 |

# 质量监督

# 概　述

2000年质量监督工作在党的“十五大”、十五届四中全会精神指导下，认真贯彻落实中央经济工作会议和全国质量工作会议精神，针对社会主义市场经济的建立、加入WTO和质量技术监督系统实行垂直管理的新形势，围绕认真落实《国务院关于进一步加强产品质量工作若干问题的决定》，充分发挥质量技术监督部门综合管理和行政执法的双重职能，加强质量监督，加大行政执法、打假力度，努力提高了质量监督的有效性。

**【认真贯彻落实《国务院关于进一步加强产品质量工作若干问题的决定》，加强质量监督工作】**

1. 突出重点，认真组织好产品质量国家监督抽查工作。2000年国家监督抽查以关系国计民生及涉及人体健康和人身财产安全的产品为主线，同时兼顾与人民生活密切相关的消费品。全年共抽查了8 142家企业的9 705种产品，合格7 655种，抽样合格率为78.9%。

产品质量国家季度抽查工作。第1季度重点抽查了农业生产资料和与消费者生活关系密切的产品，抽样合格率为80.2%；第2季度重点抽查了一些影响国计民生的重要工业产品和消费类产品，抽样合格率为78.9%；第3季度重点抽查了消费品、建材和化工产品，抽样合格率为80.4%；第4季度重点抽查了一些涉及人身健康、财产安全的重要工业产品。

产品质量国家监督专项抽查工作。为了规范市场行为，督促企业保证产品质量，保护消费者的利益，2000年组织了消费者反映强烈的热点产品(如电冰箱、化妆品、方便面、肉类食品、家用燃气灶、小家电、普通照明灯泡、婴幼儿配方奶粉、木制家具等)国家监督专项抽查；中秋佳节月饼产品质量监督专项抽查；降价和低价彩电质量国家监督专项抽查；针对社会上对进口冻鸡肉的争论，组织了对冻鸡肉的专项抽查；为了配合在全国范围内开展的汽配产品专项打假活动，组织了制动软管、前照灯、汽车用制动器衬片等产品的专项抽查。

2. 认真做好产品质量不合格企业的处理工作。为了切实贯彻落实《产品质量法》和《国务院关于进一步加强产品质量工作若干问题的决定》(国发［1999］24号)，进一步加强产品质量国家监督抽查后处理工作，督促企业、特别是企业领导增强法律意识，促进产品质量的提高，国家局直接组织了二期不合格厂长(经理)培训班，以引起各界对质量工作的重视。各地质量技术监督部门通过召开质量分析会和不合格厂长(经理)学习班等方式，帮助企业领导提高质量意识，查找产品质量不合格的原因，督促国家监督抽查不合格企业进行整改，并对不合格企业按期进行复查。

3. 会同行业主管部门对产品质量进行整顿。为落实吴邦国副总理关于“普通照明灯泡抽样合格率仅为60%，令人难以相信。不顾质量，削价销售，既害人又害己。请认真抓一下企业质量管理，对不重视质量管理的企业领导要严肃处理”的批示，会同国家轻工业局召开了普通照明灯泡产品的质量分析会。与会的企业代表认真学习领会吴邦国副总理的批示，认真查找近几年灯泡质量下降的原因。监督抽查不合格的企业表示一定要认真抓整改，针对产品不合格的原因采取有效措施，切实加强企业的质量管理和标准化等企业基础性工作，不断提高产品质量。

4. 加大对国家监督抽查结果的宣传力度。根据国务院领导指示，经商人民日报同意，在《人民日报》第4版开设了“曝光台”开辟专栏，每周定期刊登国家监督抽查结果，曝光不合格产品。“曝光台”的设立得到了企业和消费者的广泛赞誉。从2000年6月起，在中央人民广播电台开辟了定斯播出国家监督抽查结果专栏。《人民日报》、《经济日报》、《中国质量报》和中央人民广播电台每周定期发布国家监督抽查结果，新华社、中央电视台及其他各新闻媒介不定期刊登国家监督抽查结果，定期与不定期相结合，广播、电视、报刊相结合，初步形成了一个国家监督抽查工作宣传网络。

为更好地总结、宣传十五年来国家监督抽查工作取得的成绩，组织开展了“国家监督抽查十五年三十类重点产品质量状况回顾与分析”活动。通过对30类重点产品的质量状况的分析，突出国家监督抽查在上述各类产品质量的提高上所起到的作用。

5. 促进国有大中型企业产品竞争能力，启动了产品免检工作。为减轻企业负担，扶优扶强，规范全国的免检工作，根据《国务院关于进一步加强产品质量工作若干问题的决定》，起草、印发了《产品免于质量监督检查管理办法》、《免检实施细则》和2000年开展免检工作的产品目录。第一批免检产品及企业2000年年底公布。

**【认真实施新《产品质量法》，严格依法行政，加强市场监管】**

1. 2000年组织全国实施了元旦、春节“查市场、保两节”百姓生活“五子”商品大检查。总计监督抽查了106 316家商店的264 601批次商品，合格212 415批次，批次合格率为80.3%。查获伪劣商品标值40 209.21万元。共出动执法人员428 731人次，检查专业市场10 361个，检查商业门店329 864家，检查专业商业街4 551条，查处销售伪劣商品商店49 467家，摊商35 077个，端掉制造伪劣商品窝点1 957个，查处违法案件47 810件。其中移送司法机关的案件143件，提请吊销营业执照41个。编发了三期《重要情况反映》。

2. 针对烟花爆竹爆炸造成人身财产伤亡等多次重大安全事故的发生，根据江泽民总书记等中央领导同志的批示和国务院《紧急通知》要求，向全国部署了对烟花爆竹等产品的安全大检查和清理整顿工作，并根据中央办公厅要求，代局党组起草质量技术监督系统落实江总书记指示精神情况的报告，编发了《重要情况反映》和有关新闻报道。

3．积极做好陈化粮鉴定工作。在1999年工作的基础上，编发了《重要情况反映》上报国务院，根据国务院领导同志的批示，提出安排了今年陈化粮鉴定和对鉴定工作的调查与抽查工作，与财政部、计委协调了《陈化粮鉴定检验收费标准》，与粮食储备局一同组织修改了《粮油储存品质判定规则》。并会同国家计委、粮食储备局等部门共同实施了对全国储备粮的联合清查活动。

4．加强专项产品的治理。一是根据朱总理、吴邦国总理对山东滨州假酒一条街的批示，会同国家工商局赴滨州进行了联合调查，并督促当地政府对假酒问题进行了全面深入清理整顿，制订了六类管理制度，起草并上报了给国务院的情况报告。二是根据国家环保要求，会同有关部门组织开展了对一次性发泡塑料餐具的淘汰取缔和治理替代工作。三是落实国务院领导批示，在国际贸易和我国入世相关领域中发挥作用，会同外经贸部等部门对进口肉鸡、中越边贸市场监管等方面进行了联合研究治理。会同国家经贸委等部门对进口钛材加强了监督管理，下发了有关治理工作文件。四是针对防晒化妆品反映出的有关问题，对防晒化妆品防晒功效问题组织召开了防晒化妆品专题研讨会，逐步对防晒化妆品进行有效规范。

5．结合产业调整，配合有关部门，加强行政执法工作。2000年会同国家经贸委等有关部门继续开展实施了“关五小”的有关工作。根据“全国建材、成品油、钢材整顿工作会议”精神，积极参与有关调查、检查活动，联合部署了治理整顿的相关工作，并对各地在“关五小”工作中的执法打假活动进行了指导、检查。目前已会同有关部门取缔土炼油场点6 000多座，关闭小炼油厂111家。会同农业部开展了对联合收割机质量的跟踪调查。

**【贯彻落实国务院领导“铁碗抓质量”的指示精神，突出“三重一大”，积极开展“打假”执法工作】**

1．认真研究打假工作，提出新形势下“进一步提出深入开展打假工作思路（三重一大）”，印发了《国家质量技术监督局关于深入开展“三重一大”“打假”工作的实施意见》文件，以指导全系统深入开展打假工作。

2．认真落实打假工作责任制，印发了国家质量技术监督局、监察部《关于对质量工作和“打假”工作责任制落实情况进行检查的通知》（质技监局办发［2000］59号），会同监察部联合部署在全国检查质量工作和“打假”工作责任制落实情况。

3．落实国务院领导批示，抓大案要案。一是落实吴邦国副总理的批示，会同国家工商局联合组织了查处安徽芜湖市马塘区制售假冒伪劣名优糖果违法行为的专项行动，并完成了以两局领导名义向吴邦国副总理汇报的《关于落实吴邦国副总理“10.26”批示的情况报告》。二是为落实吴邦国副总理关于对查处假冒强生公司生产的“邦迪”牌创可贴问题的批示，部署了17个省（市、区）开展专项“打假”活动。三是为落实吴邦国副总理关于对长春汽贸城经销假冒伪劣汽车配件问题的批示，部署了整顿治理长春汽贸城经销假冒伪劣汽配件问题。四是落实温家宝副总理的批示，部署了治理整顿山西运城和内蒙赤峰经销假冒伪劣农资产品的工作，起草了向吴邦国、温家宝副总理汇报落实情况的报告。

4．认真部署专项打假工作。2000年部署了农资、汽车配件、燃气用具专项“打假”活动。配合“3·15”消费者权益保护日活动，组织河北、北京、天津质量监督执法人员及中央电视台记者对河北保定南市区和清苑县区域性制售假冒伪劣建筑钢材违法行为开展大规模的联合“打假”行动。

5．与有关部门共同开展打假工作。会同农业、机械、石化、供销等部门联合召开“农业生产资料质量整顿和‘打假’电视电话会议”。会同国家冶金局联合在全国部署了打击生产和经销假冒伪劣螺纹钢等建筑钢材违法行为专项活动，并联合转发了保定市政府“五个彻底”做法的文件。会同国家冶金局召开了“全国打击生产和经销劣质钢材违法行为电视电话会议”。

6．积极开展“打假保名优”和“创建购物放心一条街”。据统计2000年底“打假保名优”活动涉及的产品800种；首批公布了“创建购物放心一条街”活动试点街区名单（103条）。

7．组织落实朱镕基总理等国务院领导关于开展联合打假行动的工作。一是起草了“国务院关于开展严厉打击制售假冒伪劣商品违法犯罪活动联合行动的通知”。二是协助国务院办公厅组织召开了“开展严厉打击制售假冒伪劣商品违法犯罪活动联合行动”全国电视电话会议。三是筹组成立了全国打假工作协调小组和全国打假工作协调小组办公室。四是发动、督导质量技术监督系统积极贯彻国务院“关于联合打假行动的通知”，开展大规模有实效的打假行动。五是积极做好与有关部门的协调工作。

**【加强质量监督基础建设】**

1．建章立制，逐步形成有效的质量监督机制。一是根据国家局提出的建立市场安全准入监控体系的工作思路，组织调研、论证并起草完成《电器安全监督管理办法》、《消费品安全监督管理办法》。二是根据我局光明工程计划，经过调研论证，起草完成了《眼镜生产经营监督管理办法》。三是根据去年“五个一批”和“三大战役”及对六类专业市场治理整顿的工作要求，组织起草了《燃气用具产品质量监督管理办法》、《建筑工程材料质量监督管理办法》、《商业企业质量经营工作规范》、《珠宝玉石生产经营管理办法》、《汽车配件生产经营管理办法》等初稿。

2．做好执法指导的基础性工作。根据2000年有关重点工作安排，为全面抓好全系统行政执法工作，切实解决执法队伍建设和执法实务中的有关问题，起草了《执法若干问题指导意见》，作为指导全国行政执法的重要文件。

3．加强质量监督信息系统建设。一是对质量监督信息系统和数据库的建立进行了规划。二是完成了地方产（商）品统计软件的一期开发和升级。三是对地方统计数据报表进行了修改和规范。

4．加强内部管理，编制了《监督司会议制度及议事规则》、《监督司文件管理规定》。

**【根据《国务院关于深化棉花流通体制改革的决定》，继续开拓创新，加大棉花纤维检验工作力度】** 2000年棉花纤维检验工作根据《国务院关于深化棉花流通体制改革的决定》(国务院发〔1998〕42号)文件要求，贯彻了国务院关于动用国家储备棉调控棉花市场的指示精神，弥补了1999年度新棉产需缺口，满足了纺织工业的需要；在前期工作的基础上稳步推进了国储棉公证检验、经营性棉花公证检验试点工作，确保了国家对棉花市场及时调控的进度需要，规范了棉花流通秩序；开展了棉花打假专项行动，严厉打击了造假分子的嚣张气焰，遏制了棉花掺杂使假的蔓延势头；加大了棉花质量监督力度，共监督检验棉花9 681批，23.57万吨；继续抓好毛麻茧化纤质量监督工作中的山羊绒国家检验，下发了《进一步加强和完善山羊绒国家检验试点工作的通知》；进一步完善了机构制度建设的相应工作。

**【加强产品申诉处理和仲裁工作】** 2000年国家质量技术监督局共受理消费者、用户的质量申诉59 963件，处理56 702件；按照《产品质量仲裁检验和产品质量鉴定管理办法》规定，接受司法机关产品质量鉴定申请19件，指定有关鉴定组织单位实施鉴定13件。

## 产品质量国家监督检查

2000年，国家质量技术监督局每季度组织一次产品质量国家监督抽查。

**【产品质量国家监督抽查】** 2000年4个季度的产品质量国家监督抽查一共抽查了235类8 142家企业生产、经销的9 705种产品，合格7 655种，平均抽样合格率为78.9%，比1998年的77.8%提高了1.1个百分点，比1999年的78.6%提高了0.3个百分点，已连续6年稳定在75%以上。抽样合格率为80.0%～100%的有137类产品，占全年抽查类别总数的58.3%，比1999年上升了4.9个百分点；抽样合格率为60.0%～79.9%的有64类产品，占全年抽查类别总数的27.2%；抽样合格率低于60.0%的有34类产品，占全年抽查类别总数的14.5%。

从4个季度的情况看，第1季度抽查了2 201家企业的68类2 683种产品，合格2 151种，抽样合格率为80.2%，比1999年第1季度的77.8%提高了2.4个百分点；第2季度抽查了1 934家企业的45类2240种产品，合格1 767种，抽样合格率为78.9%，比1999年第2季度的79.4%下降了0.5个百分点；第3季度抽查了2 110家企业的61类2 451种产品，合格1 971种，抽样合格率为80.4%，比1999年第3季度的79.0%提高了1.4个百分点；第4季度抽查了1 897家企业的63类2 331种产品，合格1 766种，抽样合格率为75.8%，比1999年第4季度的78.4%下降了2.6个百分点。

从抽查的企业情况看，全年共抽查了1 306家大型企业生产、经销的1 741种产品，合格1 627种，产品抽样合格率为93.5%，高于全年平均抽样合格率14.6个百分点；抽查了2 294家中型企业生产、经销的2 794种产品，合格2 417种，产品抽样合格率为86.5%，高出全年平均抽样合格率7.6个百分点；抽查了4 542家小型企业生产经销的5 170种产品，合格3 611种，产品抽样合格率为69.8%，低于全年平均抽样合格率9.0个百分点。

另外，对不同规模企业两年的抽查结果进行比较分析，大型企业的产品抽样合格率与1999年相比提高了1.6个百分点；中型企业的产品抽样合格率与1999年相比提高了2.3个百分点；而小型企业的产品抽样合格率与1999年相比略有上升。

从企业的性质分析，全年共抽查了2 285家国有企业生产、经销的2 829种产品，合格2 445种，产品抽样合格率为86.4%，高于全年平均抽样合格率7.5个百分点；抽查了3 048家集体、股份制企业生产、经销的3 590种产品，合格2 851种，产品抽样合格率为79.4%，高于全年平均抽样合格率0.5个百分点，抽查了1 393家私营、个体企业生产、经销的1 553种产品，合格912种，产品抽样合格率为58.7%，低于全年平均抽样合格率20.2个百分点；抽查了1 256家三资企业的生产。经销的1 548种产品，合格1 332种，产品抽样合格率为86.0%，高于全年平均抽样合格率7.1个百分点。

合资、国有、独资、股份企业产品的抽样合格率较高，而个体、私营企业产品的抽样合格率较低。全年合资、国有、独资、股份企业的产品抽样合格率分别为87.2%、86.4%、85.5%和82.4%。其中，股份和独资企业产品抽样合格率波动较大，与1999年同类型企业的产品抽样合格率相比，股份提高了3.4个百分点，独资降低了4.1个百分点。而个体、私营企业产品的抽样合格率分别为39.2%和6.53%，低于全年平均抽样合格率39.7和13.6个百分点。

按产品的大类分析，在抽查的9 705种产品中，有消费品4 490种，合格3 330种，抽样合格率为74.2%，比平均抽样合格率低4.7个百分点；其中耐用消费品828种，合格631种，抽样合格率为76.2%。一般消费品3 662种，合格2 699种，抽样合格率73.7%。抽查生产资料产品5 215种，合格4 325种，抽样合格率为82.9%，比平均抽样合格率高4.0个百分点；其中，工业生产资料产品3 899种，合格3 283种，抽样合格率为84.2%，农业生产资料产品1 316种，合格1 042种，抽样合格率为79.2%。

按产品的类型分析，在抽查的9 705种产品中，有原材料产品2 251种，合格2 004种，抽样合格率为89.0%，比平均抽样合格率高10.1个百分点；抽查零部件、基础件产品1 119种，合格815种，抽样合格率为72.8%，比平均抽样合格率低6.1个百分点；抽查整机或成品6 335种，合格4 836种，抽样合格率为76.3%，比平均抽样合格率低2.6个百分点。

按产品的安全性分析，在抽查的9 705种产品中，有直接涉及人身安全健康的产品 4 615 种，合格 3 485 种，抽样合格率为 75.5%，比平均抽样合格率低 3.4 个百分点；其他产品 5 090 种，合格 4 170 种，抽样合格率为 81.9%，比平均抽样合格率高 3.0 个百分点。

从抽查的地方情况看，抽样合格率在 80%以上的有 11 个地方，依次为：西藏 100%；贵州省 92.8%；宁夏 92.0%；云南 91.0%；新疆 88.9%；内蒙古 87.2%；海南 85.7%；上海 85.0%；河南 83.4%；江苏 81.4%；辽宁 80.9%。抽样合格率在 70.0%～79.9%的有 19 个地方，依次为：陕西 79.7%；北京 79.3%；安徽 78.8%；甘肃 78.1%；福建 78.0%；广东 77.8%；湖北 77.7%；天津 77.7%；浙江 77.6%；广西 77.1%；山东 76.7%；湖南 76.6%；山西 76.4%；河北 75.3%；四川 74.8%；吉林 73.2%；黑龙江 72.8%；重庆 72.1%；江西 71.4%。需要说明的是，由于西藏、贵州、宁夏、云南、新疆、内蒙古、海南等经济欠发达地区工业基础比较薄弱，在国家监督抽查中被抽到的企业比较少，且被抽企业往往又都是相对具有一定规模的企业。因此，其抽样合格率比较高。

# 行政执法工作

**【专项执法大检查：2000 年烟花爆竹、锅容管特质量监督、安全监察】** 针对江西萍乡、广东江门发生的烟花爆竹重大爆炸事故，根据江泽民总书记和中央有关领导批示精神和《国务院办公厅关于切实加强安全生产工作有关问题的紧急通知》要求，国家质量技术监督局向全系统部署了进一步做好烟花爆竹、锅容管特质量监督、安全监察和开展安全大检查工作的活动，要求各地加大对烟花爆竹等产品的质量监督执法力度、严厉查处生产销售不符合强制性标准产品的违法行为。同时进一步加大对锅炉压力容器、压力管道及特种设备的质量监督和安全监察力度。根据通知要求，一是加大了对上述产品的监督抽查力度，仅国家质量技术监督局就对烟花爆竹安排了两次监督抽查；二是各地重点加强了对烟花爆竹等产品的质量监督执法力度，严厉查处了生产销售不符合强制性标准产品的违法行为；三是在地方政府的统一领导和组织下，积极配合有关部门开展烟花爆竹安全生产大检查和清理整顿工作；四是各地对有无合法生产经营证照、是否组织按标准生产、有无检测设备和手段等方面问题进行了重点检查；五是加强了对质量安全法规和强制性标准的宣传教育工作。

江西和福建省质量技术监督局利用三个月时间对全省 20 个烟花爆竹主产县进行了全面安全检查；湖南省质量技术监督局采取了"一个突破，四个把关"的治理措施，坚决堵住生产销售渠道中的安全漏洞；四川省质量技术监督局专门确定了烟花爆竹产品质量安全评判项目，对企业生产经营的烟花爆竹组织开展了专项清理整顿，逐一列表按项检查、评判，发现有安全隐患的产品依法做出没收、销毁等处理；南京市质量技术监督局对全市电梯安装维修单位的资质进行了审查，对 4 400 台在用电梯逐台检查，查出 295 台存在事故隐患的电梯；浙江、四川、河北、辽宁等地区对"土锅炉"进行了拉网式检查，明显地遏制了"土锅炉"事故的发生；国家质量技术监督局对 65 个液化石油气瓶制造厂进行了产品质量监督抽查，取消了 9 个厂的制造许可证，限期整顿 9 个厂。

**【质量技术监督行政执法指导工作】** 为及时有效地贯彻实施新修改的《产品质量法》，切实解决各地行政执法工作中多年来存在的实际问题，进一步加强对行政执法的日常指导工作，国家质量技术监督局组织调研、论证并起草了《关于实施〈中华人民共和国产品质量法〉若干问题的意见》和《关于适用新〈中华人民共和国产品质量法〉有关问题的通知》。一是向全国各地方下发了执法工作问题的调查函，较为系统地收集了行政执法工作中存在的若干具体问题；二是组成专门起草小组对上述问题进行了分类研究和筛选，并起草了上述指导文件的草案初稿；三是将草案稿发送各地方和有关部门较为广泛地征集了意见，同时召开了专题研讨、论证会予以论证、审定；四是将上述指导文件正式下发执行，解决了一批新法实施和多年存在的日常行政执法问题，包括：(1) 新《产品质量法》实施前后违法行为的认定适用问题；(2) 关于产品质量检查工作中的样品抽取、返还、费用及与行政处罚的衔接处理问题；(3) 关于查封、扣压等行政强制措施的实施问题；(4) 关于建设工程中使用的产品的监督问题；(5) 关于对产品标识的监督问题；(6) 关于销售者销售法律禁止销售的产品的法律适用问题；(7) 关于《产品质量法》与现行质量法规、标准化法规的关系；(8) 关于对食品、烟草、化妆品、农药、兽药等产品的监督检查问题；(9) 关于生产、销售假冒伪劣产品行为的认定问题；(10) 关于在经营性服务活动中使用假冒伪劣产品的监督检查问题；(11) 关于办案证据的确认问题；(12) 关于"货值金额"和"违法所得"、"违法收入"的计算问题；(13) 关于建立产品质量举报制度的问题。

**【"十一"节假日经济市场执法大检查】** 2000 年 10 月 1 日前，国家质量技术监督局在全系统开展"加强监督检查，净化假日市场，服务假日经济"活动。检查商品重点：瓶装饮用水、冷饮、方便食品、熟肉制品、金银饰品、珠宝玉石、洗涤化妆品、宾馆饭店的饮食、卫生用品等。

据 17 个省、自治区、直辖市质量技术监督部门上报材料的不完全统计，总计监督抽查了 1 833 家旅游商店（点）的 41 381 批次商品，合格 35 767 批次，批次合格率为 86.4%。

执法打假活动共没收假冒伪劣商品标值 25 581 万元。共出动执法人员 70 678 人次，检查旅游景点、旅游商店 12 718个，宾馆饭店 6 717 个，车站、机场、码头 843 个，查处销售伪劣商品旅游景点、旅游商店 1 828 家、宾馆饭店 1 217个，端掉制造假冒伪劣产品窝点 445 个，查处违法案件 8 610 件，移送司法机关的案件 76 件，提请吊销营业执照6个。

**【元旦、春节市场执法大检查】** 2000年元旦、春节期间国家质量技术监督局组织开展了与百姓生活紧密相关的"米袋子、菜篮子、火炉子、车子、房子"等"五子"商品质量、标准、计量市场检查和执法打假活动。

据全国31个省、自治区、直辖市质量技术监督部门上报材料统计，总计监督抽查了106 316家商店的264 601批次商品，合格212 415批次，批次合格率为80.3%。

执法打假活动共查获伪劣商品标值40 209.21万元。共出动执法人员428 731人次，检查专业市场10 361个，检查商业门店329 864家，检查专业商业街4 551条，查处销售伪劣商品商店49 467家，摊商35 077个，端掉制造伪劣商品窝点1 957个，查处违法案件47 810件。其中移送司法机关的案件143件，提请吊销营业执照41个。

# 打 假 工 作

2000年是质量技术监督系统打假工作成果丰硕的一年。建立健全了地方政府打假工作责任制，推动了地方政府统一组织打假工作格局的形成，加大了打假工作的力度。先后开展了农资、钢材、汽配等多个专项打假活动。在打击"地条钢"和劣质螺纹钢专项斗争中，摸索出通过采取"五彻底"（彻底断绝供电，彻底捣毁生产设备，彻底没收各类原材料，彻底处理劣质品，彻底清理生产场所）措施，彻底根治小钢铁的成功经验。汽配专项打假中，长春汽贸城整治工作取得突出成果，不仅将价值560余万元的假冒伪劣汽车配件清出了市场，捣毁制假售假窝点25个，而且重新审定了汽配经销企业的从业资格，69户不合格企业被清出汽配市场。其中，32户慑于打假工作的声势和力度，自动歇业。经过整治，汽配市场的销售额已由1999年的16亿元上升到2000年的20亿元。120多户名优汽车配件生产企业进驻汽贸开发区，名优产品在汽配市场的占有率由10%上升到30%。

2000年10月以来，根据国务院领导批示精神，国务院成立全国打假工作协调小组，开展了全国打假联合行动。全国打假工作协调小组由国家经贸委、公安部、监察部、财政部、农业部、外经贸部、卫生部、海关总署、国家工商行政管理局、国家质量技术监督局、国家药品监督管理局、国务院法制办、国务院研究室、国家烟草专卖局、进出口商品检验检疫局、中宣部、最高人民法院、最高人民检察院、武警总部等19个有关部门组成，吴邦国副总理任组长。全国打假工作协调小组办公室设在国家质量技术监督局，由国家经贸委经济运行局、公安部三局、监察部执法监察室、国家工商行政管理局消保司、国家质量技术监督局监督司、国家药品监督管理局市场监督司，并邀请最高人民法院刑二厅、最高人民检察院侦查监督厅等单位组成。国家质量技术监督局局长李传卿任主任，朱明暹副局长任常务副主任。

在19个有关部门密切配合下，全国打假联合行动取得了阶段性成果：到2001年2月上旬，全国共出动执法人员376万人次，捣毁制假售假窝点3.2万个，立案查处制假售假案件22万起，查获假冒伪劣商品货值55亿元，依法惩处违法犯罪分子2 731人（其中判刑159人，逮捕205人，刑事拘留870人，留置审查761人，行政执法部门移送司法机关处理的736人），处理包庇、纵容、参与制假售假的国家机关工作人员94人。一些危害性大、群众反映强烈的制假售假问题在一定程度上得到有效遏制；部分重点商品、重点市场、重点地区假冒伪劣横行的严重局面得到初步控制；制假售假违法犯罪分子的嚣张气焰受到有力打击；在全国范围内初步形成了对制假售假违法犯罪活动高压打击的态势。

全国打假工作协调小组办公室部署了棉花、汽配、农资、农村电网改造用产品、钢材、卷烟、一次性使用输血（输液、注射）器、土炼油、化妆品等9个专项打假斗争。各地区、各部门经过一段时间的集中查处，取得了突出成果。如钢材打假中，据对北京、河北、辽宁、吉林、河南、山东、江苏、江西、广东、广西、湖南、湖北、陕西、青海、宁夏、四川、云南、新疆等省（区、市）不完全统计，自10月26日以来，各地共出动执法人员31 534人次，查处无证生产劣质螺纹钢26 215吨、地条钢6 924吨，货值8 140万元，查办违法犯罪案件1 766起，其中大案要案36起，移送公安机关7起，刑事拘留21人，取缔、关停小轧钢场点827家；卷烟打假中，各省（区、市）共查处制售假烟违法犯罪案件6.3万起，捣毁制假窝点1 586个，收缴制假设备664台（套），假烟19.6万件，货值8.8亿元。2000年全年共刑事拘留制售假烟违法犯罪分子3 117人，逮捕355人，判刑168人，其中1人判无期徒刑；汽配打假中，各地质量技术监督、工商、公安等部门出动执法人员26 465人次，检查汽配生产、经销单位12 368个，捣毁制售假冒伪劣汽车配件窝点386个，查获假冒伪劣汽车配件货值12 749万元，公安部门对23名制假售假违法犯罪分子进行了审理。

# 纤维质量监督工作

**【棉花质量监督工作】** 根据《国务院关于深化棉花流通体制改革的决定》（国务院发〔1998〕42号）文件要求，为贯彻国务院关于动用国家储备棉调控棉花市场的指示精神，弥补1999年度新棉产需缺口，满足纺织工业的需要，经国务院批准，国家计委从1999年9月到2000年先后下达国家储备棉、“出疆棉”和政策性商品棉出库销售计划共188.5万吨，其中122.5万吨委托中国纤维检验局组织统一实施公证检验。1999年9月2日由国家质量技术监督局会同国家计委、财政部等部门联合发布了《国家储备棉公证检验实施办法》和《中国纤维检验局国家储备棉公证检验工作程序和检验规程》。全国22个省级和70个地市级纤检机构共检验上市棉花49 861批，公定重量119.06万吨，其中国储棉28 724批，71.54万吨；“出疆棉”14 494批，26.32万吨；政策性商品棉6 633批，21.20万吨。

稳步推进了经营性棉花公证检验试点工作。2000年试点企业165家，涉及25个省，完成检验量65.73万吨，共有25个省级和51个地市级纤检机构承担了经营性棉花公证检验试点工作。

国储棉公证检验确保了国家对棉花市场及时调控的进度需要。国储棉根据公证检验结果上市竞卖，客观公正的检验结果使购棉企业放心，有力地促进了国储棉销售，通过公证检验准确地核定了出库国储棉的经济损失及产生原因，反映出了国储棉管理中存在的诸多问题。

经营性棉花公证检验经过两年的试点，使得对公证检验的认识逐步统一，同时保障公平交易，维护了交易双方合法权益，规范了棉花流通秩序，仅等级升降、重量盈亏两方面为交易双方挽回经济损失3.02亿元，平均每吨经济差额256元。公证检验降低了交易成本，促进企业内部管理，减少了经济犯罪，为国有大中型棉纺企业扭亏增盈提供了帮助，同时充分反映出真实的棉花流通状况，为国家宏观决策提供了准确可靠的数据。

2000年新棉收购开始时，由于受1999年国内棉花价格上扬，货源紧缺的市场影响，出现了哄抬物价、争购棉花的局面，致使市场秩序混乱，质量问题突出，掺杂使假违法犯罪活动死灰复燃。为此，中国纤维检验局按照朱总理在人民来信上的批示精神，联合国家纺织局赴山东、河南调查摸底，在归纳各地收购检查情况的基础上，精心策划，周密安排，组织了一场声势浩大的打击棉花掺杂使假违法行为的专项斗争。11月26日联系中央电视台《焦点访谈》记者，将河南尉氏县大桥乡棉花掺假窝点进行了访谈曝光，在全国引起巨大反响，并引起了国务院领导的高度重视。国家质量技术监督局及时发出了《关于开展严厉打击棉花掺杂使假违法行为专项行动的紧急通知》，11月30号国务院办公厅发出了《国务院办公厅关于立即开展棉花打假专项行动的紧急通知》（国办发明电〔2000〕37号），12月6日国家质量技术监督局在京召开9个省质量技术监督局和纤维检验局（所）参加的会议，具体部署打假行动。12月8～18日，国务院派出4个督察组检查棉花打假工作。纤检系统共出动执法人员2.25万人次，查处涉案棉花1.42万吨，涉及金额1.46亿元，端掉造假窝点609个，拆除、销毁造假设备679台（套），立案243起，其中大要案79起。棉花打假专项行动严厉打击了造假分子的嚣张气焰，遏制了棉花掺杂使假的蔓延势头，成效显著。

1999年棉花年度全国共监督检验棉花9 681批，23.57万吨。其中加工环节6 791批，17.77万吨，平均品级、长度相符率分别为87.87%和95.57%，比1999年度分别下降6.94和1.49个百分点，防止等级升降经济差额近1 000万元。抽查购销环节未进行公证检验的进厂棉花2 890批，5.80万吨，平均等级、长度相符率分别为64.47%和71.86%，比1999年度分别下降了13.11和16.68个百分点。

**【毛麻茧化纤质量监督工作】** 2000年是山羊绒国家检验试点工作的第四年，中国纤维检验局对这项工作进行了认真总结，针对试点工作中存在的问题，下发了《进一步加强和完善山羊绒国家检验试点工作的通知》，对试点工作的统一管理、检验工作环节、检测质量保证及信息通报方面提出了具体要求。全国13个试点单位共检验原绒3 151批，4 764吨，分梳绒1 768批，2 379吨，检验量已达全国总产量的90%以上，山羊绒国家检验取得了阶段性成果。

在1999～2000年度生丝国家质量检验工作中，对全国获取生丝生产准产证的855家企业实施了3期国家质量检验，共抽样品1 378批。为保证工作质量，进一步提高承检单位技术水平，组织了纤检系统内承检单位的检验技术骨干先后赴山东、浙江强化培训，取得了显著成效。本年度生丝国家检验项目以出色的成绩通过了国家茧丝办和有关专家的鉴定验收，下一年度生丝国家检验项目工作也已全面展开。

2000年度还完成了化纤质量监督检验653批，12 150吨，委托检验503批，910吨，进出口检验461批，93 324吨，仲裁检验3批，79吨；麻类纤维质量监督检验12批，401吨，委托检验54批，1 210吨；纺织品质量监督检验9 521批，委托检验27 175批，进出口检验498批，仲裁检验31批。

## 质量申诉处理

**【产品质量申诉处理】** 2000年国家质量技术监督局直接受理消费者、用户的质量申诉1 271件，处理1 172件。地方质量技术监督部门共受理产品质量申诉58 692件，涉及产品价值30 772万元；处理55 530件，为企业、用户和消费者挽回经济损失19 182.3万元。

**【产品质量仲裁检验和产品质量鉴定】** 按照《产品质量仲裁检验和产品质量鉴定管理办法》规定，2000年国家质量技术监督局接受司法机关产品质量鉴定申请19次，指定有关鉴定组织单位实施鉴定13件。

# 质量监督信息管理

## 地方产品质量监督检验

| 名称 \ 检查情况 | 监督检验企业数 | 查处不合格产品企业数 | 不合格产品企业所占比例/% | 检验批次 | 合格批次 | 批次合格率/% |
|---|---|---|---|---|---|---|
| 全国总计 | 389 675 | 78 442 | 20.13 | 484 581 | 391 882 | 80.87 |
| 北京市 | 294 | 99 | 33.67 | 374 | 269 | 71.93 |
| 天津市 | 4 931 | 922 | 18.70 | 5 910 | 4 864 | 82.30 |
| 河北省 | 53 031 | 8 815 | 16.62 | 57 486 | 48 115 | 83.70 |
| 山西省 | 10 363 | 1 393 | 13.44 | 13 483 | 11 706 | 86.82 |
| 内蒙古区 | 6 117 | 1 640 | 26.81 | 7 974 | 6 021 | 75.51 |
| 辽宁省 | 7 924 | 1 233 | 15.56 | 10 911 | 9 430 | 86.43 |
| 吉林省 | 11 119 | 1 949 | 17.53 | 16 250 | 13 498 | 83.06 |
| 黑龙江省 | 19 500 | 5 187 | 26.60 | 28 746 | 21 633 | 75.26 |
| 上海市 | 1 427 | 284 | 19.90 | 1 445 | 1 150 | 79.58 |
| 江苏省 | 23 148 | 4 589 | 19.82 | 26 028 | 21 050 | 80.87 |
| 浙江省 | 17 129 | 3 405 | 19.88 | 19 419 | 15 805 | 81.39 |
| 安徽省 | 12 028 | 2 604 | 21.65 | 13 977 | 11 206 | 80.17 |
| 福建省 | 6 476 | 1 251 | 19.32 | 7 727 | 6 355 | 82.24 |
| 江西省 | 3 973 | 918 | 23.11 | 5 242 | 4 145 | 79.07 |
| 山东省 | 58 092 | 14 093 | 24.26 | 70 238 | 53 126 | 75.64 |
| 河南省 | 21 626 | 4 362 | 20.17 | 29 079 | 22 850 | 78.58 |
| 湖北省 | 15 872 | 2 157 | 13.59 | 20 093 | 17 634 | 87.76 |
| 湖南省 | 17 024 | 3 870 | 22.73 | 19 329 | 14 984 | 77.52 |
| 广东省 | 23 378 | 4 649 | 19.89 | 34 831 | 29 750 | 85.41 |
| 广西区 | 7 632 | 1 762 | 23.09 | 9 547 | 7 431 | 77.84 |
| 海南省 | 1 071 | 255 | 23.81 | 1 304 | 1 017 | 77.99 |
| 重庆市 | 9 171 | 1 549 | 16.89 | 12 406 | 10 598 | 85.43 |
| 四川省 | 33 612 | 5 128 | 15.26 | 39 557 | 33 664 | 85.10 |
| 贵州省 | 2 486 | 737 | 29.65 | 2 930 | 2 122 | 72.42 |
| 云南省 | 3 741 | 1 004 | 26.84 | 6 071 | 4 695 | 77.33 |
| 西藏区 | | | | | | |
| 陕西省 | 3 104 | 474 | 15.27 | 4 506 | 3 945 | 87.55 |
| 甘肃省 | 3 192 | 675 | 21.15 | 4 205 | 3 260 | 77.53 |
| 青海省 | 834 | 225 | 26.98 | 1 048 | 777 | 74.14 |
| 宁夏区 | 1 572 | 357 | 22.71 | 2 099 | 1 671 | 79.61 |
| 新疆区 | 9 808 | 2 856 | 29.12 | 12 366 | 9 111 | 73.68 |

**地方商品质量监督检验**

| 检查情况<br>名称 | 检查商业企业数 | 检查商品批次 | 合格批次 | 批次合格率 % | 查出伪劣商品批次 | 查出不合格商品价值/万元 | |
|---|---|---|---|---|---|---|---|
| | | | | | | 总计 | 伪劣商品 |
| 全国总计 | 392 346 | 757 906 | 531 371 | 70.11 | 74 091 | 193 897.24 | 43 858.93 |
| 北京市 | 265 | 485 | 196 | 40.41 | 7 | 12.53 | 1.10 |
| 天津市 | 6 778 | 16 386 | 13 235 | 80.77 | 1 451 | 850.07 | 362.76 |
| 河北省 | 32 682 | 48 650 | 36 545 | 75.12 | 2 684 | 13 892.21 | 2 293.31 |
| 山西省 | 10 120 | 16 319 | 12 552 | 76.92 | 1 867 | 586.65 | 158.95 |
| 内蒙古区 | 21 058 | 38 669 | 27 640 | 71.48 | 3 508 | 7 727.22 | 690.94 |
| 辽宁省 | 10 924 | 23 541 | 18 201 | 77.32 | 2 013 | 1 279.06 | 770.95 |
| 吉林省 | 12 493 | 36 558 | 27 804 | 76.05 | 1 521 | 1 862.82 | 713.96 |
| 黑龙江省 | 21 318 | 51 766 | 37 579 | 72.59 | 4 012 | 2 614.06 | 719.26 |
| 上海市 | 1 841 | 2 312 | 1 365 | 59.04 | 325 | 426.05 | 122.68 |
| 江苏省 | 23 072 | 29 497 | 13 606 | 46.13 | 1 410 | 3 898.60 | 223.27 |
| 浙江省 | 13 438 | 36 839 | 28 338 | 76.92 | 3 715 | 6 314.02 | 2 560.51 |
| 安徽省 | 21 990 | 26 666 | 11 877 | 44.54 | 3 206 | 14 472.95 | 809.25 |
| 福建省 | 10 719 | 14 696 | 10 654 | 72.50 | 799 | 797.00 | 107.00 |
| 江西省 | 5 726 | 8 253 | 5 408 | 65.53 | 1 101 | 2 434.29 | 748.59 |
| 山东省 | 48 369 | 78 315 | 48 800 | 62.31 | 8 499 | 11 800.20 | 2 689.20 |
| 河南省 | 21 079 | 36 150 | 22 919 | 63.40 | 3 019 | 3 189.83 | 1 041.23 |
| 湖北省 | 8 723 | 14 175 | 9 461 | 66.74 | 1 541 | 2 222.77 | 214.30 |
| 湖南省 | 36 183 | 76 478 | 54 277 | 70.97 | 11 560 | 9 336.08 | 4 752.51 |
| 广东省 | 5 486 | 7 016 | 4 956 | 70.64 | 1 505 | 405.44 | 224.70 |
| 广西区 | 10 157 | 15 255 | 10 149 | 66.53 | 2 144 | 1 368.23 | 237.25 |
| 海南省 | 1 844 | 2 363 | 1 615 | 68.35 | 293 | 244.74 | 136.82 |
| 重庆市 | 10 188 | 16 314 | 11 168 | 68.46 | 572 | 3 730.04 | 276.15 |
| 四川省 | 26 791 | 43 593 | 30 800 | 70.65 | 2 578 | 3 181.12 | 748.53 |
| 贵州省 | 7 069 | 27 200 | 23 551 | 86.58 | 1 462 | 4 768.16 | 391.29 |
| 云南省 | 4 255 | 6 557 | 2 728 | 41.60 | 1 789 | 636.49 | 249.44 |
| 西藏区 | 1 154 | 14 860 | 7 859 | 52.89 | 6 548 | 93 259.37 | 21 860.20 |
| 陕西省 | 5 167 | 10 663 | 8 573 | 80.40 | 975 | 995.16 | 334.90 |
| 甘肃省 | 6 683 | 9 810 | 7 667 | 78.15 | 489 | 289.08 | 1.71 |
| 青海省 | 768 | 1 473 | 975 | 66.19 | 218 | 89.62 | 33.47 |
| 宁夏区 | 2 060 | 4 861 | 3 457 | 71.12 | 376 | 631.06 | 170.52 |
| 新疆区 | 3 946 | 42 186 | 37 416 | 88.69 | 2 904 | 582.32 | 214.18 |

**产品质量监督检验季报汇总**

| 产品编号 | 产 品 名 称 | 监督检验企业数 | 不合格产品企业数 | 不合格产品企业所占比例/% | 检验批次 | 合格批次 | 批次合格率/% |
|---|---|---|---|---|---|---|---|
| 总计 | | 389 675 | 78 442 | 20.13 | 484 581 | 391 882 | 80.87 |
| 01.00 | 农用产品 | 20 232 | 4 089 | 20.21 | 27 356 | 22 535 | 82.38 |
| 01.01 | 拖拉机 | 270 | 49 | 18.15 | 300 | 251 | 83.67 |
| 01.02 | 农业用运输车 | 105 | 8 | 7.62 | 117 | 108 | 92.31 |
| 01.03 | 农用配件 | 1 028 | 220 | 21.40 | 1 481 | 1 235 | 83.39 |
| 01.04 | 农用化肥 | 7 649 | 1 579 | 20.64 | 9 380 | 7 495 | 79.90 |
| 01.05 | 化学农药 | 819 | 95 | 11.60 | 1 037 | 932 | 89.87 |
| 01.06 | 饲料 | 7 700 | 1 504 | 19.53 | 11 343 | 9 536 | 84.07 |
| 01.07 | 种子 | 518 | 139 | 26.83 | 1 190 | 1 016 | 85.38 |
| 01.08 | 农用薄膜 | 754 | 209 | 27.72 | 906 | 655 | 72.30 |
| 01.09 | 其他 | 1 389 | 286 | 20.59 | 1 602 | 1 307 | 81.59 |
| 02.00 | 加工食品和饮料 | 170 044 | 40 779 | 23.98 | 213 420 | 164 723 | 77.18 |
| 02.01 | 小麦粉,大米 | 28 547 | 7 840 | 27.46 | 30 579 | 22 338 | 73.05 |
| 02.02 | 肉制品 | 3 601 | 752 | 20.88 | 5 432 | 4 519 | 83.19 |
| 02.03 | 食用盐 | 516 | 60 | 11.63 | 709 | 642 | 90.55 |
| 02.04 | 调味品 | 11 783 | 3 521 | 29.88 | 15 896 | 11 474 | 72.18 |
| 02.05 | 保健食品 | 1 209 | 215 | 17.78 | 1 418 | 1 183 | 83.43 |
| 02.06 | 白酒 | 26 722 | 6 194 | 23.18 | 34 017 | 26 817 | 78.83 |
| 02.07 | 啤酒 | 1 425 | 139 | 9.75 | 2 908 | 2 689 | 92.47 |
| 02.08 | 黄酒,果酒 | 2 251 | 625 | 27.77 | 3 249 | 2 516 | 77.44 |
| 02.09 | 食用植物油 | 16 585 | 1 857 | 11.20 | 17 743 | 15 621 | 88.04 |
| 02.10 | 罐头 | 1 655 | 443 | 26.77 | 2 041 | 1 551 | 75.99 |
| 02.11 | 糕点,糖果 | 36 929 | 8 358 | 22.63 | 48 038 | 37 291 | 77.63 |
| 02.12 | 非酒精液体饮料 | 10 745 | 3 598 | 33.49 | 14 349 | 9 702 | 67.61 |
| 02.13 | 冷冻饮品 | 7 729 | 2 768 | 35.81 | 10 986 | 7 405 | 67.40 |
| 02.14 | 方便主食品 | 4 908 | 872 | 17.77 | 6 454 | 5 374 | 83.27 |
| 02.15 | 乳制品 | 2 369 | 485 | 20.47 | 3 415 | 2 853 | 83.54 |
| 02.16 | 其他 | 13 070 | 3 052 | 23.35 | 16 186 | 12 748 | 78.76 |
| 03.00 | 家用电器 | 3 983 | 767 | 19.26 | 5 317 | 4 405 | 82.85 |
| 03.01 | 收录机,音响设备 | 233 | 45 | 19.31 | 315 | 265 | 84.13 |

续表

| 产品编号 | 产品名称 | 监督检验企业数 | 不合格产品企业数 | 不合格产品企业所占比例/% | 检验批次 | 合格批次 | 批次合格率/% |
|---|---|---|---|---|---|---|---|
| 03.02 | 电视机,录像机 | 55 | 6 | 10.91 | 75 | 61 | 81.33 |
| 03.03 | 洗衣机 | 47 | 7 | 14.89 | 51 | 44 | 86.27 |
| 03.04 | 电风扇 | 287 | 77 | 26.83 | 375 | 297 | 79.20 |
| 03.05 | 吸油烟器 | 84 | 19 | 22.62 | 92 | 73 | 79.35 |
| 03.06 | 冰箱,冷藏冷冻箱 | 56 | 2 | 3.57 | 66 | 63 | 95.45 |
| 03.07 | 空调器 | 117 | 10 | 8.55 | 137 | 127 | 92.70 |
| 03.08 | 厨房电器具 | 413 | 73 | 17.68 | 518 | 443 | 85.52 |
| 03.09 | 电热器具 | 877 | 180 | 20.52 | 1 089 | 869 | 79.80 |
| 03.10 | 计算机 | 88 | 27 | 30.68 | 107 | 80 | 74.77 |
| 03.11 | 电话机 | 189 | 73 | 38.62 | 313 | 238 | 76.04 |
| 03.12 | 其他 | 1 537 | 248 | 16.14 | 2 179 | 1 845 | 84.67 |
| 04.00 | 轻工产品 | 34 601 | 6 919 | 20.00 | 45 451 | 37 127 | 81.69 |
| 04.01 | 纸 | 1 971 | 485 | 24.61 | 2 400 | 1 859 | 77.46 |
| 04.02 | 纸制品 | 7 307 | 1 534 | 20.99 | 9 130 | 7 439 | 81.48 |
| 04.03 | 玩具 | 531 | 100 | 18.83 | 616 | 509 | 82.63 |
| 04.04 | 家具 | 5 682 | 1 128 | 19.85 | 7 235 | 5 558 | 76.82 |
| 04.05 | 眼镜(架,片) | 2 785 | 696 | 24.99 | 3 774 | 2 945 | 78.03 |
| 04.06 | 灯泡,灯管 | 551 | 111 | 20.15 | 699 | 573 | 81.97 |
| 04.07 | 镇流器 | 177 | 28 | 15.82 | 210 | 173 | 82.38 |
| 04.08 | 电热燃气淋浴器 | 290 | 22 | 7.59 | 343 | 320 | 93.29 |
| 04.09 | 铝制品,压力锅 | 186 | 44 | 23.66 | 274 | 204 | 74.45 |
| 04.10 | 玻璃制品 | 399 | 49 | 12.28 | 498 | 435 | 87.35 |
| 04.11 | 日用五金 | 1 402 | 181 | 12.91 | 1 971 | 1 751 | 88.84 |
| 04.12 | 燃气灶具 | 258 | 58 | 22.48 | 355 | 295 | 83.10 |
| 04.13 | 金银首饰 | 317 | 105 | 33.12 | 746 | 594 | 79.62 |
| 04.14 | 合成洗涤剂 | 958 | 160 | 16.70 | 1 321 | 1 141 | 86.37 |
| 04.15 | 化妆品 | 1 111 | 126 | 11.34 | 2 997 | 2 844 | 94.89 |
| 04.16 | 橡胶,塑料制品 | 5 974 | 1 228 | 20.56 | 7 128 | 5 694 | 79.88 |
| 04.17 | 其他 | 4 702 | 864 | 18.38 | 5 754 | 4 793 | 83.30 |

续表

| 产品编号 | 产品名称 | 监督检验企业数 | 不合格产品企业数 | 不合格产品企业所占比例/% | 检验批次 | 合格批次 | 批次合格率/% |
|---|---|---|---|---|---|---|---|
| 05.00 | 纺织，鞋类产品 | 20 315 | 3 386 | 16.67 | 24 021 | 20 398 | 84.92 |
| 05.01 | 布：印染色织坯布 | 1 949 | 143 | 7.34 | 2 494 | 2 342 | 93.91 |
| 05.02 | 服装 | 4 458 | 858 | 19.25 | 5 406 | 4 471 | 82.70 |
| 05.03 | 棉纺织 | 974 | 104 | 10.68 | 1 403 | 1 272 | 90.66 |
| 05.04 | 毛织品 | 870 | 91 | 10.46 | 960 | 869 | 90.52 |
| 05.05 | 针织品 | 1 484 | 304 | 20.49 | 1 850 | 1 503 | 81.24 |
| 05.06 | 皮革及制品 | 2 166 | 200 | 9.23 | 2 489 | 2 280 | 91.60 |
| 05.07 | 鞋 | 5 826 | 1 419 | 24.36 | 6 372 | 4 911 | 77.07 |
| 05.08 | 丝麻织品 | 494 | 27 | 5.47 | 516 | 489 | 94.77 |
| 05.09 | 其他 | 2 094 | 240 | 11.46 | 2 531 | 2 261 | 89.33 |
| 06.00 | 化工产品 | 9 873 | 1 581 | 16.01 | 12 441 | 10 716 | 86.13 |
| 06.01 | 涂料，油漆 | 3 784 | 797 | 21.06 | 4 817 | 3 941 | 81.81 |
| 06.02 | 染料 | 122 | 8 | 6.56 | 152 | 144 | 94.74 |
| 06.03 | 化学试剂 | 593 | 68 | 11.47 | 847 | 762 | 89.96 |
| 06.04 | 其他 | 5 374 | 708 | 13.17 | 6 625 | 5 869 | 88.59 |
| 07.00 | 建材产品 | 84 992 | 12 377 | 14.56 | 96 794 | 82 820 | 85.56 |
| 07.01 | 水泥 | 12 023 | 775 | 6.45 | 15 101 | 14 240 | 94.30 |
| 07.02 | 水泥预制构件 | 20 783 | 2 038 | 9.81 | 22 544 | 20 262 | 89.88 |
| 07.03 | 砖，瓦 | 36 659 | 5 931 | 16.63 | 37 722 | 31 493 | 83.49 |
| 07.04 | 油毡，油纸 | 771 | 299 | 38.78 | 1 077 | 537 | 49.86 |
| 07.05 | 平板玻璃 | 128 | 34 | 26.56 | 184 | 125 | 67.93 |
| 07.06 | 水暖管件 | 1 642 | 466 | 28.38 | 2 751 | 1 961 | 71.28 |
| 07.07 | 卫生建筑陶瓷 | 1 171 | 140 | 11.96 | 1 671 | 1 508 | 90.25 |
| 07.08 | 装饰材料 | 1 296 | 279 | 21.53 | 1 602 | 1 297 | 80.96 |
| 07.09 | 石棉制品 | 345 | 30 | 8.70 | 381 | 348 | 91.34 |
| 07.10 | 人造板 | 2 120 | 512 | 24.15 | 2 266 | 1 729 | 76.30 |
| 07.11 | 其他 | 9 054 | 1 873 | 20.69 | 11 495 | 9 320 | 81.08 |
| 08.00 | 机电产品 | 17 692 | 2 408 | 13.61 | 22 628 | 19 751 | 87.29 |
| 08.01 | 轴承 | 475 | 68 | 14.32 | 692 | 608 | 87.86 |

续表

| 产品编号 | 产 品 名 称 | 监督检验企业数 | 不合格产品企业数 | 不合格产品企业所占比例/% | 检验批次 | 合格批次 | 批次合格率/% |
|---|---|---|---|---|---|---|---|
| 08.02 | 阀类,泵 | 1 716 | 255 | 14.86 | 2 247 | 1 941 | 86.38 |
| 08.03 | 电线,电缆 | 3 017 | 608 | 20.15 | 4 045 | 3 340 | 82.57 |
| 08.04 | 通用设备 | 539 | 23 | 4.27 | 588 | 563 | 95.75 |
| 08.05 | 电动工具 | 382 | 48 | 12.57 | 467 | 411 | 88.01 |
| 08.06 | 工业专用设备 | 1 036 | 50 | 4.83 | 1 214 | 1 155 | 95.14 |
| 08.07 | 电工仪器仪表 | 528 | 17 | 3.22 | 692 | 673 | 97.25 |
| 08.08 | 低压电器及元件 | 1 980 | 198 | 10.00 | 2 608 | 2 297 | 88.08 |
| 08.09 | 消防器材 | 338 | 55 | 16.27 | 378 | 321 | 84.92 |
| 08.10 | 安全防范设备 | 663 | 152 | 22.93 | 726 | 563 | 77.55 |
| 08.11 | 电动机,柴油机 | 538 | 52 | 9.67 | 694 | 635 | 91.50 |
| 08.12 | 汽车,摩托车 | 645 | 148 | 22.95 | 792 | 620 | 78.28 |
| 08.13 | 自行车 | 519 | 82 | 15.80 | 574 | 488 | 85.02 |
| 08.14 | 其他 | 5 316 | 652 | 12.26 | 6 911 | 6 136 | 88.79 |
| 09.00 | 冶金产品,金属制品 | 7 077 | 1 805 | 25.51 | 10 264 | 7 947 | 77.43 |
| 09.01 | 线材 | 2 342 | 737 | 31.47 | 3 473 | 2 469 | 71.09 |
| 09.02 | 型材 | 1 584 | 400 | 25.25 | 2 309 | 1 794 | 77.70 |
| 09.03 | 其他 | 3 151 | 668 | 21.20 | 4 482 | 3 684 | 82.20 |
| 10.00 | 能源产品 | 14 973 | 3 073 | 20.52 | 17 860 | 14 613 | 81.82 |
| 10.01 | 原煤 | 6 531 | 1 015 | 15.54 | 8 437 | 7 359 | 87.22 |
| 10.02 | 焦炭 | 204 | 22 | 10.78 | 237 | 215 | 90.72 |
| 10.03 | 汽油,柴油 | 2 997 | 715 | 23.86 | 3 654 | 2 854 | 78.11 |
| 10.04 | 其他 | 5 241 | 1 321 | 25.21 | 5 532 | 4 185 | 75.65 |
| 11.00 | 医疗器械 | 239 | 22 | 9.21 | 319 | 295 | 92.48 |
| 11.01 | 普通医疗器械 | 43 | 7 | 16.28 | 55 | 48 | 87.27 |
| 11.02 | 输液器,注射器 | 82 | 4 | 4.88 | 97 | 93 | 95.88 |
| 11.03 | 其他 | 114 | 11 | 9.65 | 167 | 154 | 92.22 |
| 12.00 | 其他 | 5 654 | 1 236 | 21.86 | 8 710 | 6 552 | 75.22 |

**商品质量监督检查季报汇总**

| 商品编号 | 商品名称 | 检查商业企业数 | 检查商品批次 | 合格批次 | 批次合格率/% | 查出伪劣商品批次 | 查出不合格商品标值/万元 | |
|---|---|---|---|---|---|---|---|---|
| | | | | | | | 总计 | 伪劣商品标值 |
| 总计 | | 392 346 | 757 906 | 531 371 | 70.11 | 74 091 | 193 897.24 | 43 858.9 |
| 01.00 | 农用产品 | 62 399 | 124 950 | 89 013 | 71.24 | 10 744 | 20 869.79 | 4 362.92 |
| 01.01 | 拖拉机 | 191 | 308 | 178 | 57.79 | 18 | 419.19 | 58.03 |
| 01.02 | 农业用运输车 | 631 | 916 | 670 | 73.14 | 76 | 543.68 | 111.29 |
| 01.03 | 农用配件 | 9 555 | 33 864 | 20 721 | 61.19 | 3 513 | 1 506.41 | 447.74 |
| 01.04 | 农用化肥 | 25 829 | 36 937 | 26 079 | 70.60 | 2 835 | 11 487.80 | 2 440.91 |
| 01.05 | 化学农药 | 10 715 | 26 039 | 21 336 | 81.94 | 2 512 | 1 977.71 | 666.95 |
| 01.06 | 饲料 | 6 974 | 10 075 | 7 287 | 72.33 | 851 | 865.68 | 259.80 |
| 01.07 | 种子 | 3 739 | 8 827 | 7 296 | 82.66 | 536 | 705.07 | 195.57 |
| 01.08 | 农用薄膜 | 1 604 | 2 504 | 1 842 | 73.56 | 140 | 503.09 | 78.66 |
| 01.09 | 其他 | 3 161 | 5 480 | 3 604 | 65.77 | 263 | 2 861.16 | 103.97 |
| 02.00 | 加工食品和饮料 | 145 799 | 275 654 | 208 482 | 75.63 | 22 362 | 34 573.06 | 12 791.5 |
| 02.01 | 小麦粉,大米 | 12 587 | 17 491 | 12 547 | 71.73 | 977 | 4 788.76 | 1 650.92 |
| 02.02 | 肉制品 | 3 782 | 12 329 | 10 973 | 89.00 | 481 | 2 689.53 | 566.56 |
| 02.03 | 食用盐 | 1 392 | 1 633 | 1 507 | 92.28 | 61 | 251.61 | 133.46 |
| 02.04 | 调味品 | 14 363 | 24 787 | 16 479 | 66.48 | 3 268 | 956.39 | 262.20 |
| 02.05 | 保健食品 | 2 854 | 4 822 | 3 566 | 73.95 | 476 | 451.75 | 377.19 |
| 02.06 | 白酒 | 32 820 | 54 578 | 41 671 | 76.35 | 5 256 | 9 775.18 | 3 544.08 |
| 02.07 | 啤酒 | 9 285 | 19 000 | 16 151 | 85.01 | 961 | 6 114.07 | 1 077.08 |
| 02.08 | 黄酒,果酒 | 4 228 | 9 061 | 6 891 | 76.05 | 635 | 213.94 | 71.52 |
| 02.09 | 食用植物油 | 6 526 | 8 519 | 6 868 | 80.62 | 405 | 822.35 | 204.35 |
| 02.10 | 罐头 | 4 625 | 8 388 | 6 694 | 79.80 | 638 | 250.46 | 167.56 |
| 02.11 | 糕点,糖果 | 18 613 | 43 281 | 33 148 | 76.59 | 3 803 | 3 764.47 | 2 713.94 |
| 02.12 | 非酒精液体饮料 | 11 431 | 25 266 | 17 780 | 70.37 | 1 221 | 2 460.67 | 1 326.28 |
| 02.13 | 冷冻饮品 | 4 738 | 8 681 | 5 867 | 67.58 | 996 | 431.27 | 76.89 |
| 02.14 | 方便主食品 | 5 239 | 12 881 | 10 726 | 83.27 | 1 154 | 399.99 | 283.89 |
| 02.15 | 乳制品 | 3 100 | 5 052 | 3 971 | 78.60 | 279 | 161.49 | 27.41 |
| 02.16 | 其他 | 10 216 | 19 885 | 13 643 | 68.61 | 1 751 | 1 041.13 | 308.19 |
| 03.00 | 家用电器 | 12 350 | 21 137 | 12 992 | 61.47 | 2 473 | 10 176.40 | 1 202.03 |
| 03.01 | 收录机,音响设备 | 856 | 1 887 | 1 339 | 70.96 | 184 | 748.64 | 132.06 |

续表

| 商品编号 | 商品名称 | 检查商业企业数 | 检查商品批次 | 合格批次 | 批次合格率/% | 查出伪劣商品批次 | 查出不合格商品标值/万元 | |
|---|---|---|---|---|---|---|---|---|
| | | | | | | | 总计 | 伪劣商品标值 |
| 03.02 | 电视机,录像机 | 417 | 661 | 472 | 71.41 | 38 | 2 193.44 | 59.80 |
| 03.03 | 洗衣机 | 121 | 180 | 163 | 90.56 | 4 | 2.50 | 2.15 |
| 03.04 | 电风扇 | 1 072 | 1 356 | 786 | 57.96 | 106 | 189.06 | 106.85 |
| 03.05 | 吸油烟器 | 361 | 568 | 432 | 76.06 | 43 | 46.54 | 24.34 |
| 03.06 | 冰箱,冷藏冷冻箱 | 114 | 196 | 182 | 92.86 | 8 | 14.42 | 12.73 |
| 03.07 | 空调器 | 195 | 378 | 269 | 71.16 | 40 | 174.86 | 134.83 |
| 03.08 | 厨房电器具 | 1 096 | 1 886 | 1 196 | 63.41 | 150 | 132.57 | 55.36 |
| 03.09 | 电热器具 | 1 402 | 1 867 | 1 101 | 58.97 | 167 | 163.94 | 60.80 |
| 03.10 | 计算机 | 776 | 1 291 | 904 | 70.02 | 160 | 739.82 | 311.98 |
| 03.11 | 电话机 | 1 980 | 4 005 | 2 409 | 60.15 | 654 | 338.18 | 180.07 |
| 03.12 | 其他 | 3 960 | 6 862 | 3 739 | 54.49 | 919 | 5 432.43 | 121.06 |
| 04.00 | 轻工产品 | 40 563 | 96 041 | 64 740 | 67.41 | 12 393 | 20 087.42 | 8 241.77 |
| 04.01 | 纸 | 489 | 740 | 489 | 66.08 | 85 | 79.35 | 32.51 |
| 04.02 | 纸制品 | 1 110 | 3 557 | 1 026 | 28.84 | 2 005 | 1 053.45 | 40.59 |
| 04.03 | 玩具 | 736 | 1 916 | 910 | 47.49 | 324 | 1 066.47 | 8.42 |
| 04.04 | 家具 | 2 319 | 3 795 | 2 072 | 54.60 | 281 | 509.09 | 113.17 |
| 04.05 | 眼镜(架,片) | 5 735 | 10 257 | 7 178 | 69.98 | 499 | 258.65 | 45.86 |
| 04.06 | 灯泡,灯管 | 1 695 | 2 318 | 1 176 | 50.73 | 276 | 199.17 | 62.29 |
| 04.07 | 镇流器 | 234 | 287 | 100 | 34.84 | 57 | 20.54 | 8.36 |
| 04.08 | 电热燃气淋浴器 | 444 | 715 | 556 | 77.76 | 57 | 53.76 | 19.07 |
| 04.09 | 铝制品,压力锅 | 574 | 789 | 572 | 72.50 | 37 | 32.04 | 5.11 |
| 04.10 | 玻璃制品 | 402 | 513 | 347 | 67.64 | 33 | 32.94 | 10.50 |
| 04.11 | 日用五金 | 3 297 | 5 596 | 3 952 | 70.62 | 738 | 5 421.76 | 88.20 |
| 04.12 | 燃气灶具 | 2 430 | 4 004 | 2 586 | 64.59 | 496 | 5 952.73 | 5 206.28 |
| 04.13 | 金银首饰 | 1 103 | 2 719 | 1 772 | 65.17 | 222 | 975.76 | 19.46 |
| 04.14 | 合成洗涤剂 | 3 256 | 4 911 | 3 705 | 75.44 | 626 | 389.49 | 204.72 |
| 04.15 | 化妆品 | 10 159 | 40 065 | 30 764 | 76.79 | 4 377 | 1 274.11 | 498.14 |
| 04.16 | 橡胶,塑料制品 | 1 591 | 2 271 | 1 153 | 50.77 | 325 | 511.61 | 76.33 |
| 04.17 | 其他 | 4 989 | 11 588 | 6 382 | 55.07 | 1 955 | 2 256.50 | 1 802.76 |

续表

| 商品编号 | 商品名称 | 检查商业企业数 | 检查商品批次 | 合格批次 | 批次合格率/% | 查出伪劣商品批次 | 查出不合格商品标值/万元 | |
|---|---|---|---|---|---|---|---|---|
| | | | | | | | 总计 | 伪劣商品标值 |
| 05.00 | 纺织,鞋类产品 | 16 970 | 31 394 | 18 834 | 59.99 | 2 618 | 3 150.38 | 780.23 |
| 05.01 | 布:印染色织坯布 | 265 | 321 | 172 | 53.58 | 22 | 40.13 | 4.97 |
| 05.02 | 服装 | 4 885 | 10 466 | 6 003 | 57.36 | 1 124 | 831.20 | 343.50 |
| 05.03 | 棉纺织 | 513 | 890 | 488 | 54.83 | 104 | 98.16 | 35.41 |
| 05.04 | 毛织品 | 993 | 1 585 | 920 | 58.04 | 103 | 235.81 | 52.62 |
| 05.05 | 针织品 | 1 336 | 2 189 | 1 336 | 61.03 | 140 | 95.72 | 25.78 |
| 05.06 | 皮革及制品 | 1 577 | 2 797 | 1 756 | 62.78 | 182 | 732.05 | 91.77 |
| 05.07 | 鞋 | 5 695 | 10 746 | 6 891 | 64.13 | 815 | 855.24 | 212.88 |
| 05.08 | 丝麻织品 | 197 | 366 | 195 | 53.28 | 7 | 33.79 | 1.06 |
| 05.09 | 其他 | 1 509 | 2 034 | 1 073 | 52.75 | 121 | 228.28 | 12.24 |
| 06.00 | 化工产品 | 7 604 | 11 537 | 7 054 | 61.14 | 1 793 | 1 374.19 | 441.58 |
| 06.01 | 涂料,油漆 | 4 904 | 7 819 | 4 997 | 63.91 | 882 | 903.81 | 289.43 |
| 06.02 | 染料 | 114 | 128 | 81 | 63.28 | 7 | 58.13 | 36.30 |
| 06.03 | 化学试剂 | 337 | 688 | 464 | 67.44 | 65 | 113.82 | 33.08 |
| 06.04 | 其他 | 2 249 | 2 902 | 1 512 | 52.10 | 839 | 298.43 | 82.77 |
| 07.00 | 建材产品 | 23 119 | 35 366 | 23 095 | 65.30 | 2 630 | 15 620.22 | 3 841.57 |
| 07.01 | 水泥 | 5 467 | 7 642 | 5 815 | 76.09 | 689 | 4 342.73 | 1 906.56 |
| 07.02 | 水泥预制构件 | 1 685 | 2 191 | 1 675 | 76.45 | 153 | 303.06 | 47.71 |
| 07.03 | 砖,瓦 | 1 751 | 2 110 | 1 479 | 70.09 | 154 | 304.82 | 43.34 |
| 07.04 | 油毡,油纸 | 753 | 1 261 | 716 | 56.78 | 235 | 176.80 | 55.86 |
| 07.05 | 平板玻璃 | 343 | 618 | 319 | 51.62 | 64 | 126.76 | 29.70 |
| 07.06 | 水暖管件 | 3 558 | 5 598 | 2 714 | 48.48 | 346 | 8 307.82 | 1 131.54 |
| 07.07 | 卫生建筑陶瓷 | 1 089 | 1 564 | 831 | 53.13 | 78 | 277.67 | 63.30 |
| 07.08 | 装饰材料 | 2 646 | 5 186 | 3 598 | 69.38 | 263 | 433.66 | 109.20 |
| 07.09 | 石棉制品 | 73 | 79 | 31 | 39.24 | 10 | 13.37 | 4.99 |
| 07.10 | 人造板 | 874 | 1 072 | 443 | 41.32 | 117 | 283.77 | 60.66 |
| 07.11 | 其他 | 4 880 | 8 045 | 5 474 | 68.04 | 521 | 1 049.76 | 388.71 |
| 08.00 | 机电产品 | 35 068 | 84 578 | 54 052 | 63.91 | 11 886 | 66 023.19 | 7 463.88 |
| 08.01 | 轴承 | 2 467 | 5 469 | 3 828 | 69.99 | 451 | 202.79 | 98.15 |

续表

| 商品编号 | 商品名称 | 检查商业企业数 | 检查商品批次 | 合格批次 | 批次合格率/% | 查出伪劣商品批次 | 查出不合格商品标值/万元 | |
|---|---|---|---|---|---|---|---|---|
| | | | | | | | 总计 | 伪劣商品标值 |
| 08.02 | 阀类，泵 | 2 975 | 4 731 | 2 405 | 50.83 | 541 | 759.10 | 230.44 |
| 08.03 | 电线，电缆 | 10 055 | 16 808 | 9 367 | 55.73 | 2 566 | 59 024.64 | 4 889.91 |
| 08.04 | 通用设备 | 349 | 844 | 547 | 64.81 | 104 | 59.50 | 12.63 |
| 08.05 | 电动工具 | 1 249 | 2 898 | 1 812 | 62.53 | 446 | 885.16 | 571.21 |
| 08.06 | 工业专用设备 | 180 | 261 | 139 | 53.26 | 53 | 47.85 | 9.54 |
| 08.07 | 电工仪器仪表 | 341 | 541 | 304 | 56.19 | 112 | 114.49 | 52.74 |
| 08.08 | 低压电器及元件 | 4 332 | 12 388 | 7 461 | 60.23 | 2 512 | 552.34 | 171.28 |
| 08.09 | 消防器材 | 113 | 239 | 139 | 58.16 | 41 | 63.27 | 5.20 |
| 08.10 | 安全防范设备 | 368 | 447 | 243 | 54.36 | 23 | 73.84 | 5.07 |
| 08.11 | 电动机，柴油机 | 212 | 555 | 410 | 73.87 | 54 | 121.88 | 84.66 |
| 08.12 | 汽车，摩托车 | 2 352 | 11 609 | 9 261 | 79.77 | 793 | 2 460.06 | 559.23 |
| 08.13 | 自行车 | 614 | 967 | 594 | 61.43 | 231 | 188.23 | 124.60 |
| 08.14 | 其他 | 9 461 | 26 821 | 17 542 | 65.40 | 3 959 | 1 470.04 | 649.22 |
| 09.00 | 冶金产品，金属制品 | 9 626 | 15 062 | 9 531 | 63.28 | 1 901 | 7 815.33 | 1 749.19 |
| 09.01 | 线材 | 4 053 | 6 363 | 4 581 | 71.99 | 665 | 2 917.34 | 418.90 |
| 09.02 | 型材 | 3 308 | 5 039 | 2 878 | 57.11 | 592 | 3 295.11 | 424.04 |
| 09.03 | 其他 | 2 265 | 3 660 | 2 072 | 56.61 | 644 | 1 602.88 | 906.25 |
| 10.00 | 能源产品 | 29 916 | 40 492 | 27 839 | 68.75 | 2 616 | 12 698.24 | 2 450.36 |
| 10.01 | 原煤 | 1 532 | 1 686 | 1 326 | 78.65 | 124 | 2 131.16 | 280.96 |
| 10.02 | 焦炭 | 266 | 301 | 238 | 79.07 | 18 | 43.07 | 1.01 |
| 10.03 | 汽油，柴油 | 24 474 | 33 673 | 23 485 | 69.74 | 2 072 | 9 784.91 | 2 051.17 |
| 10.04 | 其他 | 3 644 | 4 832 | 2 790 | 57.74 | 402 | 739.10 | 117.22 |
| 11.00 | 医疗器械 | 2 184 | 3 860 | 2 689 | 69.66 | 283 | 338.60 | 129.69 |
| 11.01 | 普通医疗器械 | 461 | 847 | 653 | 77.10 | 41 | 58.57 | 26.98 |
| 11.02 | 输液器，注射器 | 1 193 | 1 935 | 1 363 | 70.44 | 114 | 133.85 | 74.52 |
| 11.03 | 其他 | 530 | 1 078 | 673 | 62.43 | 128 | 146.18 | 28.19 |
| 12.00 | 其他 | 6 748 | 17 835 | 13 050 | 73.17 | 2 392 | 1 170.42 | 404.14 |

# 标 准 化

# 概　　述

2000年，标准化工作围绕促进国民经济建设，适应市场需求，积极为企业服务，在标准化工作改革，制修订国家标准、行业标准、地方标准和企业标准，宣贯实施标准，采用国际标准和国外先进标准，推动采标标志，农业标准化示范区，消灭无标生产，信息技术标准化，标准化法规建设，标准化的研究、开发，标准的出版发行和咨询服务等方面，取得了一定成效，为国民经济建设和社会发展作出了新的贡献。

# 标准化工作改革

为适应经济建设和我国即将加入世界贸易组织的需要，积极探索标准化工作改革。

**【强制性国家标准改革试点工作】** 为使我国的标准化工作适应社会主义市场经济发展的需要，逐步与国家惯例接轨，根据《标准化法》的有关规定，国家质量技术监督局组织制定了《关于强制性标准实行条文强制的若干规定》，并于2000年2月22日公布实施；为进一步加强对强制性标准的管理和制修订工作，《强制性国家标准管理办法(报批稿)》正待批准实施。

**【备案的行业标准和地方标准实行公告制度】** 为使广大读者能及时了解行业标准和地方标准的制修订和备案信息，从2000年起，对备案的行业标准、地方标准实行公告制度，即每月将国家质量技术监督局准予备案的行业标准、地方标准以公告形式及时发送国务院有关部门，省、自治区直辖市、计划单列市和副省级市质量技术监督局和各全国直属专业标准化技术委员会，并以中华人民共和国行业标准备案公告和中华人民共和国地方标准备案公告的形式在《中国标准化》杂志上刊登，此项工作的改革，提高了行业标准和地方标准的按时备案率，加快了行业标准和地方标准备案信息的传播速度。

**【制修订国家标准项目计划改革】** 为及时满足我国国民经济建设和企业使用国家标准的需要，2000年我们继续坚持了对制修订国家标准项目计划进行改革，将1年1次计划的做法改为1年1次主计划多次补充计划、根据需要随时可以补充立项的做法，全年共下达制订修国家标准补充计划项目7次，立项100余项，受到了有关单位的赞同和欢迎。

**【转变工作职能，提高工作效率】** 为落实政府机构改革、职能转变和提高工作效率的精神，建议在中国标准研究中心设立了国家标准管理部，并将国际标准的投票、国际标准化组织的文件分发等部分管理工作转移到中国标准研究中心国家标准管理部，提高了有关标准化工作的效率。

**【国家标准管理体制的局部调整】** 由于国家政府机构改革，中央决定将国家经济贸易委员会管理的8个委管局在2000年底前撤消。为使这些部门标准化工作有序进行，我们及时与同国家冶金局、国家有色局、国家轻工局、国家纺织局、国家建材局和国家机械局就国家标准、行业标准的管理和有关工作进行了协商、协调，并与这些部门联合发文，将国家标准、行业标准等有关标准化管理工作委托给相应的行业协会，使这些行业的标准化工作做到了正常运行。

# 标准制修订、备案和宣贯工作

2000年标准的制修订工作速度加快，标准的质量和水平得到了进一步提高，标准的备案和宣贯工作进一步加强。

**【标准制、修订工作】** 2000年共制修订国家标准1 087项(2000年各专业国家标准项目统计表见附件1)，其中新制定605项，占55.7%，修订482项，占44.3%；强制性标准197项，占18%，推荐性标准891项，占82%。其结构为：产品标准316项，占29.1%，方法标准403项，占37.1%，基础标准236项，占21.7%，安全标准58项，占5.3%，卫生标准55项，占5.0%，管理标准15项，占1.4%，环保标准2项，占0.2%，其他标准2项，占0.2%；采用国际标准和国外先进标准538项，采标率为49.5%(等同采用：230项，占21.2%；等效采用：220项，占20.2%；非等效采用：88项，占8.1%；)，其中采用ISO标准306项，占28.2%采用IEC标准198项，占18.2%，采用其他标准104项，占9.6%；研制复制国家标准样品159项。

2000年批准发布的国家标准样品

| 序号 | 国家标准样品编号 | 国家标准样品名称 | 研制单位 | 批准、发布日期 | 有效期 |
|---|---|---|---|---|---|
| 1 | GSB 01-1176—2000 (GSB D50001—93) | 氟石(化学分析)WDFS99 $CaF_2CaFO_3$ | 上海出入境检验检疫局工业品及原材料检测中心 | 2000.5.31 | 5年 |
| 2 | GSB 01-1177—2000 | 氟石(化学分析)DGFS 95 $CaF_2CaFO_3$ | 上海出入境检验检疫局工业品及原材料检测中心 | 2000.5.31 | 5年 |
| 3 | GSB 07-1178—2000 | 水质总铍标准样品(5～25 μg/L) | 国家环保总局标样研究所 | 2000.7.24 | 5年 |
| 4 | GSB 07-1179—2000 | 水质甲醛标准样品(0.2～5 mg/L) | 国家环保总局标样研究所 | 2000.7.24 | 5年 |
| 5 | GSB 07-1180—2000 | 二硫化碳中丙烯腈(200～800 mg/L) | 国家环保总局标样研究所 | 2000.7.24 | 5年 |
| 6 | GSB 07-1181—2000 | 甲醇中丙烯醛-DNPH(10～30 mg/L) | 国家环保总局标样研究所 | 2000.7.24 | 5年 |
| 7 | GSB 07-1182—2000 | 水质铜标准样品(0.01～2 mg/L) | 国家环保总局标样研究所 | 2000.7.24 | 5年 |
| 8 | GSB 07-1183—2000 | 水质铅标准样品(0.01～2 mg/L) | 国家环保总局标样研究所 | 2000.7.24 | 5年 |
| 9 | GSB 07-1184—2000 | 水质锌标准样品(0.01～2 mg/L) | 国家环保总局标样研究所 | 2000.7.24 | 5年 |
| 10 | GSB 07-1185—2000 | 水质镉标准样品(0.01～2 mg/L) | 国家环保总局标样研究所 | 2000.7.24 | 5年 |
| 11 | GSB 07-1186—2000 | 水质镍标准样品(0.01～2 mg/L) | 国家环保总局标样研究所 | 2000.7.24 | 5年 |
| 12 | GSB 07-1187—2000 | 水质总铬标准样品(0.1～2 mg/L) | 国家环保总局标样研究所 | 2000.7.24 | 5年 |
| 13 | GSB 07-1188—2000 | 水质总铁标准样品(0.1～5 mg/L) | 国家环保总局标样研究所 | 2000.7.24 | 5年 |
| 14 | GSB 07-1189—2000 | 水质锰标准样品(0.1～5 mg/L) | 国家环保总局标样研究所 | 2000.7.24 | 5年 |
| 15 | GSB 07-1190—2000 | 水质钾标准样品(0.1～5 mg/L) | 国家环保总局标样研究所 | 2000.7.24 | 5年 |
| 16 | GSB 07-1191—2000 | 水质钠标准样品(0.1～5 mg/L) | 国家环保总局标样研究所 | 2000.7.24 | 5年 |
| 17 | GSB 07-1192—2000 | 水质钙标准样品(0.1～10 mg/L) | 国家环保总局标样研究所 | 2000.7.24 | 5年 |
| 18 | GSB 07-1193—2000 | 水质镁标准样品(0.1～5 mg/L) | 国家环保总局标样研究所 | 2000.7.24 | 5年 |
| 19 | GSB 07-1194—2000 | 水质氟标准样品(0.1～5 mg/L) | 国家环保总局标样研究所 | 2000.7.24 | 5年 |

续表

| 序号 | 国家标准样品编号 | 国家标准样品名称 | 研制单位 | 批准、发布日期 | 有效期 |
|---|---|---|---|---|---|
| 20 | GSB 07-1195—2000 | 水质氯标准样品(0.1～100 mg/L) | 国家环保总局标样研究所 | 2000.7.24 | 5年 |
| 21 | GSB 07-1196—2000 | 水质硫酸盐标准样品(0.1～100 mg/L) | 国家环保总局标样研究所 | 2000.7.24 | 5年 |
| 22 | GSB 07-1197—2000 | 水质阴离子表面活性剂标准样品(0.1～50 mg/L) | 国家环保总局标样研究所 | 2000.7.24 | 5年 |
| 23 | GSB 07-1198—2000 | 四氯化碳中矿物油标准样品(2～200 mg/L) | 国家环保总局标样研究所 | 2000.7.24 | 5年 |
| 24 | GSB 07-1199—2000 | 二硫化碳中苯溶液(1 000 mg/L) | 国家环保总局标样研究所 | 2000.7.24 | 5年 |
| 25 | GSB 07-1200—2000 | 二硫化碳中甲苯溶液(1 000 mg/L) | 国家环保总局标样研究所 | 2000.7.24 | 5年 |
| 26 | GSB 07-1201—2000 | 二硫化碳中乙苯溶液(1 000 mg/L) | 国家环保总局标样研究所 | 2000.7.24 | 5年 |
| 27 | GSB 07-1202—2000 | 二硫化碳中异丙苯溶液(1 000 mg/L) | 国家环保总局标样研究所 | 2000.7.24 | 5年 |
| 28 | GSB 07-1203—2000 | 二硫化碳中苯乙烯溶液(1 000 mg/L) | 国家环保总局标样研究所 | 2000.7.24 | 5年 |
| 29 | GSB 07-1204—2000 | 二硫化碳中对二甲苯溶液(1 000 mg/L) | 国家环保总局标样研究所 | 2000.7.24 | 5年 |
| 30 | GSB 07-1205—2000 | 二硫化碳中间二甲苯溶液(1 000 mg/L) | 国家环保总局标样研究所 | 2000.7.24 | 5年 |
| 31 | GSB 07-1206—2000 | 二硫化碳中邻二甲苯溶液(1 000 mg/L) | 国家环保总局标样研究所 | 2000.7.24 | 5年 |
| 32 | GSB 07-1207—2000 | 甲醇中邻苯二甲酸二乙酯溶液(1 000 mg/L) | 国家环保总局标样研究所 | 2000.7.24 | 5年 |
| 33 | GSB 07-1208—2000 | 甲醇中邻苯二甲酸二(2-乙基己基)酯溶液(1 000 mg/L) | 国家环保总局标样研究所 | 2000.7.24 | 5年 |
| 34 | GSB 07-1209—2000 | 甲醇中邻苯二甲酸丁基苄酯溶液(1 000 mg/L) | 国家环保总局标样研究所 | 2000.7.24 | 5年 |
| 35 | GSB 07-1210—2000 | 水中硝基苯溶液(100 mg/L) | 国家环保总局标样研究所 | 2000.7.24 | 5年 |
| 36 | GSB 07-1211—2000 | 甲醇中硝基苯溶液(1 000 mg/L) | 国家环保总局标样研究所 | 2000.7.24 | 5年 |
| 37 | GSB 07-1212—2000 | 甲醇中邻硝基甲苯溶液(1 000 mg/L) | 国家环保总局标样研究所 | 2000.7.24 | 5年 |
| 38 | GSB 07-1213—2000 | 甲醇中间硝基甲苯溶液(1 000 mg/L) | 国家环保总局标样研究所 | 2000.7.24 | 5年 |
| 39 | GSB 07-1214—2000 | 甲醇中对硝基甲苯溶液(1 000 mg/L) | 国家环保总局标样研究所 | 2000.7.24 | 5年 |

续表

| 序号 | 国家标准样品编号 | 国家标准样品名称 | 研制单位 | 批准、发布日期 | 有效期 |
|---|---|---|---|---|---|
| 40 | GSB 07-1215—2000 | 甲醇中邻硝基氯苯溶液(1 000 mg/L) | 国家环保总局标样研究所 | 2000.7.24 | 5年 |
| 41 | GSB 07-1216—2000 | 甲醇中间硝基氯苯溶液(1 000 mg/L) | 国家环保总局标样研究所 | 2000.7.24 | 5年 |
| 42 | GSB 07-1217—2000 | 甲醇中2,4-二硝基甲苯溶液(1 000 mg/L) | 国家环保总局标样研究所 | 2000.7.24 | 5年 |
| 43 | GSB 07-1218—2000 | 甲醇中2,4-二硝基氯苯溶液(1 000 mg/L) | 国家环保总局标样研究所 | 2000.7.24 | 5年 |
| 44 | GSB 07-1219—2000 | 甲醇中对硝基乙苯溶液(1 000 mg/L) | 国家环保总局标样研究所 | 2000.7.24 | 5年 |
| 45 | GSB 07-1220—2000 | 甲醇中氯苯溶液(1 000 mg/L) | 国家环保总局标样研究所 | 2000.7.24 | 5年 |
| 46 | GSB 07-1221—2000 | 甲醇中邻二氯苯溶液(1 000 mg/L) | 国家环保总局标样研究所 | 2000.7.24 | 5年 |
| 47 | GSB 07-1222—2000 | 甲醇中间二氯苯溶液(1 000 mg/L) | 国家环保总局标样研究所 | 2000.7.24 | 5年 |
| 48 | GSB 07-1223—2000 | 甲醇中对二氯苯溶液(1 000 mg/L) | 国家环保总局标样研究所 | 2000.7.24 | 5年 |
| 49 | GSB 07-1224—2000 | 甲醇中1,2,4-三氯苯溶液(1 000 mg/L) | 国家环保总局标样研究所 | 2000.7.24 | 5年 |
| 50 | GSB 07-1225—2000 | 甲醇中1,2,3,4-四氯苯溶液(1 000 mg/L) | 国家环保总局标样研究所 | 2000.7.24 | 5年 |
| 51 | GSB 07-1226—2000 | 甲醇中氯仿溶液(1 000 mg/L) | 国家环保总局标样研究所 | 2000.7.24 | 5年 |
| 52 | GSB 07-1227—2000 | 甲醇中四氯化碳溶液(1 000 mg/L) | 国家环保总局标样研究所 | 2000.7.24 | 5年 |
| 53 | GSB 07-1228—2000 | 甲醇中三氯乙烯溶液(1 000 mg/L) | 国家环保总局标样研究所 | 2000.7.24 | 5年 |
| 54 | GSB 07-1229—2000 | 甲醇中四氯乙烯溶液(1 000 mg/L) | 国家环保总局标样研究所 | 2000.7.24 | 5年 |
| 55 | GSB 07-1230—2000 | 甲醇中溴仿溶液(1 000 mg/L) | 国家环保总局标样研究所 | 2000.7.24 | 5年 |
| 56 | GSB 07-1231—2000 | 水中苯胺溶液(100 mg/L) | 国家环保总局标样研究所 | 2000.7.24 | 5年 |
| 57 | GSB 07-1232—2000 | 甲醇中苯胺溶液(1 000 mg/L) | 国家环保总局标样研究所 | 2000.7.24 | 5年 |
| 58 | GSB 07-1233—2000 | 甲醇中间硝基苯胺溶液(1 000 mg/L) | 国家环保总局标样研究所 | 2000.7.24 | 5年 |
| 59 | GSB 07-1234—2000 | 甲醇中对硝基苯胺溶液(1 000 mg/L) | 国家环保总局标样研究所 | 2000.7.24 | 5年 |

续表

| 序号 | 国家标准样品编号 | 国家标准样品名称 | 研制单位 | 批准、发布日期 | 有效期 |
|---|---|---|---|---|---|
| 60 | GSB 07-1235—2000 | 甲醇中联苯胺溶液(1 000 mg/L) | 国家环保总局标样研究所 | 2000.7.24 | 5年 |
| 61 | GSB 07-1236—2000 | 甲醇中间甲酚溶液(1 000 mg/L) | 国家环保总局标样研究所 | 2000.7.24 | 5年 |
| 62 | GSB 07-1237—2000 | 甲醇中2,3-二甲酚溶液(1 000 mg/L) | 国家环保总局标样研究所 | 2000.7.24 | 5年 |
| 63 | GSB 07-1238—2000 | 甲醇中2,4-二甲酚溶液(1 000 mg/L) | 国家环保总局标样研究所 | 2000.7.24 | 5年 |
| 64 | GSB 07-1239—2000 | 甲醇中2,5-二甲酚溶液(1 000 mg/L) | 国家环保总局标样研究所 | 2000.7.24 | 5年 |
| 65 | GSB 07-1240—2000 | 甲醇中2,6-二甲酚溶液(1 000 mg/L) | 国家环保总局标样研究所 | 2000.7.24 | 5年 |
| 66 | GSB 07-1241—2000 | 甲醇中3,4-二甲酚溶液(1 000 mg/L) | 国家环保总局标样研究所 | 2000.7.24 | 5年 |
| 67 | GSB 07-1242—2000 | 甲醇中3,5-二甲酚溶液(1 000 mg/L) | 国家环保总局标样研究所 | 2000.7.24 | 5年 |
| 68 | GSB 07-1243—2000 | 甲醇中邻硝基苯酚溶液(1 000 mg/L) | 国家环保总局标样研究所 | 2000.7.24 | 5年 |
| 69 | GSB 07-1244—2000 | 甲醇中间硝基苯酚溶液(1 000 mg/L) | 国家环保总局标样研究所 | 2000.7.24 | 5年 |
| 70 | GSB 07-1245—2000 | 甲醇中对硝基苯酚溶液(1 000 mg/L) | 国家环保总局标样研究所 | 2000.7.24 | 5年 |
| 71 | GSB 07-1246—2000 | 甲醇中邻氯苯酚溶液(1 000 mg/L) | 国家环保总局标样研究所 | 2000.7.24 | 5年 |
| 72 | GSB 07-1247—2000 | 甲醇中间氯苯酚溶液(1 000 mg/L) | 国家环保总局标样研究所 | 2000.7.24 | 5年 |
| 73 | GSB 07-1248—2000 | 甲醇中对氯苯酚溶液(1 000 mg/L) | 国家环保总局标样研究所 | 2000.7.24 | 5年 |
| 74 | GSB 07-1249—2000 | 甲醇中邻苯二酚溶液(1 000 mg/L) | 国家环保总局标样研究所 | 2000.7.24 | 5年 |
| 75 | GSB 07-1250—2000 | 甲醇中间苯二酚溶液(1 000 mg/L) | 国家环保总局标样研究所 | 2000.7.24 | 5年 |
| 76 | GSB 07-1251—2000 | 甲醇中对苯二酚溶液(1 000 mg/L) | 国家环保总局标样研究所 | 2000.7.24 | 5年 |
| 77 | GSB 07-1252—2000 | 甲醇中间苯三酚溶液(1 000 mg/L) | 国家环保总局标样研究所 | 2000.7.24 | 5年 |
| 78 | GSB 07-1253—2000 | 环境监测用硒溶液(500 mg/L) | 国家环保总局标样研究所 | 2000.7.24 | 5年 |
| 79 | GSB 07-1254—2000 | 环境监测用钼溶液(500 mg/L) | 国家环保总局标样研究所 | 2000.7.24 | 5年 |

续表

| 序号 | 国家标准样品编号 | 国家标准样品名称 | 研制单位 | 批准、发布日期 | 有效期 |
|---|---|---|---|---|---|
| 80 | GSB 07-1255—2000 | 环境监测用钴溶液(500 mg/L) | 国家环保总局标样研究所 | 2000.7.24 | 5年 |
| 81 | GSB 07-1256—2000 | 环境监测用钒溶液(500 mg/L) | 国家环保总局标样研究所 | 2000.7.24 | 5年 |
| 82 | GSB 07-1257—2000 | 环境监测用铜溶液(1 000 mg/L) | 国家环保总局标样研究所 | 2000.7.24 | 5年 |
| 83 | GSB 07-1258—2000 | 环境监测用铅溶液(1 000 mg/L) | 国家环保总局标样研究所 | 2000.7.24 | 5年 |
| 84 | GSB 07-1259—2000 | 环境监测用锌溶液(1 000 mg/L) | 国家环保总局标样研究所 | 2000.7.24 | 5年 |
| 85 | GSB 07-1260—2000 | 环境监测用镍溶液(500 mg/L) | 国家环保总局标样研究所 | 2000.7.24 | 5年 |
| 86 | GSB 07-1261—2000 | 环境监测用钾溶液(500 mg/L) | 国家环保总局标样研究所 | 2000.7.24 | 5年 |
| 87 | GSB 07-1262—2000 | 环境监测用钠溶液(500 mg/L) | 国家环保总局标样研究所 | 2000.7.24 | 5年 |
| 88 | GSB 07-1263—2000 | 环境监测用钙溶液(500 mg/L) | 国家环保总局标样研究所 | 2000.7.24 | 5年 |
| 89 | GSB 07-1264—2000 | 环境监测用铁溶液(1 000 mg/L) | 国家环保总局标样研究所 | 2000.7.24 | 5年 |
| 90 | GSB 07-1265—2000 | 环境监测用锰溶液(1 000 mg/L) | 国家环保总局标样研究所 | 2000.7.24 | 5年 |
| 91 | GSB 07-1266—2000 | 环境监测用氟溶液(500 mg/L) | 国家环保总局标样研究所 | 2000.7.24 | 5年 |
| 92 | GSB 07-1267—2000 | 环境监测用氯溶液(500 mg/L) | 国家环保总局标样研究所 | 2000.7.24 | 5年 |
| 93 | GSB 07-1269—2000 | 环境监测用硫酸盐溶液(5 000 mg/L) | 国家环保总局标样研究所 | 2000.7.24 | 5年 |
| 94 | GSB 07-1270—2000 | 环境监测用磷溶液(500 mg/L) | 国家环保总局标样研究所 | 2000.7.24 | 5年 |
| 95 | GSB 07-1271—2000 | 环境监测用十二烷基苯磺酸钠溶液(500 mg/L) | 国家环保总局标样研究所 | 2000.7.24 | 5年 |
| 96 | GSB 07-1272—2000 | 环境监测用亚硝酸盐氮溶液(100 mg/L) | 国家环保总局标样研究所 | 2000.7.24 | 5年 |
| 97 | GSB 07-1273—2000 | 环境监测用二氧化硫溶液(100 mg/L) | 国家环保总局标样研究所 | 2000.7.24 | 5年 |
| 98 | GSB 07-1274—2000 | 环境监测用汞溶液(100 mg/L) | 国家环保总局标样研究所 | 2000.7.24 | 5年 |
| 99 | GSB 07-1275—2000 | 环境监测用砷溶液(100 mg/L) | 国家环保总局标样研究所 | 2000.7.24 | 5年 |

续表

| 序号 | 国家标准样品编号 | 国家标准样品名称 | 研 制 单 位 | 批准、发布日期 | 有效期 |
|---|---|---|---|---|---|
| 100 | GSB 07-1276—2000 | 环境监测用镉溶液(100 mg/L) | 国家环保总局标样研究所 | 2000.7.24 | 5年 |
| 101 | GSB 07-1277—2000 | 环境监测用锑溶液(100 mg/L) | 国家环保总局标样研究所 | 2000.7.24 | 5年 |
| 103 | GSB 07-1278—2000 | 甲醇中邻苯二甲酸二甲酯溶液 | 国家环保总局标样研究所 | 2000.7.24 | 5年 |
| 104 | GSB 07-1279—2000 | 甲醇中邻苯二甲酸二丁酯溶液 | 国家环保总局标样研究所 | 2000.7.24 | 5年 |
| 105 | GSB 07-1280—2000 | 甲醇中邻苯二甲酸二辛酯溶液 | 国家环保总局标样研究所 | 2000.7.24 | 5年 |
| 106 | GSB 07-1281—2000 | 环境监测用酚溶液(500 mg/L) | 国家环保总局标样研究所 | 2000.7.24 | 5年 |
| 107 | GSB 07-1282—2000 | 环境监测用铅溶液(500 mg/L) | 国家环保总局标样研究所 | 2000.7.24 | 5年 |
| 108 | GSB 07-1283—2000 | 环境监测用锌溶液(500 mg/L) | 国家环保总局标样研究所 | 2000.7.24 | 5年 |
| 109 | GSB 07-1284—2000 | 环境监测用铬溶液(500 mg/L) | 国家环保总局标样研究所 | 2000.7.24 | 5年 |
| 110 | GSB 07-1285—2000 | 环境监测用镁溶液(500 mg/L) | 国家环保总局标样研究所 | 2000.7.24 | 5年 |
| 111 | GSB 07-1286—2000 | 环境监测用铁溶液(500 mg/L) | 国家环保总局标样研究所 | 2000.7.24 | 5年 |
| 112 | GSB 05-1117—2000 | 铜溶液(500 mg/L) | 国家环保总局标样研究所 | 2000.7.24 | 5年 |
| 113 | GSB 05-1127—2000 | 锰溶液(500 mg/L) | 国家环保总局标样研究所 | 2000.7.24 | 5年 |
| 114 | GSB 05-1142—2000 | 亚硝酸盐溶液(100 mg/L) | 国家环保总局标样研究所 | 2000.7.24 | 5年 |
| 115 | GSB 05-1144—2000 | 硝酸盐氮溶液(500 mg/L) | 国家环保总局标样研究所 | 2000.7.24 | 5年 |
| 116 | GSB 05-1145—2000 | 氨氮溶液(500 mg/L) | 国家环保总局标样研究所 | 2000.7.24 | 5年 |
| 117 | GSB 16-1304—2000 | 出口猪鬃(青岛猪鬃)标准样照<br>Photographic standard sample for export bristles(Qingdao bristles) | 山东出入境检验检疫局 | 2000.7.24 | 5年 |
| 118 | GSB 11-1109—2000 | 亚麻原茎(复制)<br>Flax raw stems | 黑龙江省纤维检验所 | 2000.8.2 | 1年 |
| 119 | GSB 11-1305—2000<br>(GSBW 30005—1998) | 亚麻打成麻<br>Scutched flax | 黑龙江省纤维检验所 | 2000.8.2 | 2年 |

续表

| 序号 | 国家标准样品编号 | 国家标准样品名称 | 研制单位 | 批准、发布日期 | 有效期 |
|---|---|---|---|---|---|
| 120 | GSB 10-1306—2000 | 涤纶短纤维标准样品(1.50 dtex×38 mm)<br>CRM of polyester staple fibre | 上海联吉合纤有限公司 | 2000.8.28 | 3年 |
| 121 | GSB 04-1307—2000 | 锌(棒状)光谱标准样品<br>Zinc for spectral | 葫芦岛锌厂 | 2000.8.28 | 10年 |
| 122 | GSB 04-1308—2000 | 锌(圆柱状)光谱标准样品<br>Zinc for spectral | 葫芦岛锌厂 | 2000.8.28 | 10年 |
| 123 | GSB 04-1309—2000 | 铝-锂(Al-Li)合金光谱标准样品<br>CRM of Al-Li alloy | 西南铝加工厂 | 2000.8.28 | 5年 |
| 124 | GSB 04-1310—2000 | 碳化钨粉总碳标准样品<br>CRM for measuring total carbon of tungstem carbide power | 株洲硬质合金厂分析测试中心 | 2000.8.28 | 10年 |
| 125 | GSB 04-1311—2000 | 铝块状光谱标准样品<br>CRM for chunk emission of aluminium | 郑州轻金属研究院质检中心 | 2000.8.28 | 8年 |
| 126 | GSB 05-1151—1999 | 农药残留分析用标准样品　杀线威<br>RM of residues analysis for oxamyl | 天津进出口商品检验技术研究所 | 1999.12.24 | 2年 |
| 127 | GSB 05-1152—1999 | 农药残留分析用标准样品　多效唑<br>RM of residues analysis for paclobutrazol | 天津进出口商品检验技术研究所 | 1999.12.24 | 2年 |
| 128 | GSB 05-1153—1999 | 农药残留分析用标准样品　胆甾醇<br>RM of residues analysis for cholesterol | 中国进出口商品检验技术研究所 | 1999.12.24 | 2年 |
| 129 | GSB 05-1154—1999 | 农药残留分析用标准样品　苯硫磷<br>RM of residues analysis for EPN | 天津出入境检验检疫局 | 1999.12.24 | 2年 |
| 130 | GSB 05-1155—1999 | 农药残留分析用标准样品　土菌消<br>RM of residues analysis for hymexazol | 天津出入境检验检疫局 | 1999.12.24 | 2年 |
| 131 | GSB 05-1156—1999 | 农药残留分析用标准样品　三乙磷酸铝<br>RM of residues analysis for phosethyl-AL | 天津出入境检验检疫局 | 1999.12.24 | 2年 |
| 132 | GSB 05-1157—1999 | 农药残留分析用标准样品　2甲4氯<br>RM of residues analysis for MCPA | 天津出入境检验检疫局 | 1999.12.24 | 2年 |

续表

| 序号 | 国家标准样品编号 | 国家标准样品名称 | 研制单位 | 批准、发布日期 | 有效期 |
|---|---|---|---|---|---|
| 133 | GSB 05-1158—1999 | 出口生丝外观色差 | 浙江进出口商品检验局 | 1999.12.24 | 1年 |
| 134 | GSB 10-1159—2000 | 测定聚乙烯树脂熔体流动速率用标准样品 PE-G<br>RM for determination of melt flow rate for polyethylene resin-PE-G | 北京燕化石油化工股份有限公司树脂应用研究所 | 2000.2.16 | 4年 |
| 135 | GSB 10-1160—2000 | 测定聚乙烯树脂熔体流动速率用标准样品 PE-T<br>RM for determination of melt flow rate for polyethylene resin-PE-T | 北京燕化石油化工股份有限公司树脂应用研究所 | 2000.2.16 | 4年 |
| 144 | GSB 11-1161—2000 | 大麻纤维疵点<br>National standard of hemp fiber sample photo | 山东纤检局<br>泰安大麻集团 | 2000.3.16 | 5年 |
| 145 | GSB 14-1162—2000 | 沥青混合料(公路工程用)<br>Reference material for asphait mixture | 交通部科学研究院<br>大港油田集团公路工程公司 | 2000.3.16 | 1年 |
| 146 | GSB 10-1163—2000 | 化学纤维外观疵点标准样照<br>Standard sample (photographic standard) for appearance defeats chemical fibres | 江苏出入境检验检疫局 | 2000.4.11 | 5年 |
| 147 | GSB 11-1164—2000 | 桑蚕双宫丝特征标准样照<br>Reference material (photographic standard) for effect defects of douppion silk | 无锡出入境检验检疫局、苏州大学 | 2000.4.11 | 5年 |
| 148 | GSB 16 1165—2000 | 出口砂洗真丝服装缺陷标准样照<br>state standard sample(sample photos) for appearance defeats of export sand-washed silk clothes | 浙江出入境检验检疫局 | 2000.4.11 | 5年 |
| 149 | GSB 16-1166—2000 | 水洗牛仔服装疵点标准样照<br>state standard sample(sample photos) of washing jeanswear defects | 广东出入境检验检疫局 | 2000.4.11 | 5年 |
| 150 | GSB 01-1167—2000 | 灰硫锑铅矿<br>Geocronite | 国土资源部矿产综合利用研究所 | 2000.4.21 | 长期 |
| 151 | GSB 02-1168—2000 | 合成红宝石<br>Ruby | 国土资源部矿产综合利用研究所 | 2000.4.21 | 长期 |
| 152 | GSB 01-1169—2000 | 毒砂<br>Arsenopyrite | 国土资源部矿产综合利用研究所 | 2000.4.21 | 长期 |
| 153 | GSB 01-1170—2000 | 蓝晶石<br>Kyanite | 全国微束分析标准化技术委员会 | 2000.4.21 | 长期 |
| 154 | GSB 04-1171—2000 | 金银合金<br>$Au_{80}Ag_{20}$alloy | 全国微束分析标准化技术委员会 | 2000.4.21 | 长期 |

续表

| 序号 | 国家标准样品编号 | 国家标准样品名称 | 研制单位 | 批准、发布日期 | 有效期 |
|---|---|---|---|---|---|
| 155 | GSB 11-1172—2000 | 生丝黑板标准样照<br>Raw silk evenness standard sample | 苏州大学 | 2000.4.21 | 5年 |
| 156 | GSB 11-1173—2000 | 桑蚕绢丝标准样照(复制)<br>Standard photographs of spun silk yarn | 嘉兴绢纺厂 | 2000.4.21 | 5年 |
| 157 | GSB 11-1174—2000 | 桑蚕䌷丝标准样照(复制)<br>Standard photographs of silk noil | 嘉兴绢纺厂 | 2000.4.21 | 5年 |
| 158 | GSB 16-1175—2000 | 手绣抽纱品基本工种标准样照<br>Standard samples photo for basic type of hand embroider drawn work | 山东出入境检验检疫局 | 2000.5.9 | 长期 |

国务院有关部门根据国民经济发展对标准的需求，制修订了许多行业标准，其中有3 263项行业标准已备案；各省、自治区和直辖市质量技术监督局根据地方标准化工作的特点及要求，及时制修订了许多地方标准，其中有968项地方标准已备案；许多企业根据自身生产需求，制定了14万余项企业标准用来组织生产和作为签定合同及产品出厂质量检验的依据。

截止到2000年，我国已有国家标准19 278项(历年国家标准数量统计见图1)，其中强制性国家标准2 653项，占13.8%，推荐性国家标准16 625项，占86.2%。其结构为(国家标准结构分布情况见图2)：产品标准5 848项，占30.3%，方法标准7 951项，占41.2%，基础标准3 605项，占18.7%，安全标准557项，占2.9%，卫生标准686项，占3.6%，管理标准415项，占2.1%，环保标准108项，占0.6%，其他标准108项，占0.6%；采用国际标准和国外先进标准8 387项，采标率达43.5%(等同采用：1 795项，占9.3%；等效采用：2 824项，占14.7%；非等效采用：3 768项，占19.5%；)，其中采用ISO标准4 341项，占22.5%，采用IEC标准1 818项，占9.4%，采用其他标准2 453项，占12.7%。

截止2000年底，已备案的行业标准32 000项，地方标准12 000多项，企业标准85万项。

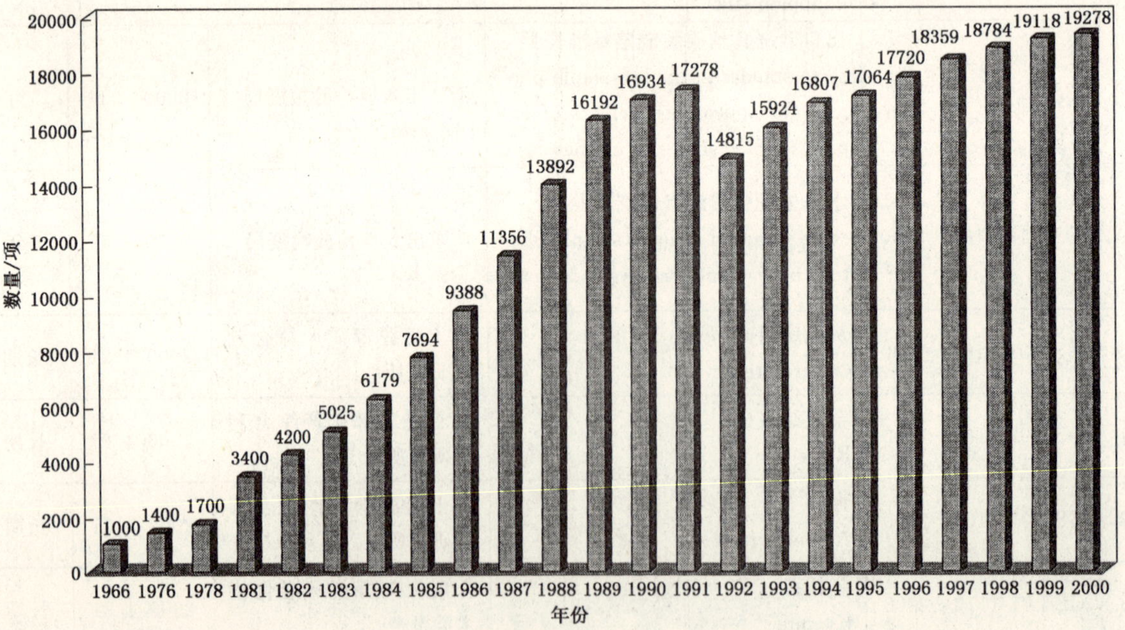


图1 历年国家标准数量统计图

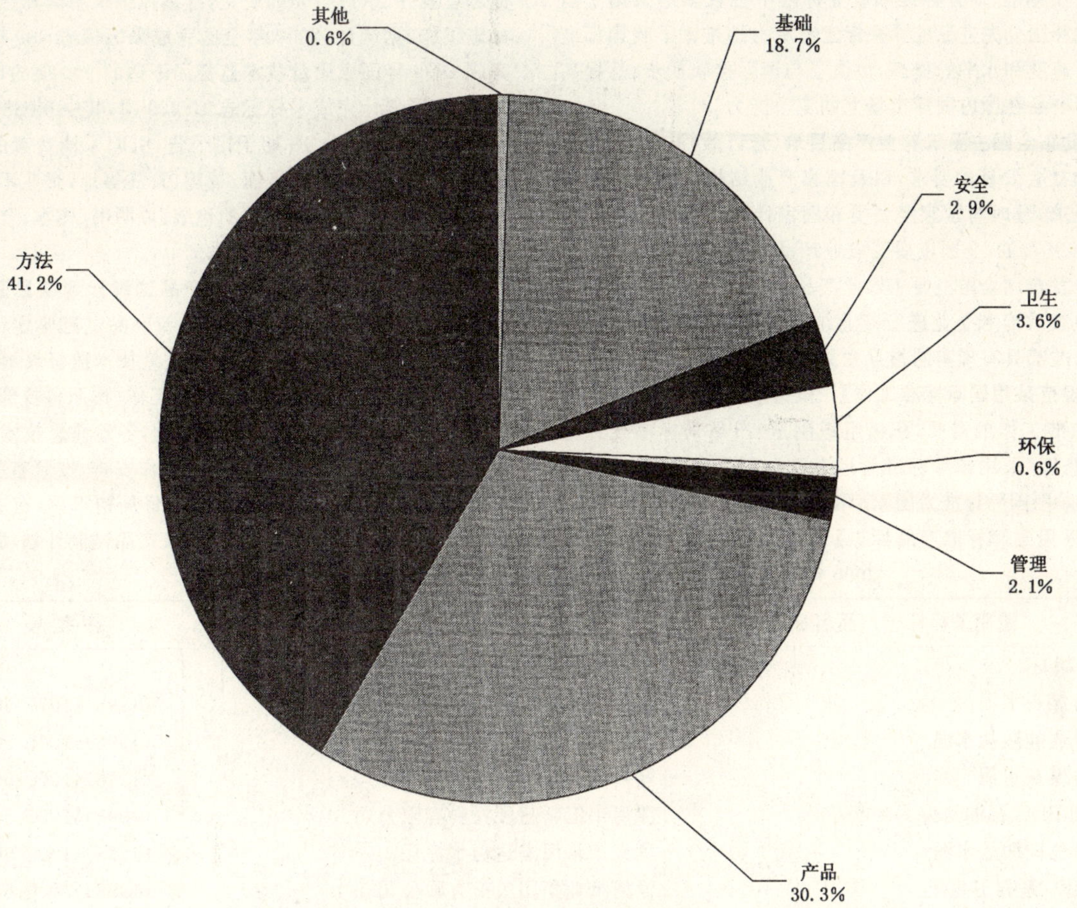


图 2 国家标准结构分布情况

**【制修订重要国家标准】** 在制修订国家标准中，重点抓了一批涉及安全卫生、市场需要和国家需要控制的一些重要的基础标准。如：《摩托车排气污染物限值及测试方法》、《摩托车噪声限值及测试方法》、《鲜冻禽肉产品》、《气动工具一般安全要求》、《车用压缩天然气》、《燃气容积式热水器》、《酿造酱油》、《酿造食醋》、《标准化工作导则 第1部分 标准的结构和编写规则》和《游艺机和游乐设施安全》等。

同时，对 ISO 9000《质量管理和质量保证》系列国际标准 2000 版进行了跟踪和转化工作，及时批准发布了《质量管理和质量保证》系列国家标准 2000 版。

**【组织重要标准宣贯】** 2000 年在抓好制修订国家标准的同时，对一些重要国家标准进行了宣贯。例如，《国家行政机关公文格式》、《房间空气调节器安装规范》、《车用无铅汽油》、《一次性可降解餐饮具》、《农林拖拉机和机械 安全要求》、《一次性使用输液器》、《消费品使用说明 服装使用说明》、《家用和类似用途插头插座 第1部分 通用要求》、《原产地域产品通用要求》、《稻谷》、《小麦》、《数字集群系统技术体制》、《复混肥料》和《烟花爆竹安全与质量》等。与国务院秘书局联合召开了《国家行政机关公文格式》国家标准新闻发布会，与信息产业部联合召开了《信息技术 信息交换用汉字编码字符集 基本集的扩充》和《信息技术 数字键盘汉字输入通用要求》新闻发布会。

# 采 标 工 作

采用国际和国外先进标准是我国一项重要的技术经济政策。2000 年国家质量技术监督局和各部门、各地方把采标工作做为标准化的重要工作来抓，在制修订国家标准工作中，提出了计划项目应优先安排采标项目的政策，使采标工作力度加强，采标率上升，标准水平提高。

**【采用国际标准和国外先进标准】** 截止 2000 年底，在 19 278 项国家标准中已有 8 387 项采用了国际标准和国外先进标准，采标率达到了 43.5%。一些重点行业 2000 年制定的国家标准采标情况如下：

电力采标率已经达到 100%；冶金采标率已经达到 67.9%；电子采标率已经达到 80.9%；机械采标率已经达到 79.1%；化工采标率已经达到 77.2%；石化采标率已经达到 75.0%；石油采标率已经达到 100%；医疗器械采标率已经达到 95.5%；广播电影电视采标率已经达到 90.9%；邮电采标率已经达到 100%；核工业采标率已经达到 84.3%。

行业标准、地方标准和企业标准中也较多地采用了国际标准和国外先进标准。采标工作有力地推动了我国标准制修订速度和水平的提高,加快了与国际接轨的步伐,提高了我国产品在国内国际市场上的竞争能力。

**【发布全国主要工农业产品目录(修订版)】** 根据国民经济和社会发展的要求,以及国家产业结构和产品结构调整的要求,及时与国家经贸委和国家计委组织有关部门对1993年发布的《全国主要工农业产品目录》进行修订,并予以联合发布。《全国主要工农业产品目录(修订版)》的发布,对于各级政府和企业进行产业结构和产品结构调整,采用国际标准都具有现实的指导意义。

**【规范采用国际标准工作】** 根据采用国际标准和国外先进标准工作的需要,积极组织制定《产品采标率统计方法》和修订《采用国际标准管理办法》;开展了ISO/IEC指南21《采用国际标准为国家标准指南》的研究和转化工作。

**【采用国际标准产品标志】** 根据《采用国际标准产品标志管理办法(试行)》的规定,继续抓了采用国际标准产品标志工作,据统计,2000年全国完成采标标志989项,超额完成1999年国家质量技术监督局下达的900项的任务,五年来,全国累计完成采标标志10 239项,其中5 038项已在《中国质量报上》分18期予以公告,引起了消费者的注意,并受到了企业的欢迎。上海、福建、青岛等地,企业不仅积极申请采标标志,而且在产品的包装、说明书、样本、合格证和投标书上真正使用了采标标志。

**【采标产品列入国家级新产品试制计划项目】** 根据"采标重点产品列入《国家级重点新产品试制鉴定计划》的管理办法"的要求,2000年,国家质量技术监督局继续开展国家级采标重点新产品申报、评选工作。按照科技部下达的2000年国家级采标重点新产品计划,各地质量技术监督局密切配合国家质量技术监督局的工作安排,按照有关要求,认真组织落实,经国家质量技术监督局初审评,有30多项采标产品列入了科技部的国家级新产品试制计划项目。

**2000年国家质量技术监督局发布的使用采标标志产品生产企业名录**

| 使用采标标志产品名称 | 生产企业 | 备案号 |
|---|---|---|
| **河南(28)** | | |
| 425粉煤灰水泥 | 登封市第二水泥厂 | (1998)4100C 501 |
| 425普通硅酸盐水泥 | 登封市宏昌水泥有限公司 | (1998)4100C 502 |
| 425粉煤灰水泥 | 登封电厂集团有限公司水泥厂 | (1998)4100C 503 |
| F系列PDC石油钻头 | 漯河市汇新超硬材料有限公司 | (1998)4100C 505 |
| 425白色硅酸盐水泥 | 巩义市米河宏达白水泥厂 | (1998)4100C 506 |
| "咪猫牌"系列卫生纸 | 漯河纸业集团股份有限公司 | (1998)4100C 507 |
| 锥形、等径预应力(钢筋)砼电杆 | 河南省西平县制杆厂 | (1998)4100C 508 |
| 全挂车(7C2,7C3,QG07) | 驻马店市华骏车辆有限公司 | (1998)4100C 509 |
| 伺心球轴承(6204) | 河南省西平县微型轴承厂 | (1998)4100C 510 |
| 425,425R,525,普通硅酸盐水泥 | 河南省新乡市李固水泥厂 | (1998)4100C 511 |
| 425普通硅酸盐水泥 | 河南省新乡建材厂 | (1998)4100C 512 |
| 精制碘盐 | 河南省舞阳中原精制盐厂 | (1998)4100C 513 |
| 425普通硅酸盐水泥 | 郑州市黄河水泥厂 | (1998)4100C 514 |
| 卫生陶瓷系列 | 河南省舞阳县冠军集团公司卫生陶瓷厂 | (1998)4100C 515 |
| 425R,525普通硅酸盐水泥 | 河南省豫西水泥厂 | (1998)4100C 516 |
| 汽油机油 | 义马市宇霸润滑油品有限公司 | (1998)4100C 517 |
| 柴油机油 | 义马市宇霸润滑油品有限公司 | (1998)4100C 518 |
| 钢丝缠绕软管及软管总成 | 义马矿务局高压胶管厂 | (1998)4100C 519 |
| 钢丝编织液压软管及软管总成 | 义马矿务局高压胶管厂 | (1998)4100C 520 |
| 425普通硅酸盐水泥 325火山灰硅酸盐水泥 | 河南省卢氏县水泥厂 | (1998)4100C 521 |
| 工业碳酸钠(Ⅱ型) | 焦作碱业集团有限责任公司 | (1998)4100C 522 |
| 铝合金建筑型材和工业型材 | 豫港合资焦作宝原铝业有限公司 | (1998)4100C 523 |
| 瓦楞纸箱 | 河南省武陟县包装制品厂 | (1998)4100C 524 |
| 农用碳酸氢铵(优等品) | 河南玉源化学工业有限公司 | (1998)4100C 525 |
| 月山啤酒10° | 焦作市月山啤酒(集团)公司 | (1998)4100C 526 |
| 钢筋混凝土用热轧带肋钢筋 | 河南省焦作钢厂 | (1998)4100C 527 |
| 低碳钢热轧圆盘条 | 河南省焦作钢厂 | (1998)4100C 528 |
| 425普通硅酸盐水泥 | 平顶山天广企业(集团)总公司 | (1998)4100C 529 |

续表

| 使用采标标志产品名称 | 生产企业 | 备案号 |
|---|---|---|
| **宁夏(3)** | | |
| 宁夏啤酒 | 宁夏回族自治区银川糖厂 | (1999)6400 C001 |
| 六盘山牌白砂糖 | 宁夏回族自治区银川糖厂 | (1999)6400 C002 |
| 640 mL 啤酒瓶 | 银川玻璃制瓶厂 | (1999)6400 C003 |
| **山西(41)** | | |
| 农业用聚乙烯吹塑薄膜 | 大同市塑料一厂 | (1998)1400 C 106 |
| 吕梁山牌硝酸铵 | 太原化学工业集团有限公司化肥厂 | (1998)1400 C 107 |
| 吕梁山牌碳酸钠 | 太原化学工业集团有限公司化肥厂 | (1998)1400 C 108 |
| 吕梁山牌硝酸钠 | 太原化学工业集团有限公司化肥厂 | (1998)1400 C 108 |
| 普通硅酸盐水泥 425 | 山西省平定县固关水泥厂 | (1998)1400 C 109 |
| 矿渣硅酸盐水泥 325 | 山西省平定县固关水泥厂 | (1998)1400 C 110 |
| 矿渣 325 硅酸盐水泥 | 阳泉水泥实业有限公司 | (1998)1400 C 111 |
| 425 普通硅酸盐水泥 | 阳泉水泥实业有限公司 | (1998)1400 C 112 |
| 325 矿渣硅酸盐水泥 | 山西省娘子关发电厂水泥厂 | (1998)1400 C 113 |
| 普通硅酸盐水泥 | 大同市云中水泥厂 | (1998)1400 C 114 |
| 矿渣硅酸盐水泥 | 大同市云中水泥厂 | (1998)1400 C 115 |
| 矿渣硅酸盐水泥 | 山西省忻州市地方国营水泥厂 | (1998)1400 C 116 |
| 矿渣硅酸盐水泥 325 | 忻州地区豆罗水泥厂 | (1998)1400 C 117 |
| 325,425 矿渣硅酸盐水泥 | 汾阳市水泥厂 | (1998)1400 C 118 |
| 425 矿渣水泥 | 山西卦山水泥有限责任公司 | (1998)1400 C 119 |
| 325,425R,425 矿渣硅酸盐水泥 | 山西省吕梁地区水泥厂 | (1998)1400 C 120 |
| 325,425,525 普通硅酸盐水泥 | 山西省吕梁地区水泥厂 | (1998)1400 C 121 |
| 325,425,525 普通硅酸盐水泥 | 山西省汾阳市贾家庄特种水泥厂 | (1998)1400 C 122 |
| 325,425,525 矿渣硅酸盐水泥 | 山西省汾阳市贾家庄特种水泥厂 | (1998)1400 C 123 |
| 矿渣水泥 325、425 | 山西省孝义市水泥厂 | (1998)1400 C 124 |
| 普通水泥 425 | 山西省中阳县桃园水泥厂 | (1998)1400 C 125 |
| 325、425 矿渣硅酸盐水泥 | 山西太谷水泥有限公司 | (1998)1400 C 126 |
| 1/4″～6″可锻铸铁管路连接件 | 山西太谷县玛钢厂聚鑫分厂(山西省太古县玛钢实业有限公司) | (1998)1400 C 127 |
| 425 矿渣硅酸盐水泥 | 山西省晋城长征水泥厂 | (1998)1400 C 128 |
| 425 普通硅酸盐水泥 | 山西省高平市东山水泥厂 | (1998)1400 C 129 |
| 农业用碳酸氢铵 | 山西省长子丹峰化工有限责任公司 | (1998)1400 C 130 |
| QZ(G)-2/155 0020-5.000 mm QZ-2/130 0.018～5.000 mm | 山西省长子县电器线材厂 | (1998)1400 C 131 |
| 甲醇 | 山西省原平化肥厂 | (1998)1400 C 132 |
| 普通硅酸盐水泥 425 525 | 大同市灵丘县石工水泥总公司 | (1999)1400 C 133 |
| 普通硅酸盐水泥 425 | 山西五色石有限公司禹门水泥厂 | (1999)1400 C 134 |
| 矿渣硅酸盐水泥 425 | 山西五色石有限公司禹门水泥厂 | (1999)1400 C 135 |
| 425 矿渣硅酸盐水泥 | 山西省新绛县地方国营水泥厂 | (1999)1400 C 136 |
| 425 普通硅酸盐水泥 | 山西省新绛县地方国营水泥厂 | (1999)1400 C 137 |
| 425 普通硅酸盐水泥 | 山西省河津市天河水泥有限公司 | (1999)1400 C 138 |
| 425 矿渣硅酸盐水泥 | 山西省河津市天河水泥有限公司 | (1999)1400 C 139 |
| 425 矿渣硅酸盐水泥 | 山西省壶关县常平水泥厂 | (1999)1400 C 140 |
| 325 矿渣硅酸盐水泥 | 山西省壶关县常平水泥厂 | (1999)1400 C 141 |
| 普通硅酸盐水泥 425 | 山西省孟县水泥厂 | (1999)1400 C 142 |
| 电力变压器 | 太原变压器厂 | (1999)1400 C 143 |
| 重熔用铝锭 | 太原东方铝业有限公司 | (1999)1400 C 144 |

续表

| 使用采标标志产品名称 | 生产企业 | 备案号 |
|---|---|---|
| 矿渣硅酸盐水泥 325 | 山西省阳泉固庄煤矿建材中心 | (1999)1400 C 145 |
| **广东(36)** | | |
| DKY-10 (2)/T 1250-31.5 铠装移开式交流金属封闭开关设备 | 汕头机械(集团)宏达电器厂 | (1998)4400 C 303 |
| GCKCGCL 低压抽出式开关柜 | 汕头机械(集团)宏达电器厂 | (1998)4400 C 304 |
| 金刚石/硬质合金复合片 | 深圳市兆丰达复合片开发公司 | (1998)4400 C 305 |
| 液化石油气钢瓶 | 汕头华信压力容器厂 | (1998)4400 C 306 |
| 电风扇 | 江门市家用电器工业公司 | (1998)4400 C 307 |
| 普通硅酸盐水泥 425R | 番禺市东兴水泥厂 | (1998)4400 C 308 |
| 普通硅酸盐水泥 425R | 东莞市中堂镇兴华水泥厂 | (1998)4400 C 309 |
| 普通硅酸盐水泥 425R | 东莞市中堂镇双洲水泥厂 | (1998)4400 C 310 |
| 普通硅酸盐水泥 425R | 东莞市中堂镇潢涌水泥厂 | (1998)4400 C 311 |
| 普通硅酸盐水泥 425R | 东莞市中堂镇斗朗水泥厂 | (1998)4400 C 312 |
| 普通硅酸盐水泥 425R | 东莞市中堂镇中堂水泥厂 | (1998)4400 C 313 |
| 普通硅酸盐水泥 425R | 东莞市中堂镇新洲水泥厂 | (1998)4400 C 314 |
| 普通硅酸盐水泥 525R | 东莞市中堂镇新洲水泥厂 | (1998)4400 C 315 |
| 普通硅酸盐水泥 425R | 东莞市东田水泥厂 | (1998)4400 C 316 |
| 普通硅酸盐水泥 425R | 东莞市茶山水泥厂 | (1998)4400 C 317 |
| 普通硅酸盐水泥 425R | 东莞市横沥东大水泥厂 | (1998)4400 C 318 |
| 普通硅酸盐水泥 425R | 东莞市汇源水泥厂 | (1998)4400 C 319 |
| 普通硅酸盐水泥 425R | 东莞市虎门水泥厂 | (1998)4400 C 320 |
| 聚乙烯热收缩膜 | 中山市塑料厂 | (1998)4400 C 321 |
| 玻璃马赛克 | 广东华州建材玻璃厂 | (1998)4400 C 322 |
| 无碳复写纸 | 广州珠江特种纸有限公司 | (1998)4400 C 323 |
| 氟碳喷涂铝质建筑幕墙 | 珠海市民安铝合金幕墙制造公司 | (1998)4400 C 324 |
| 铝塑复合板 | 深圳方大意德新材料有限公司 | (1998)4400 C 325 |
| 普通硅酸盐水泥 425R | 东莞市石碣东协水泥厂 | (1998)4400 C 326 |
| 镀膜玻璃 | 佛山市中南玻璃制品有限公司 | (1998)4400 C 327 |
| 起动用铅酸蓄电池 | 东莞市衡秦蓄电池厂 | (1998)4400 C 328 |
| 起动用铅酸蓄电池 | 东莞市石排通用蓄电池有限公司 | (1998)4400 C 329 |
| 起动用铅酸蓄电池 | 东莞市石排超力电池厂 | (1998)4400 C 330 |
| 起动用铅酸蓄电池 | 东莞市附城东兴蓄电池制品厂 | (1998)4400 C 331 |
| 内螺纹铜管 | 英泰隆工业发展(深圳)有限公司 | (1998)4400 C 332 |
| 刹车液 | 东莞嘉实宝实业有限公司 | (1998)4400 C 333 |
| 聚氯乙烯绝缘电缆(电线) | 东莞市永华电业有限公司 | (1998)4400 C 334 |
| 聚氯乙烯绝缘电缆(电线) | 东莞市石龙电缆厂 | (1998)4400 C 335 |
| XGN2-10Q(Z)箱型固定式交流金属封闭开关设备 | 顺德开关厂 | (1998)4400 C 336 |
| HXGN17-10(FFR)箱型固定式交流金属封闭环网开关设备 | 顺德开关厂 | (1998)4400 C 337 |
| 普通硅酸盐水泥 425R | 东莞市高安水泥厂 | (1998)4400 C 338 |
| **广西(27)** | | |
| 精梳涤棉混纺纱 | 广西柳州市棉纺厂 | (1998)4500 C 168 |
| 精梳涤棉混纺本色纱线 | 广西柳州市第二棉纺织厂 | (1998)4500 C 169 |
| 781 mm 卷筒胶印新闻纸 | 广西田林县造纸厂 | (1998)4500 C 170 |
| 特号、一号锡锭 | 广西柳州冶炼厂 | (1998)4500 C 171 |
| 一级白砂糖 | 广西钦州市钦江糖厂 | (1998)4500 C 172 |

续表

| 使用采标标志产品名称 | 生 产 企 业 | 备案号 |
|---|---|---|
| 一级白砂糖 | 广西钦州市犀牛脚糖厂 | (1998)4500 C 173 |
| 525 普通硅酸盐水泥 | 广西南宁金钢水泥有限公司 | (1998)4500 C 174 |
| 525 普通硅酸盐水泥 | 广西百色市水泥厂 | (1998)4500 C 175 |
| 优级、一级白砂糖 | 广西贵糖(集团)股份有限公司 | (1998)4500 C 176 |
| 525R 普通硅酸盐水泥 | 广西北海华联水泥厂 | (1998)4500 C 177 |
| 525 普通硅酸盐水泥 | 广西柳州市四塘水泥厂 | (1998)4500 C 178 |
| 525 普通硅酸盐水泥 | 广西玉林市第一水泥厂 | (1998)4500 C 179 |
| 152 mm×152 mm×5 mm/200 mm×150 mm ×5.5 mm 釉面内墙砖 | 广西北流市第二瓷厂 | (1998)4500 C 180 |
| 一级白砂糖 | 广西崇左东亚糖业有限公司 | (1998)4500 C 181 |
| 一级白砂糖 | 广西武宣县糖厂 | (1998)4500 C 182 |
| 45%、30%复混肥料 | 广西柳州复合肥厂 | (1998)4500 C 183 |
| Al99.00～Al99.85 重熔用铝锭 | 广西隆林有色金属有限责任公司 | (1998)4500 C 184 |
| 525 普通硅酸盐水泥 | 广西靖西县水泥厂 | (1998)4500 C 185 |
| 425 普通硅酸盐水泥 | 广西德保县水泥有限责任公司 | (1998)4500 C 186 |
| 525 普通硅酸盐水泥 | 广西隆林水泥厂 | (1998)4500 C 187 |
| 脂松节油 | 广西桂林化工厂 | (1998)4500 C 188 |
| 脂松香 | 广西桂林化工厂 | (1998)4500 C 189 |
| 425R、525 普通硅酸盐水泥 | 广西桂林三和水泥有限公司 | (1998)4500 C 190 |
| 425R、525 普通硅酸盐水泥 | 广西桂林市临桂县水泥厂 | (1998)4500 C 191 |
| 高、低浓度复混肥料 | 广西农业生产资料总公司复合肥料厂 | (1998)4500 C 192 |
| 低浓度复混肥料 | 广西南宁氮肥厂综合劳动服务公司 | (1998)4500 C 193 |
| 碳酸氢铵 | 广西南宁丰泉化工有限责任公司 | (1998)4500 C 194 |
| **安徽(36)** | | |
| “大山”牌复混肥 | 大安化工总厂 | (1998)3400 C 242 |
| 滚动轴承 | 六安轴承厂 | (1998)3400 C 243 |
| 425 矿渣硅酸盐水泥 | 安徽寿春水泥股份有限公司 | (1998)3400 C 244 |
| 碳酸氢铵 | 皖西绿源化工有限公司 | (1998)3400 C 245 |
| 氮、磷、钾三元复合肥 | 皖西绿源化工有限公司 | (1998)3400 C 246 |
| 利福平原料药 | 合肥制药有限公司 | (1998)3400 C 247 |
| 头孢氨苄胶囊 | 合肥春风中药厂 | (1998)3400 C 248 |
| 头孢氨苄胶囊 | 合肥制药有限公司 | (1998)3400 C 249 |
| 建筑排水用硬聚氯乙烯管材管件 | 安徽省宿州市百通集团 | (1998)3400 C 250 |
| 给水用硬聚氯乙烯管材管件 | 安徽省宿州市百通集团 | (1998)3400 C 251 |
| 铜冠牌无氧铜杆 | 铜陵有色金属(集团)公司 | (1998)3400 C 252 |
| 铜冠牌电解铜 1 号 | 铜陵有色金属(集团)公司 | (1998)3400 C 253 |
| 铜冠牌工业硫酸 | 铜陵有色金属(集团)公司 | (1998)3400 C 254 |
| 640 mL 瓶装啤酒(12°) | 圣泉集团固镇啤酒厂 | (1998)3400 C 255 |
| 工业硫酸 | 固镇县化工总厂 | (1998)3400 C 256 |
| 桑波缎-14366 | 安徽杭淮集团 | (1998)3400 C 257 |
| 相王干啤 640 mL±10 mL | 淮北啤酒厂 | (1998)3400 C 258 |
| 棉印染布 | 淮北印染集团公司 | (1998)3400 C 259 |
| 普通硅酸盐水泥 | 安徽濉溪县葵里水泥厂 | (1998)3400 C 260 |
| 重熔用铝锭 | 合肥铝厂 | (1998)3400 C 261 |
| 重熔用铝锭 | 安徽省皖北铝业集团有限公司 | (1998)3400 C 262 |
| 载重汽车子午线轮胎 | 安徽开元轮胎有限责任公司 | (1998)3400 C 263 |
| YSP-15 型液化石油气钢瓶 | 安徽金利达压力容器制造股份有限公司 | (1998)3400 C 264 |

续表

| 使用采标标志产品名称 | 生 产 企 业 | 备 案 号 |
|---|---|---|
| 六角螺栓 A 级 | 舒城县标准件有限责任公司 | (1998)3400 C 265 |
| 六角螺母 A 级 | 舒城县标准件有限责任公司 | (1998)3400 C 266 |
| 电解铜 | 安徽省池州有色金属(集团)有限公司 | (1998)3400 C 267 |
| 铝锭 | 安徽省池州有色金属(集团)公司 | (1998)3400 C 268 |
| 锌锭 | 安徽省池州有色金属(集团)公司 | (1998)3400 C 269 |
| 高浓度复合肥及“禾梦”系列专用肥 | 安徽省佳禾复合肥制造有限责任公司 | (1998)3400 C 270 |
| 普通硅酸盐水泥 | 安徽省池州地区水泥厂 | (1998)3400 C 271 |
| 交流低压配电屏 | 蚌埠市开关厂 | (1998)3400 C 272 |
| 纸袋纸 | 安徽雄狮纸业有限公司 | (1998)3400 C 273 |
| 五星啤酒 | 休宁县啤酒厂 | (1998)3400 C 274 |
| 塑料经纱管 | 黄山市云海纺织器材有限公司 | (1998)3400 C 275 |
| 塑料纬纱管 | 黄山市云海纺织器材有限公司 | (1998)3400 C 276 |
| 电力电缆 | 安徽新亚特种电缆总厂 | (1998)3400 C 277 |
| **浙江(36)** | | |
| SOD 活力王啤酒 | 临平啤酒厂 | (1998)3300 C 408 |
| 11°普通啤酒 | 临平啤酒厂 | (1998)3300 C 409 |
| 10°淡色普通啤酒 | 杭州富春江啤酒厂 | (1998)3300 C 410 |
| 10°淡色干啤酒 | 杭州富春江啤酒厂 | (1998)3300 C 411 |
| 鲜味鱿鱼丝 | 中外合资舟山兴业有限公司 | (1998)3300 C 412 |
| 瓦楞纸箱(1、2 类) | 舟山市普陀出口商品纸箱厂 | (1998)3300 C 413 |
| 塑料电线 BV、BLV 等 | 上海沪南电缆总厂二分厂 | (1998)3300 C 414 |
| DT862 DT864 三相四线有功电度表 | 正泰集团公司 | (1998)3300 C 415 |
| DS862 DS864 三相三线有功电度表 | 正泰集团公司 | (1998)3300 C 416 |
| PD862 单相电度表 | 正泰集团公司 | (1998)3300 C 417 |
| NBIL-40 漏电断路器 | 正泰集团公司 | (1998)3300 C 418 |
| NLI-63 漏电保护开关 | 正泰集团公司 | (1998)3300 C 419 |
| NAI-2000 万能式低压断路器 | 正泰集团公司 | (1998)3300 C 420 |
| NMI 系列塑料外壳式断路器 | 正泰集团公司 | (1998)3300 C 421 |
| DZX7 系列塑料外壳式断路器 | 正泰集团公司 | (1998)3300 C 422 |
| DZ20 系列塑料外壳式断路器 | 正泰集团公司 | (1998)3300 C 423 |
| NC6 系列 交流接触器 | 正泰集团公司 | (1998)3300 C 424 |
| NC3 系列 交流接触器 | 正泰集团公司 | (1998)3300 C 425 |
| NC2 系列 交流接触器 | 正泰集团公司 | (1998)3300 C 426 |
| CJ19-32163 切换电容器接触器 | 正泰集团公司 | (1998)3300 C 427 |
| BSMJ0.4、0.5-3～30 自愈式低压并联电容器 | 正泰集团公司 | (1998)3300 C 428 |
| NR3 系列热过载继电器 | 正泰集团公司 | (1998)3300 C 429 |
| 衬衫 | 义乌市佳康制衣有限公司 | (1998)3300 C 430 |
| 衬衫 | 浙江丽雅达制衣有限公司 | (1998)3300 C 431 |
| 衬衫 | 义乌市商港制衣有限公司 | (1998)3300 C 432 |
| 女衬衫 | 雅戈尔制衣有限公司 | (1998)3300 C 433 |
| 男衬衫 | 雅戈尔制衣有限公司 | (1998)3300 C 434 |
| 女衬衫 | 宁波洛兹集团 | (1998)3300 C 435 |
| 男衬衫 | 宁波洛兹集团 | (1998)3300 C 436 |
| 男西服 | 宁波培罗成集团 | (1998)3300 C 437 |
| 铝活塞 | 浙江省鄞县活塞厂 | (1998)3300 C 438 |
| 深沟球轴承 | 宁波摩士小型轴承有限公司 | (1998)3300 C 439 |
| 425 普通硅酸盐水泥 | 常山县石煤综合厂 | (1998)3300 C 440 |

续表

| 使用采标标志产品名称 | 生 产 企 业 | 备案号 |
|---|---|---|
| 425 普通硅酸盐水泥 | 浙江十里丰水泥厂 | (1998)3300 C 441 |
| DD28-2 DD862-4 单相电度表 | 永嘉县东风仪表厂 | (1998)3300 C 442 |
| DT8 DT862-4 三相四线电度表 | 永嘉县东风仪表厂 | (1998)3300 C 443 |
| **江西(4)** | | |
| 2 440 mm×1 220 mm×(8～18)mm 刨花板 | 宜丰县港口刨花板厂 | (1998)3600 C 0155 |
| 525 普通硅酸盐水泥 | 英岗岭矿务局赣英水泥厂 | (1998)3600 C 0156 |
| 一次性使用橡胶检查手套 | 九江市黎明医用乳胶厂 | (1998)3600 C 0157 |
| 525 普通硅酸盐水泥 | 江西兴国水泥厂 | (1998)3600 C 0158 |
| **江苏(40)** | | |
| 涤纶牵伸丝 FD0 | 江苏光明丝绸集团有限公司 | (1998)3200 C 588 |
| 电压互感器 | 江苏精科互感器有限公司 | (1998)3200 C 589 |
| 电流互感器 | 江苏精科互感器有限公司 | (1998)3200 C 590 |
| 10 度凤凰泉啤酒 | 宿迁啤酒厂 | (1998)3200 C 591 |
| 柔性集装袋 | 连云港市塑料五厂 | (1998)3200 C 592 |
| 精密滚子链链轮 | 常州市链轮厂 | (1998)3200 C 593 |
| 本安信号控制电缆 | 江苏华宇电缆厂 | (1998)3200 C 594 |
| 电子计算机用多对屏蔽控制电缆 | 江苏华宇电缆厂 | (1998)3200 C 595 |
| 电子计算机用多对屏蔽控制电缆 | 常州昌盛大线缆有限公司 | (1998)3200 C 596 |
| 合成纤维扁平吊索(吊带) | 南京大华特种带织造有限公司 | (1998)3200 C 597 |
| 三唑嗣 | 江苏省建湖县农药助剂厂 | (1998)3200 C 598 |
| 清梳涤棉混纺色织布 | 武进纺织厂 | (1998)3200 C 599 |
| HDH 型电火锅 | 南京恒丰利电子电器厂 | (1998)3200 C 600 |
| 移动式多位插座 | 邗江县视听器材厂 | (1998)3200 C 601 |
| 内墙乳胶漆 | 南京双菱涂料实业有限公司 | (1998)3200 C 602 |
| 塑料绝缘电力电缆 | 常州市东方电缆厂 | (1998)3200 C 603 |
| 单缸柴油机气缸盖垫片 | 常州柴油机厂东庄分厂 | (1998)3200 C 604 |
| BWD-1(ELR)汽车安全带 | 常州博万达汽车安全设备有限公司 | (1998)3200 C 605 |
| 房间空调器风扇电动机 | 武进市光明电机厂 | (1998)3200 C 606 |
| 有衬旦消防水带 | 江苏水龙江山集团公司 | (1998)3200 C 607 |
| 消防吸水胶管 | 江苏水龙江山集团公司 | (1998)3200 C 608 |
| 工业硫代硫酸钠 | 吴县市牡丹化工厂 | (1998)3200 C 609 |
| 机械系列摇臂钻床 | 南京第四机床厂 | (1998)3200 C 610 |
| AB 针织内衣 | 江苏 AB 集团有限责任公司 | (1998)3200 C 611 |
| 机床用平口钳 | 扬州高格机械有限公司 | (1998)3200 C 612 |
| JVS530 系列草坪割草机 | 中美合资淮阴泛亚园林机械制造有限公司 | (1998)3200 C 613 |
| HYA 型市内通信电缆 | 淮安招商电缆有限公司 | (1998)3200 C 614 |
| 精制 Ⅰ-萘胺 | 常州市华达化工厂 | (1998)3200 C 615 |
| 精制 Ⅰ-萘酚 | 常州市华达化工厂 | (1998)3200 C 616 |
| 金属波纹补偿器 | 南京晨光东螺波纹管有限公司 | (1998)3200 C 617 |
| 聚氯乙烯绝缘电缆(线) | 江苏中山电缆厂 | (1998)3200 C 618 |
| 0.6/1 kV 塑料绝缘电力电缆 | 江苏中山电缆厂 | (1998)3200 C 619 |
| 塑料绝缘控制电缆 | 江苏中山电缆厂 | (1998)3200 C 620 |
| 阻燃聚氯乙烯绝缘电缆(线) | 江苏中山电缆厂 | (1998)3200 C 621 |
| 阻燃塑料绝缘电力电缆 | 江苏中山电缆厂 | (1998)3200 C 622 |
| 阻燃塑料绝缘控制电缆 | 江苏中山电缆厂 | (1998)3200 C 623 |
| Φ6.5 mm 低碳钢热轧圆盘条 | 武进钢铁集团公司 | (1998)3200 C 624 |
| Φ6.5 mm 低碳钢热轧圆盘条 | 武进大众钢铁有限公司 | (1998)3200 C 625 |

续表

| 使用采标标志产品名称 | 生 产 企 业 | 备 案 号 |
|---|---|---|
| 六角头螺栓 | 武进市华德车辆附件厂 | (1998)3200 C 626 |
| 六角螺母 | 武进市华德车辆附件厂 | (1998)3200 C 627 |
| **海南(5)** | | |
| 一级白沙糖 | 海南省儋州市春江糖业有限责任公司 | (1999)4600 C 038 |
| 425R 普通硅酸盐水泥 | 海南省屯昌县水泥厂 | (1999)4600 C 039 |
| 525R 普通硅酸盐水泥 | 海南省屯昌县水泥厂 | (1999)4600 C 040 |
| 425R 普通硅酸盐水泥 | 海南通什大江南水泥厂 | (1999)4600 C 041 |
| 525 普通硅酸盐水泥 | 海南通什大江南水泥厂 | (1999)4600 C 042 |
| **陕西(75)** | | |
| 冷冻冷藏箱 BCD 系列 | 长岭(集团)股份有限公司 | (1998)610000 C 001 |
| 冷冻箱 BD182A | 长岭(集团)股份有限公司 | (1998)610000 C 002 |
| 无霜冷冻冷藏箱 BDC198W | 长岭(集团)股份有限公司 | (1998)610000 C 003 |
| 各色硝基外用磁漆 | 陕西加力冷涂工业有限责任公司 | (1998)610000 C 004 |
| 硝基清漆 | 陕西加力冷涂工业有限责任公司 | (1998)610000 C 005 |
| 各色氨基烘干磁漆 | 陕西加力冷涂工业有限责任公司 | (1998)610000 C 006 |
| 各色醇酸磁漆 | 陕西加力冷涂工业有限责任公司 | (1998)610000 C 007 |
| 聚氯乙烯覆膜金属板 | 西飞工业(集团)有限责任公司 | (1998)610000 C 008 |
| 无水碳酸钠 | 西安化学试剂厂 | (1998)610000 C 009 |
| 重铬酸钾 | 西安化学试剂厂 | (1998)610000 C 009 |
| 硝酸钾 | 西安化学试剂厂 | (1998)610000 C 009 |
| 磷酸氢二钠 | 西安化学试剂厂 | (1998)610000 C 009 |
| 硫代硫酸钠 | 西安化学试剂厂 | (1998)610000 C 009 |
| 氯化亚锡 | 西安化学试剂厂 | (1998)610000 C 009 |
| 氯化钡 | 西安化学试剂厂 | (1998)610000 C 009 |
| 硫酸铜 | 西安化学试剂厂 | (1998)610000 C 009 |
| 十水合碳酸钠 | 西安化学试剂厂 | (1998)610000 C 009 |
| 盐酸 | 西安化学试剂厂 | (1998)610000 C 009 |
| 硫酸 | 西安化学试剂厂 | (1998)610000 C 009 |
| 硝酸 | 西安化学试剂厂 | (1998)610000 C 009 |
| 氨水 | 西安化学试剂厂 | (1998)610000 C 009 |
| 硫酸铁铵 | 西安化学试剂厂 | (1998)610000 C 009 |
| 高氯酸 | 西安化学试剂厂 | (1998)610000 C 009 |
| 硝酸钠 | 西安化学试剂厂 | (1998)610000 C 009 |
| 碘 | 西安化学试剂厂 | (1998)610000 C 009 |
| 硼酸 | 西安化学试剂厂 | (1998)610000 C 009 |
| 铁氰化钾 | 西安化学试剂厂 | (1998)610000 C 009 |
| 硝酸钾 | 西安化学试剂厂 | (1998)610000 C 009 |
| 硫氰酸钾 | 西安化学试剂厂 | (1998)610000 C 009 |
| 溴酸钾 | 西安化学试剂厂 | (1998)610000 C 009 |
| 碘酸钾 | 西安化学试剂厂 | (1998)610000 C 009 |
| 钼酸铵 | 西安化学试剂厂 | (1998)610000 C 009 |
| 硝酸铵 | 西安化学试剂厂 | (1998)610000 C 009 |
| 硫酸亚铁 | 西安化学试剂厂 | (1998)610000 C 009 |
| 溴 | 西安化学试剂厂 | (1998)610000 C 009 |
| 硫酸铵 | 西安化学试剂厂 | (1998)610000 C 009 |
| 碳酸钾 | 西安化学试剂厂 | (1998)610000 C 009 |
| 氯化钴 | 西安化学试剂厂 | (1998)610000 C 009 |

续表

| 使用采标标志产品名称 | 生产企业 | 备案号 |
| --- | --- | --- |
| 磷酸 | 西安化学试剂厂 | (1998)610000 C 009 |
| 硫酸钾 | 西安化学试剂厂 | (1998)610000 C 009 |
| 氟化钠 | 西安化学试剂厂 | (1998)610000 C 009 |
| 氢氧化钠 | 西安化学试剂厂 | (1998)610000 C 009 |
| 氧化锌 | 西安化学试剂厂 | (1998)610000 C 009 |
| 碳酸氢钠 | 西安化学试剂厂 | (1998)610000 C 009 |
| 甲苯 | 西安化学试剂厂 | (1998)610000 C 009 |
| 磷苯二钾酸氢钾 | 西安化学试剂厂 | (1998)610000 C 009 |
| 柠檬酸 | 西安化学试剂厂 | (1998)610000 C 009 |
| 二氯甲烷 | 西安化学试剂厂 | (1998)610000 C 009 |
| 丙酮 | 西安化学试剂厂 | (1998)610000 C 009 |
| 冰乙酸 | 西安化学试剂厂 | (1998)610000 C 009 |
| 无水乙醇 | 西安化学试剂厂 | (1998)610000 C 009 |
| 乙酸乙酯 | 西安化学试剂厂 | (1998)610000 C 009 |
| 正丁醇 | 西安化学试剂厂 | (1998)610000 C 009 |
| 乙酸酐 | 西安化学试剂厂 | (1998)610000 C 009 |
| 四氯化碳 | 西安化学试剂厂 | (1998)610000 C 009 |
| 苯 | 西安化学试剂厂 | (1998)610000 C 009 |
| 酒石酸 | 西安化学试剂厂 | (1998)610000 C 009 |
| 抗坏血酸 | 西安化学试剂厂 | (1998)610000 C 009 |
| 丙三醇 | 西安化学试剂厂 | (1998)610000 C 009 |
| 乙酸铅 | 西安化学试剂厂 | (1998)610000 C 009 |
| 石油醚 | 西安化学试剂厂 | (1998)610000 C 009 |
| 甲苯 | 西安化学试剂厂 | (1998)610000 C 009 |
| 乙酸钠 | 西安化学试剂厂 | (1998)610000 C 009 |
| 柠檬酸钠 | 西安化学试剂厂 | (1998)610000 C 009 |
| 异戊醇 | 西安化学试剂厂 | (1998)610000 C 009 |
| 二氯甲烷 | 西安化学试剂厂 | (1998)610000 C 009 |
| 磷酸(工业) | 西安化学试剂厂 | (1998)610000 C 009 |
| 425R 普通硅酸盐水泥 | 洛川县洛河建材有限责任公司 | (1998)610000 C 010 |
| 力车胎 | 陕西继升橡胶有限责任公司 | (1998)610000 C 011 |
| 重熔用铝锭 | 铜川鑫光铝业有限公司 | (1998)610000 C 012 |
| 450/750 塑料绝缘电线 | 常州东方电缆宝鸡厂 | (1998)610000 C 013 |
| 0.6/1 kV 塑料绝缘电力电缆 | 常州东方电缆宝鸡厂 | (1998)610000 C 014 |
| 425R 普通硅酸盐水泥 | 陕西汉江建材股份有限公司 | (1998)610000 C 015 |
| 男西服 | 汉中兰潮服装有限公司 | (1998)610000 C 016 |
| 钼铁 | 金堆城钼业公司 | (1998)610000 C 017 |
| **河北(14)** | | |
| 矿渣硅酸盐水泥 425 | 沧州建材厂第三分厂 | (1998)1300 C 298 |
| SN8 系列变压器 | 河北承德变压器厂 | (1998)1300 C 299 |
| 瓦楞纸箱 | 河北滦平县京滦包装有限公司 | (1998)1300 C 300 |
| 425 普通硅酸盐水泥 | 唐山市渤海水泥总厂 | (1998)1300 C 301 |
| 425 普通硅酸盐水泥 | 河北井陉天石特种水泥有限公司 | (1998)1300 C 302 |
| 青霉素钠 | 张家口市制药总厂 | (1998)1300 C 303 |
| 注射用青霉素钠 | 张家口市制药总厂 | (1998)1300 C 304 |
| 注射用氨苄西林钠 | 张家口市制药总厂 | (1998)1300 C 305 |
| 氨苄西林钠 | 张家口市制药总厂 | (1998)1300 C 306 |

续表

| 使用采标标志产品名称 | 生　产　企　业 | 备案号 |
|---|---|---|
| 康保老窖 | 宣化钟楼集团康保酿酒有限公司 | (1998)1300 C 307 |
| 矿渣硅酸盐水泥 425 | 邯郸县东升水泥厂 | (1998)1300 C 308 |
| 离心铸造球墨铸铁管 DN100～DN1000 | 新兴铸管(集团)有限责任公司 | (1998)1300 C 309 |
| 瓦楞纸箱 | 香河高氏纸制品有限公司 | (1998)1300 C 310 |
| 一次性使用无菌注射器 | 邢台市医用塑料器械厂 | (1998)1300 C 311 |
| **陕西(39)** | | |
| 额定电压 450/750 V 聚氯乙烯绝缘电缆 | 宝鸡金鸡电缆厂 | (1999)610000C001 |
| XRNP-10/0.5～3.5 电力互感器保护用高压限流熔断器 | 西安熔断器制造公司 | (1999)610000C002 |
| XRNT1-10/160-200 变压器保护用高压限流熔断器 | 西安熔断器制造公司 | (1999)610000C003 |
| LTY8 沥青混凝土摊铺机 | 西安筑路机械厂 | (1999)610000C004 |
| LB1000 型沥青混合料搅拌设备 | 西安筑路机械厂 | (1999)610000C005 |
| M3000 强制间歇移动式沥青混合料搅拌设备 | 西安筑路机械厂 | (1999)610000C006 |
| 机场灯光控制及配套产品 | 西安飞机设计研究所 | (1999)610000C007 |
| 大型真空冷冻干燥设备 | 西安飞机设计研究所 | (1999)610000C008 |
| AZJ601050H 机组式凹版印刷机 | 陕西印刷机械厂 | (1999)610000C009 |
| SFZ9-50000/110 三相有载调压高阻抗电力变压器系列 | 西安变压器厂 | (1999)610000C010 |
| SFPZ8-K-180000/220 三相有载调压高阻抗电力变压器系列 | 西安变压器厂 | (1999)610000C011 |
| 铝塑复合压力管 | 咸阳偏转永大管业有限公司 | (1999)610000C012 |
| VAE010 型 VAE020 型白乳胶 | 西安五中粘合剂厂 | (1999)610000C028 |
| GN30-10/630-4000 高压旋转式隔离开关 | 西安天顺成套电器厂 | (1999)610113C029 |
| 餐洗净 | 西安宏昌应用化学制品厂 | (1999)610113C033 |
| 聚氯乙烯绝缘聚氯乙烯护套电力电缆 | 西安塑力电缆厂 | (1999)610121C037 |
| 铜铝芯聚氯乙烯绝缘电线 | 西安塑力电缆厂 | (1999)610121C038 |
| 铜铝芯聚氯乙烯绝缘电线 | 西安奥拓电线厂 | (1999)610121C039 |
| **河北(46)** | | |
| 3～12 mm 浮法平板玻璃 | 河北晶牛集团有限责任公司 | (1998)1300 C312 |
| 小型断路器 | 邢台鑫明电器有限公司 | (1998)1300 C313 |
| 蛋、肉鸡全价配合饲料 | 沙河市富康实业有限公司 | (1998)1300 C314 |
| 橡胶用炭黑 | 河北省沙河市炭黑厂 | (1998)1300 C315 |
| 燕麦片 | 河北固安宝盛工贸有限责任公司 | (1998)1300 C316 |
| 瓦楞纸箱 | 廊房市安次区葛渔城镇兴达纸箱厂 | (1998)1300 C317 |
| 矿渣硅酸盐水泥 425 | 平山县太行水泥厂 | (1998)1300 C318 |
| 启发牌毛线 | 河北启发纺织集团公司 | (1998)1300 C319 |
| 14 度暖啤酒 | 石家庄三九啤酒有限责任公司 | (1998)1300 C320 |
| 矿渣硅酸盐水泥 425 | 河北省新乐市桥东水泥厂 | (1998)1300 C321 |
| 电热毯 TT150X120 | 河北省新乐市电热毯厂 | (1998)1300 C322 |
| 电热毯 TT150X70 | 河北省新乐市电热毯厂 | (1998)1300 C323 |
| 天然橡胶护套电焊机电缆 | 天津市二电线电缆厂(献县) | (1998)1300 C324 |
| 重型橡胶护套软电缆 | 天津市二电线电缆厂(献县) | (1998)1300 C325 |
| 铜蕊聚氯乙烯绝缘电缆电线 | 天津市二电线电缆厂(献县) | (1998)1300 C326 |
| 威乐啤酒 | 生力八达保定啤酒有限公司 | (1998)1300 C327 |
| 生力啤酒 | 生力八达保定啤酒有限公司 | (1998)1300 C328 |
| 蓝星啤酒 11 度 | 生力八达保定啤酒有限公司 | (1998)1300 C329 |
| 蓝星全麦啤酒 | 生力八达保定啤酒有限公司 | (1998)1300 C330 |

续表

| 使用采标标志产品名称 | 生 产 企 业 | 备案号 |
|---|---|---|
| 覆膜编织袋 | 张家口洋河塑料制品厂 | (1998)1300 C331 |
| 矿渣硅酸盐水泥 425 | 怀安三圆水泥股份合作公司 | (1998)1300 C332 |
| 工业十水合硼酸二钠 | 张家口市硼砂厂 | (1998)1300 C333 |
| 溶解乙炔气 | 华北油田廊坊乙炔气厂 | (1998)1300 C334 |
| 铅芯 PVC 护套电力电缆 | 廊坊市第一电缆厂 | (1998)1300 C335 |
| 瓦楞纸箱 | 霸州市胜芳镇福利纸制品包装厂 | (1998)1300 C336 |
| 矿渣硅酸盐水泥 425 | 三河市强河水泥厂 | (1998)1300 C337 |
| 矿渣硅酸盐水泥 425 | 三河市三星水泥厂 | (1998)1300 C338 |
| 电力变压器 | 保定市通用变压器厂 | (1998)1300 C339 |
| 钢丝编胶管 1-3 型 | 河北省景县龙力实业有限公司 | (1998)1300 C340 |
| 高压钢丝缠绕胶管-4 型 | 河北省景县龙力实业有限公司 | (1998)1300 C341 |
| 牛皮挂面箱板纸 280 g | 玉田县第一板纸厂 | (1998)1300 C342 |
| 彩釉墙地砖 | 唐山嘉昌陶瓷有限公司 | (1998)1300 C343 |
| 普通硅酸盐水泥 525 | 迁安市永固油井水泥有限责任公司 | (1998)1300 C344 |
| 矿渣硅酸盐水泥 425 | 迁安市永固油井水泥有限责任公司 | (1998)1300 C345 |
| IS 单级单吸离心泵 | 河北省承德水泵厂 | (1998)1300 C346 |
| 矿渣硅酸盐水泥 425 | 兴隆县燕山水泥厂 | (1998)1300 C347 |
| 全脂奶粉 | 围场满族蒙古族自治县乳业公司 | (1998)1300 C348 |
| 白色硅酸盐水泥 | 河北井陉天石特种水泥有限公司 | (1998)1300 C349 |
| 普通硅酸盐水泥 425 | 河北井陉天石特种水泥有限公司 | (1998)1300 C350 |
| 电流互感器 | 河北省武强县高压电器厂 | (1998)1300 C351 |
| 压力表 | 河北省衡水冀衡测试仪表厂 | (1998)1300 C352 |
| 缠绕玻璃钢夹砂管道 | 河北天联实业有限公司 | (1998)1300 C353 |
| 耐热输送带 | 河北旭日橡塑制品有限公司 | (1998)1300 C354 |
| 光纤松套管专用料 | 春风集团科兴光缆材料厂 | (1998)1300 C355 |
| 普通硅酸盐水泥 425 | 鹿泉市曲宅水泥厂 | (1998)1300 C356 |
| 矿渣硅酸盐水泥 425 | 河北启东水泥厂 | (1998)1300 C357 |
| **江苏(71)** | | |
| 梁宝牌普通硅酸盐水泥 425 | 张家港市粮食局水泥厂 | (1998)3200 C630 |
| 金字牌普通硅酸盐水泥 425 | 张家港市港口建筑材料厂 | (1998)3200 C631 |
| 普通硅酸盐水泥 425 | 张家港市海螺水泥有限公司 | (1998)3200 C632 |
| 柜式不锈钢家用燃气灶 | 江苏万马金属制品集团公司 | (1998)3200 C633 |
| 气胀救生筏 A、D 型筏 | 江苏海宁船用器材厂 | (1998)3200 C634 |
| 印染灯蕊绒 | 常州灯蕊绒印染厂 | (1998)3200 C635 |
| 塑料绝缘控制电缆 | 扬州电缆制造有限公司 | (1998)3200 C636 |
| 0.6/1 kV 及以下铜蕊聚氯乙烯电力电缆 | 扬州电缆制造有限公司 | (1998)3200 C637 |
| 0.6/1 kV 及以下铜蕊聚氯乙烯电力电缆 | 扬州亚光电缆有限公司 | (1998)3200 C638 |
| 聚氯乙烯电力电缆 | 扬州亚光电缆有限公司 | (1998)3200 C639 |
| 聚氯乙烯绝缘电缆 | 南京苏达美电线制品有限公司 | (1998)3200 C640 |
| 传动用短节距精密滚子链 | 泰州市精工链条厂 | (1998)3200 C641 |
| 钢蕊铝绞线 | 盐城兰菱电线电缆有限公司 | (1998)3200 C642 |
| 普梳纯棉纱 | 江苏银都集团银丰轻纺有限公司 | (1998)3200 C643 |
| PVC CST 塑料窗 | 建湖县高强塑钢门窗厂 | (1998)3200 C644 |
| PVC MST 塑料门 | 建湖县高强塑钢门窗厂 | (1998)3200 C645 |
| 无金属化孔单面印制板 | 武进电讯配件厂 | (1998)3200 C646 |
| 425 普通硅酸盐水泥 | 徐州市夏庄水泥厂 | (1998)3200 C647 |
| 425 普通硅酸盐水泥 | 徐州第七水泥厂 | (1998)3200 C648 |

续表

| 使用采标标志产品名称 | 生 产 企 业 | 备 案 号 |
|---|---|---|
| 复混肥 | 洪泽三联复合肥有限责任公司 | (1998)3200 C649 |
| 瓦楞纸箱 | 淮阴淮港包装制品有限公司 | (1998)3200 C650 |
| 200～1 200 mm 管子钳 | 徐州市玛钢股份合作公司 | (1998)3200 C651 |
| 内墙涂料(水泥漆) | 扬州宝宝化工有限公司 | (1998)3200 C652 |
| 增强聚酯和环氧树脂用玻璃纤维无捻粗纱 | 丹阳玻璃纤维有限公司 | (1998)3200 C653 |
| 传动用短节距精密滚子链 | 兴化市东风链条厂 | (1998)3200 C654 |
| 精梳毛织品 | 徐州毛纺厂 | (1998)3200 C655 |
| 复合肥料 | 阜宁县双叶化工有限公司 | (1998)3200 C656 |
| DW941(AH)万能断路器 | 苏育达电器公司 | (1998)3200 C657 |
| Y30H-1 永磁铁氧体材料 | 徐州金宝磁性材料有限公司 | (1998)3200 C658 |
| Y32 永磁铁氧体材料 | 徐州金宝磁性材料有限公司 | (1998)3200 C659 |
| 冷轧带肋钢筋 | 淮阴市冷轧有限责任公司 | (1998)3200 C660 |
| S195 OS195 ZS1110 柴油机曲轴 | 常州曲轴厂 | (1998)3200 C661 |
| 富右旋丙烯菊脂原药 | 江苏扬农化工集团有限公司 | (1998)3200 C662 |
| 一般普通 V 带 | 常熟市胶带制品厂 | (1998)3200 C663 |
| 铝塑复合压力管 | 高邮市华翔实业有限公司 | (1998)3200 C664 |
| 虎踞牌内墙乳胶漆(一等品) | 南京下关涂料厂 | (1998)3200 C665 |
| 九洲牌内墙涂料(一等品) | 南京南岛物资贸易公司九洲涂料厂 | (1998)3200 C666 |
| FGL 型自动扶梯 | 华夏电梯有限公司 | (1998)3200 C667 |
| 塑胶跑道(一等品) | 张家港金桥塑胶安装工程有限公司 | (1998)3200 C668 |
| 丙纶长丝八股绳(一等品) | 盐城市神威化纤绳网有限公司 | (1998)3200 C669 |
| 工业热电偶 | 泰兴市热工仪表厂 | (1998)3200 C670 |
| 工业铂热电偶 | 泰兴市热工仪表厂 | (1998)3200 C671 |
| 溶解乙炔 | 丰县电石厂 | (1998)3200 C672 |
| 煤矿用难燃输送带 | 徐州淮海橡胶厂 | (1998)3200 C673 |
| 通信用室外光纤带光缆 | 江苏中利电缆有限责任公司 | (1998)3200 C674 |
| L-脯氨酸 | 江苏菊花味精集团公司 | (1998)3200 C675 |
| D-脯氨酸 | 江苏菊花味精集团公司 | (1998)3200 C676 |
| L-丙氨酸 | 江苏菊花味精集团公司 | (1998)3200 C677 |
| 99%味精 | 江苏菊花味精集团公司 | (1998)3200 C678 |
| FML 型自动扶梯 | 张家港富佳电梯有限公司 | (1998)3200 C679 |
| 三唑酮乳油 | 建湖农药厂 | (1998)3200 C680 |
| 聚氯乙烯绝缘及护套控制电缆 | 江苏华能电缆总厂 | (1998)3200 C681 |
| 0.6/1 kV 及以下聚氯乙烯控制电缆乙烯绝缘及护套 | 江苏华能电缆总厂 | (1998)3200 C682 |
| 带式锯床控制电缆 | 江苏金鼎电动工具集团有限公司 | (1998)3200 C683 |
| SIB-AW 系列电动平板摆动式砂光机 | 江苏金鼎电动工具集团有限公司 | (1998)3200 C684 |
| 谷氨酸钠(结晶味精) | 常州天香集团有限公司 | (1998)3200 C685 |
| 单相电子式电能表 | 南京泰华电子制造有限公司 | (1998)3200 C686 |
| 汽车空调连接管总成 | 常州市盛士达汽车空调有限公司 | (1998)3200 C687 |
| XF 系列通用固定式灯 | 江苏先锋灯饰有限公司 | (1998)3200 C688 |
| 工业氧化亚铜 | 江苏泰兴冶炼厂 | (1998)3200 C689 |
| 乙基麦芽酚 | 泰兴市一鸣精细化工有限公司 | (1998)3200 C690 |
| 承插式自应力钢筋混凝土输水管 | 泰兴市水泥制品厂 | (1998)3200 C691 |
| WCB 型船用生活污水处理器 | 泰兴船舶机械厂 | (1998)3200 C692 |
| SINUMERIK 机床数控系统 | 西门子数控南京有限公司 | (1998)3200 C693 |
| 425 普通硅酸盐水泥 | 徐州大湖水泥厂 | (1998)3200 C694 |

续表

| 使用采标标志产品名称 | 生 产 企 业 | 备 案 号 |
|---|---|---|
| 二乙烯苯 | 江苏常泰化工集团公司 | (1998)3200 C695 |
| 滚动轴承 | 南京轴承厂 | (1998)3200 C696 |
| 房间空气调节器 | 江苏新科电子集团空调器制造有限公司 | (1998)3200 C697 |
| 抽出式低压成套开关设备 | 镇江市双龙电器厂 | (1998)3200 C698 |
| 六角螺母 | 常熟市吴市标准件厂 | (1998)3200 C699 |
| 手拉葫芦 | 常熟市吴市标准件厂 | (1998)3200 C700 |
| **云南(110)** | | |
| 工业黄磷 | 个旧市磷化工总厂 | (1998)5300 C0208 |
| 锡铅焊料 | 个旧市金戈冶炼厂 | (1998)5300 C0209 |
| 锡铅焊料 | 个旱市大屯有色化工公司 | (1998)5300 C0210 |
| 锡锭 | 个旧市大屯有色化工公司 | (1998)5300 C0211 |
| X195、1100、1105、1110、柴油机 | 云南金马柴油机总厂 | (1998)5300 C0212 |
| 310BS-16 手动背负式喷雾器 | 云南金马机械总厂 | (1998)5300 C0213 |
| 铅锭 | 个旧金叶冶炼厂 | (1998)5300 C0214 |
| 525R 普通硅酸盐水泥 | 开远水泥厂劳动服务公司 | (1998)5300 C0215 |
| 425 矿渣硅酸盐水泥 | 开远水泥厂劳动服务公司 | (1998)5300 C0216 |
| 工业黄磷 | 屏边磷化工厂 | (1998)5300 C0217 |
| 425 矿渣硅酸盐水泥 | 通海县三义水泥厂 | (1998)5300 C0218 |
| 525 普通硅酸盐水泥 | 通海县石山咀水泥厂 | (1998)5300 C0219 |
| 425 矿渣硅酸盐水泥 | 通海县石山咀水泥厂 | (1998)5300 C0220 |
| 电解金属锰 | 云南建水锰矿 | (1998)5300 C0221 |
| 锰铁 | 云南建水锰矿 | (1998)5300 C0222 |
| 天然放电锰粉 | 云南建水锰矿 | (1998)5300 C0223 |
| 高锰酸钾 | 云南建水锰矿 | (1998)5300 C0224 |
| ZX7 型 IGBT 逆变式焊接/切割机 | 云南欧亚高科技发展有限公司 | (1998)5300 C0196 |
| 高纯二氧化锗、还原锗锭、区熔锗锭 | 云南会泽铅锌矿 | (1998)5300 C0225 |
| 425R 复合硅酸盐水泥 | 保山龙陵县水泥厂 | (1998)5300 C0226 |
| 光亮圆铜杆 | 云南铜业股份有限公司 | (1998)5300 C0227 |
| ND975X400 太阳电池组件 | 云南半导体器件厂 | (1998)5300 C0228 |
| 食品级二氧化碳 | 云南沾益化肥厂 | (1998)5300 C0229 |
| 425R、525R 普通硅酸盐水泥 | 云南思茅水泥厂 | (1998)5300 C0230 |
| 甲醇 | 云南沾益化肥厂 | (1998)5300 C0231 |
| 硝酸钠 | 云南滇中化工厂 | (1998)5300 C0232 |
| 亚硝酸钠 | 云南滇中化工厂 | (1998)5300 C0233 |
| 一级氧化锌 | 祥云县紫金化工厂 | (1998)5300 C0234 |
| 主轴瓦、连杆轴瓦 | 云南云汽实业有限公司 | (1998)5300 C0235 |
| 内燃机连杆衬套 | 云南云汽实业有限公司 | (1998)5300 C0236 |
| 内燃机凸轮衬套 | 云南云汽实业有限公司 | (1998)5300 C0237 |
| 一级白砂糖 | 柯街糖业有限公司 | (1998)5300 C0244 |
| 425R 普通硅酸盐水泥 | 云南湾甸水泥厂 | (1999)5300 C0245 |
| 425 复合硅酸盐水泥 | 云南湾甸水泥厂 | (1999)5300 C0246 |
| 425、525 普通硅酸盐水泥 | 云锡公司古山水泥厂 | (1999)5300 C0247 |
| 铝合金建筑型材 | 玉溪市红塔铝型材厂 | (1999)5300 C0248 |
| 525 普通硅酸盐水泥 | 通海县元山水泥厂 | (1999)5300 C0249 |
| 425 矿渣硅酸盐水泥 | 通海县元山水泥厂 | (1999)5300 C0250 |
| 425 矿渣硅酸盐水泥 | 通海解家营水泥厂 | (1999)5300 C0251 |
| 425 复合硅酸盐水泥 | 建水县石塔建材有限责任公司 | (1999)5300 C0252 |

续表

| 使用采标标志产品名称 | 生 产 企 业 | 备案号 |
|---|---|---|
| 525 普通硅酸盐水泥 | 石屏石龙水泥有限责任公司 | (1999)5300 C0253 |
| 425 复合硅酸盐水泥 | 石屏石龙水泥有限责任公司 | (1999)5300 C0254 |
| 525 普通硅酸盐水泥 | 江川县凤凰山水泥厂 | (1999)5300 C0255 |
| 425 矿渣硅酸盐水泥 | 江川县凤凰山水泥厂 | (1999)5300 C0256 |
| 425R 普通硅酸盐水泥 | 江川县水泥厂 | (1999)5300 C0257 |
| 425R 矿渣硅酸盐水泥 | 江川县水泥厂 | (1999)5300 C0258 |
| 525、425 普通硅酸盐水泥 | 江川县翠峰水泥厂 | (1999)5300 C0259 |
| 425 矿渣硅酸盐水泥 | 江川县翠峰水泥厂 | (1999)5300 C0260 |
| 425R 普通硅酸盐水泥 | 泸西县中枢镇水泥厂 | (1999)5300 C02261 |
| 525 普通硅酸盐水泥 | 云南水泥有限公司 | (1999)5300 C0262 |
| 425、425R 矿渣硅酸盐水泥 | 云南水泥有限公司 | (1999)5300 C0263 |
| 425 普通硅酸盐水泥 | 弥勒县天桥华贸总公司水泥厂 | (1999)5300 C0264 |
| 425 矿渣硅酸盐水泥 | 弥勒县天桥华贸总公司水泥厂 | (1999)5300 C0265 |
| 复混肥料 | 云南沾益化肥厂 | (1999)5300 C0266 |
| 工业沉淀碳酸钙 | 云南沾益化肥厂 | (1999)5300 C0267 |
| 中、轻汽车用钢板弹簧 | 昆明钢板弹簧有限公司 | (1999)5300 C0268 |
| 农用车用钢板弹簧 | 昆明钢板弹簧有限公司 | (1999)5300 C0269 |
| 阳田牌太阳能热水器 | 保山地区阳田有限责任公司 | (1999)5300 C0270 |
| 赛板迈配电变压器 | 云南变压器有限责任公司 | (1999)5300 C0271 |
| S9 型油浸式电力变压器 | 云南变压器有限责任公司 | (1999)5300 C0272 |
| S8 型 110 kV 级电力变压器 | 云南变压器有限责任公司 | (1999)5300 C0273 |
| 南天 B 系列微机 | 南天电子信息集团公司 | (1999)5300 C0274 |
| 425 普通硅酸盐水泥 | 蒙自县水泥厂 | (1999)5300 C0275 |
| 食品级二氧化碳 | 云南滇中化工厂 | (1999)5300 C0276 |
| 425 复合硅酸盐水泥 | 祥云县清华洞水泥厂 | (1999)5300 C0006 |
| 525、425 普通硅酸盐水泥 | 祥云县清华洞水泥厂 | (1999)5300 C0007 |
| 525R、425R、425 普通硅酸盐水泥 | 大理水泥集团有限责任公司 | (1999)5300 C0008 |
| 525、525R、425、425R 普通硅酸盐水泥 | 大理红山水泥有限责任公司 | (1999)5300 C0009 |
| 425 普通硅酸盐水泥 | 祥云县水利电力局三台坡水泥厂 | (1999)5300 C0010 |
| 425 矿渣硅酸盐水泥 | 祥云县水利电力局三台坡水泥厂 | (1999)5300 C0011 |
| 425 普通硅酸盐水泥 | 大理市华营水泥厂 | (1999)5300 C0012 |
| 一级白砂糖 | 云南陇川糖厂 | (1999)5300 C0013 |
| 铅锭 | 云南省建水县永生实业总公司 | (1999)5300 C0015 |
| 525、425 普通硅酸盐水泥 | 建水县石塔建材有限责任公司 | (1999)5300 C0016 |
| 525、425 矿渣硅酸盐水泥 | 建水县石塔建材有限责任公司 | (1999)5300 C0017 |
| 高锰酸钾 | 建水县化工总厂 | (1999)5300 C0019 |
| 大楼牌日用细瓷器 | 个旧市瓷器厂 | (1999)5300 C0020 |
| 精锡锭 | 云南锡业股份有限公司 | (1999)5300 C0021 |
| 锡铅焊料 | 云南锡业股份有限公司 | (1999)5300 C0022 |
| 铋锭 | 云南锡业股份有限公司 | (1999)5300 C0023 |
| 铅锭 | 云南锡业股份有限公司 | (1999)5300 C0024 |
| 锡酸钠 | 云南锡业股份有限公司 | (1999)5300 C0081 |
| 11°、12°大理啤酒 | 大理啤酒集团有限责任公司 | (1999)5300 C0025 |
| 汽车、农用车用钢板弹簧 | 大理州四方实业总公司汽车弹簧厂 | (1999)5300 C0026 |
| S9 低损耗油浸式电力变压器 | 大理变压器厂 | (1999)5300 C0027 |
| 525、425、425R 普通硅酸盐水泥 | 云南弥渡水泥有限责任公司 | (1999)5300 C0028 |
| 425、425R 普通硅酸盐水泥 | 云南省个旧市水泥总厂 | (1999)5300 C0042 |

续表

| 使用采标标志产品名称 | 生 产 企 业 | 备 案 号 |
|---|---|---|
| 525、425R 普通硅酸盐水泥 | 祥云县太鼎水泥制造有限公司 | (1999)5300 C0043 |
| 525、425R、425 普通硅酸盐水泥 | 剑川县金丰实业有限公司 | (1999)5300 C0044 |
| 铝及铝合金轧制板材 | 新美铝铝箔有限公司 | (1999)5300 C0045 |
| 铝及铝合金冷轧带材 | 新美铝铝箔有限公司 | (1999)5300 C0046 |
| 工业用铝箔 | 新美铝铝箔有限公司 | (1999)5300 C0047 |
| 铝铸轧板卷 | 云南铝业股份有限公司 | (1999)5300 C0048 |
| 重熔用铝锭 | 云南铝业股份有限公司 | (1999)5300 C0050 |
| 铝合金建筑型材 | 云南铝业股份有限公司 | (1999)5300 C0051 |
| 425 矿渣硅酸盐水泥 | 昆明水泥股份有限公司 | (1999)5300 C0062 |
| 525 普通硅酸盐水泥 | 昆明水泥股份有限公司 | (1999)5300 C0063 |
| 525R 普通硅酸盐水泥 | 昆明水泥股份有限公司 | (1999)5300 C0064 |
| 625 硅酸盐水泥 | 昆明水泥股份有限公司 | (1999)5300 C0065 |
| 425R 矿渣硅酸盐水泥 | 昆明水泥股份有限公司 | (1999)5300 C0105 |
| 输送流体焊接钢管 | 昆明钢铁总公司凉亭轧钢厂 | (1999)5300 C0126 |
| 焊接钢管用钢带 | 昆明钢铁总公司凉亭轧钢厂 | (1999)5300 C0127 |
| 碳素结构钢热轧薄钢板 | 昆明钢铁总公司 | (1999)5300 C0238 |
| 高纯阴极铜 | 云南铜业股份有限公司 | (1999)5300 C0052 |
| 金锭 | 云南铜业股份有限公司 | (1999)5300 C0053 |
| 银锭 | 云南铜业股份有限公司 | (1999)5300 C0054 |
| 工业硫酸 | 云南铜业股份有限公司 | (1999)5300 C0055 |
| 425 普通硅酸盐水泥 | 云南锡业公司建安水泥厂 | (1999)5300 C0080 |
| 南天 PR-50 系列存折打印机 | 南天电子信息产业集团公司 | (1999)5300 C0106 |
| NANPIAN PR-2 系列高级存折打印机 | 南天电子信息产业集团公司 | (1999)5300 C0135 |
| **山西(28)** | | |
| 425 矿渣硅酸盐水泥 | 山西省武乡县水泥厂 | (1999)1400C146 |
| 325 矿渣硅酸盐水泥 | 山西省武乡县水泥厂 | (1999)1400C147 |
| 425 普通硅酸盐水泥 | 晋城市康达水泥厂 | (1999)1400C148 |
| 铸造生铁 | 晋城市金马工业有限公司 | (1999)1400C149 |
| 醇酸清漆 | 山西省化学工业集团公司油漆厂 | (1999)1400C150 |
| 各色氨基烘干磁漆 | 山西省化学工业集团公司油漆厂 | (1999)1400C151 |
| 硝基清漆 | 山西省化学工业集团公司油漆厂 | (1999)1400C152 |
| 各色醇酸磁漆 | 山西省化学工业集团公司油漆厂 | (1999)1400C153 |
| 尿素 | 山西省五台县化肥厂 | (1999)1400C154 |
| 425 普通硅酸盐水泥 | 太原狮头水泥集团有限责任公司 | (1999)1400C155 |
| 325 矿渣硅酸盐水泥 | 太原狮头水泥集团有限责任公司 | (1999)1400C156 |
| 425 矿渣硅酸盐水泥 | 太原狮头水泥集团有限责任公司 | (1999)1400C157 |
| 325 矿渣硅酸盐水泥 | 山西省灵石县常青水泥厂 | (1999)1400C158 |
| 425 矿渣硅酸盐水泥 | 山西省灵石县常青水泥厂 | (1999)1400C159 |
| 325 矿渣硅酸盐水泥 | 临汾市地方国营建材水泥厂 | (1999)1400C160 |
| 425 矿渣硅酸盐水泥 | 临汾市地方国营建材水泥厂 | (1999)1400C161 |
| 男士令牌男士衬衫 | 山西男士令服饰有限公司 | (1999)1400C162 |
| 餐具洗净剂 | 大同市蓝浪洗涤剂厂 | (1999)1400C163 |
| 电石 | 山西省河曲县电石厂 | (1999)1400C164 |
| 425 普通硅酸盐水泥 | 山西省河曲县水泥厂 | (1999)1400C165 |
| 尿素 | 山西省吕梁丰喜肥业有限责任公司 | (1999)1400C166 |
| 工业硅 | 山西省大同县地方国营工业硅厂 | (1999)1400C167 |
| 425 普通硅酸盐水泥 | 山阳县三关水泥有限责任公司 | (1999)1400C168 |

续表

| 使用采标标志产品名称 | 生 产 企 业 | 备案号 |
|---|---|---|
| 425 普通硅酸盐水泥 | 太原钢铁集团有限公司东山水泥厂 | (1999)1400C169 |
| 525 普通硅酸盐水泥 | 太原钢铁集团有限公司东山水泥厂 | (1999)1400C170 |
| 425 矿渣硅酸盐水泥 | 太原钢铁集团有限公司东山水泥厂 | (1999)1400C171 |
| 325、425 矿渣硅酸盐水泥 | 榆次市中信水泥制造有限公司 | (1999)1400C172 |
| 重熔用铝锭 | 山西龙门铝厂 | (1999)1400C173 |
| **广西(69)** | | |
| 添多华牌 BA01-01 钛白粉(二氧化钛颜料) | 广西百色华宏钛白粉厂 | (1998)4500C217 |
| 三冠牌 一级白砂糖 | 广西金光实业总公司制糖化工厂 | (1998)4500C218 |
| 双瓦楞纸箱 | 广西博白藤龙包装品有限公司 | (1999)4500C219 |
| 日兴牌 陶瓷墙地砖 | 广西桂林日兴陶瓷有限公司 | (1999)4500C220 |
| 桂开牌 复混肥料 | 广西灵川县桂灵肥料厂 | (1999)4500C221 |
| 金百林牌 525 普通硅酸盐水泥 | 广西百林水泥股份合作公司 | (1999)4500C222 |
| 鸣昌牌 复混肥料 | 广西南宁鸣昌专用肥料有限公司 | (1999)4500C223 |
| 双柳牌 一级白砂糖 | 广西柳江县拉堡糖厂 | (1999)4500C224 |
| 仙行牌 525R 普通硅酸盐水泥 | 广西隆安县育英水泥厂 | (1999)4500C225 |
| 起凤山牌 425、525 普通硅酸盐水泥 | 广西南宁市武鸣香山水泥厂 | (1999)4500C226 |
| 泗城牌 525 普通硅酸盐水泥 | 广西凌云水泥有限责任公司 | (1999)4500C227 |
| 三乐牌 425、525 普通硅酸盐水泥 | 广西国营乐业县水泥厂 | (1999)4500C228 |
| 永树牌 425、525 普通硅酸盐水泥 | 广西柳州铁路局黎塘水泥厂 | (1999)4500C229 |
| 古府牌 一级白砂糖 | 广西南宁统一糖业有限责任公司东江糖厂 | (1999)4500C230 |
| 原桂牌 复混肥料 | 广西核工业桂兴实业公司原桂化肥厂 | (1999)4500C231 |
| 鼎宇牌 LD31 铝合金建筑型材 | 广西桂平华联公司铝型材厂 | (1999)4500C232 |
| 群乐牌 复混肥料 | 广西扶绥县复合肥料厂 | (1999)4500C233 |
| 复混肥料 | 广西穗宁(崇左)肥料厂 | (1999)4500C234 |
| 复混肥料 | 广西梧州中田复合肥有限公司 | (1999)4500C235 |
| 复混肥料 | 广西合浦县公馆庆丰复合肥厂 | (1999)4500C236 |
| 425R,525 普通硅酸盐水泥 | 广西北海银岭水泥厂 | (1999)4500C237 |
| 525 普通硅酸盐水泥 | 广西贵港市独山水泥厂 | (1999)4500C238 |
| 525 普通硅酸盐水泥 | 广西贵港市桂花水泥有限公司 | (1999)4500C239 |
| 425,525 普通硅酸盐水泥 | 广西贵港市水泥厂 | (1999)4500C240 |
| 复混肥料 | 广西贵港市南风化肥厂 | (1999)4500C241 |
| 一级白砂糖 | 广西贵港甘化股份有限公司 | (1999)4500C242 |
| Zn99.995,Zn99.99 锌锭 | 广西柳州有色冶炼股份有限公司 | (1999)4500C243 |
| 复混肥料 | 广西河池化工股份有限公司 | (1999)4500C244 |
| 群山牌 尿素 | 广西河池化工股份有限公司 | (1999)4500C245 |
| B 型塑料编织袋 | 广西河池金城塑料制品有限公司 | (1999)4500C246 |
| 525 普通硅酸盐水泥 | 广西河池化工(集团)建筑材料股份有限公司 | (1999)4500C247 |
| 广驰牌 525 普通硅酸盐水泥 | 广西河池市水泥总厂 | (1999)4500C248 |
| 大金城牌 525 普通硅酸盐水泥 | 广西河池地区水泥厂 | (1999)4500C249 |
| 金城牌 一级白砂糖 | 广西河池市糖厂 | (1999)4500C250 |
| 港鸣牌 240×60 彩釉外墙砖 | 广西南宁市港鸣建陶发展有限公司 | (1999)4500C251 |
| 云鸥牌 一级白砂糖 | 广西南宁统一糖业有限责任公司南宁制糖造纸厂 | (1999)4500C252 |
| 都乐牌 纯棉本色纱线 | 广西柳州市第二棉纺织厂 | (1999)4500C253 |
| 都乐牌 棉本色布 | 广西柳州市第二棉纺织厂 | (1999)4500C254 |
| 都乐牌 精梳涤棉混纺本色布 | 广西柳州市第二棉纺织厂 | (1999)4500C255 |
| 狮乡牌 525 普通硅酸盐水泥 | 广西田阳县第二水泥厂 | (1999)4500C256 |

续表

| 使用采标标志产品名称 | 生 产 企 业 | 备 案 号 |
| --- | --- | --- |
| 桂珠牌 525 普通硅酸盐水泥 | 广西大化联营水泥厂 | (1999)4500C257 |
| 龙头牌 425,525 普通硅酸盐水泥 | 广西贵港市第三水泥厂一分厂 | (1999)4500C258 |
| 桂绿牌 复混肥料 | 广西大化瑶族自治县配方肥料实验站 | (1999)4500C259 |
| 雪兰牌 一级白砂糖 | 广西南宁糖业股份有限公司伶俐糖厂 | (1999)4500C260 |
| 黔江牌 B 型塑料编织袋 | 广西黔江实业总公司塑料编织袋厂 | (1999)4500C261 |
| 仙蜜牌 B 型塑料编织袋 | 广西武宣县塑料制品厂 | (1999)4500C262 |
| 黔江牌 425,525 普通硅酸盐水泥 | 广西武宣县水泥厂 | (1999)4500C263 |
| 施富来牌 复混肥料 | 广西武宣施富来复合肥厂 | (1999)4500C264 |
| 仙城牌 复混肥料 | 广西武宣县五丰复合肥厂 | (1999)4500C265 |
| 黔江牌 复混肥料 | 广西武宣黔江复合肥厂 | (1999)4500C266 |
| 横洲牌 525 普通硅酸盐水泥 | 广西横县川山水泥厂 | (1999)4500C267 |
| 三角牌 锌锭 | 广西柳州锌品股份有限公司 | (1999)4500C268 |
| 古庙牌 525 普通硅酸盐水泥 | 广西蒲庙水泥厂(龙州)有限责任公司 | (1999)4500C269 |
| 南珠牌 一级白砂糖 | 广西合浦糖厂 | (1999)4500C270 |
| 百灵牌 一级白砂糖 | 广西天等县胜利糖厂 | (2000)4500C271 |
| 蜜达牌 一级白砂糖 | 广西鹿寨县鹿寨糖厂 | (2000)4500C272 |
| 一级白砂糖 | 广西博华食品有限公司 | (2000)4500C273 |
| 桂绿牌 复混肥料 | 广西象州县配肥厂 | (2000)4500C274 |
| 象农牌 复混肥料(枸溶性) | 广西象州县农业生产资料公司复合肥厂 | (2000)4500C275 |
| 喜丰牌 复混肥料 | 广西鹿寨化肥总厂 | (2000)4500C276 |
| 喜丰牌 钙镁磷肥 | 广西鹿寨化肥总厂 | (2000)4500C277 |
| 金旺牌 山豹牌 525 普通硅酸盐水泥 | 广西东山建材厂 | (2000)4500C278 |
| 复混肥料 | 广西钦州市钦北区科丰混合肥厂 | (2000)4500C279 |
| 复混肥料 | 广西贵港市正好复合肥有限公司 | (2000)4500C280 |
| 柳德利牌 B 型塑料编织袋 | 广西柳州市塑料制品总厂 | (2000)4500C281 |
| 西羊牌 425,525 普通硅酸盐水泥 | 广西红河实业总公司水泥厂 | (2000)4500C282 |
| 荷花牌 一级白砂糖 | 广西红河实业总公司制糖化工总厂 | (2000)4500C283 |
| 凤凰牌 一级白砂糖 | 广西凤凰糖厂 | (2000)4500C284 |
| 明阳牌 一级白砂糖 | 广西南宁糖业股份有限公司明阳糖厂 | (2000)4500C285 |
| **甘肃(14)** | | |
| 重熔用铝锭 | 甘肃华兴铝业有限公司 | (1998)6200C093 |
| 425 普通硅酸盐水泥 | 天水水泥厂 | (1998)6200C094 |
| 优质碳素钢热轧盘条 | 酒泉钢铁公司 | (1998)6200C095 |
| 钢盘混凝土用热轧带肋钢筋 | 酒泉钢铁公司 | (1998)6200C096 |
| 低碳钢无扭控冷热轧盘条 | 酒泉钢铁公司 | (1998)6200C097 |
| 钢筋混凝土排水管 Q150～1200 | 甘肃银武建材(集团)有限责任公司 | (1998)6200C098 |
| QC12Y-6×2500QC12Y-6×3200 QC12Y-6×4000 液压摆式剪板机 | 天水锻压机床厂 | (1998)6200C099 |
| QC12Y-12×2500QC12Y-12×3200 QC12Y-12×4000 液压摆式剪板机 | 天水锻压机床厂 | (1999)6200C100 |
| QC12Y-16×2500QC12Y-16×3200 QC12Y-16×4000 液压摆式剪板机 | 天水锻压机床厂 | (1999)6200C101 |
| 兰光牌钢筋混凝土用热轧带肋钢筋 | 兰州钢铁集团公司 | (1999)6200C102 |
| 祁连牌优质白砂糖 | 甘肃省黄羊糖业有限责任公司 | (1999)6200C103 |
| 200 升小开口钢桶 | 兰州兴业金属容器有限责任公司 | (1999)6200C104 |
| 200 升直开口钢桶 | 兰州兴业金属容器有限责任公司 | (1999)6200C105 |
| 交联聚乙烯绝缘电力电缆 YJV、YJLV、YJLV22、YJV22 | 金川有色金属公司电线电缆厂 | (1999)6200C106 |

续表

| 使用采标标志产品名称 | 生 产 企 业 | 备案号 |
|---|---|---|
| **宁夏(3)** | | |
| 西夏啤酒 | 宁夏回族自治区银川糖厂 | (1999)6400 C001 |
| 六盘山牌白砂糖 | 宁夏回族自治区银川糖厂 | (1999)6400 C002 |
| 640 mL 啤酒瓶 | 银川玻璃制瓶厂 | (1999)6400 C003 |
| **山西(41)** | | |
| 农业用聚乙烯吹塑薄膜 | 大同市塑料一厂 | (1998)1400 C106 |
| 吕梁山牌硝酸铵 | 太原化学工业集团有限公司化肥厂 | (1998)1400 C107 |
| 吕梁山牌碳酸钠 | 太原化学工业集团有限公司化肥厂 | (1998)1400 C108 |
| 吕梁山牌硝酸钠 | 太原化学工业集团有限公司化肥厂 | (1998)1400 C108 |
| 普通硅酸盐水泥 425 | 山西省平定县固关水泥厂 | (1998)1400 C109 |
| 矿渣硅酸盐水泥 325 | 山西省平定县固关水泥厂 | (1998)1400 C110 |
| 矿渣 325 硅酸盐水泥 | 阳泉水泥实业有限公司 | (1998)1400 C111 |
| 425 普通硅酸盐水泥 | 阳泉水泥实业有限公司 | (1998)1400 C112 |
| 325 矿渣硅酸盐水泥 | 山西省娘子关发电厂水泥厂 | (1998)1400 C113 |
| 普通硅酸盐水泥 | 大同市云中水泥厂 | (1998)1400 C114 |
| 矿渣硅酸盐水泥 | 大同市云中水泥厂 | (1998)1400 C115 |
| 矿渣硅酸盐水泥 | 山西省忻州市地方国营水泥厂 | (1998)1400 C116 |
| 矿渣硅酸盐水泥 325 | 忻州地区豆罗水泥厂 | (1998)1400 C117 |
| 325,425 矿渣硅酸盐水泥 | 汾阳市水泥厂 | (1998)1400 C118 |
| 425 矿渣水泥 | 山西卦山水泥有限责任公司 | (1998)1400 C119 |
| 325,425R,425 矿渣硅酸盐水泥 | 山西省吕梁地区水泥厂 | (1998)1400 C120 |
| 325,425,525 普通硅酸盐水泥 | 山西省吕梁地区水泥厂 | (1998)1400 C121 |
| 325,425,525 普通硅酸盐水泥 | 山西省汾阳市贾家庄特种水泥厂 | (1998)1400 C122 |
| 325,425,525 矿渣硅酸盐水泥 | 山西省汾阳市贾家庄特种水泥厂 | (1998)1400 C123 |
| 矿渣水泥 325、425 | 山西省孝义市水泥厂 | (1998)1400 C124 |
| 普通水泥 425 | 山西省中阳县桃园水泥厂 | (1998)1400 C125 |
| 325,425 矿渣硅酸盐水泥 | 山西太谷水泥有限公司 | (1998)1400 C126 |
| 1/4″～6″可锻铸铁管路连接件 | 山西太谷县玛钢厂聚鑫分厂(山西省太古县玛钢实业有限公司) | (1998)1400 C127 |
| 425 矿渣硅酸盐水泥 | 山西省晋城长征水泥厂 | (1998)1400 C128 |
| 425 普通硅酸盐水泥 | 山西省高平市东山水泥厂 | (1998)1400 C129 |
| 农业用碳酸氢铵 | 山西省长子丹峰化工有限责任公司 | (1998)1400 C130 |
| QZ(G)-2/155 0020～5.000 mm,QZ-2/130 0.018～5.000 mm | 山西省长子县电器线材厂 | (1998)1400 C131 |
| 甲醇 | 山西省原平化肥厂 | (1998)1400 C132 |
| 普通硅酸盐水泥 425、525 | 大同市灵丘县石工水泥总公司 | (1999)1400 C133 |
| 普通硅酸盐水泥 425 | 山西五色石有限公司禹门水泥厂 | (1999)1400 C134 |
| 矿渣硅酸盐水泥 425 | 山西五色石有限公司禹门水泥厂 | (1999)1400 C135 |
| 425 矿渣硅酸盐水泥 | 山西省新绛县地方国营水泥厂 | (1999)1400 C136 |
| 425 普通硅酸盐水泥 | 山西省新绛县地方国营水泥厂 | (1999)1400 C137 |
| 425 普通硅酸盐水泥 | 山西省河津市天河水泥有限公司 | (1999)1400 C138 |
| 425 矿渣硅酸盐水泥 | 山西省河津市天河水泥有限公司 | (1999)1400 C139 |
| 425 矿渣硅酸盐水泥 | 山西省壶关县常平水泥厂 | (1999)1400 C140 |
| 325 矿渣硅酸盐水泥 | 山西省壶关县常平水泥厂 | (1999)1400 C141 |
| 普通硅酸盐水泥 425 | 山西省盂县水泥厂 | (1999)1400 C142 |
| 电力变压器 | 太原变压器厂 | (1999)1400 C143 |
| 重熔用铝锭 | 太原东方铝业有限公司 | (1999)1400 C144 |

续表

| 使用采标标志产品名称 | 生产企业 | 备案号 |
|---|---|---|
| 矿渣硅酸盐水泥 325 | 山西省阳泉固庄煤矿建材中心 | (1999)1400 C145 |
| **浙江(188)** | | |
| 86、120 系列家用和类似用途插座 | 北京市海淀区东升塑料电器厂余姚分厂 | (1998)3300C522 |
| 86、120 系列家用和类似用途开关 | 北京市海淀区东升塑料电器厂余姚分厂 | (1998)3300C523 |
| 425 普通硅酸盐水泥 | 玉环县旋港水泥厂 | (1998)3300C524 |
| Φ50～Φ160 mm 系列产品建筑排水用硬聚氯乙烯管件 | 黄岩福泰塑胶有限公司 | (1998)3300C525 |
| 普通硅酸盐 425 水泥 | 浙江省江山市敖坪水泥厂 | (1998)3300C526 |
| 涤纶低弹丝 166.7 dtn/48F | 浙江省舟山化纤厂 | (1998)3300C527 |
| 瓦楞纸箱 | 岱山县宏源彩印包装箱厂 | (1998)3300C528 |
| 227IEC02、227IEC06、227IEC08 固定布线用无护套电缆 | 桐乡长城电缆厂 | (1998)3300C529 |
| 聚氯乙烯护套软线 227IEC52、227IEC53 | 桐乡长城电缆厂 | (1998)3300C530 |
| 单芯软导体无护套电缆 227IEC08(RV-90)-300/500V | 桐乡市京马电器有限公司 | (1998)3300C531 |
| 425R 普通硅酸盐水泥 | 兰溪西华建材有限公司 | (1998)3300C532 |
| 双列双内圈角接触球轴承(轮毂轴承)型号如 DAC3870D | 浙江万向汽车轴承有限公司 | (1999)3300C533 |
| D215L 系列漏电断路器 | 萧山市漏电自动开关厂 | (1999)3300C534 |
| AB62 系列漏电断路器 | 萧山市漏电自动开关厂 | (1999)3300C535 |
| 深沟球轴承 | 台州国泰轴承有限公司 | (1999)3300C536 |
| 一次性使用输液器 | 浙江康康医疗器械有限公司 | (1999)3300C537 |
| 一次性使用输液器 | 浙江康康医疗器械有限公司 | (1999)3300C538 |
| 衬衫 | 上海金日制衣有限公司 | (1999)3300C539 |
| 衬衫 | 上海超月制衣有限公司 | (1999)3300C542 |
| 角向磨光机 | 浙江奇立电器有限公司 | (1999)3300C544 |
| 纤维级聚酯切片 | 浙江化纤联合集团股份有限公司 | (1999)3300C545 |
| 涤纶预取向丝 | 浙江化纤联合集团股份有限公司 | (1999)3300C546 |
| 桑蚕经纬捻线丝 | 绍兴丝织厂 | (1999)3300C547 |
| 男西服 165/87～185/102 | 浙江冠友服饰集团有限责任公司 | (1999)3300C548 |
| 精梳羊毛衫(60 cm～140 cm) | 浙江一通电脑编织有限公司 | (1999)3300C549 |
| 粗梳羊毛衫(60 cm～140 cm) | 浙江一通电脑编织有限公司 | (1999)3300C550 |
| 棉本色纱线 4-192tex 4*2-80*2 | 浙江金威集团公司 | (1999)3300C551 |
| 涤棉本色纱线 6*60 tex 6*2-60*2 tex | 浙江金威集团公司 | (1999)3300C552 |
| 涤纶本色缝纫用纱线 | 新昌县制线厂 | (1999)3300C553 |
| 涤纶缝纫线 | 新昌县制线厂 | (1999)3300C554 |
| 8°、10°、11°艇湖啤酒 | 浙江艇湖啤酒厂 | (1999)3300C555 |
| 98%工业硫酸 | 绍兴硫酸厂 | (1999)3300C556 |
| 蓄电池硫酸 | 绍兴硫酸厂 | (1999)3300C557 |
| 425R 普通硅酸盐水泥 | 绍兴县华盛水泥厂 | (1999)3300C558 |
| 汽车用车速里程表(机械式) | 浙江汽车仪表厂 | (1999)3300C559 |
| 汽车用温度表(电气式) | 浙江汽车仪表厂 | (1999)3300C560 |
| 汽车用电流表(极化电磁式) | 浙江汽车仪表厂 | (1999)3300C561 |
| 汽车用压力表(电气式、机械式) | 浙江汽车仪表厂 | (1999)3300C562 |
| 汽车用燃油表(电磁式、动磁式、双金属式) | 浙江汽车仪表厂 | (1999)3300C563 |
| 橡套软线 245IEC53(YZ) | 绍兴县南方电缆厂 | (1999)3300C564 |
| 聚氯乙烯绝缘电缆 227IEC 01(BV) | 绍兴县南方电缆厂 | (1999)3300C565 |

续表

| 使用采标标志产品名称 | 生产企业 | 备案号 |
|---|---|---|
| CJK(6132-6246)系列数控车床 | 渚暨机床厂 | (1999)3300C566 |
| C6232A2(GHB40A)、C6236A21440A 轻型车床 | 渚暨机床厂 | (1999)3300C567 |
| C0632 台式车床 | 渚暨机床厂 | (1999)3300C568 |
| J21 系列开式固定台式压力机 | 浙江锻压机械集团公司 | (1999)3300C569 |
| JZ21 系列开式固定台式压力机 | 浙江锻压机械集团公司 | (1999)3300C570 |
| J23 系列开式可倾压力机 | 浙江锻压机械集团公司 | (1999)3300C571 |
| 指针式扭力扳手 | 浙江省嵊州市工具厂 | (1999)3300C572 |
| 预置式扭力扳手 | 浙江省嵊州市工具厂 | (1999)3300C573 |
| 深沟球轴承 | 浙江明星轴承股份有限公司 | (1999)3300C574 |
| XZ、SXZ、PXZ 溴化锂吸收式冷水机组 | 浙江联丰集团公司 | (1999)3300C575 |
| ZX 直然型溴化锂吸收式冷热机组 | 浙江联丰集团公司 | (1999)3300C576 |
| SYKV(Y)-75 系列纵孔聚乙烯绝缘同轴射频电缆 | 杭州临安金龙电缆厂 | (1999)3300C577 |
| SYWV(Y)-75 系列物理发泡聚乙烯绝缘射频同轴电缆 | 杭州临安金龙电缆厂 | (1999)3300C578 |
| 中心束管式全填充型通信用室外单模光缆 | 杭州临安金龙电缆厂 | (1999)3300C579 |
| 层绞式通信用室外光缆 | 杭州临安金龙电缆厂 | (1999)3300C580 |
| 普通硅酸盐水泥 425 | 开化县煤矿水泥总厂 | (1999)3300C581 |
| 425R 普通硅酸盐水泥 | 开化县村头水泥厂 | (1999)3300C582 |
| 男西服 | 浙江奥利士制衣有限公司 | (1999)3300C583 |
| 男西服 | 温州市初人服饰有限公司 | (1999)3300C584 |
| 男西服 | 浙江法派服饰企业有限公司 | (1999)3300C585 |
| 一次性使用无菌注射器 | 温州市瓯海健达医用器材厂 | (1999)3300C586 |
| 单相两极双用带护门三极暗插座 86 型 | 温州威格特电器有限公司 | (1999)3300C587 |
| 单相三极暗插座 单相二极双用暗插座 | 瑞安市松洋电器有限公司 | (1999)3300C588 |
| 单相两极带接地暗插座 | 温州奇升电器有限公司 | (1999)3300C589 |
| 干啤酒 | 平阳金狮啤酒有限公司 | (1999)3300C590 |
| 瓦楞纸箱 BD-1.1 | 平阳县敖江纸箱厂 | (1999)3300C591 |
| 瓦楞纸箱 BD-3.1 | 平阳县务垟纸箱厂 | (1999)3300C592 |
| 瓦楞纸箱 BS-2.1 | 平阳县敖江纸箱五厂 | (1999)3300C593 |
| 瓦楞纸箱 BD2.1 | 平阳县外贸包装厂 | (1999)3300C594 |
| IH 型单级单吸化工离心泵 | 浙江省苍南水泥厂 | (1999)3300C595 |
| IS 型单级单吸清水离心泵 | 浙江省苍南水泥厂 | (1999)3300C596 |
| 金锭 | 浙江省遂昌金矿 | (1999)3300C597 |
| 银锭 | 浙江省遂昌金矿 | (1999)3300C598 |
| 瓦楞纸箱 A.B.C.3-7 层 | 浙江宇雷包装集团有限公司 | (1999)3300C599 |
| 瓦楞纸箱 | 云和县兴宏纸业包装有限公司 | (1999)3300C600 |
| 尊龙系列淡色啤酒 | 龙泉市啤酒厂 | (1999)3300C601 |
| 汽车、摩托车用磁感应车速里程表 | 缙云仙都仪表有限公司 | (1999)3300C602 |
| 12A-1 滚子链 | 浙江武义鸿炼条有限公司 | (1999)3300C603 |
| TY-3.00 电工圆铜线 | 宁波金田铜业集团公司 | (1999)3300C604 |
| 微、小型深沟球轴承 | 慈溪市凯达轴承有限公司 | (1999)3300C605 |
| 微、小型深沟球轴承 | 慈溪市宝石轴承有限公司 | (1999)3300C606 |
| 微、小型深沟球轴承 | 慈溪市海兴轴承有限公司 | (1999)3300C607 |
| 微、小型深沟球轴承 | 慈溪市天宇轴承有限公司 | (1999)3300C608 |

续表

| 使用采标标志产品名称 | 生 产 企 业 | 备案号 |
|---|---|---|
| DD282 单相电能表 | 奉化市五星电表厂 | (1999)3300C609 |
| 单相两极双用暗插座单相两极带接地暗插座 | 宁波灵象电器有限公司 | (1999)3300C610 |
| 单相两极双用插座 A86212-10、A86213-10，单相两极带接地插座 A86213-16 | 宁波市东海电子仪器实业公司 | (1999)3300C611 |
| R6P 锌锰干电池 | 嘉兴市新光电池厂 | (1999)3300C612 |
| R03P 锌锰干电池 | 嘉兴市新光电池厂 | (1999)3300C613 |
| R03P 锌锰干电池 | 嘉兴市恒威电池有限公司 | (1999)3300C614 |
| 425＃普通硅酸盐水泥 | 浙江金华金鹤建材有限公司 | (1999)3300C615 |
| 西服 A 型 | 杭州秋意浓制衣有限公司 | (1999)3300C616 |
| 衬衫 5.4A 型 | 杭州秋意浓制衣有限公司 | (1999)3300C617 |
| 直焊性聚氨酯漆包圆铜线 0.07～0.10 mm | 杭州佰安电工器材有限公司 | (1999)3300C618 |
| BVVB 聚氯乙烯绝缘电线 | 杭州市桐庐电线电缆厂 | (1999)3300C619 |
| BV 聚氯乙烯绝缘电线 | 杭州市桐庐电线电缆厂 | (1999)3300C620 |
| 六角头螺栓-C 级 | 浙江省衢州电力线路紧固件总厂 | (1999)3300C621 |
| 西湖牌普通照明灯泡 | 杭州灯泡厂 | (1999)3300C622 |
| 单端照明金属卤化物灯 | 杭州时代照明电器有限公司 | (1999)3300C623 |
| 传动及输送用双节距精密滚子链(208A～220A,C208A～C220A) | 杭州东华链条总厂 | (1999)3300C624 |
| 传动用短节距精密滚子链(05B～48B)(08A～48A) | 杭州东华链条总厂 | (1999)3300C625 |
| 传动用短节距精密套筒链 04C～06C | 杭州东华链条总厂 | (1999)3300C626 |
| 板式链 LH08、LH10、LH12、LH16、LH20、LH24 | 杭州东华链条总厂 | (1999)3300C627 |
| S 型、C 型钢制滚子链(S32、S42、S45、S52、S55、S62、S77、S88)CA550、CA620 | 杭州东华链条总厂 | (1999)3300C628 |
| 双端照明金属卤化物灯 | 杭州时代照明电器有限公司 | (1999)3300C629 |
| BCD-238 冷藏冷冻箱系列 | 杭州西冷制冷电器有限公司 | (1999)3300C630 |
| BCD-260 冷藏冷冻箱系列 | 杭州西冷制冷电器有限公司 | (1999)3300C631 |
| 市内通信电缆 1200 对以下系列 | 杭州邮电电缆厂 | (1999)3300C632 |
| 恒柏男西服 | 恒柏集团公司 | (1999)3300C633 |
| 恒柏女西服 | 恒柏集团公司 | (1999)3300C634 |
| 恒柏男女西裤 | 恒柏集团公司 | (1999)3300C635 |
| LLDPE 黑色线性低密度聚乙烯护套料 | 杭州富天春塑胶电缆材料有限公司 | (1999)3300C636 |
| 瓦楞纸箱 BD-1.2(02 型系列) | 浙江舟山海力生包装有限公司 | (1999)3300C637 |
| M6-M24 内六角圆柱头螺钉 | 晋亿实业有限公司 | (1999)3300C638 |
| 六角头螺栓 M3-M30 | 晋亿实业有限公司 | (1999)3300C639 |
| 棉针织内衣 | 海宁比特针织有限公司 | (1999)3300C640 |
| 6％＜e＜＝10％陶瓷墙地砖 | 杭州协和陶瓷有限公司 | (1999)3300C641 |
| 陶瓷墙地砖 e＞10％ | 杭州协和陶瓷有限公司 | (1999)3300C642 |
| SYWV(Y)-75 系列物理发泡聚乙烯绝缘射频同轴电缆 | 杭州临安锦峰电缆厂 | (1999)3300C643 |
| SYWV(Y)-76 系列物理发泡聚乙烯绝缘射频同轴电缆 | 临安康达电线厂 | (1999)3300C644 |
| SYWV(Y)-77 系列物理发泡聚乙烯绝缘射频同轴电缆 | 浙江省临安市远大电缆厂 | (1999)3300C645 |
| 六角头螺栓 C 级 | 杭州桐庐电力配件厂 | (1999)3300C646 |
| 1 型六角螺母 C 级 | 杭州桐庐电力配件厂 | (1999)3300C647 |

续表

| 使用采标标志产品名称 | 生产企业 | 备案号 |
|---|---|---|
| CA141 汽车用压力表 | 宁波市北仑仪器仪表厂 | (1999)3300C648 |
| EQ140-2B 汽车用压力表 | 宁波市北仑仪器仪表厂 | (1999)3300C649 |
| STR 汽车用压力表 | 宁波市北仑仪器仪表厂 | (1999)3300C650 |
| ZB230 汽车用压力表 | 宁波市北仑仪器仪表厂 | (1999)3300C651 |
| SIM-ZT 系列电动角向磨光机 | 浙江恒丰电器集团有限公司 | (1999)3300C652 |
| SIM-ZT 系列电刨 | 浙江恒丰电器集团有限公司 | (1999)3300C653 |
| 425 普通硅酸盐水泥 | 浙江省兰溪市龙马建材有限公司 | (1999)3300C654 |
| 男式 V 领羊毛衫 | 宁波诺布尔制衣公司 | (1999)3300C655 |
| 男西服 | 鄞县宏达制衣厂 | (1999)3300C656 |
| 羊毛衫 | 宁波明光制衣有限公司 | (1999)3300C657 |
| 男西服 | 宁波爱尔妮制衣公司 | (1999)3300C658 |
| 男开背衫 | 宁波诺布尔制衣公司 | (1999)3300C659 |
| 130 级聚酯漆包铜圆线 | 宁波市镇海沪镇电工厂 | (1999)3300C660 |
| BS、BD 型瓦楞纸箱 | 余姚市广裕纸制品有限公司 | (1999)3300C661 |
| 普通硅酸盐水泥 525、425R | 余姚水泥厂 | (1999)3300C662 |
| 精梳涤棉混纺本色纱、线 | 余姚华联纺织有限公司 | (1999)3300C663 |
| 精梳涤棉混纺本色布 | 余姚华联纺织有限公司 | (1999)3300C664 |
| 棉本色纱、线 | 余姚华联纺织有限公司 | (1999)3300C665 |
| 棉本色布 | 余姚华联纺织有限公司 | (1999)3300C666 |
| 瓦楞纸箱一类、二类 | 舟山大洋出口包装制品有限公司 | (1999)3300C667 |
| B 型塑料纺织袋 | 岱山县塑料包装厂 | (1999)3300C668 |
| 涤纶缝纫线 | 浙江省义乌市沪江线业有限公司 | (1999)3300C669 |
| 瓦楞纸箱 BD-1.1 | 海盐南洋包装材料厂 | (1999)3300C670 |
| 漆包铜圆线 QZ-1、QZ-2 | 桐乡汇丰电器压铸厂 | (1999)3300C671 |
| 全毛桃花鸡心领男衫 | 嘉兴威克赛集团有限责任公司 | (1999)3300C672 |
| 男风衣 | 宁波三益制衣有限公司 | (1999)3300C673 |
| 全毛精纺男式大衣 | 宁波三益制衣有限公司 | (1999)3300C674 |
| 羊绒男式大衣 | 宁波三益制衣有限公司 | (1999)3300C675 |
| 男西服套装 | 宁波三益制衣有限公司 | (1999)3300C676 |
| 针织 T 恤衫 | 浙江巨鹰集团股份有限公司 | (1999)3300C677 |
| 棉针织内衣 | 浙江巨鹰集团股份有限公司 | (1999)3300C678 |
| 棉针织内衣 | 宁波甬南针织有限公司 | (1999)3300C679 |
| 全棉文化衫 | 象山东风针织成衣有限公司 | (1999)3300C680 |
| 棉针织内衣 | 宁波宏利集团有限公司 | (1999)3300C681 |
| 棉针织内衣 | 宁波园丰染织有限公司 | (1999)3300C682 |
| 中心束管式全填充型通信用室外单模光缆 | 浙江天屹光缆有限公司 | (1999)3300C683 |
| 层绞式通信用室外光缆 | 浙江天屹光缆有限公司 | (1999)3300C684 |
| 绵羊服装革 | 浙江省桐乡市城东制革厂 | (1999)3300C685 |
| H97022 纯毛 V 领男套衫 | 上海开开集团桐乡市新华羊毛衫有限责任公司 | (1999)3300C686 |
| 精梳毛针织品 | 平湖市悦春毛衫制衣有限公司 | (1999)3300C687 |
| 瓦楞纸箱 | 海盐新星纸箱厂 | (1999)3300C688 |
| 瓦楞纸箱 | 平湖市凤翔纸箱厂 | (1999)3300C689 |
| 瓦楞纸箱 | 平湖市黄姑纸制品厂 | (1999)3300C690 |
| 瓦楞纸箱 | 浙江景兴包装材料厂 | (1999)3300C691 |
| 瓦楞纸箱 | 平湖市第二纸箱厂 | (1999)3300C692 |
| 额定电压 1 kV 及以下架空绝缘电缆 | 浙江省平湖电缆厂 | (1999)3300C693 |
| 额定电压 10 kV、35 kV 架空绝缘电缆 | 浙江省平湖电缆厂 | (1999)3300C694 |

续表

| 使用采标标志产品名称 | 生 产 企 业 | 备案号 |
|---|---|---|
| 额定电压35及以下铜芯、铝芯绝缘电力电缆 | 浙江省平湖电缆厂 | (1999)3300C695 |
| 聚氯乙烯绝缘电缆227IEC01等 | 浙江省平湖电缆厂 | (1999)3300C696 |
| 全密封阀控式蓄电池 | 浙江长兴天能电源有限公司 | (1999)3300C697 |
| 普通铅酸蓄电池 | 浙江长兴蓄电池厂 | (1999)3300C698 |
| 425一等品白色硅酸盐水泥 | 泸兴特种水泥有限公司 | (1999)3300C699 |
| Z/66梅花牌白厂丝 | 浙江省德清县钟管丝厂 | (1999)3300C700 |
| 425普通硅酸盐水泥 | 浙江省长兴白岘水泥有限公司 | (1999)3300C701 |
| 425普通水泥 | 湖洲苍龙建材集团有限公司第一水泥厂 | (1999)3300C702 |
| 425普通硅酸盐水泥 | 湖州苍龙建材集团有限公司第二水泥厂 | (1999)3300C703 |
| 额定电压450/750 V及以下聚氯乙烯绝缘电线电缆 | 德清县新市电线电缆厂 | (1999)3300C704 |
| HYA铜芯聚烯烃绝缘铝塑综合护套市内通信电缆 | 浙江兆龙线缆有限公司 | (1999)3300C705 |
| BD、BCD、SCD系列卧式冷藏冷冻箱及卧式双温柜 | 浙江荣盛电器有限公司 | (1999)3300C706 |
| Z/50梅花牌白厂丝 | 德清县蚕茧丝绸联合公司双益丝厂 | (1999)3300C707 |
| 哥俩牌淡色啤酒 | 德清县啤酒厂 | (1999)3300C708 |
| 电流互感器LZZBJ9-10、LZZB10-35GYW1等 | 宁波三爱互感器有限公司 | (1999)3300C709 |
| 电压互感器JDZXR-10、JDJ-10等 | 宁波三爱互感器有限公司 | (1999)3300C710 |
| R20P电池 | 宁波市力达电池有限公司 | (1999)3300C711 |
| R03P电池 | 宁波市力达电池有限公司 | (1999)3300C712 |
| R6P电池 | 宁波市力达电池有限公司 | (1999)3300C713 |
| 深沟球轴承60822、62922 | 宁波市镇海镇兴轴承厂 | (1999)3300C714 |
| **北京(35)** | | |
| 37C483P彩色电视机 | 北京牡丹电子集团公司 | (1995)1100C001 |
| 47C11型彩色电视机 | 北京牡丹电子集团公司 | (1995)1100C002 |
| 54C3A型彩色电视机 | 北京牡丹电子集团公司 | (1995)1100C003 |
| 54C8型彩色电视机 | 北京牡丹电子集团公司 | (1995)1100C004 |
| 54C10A型彩色电视机 | 北京牡丹电子集团公司 | (1995)1100C005 |
| 联想486微机LX-486/66VL | 联想计算机集团公司 | (1995)1100C006 |
| ZN12-10型户内真空断路器 | 北京开关厂 | (1995)1100C007 |
| ZF4-110型SF6封闭式组合电器 | 北京开关厂 | (1995)1100C008 |
| DW914系列船用万能式空气断路器 | 北京开关厂 | (1995)1100C009 |
| 光学经纬仪 | 北京光学仪器厂 | (1995)1100C010 |
| 4PC5型彩色电视机 | 北京牡丹电子集团公司 | (1995)1100C011 |
| 54C20型彩色电视机 | 北京牡丹电子集团公司 | (1995)1100C012 |
| 54CP型彩色电视机 | 北京牡丹电子集团公司 | (1995)1100C013 |
| 64C1型彩色电视机 | 北京牡丹电子集团公司 | (1995)1100C014 |
| 3P-3400型气相色谱仪 | 北京分析仪器厂 | (1995)1100C015 |
| 维生素C | 北京制药厂 | (1995)1100C016 |
| 300 mA医用诊断X射线机 | 北京万东医疗装备公司 | (1995)1100C017 |
| 500 mA医用诊断X射线机 | 北京万东医疗装备公司 | (1995)1100C018 |
| CT-54FIP-G型彩色电视机 | 北京牡丹电子集团公司 | (1996)1100C001 |
| 普通低面石膏板 | 北新建材集团有限公司 | (1996)1100C002 |
| 轻钢龙骨 | 北新建材集团有限公司 | (1996)1100C003 |
| 岩棉制品 | 北新建村集团有限公司 | (1996)1100C004 |
| 装配式轻钢龙骨 | 北京市建筑轻钢结构厂 | (1996)1100C005 |

续表

| 使用采标标志产品名称 | 生 产 企 业 | 备案号 |
|---|---|---|
| 普通低面石膏板 | 北京市轻型建筑材料公司 | (1996)1100C006 |
| 矿棉装饰吸音板 | 北京市建材制品总厂 | (1996)1100C007 |
| 防火钢门 | 北京市新型防火装备厂 | (1996)1100C008 |
| 防火卷帘门 | 北京市新型防火装备厂 | (1996)1100C009 |
| 工业硫酸技术条件 | 北京染料厂 | (1998)1100C001 |
| 溶解乙炔 | 北京兴氧乙炔厂 | (1999)1100C001 |
| 统一牌润滑油 | 北京帝王高级润滑油有限公司 | (1999)1100C002 |
| 统一牌润滑油 | 北京帝王高级润滑油有限公司 | (1999)1100C004 |
| 防冻油 | 北京孚美正大高级润滑油有限公司 | (1999)1100C003 |
| 统一牌润滑油 | 北京帝王润滑油有限公司 | (2000)1100C003 |
| 汽油机油 | 北京路凯石化制品有限公司 | (2000)1100C004 |
| 塑料绝缘电线 | 北京市朝阳隆华电线电缆厂 | (2000)1100C005 |

# 农业标准化工作

为继续贯彻国务院确定的发展高产优质高效农业的方针，2000年，国家质量技术监督局联合国务院有关部门继续抓好农业标准化工作，并取得了一定成绩，促进了农业和农村经济的发展。

**【继续完善农业标准体系】** 2000年制修订农业方面的国家标准110多项。这些标准涉及粮食、种子、农作物栽培技术、农药使用、水土保持等方面。另外，国务院有关部门、地方质量技术监督部门也制修订了许多农业方面的标准和规范，对促进农业和农村经济的发展发挥了一定作用。

**【召开“全国农业标准化工作经验交流会暨研讨会”】** 为总结和交流开展农业标准化的成绩和经验，进一步搞好农业标准化工作，2000年5月，国家质量技术监督局在广东召开了“全国农业标准化工作经验交流会暨研讨会”。会议总结了自第三次全国农业标准化工作会议以来，农业标准化工作取得的成绩、经验，探讨和研究了今后农业标准化工作的方向和为农业产业化发展和农业产业结构调整服务的有效途径。农业部、水利部、国家林业局、国内贸易局、国家粮食局、国家烟草专卖局、全国供销合作总社和地方有关部门等140多人参加了会议。国家质量技术监督局副局长李忠海到会做了重要讲话。会上发表的经验交流材料和论文共17篇，交流的材料20多篇。

在这次会议上，国家质量技术监督局向经验收合格的黑龙江讷河市等95个承担农业标准化示范区的单位颁发了奖牌和证书。他们是：

广西壮族自治区田阳县人民政府
广西壮族自治区田阳县质量技术监督局
海南省澄迈县人民政府
海南省澄迈县技术监督局
江苏省南通市人民政府
江苏省南通市质量技术监督局
江苏省启东市人民政府
江苏省启东市质量技术监督局
江苏省丰县人民政府
江苏省丰县质量技术监督局
内蒙古自治区临河市人民政府
内蒙古自治区临河市质量技术监督局
内蒙古自治区包头市九原区人民政府
内蒙古自治区包头市质量技术监督局九原分局
内蒙古自治区赤峰市松山区人民政府
内蒙古自治区赤峰市质量技术监督局松山分局
河南省南阳市宛城区人民政府
河南省南阳市质量技术监督局
河南省新乡县人民政府
河南省新乡县质量技术监督局
河南省灵宝市人民政府
河南省灵宝市质量技术监督局
贵州省湄潭县人民政府
贵州省湄潭县质量技术监督局
吉林省公主岭市人民政府
吉林省公主岭市技术监督局
吉林省扶余县人民政府
吉林省扶余县技术监督局
吉林省榆树市人民政府
吉林省榆树市技术监督局
吉林省敦化市人民政府
吉林省敦化市技术监督局
山东省莱州市人民政府
山东省莱州市技术监督局
山东省邹平县人民政府
山东省邹平县技术监督局
山东省济阳县人民政府
山东省济阳县技术监督局
山东省莱阳市人民政府
山东省莱阳市技术监督局

山东省长岛县人民政府
山东省长岛县技术监督局
山东省威海市环翠区人民政府
山东省威海市技术监督局
湖北省中共荆州市委棉办
湖北省武汉市人民政府
湖北省武汉市质量技术监督局
湖北省农业生态环境保护站
湖北省质量技术监督局
湖北省五峰土家族自治县人民政府
湖北省五峰土家族自治县质量技术监督局
安徽省无为县人民政府
安徽省无为县质量技术监督局
安徽省歙县人民政府
安徽省歙县质量技术监督局
安徽省蒙城县人民政府
安徽省蒙城县质量技术监督局
安徽省砀山县人民政府
安徽省砀山县质量技术监督局
上海大江(集团)股份有限公司
上海市松江区质量技术监督局
上海市蔬菜科学技术推广站
上海市质量技术监督局
甘肃省敦煌市人民政府
甘肃省敦煌市技术监督局
甘肃省武都县人民政府
甘肃省武都县技术监督局
陕西省大荔县人民政府
陕西省大荔县质量技术监督局
陕西省凤翔县人民政府
陕西省凤翔县质量技术监督局
陕西省周至县人民政府
陕西省周至县质量技术监督局
陕西省泾阳县人民政府
陕西省泾阳县质量技术监督局
陕西省洋县人民政府
陕西省洋县质量技术监督局
浙江省萧山市人民政府
浙江省萧山市质量技术监督局
新疆维吾尔自治区奇台县人民政府
新疆维吾尔自治区奇台县质量技术监督局
新疆维吾尔自治区额敏县人民政府
新疆维吾尔自治区额敏县质量技术监督局
新疆维吾尔自治区麦盖提县人民政府
新疆维吾尔自治区麦盖提县质量技术监督局
新疆生产建设兵团农六师103团
新疆维吾尔自治区质量技术监督局
湖南省衡阳县人民政府
湖南省衡阳县质量技术监督局
湖南省南县人民政府
湖南省南县质量技术监督局
湖南省衡阳市人民政府
湖南省衡阳市质量技术监督局
江西省南昌县人民政府
江西省南昌县技术监督局
江西省信丰县人民政府
江西省信丰县技术监督局
江西省宜春市人民政府
江西省宜春市技术监督局
河北省唐海县人民政府
河北省唐海县质量技术监督局
河北省威县人民政府
河北省威县质量技术监督局
河北省涞水县人民政府
河北省涞水县质量技术监督局
河北省围场满族蒙古族自治县人民政府
河北省围场满族蒙古族自治县质量技术监督局
黑龙江省绥化市人民政府
黑龙江省绥化市技术监督局
黑龙江省桦南县人民政府
黑龙江省桦南县技术监督局
黑龙江省阿城市人民政府
黑龙江省阿城市技术监督局
黑龙江省安达市人民政府
黑龙江省安达市技术监督局
黑龙江省同江市人民政府
黑龙江省同江市技术监督局
黑龙江省伊春市人民政府
黑龙江省伊春市技术监督局
黑龙江省五常市人民政府
黑龙江省五常市技术监督局
黑龙江省讷河市人民政府
黑龙江省讷河市技术监督局
黑龙江省双城市人民政府
黑龙江省双城市技术监督局
宁夏回族自治区吴忠市利通区人民政府
宁夏回族自治区吴忠市利通区技术监督局
宁夏回族自治区青铜峡市人民政府
宁夏回族自治区青铜峡市质量技术监督局
宁夏回族自治区中卫县人民政府
宁夏回族自治区中卫县质量技术监督局
广东省高州市人民政府
广东省高州市质量技术监督局
广东省清新县人民政府
广东省清新县质量技术监督局
广东省曲江县人民政府
广东省曲江县质量技术监督局
广东省梅县人民政府
广东省梅县质量技术监督局
辽宁省沈阳市苏家屯区人民政府
辽宁省沈阳市质量技术监督局苏家屯分局
辽宁省营口市老边区人民政府

辽宁省营口市技术监督局
辽宁省北宁市人民政府
辽宁省北宁市技术监督局
辽宁省西丰县人民政府
辽宁省西丰县技术监督局
辽宁省桓仁县人民政府
辽宁省桓仁县技术监督局
辽宁省长海县人民政府
辽宁省长海县技术监督局
辽宁省绥中县人民政府
辽宁省绥中县技术监督局
辽宁省凌海市人民政府
辽宁省凌海市技术监督局
河南颊县烟草公司
河南省颊县质量技术监督局
贵州湄潭县烟草公司
山西省岚县人民政府
山西省岚县质量技术监督局
山西省长治市人民政府
山西省长治市质量技术监督局
山西省稷山县人民政府
山西省稷山县质量技术监督局
重庆市永川市人民政府
重庆市永川市质量技术监督局
重庆市江津市人民政府
重庆市江津市质量技术监督局
天津市畜牧局
天津市技术监督局
天津市蓟县人民政府
天津市蓟县技术监督局
天津市宝坻县人民政府
天津市宝坻县技术监督局
天津市宁河县人民政府
天津市宁河县技术监督局
北京市通州区人民政府
北京市通州区质量技术监督局
北京市顺义区人民政府
北京市顺义区质量技术监督局
青海省大通回族自治县人民政府
青海省质量技术监督局
云南省潞西县人民政府
云南省潞西县质量技术监督局
福建省霞浦县人民政府
福建省霞浦县技术监督局
福建省南平市延平区人民政府
福建省南平市延平区技术监督局

**【农业标准化工作联席会议】** 为了沟通与国务院农口各部门在开展农业标准化工作中的情况，探索搞好农业标准化工作的方法和措施，部署农业标准化有关工作，按照第三次全国农业标准化工作会议确定的原则，国家质量技术监督局组织召开了农业标准化工作联席会议。会上国家质量技术监督局通报了2000年农业标准化工作的思路和安排，农口有关部门也通报了在各自的领域内，开展农业标准化工作的情况。这次会议安排了2000年农业标准化工作。

**【组织第二批农业标准化示范区的验收】** 按照农业标准化示范区实施方案的要求，组织了第二批农业标准化示范区的验收。从已验收合格的项目来看，经过三年的努力，示范区在标准的制修订和标准的实施等方面取得了一定的成绩，也使示范农户获得了明显的经济效益；从示范效果来看，起到了以点带面的作用，同时也带动了相关产业的发展。

## 消灭无标生产工作

按照全国消灭无标生产工作计划，2000年国家质量技术监督局部署了54个国家级消灭无标生产试点县市，并对1999年度的国家级试点县进行了验收，对经验收达到《全国消灭无标生产试点县市验收办法》的55个县市授予了“消灭无标生产县”的荣誉称号，并颁发了证书。从已验收合格的县市看，经过一年的努力，试点县的标准覆盖率平均达到了95%以上，产品抽查合格率有了明显的提高。据不完全统计，已验收的县市接近80%。已完成消灭无标生产工作的县市，目前正按计划分期分批开展复查工作，通过复查达到巩固成果的目的。

**【2000年扩大消灭无标准生产试点县】** 根据各有关县(市)人民政府的申请，省级质量技术监督局的推荐，2000年，国家质量技术监督局批准了54个县(市)为2000年度消灭无标生产试点县(市)。他们是：

河北省：大城县、临城县、井陉县
山西省：河津市
内蒙古自治区：呼和浩特市郊区、丰镇市
辽宁省：清源满族自治县、盘锦市兴隆台区
吉林省：敦化市、前郭尔罗斯蒙古族自治县
黑龙江省：伊春市汤旺河区、嫩江县
安徽省：淮北市相山区、旌德县
上海市：长宁区
山东省：宁津县、茌平县
福建省：永春县、南靖县
江西省：玉山县、石城县
河南省：开封县、潢川县
湖北省：松滋市、咸丰县
湖南省：道县、龙山县
广西壮族自治区：北海市、宾阳县
重庆市：石柱土家族自治县、城口县、重庆市涪陵区
贵州省：兴义市、遵义市红花岗区、盘县
云南省：安宁市、昭通市、会泽县、峨山县

陕西省：长安县、澄城县
甘肃省：靖远县、陇西县
青海省：格尔木市、西宁市城西区、同仁县、贵德县
宁夏回族自治区：银川市城区、平罗县
新疆维吾尔自治区：呼图壁县、伊宁市
四川省：马尔康县、荣县、威远县

**【1999年度消灭无标准生产试点县验收工作】** 按照《全国消灭无标生产试点县（市）实施方案》的规定，在各级政府的领导下，消灭无标生产的工作取得了明显的成效，经国家质量技术监督局委托有关省级技术监督局进行验收，有55个县（市、区）已达到了《消灭无标生产试点县（市）验收办法》的要求，被国家质量技术监督局授予1999年度“消灭无标生产县”荣誉称号，并颁发了证书。他们是：

河北省：高阳县、张北县、武强县
山西省：平遥县
内蒙古自治区：乌拉特前旗、牙克石市
辽宁省：铁岭市开元市、抚顺县
吉林省：磐石市、集安市
黑龙江省：肇源县、虎林市
上海市：普陀区
安徽省：霍山县、蒙城县
浙江省：温岭市、宁波市镇海区
山东省：平度市、曲阜市、禹城市
福建省：鲤城区、闽侯县
江西省：德兴市、万安县
河南省：嵩县、安阳县
湖北省：嘉鱼县、宜城市
湖南省：湘潭市韶山区、益阳市沅江市
广东省：澄海市
广西壮族自治区：桂林市、岑溪市
海南省：澄迈县
四川省：达川市、冕宁县、泸县
重庆市：荣昌县
贵州省：贵阳市乌当区、王屏侗族自治县
云南省：建水县、文山县、师宗县、龙陵县
陕西省：洛川县、兴平市
甘肃省：酒泉市、华亭县
青海省：民和回族土族自治县、德令哈市
宁夏回族自治区：中宁县、吴忠市利通区
新疆维吾尔自治区：和田县、乌苏市

## 高新技术标准化工作

高新技术的快速发展，对标准化工作和标准的制修订工作提出了更快更高的要求，2000年国家质量技术监督局根据高新技术对标准化工作的需要，做了大量的工作，取得了比较满意的效果。

**【制定信息技术国家标准】** 为满足国民经济建设对信息技术国家标准的需要，2000年新制定了100多项信息技术国家标准，重点抓了数字高清晰度电视系统、信息技术安全、电动汽车、雷电防护技术及计算机辅助设计等项目，为保障信息技术的健康发展提供了可靠的技术依据。

根据国家产业政策和数字电视标准化的需要，国家质量技术监督局积极配合国家计委，共同做好数字电视标准制定和测试实验室的建设工作。为做好这项工作，国家质量技术监督局标准化司组织全国广播电视标委会和音视频及多媒体系统及设备标委会及项目承担单位制定的《数字标准实施指南》等7个重点标准草拟工作已完成。

为促进我国电动汽车工作的开展，制定了《电动道路车辆用铅酸蓄电池》、《电动道路车辆用金属氢化镍蓄电池》、《电动道路车辆用电机及控制器通用技术条件》、《电动汽车传导充电系统的一般要求》、《电磁辐射特性水平和测试方法》和《定型试验规程》等20项国家标准。

根据国务院有关部门对雷电防护技术标准的要求，组织召开了雷电防护标准化需求研讨会，摸清了市场需求；及时启动《信息系统雷电防护产品通用技术要求和试验方法》和《雷电防护水平和风险评估》等5项国家标准的制定工作。

随着信息技术和网络技术的快速发展，统一管理和规范中文域名工作就显得十分重要。为做好此项工作，国家质量技术监督局联合信息产业部，积极推进中文域名国家标准的制定。

**【电子商务标准化工作】** 为积极推进电子商务在我国的应用，国家质量技术监督局联合信息产业部召开了“电子商务标准化研讨会”，提出我国电子商务标准化工作建议。

**【半导体设备和材料标准体系研制】** 为指导我国微电子技术的开发与管理，促进微电子产业的发展，完成了国家科技部“九五”科技攻关项目《半导体设备和材料标准体系研制》的验收工作。

## 国际标准化工作

2000年国际标准化工作有了新的发展，在参与国际标准化活动、进行国际间的交流和网站建设等方面都取得了可喜的成绩。

**【开发电子投票计算机管理系统】** 为满足我国积极开展和参与国际标准化活动的需要，组织开发了“中国对ISO/IEC电子投票计算机管理系统”，并于11月1日起正式投入使用。该系统的使用，提高了我国对ISO/IEC文件收发的效率和对外投票的速度和投票率。

**【承办国际会议】** 为积极开展国际标准化工作，参加国际标准化活动，2000年国际质量技术监督局标准化司筹

备承办的国际会议主要有：

(1) 组织承办了 ISO/IEC JTC1/SC 2/WG 2 IRG(表意文字工作组)国际会议。在这次会议上中国向大会提交了中日韩统一汉字的 3 000 多汉字扩充提案；

(2) 组织承办了 ISO/IEC JTC 1/SC 29/WG 12 MPEG 工作组会议。

2000 年，共完成 ISO 的 19 个技术委员会和分会以及 IEC 的 30 个技术委员会和分会共 184 人次的出国会议报名和组团工作。

另外，积极组织开展了具有我国特色和资源优势的“稀土”标准的国际标准化活动，联合有关单位选择了 3 项稀土国家标准作为 ISO 标准的建议。

**【庆祝世界标准日】** 2000 年 10 月 14 日是第 31 届世界标准日。在这一天，国际标准化组织(ISO)主席、国际电工委员会(IEC)主席和国际电信联盟(ITU)秘书长联名向该三个国际组织的成员国发出了第 31 届世界标准日的祝词和宣传画，同全世界的标准化工作者和关心支持标准化事业的人们一道庆祝这个全球的节日。第 31 届世界标准日的主题是“国际标准促进和平和繁荣”。为庆祝这个节日，国家质量技术监督局联合国家计委、经贸委、外交部、财政部、科技部、外经贸委、信息产业部、民政部、国家旅游局以及中国标准化协会、中国标准化研究中心和中国标准出版社举办了第 31 届世界标准日纪念庆祝活动。国家质量技术监督局副局长李忠海参加了庆祝活动，并做了重要讲话。

**【国际标准投票等工作】** 2000 年共接收的国际标准文件 9 385 件，从 ISO、IEC 网站上下载的工作文件 3 703 件，对 ISO、IEC 投票 3 256 项，投票率达 88%。

## 世界标准化日祝词
## 2000 年 10 月 14 日
## 国际标准促进和平和繁荣

IEC 主席　Mathias Funfschilling 先生
ISO 主席　Giacomo Elias 先生
ITU 秘书长　Yoshio Utsumi 先生

在技术、经济和各种国际关系以前所未有的速度发展和变化的今天，人类对稳定有着强烈的渴求。人类一方面不断地探索、创造和发展世界，另一方面又希望世界更加有序、更加和平和繁荣。在这个表面上相互矛盾的环境中，人类几乎永远需要一个众人皆知的起始点，一些“程序规则”，及一个共同的基准以衡量进步、满意度和成就。

从哲学或理性的范畴来说，共同的基准和程序规则在理论上是指那些可以被社会各界人士所接受和应用的道德或伦理标准。而在科学技术领域以及绝大多数的工业、商业和经济领域，其遵守的共同基准和程序规则通常是通过协商一致通过的文件的形式得以体现，这些文件就是由全球三大权威标准化组织，即国际电工委员会(IEC)、国际标准化组织(ISO)和国际电信联盟(ITU)发布的国际标准或国际建议。

从个人到公司，从专业团体和国家政府到区域性集团，技术标准使用者遍及各个领域，而技术标准正是由使用者自愿提案、制定、采纳和应用的。这些标准在全球范围内通过民主手段制定，目的在于为最多的使用者提供最好的产品。

世界上没有绝对和永恒不变的理性标准或技术标准。就象在过去的千年里不断演变和升华的道德和伦理一样，21 世纪的国际标准是处于发展变化的指南和规范。它们必须保持一定的灵活性，易于适应、更新和改进；在环境、技术或市场发生变化时，甚至可以被废止或取代。

无论是安全法规制定者、技术开发人员，还是相互竞争的制造商，各利益方为达到预期目标，在制定标准时，必须首先明确协商一致的必要原则，这是以后共同工作的稳定基础。因此，IEC、ISO 和 ITU 标准以及其他技术协议的一个重要作用就是，平衡现代社会的各种组成因素—技术、经济、社会和环境的竞争压力，在各种竞争中创造一种和平。

正如人们易对全球和平与繁荣的可能性冷嘲热讽一样，人们对制定国际标准所依据的协商一致基础也容易产生怀疑，将其视为“温和的妥协”，因此是低效的。实际上，从各个实力雄厚的市场业主之间相距甚远的立场出发，要取得协商一致常常需要大量的讨论、激烈的争论、辩论和谈判，在某些时候甚至会引起业主之间的冲突。

基于上述特点，取得协商一致并不容易，在许多情况下还很缓慢。但是它不仅能够给参与者带来丰厚的利益，而且更主要的是能够极大地促进整个人类的繁荣和便利。而正是这些好处推动着国际标准化事业向前发展。IEC、ISO 和 ITU 制定的全球技术协议有助于为各种产品和服务建立和保持最大的安全性、最好的性能和最高的质量，保证符合环境保护的要求，在世界范围内增进技术的相互了解和技术交流，促进各国间商业贸易的迅速增长，这是我们时代的特征，也是社会和经济可持续发展的基础。

社会各行各业以不同的方法和形式，开始意识到国际标准的重要性。一方面，我们的日常生活离不开产品的安全性、健全有效的通讯和不断提高的服务质量，而这一切都依赖于隐在幕后的由 IEC、ISO 和 ITU 制定的成千上万种标准；另一方面，世界贸易组织/贸易技术壁垒协议很重视国际标准在为全球市场提供技术基础方面所发挥的重要作用，号召各国政府最大程度地采用国际标准，以减少不必要的技术壁垒，实现自由贸易。

没有协议，就没有和平；没有和平，就不可能有持久的繁荣。国际标准是人类努力实现这两个目标的一个重要工具。

# 标准化事业发展

**【标准化技术委员会建设】** 2000年标准化技术委员会又有了新的发展，新组建成立了14个全国专业标准化技术委员会(TC)、7个分标准化委员会(SC)，对59个TC、SC进行了换届，对51个TC、SC的部分委员进行了调整、增补，共聘请委员2 623名，为有效地开展新领域的标准化工作，促进标准化事业的持续发展提供了组织队伍保障(全国专业标准化技术委员会发展情况见图3)。

2000年新组建的14个全国专业标准化技术委员会是：

TC246 全国电磁兼容标准化技术委员会
TC247 全国汽车维修标准化技术委员会
TC248 全国医疗器械生物学评价标准化技术委员会
TC249 全国建筑卫生陶瓷标准化技术委员会
TC250 全国索道游艺机及游乐设施标准化技术委员会
TC251 全国化学危险品标准化技术委员会
TC252 全国皮革工业标准化技术委员会
TC253 全国玩具标准化技术委员会
TC254 全国商业自动化标准化技术委员会
TC255 全国建筑用玻璃标准化技术委员会
TC256 全国首饰标准化技术委员会
TC257 全国香料香精标准化技术委员会
TC258 全国雷电防护技术标准化技术委员会
TC259 全国燃气轮机标准化技术委员会

2000年新组建的7个全国专业分标准化技术委员会是：

TC40/SC6 全国压力容器标准化技术委员会载人压力容器分标准化技术委员会
TC40/SC16 全国压力容器标准化技术委员会移动式压力容器分标准化技术委员会
TC60/SC1 全国电力电子学标准化技术委员会电力变流器分标准化技术委员会
TC100/SC1 全国安全防范报警系统标准化技术委员会实体防备分标准化技术委员会
TC113/SC8 全国消防标准化技术委员会消防管理分标准化技术委员会
TC207/SC4 全国环境管理标准化技术委员会环境表现评价分标准化技术委员会
TC/257/SC1 全国香料香精标准化技术委员会化妆品分标准化技术委员会

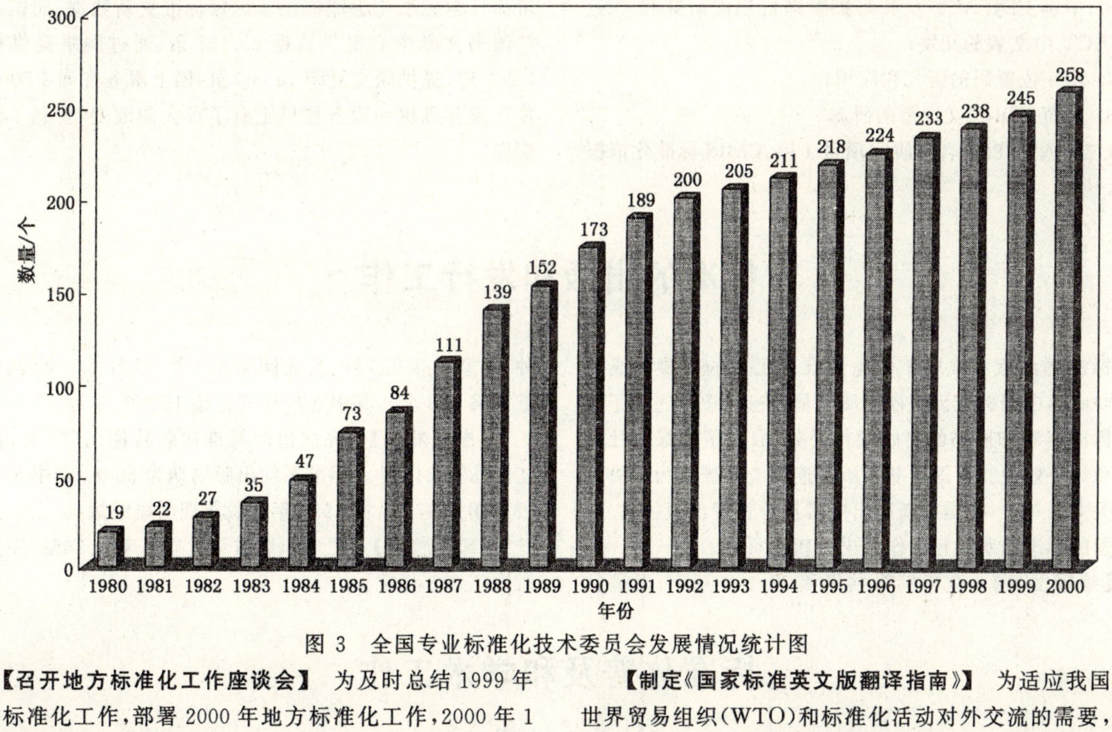


图3 全国专业标准化技术委员会发展情况统计图

**【召开地方标准化工作座谈会】** 为及时总结1999年地方标准化工作，部署2000年地方标准化工作，2000年1月，在厦门召开了地方标准处处长和标准化工作座谈会。国家质量技术监督局副局长李忠海参加了会议，并作了重要讲话，国家质量技术监督局标准化司司长石保权作了1999年标准化工作总结，部署了2000年地方标准化工作，会议还就标准化改革，如何作好2000年地方标准化工作进行了交流和座谈。

**【制定《国家标准英文版翻译指南》】** 为适应我国加入世界贸易组织(WTO)和标准化活动对外交流的需要，及时准确地把我国国家标准翻译成英文版本，国家质量技术监督局标准化司组织制定了《国家标准英文版翻译指南》，并于2000年2月12日公布实施。

**【参与“入世”对策研究】** 为配合我国做好加入世界贸易组织(WTO)的准备工作，国家质量技术监督局标准化司积极开展了重点行业重点产品执行标准水平普查，积极参与了中国“入世”后标准化工作对策研究，提出我国做好加入世界贸易组织（WTO）后标准化工作的对策、措施和建议。

为做好WTO/TBT有关知识的宣传和培训工作，编写了“WTO/TBT与中国标准化”教材，举办了“地方技术监督局和直属单位WTO/TBT与中国标准化”培训研讨班，取得了较好的效果。

**【积极推动国内技术归口单位采用计算机网络技术】** 按照ISO/IEC国际标准工作手段改革要求，积极推动国内技术归口单位采用计算机网络技术，对国内300多个标准化技术归口单位进行工作部署，并对240多个归口单位配备了计算机上网手段，并逐步与国家质量技术监督局电子投票系统进行连接和试运行。

## 标准化科学研究工作和标准信息服务工作

标准化科学研究工作是标准化工作的一项重要的基础工作。2000年，中国标准研究中心在加强标准化科学研究，提高标准制修订水平的研究等方面取得了很大成绩，对推动标准化事业的健康发展起到了很好的促进作用。

**【标准化科研成果】** 完成了30项科研课题，主要的研究课题有：

**（一）“九五”国家科技攻关专题8项：**

1. CAD标准化研究；
2. CAD标准一致性测试研究；
3. 二维条码技术的研究与应用试点；
4. 全国西文文献计算机联合编目系统质量管理和质量保证体系研究；
5. 高新技术标准化体系框架及发展战略对策研究；
6. 中国EDIFACT及其维护管理机制的研究和UN/EDIFACT中文版的开发；
7. EDI位置码的研究和应用；
8. 商贸EDI报文规范的研制。

**（二）国家“863”科学研究项目1项：CMIS标准化情报研究。**

**（三）国家软科学研究项目2项：**

1. 制造业信息技术应用标准化及我国采取的对策；
2. 有关科技中介组织机构管理模式的研究。

**（四）国家质量技术监督局青年基金科研项目2项：**

1. 国家标准编制应用系统；
2. 条码印制品质量控制和质量管理研究。

**（五）国家质量技术监督局科技创新科研项目2项：**

1. 中国条码商品信息服务系统；
2. 中国防伪网络系统工程。

**【标准信息服务工作】** 2000年中国标准研究中心标准馆全年接待服务查询6 500人次；完成ISO、IEC标准题录等数据加工106 624条，向德国西门子公司、美国HIS公司和日本标准化组织提供了国家标准更新数据，向国家科技图书文献中心提供数据23 467条，通过网络提供标准4 269件，提供原文复印46 000页，网上服务咨询5 500次，并在服务思想和服务作风上有了很大的改变，受到了读者欢迎。

## 标准的出版和发行工作

标准的出版和发行工作是标准化工作的重要组成部分。2000年中国标准出版社保质保量、快速、按时完成了标准及标准资料和图书的出版发行任务，取得了较好的社会效益和经济效益。中国标准出版社连续7次被评为中央国家机关文明单位，被国家新闻出版署授予良好出版社称号，为中国的标准出版发行工作做出了新的贡献。

**【编辑发稿】** 全年编辑共发稿11 152万字；发稿品种：国家标准935种，行业标准695种，图书241个（其中标准汇编103个），其中各类标准汇编155种。

**【出版发行】** 完成出版标准初版品种1 528种，图书初版品种247种。标准平均出版周期为56天，图书平均出版周期为97天，比1999年出版周期明显缩短。

**【印刷校对】** 图书印装质量优质品率为36%，完成校对数字3.8亿字。

## 标准化普及和学术工作

中国标准化协会自1999年12月完成理事会换届工作后，根据《中国标准化协会章程》规定和五届一次理事会会议决议，在国家质量技术监督局和中国科学技术协会的指导和理事会的领导下，以抓管理、抓作风，树立服务意识、锻炼造就一支高效、精干的标准化专业队伍为中心的工作目标，积极发挥社会中介组织的纽带和桥梁作用，围绕政府、企业、市场和消费者对标准化工作的需求，积极开展各项工作，并取得了一定成绩。

**【不断完善协会建设】** 2000年中国标准化协会按照有关规定，完成了社团清理整顿备案和注册工作；强化会员管理工作，提高管理水平，做好会员服务工作；用新开发的中国标准化协会会员管理系统，对会员进行重新登记、换证工作;建立会员管理基本数据库,使会员管理步入自动化;初步建立为会员服务机制,定期向会员提供中国标准化协会出版的《中国标准化》、《德国标准化》和《ASTM 标准化等杂志》和标准化信息及咨询服务。

**【完善管理制度】** 为做好二级分会的管理工作,制定了《二级分会管理办法》;为强化中国标准化协会的内部管理,制定了《会议制度》、《工作人员年度考核管理规定》、《人员出差管理要求》等 13 项管理办法,修订了《经济目标责任制管理办法》、《职工考勤管理办法》、《固定资产管理办法》、《文档、印章管理办法》等 9 项管理办法,初步满足了中国标准化协会秘书处日常管理和业务开展的需要。

**【积极开展标准化学术研讨和交流】** 2000 年,中国标准化协会开展的标准化学术研讨和交流活动主要有:举办了传统名优白酒原产地保护标准化研讨会,全国软件产业标准化学术研讨会,空气净化器标准化的技术研讨,2000 年版 ISO 9000 族国际标准草案最新动态通报会,因特网-中外汉子拼写方案等。

# 组织机构代码和商品条码工作

2000 年我国的组织机构代码和商品条码工作得到了较快的发展,取得了显著的成绩。

**【组织机构代码】** 2000 年实现了 39 个省、市、地区和 2 329 个县级以上地区的代码全国联网,做到了代码管理网络化,从根本上保证了代码管理水平和办码质量,使代码工作上了一个台阶;开发了代码管理系软件,并对各地区人员进行了培训,为有效利用代码网络奠定了基础;为进一步做好代码工作,召开了全国代码工作会议,表彰了代码工作十年来取得的突出成绩的 18 个先进集体和 181 个先进个人;截止 2000 年底,组织机构代码 IC 卡发卡总量达到 73 万张;与中华全国总工会联合下发了《关于工会法人组织申请中华人民共和国组织机构代码证的通知》,进一步拓宽了代码应用范围。

**【商品条码】** 为进一步做好条码工作,召开了全国条码工作会议;成功举办了 EAN 2000 全会和 2000 年 SCAN-CHINA 展览会,与日本 DENSO 公司签定了合作协议;全面启动了商品条码印刷资格认定工作;承担了 QR 二维条码技术开发工作,全年新增系统成员 15 000 家,续展 12 000家,使条码推广工作取得了较好的成绩。

# 计　量

# 概　述

2000年是完成《"九五"后三年(1998年—2000年)计量工作计划》的最后一年,全国计量工作紧紧围绕经济建设和社会热点,在加强计量法规体系建设,强化计量器具监督管理,规范商品量计量行为,加强计量技术机构建设,加快量传体制改革,推进计量与国际惯例接轨等方面加大了工作力度,取得了较大成效。

1. 启动《计量法》修改工作。《计量法》1985年颁布实施以来,对加强我国计量监督管理,保障国家计量单位制的统一和量值的准确可靠,促进生产、贸易和科学技术的发展发挥了重要作用。但是,随着我国经济体制的改革和社会主义市场经济体制的建立,《计量法》及其配套法规存在许多不适应的地方,亟待进一步完善,各地、各界对修改《计量法》的呼声日渐增高。为此,2000年正式启动《计量法》修改工作。

2. 改革现行计量技术法规制、修订工作。为了适应量传体制的改革和消除国际间贸易技术壁垒的需要,做好迎接入世的准备工作,2000年组织各国家专业计量技术委员会学习WTO/TBT有关技术法规的通报制度。完善校准规章,推进校准市场的建立,为培育和发展校准市场做好前期准备工作。

3. 进一步做好6种重点管理的计量器具的监督管理工作,加强用于贸易结算电能表强制检定的监督管理。将电能表、水表、煤气表、衡器、加油机、出租汽车计价器6种重点管理的计量器具列入"国家监督抽查产品目录"。在2000年安排的对水表、电能表、煤气表、加油机、电子计价秤的监督抽查中,水表、电能表抽查合格率分别为65%和68%。组织开展了对23个省用于贸易结算电能表的基本情况调查。并在此基础上,进一步明确了统筹规划、合理布局、避免重复建设的原则。

4. 与税务部门密切配合,推进加油机税控装置安装,税控加油机和税控出租车计价器的制造和使用工作。国家质量技术监督局与国家税务总局联合下发了"关于推行使用出租汽车税控计价器有关问题的通知",提出了税控计价器制造、销售、使用、检定等环节的具体要求。国家质量技术监督局直接对28家税控加油机生产企业按统一的许可证考核要求,对企业的生产条件、质量保证体系和计量法制管理进行了考核,并对其加油机按统一的定型鉴定大纲进行了定型鉴定,有25家企业获得了制造计量器具许可证,53个型号的加油机获得了型式批准证书,较好地保证了我国税制改革工作的顺利实施。

5. 全面启动"光明工程",大力整治眼镜市场。为了彻底扭转眼镜质量抽查合格率一直在低水平徘徊的局面,规范眼镜行业,治理整顿眼镜市场,打击生产、经销假冒伪劣眼镜产品的违法行为,提高眼镜质量,国家质量技术监督局下发了"关于"光明工程"实施方案的通知"',通知要求各省(区、市)局要结合当地实际情况,制定具体的工作计划和实施方案,并对实施"光明工程"的目标、主要措施、具体要求做了明确规定。

6. 进一步完善定量包装商品计量监督管理技术法规,加强计量监督检验人员的业务培训。组织起草并颁布了《定量包装商品净含量计量检验规则》(JJF1070—2000)国家计量技术规范。加大对定量包装商品的计量监督检查力度。从2000年起,定量包装商品正式列入国家监督专项抽查计划。在2000年首次安排的定量包装商品净含量国家监督专项抽查工作中,北京、上海、哈尔滨等10个城市,对小食品、化妆品等10类定量包装商品生产企业进行了定量包装商品监督抽查,共抽查了定量包装商品生产企业461家,抽查定量包装商品934批,其中合格801批,批次合格率为85.8%。

7. 基本建立起了我国法定计量检定机构监督管理机制。先后完成了《法定计量检定机构监督管理办法》报批稿的起草工作;颁布了《法定计量检定机构考核规范》;制定了《法定计量检定机构考评员管理规范》;组织了《法定计量检定机构考核规范》的宣贯、法定计量检定机构国家级考评员的培训以及宣贯《法定计量检定机构考核规范》和培训法定计量检定机构省级考评员师资培训班。至此,我国法定计量检定机构监督管理机制已基本建立起来,这是我国法定计量检定机构建设中的一件大事,填补了我国对法定计量检定机构监督管理的空白。

8. 推动社会公正计量行(站)健康发展。为了总结《社会公正计量行(站)监督管理办法》颁布以来社会公正计量行(站)工作,推动社会公正计量行(站)健康发展,国家质量技术监督局计量司于2000年6月召开了"全国社会公正计量行(站)工作座谈会"。会议总结了当前我国社会公正计量行(站)取得的成绩,研究了存在的问题,提出了下一步工作设想。

9. 企业计量工作取得了积极成效。一是进一步明确了企业计量工作的总体思路,即对基础较好的企业,引导其完善计量检测体系,自主管理计量工作;对基础薄弱的企业,提出加强企业计量工作的指导性意见,帮助其加强计量基础工作;对重点企业,提出了依法加强监督管理的措施;二是在此基础上,帮助56家企业完善了计量检测体系,培训了327名完善计量检测体系评审员;三是会同国家经贸委下发了"中小企业计量检测保证规范";四是按照国际通行做法,提出了加强定量包装商品生产企业计量工作的意见,即建立定量包装商品生产企业计量保证能力评价暨推行定量包装商品计量保证能力标志制度,通过企业自我声明,政府核查以及市场监督的方式,进一步推动我国定量包装商品生产企业加强计量基础工作,不断提高我国定量包装商品计量保证能力水平,切实保护广大消费者的合法权益。

10. 组织参加了OIML大会、APLMF会议、计量法修订考察以及OIML TC会议等17项国际会议和考察项目。

代表中国CIML委员对5个OIML国际建议进行了表决；受理4家企业9个系列的OIML证书申请；根据中荷型式批准互认协议，受理了3家企业5个系列的审查发证申请；组织中国承担的OIML TC17SC1秘书处开展制定国际建议草案并建立相应国际工作组；组织对中国测试技术研究院进行了评审，指定其继续承担称重传感器OIML证书实验的实验室；制定APLMF加油机、加气机检定师资培训班项目计划，并完成了技术准备工作。

## 推行法定计量单位

国家质量技术监督局2000年主要对广告贯彻法定计量单位的执行情况开展了检查。检查的主要对象是报纸、期刊、广播、电视、路牌、橱窗、印刷品等宣传媒体刊登、播放、设置和张贴的广告。为了更好地推行这项工作，广西、湖南、湖北、四川、海南、安徽、上海等7个省市分别与当地的广播电影电视局、交通厅、建设厅、新闻出版署等部门联合部署检查工作。全国共有16个省、市开展了检查工作，分别是贵州、山东、湖北、河南、云南、陕西、宁夏、北京、江西、上海、广西、安徽、山西、海南、黑龙江，共检查各类广告87 539个，平均出错率为7.04%。

这次检查发现的主要问题有四类：

1. 使用非法定计量单位或已废除的单位。如市制单位、英制单位和其他旧的杂制单位。

2. 单位名称使用不规范。

3. 单位符号书写错误。如大小写混淆等。

4. 其他不正确使用现象。如房屋装修中使用"延米"等。

根据检查中发现的问题，国家质量技术监督局提出了四条具体意见：

1. 继续开展法定计量单位的宣传。向全社会普及法定计量单位规范用法的法律法规，增强使用法定计量单位的法制意识，坚决防止某些行业或地区大量使用非法定计量单位的现象。

2. 加强对文化、宣传教育、科学技术和政府部门等重点领域推行法定计量单位的监督工作。各地应结合本地实际采取多种形式，在重点领域经常性地开展法定计量单位推行工作。

3. 要进一步采取有效措施，加大执法监督力度。各地可根据需要制定法定计量单位检查制度，对使用非法定计量单位问题严重并造成不良影响的，要依法进行处罚，杜绝问题反复出现。

4. 考虑我国即将加入世界贸易组织(WTO)和避免造成我国的经济损失，对英制设备、英制仪器仪表的引进和使用要严格监督管理。严格禁止英制计量器具生产和销售；对进口的非法定计量单位仪器仪表、计量器具、成套设备以及某些企业为出口加工、生产非法定计量单位的计量器具，应按有关规定执行。

关于土地面积计量单位的使用仍然按照1990年三个部、局联合发文的精神。在对外签约和国统报表中必须执行新的土地面积计量单位。宣传、教育带头使用。

关于血压计量单位使用继续按照1998年质技监局量函[1998]126号文的精神执行。

## 计量标准及标准物质管理

**【计量标准】** 为进一步完善和规范全国计量标推考核工作，切实提高计量考核工作质量，更好地适应国民经济发展的需要，2000年国家质量技术监督局印发了"关于加强计量标准考评员管理的通知"[质技监量函[2000]028号]对计量标准考评员的申请、培训、考核、注册工作提出了具体要求，组织起草了"计量标准考核规范"(修订稿)，为实施计量标准考核工作的改革、调整奠定了基础。

全国计量标准、计量检定人员考核委员会于3月26日在京召开了2000年年会，会议总结了1999年考委会的工作，提出了2000年考委会的工作计划。2000年考委会组织并完成《测量不确定度实例汇编》及《测量不确定度评定实用讲义》的编写出版工作，召开了多次专家研讨会对建标中测量不确定度的评定、验证及重复性、稳定性考核工作进行研讨并形成指导性建议，同时完成了计量标准考核用证、用表的调整工作。2000年组织实施了国家质量技术监督局下达的计量标准考核计划共计883项，其中新建计量标准考核188项，复查考核695项。完成了计量检定人员考核计划，考核计量检定人员160人次。

截止2000年，全国法定计量检定机构及授权的计量检定机构共有计量检定人员57 334名。建立在各级政府计量行政部门的社会公用计量标准36 142项，其中建立在国家质量技术监督局直属法定计量检定机构的社会公用计量标准380项，建立在国家授权专业计量站的社会公用计量标准144项，建立在省级法定计量检定机构最高等级的社会公用计量标准1 382项。

**【标准物质】** 2000年国家质量技术监督局批准颁布国家一级标准物质41种，国家二级标准物质129种。截止2000年年底，国家质量技术监督局批准颁布国家一级标准物质1 093种，二级标准物质1 114种。

根据《标准物质管理办法》，国家质量技术监督局委托国家标准物质研究中心对2000年到期的138种国家一级标准物质和150种国家二级标准物质进行了复查。国家质量技术监督局对复查合格的"钨铁成分分析"等134种国家一级标准物质和"甲烷中氦、氢混合气体"等138种国家二级标准物质核发了《标准物质制造计量器具许可证》。

# 计量技术法规管理

**【计量检定规程】** 2000 年制、修订国家计量检定规程 21 个。截止 2000 年年底，共制定国家计量检定规程 913 个。

**2000 年制、修订国家计量检定规程名录**

| 规程号 | 规程名称 | 被代替规程号 | 规程号 | 规程名称 | 被代替规程号 |
|---|---|---|---|---|---|
| JJG 164—2000 | 液体流量标准装置检定规程 | JJG 164—1986<br>JG 162—1986<br>JJG 217—1989 | JJG 953—2000 | 精密时间间隔测量仪检定规程 | |
| JJG 408—2000 | 齿轮螺旋线样板检定规程 | JJG 408—1986 | JJG 28—2000 | 平晶检定规程 | JJG 28—1991<br>JJG 29—1991<br>JJG 89—1986 |
| JJG 949—2000 | 经纬仪检定装置检定规程 | | JJG 589—2000 | 外照射辐射源检定规程 | JJG 589—1989<br>JJG 590—1989<br>JJG 592—1989<br>JJG 664—1990<br>JJG 774—1992 |
| JJG 950—2000 | 水中油分浓度分析仪检定规程 | | | | |
| JJG 56—2000 | 工具显微镜检定规程 | JJG 56—1984 | JJG 368—2000 | 工作用铜-铜镍热电偶检定规程 | JJG 368—1984 |
| JJG 951—2000 | 模拟式温度指示调节仪检定规程 | | JJG 429—2000 | 圆度、圆柱度测量仪检定规程 | JJG 429—1986 |
| JJG 501—2000 | 频谱分析仪检定规程 | JJG 501—1987 | JJG 957—2000 | 逻辑分析仪检定规程 | |
| JJG 952—2000 | 瞳距仪检定规程 | | JJG 954—2000 | 数字脑电图仪及脑电地形图仪检定规程 | |
| JJG 105—2000 | 转速表检定规程 | JJG 105—1983<br>JJG 327—1983<br>JJG 328—1983<br>JJG 329—1983 | JJG 955—2000 | 光谱分析用测微密度计检定规程 | |
| JJG 497—2000 | 碰撞试验台检定规程 | JJG 497—1987<br>JJG 498—1987 | JJG 676—2000 | 工作测振仪检定规程 | JJG 676—1990<br>JJG 710—1994 |
| JJG 455—1987 | 工作测力仪检定规程 | JJG 455—1986<br>JJG 883—1994 | JJG 958—2000 | 光传输用稳定光源检定规程 | |

**【国家计量技术规范】** 2000 年制定国家计量技术规范 11 个。截止到 2000 年底，共制定国家计量技术规范 250 个。

**2000 年制定国家计量技术规范目录**

| 规范编号 | 规范名称 | 规范编号 | 规范名称 |
|---|---|---|---|
| JJF 1063—2000 | 石油螺纹单项参数检查仪校准规范 | JJF 1069—2000 | 法定计量检定机构考核规范 |
| JJF 1064—2000 | 坐标测量机校准规范 | JJF 1070—2000 | 国家校准规范编写导则 |
| JJF 1065—2000 | 射频通讯测试仪校准规范 | JJF 1071—2000 | 定量包装商品净含量计量检验规则 |
| JJF 1066—2000 | 测长机校准规范 | JJF 1072—2000 | 尺厚卡尺校准规范 |
| JJF 1067—2000 | 工频电压比例标准装置校准规范 | JJF 1073—2000 | 高频 Q 表校准规范 |
| JJF 1068—2000 | 工频电流比例标准装置校准规范 | | |

**【国家计量检定系统表(简称国家计量检定系统)】** 截止 2000 年底，共制定国家计量检定系统 93 个。

**【计量技术委员会】** 截止 2000 年底经国家质量技术监督局批准成立的全国专业计量技术委员会共 21 个。

| 编号 | 计量技术委员会名称 | 秘书处挂靠单位 | 编号 | 计量技术委员会名称 | 秘书处挂靠单位 |
|---|---|---|---|---|---|
| MTC1 | 全国法制计量管理计量技术委员会 | 中国计量协会 | MTC12 | 全国温度工作器具计量技术委员会 | 辽宁省计量测试研究所 |
| MTC2 | 全国几何量长度计量技术委员会 | 中国计量科学研究院长度处 | MTC13 | 全国声学计量技术委员会 | 中国计量科学研究院力学处 |
| MTC3 | 全国几何量角度计量技术委员会 | 陕西省计量测试研究所 | MTC14 | 全国光学计量技术委员会 | 中国测试技术研究院 |
| MTC4 | 全国几何量工程参量计量技术委员会 | 黑龙江省计量检定科学研究所 | MTC15 | 全国电离辐射计量技术委员会 | 北京市计量科学研究所 |
| MTC5 | 全国无线电计量技术委员会 | 中国计量科学研究院无线电处 | MTC16 | 全国环境化学计量技术委员会 | 上海计量测试技术研究院 |
| MTC6 | 全国振动冲击计量技术委员会 | 航空工业总公司 304 所力学处 | MTC17 | 全国物理化学计量技术委员会 | 国际标准物质研究中心 |
| MTC7 | 全国力值、硬度计量技术委员会 | 中国计量科学研究院力学处 | MTC18 | 全国直流电量计量技术委员会 | 中国计量科学研究院电磁处 |
| MTC8 | 全国流量、容量计量技术委员会 | 北京市计量测试研究所 | MTC19 | 全国交流电量计量技术委员会 | 天津市计量科学研究所 |
| MTC9 | 全国质量计量技术委员会 | 青岛市技术监督局 | MTC20 | 全国磁学量计量技术委员会 | 山东省计量科学研究所 |
| MTC10 | 全国压力计量技术委员会 | 上海计量测试技术研究院 | MTC21 | 全国时间、频率计量技术委员会 | 中国计量科学研究院时频处 |
| MTC11 | 全国温度标准器具计量技术委员会 | 中国计量科学研究院热工处 | | | |

# 计量器具产品管理

**【制造、修理计量器具许可证管理】** 组织落实“计量工作 390 计划”，抓好电能表、水表、煤气表、衡器、加油机和出租汽车计价器等 6 种重点管理的计量器具的监督管理工作，组织制定并实施全国统一的电能表、水表、煤气表、衡器企业制造许可证考核生产条件要求，主要侧重于生产设施和出厂检定条件的硬件方面。国家质量技术监督局要求各省级质量技术监督部门组织企业对照必备条件进行检查，改进、完善生产条件。在 2000 年 12 月底前经改进仍达不到要求的，由所在地省级质量技术监督部门吊销其《制造计量器具许可证》。

组织举办制造、修理计量器具许可证考评员培训班，截止到 2000 年底，全国共培训考评员 1 600 余名。

国家质量技术监督局印发了《关于淘汰 DD28 型单相电能表等落后产品的通知》，明确对国家明令宣布淘汰的计量器具，各单位一律不得生产、进口。对以前制造列入国家经贸委公布的《淘汰落后生产能力、工艺和产品的目录》(第二批)的 DD28 型单相电能表等落后产品的企业，由发证的政府计量行政部门立即注销其制造计量器具许可证。这是国家质量技术监督局加强电能表监督管理的具体措施之一。在适当时机，淘汰落后产品，有利于推进电能表产品的技术进步，提高产品质量。这一文件也基本解决了有关部门争议多年的关于淘汰 DD28 型单相电能表的问题。

为深入贯彻落实党的十五届五中全会精神，切实从严治政、依法行政，国家质量技术监督局印发“关于对电能表停止颁发工业产品生产许可证的通知”，决定今后对电能表生产企业停止颁发工业产品生产许可证，只颁发制造计量器具许可证。在制造计量器具许可证考核颁发过程中，要求各地认真贯彻国家的有关产业政策，严格考核，确保发证质量。这一文件的下发，理顺了相关部门的关系，有利于减轻企业负担，受到广大企业的普遍欢迎。

为配合国家费改税工作的顺利进行，同时加强对加油机生产企业的监督管理，2000 年起，对全国生产税控加油机企业制造计量器具许可证的发证权限上收到国家质量技术监督局。税控加油机生产企业，在取得防爆功能合格证书和国家税务总局颁发的税控功能合格证后，向国家质量技术监督局提交型式试验申请，由国家质量技术监督局委托授权的技术机构对其样机进行全性能试验，试验合格后报国家质量技术监督局。国家质量技术监督局根据税控燃油加油机制造许可证考核规范，组织专业考评员对型式试验合格的生产企业进行生产条件的考核，考核合格对该企业颁发税控燃油加油机制造计量器具许可证。截止到2000年底，共向28家企业颁发了税控燃油加油机制造计量器具许可证。

2000年起，出租汽车计价器需加装税控功能。为此由出租汽车税控计价器生产企业所在省级质量技术监督局委托经国家质量技术监督局授权的技术机构对其样机进行型式试验，试验合格后由国家税务总局和国家质量技术监督局对出租汽车税控计价器的生产企业的型式试验结果通知书进行复审后，方可对其进行制造计量器具许可证的生产条件考核，考核合格后颁发出租汽车税控计价器制造计量器具许可证。截止到2000年底，共向15家企业颁发了出租汽车计价器制造计量器具许可证。

为进一步落实电能表的强制检定工作，组织在22个省、自治区、直辖市开展贸易结算电能表基本情况调查。调查结果为在用电能表总计133 957 115台，由电力部门负责管理的是89198259台，由电力部门以外管理的数量是44 758 856台。电力部门的检定能力是94 807 779台，技术监督部门检定能力是13 742 095台。从以上调查统计数据可以看出仅靠一个部门的力量不能满足电能表检定的需要。统筹规划、合理布局、避免重复建设的原则是符合国内状况的。

农村电网的改造是为了实现城乡同网同价，减轻农民负担，对繁荣农乡经济具有十分重要的意义。国家质量技术监督局下发了文件强调为保证农网改造质量，使农民用上放心的电能表，要求各地质量技术监督部门做到监督与服务兼顾，认真落实电能表安装使用前的强检工作。

针对国家轻工业局、中国衡器协会来函反映衡器行业地方计量监督管理中存在的问题，国家质量技术监督局印发“关于制止在计量器具监督管理中参与经营等活动的通知”，明确规定：(1) 各级质量技术监督部门和法定计量检定机构不得参与计量器具产品的销售、招标等经营活动。(2) 生产、经营法定计量检定机构开发的计量器具，必须与法定计量检定机构进行实质性脱钩，不得使用法定计量检定机构的名义从事计量器具的生产、经营活动。(3) 禁止法定计量检定机构利用检定之便，强行承揽计量器具安装调试或不安装调试收取安装调试费。

**【计量器具新产品管理】** 组织制定并实施全国统一的电能表定型鉴定大纲。正在组织制定水表、煤气表定型鉴定大纲。国家局要求各省级质量技术监督部门结合本地实际组织落实，严格按照国家统一的定型鉴定大纲进行新产品定型鉴定。

整顿6种重点管理计量器具的定型鉴定机构，由国家质量技术监督局组织重新考核，减少机构数量，提高型式试验质量。国家质量技术监督局印发“关于加强电能表等6种重点管理计量器具新产品管理的通知”，公布了经整顿考核后计量器具新产品定型鉴定授权技术机构名单，第一批共授权中国计量科学研究院等22家技术机构承担6种重点管理计量器具的定型鉴定工作。为了进一步规范计量器具新产品管理工作，规定对列入“首批重点管理的计量器具目录”的产品，必须由国家质量技术监督局授权的技术机构承担定型鉴定，各省级质量技术监督部门今后一律不再安排样机试验。

**【计量器具产品质量国家监督抽查】** 经国家质量技术监督局计量司与监督司协商，把电能表、水表、煤气表、衡器、加油机和出租汽车计价器等6种重点管理计量器具列入“国家监督抽查产品目录”，每年安排跟踪抽查，加大抽查后处理力度。2000年3季度、4季度组织实施电能表、水表、加油机、煤气表、电子计价秤等计量器具产品质量国家监督抽查，抽样合格率分别为68.3％、65.0％、55.6％、78.8％、64.5％。抽查结果表明，在各级质量技术监督部门的共同努力，通过加大对计量器具产品的监督管理力度，计量器具的总体质量状况已经有明显改进。

**【进口计量器具型式批准】** 2000年全年受理申请、委托技术机构进行定型鉴定共191个系列，审查资料、颁发计量器具型式批准证书156个系列，出具计量器具临时型式批准证书和其他证明共300余份。

## 商品量计量监督

**【定量包装商品计量监督】** 国家质量技术监督局组织广州市技术监督局、宝洁(中国)公司、哈尔滨市技术监督局、大连计量所等单位起草制定的《定量包装商品净含量计量检验规则》(以下简称《规则》)于2000年7月3日发布，2000年9月1日开始实施。该《规则》是依据《定量包装商品计量监督规定》并参考国际建议的有关内容和其他国家的实践经验，结合我国的实际情况，在进行大量调查研究和检测实验的基础上，对定量包装商品计量检验过程中的抽样方案，检测方法等予以更加明确具体的规定，解决了各地质量技术监督部门在实施定量包装商品计量监督管理过程中检验方法不统一，实际操作困难的问题，使对定量包装商品净含量的抽样、检测更具科学性。

2000年9月12～14日，国家质量技术监督局计量司在哈尔滨组织召开了《定量包装商品净含量计量检验规则》宣贯会。来自全国各省(自治区、直辖市)、部分城市技术监督局的代表60余人参加了会议。会议重点对《定量包装商品净含量计量检验规则》中关于定量包装商品计量检验的抽样方案、检测方法、检测数据处理及结果判定进行了宣讲，同时还介绍了定量包装商品净含量计量检验统计原理、国外定量包装商品计量管理情况以及《商品量计量违法行为处罚规定》、《行政处罚法》等有关内容。

2000年四季度国家质量技术监督局计量司组织了北京、上海、哈尔滨、沈阳、武汉、青岛、南京、成都、广州、银川等10城市质量技术监督局，对本辖区内定量包装商品生产企业生产的方便面、小食品、茶叶、酒、酱油、醋、洗涤品、化妆品、海产品、冷冻食品等10类定量包装商品的净含量进行了计量专项抽查。

10城市共抽查461家定量包装商品生产企业的931批次定量包装商品，净含量合格的有802批次，总体抽样合格率为86.1%。其中抽查方便面59批次，合格的有49批次，合格率为83.1%；抽查小食品126批次，合格的有94批次，合格率为74.6%；抽查茶叶65批次，合格的有61批次，合格率为93.8%；抽查酒138批次，合格的有122批次，合格率为88.4%；抽查酱油94批次，合格的有86批次，合格率为91.5%；抽查醋73批次，合格的有63批次，合格率为86.3%；抽查洗涤品92批次，合格的有78批次，合格率为84.8%；抽查化妆品77批次，合格的有62批次，合格率为80.5%；抽查海产品92批次，合格的有80批次，合格率为86.9%；抽查冷冻食品115批次，合格的有107批次，合格率为93.0%。

对于在这次抽查中定量包装商品净含量不合格的生产企业，各城市质量技术监督局按照《计量法》和《商品量计量违法行为处罚规定》给予了相应的处罚，责令其限期整改，并到期进行复查验收。

**【眼镜计量监督】** 国家质量技术监督局于2000年9月发布了"光明工程"计划实施方案，提出要坚持依法行政，全面履行综合管理和行政执法职能，采取有效措施，争取社会各界的支持和配合，对眼镜行业进行综合治理，规范眼镜市场秩序，力争用三年左右时间，使全国眼镜质量的整体水平有明显提高，大中城市国家抽查配装眼镜的合格率达90%以上。

其主要措施是：引导眼镜镜片、装成眼镜的生产企业加强质量管理；加大对装成眼镜、定配眼镜及接触镜产品的监督抽查及后处理力度；加强眼镜生产、验光及配镜企业使用的计量器具的监督管理；验光、配镜及从业人员必须经培训考核，持证上岗；严格规范眼镜计量、质量公正机构；加强舆论宣传与眼镜知识的普及，提高消费者的自我保护意识。

该方案要求各省局要加强领导，组织落实，明确职能；要尽快制定本地区贯彻落实"光明工程"的实施计划；2000～2002年，每年各省级局在本辖区范围内对定配眼镜、装成眼镜及接触镜的生产、经营企业组织一次眼镜产品的计量光学指标及检测眼镜所必备的强制检定计量器具的监督检查；要充分利用媒体大力宣传开展"光明工程"的目的和意义，推动"光明工程"计划的顺利实施；利用电话和互联网建立投诉热线，受理消费者的投诉，处理眼镜质量纠纷，为消费者排忧解难；各省局可结合当地具体情况与劳动等部门协调配合，认真抓好眼镜行业各类人员的培训考核工作，统一教材，培养师资，有目的、有计划的进行培训考核工作，切实保证培训考核的质量。

# 企 业 计 量

**【帮助企业完善计量检测体系确认】** 为规范帮助企业完善计量检测体系确认工作，国家质量技术监督局下发了"关于发送企业完善计量检测体系确认工作程序的通知"和"关于调整企业完善计量检测体系评审员管理工作的通知"。两个通知进一步明确了确认工作应侧重计量技术基础和管理基础较好的大中型企业，提出了"加强管理、保证质量、控制数量、重在示范"的原则，并加强对企业完善计量检测体系评审员和评审组的管理。

2000年国家质量技术监督局共向73家企业颁发了企业完善计量检测体系确认证书。

**【中小企业计量】** 根据国家质量技术监督局和国家经济贸易委员会下发了关于加强中小企业计量工作的意见。国家质量技术监督局于2000年4月制定并下发了《中小企业计量检测保证规范》，《规范》为中小企业在计量管理和计量技术等十个方面提出了具体要求，并鼓励中小企业采取多种形式达到《规范》要求。《规范》的实施有利于加强中小企业计量基础工作，改善经营管理，保证产品质量，降低能源消耗，提高经济效益。

# 计量中介服务机构

自1995年原国家技术监督局颁布了《社会公正计量行(站)监督管理办法》以来，全国各地的社会公正计量行(站)逐步发展起来，到2000年，全国通过了计量认证的社会公正计量行(站)有594个。其中具有独立法人资格的社会公正计量行(站)大约有300个。主要开展的检测项目为：称重、几何、质量、容量、流量、眼镜、房屋面积等。其中称重计量行(站)有129个，占总数的22%；房屋面积测量公正计量行(站)有274个，占总数的46%。社会公正计量行(站)的人员构成中，中级以上技术职称的人员约占总数的48%。

2000年6月国家质量技术监督局召开了全国社会公正计量行(站)工作座谈会。在总结现状的基础上，提出了社会公正计量行(站)发展中存在的问题并针对这些问题提出了下一步工作思路。一是社会公正计量行(站)应严格按照国家质量技术监督局颁发的《社会公正计量行(站)监督管理办法》、《关于加强社会公正计量行(站)监督管理的通知》和《关于印发"社会公正计量行(站)计量认证考核规范"的通知》等文件，健全自身组织机构和管理制度。二是社会公正计量行(站)不是行政执法机构，不能从事质量技术监督行政执法，不能强行介入交易方的计量纠纷。三是社会公正计量行(站)开展检测工作，要有检测规范或根据计量技术规范制定的检测方法，避免检测人员的操作带有随意性。四是社会公正计量行(站)要积极开拓适应市场需要的新项目。要抓住一些社会普遍关注的热点问题，努力开拓工作。

五是社会公正计量行(站)的建立和发展要引入竞争机制。

## 法定计量检定机构管理

为加强法定计量检定机构的监督管理,国家质量技术监督局发布了《法定计量检定机构考核规范》(JJF 1069—2000)。《规范》在总结了1997年全国各级法定计量检定机构考核的成功经验基础上,以我国计量法律、法规关于法定计量检定机构的要求为准绳,以国际法制计量组织(OIML)和国际标准化组织(ISO)关于法制计量实验室以及校准和检验实验室的特殊要求和通用要求为基础,对法定计量检定机构的组织和管理,法定计量检定机构的质量体系,法定计量检定机构的资源配置和管理,法定计量检定机构的检定及校准和检测的实施,法定计量检定机构的质量改进以及相关考核程序等做出了明确规定。《规范》的贯彻实施,必将有利于我国法定计量检定机构的管理水平、工作质量和技术能力的提高。

为了不断提高我国法定计量检定机构的考核质量,国家质量技术监督局下发了"关于印发《法定计量检定机构考评员管理规范》的通知"。提出法定计量检定机构的考核采取政府宏观管理,考评员实质参加的方式,法定计量检定机构考评员分为国家级考评员和省级考评员。

2000年完成了对国家专业计量站、分站宣贯《法定计量检定机构考核规范》工作,并完成了第一批法定计量检定机构国家级考评员的培训工作。与此同时,为便于各省局开展工作,为各省局培养了一批宣贯《法定计量检定机构考核规范》和培养省级考评员的师资。

## 大区国家计量测试中心、国家专业计量站

**【国家计量测试中心】** 国家质量技术监督局于2000年4月26~27日在上海召开了2000年国家计量测试中心(以下简称"大区中心")工作座谈会。会议总结了1999年大区中心工作,部署了2000年工作要点;通报了1999年国家法定计量检定机构抽查情况;对《计量法》修订以及《计量校准管理办法》(讨论稿)进行了研讨。

2000年各大区中心共检定省级最高计量标准4 088台(件);考核新建标准23项,标准复查93项;开展了大区范围内的量块的比对工作;协助国家局完成了《税控加油机定型鉴定大纲》及《生产许可证考核规范》、《税控计价器定型鉴定大纲》及《生产许可证考核规范》、《计量标准考核规范》等计量规章的制修订工作。

**【国家专业计量站】** 2000年组织国家专业计量站、分站集中宣贯《法定计量检定机构考核规范》(JJF 1069—2000),为2001年部分国家专业计量站、分站的复查考核提前做好准备工作。印发了"关于对国家大容量第一计量站"关于撤消国家大容量第一计量站第三检定室的请示"的复函",同意撤消国家大容量第一计量站第三检定室。

## 国际计量交流与合作

代表中国出席了国际法制计量组织第11届大会,第35届委员会,以及第7届亚太法制计量论坛会议。

2000年中国代表参加了TC8/SC3(非水液体体积测量)、TC8/SC4(非水液体质量测量)、TC8/SC5(水表)、TC8/SC7(气体测量)、TC9/SC2(自动衡器)、TC6(定量包装商品)等国际工作组会议,为我国加强重点计量器具监督管理和定量包装商品管理获得经验。

组织赴欧洲计量法考察,并对10个重点国家和地区的计量法以及国际法制计量组织D1进行了编译、分析和比较。

参加国际法制计量组织关于计量器具型式试验结果互认协议项目,以及相关的《法制计量实验室评审程序和评审要求》国际文件的制定,并出席了TC3/SC5国际工作组会议。

推行OIML证书制度,开展中荷互认协议的执行工作。共受理7个企业14个系列的申请。组织对中国测试技术研究院进行评审,指定其继续承担称重传感器OIML证书指定实验室。

研究我国加入WTO后的对策,开展国家计量规程与OIML国际建议兼容性调查,积极推行采用国际建议。

指导OIMLTC17/SC1中国秘书处工作,组织建立了湿度计国际工作组,并对两项目进行了意见征询。

代表中国对12个OIML国际建议进行了意见表决,批准5个国际建议。

# 认证与实验室评审管理

# 概 述

2000年，世纪之末，“九五”收篇，我国的认证和实验室评审管理事业紧紧围绕以质量为中心、以标准化和计量为基础，为国民经济建设服务的质量技术监督工作宗旨，按照科学、公正、高效的原则，实事求是，积极进取，勇于改革和创新，在规范和培育我国的认证、检验市场，根据WTO/TBT的有关要求改革和调整我国的评证和实验室评审工作制度和程序，加快认证机构、检验机构的改革，规范认证咨询市场，启动内审员培训和注册工作，实现实验室认可领域的国际互认等方面都取得了可喜的成绩，基本上按照“协调、改革、整顿、发展”的原则精神，实现了2000年初制订的工作计划。

**（一）企业重视，政府监管，2000年认证与实验室评审工作取得了可喜成绩**

截止到2000年12月31日，我国批准产品认证机构23家，体系认证机构36家。累计有14 298家获得产品认证证书64 985张，本年度7 235家企业获得产品认证证书16 339张；累计25 588家企业获得体系认证证书，本年度获体系认证证书的10 586家；累计注册审核员9 363名，本年度注册2 385名；累计获认可实验室374家，本年度获认可实验室145家。在体系认证、人员注册和实验室认可三个领域签署了国际互认协议，在有关认证和实验室评审国际组织中，中国的认证和实验室评审事业发展所取得的成绩，正越来越受到国际社会的关注，中国认证和实验室评审制度的建立并有效实施，已成为发展中国家建立和实施认证和实验室评审制度的典范。

**（二）强化要求，规范运作，完善法规体系**

1. 在产品质量法修正案的起草和报批工作过程中，我局为人大法工委和国务院法制办提供有关认证认可工作的国内外发展和法制建设调研情况。根据有关方面对修正案中认证认可条款提出的意见进行了必要修改。

2.《产品质量认证管理条例》的修改工作提上了日程，组织力量进行了调研；对产品质量认证工作改革提出意见，为《产品质量认证管理条例》的修正案准备了较为充分的意见。

3. 建议按国际惯例对电信设备实施第三方的质量认证制度。2000年发布的《电信管理条例》采纳了我局的建议。

4. 在有关部门征求对《药品管理法》、《矿山安全法》、《种子法》等法规意见时，提出了在相关领域建立或融汇认证和实验室评审工作的建议，将认证和实验室评审工作融入到其他有关行业主管部门的工作中去。

5.《质量认证咨询机构备案登记管理办法》经过多次修改，基本成型，有望在2001年初发布；该办法的出台，必将对规范我国的认证咨询市场和认证咨询机构起到积极作用。

6. 为全面配合安全认证产品的强制性监督管理工作的实施，落实产品生产者、销售者、认证机构、检验机构等的责任，指导地方执法工作，在《电工产品安全认证强制性监督管理办法》的基础上，《安全认证产品强制性监督管理办法》基本起草完毕，在进一步向国务院有关部门和地方局征求意见后，即将发布。

7.《境外机构在华从事认证、检验活动管理办法》的草案已形成，该办法体现国民待遇、公平竞争的原则，对境外机构在华开展认证和检验活动，提出市场准入条件和规范化运作要求。

8. 根据国际上将《检验和校准实验室能力的通用要求》（原ISO/IEC导则25，国家标准GB/T 15481—1994）修订为国际标准ISO/IEC 17025的情况，组织专家完成了该标准的国家标准的转化。

9. 通过召开行业和地方局工作座谈会，就新形势下如何搞好质检机构的计量认证及审查认可工作征求意见。在此基础上，研究和制定了新的《产品质量检验机构计量认证和审查认可/验收评审准则》。

10.《安全认证管理办法》也在酝酿当中。拟对安全认证制度的建立、安全认证产品的范围界定及具体产品目录确定的原则、安全认证可选用的认证模式以及安全认证产品的市场准入标志及使用发放要求、安全认证机构和检验机构的选用和指定原则、地方执法监督要求等进行规范。

**（三）适应经济发展和入世形势需要，大力发展认证认可制度**

1. 为响应市场和管理需要，经与有关方面协商，协调建立或完善如下认证制度。

（1）产品认证

• 防爆电气设备安全认证：

已基本完成《防爆电气设备安全认证办法》的起草，相应认证机构也在组建。并向国际电工委员会防爆电气分委员会（IECEE）提出认证机构、检验机构加入该体系的申请，并积极准备同行评审；

• 电磁兼容认证：

批准电磁兼容认证机构的运作章程等文件，在调查研究和广泛征求意见的基础上，发布《第一批实施安全认证电磁兼容认证产品目录》，并明确相应产品实施强制性监督管理的日期，完成对承担认证任务的认证机构和检验机构的授权评审推荐工作；

• 消防产品认证：

批准了第二批实施安全认证的消防产品目录；

• 轮胎橡胶产品：

批准了第二批轮胎橡胶产品认证目录；

• 节能产品认证：

批准了第一批开展节能产品认证的产品目录；

• 其他。

拟在安全防范产品、中文信息处理设施、肉蛋禽、电信设备、铁路设备包括车辆及部件等产品领域建立产品认证制度。

（2）体系认证：

为满足各类企业的需求，通过和中国质量体系认证机构国家认可委员会（CNACR）的协商，研究提出了体系认证机构批准设立的原则程序（内部文件），并在此原则下，经局同意，批准中电联、中国民航局建立相应行业的质量体系认证机构；

批准医疗器械认证中心实施 ISO 9000 和 ISO 14835 质量体系认证。

（3）审核员培训注册：

授权 CRBA 建立 HACCP 审核员注册培训制度，并开展试点工作；

依照《质量体系内部审核员培训工作管理办法》和《质量体系内部审核员培训课程批准准则》，批准了国家质量认证培训中心、青岛市质量教育培训中心、青岛市质协质量培训中心和赛宝技术培训中心等四家机构承担内审员培训课程的资格。至此，获得国家质量技术监督局内审员培训课程批准的机构已有 14 家。各省局基本按照国家局的统一要求，建立起了本省内审员注册管理制度，并开始实施内审员注册工作。

2. 根据市场和管理需求，积极拓展认可新领域

（1）授权 CNACR 开展新认可制度的研究，开展医疗器械管理体系、HACCP 管理体系等的认可试点工作，逐步向其他领域拓展。

（2）与 CNACP 一起探讨产品认证制度改革方案，对认证制度建立和实施过程中认可制度如何发挥作用进行研究，积极准备进行试点。

### （四）加快改革步伐，寻求新的突破

1. 研究并起草产品认证工作改革文件。

在局领导的统一部署下，成立产品质量认证改革工作组，研究提出产品认证工作改革基本要求（草案）。对产品认证制度的建立、可选择的认证模式、以及认证制度如何引入竞争机制和发挥认可制度规范认证机构运作以及认证机构实体化等提出了具体要求。

根据产品认证工作改革的要求，引导现有机构进行改革试点，并引导机构间合并或与检验机构进行资产重组等，使认证机构规模化、集团化。

2. 基本完成对中国电工产品认证委员会（CCEE）的管理体制改革并对其他产品认证机构的管理体制改革提出整体设想。

通过一段时间的调研和与有关部门的协商，将中国电工产品认证委员会（CCEE）改为由国家质量技术监督局直接设立和管理的改革工作基本完成，CCEE 的秘书长由国家质量技术监督局负责任免。其他一些由国家经贸委管理的国家局牵头组建的产品认证机构由于政府机构的改革，职能的调整，这些部门对认证机构的行业管理和指导职能已经丧失。借鉴 CCEE 改组的经验，我局将出台对产品认证机构进行多种改革和调整的方案，总的宗旨为：安全认证机构由国家质量技术监督局收回授权统一管理，体系认证机构和自愿性产品认证机构引导其成为市场中介机构，按《产品质量法》等法规进行规范监督。

3. 1999 年，国家对 242 个科研机构进行了体制改革，将大部分产品开发性工业科研机构都转制为企业或进入企业集团，从而使原挂靠在这些科研机构中的国家质检中心的公正性地位受到了影响，必须对挂靠在这些科研机构中的国家质检中心进行改革，以保证其地位的公正。为此，国家局从 1999 年开始，对有关国家质检中心的改革问题进行了广泛而深入的调研，并组织力量起草了报送国务院的“国家质检中心改革汇报提纲”和“国家质检中心改革方案”（草案）。2000 年，为使国家质检中心改革方案能够尽快批准并发布实施，我局继续与科技部、财政部等部门协商沟通，并向国务院秘书三局进行了汇报。根据李岚清副总理 5 月 22 日对科技体制改革问题的重要批示精神，我局对“汇报提纲”进行了必要的修改，李传卿局长还同科技部徐冠华部长会面，就国家质检中心改革问题与徐部长交换了意见，双方在一些原则问题上基本达成了共识，“国家质检中心改革汇报提纲”将在科技部进行必要调研之后，报送国务院。国家质检中心改革工作将在 2001 年正式启动。

4. 认真调查研究技术监督系统内的质检机构的改革发展问题，提出质检机构深化改革、加快发展实施意见。

（1）就技术监督事业“十五”发展规划及 2015 年远景目标规划等提出我国质检技术机构改革发展意见，鼓励检验机构深化改革、加快发展、积极培育和发展我国的检验市场、验货市场和校准市场。

（2）对省级产品质检机构的计量认证工作进行改革。在《关于对省级产品质检机构计量认证评审工作进行改革的通知》和《关于发送〈对省级质量技术监督局计量认证和质检机构审查认可/验收评审工作的指导意见〉的通知》中，规定了省级质检机构实行验收审查、计量认证和实验室认可“三合一”评审，对省以下质检机构实行验收审查，计量认证“二合一”评审的工作要求。

### （五）清理整顿市场，提高工作总体水平

为确保质量认证工作的健康发展，全面贯彻《产品质量法》和《国务院关于进一步加强产品质量工作的若干决定》精神，针对目前我国认证工作面临的形势和任务，组织有关人员研究提出“关于进一步加强质量认证工作若干意见”（草案）。主要内容为：（1）全面落实《产品质量法》的要求；（2）产品质量认证工作全面启动的要求；（3）加强认可制度规范认证机构的要求和对咨询机构实施强制性备案登记制度的实施要求；（4）认证市场有序竞争的要求；（5）认证机构多元化发展及其管理体制公正性的要求；（6）确保认证有效性的要求；（7）各级政府及国务院有关部门和宣传舆论对认证与认可工作的监督职责等。

**（六）积极准备，全面调整，迎接入世**

针对修订后的《产品质量法》颁布实施和我国即将加入WTO的形势，为使质量认证工作适应入世的需要，配合局TBT研究工作组，组织有关专家，提出认证和实验室评审工作入世对策措施建议意见。主要针对境外认证机构、检验机构在华开展活动情况，提出管理意见，准备管理办法。

此外，还积极开展有关WTO/TBT讲座和入世对认证和实验室评审工作的影响的宣讲，积极鼓励有关方面采取必要的准备，迎接面临的挑战和机遇。

**（七）内外协调，理顺关系**

为使我国的认证和实验室评审制度全面符合WTO/TBT的要求，解决部分产品双重认证证书和认证和实验室评审机构业务领域的划分问题，根据局党组的意见，积极主动与出入境检验检疫局协调有关工作。接受CQC加入IECEE成为独立NCB的申请，并正在按IECEE的规则对申请文件进行审查。

按照国务院办公厅秘书二局关于安全认证与进口质量许可证的“四统一”(既：统一标准、技术法规和合格评定程序；统一安全认证标志；统一安全认证和进口质量许可证目录；统一收费标准)协调意见，与出入境检验检疫局积极配合，研究实施意见。

本着服务企业和市场的原则，为不给企业增加负担，根据入世在即的形势，进一步协调好电工产品安全认证与生产许可证的关系。

**（八）服务经济，面向市场，提出认证认可工作“十五”发展规划**

为适应建立社会主义市场经济和经济全球化、以及中国即将加入世贸组织形势的需要，在“九五”我国认证和实验室评审制度初步建立并取得可喜成绩的基础上，按照服务经济、面向市场的原则，我国认证和实验室评审“十五”的发展目标是：进一步完善我国认证和实验室评审体系，形成政府监管、机构自律、市场调节的“开放、竞争、公平、有序”的认证、检测市场；实现体系认证机构、产品认证机构、检验机构向中介机构的转化并进入良性发展轨道。

为实现上述目标，认证和实验室评审工作“十五”期间的工作任务和工作重点是：

1．根据WTO/TBT协议的有关要求，研究中国认证和实验室评审的模式，明确认证和实验室评审制度的管理体制及有关责任，调整认证和实验室评审制度的批准、发布和实施工作。

2．按照统一标准、技术法规和合格评定程序，统一强制性安全认证产品目录，统一强制性安全认证标志，统一收费标准的要求，做好进口产品质量许可证制度和强制性安全认证制度的协调工作。

3．按不同产品类别，建立10个左右安全认证机构。在全国组建5～10个认证集团。做好12个产品认证机构的实体化转化和36个体系认证机构的实体化改革。

4．制定措施，提高认证工作的有效性。规范认证机构行为，整顿认证、咨询市场，加强对获准认证的产品和企业的监督检查。

5．研究认可制度的对外开放措施，有计划、分步骤实施认可制度的对外开放。制定和完善相关法规、规章，规范境外认证机构、咨询机构在我国境内的认证、咨询活动。

6．积极有效地参加有关国际指南、标准的制订工作；成立ISO/CASCO中国委员会；继续加强我国在认证和实验室评审国际组织的地位和作用，提高我国认证工作的国际影响力。

**（九）认真履行对检验机构的监督管理职能，做好计量认证、审查认可（验收）、国家质检中心的改革、规划、授权等工作**

1．2000年完成对地方省级质检机构的验收11个，国家质检中心到期复查、继续授权34个、办理和批准了303个部门质检机构的计量认证；通过考察调研，批准了六个省（市）质量技术监督局筹建国家质检中心的申请。

2．组织开展全国质量技术监督系统检验机构能力大调查，组织力量对各地上报的材料进行初步整理，筹划建立检验机构数据库，出版质量技术监督检验机构能力大全。

3．按照突出重点，扶持西部，强调安全健康的原则安排2000年度质检机构技改经费。

4．受理并调查处理涉及国家质检中心、地方质检机构及一些行业质检机构的各类投诉55起，查处了国家茶叶质检中心、国家继电器质检中心的违规行为。

**（十）其他工作**

1．完成了《标准化、计量、质量百科全书》、《技术监督基础教材》、《技术监督领导干部知识读本》中有关认证和实验室评审部分的编写。

2．积极参与有关认证和实验室评审国际组织如APEC、IECEE、IECEX、ILAC、APLAC等召开的国际会议，及时跟踪国际认证和实验室评审工作发展最新动态。

3．办理了有关认证和实验室评审工作的人大代表提案一件。

4．配合国家粮食清仓查库工作，在省级质量技术监督局推荐基础上，先后分三批发布了237个质检机构作为粮食陈化鉴定机构，并组织这些机构的主要业务人员进行了培训。

在2000年我国认证和实验室评审工作取得一定成绩的基础上，2001年，我国认证和实验室评审工作的工作要点是：

1．继续起草完成有关认证认可的法律法规、规章。

(1) 修改“认证条例”，改为“认证认可管理条例”。内容包括：认证、认可、认证人员、认证机构与认可机构的要求，认证市场的监管以及政府在认证认可工作中的职能等。

(2) 发布《安全认证强制性监督管理办法》和《强制性安全认证产品目录》。

(3) 发布《监督检验机构管理办法》、《中介检验机构管理办法》、《境外机构在境内开展认证、检验活动管理办法》等管理办法。

2. 研究认证认可工作的发展，整顿认证市场，筹备召开第三次全国质量认证工作会议。

(1) 发文部署对全国认证机构、咨询机构、检验机构和从业人员进行清理整顿工作。

(2) 进一步研究并实施关于安全认证与生产许可证的协调方案。

(3) 全面实施产品认证机构的改革，为认证工作的大发展创造好的发展环境。

3. 指导 CCEE 等机构的调整，迎接 IECEE 的国际复审。

4. 全面启动防爆电气认证制度，指导防爆电气认证机构和检验机构建立完善管理体系，迎接IECEE 的国际同行评审。

5. 提出中介类认证机构、检验机构建立和市场运作的基本要求，引导具备条件的认证机构、检验机构逐步走向市场，成为中介机构。

6. 研究认证认可新领域（电信产品、农产品、职业安全和风力发电设备等），开拓认证市场。

7. 在国务院批准我局关于国家质检中心改革的基本思路之后，出台"国家质检中心改革方案"；召开国家质检中心改革工作会议。

8. 开展有关省和省会所在市省、市两个质检所合并的调研、试点工作。

9. 组织力量编写质检机构计量认证/审查认可（验收）"二合一"评审员培训材料，培训评审员。

# 质量体系认证

2000 年，企业的质量体系认证工作继续保持了较快的发展速度，截止到 2000 年 12 月 31 日，中国质量体系认证机构国家认可委员会（CNACR）认可的质量体系认证企业达 25 588 家，其中 2000 年新增认证企业 11 853 家。

**【积极开展标准换版研究与认可试点工作，确保 ISO 9000标准换版的顺利过渡】** 自从国际标准化组织质量管理和质量保证技术委员会（ISO/TC176）决定对 ISO 9000 族标准进行修订，CNACR 就十分关注标准修订的动态，组织跟踪小组并与全国质量管理和质量保证标准化技术委员会（CSBTS/TC151）联合开展一系列活动，及时向我国标准使用者提供最新信息，并着手研究标准换版问题，做好标准换版过渡期的准备工作，以确保 2000 版 ISO 9001 认证的顺利实施。

**【认真做好年度监督评审与复评工作，切实监控认证机构质量体系的有效运行】** 2000 年共对 26 家认证机构及 16 家分支审核机构实施了年度监督评审。结合 ISO 9000 标准的换版工作，在实施例行年度监督评审的同时，评审组还结合对认证机构标准换版所进行的策划工作以及已开展的相关活动的情况，进行了评审。监督评审的依据增加了有关认证机构 ISO 9000 标准换版管理的认可要求，即 CNACR-WI-06-01《质量体系认证机构 ISO 9001：2000 标准认证实施资格的确认要求和程序》。此外，还对 8 家认证机构实施了复评。

**【全面实施非例行监督措施，提高认可监管深度】** 2000 年在对认证机构的认可监管方面，继续保持了过去一些行之有效的方法，并且在许多方面有所加强。除了继续开展对获证企业的稽查审核工作之外，还强化了对有关认证投诉的调查和处理力度，并且正式启动了对认证机构的非例行监督工作，这些措施的有力实施对于深化对认证机构的监管，保证认证工作公正、规范、有效地开展起到了重要的作用。

**【稳步推进初次认可，认真做好业务范围扩大评审】** 2000 年，共对 4 家认证机构和 7 家分支机构实施了初次认可评审。其中，北京中商质环质量体系认证中心、北京中经科环质量认证有限公司 2 家认证机构以及中方委河南分中心、中方委黑龙江分中心、中方委压力容器分中心、中方委河北分中心、东北中心苏州分中心 5 家分支审核机构已经获得了认可，并开展认证工作；中国医疗器械质量体系认证中心以及东北中心大连分中心和中质协质保中心大连分中心已完成全部评审工作，认可证书即将发出。BSI 太平洋有限公司的现场评审已经完成，鉴证评审有待进行。

2000 年共收到 193 项认可业务范围扩大的申请，比 1999 年增加 26%。其中，79 项为一般专业，比 1999 年增加 23%；特殊专业为 114 项，比 1999 年增加 28%。

在申请扩大的业务范围项目中，与 1999 年相同，31（运输、仓储及通讯）、32（金融房地产、出租服务）、35（其他服务）大类仍为申请机构最多的项目。28、29、30、34 大类仍有较大增长。38 大类（医疗机构）是 2000 年增长最突出的，历年仅申请过 1 家。

2000 年，共完成扩大业务范围 141 项，其中包括上年度结转的 61 项。在扩大业务范围的评审过程中，共完成见证评审 87 项。此外，还完成了全部的扩小类 156 次，完成 QS 9000 年度监督鉴证评审 6 项。

**【认真准备，开展环境管理体系认证认可】** 2000 年，CNACR 秘书处对国内外有关认证机构开展环境管理体系认证的实际做法进行了调研，与国外认可机构就开展环境管理体系认证认可的要求、程序与评审方法进行了交流，并通过参加 PAC 的同行评审员培训班进一步掌握了环境管理体系认证机构的认可要求，在此基础上明确了严格按照有关国际准则与惯例开展环境管理体系认证机构认可的工作思路。

CNACR 秘书处以等同采用 ISO/IEC 指南 66 及《IAF 关于 ISO/IEC 指南 66 的实施指南》的方式，制定了 CNACR-EA110《环境管理体系认证机构认可基本要求》（试行）及 CNACR-EA210《〈环境管理体系认证机构认可基本要求〉的说明》（试行），并于 2000 年 9 月发布实施。至此，CNACR 环境管理体系认证的认可工作正式启动。

**【广泛开展国际合作，进一步提高国际影响，切实维护**

**中国认证认可的权益】** 2000年CNACR的国际合作活动，以履行PAC主席职责为主体，通过在IAF中的作用和影响，积极参与相关国际组织之间的政策协调，从而扩大国际接触面，及时获取相关信息与技术，深入有关决策过程，切实反映和体现我国的意见和利益。

在PAC工作方面，CNACR秘书长作为PAC主席，主要职责是主持PAC全体大会和执行委员会会议，在闭会期间就有关重要事宜及时主持执委会作出通信决策，并对PAC秘书处的工作和财务实施监督与管理。

在IAF与PAC相关工作方面，CNACR秘书长提出了质量体系认证国际互认制度的系统改进方案，与IAF和欧洲（EA）的主要人员协调提出了环境管理体系认证国际互认实施计划，共同推动IAF正式启动产品认证认可的国际互认工作。

在IAF与其他国际组织的相关工作方面，CNACR秘书长作为IAF认可机构成员代表，被指定为IAF-ISO/TC176-ISO/CASCO关于2000版ISO 9000标准过渡实施策划工作组的成员，参与了2000版ISO 9000标准过渡实施政策国际协调的全过程，既加深了对有关问题和措施的认识，更增进了与国际上有关专家之间的相互了解与联系。在IAF与ILAC合作方面，CNACR秘书长被指定为多边互认政策和程序联合工作组成员，参与IAF与ILAC互认政策和程序的协调工作。

2000年，CNACR认真履行职责，积极参加国际同行评审、积极开展双边合作，进一步深化技术交流，扩大我国认证认可工作影响；为国际贸易服务，举办意中认证与认可技术研讨会；加强双边合作，与国外认可机构协作开展认可评审；邀请国外认可机构专家，开展认可技术双边研讨与交流；组织人员，参加国外培训。积极开展多种形式的国际合作。

**【加强部门合作，拓展认可领域，适应市场需求】**

1. 与外经贸部援外司合作，加强援外工程贯彻ISO 9000标准。

2. 积极探索职业卫生与安全管理体系认证。

3. 推动电信业TL 9000认证。

4. 参与ISO/TS 16949国家标准转化起草与审定工作。

5. 着手信息安全管理体系认证的认可。

# 质量体系认证2000年报

发布单位：中国质量体系认证机构国家认可委员会

发布日期：2001年1月16日

2000年12月份，共有34家认证机构向2 584家初评企业颁发了质量体系认证证书。

1993年4月至2000年12月由CNACR认可的认证机构共向27 707家企业颁发了质量体系认证证书。

1998～2000年初评获证：1998年为4 318家；1999年为7 447家；2000年为11 853家。

截止到2000年12月31日，累计有25 588家企业持有25 657张带有国家认可标志的质量体系认证证书（有效证书）。

获证企业分类统计如下：

**（一）按认证标准统计**

| | | | |
|---|---|---|---|
| GB/T 19001—ISO 9001 | 4 502 | 张 | 17.547% |
| GB/T 19002—ISO 9002 | 21 015 | 张 | 81.907% |
| GB/T 19003—ISO 9003 | 1 | 张 | 0.004% |
| QS 9000 | 139 | 张 | 0.542% |
| 总计 | 25 657 | 张 | 100.000% |

**（二）CNACR历年累计发展认证机构情况**

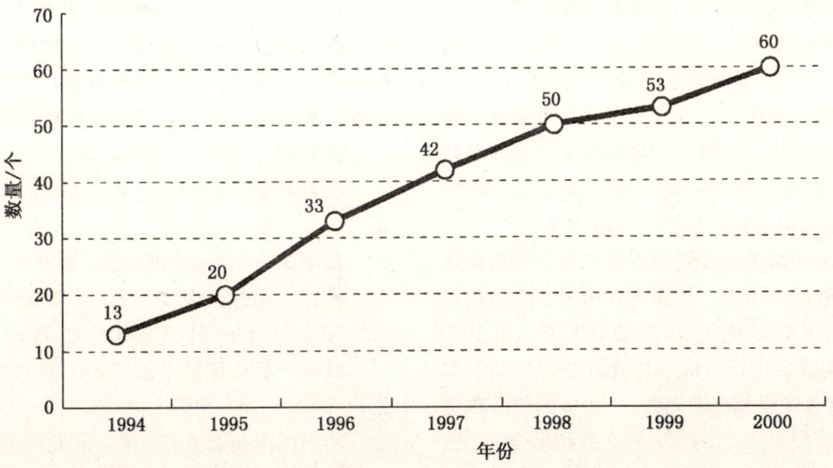


注：含分支机构。

# 产 品 认 证

2000年是中国产品认证机构国家认可委员会(CNACP)加强机构自身建设，强化内部管理，建立健全质量体系，实施规范运作，为积极迎接国际同行评审打好基础的一年，在提供技术服务、实施监督管理、加强内部建设和参与国际活动等方面均取得了很大进展。

**【加强机构自身建设，健全和完善内部质量体系】** 随着中国加入WTO的临近，产品认证的重要性越来越为人们所关注。产品认证事业的发展对认证机构、认可机构都提出了越来越高的要求，为适应机构改革和市场经济的发展，CNACP不断提高自身的管理水平，提高服务意识，为广大认证机构提供良好的技术支持，以此来实现有效监督的目的。2000年，CNACP秘书处在原有质量体系文件的基础上，总结近两年实践经验，并借鉴认可中心其他委员会(CRBA、CNACR、CNACL)的经验，形成了一套完整的CNACP质量体系文件，于2000年12月8日正式发布实施。新的质量体系文件的建立，为CNACP更加科学、规范、有效地对产品认证机构实施认可、评审及监督提供了强有力的管理依据，为CNACP积极迎接国际同行的评审，也为全面推动产品认证机构国家认可的实施打下了坚实基础。

**【做好《中国产品认证机构国家认可规范》等技术文件的宣贯工作，为实施认可的产品认证机构提供技术依据】** 为大力推动我国产品认证事业的发展，推进产品认证机构国家资格认可工作，适应我国社会主义市场经济对产品认证的新要求，适应我国加入WTO后世贸组织规则的要求，CNACP于2000年4月20日至4月23日在北京举办了一次认可规范宣贯会。会议不仅就CNACP等同翻译、制定、发布的认可规范进行了全面的宣贯，还就我国产品认证的现状和存在问题进行了专题讨论。通过这次宣贯，使大家充分认识到在我国实施产品认证机构国家资格认可势在必行，使各产品认证机构充分理解认可的要求和技术规范，为认证机构申请并接受认可提供了良好的技术支持。

**【注重认证机构专业能力管理，积极配合做好产品认证审查员培训、注册管理工作】** 我国自1981年成立第一家产品认证机构至今，国家质量技术监督局先后批准了23家产品认证机构。中国产品质量认证机构国家认可委员会在对产品认证机构实施资格认可时，明确提出了从事产品认证工作的审查人员必须具备相应的专业技术能力，这在CNACP的认可规范及国际准则中都有明确规定。

为顺应我国产品认证工作发展的需要，满足产品认证机构对产品认证审查员的需求，从而更好地保证产品认证的有效性，中国认证人员国家注册委员会(CRBA)于2000年4月11日发布实施了《产品认证审查员注册准则》和《产品认证审查员培训课程批准准则》，并在中国产品质量认证机构国家认可委员会(CNACP)的支持和配合下，已开始启动产品认证审查员的培训和注册试点工作。

**【加强监督管理，做好认可初次评审与年度监督评审工作】** 2000年，CNACP秘书处在实施认证机构资格认可方面扎实工作，稳步推进。在巩固现有工作成果的基础上，按照新版认可规范的要求，经过严格的现场评审及认证项目的见证，完成了对中国电磁兼容认证中心、香港安全认证中心、中国农机产品质量认证中心等3家产品认证机构的资格认可，并受理了汽车安全玻璃认证中心的认可申请。至此，经CNACP认可的认证机构已达11家。

在监督评审方面，对已获认可资格的机构，也按照新版认可规范的要求实施了年度监督评审。CNACP秘书处派出评审组对7家获准认可的产品认证机构实施了年度监督评审。

**【加强认可评审员、专家队伍的建设，建立健全相应管理制度】** 为保障认可评审工作的开展，CNACP秘书处始终注重建设队伍，选拔人才。选择一批素质高，业务能力强的人员，经过CNACP的专门培训，作为CNACP的评审人员和技术专家，充实CNACP的评审队伍，为实施认可工作提供人力资源保障。

**【加强国际交流与合作】** 2000年CNACP秘书处在加强对外交流与合作方面迈出了可喜的一步。密切关注国际组织开展产品认证机构互认的动态，积极参与太平洋认可合作组织(PAC)和国际认可论坛的活动。分别派员参加了由亚太经合组织(APAC)委托澳大利亚食品管理局举办的“食品安全HACCP认证高级审查员培训班”和由APAC资助，PAC承办的“ISO/IEC指南65及IAF对指南65的说明的培训”。参加了在美国召开的IAF第十四届年会。会上决定正式开始启动产品认证机构的多边互认工作，此前PAC已将产品认证机构多边互认的工作列入实施计划。

**【积极推进认证机构国家资格认可】** 作为国家质量技术监督局“产品质量认证改革工作组”成员，CNACP积极支持和参与产品认证改革工作，为研究和探讨在社会主义市场经济形势下，产品认证工作改革的总体思路和对现有产品认证机构进行调整改制以及为有关法规性文件的制、修订提出建议并提供技术及资源支持，按照工作组的要求起草修改了有关产品认证改革的一些初步方案和建议。为在新形势下推进产品认证国家资格认可做了积极的努力。

截止到2000年12月31日：

获得产品认证的企业共计14 298家，颁发证书64 985张；

其中国内企业13 951家，颁发证书59 857张；

外资及国外企业347家，颁发证书5 128张。

2000年全年（1月1日至12月31日）：

获得产品认证的企业共计7 235家，颁发证书16 339张；

其中国内企业6 850家，颁发证书15 092张；

外资及国外企业385家，颁发证书1 247张。

# 认证人员国家注册

中国认证人员国家注册委员会（CRBA）的审核员注册工作、培训管理工作在2000年度有较大的发展，注册审核员数量和培训业务量均有大幅度的增加。

**【完善CRBA组织建设，加强员工思想教育】** 1999年底，中国合格评定国家认可中心正式成立，由认可中心的主任兼任CRBA秘书长，解决了CRBA长期以来在机构地位和人员组织关系等方面的不确定问题，为CRBA审核员注册和培训管理工作的正规化和工作人员的稳定性提供了党政管理、组织机构和人员管理、办公设施条件等方面的基础保证。认可中心按照国家有关事业单位的规定逐步建立了人事管理制度、工资考勤制度、医疗保险制度、财务管理制度以及办公设备后勤管理等工作制度。这些制度与CRBA业已建立的符合国际惯例的审核员注册制度、审核员培训课程批准制度和符合ISO 9000标准的内部质量管理体系相互结合，使CRBA秘书处的工作处在有制度保证、有监督机制的状态下运行，进一步实现了规范化、实体化。

**【持续改进注册/培训管理制度，保持CRBA工作领先水平】** 2000年国际、国内的质量认证事业均高速度发展。认证人员的培训和注册工作，也是新事物不断。国际审核员培训与注册协会（IATCA）连续发布了新版的《质量管理体系审核员注册准则》、《环境管理体系审核员注册准则》、《质量管理体系审核员培训课程批准准则》、《2000版ISO 9000族标准审核员转换培训准则》等一系列重要文件。CRBA在收到新准则正式文本后立即开始了对新准则的翻译和转化工作，并对CRBA的注册准则进行修改。4月1日，CRBA新版注册准则即发布实施，并对相应的审定工作程序、作业指导书、记录表格进行了修改和完善，及时准确地保持了与IATCA准则的一致。

2000年8月，CRBA依据IATCA质量管理体系审核员培训课程批准准则（第二版）修订发布了CRBA第4版质量管理体系审核员培训课程批准准则。

CRBA根据2000年全体委员会的决议，按照IATCA’99全会关于审核员转换培训的决议精神，及时开展了审核员的转换培训工作。到2000年底，累计受理了转换培训班申请150期，参加转换培训的审核员近5000人。为我国认证企业、认证机构实施2000版转换工作作好了充分的人员准备。

**【业务工作完成情况】**

1. 审核员培训管理、考试情况

目前获得CRBA质量管理体系审核员培训课程批准的培训机构有5家。针对去年各培训机构普遍出现的放松对合作办班管理的情况，及时发出了《关于加强审核员培训课程管理的通知》，在CRBA准则的基础上，进一步细化要求。

全年共受理审核员预备知识考试申请297期，参加考试人员8 166人次，比去年增长22.9%。批准实施审核员培训班228期，参加培训和考试人员3 991人次，比去年增长37.7%（去年的增长率为13%）。完成CRBA审核员2000版转换培训考试工作150期，约5 000人次。

2000年结合CRBA审核员2000版转换培训工作，新建立了2000版审核员转换培训考试题库。4月份初步形成试题库，5月初完成试题库的修改、审定工作。11月根据2000版标准FDIS稿的内容，对题库进行了修改，基本满足了2000版审核员转换培训工作的需要。

2. 审核员注册审定情况

截止到2000年12月31日，共完成实习审核员的注册工作2 648人次，审核员1 014人次，高级审核员493人次；完成复查换证227人次，年度确认1 048人次，完成验证审核员面谈工作150多人。目前，CRBA注册的质量管理体系实习审核员已达6 263人，占总注册人数的66.89%，注册审核员1 594人，占总数的17.03%，注册高级审核员1 506人，占总数的16.09%。注册总人数已达到9 363人，比1999年增长34.2%。验证审核员达500人，比1999年增长47%。

3. 严肃对审核员的监督管理

为使我国认证事业健康发展，进一步加强对审核员队伍的管理，CRBA在2000年继续注重对审核员队伍的监督管理，对于违反CRBA认证人员行为规范和注册准则的行为进行严肃处理。对违规人员，不论其职位、级别的高低，一经查实坚决照章处理。

**【抓住机遇，积极开拓】**

1. 全面启动环境管理体系审核员的注册和培训工作

2000年IATCA环境管理体系审核员注册准则正式颁布，ISO关于质量和环境管理体系联合审核指南标准ISO 19011也已进入委员会修改草案阶段。

CRBA首先制定了CRBA-EMS审核员注册和培训4项工作原则：

(1) 针对CRBA环境审核员培训的对象主要是已取得QMS审核员资格的人员这一特点，重点强化环保基础知识的培训。

(2) 在进行ISO 14001标准培训的同时，注意强化ISO 9000和ISO 14001的整合内容。

(3) 吸取有关机构开展培训中的经验，对一些含混不清的概念进行重点讲解。

(4) 培训教材应结合我们开展QMS认证工作的经验并符合IATCA对环境管理体系审核员注册和培训所规定的知识要求。

为使CRBA-EMS审核员注册工作能尽快启动，CRBA制订了过渡期政策，接受其他机构注册的审核员向CRBA转换，开始受理EMS审核员培训课程的批准申请，开展验证审核员和高级审核员推荐等工作。CRBA-EMS审核员注册和培训工作的影响迅速扩大，目前已接受注册申请198人，批准注册112人，参加培训约300人次，受理培训课程批准申请5家，并正在进行课程的评审工作。

2. 建立产品认证审查员注册/培训制度

2000 年 CRBA 配合中国产品认证机构认可委员会 CNACP 建立起产品认证审核员的注册和培训制度。制定了《产品认证审查员注册准则》、《产品认证审查员培训课程批准准则》、《产品认证审查员培训教学大纲》和全套的公开文件/表格。于 5 月 31 日就两个《准则》的发布实施，组织产品认证机构负责人进行了学习和宣贯。目前已注册了第一批汽车专业产品认证审查员。

**【积极参加国际活动】** 2000 年 CRBA 还积极参与了国际审核员培训与注册协会 IATCA 的各项活动。CRBA 秘书长作为 IATCA 的执委参加了在澳大利亚和美国召开的执委会会议，及时了解和掌握了国际审核员注册/培训的发展动向，使 CRBA 的工作始终与 IATCA 保持一致。同时积极参与决策活动，在国际事物中维护了我国认证人员的利益，巩固了 CRBA 在国际同行中的领先地位。

**中国认证人员国家注册委员会（CRBA）级别审核员注册情况**

统计截止日期：2000 年 12 月 31 日

<table>
<tr><th>序号</th><th>注册级别</th><th colspan="2">数量/人</th><th>比率/%</th><th>备 注</th></tr>
<tr><td>1</td><td>实习审核员</td><td colspan="2">6 263</td><td>67</td><td></td></tr>
<tr><td>2</td><td>CRBA 审核员</td><td>67</td><td rowspan="2">1 594</td><td rowspan="2">17</td><td rowspan="2"></td></tr>
<tr><td>3</td><td>CRBA-IATCA 审核员</td><td>1 527</td></tr>
<tr><td>4</td><td>CRBA 主任审核员</td><td>25</td><td rowspan="2">1 506</td><td rowspan="2">16</td><td rowspan="2"></td></tr>
<tr><td>5</td><td>CRBA-IATCA 高级审核员</td><td>1 481</td></tr>
<tr><td colspan="2">总人数</td><td colspan="2">9 363</td><td>100</td><td></td></tr>
</table>

# 实验室国家认可

2000 年中国实验室国家认可委员会(CNACL)有了较大的进展，在 1999 年 9 月顺利通过亚太实验室认可合作组织（APLAC）同行评审，于 1999 年 12 月 3 日签署了 APLAC-互认协议（MRA）的基础上，今年 9 月又顺利通过了 APLAC 的跟踪检查，并于 2000 年 11 月 2 日在美国华盛顿召开的国际实验室认可合作组织(ILAC)年会上，成功的与来自于欧洲、南非、南美洲和亚太地区共 35 个实验室认可机构签署了 ILAC 多边互认协议（MRA），表明经 CNACL 认可的实验室所出具检测报告和校准证书得到了与其签署 ILAC-MRA 的其他 35 个实验室认可机构的承认。

2000 年 CNACL 在认可实验室的数量和认可领域方面有了较大增长。截止 2000 年 12 月 30 日共认可 374 个实验室。全年评审员队伍的数量和覆盖的领域也有了增长。目前 CNACL 共注册通过培训和考核的 859 名评审员；在能力验证活动方面 2000 年也有了明显的提高。全年共组织 300 多个经 CNACL 认可的实验室参加国内和亚太地区的能力验证活动。

2000 年 CNACL 加强了实验室认可市场的开拓，在国家质量技术监督局的领导下，积极与国务院有关政府的实验室管理部门和省质量技术监督部门合作，推进实验室认可工作。包括举办实验室认可宣贯班，在有关新闻媒体上宣传实验室认可工作以及邀请新西兰、英国等国家的实验室认可专家来华讲学，使 CNACL 的认可工作在国内扩大了认可的影响面。

为使 1999 年 12 月颁发的 ISO/IEC 17025《检测和校准实验室能力的通用要求》及时在中国实施，CNACL 制定了 ISO/IEC 17025 过渡方案，并对有关实验室及评审员进行了宣贯，保证了 ISO/IEC 17025 在 CNACL 认可体系正确执行。

**【CNACL 认可活动】**

**1. CNACL 认可实验室**

2000 年 CNACL 共受理实验室认可申请 208 个，其中 50%属电子、电工、机械、综合和校准类实验室；全年共认可 145 个实验室，共注销了 7 个实验室的认可资格。从 1993 年 CNACL 开展实验室认可工作至 2000 年 12 月 30 日，共认可 374 个实验室，其中含校准实验室 36 个。

**2. CNACL 评审活动**

全年共组织安排 333 个实验室评审。其中：首次评审 150 次，复评审 6 次，扩项评审 42 次，监督评审 135 次；使用评审员 805 人次，使用技术专家 135 人次。除 CNACL 正式注册评审员外，CNACL 还建立了由 1 900 多名技术专家组成的专家库。这些技术专家为 CNACL 评审工作提供了必要的技术资源。

**【CNACL 评审员管理】** CNACL 的评审员为三个级别：主任评审员、评审员和实习评审员。统称级别评审员。对三个级别的评审员的教育、工作、培训方面的要求是相同的，其差别体现在评审经历、技能要求和考核上。三个级别的能力和水平依次递增：实习评审员→评审员→主任评审员。CNACL 对每个注册级别评审员采用每年一次的年度确认方式予以督促，并对每个注册级别评审员遵守评审员行为准则的情况进行检查。

CNACL于1996年10月18日和1997年8月14日分别批准建立了“上海实验室认可技术交流中心”和“北京列伯实验室认可技术交流中心”，开展CNACL评审员培训工作。今年新注册实习评审员225人，评审员26人，主任评审员7人；内审员共注册437人。1994年～2000年12月30日：获CNACL注册主任评审员资格17人，注册评审员资格65人，注册实习评审员资格777人。总计：注册级别评审员859人。

2000年举办评审员培训课程21期，内审员17期。培训评审员419人，内审员638人。随着实验室认可的发展，CNACL制定了《评审员发展规划》，有计划地为实验室认可培养所需人才。

**【技术活动】** 2000年，在国家质量技术监督局有关业务司的组织下，CNACL完成ISO/IEC 17025国际标准的转化为中国国家标准的起草工作，年底并通过了有关方技术专家的审定。现已经国家质量技术监督局批发布。

ISO/IEC 17025过渡计划及技术支持。为使ISO/IEC 17025在CNACL认可体系中顺利实施，CNACL制定了相应的过渡计划，包括文件的起草、实施的准备、过渡的期限以及对实验室和评审员的具体要求。同时，在技术方面注重了测量不确定度在检测实验室中运用的要求，并成立了不确定度应用专业工作组。

此外，CNACL还承担了ISO/IEC 17020 1998：《各类检查机构能力的通用要求》转化为中国国家标准的起草工作。

**【能力验证活动】** 2000年CNACL共开展13项国内能力验证计划（见附件2）。这些计划涉及地矿、冶金、纺织、纤检、石化、生物以及光学和长度8个领域的85个测试项目，共计300个实验室参加，同时CNACL还组织18个实验室参加了9项亚太地区的能力验证计划，共涉及通信、家电、化学分析和声学4个领域的34个项目。为扩大能力验证活动的开展，CNACL还在纤纺、金属分析、珠宝、卫生和机械等5个检测领域宣贯了能力验证的相应政策和程序，促进了能力验证工作在这些行业的开展。

**【国际合作】** CNACL是实验室认可机构区域组织APLAC和国际组织ILAC的正式成员。

1995年4月CNACL签署了APLAC谅解备忘录；1996年9月CNACL签署了ILAC谅解备忘录；1999年12月CNACL签署了APLAC互认协议；2000年11月2日CNACL签署了ILAC互认协议。

CNACL积极参加实验室认可方面的国际活动，并邀请NATA、IANZ、UKAS、A2LA、KOLAS、HKOLAS等实验室认可机构专家到CNACL进行技术交流。

CNACL将努力与国际、各地区及各国实验室认可机构进行合作，严格履行ILAC、APLAC互认协议的要求，按照国际实验室认可的通行准则开展认可工作，促进中国实验室得到国际更广泛的承认。

**2000年11月2日在美国签署国际实验室认可合作组织互认协议（ILAC-MRA）的36个实验室认可机构名单**

| 组　　织 | 经济体 | 签　字　人 | 范　　围 |
|---|---|---|---|
| 澳大利亚国家检测机构协会（NATA） | 澳大利亚 | Anthony Russell | 检测与校准 |
| 比利时实验室认可体系（BELTEST和BKO/OBE） | 比利时 | Vincent Merken | 检测与校准 |
| 巴西计量、贸易、工业质量和生产力研究院（INMETRO） | 巴西 | Armando Mariante Carvalho | 检测与校准 |
| 加拿大标准理事会（SCC） | 加拿大 | Peter Clark | 检测与校准 |
| 中国实验室国家认可委员会（CNACL） | 中国 | 乔东 | 检测与校准 |
| 捷克认可研究院，o. p. s.（CAI） | 捷克 | Jiri Ruzicka | 检测与校准 |
| 丹麦认可（DANAK） | 丹麦 | Vagn Andersen | 检测与校准 |
| 芬兰计量认可服务中心（FINAS） | 芬兰 | Tuulikki Hattula | 检测与校准 |
| 法国认可委员会（COFRAC） | 法国 | Daniel Pierre | 检测与校准 |
| DAP | 德国 | Hans-Ulrich Mittmann | 检测 |
| DACH | 德国 | Hans-Ulrich Mittmann | 检测 |
| PTB | 德国 | Klaus Brinkmann | 校准 |
| DATech | 德国 | Hans-Ulrich Mittmann | 检测 |
| 中国香港实验室认可体系（HKAS） | 中国香港 | LHNg | 检测与校准 |
| 印度实验室国家认可委员会（NABL） | 印度 | AK Chakrabarty | 检测与校准 |
| 爱尔兰国家认可委员会（NAB） | 爱尔兰 | Tom Dempsey | 检测与校准 |

续表

| 组　织 | 经济体 | 签　字　人 | 范　围 |
|---|---|---|---|
| 意大利检测实验室认可体（SINAL） | 意大利 | | 检测 |
| 意大利校准实验室认可体系（SIT） | 意大利 | Paolo Soardo | 校准 |
| 日本合格评定认可委员会（JAB） | 日本 | Takashi Ohtsubo | 检测 |
| 日本校准服务认可体系（JCSS） | 日本 | Koji Sugiue | 校准 |
| 日本实验室国家认可体系（JNLA） | 日本 | Taizo Nishikawa | 检测 |
| 韩国实验室认可体系（KOLAS） | 韩国 | Dong Young Joo | 检测 |
| 荷兰认可理事会 RvA | 荷兰 | Jos Leferink | 检测与校准 |
| 新西兰国际认可（IANZ） | 新西兰 | WL Richards | 检测与校准 |
| 挪威认可 | 挪威 | Helge Kildal | 检测与校准 |
| 新加坡国家认可体系（SAC） | 新加坡 | K. S. Tan | 检测与校准 |
| 南非国家认可体系（SANAS） | 南非 | M. A. Peet | |
| 西班牙国家认可（ENAC） | 西班牙 | | 检测与校准 |
| 瑞典认可与合格评定委员会（SWEDAC） | 瑞典 | Lars Ettarp | 检测与校准 |
| 瑞士认可服务（SAS） | 瑞士 | Hanspeter Ischi | 检测与校准 |
| 中国台湾实验室认可体系（CNLA） | 中国台北 | Nigel Jou | 检测与校准 |
| 英国认可服务（UKAS） | 英国 | Brian Thomas | 检测与校准 |
| 美国实验室认可协会（A2LA） | 美国 | Peter Unger | |
| 美国国家实验室自愿认可组织（NVLAP） | 美国 | David Alderman | |
| 建筑官方国际会议认可组织（ICBO-ES） | 美国 | CP Ramani | |
| 越南实验室认可体系（VILS/STAMEQ） | 越南 | Ho Tat Thang | 检测与校准 |

**2000 年 CNACL 组织国内能力验证一览表**

| 序号 | 能力验证计划编号 | 能力验证名称 | 参加实验室数量 |
|---|---|---|---|
| 1 | CNACL T002 | 硅酸岩中氧化物分析 | 15 |
| 2 | CNACL T003 | 铜矿石中铜、锌含量分析 | 15 |
| 3 | CNACL T004 | 纺织品的纤维含量和染色牢度测试 | 38 |
| 4 | CNACL T005 | 眼科光学产品测试 | 正在实施中 |
| 5 | CNACL T006 | 低合金钢中化学元素含量分析 | 41 |
| 6 | CNACL T007 | 铝合金中化学元素含量分析 | 17 |
| 7 | CNACL T008 | 碳钢的室温夏比冲击性能测试 | 正在实施中 |
| 8 | CNACL T009 | 生物标志物分析鉴定、岩石矿物定量分析 | 23 |
| 9 | CNACL T010 | 硅铁中化学元素含量分析 | 15 |
| 10 | CNACL T011 | 棉花感官和物理性能测试 | 34 |
| 11 | CNACL T012 | 毛纤维直径和含量分析 | 53 |
| 12 | CNACL T013 | 化纤短纤维物理性能测试 | 44 |
| 13 | CNACL M001 | 三等标准量块比对 | 5 |

**2000年CNACL组织国际能力验证一览表**

| 序号 | 能力验证计划编号 | 能力验证计划名称 | 参加实验室数量 |
|---|---|---|---|
| 1 | APLAC-APM010 | 声级 | 3 |
| 2 | APLAC-APT017 | 移动电话 | |
| 3 | APLAC-APT018 | 寻呼机 | |
| 4 | APLAC-APT019 | 电话 | 3 |
| 5 | APLAC-APT020 | 键盘电话系统 | |
| 6 | APLAC-APT021 | 调制解调器 | |
| 7 | APLAC-APT023 | 电熨斗 | 4 |
| 8 | APLAC T024 | 煤的测试 | 4 |
| 9 | APLAC T025 | 面粉测试 | 4 |

**CNACL2000年年报**

**(一) CNACL批准认可实验室情况**

| 项　目 | 数量/个 | 项　目 | 数量/个 |
|---|---|---|---|
| 批准认可含校准项目实验室 | 36 | 合计 | 374 |
| 批准认可检测实验室 | 338 | | |

**(二) CNACL批准认可实验室地区分布**

| 地区 | 获得认可实验室数量/个 | 地区 | 获得认可实验室数量/个 | 地区 | 获得认可实验室数量/个 |
|---|---|---|---|---|---|
| 北京 | 93 | 浙江 | 11 | 内蒙古 | 3 |
| 上海 | 41 | 河南 | 11 | 江西 | 3 |
| 广东 | 33 | 四川 | 9 | 福建 | 3 |
| 江苏 | 25 | 湖南 | 7 | 山西 | 3 |
| 辽宁 | 22 | 吉林 | 6 | 广西 | 2 |
| 天津 | 20 | 河北 | 5 | 贵州 | 1 |
| 山东 | 18 | 重庆 | 5 | 澳门 | 1 |
| 黑龙江 | 14 | 香港 | 4 | 美国 | 1 |
| 湖北 | 13 | 甘肃 | 3 | 日本 | 1 |
| 陕西 | 13 | 安徽 | 3 | | |

**(三) 能力验证开展情况**

| 能力验证类别 | 次数 | 项目/个 | 参加实验室/个 |
|---|---|---|---|
| 组织国内能力验证/比对试验 | 25 | 147 | 601 |
| 组织参加国际能力验证/比对试验 | 37 | 171 | 121 |

**(四) 注册级别评审员及技术专家情况**

| 类　别 | 数量/人 | 类　别 | 数量/人 |
|---|---|---|---|
| 主任评审员 | 17 | 以上级别评审员合计 | 859 |
| 评审员 | 65 | 技术专家 | 1 895 |
| 实习评审员 | 777 | | |

**【认证与实验室评审按地区分类】**

截止 2000 年 12 月 31 日　　单位：人、个

| | 认证人员 | | 产品认证 | | | | 质量体系认证 | | 实验室认可 | |
|---|---|---|---|---|---|---|---|---|---|---|
| | | | 认证企业 | | 认证证书 | | | | | |
| | 本年 | 本年末累计 | 本年 | 本年末累计 | 本年 | 本年末累计 | 本年 | 本年末累计 | 本年 | 本年末累计 |
| 全国总计 | 2 385 | 9 363 | 7 235 | 14 298 | 16 339 | 64 985 | 10 586 | 25 588 | 145 | 374 |
| 北京市 | 572 | 2 172 | 287 | 492 | 587 | 2 386 | 638 | 1 746 | 36 | 93 |
| 天津市 | 97 | 419 | 125 | 249 | 292 | 1 517 | 223 | 633 | 5 | 20 |
| 河北省 | 77 | 290 | 109 | 327 | 259 | 1 109 | 471 | 1 057 | 2 | 5 |
| 山西省 | 48 | 148 | 16 | 59 | 42 | 205 | 226 | 434 | 0 | 3 |
| 内蒙古区 | 15 | 52 | 15 | 38 | 38 | 157 | 94 | 214 | 1 | 3 |
| 辽宁省 | 153 | 599 | 89 | 303 | 185 | 1 021 | 682 | 1 618 | 8 | 22 |
| 吉林省 | 35 | 129 | 15 | 80 | 43 | 199 | 113 | 380 | 1 | 6 |
| 黑龙江省 | 74 | 228 | 24 | 81 | 58 | 221 | 305 | 659 | 3 | 14 |
| 上海市 | 158 | 762 | 420 | 889 | 971 | 4 467 | 657 | 1 830 | 16 | 41 |
| 江苏省 | 192 | 652 | 854 | 1 776 | 1 823 | 8 495 | 1 956 | 4 400 | 6 | 25 |
| 浙江省 | 103 | 417 | 1 343 | 2 777 | 2 560 | 9 652 | 905 | 2 208 | 6 | 11 |
| 安徽省 | 60 | 153 | 95 | 251 | 204 | 1 128 | 209 | 450 | 1 | 3 |
| 福建省 | 63 | 201 | 223 | 394 | 450 | 1 904 | 243 | 489 | 1 | 3 |
| 江西省 | 41 | 99 | 40 | 107 | 82 | 418 | 123 | 239 | 0 | 3 |
| 山东省 | 183 | 648 | 343 | 646 | 1 075 | 4 039 | 760 | 1 776 | 13 | 18 |
| 河南省 | 49 | 205 | 64 | 229 | 232 | 960 | 323 | 730 | 4 | 11 |
| 湖北省 | 113 | 429 | 70 | 165 | 195 | 682 | 199 | 556 | 7 | 13 |
| 湖南省 | 32 | 136 | 39 | 139 | 93 | 483 | 99 | 278 | 1 | 7 |
| 广东省 | 148 | 773 | 2 360 | 4 001 | 5 133 | 16 907 | 824 | 2 548 | 16 | 33 |
| 广西省 | 9 | 45 | 20 | 123 | 46 | 297 | 111 | 210 | 2 | 2 |
| 海南省 | 1 | 21 | 6 | 28 | 13 | 49 | 22 | 43 | 0 | 0 |
| 重庆市 | 13 | 87 | 37 | 107 | 66 | 313 | 135 | 276 | 4 | 5 |
| 四川省 | 52 | 277 | 136 | 362 | 347 | 1 813 | 335 | 802 | 3 | 9 |
| 贵州省 | 0 | 32 | 11 | 42 | 36 | 185 | 50 | 147 | 1 | 1 |
| 云南省 | 10 | 39 | 5 | 36 | 16 | 121 | 83 | 151 | 0 | 0 |
| 西藏区 | 0 | 0 | 0 | 0 | 0 | 0 | 0 | 0 | 0 | 0 |
| 陕西省 | 60 | 204 | 80 | 173 | 185 | 853 | 164 | 386 | 4 | 13 |
| 甘肃省 | 5 | 51 | 13 | 46 | 39 | 160 | 63 | 159 | 1 | 3 |
| 青海省 | 0 | 6 | 2 | 6 | 3 | 36 | 24 | 40 | 0 | 0 |
| 宁夏区 | 1 | 6 | 5 | 8 | 10 | 32 | 22 | 39 | 0 | 0 |
| 新疆区 | 22 | 68 | 4 | 17 | 9 | 48 | 126 | 243 | 0 | 0 |
| 香港特别行政区 | -1 | 15 | 0 | 0 | 0 | 0 | 395 | 833 | 1 | 4 |
| 境外 | 0 | 0 | 385 | 347 | 1 247 | 5 128 | 6 | 14 | 2 | 3 |

# 锅炉压力容器
# 安全监察

# 概 述

**(一) 法规、标准的制修订**

1. 提出了《法规体系表》(征求意见稿),汇总了锅炉压力容器压力管道及特种设备质量监督安全监察法律、法规、规章和规范性文件及相关标准的框架思路。

2. 新制定了3个规章、5个规范性文件:

发布了《小型和常压热水锅炉安全监察规定》(第11号令)、《特种设备质量监督与安全监察规定》(第13号令)、《气瓶安全监察规程》(质技监局锅发[2000]250号);以"质技监局锅发[2000]07号"文件颁发了《压力管道元件制造单位安全注册与管理办法》、《压力管道元件制造单位安全注册与压力管道安装许可证评审机构资格认可与管理办法》、《压力管道元件制造单位安全注册与压力管道安装许可证评审员考核注册与管理办法》、《压力管道元件型式试验机构资格认可与管理办法》;以"质技监局锅发[2000]99号"文件颁发了《压力管道安装单位资格认可实施细则》。

3. 起草了《锅容管特行政执法的若干规定》、《锅炉压力容器压力管道及特种设备安全监察员管理办法》、《锅炉压力容器压力管道及特种设备检验单位管理办法》。

4. 组织起草了《锅炉安装监督管理规定》《锅炉水处理设备、树脂和药剂注册登记办法》制定(送审稿)、《锅容管特事故处理规定》《锅炉产品安全质量监督检验规则》《锅炉司炉工人安全技术考核管理办法》《气瓶安全监察规程》修订(送审稿)和《锅炉压力容器焊工考试规则》修订(征求意见稿)《锅炉使用安全管理办法》(初稿)。

5. 修订了GB 1576—1996《低压锅炉水质》。制订了《自动钠离子交换器技术条件》国家标准工作。并组织有关部门完成压力容器9项国家标准,40项行业标准。

**(二) 规划和思路**

1. 按照局党组的要求,经调查研究,充分酝酿,提出了《锅炉压力容器压力管道及特种设备安全监察工作改革发展基本思路》,内容包括新时期锅容管特安全监察工作的指导思想和总体目标、主要工作思路和措施及必要的支撑条件。

2. 针对当前设备登记存在死角、使用环节管理薄弱、事故隐患整改不力等问题,进行了专题调研工作并提出了突出重点、以提高"四率"(设备使用登记率、定期检验率、持证上岗率、事故结案率)为核心内容的工作要求。

3. 根据国家局的安排部署,研究提出了《锅炉压力容器压力管道及特种设备质量监督安全监察工作"十五"计划和15年规划》(草案)。

**(三) 安全检查**

1. 适时地部署了锅容管特安全大检查工作,深入贯彻江泽民总书记对安全生产工作的重要批示。3月份发出了质技监锅发[2000]55号文件、质技监锅字[2000]28、31、32号文件,部署了切实做好锅容管特质量安全大检查的工作,要求各地根据本地区的特点,针对当前锅炉压力容器非法制造、无证使用、旧锅炉压力容器交易混乱,以及液化气充装站、客运索道、游乐设施等易造成群死群伤的场所存在的隐患,开展各项治理工作。同时在总结前段工作的基础上,重点检查了各项制度的落实情况以及锅炉压力容器压力管道和特种设备的安全状况,堵漏洞、除死角、查问题、定措施,对发现的事故隐患进行了及时治理。九月份,发出了内部明电《关于切实加强锅炉压力容器压力管道及特种设备安全监察工作的紧急通知》(质技监传[2000]006号),要求各级质量技术监督部门切实加强安全监察工作,狠抓落实,充分利用"监察意见书"、"监检意见书"、"检验报告书"及"缺陷处理单"等方式对隐患提出处理意见并督促整改,不留隐患死角;把工作着力点放在各项制度的落实上,千方百计遏制各类事故,确保人民生命财产安全。

2. 联合共青团、妇联、工会、公安等部门和组织开展了第二次"为了孩子的安全快乐,为了明天"的游乐设施安全大检查活动。

**(四) 宣传教育和培训工作**

1. 召开了"学习贯彻江泽民总书记加强锅炉压力容器质量安全工作重要指示座谈会",并在政宣司宣传处的帮助下,通过三十多家新闻单位进行了宣传报道。会后,发出了《关于印发"学习贯彻江泽民总书记加强锅炉压力容器质量安全工作重要指示座谈会"文件的通知》(质技监局锅函[2000]31号)。

2. 充分利用各种媒体,开展多渠道、多形式的宣传工作。与中央电视台联合,通过"焦点访谈"和"现在播报"等节目,针对性地对废旧锅炉压力容器交易市场、非法使用土锅炉的情况进行了曝光,对小型及常压热水锅炉治理活动等进行了广泛地宣传。

3. 协助《中国质量报》等进行锅容管特安全监察有关的专访、专题报道和知识宣传;以压力管道安全监察工作为主要内容,在《工人日报》上进行了专版宣传。进一步提高全社会对锅炉压力容器压力管道及特种设备质量安全工作重要性的认识和遵守法规的自觉性。

4. 重点开展了对11号令、13号令及有关规范性文件的宣贯工作。组织开展了对统计人员、检验检测人员、压力容器设计审核人员和制造单位质保工程师、医用氧舱维护人员的培训工作。

**(五) 合作交流**

1. 派员随同朱明暹副局长赴罗马尼亚、土耳其、意大利进行了考察。

与罗马尼亚国家锅炉压力容器起重设备监察局(ISCIR)成功地召开了"中罗两国锅炉压力容器安全监察第十五次年会",中罗双方就共同感兴趣的事项达成共识,签署了年会纪要。了解了罗马尼亚、意大利锅炉压力容器等特种设备安全监察监督体制情况、有关协会联合会的管理情况、有关的设备管理和制造技术情况。了解了欧洲锅炉压力容器等特种设备监察管理技术进展情况。与意大利政府承压及特种设备安全主管机构(ISPESL)、意大利通用机械工程协会联合会(ANIMA)等有关机构和组织正式建立了联系，探讨了进一步合作的意向。

通过上述情况的了解，对我国锅炉压力容器监察检验体制的改革、制度的建设将会提供有益的启发。根据国外先进经验和做法，结合市场经济的新环境，重新审视锅炉压力容器等特种设备安全监察工作，履行职责，依法行政，完善法规和制度的建设，提高工作效率，推进与国际惯例接轨。同时宣传介绍了我国政府机构改革情况、锅炉压力容器等特种设备职能划转情况和质量技术监督管理体制情况以及基本做法。

获取了有关的信息资料：ISCIR 提供了一套罗压力设备检验规程；ISPESL 提供了其年度报告；ANIMA 提供了 CE《压力设备指令》；以及有关工厂的信息资料。

2. 以中国锅炉压力容器检验协会的名义组团赴台湾进行了考察。

访问了台湾中华压力容器协会和台湾省锅炉协会。考察了有关的锅炉压力容器制造及使用企业，了解了有关的情况。举办了 4 次锅炉压力容器检验交流研讨会。促进了海峡两岸锅炉压力容器安全管理与技术交流。

3. 派员组团赴美考察气瓶安全管理情况。

# 基本情况综合

**【全国现有锅炉压力容器安全监察机构及其人员】** 全国共有安全监察机构 2349 个，其中：国家质量技术监督局直属 1 个；省级 31 个；地(市)级 391 个；县(市)级 1926 个。

专管监察机构 917 个，其中：省级 31 个；地(市)级 339 个；县(市)级 546 个。兼管机构 1432 个，其中：地(市)级 52 个；县(市)级 1380 个。

现有专职人数共有 4541 人，其中：国家局直属 14 人，省级 204 人；地(市)级 1172 人；县(市)级 3151 人。兼职人数共有 1689 人，其中按文化程度分类中专以上学历占总人数的 85.58%。

现负责从事锅炉安全监察工作人员 692 人，负责从事压力容器安全监察工作人员 587 人，负责从事压力管道安全监察工作人员 302 人，负责从事特种设备安全监察工作人员 303 人。

**【全国现有检验单位及其人员】** 全国锅炉压力容器检验单位共有 1252 个，其中：独立检验单位共 1214 个，派出锅检单位 38 个。现有职工总数 19833 人，按文化程度分类，研究生以上人员 265 人，占总人数的 1.34%；大专以上人员 11419 人，占总人数的 57.58%；高中以上人员 6635 人，占总人数的 33.45%；其他人员 1514 人，占总人数的 7.63%。

按技术职称分类，工程技术人员合计 15516 人，占总人数的 78.23%；高级工程技术人员 2097 人，占总人数的 10.57%；中级工程技术人中 6408 人，占总人数的 32.31%；初级工程技术人员 5046 人，占总人数的 25.44%；待评工程技术人员 1965 人，占总人数的9.91%。

按工作性质分类，无损检测持证人员中高级(国家级)(Ⅲ)528 人，中级(省级)(Ⅱ)6129 人，初级(单位)(Ⅰ)1559 人。水处理检验以及其他有关检验持证 1001 人。

全国现有持证检验人员 11552 人。全国持有锅炉检验员证 4325 人，压力容器检验员证 4122 人，医用氧舱检验员证 98 人，气瓶检验员证 2579 人，压力管道检验员证 648 人，电梯检验员证 865 人，起重机械检验员证 845 人，厂内机动车辆检验员证 410 人，驾空索道检验员证 16 人，游乐设施检验员证 43 人，防爆电气检验员证 17 人。

国家局直属锅检单位 1 个，省级锅检单位 40 个，派出锅检单位 4 个；地(市)级锅检单位 458 个，派出锅检单位 17 人；县级锅检单位 257 个，派出锅检单位 11 个；行业部门锅检单位 222 个，派出锅检单位 5 个；自检锅检单位 183 个；其它锅检单位 53 个，派出锅检单位 1 个。

**【全国人员培训及资格考核】** 全国举办锅炉压力容器压力管道监察人员培训班 5 期。

检验人员中，高级无损检测，举办 16 期资格培训，参加 638 人；中级无损检测，举办 124 期资格培训，参加 6535 人；初级无损检测，举办 71 期资格培训，参加 2243 人。

检验员中：锅炉培训 30 期，参加 461 人；压力容器培训 25 期，参加 483 人；医用氧舱培训 5 期，参加 105 人；气瓶培训 10 期，参加 360 人；压力管道培训 47 期，参加 701 人；电梯培训 22 期，参加 302 人；起重机械培训 7 期，参加 187 人；厂内机动车辆培训 7 期，参加 30 人。锅炉房管理人员举办 320 期培训，参加 1.28 万人；压力容器操作人员举办 811 期培训，参加 3.47 万人；医用氧舱维护人员举办 5 期培训，参加 148 人；起重机械作业人员举办 441 期培训，参加 2.35 万人；厂内机动车辆驾驶人员举办 168 期培训，参加 0.62 万人；架空索道管理人员举办 3 期，参加 178 人；水处理人员举办 854 期培训，参加 2.13 万人；焊工举办 1301 期培训，参加 3.52 万人；司炉人员举办 2543 期培训，参加 18.04 万人；充装操作人员举办 253 期培训，参加 0.97 万人；罐车押运员、驾驶员举办 133 期培训，参加 0.38 万人；其他人员举办 367 期培训，参加 1.23 万人。

**【全国在用锅炉总台数】** 总台数 52.63 万台。其中，蒸汽锅炉台数 34.91 万台，约占锅炉总台数的 66.33%；热水锅炉台数 16.67 万台，约占锅炉总台数的 31.67%；有机锅炉台数 0.61 万台，约占锅炉总台数的 1.15%；其它锅炉 0.45 万台，约占锅炉总台数的 0.85%。

按用途分类统计：生活用锅炉 27.11 万台，占总台数的 51.51%；生产用锅炉 24.99 万台，占总台数的 47.48%；发电用锅炉 0.53 万台，占总台数的 1.01%。

**【全国在用锅炉总蒸发量】** 总蒸发量 125.67 万兆

瓦。锅炉总蒸发量中:蒸汽锅炉96.39万兆瓦,占总蒸发量的76.7%;热水锅炉28.44万兆瓦,占总蒸发量的22.63%;有机锅炉0.78万兆瓦,占总蒸发量的0.62%。

按用途分类统计:生活用锅炉的蒸发量为39.40万兆瓦,占总蒸发量的31.35%;生产用锅炉的蒸发量为49.00万兆瓦,占总蒸发量的38.99%;发电用锅炉的蒸发量为37.27万兆瓦,占总蒸发量的29.66%。

**【全国在用固定式压力容器】** 总台数124.5万台。

按设计压力分类统计:第一类压力容器(0.1兆帕≤$P$<1.6兆帕)83.03万台,占总台数的66.69%;第二类压力容器低压(0.1兆帕≤$P$<1.6兆帕)12.74万台,占总台数的10.23%;中压(1.6兆帕≤$P$<10兆帕)19.65万台,占总台数的15.78%;第三类压力容器低压(0.1兆帕≤$P$<1.6兆帕)1.45万台,占总台数的1.16%;中压(1.6兆帕≤$P$<10兆帕)4.42万台,占总台数的3.55%;高压(10兆帕≤$P$<100兆帕)2.76万台,占总台数的2.22%;超高压容器($P$≥100兆帕)0.27万台,占总台数的0.22%;医用氧舱1871台,占总台数的0.15%。

按用途分类统计:反应容器13.87万台,占总台数的11.14%换热容器40.63万台,占总台数的32.63%;分离容器36.26万台,占总台数的29.12%;储存容器22.37万台,占总台数的17.97%;其中大于等于50米$^3$球罐0.51万台,占总台数的0.41%;其他容器11.39万台,占总台数的9.15%。

**【在用移动式压力容器(罐车与气瓶两类)】** 全国在用罐车共计17036辆。其中铁路罐车4865辆;汽车罐车12171辆。

全国在用气瓶总数8308.92万只。无缝气瓶591.39万只,占总数的7.12%;溶解乙炔气瓶263.80万只,占总数的3.17%;液化石油气瓶7418.82万只,占总数的89.28%;车用气瓶9.75万只,占总数的0.12%;低温气瓶0.65万只,占总数的0.01%;其他气瓶24.52万只,占总数的0.30%。

**【持有锅炉制造许可证企业】** 全国持有A级证的企业26个;持有B级证(额定蒸汽压力≤2.5兆帕)191个;持有C级证(额定蒸汽压力≤0.8兆帕且额定蒸发量≤1吨/小时)192个;持有D级证(额定蒸汽压力≤0.1兆帕的蒸汽锅炉和额定出口水温≤120℃且额定热功率≤2.8兆瓦的热水锅炉)221个;持有SA级证(水质监测单位)150个;持有SB级证(水质监测单位)336个;持有YJ级证24个;其他证272个。持有锅炉安装许可证单位5666个。其中年度增加1337个,年度减少144个,年内复查517个。持有锅炉修理改造证单位1789个。其中年度增加535个,年度减少104个,年内复查142个。其他授权取证单位393个。其中年度增加51个,年度减少71个,年内复查128个。

**【持有压力容器制造许可证企业】** 持有三类压力容器制造许可证300个;一、二类许可证2007个。AR1级(一、二、三级高压容器)120个,AR2级(一、二、三类压力容器)114个,AR3级(球形压力容器现场组焊、容积≥50米$^3$)37个,AR4级(超高压容器)5个,AR5级(医用氧舱)11个;BR1级(一二类压力容器)1871个,BR2级(一类压力容器)269个;CR1级(液化气体铁路罐车)8个,CR2级(液化气体汽车罐车)20个;DR1级(无缝气瓶)16个;DR2级(焊接气瓶)18个,DR3级(溶解乙炔气瓶)12个,DR4级(特种气瓶)9个,DR5级(液化石油气瓶)110个,其他证(部件、封头等)51个。

**【持有压力管道许可证企业】** 持有工业管道设计证14个,公用管道设计证18个,长输管道设计证12个。持有工业管道制造证1个。持有工业管道安装证159个,公用管道安装证93个,长输管道安装证67个,其他安装证8个。

**【气瓶充装站、检验站】** 全国共有气瓶充装站12304个。其中永久气体充装2322个,溶解乙炔气体充装805个,液化石油气体充装9286个,液化气体充装623个,其他气体充装130个。

全国共有气瓶检验站2184个。其中无缝气瓶检验1076个,溶解乙炔气瓶检验288个,液化石油气瓶检验790个,其他焊接气瓶检验233个,其他检验16个。按行业分类气瓶充装站、检验站。

个

| 项目 | 合计 | 无缝气瓶 | 溶解乙炔气瓶 | 液化石油气瓶 | 其他焊接气瓶 | 其他 |
|---|---|---|---|---|---|---|
| 质量技术监督直属 | 403 | 81 | 49 | 234 | 37 | 2 |
| 非质量技术监督直属 | 1 876 | 948 | 226 | 506 | 184 | 12 |
| 其他 | 124 | 47 | 13 | 50 | 12 | 2 |

**【定期检验】**

1. **锅炉** 全国共完成定期检验在用锅炉29.45万台,定检率95.5%。其中:定期检验蒸汽锅炉17.13万台,定检率94.5%;定期检验热水锅炉11.75万台,定检率97%;定期检验有机锅炉2218台,定检率86%;其他定期检验0.34万台,定检率97.1%。

质技监单位检验承担完成其中工作量是87.32%;行业单位检验承担完成其中工作量是8.25%;自检单位检验承担完成其中工作量是2.39%;其他单位检验承担完成其中工作量是2.04%。

2. **压力容器** 全国共完成压力容器定期检验25.32万台(辆)定检率89.48%。其中:固定式压力容器定期检验22.38万台,定检率89.3%;固定式压力容器中≥50米$^3$球罐定期检验1472台,定检率96.0%;超高压容器定期检验400台,定检率78.9%;医用氧舱定期检验445台,定检率88.8%。罐车中汽车罐车定期检验7730辆,定检率85.0%;铁路罐车定期检验3311辆,定检率94.6%;其他罐车定期检验3009辆,定检率93.7%。其他压力容器定期检验15387台,定检率93.5%。质技监单位检验承担完成其中工作量71.60%,行业单位检验承担完成其中工作量16.13%。自检单位检验承担完成其中工作量10.83%,其他单位检验承担完成其中工作量1.45%。

3. **气瓶** 全国完成气瓶定期检验1 115.86万只,定检率82.5%。无缝气瓶定期检验117.38万只,定检率89.8%;溶解乙炔气瓶定期检验34.89万只,定检率70.0%;液化石油气瓶定期检验948万只,定检率82.5%;其他气瓶定期检验15.59万只,定检率70.0%;质技监单位检验承担完成其中工作量22.07%,行业单位检验承担完成其中工作量28.47%;自检单位检验承担完成其中工作量10.26%;其他单位检验承担完成其中工作量39.19%。

4. **压力管道** 全国共完成压力管道定期检验886919,定检率48.8%。工业管道定期检验636557米,定检率43%;公用管道定期检验27490延长米,定检率24%;长输管道定期检验218467米,定检率100%;其他定期检验4405米,定检率100%;质技监单位检验承担完成其中工作量19.64%;行业单位检验承担完成其中工作量27.67%;自检单位承担完成其中工作量52.69%。

5. **安全阀** 全国共完成安全阀定期检验45.60万个,定检率94.8%。质技监单位检验承担完成其中工作量81.97%;行业单位检验承担完成其中工作量9.64%;自检单位承担完成其中工作量6.15%;其他单位检验承担完成其中工作量2.24%。

6. **锅炉水质检测** 全国共完成锅炉水质检测定期检验27.38万个水样,定检率60.2%。其中质技监单位检验承担工作量65.74%;行业单位检验承担工作量5.60%;自检单位检验承担工作量26.12%;其他单位检验承担工作量2.54%。

**【产品安全性能监督检验数量】** 全国共有产品安全性能监督检验锅炉67649台,其中蒸汽锅炉43383台(B级以上313台)、热水锅炉13657台;有机锅炉2358台;其他8251台。

全国产品安全性能监督检验压力容器350340台,其中≥50米$^3$球罐341台;超高压容器193台;医用氧舱366台。全国监督检验汽车罐车1198辆;铁路罐车635辆,其他9841辆。其他压力容器5.48万台。

全国产品安全性能监督检验气瓶1 587.05万只,其中无缝气瓶74.70万只;溶解乙炔气瓶23.68万只;液化石油气瓶1 412.73万只;其他75.94万只。

全国产品安全性能监督检验安全附件97.85万个。其中安全阀1.19万个,液位计125个,爆破片0.96万个,其他95.69万个。

全国产品安全性能监督检验压力管道元部件262个,其他6.55万个。

**【安装安全性能监督检验数量】** 全国锅炉安装安全性能监督检验18006台,其中B级以上251台。

全国压力器安装安全性能监督检验5901台,其中≥50米$^3$球罐监督检验168台,医用氧舱监督检验89台。

全国压力管道安装安全性能监督检验131384千米。

全国水处理设备安装安全性能监督检验1243台。

**【进出口锅炉压力容器】** 进口锅炉共计1646台,不合格率占3.71%。

各省中进口最多的是北京市,共计962台,约占全国进口总数的58.44%;其次是广东省,共计140台,约占全国进口总数的8.51%;上海市进口119台、江苏省进口106台,分别占全国进口总数的7.23%、6.44%。

进口压力容器共计2036台,不合格率占8.69%。各省中进口多的是广东省共计540台,占全国进口总数的26.52%;其次是上海市,进口419台,占全国进口总数的20.58%;北京市进口181台,陕西省进口143台,天津市进口130台,河北省进口112台。

进口气瓶共计1503只,不合格率7.25%。

各省中进口气瓶最多的是北京市,进口550只,占全国进口数的36.59%;其次是吉林省进口500只,占全国进口总数的33.27%。

全国出口锅炉总计128台,合格率为100%。

锅炉出口最多的是江苏省,计71台,占出口总数的55.47%;其次,上海市出口19台,北京市出口12台。

全国出口压力容器总计12060台,合格率100%。

压力容器出口最多的是上海市,共计8292台,占出口总数的68.76%;其次是广东省出口1546台,浙江省1203台。

全国出口气瓶总计100.02万只,合格率100%。

气瓶出口最多的是浙江省,共计34.66万只,占出口总数的34.65%。其次,广东省出口26.15万只,占出口总数的26.14%;上海市出口13.90万只,占出口总数的13.90%;北京市出口12.90万只,占出口总数的12.90%;江苏省出口9.88万只,四川省出口1.21万只,河南省出口0.61万只,重庆市出口0.52万只。

# 检 验 管 理

1. 2000年组建了全国锅炉压力容器压力管道及特种设备检验人员考核委员会。

2. 在大连召开了《锅炉压力容器压力管道及特种设备检验人员考核规则》宣贯会。

3. 组织有关专家30余人编写完成《锅炉压力容器检验人员考核法规标准习题集》(试用版),该书首次将检验人员应学习掌握的200余个法规标准全面收集整理,并将重要内容编纂成习题,以供检验人员使用。

4. 在北京组织举办首批锅炉、容器检验师资格考核试点班。共有300多人参加了381人/项的考核,其中128人获得全国首批锅炉检验师资格,240人获得压力容器检验师资格。

5. 按照有关规则要求,组织完成了北京、山东、河南、浙江、福建省锅检所、合肥通用所容检站、冶金锅炉压力容器检测站等检验单位的抽查及换证考核。各省级安全监察机构共完成对200多个检验单位的监督抽查。

6. 对检验单位进行了抽查考核。指导有关考核机构开展了对锅炉压力容器检验师及无损检测人员的资格考核工作。全国锅炉压力容器无损检测人员考核委员会在杭州对300多名申报高级无损检测资格复试的人员进行了考核，经考核，RT方法合格140人，UT方法合格119人，MT方法合格44人，PT方法合格40人。在厦门与电力系统合作成功举办了一期Ⅱ级涡流检测人员培训考核班，76人参加初试，16人参加复试，全部通过考核。在天津对全国335人申请高级无损检测资格初试的人员进行了考核，其中RT方法合格114人，UT方法合格68人，MT方法合格24人，PT方法合格26人。

7. 加强了对检验单位的监督管理，加大查处力度，整顿行业作风，对违规的郑州锅检所在监检管理中出现的问题给予了通报批评。

8. 在广州举办了“液化气体铁路/汽车罐车定期检验研讨会”，对进一步完善检验设施、操作规范，提高罐车检验工作质量起到了积极作用。

9. 在成都举办了由日本、香港专家授课的电梯、起重机械检验讲习班，全国各地的100多名代表参加了活动。

10. 组织编制了进出口锅炉压力容器检验管理等软件，从提高检验规范化入手，积极推动检验数据库建设，完善安全监察检验信息网络。

11. 全年共对133个检验单位进行了换证注册登记，并换发质量技术监督局的检验许可证。

## 事故情况及其分析

据统计，2000年共发生锅炉、压力容器、气瓶、压力管道爆炸事故155起，严重事故151起，死亡175人，受伤368人，直接经济损失4 503.23万元。另据北京、内蒙、江苏、湖北、广东、四川、陕西、青海统计，2000年发生电梯、起重机械、游艺机与游乐设施、厂内机动车辆事故64起，死亡58人，受伤65人。2000年锅炉、压力容器、气瓶、压力管道事故起数、伤亡人数、直接经济损失及与1999年相比情况见附件。2000年锅炉、压力容器、气瓶、压力管道的事故起数有所降低，但死亡人数、受伤人数有所增加，特别是气瓶和压力管道爆炸事故，造成的人员死亡增长幅度较大。

按所登记的在用设备计算，锅炉(不包括非法制造的伪劣锅炉或非承压锅炉按承压使用的锅炉，以下简称“土锅炉”)爆炸事故率为0.16起/万台，比1999年减少27.3%；压力容器爆炸事故率为0.22起/万台。比1999年减少29%。

对事故主要原因和特点的基本分析：

1. 非法制造，随意使用“土锅炉”。在155起爆炸事故中，“土锅炉”爆炸事故就有68起，占43.9%。在“土锅炉”的68起爆炸事故中，发生在洗浴业、制衣业、小食品坊、小油坊、小豆腐坊、小胶合板厂等有41起，占60.3%。在这68起事故中，32起属非法安装、改装，36起因非承压设备当承压锅炉使用所致。如：山西省某县酒业有限公司，私自制造锅炉，由于结构不合理，运行时爆炸，死亡2人，受伤1人，直接经济损失20万元。黑龙江省哈尔滨市某单位非法制造锅炉，人员无证操作，运行时爆炸，死亡4人，受伤3人。陕西省咸阳某个体作坊自制锅炉，在试运行时发生爆炸，死亡2人，受伤3人。湖北省某餐厅，使用非法制造的设备，发生爆炸，死亡3人，受伤1人。浙江省文成县某个体作坊自制锅炉，结构不合理，质量低劣，运行时爆炸，死亡2人，受伤1人。北京市朝阳区某村豆腐作坊，将汽油桶改装为蒸汽锅炉，发生爆炸，死亡1人，受伤2人。山东省平度市某染料厂，使用非法设计、制造的导热油炉，质量低劣，发生爆炸，死亡2人，受伤18人，直接经济损失23万元。广东省从化市某个体户，使用非法制造的锅炉，发生爆炸，死亡3人，受伤3人。四川省威远县某村个体加工豆腐点，使用非法制造的劣质锅炉，发生爆炸，死亡3人。

2. 承压锅炉的使用、管理、制造存在薄弱环节。在承压锅炉的6起爆炸事故中，3起因超压运行，2起因缺水并操作不当，1起因过热器泄漏引起。在承压锅炉的135起严重事故中，36起因缺水，51起因水质不良，6起因存在制造缺陷，20起因腐蚀、磨损，4起因炉膛爆燃，18起因其他操作原因导致。如：福建省晋江市某漂染有限公司，发生缺水事故后又处理不当，造成爆炸，受伤4人，直接经济损失60万元。北京市某戏曲学院，一台燃油锅炉在调试时，发生燃烧室爆燃，死亡2人，直接经济损失56.8万元。山西省潞城市某发电用锅炉，发生燃烧室爆燃，死亡2人，受伤8人，直接经济损失49万元。

3. 压力容器非法制造，使用管理不当，未及时进行定期检验。在压力容器的27起爆炸事故中，11起因操作不当，8起因非法制造、安装，5起因安全附件失灵，2起因制造质量低劣，1起因内部存在缺陷引起。在压力容器的9起严重事故中，5起因操作不当，3起因附件损坏，1起因腐蚀所致。如：浙江省某煤矿机械厂，使用非法制造的容器，在运行时发生爆炸，死亡2人。四川省成都市某皮革厂，使用非法制造的压力容器，使用中发生爆炸，死亡2人。河北省邯郸市某制浆有限责任公司，所用的压力容器没有进行定期检验，事故隐患未能及时发现，造成事故，死亡3人。河北省新丰某农药化工股份有限公司，使用的液氨计量槽，腐蚀严重，发生泄漏，引起60人中毒。湖南省益阳市某生化试剂厂，使用旧的搪玻璃反应器，发生爆炸，死亡2人，受伤6人，直接经济损失100万元。辽宁省锦州某石化分公司，一台球形储罐，在关闭阀门时，因操作不当，引起火灾，死亡3人，受伤1人。陕西省某县医院，患者携带物品进入医用氧舱，引起火灾，死亡2人。

4. 气瓶使用管理不善，安全监察力度不够。在气瓶的41起爆炸事故中，12起因违章充装，5起因错装，7起因使用不当，2起因制造、改装质量伪劣，3起因在检验、修理过程中违章操作，4起因腐蚀，3起因违章自行装卸，1起因使用判废的气瓶，4起因其他原因造成泄漏引起。在气瓶的2起严重事故中，1起因在装卸过程中产生泄漏，1起因在使用过程中产生泄漏导致。如浙江省东阳市某化工厂，因充装过量爆炸，死亡2人，直接经济损失55万元。四川省某个体液化气经营点，私自倒装液化气，引起3只液化气钢瓶爆炸，死亡1人，受伤2人。河北省某倒卖液化气个体户，自行用罐倒气，发生爆炸，受伤6人。黑龙江省绥化市某气体厂，发生错装，引起氧气瓶爆炸，死亡2人，受伤4人，直接经济损失17万元。河南省安阳某造纸厂，在进行卸液氯过程中，因操作不当，发生泄漏，引起42人中毒。山东省平度市某村个体修理户，所用的氧气瓶腐蚀严重，发生爆炸，死亡1人，受伤4人。山东省青岛市某仪表有限公司，所用氧气瓶腐蚀严重，发生爆炸，死亡2人，受伤4人，直接经济损失30万元。江西省南昌某医用气体厂，操作不当，氧气瓶混有油脂，发生爆炸，死亡4人，直接经济损失60万元，并造成停产。吉林省松原市某气体有限公司，充装操作不当，氧气瓶内混有可燃介质，产生爆炸，死亡2人，受伤2人。辽宁省葫芦岛市某个体饭店，液化气钢瓶泄漏，引起爆燃，死亡4人，受伤11人，并造成建筑物倒塌，经济损失严重。

5. 压力管道安全监察管理工作起步较晚，监察力度不够，事故总量明显增加，人员伤亡、经济损失较大，主要是泄漏引起的火灾、爆炸或中毒。在压力管道的13起爆炸事故中，3起因安装质量不符合要求，3起因阀门等附件的质量存在缺陷，2起因管道材料质量不符合规定，3起因其他原因造成泄漏，1起因在检修中违章操作发生，1起因没有及时清理易燃残物引起。在压力管道的5起严重事故中，3起因受压断裂，2起因腐蚀所致。如：浙江省建德市某化工有限责任公司，因管道阀门爆裂，死亡4人，受伤12人。北京市某钢厂，一台发电锅炉的主蒸汽管道阀门与管道的焊接部位撕裂，发生爆炸，死亡6人，直接经济损失75.2万元。黑龙江省七台河某煤气公司，因设计不合理，管道受压断裂，煤气泄漏，死亡4人，受伤14人。山东省莱芜市某化工厂，管道用材错误，发生爆炸，受伤1人，直接经济损失109.4万元。广西省某石油分公司，管道焊接质量低劣，石油泄漏着火爆燃，死亡9人，受伤6人，直接经济损失400万元。

6. 特种设备安全监察基础工作薄弱，事故呈多发态势。据北京等8个省、市的统计，其电梯、起重机械、游艺机与游乐设施、厂内机动车辆发生的64起事故中，29起因设备本身缺陷，20起因违章操作，11起因使用失误，4起因设计、制造、安装质量不符合要求所致。在电梯事故中，如：北京某革制品厂，一台3吨货梯，发生桥箱坠落，死亡1人，受伤2人；江苏省大丰市某学校的电梯，长期未检修，门联锁失效，造成死亡1人。在起重机械事故中，如：湖北省三峡施工现场，一台从美国进口的大型皮带机垮塌，死亡3人，受伤30人；四川省德阳某建房工地，发生塔式起重机起吊臂斩断，死亡1人，受伤2人；陕西省某工程局在架桥时，架桥机倾翻桥下，死亡3人，受伤5人，直接经济损失50万元；青海省某建筑工程公司，发生塔吊平衡臂倾覆，死亡1人，受伤4人，直接经济损失20万元。在游艺机与游乐设施事故中，如：北京某娱乐有限公司，因管理不善，滑道中滑车在运行中发生碰撞，死亡1人，受伤4人，直接经济损失40万元；江苏省南京某公园，使用无制造许可证的太空船，发生断臂事故，受伤2人。在厂内机动车辆事故中，如：江苏省海安县某厂，叉车作业时发生钢板倾翻，站在上面的人员被扣，死亡2人，受伤1人；深圳市某储运公司，一职工驾驶叉车，违章操作，车速过快引起翻车，当场死亡。

2000年度，锅炉压力容器压力管道及特种设备虽未发生特大事故，但各类事故的发生率仍然在一个较高水平上，更为严重的是，安全监察不到位的现象较为普遍存在，安全形势相当严峻。要求各级质量技术监督部门进一步贯彻落实江泽民总书记等中央领导对安全生产的重要指示，坚持“安全第一、预防为主”方针，采取切实有效的措施，狠抓各项工作落实，力争在新的一年里实现“杜绝特大事故、遏制重大事故、减少一般事故”的工作目标。具体要求如下：

1. 集中力量，认真组织开展锅炉压力容器压力管道及特种设备的普查登记工作，提高设备登记率。通过普查登记，摸清设备底数，掌握安全状况，尽快改变非法制造、安装、使用(特别是“土锅炉”)有增无减的严重状况，从根本上遏制各类事故的发生。

2. 加强设备定期检验工作，切实提高定期检验率。要督促设备使用单位及时报检、整改隐患，加强检验单位的检验质量和服务意识，坚持检验任务区域覆盖的原则，强化检验单位责任。通过定期检验，及时发现和消除事故隐患，减少事故的发生。

3. 认真做好操作人员的培训考核，努力提高持证上岗率。要加强对职工的教育，提高整体素质，坚决杜绝无证操作、违章操作。通过严格管理，努力减少因使用不当而发生事故的现象。

4. 进一步做好事故的调查、统计、处理，提高事故结案率。要严格事故报告制度。对出现事故不报告、不调查，或阻止安全监察机构履行职责进行调查的行为，必须追究有关部门和单位的责任。通过严肃查处，防止类似事故的重复发生。

5. 加快机构及职能划转工作，保证安全监察队伍的稳定。在做好锅炉、压力容器安全监察工作的同时，必须按照国务院和地方政府“三定”规定所赋予的职能，强化压力管道、电梯等特种设备的安全监察工作，有效地遏制事故多发的势头。

**2000年锅炉压力容器事故对比表**

| 名称 | 锅炉 | | | “土锅炉” | | |
|---|---|---|---|---|---|---|
| | 2000年 | 1999年 | 增减/% | 2000年 | 1999年 | 增减/% |
| 爆炸事故/起 | 6 | 10 | −40 | 68 | 69 | −1.5 |
| 严重事故/起 | 135 | 210 | −35.7 | 0 | 0 | 0 |
| 死亡人数/人 | 11 | 10 | +10 | 54 | 33 | +63.6 |
| 受伤人数/人 | 25 | 10 | +150 | 73 | 87 | −16.1 |
| 直接经济损失/万元 | 522.16 | 836.44 | −37.6 | 214.88 | 226.23 | −5.0 |

续表

| 名称 | 压力容器 | | | 气瓶 | | | 压力管道 | | |
|---|---|---|---|---|---|---|---|---|---|
| | 2000年 | 1999年 | 增减/% | 2000年 | 1999年 | 增减/% | 2000年 | 1999年 | 增减/% |
| 爆炸事故/起 | 27 | 40 | －32.5 | 41 | 31 | ＋32.3 | 13 | 8 | ＋62.5 |
| 严重事故/起 | 9 | 10 | －10 | 2 | 3 | －33 | 5 | 1 | ＋400 |
| 死亡人数/人 | 29 | 31 | －6.5 | 39 | 29 | ＋34.5 | 42 | 17 | ＋147.1 |
| 受伤人数/人 | 136 | 110 | ＋23.6 | 70 | 107 | －34.6 | 64 | 60 | ＋6.7 |
| 直接经济损失/万元 | 271.25 | 1 291.95 | －79 | 333.78 | 1 544.95 | －78.4 | 3 161.16 | 603.99 | ＋423.4 |

# 锅炉安全监察

**【现场监察】** 专项查处了河北河涧等地的废旧锅炉压力容器交易市场，加强了现场监察工作，在全国布置了开展整顿“土锅炉”活动，规范了对小型和常压热水锅炉的监督管理，取得了明显效果。对广西梧州山东栖霞等三家锅炉制造企业的违规行为进行了通报处理。

**【设计监督管理】** 根据《锅炉压力容器安全监察暂行条例》的规定，用于锅炉生产的锅炉设计资料，须经省级锅炉压力容器安全监察机构审查批准。锅炉压力容器安全监察机构审查锅炉设计的重点是锅炉安全问题。审查的依据为现行的锅炉安全监察规程、有关的国家标准、部标准。

据统计，2000年全国省级锅炉压力容器安全监察机构共审查锅炉设计资料和图样2076套。

**【制造、安装资格管理】** 锅炉制造安全监察，一方面是对锅炉制造实行许可证制度。另一方面是对锅炉制造企业的产品质量进行安全质量监督检验，这项工作是由锅炉压力容器安全监察机构授权的锅炉压力容器检验所进行。

锅炉制造许可证条件按照原劳动部职业安全卫生与锅炉压力容器监察局1995年8月21日颁发的“关于公布《锅炉制造许可证条件》的通知”(劳安锅字[1995]52号)的规定。

2000年有13家企业取得(换发)$E_1$级及其以上锅炉制造许可证，有4家企业取得锅炉部件制造专项许可证，注销了1家企业的锅炉制造许可证。锅炉制造许可证有效期5年。具体名单如下：

**取得(换发)锅炉制造许可证的企业名单**

| 序号 | 企业名称 | 省别 | 级别 | 许可证编号 | 序号 | 企业名称 | 省别 | 级别 | 许可证编号 |
|---|---|---|---|---|---|---|---|---|---|
| 1 | 辽源市锅炉制造有限公司 | 吉林 | D | 20400001 | 8 | 武汉市恒发锅炉制造公司 | 湖北 | $E_1$ | 20500002 |
| 2 | 柳河县锅炉厂 | 吉林 | D | 20400002 | 9 | 河南省周口锅炉厂 | 河南 | $E_1$ | 20500003 |
| 3 | 天津市宝成锅炉制造设备有限公司 | 天津 | D | 20400003 | 10 | 广西壮族自治区横县锅炉厂 | 广西 | $E_1$ | 20500004 |
| 4 | 镇江隆全锅炉有限公司 | 江苏 | D | 20400004 | 11 | 安徽阜阳安固锅炉压力容器制造有限公司 | 黑龙江 | $E_1$ | 20500005 |
| 5 | 云南保山锅炉厂 | 云南 | D | 20400005 | 12 | 上海新业锅炉有限公司 | 上海 | $E_1$ | 20500006 |
| 6 | 四川竹根锅炉股份有限公司 | 四川 | D | 20400006 | 13 | 新疆克拉玛依第二机械厂 | 新疆 | A级油田注气锅炉 | 20700001 |
| 7 | 唐山市锅炉厂 | 河北 | $E_1$ | 20500001 | | | | | |

**取得锅炉部件制造资格的企业名单**

| 序号 | 企业名称 | 省别 | 级别 | 许可证编号 |
|---|---|---|---|---|
| 1 | 上海宁松锅炉设备有限公司 | 上海 | A级锅炉承压部件(锅筒除外) | 20700002 |
| 2 | 宁波锅炉扁钢厂 | 浙江 | A级锅炉承压部件(限鳍片管) | 20700003 |
| 3 | 武汉钢铁集团金属结构有限责任公司 | 湖北 | B级烟罩式余热锅炉承压部件(锅筒除外) | 20700004 |
| 4 | 福斯惠勒动力机械有限公司 | 广东 | A级锅炉承压部件(锅筒除外) | 20700005 |

**注销锅炉制造资格的企业名单**

| 企业名称 | 省别 | 级别 |
|---|---|---|
| 锡山市华东能源设备厂 | 江苏 | 有机热载体炉 |

**【锅炉安装安全监察】** 主要包括：一是对安装单位实行安装资格制度，这项工作由省级锅炉压力容器安全监察机构对安装单位进行审查，实施资格认可并颁发安装许可证。到目前已有5666多家单位取得了锅炉安装许可证。二是对锅炉的安装实行报批制度。即锅炉安装前，锅炉使用单位须将锅炉平面图及标明与有关建筑物的距离的图样，送当地锅炉压力安全监察机构审查同意。锅炉安装单位应按有关规定进行施工，保证锅炉安装质量。锅炉安装质量的分段验收由锅炉安装单位和使用单位共同进行；水压验收和总体验收，除锅炉安装单位和使用单位外，还应有锅炉压力

容器安全监察机构派员参加。

**【使用监督管理】** 锅炉使用安全监察主要包括：(1)对锅炉实行登记，发证使用制度；(2)对锅炉操作人员实行持证上岗制度。使用锅炉的单位应按照《锅炉压力容器安全监察暂行条例》的规定，办理使用登记后，才能将锅炉投入使用。锅炉使用登记手续按《锅炉使用登记办法》规定办理，该办法规定，凡使用固定式承压锅炉的单位，应向锅炉所在地的县级以上(含县级)锅炉压力容器安全监察机构办理登记手续，办理登记手续时应提交《蒸汽锅炉安全技术监察规程》或《热水锅炉安全技术监察规程》规定的与锅炉安全有关的技术资料。登记机关对资料进行审查合格后给锅炉使用单位颁发《锅炉使用登记证》。

锅炉拆迁过户时，原使用单位应向原登记机关办理锅炉注销手续并交回《锅炉使用登记证》。锅炉的全部资料应随锅炉一起移交接收单位，锅炉接收单位应重新办理锅炉登记手续。

目前我国在用固定式锅炉共有526329台。

操作锅炉的司炉工人应按原劳动人事部制订了《锅炉司炉工人安全技术考核管理办法》的规定进行培训并经考核合格，取得锅炉压力容器安全监察机构颁发的相应司炉操作证后，才能独立操作锅炉。2000年，全国共举办了2362期司炉人员培训班，参加学习的人员有164955人，共有215321人换发了司炉操作证。

**【锅炉水处理监督管理】** 2000年4月19日至21日，国家质量技术监督局锅炉局、锅检中心、中国锅炉水处理协会在苏州召开全国第一届锅炉水处理学术论文会议，由专家评选出15篇优秀论文。

组织完成了锅炉水处理人员培训教材《工业锅炉水处理技术》和《锅炉水处理人员考核习题集》的编写工作。委托中国锅炉水处理协会举办了3期锅炉水处理培训师资班。

2000年，全国共举办了854期锅炉水处理人员培训班，参加学习的人员有21281人，共有24027人换发了锅炉水处理人员资格证。

**【锅炉有关文件】** 2000年颁布的有关锅炉方面主要文件有：

1. 关于$E_1$级锅炉制造许可证换证工作的通知(2000年3月7日，质技监锅字[2000]17号)

2. 关于上饶铁路锅炉压力容器厂锅炉制造许可证有关问题的通知(2000年3月21日，质技监锅字[2000]25号)

3. 关于公布锅炉制造换证企业名单的通知(2000年3月21日，质技监锅字[2000]26号)

4. 关于开展旧锅炉压力容器交易市场安全检查治理整顿的通知(2000年3月29日，质技监锅字[2000]28号)

5. 关于上海新业锅炉有限公司锅炉制造资格的通知(2000年5月10日，质技监锅字[2000]39号)

6. 关于注销锡山市华东能源设备厂有机热载体炉制造资格的函(2000年6月15日，质技监锅字[2000]45号)

7. 关于对广西梧州锅炉股份有限公司等单位在锅炉生产过程中违规情况的通报(2000年6月19日，质技监锅字[2000]48号)

8. 关于四川竹根锅炉股份有限公司锅炉制造资格的函(2000年8月15日，质技监锅字[2000]53号)

9. 关于公布《常压热水锅炉制造许可证条件》的通知(2000年8月15日，质技监锅字[2000]63号)

# 压力容器安全监察

(一) **现场监察** 结合"3·15"活动的开展，专项查处了液化石油气钢瓶产品的质量和安全问题，针对存在问题，停止了9家制售伪劣钢瓶产品生产企业的制造资格，对9家产品质量不合格企业责令停产整顿进行了曝光。

(二) **压力容器制造资格管理** 根据国务院《锅炉压力容器安全监察暂行条例》及其实施细则的规定，国家质量技术监督局锅炉压力容器安全监察局安排对2000年压力容器制造许可证有效期满的AR级、CR级和DR级压力容器制造单位进行了换证审查，63家符合换证条件的企业获得国家质量技术监督局换发的压力容器制造许可证，另有10家企业获得国家质量技术监督局新颁发的压力容器制造许可证，17家企业获得国家质量技术监督局新颁发的液化石油气瓶阀制造许可证。现公布如下：

**2000年全国压力容器换发(颁发)许可证企业名单(73家)**

| 序号 | 许可证编号 | 单位名称 | 通讯地址 | 邮编 | 批准的许可证级别 | 电话(含区号) | 传真(含区号) | 法人代表 | 电子信箱 |
|---|---|---|---|---|---|---|---|---|---|
| 1 | RZZ078-2005 | 中国石化集团第四建设公司 | 天津市44信箱 | 300270 | AR2、AR3 | (022)63862213 | (022)25990156 | 周为民 | |
| 2 | RZZ080-2005 | 四川空气分离设备厂 | 四川省简阳市建设路289号 | 641400 | AR1、CR2 | (0832)7015522 | (0832)7015916 | 单金铭 | |
| 3 | RZZ082-2005 | 江西制氧机厂 | 江西省九江市妙智 | 332008 | AR1、CR2 | (0792)8903928 | (0792)8903200 | 邹学文 | |
| 4 | RZZ083-2005 | 江汉石油管理局金属容器制造厂 | 湖北省潜江市江汉油田红旗路5号 | 433122 | AR2 | (0728)6581698 | (0728)6581698 | 安金龙 | |

续表

| 序号 | 许可证编号 | 单位名称 | 通讯地址 | 邮编 | 批准的许可证级别 | 电话(含区号) | 传真(含区号) | 法人代表 | 电子信箱 |
|---|---|---|---|---|---|---|---|---|---|
| 5 | RZZ084-2005 | 广西桂林化工机械厂 | 广西桂林市遇龙路9号 | 541002 | AR2 | (0773)3832910 | (0773)3832910 | 张裕亮 | |
| 6 | RZZ085-2005 | 中国石油天然气第六建设公司 | 广西壮族自治区桂林市七星区空明西路7号 | 541004 | AR3、BR1 | (0773)5813479 | (0773)5812421 | 邹学绅 | |
| 7 | RZZ086-2005 | 中国化学工程第四建设公司 | 湖南省岳阳市 | 414000 | AR3、BR1 | (0730)8622211-3318 | (0730)8622554 | 高全志 | CNCEC-FCC@PVBLIC.YY.HN.CN |
| 8 | RZZ087-2005 | 北京市设备安装工程公司金属容器结构公司 | 北京市海淀区五棵松路55号 | 100039 | AR2、AR3 | (010)88114026<br>(010)88111087 | (010)88114026 | 周绍源 | |
| 9 | RZZ090-2005 | 杭州富春锅炉容器有限公司 | 杭州东新路17号 | 310004 | AR1 | (0571)5371966 | (0571)5377420 | 杨建生 | |
| 10 | RZZ091-2005 | 中国化学工程第十三建设公司 | 河北省沧州市北环东路2号 | 061000 | AR3、BR1 | (0317)3062011 | (0317)3061580 | 李小平 | |
| 11 | RZZ092-2005 | 贵州石油化工机械厂 | 贵州省贵阳市东山晒田坝26号 | 550002 | AR1 | (0851)5926443 | (0851)5926945 | 黄大扬 | |
| 12 | RZZ093-2005 | 广东省石油化工专用设备公司开平机械厂 | 广东省开平市长沙3沿江东路74号 | 529300 | AR1、CR2 | (0750)2216774<br>2215273 | (0750)2277089 | 胡明学 | Jiuyuan@pub.jiangmen.gd.cn |
| 13 | RZZ095-2005 | 中国石化集团第二建设公司 | 南京市尧化门 | 210046 | AR2、AR3 | (025)5561388 | (025)5561051 | 彭人元 | shejyfc@public.ptt.js.cn |
| 14 | RZZ096-2005 | 上海高压容器有限公司 | 上海市沪青平公路2700号 | 201704 | DR1、DR2、DR4、BR1 | (021)59755154 | (021)59755289 | 李华强 | kre@china.com |
| 15 | RZZ097-2005 | 合肥万方矿山机器股份有限公司一分厂 | 安徽省合肥市青年路140号 | 230051 | AR2 | (0551)3410466 | (0551)3413654 | 赵万潮 | |
| 16 | RZZ099-2005 | 沈阳东基集团有限公司 | 沈阳市大东区正新路42号 | 110045 | DR1、DR2、DR3、BR1 | (024)88261027 | (024)88261227 | 曲绍谦 | |
| 17 | RZZ100-2005 | 新乡利民机械工业公司 | 河南省新乡市北干道西段102号 | 453002 | DR2、DR3 | (0373)2636040 | (0373)2610712 | 刘文新 | |
| 18 | RZZ101-2005 | 涿鹿高压容器有限公司 | 涿鹿县城镇北关大街121号 | 075600 | AR1、DR1 | (0313)6522141 | | 李治胜 | |
| 19 | RZZ102-2005 | 成都五冶钢瓶公司 | 成都市跳蹬河槐树店路9号 | 610051 | DR1、DR2、BR1 | (028)4712152 | (028)4712152 | 李隆国 | |
| 20 | RZZ103-2005 | 四川省工业设备安装公司 | 四川省成都市解放路二段95号 | 610031 | AR3 | (028)3326198 | (028)3388312 | 袁怡堂 | |
| 21 | RZZ104-2005 | 吉林化工集团建设公司 | 吉林省吉林市龙潭区郑州路27号 | 132021 | AR3、BR1 | (0432)3973541 | (0432)3038512 | 杜钟灵 | |
| 22 | RZZ105-2005 | 国营江峡船舶柴油机厂 | 湖北省枝江市六号信箱 | 443209 | AR1、DR2<br>DR5 | (0717)4430118 | (0717)4430118 | 殷国强 | |
| 23 | RZZ106-2005 | 中国化学工程第九建设公司 | 辽宁省盘锦市双台子区红旗大街 | 124021 | AR3、BR1 | (0427)3688537 | (0427)3686745 | 史维成 | |

续表

| 序号 | 许可证编号 | 单位名称 | 通讯地址 | 邮编 | 批准的许可证级别 | 电话（含区号） | 传真（含区号） | 法人代表 | 电子信箱 |
|---|---|---|---|---|---|---|---|---|---|
| 24 | RZZ107-2005 | 大连重工集团有限公司 | 大连市沙河口区汉阳街10号 | 116022 | AR1 | (0411)4601195 | (0411)4604760 | 祁玉民 | dhi@dhi.com.cn |
| 25 | RZZ108-2005 | 邯郸制氧机厂 | 河北邯郸市邯钢西路4号 | 056018 | AR1 | (0310)4031880 | (0310)4030867 | 杨洪斌 | |
| 26 | RZZ109-2005 | 中国化学工程第七建设公司 | 四川省成都市龙泉驿区北干道 | 610100 | AR3 | (028)4863200转公司办 | (028)4853215 | 张建奎 | |
| 27 | RZZ110-2005 | 中国石化集团第三建设公司 | 浙江省宁波市镇海区 | 315207 | AR2、AR3 | (0574)6433250 | (0574)6262591 | 赵立新 | |
| 28 | RZZ112-2005 | 中国核工业总公司四零四厂 | 兰州市508信箱8分箱 | 723850 | AR2 | (0937)6464187 | (0937)6764302 | 唐炜 | |
| 29 | RZZ113-2005 | 中国核工业总公司五零四厂 | 甘肃省兰州市151信箱19分箱 | 730065 | AR2 | (0931)7917254 | (0931)7917254 | 陈宝栾 | |
| 30 | RZZ114-2005 | 山东建设高压容器有限公司 | 山东省济南市工业北路25号 | 250101 | DR2、BR1 | (0531)8982503 | (0531)8804074 | 何立鲜 | |
| 31 | RZZ115-2005 | 中石油第二建设公司 | 甘肃省兰州市西固区玉门街10号 | 730060 | AR2、AR3 | (0931)7934102 | (0931)7574404 | 靳宝臣 | |
| 32 | RZZ119-2005 | 中国化学工程第十四建设公司 | 南京市大厂区新华路48号 | 210044 | AR2、AR3 | (025)7792121 | (025)7792120 | 范福生 | |
| 33 | RZZ121-2005 | 西安化工机械厂 | 西安市东站路68号 | 710032 | AR2 | (029)2541690 | (029)2515165 | 安炳汉 | |
| 34 | RZZ125-2005 | 哈尔滨建成机械厂 | 哈尔滨市香坊区南直路65号 | 150030 | AR2、CR2、DR2、DR4、DR5 | (0451)5301859 | (0451)5302182 | 宋有信 | |
| 35 | RZZ127-2005 | 中国化学工程第二建设公司 | 山西省太原市义井东街75号 | 030021 | AR3、BR1 | (0351)6080885 | (0351)6075514 | 刘建亭 | |
| 36 | RZZ128-2005 | 南化集团建设公司 | 南京市大厂区杨新路269号 | 210044 | AR2 | (025)7791561 | (025)7794567 | 杨立新 | |
| 37 | RZZ129-2005 | 江苏省工业设备安装公司 | 南京市延龄巷61号 | 210002 | AR2、AR3 | (025)4403436 | (025)4523413 | 郭政华 | |
| 38 | RZZ130-2005 | 中国第一冶金建设公司工业建筑安装工程公司 | 武汉市青山区冶金大道409号 | 430083 | AR2、AR3 | (027)86884977 | (027)86884977 | 王钢 | |
| 39 | RZZ131-2005 | 云南云峰化学工业公司设备厂 | 云南昆明市西郊七公里 | 650100 | AR2 | (0871)8184672-8002 | (0871)8181826 | 贺石林 | |
| 40 | RZZ134-2005 | 安庆石油化工总厂机械厂 | 安徽省安庆市大观区 | 246001 | AR1 | (0556)5374056 | (0556)5312245 | 俞道成 | miqy@apw.sinopec.com.cn |
| 41 | RZZ135-2005 | 淮南众志石油化工机械有限公司 | 安徽省淮南市大通区舜化路 | 232033 | AR2 | (0554)2515510 | (0554)2514939 | 吴怀录 | |
| 42 | RZZ136-2005 | 成都高压容器厂 | 成都市跳蹬河南路9号 | 610051 | AR1、DR1 | (028)4710339 | (028)4710344 | 刘林 | market@chengbian.com |
| 43 | RZZ137-2005 | 云南化工机械厂 | 云南省昆明市穿金路54号 | 650225 | AR1 | (0871)5623739 | (0871)5624052 | 周文平 | |
| 44 | RZZ200-2005 | 广西建工集团第一安装有限公司 | 广西南宁市杭州路1号 | 530011 | AR2 | (0771)2420889 | (0771)2420889 | 卢清泉 | yiangx@nn.gx.chinfo.net |
| 45 | RZZ201-2005 | 广西桂江造船厂 | 广西梧州市钱鉴路54号 | 543004 | AR2 | (0774)5821435 | (0774)5824999 | 吴学敏 | |

续表

| 序号 | 许可证编号 | 单位名称 | 通讯地址 | 邮编 | 批准的许可证级别 | 电话（含区号） | 传真（含区号） | 法人代表 | 电子信箱 |
|---|---|---|---|---|---|---|---|---|---|
| 46 | RZZ203-2005 | 新疆石油工程建设有限责任公司压力容器厂 | 新疆克拉玛依市塔河路1号 | 834000 | AR2、AR3 | (0990)6847746 | (0990)6222690 | 高鼎成 | |
| 47 | RZZ204-2005 | 大庆市建筑安装工程集团公司压力容器制造厂 | 大庆市龙凤区龙华路57号 | 163711 | AR3、BR1 | (0459)6244536 | (0459)6233041 | 王树怀 | |
| 48 | RZZ205-2005 | 大庆石油化工安装工程公司 | 黑龙江省大庆市卧里屯化工路44号 | 163714 | AR1、AR2 | (0459)6763283 | (0459)6255034 | 孙洪山 | |
| 49 | RZZ206-2005 | 重庆化工机械厂 | 重庆市江北区茅溪 | 400025 | AR2 | (023)67123019 | (023)67122562 | 任健康 | |
| 50 | RZZ207-2005 | 青岛青力锅炉辅机有限公司 | 山东胶州市惠州路26号 | 266300 | AR1、BR1 | (0532)7212750 | (0532)7215894 | 宋立民 | |
| 51 | RZZ208-2005 | 三明市闽化设备有限公司 | 福建省三明市 | 365001 | AR1 | (0598)8336769 | (0598)8242288 | 陈　秋 | |
| 52 | RZZ209-2005 | 武昌造船厂 | 湖北省武汉市武昌区紫阳路2号 | 430060 | AR2 | (027)88043575转厂办 | (027)88077801 | 吕大长 | |
| 53 | RZZ210-2005 | 江南造船(集团)有限责任公司 | 上海高雄路2号 | 200011 | AR2 | (021)63151818 | | 陈金海 | |
| 54 | RZZ211-2005 | 杭州化工机械厂 | 杭州市艮山西路405号 | 310004 | AR2 | (0571)5193523 | (0571)5193523 | 毕久岗 | |
| 55 | RZZ245-2005 | 开封空分集团有限公司 | 开封市公园路28号 | 475002 | AR1 | (0378)2925977 | (0378)2921298 | 曾建晟 | |
| 56 | RZZ246-2005 | 中州汽轮机厂 | 河南省灵宝市 | 472501 | AR1、BR1 | 0398-8855559 | | | |
| 57 | RZZ247-2005 | 北京市长城化工设备制造厂 | 北京平谷靠山集乡彰作路口 | 101202 | AR2、DR2 | (010)60985121 | (010)60985106 | 张献 | |
| 58 | RZZ249-2005 | 上海民众化工机械厂 | 上海浦东新区曹路176号 | 201209 | AR2 | (021)58633766 | (021)58631362 | 陈惠根 | |
| 59 | RZZ254-2005 | 上海市杨园压力容器制造厂 | 上海浦东新区顾高路600号 | 201208 | AR1、CR2 | (021)58651535 | (021)58651686 | 陈孟德 | |
| 60 | RZZ257-2005 | 江苏三水压力容器股份有限公司 | 江苏省姜堰市姜堰镇通扬西路78号 | 225500 | AR2 | (0523)8813938 | (0523)8810427 | 钱忠耀 | |
| 61 | RZZ259-2005 | 大连连泰压力容器有限公司 | 大连市甘井子区海北路2号 | 116032 | DR2、DR5 | (0411)6682412-5325 | (0411)6682412-5325 | 于卫平 | |
| 62 | RZZ260-2005 | 南京晨光航天应用技术股份有限公司 | 南京市正学路一号 | 210006 | AR2、CR2 | (025)2413078-5325 | (025)2413078-8274 | | |
| 63 | RZZ266-2005 | 中国石油乌鲁木齐石油化工总厂设备安装公司 | 新疆乌鲁木齐市东山区 | 830019 | AR1 | (0991)6891071 | (0991)6899138 | 钟建华 | |
| 64 | RZZ330-2005 | 宝鸡有色金属加工厂 | 陕西省宝鸡市钛城路1号 | 721014 | AR2 | 0917-3382043 | 3382000 | | |
| 65 | RZZ331-2005 | 武汉锅炉股份有限公司 | 武汉市武珞路586号 | 430070 | AR1 | 027-87655069 | 027-87883938 | | |

续表

| 序号 | 许可证编号 | 单位名称 | 通讯地址 | 邮编 | 批准的许可证级别 | 电话（含区号） | 传真（含区号） | 法人代表 | 电子信箱 |
|---|---|---|---|---|---|---|---|---|---|
| 66 | RZZ332-2005 | 杭氧液空有限公司 | 杭州市拱辰桥北三洋里 | 310015 | AR2 | 0571-8171155 | 8170109 | | |
| 67 | RZZ333-2005 | 南京宝色钛业有限公司 | 南京市江宁开发区董村路 | 211100 | AR2 | 025-2103250 | 025-2104401 | | |
| 68 | RZZ334-2005 | 海洋石油工程有限公司 | 天津市塘沽区闸北路3号536信箱 | 300452 | AR2 | 022-25808485 | 25808480 | | |
| 69 | RZZ335-2005 | 威海化工器械有限公司 | 山东省威海市旅游渡假区 | 264203 | AR1 | 0631-5757049 | 5757767 | | |
| 70 | RZZ336-2005 | 南海市黄岐良奇钢瓶总厂 | 广东省南海市黄岐区鄱阳路98号 | 528248 | DR1,DR5 | 0757-5934127 | 5936761 | | |
| 71 | RZZ337-2005 | 余杭市川空通用设备有限公司 | 杭州市余杭区 | 311100 | AR2 | 0571-6229549 | 6242415 | | |
| 72 | RZZ338-2005 | 青岛工业设备安装工程公司压力容器厂 | 青岛市李沧区重庆中路851号 | 266043 | AR1 | 0532-4825722 | | | |
| 73 | RZZ339-2005 | 大连（JCL）低温机器有限公司 | 大连市金州区龙泉路2号 | 116100 | AR2 | 0411-7660924 | 0411-7660314 | | |

**2000年新颁发液化石油气瓶阀制造许可证的企业名单(17)**

| 序号 | 许可证编号 | 单位名称 | 通讯地址 | 邮编 | 批准的许可证级别 | 电话 | 传真 | 法人代表 | 电子信箱 |
|---|---|---|---|---|---|---|---|---|---|
| 1 | RZZ(AB)101-2004 | 上海气体阀门总厂 | 上海市新川沙路617号 | 200949 | AB | 021-56872899 | 021-56879516 | 薄建忠 | |
| 2 | RZZ(AB)102-2004 | 宁波万安集团股份有限公司 | 宁海县经济开发区外环路1号 | 315600 | AB | 0574-5592970 | 0574-5580407 | 张勤昌 | |
| 3 | RZZ(AB)103-2004 | 浙江象山制阀厂 | 浙江宁波象山亭溪 | 315715 | AB | 0574-5820212 | 0574-5820024 | 石金根 | |
| 4 | RZZ(AB)104-2004 | 宁波志清集团有限公司 | 浙江宁海县城关外环西路 | 315600 | AB | 0574-5599888 | 0574-5588666 | 陈志清 | zhiqing@mail.nbptt.zj.cn |
| 5 | RZZ(AB)105-2004 | 山东莱州环日阀门制造有限公司 | 山东省莱州市土山镇 | 261413 | AB | 0525-2335321 | 0535-2331262 | 潘书昌 | |
| 6 | RZZ(AB)106-2004 | 北京市煤气用具厂 | 北京市朝阳区麦子店正街9号 | 100016 | AB | 010-65025531 | 010-65072083 | 李　楠 | |
| 7 | RZZ(AB)107-2004 | 江苏安宜集团有限公司 | 江苏省宝应县黄塍布吉村 | 225807 | AB | 0514-8601153 | 0514-8603999 | 黄玉华 | |
| 8 | RZZ(AB)108-2004 | 佛山金基精密阀门有限公司 | 广东佛山市汾江北路23号 | 528000 | AB | 0757-2836742 | 0757-2810412 | 陈振辉 | JJFM@163.NET |
| 9 | RZZ(AB)109-2004 | 青岛琴畅阀门厂 | 山东省莱西市龙口路9号 | 266600 | AB | 0532-8450365 | 0532-8459800 | 王树君 | |
| 10 | RZZ(AB)110-2005 | 江苏泰州江阳气体阀门厂 | 江苏省靖江太和镇四墩子 | 214536 | AB | 0523-4331293 | 0523-4335980 | 姚继宏 | |
| 11 | RZZ(AB)111-2005 | 慈溪市长河油管阀门厂 | 慈溪市长河镇工业区 | 315326 | AB | 0574-3402527 | 0574-3402529 | 张建祥 | |
| 12 | RZZ(AB)112-2005 | 宁海同心气阀有限公司 | 浙江省宁海县黄坛镇 | 315608 | AB | 0574-5271918 | 0574-5273570 | 陈志方 | |
| 13 | RZZ(AB)113-2005 | 慈溪市三亚燃气设备厂 | 慈溪市长河镇大路头工业区 | 315326 | AB | 0574-3401477 | 0574-3402477 | 徐迪青 | |

续表

| 序号 | 许可证编号 | 单位名称 | 通讯地址 | 邮编 | 批准的许可证级别 | 电话 | 传真 | 法人代表 | 电子信箱 |
|---|---|---|---|---|---|---|---|---|---|
| 14 | RZZ(AB)114-2005 | 慈溪市长河亿利五金厂 | 慈溪市长河镇开发区 | 315326 | AB | 0574-3402784 | 0574-3410333 | 史克能 | |
| 15 | RZZ(AB)115-2005 | 宁波梅林高压阀门有限公司 | 浙江省宁海县梅林镇 | 315609 | AB | 0574-5291103 | 0574-5291381 | 吴霄龙 | |
| 16 | RZZ(AB)116-2005 | 余姚市惠统阀门有限公司 | 浙江省余姚市经济开发区B区 | 315400 | AB | 0574-2826050 | 0574-2819777 | 何惠仁 | |
| 17 | RZZ(AB)117-2005 | 南海奇才燃气阀门厂 | 南海市里水镇岗联工业区 | 528248 | AB | 0757-5664517 | 0757-5664517 | 罗炳权 | |

**【设计监督管理】** 2000年压力容器设计换证41家。

**2000年压力容器三类设计证换证单位**

| 序号 | 换证日期 | 单位名称 | 序号 | 换证日期 | 单位名称 |
|---|---|---|---|---|---|
| 1 | 2000.07.07 | 宁波明欣化工机械有限责任公司 | 22 | 2000.12.20 | 抚顺石油化工设计院 |
| 2 | 2000.07.07 | 江苏省源阳市云龙化工设备集团有限公司 | 23 | 2000.10.31 | 青岛化工学院化工设备设计研究院 |
| 3 | 2000.07.07 | (河南)鹤壁市鑫大化工机械有限公司 | 24 | 2000.10.31 | 北京化工大学化工设备设计研究院 |
| 4 | 2000.07.07 | 湖北祥云集团化工机械厂 | 25 | 2000.12.20 | 兰州化学工业公司设计院 |
| 5 | 2000.07.07 | 河北保定太行集团有限责任公司 | 26 | 2000.12.20 | 玉门油田公司规划设计院 |
| 6 | 2000.08.24 | 青岛化工设计院 | 27 | 2000.12.20 | 玉门石油管理局机械厂 |
| 7 | 2000.07.07 | 兖矿集团济宁化工机械厂 | 28 | 2000.08.16 | 淄博压力容器厂 |
| 8 | 2000.05.07 | 四川石油管理局勘察设计研究院 | 29 | 2000.11.30 | 中国市政工程东北设计研究院 |
| 9 | 2000.05.07 | 四川石油管理局天然气研究院 | 30 | 2000.10.31 | 中国市政工程中南设计研究院 |
| 10 | 2000.05.24 | 宝鸡有色金属加工厂 | 31 | 2000.01.05 | 四川天一科技股份有限公司 |
| 11 | 2000.01.11 | 建设部建筑设计院 | 32 | 2000.06.01 | 兰州真空设备有限责任公司 |
| 12 | 2000.01.11 | 合肥万方矿山机器股份有限公司一分厂 | 33 | 2000.05.09 | 浙江化工科技集团有限公司设计所 |
| 13 | 2000.01.11 | 西安车辆厂 | 34 | 2000.05.09 | 大连集团大连设计研究院 |
| 14 | 2000.03.21 | 开厚化工机械制造厂 | 35 | 2000.03.28 | 浙江工程设计有限公司 |
| 15 | 2000.03.21 | 大连南海集团公司设计研究院 | 36 | 2000.01.31 | 北京泰来华顿低温设备有限公司 |
| 16 | 2000.03.21 | 大庆市盘锦达峰石油化工设计有限公司 | 37 | 2000.01.15 | 青岛海晶化工集团有限公司工程设计院 |
| 17 | 2000.10.17 | 五洲工程设计研究院 | 38 | 2000.01.15 | 蓝星星火化工厂设计所 |
| 18 | 2000.07.12 | 青岛磐石容器制造有限公司 | 39 | 2000.01.15 | 晨光化工研究院设计所 |
| 19 | 2000.08.12 | 仪化集团公司机械厂 | 40 | 2000.01.05 | 沈阳化工研究设计所 |
| 20 | 2000.08.01 | 中国石化左程建设公司 | 41 | 2000.01.05 | 化学工业部黎明化工研究院开发设计所 |
| 21 | 2000.11 | 中州气轮机厂 | | | |

# 压力管道安全监察

**【设计监督管理】** 按照《压力管道设计单位资格认证与管理办法》，换颁发了71个设计单位压力管道设计单位资格证书；颁发了3批计1106名设计审批人员资格证书。

**首批压力管道设计单位名单(27家)**

| 序号 | 单　　位 | 批准书编号 | 批　准　范　围 |
|---|---|---|---|
| 1 | 中国成达化学工程公司 | GSP-001-05 | GA1、GB1、GB2、GC1 |
| 2 | 中国寰球化学工程公司 | GSP-002-05 | GA1、GB1、GB2、GC1 |
| 3 | 化工部北京橡胶工业研究设计院 | GSP-003-05 | GB2、GC1(4)、GC2(1) |
| 4 | 化工部连云港设计研究院 | GSP-004-05 | GA1(3)、GB1、GB2、GC1 |
| 5 | 上海索普化工设计工程有限公司 | GSP-005-05 | GC1 |
| 6 | 北京市化工橡胶设计院 | GSP-006-05 | GB1、GB2、GC1 |
| 7 | 四川省化工设计院 | GSP-007-05 | GB1、GB2、GC1 |
| 8 | 贵州省化工医药规划设计院 | GSP-008-05 | GB1、GB2、GC1 |
| 9 | 云南省化工设计院 | GSP-009-05 | GB1、GB2、GC1 |
| 10 | 广西壮族自治区化工规划设计院 | GSP-0010-05 | GB1、GB2、GC1 |
| 11 | 内蒙古轻化工设计院 | GSP-0011-05 | GB1、GB2、GC1 |
| 12 | 甘肃省石油化工设计院 | GSP-0012-05 | GB1、GB2、GC1 |
| 13 | 辽宁省石油化工规划设计院 | GSP-0013-05 | GB1、GB2、GC1 |
| 14 | 沈阳石油化工设计院 | GSP-0014-05 | GB1、GB2、GC1(2)、(4) |
| 15 | 吉林省石油化工设计研究院 | GSP-0015-05 | GA2(1)、GB1、GB2、GC1(1)(4)、GC2(1)(2) |
| 16 | 河南省石油化工规划设计院 | GSP-0016-05 | GA2(1)(2)、GB1、GB2、GC1 |
| 17 | 河北省石油化工规划设计院 | GSP-0017-05 | GA2(1)(2)、GB1、GB2、GC1 |
| 18 | 山西省化工设计院 | GSP-0018-05 | GA2(1)、GB1、GB2、GC1 |
| 19 | 天津市化工设计院 | GSP-0019-05 | GA2、GB1、GB2、GC1 |
| 20 | 上海化工设计院 | GSP-0020-05 | GA2(1)(2)、GB1、GB2、GC1 |
| 21 | 安徽省化工设计院 | GSP-0021-05 | GB1、GB2、GC1 |
| 22 | 山东省化工规划设计院 | GSP-0022-05 | GA2(1)、GB1、GB2、GC1 |
| 23 | 福建省石油化学工业设计院 | GSP-0023-05 | GA2(2)、GB1、GB2、GC1 |
| 24 | 江西省化学工业设计院 | GSP-0024-05 | GB1、GB2、GC1 |
| 25 | 浙江省石油化工设计院 | GSP-0025-05 | GA2(2)、GB1、GB2、GC1 |
| 26 | 广东省石油化工设计院 | GSP-0026-05 | GA1(1)、GA2(2)(3)、GB1、GB2、GC1 |
| 27 | 湖南化学工业设计院 | GSP-0027-05 | GA2(1)(2)、GB1、GB2、GC1 |

注：1. 批准范围为GA1者，均为GA1(1)(2)(3)；GA2者为GA2(1)(2)(3)；

2. 批准范围GC1者，均为GC1(1)(2)(3)(4)。

**第二批压力管道设计单位名单(8家)**

| 序号 | 单　　位 | 批准书编号 | 批　准　范　围 |
|---|---|---|---|
| 28 | 大化集团大连设计研究院 | GSP-028-05 | GA1(1)、GA2、GB1、GB2、GC1(2)(3)(4)、GC2 |
| 29 | 中国天辰化学工程公司 | GSP-029-05 | GA1、GB1、GB2、GC1 |
| 30 | 化学工业部第二设计院 | GSP-030-05 | GA1(1)、GA2、GB1、GB2、GC1 |
| 31 | 化学工业部第三设计院 | GSP-031-05 | GA1(1)、GA2、GB1、GB2、GC1 |
| 32 | 中国五环化学工程公司 | GSP-032-05 | GA1、GB1、GB2、GC1 |
| 33 | 中国华陆工程公司 | GSP-033-05 | GA1、GB1、GB2、GC1 |
| 34 | 深圳化工设计院 | GSP-034-05 | GB1、GB2、GC1(1)(2)(4)、GC2(2) |
| 35 | 中国化学工业桂林工程公司 | GSP-035-05 | GB1、GB2、GC2(1)(4) |

首批换发压力管道设计单位名单

| 序号 | 单　　位 | 批准书号 | 原批准书号 | 批　准　范　围 |
| --- | --- | --- | --- | --- |
| 1 | 中国石化工程建设公司 | GSP-036-05 | GSPZSH-039 | GA1、GB1、GB2、GC1 |
| 2 | 中国石化集团洛阳石油化工工程公司 | GSP-037-05 | GSPZSH-003 | GA1、GB1、GB2、GC1 |
| 3 | 中国石化集团兰州设计院 | GSP-038-05 | GSPZSH-004 | GA1、GB1、GB2、GC1 |
| 4 | 上海医药设计院 | GSP-039-05 | GSPZSH-001 | GB1、GB2、GC1 |
| 5 | 南化集团设计院 | GSP-040-05 | GSPZSH-005 | GC1 |
| 6 | 上海金山石油化工设计院 | GSP-041-05 | GSPZSH-006 | GA1、GB1、GB2、GC1 |
| 7 | 齐鲁石油化工设计院 | GSP-042-05 | GSPZSH-007 | GB1、GB2、GC1 |
| 8 | 胜利石油管理局勘察设计研究院 | GSP-043-05 | GSPZSH-033 | GA1、GB1、GB2、GC1 |
| 9 | 江汉石油管理局勘察设计院 | GSP-044-05 | GSPZSH-034 | GA1、GB1、GB2、GC1 |
| 10 | 中原石油勘探局勘察设计院 | GSP-045-05 | GSPZSH-035 | GA1、GB1、GB2、GC1 |
| 11 | 河南石油勘探局勘察设计研究院 | GSP-046-05 | GSPZSH-036 | GA1、GB1、GB2、GC1 |
| 12 | 江苏石油勘探局勘察设计研究院 | GSP-047-05 | GSPZSH-037 | GA1、GB1、GB2、GC1 |
| 13 | 巴陵石油化工设计院 | GSP-048-05 | GSPZSH-008 | GA1、GB1、GB2、GC1 |
| 14 | 上海高桥石油化工设计院 | GSP-049-05 | GSPZSH-009 | GA1、GB1、GB2、GC1 |
| 15 | 金陵石油化工设计院 | GSP-050-05 | GSPZSH-010 | GA1、GB1、GC1 |
| 16 | 天津石化设计研究 | GSP-051-05 | GSPZSH-011 | GA1、GB2、GC1 |
| 17 | 北京燕化石油化工设计院 | GSP-052-05 | GSPZSH-012 | GA1、GB1、GB2、GC1 |
| 18 | 扬子石油化工设计院 | GSP-053-05 | GSPZSH-013 | GB1、GB2、GC1 |
| 19 | 茂名石油化工公司设计院 | GSP-054-05 | GSPZSH-014 | GA1、GB1、GC1 |
| 20 | 管道储运公司勘察设计研究院 | GSP-055-05 | GSPZSH-038 | GA1、GB1、GB2、GC1 |
| 21 | 长炼石油化工设计院 | GSP-056-05 | GSPZSH-015 | GA1、GB1、GB2、GC1 |
| 22 | 镇海炼化工程设计公司 | GSP-057-05 | GSPZSH-016 | GA1、GB1、GC1 |
| 23 | 四川维尼纶厂设计院 | GSP-058-05 | GSPZSH-017 | GB1、GB2、GC1 |
| 24 | 荆门石油化工设计院 | GSP-059-05 | GSPZSH-018 | GB2、GC1 |
| 25 | 广州石油化工设计院 | GSP-060-05 | GSPZSH-020 | GA1、GB1、GB2、GC1 |
| 26 | 安庆石化设计院 | GSP-061-05 | GSPZSH-021 | GB1、GC1 |
| 27 | 武汉石化设计院 | GSP-062-05 | GSPZSH-022 | GA2、GB1、GC1 |
| 28 | 齐鲁石化胜利炼油设计院 | GSP-063-05 | GSPZSH-023 | GB2、GC1 |
| 29 | 石家庄石油化工设计院 | GSP-064-05 | GSPZSH-024 | GA2、GB2、GC1 |
| 30 | 九江石油化工设计院 | GSP-065-05 | GSPZSH-025 | GB2、GC1 |
| 31 | 洛阳石油化工总厂设计院 | GSP-066-05 | GSPZSH-026 | GA2、GB1、GB2、GC1 |
| 32 | 天津中石化销售化北设计院 | GSP-067-05 | GSPZSH-027 | GA1、GA2、GC1 |
| 33 | 福建炼油化工有限公司设计研究院 | GSP-068-05 | GSPZSH-029 | GC1 |
| 34 | 济南炼油厂设计所 | GSP-069-05 | GSPZSH-030 | GB1、GC1 |
| 35 | 沧州炼油厂设计所 | GSP-070-05 | GSPZSH-031 | GB1、GC1 |
| 36 | 天津石化公司炼油厂设计所 | GSP-071-05 | GSPZSH-032 | GC1 |

注：1. 批准范围为GA1者，均为GA1(1)(2)(3)；GA2均为GA2(1)(2)(3)；

2. 批准范围为GC1者，均为GC1(1)(2)(3)(4)。

**【元件制造资格管理】** 按照《压力管道元件制造单位安全注册与管理办法》，公布了第二批压力管道元件制造单位名单共15个单位。

**第二批压力管道元件制造单位名单**

| 序号 | 制造单位 | 安全注册范围 | 安全注册编号 |
|---|---|---|---|
| 1 | 北京兴达波纹管制造厂 | 组别：第四组；典型产品：金属波纹膨胀节，级别，A、B级 | GYZ-A-0017 |
| 2 | 沈阳仪器仪表工艺研究所 | 组别：第四组；品种：压力管道用膨胀节及波纹管，级别：A、B级 | GYZ-A-0018 |
| 3 | 南京晨光东螺波纹管有限公司 | 组别：第四组；品种：压力管道用膨胀节及波纹管，级别：A、B级 | GYZ-A-0019 |
| 4 | 江苏百新波纹管有限公司 | 组别：第四组；品种：压力管道用膨胀节及波纹管，级别：A、B级 | GYZ-A-0020 |
| 5 | 无锡市新峰石化管件厂 | 组别：第一组；典型产品：钢制无缝管件、钢制有缝管件，级别：A、B级；锻制管件、钢制法兰，级别：B级 | GYZ-A-0021 |
| 6 | 无锡市石化通用件厂 | 组别：第一组；典型产品：钢制无缝管件，级别：A、B级；钢制法兰、锻制管件，级别：B级。组别：第五组；典型产品：密封元件、阻火器，级别：A级；过滤器，级别B级 | GYZ-A-0022 |
| 7 | 中国化学工程第三建设公司机械厂 | 组别：第一组；典型产品：钢制无缝管件、钢制有缝管件，级别：A、B级；钢制法兰、支吊架，级别：B级 | GYZ-A-0023 |
| 8 | 大庆石油管理局第二机械厂 | 组别：第一组；典型产品：钢制法兰，级别：B级；<br>组别：第三组；典型产品：闸阀、球阀、止回阀、碟阀，级别：A、B级；截止阀，B级；<br>组别：第五组；典型产品：橡胶密封件，级别：A级 | GYZ-A-0024 |
| 9 | 大庆石油管理局建设材料公司金属结构厂 | 组别：第一组；典型产品：焊接钢管、无缝管件，有缝管件，级别：A、B级；钢制法兰，B级 | GYZ-A-0025 |
| 10 | 浙江嘉善三方玻璃钢有限公司 | 组别：第五组；典型产品；防腐管道元件：酚醛玻璃钢管道(DN25-400)、管件(DN-25-400)、球阀(DN15-200)；级别：A级 | GYZ-A-0026 |
| 11 | 中国第二冶金建设公司金属结构厂 | 组别：第一组；典型产品：焊接钢管、有缝管件，级别：A级；钢制法兰、支吊架，级别：B级 | GYZ-A-0027 |
| 12 | 中国石化集团第五建设公司 | 组别：第一组；典型产品：焊接钢管、无缝管件(不含三通)、有缝管件(不含三通)，级别：A级；钢制法兰、支吊架、紧固件，级别：B级 | GYZ-A-0028 |
| 13 | 郑州市碟阀厂 | 组别：第三组；典型产品：碟阀，级别：A、B级 | GYZ-A-0029 |
| 14 | 大庆市红岗区畅通管阀配件厂 | 组别：第一组；典型产品：无缝管件，级别：A、B级；组别：第三组；典型产品：闸阀、截止阀，级别：A、B级。球阀、止回阀、碟阀，级别：B级 | GYZ-A-0030 |
| 15 | 无锡市恒基石化配件厂 | 组别：第一组；典型产品：无缝管件，级别：A、B级；有缝管件，级别：B级 | GYZ-A-0031 |

**【安装资格管理】** 按照《压力管道安全管理与监察规定》和《压力管道安装单位资格认可实施细则》发布了第二批和第三批压力管道安装许可证共48个单位。

**第二批压力管道安装单位名录**

| 序号 | 单位名称 | 安装范围 | 许可证编号 | 序号 | 单位名称 | 安装范围 | 许可证编号 |
|---|---|---|---|---|---|---|---|
| 1 | 中国化学工程第十一建设公司 | 各种工业管道；<br>各种公用管道；<br>各种长输管道 | GZL-0030-05 | 3 | 齐鲁石油化工公司检修公司 | 各种工业管道；<br>各种公用管道；<br>各种长输管道 | GZL-0032-05 |
| 2 | 中国石化集团第十建设公司 | 各种工业管道；<br>各种公用管道；<br>各种长输管道 | GZL-0031-05 | 4 | 山东电力建设第一工程公司 | 各种工业管道；<br>各种公用管道；<br>各种长输管道 | GZL-0033-05 |

续表

| 序号 | 单位名称 | 安装范围 | 许可证编号 | 序号 | 单位名称 | 安装范围 | 许可证编号 |
|---|---|---|---|---|---|---|---|
| 5 | 中国石油天然气管道第三工程公司 | 各种工业管道；各种公用管道；各种长输管道 | GZL-0034-05 | 16 | 辽宁省工业安装工程公司 | 各种工业管道；各种公用管道；各种长输管道 | GZL-0045-05 |
| 6 | 中原石油勘探局工程建设总公司 | 各种工业管道；各种公用管道；各种长输管道 | GZL-0035-05 | 17 | 中国石油天然气管道第二工程公司 | 各种工业管道；各种公用管道；各种长输管道 | GZL-0046-05 |
| 7 | 中国石油天然气管道第四工程公司 | 各种工业管道；各种公用管道；各种长输管道 | GZL-0036-05 | 18 | 中国化学工程第三建设公司 | 各种工业管道；各种公用管道；各种长输管道 | GZL-0047-05 |
| 8 | 四川石油管理局油气田建设工程总公司 | 各种工业管道；各种公用管道；各种长输管道 | GZL-0037-05 | 19 | 抚顺石化石油三厂工程公司 | 各种工业管道 | GZL-0048-05 |
| 9 | 长庆石油勘探局油田建设工程公司 | 各种工业管道；各种公用管道；各种长输管道 | GZL-0038-05 | 20 | 沈阳工业安装集团 | 各种工业管道；各种公用管道；各种长输管道 | GZL-0049-05 |
| 10 | 中国有色金属工业第八冶金建设公司 | 各种工业管道；各种公用管道；各种长输管道 | GZL-0039-05 | 21 | 吉化集团公司建设公司 | 各种工业管道；各种公用管道；各种长输管道 | GZL-0050-05 |
| 11 | 上海宝钢冶金建设公司 | 各种工业管道；各种公用管道；各种长输管道 | GZL-0040-05 | 22 | 吉化集团吉林市华强建筑安装公司 | 各种工业管道；各种公用管道；各种长输管道 | GZL-0051-05 |
| 12 | 中国化学工程第十六建设公司 | 各种工业管道；各种公用管道；各种长输管道 | GZL-0041-05 | 23 | 中国核工业第三公司 | 各种工业管道；各种公用管道 | GZL-0052-05 |
| 13 | 湖北省工业建筑总承包集团工业设备安装公司 | 各种工业管道；各种公用管道；各种长输管道 | GZL-0042-05 | 24 | 抚顺铝厂建安公司金属结构厂 | 各种工业管道；各种公用管道；各种长输管道 | GZL-0053-05 |
| 14 | 中国机械工业第二安装工程公司 | 各种工业管道；各种公用管道；各种长输管道 | GZL-0043-05 | 25 | 中国化学工程第二建设公司 | 各种工业管道；各种公用管道；各种长输管道 | GZL-0054-05 |
| 15 | 土哈石油勘探指挥部油田建设公司 | 各种工业管道；各种公用管道；各种长输管道 | GZL-0044-05 | 26 | 安徽电力建设第二工程公司 | 各种工业管道；各种公用管道；各种长输管道 | GZL-0055-05 |

**第三批压力管道安装单位名单**

| 序号 | 单位名称 | 安装范围 | 许可证编号 |
|---|---|---|---|
| 1 | 大庆石油管理局油田建设公司 | GA1级,GB类,GC1级 | GZ-0056-05 |
| 2 | 大庆石油管理局油田安装工程公司 | GA1级,GB类,GC1级 | GZ-0057-05 |
| 3 | 安徽电力建设第一工程公司 | GA1级,GB类,GC1级 | GZ-0058-05 |
| 4 | 新疆石油工程建设有限责任公司 | GA1级,GB类,GC1级 | GZ-0059-05 |
| 5 | 新疆维吾尔自治区工业设备安装工程公司 | GA2级,GB类,GC1级 | GZ-0060-05 |
| 6 | 南化集团建设公司 | GA2级,GB类,GC1级 | GZ-0061-05 |
| 7 | 山东电力建设第二工程公司 | GA1级,GB类,GC1级 | GZ-0062-05 |
| 8 | 中国化学工程第七建设公司 | GA1级,GB类,GC1级 | GZ-0063-05 |
| 9 | 中国石化集团河南石油勘探局油田建设工程公司 | GA1级,GB类,GC1级 | GZ-0064-05 |

续表

| 序号 | 单 位 名 称 | 安装范围 | 许可证编号 |
|---|---|---|---|
| 10 | 广州石油集团第二建设公司 | GA1级,GB类,GC1级 | GZ-0065-05 |
| 11 | 文稿石油化工总厂建筑安装工程公司 | GA1级,GB类,GC1级 | GZ-0066-05 |
| 12 | 大庆油田庆新实业公司工程建筑安装公司 | GA2级,GB类,GC1级 | GZ-0067-05 |
| 13 | 上海安装工程有限公司 | GA1级,GB类,GC1级 | GZ-0068-05 |
| 14 | 上海石化安装检修工程公司 | GB类,GC1级 | GZ-0069-05 |
| 15 | 上海电力安装第一工程公司 | GA1级,GB类,GC1级 | GZ-0070-05 |
| 16 | 上海电力安装第二工程公司 | GA1级,GB类,GC1级 | GZ-0071-05 |
| 17 | 上海华谊集团建设有限公司 | GB类,GC1级 | GZ-0072-05 |
| 18 | 上海高桥石化炼油安装检修有限公司 | GB类,GC1级 | GZ-0073-05 |
| 19 | 上海石化机械制造公司 | GB类,GC1级 | GZ-0074-05 |
| 20 | 上海十三冶金建设有限公司 | GA1级,GB类,GC1级 | GZ-0075-05 |
| 21 | 上海五冶冶金建设有限公司 | GA1级,GB类,GC1级 | GZ-0076-05 |
| 22 | 四川石油管理局输气工程公司 | GA1级,GB类,GC1级 | GZ-0077-05 |

**【各类会议】**

1. 2000年3月召开了长输管道质量监督和安全监察研讨会;

2. 2000年10月召开了压力管道元件制造单位安全注册和压力管道安装单位资格认可工作座谈会;

3. 2000年7月召开了压力管道特种设备安全监察工作座谈会,宣贯压力管道安全监察有关规范性文件。

4. 2000年8月召开了压力管道评审工作座谈会,对试点评审机构评审员进行了质量体系和压力管道安全监察规章和规范性文件的培训,并进行了工作交流。

压力管道安全监察工作正在逐步展开,设计、元件制造和安装正在逐步走向规范化管理,为保证压力管道优生打下基础。由于旧管道安全管理跟不上,完全形势仍不容乐观,要加强监督检验和使用环节安全监察工作。

## 特种设备安全监察

(一) 2000年7月13日至15日,为使各地及时了解和掌握《特种设备质量监督与安全监察规定》(国家质量技术监督局令第13号令),保证各地宣传、贯彻和执行13号令的准确性,锅炉局在大连市组织各省级质量技术监督局,及时召开了一次全国的宣传贯彻会议,并将13号令配套规章的征求意见稿发放给各地,力争及时征求修改意见,尽早制定颁发13号令的配套规章。

(二) 2000年2月,经锅炉局组织审查,国家局以《关于公布获得〈客运索道安全使用许可证〉索道的通知》(质技监局锅发[2000]22号),公布了43条首次获证索道和46条获准换证索道的名单;国家局13号令施行后,国家局又以《关于公布获〈客运索道安全检验合格〉标志索道的通知》(质技监局锅发[2000]201号),公布了经地方安全监察机构审查、国家客运架空索道安全监察检验中心检验合格的32条首次申请正式运营和53条申请复查的客运索道名单;结合值此新老制度交替的一年内共有75条客运索道取得正式运营的资格,使全国正式取得运营资格的客运索道达到了241条。

(三) 2000年7月,锅炉局以《关于开展滑道安全检查工作的通知》(质技监锅字[2000]58号),首次大规模地组织了对全国65条滑道的安全检查与检验工作。除11条滑道停运外,共对54条进行了全面检验。截止年末,经本次安全检查与检验,共查出不安全隐患361条。后经专家评议,2条滑道被封停,11条滑道被提出限期整改。承担本次滑道安全检查与检验的国家质量技术监督局锅炉压力容器检测研究中心和国家游艺机质量监督检验中心,分别是对41条允许投入运营的滑道颁发了《滑道安全检验合格证》和《滑道安全检验合格》标志。

## 锅炉压力容器进口许可制度

对已经审查合格的63家境外锅炉压力容器制造企业发放了进口许可证;受理了44家境外锅炉压力容器制造企业的进口许可申请。

取得中华人民共和国进口锅炉压力容器产品安全质量许可证书企业名录

| 序号 | 证书号 | 有效期至 | 地区 | 厂　名 |
|---|---|---|---|---|
| 1 | 00494M | 20040220 | 日本 | TOSHIBA MACHINE CO. ,LTD. Sagami Plant |
| 2 | 00495M | 20040220 | 日本 | MITSUBISHI HEAVY INDUSTRIES, LTD. NAGOYA MACHINERY WORKS |
| 3 | 00496M | 20040220 | 日本 | 共立工业株式会社 |
| 4 | 00497M | 20040220 | 日本 | NAGASAKI KOGYOSHO CO. ,LTD. |
| 5 | 00498M | 20040220 | 美国 | THERMAL EQUIPMENT CORPORATION |
| 6 | 00499M | 20040220 | 美国 | Weil-McLain, A United Dominion Company |
| 7 | 00500M | 20040220 | 美国 | A. O. SMITH WATER PRODUCTS COMPANY |
| 8 | 00501M | 20040220 | 美国 | AstroCosmos Metallurgical-Groupe Carbone Lorraine |
| 9 | 00502M | 20040220 | 美国 | BRADFORD WHITE CORPORATION |
| 10 | 00503M | 20040220 | 加拿大 | PRESSON MANUFACTURING LTD. |
| 11 | 00504M | 20040220 | 加拿大 | THERMO DESIGN ENGINEERING LTD. |
| 12 | 00505M | 20040220 | 俄罗斯 | JOINT STOCK COMPANY"DOROGOBUZHCOTLOMASH" |
| 13 | 00506M | 20040310 | 韩国 | DAEYEOL BOILER MFG. CO. ,LTD. |
| 14 | 00507M | 20040310 | 韩国 | SEOUL PLANT ENGINEERING & CONSTRUCTION CO. , LTD. (IKSAN FACTORY) |
| 15 | 00508MT | 20040325 | 意大利 | DALMINE S. P. A-DIVISIONE BOMBOLE DALMINE ATB |
| 16 | 00509M | 20040325 | 台湾 | 东武精机股份有限公司 |
| 17 | 00510M | 20040325 | 台湾 | 宏霖仪器有限公司三重厂 |
| 18 | 00511M | 20040325 | 台湾 | 世鸿工业股份有限公司 |
| 19 | 00512M | 20040325 | 台湾 | 庄鼎实业有限公司大发厂 |
| 20 | 00513M | 20040325 | 泰国 | SLOT-NANKAI COMPANY LIMITED |
| 21 | 00514M | 20040410 | 韩国 | HANTECHLTD. |
| 22 | 00515T | 20040625 | 英国 | HOPKINSONS LIMITED |
| 23 | 00516T | 20040625 | 美国 | LUXFER GAS CYLINDERS, COMPOSITE CYLINDER DIVISION |
| 24 | 00517T | 20040625 | 美国 | CATALINA CYLINDERS DIVISION OF ALUMINUM PRECISION PRODUCTS |
| 25 | 00518MT | 20040625 | 法国 | CITERGAZ S. A. |
| 26 | 00519M | 20040625 | 罗马尼亚 | GRiRO S. A. |
| 27 | 00520M | 20040625 | 德国 | inplan-ingenieurtechnik, dipl. -ing. juergen peters gmbh |
| 28 | 00521M | 20040625 | 德国 | Johann Stahl Kessel-und Apparatebau GmbH & Co. KG |
| 29 | 00522M | 20040625 | 德国 | ABB ALSTOM POWER Combustion Neumark Gmbh |
| 30 | 00523M | 20040915 | 韩国 | SEOUL MACHINERY CO. ,LTD. |
| 31 | 00524T | 20040815 | 韩国 | HanBee Co. ,Ltd |
| 32 | 00525M | 20040815 | 意大利 | VILLA SCAMBIATORI S. R. L. |
| 33 | 00526M | 20040815 | 意大利 | MACCHI S. p. A. |
| 34 | 00527M | 20040815 | 意大利 | PANINI S. R. L. |

续表

| 序号 | 证书号 | 有效期至 | 地区 | 厂　　名 |
| --- | --- | --- | --- | --- |
| 35 | 00528M | 20040815 | 意大利 | BAXI S. p. A. |
| 36 | 00529M | 20040815 | 意大利 | OBEM S. p. A. |
| 37 | 00530M | 20040815 | 意大利 | SIRZ-STRUTTURE INDUSTRIALI RAZIONALI S. p. A. |
| 38 | 00531M | 20040815 | 日本 | HISAKA WORKS, LTD. KONOIKE PLANT FOOD & CHEMICAL MACHINERY DIV. |
| 39 | 00532M | 20040815 | 日本 | TOYOTOMI CO., LTD., NUKATA PLANT |
| 40 | 00533M | 20040825 | 芬兰 | OY JAPROTEK AB |
| 41 | 00534M | 20040825 | 芬兰 | VAAHTO OY |
| 42 | 00535M | 20040825 | 瑞典 | AB K A EKSTRÖM & SON |
| 43 | 00536T | 20040915 | 日本 | NOK Corporation Accumulators Division |
| 44 | 00537M | 20040915 | 加拿大 | ALLIED ENGINEERING COMPANY DIVISION OF E-ZRECT MANUFACTURING LTD. |
| 45 | 00538M | 20040915 | 韩国 | Korea Boiler Co., Ltd |
| 46 | 00539M | 20040915 | 韩国 | SAMYOUNG HEAT EXCHANGER CO., LTD. |
| 47 | 00540M | 20040915 | 美国 | WELLMAN THERMAL SYSTEMS CORPORATION |
| 48 | 00541M | 20040915 | 美国 | DUNHAM-BUSH, INC. |
| 49 | 00542M | 20040915 | 美国 | A. O. SMITH WATER PRODUCTS COMPANY |
| 50 | 00543M | 20040915 | 美国 | UTICA BOILERS |
| 51 | 00544M | 20041010 | 墨西哥 | ENVASES DE ACERO, S. A. DE C. V. |
| 52 | 00545M | 20041125 | 加拿大 | MIURA BOILER CO., LTD. |
| 53 | 00546M | 20041125 | 法国 | CRYOLOR |
| 54 | 00547M | 20041125 | 德国 | Vereinigter Apparatebau Pitton + E. Gessner GmbH & Co. KG Kirchhain Plant |
| 55 | 00548M | 20041125 | 希腊 | SCLAVOS S. A. |
| 56 | 00549M | 20041125 | 希腊 | EMMANUEL N. KAZIS S. A. |
| 57 | 00550M | 20001231 | 加拿大 | CALORITECH INC. |
| 58 | 00551M | 20001231 | 法国 | ARBEL FAUVET RAIL |
| 59 | 00552M | 20001231 | 法国 | Air Liquide Engineering Direction Fabrication Vitry |
| 60 | 00553M | 20001231 | 土耳其 | OSCHATZ, ENERJ VE ÇEVRE KORUMA TES SLER SANAY VE TC ARET A. |
| 61 | 00554M | 20001231 | 法国 | LEROUX & LOTZ TECHNOLOGIES |
| 62 | 00555M | 20001231 | 荷兰 | Holvrieka Ido B. V. |
| 63 | 00556M | 20001231 | 意大利 | ECOFLAM S. p. A. |

# 国际合作与交流

# 概　述

**【人员交往】**

| | 批数 | 人(次)数 |
|---|---|---|
| 2000 年派出人员 | 251 | 888 |
| 其中:考察访问 | 66 | 379 |
| 参加国际会议 | 94 | 245 |
| 合作研究、技术交流、国际比对 | 24 | 55 |
| 专业培训 | 21 | 78 |
| 锅炉压力容器工厂审查 | 46 | 131 |
| 接待来华访问外宾 | | 266 |

**【主要活动】** 2000 年,共派出 66 批 379 人次赴 20 个国家和地区考察,主要为:美国、澳大利亚、英国、瑞士、日本、俄罗斯、韩国、加拿大、埃及、法国、德国等国家。考察的主要内容为:计量法规体系和行政管理体制、质量认可制度、防伪技术、质量工程师制度、标准化技术、新能源及再生能源、棉花标准及检验管理、代码应用、产品质量责任制度、电磁计量技术、现场总线标准、质量检验技术等。

组织了 94 批 245 人次参加了 14 个国际组织召开的各种国际会议,包括:国际标准化组织(ISO)、国际电工委员会(IEC)、国际法制计量组织(OIML)、国际物品编码协会(EAN)、国际认可论坛(IAF)、国际审核员培训与注册协会(IATCA)、国际实验室认可合作组织(ILAC)、国际计量测试联合会(IMEKO)、亚太经济合作组织(APEC)、亚太法制计量论坛(APLMF)、亚太计量规划组织(APMP)、太平洋地区标准大会(PASC)、亚太实验室认可合作组织(APLAC)、太平洋认可合作组织(PAC)等。

积极参与国际及区域性组织活动,原国家质量技术监督局副局长王以铭当选为 IEC 理事局(CB)成员、局标准化司宿忠民同志当选为执委会委员(CA)、局认评司谢军同志当选为合格评定局(CAB)委员、局认评司刘安平同志当选为亚太地区实验室认可合作组织(APLAC)管理委员会成员。

在双边合作方面,与法国干邑办签署了 2000 年度合作协议,与意大利标准化协会签署了产品认证和检验行动计划,与意大利电工委员会签署了谅解备忘录,与俄罗斯标准化和计量委员会签署了在标准化、计量、合格评定、认可和产品质量管理领域的合作协议,与韩国技术标准院签署了工作会晤纪要,与罗马尼亚工业部锅炉压力容器起重设备监察局签署了会议纪要,与日本计工联签署了第八次会议纪要。

接待国外人士和专家访华和讲学,主要有:李传卿局长会见来华访问的美国商务部副部长舍弗丝女士,就中美两国在标准化、质量、计量方面继续开展合作进行了协商,并决定续签我局与美国标准技术院的双边合作协议;德国联邦物理技术研究院副院长科赫西克教授来华访问,并向西藏自治区质量技术监督局赠送了精密天平、中温标准温度计等设备;组织 5 批德国计量专家来华进行学术交流及研讨;国际术语信息中心专家访问标准研究中心;与法国干邑办在华举办研讨会及培训班。根据我局申报,经国家外专局评委会审定,与我局合作多年、长期从事原产地域产品保护工作的法国干邑办法律专家吉兰多先生获得我国政府颁发的 2000 年"友谊奖",以表彰他在上述领域合作交流中的辛勤劳动和特殊业绩。

注重加强与国外知名企业的联系与交流,美国宝洁公司、德国西门子公司、日本自动车联合会、日本松下电器、三菱电机、欧姆龙等企业都派高层管理人员访问了我局。

**【取得的效果】** 积极、大量参与国际组织活动,有重点地争取在 ISO、IEC、OIML 等重要国际组织和区域性组织中担任管理职务,更多地发挥实质性作用。在不断拓宽双边合作领域和渠道的同时,重点开展与欧盟、美国、日本等国家的合作与交流,取得了一定成效。

# 双 边 合 作

**【签订合作协议】** 2000 年签署合作协议 3 项,会议纪要 3 项,合作意向书 2 项,多边互认 1 项。

2000 年 11 月,国家质量技术监督局局长李传卿与俄罗斯国家标准化和计量委员会主任瓦洛宁在北京签署了关于在标准化、计量、合格评定、认可和产品质量管理领域的合作协议。

2000 年 1 月,国家质量技术监督局副局长王以铭与法国干邑酒行业办公室总干事阿兰·菲利浦在北京签署了年度合作协议。

2000 年 2 月,国家质量技术监督局副局长王以铭与意大利国家标准化协会代表柯西蒂在罗马签署了产品认证和检验行动计划。

2000 年 5 月,国家质量技术监督局锅炉压力容器安全监察局副局长马昌华与罗马尼亚工业部锅炉压力容器起重设备监察局代表康斯坦丁在布加勒斯特签署了中罗两国锅炉压力容器安全监察第十五次年会纪要。

2000 年 7 月,国家质量技术监督局国际合作司副司长刘新民与韩国技术标准院标准部部长金东哲在韩国汉城签署了第六次中韩标准化、计量和合格评定工作会晤纪要。

2000 年 12 月,国家质量技术监督局国际合作司副司长刘新民与日本计量仪器工业联合会副会长加岛淳一郎在东京签署了中日计量定期协议会第八次会议纪要。

2000年1月，中国计量科学研究院总工程师施昌彦与俄罗斯国家研究中心门捷列夫计量院院长卡诺夫和全俄物理技术与无线电技术测量研究院代表阿辛分别在莫斯科和圣彼得堡签署了合作意向。

2000年12月，中国实验室国家认可委员会秘书长乔东在美国华盛顿与国际实验室认可合作组织签署了相互承认协议。

**【考察访问】** 共66项，主要项目有：

1. 2000年4月，应澳大利亚标准协会和新西兰标准协会的邀请，以国家质量技术监督局副局长王秦平为团长的代表团一行6人对上述两国进行了访问。在澳期间，访问了澳大利亚标协、澳大利亚认证服务公司、澳大利亚国家实验室认可机构、卢卡斯航空设备公司等。澳大利亚工业、科技和资源部副部长瓦伦恩执先生会见王秦平副局长时，希望进一步加强与我局在标准化领域的合作，并签署框架性合作协议。在新期间，代表团访问了新西兰标协，并与新西兰测量标准实验室的专家进行了座谈。

2. 2000年4月，以国家质量技术监督局副局长朱明暹为团长的代表团一行7人应邀赴罗马尼亚、土耳其、意大利三国进行了访问。其间，代表团访问了罗马尼亚国家锅炉压力容器起重设备监察局，举行了中罗两国锅炉压力容器安全监察第十五次年会，并签署了会议纪要。代表团还访问了意大利政府承压及特种设备安全监察执行机构——健康部职业安全与事故预防高级事物所，并向意大利质检机构介绍了中国质量技术监督管理体制、法规标准、产品质量监督、锅炉和压力容器等特种设备质量监督与安全监察等情况，与意方探讨了合作意向。

3. 2000年6月，国际合作司组织地方质量技术监督部门高层管理人员赴美国、加拿大考察。考察团访问了两国负责标准、产品质量监督、锅炉压力容器安全监察的政府部门和民间机构，参观了有关政府及商业检验实验室和从事保险损失评估的公司，并与相关专家、学者进行了座谈。

4. 2000年7月，以国家质量技术监督局国际合作司副司长刘新民为团长的一行5人赴韩国、日本访问。代表团与两国的对口机构举办了定期工作会晤，双方互相介绍了各自机构及标准化、计量、合格评定等情况，并与韩国技术标准院签署了会晤纪要。

**【技术交流】** 包括技术交流、合作研究、国际比对、专业培训等。主要项目见下表。

| 序号 | 时　　间 | 国别 | 项目性质 | 内　　容 | 执　行　人 |
|---|---|---|---|---|---|
| 1 | 2000.2 | 德国 | 合作研究 | 扭矩标准机 | 张智敏 |
| 2 | 2000.2 | 日本 | 技术培训 | 精密仪器测量 | 魏妮 |
| 3 | 2000.2 | 美国 | 技术培训 | 高效电机能效标准 | 赵跃进 |
| 4 | 2000.3 | 日本 | 技术培训 | 二维条码 | 张成海等6人 |
| 5 | 2000.3 | 韩国 | 技术培训 | 能效标准认证 | 李铁男等3人 |
| 6 | 2000.3 | 英国 | 国际比对 | 光谱辐射照度 | 代彩红 |
| 7 | 2000.4 | 德国 | 技术培训 | 软件 | 薛梓等2人 |
| 8 | 2000.4 | 美国 | 技术培训 | 能效标准 | 李爱仙等3人 |
| 9 | 2000.4～6 | 德国 | 合作研究 | 纳米技术 | 高思田 |
| 10 | 2000.7 | 德国 | 合作研究 | 低温温标 | 王磊 |
| 11 | 2000.7 | 日本 | 国际比对 | 大量块 | 倪育才 |
| 12 | 2000.9～2001.2 | 德国 | 技术交流 | 三相电能 | 李小铁 |
| 13 | 2000.10～12 | 德国 | 合作研究 | 量块精密测量 | 邵宏伟 |
| 14 | 2000.11～12 | 日本 | 合作研究 | 纳米技术 | 徐毅 |
| 15 | 2000.11 | 日本 | 技术培训 | 职业安全与健康 | 逄征虎 |

## 国际会议与研讨会

**【国际会议】** 共派94个团组参加国际会议。派出参加的主要会议有：

1. 2000年9月，国家质量技术监督局李忠海副局长率团赴意大利参加第23届ISO大会、发展中国家委员会会议及21世纪合格评定研讨会，并出席了第67届ISO理事会。上述会议的召开，确定了ISO未来发展战略方针和议程；探讨了21世纪合格评定活动对经济全球化的重要影响和有效性；强调了国际和区域性标准化组织伙伴关系和加强协作的战略意义；提出了未来几年将开展国际标准化活动的新领域（兴奋剂、气候变暖、老年人生活质量等）；要求发展中国家加快信息技术基础建设，积极参与国际间技术法规和标准的协调活动；鼓励企业和民间社团积极参与国际标准的制、修订活动；充分发挥全球市场标准论坛作用。

2. 2000年，国家质量技术监督局李忠海副局长率团出席了三次ISO理事会会议，就ISO、IEC、ITU和WTO等重要国际组织之间开展的标准化活动的重点、标准工作项目的协调与合作、国际标准化组织运行机制的改革、经济全球化对标准化的要求以及发展中国家技术援助和信息工作的使用等问题进行了研究，提出了我国的意见，也表示了中国愿意加强与各重要标准化组织合作的愿望。

3. 2000年9月，原国家质量技术监督局副局长王以铭率团赴瑞典参加IEC第64届年会、IEC理事局(CB)、执委会(CA)和合格评定局(CAB)的会议。在会议换届选举中，王以铭当选为CB成员，标准化司宿忠民当选为IEC/CA委员，认评司谢军当选为CAB委员，对今后提出和通过对我国有利的标准议案创造了先决条件。

4. 2000年11月，我局派团赴美国参加第6届亚太地区实验室认可合作组织(APLAC)年会和第4届国际实验室认可合作组织(ILAC)年会。局认评司刘安平再次被选为APLAC管理委员会成员。中国实验室国家认可委员会(CNACL)在11月2日的ILAC大会上，签署了ILAC多边互认协议，成为首批进行ILAC国际多边互认安排的35个签约机构之一，也是目前中国大陆唯一的成员。

5. 2000年10月，国家质量技术监督局国际合作司刘新民率团赴台湾参加第七届亚太法制计量论坛(APLMF)会议。来自亚太地区13个经济体的36名代表出席了本次会议。会议通过了APLMF工作进展报告，法制计量和实验室认可专题报告，APLMF成员经济体关于各自法制计量工作报告等。会议同时制定了2001/2002年度工作计划，并选举起2001～2003年APLMF主席等。

6. 2000年，国际合作司组织参加了外经贸部牵头的亚太经合组织(APEC)的三次贸易与投资委员会(CTI)和标准与合格评定分委员会(SCSC)会议，并积极配合国内有关主管部门，继续做好每年的“单边行动计划”的自我评估。

7. 2000年，国际合作司协助中国标准研究中心成功地举办了国际物品编码协会(EAN)年会和2000年国际条码自动识别技术展览会。

8. 派出参加国际组织召开的专业技术会议有：

| 序号 | 时间 | 国家 | 会 议 内 容 | 出席人 |
|---|---|---|---|---|
| 1 | 2000.2 | 澳大利亚 | ISO/TC184/SC4 工业自动化 | 王 平 |
| 2 | 2000.2 | 法国 | OIML/TC8 气体燃料 | 李金嗣 |
| 3 | 2000.2 | 比利时 | ENA 编码协会 | 赵楠等3人 |
| 4 | 2000.2 | 法国 | OIML/TC6 定量包装 | 张益群 |
| 5 | 2000.2 | 法国 | OIML/TC8/SC7 气体燃料 | 潘兆柏等2人 |
| 6 | 2000.3 | 葡萄牙 | ISO/TC145 图形符号 | 白殿一 |
| 7 | 2000.3 | 瑞士 | ISO/INFCO 情报 | 侯玲林 |
| 8 | 2000.4 | 法国 | CCQM 物质量咨询 | 赵 敏 |
| 9 | 2000.4 | 日本 | ISO/JTC1/SC31 自动识别与自动数据采集 | 黄泽霞 |
| 10 | 2000.4 | 法国 | 温度咨询 | 段宇宁 |
| 11 | 2000.5 | 英国 | ISO/TC69 统计方法 | 刘 文 |
| 12 | 2000.5 | 澳大利亚 | CPEM 精密电磁测量 | 陆祖良等4人 |
| 13 | 2000.5 | 日本 | ISO/COPOLCO 消费者政策 | 孙世平等2人 |
| 14 | 2000.6 | 巴西 | OIML/TC9 流量 | 赵若江等10人 |
| 15 | 2000.6 | 俄罗斯 | IEC/CISPR 无线电干扰 | 杨盛祥等8人 |
| 16 | 2000.6 | 瑞典 | ISO/TC207 环境管理 | 李汝诚等6人 |
| 17 | 2000.6 | 瑞士 | ISO/REMCO 标样 | 韩永志 |
| 18 | 2000.6 | 法国 | OIML/TC3/SC5 法制计量管理 | 王英军等2人 |
| 19 | 2000.6 | 日本 | ISO/TC176 质量管理和质量保证 | 李仁良等5人 |
| 20 | 2000.6 | 英国 | OIML/TC9 称重 | 关慎敏 |

续表

| 序号 | 时间 | 国家 | 会议内容 | 出席人 |
|---|---|---|---|---|
| 21 | 2000.7 | 美国 | ISO/TC159 人类工效 | 肖惠 |
| 22 | 2000.8 | 西班牙 | 国际质谱大会 | 赵墨田 |
| 23 | 2000.8 | 德国 | IECEE 电工产品 | 张伟等4人 |
| 24 | 2000.9 | 芬兰 | ISO/TC202 微束分析 | 李戎等12人 |
| 25 | 2000.10 | 芬兰 | ISO/IEC/JTC1/SC32 数据管理与交换 | 刘植婷等2人 |
| 26 | 2000.10 | 美国 | ISO/TC184 工业数据 | 王平 |
| 27 | 2000.10 | 希腊 | IEC/TC100 音频、视频、多媒体 | 崔凤喜 |
| 28 | 2000.10 | 日本 | ISO/TC145/SC1 图形符号 | 陈元桥 |
| 29 | 2000.11 | 日本 | APMF 亚太质量测力 | 张跃等4人 |

# 人员培训

2000年共派出10个团组参加国际培训班，包括：

——2000年4月，国家标准物质研究中心茅祖兴赴澳大利亚参加互认评审员培训；

——2000年6月，中国计量科学研究宋丽等29人赴美国进行质量、计量、科技管理培训；

——2000年7月，中国质量检验协会李克昌等33人赴美国进行质检专业技术人员培训；

——2000年9月，中国标准化协会马林聪等33人赴美国进行标准化培训；

——2000年11月，中国国家实验室认可委员会袁松宏赴马来西亚参加APEC培训；

——2000年11月，中国标准研究中心李效民等29人赴美国进行条代码技术培训；

——2000年，选派局计量司钟新明、局监督司李涛、中国实验室国家认可委员会徐有刚、天津市质量技术监督局郎颔等4人分别赴日本参加日本海外技术者研修协会(AOTS)培训。

# 在华举办国际会议、研讨会、培训班

**【中法合作举办研讨班】**

1. 2000年4月，我局与法国干邑办在浙江绍兴市联合举办了“中法原产地域产品保护工作研讨会”，就我国原产地域产品保护制度试点工作的具体运作问题进行了讨论和交流。法国和欧盟有关机构的高级专家及法国《西南日报》的专栏记者参加了研讨会并实地考察了当地企业。中方负责绍兴酒、龙井茶试点产品工作的主管部门、行业机构和相关企业的负责人和专家参加了此次会议。

2. 2000年9月，国家局与法国干邑办在山东烟台市联合举办了“2000年中法蒸馏酒分析检测培训班”，法国专家授课和指导实验，传授欧洲通行的分析、检测洋酒的理论和实验方法。经国家局与有关省市技术监督局协商确定的12位国内技术人员参加了培训，并获得法方颁发的培训证书。其中4名学员被选派到法国进行为期1周的培训。

**【海峡两岸计量科技学术研讨会】** 2000年9月，局属中国计量测试学会在甘肃兰州召开了“第三届海峡两岸计量科技学术研讨会”。来自海峡两岸的50多名计量专家学者参加了会议，其中台湾专家27人。大会收集论文46篇，其中，重庆大学秦树人教授的论文“21世纪新测试仪器的发展”引起与会者的广泛兴趣，与会代表迫切希望尽快扩充包括质量认证术语在内的“计量名词术语”，以推动计量测试技术和质量认证工作的开展。

**【进行WTO对策研究和协议执行工作】**

1. 随着我国加入世界贸易组织的临近，为全面、真实地反映我国标准化、计量、技术法规、合格评定和锅容管特领域活动现状，并为我国人世后履行政府的对外承诺，国际合作司牵头制定了人世对策方案，提出了相应的对策建议。参与了由外经贸部牵头的4次中国WTO谈判组的工作，针对我国目前存在的问题提出了可行性建议及措施，为推进我国的人世谈判进程起到了积极的作用。

2. 组织局机关和地方技术监督部门领导干部参加WTO/TBT基本知识的学习培训，通报我局各领域工作面对人世的思考和应用措施建议，以使我局系统能及早行动起来，考虑本部门、本地区的改革和前期准备工作。

# 规范制度，强化外事工作的监督管理

（一）2000 年 3 月，召开局直属、挂靠单位年度外事工作座谈会。经充分讨论，整理并下发了《外事工作管理原则和程序的暂行规定》。

（二）2000 年 11 月，召开外事管理干部培训班，讲解党和国家关于外事工作的方针政策，研讨了加强国家局与地方局外事工作的联系与配合的思路和方法。

（三）重新印制了中、英文版《标准化法》和《计量法》。

（四）组织编写了《2000 年对外交流工作汇编》及《国际交流知识读本》。

# 地方质量技术监督工作

# 北京市质量技术监督工作

## 一、概　　述

**【质量技术监督概况】** 2000年是质量技术监督系统的改革之年，是质量技术监督各项工作取得重大进展的一年。全系统垂直管理体制改革，质量管理、生产许可证管理和特种设备监察职能划转工作以及市局机关机构改革工作全面完成。垂直管理后全系统职工增至2 500人，市局机关精简后设11个职能处室、76名公务员。全年安排产品质量监督抽查生产、经销企业的2 115种产品，抽样合格率72%；开展行政执法活动35 622起，查处案件5 060起，上缴罚没款2 525.7万元。市政府交办的"规范整治建材市场"、"重点整治四环路以内加油站"、"强制性推广使用500万吨低硫优质煤"三件实事工作保质保量按时完成；质量、标准化、计量监督管理，特种设备监察，打击假冒伪劣等一系列依法行政和综合管理工作取得重大进展。一年来全系统坚持以江泽民同志"三个代表"重要思想和党的十五大精神为指导，坚持以抓改革促进各项工作全面发展为主攻方向，加大综合管理和行政执法力度，坚持"两手抓"，两手都要硬的工作方针，大力加强思想政治工作和党风廉政建设及行风建设，突出重点、力求创新、稳中求进、狠抓落实，为本市经济持续健康发展和社会进步做出了应有的贡献。

**【垂直管理体制改革工作全面完成】** 北京市质量技术监督垂直管理体制改革工作，从1999年启动，2000年进入实质性操作阶段，18个区县质量技术监督局在本年度内全部从所在区县上划到市质量技术监督局实行垂直领导。在上划接收过程中，市委、市政府和区委、区政府有关部门对涉及干部管理、机构人员编制、财政经费以及固定资产等交接管理工作十分重视，给予了积极的支持配合，使整个上划工作进行得比较顺利。

**【完成市局机关机构改革工作】** 根据市委、市政府关于《北京市质量技术监督局职能配置、内设机构和人员编制的规定》，第二季度，进行了市局机关的机构改革工作。通过采取公开报名、民主推荐、竞争上岗、双向选择等方式以及开展大量深入细致的思想政治工作，比较平稳地完成了市局机关的机构改革工作。改革后，机关公务员编制由原来的110名，减少到76名，分流人员30名，精简比例为30.9%，处室机构从原来的12个减到11个。机关人员的平均年龄从原来的44岁，降低到40岁，大专以上文化程度人员所占比例从原来的88%上升到98%。处级干部的平均年龄从原来的51岁降低到47岁，优化了干部队伍的年龄和文化结构。

**【完成质量管理、生产许可证管理和特种设备监察职能划转工作】** 按照国务院和市委、市政府文件精神要求，原由市经委负责的质量管理、生产许可证管理职能，上半年完成了包括职能、人员编制全部划入我局的工作，并从下半年开始正式对外办公。按照国务院和市委、市政府文件精神要求，原由市、区劳动和社会保障部门负责的锅炉、压力容器、管道、电梯、游乐设施、架空索道等特种设备安全监察职能和相应的管理部门、技术检测机构划入市区质量技术监督部门。经过一年的工作，上半年完成了市级特种设备监察职能及其技术检测机构的划转工作，下半年，主要开展区县级职能的划转工作，到年底除东城、西城、朝阳三个区外，其余15个区县的特种设备监察职能及其技术检测机构已划入所在区县质量技术监督局。

## 二、质量技术监督工作

### 1. 质量管理、质量监督工作

**【召开全市质量工作大会】** 9月21日，以市政府名义，在中国科技会馆隆重召开北京市质量工作大会。国家质量技术监督局常务副局长王秦平，市长刘淇，副市长刘海燕等领导出席会议，并讲话。会上发布了《北京市人民政府关于进一步加强本市产品质量工作若干问题的决定》和《北京市区县人民政府质量工作和打假工作责任书》，刘海燕副市长代表市政府与各区县人民政府主管区县长签定了质量工作和打假工作责任书。大会还隆重表彰了北京市质量管理先进企业22家，先进个人100名，公布了我市110个名牌产品。质量工作大会的召开和《决定》的发布，对于推动本市质量工作、打假工作，促进首都经济健康持续快速发展具有重大意义。

**【开展"购物放心"活动】** 根据《国务院关于进一步加强产品质量工作若干问题的决定》的要求，首次在全市范围内组织开展了"购物放心"活动。按照国家质量技术监督局的统一部署，确定了海淀区中关村一条街、朝阳区建外一条街、通州区新华一条街作为试点，经检查验收基本上达到了国家质量技术监督局创建"购物放心一条街"的标准。与此同时，将原开展的争创"双好"单位活动改为争创"购物放心单位"活动。在企业自愿申请，各区县质量技术监督局推荐的基础上，由专家进行检查验收，最后确定了北京王府井百货（集团）股份有限公司百货大楼、北京西单商场股份有限公司等40家商业企业为北京市首批"购物放心单位"。

**【加强质检机构建设】** 针对北京市许多质检机构规模小、人员少、业务面窄、设备落后的状况，2000年市质量技术监督局继续在推动质检机构的结构调整方面下功夫，促成质检机构之间的力量整合，提高质检机构的综合实力，引导市级质检机构按国际标准导则25加强机构建设。目前市级质检机构中已有18家通过国家实验室认可。

**【专项监督抽查】** 为了加强监督抽查的有效性和针对性，围绕元旦、春节、春耕、"三八"妇女节、"六一"儿童节、夏季市场、中秋节、冬季市场供应等节日和季节的特点，先后对蜜饯食品、熟肉制品、洗衣粉、干红葡萄酒等24类消费者关心的热点产品进行了重点专项监督抽查或连续监督抽查,通过抽查促使企业重视产品质量,推动了北京市产品质量水平稳定提高。

**【产品质量监督抽查】** 2000年市质量技术监督局共抽查了生产、经销企业的2 115种产品,抽样合格率72%。其中抽查工业企业生产的743种产品,抽样合格率79%;抽查商业企业经销的1 372种商品,抽样合格率66%。监督抽查的有效性明显提高。同年,国家质量监督抽查北京地区526家企业的131类627种产品,合格497种,抽样合格率为79.27%。其中抽查了270种产品,合格225种,抽样合格率83.33%;抽查了350种商品,合格265种,抽样合格率75.71%。

**【为市民办实事工作】** 在市政府为市民办的60件实事中,我局承担规范建材市场,提高涂料、木制板材产品质量;整治四环路以内加油站,控制机动车燃油污染;强制性推广使用低硫优质煤这三件实事。经过整治,涂料合格率达到85.5%,板材合格率86.8%;全市1 000家加油站,特别是四环路以内的126家加油站的油品质量合格率达到了90%以上;全年共检查煤炭经销企业300家,加强对用煤单位煤炭质量抽查,检查煤炭400万吨,查出不合格煤炭50余万吨,抽查合格率为74.2%。

**【市场执法检查与打假】** 2000年全市质量技术监督系统办大案、端窝点,对制售假冒伪劣商品的违法行为进行了狠狠打击,全年共开展执法活动35 622起,比1999年上升了11%,查处案件5 060起,其中立案处罚2 194起,比1999年增加了63%,办理万元以上大要案551件,打掉制假售假窝点174个,查获了货值3 800余万元的假冒伪劣产品。

**【"3·15"北京质量服务旬活动】** 2000年"3·15"期间,市局在全市范围内广泛深入地开展了"质量服务旬"活动,主要内容有科技下乡、扶贫、春耕农用物资打假,为市民宣传咨询,开展争创购物放心店等一系列活动。据统计,在"3·15"活动期间,全系统共开展活动1 000余起,其中开展技术服务、咨询宣传活动600余起,查处案件368起,罚没款185万余元,受理消费者投诉913起,解决891件,为消费者挽回经济损失98万余元。

**【2000年北京质量行、质量月活动】** 2000年9月,按照国家质量技术监督局的统一部署,市局在全市范围开展了以"质量与安全"为主题的质量行、质量月活动。活动以庆祝新《中华人民共和国产品质量法》实施宣传咨询为主,组织了一系列重要活动:在全市范围开展了大规模的宣传咨询活动,召开了全市质量工作大会,开展了购物放心单位揭牌仪式,召见了电梯、锅炉质量与安全新闻发布会,同时还开展了一系列执法检查活动。据统计,在近一个月的活动中,全系统共开展各类活动500余次,发放宣传材料28种60余万份,出动执法人员3 863人次,查处案件300余起,罚没款85万余元,端掉造假黑窝点20个,受理消费者投诉200余起,为消费者挽回损失30万元。

2. 标准化工作

**【消灭无标生产复查工作】** 完成了本市东城区、西城区、朝阳区、丰台区、平谷县和密云县等6个区、县的消灭无标生产的复查工作。通过检查,上述6个区县都达到了目标要求。平均标准覆盖率达到了98%以上,比验收时提高了近一个百分点。

**【开展服务标准化工作】** 在完成6个商业企业开展服务标准化试点工作的基础上,各区、县结合本地区服务行业特点,加大了服务标准化工作的推广力度。经过优化选择,确定了7家企业开展服务标准化试点工作。与此同时,根据群众关心、政府关注的服务质量亟待规范的热点问题,与市民政局一起启动了养老机构服务标准工作,并共同起草了《北京市养老机构服务标准》,与市公安局一起起草了《北京市保安服务质量标准》。

**【农业标准化工作】** 继续推广农业标准化工作。通州区蔬菜标准示范区应用9项蔬菜标准进行推广种植,共种1 865公顷,比1999年多种150公顷,新增产值370万元。平谷县的大桃和密云县的板栗、苹果标准示范区,也取得了较好的效益,其中苹果和板栗两项收入达到1 378万元。

**【地方标准制、修订工作】** 配合全市治理大气污染工作,审批发布了《柴油车自由加速烟度排放标准》。组织制定并审批发布了《高密度聚乙烯背心式塑料袋标准》,审批发布了《板栗栽培生产技术综合标准》、《封山育林技术规程》、《平原农田防护林建设综合技术标准》等11项地方标准。组织对1986～1993年发布的100项地方标准进行了复审,落实修订地方标准35项。

**【信息标准化工作】** 完成了《首都信息化标准化工作指南》和《首都信息化标准化体系》两套规范首都信息标准化技术文献的编制和出版工作。制定了《社会保障信息系统指标体系代码与数据结构》(试行版)地方标准。参与了"北京信息安全测评中心"的筹建工作。

**【采标工作、企业标准备案工作和产业执行标准登记注册工作】** 全年共有13个企业24种产品通过采标验收,有12个产品取得了采标标志证书。在全市开展了《饲料标签》、《婴幼儿童床》等强制性标准的监督检查,共检查企业133家,产品346种。

3. 计量工作

**【法制计量工作】** 继续加大了对电能表、水表、燃气表、加油机、出租汽车计价器、医疗卫生系统计量器具的监管力度。完成了全市6万多辆出租汽车基价公里的调整工作。在全市范围内对医疗卫生单位在用计量器具的现状进行了一次全面检查,共检查了近300家医院的20余种在用计量器具6 163台件,合格5 225台件,抽查合格率为84.7%。另外,为落实市政府缓解本市水资源紧缺措施,组织对全市洗浴经营单位的用水计量设施进行了专项检查,共检查846家单位,对有问题的200余单位进行了处理。

**【狠抓计量器具生产源头管理】** 提高计量器具的质量必须从源头抓起,今年,加强了对重点管理计量器具产品生产企业的监督抽查,全年对20家企业的定量包装机、称重传感器、电子吊秤、台秤、热水表等5类产品进行监督抽查,合格率分别为58%,90%,0,0,100%。针对检查中存在的问题,责令企业整改。与此同时,加大了对进口计量器具的管理工作。按照新的《制造、修理计量器具许可证监督管理办法》,开展了制造计量器具许可证换发工作,为241个单位换发了390个新证。

**【加强全市商贸计量器具监督管理】** 全年检查商贸计量器具7 064台件,合格率为89.9%;没收不合格计量器具250台件,罚没款34 410元。为保护老百姓切身利益,规范市场经营秩序,重点整顿集贸市场计量器具的配备、使用,整顿各种类集贸市场近180家,检定在用计量器具3万余台件。经整顿后的集贸市场计量器具配备合格率达到95%以上,抽查合格率在90%以上。

**【加强对商品量监督管理】** 加强了对定量包装商品生产、经销企业的监督管理,今年共检查不同规格品种的定量包装商品1 467种,6 401批次,合格率为94.5%。配合国家质量技术监督局完成了对28家企业生产的7类36批次食品类定量包装商品商品量的国家级专项监督抽查,合格32批次,合格率为88.5%。

**【加强对企业计量工作的分类指导】** 为加强企业计量基础工作,坚持"引导、监督、协调、服务"的原则,对企业计量工作进行了分类指导。重点做好对中小企业贯彻国家质量技术监督局与国家经贸委联合下发的《关于加强中小企业计量工作的意见》及《中小企业计量检测保证规范》的督促检查工作。帮助企业完善了计量检测体系,确认了评审员队伍,今年有4家大中型企业通过了国家级完善计量检测体系的确认评审。

### 4. 质量认证与生产许可证管理工作

**【质量认证工作】** 去年重点部署了第二批电工产品强制性安全认证工作的宣贯培训和监督。共对33家企业申请的127种型号产品进行安全确认检查。对20个质量认证咨询机构进行备案。

**【生产许可证管理】** 去年为全国工业产品生产许可证办公室批准的我市35个劳保品生产企业颁发了50张许可证书;受理了我市87家企业全国生产许可证工作的申请,并对其中的70家企业进行了现场考核。

### 5. 科技与法制工作

**【科技工作】** 按照国家局"关于征集"十五"国家攻关计划建议项目的通知"精神,组织申报了"软件产品检测"等五个科技攻关建议项目;编制了"北京市质量技术监督2000～2002年科技项目计划",落实了国家局下达的2000年度科技奖励基金项目,完善了汽车配件、汽车防冻液检测能力及国家中文信息处理产品检测中心建站等项目。

**【法制工作】** 积极开展执法责任制工作,加强执法监督,提高执法水平。采取多种方式大力宣贯新颁布的《产品质量法》。完成了"三五"普法的总结验收工作。开展了《北京市计量管理规定》制定工作和《北京市产品质量监督管理条例》修改工作。

### 6. 锅炉、压力容器、压力管道及特种设备安全监察工作

2000年全市特种设备安全监察工作,紧紧围绕江泽民总书记关于安全生产工作的一系列重要指示,结合3次大的全市综合性安全检查发现的问题,对近三年来改造后的电梯进行了抽查,对全市电梯改造施工企业进行清理整顿,对全市70家电梯改造施工企业进行了资格确认。对小型熨烫锅炉、无证制造"土锅炉"进行了多次专项检查。全市完成检验锅炉18 647台,压力容器7 131台,电梯17 795部;培训、考核特种设备操作人员18 601名。全年未发生承压锅炉爆炸事故;发生压力容器爆炸事故1起,每万台爆炸事故率0.2%;电梯事故死亡1人,每万部事故率0.3%,事故率均控制在指标范围以内。

## 三、质量技术监督机构简况

**【人员情况】** 2000年全系统职工2 500人,处级单位30个,局级干部7人,处级干部150人。

**【市局机关简况】** 市局机关设办公室、质量监督处、质量管理处、计量监督处、标准化处、特种设备监察处、政策法规处、计划财务科学技术处、人事教育处、监察处、直属机关党委和直属机关工会等11个处室,共有公务员76人。机关人员的平均年龄为40岁;处级干部平均47岁;大专以上文化程度人员占98%。

**【市局直属事业单位简况】** 市局下属质量技术监督稽查大队、计量科学研究所、计量测试所、质量技术监督信息研究所、产品质量监督检验所、纺织纤维检验所、特种设备检测中心、质量技术监督发展中心、质量认证中心、机关服务中心等10个直属机构,共有人员近600人。

市局直属管理东城区质量技术监督局、西城区质量技术监督局、崇文区质量技术监督局、宣武区质量技术监督局、朝阳区质量技术监督局、海淀区质量技术监督局、丰台区质量技术监督局、石景山区质量技术监督局、通州区质量技术监督局、顺义区质量技术监督局、昌平区质量技术监督局、房山区质量技术监督局、门头沟区质量技术监督局、大兴县质量技术监督局、平谷县质量技术监督局、密云县质量技术监督局、怀柔县质量技术监督局、延庆县质量技术监督局及中关村科技园区质量技术监督分局、燕山质量技术监督分局等20个单位,共有人员1 800多人。

撰稿人 凌志毅 李景芬
董 琳 栗卫民
审稿人 王梦龙

# 天津市质量技术监督工作

## 一、“九五”期间天津质量技术监督工作取得的成绩与经验

**【“九五”主要成果】** “九五”期间是天津市质量技术监督事业重要的发展时期。全系统各级领导和广大干部职工，高举邓小平理论伟大旗帜，坚持以党的基本理论和基本路线为指导，坚持“以质量为中心，标准化、计量为基础”的工作方针，坚持认真履行综合管理和行政执法“两项职能”，坚持高举打假治劣、质量振兴和与国际惯例接轨“三面旗帜”，把积极推进技术监督行政管理、行政执法、技术机构和中介组织四个体系建设作为目标，紧紧围绕天津经济发展和建立社会主义市场经济体制的需要，解放思想，开拓进取，真抓实干，稳中求进，做到了每年工作都上了一个新台阶，五年迈出了一大步，在许多工作上取得了历史性突破。“九五”期间是天津质量技术监督事业发展最快，改革开放步子迈得最大，职能作用发挥最明显，社会影响最高，队伍的凝聚力最强，干部职工得到实惠最多的时期之一。

（一）坚持以经济建设为中心，把质量工作作为主攻方向，进一步显示出质量技术监督工作在经济和社会发展中的地位与作用。

“九五”期间，天津质量技术监督工作以贯彻国务院关于《质量振兴纲要》和《关于进一步加强产品质量若干问题的决定》以及新修订的《产品质量法》等质量技术监督法律法规为契机，紧紧围绕天津经济发展和建立社会主义市场经济体制的要求，通过质量监督、标准化、计量、认证和生产许可证等综合管理职能的发挥，通过行政执法和深入开展打假斗争，为天津经济持续快速健康发展和社会进步做出了应有的贡献。在工作中实现了从过去以生产领域监督管理为主，逐步扩展到生产、流通领域齐抓共管的局面；在工作取向上实现了从过去偏重管理职能向综合管理和行政执法“两项职能”并重的转变；在工作力度上，实现了由工作较一般化向重点工作取得突破的转变，较好地发挥了在经济发展中的技术支撑作用以及在规范市场经济秩序，维护公平竞争上的保障作用和保护消费者合法权益上的公正作用，实现了工作上有为、有位、有效的突破。社会地位不断提高，社会影响不断扩大，自身实力不断增强，成为了“政府需要、企业欢迎、群众信赖、社会赞誉”的部门。

（二）积极推进质量技术监督行政管理体系建设，健全系统的行政管理步人正轨。

“九五”期间，把理顺工作职能、理顺管理职能作为行政体系建设的重要内容进行规范，取得了明显的成效，为全系统职能的发挥和各项工作的深入开展提供了有力的组织保证。在理顺工作领导关系上，较早地实现了对各区县局实行业务领导，确保了政令畅通，指挥有力，为全系统推行管理体制改革奠定了坚实的基础；在机构设置上，通过上下共同努力，1996 年市局和各区县局机关机构改革工作进展顺利，基本上理顺了区县局与市局各处室业务上下对口的关系，保证了监督管理和依法行政的统一性和权威性；在制度建设上，全系统建立健全了以工作目标责任制、部门行政执法责任制、党风廉政责任制等三项基本制度为核心的各项规章制度，使各项工作有章可循，纳入了制度化管理的轨道；在各项基础性工作建设上，全系统先后狠抓了统计管理、档案管理、编码信息网建设、财务劳动工资管理等基础性工作，为全系统工作有序运行奠定了坚实的基础；在工作部署上，每年都要定期召开年初工作会议，对上一年工作进行总结评比表彰，对当年工作进行重点部署。每年都要定期召开年中工作经验交流会进行推动，年末进行总结考核。此举对指导全系统工作年年上水平起到了重要的促进作用。组织全系统在调查研究和学习兄弟省市先进经验的基础上，结合自身工作实际，制定了“九五”计划，并通过上下共同努力，圆满地完成了各项任务。行政管理体系建设的加强，拉动了综合管理工作取得了许多新突破。“九五”期间，在质量监督工作中，对全市 4.5 万个生产、销售企业的 10 多万批次产（商）品开展了质量监督检查。不但抽查批次远远超过“八五”水平，而且实行了区县局对产品质量定期检验工作。在标准化管理上，全市高质量地完成了消灭无标生产工作，企业产品的执标率达 96%以上。采用国际标准和国外先进标准的产品大幅度增加，提高了企业产品水平。农业标准化工作中的有关瘦肉型猪、无公害蔬菜、玫瑰香葡萄等国家示范工程都取得了好成果。在计量管理工作上，支持帮助一大批企业建立和完善了计量检测体系。其中，960 余家定量包装生产企业达到计量验收合格。我局获得国家计量工作“三年计划”实施先进单位称号。在认证、生产许可证管理上，通过积极工作，使我市质量体系认证的企业达 469 家，产品认证企业 226 家，发放地方生产许可证和临时生产许可证 2 041 张，有力地促进了各类企业的发展，促进了天津产品质量的提高。此外，还不断加大了有关技术监督法律法规和工作进展情况的宣传报道力度与案件曝光力度。加大了系统内外培训工作力度，加强了国际交流与合作。

（三）积极推进行政执法体系建设，不断加大行政执法和打假工作力度，提高了行政执法水平。

“九五”期间，把加强配合地方立法工作、建立执法队伍、不断加大执法力度、强化执法监督和提高执法水平，加强普法宣传等项工作作为行政执法体系建设的重点环节来抓，不断提高全市人民的质量法制意识，全系统行政执法工作开创了天津质量技术监督事业行政执工作的新局面。《天津市产品质量监督条例》经两次修改和颁布，提高了可操作性，成为推进行政执法和打假工作的有力武器。制定颁布的《天津市计量管理条例》和《天津市实施〈标准化法〉办法》，加大了计量和标准化执法工作的力度。质量技术监督行政

执法队伍从无到有，逐步形成了一定规模，执法人员政治和业务素质不断提高，已成为天津质量技术监督行政执法的中坚力量。五年中全系统查处违反质量技术监督有关法律法规规章的案件累计达2万余件，查处制假售假案件9 500余件，查获假冒伪劣商品标值达1.5亿元，至今没有发生错案，也没有案件诉讼的败诉。

（四）积极推进技术机构体系建设，为履行质量技术监督“两项职能”提供了技术保证。

在“九五”期间把积极推进各级技术机构的建设作为事业发展的重点来抓。在全市范围内所授权的技术机构经过了多次整顿，基本上构成了各种类型技术机构并存、职责各具特色、具有一定实力、作用发挥较显著的体系。市局计量所、质检所由弱变强，获得了国家级实验室认可。信息所不断扩大服务领域，企业代码和商品条码工作实现了计算机联网管理。纤检所全建制划转后，经过奋力拼博，改变了落后亏损的局面，事业迅猛发展，在2000年末也通过了国家实验室认可。各区县局技术机构也扬长补短，调整了检验项目，发挥了重要作用。经过“九五”期间的发展，全系统技术机构经济实力和技术实力不断增强，队伍素质不断提高，同时开发了一批科研项目，在科技工作上取得了新的突破。据不完全统计，“九五”末期与“八五”末期相比，固定资产净增3 896万元，增长了64%；检测装备净增2 273万元，增长1.7倍；检测收入净增2 738万元，增长1.5倍；业务创收净增1 592万元，增长1.5倍。全系统各项收入比“八五”末翻了一番，实现了“九五”的奋斗目标。

（五）积极推进中介组织体系建设，拓宽了质量技术监督服务领域。

在“九五”期间，全系统中介组织建设开始起步并得到一定的发展，在不断扩大质量技术监督服务领域，增加行业信誉上产生了好的效果。市局标准计量事务所、中德合资的天津质量认证咨询公司和设在天津市外国投资服务中心的质量技术部等机构的建立与有效的工作，在社会上产生了好的反响。各区县质量技术监督局建立的质量技术监督咨询服务机构为区县企业做了大量咨询服务工作。市标准化协会、市计量测试学会、市质量检验协会等社会团体和开发总公司在“九五”期间也发挥了重要作用，并取得了阶段性成果。

（六）坚持“两个文明”一起抓，全系统精神文明建设取得了丰硕成果。

在“九五”期间全系统坚持“两手抓，两手都要硬”的方针，精神文明建设工作取得了新成果。在党建工作方面，全系统涌现出一批优秀的基层党组织和优秀共产党员；在队伍建设方面，整体素质不断提高，先后有6名同志获得了市劳动模范和部级劳动模范光荣称号，有2个单位获得部级先进模范集体光荣称号。在党风廉政建设上，全系统多年来没有发生严重的违纪案件，保持了良好的形势。在行风建设上，2000年获得市有关部门组织的综合评价名列第三名，比1999年评比又前进了一位。国家质量技术监督局组织开展的行风互查，对天津质量技术监督局的行风建设给予了较高的评价。全系统各单位通过积极努力，普遍改善了职工的办公条件和集体福利，职工的收入普遍比“八五”有了明显的提高。

**【“九五”基本经验】** 总结“九五”期间的发展历程，主要有六条基本经验。

——始终坚持高举邓小平理论伟大旗帜不动摇。在“九五”发展过程中，坚持用邓小平理论武装全系统干部职工的头脑，并紧密结合天津质量技术监督工作的实际。为各项工作开展指明了方向，推动工作全面上水平。实践证明：把学习邓小平理论和认真贯彻党的基本路线与质量技术监督工作实际相结合，不但是“九五”得以发展的基本经验，也将是质量技术监督事业蓬勃发展的根本保证。

——始终坚持发展是硬道理这个基本工作思路。在“九五”期间，先后提出了“没有思路就没有出路”、“没有工作激情和兴奋点，就没有经济的增长点”，坚持改革创新，坚持工作全面上水平，不断探索提高质量技术监督工作有效性的途径，不断调整所处位置，发挥作用，促进了质量技术监督事业的发展，使“九五”的目标得以实现。

——始终坚持把建设好各级领导班子，建设一支好的队伍为目标。在“九五”期间，全系统各级领导班子和党政一把手发挥了骨干核心作用，带出了一支好的队伍，依靠干部职工克服了许多困难，并创造了新的业绩，为工作全面上水平提供了组织保证与群众基础。

——始终坚持实事求是，真抓实干。天津质量技术监督系统多年来在综合管理和行政执法的实践中不断造就出一种求真务实、不怕困难，真抓实干的作风。使得工作年年上一个新台阶，五年跨出一大步。这是质量技术监督系统的干部职工在实践中继承和发扬了党的光荣传统，是我们宝贵的精神财富。

——始终坚持为经济服务、为企业服务、为人民服务这个宗旨。在“九五”期间的发展历程中，由于坚持了“三为”方针，才能做到有为、有位、有效，才能把各级质量技术监督部门建成“政府需要、企业欢迎、群众信赖、社会赞誉”的职能部门。

——始终坚持两个文明建设一起抓。在“九五”期间所取得的成果和进步，不仅是质量技术监督业务工作上的进步和成果，同时也是党的建设、领导班子建设、党风廉政建设、行风建设、队伍建设工作取得的明显成果。物质文明建设成果为社会主义精神文明建设提供了条件和基础，同时社会主义精神文明建设又为质量技术监督事业的发展提供了精神动力和政治保证。

## 二、2000年的主要工作

2000年是世纪之交的一年，也是天津市质量技术监督系统实施“九五”计划的最后一年。在这一年中，以全面实现“九五”计划为目标，以质量工作为主攻方向，紧紧围绕天津经济发展的大局，坚持改革，开拓创新，稳中求进，充分发挥了质量技术监督综合管理和行政执法两项职能，较好地完成了全年工作目标和全系统“九五”计划发展目标，为天津经济发展做出了积极的贡献。

**【质量监督工作】** 在生产领域，通过狠抓国家监督抽查产品的后处理工作，使我市51个国家抽查产品不合格企业通过严格的整改，产品复验合格率达到100%。全系统对

4 931 个企业、5 910 批次产品实施了定期监督检验，合格率为 82.30%。其中，市局安排的对2 553个企业、47 种重点产品，共 2 698 批次的质量监督检验，合格率达到 81.3%。市局重点安排的煤炭质量监督检验 551 批次，比 1999 年度工作力度明显加大。经批准区县局安排的对 2 378 个企业，近 80 种，共 3 212 批次定期监督检验，检验合格率比较稳定，涉及的企业和抽查频次均高于 1999 年水平；在流通领域；市场质量抽查突出了关系人身健康和财产安全及社会反映强烈的商品，抽查批次扩大 3 倍多，较好地反映出我市市场产品质量状况，在规范市场，引导消费上发挥了积极作用，产生了较好的社会影响。在完成国家局部署的“查市场、保两节”、“查农资、保春耕”、“查建材、保建设”三查三保的执法检查活动中，全系统检查专业市场 213 个，专业商业街 36 条，商业门店 4 000 余家，检查商品 16 000 多批次，对净化市场起到积极作用。另外，还完成了对 7 个企业申报产品国家免检的预审查及报批工作，待国家局批准后，即可实现对上述产品的免检。为企业参与市场竞争提供了良好环境。年内完成了有关化工、烟花爆竹、电话、计算机、电磁兼容增项验收工作，批准组建了蔬菜、农药残留量检测站。完成国棉公正检验 2 234 批，4.9 万余吨。开展市场纤维制品执法检查 140 余次，对规范棉花市场和纺织品市场做出了新贡献。

**【打假工作】** 在市委、市政府和国家局的领导下，全市打假工作继续深入开展，主要特点是：召开了全市打假工作会议进一步强化了部门和区县打假工作责任制及各级打假办的组织协调职能，突出了“三重一大”的打击重点。据不完全统计，全市各部门共出动执法人员 9.8 万人次，查处制售假冒伪劣商品案件 7 100 余件，查获假冒伪劣商品标值 1.76 亿元。特别是通过实施新的《产品质量法》，通过认真贯彻落实国务院召开的“全国联合打假电视电话会议”精神，落实国务院《关于开展联合打击生产销售假冒伪劣商品违法犯罪活动的通知》，使全市打假工作形成了新的高潮，新的声势，取得了新的经验。一是部门联合打假出现了新气象。如宝坻县赵各庄村假冒叉车案，津南区某企业假冒蓝天牙膏案，东丽、河东某企业假冒飞鸽自行车案的查处都体现了各级领导的支持，体现了部门协同作战的特点。二是从我市的实际情况出发，明确了一批联合打假的重点产品、重点市场、重点地区，加大了大案要案的查处力度，突出了打假的重点。三是围绕保护名牌产品开展了与河北、河南、山西、黑龙江、上海、北京、江苏等兄弟省市地区之间的联合打假行动，收到了较好的效果。得到了天津名牌企业的好评。在组织全市开展打假工作的同时，还组织了建筑工地建材、农资产品、燃气灶具等专项打假。全系统统一行动与津酒集团开展联手打假活动，为开展专项打假、保护名牌产品探索了新经验。

**【计量监督与管理】** 在计量管理上，完成了对本市 14 个重点企业的完善计量检测体系合格评定工作。其中，中石化四公司通过加强计量体系建设，有力地保证了天津市“20 万吨乙烯”重点工程的顺利完工；天津电力建设公司由于计量评定合格，顺利地中标“盘山电厂扩建”和“德州电厂水塔建设”项目；塘沽区房管供热公司通过加强计量基础工作，一年来节能降耗，实现效益近 800 万元，实现了 99.5%以上的供热面积均衡供热，用户满意率达 99%以上。2000 年还组织《中小企业计量检测保证规范》的推动活动，涉及各类型中小企业 120 多个，促进了中小企业计量工作的规范化。为了支持、引导企业开发新产品，解决市政府和人民群众关心的用水、采暖、用电的计量问题，办理了 IC 卡水表和热量表生产企业产品生产许可证 10 余个，为 16 家企业组织了有关水表、热量表、煤气表等新产品的样机试验。在计量监督上，重点推进了新住宅建设中使用的电能表、水表安装前首次强制检定工作。通过有关部门的支持配合，恢复了车速里程表的检定工作，已检定 2.4 万台。全面启动了电话计量计费器装置的强制检定。对 400 多家医疗单位在用超声源、辐射源及其它强检医疗计量器具进行了监督检查。组织了对市、区县两级房管部门 20 多个房屋面积测量机构的测量器具专项执法检查。对 93 家眼镜店和医疗单位的验光配镜用计量器具进行了执法检查，合格率比上年度有大幅度提高。通过对市场定量包装商品计量执法检查和市场在用计量器具的执法抽查，合格率都有明显提高。按照市委、市政府领导的要求，克服困难，精心组织、集中时间、集中力量圆满地完成了 2.6 万台出租车计价器的调整工作，缓解了社会的热点问题，受到了市领导的好评。

**【标准化监督与管理】** 通过组织市内六区和开发区开展消灭无标生产复查工作，加大执标登记工作力度和加强标准化系统联网等措施，天津市各生产企业的标准覆盖率已达到了 96%，确保了企业执行标准的有效性。实现了市局与 17 个区县局标准化系统计算机联网，为标准化工作实施动态管理提供了较先进的手段与技术保障。《房间空气调节器安装规范》、《饲料标签》等强制性标准的宣贯，规范了空调器安装市场行为，规范了长期困扰养殖业发展的老大难问题。在发布两项洗染业地方标准的基础上，又开展了洗染业服务质量等级评定工作，建立了洗染业质量公正鉴定机构，为解决社会关注、群众关心的质量问题探索了新途径。与市农业部门联合开展的无公害蔬菜项目，经过几年的不懈努力，现无公害蔬菜试点面积已达 1 400 公顷，提前完成三年 1 333 公顷的工作目标。初步建立了营销网络和监测体系，在全国产生了积极影响。天津市列入国家第二批“全国高产优质高效农业标准化”示范项目的汉沽区“茶淀玫瑰香葡萄示范区”通过了国家局的验收。种植面积已达 20 多平方千米，累计实现经济效益 0.6 亿多元。该项目的实施不仅带动了葡萄加工、鲜储、营销、运输及包装等相关产业的发展，而且增加了农民的收入。为适应加入 WTO 的需要，年内安排的我市 50 种产品采用国际标准和国外先进标准及 30 种产品使用采标标志计划，已经全面完成。市局还完成了《贸易技术壁垒对天津经贸发展的影响及其对策》的入世对策课题研究，有关内容已被收录到天津市《入世对策研究汇编》中，将为市政府在入世决策方面提供参考资料。全系统开展的对《插头插座》、《化妆品标签》等强制性标准监督检查，检查企业达 1 400 多个，抽查产品 8.6 万个，进一步规范了市场，在保护消费者人身健康和财产安全方面起到了较好的作用。年内新颁发组织机构代码证书 4 万余个，累计达 25 万余个。颁发代码 IC 卡工作取得新突破，已达6万余个，为加速我市信息化建设做了实实在在的工作。商品条码发展新成员企业340家，续展企业350家，续展率达65%。目前，全市商品条码成员单位已达2 400余家。

**【认证与生产许可证工作】** 在计量认证复查工作中，加大了培训力度，使复查单位明确了复查规范，高质量地完成了40个检验机构的计量认证复查工作，通过抓好对飞利浦、科龙、长虹、LG等具有代表性企业安全认证的监督管理，建立了联席会议制度，推动了安全认证制度的落实。组织了由多家银行、物业管理、商业企业参加的贸易服务ISO 9000标准宣贯活动，对推动天津市商贸服务行业开展质量体系认证起到了积极的作用。目前，已有获质量体系认证企业633家，获产品认证的企业已达249家。同时组织召开了“产品CE标志认证研讨会”，为我国加入WTO后企业产品更加快捷地进入欧洲市场创造条件。为了适应生产许可证管理体制的变化，根据国家局的要求，现已受理了电视接收机等8种产品、100多个企业的生产许可证核发证申请。对电线电缆和低压电器两种核发证产品《实施细则》进行了宣贯，对劳动保护用品、农药、化肥、建筑门窗以及白酒等产品的申请补办生产许可证的企业组织了专家审查，为了贯彻新的《产品质量法》，统一组织了对南方灯具城，百乐装饰城、登发装饰城、家居、家乐等超市以及鞍山西道电脑生产销售单位进行了集中检查，查处了一批违反质量认证法律法规的案件。截止12月末，查处无证产品198种，涉及安全认证产品3.8万件，价值达1 596多万元，对规范市场秩序起到了重要作用。

**【行政执法工作】** 在配合立法方面：为了规范行政执法职能，对于过时的、不符合法律、法规规定的规范性文件进行了清理，配合新的《产品质量法》颁布实施，提出了修订《天津市产品质量监督条例》初稿，正在抓紧工作协调，力争早日颁布实施。完成了国家和本市法制部门转来的有关法律法规及规章的征求意见稿，对违反质量技术监督法律法规规定的，提出了我局的修改意见，做到了一丝不苟，尽职尽责。同时完善了《行政处罚自由裁量适用原则的暂行规定》、《行政处罚案卷评审细则(试行)》等规范性文件。在普法工作中，发扬求实精神、扎扎实实做好“三五”普法验收工作，并通过了国家局的验收，得到了表扬。在全市掀起了学习、宣传、培训新的《产品质量法》的高潮，推动了全民质量法制意识的提高。在执法监督上，突出了自查、互查、监督抽查三个环节，并依照《行政处罚案卷评审细则》对执法单位就有关法律运用、法律程序、法律文书、法律证据等方面进行了检查，提高了执法水平，增强了执法工作的科学性、有效性。全系统案件分级审理制度得到了较好地贯彻，在每年办案5 000件以上的艰巨任务面前，严格执行了执法责任制，连续多年来全系统未发生败诉。在不断加大执法力度的同时，保证了办案质量，提高了办案水平。在行政执法上，截止12月末，全系统出动执法人员43 574人次，高于去年同期水平。受理案件近3 534件，万元以上案件增长19.83%，保持了稳中求进的态势。

**【管理体制改革】** 市委、市政府于2000年10月17日下发了《天津市质量技术监督管理体制改革方案》，随即召开了全市管理体制改革会议，配合市委组织部、市编办、市人事局、市财政局下发了4个配套文件，市局下发了《接收办法》并认真、细致、快速顺利地完成了各区县局人、财、物全建制地接收工作。市局党组对各区县局的领导班子进行了任命。在推进改革的过程中，区县局顾全大局，克服了种种困难，主动协调各方面关系，积极争取区县党委、政府领导的支持，使全系统不但保持了稳定局面，而且做到了各项工作全面上水平。截止12月末统计，全系统检测业务收入和其它创收比1999年同期增长35.73%，其中和平、河西、红桥、塘沽局增长的幅度都在45%以上。市局各直属单位也以自己创新求实、埋头苦干的实际行动全力支持了管理体制改革，取得了新的工作成果。市计量所若干20多天圆满地完成了全市出租车计价器调整工作，锻炼了单位的团队精神；市质检所千方百计增加检测项目，增强了自身实力；市信息所不断开拓工作新领域，促进了自身水平的提高；市纤检所、事务所创收达到历史最好水平；市局执法大队努力探索查办大案、联合打假的新招法；设在天津市外商企业服务中心的质量技术部不辱使命，认真履行职能，为570家单位办理预赋代码并实行一条龙服务。各学会、协会也紧紧围绕质量技术监督各项重点工作，在技术培训、业务咨询等方面进行了卓有成效的工作。

**【科教宣传工作】** 科技工作坚持“科技兴局”的方针，面向市场和工作需要，以制定和落实“科技开发、成果鉴定、推广应用”三项计划为中心，在工作上取得了新突破，许多区县局的科技工作已有了良好的开端。年内下达科研开发项目10项，完成科技成果鉴定、认定15项。其中，“供热计量仪表，检定装置研制”和“精密温湿度发生器”的研究项目被列入国家局2000年度技术创新计划和青年科技基金项目计划，共取得科研项目经费15.5万元。“棉花标样压实仪”得到中纤局的肯定，已生产销售600台，取得一定的经济和社会效益。区县局开发的“碳酸饮料中二氧化碳充气容积含量测定仪”，“尿素快速检测试剂盒”等项目，经鉴定受到专家的好评。“机械地秤”更新改造项目也取得了实际成效。完成了天津市科技进步奖标准化、计量成果奖的受理和组织评审工作。市局“温度定点装置”和“蔬菜中农药最高残局限量及测定方法地方标准制定与推广应用”项目，分别获天津市计量、标准化科技进步三等奖。全系统培训工作得到了各级领导的高度重视，工作力度不断加大，共举办各类培训，讲座451期，培训人员近2.2万人次。

质量技术监督宣传工作内容丰富，效果较好。以“规范市场，促进消费”为主题的“3·15”活动，无论从内容、形式和宣传效果上都好于往年。“公仆坐堂”活动得到了群众赞扬。以“质量——新世纪的呼唤”为主题的“质量月”活动以及新《产品质量法》的宣传活动都取得了好的社会反响。在全市40家大型商业企业设置的“质量技术监督投诉台”受到了企业和消费者的好评。质量万里行天津投诉站受理咨询，投诉近2 000多件，解决率达97%以上。

**【精神文明建设】** 市局机关和各区县局“三讲”教育“回头看”活动取得了好的效果，巩固了“三讲”教育成果。市局直属单位“三讲”教育坚持高标准、严要求，使领导班子和领导干部受到一次深刻的党性党风的教育，为各项工作的开展提供了新的精神动力和组织保证。为了加强行风建设，全系统开展了为企业服务的调研活动。深入近400多个企业进行走访，帮助企业解决了许多实际问题。组织了两次关于“吃、拿、卡、要、报”的纠风专项检查。国家局行风检查组对全系统的行风建设进行了全面检查并征求了有关部门的意见后，作出了“领导重视、思路清晰、工作扎实、措施得力、成效明显”的较高评价。全系统各单位广泛组织开展了反腐败警示教育，加强了政治思想工作。市局机关组织了“学基层、看发展、促服务”的教育活动，收到了较好效果。在全系统组织的第一次质量技术监督先进典型巡回报告活动得到了各级领导的高度重视，在干部职工中引起了好的反响，达到了宣传先进，学习典型的目的。

撰稿人　刘恩元
审稿人　王学政

# 河北省质量技术监督工作

## 一、概　　述

2000年,河北省质量技术监督局在国家局的指导下,在河北省委、省政府的正确领导下,积极开展并运用“三讲”教育成果,大力推进体制改革,努力探索新体制下的工作思路,系统上下紧紧围绕省委、省政府确定的中心工作,团结奋进,开拓创新,圆满完成了全年的各项任务,为促进经济发展做出了应有的贡献。

## 二、质量技术监督工作

### 1. 质量管理工作

**【深入贯彻“双兴规划”】** 以省政府名义召开了全省质量工作会,为首批六家质量管理成效显著的企业颁授了“河北省质量管理奖”,六名同志获得了“河北省质量特别奖”称号;组织了对各市政府贯彻落实《河北省质量兴省名牌兴企战略规划》情况的年度考核,邯郸、唐山、石家庄、沧州、秦皇岛五个市被评为优秀市;全省开展质量兴县的县(市)达31个,出台规划的县达65个,大大促进了地方经济的发展;组织了全省质量月活动,举行了“质量——新世纪的呼唤”大型宣传活动及相关活动,有46个单位被授予了“河北省质量优质服务单位”称号;组织开展了“建立完善一项有利于提高质量管理水平,提高产品(工程、服务)质量的制度、完成一项质量改进、加强质量管理,使企业经济效益上一个台阶”的“三个一”活动,对促进全民质量技术监督意识的提高产生了良好作用;组织了2000年河北省质量管理奖、河北省质量效益型先进企业、河北省优质服务单位、河北省服务质量标兵的推荐、考核、审定工作,有37家企业获得“河北省质量效益先进型先进企业”称号,49名个人被命名为“河北省服务质量标兵”。在工业、建设、服务行业培育树立了一批重视质量、严格管理、走质量效益型发展道路的典型,对激励、引导企业走质量效益型发展道路产生了重要作用;按照国家局部署,在全省企业中开展了质量意识、质量水平、质量体系、现场管理、售后服务的“五查”活动,使各级质量管理部门进一步了解了企业质量工作现状,推进了企业的质量管理工作。

**【名牌战略初见成效】** 圆满完成了2000年度省名牌产品和优质产品的审定工作,确定了省重点名牌产品49项。确定了省58项工业类名牌产品,98项工业类优质产品,20项省农业类名牌产品,18项省农业类优质产品。工业类名牌产品的梯次结构初步形成,数量趋于稳定,名牌产品的等级品率、产品质量合格率等较上年度有明显提高。据对入统的1999年有效期内的283项工业类名牌产品统计,其户数占全省入统企业3%,而其销售收入达442.55亿元,实现利税59.18亿元,分别占全省入统企业的15%和19%,名牌产品对经济发展起到了积极的带动作用;加大了对名牌产品的宣传力度,名牌产品的影响力扩大,知名度提高;针对部分企业对名牌知识、名牌产品在提高企业竞争力方面的作用不十分了解的情况,对申报2000年省名牌产品的企业进行了有关知识的培训,使企业争创名牌产品的意识明显增强。

**【生产许可证工作】** 按照国家要求,圆满完成了国家生产许可证的组织申报和企业生产条件的审查工作。全年共完成了1 107家企业的取证申请和697家企业的生产条件审查任务,为具备条件的270余家企业办理了临时准产证明,帮助企业解决了产品销售受阻的难题。全面贯彻《河北省工业生产许可证管理规定》,稳步推进省生产许可证工作。2000年共完成了430余家企业的审查发证工作;进一步加强了对获证企业和获证产品的管理,先后安排了对质量不合格的35家饮用纯净水产品的质量跟踪检查和195家企业的246批次造纸产品的监督抽查,组织完成了135家获证建筑门窗生产企业的质量管理和设备管理情况的复查工作。严厉查处无证生产和销售无证产品行为,全年共出动检查人员22 880人次,查处无证生产企业1 447家,检查经销单位15 459家(次),检查发证产品38种、26 077批次,查处无证产品3 439批次,平均无证率13.19%,处罚生产经销单位5 058家,查获无证产品标值3 774.6万元,罚没款357万元,分别比1999年同期增长了77.8%和80.3%。充分发挥生产许可证管理手段的作用,把贯彻国家的质量政策、产业政策和环保政策有机结合,有效制止了低水平重复建设。加快淘汰落后生产能力,对新建的、国家明令禁止重复建设的电线电缆、电焊条、白酒等项目,一律不办理生产许可证;配合取缔“五小”活动,对有环保要求的制浆、造纸、冶金矿山、黄金生产等行业实行“环保否决制”,结合水泥、带肋钢筋等产品的换发证工作,督促企业淘汰落后产品及生产工艺设备,提高劳动生产率,优化产业和产品结构。2000年重点服务企业988家,帮助企业建章立制3 915项16 822条,督促企业新上生产线389条,新增生产设备1 767套,新建实验室470个,新增检验设备2 443台套,新增投资15 563万元。以净化酒类产品市场,提高酒类产品质量,优化酒类产业结构为目的,拟定了《河北省2000年酒类市场(生产)专项治理工作方案》,坚决制止了重复新建白酒生产企业,使省内现有白酒企业数量控制在了原有数量,原有企业规模扩大,竞争力增强。继续实行了产品质量认可制度。按照省政府(1998)9号令和省政府有关要求,对进入河北省市场的且河北省已实行生产许可证管理的6种食品,严把质量关,对净化市场,保护消费者利益,维护省内获证企业利益,促进经济发展,发挥了积极的作用。

### 2. 监督执法与打假

**【产品质量监督】** 2000年共对58 600家企业的244种产品进行了定期监督检查,共检验产品65 356批次,平均抽样合格率达到82.26%,比1999年提高了30.07个百分点;对省级市场的37种农资、建材、节令商品及热销商品进行了1930批次的监督抽查，平均抽查合格率为58.7%，比去年提高了3个百分点；推荐了13家企业的17种产品为国家免检产品；组织了河北省创建“购物放心一条街”活动辅导班，制定了河北省创建“购物放心一条街”活动的实施细则。

**【监督检查后处理工作】** 紧紧围绕“引导消费、服务企业、规范市场、扶优治劣”的方针，做到处罚、曝光、整改、宣传四个环节并举，加大了监督检查后处理工作的力度。加强了对重点产品的专项抽查，在省级市场监督抽查中，共查出不合格企业371家，对296家进行了处罚，督促整改211家，复查合格产品211种，停产整顿企业7家；对定期监督检查中抽查出的724家不合格企业，处罚532家，督促整改472家，复查合格产品434种；在国家监督抽查中查出的河北省内的96家不合格企业中，对96家进行了处罚，督促整改87家，复查合格产品87种。全年共召开新闻发布会11次，对213家不合格企业的20种产品进行了曝光；对产品不合格企业建立了档案；有187个企业的20种产品通过媒体向社会进行了公告。

**【抓好“两个整顿”】** 重点开展了对专业市场和区域性产品的治理整顿。组织市、县两级质量技术监督部门对44个区域性产品和12个大型专业市场进行了全面普查；对专业市场进行了两次产品质量抽查，对区域性产品进行了4次5 000个批次的统检，对专业市场的商品和区域性产品的质量状况进行了估价，做到了对专业市场中的名优产品与普通产品、固定门店与流动摊位相区别，进行分类治理；对重点专业市场和重点区域性产品的治理整顿工作进行了细化，纳入了打假目标责任制管理，实行一把手负责制；坚持从服务入手，从规范产品质量抓起，打击假冒伪劣，保护名优产品，繁荣市场，发展经济。任丘市灶具市场通过治理整顿，已由一个自发形成的小市场，发展成华北地区最大的灶具市场，经销门店由1996年的85户，增加到125户，年经销额由1996年的1.8亿增加到了5亿多，产品质量抽查合格率比1996年底提高了70个百分点，名优产品占到了二分之一。

**【打假工作取得显著成效】** 坚持把农资、建材及消费者反映强烈的菜篮子、米袋子、火炉子产品作为重点，开展了“净市场、保两节”、“打三假、保春耕、保秋收”、“查建材、保建设”、“查食品、保消费”等五项专项战役，取得了明显成效。8月份，国务院领导对全国打假联合行动作出重要批示，根据省政府和国家局的具体安排，河北省局完成了打假组织的筹建工作。10月26日，河北省打假办公室正式从省工商局转移到河北省质量技术监督局，质量技术监督系统在打假工作中的牵头职能正式启动。全省11个设区市全部建立了设在质量技术监督系统的政府打假办公室，各县(市)区也大部分完成了组建工作。11月6日，省政府召开全省打假联合行动电视电话会，郭世昌副省长代表省政府做了重要讲话。11月22日，全省打假工作领导小组召开第一次全体成员会议，12月4日，河北省政府发出了《关于开展严厉打击制售假冒伪劣商品违法犯罪活动联合行动的通知》，全省各级质量技术监督部门积极行动，开展了一场声势浩大而又讲求实效的联合打假行动。截止2000年12月底，全省共出动执法人员80 145人次，查处案件4 895起，端掉假冒伪劣黑窝点1 014个，查获假冒伪劣标值10 034.48万元，其中，标值超过30万元以上的案件15起，移交司法机关的造假分子21人。11月16日上午，在全国打假办的督导下，组织质量技术监督和公安200余名执法人员，在石家庄市彻底摧毁了一个面积约一万平方米，集储假、售假、转运、加工一体化的综合性窝点，现场查获涉嫌的假冒伪劣商品数十种，标值1000多万元，是河北打假史上被摧毁的最大窝点。省委、省政府和国家有关部门对破获这一大案极为重视，省委书记王旭东同志做了重要批示，给予了充分肯定。

**【举报、申诉工作】** 成立了河北省质量举报申诉中心，全年共受理质量投诉2 756起，涉及货值1 893.2万元，投诉结案率93%，受理消费者申诉案件172件，涉及金额1 130万元，其中，受理司法委托案件18起，行政委托案件2件，组织有关专家实施产品质量鉴定23件。

**【纤维产品监督检验】** 加强对销售环节和用棉企业的棉花质量监督工作。全年共完成纺织品检验1 768批，棉被褥(胎)255批，对进入商场等单位上柜经销的服装进行含量检验383批，完成化纤日常监督抽查委托检验，共对210多件违法案件进行了查处，为企业挽回经济损失1 460多万元。完成了省政府下达的3.8万吨棉花监督检验目标考核任务，对全省8个产棉区86个县433个加工厂(站)进行了监督检查和技术指导，共检籽棉大垛1 237个，籽棉19 500吨，成包皮棉920批10 436吨。按照中国纤维检验局的工作部署，历时5个月，投入现场实验室检验人员120多人，仪器设备50多台，车辆16辆，圆满完成了河北省承担的国家储备棉、“出疆棉”、“98商品棉”的公正检验任务。共检验6 284批120 161.3吨棉花。其中，国家储备棉2 481批57 219.6吨；“出疆棉”2 849批50 836.2吨；“98商品棉”954批1 406.5吨。全年共完成经营性棉花公证检验2 237批31 192.793吨。全年共完成羊绒国家检验964批1 588.5吨，羊毛公证检验39批2 908吨。超额完成了省政府下达的羊绒检验任务，共检验羊绒800吨。全年仿制棉花品级实物标准575套共计4 025盒，完成纤维纺织专用计量器具检定测试263台(件)。

3. 标准化工作

**【采用国际标准】** 提前实现并超额完成了《质量振兴纲要》提出的目标，全省主要工业产品采标率达到了77.12%。2000年，全省完成采用国际标准266项，完成采标标志使用80个，分别完成2000年任务的166.25%和200%。截止到2000年11月底，“九五”期间，全省累计完成采用国际标准和国外先进标准认可1 283项。其中，采用国际标准490项，采用国外先进标准793项，累计完成采标标志任务443项，向社会正式公告357项。从1984年全省开展采用国际标准以来，累计完成4 591项。截止到2000年底，轻工行业采标率为83.00%；电工、电子行业为81.00%，医药行业为80.00%；冶金行业为78.50%；建材行业为77.60%；食品行业为76.70%，机械行业为73.40%；纺织行业为72.40%；化工行业为71.50%。平均采标率达到77.12%，超过目标2.12个百分点。

2000年，对43家大型企业集团和100种河北省优势产品进行采用国际标准情况进行了调研统计，43家大型企业集团的产品采标率为53.20%，100种河北省优势产品采标率为69.9%。

**【全省企业实现有标生产】** 到2000年5月底，全省企业已全面实现了消灭无标生产，达到了国家局在全国消灭无标生产工作暨试点县(市)经验交流会上提出的目标要求。通过长时期、大范围、大规模的消灭无标生产工作，验收澄清了全省173个县(市)区本行政区域范围内的工业企业拥有数，停、破产企业数和正常批量生产企业数以及正常批量生产企业的产品行业划分、产品品种和规格、产品执行国家标准、行业标准、地方标准和企业标准的情况；11个市行政区域内的工业企业执行标准情况也得到了澄清。据2000年5月底的统计数字，全省共有正常批量生产的企业39 238家，企业产品59 156种。其中执行国家标准和行业标准的有48 989种，执行地方标准的有661种，执行企业标准的9 119种，有标生产率由消灭无标生产前的59.60%提高到99.70%。

**【农业标准化工作】** 紧紧围绕农业产业结构调整和优化，按照省政府2000年提出的做好农业和农村经济工作的十件大事的要求，进一步完善了农业标准化体系，下大力开展了农业标准的实施和示范工作。2000年全省制修订农业标准44项，其中，省级标准15项，市级标准29项。2000年还重点在无公害蔬菜生产上制定了10项《蔬菜安全控害技术标准》河北省地方标准和10多项无公害蔬菜技术规程，并在全省大面积推广实施，严格控制了高毒、高残留农药在蔬菜上的使用，保证了人们的食用安全，也为农民生产“营养、安全、卫生”蔬菜提供了技术保障。针对我省北部和西部太行山区旱情严重的问题，2000年在全省大面积推广了《旱作农业生产技术标准》15项，推广面积达到13.3万公顷，基本上解决了旱地作物需水问题。圆满完成了9个示范区的验收工作。其中，国家级农业标准化示范区4个，省级示范区5个。

标准化果园建设促进了河北鸭梨产业化的发展。沧州市质量技术监督局与林业局、科技局等部门密切配合，以公司为龙头、以标准化果园为载体、以市场为导向、以利益为纽带，初步形成了政府推动、龙头带动、利益驱动、科技拉动四力并举的农业标准化新模式。通过典型引导、示范，标准化果园得到大力推广，产生了良好的经济效益。如泊头市鸭梨产业的收入已占其财政收入的30%。该市4个乡、40个专业村的人均收入增加400多元。

4. 计量工作

**【《河北省计量监督管理条例》发布实施】** 3月30日，经河北省九届人大十四次会议通过，《河北省计量监督管理条例》正式发布实施。《条例》拓宽了计量活动的范围，突出了商品量和服务量的监督，内容完整，切合实际，具有较强的操作性。为保证《条例》的全面实施，组织起草了《条例》解释和与《条例》配套的有关规范性文件。

**【法制计量工作】** 加强了对计量器具制造许可证的监督管理，严格了发证条件，保证了发证产品的质量；引导企业调整产品结构，研制和生产高附加值、高科技含量的产品，全年共受理计量器具新产品样机实验80余件；加大了对计量器具产品质量的监督抽查力度和后处理力度。2000年首次组织了对全省电能表的监督抽查，共抽查电能表468批次，合格323批次，其中，抽查省内企业23批次，合格率为82.6%，对不合格电能表进行了处理，督促25家企业进行了整改；圆满完成省政府考核目标任务，全省共完成检查计量器具23万件，抽查定量包装商品24万件，定量包装商品净含量合格率达到了85%，超额完成了指标；“光明工程”取得新进展。“3.15”期间，开展了“进百家校园，送万人光明”活动，全省近百家特级、一级眼镜店走进校园，进行了宣传咨询服务活动；组织开展了眼镜产品质量的专项抽查，共抽查眼镜468组，合格率为69%；成立了河北省计量学会光学专业计量委员会，逐步实现了对眼镜管理由行政管理向行业自律的转变；整理编写了眼镜店从业人员培训教材，继续开展了对眼镜店的等级评定工作，全年评定特级眼镜店4家，一级眼镜店25家，全省有4家眼镜店通过了ISO 9000认证；重点组织开展了粮食水分测定仪、容重器、各种衡器等涉农计量器具和以医用CT为主的医疗卫生强检计量器具的监督检查；加大了对电能表的监督管理力度，逐步理顺了电能表监督管理职能，在全系统配备全自动三相电能表检定装置和便携式电能表检定装置70余台，对检定人员进行了学习培训，为全面开展电能表的检定奠定了基础；开展了以电能表为主的“四表”(电能表、煤气表、水表、热量表)的首次强制检定工作，弥补了过去管理的空白；为配合燃油税改革，与省国税局共同组织了加油机税控装置的安装工作，现全省大部分市、县已按计划安装完成。

**【工业计量工作】** 继续组织开展了“学邯钢、抓计量、创实效”活动，引导企业加强成本核算，通过节能、降耗、挖潜增加效益；与省经贸委联合推广了《中小企业计量检测保证规范》，引导企业特别是中小企业按照规范要求，配备和完善计量检测设备，严格计量管理，提高计量保证能力；在企业自愿的基础上，开展了计量体系确认，全省共有250家企业通过计量合格确认，有26家企业通过计量检测体系确认。

5. 认证工作

**【服务业认证】** 积极推动服务行业贯标认证。石家庄市局组织编写了服务行业实施ISO 9000标准大纲及宾馆、酒店、连锁店、电信等行业的实施指南，培训服务行业管理人员90余人次；邯郸市自来水公司、唐山热力公司等服务单位通过质量体系认证。邯郸市中心医院、西柏坡展览馆旅游景点等服务业的认证工作开始启动。

**【中方委河北审核中心正式挂牌】** 2000年1月，中方委河北审核中心通过中国方圆标志认证委员会的验收，河北审核中心具备了开展方圆认证工作能力。2000年10月13日至15日，CNACR通过了河北审核中心的现场审核，28日通过了河北审核中心模拟审核固定康兴滤芯厂的现场见证。11月20日，CNACR颁发中方委河北审核中心认可证书，河北审核中心正式挂牌开展审核工作。2000年，河北审核中心向中方委推荐74家认证企业，完成了37家监督审核企业、49家企业的初审工作。

**【计量认证和审查认可/验收工作】** 完成了7个市级

质检所提出的扩项审批工作和4个质检机构的复查换证工作;完成了5家检测实验室复查换证工作;对3个质检机构和6个计量认证机构进行了监督检查,对出现的问题及时提出了整改要求,通过限期整改,吊销认证证书等,达到了规范质检机构检验行为的目的。

6. 锅炉、压力容器、压力管道及特种设备安全检查工作

**【机构划转】** 根据冀政[1999]8号和冀政办[2000]28号文件要求,原河北省劳动和社会保障厅承担的锅炉、压力容器、电梯、防爆电器等特种设备安全监察管理职能、机构、人员划入河北省质量技术监督局。2000年,顺利完成了机构、人员、职能的划转工作和省、市锅检所的合并工作。

**【安全监察工作】** 组织了对锅炉压力容器等特种设备的定期检验,圆满完成了年初确定的定检目标。积极拓宽监察领域,由河北省质量技术监督局会同省卫生厅明确了省质量技术监督局和卫生厅参加新建氧舱进行定期检验,布置了全省液化石油气站储罐法兰密封面的改造工作。继续开展了对锅炉、压力容器、气瓶、压力管道特种设备的设计、制造、安装、使用、检验、修理、改造各环节的监察。全年审批锅炉设计130余套,审查批准压力容器设计单位1个;审查批准锅炉制造单位10家,压力容器制造单位3家,审查批准锅炉安装单位6个,锅炉化学清洗单位50个,化学药品、药剂生产单位备案7个;参加了6台发电锅炉的安装验收。认真贯彻《进出口锅炉压力容器监督管理办法》,对8台进口锅炉、98台压力容器的检验报告进行了审查,其中,1台锅炉、4台压力容器不符合我国标准、规程的规定,用户向外商进行了索赔;对出口的729只气瓶、9台压力容器的检验报告进行了审查。积极开展了电梯准用证的换发证工作和电梯安装、维修、保养单位换发证的受理工作以及河北省施工单位的审批工作;对开展特种作业人员进行了培训,共考核射线探伤、超生波探伤、磁粉探伤、渗透探伤人员500余名,颁发Ⅱ级证339个,Ⅰ级证83个;对化学清洗操作人员、检验人员进行了考核,共培训考核120余人,培训考核锅炉压力容器检验员89人,发证85个。

**【安全隐患排查治理】** 根据国家质量技术监督局“关于切实加强锅炉压力容器压力管道及特种设备安全监察工作的紧急通知”,自9月21日至26日,在全省各市、县开展了安全检查。检查的重点是:液化石油气体充装站、汽车罐车、铁路罐车,电力系统的锅炉压力容器,大型商场、宾馆饭店和高层住宅等客运量大的电梯,公园大型游乐设施、旅游点客运索道、起重机械和厂内机动车辆。全省共组成98个检查组,372人参加了检查,共检查1 186个单位,液化石油气充装站423个。汽车罐车192辆,铁路罐车18辆,锅炉705台(其中发电锅炉100台)、压力容器1 404台、电梯215部,索道9条、滑行道1条,起重机械895台,游乐设施49台,厂内机动车辆332辆,查出安全隐患和问题2 157处,共发出安全监察意见通知书385份,查封、停止充装液化气站108家,限期整改液化气站76家,小锅炉报废16台、限压使用28台,停用电梯2部,停用索道2条,停用起重机械6台。通过检查,消除了事故隐患,促进了企业管理水平和安全生产意识的提高,保障了设备安全运行。

7. 政策法规宣传教育工作

**【法规建设】** 2000年3月,河北省人大通过《河北省计量监督管理条例》;将修改《河北省产品质量监督条例》列入立法计划,并对草稿做了多次修改;全年共完成《饲料管理条例》等法律协调件20多件。

**【执法监督】** 重新修订了《河北省质量技术监督执法监督暂行办法》。10月份,组织开展了全省质量技术监督行政执法大检查,对11个市局和33个县局的行政执法工作进行了检查,对执法工作中的不足和好的经验做法进行了总结和研究。积极开展“两制”工作,顺利通过了省人大对系统实行“两制”和依法行政工作的书面评议;严把报批案件的审理质量,全年受理报批案件17件,退回并责令补充调查5件;积极受理申诉,全年受理申诉4件,受理行政复议案件8起,复议维持5起,撤消1起。

**【宣传教育工作】** 制定了《河北省质量技术监督系统学习、宣传、培训、贯彻〈中华人民共和国产品质量法〉安排意见》,积极开展了新《产品质量法》的宣培贯工作。全省共出动宣传彩车200余台,散发宣传材料100万份,有关领导发表电视讲话100余次,在各种媒体刊登宣传文章200余篇。加强学历教育,与省自考委合办高等教育自学考试技术监督管理专业(本科);开办成人大专《专业证书》班(标准化、计量与质量管理专业);组织举办《执法人员培训班》、新《产品质量法》宣贯培训班3期,举办计量知识及计量检定员培训、标准化知识、代码知识、纤检等培训班7期。

8. 行风建设

按照国家局和省委、省政府的部署要求,结合本系统的实际,坚持标本兼治,纠建并举,全省系统广大干部职工的法制观念和廉洁勤政意识进一步增强,思想作风、工作态度和执法水平明显提高。今年以来,全系统承办的14 000多起行政案件不仅全部结案,且未出现败诉案件;企业“三乱”、吃拿卡要及违反“五公开、十不准”的问题基本杜绝;为企业、群众和下岗职工办实事、好事48 966件,收到社会各界赠送的锦旗、镜匾698面(块)。10月份,接受了国家局行风检查组的检查,检查组认为我局抓行风建设坚持标本兼治,纠建并举,领导重视,措施得力,工作扎实,制度健全,规范行为,成效明显。

撰稿人 张志杰

审稿人 郭凤集

# 山西省质量技术监督工作

## 一、概　　述

2000年，是全省质量技术监督系统垂直管理体制运行的第一年。一年来，在省委、省政府和国家质量技术监督局的正确领导下，深入贯彻党的十五大和十五届四中全会精神，以《国务院关于进一步加强产品质量工作若干问题的决定》为指导，按照全国质量工作会议的部署和国家局的安排，围绕省委、省政府调整产业结构的战略任务，以质量为中心，作服务大文章，在全系统广泛深入地开展了"质量服务年"活动，深化管理体制改革，加大了综合管理和打假工作力度，同时狠抓了队伍建设和基础建设，强化服务功能，不断提高质量技术监督工作为全省国民经济和社会发展服务的有效性。概括起来是：开展一个活动就是以质量为中心，开展了"质量服务年"活动；强化两个职能，就是综合管理和行政执法两个职能；加强三个基础，就是加强了标准、计量和质量技术监督培训基础性工作；做好四项工作，就是做好打假、扶优、监督和宣传工作；搞好五方面建设，就是搞好各级领导班子和队伍建设、法制建设、基层建设、行风建设和精神文明建设。一年来，通过全省系统广大干部职工奋力拼搏，圆满完成了各项工作任务，而且在许多方面取得了突破。

主要工作成绩：一是管理体制改革工作基本完成，系统凝聚力明显增强，行业形象焕然一新。体现在：(1)以管理体制改革工作为突破口，实现了机构、编制、经费、职能到位。我省的垂直管理体制改革工作圆满完成了省政府制定的达到中西部地区中上游水平的目标，并且在全国名列前茅，得到了国家局领导的高度评价。(2)以保障新体制运行为切入点，实现了队伍、班子、意识、考核工作的全面整合。全系统的一盘棋意识、系统意识、开拓创新意识、竞争意识、法制意识明显增强，系统的凝聚力和战斗力大大提高。(3)以推行政务公开、开展行风评议为契机，实现了行风、素质和形象的大转变。在省政府确定的全省推行政务公开、开展行风评议的重点部门中，全省质量技术监督系统总体评价名列全省第一，受到了省纠风办的肯定。(4)以建立舆论宣传网络，加大宣传力度为手段，实现了社会地位，影响力、知名度的大提高。通过全方位、多层次、有深度的宣传，架起了质量技术监督部门与企业、群众、社会各方面沟通交流的桥梁，扩大了知名度，提高了社会地位。

二是联合打假组织得力，目标责任落实到位，打假治劣战果辉煌。省政府把联合打假领导组办公室设在了省质量技术监督局，加强了组织领导，明确了打假责任。省局制定并印发了《全省质量技术监督系统打假联合行动实施方案》，配合打假出台了《关于对查处制售假冒伪劣产品违法犯罪活动中举报有功人员和办案有功单位奖励办法》，采取了切实有效的措施，狠抓大案要案，在运城市开展了打击土炼油的专项行动，取得显著效果，此举得到了吴邦国副总理和全国打假办的充分肯定和表扬。

三是紧紧围绕全省的经济工作重点，以质量为中心，作服务大文章，配合省政府调整产业结构、发展潜力产品的战略举措，面向经济结构调整搞好服务；围绕省政府确定的100余种优势产品和潜力产品，面向企业发展搞好服务；针对群众和社会反映强烈的热点、难点问题，面向社会搞好服务。

四是强化管理，开拓创新，各项基础工作成绩显著。加快了生产许可证管理和质量认证工作步伐，质量监督工作得到了进一步加强，标准化工作稳步推进，计量技术基础工作得到了强化，开始行使了锅容管特安全监察职能。

通过努力，全省质量技术监督部门在政府眼里有位置、在部门眼里有实力、在社会眼里有份量，企业欢迎，群众拥护，社会赞誉。形成了人心思干、人心思进、人心思变的良好氛围，初步实现了"有为——有威——有位"的目标。

## 二、质量技术监督工作

### 1. 质量管理工作

**【全省质量状况调查】** 全省宏观质量管理职能划入质量技术监督系统后，为了进一步掌握全省质量管理状况，促进质量总体水平的提高，省质量技术监督局报请省政府办公厅以晋政办发电[2000]9号文件印发了《关于组织开展全省质量状况调查的通知》，并承担了本次调查的牵头组织和综合协调工作。工业产品质量状况调查从6个方面展开：一是选定100户具有代表性的企业由省质量技术监督局组织直接以问卷方式调查；二是由地市选定共计800户地(市)、县营中小型企业进行调查汇总；三是由省直工业厅局配合对代表本省行业特色的主导产品质量状况进行调查；四是对全省11个地市和部分工业较发达的县(市)以区域状况调查表的方式进行了调查；五是从省统计局、省经贸委、省直部分厅局及国家部分委、办、厅、局近期有关统计报表中收集、整理数据进行调查；六是从标准化、计量、质量监督、许可证、打假等方面向局直单位调查。同时，省质量技术监督局会同省农业厅、省旅游局、省建委、省水利厅、省交通厅、省卫生厅、省邮电管理局、省供销社等主管部门共同组织了全省农产品、旅游服务、建筑工程、公路工程、水利工程、医疗卫生、邮电服务、农资服务等领域的质量状况调查。通过认真汇总分析调查资料，出台了8个方面的质量状况调查报告。这次调查使我们对全省质量基本情况有了量化的、比较全面和准确的把握，特别是通过开展建设工程、服务领域的质量状况调查，了解和掌握了上述领域的质量情况，扩大了质量技术监督系统在全社会的影响，为今后进一步采取各种措施做好质量工作奠定了坚实的基础。

**【《山西省人民政府关于进一步加强产品质量工作若干问题的决定》发布】** 国务院《关于进一步加强产品质量工作若干问题的决定》发布以后，围绕贯彻落实《决定》和实施国务院《质量振兴纲要(1996～2010)》,省质量技术监督局积极着手进行我省相关政策的起草工作,代拟了《山西省人民政府关于进一步加强产品质量工作若干问题的决定》。在省政府办公厅有关处室主持下,代拟稿先后发往14个省直部门征求意见,并几次召集专题会研究讨论,于2000年10月19日经省长办公会讨论通过,并予发布。《山西省人民政府关于进一步加强产品质量工作若干问题的决定》对全省质量工作作出了全面、详细的规划和部署,明确要求各级地方人民政府将质量工作纳入当地国民经济和社会发展规划,并建立质量和打假工作目标责任制;突破性地提出要大力实施名牌战略,实施政府质量奖励制度和警示制度,开展质量立市(县)、质量立省活动,这是规范和指导今后一个时期全省宏观质量管理工作的一份非常重要的政策性文件。

**【全省质量工作会议召开】** 2000年11月2日,全省质量工作会议在太原隆重召开,这次会议是全省宏观质量管理职能划入质量技术监督部门后召开的第一次盛会,也是省政府召开的第一次质量工作专题会议。省委常委、常务副省长薛军同志到会作了重要讲话,省质量技术监督局局长孙桂芳同志安排布署了一个时期内的各项质量工作。会议表彰了2000年全国质量管理先进企业和先进工作者,并与各地市人民政府签订了质量工作和打假工作责任书。

**【生产许可证管理】** 2000年,山西省质量技术监督局进一步加强生产许可证管理工作,严格申报程序,临时准产证明审批程序,企业生产条件质量体系审查程序,保证了发证质量,使生产许可证工作有效进行,起草发布了《关于进一步加强我省工业产品生产许可证工作的实施意见》,制定了生产许可证办公室政务公开服务规范,规范了《工业产品生产许可证审查任务通知单》、《工业产品生产许可证审查记录表》、《临时准产证明发放程序》、《企业生产条件质量体系审查程序》、《生产许可证工作人员廉政信息反馈表》等。依据《国家实施生产许可证管理产品进度情况表》和产业政策要求,2000年总计受理351家企业申请,按照全许办批准的换发证实施细则,组织对322家企业进行了质量体系审查,核发了116份临时准产证明,保证了企业生产和经营活动的正常性和合法性。

**【质量培训教育工作】** 按照"反复探索,不断深化,有的放矢,分层施教,方法多样,目的明确"的思路,年初下发了《2000年质量管理培训教育计划》。举办了质量管理知识普及班、质量管理小组骨干提高班;举办了ISO 9000族标准领导干部贯标、质量体系内部审核员、审核员预备知识、国家注册实习审核员、质量体系文件编写培训研讨班,有近千人参加了学习。每期培训都从师资、教材、教学手段等方面做了充分准备,还邀请了全国质量管理界著名人士和山西省有实践经验的质量专家、学者讲课,收到了很好的效果。委托省质协选派了12名省级诊断师参加了中质协组织的第十三次国家级诊断师考评,37名省级TQM辅导员参加了国家级TQM辅导员考评,并取得了资格证书。同时,还组织了7 000余人参加全国TQM基础知识统考,考试合格取证率达86.8%。质量培训教育工作巩固提高了我省现有质量管理人员的业务水平,造就出一支政策水平高、业务技术素质好、能正确运用现代管理理论和方法的骨干队伍。

2. 监督执法与"打假"工作

**【定期监督检验】** 全省产品质量定期监督检验生产企业11 721个,不合格企业1 548个,不合格企业占13.12%,检查产品15 154批次,合格13 159批次,批次合格率为87.05%;检查商业企业12 186个,检查商品17 942批次,合格13 501批次,批次合格率为75.04%;查出伪劣商品批次2 151批,查出不合格商品标值总计1 229.07万元,其中伪劣商品标值为244.58万元。

**【地方技术监督行政执法】** 全省质量技术监督行政执法共通报批评企业269个,查处产(商)品标值15 778.45万元,查处大案要案136件,大案要案涉及商品标值7 473.56万元,没收处理产(商)品标值873.28万元,罚没金额843.41万元,挽回经济损失1 813.5万元。

**【产品质量申诉处理情况】** 全省共接受申诉案件1 474件,申诉处理总数1 402件,申诉解决率为95.94%,申诉处理涉及商品总标值587.973万元,挽回经济损失1 366.8万元。

**【产品质量国家监督抽查】** 国家共抽查全省127家企业生产的52类144种产品,合格110种,平均抽样合格率为76.4%。对全年不合格的29家企业生产的32种产品进行整改。其中,申请复查的有24家企业,复查合格的企业有24家,复查合格产品有26种,占到不合格产品复查数的81.25%,其余5家企业有的转产、有的继续整改。

**【产品质量省监督市场抽检】** 为抓好市场重要产品的质量,按季节,有重点均衡安排对26类687种产品的检验任务。第一季度全省共对161个经销企业销售的8类186种产品进行了监督抽查,合格121种,抽样合格率为65.1%。第二季度全省共对111个生产、经销企业生产、经销的6类146种产品进行了监督抽查,合格67种,抽样合格率为45.9%。第三季度全省共对105个生产、经销企业生产、销售的5类130种产品进行了监督抽查,合格89种,抽样合格率为68.5%。第四季度全省共对208个商业企业生产、销售的7类225种产品进行了抽查,合格126种,抽样合格率为56%。

**【国家免检产品工作】** 按照国家局免检工作的要求,通过认真细致的工作,对我省申报免检产品的5家企业生产的4类8种产品进行了上报。经国家局批准,有以下3个企业产品获得免检产品称号:山西省海鑫钢铁有限公司生产的钢筋混凝土用热轧带肋钢筋产品、山西省原平化学工业集团有限公司生产的农业用尿素、山西海棠电器集团股份有限公司生产的波轮全自动洗衣机系列。

**【认定省质量技术监督局质量稳定合格产品】** 为了深入贯彻执行国务院《质量振兴纲要》,履行质监部门"扶优治劣、引导消费、规范市场、服务企业"的职能,进一步推动名牌产品战略,根据省局《质量稳定合格产品管理办法》,本着"企业自愿、严格审查、择优认定"的原则,经研究认定四川长虹电器股份有限公司等20家生产企业生产的产品为1997～1999年山西省质量稳定合格产品。这次认定的质量稳定合格产品,其生产企业有较完善的质量保证体系,在国家、省质量技术监督部门三年的监督检查中,产品质量连续三年合格。产品有完善的售后服务体系和维修网络，信誉度好，市场占有率高，受到广大消费者的好评。

**【创建“购物放心一条街”及开展“百城万店无假货”活动】** 经省质量技术监督局按“购物放心一条街”9条标准要求，组织检查考核，向国家申报并已被国家授予全国第二批创建活动试点街区的山西省内“购物放心一条街”有以下3家：山西省太原市东米市街、山西省大同市小南街和山西省长治市上党门昌盛商业街。在开展“百城万店无假货”活动中，在全省11个市(地)对47家商业网点授予“放心店”、“放心购物街”“清柜台活动先进单位”等荣誉称号。

**【联合打假工作】** 在山西省开展“联合打假行动”中，质监部门共出动执法人员4.32万人次；查出违法案件数4 317个(其中10万元以上大案要案112起，移送司法部门处理的15起)；查出假冒伪劣产品标值1.32亿元；捣毁制假售假黑窝点995个；刑事拘留制假售假违法人员41人；处理参与支持、包庇、纵容制假售假的国家工作人员8人。山西省质量技术监督局在打假联合行动中，除抓好国家确定的9种重点打击的商品外，结合省内实际，把土炼油、矿用电器、无证劣质水泥、劣质食用盐，白酒五种商品作为省内打击的重点，予以严厉打击。为确保打假联合行动的顺利进行，山西省局采取了3项主要措施来保证打假工作：一是出台了《关于对查处制售假冒伪劣产品违法犯罪活动中举报有功人员和办案有功单位的奖励办法》；二是多方筹措资金，为全省无交通工具或交通工具十分落后的地方、县局配备了百余辆执法打假专用车；三是全省11个地市开通了“96315”统一打假专线电话，广开案源渠道，激发了全社会参与热情，从而推动了全省打假联合行动的深入开展；四是编辑打假专辑简报53期，全面报道了全省的打假情况，在山西省委召开的省委扩大会议上，省委田成平书记、刘振华省长对打假联合行动给予了充分肯定和表扬。

**【治理土炼油重灾区成绩显著】** 运城市、吕梁地区是土炼油泛滥的重灾区，打假联合行动开始后，省打假办牵头，以质监部门为主对土炼油重灾区进行了专项整治，此间共出动执法人员15 000余人次；出动铲车、吊车等执法车辆1 400余台次；取缔、端掉土炼油黑窝点590个；查处土炼油3 500余吨，货值780万元；检查非法经销土炼油加油站1 096家；没收土炼油罐600余个；炸毁油罐50余个；查获贩运土炼油运输车辆270辆；刑事拘留10人。在土炼油专项整治中，尤其是取缔运城非法生产土炼油“12.29”特别行动成绩突出，各部门共出动执法人员8 230人次；出动铲车、吊车等车辆1 015台次；取缔土炼油生产窝点361座，没收油罐490个；炸毁油炉26个，没收油品35吨，刑拘阻挠执法的抗法人员10人。这次行动受到了吴邦国副总理的肯定和表扬，做出重要批示：山西两个多月时间，捣毁土炼油窝点500多处，查封非法土炼油的加油站78家，成绩不小，这是多年想解决而没解决的问题，应予肯定表扬，这也说明，只要地方政府下决心，就能使打假工作落在实处，取得成效。

**【棉花专项打假】** 对全省25个棉麻直属库、接运站、20个县级棉麻公司和80个棉花加工厂(站)及15个棉纺企业进行了抽查、排查和调查，封存并查处了各种白包棉、超水棉和涉嫌掺杂使假的棉花2 400多包，共计2 000多吨，受理并查处群众举报6起，其中大要案有：“北辛棉花加工厂销售掺砖棉花案”等，“闻喜接运站擅自更换4 000多包棉花标识案”。

**【专项产品打假】** 根据全国打假办、国家局和省政府的安排布署，组织了若干个专项打假行动，主要有：(1) 开展了棉花专项打假活动。(2) 查处工业用油冒充食用油，饭店泔水漂浮提炼油的生产销售及严厉打击大米中掺有工业用油的违法行动的打假活动。(3) 开展了假冒卷烟专项打假活动。(4) 开展了劣质盐、工业用盐掺入食用盐销售的专项打假活动。(5) 开展了一次性输液(输血、注射)器专项打假活动。(6) 开展了建筑用钢材的专项打假活动。(7) 开展了汽车、摩托车配件的专项打假活动。(8) 开展了农村电网改造使用产品的专项打假活动。(9) 集中开展以农药、复混肥、种子、农机配件为重点的农资专项打假活动。(10) 开展了元旦、春节两节市场商品的大检查。

**【三大战役】** 全省围绕“打假治劣、扶优保真”的工作宗旨，全年集中开展了“净市场、保两节”、“查农资、保春耕”、“查建材、保建设”的三个战役。共出动检查人数74 639人次，查获伪劣产品标值6 236.86万元，端掉制造伪劣产品窝点91个，查处违法案件1 331起，移送司法机关的案件3起，提请吊销营业执照17个。

**【“3.15国际消费者权益日”及质量月工作】** 开展了“百家企业质量承诺”活动；组织了“海尔杯”知识竞赛；展示打假成果，集中销毁了一批假冒伪劣商品；并免费为消费者提供检测服务。质量月活动紧紧围绕“2000年全国质量月”活动的主题：质量——新世纪的呼唤，太原市举办了以“质量责任重如泰山”为主题的三晋质量行出发仪式，并组织外埠名牌产品生产企业、地方名优产品企业百余家名优产品展示暨大型宣传活动，与此同时，9月15日在太原市东山垃圾焚烧场，集中销毁涉及食品、饮料、低压电器、烟、酒等十余类100多种产品总标值125.4万元的伪劣假冒商品。对省城太原的窗口单位太原火车站、汽车站、五一商厦等商业企业进行现场检查，对在检查中存在问题的太原长途汽车站，通过新闻煤介进行了通报批评。太原市局也责成专人对该站进行了整顿。质量月期间，全省共出动检查人员15 924人次，检查生产企业和商业企业合计20 378个，检查专业市场616个；个体摊位13 200个，查处假冒伪劣案件224起，货值2 590万元，其中大案要案3起，没收产(商)品总标值82万元；罚没金额110.5万元，挽回经济损失340.5万元，销毁假冒伪劣产品标值627万元。

3. 标准化工作

**【产品标准备案】** 全省企业标准备案991个，年末累计8 557个。其中，省级备案数204个，年末累计1 835个，地(市)县级备案797个，年末累计6 722个。

**【采用国际标准和国外先进标准】** 全年采用国际标准和国外先进标准认可24项；其中等效采用ISO标准3项，等效采用国外先进标准21项，年末累计采标总数208项。本年度采标标志备案24项。

**【实物标准化】** 全省完成锯齿棉标准220套1 540盒，总价值11万元。其标准在省质量技术监督局组织的有关部门专家验收会上一次通过,获得好评。

**【消灭无标生产情况】** 按照《全国消灭无标生产试点县验收办法》和山西省人民政府晋政办发[1999]68号文件,我省古交市、太原市万柏林区、太原市迎泽区、太原市尖草坪区、太原市小店区、太原市杏花岭区、娄烦县、大同县、天镇县、阳高县、灵邱县、山阴县、应县、长治市城区、长治市郊区、沁县、沁源县、武乡县、黎城县、潞城市、平顺县、壶关县、襄垣县、阳城县、陵川县、永济市、绛县、新降县、夏县、万荣县、浮山县、安泽县、永和县、洪洞县、霍州市、曲沃县、乡宁县、太谷县、祁县、灵石县、介休市、宁武县、繁峙县、河曲县、原平市、岚县、汾阳市、临县、兴县、方山县、平鲁区、左云县、广灵县、大同市新荣区、大同市矿区、偏关县、保德县、左权县、和顺县、榆社县、交口县、文水县、中阳县、高平市、沁水县、吉县、古县、河曲县、隰县、蒲县、大宁县、芮城县、平陆县、运城市、垣曲县等76个县(市)通过省级验收。其中国家级消灭无标生产试点县平遥县通过国家验收。

**【标准化文献】** 全年进馆、上架国内外各类标准3 936件,剔除作废标准1 444件,累计国内外标准17万件,接待用户3 000人次,复印国内外各类标准7 000余件10万余张。

**【组织机构代码】** 2000年共新颁和换发新证28 000余册,赋码发证近28 000余户。在全国组织机构代码工作会议上受到国家局表彰。对全省代码纠正重错码300余户,实现了与全国代码中心联网及省内县级以上联网。在2000年召开的全省代码工作会议上表彰先进单位5个,先进个人33名。

**【条码工作】** 2000年发展条码系统成员387个,全省商品条码复审率达65%以上,复审企业199家,涉及产品6 000余个,累计条码交流成员达1 388家,涉及产品35 000余个,并获中国物品编码中心全国优秀奖,条码室李咏婵同志获中国物品编码中心的先进工作者荣誉证书。

**【标准化宣贯培训工作】** 2000年全省对GB 18186《酿造酱油》、GB 18187《酿造食醋》、GB 2717《酱油卫生标准》、GB 2719《食醋卫生标准》、SB 10336《配制酱油》、SB 10337《配制食醋》、SB 10338《酸水解植物蛋白调味液》、GB 12958《复合硅酸盐水泥》、GB 1344《矿渣硅酸盐水泥、火山灰质硅酸盐水泥及粉煤灰硅酸盐水泥》、GB 175《硅酸盐水泥、普通硅酸盐水泥》、GB/T 9704《国家行政机关公文格式》、GB/T 15496、GB/T 15497、GB/T 15498等重要标准进行了培训,部分企业已按以上标准逐步建立和完善企业标准化体系工作。

**【地方标准制定与发布】** 全年制定地方标准7个,它们是:《无公害农产品》、《无公害农产品生产技术规范》、《小尾寒羊》、《小尾寒羊饲养与卫生防疫》、《综合布线系统信息传输性能检测验收规范》、《山西老陈醋》、《山西老陈醋检验方法》,已有4个发布实施。

4. 计量工作

**【计量标准】** 全省建立在国家法定计量检定机构的社会公用计量标准1 113项,授权建立的社会公用计量标准140项,建立在部门、企事业单位的最高计量标准1 078项。

**【强检计量器具情况】** 全年已强检的计量标准器具2 119台(件),已强检的工作计量器具47项88种48 385台(件),其中用于贸易结算的398 788台(件),用于安全防护的56 346台(件),用于医疗卫生的24 517台(件),用于环境监测的4 203台(件)。

**【计量器具新产品管理】** 全省计量器具新产品型式批准证书1个,累计11个;全省计量器具新产品样机试验合格证书33个,累计366个。

**【制造、修理计量器具许可证管理】** 全省制造计量器具许可证21个,累计134个;修理计量器具许可证2个,累计27个。

**【计量监督检查】** "3.15"期间组织了全省市场计量监督检查。全省共检查加油机243个,合格率为80%;台、案秤620台(件),合格率为99%;定量包装商品11类,净含量合格率为70%。组织了全省医用强检计量器具的监督检查。据不完全统计,全省共检查医疗单位521家,医用计量器具6 844台(件)。全省全年共检查计量器具9 737台(件),合格计量器具8 469台(件),抽查合格率为87%。

**【推行法定计量单位】** 根据国家局安排部署,组织对全省10个市(地)8种类别的1 100多个广告使用法定计量单位情况进行了检查。

**【工业计量】** 受国家局委托完成了两家大型企业的"完善计量检测体系确认"评审工作,历年累计完成10家;完成中小型企业"计量合格确认"12家,历年累计30家;完成定量包装商品企业验收157家,历年累计384家。

5. 认证工作

**【机构成立】** 2000年6月22日经山西省人民政府办公厅以晋政办发[2000]60号文《山西省人民政府办公厅关于印发省林业厅省对外贸易经济合作厅、省广播电视局,省质量技术监督局、省物价局职能配置内设机构和人员编制方案的通知》批准成立认证处。其主要职责是"建立和完善认证与认可制度,对证认可工作实施监督。负责强制管理的安全认证产品目录的组织实施,负责认证咨询机构的备案管理和内审员培训注册管理。依法组织对质量检验机构的审查认可和计量认证。规范和监督质量检验中介机构。"2000年8月29日省质量技术监督局下文将机构、人员落实到位。

**【认证成果】** 2000年底组织对省内2家已备案和6家申请备案的质量认证咨询机构进行了检查。两次在《山西日报》公开发布公告,要求企业质量体系内审员到省质量技术监督局进行注册备案,不断规范认证咨询市场。截止2000年12月,全省累计培训并注册质量体系内审员1 784人,比1999年增加906人;质量体系认证企业数累计434家,比1999年增加262家,产品质量认证企业数累计59家,比1999年增加16家。

**【质检机构】** 全省技术监督系统依法设置授权质检机构共118个。其中:直属所、局2个;省级授权站36个;地、市质检所11个;县(区)质检所69个。全省计量认证获证机构累计392家。

## 三、省、地(市)质量技术监督机构简况

### (一)山西省质量技术监督局

根据山西省人民政府办公厅晋政办发(2000)60号文规定,山西省质量技术监督局,为正厅建制;内设办公室、计划财务科学技术处,政策法规宣传教育处(山西省质量技术监督案件审理委员会、山西省质量技术监督行政复议办公室)、质量处(山西省工业产品生产许可证办公室)、监督管理处、标准化处、计量处、认证处、锅炉压力容器安全监察处、人事劳资处10个职能处室及机关党委和离退休人员管理处;核定山西省质量技术监督局行政编制58名,离退休人员管理处编制4名(其中:局长1名,副局长3名,总工程师1名,正副处长职数25名)。

根据中共山西省委办公厅、山西省人民政府办公厅关于省直机关派驻纪检监察机构设置的意见(晋办发[2000]38号)的规定,设置纪检组(监察室);核定纪检组长1名(副厅),副组长兼监察室主任1名,副处级检察员1名。

山西省人民政府打假办公室设在山西省质量技术监督局。

### (二)山西省质量技术监督局直属单位

1. 山西省技术监督局机关后勤服务中心。
2. 山西省计量监督检定测试所。
3. 山西省产品质量监督检验所。
4. 山西省纤维检验局。
5. 山西省质量技术监督信息所。
6. 山西省质量技术监督稽查队。
7. 山西质量认证审核中心。
8. 山西省质量技术监督培训中心。
9. 山西省质量管理协会、山西省质量检验协会、山西省计量协会、山西省标准化协会、山西省质量新闻工作者协会。

撰稿人 赵双义

# 内蒙古自治区质量技术监督工作

## 一、概　述

2000年，是十九世纪和“九五”计划的最后一年，是我区质量技术监督系统实行垂直管理体制的第一年。自治区质量技术监督局党组一班人积极向自治区政府请示汇报，协调各有关部门，争取支持，较好的解决了全系统的人员经费、基建经费、技改经费、执法装备经费、债务偿还资金等资金渠道，在解决行政编制严重不足方面也得到了自治区政府和有关部门的大力支持，为我区质量技术监督事业的发展赢得了前所未有的良好条件，进一步调动了全系统广大干部职工的积极性，并把这种积极性转化为推动事业发展的动力，使我区质量技术监督事业迈上了一个新台阶，为全区质量技术监督垂直管理体制步入健康、良性运行创造了良好开端。全区质量技术监督战线广大干部职工，以《中共中央关于国有企业改革和发展的决定》及自治区党委的贯彻意见为指导，以落实《国务院关于进一步加强产品质量工作若干问题的决定》为主线，以提高我区产品质量总体水平为主攻方向，以“抓住一个机遇(西部大开发)，搞好三项改革(管理体制改革、行政机构改革、技术机构改革)，加强自身建设”为保证，在提高质量，净化市场，加强技术基础，强化锅炉压力容器压力管道及特种设备(以下简称“锅容管特”)安全监察，推进与国际惯例接轨五方面，全面推进业务工作，为我区的经济建设和社会发展做出了应有的贡献。

## 二、质量技术监督工作

### 1. 质量管理工作

**【质量工作的宏观指导】** 为贯彻落实《国务院关于进一步加强产品质量工作若干问题的决定》，代自治区政府起草了实施意见，经广泛征求盟市和有关部门意见后，呈报自治区人民政府，待自治区人民政府批准后发布实施。继续推动《内蒙古自治区贯彻国务院〈质量振兴纲要〉实施办法》按照国家局和自治区人民政府的要求，组织各地区、各部门对《办法》落实情况及2000年目标完成情况进行了检查。根据国家局等3部门联合发布的《全国工业产品质量指标体系总体方案》的有关规定和《工业产品质量分等导则》，修改完善了《内蒙古自治区工业产品分等升级管理办法》并发布实施。

**【实施“名牌推进战略”工作】** 加强对名牌产品生产企业的动态管理，坚持对名牌产品经济指标调度工作，了解情况并采取分类指导的原则有针对性地进行引导帮扶。从目前统计数据看，2000年我区名牌产品实现销售收入140亿元、利税27亿元，出口创汇8亿美元，同比增加了4.5%、12.5%和300%。组织完成了第一批“内蒙古农畜名牌产品”的评审工作。为了提高农畜产品质量、增强市场竞争力，自治区人民政府决定从2000年起开展内蒙古名牌农畜产品认定工作。我局作为“内蒙古名牌农畜产品认定委员会”的主任委员单位，结合工业产品评名牌的好经验，组织有关方面评出内蒙古名牌农畜产品74种，已报请自治区人民政府最后批准、命名。

**【质量培训工作】** 积极开展业务对口培训。质量管理工作对盟市局是一项新的工作，为了使盟市局尽快了解、开展质量管理工作，从2000年2季度开始分赴各盟市举办质量管理培训班，整个培训工作历时2个月，培训人员达600多人。为贯彻《质量振兴纲要》和《国务院关于进一步加强产品质量工作若干问题的决定》，全面提高自治区企业经营者质量意识和质量管理水平，推动“名牌推进战略”深入实施，于6月2日至4日在赤峰市举办了全区企业经理厂长高级研讨培训班。参加培训的有内蒙古名牌产品生产企业和赤峰市部分知名企业的经理(厂长)及盟市质量技术监督局的分管局长、科长等共260人。培训班邀请了国家质量技术监督局质量管理、质量认证、质量监督，质量法制等方面4位司长及专家前来授课辅导。学员们也就各自在质量管理、监督实践中遇到的问题，与专家们进行了面对面的交流探讨，收到了前所未有的培训效果。

**【质量体系认证工作】** 在全区企业认真宣贯ISO 9000族标准的基础上，突出抓了自治区重点企业和名牌产品生产企业第三方质量体系认证工作。制定并下达了《自治区重点企业质量体系认证计划》，拿出有限的资金加以引导。到2000年底，又有吉兰泰盐化集团等6户重点企业，东达蒙古王等15户名牌产品生产企业取得了质量体系认证证书，累计认证企业分别达32户和75户。为了配合西部大开发，提高窗口行业的服务质量，在旅游行业开展了ISO 9000质量体系认证试点。同时，与自治区旅游局、建设厅协商，决定在这两个系统开展宣贯ISO 9000族标准，推动企业进行质量体系认证工作，以全面提高我区服务质量、工程质量。到2000年底，全区新增认证企业50户，超额完成了年初预定的40户目标，累计认证企业214户，标志着自治区重点企业尤其是区队企业整体管理水平跃上了新台阶。

**【促进重点工业产品质量上等升级】** 在区局领导的大力支持下，经过与自治区政府多次协调，争取到了部分质量基金，制定并下达了《2000年内蒙古自治区重点工业产品上等升级计划》，共安排资金475万元，其中自治区财政拨款72万元，企业自筹403万元。这项工作的开展，尤其是资金计划的下达，在企业界反响很强烈。同时，也说明自治区局质量工作的力度在不断加大。

**【表彰质量管理先进】** 按照国家局在2000年质量月期间开展表彰活动的要求，组织了申报和推荐工作。全区有6户企业被授予国家质量管理先进企业，6人被授予国家质量管理先进工作者。同时，自治区局表彰了25户自治区质量管理先进企业、46名质量管理先进工作者。

**【“2000年质量月”活动】** 根据国家的部署，会同自治区党委宣传部、经贸委、总工会、共青团共同组织了“2000年内蒙古质量月”活动。全区12个盟市开展了声势浩大的宣传活动，参加活动的约有10万人次，共发放宣传资料25万余份，接受咨询6.5万人次，接受投诉700人次，集中查处假冒伪劣商品标值200余万元。特别是各盟市在质量月期间对新修订的《产品质量法》进行了广泛的宣贯，对提高全民质量意识起到了促进作用。从各地了解的情况看，今年的质量月活动是历年来规模最大，影响力最强的一次，充分展示了质量技术监督系统的良好形象。

**【生产许可证管理】** 规范了生产许可证的审查发放工作，将临时生产许可证的审查工作全部交由各盟市局办理，正式生产许可证的审查工作要求盟市局参加审查组。按照国家生产许可证办公室的部署，开展了劳动保护、电线电缆、低压电器、化妆品、建筑门窗、民爆产品等240余户生产企业的换证工作，完成了14户电线电缆、4户电焊、120余户白酒生产企业生产许可证工厂条件审查和现场抽样工作。研究拟定了《临时生产许可证的发放和管理办法》。

2. 监督执法与“打假”工作

**【质量监督检查】** 2000年自治区产品质量监督检查计划主要依据《内蒙古自治区质量监督检查重点产品目录》编制，将自治区重点跟踪监控产品由40种增加到100种，扩大了对自治区重点产品的监督检查覆盖面。全区共对29 431家生产和经销企业的48 989个批次产品组织了质量监督检查，合格36 307个批次，抽样合格率为74.1%，比1999年提高0.2个百分点。其中在生产领域监督检查了7 594家生产企业9 778个批次产品，合格7 521个批次，产品抽样合格率为76.9%；在流通领域监督检查了21 837家企业39 211个批次商品，合格28 786个批次，商品抽样合格率为73.4%。共检查32 229个批次自治区重点产品，合格24 286个批次，抽样合格率为75.4%，比1999年提高4.5个百分点。质量监督检查结果表明，全区产品质量总体水平继续呈稳步上升的趋势。但提高的步伐不快，总体水平仍然偏低。产品质量问题仍是制约我区经济健康快速发展的一个重要因素。

**【“打假”工作】** 为贯彻落实《国务院关于进一步加强产品质量工作若干问题的决定》和全区质量工作会议精神，根据自治区的实际，自治区局会同自治区工商局、公安厅，制定了《内蒙古自治区深入开展“三重一大”打假工作实施方案》，明确了我区三年打假整治工作的目标、任务、重点和措施。经自治区政府同意，印发全区组织实施。各盟市都根据当地实际，确定了本地区打假工作的目标和任务。经过一年来的工作实践，自治区确定的打假重点地区、重点市场和重点商品的整治工作取得初步成效。伊盟地区铲除土炼油生产窝点79个、土炼油炉147座，没收土炼油200多吨。继续在全区范围内统一组织开展了“查市场、保两节”、“查农资、保春耕”、“查建材、保建设”三大战役。对社会和消费者反映强烈的劣质成品油、化肥、羊毛绒制品、烟花爆竹等产品，组织了专项查处整顿。共出动执法人员32 265人次，检查商店16 651家，检查专业市场789个，查获假冒伪劣产品标值3 786.8万元，端掉制假售假窝点230个，查处大案要案53件。

**【打假联合行动】** 根据国务院《通知》和全国打假联合行动电视电话会议精神，自治区局立即积极协助自治区政府制定下发了《内蒙古自治区人民政府关于严厉打击制售假冒伪劣商品违法犯罪活动联合行动的通知》和自治区打假联合行动方案，成立了以云公民副主席为组长的自治区打假领导小组，打假领导小组办公室设在自治区质量技术监督局。全区各地也成立了相应的领导机构，各级质量技术监督局承担了打假联合行动的日常组织协调职责。配合自治区党委宣传部召开了打假宣传工作联席会议，加大了宣传力度。深入呼市、包头市、伊盟、乌盟、通辽市等盟市进行督查和指导，推动打假联合行动不断向纵深发展，并取得显著成效。从10月到春节前后，全区质量技术监督部门共出动执法人员4.5万人次，查获假冒伪劣货值1 682万元，查办制假售假案件2 456件，其中大案要案6件，端掉制假售假窝点225个，移送公安机关处理7人。全区打假联合行动取得了较好的阶段性成果，并向纵深发展。

**【创建“购物放心一条街”活动】** 按照国家局的部署，在深入开展“百城万店无假货”、“清柜台”、“信得过”等活动的基础上，充分发挥质量技术监督部门扶优治劣的职能作用，积极开展创建“购物放心一条街”的试点工作。为保证自治区创建活动的质量和实效，我局与自治区党委宣传部、精神文明办联合制定印发了《创建“购物放心一条街”达标验收细则》。2000年8月～9月，确定为全国第一批创建活动试点单位的包头市青山区文化路、赤峰市红山区昭乌达路、呼盟海拉尔市桥头街和列为自治区创建活动试点单位的满洲里市兴华路通过自治区局组织的考核验收。创建活动的开展，极大地促进了商业企业的质量自律行为，树立了一批模范遵守国家法律法规的典型，规范了当地购物市场的小环境，得到当地政府、商家和广大消费者的支持和赞誉。

**【后处理工作】** 针对2000年自治区部分重点产品质量下滑的状况，为进一步加大质量监督检查后处理工作力度，我局及时部署各盟市局对近两年质量监督检查连续两次不合格生产企业和2000年自治区质量监督检查264个不合格生产企业，在年底前集中组织后处理工作，监督企业限期整改复查，情节严重的，依法处罚并向社会曝光，整顿期满后，经复查产品质量仍不合格的，提请工商部门吊销其营业执照。

3. 标准化工作

**【制修订地方标准】** 根据自治区经济建设的需要及我局资金配套情况，安排了《2000年内蒙古自治区制修订地方标准项目计划》，并按行业分工进行了检查指导、咨询服务。批准发布了29项地方标准(含修订标准6项)，其中强制性标准3项，完成计划的145%，截止2000年11月底，自治区地方标准累计达616项，其中强制性标准186项；农业标准547项。在我局的积极倡议和配合下，国家局组织有关专家在包头市召开了提交稀土国际标准提案调研座谈会和国内技术准备工作会，经过论证，向ISO提交了3项稀土国际标准提案，ISO技术管理局已同意正式上报提案。此项工作，得到自治区党委、政府主要领导的高度评价和充分肯定。

**【采用国际标准工作】** 为积极做好采标工作，贯彻实施《内蒙古自治区贯彻国务院〈质量振兴纲要〉实施办法》，年初自治区局下发了《2000年内蒙古自治区工业产品采用国际标准和国外先进标准计划》，并将任务指标分解下达到各盟市，列入考核目标。全年办理采标标志产品备案31个。在《内蒙古自治区工业产品采用国际标准和国外先进标准情况明细表》初稿的基础上，补充完善了相关内容，基本摸清了自治区1985年至1999年的采标工作底数。全区经国家、自治区或国外权威机构验收、认可的采用国际标准或国外先进标准的产品共16大类471个。这些产品执行的标准，达到国际先进水平的86个，达到国际一般水平的385个。为提高我区名牌产品的市场竞争力，配合我区"名牌推进战略"的实施，我们重点加大了对名牌产品采标的工作力度。目前，128个自治区名牌产品采标率达到68%。

**【农业标准化工作】** 根据《内蒙古自治区农业标准化"九五"计划》的安排，积极与农、牧、林、水主管部门合作，指导达拉特旗种植标准化示范旗、鄂托克前旗育肥羊标准化示范旗、乌拉特前旗节水灌溉标准化示范旗、敖汉旗林业标准化示范旗4个自治区首批农业标准示范县(旗)的工作，各示范县(旗)均已完成了标准化综合体规划的制定、审定及相关标准的制定等阶段性工作目标。海拉尔市奶牛饲养、五原县秸杆养羊、元宝山猪场配套饲养3个国家农业标准化示范项目，完成了示范区各项任务和工作指标，取得了明显的经济效益、社会效益和生态效益，顺利通过验收。

**【消灭无标生产工作】** 2000年列入消灭无标生产工作计划的30个旗县，均达到了标准覆盖率95%以上的目标要求，取得显著成效，经验收全部合格。自治区承担的两个全国消灭无标生产试点县，也达到了验收标准。

**【标准的宣贯与实施监督工作】** 着重抓了《消费品使用说明　纺织品和服装使用说明》、《房间空气调节器安装规范》、《烟花爆竹　安全与质量》、《烟花爆竹劳动安全技术规程》、《国家行政机关公文格式》等重要国家标准的宣贯培训工作。在全区组织开展了《消费品使用说明　纺织品和服装使用说明》实施情况的监督检查。为严格执行国家烤烟标准，与有关部门共同按烤烟基准标样制作审定了自治区的烤烟仿制标样，对推动烤烟种植和销售做出了积极贡献。

**【产品标准注册登记工作】** 根据《内蒙古自治区产品标准管理办法》，认真做好产品标准注册登记工作。截止2000年11月，全区100%的旗县正式开展了注册登记工作，约有80%注册企业的数据录入了计算机数据库，其中大中型企业发证率超过95%。

**【代码工作】** 为了使组织机构代码以电子信息化的方式实现信息的存储、交换、防伪等功能，使我区代码工作适应信息化建设高速发展的要求，落实自治区政府关于在我区"实行以组织机构代码IC卡为母卡，一卡多能、一卡多用的管理办法"的决策和部署，积极争取支持，为我区列入"国家级贫困县"的31个旗县无偿配置、更新了计算机，并为其余旗县补贴40%～60%资金更新计算机，使全区12个盟市及101个旗县更新、配置104台HP、联想高档计算机。10月中旬，实现了全区组织机构代码信息系统微机联网，使我区代码工作实现了网上赋码、网上传输数据，保证了代码工作的准确性、时效性。

4. 计量工作

**【强制检定工作】** 全区完成强检社会公用计量标准器760台(件)，完成强检工作计量器具532 725台(件)，分别完成年初强检目标值的149.02%、126.84%。另外对国有、集体商店(商场)所用计量器具进行检定，共检定56 010台(件)，在用计量器具平均受检率达95%，其中赤峰市、包头市等7个盟市的受检率达到96%以上。

**【商品量的计量监督】** 对广人民群众比较关心的10种定量包装商品，在春节、"3·15"、"六·一"、"十·一"期间组织开展了定量包装商品的抽检工作。经全区质量技术监督部门检查，面粉、大米、白酒、方便面等10种定量包装商品共计34 593件(包)，净含量合格率为86.94%，比去年提高3个百分点。其中定量包装商品净含量比较好的有白酒、食用油、方便面，合格率分别为95.8%、95.3%、94.7%；净含量比较差的有面粉、小食品，合格率分别为70.1%、77.4%。通过对定量包装商品的抽查，比照《定量包装商品计量监督规定》要求，反映出由于存在定量包装商品计量检验方法不统一，检验手段参差不齐，抽样、检测方式缺乏科学性等问题，增大了对定量包装商品计量是否合格误判的可能性，为改进工作、规范计量行为提供了依据。

**【"光明工程"】** 按照《"光明工程"实施方案》的要求，2000年实施"光明工程"进入第二阶段。为提高眼镜行业的整体质量及服务水平，一年中各地共举办了10期眼镜专业技术培训班，培训从业人员639名。自治区局与工商局、轻纺工业厅共同制定了《眼镜行业监督管理规定》和《配制销售眼镜资格评审考核细则(试行)》，并开始对全区的眼镜配制销售单位进行资格评审。评审甲级眼镜店68家，乙级店110家，丙级店20家。在呼市、包头市、赤峰市对眼镜光学质量进行了抽查，合格率为92,6%。全区对178个眼镜店的329批次眼镜质量进行了检查，合格率达89.6%。检查结果表明，自治区眼镜行业的计量器具配备率80%以上，受检率95%以上，从业人员上岗率80%以上，比1998年抽检眼镜质量合格率提高了20多个百分点。

**【计量器具监督管理】** 按照国家局对重点计量器具用3年时间合格率达到90%的要求，我局部署了对电能表、水表、压力表、案秤、血压计(表)等5种计量器具的监督抽查计划。组织包头市、呼市、赤峰市、通辽市、伊盟、呼盟及自治区计量所对市场销售的5种计量器具进行了抽检。共抽查了165家企业销售的252批次613台件，合格率为74.4%。加强对6种重点计量器具的监督管理。首先，将自治区的生产的电能表、衡器的企业制造许可证发放权上收到自治区局，对8家生产企业的许可证进行了考核。其次，积极落实《自治区计量管理条例》，加强对经营计量器具行为的管理，乌盟、伊盟、呼市等地开展了对市场销售计量器具的登记备案工作。

**【整顿成品油市场】** 根据国家税务总局、国家质量技术监督局《关于加油机安装税控装置和生产使用税控加油机有关问题的通知》和国家质量技术监督局计量司、国家税务总局征收管理司《关于下发燃油加油机税控装置现场安装注意事项及有关要求的通知》，年初与国税局共同制定了《加油机加装税控装置的实施方案》，6月份组织了安装人员的技术培训及在呼市、包头市两地税控装置的试安装工作，并在全区进行了推广。全区已安装加油机税控装置1 044台。

**【工业计量】** 按照“加强管理、保证质量、控制数量，重在示范”的工作原则，加强与我区大、中、小企业的计量工作联系，在企业自愿的基础上，帮助企业建立《计量管理手册》和运行文件等基础工作。完成中小企业计量评价认可80家，累计近500家，同时，帮助完成了乌兰浩特烟厂完善计量检测体系确认的各项准备工作，并对包头钢铁公司进行一级计量复查考核的准备工作。

**【计量技术机构建设】** 完成了对阿盟产品质量计量检测所的达标考核工作及对巴盟计量所的复查考核工作。组织召开了全区计量科长、所(站)长工作座谈会，安排了计量技术机构达标考核复查工作，学习了校准实验室认可和技术机构改革等有关文件，布置了对全区1/3的法定计量检定机构及授权站进行抽查工作，组织完成了国家局委托华北大区抽查组对自治区计量测试研究所以及呼市计量所、包头计量所的抽查考核工作。通过大区考核抽查，发现我区计量检定机构存在着许多不足，找出了我区计量检定机构存在的普遍性问题，有待于今后不断规范、改进。组织制定了《全区计量检定人员考核、发证的管理办法》、《全区计量标准复查考核管理办法》。

**【计量中介机构监督管理】** 为深入贯彻《社会公正计量行(站)监督管理办法》、《社会公正计量行(站)计量认证考核规范》以及国家局召开的社会公正计量站站长工作会议精神，推动社会公正计量站的健康发展，对赤峰电能计量站、通辽电能计量站进行了公正计量认证考核；组织召开了公正计量站站长会议，总结交流了工作经验，研究、部署了今后社会公证计量站的工作。

5．锅炉、压力容器、压力管道及特种设备安全监察

**【全面强化安全监察工作】** 在元旦、春节期间，针对节日期间事故多发的情况，自治区局组织全系统重点对锅炉房、气瓶充装单位、压力容器使用单位和公共场所在用电梯进行了质量安全大检查，查处事故隐患2 087处，保证了节日安全。4月27日，向自治区政府报送了《关于开展锅炉压力容器压力管道和特种设备质量安全大检查情况的报告》，将元旦、春节期间安全大检查的基本情况、存在的主要问题和进一步加强“锅容管特”安全监察工作的意见上报，自治区政府将此报告批转全区贯彻执行，有力的推动了自治区的安全监察工作。此后为了贯彻江总书记“1·16”关于加强锅炉压力容器质量检查及安全生产的重要指示，按照国家和自治区关于安全生产的一系列工作部署，全区各级质量技术监督部门会同公安、工商、消防等有关部门，重点对“土锅炉”使用单位、废旧锅炉交易市场、液化气充装站、起重机械安装维修市场、气瓶充装环节、锅炉压力容器使用单位、游乐场所、建筑工地进行了全面的拉网式大检查。其中，检查锅炉房1 319家、锅炉3 926台，发出监察意见通知书228份，查封“土锅炉”1 130台，查封无证制造厂27家；检查特种设备578台；查处安全事故隐患2 000多处。同时，以发生事故较多的使用环节为重点，加大了对锅炉压力容器特种设备的日常现场监察力度，今年全区现场监察锅炉1 728台，压力容器616台，电梯及起重设备578部，及时查处了事故隐患。

**【废旧气瓶专项整顿】** 在全国第十次“安全生产周”活动期间，针对自治区气瓶检验率低的现状，开展了对超检验期限的气瓶进行强制检验的专项工作，大大提高了检验率，保证了气瓶的安全使用。在“3·15”期间，呼盟质量技术监督局在检查中发现，由满洲里海关作为废钢铁进口的大量废旧钢瓶被当作氧气瓶使用，事故隐患极为严重。针对这一严重情况。自治区局迅速提出处理意见并以《签报》形式直报自治区政府领导，自治区政府云公民副主席在签报上作了批示。按照云副主席的批示和国家有关规定，做出了对废旧气瓶立即停止使用、对未经注册的充装单位立即停止充装、与海关合作在口岸对废旧气瓶进行破坏性处理的决定，及时堵住了隐患的源头。10月份，召开了全区气瓶充装单位注册登记座谈会，审查了各充装单位有关材料，对审查合格的颁发了许可证。

**【游乐设施专项检查】** 在“六·一”期间，自治区局会同自治区建设厅、总工会、共青团、妇联、少工委，以“为了孩子安全快乐，为了明天”为主题，在全区开展了游乐设施安全检查活动。通过检查，对在用的游乐设施进行了普查登记和技术检验，对不能保证人身安全的设备督促使用单位进行修理或实行报废，保证了孩子们的节日安全。

**【电梯规范化管理】** 为了便于乘客识别所乘电梯的安全状况，对检验合格的电梯进行了普查登记和建档，摸清了全区电梯的基本状况，使电梯管理开始走上正规化。

6．法规宣传工作

**【法制建设】** 对列入自治区地方立法五年规划的《内蒙古自治区实施(中华人民共和国标准化法)办法》经自治区政府常务会议审议通过并报自治区人大常委会，自治区人大常委会已于2000年12月11日审议通过颁布实施。对自治区政府法制办和国家质量技术监督局交办的14件法规、规章的征求意见稿，组织讨论并提出了修改建议，使质量技术监督工作的权利与义务在有关法规、规章中得到充分体现。

**【行政执法监督】** 认真做好行政复议工作，并监督行政复议决定的执行，坚决纠正不当的具体行政行为，维护了公民、法人和其它组织的合法权益。对各处室及各盟市局规范性文件进行审查把关，严禁与法律、法规、规章不符的规范性文件出台，并对以前出台的规范性文件进行了清理。按照《产品质量法》(修正案)的规定，清理和纠正了质量技术监督部门参予企业产品经营活动和市场不正当竞争的行为。

**【普法与依法行政】** 通过印发学习材料、散发宣传材料、开展大型宣传咨询活动、组织知识竞赛、举办函授培训等多种形式，在新闻单位的支持和配合下，广泛生动的宣传《产品质量法》(修正案)，取得了良好的效果。认真组织开展“三五”普法依法治理工作并顺利通过了自治区验收。制定了《全区质量技术监督系统政务公开工作实施方案》和《全区质量技术监督系统政务公开考核标准》，使政务公开工作更加深入和具体。按照自治区有关规定，制定了《内蒙古自

治区质量技术监督局行政执法责任制实施方案》，并相应的制定了学法制度、行政赔偿规定、行政执法公示制等相关配套制度。

**【3·15活动】** 自治区质量技术监督局会同自治区党委宣传部、自治区工商局、自治区消费者协会联合发文，对全区的“3·15”活动进行了部署。全区各地都开展了形式多样的系列宣传活动，与自治区有关部门共同在呼市新华广场举办了以“规范市场、促进消费”。为主题的大型街头宣传活动，参加活动的有邮电、民航、医院及工商企业100余家。在假冒伪劣曝光台、质量投诉台、法律法规咨询台、纤维质量鉴别台、眼镜珠宝首饰检测台、锅炉压力容器安全监察宣传台前接待咨询群众3 000多人，发放宣传资料2万余份，现场受理群众投诉39件。

**【对外宣传】** 积极争取新闻单位的配合和支持，完成了对监督检查游乐设施和锅炉质量安全及监督检查加油机、眼镜、种子质量等专项活动宣传报道及全区质量工作会议、全区质量技术监督工作会议、全区防伪座谈会的会议报道工作，对打假联合行动进行了声势浩大的宣传，编辑出版《内蒙古质量技术监督》杂志6期，完成了《中国质量报》内蒙古记者站的日常管理工作。

7. 质量技术监督改革

**【质量技术监督管理体制改革】** 从2000年1月1日起，全区质量技术监督系统统一挂牌，按垂直管理体制运转。截止6月30日，全区质量技术监督系统除一个县级市(临河市)以外，已全部完成接交上划工作。同时，完成了有关质量管理的职能、编制、人员，“锅容管特”安全监察连同技术机构的职能、编制、人员、机构、固定资产，自治区“打假办”职能的平移划转工作。全区质量技术监督系统已接收6 089人，其中在职5 280人(行政编制人员674，事业编制人员4 606人)，离退休人员809人。面对历史上形成的全系统特别是基层单位基础薄弱、装备落后、债务负担沉重、经费和行政编制严重不足的严峻局面，自治区局积极就有关问题向自治区政府汇报并同计委、财政等有关部门协调，得到了大力支持，自治区政府召开专门会议研究解决，并以内政发[2000]112号文件予以明确。全系统公用经费、人员经费全部由自治区财政全额保障，基本建设、执法装备、技术改造及债务偿还资金渠道得到了较好的落实。2000年、2001年财政拨款分别比上一年增加76%、17%。关于盟市、旗县局行政编制严重不足问题，自治区政府和编办同意增加全区质量技术监督行政编制，待盟市、旗县机构改革时，在各盟市、旗县行政编制中切出质量技术监督系统编制予以解决。

**【行政机构改革】** 自治区质量技术监督局机构改革于5月底圆满结束，6月1日新定岗人员全部到位，新机构正式运转。由于在改革中充分体现了公开、公平、竞争、择优的原则，使大家心情舒畅，充分调动了干部职工的工作积极性，激发了工作热情，为开创工作新局面打下了良好的基础。盟市、旗县质量技术监督局行政机构改革待编制确定后于2001年进行。

**【技术机构改革】** 按国务院8号文件精神和国家局有关规定，结合工作实际，制定了实施方案，经局长办公会讨论通过后，已报自治区编委待批。方案上报后，又多次与自治区编办进行协调和沟通，并就自治区局直属11个事业单位机构改革有关问题报送了具体意见。

8. 自身建设

**【干部配备】** 在本次自治区级行政机构改革中，对所有处级领导干部实行竞争上岗，充分尊重民主测评结果，由局党组集体研究并进行公示，经报请上级组织部门批准后任命；对主任科员以下公务员，全部实行双向选择，优化干部结构，提高干部素质。截止8月上旬，各盟市质量技术监督局均正式组建党组，严格按照群众推荐、组织考核、党组集体讨论决定、报上级组织部门备案的基本程序，配备了盟市局领导班子成员，对新任人员集中进行了岗前培训，全部试用一年。这批新任命的盟市局领导班子成员，都是年富力强的中青年干部，具有较高的政治素质、业务素质、文化素质，较强的开拓创新精神和赶超意识，为我区质量技术监督事业的发展注入了新的动力、增加了新的活力，已经成为我区质量技术监督事业一股重要的中坚力量。完成了对区局直属11个事业单位领导班子考核工作，为选好配好领导班子做好准备。

**【教育培训】** 积极开展教育培训工作，努力提高人员素质。成立了自治区质量技术监督培训中心，组建了领导班子，使我区质量技术监督系统有了培训基地。对拟任盟市局领导班子成员和区局机关新任处级领导干部进行了岗前集中培训，增强了参训人员贯彻“三个代表”重要思想的自觉性、主动性和责任感，提高了理论水平、政治素质和领导能力，为提高全区质量技术监督整体工作水平打下了良好基础。加强了专业培训，全年共举办标准、计量、质量、锅炉压力容器、特种设备等专业培训班21个，培训人员近200人。组织系统内职工参加学历教育，内蒙古工大本科函授班招生34人，中国计量学院函授站大专班招生109人，参加高等教育自学或其它形式高等学历教育近200人。支持本科以上学历人员继续攻读研究生，争当学术带头人和专家型人才，年内又有3人参加研究生班学习。

9. 精神文明建设

继续加强党风廉政建设，重点抓好党风廉政建设责任制和反腐败三项任务。年内通过了自治区纪委、监察厅组织的党风廉政建设责任制督查组的工作检查。安排部署了全系统的警示教育，进一步提高全系统广大干部职工特别是领导干部拒腐防变的能力和自觉性。就垂直管理后健全全区质量技术监督系统纪检监察机构问题，积极向自治区纪委、监察厅汇报、请示，得到支持，保证了全系统纪检监察机构设置。按照国家局统一部署，在全系统组织开展“争创文明单位”和“争当人民满意公务员”活动。组织广大干部职工开展邓小平党建理论和江总书记“三个代表”的重要思想的大学习、大讨论，号召大家争当“三个代表”的实践者。继续抓好行风建设，巩固行风整顿成果，树立良好的行业形象。通过了国家局组织的行风互查组工作检查。认真做好对阿鲁科尔沁旗宝力召苏木宝力召嘎查的帮扶工作，按照年初制订的帮扶工作安排，3次深入帮扶点了解情况、指导工作，多方筹集资金，解决帮扶点群众的生产、生活困难。

## 三、自治区及各盟市质量技术监督机构简况

**【自治区质量技术监督局】** 在2000年上半年进行的内蒙古自治区政府机构改革中，原“内蒙古自治区技术监督局”正式更名为“内蒙古自治区质量技术监督局”，为自治区人民政府管理标准化、计量、质量工作并行使执法监督职能的直属机构，正厅级行政单位。行政编制49个，领导职数1正3副，设自治区纪检委派驻纪检组长。内设机构有办公室、人事教育处、计划财务科学技术处、政策法规处、质量处、监督处、标准化处、计量处、锅炉压力容器安全监察处，共9个职能处室，另设机关党委、派驻纪检监察室、离退休人员工作办公室。直属事业单位由6个增加到11个，新划入自治区锅炉压力容器检测中心、特种设备检测中心、电子产品检验所、乡企产品检验站、石化产品检验所5个直属事业单位。自治区质量技术监督局对自治区以下各级质量技术监督机构实行垂直管理，12个盟市局为自治区质量技术监督局直属单位。

**【盟市质量技术监督局】** 根据《关于盟市、旗县(市区)质量技术监督行政机构有关问题的批复》(内机编发[1999]31号)精神，全区12个盟市均设置质量技术监督局，为自治区质量技术监督局的直属机构，正处级行政单位，职能配置与自治区质量技术监督局一致，领导职数10个较大的盟市局1正3副，2个较小的盟市局1正2副，所属旗县(市区)质量技术监督局为其直属机构。所属技术机构暂时不变，待事业单位改革时重组。经请示内蒙古纪委批准，各盟市设自治区质量技术监督局党组派驻纪检监察机构，纪检组长为副处级、党组成员，旗县局设盟市局党组派驻纪检监察机构。

撰稿人　杨凤屹
审稿人　马俊英

# 辽宁省质量技术监督工作

## 一、概　　述

2000年1月24日，省委任命了省质量技术监督局新的领导班子。新班子到任后迅速进入角色，以改革统揽全局，倡导开拓创新，突出真抓实干，在充分调查研究的基础上，针对现状，结合实际，提出了实施“四三二一”工程的总体思路，即：建立“廉洁高效、权威统一、运转灵活、指挥自如”的质量技术监督新体系；明确“三负责、三满意”（对人民负责，让群众满意；对市场负责，让政府满意；对队伍负责，让职工满意）的工作方针；确立“两新两高”（新机构、新形象、高素质、高效率）的工作标准；实现争创一流的工作目标。

一年来，顺利完成了全系统垂管接收和职能划转，扩大了队伍、增强了实力，积极稳妥地实施了省局机关机构改革和直属事业单位的内部改革，组织开展了全系统执法队伍和省级技术机构的清理整顿，完成了信息网络系统和强化培训系统的建设，组织和实施了全省打假联合行动，有效推动了各项业务建设的开展。与此同时，我们坚持两个文明一起抓，强化了党风和行风建设。经过广大干部职工的共同努力和辛勤工作，全省质量技术监督系统的精神面貌、工作作风都发生了明显变化，各项业务建设也取得明显成效，扩大了社会影响，赢得了省委、省政府和国家局领导的好评和赞誉。

一年中，省局先后两次在全国质量技术监督地方局长会议上介绍经验，3次在全国系统专业会议上介绍经验，5次在省委、省政府召开的全省性工作会议上介绍经验。12月6～10日，国家质量技术监督局李传卿局长到辽宁视察，对全系统的工作给予了充分肯定。

### 1．各项改革工作圆满完成

**【实行省以下垂直领导的管理体制改革基本到位】** 根据省委、省政府的部署，在各级地方党委、政府及有关部门的支持配合下，4月12日，顺利完成了对12个市局的垂管接收和省级质量管理、锅容管特安全监察监督管理职能的横向划入。全系统（不含沈阳、大连和质量管理、锅容管特）共上划经费5 355万元，人员编制5 283个；按“三定方案”划入职能11项，增加10项；完成了市对县（区）的接收工作，共接收县（区）局87个。经省政府常务会议决定，从10月下旬开始，实施了对市县两级质量管理、锅容管特安全监察监督管理职能、机构和人员的划转接收，现已基本完成。

**【省局机关机构改革取得明显成效】** 按照省委、省政府的统一部署，省局党组本着对事业、对队伍、对同志高度负责的精神，集中精力，周密组织，精心安排，坚持党管干部和公开、公平、公正、择优的原则，在更新用人观念、改进用人办法，创新用人机制方面，积极探索，勇于创新，仅用25天时间，在省直机关中率先完成了职能定位、机构设置、竞争上岗、双向选择和下岗分流等项改革工作，取得了令人满意的效果，使省局机关的工作充满了生机和活力，也为推动全系统各项改革的实施，开了好头、做出了示范，受到了省委、省政府的好评，先后在省政府机构改革工作经验交流会和深化干部人事制度改革经验交流上介绍了经验。在7月4日召开的全国地方局长会议上，汇报了我局机关机构改革开创工作新局面的做法。

**【省局直属事业单位内部人事和分配制度改革全面实施】** 针对直属事业单位人才缺乏、冗员较多、发展缓慢、不知道如何面向市场等问题，打破常规，锐意改革，坚持以人为本，以省质量计量检测研究院为试点，在全省事业单位中首开先河实施了内部人事和分配制度改革。组成专门的工作班子，经过3个多月的紧张工作，在征求省院上下200多名干部职工意见的基础上，又主动争取省人事厅、编办的支持、指导和帮助，形成了包括内部人事制度改革、岗位设置、职位说明书、竞聘办法、上岗人员考核办法、奖励分配原则以及经费测算等一整套改革方案。在改革的实际操作过程中，坚持无情改革，有情操作，不拘一格选拔人才。一方面，坚持公开、公平、竞争、择优的原则，做到了竞聘职位、资格条件、申报人员、竞聘程序和测评结果的“五公开”；另一方面，实行面向市场的分配制度和末位淘汰制，妥善安置了待岗人员，确定了重新竞聘上岗的条件、办法。通过改革，在缩编减人的前提下，搞活了用人和分配机制，建立起各类人员能进能出、职务能上能下、待遇能高能低的用人机制，促进了人才竞争，优化了队伍结构，最大限度地调动了技术人员的积极性和创造力，增强了面向市场、参与竞争、寻求发展的能力，适应了市场经济和事业发展的需要，也为全系统的改革趟出了路子，积累了经验。

借鉴质量计量院的改革经验，又相继顺利完成了培训中心、认证中心、标准院和纤维所等事业单位的内部改革，均取得了很好的效果。省计量院改革后仅4个月的业务收入，就相当于过去一年的水平。

省政府对省局事业单位的改革给予了充分肯定，省委书记、省长都给予了很高的评价。省人事厅专门来省局总结经验；《辽宁日报》也在头版对我们事业单位的改革作了报道。

**【审批制度改革工作依法进行】** 根据省政府《深化省级政府部门审批制度改革工作意见》的要求，本着省局应把主要精力用于抓好全系统的组织、协调、管理、指导和强化执法监督的原则，按照有关法律法规，对原有的审批、审核、核准事项逐项进行了清理，确定把市里能办的事情放到市里去办，具体事务性和技术性工作交给直属单位、学会协会及中介机构去办。全局共减少审批事项21项，削减比例达46.7%。由于工作认真，依法办事，审查把关严，削减比例大，省委、省政府让我们在全省审批制度改革工作会议上介绍了经验。抚顺、锦州市等局在审批制度改革工作中也取得了很好的效果，分别在市政府审批制度改革工作会议上介绍了经验。

2. 队伍建设全面加强

质量技术监督管理体制改革以后，全省质量技术监督系统的队伍扩大、职能增加。为了适应新形势和新任务的需要，在改革的基础上，大力加强了队伍建设。

**【加强各级领导班子建设】** 垂管接收后，省局党组在对各市局领导班子和后备干部全面考核和征求地方党委意见的基础上，对12个市局领导班子进行了调整任命。其中，对6个好的班子重新任命；对3个班子个别成员存在问题，由省局党组谈话后做了任命；对2个领导班子成员间存在矛盾的，在召开民主生活会、开展批评与自我批评的基础上，做了个别调整和任命；对1个班子内部矛盾激化、不能正常工作的，做了较大调整。

为保证各县（区）局垂直接收后工作的正常进行，省局党组及时明确了县（区）局领导班子调整任命的原则，要求各市局结合实际抓紧对所属县（区）局班子的考核、调整。目前，有8个市局完成了对所属县（区）领导班子的调整任命。

**【强化全系统的教育培训】** 在各方面工作十分困难的情况下，千方百计筹措资金，用3个月的时间，把已损坏得不成样子、停用达5年之久的兴城培训中心建成了全系统的教育培训基地，并制定了教育培训计划。从6月26日开始，先后举办领导干部、法律法规、财务管理、计量、标准等各类人员培训班18期，共培训1 089人次。

**【加快信息网络系统建设】** 为了适应垂直管理和编制压缩、人员精简、职能增加的需要，改变管理手段落后和管理水平不高的状况，使质量技术监督系统大量面向市场、服务社会的信息得到有效地开发利用，提高工作人员的现代意识和基本素质，在没有编制、没有经费的情况下，成立了省局信息中心，招聘了5名专业技术人才，在4个月的时间里，完成了局域网的建设，自主开发了信息自动发布系统、人员考勤、食堂售饭、计量器具管理、自动办文等软件。目前，省局机关已初步实现了无纸化办公；内部信息网的信息量已达5 000万字，点击率6万余次；已同7个市局和9个直属单位已经实现了联网。

11月29日，在省委、省政府召开的全省党政机关信息决策服务系统建设工作经验交流会上，省局介绍了经验，做了现场演示。

**【组织开展了全系统的执法队伍清理整顿】** 9月份，针对全系统执法队伍整体素质不高、执法人员管理混乱的实际状况，以国家局换发执法证件和全省开展行政执法大检查为契机，在对全系统执法队伍现状进行全面研究分析的基础上，确定了“三个1/3”的原则，即精简1/3，培训1/3、上岗1/3，组织进行了清理整顿。年内，完成了清理整顿的阶段性工作，全系统共收回执法证件1 452个，占原有总数的49.6%，收到了比预期还好的效果。

**【加强行风建设】** 为了彻底改变行风建设落后的面貌，省局党组先后两次召开了由各市局局长、纪检组长参加的会议，部署和检查行风建设工作。同时，组织进行了全系统行政执法大检查，抽调各市局纪检组长组成3个暗访组，分赴9个市及部分县区，进行了大规模的明察暗访，对查出和发现的问题及时向各市局通报，做到了边查边改。

## 二、质量技术监督工作

1. 质量管理工作

10月9日，以省政府名义召开了全省质量工作会议，对当前和今后一个时期全省的质量工作进行了部署，交流了质量管理的经验，省政府与各市政府签定了《质量和“打假”工作责任状》。会上，省政府下发了《辽宁省关于加强产品质量工作的实施意见》，设立了“辽宁省产品质量管理奖”，出台了鼓励政策。

加强了对工业产品生产许可证的管理工作，制定了《辽宁省工业产品临时生产许可证管理暂行办法》和《辽宁省工业产品地方生产许可证管理办法》等制度，提高了生产许可证申、审、办的工作效率，并启动实施了民用爆破器材、广播电视接收机、矿灯、白酒等产品的换（发）证工作。

积极推广先进的质量管理方法，组织总结了质量工作成绩突出的市级政府及部分企业的经验，向全省推广，同时组织新闻单位，深入到沈阳、大连、营口等市，对当地政府和企业的先进质量管理经验进行采访，在辽宁电视台做了系列报道。

开展了全省质量状况调查。对省内184家企业，组织开展了以提高企业管理水平为核心，以提高产品实物质量为目的的“五查”活动，初步了解掌握了我省企业的质量状况，推动了企业加强质量管理工作的开展。

2. 监督执法与“打假”工作

围绕“三重一大”和9种重点产品，组织开展了全省范围的“打假保春节”、“打假保春耕”、“打假保建设”、“六一”儿童节儿童食品专项打假等一系列打假活动，共出动执法人员27 600人次，查获假冒伪劣商品货值4 200万元。为了配合打假，开通了全省统一的举报投诉电话16045315和16845315语音查询服务系统；设立了举报投诉中心，制定了《举报投诉暂行办法》。全年接受消费者投诉1 542起，为消费者挽回经济损失100多万元，满意率达93%。

10月26日，国务院发出开展打假联合行动的通知后，全系统迅速行动，全面部署，集中力量，立足全局，充分发挥组织协调作用，发动打假攻势，掀起了全省打假联合行动的高潮，打出了声势和影响，取得了明显效果。全系统共出动执法人员29 000多人次，查处大案要案148起，端掉黑窝点448个，查获假冒伪劣商品货值4 100万元，关停辽阳、鞍山等地的小轧钢生产企业400多家，编发打假专报46期，公布了全省10大打假案件，打假工作取得了突破性进展。

加强了对重点产品的监督抽查和专项检查及定期监督检验工作。第2至第4季度，对安全网、建筑用钢筋、电热水器等12类重点产品进行了省级监督抽查。开展了“查农资、保春耕”专项整顿活动，对化肥、农药、种子、农机及农机配件等4大类农资产品进行了专项检查，取得了显著成效。期间，共出动执法检查人员18 760人次，检查农资市场568个、专业商业街52条、生产企业845家、农资经营商店7 235家，检查商品28 220批次，查获劣质商品1 360批次，标值1 388万元，查处违法案件712起，大要案11起，端掉制假售假窝点32个，为农民挽回直接经济损失230余万元。同时,组织开展了定期监督检验,共完成对 1 408 家企业 42 种产品的定检工作。

3. 标准化工作

全省共完成制、修定地方标准 32 项,企业标准备案 4 460项;采用国际标准 153 项,使用采标标志产品 37 项;申报国家级采标新产品 26 项,有 15 项采标新产品列入国家重点新产品计划,获奖励和补助金额 190 万元,位居全国质量技术监督系统之首。截止年底前,全省采标产品总数达到 6 960 种,占主要工业产品品种总数的 70%。

5 月份,在全国农业标准化经验交流暨研讨会上,介绍了农业标准体系和监测体系建设方面的经验。为了贯彻落实全国农业标准工作现场会精神,12 月 14 日,以省政府名义在沈阳市苏家屯区召开了全省农业标准化工作会议,杨新华副省长到会讲话,对全省农业标准化工作的开展和推广提出了要求,作了部署;讨论了《辽宁省无公害农产品标准化监督管理办法》和《关于推进无公害农产品标准化发展的实施意见》。经省政府常务会议讨论通过,《辽宁省农业标准化监督管理条例》已提交省人大常委会进行了二读审议。

加大标准实施监督工作的力度,大力开展消灭无标生产工作,对《啤酒瓶》、《消费品使用说明　玩具使用说明》、《消费品使用说明　纺织品和服装使用说明》、《食品标签通用标准》、《公共信息标志用图形符号》等强制性国家标准实施情况进行了监督检查。

4. 计量工作

加强计量监督。在全省开展了以食品、化妆品、洗涤用品等为重点的定量包装商品净含量的监督检查,加强了对电能表、煤气表、水表等 6 种国家重点管理计量器具的监督管理,共抽查定量包装商品 118 批次,电能表 9 358 块,煤气表 569 块,水表 3 799 块。

继续实施了"放心眼镜"工程。6 月初,与省卫生厅共同组织召开了"放心眼镜店"表彰及新闻发布会议,命名了省内 45 家"放心眼镜店",并在《辽宁日报》专版上发布了公告,收到了良好的社会效果。

加强了量传工作的管理。在深入调研的基础上,对省级授权专业计量站进行了清理整顿,撤销了 10 家专业计量授权站,实现了优化配置、合理设置。同时,为提高计量专业技术队伍的素质,举办了 8 期培训班,培训 484 人次,有 478 人考试合格,获得国家局颁发的合格结业证书。

对全省计量器具制造企业进行了清理整顿,规范了制造修理计量器具许可证发放、备案工作,强化了对计量器具制造企业的管理,提高了计量器具的产品质量。

5. 认证工作

为了适应市场经济和我国加入 WTO 的需要,对省内 700 余家认证企业的认证有效性进行了普查和重点检查;起草了《辽宁省质量认证监督管理条例》;组建了认证咨询网,已有 11 个市设立了咨询站,推进了全省企业认证咨询工作的开展。全省有 1 618 家企业通过了质量体系认证,居全国第 7 位;303 家企业通过了产品质量认证,居全国第 10 位。

6. 锅炉、压力容器、压力管道及特种设备安全监察工作

清理整顿了旧锅炉压力容器交易市场,检查锅炉 3 500 多台,压力容器 6 000 多台(只),签发监督指令书 1 500 余份,查封了"土锅炉"500 多台。

加大了对气瓶质量安全检查的力度,下发了《关于开展全省气瓶质量安全大检查的通知》,仅沈阳、辽阳、丹东等 7 个市检查各类气瓶 12 000 多只,充装站 450 余家,报废气瓶 300 多只,有效打击了假冒伪劣气瓶的生产和销售。

在全省范围内开展了游艺机和游乐设施安全监察活动,共检查各类游艺机和游乐设施 469 台,发现无生产许可证或存在严重安全隐患的 60 余台,查封 20 余台,并在电视台、电台等新闻媒体进行了公开报道,引起了强烈的社会反映。

## 三、省、市、县级质量技术监督职能、机构简况

10 月 25 日,省政府办公厅下发的《关于印发辽宁省质量技术监督局职能配置、内设机构和人员编制规定的通知》(辽政办发[2000]84 号)中明确,辽宁省技术监督局更名为辽宁省质量技术监督局,正厅级建制,是主管全省标准化、计量、质量工作并行使执法监督职能的省政府直属机构。

1. 主要职责

(1) 组织实施相关的法律、法规,拟定和组织实施有关质量技术监督工作的地方性法规、规章、制度,组织领导和监督管理全省质量技术监督行政执法工作;

(2) 组织制定和实施全省质量技术监督事业发展规划,统一规划并组织实施技术保障体系的建设,对系统财务经费、国有资产实行统筹管理和监督、检查;

(3) 统一管理全系统机构编制和人事工作,负责各市及直属单位的领导干部管理和领导班子建设;

(4) 组织协调行业和专业的质量技术监督工作,组织管理质量技术监督的宣传、教育、培训、信息工作,指导相关学会、协会的工作;

(5) 组织管理全省的质量工作,研究拟定提高我省质量水平的发展规划,协调建立重大工程设备质量监理制度,组织重大产品质量事故的调查,管理工业产品生产许可证工作;

(6) 统一管理全省质量监督工作,管理和指导质量监督检查,管理产品质量仲裁的检验、鉴定,组织查处生产和流通领域中的质量违法行为,承担全省打击生产和经销假冒伪劣商品违法行为的日常协调工作;

(7) 统一管理全省标准化工作,组织制定、修订、审批、发布地方标准,管理企业标准备案、采用国际标准及全省组织机构代码和商品条码工作,组织实施标准和监督标准的贯彻执行;

(8) 统一管理全省计量工作,建立计量标准,组织量值传递和制定检定规程和技术规范,规范和监督商品量的计量行为;

(9) 统一管理全省的质量认证工作,监督管理认证机构和认证咨询机构,对计量检测和质量检验机构进行认证授权和监督管理;

(10) 综合管理锅炉、压力容器、压力管道、特种设备的安全监察工作，制定规章、制度并组织实施，对锅炉、压力容器实施进出口监督检查。

(11) 承办省政府交办的其它事项。

2. 职能调整

(一) 划出职能：产品质量纠纷的仲裁，交给人民法院或社会中介组织。

(二) 划入职能：

(1) 省经济贸易委员会承担的质量管理职能；

(2) 原劳动厅承担的锅炉、压力容器、电梯、防爆电器等特种设备的安全监察监督管理职能；

(3) 省建设厅承担的燃气用具产品生产许可证管理职能；

(4) 原省石油化学工业厅承担的化学危险品质量监督管理职能；

(5) 省农业厅承担的农药质量工作的宏观指导和农药质量的监督职能；

(6) 原省机械工业厅、省冶金工业厅、省石油化学工业厅、省建筑材料工业局、省轻工总会和省纺织总会等部门承担的质量监督职能；

(7) 省环境保护局承担的环境保护地方标准的审批、发布职能；

(8) 省卫生厅承担的食品卫生地方标准的审批、发布职能；

(9) 省粮食局承担的研究制定地方粮油质量标准、制定粮油检测制度和办法职能；

(10) 原省贸易厅承担的流通环节中商品质量和标准管理及监督职能；

(11) 原电力、邮电等部门承担的用于贸易结算的电能表、电话计费器等计量器具强制检定的行政监督管理职能。

宾馆、饭店与涉外旅游宾馆、饭店的地方标准由省质量技术监督局统一发布。

3. 内设机构和人员编制

设10个职能处室，分别为：办公室、计划财务科学技术处、政策法规宣传教育处、质量处、监督处、标准化处、计量处、认证管理处、锅炉压力容器安全监察处、人事处。另设机关党委、监察处。

行政编制61名。其中：局长1名、副局长3名；纪检组长1名；职能处室处长(主任)10名、副处长(副主任)11名；总工程师1名(正处级)；监察处长1名；机关党委专职副书记1名(正处级)。

4. 省局直属事业单位

经省编办和人事厅批准，共设16个县处级直属事业单位，即：省计量科学研究院、产品质量监督检验院、标准研究院、安全科学研究院，省纤维检验局，省质量技术监督稽查所、服务中心、信息中心，辽宁质量认证中心，省建筑材料科学研究所，省城市建筑机械检测中心，《新质量》杂志社，省标准样品开发中心，北国咨询中心。

5. 系统简况

全省质量技术监督系统实行省以下垂直管理后，全系统(除沈阳、大连市外)共有市局12个，分别为：鞍山、抚顺、本溪、丹东、锦州、阜新、营口、辽阳、铁岭、朝阳、盘锦、葫芦岛；县(区)局64个；省、市、县三级行政机构77个，专职执法机构49个，技术机构和事业单位224个，共有9 657人。

撰稿人　王伟东

审稿人　马春山

# 吉林省质量技术监督工作

## 一、概　　述

2000年,吉林省质量技术监督局深入贯彻党的十五届五中全会及省委七届三、四次全会精神,进一步解放思想,开拓创新,以全面落实全国质量工作会议各项部署和《国务院关于进一步加强产品质量工作若干问题的决定》为主线,以提高质量技术监督工作的有效性为目标,全面开创了垂直管理新体制下全省质量技术监督工作新局面,为提高经济增长的质量,促进吉林省经济持续快速健康发展和社会进步做出了积极贡献。截止2000年末,吉林省产品质量定期监督检查企业11 240户,产品16 377批次,批次合格率为83%,比1999年提高了7.8个百分点;对377户企业的22类产品进行了省监督抽查,抽检样品449个,抽样合格率为71.3%;全年完成"双采"项目70项,比1999年提高了32.5个百分点;在打假联合行动中,全省质量技术监督系统共出动执法人员30 954人次,立案查处案件2 048件,查获假冒伪劣产(商)品标值3 745.16万元,端掉制假售假黑窝点213个,没收假冒伪劣产品标值237.45万元,罚没款630.21万元;在安全监察监督工作方面,全年对3 925户锅炉使用单位的5 076台锅炉和1 336台在用的压力容器进行了检查,对1 495台不合格锅炉和60台不合格压力容器进行了处理;在计量工作方面,全年共检测水表96 276块,煤气表82 495块,安装使用前的检定合格率分别为87%和85%,检查定量包装商品生产企业124户,重点商场(店)、集贸市场、超市108个,商品1 168批次。法制工作得到加强。积极清理了规范性文件,对行政执法、行政管理和行政事业性收费的依据进行了全面清理,对不适应经济发展、不利于减轻企业负担的8项管理性规定在全省废止,保留了《工业产品生产许可证(准产证)审查发证》等11项管理项目的规范性文件,对省、市、县三级执法用的两种关键文书"现场处罚通知书"等进行调整,在全国率先设计印制了"查封、扣押通知书"、"解除查封扣押通知书",制定了《关于扣押、没收物品管理办法》、《行政赔偿追偿制度》等5个规范性文件,整理出了省市县三级执法基本程序公示图。完成法律征函9件,受理复议议案8件,审理3万元以上大案20件。

## 二、质量技术监督工作

### 1. 质量管理工作

**【质量振兴纲要阶段目标基本达到】** 2000年,省质量技术监督局组织开展了《质量振兴纲要》阶段目标落实情况和质量工作及打假工作责任制落实情况的检查。为落实这两项检查,以省政府名义,先后向各市州政府、省直有关部门进行两次工作布署,检查。通过检查确定,吉林省实施《质量振兴纲要》、《吉林省质量振兴实施计划》阶段目标基本达到:截至2000年末,吉林省主要产业的整体素质明显提高,初步形成一批具有国际竞争能力的重点产业及一批大型企业和企业集团,主要工业产品有25%以上按国际标准或国外先进标准组织生产,达到国际先进水平的优等品率明显提高,产品售后服务明显改善,国家重点产品可比性跟踪监督抽查合格率达90%以上;出口产品出厂合格率达100%,主要产业的产品质量和服务水平基本达到国家标准;工程质量达到国家标准或规范要求,大中型工程建设项目综合试车和验收一次合格,其他工程一次验收合格率达到90%,优良率达到35%以上。服务质量初步实现制度化、程序化、标准化。在质量工作和打假工作责任制落实工作中,全省各市、州政府都明确了分管领导,确定了主管部门和责任人,建立了责任制度。

**【生产许可证工作】** 第一,有力地促进了全省粮食转化。白酒生产已经成为吉林省粮食转化的支柱产业,吉林省目前拥有白酒生产企业1 143户,为了做好这些企业白酒生产许可证发放工作,促进全省粮食转化,省质量技术监督局组织生产许可证办公室人员到全省白酒生产企业比较集中的榆树市五棵树镇,公主岭市和东辽县的寿山镇,对100多户白酒生产企业进行调查,发现这些白酒生产企业符合要求并获取生产许可证的仅占5%,约有5%的企业经整改才能获证,90%的企业按国家要求不能获证。制约全省白酒生产企业不能获生产许可证的主要问题是,执行的产品标准低于国家发证要求,多数白酒生产企业无力建立化验室。省质量技术监督局为解决制约全省白酒企业生产问题,征得国家质量技术监督局同意,起草并颁布了符合吉林省省情的2个白酒地方标准,提出了散装白酒生产企业可通过委托检验方法解决无力建化验室问题,既解决了全省90%白酒生产企业无化验室不能获取生产许可证问题,又保证了白酒生产的质量,较好地解决了吉林省多数白酒生产企业因不能获取生产许可证或产品质量低不能占领市场,从而影响全省粮食转化的问题。第二,积极为新建、新转产的企业提供服务。国家行政机关机构改革后,国家经贸委等10个工业局、原劳动部、中国兵器总公司、电力部、建设部不再具有生产许可证管理职能,工作移交给国家质量技术监督局。国家行政机关机构改革后,吉林省有126户新建、新转产企业的产品属于国家生产许可证管理,为了做好这些企业的生产许可证发放工作,省质量技术监督局对这些企业做了大量指导和服务工作。例如:梨树电线厂是无生产许可证企业,由于内部管理不善,质保体系不健全、企业负债面临倒闭,省质量技术监督派人深入企业帮助整改,企业素质全面提高,不但企业获得了生产许可证,而且产品具有了较强竞争力,企业扭亏为盈,厂长获得"三八"红旗手称号。为了增强全省企业活力,打开产品销路,省质量技术监督局在全省积极帮助212户企业完善了生产必备条件,给具备持续稳定生产合格品企业颁发了生产许可证。第三,加大了无证查处力度,促使企业走上质量效益型发展道路。省质量技术监督局一方面严格把握生产许可证监督管理职能，加大无证生产的查处力度，2000年办理无证查处案件110件，罚款73.2万元，采取"联查"、"督查"方式，查处无证案件32件，对质量不合格产品实施监督重新加工，促进了企业产品质量的提高。另一方面，深入属于准产证管理产品企业，为企业宣讲质量管理等技术知识，促使全省1 356户企业走上了质量效益型发展道路。

2. 监督执法与"打假工作"

**【质量监督】** 2000年，全省质量技术监督系统加强了对生产领域产品质量的监督检查工作。在省级监督抽查工作中，以农资、汽配、建材、建筑钢材、矿泉水等产品为重点，对全省377户企业的22类产品进行了监督抽查，抽检样品449个，抽样合格率为71.3%；在全省定期监督检查工作中，共检查企业11 240户，产品16 377批次，批次合格率为83.0%，比1999年提高了7.8个百分点；在国家监督抽查中，共对全省82户企业105种产品进行了监督抽查，抽查合格率为73.2%，高于全国平均水平；在建筑钢材统检工作中，对全省钢材生产企业生产的建筑钢材和开口锭质量及企业的生产条件进行了统一监督检查，共抽样检验了76户企业的83个样品，合格样品37个，抽样合格率为44.6%同时对这76户企业的质量管理、质量控制，工艺设备、质检能力进行了检查考核，合格企业12户，生产条件考核合格率为15.8%。在纤维检验工作方面，一是充分发挥了已有的检验能力，除接受客户正常的委托检验外，主动走出去先后同8个品牌代理商签订了进货验货服务协议，对全省化纤企业和保暖内衣、羊驼大衣、童装市场进行了监督抽查，全年共检验样品244个，比1999年增长74.4%。二是拓展检验领域，增强检验能力，完成公正检验任务665吨。三是积极开展市场稽查工作。全年受理、查处涉及纤维和纤维制品的质量案件34起，罚没4.4万元。

**【节日打假】** 为了确保2000年元旦、春节期间市场商品质量，省质量技术监督局在全省组织开展了"查市场、保两节"活动。全省共出动执法人员14 604人次，查获伪劣产品标值1 679.8万元，检查专业市场240个，专业街93条，商业门店7 665户，查处销售伪劣产品商店1 516户，摊床649个，端掉制假黑窝点68个，查处违法案件1 872件，检查商品质量17 727批次，合格商品14 855批次，批次合格率为83.8%；检查食品标签10 315种，合格食品标签8 988种，合格率为87.1%，检查在用计量器具5 469台，合格计量器具4 897台，合格率为89.5%；检查定量包装商品6 754批次，合格定量包装商品6 754批次，合格率为84.6%。在"质量月"打假周活动中，全省共出动执法人员2 361人次，检查专业市场602个，查处销售伪劣商品商店520户，查获伪劣产品标值224.1万元，端掉制造伪劣产品窝点60个。"十・一"前后，在全省范围内开展了"加强质量监督，净化假日市场，服务假日经济"活动，全省共出动执法人员3 778人次，没收假冒伪劣产品标值57.27万元，检查商店373户，宾馆饭店234户，车站、机场、码头34个，端掉制造假冒伪劣产品窝点9个，查处违法案件531件。

**【建筑钢材专项打假】** 为贯彻国家质量技术监督局、国家冶金工业局《关于在全国开展打击生产和经销假冒伪劣螺纹钢等建筑钢材违法行为专项活动的通知》要求，根据省政府的统一部署，省质量技术监督局、省冶金行业管理办公室、省建设厅于2000年7～12月末在全省范围内联合组织开展了打击制售假冒伪劣建筑钢材违法行为专项活动。全省共出动执法人员2 135人次，检查建筑钢材生产企业150户，经销企业411户，检查钢材市场18个，建筑工地326个，查获假冒伪劣建筑钢材、地条钢1 758吨，标值319.6万元，端掉制假售假窝点12个，对148户生产经销假冒伪劣建筑钢材企业进行了处罚，责令停产企业37户。其中，7～9月，省质量技术监督局组织对省内市场上销售的螺纹钢等执行国家强制性标准的建筑钢材产品质量进行了一次专项市场监督抽查，共抽查建筑钢材经销单位81户，抽检样品115个，合格22个，抽检合格率为19%；8～10月，省建设厅组织对在建的基础和主体工程工地进行了一次检查，全省建筑钢材试验的总数为38 573组，合格37 230组，不合格1 343组，合格率为96.5%；8月至9月，省质量技术监督局会同省冶金行业管理办公室对全省钢材企业生产的建筑钢材和开口锭质量以及企业的生产条件进行了监督检查，共检查省内76户钢材生产企业，抽检样品83个，合格37个，抽样合格率为44.6%，同时从质量管理、质量控制、工业设备和质检能力等4方面对企业生产条件进行考核，合格企业12户，生产条件考核合格率仅为15.8%；8～9月，省冶金行业管理办公室会同省质量技术监督局对全省小钢铁企业的基本情况进行了调查，共调查130多户小型建筑钢材企业，其中在生产的76户企业中30%以上无营业执照，大多数企业产品质量低劣。为了进一步严厉打击制售假冒伪劣建筑钢材违法行为，净化吉林省钢材市场，防止制售假冒伪劣建筑钢材现象反弹，省质量技术监督局、省冶金行业管理办公室、省建设厅联合向省政府呈报了《关于全省开展打击制售假冒伪劣建筑钢材违法行为专项活动工作情况的报告》，提出了下一步整顿治理建筑钢材市场工作的建议。

**【长春汽贸城整顿治理工作】** 按《吉林省人民政府、国家质量技术监督局关于长春汽贸城整顿治理工作方案》的要求，从2000年7月12日至年末，对长春汽贸城的整顿治理工作分4个阶段进行。第一阶段，7月中旬至7月底，为整治宣传发动阶段。首先，省政府和国家质量技术监督局于7月12日在长春市召开整治工作动员会；而后，7月19日，执法人员在公安、新闻单位配合下，突击检查了汽贸城的26户汽配生产、经销企业的5大类30多个品种，查获假冒伪劣汽车配件货值137万元，捣毁制售假冒伪劣汽车产品窝点9个，现场处罚案件4起，立案查处案件22起，依法没收汽配产品标值30万元；为推进汽贸城整治工作，长春市政府决定成立长春汽贸城质量技术监督工作办公室，进驻汽贸城。第二、第三阶段为清理整顿阶段和建章建制阶段。首先，在汽配经销企业开展以"清柜台"为主要内容的自查自纠活动，共查出经营"三无"商品企业5户，经销假冒伪劣商品企业16户，货值30多万元；在汽配市场内设置了假冒伪劣商品展厅，召开名优产品企业厂长座谈会。其次，在汽配生产企业开展了以保证产品质量和清理合作配套关系为主要内容的自查自纠活动，加强了对整治工作的督促和指导。另外，完善了制度，健全了质保体系和加强了培训指导工作，保证了各项有关规章制度的贯彻落实。通过这3个阶段整治工作，长春汽贸城优胜劣汰的市场机制初步形成。7～9月，长春汽贸城汽配市场商品销售额达到了27 198万元，比1999年同期增长9.5%，其中8、9月份的销售额分别比7月份增加18.9%和21%。第四阶段，11～12月，为巩固提高阶段。根据国家质量技术监督局副局长朱明暹对长春汽贸城整治工作提出的开展"回头看"等6条要求和吉林省政府副省长李介车提出5条要求，第四阶段工作首先是以"回头看"方式组织了自我复查。长春一汽集团对所属富奥公司、实业公司、物资再生利用公司等重点单位进行检查，清理了协作配套的83户企业的配套权，二是对经销企业的仓库进行了突击检查。长春市质量技术监督局组织对长春汽贸城汽配市场内20户企业租用的3 000平方米仓库和汽贸城外围的4 000平方米仓库进行了突击检查，查获不合格商品和假冒商品标值105万元，对20户有质量问题企业立案查处，罚没款达50万元；三是重新审定汽配经销企业的从业资格。汽配市场共有企业528户，经认定，合格企业459户，不合格企业69户，其中37户企业被吊销营业执照，32户企业关门歇业，69户企业被清出汽配市场；四是搞好服务工作。经过主动服务工作，促使在1999年11月份召开"一汽备品备件名优产品展览会"期间的参展企业中，有120户名优产品企业已进驻汽贸开发区，使名优产品在汽配市场的占有率由10%上升到30%；五是树立典型，创建放心购物环境。在汽贸城中，树立了飞马经贸有限公司、三江汽配经销部、鑫达汽配商行3户企业为"购物放心示范店"；六是吉林省、长春市政府对汽贸城整治活动进行了自查和复查。经过自查和复查工作，吉林省政府和长春市政府汽贸城整顿治理活动检查组认为，长春市汽贸城汽配市场经过6个月四个阶段的整顿治理工作，已经完成了整治工作方案中预定的各项任务，具备了国家检查验收的各项条件，准备迎接国家2001年对长春汽贸城整顿治理工作的检查验收。

**【联合打假】** 2000年10月26日，国务院召开全国打假联合行动电视电话会议，吉林省政府和全省9个市、州及41个县(市)设立了分会场，各级政府分管领导和相关部门负责人参加了会议。《国务院关于开展严厉打击制售假冒伪劣商品违法犯罪活动联合行动的通知》(国发[2000]32号)下发后，省政府及时下发了《关于开展严厉打击制售假冒伪劣商品违法犯罪活动联合行动的通知》(吉政发[2000]41号)，对全省打假联合行动做出了具体部署，成立了全省打假联合行动领导小组，由副省长李介车任组长，成员由省经贸委、公安厅、监察厅、财政厅、农委、外经贸厅、卫生厅、工商局、质量技术监督局、药品监督管理局、省政府法制办、烟草专卖局和长春海关等部门负责同志组成，并邀请省委宣传部、省法院、省检察院和省武警总队参加，负责对全省打假联合行动的协调、指导和监督抽查。全省打假联合行动领导小组办公室设在省质量技术监督局，具体负责全省打假联合行动的日常联络和协调工作。全省各市、州人民政府相继成立了打击制售假冒伪劣商品违法犯罪活动领导小组，由政府分管领导任组长。2000年10月26日，全国打假联合行动电视电话会议刚刚结束，全省质量技术监督系统便紧急行动，采取"先打不等"策略，主动出击，省直其他部门按职能分工，积极投入此次打假联合行动中。此次打假联合行动全省紧紧围绕省政府确定的工作目标，狠抓"三重一大"加一批(重点商品、重点市场、重点区域、大案要案、外商投诉的一批质量案件)，有力打击了质量违法犯罪行为。第一，狠抓了重点商品的打假。省政府确定打假联合行动的10类重点商品是农药、复混肥、种子、建筑用钢材、改装汽车、汽车配件及农机零配件、卷烟、药品、一次性输液(输血、注射)器、化妆品等，各职能部门密切配合，紧紧围绕这10类产品开展打假工作。同时，全省质量技术监督系统集中组织开展了棉花、建筑用螺丝钢、"土炼油"、一次性输液(输血、注射)器、电线电缆、化妆品、汽配等专项打假活动。在汽配产品专项打假活动中，以长春汽贸城为重点市场，以辉南刹车管为重点区域，以查办大要案为突破口，端掉了一批制假窝点，查处了一批售假企业，取得明显战果。两个多月来，全省共出动执法人员近万人次，检查汽配产品5类1 000多种，查获伪劣汽配产品标值500多万元，没收假冒伪劣汽配产品标值100万元，端掉制假售假窝点102个，罚没款累计达121万元。第二，狠抓了重点市场的打假工作。此次打假联合行动省政府确定了长春汽贸城汽配市场、长春市凯旋路钢材市场、吉林市哈达钢材市场、四平市汽车改装一条街等4个重点市场。各市、州根据本地实际，也确定了需整治的重点。四平市汽车改装一条街被列为全省打假联合行动整治的重点市场，四平市委，市政府高度重视这项工作，四平市技术监督局出动执法人员200多人次，对全市改装车企业实施了监督检查，对7户企业依法予以行政处罚，工商部门吊销15户企业营业执照，促使四平市汽车改装一条街的经营秩序得到改善。第三，狠抓了重点区域打假工作。此次打假联合行动，省政府将松原土法炼油、辉南刹车管、柳河白灰等区域性制假售假违法行为列为重点整治对象。其中，在打击吉林油田盗油犯罪、土法炼油违法活动中，省公安厅、省工商局、省质量技术监督局、省环保局于10月31日至11月末共破获盗公、盗油案件59起，打掉盗公、盗油犯罪团伙14个，打击处理犯罪嫌疑人114名，逮捕4人、刑拘32人、教养7人、治安处罚71人，缴获脏款脏物价值10万余元，取缔非法炼油场点50处，截获非法贩运原油车辆69台，收缴炼油容器设备49套，收缴原油355.8吨，挽回直接经济损失71万多元；10月30日省质量技术监督局会同通化市技术监督局在通化市公安部门配合下，对通化市所辖柳河县新发、时家店两乡境内的白灰生产点"地毯"式突击检查中，出动执法人员73名，执法车辆26台，共发现26户生产点存在假冒他人厂名、厂址的违法行为，现场查获假冒白灰13 316袋(每袋33公斤)；辉南刹车管是国家质量技术监督局确定的全国30个重点整治区域之一，原有刹车管生产企业55户，大都为家庭作坊式生产，产品所需原材料多数来自河北、山东、浙江等地，质次价低，无法保证产品质量。在打假联合行动中，辉南县技术监督局开展了两次"地毯式"突击检查，对43户不备生产条件的企业予以取缔，使该县区域性制售劣质产品的违法行为得到有效遏制。第四，加强了联合打假的综合治理。在此次打假联合行动中，各地、各部门注意加强协作、密切配合，互相支持，优势互补，对假冒伪劣实行综合治理。质量技术监督系统与公安系统密切配合，查处了假冒索尼电视机、建筑用白灰、假冒熊胆粉、伪造生产日期的蓝狮罐装啤酒等一大批制假售假大要案。在这次联合打假行动中，省质量技术监督局紧密围绕省政府确定的重点开展打假工作，强化对大案要案的查处力度，工作中充分发挥打假办的协调职能，切实加强组织领导，落实责任，加强地区间、部门间的协作配合，标本兼治，强化法制，综合治理。通过联合打假，取缔了一批制售假冒伪劣产品的窝点，严厉惩处了一批制售假冒伪劣商品的违法犯罪分子，使制售假冒伪劣商品违法犯罪活动猖獗势头得到有效遏制，重点商品、重点市场、重点地区假冒伪劣横行的严重局面基本得到扭转，集团性、成规模地制售假冒伪劣商品问题得到有效整治，广大企业和人民群众对打假联合行动的结果表示满意。据统计，此次打假联合行动全省质量技术监督系统共出动执法人员 30 954 人次，立案查处案件 2 048 件，查处假冒伪劣商品标值 3 745.16 万元，端掉制假售假黑窝点 213 个。

3. 标准化工作

2000 年，省质量技术监督局在标准化工作中，加大了“双采”工作力度，重点推进高新技术产品、高附加值产品、名牌产品的“双采”工作，全年完成“双采”项目 70 项，累计达 1 043 项。通过“双采”使企业的产品质量和经济效益明显提高，辽源市东丰化工厂生产的 AKR303M50 车底盘保护涂料采用美国标准，生产的 TVT 高强度焊缝密封胶采用德国标准，产品可替代进口，为上海大众汽车总公司和长春一汽集团产品配套，销售面可达 6～7 个省市，企业年创利润 67 万元，产值达 447 万元。为使“双采”工作作为与国际惯例接轨的手段，制定了《吉林省采用国际标准和国外先进标准的若干规定》。继续组织推行了采标产品标志制度，全年共完成采标标志 33 项，累计达 115 项。在农业标准化工作方面，首先积极开展了农业地方标准制定工作，全年共制定农业地方标准 10 项，累计达 960 项，制定仿制烤烟国家标准实物标样 78 套；二是认真抓了农业标准化示范区工作，侧重抓了公主岭市种植、养殖、农产品加工产业化标准化示范区和洮南市小尾寒羊标准化示范区工作，取得显著的经济和社会效益，9 月份受国家质量技术监督局委托，省质量技术监督局组织专家对这两个示范区进行了考核验收，公主岭市种、养、加产业化标准示范区 1998 年、1999 年两年玉米均顷产量为 10 303.31 公斤(2000 年因遭受罕见旱灾未能测产)，公顷单产比项目合同任务指标提高9.6%，增产玉米 14 814.28 万公斤，增加经济效益 11 851.43 万元，养殖业标准化示范的猪、牛、禽饲养量分别比示范前 3 年平均饲养量提高 99.8%、29%、53.7%，分别增加经济效益为 9 615.53 万元、21 700 万元、6 412 万元；农产品深加工方面，黄龙公司等 4 个玉米深加工企业产品的标准化程度有了很大提高，公主岭市仅种植业一项标准化示范，全市农业人口人均增收 159.30 元。在洮南市开展的小尾寒羊标准化示范区工作中，小尾寒羊饲养量由 1997 年的 2 万只，发展到 2000 年的 16 万只，饲养量比项目合同指标增加 1 倍多，3 年累计增收 2 400 多万元。农业标准化科研工作取得明显成果，《吉林省水稻筒塑钵盘育苗抛摆秧苗技术规程》、《吉林省玉米标准化示范区》两项成果在 2000 年吉林省科学技术进步奖拟评奖公告中为三等奖。三是继续开展了消灭无标生产工作。主要抓了最后 18 个县市的工作，共普查企业 1 600 户，截止年末，这 18 个县市消灭无标工作全部通过了检查验收。四是开展了信息标准化工作，抓了信息网络、信息库建设和组织机构信息卡的推广应用工作。五是加强了企业标准化工作，重点抓了试点企业标准化体系的建立健全和对非公有制企业提供服务工作，例如辽源市技术监督局对 33 户袜子生产非公有制企业开展标准化服务，在辽源市形成了袜子生产基地，全国同行业中获得较好声望和地位。六是结合吉林省重点项目开展了标准制修订工作，全年共制定地方标准 15 项，其中，工业地方标准 5 项，累计达 222 项，农业地方标准 10 项，累计达 960 项；为落实、实施大豆行动计划和学生豆奶计划，省质量技术监督局组织制定了吉林省学生豆奶粉地方标准，规范了各定点生产企业的生产和经营活动。在标准的宣贯工作中，重点抓了饲料标准、服装标签和道路交通标志、标线国家标准、白酒地方标准的宣贯，在强制性标准的实施中，重点抓了啤酒、饮料标签等国家标准的实施监督，长春市、吉林市技术监督局结合旅游城市建设，对标志类图形符号国家标准开展了实施监督，为使该标准在吉林省大中城市中全面实施起到了积极促进作用。

4. 计量工作

2000 年，省质量技术监督局紧密围绕吉林省经济建设和社会热点问题开展了计量监督管理工作。首先是落实了电能表管理职能，做好电能表的首次检定工作。向省政府呈报了“关于加强电能表、煤气表监督管理的报告”，得到省政府的批准，在吉林地区开展了试点，这项工作在全国走到了前列。二是推进了加油机税控装置的安装和加油机税控装置安装前后的检定工作。此项工作已在四平、吉林地区开展，高速公路加油机税控装置的安装、检定工作已基本完成。三是认真开展了定量包装商品计量监督检查活动，对全省流通领域和重点定量包装生产企业进行了计量监督检查，共检查定量包装企业 124 户，检查重点商场(店)、集贸市场、超市 108 个，涉及商品 1 168 批次。四是加强了制造计量器具许可证企业的监督管理，对衡器、煤气表、水表生产企业许可证考核必备条件进行了检查验收，制定了《衡器、煤气表、水表制造计量器具许可证考核必备条件》，对全省 27 户企业进行考核，对 41 户企业 64 个计量器具新产品进行了资格审查及样机试验委托，颁发了 44 个样机试验合格证书；对 7 户制造计量器具许可证有效期满的企业进行了复查换证。对 27 户制造计量器具生产企业进行了资格审查及考核，发放了计量器具许可证。五是加强了法定计量技术机构的监督管理和对库仑定硫仪、碳氢测定仪及灰熔点测定仪等 3 个检定规程的审定工作。六是认真做了计量标准及检定人员的考核发证和建立计量标准考核档案工作。截止年末，全省共对 126 项到期的计量标准进行了复查换证，对新建立的 6 项计量标准进行了审查、考核发证，对 16 名从事计量检定人员进行了理论、实际操作考核，颁发了计量检定员证，对省、市计量技术机构建标项目进行清理、核查，建立档案，全省共建计量标准 567 项。七是清理整顿授权计量检定站，加强了对计量中介机构的考核管理。共对全省 29 个（不含 1 个国家授权站）授权站逐一进行授权项目的核查，经清理核查有 17 个授权站为授权证书到期或即将到期的，15 个授权站中的 88 个授权项目与省计量测试技术研究所重复，对 4 个授权站的授权范围、强检受检率等工作开展情况进行了监督抽查，对 24 个中介机构进行登记、建档，其中吉林省铁路长春东站称重社会公正计量站被国家质量技术监督局定为全国社会公正计量站优秀典型。此外，开展了完善企业计量检测体系、启动“光明工程”、对医用强制检定计量器具监督检查工作。

5. 认证工作

在质量认证工作方面，2000 年涉及医药、食品、机械、邮政等 10 多个行业、16 户企业通过了质量体系认证，其中白城市邮政局的质量体系认证是我国邮政系统的首家，开创了邮政质量认证的首例。为了适应加入 WTO 的需要和企业对质量认证的需要，成立了具有独立法人资格的“吉林省质量认证中心”。在计量认证工作方面，制定了《吉林省产品质量检验/测机构计量认证和审查认可工作程序（细则）》，为计量认证工作向国家实验室认可过渡打下了良好基础，截止年末，全省共计发出计量认证合格证书 82 个。在质检机构管理审查认可工作方面，完成了 3 个质检机构的增项认可和 2 个质检机构的到期复查验收，对省质量技术监督局授权的 37 个质检机构进行了一次全面调查，为授权站的清理整顿和质检机构的全面规划提供了可靠依据。

6. 锅炉、压力容器、压力管道及特种设备安全监察工作

2000 年 8 月，在省政府机构改革中，将原由省劳动厅承担的锅炉、压力容器、电梯、防爆电器等特种设备的安全监督管理职能划转到省质量技术监督局，理顺了工作关系，全省安全监察工作得到了改进和加强。年初，省质量技术监督局以省政府安全生产委员会名义下发了《关于切实做好在用锅炉压力容器、压力管道及特种设备安全监察与检查工作的通知》等文件，对全省安全监察大检查工作进行部署。9 月 8 日，新疆乌鲁木齐爆炸事故发生后，为了认真贯彻落实省政府安全生产专题会议和国家质量技术监督局明传电报的紧急通知精神，首先，省质量技术监督局选择重点项目、重点地区，积极采取各种措施，在全省消除不安全隐患。一是提出了在全省重点查封制作豆腐、白酒、馒头、小胶合板等作坊的“土锅炉”意见，强化对锅炉销售市场监管力度；加速了对老、旧、劣气瓶的淘汰工作，规范了充装市场；会同公安部门加大了对“太空船”类的大型游乐设施、客运架空索道、塔吊、重点场所的电梯等起重机械的专业安全检查力度。二是对长春市的胜利公园、南湖公园、动植物园、儿童公园、净月潭旅游风景区的游艺机、大型游乐设施、客运架空索道等 20 台（套）设备进行了专项安全检查。三是针对长春市双阳区天然气城市管网存在重大隐患问题，向省政府呈报了专题报告，促使长春市为消除隐患投人改造工程资金 1000 多万元，改造天然气管网 200 多公里。四是组成督查组对全省安全监察工作进行督促检查。第二，组织各级监察机构和检验单位，在公安、工商等部门配合下，对全省 3 925 户锅炉使用单位普遍进行了“拉网式”隐患排查工作，共检查锅炉 5 076 台，其中合格锅炉 3 581 台，合格率为 70.5%，无证制造的使用锅炉 351 台，需整改合格后使用的锅炉 793 台。检查在用压力容器 1 336 台，其中合格 1 276 台，合格率为 95.3%；清退无证司炉工 994 人，查封无证制造锅炉企业 14 户，对 12 户非法运行液化石油气充装站给予了关停处理。检查人员遍及全省城乡大街小巷，消除了死角。第三，开展了气瓶质量、旧锅炉压力容器交易市场治理工作，全省共对 780 个单位进行检查，下发安全监察意见书 248 份，检查气体充装站、气瓶检验站及液化石油气代销点 309 户，取消违规代销点 2 户，对 11 户非法建立的液化气站分别进行了处理。收缴各类不合格钢瓶 340 只，对现存的 5 户旧锅炉压力容器销售点进行检查，对经销的 30 多台旧锅炉进行了处理。第四，开展了气瓶充装站、检验站的换证审查工作。在对各市州锅炉压力容器安全监察机构初审的基础上，对全省到期的气瓶充装站、检验站进行了审查验收，到期“两站”基本具备换证条件的 259 户，需整改的 48 户，不具备换证条件取消资格的 34 户。第五，受国家质量技术监督局委托，对吉化建设公司、吉化华强建安公司申请取得压力管道安装资格认可工作组织了联审，国家质量技术监督局给这 2 个单位颁发了压力管道安装许可证。第五，对部分到期换证的压力容器设计、制造单位进行审查，其中对吉化公司 30 万吨合成氨改造和吉林哈达湾电厂工程进口锅炉压力容器安全性能检验和安装质量进行了监督检验，确保了设备及安装质量。第六，加强了承压及特种设备作业人员的培训考核工作，开办 10 期特种作业人员培训班，培训考核 796 人。由于加强了全省锅炉压力容器压力管道及特种设备安全监察工作，2000 年吉林省仅发生锅炉压力管道爆炸事故 8 起，死亡 6 人，重伤 2 人，直接经济损失 67 万元。

## 三、省、市（州）级质量技术监督职能及机构简况

2000 年，吉林省质量技术监督系统内有各级机构 214 个，其中行政机构 58 个，事业机构 156 个（含技术机构 121 个），职工 5 312 名。行政机构中公务员 865 名，工勤人员 238 名；事业机构中管理人员 910 名、专业技术人员 2 267 名、工人和工勤人员 1 032 名；其他从业人员 76 名。固定资产 13 449.66 万元。2000 年 8 月 5 日，经吉林省人民政府批准，吉林省技术监督局实施了机构改革，根据吉林省人民政府办公厅文件《关于印发吉林省质量技术监督局职能配置、内设机构和人员编制规定的通知》（吉政办发[2000]76 号）规定：“吉林省技术监督局更名为吉林省质量技术监督局。省质量技术监督局是省政府管理标准化、计量、质量工作并行使执法监督职能的直属机构。按照国家规定，省以下质量技术监督系统实行垂直领导的管理体制。”吉林省质量技术监督局的职能重新进行了调整。其中划出的职能：一是西药、中药的质量监督管理，交给省药品监督管理局；二是产品质量纠纷的仲裁，交给人民法院或社会中介组织。划入的职能：一是原由省环境保护局承担的环境保护地方标准的审批职能；二是原由省卫生厅承担的食品卫生地方标准的审批发布职能；三是原由省劳动厅承担的锅炉、压力容器、

电梯、防爆电器等特种设备的安全监督管理职能；四是由原省石油化学工业厅承担的化学危险品质量监督管理职能；五是由原电力局、省邮电管理局等承担的用于贸易结算的电能表、电话计费器等计量器具强制检定的行政监督管理职能；六是农药质量工作的宏观指导和农药质量的监督职能；七是由原省经济贸易委员会承担的质量管理职能；八是原由省建设厅承担的燃气用具产品生产许可证管理职能；九是原由省粮食厅承担的研究制定粮油检测制度和办法的职能；十是由原省贸易厅承担的流通环节中商品质量和标准管理及监督职能；十一是由原省机械工业厅、省冶金工业厅、省轻工业厅、省煤炭工业局、省纺织总会、省建材工业局、省食品工业局、中国有色金属吉林地质勘查局承担的产品质量监督职能。交由社会中介组织或事业单位承担的事项：一是地方标准的技术性审查及咨询、服务；二是质量技术监督工作中的技术性评价；三是用于贸易结算的计量器具强制检定的技术性工作；四是锅炉、压力容器等特种设备的设计、制造、安装、使用、检验、修理、改造等环节及进出口的具体检查、鉴定。交由企业依法自主管理的事项：一是工业企业内部的标准化、计量、质量管理；二是非强制检定器具的检定周期和检定方式。吉林省质量技术监督局主要职责是：(1) 贯彻执行国家有关质量技术监督工作的方针、政策和法律、法规，起草地方性法规、规章和制度并组织实施，负责质量技术监督行政执法工作。管理与质量技术监督有关的技术法规备案。(2) 综合管理全省质量监督工作。管理和指导质量监督检查。管理产品质量仲裁检验、鉴定。组织协调依法查处生产和经销假冒伪劣商品活动中的质量违法行为。(3) 宏观管理和指导全省质量工作。组织实施《质量振兴纲要》。研究拟定提高全省质量水平的发展战略。推广先进的质量管理经验和方法。负责组织重大产品质量事故调查分析并提出处理意见或建议。负责工业产品生产许可证、地方准产证的管理监督工作。(4) 统一管理全省标准化工作。组织宣传、贯彻实施国家标准和行业标准，指导企业采用国际标准和国外先进标准，对各级各类标准的实施进行监督。组织制定、修订并执行本省地方标准，负责企业标准备案。管理全省组织机构代码和商品条码工作。(5) 统一管理全省计量工作。推行法定计量单位和国家计量制度。管理省级计量标准，组织制定计量检定规程和技术规范，组织量值传递和强制检定工作。规范和监督商品量的计量行为。(6) 统一管理和监督全省的质量认证和实验室评审工作，对认证企业及认证产品实施监督。协调与监督实行强制性管理的安全认证。依法对质量检验机构授权和监督管理。对与质量技术监督相关的社会中介组织实施资格认可和监督管理。(7) 综合管理全省的锅炉、压力容器、电梯、防爆电器等特种设备的安全监察监督工作，起草地方性法规规章并组织实施。对锅炉、压力容器实施出口监督检查。(8) 组织制定和实施全省质量技术监督事业发展规划。负责全省质量技术监督体系的建设和改革。组织协调行业和专业的质量技术监督工作。管理和指导全省质量技术监督科技工作。组织管理全省质量技术监督的宣传、教育、培训、信息工作。管理直属单位、指导挂靠的学会、协会工作。(9) 领导全省质量技术监督工作(10) 负责全省质量技术监督系统的干部人事、劳动工资、机构编制和财务经费、审计监督及资产设施管理；协助长春市管理市质量技术监督局正、副局长，管理其他市州质量技术监督局正、副局长及相应级别的干部；负责质量技术监督系统干部职工的教育培训、思想政治工作和精神文明建设。(11) 承办省政府交办的其他事项。

吉林省质量技术监督局设10个职能处室：办公室、计划财务科学技术处、政策法规宣传教育处、人事处、质量处、监督处、标准化处、计量处、认证与实验室评审管理处、锅炉压力容器安全监察处。吉林省质量技术监督局机关行政编制50名，机关离退休干部工作人员行政编制2名，机关工勤人员事业编制7名；领导职数：局长1名，副局长3名；正副处长(主任)20名(含总工程师和机关党委专职副书各1名)。

吉林省质量技术监督局有11个直属事业单位：吉林省产品质量监督检验院、吉林省计量科学研究院、吉林省标准研究院、吉林省质量技术监督稽查总队、吉林省质量技术监督局装备器材服务中心、吉林省质量技术监督职工中等专业学校、吉林省工业产品生产许可证办公室、吉林省纤维检验处、吉林省质量技术监督局物业管理中心、吉林省质量认证中心、吉林省计量仪器实验所；挂靠单位4个：吉林省质量检验协会、吉林省标准化协会、吉林省计量测试学会、吉林省质量万里行促进会。

吉林省质量技术监督局领导9个市、州技术监督局：长春市质量技术监督局(副厅级)、吉林市技术监督局、四平市技术监督局、辽源市技术监督局、通化市技术监督局、白山市技术监督局、白城市技术监督局、松原市技术监督局、延边州技术监督局和48个县(市、区)技术监督局。各市、州技术监督局辖直属事业单位43个，各县(市、区)技术监督局辖直属事业单位102个。

撰稿人　李　战
审稿人　李振海

# 黑龙江省质量技术监督工作

## 一、概　　述

2000年是我省质量技术监督工作和事业发展较为关键的一年。在这一年里，完成了质量技术监督系统省以下垂直管理体制改革的后续工作，大兴安岭、大庆等政企合一的技术监督局实行政企分开，划归省质量技术监督局垂直管理。完成了省局机关机构改革工作，按《三定方案》接收、下放和划转了职能，顺利完成了省级质量管理和锅炉压力容器特种设备安全监察职能的接收工作。在国家局和省委、省政府的直接领导下，我局坚持"以质量为中心，标准化、计量为基础"的工作方针，紧紧围绕省委、省政府经济工作中心，全面履行综合管理和行政执法职能，努力增强质量技术监督工作的有效性，在提高产品质量总体水平、净化市场经济环境、加强技术基础性工作、推进与国际惯例接轨和加强安全监察等工作方面取得了显著成效，为促进我省经济持续、快速、健康发展做出了积极贡献。

## 二、质量技术监督工作

### 1. 质量管理工作

**【加强宏观指导】** 2000年质量管理工作以学习、宣传和贯彻国务院《关于进一步加强产品质量工作若干问题的决定》为重点，进一步加强宏观指导工作，省政府印发了《黑龙江省贯彻国务院〈关于进一步加强产品质量工作若干问题的决定〉的实施意见》，省局牵头，认真抓了落实工作。

**【推行全面质量管理】** 引导企业继续深入开展全面质量管理、质量改进和降废减损活动；积极推行"零缺陷"管理和可靠性管理等先进的质量控制方法。经努力，全省有16个QC小组获国家优秀质量管理小组称号，120个QC小组获省优秀质量管理小组称号，28个班组获得省质量管理信得过班组称号，103人获得省质量管理先进工作者称号，43人获质量管理突出贡献者称号，1人获全国质量管理活动卓越领导者称号。

**【对全省质量状况进行调查分析】** 通过调查，评选出2000年度用户满意企业38个，用户满意产品38个，用户满意工程12个，用户满意服务29个。同时，处理了27个存在质量问题的单位，保护了用户和消费者的合法权益。

**【组织开展以"五查"为重点的企业自查活动】** 按照国家局的要求，省局与省经贸委联合组织了"查质量意识、查质量水平、查质量体系、查现场管理、查售后服务"等企业自查工作，反馈了136户企业的调查情况，这些企业有大中小不同型，分布在机械、轻工、建材、化工、家电、纺织、医药、军工、森工等各个行业，基本代表全省工作企业的水平。经调查发现，尽管企业的质量意识普遍增强，企业质量体系保证能力也有明显提高，现场质量管理正在不断加强，产品售后服务水平有所发展，但产品质量总体水平仍属中等档次，全省企业的主导产品采用国际标准和国外先进标准的不多，影响了产品上档次、上水平，应引起高度重视，采取有力措施，加大采用国际标准和国外先进标准的力度，加速产品技术改造，促进产品更新换代。

**【调整准产证的发证范围】** 按照市场经济规律和我省市场发展状况，停止对饲料和糕点制品实施准产证管理，增加了乳酸菌饮料产品的准产证管理，受理了水泥生产企业生产许可证的换证申请，对白酒实施生产许可证管理。

**【加大对无生产许可证、准产证产品的查处】** 重点查处了水泥、冷轧带肋钢筋、化妆品、低压电器、锅炉用无缝钢管、锅炉及压力容器用钢板、微型计算机、复混肥、农药和一次性输液器等产品。

**【继续实施名牌战略】** 修订了《黑龙江名牌管理办法》，使名牌的评定工作更加具有权威性，名牌的管理工作有法可依，推动了名牌战略的发展。在对138户企业的产品进行调查后，确定了60个具有资源优势和科技优势的品牌为培育对象，制定了《黑龙江"十五"期间60种名牌拳头产品发展规划》，明确了名牌培育工作的方向。

**【开展"质量兴企、质量立市"活动】** 把质量兴企作为质量立市的突破口，组织各市地县开展质量兴企工作，有230户企业被列为试点企业，牡丹江市、阿城市被列为"质量立市"试点城市。10月份，省局召开了"质量兴企、质量立市"座谈会，交流了典型经验，通过典型引路，大兴安岭地区、铁力市等地市也纷纷开展了这项活动。

**【为"北京黑龙江绿色特色食品展销配送中心"参展企业保驾护航】** 12月2日，省政府在北京建立的"北京黑龙江绿色特色食品展销配送中心"开业，为落实省政府的部署，更好地为配送中心参展企业服务，早在11月初，局党组就安排有关人员专门召开了6次会议，讨论配送中心的有关事项，为开业做准备。为保证配送中心顺利开业，11月26日晚，省质量技术监督局派8人进入配送中心现场，与北京市质量技术监督局取得联系，做好与当地质量技术监督部门的沟通和协调工作，向参展企业发放了600多份调查表，详细调查企业产品的种类、总量、生产标准和计量等方面的情况，免费检测定量包装商品163批次，向企业免费发放了50万套防伪标识，帮助12家企业办理了条码。此项工作受到了省政府的表彰。

### 2. 质量认证工作

**【认证事业发展迅速】** 近年来，全省认证企业数增加迅速，1995年全省认证企业数不到10家，到2000年底，已有81家企业通过产品质量认证，发放证书221个，有659家企业通过了质量体系认证，认证企业数量在全国的排位已上升到第12位。包括省计量检定测试所、省纤维检验所在内的14个实验室通过了实验室认可，认可总数在全国排第8位。到2000年底，有国家注册的认证人员228人，在全国排第12位。

【黑龙江省质量认证中心通过国家认可委认可】 为加快企业的认证步伐,降低企业认证的费用,在全局的努力下,成立了全省第一家审核中心——黑龙江省质量认证中心,5月份经国家认可委认可批准后正式运行。该中心已受理了100家企业认证,占全省认证企业总数的五分之一,其中两家企业获得德国DQS认证证书。此外,省局还成立了2个认证咨询中心,为全面推动本省企业的质量认证工作奠定了良好基础。

3. 监督执法与打假工作

【按计划定期监督检验】 2000年,加大了对重点行业、重点产品的质量监督与服务工作的力度,全省按监督检验计划对15 418家企业生产的23 021批次产品进行了定期监督检验,合格17 150批次,批次合格率为74.5%;对17 002家经销企业的40 131批次商品进行定期监督检验,合格28 958批次,合格率72.16%。

【开展节假日市场监督检查】 在节日期间对与老百姓生活密切相关的商品、消费热点商品进行了重点监督检查。据不完全统计,节日期间全省共出动执法人员2万多人次,检查生产企业2 080家,销售企业31 268家,产品质量抽查检验40 154批次,食品标签检查526批次,检查中封存假冒伪劣产品价值4 620万元,查处违法案件5 930起。

【开展备春耕、春耕农资大检查】 为保护农民利益,开展了全省农业生产资料市场商品质量监督检查和专项打假工作。重点对种子、化肥、农药、农膜、农机及农机配件、农用柴油共九大类农资商品和全省主要农资集散地及重点农资销售地区进行了检查。查处违法案件4 890起,查获伪劣产品价值8 300万元,端掉制假窝点80个,其中伪劣化肥2 800多吨、不合格复合肥原料1 300多吨,为农民挽回经济损失3 000多万元。

【"三重一大"打假工作】 一年来,按照国家局的部署,以"为消费者创造放心满意的购物环境、为企业创造公平竞争的市场环境"为目标,紧紧围绕"三重一大"(即检查整顿重点产品、重点市场、重点地区,查处大要案),积极组织开展打假活动。根据本省实际,重点整顿的产品是散热器、强化地板、燃气炉具、面粉、钢材、汽车配件、一次性使用输液器和一次性使用无菌注射器等商品;重点清理的市场是哈尔滨北环商城和南极批发市场、大庆润滑油市场、肇东农机配件市场等10个市场;重点整治的制假售假重点地区是生产食品和化妆品的哈尔滨地区、生产润滑油的大庆地区、生产酱油的呼兰地区等。截止到10月底,全省质量技术监督系统共对47 989家生产、经销企业的110 786批次产品进行了监督检查,端掉黑加工点458家,查处案件13 543件,其中万元以上大要案145起,查处或收缴伪劣商品价值5 598万元,销毁货物标值729万元,罚没款2 366万元。同时,加大对名优产品生产和经销企业的保护力度。对省内85家名优产品生产企业实行打假重点保护,评选了省级商品质量信得过单位34家。建立了保真保优销售单位69家。确立中央大街、大庆会战大街等三条商业街为"国家级购物放心一条街"。

【打假联合行动】 2000年10月,国务院召开电视电话会议,决定以质量技术监督部门为牵头单位,在全国范围内开展一次既声势浩大又讲求实效的联合打假行动。省政府对此次联合打假行动非常重视,成立了以张成义副省长为组长,省质量技术监督局、工商局、公安局等18个(政府)部门参加的全省打假工作协调小组,在全省范围内迅速掀起了声势浩大的打假高潮。截止到12月底,全省共出动执法人员28 856人次,查处假冒伪劣产商品标值2 491.72万元,捣毁制售假冒伪劣产品窝点525个,破获制售假冒产品犯罪团伙21个,为消费者及企业挽回经济损失980万元。立案查处案件409起,罚款380万元,其中大案、要案84起。将24名违法犯罪分子移送司法机关追究刑事责任。

【三重一大加一批】 在全省开展的联合打假行动中,领导重视、组织得力、行动迅速,制发了《黑龙江省严厉打击制售假冒伪劣商品违法犯罪活动联合行动实施方案》,明确此次打假联合行动的重点是"三重一大加一批",即:重点商品、重点市场、重点地区、查处一批大要案,保护一批名优企业和外商投资企业。结合黑龙江省实际确定了我省重点查处的15种商品是:假冒伪劣农药、复混肥、种子、建筑用钢材、汽车配件、卷烟、药品、一次性输液(输血、注射)器、化妆品、润滑油、电子信息产品、食品、酒类、家用电器和装饰材料。重点查处的市场是:哈尔滨市通达街汽车配件市场、哈尔滨市宣化街汽车配件市场、哈尔滨市国贸城、哈尔滨市服装城、哈尔滨市前进路钢材市场及古铁钢材市场、哈尔滨市南极小商品批发市场、哈尔滨市北环商城、哈尔滨市海城装饰材料市场、哈尔滨市曼哈顿百货及化妆品市场、齐齐哈尔市星火钢材市场,齐齐哈尔市南市郊钢材市场、大庆市钢材市场、鸡西市农资市场。重点地区有哈尔滨地区的食品、小商品、电工产品和农用物资售假问题、呼兰县酱油造假问题、大庆地区的润滑油、防冻液造假问题和小炼油厂劣质成品油问题、佳木斯市农资市场假冒伪劣问题、鸡西、鹤岗地区劣质钢材问题。

【赴广东为蒙受不白之"冤"的东北大米正名】 在全国联合打假行动中,广东省发现了所谓的封杀"东北大米"事件,省局非常重视,按照黑龙江省政府的安排,会同省政府办公厅、省委宣传部、省工商局、省卫生厅,省粮食局组成黑龙江省赴广东调查"毒米"事件工作组赴广东,经过深入调查后,于2000年12月28日召开了新闻通报会,向人民日报驻广东记者站、广州日报、亚太经济日报、中国质量报广东记者站等12家新闻单位,介绍了所谓"毒米"是河南省不法分子假冒我省大米,为蒙受不白之"冤"的东北大米正了名。并借此介绍了本省绿色食品的概况,通过赴广东调查"毒米"事件工作组的努力,广大人民群众都知道了"毒米"并非产自黑龙江的事实真相,黑龙江省的大米在广东的销量开始回升。

【打假联合行动与"110"联动及举报奖励办法】 为确保打假联合行动顺利开展,省局与省公安厅联合,实行打假联合行动与"110"联动,还与省财政厅联合发文,制定了《黑龙江省打假举报奖励办法》,以充分发动群众,调动社会各界参与打假的积极性。在与新闻媒体广泛的"联动"中,省打假工作协调小组办公室召开了两次新闻发布会,组织全省在哈新闻单位参加打假联合行动。黑龙江日报、生活报、黑龙江经济报、黑龙江法制报、北方时报、农村报、黑龙江晨报、中国质量报、新都市报、技术监督纵横杂志都开辟了"联合打假特别行动"专栏。

4. 标准化工作

**【"采标"工作】** 采用国际标准和国外先进标准是提高我省产品质量和档次，增强其国际竞争能力的一项重要措施。一年来，省局积极引导企业采用国际标准和国外先进标准，年计划采标30项，实际完成36项；计划使用采标标志30项，实际完成36项。

**【制修订地方标准】** 2000年计划制修订省地方标准20项，实际完成192项(种子地方标准的修订时限在2000年)。截止到10月底，省局受理企业产品标准备案已达到1 674项。

**【消灭无标生产工作】** 2000年计划消灭无标生产试点县(市、区)20个，实际有32个(包括虎林、肇源两个国家级试点县)县区通过了国家和省的验收。通过验收的各县(市、区)产品标准覆盖率都超过了95%，企业产品标准水平和质量均有显著提高。

**【农业标准化工作】** 农业标准化工作成绩显著，全省2000年计划推行"四大作物"标准化种植面积350万公顷，实际落实500万公顷；17个国家级农业标准化示范区，已有9个示范区通过验收，其他8个国家农业标准化示范区的工作进展情况良好。2000年共制订农业地方标准196项，使全省农业地方标准总数达到1 053项。6月份，省局组织全省烤烟实物审定委员会对各地市仿制的实物样品进行了整理、制定和审查。共制作了102套实物样品，作为全省烤烟生产、监督检查的依据和收购、调拨、验收的依据。为了指导和规范全省的粮食收购和购销行为，由省局牵头，联合省粮食厅、省物价局起草了《关于贯彻执行国家新发布的主要粮食质量标准的意见》。

5. 计量工作

**【法制计量工作】** 加大了对商品量和计量器具的监督力度，对全省农用物质、建筑材料、石油成品油等产品和定量包装商品的生产、流通环节进行了监督检查，共检查产(商)品500多批次，处理计量违法案件400多起，涉及到的商品种类有200多种，罚没款200多万元，为国家挽回经济损失180多万元。制定了《黑龙江省"光明工程"计划实施方案》，深入实施光明工程。加强了对电能表、水表、煤气表、衡器、加油机和出租车计价器共6种计量器具的监督管理。对粮食市场的计量工作进行了专项检查，共抽查大米、挂面和面粉定量包装产品1 290批次，合格率78%，检查计量器具297台(件)，合格率90.5%，抽样检查面粉8批次，合格率62.5%，抽查标签410个，合格率94%。

**【强制检定工作】** 强制检定计量器具达到了49项97种，强检受检率达到93%。加强了对重点管理计量器具的管理，全省重点管理的强检工作计量器具的平均受检率达94%以上，用于粮食结算核定定级以及医用强检计量器具受检率达98%以上。法定计量检定机构、计量授权机构、企事业单位最高计量标准受检率达到100%。按照国家局"三定"方案的要求，加强了用于贸易结算电能表的强检工作和住宅建筑中使用的电能表、水表、煤气表和热量表安装前的首检工作。与税务部门配合，开展了税控加油机、出租车计价器的安装、改造和安装前后的强检工作。这项工作已在全省全面展开，为全省税收工作提供了可靠的计量保证。

**【企业计量工作】** 企业计量工作在企业改革、减亏增效、节约能源等方面取得明显效益。据初步统计，2000年仅加强企业进出原材料计量这一项，就为企业增加效益2000多万元。还积极开展完善计量检测体系确认工作，协助国家局完成了对17家大中型企业的完善计量体系确认工作，还对285家中小型企业及乡镇企业进行了计量合格确认。

6. 锅炉、压力容器、压力管道及特种设备的安全监察工作

**【安全培训等基础性工作】** 认真做好安全生产宣传工作和有关人员的安全技术培训等基础性工作。组织安全监察人员和企业有关人员学习新的安全规程和江总书记对安全工作的重要指示，开办了锅炉、压力容器检验等岗位培训班4期；提高了检验人员的业务水平，真正做到持证上岗。

**【安全监察工作】** 开展了锅炉、压力容器、压力管道及特种设备质量安全大检查，积极消除各种安全隐患。全省共进行安全大检查2次，检查锅炉6 014台，容器1 882台，气瓶充装站55个，气瓶检测站8个，特种设备549台，共发现各类问题2 784项。取缔土造锅炉生产厂家3个，取缔非法制造的锅炉98台，查封钢瓶316支，报废锅炉52台，取缔非法液化气充装站5家。取缔无证运行容器400台套。另外还组织了全省游乐设施运行安全质量检查，检查架空索道13条，其中3条不合格，检查太空船2家，其中1家不合格，不合格的游乐设施现已被禁止使用。在全省质量技术监督系统的共同努力下，全省2000年仅发生各类事故6起，其中锅炉爆炸事故2起，气瓶爆炸事故3起，管道泄露1起。2000年，锅炉爆炸事故万台率0.25，容器爆炸事故万台率0.5，气瓶爆炸事故万台率0.1，分别低于国家要求的0.6、0.8、0.7以下。

7. 质量技术监督法制建设

**【完善地方法规体系】** 《黑龙江省质量认证条例》已经省大常委会通过，并定于2001年1月1日开始执行，省局修订的《黑龙江省产品质量监督管理条例》和起草制定的《黑龙江省农业标准化监督管理办法》，被列为2001年的立法项目；还审查、修改局规范性文件3件。此外，为了落实申立国副省长有关发展绿色特色食品产业的重要批示，起草了《黑龙江省绿色食品特色食品质量监督管理暂行办法》(草案)。

**【质量技术监督法律法规宣传】** 开展了"三法四条例"(《产品质量法》、《计量法》、《标准化法》及《黑龙江省产品质量监督管理条例》、《黑龙江省计量条例》、《黑龙江省标准化条例》、《黑龙江省认证条例》)及相关法规宣传，在媒体上开辟专栏，与省电视台"开心擂台"节目联合举办了"质量＝生命"大型宣传活动；与省委宣传部、省司法厅、省电视台联合举办了"规矩与方圆"大型文艺晚会，组织了"3·15"宣传活动，向全省公布了省质量技术监督"3·15"举报投诉热线电话，组织"龙江质量行检查团"深入各地、市检查、采访等。

8. 与"入世"有关的准备工作

**【中国 WTO/TBT 咨询点黑龙江分点】** 2000 年 11 月，省编委批准在省质量技术监督局情报所设立了中国 WTO/TBT 咨询点黑龙江分点，主要负责向中国 WTO/TBT 咨询点通报黑龙江省制定的地方技术法规、标准和文件草案，向全省通报 WTO 对我国的承诺和 WTO 成员国的技术法规、标准草案、合格评定程序等信息资料，受国内企业委托，向企业提供其产品出口目标国的技术法规、标准、合格评定程序等信息资料和技术咨询，并帮助企业进行专项研究，建立 WTO/TBT 信息服务网，开展与 WTO/TBT 相关的学术交流活动和培训工作，提供 WTO/TBT 出版物和有关文件的译文。中国 WTO/TBT 咨询点黑龙江分点建立以来，做了大量细致的工作。一是加强了与中国 WTO/TBT 咨询点的协调，收集了近几年 WTO 各成员国通报的技术文件 1 000 多份；二是对 WTO 规则、WTO/TBT 协议进行了学习、研究和宣传；三是编制了出口企业和产品调查统计表，以便更好地为企业服务；四是加大了国际标准和国外先进标准，尤其是有机食品（绿色食品）标准的收集力度。

## 三、省、地（市）质量技术监督职能、机构简况

**【主要职责】** 按照 2000 年省政府机构改革"三定"方案的规定，黑龙江省质量技术监督局的主要职责是：(1) 贯彻执行国家有关质量技术监督工作的方针、政策和法律、法规，负责《标准化法》、《计量法》、《产品质量法》的组织实施和行政执法工作。参与有关标准化、计量和质量工作的地方性法规、规章的制定，并组织实施。(2) 管理全省的质量监督工作。(3) 宏观管理和指导全省质量工作。(4) 统一管理全省的标准化工作。(5) 统一管理全省的计量工作。(6) 统一管理和监督全省的认证和实验室评审工作，对认证企业及认证产品和安全认证产品实施监督管理。(7) 综合管理全省的锅炉、压力容器、电梯、防爆电器等特种设备的安全监察监督工作，参与制定地方性规章制度并组织实施。对锅炉、压力容器实施进出口监督检查。(8) 组织制定和实施全省质量技术监督事业发展规划。(9) 指导全省质量技术监督科技工作。(10) 根据省政府、国家质量技术监督局授权，组织进行国际技术交流和技术合作。

**【职能的调整】** 划出的职能有：西药、中药的质量监督管理；产品质量纠纷的仲裁。

划入的职能有：锅炉、压力容器、电梯、防爆电器等特种设备的安全监察监督管理职能；用于贸易结算的电能表、电话计费器等计量器具强制检定的行政监督管理职能；农药质量工作的宏观指导和农药质量的监督职能；质量管理职能；轻工、化学危险品、石油化工、建筑材料、纺织、机构、有色金属、冶金、煤炭等行业产品的质量监督职能；燃气用具的产品生产许可证管理职能；制定粮油质量标准、制定粮油检测制度和办法的职能；重要标准的实施职能；对社会公正计量服务机构的监督职能；省以下质量检验机构的计量认证职能。

交由社会中介组织或事业单位承担的事项有：地方标准的技术性审查及咨询、服务；质量技术监督工作中的技术性评价；用于贸易结算的计量器具强制检定的技术性工作；锅炉、压力容器等特种设备的设计、制造、安装、使用、检验、修理、改造等环节及进出口的具体检查、鉴定。

交由企业自主管理的事项有：工业企业内部的标准化、计量、质量管理；非强制检定计量器具的检定周期和检定方式。

**【内设机构】** 黑龙江省质量技术监督局是黑龙江省政府直属机构，按照 2000 年省政府机构改革中批准的"三定方案"，内设办公室、计划财务科学技术处、政策法规宣传教育处、人事处（外事处）、质量处、监督处、标准化处、计量处、认证与实验室评审管理处、锅炉压力容器安全监察处、机关党委、离退休干部工作处、监察室等 13 个处室。机关行政编制 66 人，工勤人员事业编制 11 人，离退休干部工作人员编制 6 人。

黑龙江省质量技术监督局下设 12 个直属单位：黑龙江省计量检定测试所（黑龙江省计量科学研究所）、黑龙江省纤维检验所、黑龙江省技术监督情报研究所、黑龙江省锅炉压力容器与特种设备检验研究所、《技术监督纵横》杂志社、国家农业标准化监测与研究中心（黑龙江）、黑龙江省防伪技术开发推广中心、黑龙江省计量物资供应站、黑龙江省质量认证中心、黑龙江省质量技术监督局房产维修队、黑龙江省质量技术监督局机关服务公司、黑龙江省质量技术监督局招待所。

黑龙江省质量技术监督局对全省质量技术监督系统实行垂直管理（哈尔滨市质量技术监督局接受省质量技术监督局的业务领导，其正、副局长实行双重管理，以市委为主，省质量技术监督局党组协助）。

撰稿人 李新峰 高 捷 张训才
审稿人 王晓明 田 翔

# 上海市质量技术监督工作

## 一、概　　述

2000年是上海市质量技术监督工作和事业取得重大进展的一年。在上海市人民政府(以下简称市政府)机构改革中,上海市质量技术监督局(以下简称市质量技监局)被确定为市政府直属机构,并根据“三定”方案,划入锅炉压力容器特种设备安全监察职能以及相应机构。同时,市政府又作出《关于进一步加强本市质量工作若干问题的决定》,对落实质量工作责任制,提高上海产品质量,作出了全面部署,并根据新的情况,调整充实了上海市质量工作领导小组,将上海市打假联席会议调整为上海市打假工作领导小组,进一步加强了对质量工作和打假工作的领导,两个领导小组的办公室均设在上海市质量技监局。全市质量技监系统广大干部职工全面履行综合管理和行政执法职能,在提高质量、净化市场、加强技术基础、强化安全监察和队伍建设方面做了大量工作,为上海的经济建设和社会发展作出了应有的贡献。

## 二、质量技术监督工作

### 1. 管理体制改革工作

**【机构改革】** 2000年按照市政府机构改革方案和市委、市政府关于市级政府部门实施“三定”工作的要求,进行了处室配置、人员定编和机关工作人员分流工作;并根据市政府有关机构改革方案的规定,划入市劳动和社会保障局锅炉压力容器等特种设备安全监察职能,市锅炉压力容器检验所和劳动保护检测站由原劳动和社会保障局划归市质量技监局管理,随后划入的还有市纺织纤维检测所。

**【公务员过渡和体制改革工作】** 重新核定区、县质量技监机构人员编制方案,统一区、县局内设机构设置;确定区、县局行政编制数为500名,并做好区县局公务员过渡的培训、考核工作。

为适应上海特大型城市管理特点,依法强化计量器具强制检定工作,撤消原10个中心城区的计量技术机构,成立了“上海市计量器具强制检定中心”,对涉及人体健康和人身财产安全的计量器具实行统一管理、统一监督、统一检定,确保强制检定工作的有效性和权威性。同时加强了郊区县的计量技术机构建设,统一名称(计量质量检测所)、统一考核,提高检定和校准能级,以更好地为本市经济建设服务。

经市编办同意,上海市技术监督情报所更名为上海市标准化研究院。上海市劳动保护检测站更名为上海市特种设备监督检验所。

### 2. 质量管理工作

**【“五查”活动】** 在2000年质量技监部门组织了以“查质量意识、查质量水平、查质量体系、查现场管理、查售后服务”为主要内容的质量“五查”活动。根据对电气、纺织、化工、轻工等行业有代表性的402家企业的调查,近98%企业都设置了相应的质量管理部门,主要工业产品已有70%采用国际标准和国外先进标准,约50%以上的重点工业产品质量达到国际80年代末水平,其中30%达到90年代初水平。有近三分之二企业的主要工业产品优等品产值率达到50%以上。主要产品质量损失率平均为1.5%,废品率平均为0.98%。约有三分之二以上的企业通过产品质量认证。被调查企业中,大部分企业在用生产设备完好率在90%以上,85%企业计量检测设备配备齐全,96%企业建立了严格的原材料进厂检验制度,90%企业工艺纪律检查执行良好,95%企业开展文明生产、定置管理等活动。89%的企业制订了完善的售后服务规章制度,72%的企业建立了广泛的售后服务网络体系。

**【质量攻关】** 狠抓160项产品质量攻关措施落实,1999年有14个行业59项产品分获市重点产品质量攻关成果一、二、三等奖,这些产品年销售额达245.55亿元,利润28.84亿元,创汇2.16亿美元,节汇1.42亿美元,节能耗1亿元。2000年有12个行业的61个产品申报了攻关成果,这些产品年销售总额为168.25亿元,攻关后新增利润16.59亿元,创汇节汇2.63亿美元,节能降耗2.86亿元。通过攻关,产品质量普遍提高,其中67%的项目达到国际90年代中后期水平。

**【名牌推荐】** 完成了《上海市质量振兴实施计划》提出的20世纪末形成300项名牌产品群体的第一步战略目标,向社会推荐304项名牌产品,并推出新一轮上海百强名牌产品,其销售收入和销售利润占全年独立核算工业企业的20%以上,无形资产达290亿元;制定和落实了免检、免审等扶优扶强激励政策;以“西部大开发”为契机,加强沪豫合作和联合发展,积极动员企业参与“沪豫经济合作洽谈会暨’2000上海商品博览会”,配合市经委有关部门对上报的600多项参展产品质量审查,有47%的名牌产品企业参加博览会,同时,在已签订的合作项目中,上海名牌占了43%,为上海名牌产品进一步拓展国内市场做了有益的探索。

**【特殊产品质量管理】** 一是实施残疾人用车的质量改进。会同公安、残联和轻工集团对“残车”的点刹、启动等问题组织“会诊”,有的放矢完成了对2 038辆“残车”的改进工作(占全部残车85%以上),受到残疾同胞好评。二是完成生产许可证、准产证工作。80%的企业在原有基础上加强了企业质量管理水平,重新修订和编制了质量体系文件,质量管理水平有了明显提高。共完成对23家新申请生产许可证、52家申请准产证的生产企业的工厂条件评审和产品质量检测工作;核发123张试生产许可证、78张试生产准产证;审批18家生产企业的更名申请;对100家外地进沪销售本市实施生产准产证管理的产品办理了备案手续；帮助72家低压电器产品、48家电线电缆产品取得国家局颁发的生产许可证；审理了20件罚没款为万元以上的无证案件，累计罚没款为127万元，督促12家企业重新申报了生产许可证，8家企业重新申报了产品准产证。

**【质量中介服务】** 大力宣贯《上海市工程设备监督管理办法》，制定了"资质管理实施细则(暂行)"等配套文件；举办了8期工程设备监理上岗人员培训班；认定48人上海市工程设备监理工程师资格；新认可4家监理公司，对16家公司重新定级，调整其监理专业范围。为探索工程设备监理实行招、投标，审批认可了5家招投标代理的临时资质。

**【贯标认证】** 积极推进本市企业贯标滚动计划的实施，至今本市共有3 958个产品通过产品认证(不含国外认证机构的发证，下同)，有1 508家企业通过质量体系认证，均列全国第四位。2000年又有4家认证咨询机构通过备案审查，2个培训机构获得注册资格；为应对中国入世的挑战，与市标准化院一起开展"推进上海市机电出口产品国外认证"专项工作，并在此基础上建立了"推进上海市出口产品国外认证"数据库，为企业提供咨询服务。

**【质量工作课题调研】** 进行用户满意度指数调研，组织力量探索建立"上海用户满意度指数"理论模型及测评体系框架。还进行了上海市产品质量整体状况调研，对各行业有代表性的年销售额超亿元858家企业的1 040个产品质量状况进行了调查，完成了《上海市产品质量状况调研报告》和10个分报告的编写工作。

3. 监督执法与"打假"工作

2000年上海市着重对"重点、热点、难点、焦点、盲点"产(商)品进行了监督抽查，并在提高监督抽查时效性，加大后处理力度和规范全市监督抽查行为等各方面采取了有效措施，取得了一定的成效。

**【监督抽查】** 制定了《上海市产品质量监督抽查若干规定》，对监督抽查的计划编制、抽样检验、汇总申诉、后处理等全过程作出了规范，并对区县质量监督人员进行宣贯培训，试行对全市质量技术监督系统监督抽查工作的全面规范管理。2000年共对69类2 055种产品实施了季度监督抽查，涉及到2 030家生产企业979家经销企业，抽查合格率68.2%。其中本市生产领域企业952家67类963种产品，抽查合格率76.5%；本市流通领域60类1 092种产品，抽查合格率60.9%。季度监督抽查的合格率较1999年的67.0%提高了1.2个百分点。

**【专项抽查】** 对消费热点、质量问题突出的保暖内衣、绿色食品、美乐宁(脑白金)、大众桑塔纳轿车主要零部件、防盗安全门、建筑用轻钢龙骨、液压石油调压器等24大类共计956种产品进行了质量专项(突击)抽查，抽样合格率76.78%。保暖内衣、手机等8种产品通过上网公告引导消费。并督促液压石油调压器、建筑用轻钢龙骨等抽样合格率低的产品生产企业加强整改，部分产品已整改复查合格。

**【监控抽查】** 500家企业主导产品监控抽查合格率为97.60%，比1999年的95.9%略有提高，企业质量保证能力达到优良的有267家，占全部企业的60.41%。其中国有大中型企业产品质量稳定，合格率为99.45%；区县所属中型企业、合资企业的主导产品质量情况良好，合格率为97.39%；受控的民营企业产品总体质量有较大提高，合格率为93.98%。上海市监控企业的主导产品质量总体状况稳定。

**【国家监督抽查情况】** 2000年1～4季度国家监督抽查涉及上海市572家企业的161类691种产品，季度抽样合格率分别为1季度82.1%、2季度89%、3季度86.5%、4季度82.2%，全年平均抽样合格率达85%，比2000年提高了3.6个百分点，高出全国平均水平6.1个百分点，这是上海产品在国家监督抽查中连续5年保持领先3～5个百分点。

**【定期检验】** 对电气、华谊等10个行业的主管部门和19个区县局质量技监部门上报的全年定期检验计划进行了审核、备案，监督实施了定期检验。实际定检产品4 444项，合格3 932项，合格率为88.48%。

**【质量投诉】** 2000年共受理质量申诉2 708件，解决2 652件，其中成功调解30件，质量申诉解决率和调解成功率分别为97.9%和100%。涉及商品总价值2 275万余元，为消费者挽回经济损失88万余元。受理质量鉴定36件，已完成26件，其余的按程序正在进行中。

**【质量监督检验机构及其管理】** 进一步推进质检机构改革工作，在所有授权产品质量监督检验机构中推行国际通用的ISO/IEC指南25，加快质检机构与国外检验实验室认可评定的接轨步伐；配合上海市应用型研究所转制，探索质检机构合作、合并、重组等多种改革模式，对上海市营养食品质检站实现多元化投资、争取社会资金给予支持；推荐法国标准化协会与上海市产品质量监督检验所合作，推进与法国国家实验室进行包装产品检验的互认；开展了对玩具、服装、家具等10个质检机构的突击监督检查，以规范产品质检机构的检验行为，形成检验机构的自律机制。

**【"打假"工作】** 2000年上海市的打假工作坚持突出重点，坚持打假治劣与保护知识产权相结合、与保护名优相结合、与净化投资环境相结合，坚持市各行政执法部门联手和与各兄弟省市有关部门联手协同打假，有力地遏制了制假售假的违法行为，特别是在年末开展的全国联合打假行动的第一阶段取得了较好成效。

2000年1～11月，上海市共出动执法人员62 777人次；查处假冒伪劣商品标值总额45 161万元；罚没款总额4 013万元；捣毁制售假冒伪劣商品黑窝点831个；破获制售假冒伪劣商品犯罪团伙80个；对8 815个市场进行了治理整顿；取缔386个制售假冒伪劣商品的摊商并查封柜台595个；立案24 151起，已结案23 542起(其中100万元以上的特大案件24起)。其中，1～12月，上海市质量技监系统共出动执法人员16 701人次，查处假冒伪劣商品标值总额15 656万元；罚没款总额1 771.6万元；捣毁制售假冒伪劣商品黑窝点157个；对259个市场进行了治理整顿；取缔70个制售假冒伪劣商品的摊商并查封柜台70个、商店82家；立案2 114起，已结案1 699起(其中大案要案191起，已结案156起)，净化了消费者购物环境、企业公平竞争环境和外商投资环境，保障了社会主义市场经济的健康发展。

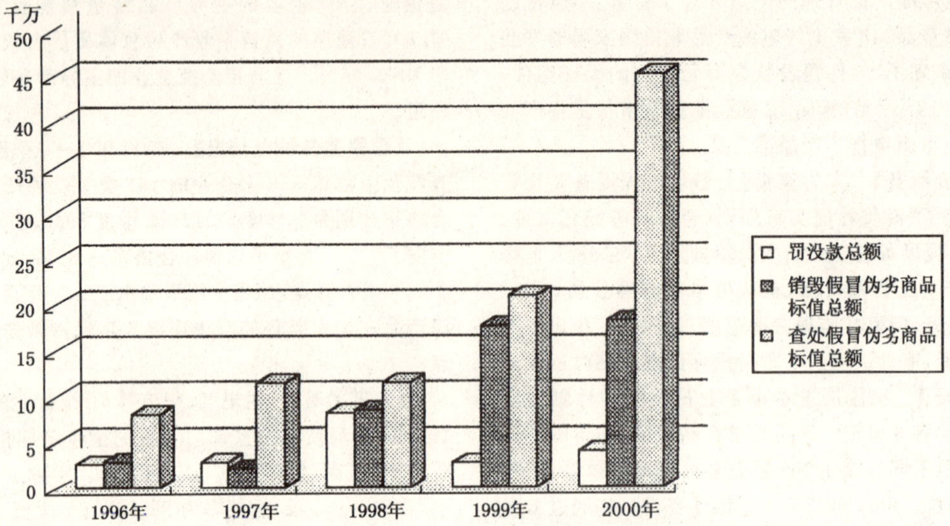


**【企业打假】** 组织设立了"上海市外商投资企业座谈会"，召开了"上海市外商投资企业座谈会"和"打假"工作研讨会等；先后与美国英特尔公司、强生公司、日本夏普公司等20多家企业合作，查处了一批假冒上述公司或合资企业产品的案件，共查获假冒产品267.2万余件，依法移送公安处理3起，其中已立案1起，逮捕6人，关押2人。继续支持"上海市名优企业'打假'工作联络站"的工作，以保护100家名牌和著名品牌企业的合法权利为重点，不断向外省市、名营企业扩展；为进一步发挥行业打假的优势，帮助组建了"生产糖果联合打假办"、"电器开关打假联合体"、"大众器配打假协作网"等名优企业"打假"网络；通过与企业签定联手"打假"协议做出承诺。

**【打假联合行动】** 10月下旬，上海市"打假"联合行动的第一战役，先后开展了：检查重点食品和重点农副产品批发市场；检查药品、一次性输液(血、注射)器；检查化妆品和营养保健品批发(销售)市场和商店；检查卷烟产品及有关集贸批发市场；检查酒类产品及有关集贸批发市场等7个专向行动。据统计，上海市共计出动各类行政执法人员1 700余人次，查获大案要案32起，端掉制假、储假、售假窝点41个，刑拘和收审制假售假违法犯罪嫌疑人46人。其中仅质量技监部门依法没收专门用于制假售假的工具设备17台(件)，价值2万元，查处案件的涉案金额累计达4 000余万元。行动中，还充分发挥电视、广播、报刊、网络等新闻媒体的舆论监督作用，取得了上海市"打假"联合行动阶段性成果。

4．标准化工作

**【应对"入世"挑战】** 市府发展研究中心、市经委和市质量技术监督局联合召开了"贸易技术壁垒对我市经济发展的影响和对策"大型研讨会，由市标准化协会和市标准化研究院共同组建了"上海WTO/TBT咨询服务中心"，汇编了《贸易技术壁垒案例分析60例》小册子，完成了《上海市主要工业产品出口欧盟技术法规与标准数据库》和《上海市机电产品国外认证信息库》，废止地方标准139项。邀请WTO的日内瓦总部官员和国家WTO/TBT通报咨询中心主任介绍WTO/TBT的内容；组织部分行业、区县召开了不同规模、不同层次的培训，座谈和研讨会等。

**【农业标准化】** 11月17日，上海市政府召开推进农业标准化工作会议。市委副书记、市长徐匡迪，副市长冯国勤，国家质量技监局副局长李忠海到会并讲话。会议要求，为确保农产品质量标准体系的实施，要逐步建立和健全农产品质量的监测体系、认证体系、执法体系、技术推广体系等一整套保障体系，重点抓农产品的安全卫生质量标准，先选择粮食、食用油、蔬菜、水果、实用菌、猪肉、牛肉、鸡肉、鲜蛋、鲜牛奶、养殖水产等11类农产品制定安全卫生质量标准，要通过农业标准化促进农业产业化进而实现现代化。会上，徐匡迪市长和李忠海副局长还为"上海市农产品质量认证中心"揭牌。以电台报道、现场咨询等多种形式开展了上海市农产品安全、卫生质量咨询服务宣传周活动；编印了种植业、养殖业及与农产品相关的标准、部分国家农产品的农药残留量指标的汇编本5 000册，赠送给各区、县、乡镇。发挥农业标准化示范区的辐射效应，组织通过了"浦东新区单季晚稻标准化示范区"——国家级农业标准化示范项目的考核验收和宝山区宝杨系列黄瓜、大型养猪场区级标准化示范区的考核验收等。

**【采用国际标准】** 上海市采用国际标准和国外先进标准工作保持良好的推进势头，2000年全市又有658项主要工业产品采用国际标准和国外先进标准，至此本市累计采标产品达10 169项，采标率达76%。2000年有31项产品申请使用采标标志备案，累计达339项。采标工作有力地促进了企业拓展国际市场的能力。

**【信息标准化】** 研究、宣传并实施信息技术标准化工作。组织完成了《上海国民经济和社会信息化标准体系框架》、《促进上海互联网络经济发展的政策法律环境》(标准化部分)和《上海数字广播电视标准化研究》三项基础性和应用性标准化项目研究。同时积极宣贯《电信服务规范》，并组织实施了《上海国民经济和社会信息化标准体系框架》项目。

**【标准的制定和颁布】** 组织制定和颁布了21项上海市地方标准。其中包括针对上海市近年来猪肉制品中出现的问题而专门制定的有关盐酸克仑特罗(瘦肉精)在猪肝、猪尿和饲料中残留量检测方法的地方标准，为确保上海市民吃上“放心肉”提供了有关依据。

5. 计量工作

**【法规制度建设】** 由上海市质量技监局负责起草的《上海市计量监督管理条例》由上海市第十一届人民代表大会常务委员会第二十二次会议于2000年9月22日通过，自2001年1月1日起施行。该条例以适应社会主义市场经济发展需要和符合国际惯例为宗旨，更加适合上海市计量管理活动的实际需要。发布并组织实施的《上海市城乡集贸市场计量监督管理细则》、《上海市中小企业计量检测保证能力评定细则》、《上海市医疗单位计量管理工作指导规则》、《上海市计量检定人员考核及发证暂行规定》等规范性文件，进一步深化了计量的依法管理和宏观管理，使工作更制度化、规范化。

**【计量监督】** 加大以商品量和计量器具为重点的监督管理力度。商品量以定量包装商品净含量为重点，在加强日常监督检查的同时，鼓励生产企业参加计量合格评定，已有20家企业通过计量评定，提高了企业的计量管理水平，收到一定效果，在今年第四季度定量包装商品净含量国家监督专项抽查中，本市的抽查合格率达到94%；计量器具以“一机二器三表”为重点，对本市单相电能表、民用水表的生产进行了规范和整顿。同时还重点整治了集贸市场缺斤少两、计量器具不定期检定现象，对全市782家集市计量管理情况进行监督检查，培训集市主办者和校秤人员，树立集市典型，严格计量监督执法。质量月期间，在东方电视台《东视广角·质量时空》栏目专门播放了关于加强集市计量监督管理的专题节目。

**【量值传递网络建设】** 加快量传体制改革，试行检定、校准并举的量传新模式。对41个即将授权到期的计量技术机构进行复查考核，逐步减少了计量检定授权单位数量。同时，大力推进计量校准实验室认可，共有14家科研院所、中介机构、国有企业和三资企业的有关实验室通过了认可。

**【计量服务】** 配合市府LPG实事工程，组织实施上海市液化石油加气机计量检定规程等两个计量技术规范，参与上海市60余家新建加气站的项目评审；加强“三表”检定管理，发布《电能表计量监督管理规定》，对“三表”强检站进行授权考核，并定期召开例会，明确工作目标。对所有新安装的“三表”进行首次检定，对到期表进行现场检测或更换；积极推动面向社会的计量公正工作。上海市公正燃气计量站成立3年来，产、销差值在计量交接中显著降低，由22%左右降为12%左右，取得了较好的社会效益和经济效益。筹建农副产品残留量计量公正站，并对10个公正站进行了整顿。开始实施本市中小企业计量检测保证能力评定计划，第一批共有373家企业参加。

**【计量技术保障】** 完成对即将到期的41个计量技术机构复查考核，31个计量技术机构首批获得通过；全年共受理1 269名计量检定人员培训考试，经考核合格869名，合格率68.59%，共颁发《计量检定员证》636张。对市级法定计量检定机构、市级被授权技术机构计量检定员审证，共审证636名，换证636张。受理计量器具新产品考核201户，颁发《样机试验合格证》201张。受理计量器具制造许可证中持149户439项，经考核颁发《制造计量器具许可证》115户269项。受理计量器具检30户次95 447台，共检定85 406台，合格85 148台，合格率99.7%。

## 三、质量技术监督机构简况

上海市质量技监系统共有职工2 529人。其中行政机关和行政事务性机构665人，事业单位职工1 864人，具有中、高级职称的专业技术人员640名。根据“三定”方案，市局机关进行行政机关机构改革，至2000年底，市局机关行政人员有125人，本科以上学历人员67人。设有局办公室（党办）、政策法规宣传处、科技教育处、计划财务处（审计室）、监督处、质量管理认证处、标准化处、计量处、纪委（监察室）、组织处、人事处11个处室和工会、机关党委、团委等组织。承担市质量工作领导小组办公室、市打击生产和销售假冒伪劣商品违法行为办公室、市工业产品生产许可证办公室和市名牌产品推荐委员会办公室等职能。

市局直属院所现有职工1 486人，其中专业技术人员1 020人，中级职称以上人员581人，其中高级职称人员133人。固定资产总额28 185万元，仪器设备原值11 594万元。建有市科委批准设立的上海市微电子分析测试重点实验室和上海市在线检测与控制技术重点实验室，有国际原子能机构（IAEA）和世界卫生组织（WHO）资助建立的“二级标准剂量学实验室（SSDL）”。建有上海市各级社会公用计量标准346套，市级最高社会公用计量标准80套，其中华东地区最高社会公用计量标准70套。拥有36种国外标准、6种国外技术法规、61种国内标准的馆藏品种和36万件标准资料。设有国家电光源质量监督检验中心、国家金银制品质量监督检验中心、市级授权质量监督检验机构96个；市级标准化技术委员会29个；区（县）级法定计量检定机构10个，授权计量检定机构29个，认可计量校准机构18个，计量公正站（行）10个；区（县）级锅炉、压力容器监检机构10个、特种设备监检机构17个，行业锅检机构18个。

撰稿人　黄　芳
审稿人　姚承栋

# 江苏省质量技术监督工作

## 一、概　　述

**【概况】** 2000年是全省质量技术监督系统进行重大改革和各项事业取得大发展的一年。全系统广大干部职工高举邓小平理论伟大旗帜，深入贯彻党的十五大、十五届三中全会、四中全会、五中全会精神，以经济建设为中心，以管理体制改革为动力，以全面贯彻国务院关于进一步加强质量工作的重要部署为主线，在提高质量、净化市场，促进国民经济快速健康发展方面加大工作力度，各项工作努力争创全国一流，取得了显著的成绩，事业得到了较快发展。

**【管理体制改革】** 全省质量技术监督系统管理体制改革在省委、省政府领导下，在组织、人事、财政等部门的大力支持下，完成了编制上划、人员接收、资产上划工作。管理体制改革使全省质量技术监督系统在事业发展、经费保障、规范管理等方面取得了一定成效。一是省市两级规划、指挥能力得到了加强。省委、省政府和国家局的重要工作方针、政策得到了较好的贯彻执行，计划管理、目标管理、财务管理、行风建设、创建文明行业等工作得到明显加强。二是全省系统经费保障和调控能力增强。初步解决了过去财力分散难办大事的问题，增强了项目建设的调控能力、对存在较大困难的地区给予支持的能力和对解决遗留问题给予一定支持的能力。三是人员素质得到了一定改善。对新进人员的年龄、文化、专业作了严格要求，对干部的选拔任用也提出了明确规定。四是重复建设和重复检验的问题有了较明显改观，全省各项检查计划统一编制下达，各地执行一本计划。五是促进了全省质量技术监督系统经济的增长。

## 二、质量技术监督工作

**【打假工作】** 全省各级质量技术监督部门紧紧围绕以经济建设为中心，抓住生产和流通环节，突出事关人身财产安全、人民群众身体健康、国计民生三个重点，严厉打击生产销售假冒伪劣商品的不法行为。深入开展了“查市场、保两节”、“查农资、保春耕”、“查建材、保建设”战役和酒类产品、液化石油气、装饰材料、人工煤气、电线电缆、低压电器专项治理。集中查处重点产品，堵源截流，对农资、建材、微机、眼镜、汽车配件、食品等六大类专业批发市场进行了整治，重点查处批发市场销售假冒伪劣商品的行为。深入开展打假保名优活动，加强与外资企业的联系，联手打假，受到美国强生公司等国外著名大公司的好评。

2000年10月26日，国务院召开全国打假联合行动电视电话会议，部署开展全国打假联合行动，我省迅即组织贯彻落实，在全省开展了一场声势浩大而又讲求实效的打假联合行动，经过近5个月的严厉打击，全省打假联合行动取得了重大成果。这次全省打假联合行动除根据国务院文件要求，我省重点查处假冒伪劣农药、复混肥、种子、建筑用钢材、汽摩配件、卷烟、药品、一次性输液器、化妆品等9类商品，同时，结合江苏实际将营养保健品、农机配件、电动工具等8类商品列为统一查处的重点。通过打假联合行动，我省制售假冒伪劣商品违法犯罪活动猖獗的势头得到了有效遏制，重点商品、重点市场、重点地区假冒伪劣横行的严重局面基本得到扭转，集团性、大规模制假售假问题得到有效整治，集中侦破了一批涉及面广、数额巨大、危害严重、影响恶劣的大案要案，依法从快、从重惩处了一批制假售假违法犯罪首恶分子和惯犯，形成了对违法犯罪分子的强有力的震慑。据不完全统计，截至2001年3月16日，全省共出动打假人员506 570人次，检查447 166个单位(户)，查处假冒伪劣案件33 506起，其中30万元以上大案要案606起，查获假冒伪劣产品标值7.48亿元，没收制假生产工具设备847(台套)，罚没款1.34亿元，捣毁制假售假窝点7 871个，取缔制假售假犯罪团伙212个，吊销营业执照290家，移送司法机关案件335件，抓获制假售假犯罪嫌疑人467人，法院判决制假售假犯罪分子724人，处理参与包庇保护制假售假党政干部13人，全省打假联合行动取得了重大成果。其中，全省质量技术监督系统共出动打假人员10万余人次，检查生产销售场所61 478家(户)，查处案件8 118件，其中30万元以上大案要案88件，检查产品品种达4 445种，查获假冒伪劣产品标值2.17亿元，罚没款2 603.95万元，捣毁制假售假窝点6 047个，取缔制假售假犯罪团伙43个，吊销营业执照23家，移送司法机关案件40件。

**【质量与认证】** 以实施《质量振兴纲要》、全面贯彻《国务院关于进一步加强产品质量工作若干问题的决定》为主线，紧紧围绕江苏经济建设中心，加强对质量工作的宏观指导。积极组织开展了“质量月”、高层质量论坛、名品进名店、质量法律法规知识竞赛、《质量振兴纲要》实施情况大检查等活动，在全省产生了很大影响。加快实施名牌战略，对江苏名牌产品生产企业标准化、计量、质量管理等工作进行全面检查，督促企业加强技术基础。认真组织2000年江苏名牌产品认定和江苏名牌产品无形资产调查与评估工作。认定了483个江苏名牌产品，48个产品为江苏重点名牌产品。这些产品集中体现了我省工业经济的实力和水平，其销售总额约占全省经济总量的25.00%。名牌产品的综合素质有所提高，其销售总额、利税、出口创汇分别比去年同期增长12.00%、34.70%、13.00%。质量认证获证企业继续保持较快增长，截止去年底，全省累计共有4 073家企业通过质量体系认证，占全国总数的17.40%，居全国第一；1 657家企业的8 012个产品获得产品质量认证证书，占全国总数的13.23%，居全国第三；其中2000年新增1 629家企业通过质量体系认证，1 298个产品获得产品质量认证证书；进一步规范全省认证咨询市场，备案咨询机构达到30

家。加强对企业质量管理工作的引导，积极组织企业开展降废减损和江苏省质量管理奖评审活动。抓好重点行业、重点产品质量攻关，制定了106项赶超国际先进水平产品质量攻关计划。加强全省工业产品生产许可证管理工作，组织对电线电缆、低压电器、电焊条、白酒、电视机等7类产品进行换发证。这些工作为提高江苏产品的质量，提高苏货的竞争能力和市场占有率发挥了积极作用。

**【质量监督】** 坚持用铁腕抓质量，继续加大监督检查力度，拓宽监管范围，加强对监督检查工作的计划管理，切实提高质量监督的有效性，促进监督抽查合格率的上升。全省共对19 538家企业29 114批次产品质量进行了监督检查，合格率为79.80%；加强了监督检查后处理工作，帮助企业分析产生产品不合格原因，制订整改措施，对拒绝监督检查的企业依法严肃查处。首次组织对全省安全认证产品进行强制性监督检查，共检查实施强制性监督管理的电工产品13大类390 637台件，对违反安全认证有关规定的45家生产企业和570家经销企业依法实施了行政处罚。努力规范市场行为，积极扶优扶强，大力推进创建“服务满意、购物放心一条街”、评审省“重点保护产品”、“商信企业”等活动。有15条“服务满意、购物放心一条街”通过了验收，完成了年初提出的每市至少建成一条“服务满意、购物放心一条街”的目标。

**【标准化】** 抓好1 000个重点企业贯彻ISO 9000质量管理标准工作，扎实开展采用国际标准和国外先进标准工作，全年完成采标产品507项，采标标志产品93项。在全省推行企业标准备案质量评价制度，统一规范标准备案工作，切实提高企业标准水平。加快农业标准特别是优质农产品标准制定步伐，全省完成农业地方标准50项，认定了第二批81个获准使用农业标准化指定标志产品。按计划完成了第一批18个省级农业标准化示范区的验收工作。农业标准化示范区的工作取得了明显的成效，启东棉花、丰县小麦、兴化鱼虾混养、新沂花生、泗洪稻田养殖、昆山商品猪、淮阴乳鸽饲养、吴县东山茶等均成为地方农业发展的重要支柱或成为新的经济增长点。服务标准化工作在交通运输、美发、美容和餐饮业等社会服务行业开始试点。

**【计量】** 全省各级质量技术监督部门紧紧围绕政府、社会、广大消费者关注的热点，计量工作取得了新的突破。一是进一步贯彻《江苏省贸易计量监督管理条例》，加强计量监督管理工作，规范市场计量行为。大力推行定量包装商品生产企业计量保证能力考核工作。我省首先在轻工、化工、建材行业进行了定量包装商品生产企业计量保证能力试点工作，通过突出重点，分步实施，至2000年底全省通过定量包装商品生产企业计量保证能力考核合格企业已达1 170家。对冷冻食品、茶叶、粮食制品、儿童食品等定量包装商品进行监督检查，总合格率为75.0%。加强了对用于贸易结算的“三表二器“(电能表、水表、煤气表和出租车计价器、公用电话计费器)的监督管理。积极推进加油机税控改造工作，全省70%加油机在年底前完成了税控改造。启动“光明工程”；完成了眼镜、验光、配镜和经销单位的普查、登记工作，计划用两年左右时间使眼镜光学指标合格率达到95%以上，根本扭转眼镜质量低下的状况。二是巩固“计量器具质量年”活动成果，积极开展“两创两上”(创名牌、创新品、上规模、上水平)活动。加大对计量产品监督检查力度，全省计量产品省级监督抽查合格率达到85.7%，其中电能表合格率达96%，水表合格率达88.9%，耐压测试仪抽查合格率达100%。对摩托车仪表实行专项整治，抽查合格率达到87.5%。严格计量器具许可证管理，促进我省计量产业的产品结构调整、重组与联合，强化许可证年审工作。三是抓好强制检定，为量传准确和加强医疗卫生单位计量管理提供了有力保证。2000年全省社会公用计量标准送检率达到99.7%，企事业最高计量标准送检率达到96.4%，强检工作计量器具送检率达到96.2%，保证了我省量传的准确。加强了医疗卫生机构的计量管理，特别对CT机开展了强制检定工作。四是不断强化工业计量工作，截至2000年年底，全省共有51家企业通过了计量检测体系确认，813家企业通过计量保证确认，7 100多家企业通过了计量合格确认，继续处于全国先进行列。

**【安全监察】** 全省质量技术监督系统认真贯彻落实江泽民总书记关于安全生产的一系列重要指示精神，按照省政府和国家局的部署，扎实开展锅容管特安全监察工作，取得了新的成绩，实现了全年杜绝特大事故，不发生重大事故，减少一般事故的总体目标，安全监察工作在原有较好的基础上又上了一个新台阶。一是全面完成锅容管特安全监察工作目标。全年锅炉爆炸事故率为0，锅容管特均无重特大事故发生。二是进一步巩固发展了锅容管特安全监察工作。依法监察，严格执法，对锅容管特设计、制造、安装、使用、检验、修理、改造7个环节及其进出口实施了全过程专项质量监督和安全监察，提高了锅炉压力容器的产品质量和安全使用的可靠性，及时发现并纠正了大量的安全质量问题。三是全面开展安全大检查。先后组织开展了2000年元旦、春节安全大检查、结合3·15消费者权益日活动安全大检查、4月份全国质量技术监督系统安全大检查、5月份全国安全月活动大检查、7月份落实全国安全生产电视电话会议的安全大检查、国庆节日前后的安全大检查以及冬季安全大检查，全省系统共组织2 521个团组，出动20 039人次，检查15 617个单位，查出问题和事故隐患15 793起，发出监察意见书5 238份，整改15 490起，整改率达98.1%。四是专项治理成效显著。全省系统开展了“土锅炉”和液化气充装两个专项治理。通过“拉网式”普查，全省查出土锅炉11 505台、非法液化气充装站148家，其中自动拆除和报废土锅炉5 955台，强制拆除土锅炉3 294台，改为常压使用2 256台，停止非法液化气充装124家，查封非法液化气充装24家。对照省安委会验收要求，两个专项治理检查验收全省总分平均达95.6分。去年7月份国务院安全检查组来江苏检查安全工作时充分肯定了这一做法。五是加强调查研究，开拓压力管道、电梯、起重机械、游乐设施等特种设备的安全监察工作。对电梯、起重机械、游乐设施等特种设备进行设备普查，摸清底账，全省共有电梯21 377台、起重机械52 042台、厂内机动车辆19 388台。全省发放、更换电梯安全准用标志18 030块，标志更换率达95%以上。特种设备检验工作取得初步进展，电梯在用检验14 016台、验收检验2 348台，起重机械在用检验16 064

台、验收检验 2 541 台，厂内机动车辆在用检验 12 203 台、验收检验 1 098 台，为特种设备的安全使用起到了保证和促进作用。

**【法制、队伍建设】** 加快立法工作步伐，《江苏省质量认证监督管理办法》进入最后协调阶段，《江苏省惩治生产销售假冒伪劣商品违法行为条例》已由省人大常委会第二十次会议审议通过，为正在向纵深发展的联合打假行动提供了有力的法律武器。创建文明行业工作在全省系统蓬勃展开，创建示范点工作取得显著成绩，镇江、南通、苏州局分别获得市文明行业称号。省局处级干部和各市局领导班子成员先后参加了"三讲"教育，查找了在党性党风上存在的主要问题并认真进行整改，提高了为人民服务的意识。党风廉政建设和行风整顿工作得到重视和加强，对违规违纪问题进行了严肃查处，全省系统队伍的整体素质得到了进一步提高。

撰稿人　褚庆林　徐明祥
审稿人　顾竟成

# 浙江省质量技术监督工作

## 一、概　　述

**【概况】** 2000年全省质量技术监督工作根据全国质量工作会议精神和国务院《关于进一步加强产品质量若干问题的决定》,围绕全省改革开放和现代建设全局,牢牢把握"抓落实、重提高、促发展"的主线,认真履行质量技术监督职能,使各项工作取得了突破性进展,在全省经济结构调整、国企改革和效益农业、推进城市化建设等方面,发挥了质量技术监督工作不可替代的作用。

**【学习"三个代表"重要思想,开拓工作新思路】** 1999年2月江总书记在高州发表重要讲话后,省局党委即组织中心组学习,向全系统下发了学习通知,要求各级深入学习贯彻江总书记"三个代表"重要思想,紧紧围绕全省经济建设,结合各地质量技术监督事业改革和发展的实践,站在跨世纪发展的高度,开创质量技术监督系统两个文明建设和党建工作的新局面,并提出学习成效如何,归根结底看质量技术监督工作对全省经济发展的贡献率是否有显著的提高,是否促进了事业的更快发展。5月,召开了全省质量技术监督系统思想政治工作会议,以深入贯彻江总书记"三个代表"重要思想,强化全系统的思想政治工作,为促进全系统的改革和发展奠定坚实的思想基础。同时,省局党委在全系统各市、县(区)领导班子和领导干部中开展了思想、组织、作风教育整顿,集中一个月时间,要求各地认真查摆存在的问题,寻找差距,对几年来的工作进行总结和反思,对发展较快的县(市、区)局,提出要"致富思源、富而思进",进一步加快发展步伐;对发展较慢的县(市、区)局,要"知贫思因、穷则思变",找一找发展不快的原因,对症下药,加快发展。

各级质量技术监督部门认真学习江总书记"三个代表"重要思想,围绕各级党委政府的工作中心和工作重点,以改革为动力,用新的思路拓宽质量技术监督工作领域,使质量技术监督工作得到较快的发展。

## 二、质量技术监督工作

### 1. 质量管理工作

2000年,根据省委省政府在国企改革、效益农业、推进城市化进程等方面的意见和要求,省局提出了贯彻实施省委省政府文件精神的28条意见,并由省政府办公厅进行转发。同时,围绕全省经济结构调整和产业升级,提出全省质量技术监督"十五"规划框架。

**【加大区域性质量问题整治力度,圆满完成质量整治目标】** 从1998年以来,省局为抓好区域性质量问题整治,做了大量的工作,付出了巨大的努力。2000年,进一步加大了整治力度,通过组织多次回访、督查和验收,确保了整治工作取得明显成效。在省、市、县三级质量技术监督部门的共同努力下,永康的电动工具和衡器,温岭的潜水泵、乐清的小型断路器、互感器、漏电断路器和防爆电器,慈溪的减压阀和室内取暖器,瑞安的机械压力机,缙云的螺纹钢筋,玉环的汽摩配,路桥的喷雾器等区域性质量问题,于去年底前陆续通过了产品质量达标验收,摘掉了区域性质量问题的帽子。其中永康的电动工具、乐清的低压电器、慈溪的液化气减压阀、温岭的潜水泵经过质量整治,实物质量明显提高,产品的市场知名度和销量均比整治前有较大幅度的提高,区域性质量问题已向区域性产业优势转化。

**【产品质量明显提高,国家监督抽查好于往年】** 2000年,国家对全国9 705批次产品进行监督抽查,批次合格率为78.9%,其中抽查我省产品1 031批次,抽查合格率为77.6%,产品质量的批次合格率比1999年提高了7.3个百分点,在全国31个省市中的排名从1999年的倒数第二位上升到第20位,前移了9位。其中,去年第1、第2季度我省的国家监督抽查结果比国家平均水平分别高出0.2、1.0个百分点。

为切实提高专业市场的质量管理水平和商品质量档次,2000年,省局进一步加强了对专业市场的质量监管,制定了《浙江省专业市场(综合市场)质量监督管理考核办法》,在海宁召开了进驻专业市场现场会,在全省推广海宁市局对浙江皮革服装城开展质量监督管理的成功经验。在去年第3、第4季度,省局组织了对全省67家重点专业市场中的28家进行检查,确定对杭州陶瓷品市场、杭州新型装饰材料市场、杭州粮油批发交易市场、浙江皮革服装城、浙江临海杜桥眼镜城等13家专业市场进行表彰,并授予"2000年度浙江省质量管理先进市场"称号。

**【加强质量管理,推进全省实施名牌战略】** 2000年,全省的质量工作按照《浙江省质量振兴实施计划》的要求,紧贴经济工作中心,加大工作力度,取得明显成效。主要工业产品质量稳定提高,列入考核的276种可比产品质量稳定提高率为95.46%,超过了年初计划93%的要求。推出了一批具有知名度和较强市场竞争力的浙江名牌产品,其中工业名牌152种(重新认定168种)、农业名牌18种。至今全省已拥有浙江名牌产品384种,其中工业品牌332种,销售总额达到880.57亿元,利税总额近200亿元,出口创汇20.58亿元,浙江名牌产品的培育、发展呈良好势头,成为浙江经济新的增长点。认真抓好重点工业产品质量赶超活动,鼓励指导企业开展质量攻关、质量改造和质量赶超,已有约70%的企业完成了赶超任务,推进先进的质量管理办法,企业质量管理与国际接轨步伐加快,全省已有2 400余家企业通过ISO 9000质量体系认证;群众性质量管理活动不断深化,2000年,广大企业围绕科学管理、提高质量、优质服务、节能降耗、改进设备等课题,积极开展QC小组活动,全省组织发表QC成果145个,其中18个QC小组被推荐为全国优秀科技小组，取得了比较可观的社会效益和经济效益。加强生产许可证管理，组织完成审查上报我省许可证产品生产企业低压电器220家，电线电缆107家，幕墙18家，塑钢门窗280家，并完成对慈溪减压阀、上虞铜管、瓯海插头插座产品的补证工作，促进了区域性产品质量整治工作，确保重点工业产品质量。

为更加科学、客观地反映全省产品质量总体状况，为各级党委、政府决策提供更为准确、可靠的质量信息，浙江省开始实施"质量指数"这一新的质量评价方法，对全省机械、电子、化工、食品、建材等8大行业240余种产品进行质量监督和质量指数评价，全省定期监督检查综合合格率达到84.7%(其中省级定检合格率达到88.3%)。

根据国家质量技术监督局的通知要求，省局严格按照国家局《免检产品管理办法》的有关规定，报请国家局批准，在我省实行免检制度。2000年，全省有6家企业的6种产品成为免检产品，它们是数源科技股份有限公司的数源SOYEA和西湖WESTLAKE牌彩电、宁波三星集团股份有限公司的奥克斯牌空调、杭州金鱼电器集团有限公司的National和金鱼牌洗衣机、浙江华日集团公司的华日Huari牌电冰箱、杭州西泠集团公司的西泠牌电冰箱、星星集团有限公司的星星牌电冰箱。这6家获免检资格的企业按规定可以自愿在其产品或铭牌、包装物、使用说明书、质量合格证书上使用免检标志，同时可免于各地区、各部门、各种形式的质量监督检查，有效期为3年。

2. 监督执法与"打假"工作

继续深入开展"打假治劣、保护名优"工作，营造公平竞争的市场秩序。全省各级质量技术监督部门以"三重一大"为重点，充分发挥"打假保名优协作网"的功能，加大了打假保名优工作力度，取得了显著成效。一年来，全系统共出动执法人员114 826人次，查处违法案件23 349件，立案查处9 155件，万元以上大案1 626件。尤其是2000年10月国务院召开打击假冒伪劣全国联合行动电视电话会议后，更是打出了我们系统的声威和气势，截止12月底，全系统共出动20 800人次，查处案件4 347件，其中立案查处2 441件，移送公安机关处理7件，捣毁窝点361个，涉案货值9 256万元，处罚金额1 113.8万元，得到国家局和省政府领导的充分肯定。

3. 锅炉、压力容器、压力管道及特种安全设备安全监察工作

各级锅炉压力容器安全监察机构紧紧围绕国务院《锅炉压力容器安全监察暂行条件》的贯彻实施，对锅炉压力容器设计、制造、安装、使用、检验、修理、改造及进出口监督与管理等环节，按照国际通行的做法实行了统一的全过程的专项安全监察，形成了一套适合中国国情、且与国际通行做法相接轨的专项安全监察体系与制度，建立了专门的安全监察和技术检验队伍；在全国率先开展了在用压力容器使用登记与检验发证清查和软件开发工作，并在全国率先完成了压力管道安装和监检单位资格认可工作；培育并初步形成了以杭州为龙头，以杭州、宁波、金华、台州为主要生产基地，总体布置合理、品种规格齐全、且满足市场需求，具有全方位辐射功能的锅炉制造产业；组织召开了锅炉压力容器检验技术学术交流大会，极大地调动了监察、检验人员学技术、学科学、学知识的积极性和创造性；2000年10月划转到省局后，组织开展了声势较大的无证伪劣锅炉冬季整治活动和游乐设备安全大检查。与此同时，电梯等特种设备的安全监察工作也得到了加强，全省在用索道持证率已达100%；锅炉设计图样审查方式进行了重大改革，提高了审查工作的权威性和机关办事效率；锅炉压力容器安全状况明显好转，锅炉压力容器爆炸事故和严重损坏事故逐年减少，其中纳入安全监察与管理的锅炉已有12年未发生爆炸事故，万台压力容器爆炸事故率已从"八五"期间的1.62下降到"九五"期间的0.872，百万只气瓶爆炸事故率已从"八五"期间的0.538下降到"九五"期间的0.352，万台锅炉严重损坏事故率从"八五"期间的31.46下降到"九五"期间的19.31。

4. 标准化工作

2000年，全省的标准化工作紧紧抓住我国即将加入WTO的机遇，开展了以下工作：一是举办WTO/TBT知识培训，向系统内、外广泛宣传有关知识，为适应我国加入WTO后的新形势做好充分的思想准备。二是继续引导企业积极采用国际标准和国外先进标准，全省新增采标469项，累计达4 077项；企业备案14 466个，累计达86 226个。三是继续深化消灭无标生产工作，在提前完成第一阶段(即产品全部持有标准)工作任务的基础上，把工作重心转移到促进企业按标准组织生产，并对企业按标准组织生产进行动态管理。四是认真做好绍兴酒、龙井茶申报原产地域保护产品的组织协调工作。2000年，绍兴酒已被国家局认定为全国第一个原产地域保护产品，龙井茶的申报工作也取得重大进展。五是继续大力推行农业标准化工作，全省新建农业标准化示范项目11个，完成"浙江省无公害农产品"标准制订工作。制订了发布了《无公害茶叶》、《无公害大米》、《无公害蔬菜》、《无公害柑桔》等标准，审定了《无公害猪肉标准》。在省局指导下，杭州市无公害蔬菜国家综合标准示范项目于12月10日通过国家局验收，得到国家局的充分肯定，被认为是同类示范项目中"做得最扎实、取得最好效果"的一个。杭州市推行无公害蔬菜标准的规模已占市级蔬菜基地的93%，蔬菜农残合格率抽查从51.4%提高到74.1%，提高了近23个百分点。六是围绕省委省政府关于推行城市化进程战略的实施，会同有关部门制订定配眼镜、美容美发服务标准2项；开展省级示范路考核认定工作，认定省级示范路11条。

5. 计量工作

以实施"390计划"和"光明工程"为重点，进一步强化法制计量管理。2000年是实施计量390计划的第一年，全省共抽查224家企业337批次电能表、水表、衡器等6种重点计量产品，合格294批次，合格率为87.2%；抽查食品、化妆品、洗涤剂等定量包装商品21 407批次，合格19 007批次，合格率为88.8%；抽查眼镜1 599批次，合格1 310批次，合格率为81.9%，圆满完成了"390计划"第一年目标。加强了对制造修理计量器具许可证的管理，严格了发证审批，加强了计量器具产品质量的监督检查和商贸、医疗等单位的计量监督，进一步强化了法制计量管理。

6. 质量认证工作

到2000年底，全省有2 497家企业获得8 890张产品质量认证证书，有1 805家企业通过体系认证，分别列全国第二位和第三位。

7. 法制建设

2000年6月29日，省人大常委会批准颁布了《浙江省标准化管理条例》，并于10月1日起施行；9月，新修订的《产品质量法》正式实施，为质量技术监督部门依法行政提供了更好的法律保障。《浙江省质量认证监督管理办法》及《浙江省商品条码管理办法》也已按程序报送省政府法制办公室。

2000年，全省共有各类质量技术监督部门执法人员2 220人，其中综合执法2 061人，质量执法65人，计量执法47人，标准化执法24人，纤检执法23人，全年全省各级质量技术监督部门共立案受理案件9 833起，其中给予行政处罚9 756起；收到行政复议案件申请25件，受理复议案件22件，复议结果维持11件，撤销2件，撤诉10件。

为进一步提高全系统的执法水平，省局在全系统推行了行政执法责任制，加强了行政复议、行政执法监督等层级监督，开展了法律知识培训、案卷评析交流等活动，取得了良好效果。2000年5月，省人大组织了《产品质量法》及其相关法律法规实施情况的检查，对全省质量技术监督系统的执法工作，给予充分肯定。

8. 科技教育

在业务教育方法，全系统开办了305期培训班，参加培训人员达11 900人次，其中地、县级局局长班18期，其他还有各类执法、计量、质量体系审核、实验室认可评审、纤检、锅容管特等培训受到本系统和企业的欢迎。

9. 行风廉政建设

近几年，省局十分重视党风廉政建设，始终坚持两手抓、两手硬的方针，使全系统形成了讲政治、讲正气的氛围，班子建设和队伍建设得到了明显加强，全省没有发生行业内部严重的不正之风事件。2000年2月、8月，省局召开了两次局领导班子民主生活会，局领导在总结“三讲”教育整改措施落实情况的基础上，研究了责任范围内的廉政建设和局领导班子成员廉洁自律情况，以及对有关警示教育材料的学习和反思等，提出了进一步加强全系统党风廉政建设的意见。全系统领导班子和领导干部在遵守廉洁自律各项法规、规章方面，除极个别人员因违法违纪被立案查处外，总的情况较好。省局机关全年上交礼品(礼金、礼卡)31人次，折合价值人民币12 455元。2000年共收到涉及党风廉政建设和行风建设方面的来信(访、电)105件，其中检举控告方面的39件，全部查结或作出了正式的组织意见。全省共立案查处管辖范围内发生的违法违纪案件8件，其中自办案件3件，2件移交司法机关处理，涉及县处级干部3人，其中受党纪处分1人，一审被判刑2人。

10. 机构改革和干部人事制度改革

1999年9月28日，全省质量技术监督系统实行省以下垂直管理体制会议召开，标志着全省垂直管理体制改革工作的全面启动，垂直管理体制改革进入实质性工作阶段。4月，省委省政府任命了省质量技术监督局新一届领导班子，接着省局党委任命了各市局领导班子，从县(市)局中选拔了六名工作业绩比较突出、群众基础比较好的领导干部充实到市局班子中。调整配备省局机关中层干部，通过从外系统和杭州市局调入、面向全系统公开招考的方式，使9位同志走上中层领导岗位，省局中层干部的年龄结构、知识结构更趋合理。同时，为进一步调动干部职工的工作积极性，在省局机关内部实行了双向选择、竞争上岗。

到2000年底，各县(市)局领导班子基本配备到位，公务员管理的人员编制已上划到省，财务管理已基本理顺。在这次省级机构改革中，有7项新的职能划入我们系统，其中，质量管理和锅容管特安全监察管理职能已成建制划转，使质量技术监督部门为全省经济建设服务的面更宽，切入点更多。

2000年，全省质量技术监督系统全面推进技术机构的体制和机制改革。9月，省局在宁波召开全系统技术机构改革工作会议，要求各级质量技术监督部门和技术机构从体制创新、机制创新、技术创新入手，解决好技术机构发展中的统筹规划、运行机制、筹资渠道、经营管理、用人和分配制度等重点和难点问题，在技术机构内部试行“一所两制”，实行企业化经营，推进投资体制多元化，实行产权结构创新等。会后，省局向全系统下发了《关于深化改革，加快技术机构发展的若干意见》，并出台了一系列配套措施。各级质量技术监督部门及技术机构根据会议精神和文件要求，大胆进行改革探索，在股份制、产权合作等方面进行了多种形式的尝试，使全系统的改革气氛空前浓厚。

撰稿人　裘丽萍
审稿人　林　耘

# 安徽省质量技术监督工作

## 一、概　　述

2000年，在国家局及省委、省政府的正确领导下，安徽省质量技术监督系统的广大干部和职工，坚持改革，努力创新，全面履行综合管理和行政执法职能，在提高质量、净化市场、加强技术基础建设、与国际惯例接轨等方面做了大量的工作，为安徽省国民经济持续快速健康发展作出了应有贡献。

质量技术监督工作在全省经济发展中的地位日益提高。2000年省政府机构改革时，明确了质量技术监督部门质量管理、打假等工作职责，新增了锅容管理安全监察职能，组建了安徽省质量技术监督局稽查总队，加强了在综合管理和行政执法方面的职责和任务。省政府出台了皖政[2000]45号《关于进一步加强产品质量工作若干问题的意见》和《质量工作和打假工作行政领导责任制》等加快质量工作发展的重要文件。2000年，省政府召开全省质量工作会议，省委、省政府高度重视，省长、分管省长出席会议并作了重要指示，印发了《安徽省生产企业开业审查办法》，表彰了46家“2000年度安徽省质量最佳企业”，授予了蚌埠卷烟厂一品黄山烟等54种产品为“2000年度安徽省质量信得过产品”称号，对促进全省产品质量、工程质量和服务质量的提高起了较大的推动作用。总的看来，全省质量技术监督系统广大干部职工勤奋工作，积极探索，为改革开放和现代化建设做了大量卓有成效的工作，体现出一种积极向上、不怕困难的创业精神和一种面向市场、奋力开拓的创新精神，初步形成了新形势下做好质量技术监督工作的基本思路和工作格局。对国民经济和社会发展的有效性进一步体现，工作地位不断提高，社会影响不断扩大。

质量技术监督系统凝聚力和战斗力进一步增强。一是进一步抓好党风廉政建设。把职业道德规范纳入目标管理，坚持开展行风互查，主动接受社会监督，坚决执行“五公开、十不准”、“五停止、一暂停”及“收支两条线”等规定，组织开展了以“三查三找”为主要内容的基层窗口单位行风整顿。纠正了行业不正之风。认真落实党风廉政建设责任制，把党风廉政建设和反腐败的各项目标任务，逐项细化分解，责任到各级领导和各个部门，并与行风建设、政风建设、精神文明建设结合起来，贯穿在质量技术监督的实际工作中；把党风廉政建设与行政管理工作、技术业务工作、行政执法工作紧密联系在一起，一起部署，一起检查，一起落实。目前，在全系统已初步形成党组统一领导，党政齐抓共管，纪检监察组织协调、业务部门各负其责，依靠群众支持、上下共同努力、人人参与的良好局面。二是加强了领导班子建设和队伍建设。在全系统特别是领导班子中开展学习马列主义、毛泽东思想和邓小平理论和江总书记“三个代表”重要论述，注重敬业精神，求实创新精神和职业道德的培养，改善队伍的知识结构，造就了一批既有专业知识，又懂得经济、管理、法律学知识的复合型人才。三是在全系统开展“三讲”教育和“四项整顿”(思想整顿、组织整顿、纪律整顿和作风整顿)活动。印发了《安徽省质量技术监督系统开展“四项整顿”的实施意见》，层层落实，制订整顿的具体实施方案。通过“三讲”教育和“四项整顿”，全系统职工提高了思想觉悟，增强了组织纪律性，工作作风明显改善，工作效率明显提高。

内部管理进一步规范。2000年，为适应垂直管理的需要，加大了对人、财、物的管理力度，全面修订、完善各项规章制度，建立健全了一整套干部、人事、工资、财务和审计等规章制度，对重大设备、装备实行政府采购制度，开展了计量检测、质量检测成本核算，等等，使各项工作基本做到了有章可循，有规可依，进一步完善了工作人员行为规范，工作纪律增强，作风好转。在财务管理工作中，制定了系统及局机关财务管理办法，严格实行收支两条线管理，对领导干部实行任期经济责任审计，并对系统预算外资金、收支两条线工作进行了专项检查，纠正了部分地方存在的坐收坐支等违纪、违规现象，较好地规范了系统财务管理。

## 二、质量技术监督工作

### 1. 质量管理工作

**【宣传引导和培训教育】**　采取多种形式，结合“3·15”、“质量月”等大型质量活动及新修订的《产品质量法》宣贯工作，广泛宣传质量认证的相关政策，积极引导企业按照GB/T 19000—ISO 9000族标准建立健全质量体系并申请质量体系认证。据不完全统计，仅质量月期间，各级质量监督部门累计发出质量体系认证机构名录、实行安全认证管理的电工、机械产品名录等宣传材料4 000余份；到2000年底，全省累计已有359家企业通过质量体系认证，比1999年底的241家净增118家，已经超额完成了省局与省政府签定的认证企业数年递增25%的目标任务。另据上半年省技监局在全省组织开展的企业“五查”活动结果，在被调查的2 046家企业中，已有1 707家(占总数的83.4%)开展了GB/T 19000—ISO 9000族标准的宣贯工作。

**【组织开展质量体系有效性调查工作】**　在被调查的172家认证企业中，其利税、一等品率、工业生产总值、销售收入、市场占有率指标分别有80.2%、72.5%、88.2%、82.0%和74.1%的企业出现了不同程度的增长。此外，有12家企业在认证过程中存在各种违规行为，省局在公布的调查结果中进行了通报，从而在一定程度上遏制了在认证工作中出现的“咨询认证一条龙服务”、违规收费及花钱买证等违规行为的滋生和蔓延，规范了认证市场。

**【咨询、认证(审核)机构建设】**　年初，省局对方圆委安徽办事处进行了2次重大调整，充实了一批年富力强且具备一定专业素质的人员，并将咨询职能分离出来，新组建了安徽省质量认证咨询中心，实现了咨询、认证（审核）机构分设，保证了公正性。在全省17个市成立了联络站，充分调动各市局推动咨询工作健康发展的积极性，进一步规范咨询市场。方圆委安徽办事处已于11月底通过了中方委专家评审组的现场评审。

2. 计量认证管理工作

**【制订发布工作规程】** 为使计量认证工作规范化和程序化，开展了对计量认证有关工作程序的研究制定工作。10月19日正式发文（“皖质函认[2000]255号”）公布，对计量认证的申请、受理、现场评审及审批程序进行了规范，提高了计量认证管理工作的水平。同时，根据有关法律法规及我局新“三定”方案的规定，将省以下产品质量检验机构计量认证的受理权从各地、各行业统一收回省局，避免了可能产生的地方及行业保护主义，为贯彻省局关于技术机构布局调整及全省检测能力合理配置的总体思路做好了准备。

**【提高评审工作质量】** 在受理程序中，改变了以往由各市局及行业评审组受理申请的做法，按照规程的规定改为由省局统一受理，并严格执行系统外技术机构申请必须经其省级行业主管部门签章的规定，避免技术机构的盲目投资和重复性建设；在评审组的组建过程中充分考虑了公正性，改变了以往在行业评审组组织的现场评审中无外系统专家的做法，避免了技术机构的“近亲繁殖”，并要求将评审组名单提交被评审方征求意见；在评审过程中严格执行现场操作考核和比对检测项目的要求，力求通过评审切实提高技术机构的质量保证能力。经过近2个月的运行，各有关方面对规程有了进一步的理解，提高了严格执行相关规定的自觉性。

**【完成情况】** 2000年全年共完成了70家计量认证申请单位的初次认证及复查，其中新办证41家，复查29家。12月份以来，在所受理的计量认证申请机构中，初次认证的为17家，涉及9个市7个行业；复查的为8家，涉及2个市6个行业，已组织完成了14家的现场评审工作，并对其中5家初次认证的机构组织开展了初查。

3. 实验室认可管理工作

**【对全省质检机构的基本情况进行调查】** 为了进一步掌握全省依法设置和授权的产品质量监督检验机构的基本情况，开展对全省质检机构的全面调查工作。全省共有质检机构100家，其中系统内58家，系统外依法授权42家，能承检产品1 994种。全省质量技术监督系统内的58家质检机构中，省级质检机构6家（包括汽车、计量器具产品质量检验站，省纤维所、省条形码质检站），市级质检机构17家，县级质检机构35家，具有1 232种产品承检能力。

**【加强对质检机构的考核】** 规范质检机构的审查认可程序，确保质检机构执行标准准确、有效，先后印发《安徽省计量质检机构认证认可工作规程》、《关于认证认可工作中实施标准确认的通知》等相关工作文件，对质检机构各考核环节做到有章可循，明确了质检机构必须具备的检测条件和能力的要求，并按照考核有关规定和基本条件，认真做好初次评审、扩项评审、复查评审工作。全年通过初次评审1家（安徽省国家农业标准化与监测中心），复查评审6家（蚌埠市质检所、巢湖市质检所、安徽省计量器具质检站、安徽省汽车产品质检站、怀宁县质检站，安庆水泥质检站），对7家陈化粮食质检机构进行考核认可。

**【加强质检机构的人员培训工作】** 对从事检测的人员必须定期培训，具有胜任本职工作的技术知识和实际操作能力。省产品质量监督检验所今年开展基础知识、专业知识培训共120人次，涉及轻工、食品、冶金、家电等专业项目，为保证检验资料客观、准确奠定了基础。

4. 监督执法与“打假”工作

**【执法整顿工作】** 为防止行政不作为，制止行政执法中的过错行为，在全系统开展了行政执法整顿工作，重点检查行政执法责任制落实情况。1999年底，在全系统组织了行政执法整顿检查工作，对行政执法工作中存在的问题进行了认真的整顿，使各级质量技术监督部门都能做到依法行政。下决心清理整顿各级行政执法队伍，建立质量技术监督行政执法层级监督机制，严格执法责任制、错案追究制等各项制度，结合机构改革和国家局统一部署的执法人员考核换证工作，1999年12月3日在全系统组织开展了3 000多人参加的行政执法换发证统一考试，切实提高执法人员的执法水平。

**【制定好监督抽查计划】** 为加强对重点产品的监控，保证重点产品质量稳定提高，同时能有效避免重复抽查、重复检验，加强了监督抽查的计划性和规范性，从2000年起在全省实行了监督抽查重点产品目录管理制度，将涉及人体健康、人身财产安全的产品、影响国计民生的产品和消费者反映质量问题强烈的产品列入监督抽查重点目录。结合我省的实际和产业结构，先后制定了“安徽省监督抽查重点产品目录”、“安徽省2000年定期监督检验计划”和“安徽省产（商）品监督抽查管理暂行规定”，全年共布置省级监督抽查3 750组。

**【开展市场商品质量大检查活动】** 2000年，在全省范围内部署了元旦春节，春季农资，夏季食品饮料，中秋国庆、秋季农资等五次大规模的市场商品质量大检查；省局还直接在庐江、歙县、金寨、砀山、岳西、亳州组织开展了“春季农资商品江淮行”和“秋季农资商品质量行”活动，在阜阳开展了“2000年中心城市市场商品质量大检查”活动；针对国计民生及消费者反映质量问题严重的产品和突发性质量事件，在一些重点地区先后开展了啤酒瓶、农药、一次性使用输液器、农用水泵、重点工程使用的水泥钢筋、安全认证电线电缆等产品质量专项监督抽查。通过这一系列市场检查活动的开展，进一步提高了社会各界对在社会主义市场经济条件下，必须加强产品质量监督管理重要性的认识；推动了新《产品质量法》的宣传贯彻；查处了一大批质量、计量违法案件，有力遏制了制假售假势头，在维护广大消费者及企业合法权益的同时，也树立了质量技术监督部门在群众中的良好形象。

**【强化后处理工作】** 在严格和完善了公告、曝光、整改、处罚和通报后处理5项制度的同时，还积极探索了其他有效的后处理方式，如建立质量分析会制度。全年共对43家（10家停产企业除外）国家、省级监督抽查不合格企业进行了整改复查，整改和复查合格率均达到100%。针对一些行业性质量问题,举办了一期不合格厂长(经理)培训班,对28家企业的30多名分管质量的厂长(经理)进行系统的法律法规知识培训,增强了企业管理者的质量法制意识。

**【对重点产品、重点市场和重点区域的治理整顿】** 根据近年来监督检查和打假工作的实践,确定了监督检查和打假的重点产品:农业生产资料(化肥、种子、农药、农机及配件)、建筑用钢筋、电线电缆、低压电器、电动工具、食品饮料。确定了合肥长江批发市场、宣州市九洲批发市场、蚌埠二马路商品批发市场等3个辐射面广、经营品种多、质量问题突出的商品批发市场做为整治和监控的重点市场,各地也根据当地实际,对27家专业市场进行了治理整顿,7月21日,组织阜阳市局对太和县医药市场进行突击检查,查获假冒"邦迪"创可贴1 200余盒。还确定了芜湖市马塘区,怀远县常坟镇、朱疃镇,涡阳县闸北镇、城西镇等3个制假售假严重的区域做为实施局部区域治理的重点,1月13日、24日,省局组织芜湖市局,在公安部门的配合下,对马塘区大营村和五里村进行突击检查;8月16日,根据省领导指示,责成阜阳市局对涡阳闸北镇郝庄进行检查,当场查获假冒"永久"、"凤凰"牌自行车322辆。按照国家局的部署,还对重点地区的烟花爆竹生产、流通领域开展了安全监察管理和清理整顿。

**【认真开展专项打假活动】** 按照国家局、省局的统一部署,围绕"端窝点、整市场、办大案",深入开展执法"打假"工作。在农业生产资料质量整顿和专项打假活动中,全省共出动执法人员5 514人次,查获假冒伪劣农资商品标值475.833万元;上半年,开展了汽车配件、燃气用具等重要产品的专项打假,全省共出动执法人员2 056人次,查获假冒伪劣产品标值106.12万元;会同省经贸委、省监察厅开展了打击生产和经销假冒伪劣建筑钢材违法行为的专项活动。

**【打假联合行动】** 10月26日国务院召开打假联合行动电视电话会议后,省局负责省打假办日常工作,充分发挥谋划和协调职能,先后召开了6次本系统、跨系统会议,研究制定打假行动计划,通报打假进展情况。还先后出台了《安徽省打假工作协调小组办公室工作规则》、《关于打假联合行动的若干规定》等规范性文件。11月14日,省打假办常务副主任高宗宏亲自带队,组织质量技术监督、工商、烟草、卫生、公安等部门,组成了300余人的打假队伍,对合肥市长江批发市场进行了突击检查,查获大批白酒、香烟、化妆品等假冒伪劣商品,总标值达130万元,极大地震慑了制假售假分子,在社会引起了强烈反响。在打假联合行动中,全省各地共出动了执法人员74 040余人次,端掉窝点623个,检查大型批发市场8个,商业门点4 000家,查获各类假冒伪劣商品总标值5 650万元,移交司法机关案件数34件,移交司法机关处理人数19人。

**【销毁假冒伪劣商品】** 9月2日,在全省范围内统一开展了集中销毁假冒伪劣商品活动,全省销毁劣质产品10多个大类100多个品种,总标值达814万元。12月15日,在省打假办的统一部署下,全省再次点燃了集中销毁假冒伪劣商品的熊熊烈焰,各级质量技术监督、工商、卫生、医药、烟草、公安等部门共出动1 000余人,对联合打假近一个月来没收的危及人体健康、人身财产安全的假冒伪劣商品进行了集中销毁,约有1 200余万元的假冒伪劣商品付之一炬。为便于受理广大消费者的投诉举报,及时有效地查处制假售假违法行为,在全省质量技术监督部门设立了"96 315"投诉举报电话。

**【大力推进创建"购物放心一条街"活动】** 在全省有组织、有计划、有步骤地开展了创建"购物放心一条街"活动。3月13日,在合肥市淮河路步行街举行了创建"购物放心一条街"启动仪式;合肥市淮河路步行街、蚌埠市淮河中路、芜湖市中山路步行街、淮南市龙湖中路列全国第一批创建"购物放心一条街"试点名单;9月初在芜湖市召开了全省创建"购物放心一条街"活动现场会,并对芜湖市中山路步行街进行了考核验收;10月16日,成立了安徽省创建"购物放心一条街"活动领导小组;12月15日,组织省创建"购物放心一条街"考核验收小组对合肥市淮河路步行街进行了考核验收。

5. 标准化工作

**【农业标准化工作】** 农业标准化联席会议 3月13日召开了全省第三次农业标准化联席会议,会上通报了1999年度全省农业标准化工作情况,审议通过2000年全省农业标准化工作安排,明确2000年农业标准化工作以抓好农业综合标准化示范区为重点,以农产品实物质量为突破口,抓好优质油菜标准化推广、无公害农产品质量安全标准的制定以及原产地域产品的申报工作。通过了《农业科技项目标准化审查办法》,经费得到落实。

农产品优质化工程 为了贯彻落实省政府提出的"四个一千万亩"农产品优质化工程(一千万亩优质米、一千万亩优质油菜、一千万亩脱毒甘薯、一千万亩小麦),配合农业部门完成2000年全省发展"双低"油菜40万公顷的目标任务,省局于4月在定远县召开了"双低"油菜农业标准化示范现场会,质量技术监督部门和农业部门80多位代表参加了会议,会议进行了经验交流和现场培训,以实现农业标准化成果的推广。

制订无公害农产品安全质量标准 围绕安徽省农业产业结构调整,突出抓好农产品质量标准建设,省质量技术监督局会同省农业厅等有关单位,起草制定了《无公害农产品质量安全标准》和《无公害农产品生产技术规范》,同时还对人们关心的蔬菜农药残留问题,专门制订了《无公害蔬菜通用标准》和《蔬菜中农药残留量检测方法》,并对《无公害蔬菜通用标准》等标准宣贯。

农业标准化示范项目 切实抓好国家级农业标准化示范区工作的指导和阶段性工作的监督检查,并授国家局的委托,省局按计划组织对砀山县酥梨农业综合标准化示范区和太湖县国家级瘦肉型猪农业标准化综合示范区进行验收。对列入省农业标准化示范区的项目认真做好工作指导和督促检查,目前宣州市的成蟹养殖、东至县的水稻旱育稀植抛秧技术、濉溪县的小麦良种繁育和宿州市埇桥区的小麦播种技术四个农业标准化示范区也已顺利通过验收。

**【企业标准化工作】** 产品执行标准情况普查 共普查8 361家企业13 991种产品,其中:执行国家标准8 374项,占总数的59.8%;执行行业标准的产品2 807种,占总数的

20.7%;执行企业标准的产品有2 737项,占总数的19.5%;共有2 731家企业的3 586种产品执行国家强制性标准,占执行标准总数的25.3%;普查结果以汇编成册。

消灭无标生产　全省加大消灭无标生产力度,圆满完成计划目标任务。按照《安徽省消灭无标生产三年计划》的要求,对本省最后的4个国家级(霍山县、蒙城县、旌德县、淮北市相山区)和14个省级(临泉县、阜南县、朗溪县、东至县、寿县、霍邱县、祁门县、歙县、黄山区和淮南市的八公山区、潘集区、铜陵市的铜官山区,滁州市的南樵区、琅琊山区)消灭无标生产试点单位,加大监督和指导,共举办培训班58期,培训1 400多人,建立企业标准档案585卷,帮助企业收集标准资料4 000多份,标准平均覆盖率由试点前的79.8%提高到98.9%。截止到2000年底,全省106个县(市、区)全部通过消灭无标验收,全面完成了三年计划任务,实现了全省消灭无标生产的目标。

建立企业标准体系　积极引导企业加强内部基础管理建立以技术标准为主体包括管理标准和工作标准在内的企业标准体系,目前已有合肥市供电局、马鞍山第二发电厂和洛河电厂等五家企业通过企业标准体系验收。芜湖铁山宾馆等三家商业企业建立了服务质量体系,其中铜陵百货商场已通过ISO 9000认证,全面完成国家局下过的目标任务。

**【采用国际标准和国外先进标准工作】**　采用国际标准目前已完成采标认可75项,使用采标标志60项,采标率已达76.2%,已全面完成省局同省政府签订的采标目标。另外,为提高采标产品的知名度,调动企业采标的积极性,省局对1999年度全省使用采标标志产品进行公告,对历年采标评定认可产品和使用采标标志产品进行分类整理汇编成册,并分发各有关单位,为进一步推动采标工作起到积极的作用。

质量技术监督应对加入WTO问题　为更好地迎接入世工作,全面掌握WTO对本省质量技术监督工作的影响,采取积极措施做好应对工作,省局于8月召开由部分市局分管局长和科长及省情报所、省国家农业标准化与检测中心的同志参加的全省质量技术监督应对加入WTO问题研讨会,认真学习WTO/TBT的有关知识,对即将加入WTO对本省质量技术监督工作的影响和目前重点工作进行了充分的讨论。

世界标准日宣传庆祝活动　10月13日省局同合肥市技术监督局在合肥市联合举办了"国际标准促进和平与繁荣"大型座谈会,会议邀请省计委、省经贸委等52个单位69位代表出席。围绕"国际标准促进和平与繁荣"这一主题以及我省如何进一步加强标准化工作展开了热烈而又有建设性的座谈。同时,各地市质量技术监督局按照省局的要求,在当地主要街道、商场悬挂横幅60多幅,召开纪念会12场,利用电台、电视台和报纸进行广泛宣传达100多篇。

**【省地方标准制定】**　已批准发布安徽省地方标准24项,其中:《无公害蔬菜通用标准》等农业地方标准17项;《干洗场所卫生标准》等卫生方面标准3项;《安徽省民用建筑节能设计标准》等标准4项。

6. 计量工作

**【四表首检】**　将贯彻落实住宅用四表(电能表、水表、燃气表和热量表)安装使用前首次强检作为重中之重,积极向省政府说明四表首检的情况,协调各有关部门。同时,合肥、蚌埠、马鞍山、安庆、淮北、亳州等地主动工作,开展了四表首检。四表首检工作的依法逐步开展,保护了广大群众的合法利益,对社会产生较大影响。

**【医疗卫生用计量器具强检】**　继续开展对医疗卫生用强检计量器具的监督检查。全省共检查219家医疗卫生单位,检查强检计量器具3 869台件;全年检定6 141台件,受检率稳定在95%以上。

**【安全仪表计量专项监督检查】**　联合煤矿安全监察部门对淮北、淮南、铜陵等地煤矿进行了监督检查。共检查煤矿72家,检查矿用安全仪表5 918台件,受检率为98.2%。综合以往情况,数次煤矿安全事故的调查发现:事故均与安全仪表的计量性能无关,且安全仪表均能准确指示、报警,全省矿用安全仪表处于有效的计量监督控制之中。

**【对农副产品收购衡器等计量器具强检】**　采取专项检查、突击检查、收购前检定等方式,保证计量器具的准确、可靠。共检查收购点1 538家,检查计量器具9 963台件,查处使用不合格计量器具坑害农民的违法行为370起。另外,11月中旬,省局会同省法制办、交通厅、公安厅,以省政府的名义在合肥、阜阳、铜陵、安庆等地开展了专项执法检查。共检查汽车检测站7家,检查强检计量器具69台件,受检率为38%。

**【定量包装商品的计量监督检查】**　各级质技监部门在元旦、春节、中秋、国庆等节假日前,对食品、化妆品、洗涤用品,酒类、液化气、油漆等与消费者密切相关的定量包装商品进行了监督检查,共检查各种定量包装商品12 814组,合格率75.8%。除专项检查外,并着手加强对定量包装商品生产企业的管理,并积极推进定量包装商品生产企业计量保证能力确认。

**【实施"光明工程"】**　对眼镜行业的计量、质量、标准化等方面进行整顿、规范,对计算机验光仪、验光镜片、屈光度计等强检计量器具和配装眼镜及镜片、镜架质量进行监督检查。共检查眼镜经营企业834家,检查计量器具1 689台件,受检率80.8%,抽检配装眼镜743组,合格率为75.4%。同时,推行眼镜经营企业优质、合格评定,促进企业自律管理,保护消费者的身心健康。

**【加强计量器具制造、修理许可证的管理】**　根据国家局的要求和部署,对6种重点管理计量器具的生产企业加强管理,并对20家企业进行了复查换证,并依据国家局4种重点管理计量器具制造许可证考核必备条件,进行布置检查,为2001年重新复查考核做好准备。加强计量器具新产品和许可证日常管理工作,全年受理63个型号样机试验申请和1个型号型式批准申请,对9个申请制造许可证企业进行了考核。继续进行制造、修理许可证年度审核工作,以确保计量器具产品质量。全年审核通过142家,对未按要求年审或超期、停产的161家单位予以注销。在流通领域打击假冒伪劣产品和不合格产品,对电能表、水表、煤气表等重点计量器具进行监督检查，检查63组，合格率58.7%。

**【开展法定计量单位监督检查】** 为促进新闻宣传媒体正确使用法定计量单位，尤其是规范广播、电视、报纸、期刊、路牌，以及沿街的霓虹灯、橱窗等媒介、广告中法定计量单位的使用，会同省广电、交通、建设、新闻出版等部门进行了专项监督检查，同时向有关单位大力宣传法定计量单位的正确使用，宣贯《量和单位》国家标准。共检查11家报社、4家杂志社和6家电台、电视台，以及合肥市长江中路和合肥至巢湖的高速、普通公路有关情况，检查各类广告6 586个，正确使用率为84%。检查引起了各单位及其主管部门的高度重视，促进了法定计量单位的正确使用，效果十分明显。

**【推进加油机和出租车计价器税控工作】** 密切配合国税、地税部门，积极推进加油机和出租车计价器税控工作；各级质技监部门和法定计量检定机构已充分做好安装、检定和使用等各方面准备工作。通过积极协调，为法定计量检定机构参与加油机税控装置的安装达成了一致的意见，并在部分地区进行了试点安装、检定。

**【法定计量检定机构建设】** 法定计量检定机构的建设和效能的发挥直接影响着计量行政监督管理，经调查研究和讨论，提出了各级法定计量检定机构计量标准和强检工作计量的设置规划，避免了资源浪费的现象。蚌埠、芜湖、安庆、滁州、阜阳、亳州、池州等法定计量检定机构不等不靠，加快建设，市级以上法定计量检定机构新上强检项目36项，为计量监督管理提供了坚实的技术基础；另外，在充分调研市场需求的基础上，新上6项非强检项目，取得了良好的经济效益，也为非强检项目放开后，抢占市场做好了准备。为广泛宣传法定计量检定机构的作用和能力，编制了《安徽省地市级以上法定计量检定机构建立社会公用计量标准汇编》，印发至省直各有关部门、大中型企业、各类质量检验机构、各级质技监局和兄弟省市质技监局。

**【推动企业计量工作】** 2000年，在大中型工业企业强检计量器具受检率保持95%以上的基础上，对不同层次企业的计量工作继续实行分类指导，除原有的计量一、二、三级确认外，还帮助中小企业和定量包装商品生产企业建立了基础计量保证体系。总体上，贯彻引导和服务的思想，将ISO 10012的原则要求落实到企业计量工作中，为从根本上提高我省企业的产品质量、节能降耗水平提供有效的计量保障。在自愿的基础上，全年共帮助企业完成完善计量检测体系确认(一级)2家，二、三级确认71家。在依法管理的基础上，对大中型企业申请最高计量标准的建立，复查，贯彻服务的原则，协调承担考核任务的检定机构，支持企业继续保持较高水平的计量标准。全年省级共考核15家企业的最高计量标准31项。

## 三、质量技术监督机构简况

**【全系统职能和机构、人员情况】** 全系统共有行政管理机构92个(其中省级1个，市级17个，县级74个)，各类各级技术机构215个(其中省级6个，市级56个，县级153个)。已上划接收的在岗人员5 007人，其中行政人员1 368人，技术人员3 639人。按照皖政[1999]37号文件规定，目前尚有已在岗的自收自支技术机构人员917名未予接收。全系统资产总额达1.79亿元，其中，固定资产1.07亿元。

**【省技术监督局内设机构】** 省局机关在本次机构改革后编制数为84名(其中含新组建的稽查总队编制15名)。内设机构有：办公室、人事教育处、政策法规宣传处、计划科技处、财务管理处、质量处(同时挂省工业产品生产许可证办公室、认证处牌子)、监督处、标准化处、计量处、锅炉处、机关党委和纪检监察室。

**【直属机构】** 省局直属二级机构9个：省产品质量监督检验所、省计量测试研究所、省纤维检验所、省技术监督情报研究所、安徽省国家农业标准化与检测中心、中方委安徽审核中心、认证咨询中心、认证培训中心和省器材采购供应站。

撰稿人　熊长友
审稿人　赵晓凤

# 福建省质量技术监督工作

## 一、概　　述

2000年,福建省质量技术监督工作按照省委、省政府和国家质量技术监督局的部署,以贯彻落实《国务院关于进一步加强产品质量工作若干问题的决定》和《福建省人民政府关于切实加强产品质量工作若干问题的决定》为主线,以服务经济发展、提高工作有效性为目标,突出在强化基础工作、强化质量管理、强化行政执法、强化队伍建设等方面下功夫,在大事多、任务重的情况下,比较圆满地完成了各项工作任务。特别是管理体制和机构改革、机关效能建设等几件大事进展顺利、成效明显,打假联合行动等其他主要工作也都取得了突出的成绩。

**【管理体制改革和省局机构改革】** 按照《中共福建省委、福建省人民政府机构改革的实施意见》(闽委[2000]11号),福建省技术监督局更名为福建省质量技术监督局,是福建省政府管理全省标准化、计量、质量工作并行使执法监督职能的直属机构,并对全省地方质量技术监督机构实行垂直管理。年内完成了职能划转及对8个市(厦门市除外)和61个县(市、区)质量技术监督局的机构、人员、编制、财产的接收工作,已接收的市(县、区)占应接收总数的94%,上收技术机构125家。实行垂直管理后,全系统干部职工的编制数为2 712人,其中行政编制646人,事业编制1 944人。同时,省局的机构改革工作顺利结束。通过改革,归并了处室,顺利完成了相关职能的划转和局属机构的设置以及编制的确定。改革后,局机关设置11个处室,省局直属的事业机构有8个。

**【干部人事制度改革】** 省局和一些市局推出了一批职位,试行竞争上岗、择优录用的用人制度改革,同时按照中央精神,根据干部队伍的状况,从年龄结构、知识结构上统筹考虑,对干部队伍进行了力度较大的调整,调整后,干部的平均年龄明显下降,知识水平普遍提高,干部队伍更加精干。

**【机关效能建设】** 开展机关效能建设,是2000年福建省委、省政府统一部署的一项重要工作。省局专门成立了机关效能建设领导小组及其办公室,设立了效能投诉中心,加强对工作的组织领导,坚持"软件"、"硬件"建设一起抓。认真清理本部门的规章和规范性文件,大力简化行政审批程序,推行岗位责任制、政务服务承诺制、首问责任制、限时办结制、否定报备制、失职追究制、绩效考核制等一套规章制度,投入20多万元经费用于改善办公环境、加强"窗口"建设,实行制度上墙,处室人员去向上墙,办事程序图、办事指南上墙和机关人员挂牌上岗的做法,既加强了管理,提高了工作效率、办事效率,也规范了机关运作程序。效能建设为建立科学、公正、廉洁、高效的质量技术监督行业形象发挥了重要作用。

## 二、质量技术监督工作

### 1. 质量管理与认证

**【质量立市工作】** 积极推动《质量振兴纲要》的贯彻实施,坚持把《质量振兴纲要》提出的目标要求纳入国民经济和社会发展计划,层层建立和完善质量工作责任制,会同省监察厅在全国率先建立并开展对市一级政府落实质量工作责任制和开展"质量立市"情况的检查考评机制,有力促进了质量工作的落实和质量振兴目标的实现。新增长乐、清流两县(市)开展"质量立市"工作,全省累计已有19个市(县、区)开展了质量立市工作。据统计,开展质量立市工作的县市,取得了明显的经济效益和社会效益,其产品合格率普遍达到86%～90%,比全省平均水平高出2个百分点。质量立市工作继续走在全国前列,发挥了示范效应,得到国家质量技术监督局的肯定。

**【加强全面质量管理】** 组织企业开展以"查质量意识、查质量水平、查现场管理、查售后服务"为内容的质量自查活动,鼓励、帮助企业建立质量管理体系,积极进行产品认证和质量体系认证。据统计,截至12月31日,全省有489家企业和单位获得ISO 9000质量体系认证,394家企业获得了共计1 905张产品质量认证证书。大力实施名牌战略,建立"产品质量稳定证书"的激励机制,鼓励企业加强质量管理,给13家企业发放了"产品质量稳定证书",目前,全省获得"产品质量稳定证书"的企业已达108家。名牌产品评定工作也有新的进展,省政府公布了第六批33项工业名牌产品,第二批23项名牌农产品。目前福建省主导产品、基础元器件质量以及工程质量、服务质量等各项指标均达到要求,电子行业产品的实物质量居全国先进水平。

**【"2000质量在福建"大型系列活动】** 为了贯彻落实国家五个部委"关于开展2000年全国质量月活动的通知",提升福建区域经济竞争力,增强福建名优产品竞争力,省局于9月28日至10月3日在福州举办了"2000质量在福建"大型系列活动。本次活动按照"三高"(即高起点的规划、高标准的要求、高效能的管理);"三满意"(领导满意、企业满意、消费者满意)的标准要求,严格组织实施。拓展工作在坚持企业自愿参与的前提下,由各地(市)、县质量技术监督局推荐,严把参展产品的质量关。举办了大型商品博览会,参展企业在展示质量、树立品牌的同时,开展商贸洽谈,商品促销等活动。这次商品博览会荟萃了375家省内外知名企业,内设中心馆、闽货精品馆、家电电子馆、建材饰材馆、服装鞋帽馆、高新产业馆、食品饮料馆、名烟名酒馆、旅游及体育用品馆、汽车及摩托车馆等10个展馆,集名优产品近一万多品种。还无偿提供展位让西部企业前来参展,特别设立了宁夏专馆,邀请了西夏王干红葡萄酒、夏进牛奶、灵武金鹏、变维药业、地毯厂等一批宁夏企业参展,为促进福建与西部地区的交流提供了契机。同时在博览会现场设置“质量人才信息墙”，为企业与学校的“沟通”及人才交流创造条件。据统计，在6天的展期中，参观人流量约15万左右，参展企业商贸洽谈定货成交总额约5 120万元，现场销售总额约256万元。其中东南(福建)汽车工业有限公司、福州汽车厂等大型汽车公司成交意向总额都达数百万元，吉利汽车现场销售10部，定货10多部，累计金额达110万元，宁夏自治区展馆在本届博览会上定货成交及现场销售累计约200万元。人才交流活动中有几十人与企业达成初步意向。

此外，利用两天时间，在福州温泉大饭店举办以“质量与WTO”为主题的“质量论坛”，中华全国工商业联合会副主席、原国家质量技术监督局副局长王以铭，国家质量技术监督局监督司副司长武津生，省质量技术监督局副局长王飞，“质量管理”突出贡献者、福州大学管理学院杜苏教授，有突出贡献的中青年专家、省质量技术监督情报所所长何喜冠等领导和专家就企业如何在竞争中立于不败之地，如何参与国际竞争作了精彩的演讲。厦门航空公司陈国良书记，恒安集团、永安林业、厦华电子、南孚电池、福建炼油化工等企业代表就企业质量先进管理经验作了专题发言。来自政府部门、教育界、企业界等方面200人参与了论坛活动，为促进本省企业质量兴业创造了浓厚的舆论氛围和有力的理论支撑，并形成一批质量理论成果。

**【质量检验机构】** 全省质量检验机构有省局所属的福建省中心检验所和各市局所属的质量检验所共18家。同时还有省直有关厅、局、总公司的专业检验部门20多个。这些质量检验机构由省质量技术监督局给予认可和授权，可在社会上承担委托质量检验服务。

福建省中心检验所是社会公益非盈利的多学科大型产(商)品质量检验机构，设有综合管理部、业务管理部、质量技术管理部、财务科4个管理部门和电工部、塑胶室、机械室、化验室、电子室、纤纺室6个专业检验部门和1个开发中心。配有各类检测仪器近3 000台(套)，收存各种国内外标准资料10万份。主要开展产品质量监督、产品认证检验及工厂质量体系审查、生产许可证产品检验、各类委托检验、质量仲裁检验、技术鉴定、灾后损失评估、技术服务、产(商)品质量免费鉴别服务、各类质量体系认证等业务。服务领域包括机械、电子、通讯器材、电机、电器、安全防范器材、化工、轻工、塑料、橡胶、皮革、鞋类、玩具、纺织品、工程材料、建筑及装饰材料等千余种产(商)品。

**【认证机构】** 中国方圆标志认证委员会福建审核中心/福州认证工作站(CQM-FAC)于1995年经中国方圆标志认证委员会(CQM)和中国质量体系认证机构国家认可委员会(CNACR)批准设立，是福建唯一的国家认可的审核机构，可同时开展ISO 9000质量管理体系认证、产品质量认证及ISO 14001环境管理体系认证，其证书已获国际认可。此外，中心还与德国DQS、英国EVMCVS签订合作协议，可颁发相应的国外证书。该中心可直接受理认证，一次审核即可同时获得质量体系认证、产品质量认证、环境管理体系认证。至2000年底，中心认证的企业已达400余家，广泛分布于福建、浙江、江西、广东、上海、天津、云南、广西、湖北等省市。

福建认证咨询中心成立于1993年，是我省最大的认证咨询机构，获得国家首批备案，主要从事ISO 9000、ISO 14000及产品安全认证咨询。中心拥有国家注册审核员、教授、高级工程师等各类咨询师120多人，成立9年来，已接受制造、教育、医疗、旅游、商贸、服务等行业300多家企业的咨询委托。

### 2. 监督执法与打假工作

**【打假工作】** 认真贯彻落实国务院关于打击制售假冒伪劣商品违法犯罪活动的一系列指示要求，不断加大打假工作力度，层层建立了打假工作责任制，确定以建筑材料、卷烟、低压电器等9类产品、龙岩市新罗区罗桥副食品商贸一条街、福州市钢材市场等9个市场，漳州云霄县云陵镇、莆美镇等10个区域作为打假的重点对象，集中力量进行综合整治。坚持把打假和监督抽查相结合，和季节性、时令性的市场检查相结合，年初发起了以“查农资、保春耕”为内容的打假春季战役，第二季度组织了对妇女儿童用品的监督检查和打假行动，第三季度组织了对食品饮料的监督检查和打假行动，第四季度根据中央关于开展全国联合打假行动的决定，结合国庆、元旦、春节假日市场整顿，围绕9类重点产品、9个重点市场、10个重点区域，组织开展了既声势浩大、又讲求实效的全省打假联合行动。截至2000年12月31日，全省质量技术监督系统共出动执法人员2.5万人次，查处假冒伪劣商品标值总额1.06亿元，销毁假冒伪劣商品标值总额792.2万元，捣毁制假售假窝点431个，立案处理的案件3 947件，其中大要案325件，目前结案的1 733件。

**【查处石狮拼装假冒伪劣汽车案】** 12月22日，接到全国打假办关于在泉州组织一次较大规模行动的通报后，省委、省政府立即责成省打假办采取迅速果断行动。12月23日在全国打假办的指导下，省打假办组织质量技术监督、公安、海关等部门，在武警部队配合下，组成“12.23”行动指挥部，出动近300名执法人员，分成6个行动小组，对石狮涉嫌拼装假冒伪劣汽车的6个窝点进行了大规模执法行动。当场查获涉嫌用废旧零部件拼装的载重汽车6辆，正在拼装的载重汽车4辆，待装的旧大梁3件以及一批旧汽车配件、汽车牌照、“三菱”汽车标志和各种证件，当场留置15名涉案人员进行审查。

**【市场监督抽查】** 把关系国计民生的重大装备、重要的工农业生产资料和可能危及人体健康、人身财产安全的产品以及质量问题突出、群众反映强烈的产品作为监督检查的重点，不断扩大监督检查的覆盖面，增加监督检查的频次。全年共抽查商业企业10 788家，抽检产品14 775批次，合格10 705批次，合格率72.45%，较1999年的抽检合格率提高了4.75个百分点；抽查生产企业6 674家，抽检产品7 930批次，合格6 509批次，合格率为82.08%。对不合格产品的生产企业，都采取了责令限期整改，跟踪复查，教育培训，通报曝光等后处理措施，提高了监督的有效性。

**【“净化假日市场，服务假日经济”活动】** 根据国家质量技术监督局《关于开展“加强质量监督，净化假日市场，服务假日经济”活动的通知》精神和要求，“中秋”、“十一”节日前后在全省的各类假日热销市场、旅游景点、旅游点商店、宾馆饭店、车站、机场、码头等地组织开展了检查商品质量及打击假冒伪劣商品的活动。全省共出动执法人员3 122人次,没收假冒伪劣产品标值169.71万元,其中销毁假冒伪劣货值53.66万元;检查旅游景点、旅游点商店1 678家,宾馆饭店251家,车站(机场、码头)32个;查处销售伪劣产品旅游景点、旅游点商店203家,宾馆饭店22家;端掉制造假冒伪劣产品窝点82个,查处违法案件280件;检查商品质量10 137批次,合格7 513批次;检查食品标签2 825种,合格2 391种;现场检查在用计量器具2 096台(件),合格1 884台(件);检查定量包装商品1 941批次,合格1 544批次。

**【"质量卫士行动周"活动】** 从9月1日新《产品质量法》生效的当天开始,组织全省各级质量技术监督部门用一周的时间统一行动,以查处各种生产、销售假冒伪劣产品违法行为为重点,依照新《产品质量法》的各项规定,集中开展一次以"质量卫士行动周"为主题的行政执法活动。据统计,9月1日至7日,全系统共出动行政执法人员7 032人次,检查各类生产、销售企业12 181家,查获涉嫌假冒伪劣产品货值达797.3万元,决定立案进行查处的案件695件。其中,查处了一批数额较大的案件。如三明市质量技术监督局在永安市贡川某酒厂内查到一制售假冒"绍兴名酒"窝点,查获冒用绍兴县桑港酒厂厂名、厂址标注"绍兴名酒"的绍兴花雕酒96箱、绍兴加饭酒25箱及标签9 000套、外包装箱320个。福州市质量技术监督局在金属公司某仓库内查获涉嫌制造假冒电热水器439台,案值4.4万元。省局根据群众举报,在南安市查出涉嫌生产贩卖假冒水泥窝点4家,当场扣押假冒水泥140多吨。

**【安全监察工作】** 根据本省机构改革"三定"方案,承压及特种设备安全监察管理职能于2000年9月15日从省劳动厅划入省质量技术监督局,组建福建省质量技术监督局锅炉压力容器安全监察处,负责统一管理全省锅炉、压力容器、电梯、防爆电器等特种设备的质量监督和安全监察管理工作。职能划转以后,承压及特种设备安全监察工作认真贯彻落实江总书记"1.16"、"3.11"、"6.30"三次重要批示精神,强化了现场监察,加大了工作力度。一是严格开展安全大检查和专项整治活动。全省组织开展了三次大规模的安全检查和整治活动。着重对锅炉房、液化石油气、易燃易爆有毒化工产品充装站、储配站和石化企业、化工企业、公园及游乐等重要场所进行安全大检查。对这些场所的锅炉、气瓶、罐车、医用氧舱、易燃易爆有毒介质的压力容器及大型游乐设施、客运架空索道、电梯等设备全面进行检测检验和安全监察。共查出伪劣液化石油气瓶6 000多只,超期未检钢瓶1.2万只,"土锅炉"压力容器370多台(件),并依法进行了强制报废、查封和责令停用等处理。检查电梯等特种设备4 000多台,责令停用整顿70多台;检查液化石油气经营点1 200多个,取缔350多个,消除了一些重大事故隐患。二是进一步规范承压及特种设备的管理。强化设计、制造、安装、检验、修理、改造等7个环节的监督和管理,推行锅炉安装单位的许可证和施工人员安装作业证的"双证"管理制度,有力打击了锅炉安装卖证、借证和无证安装行为;认真部署换发固定式压力容器使用证,更换电梯准用证标志,更换特种设备作业人员资格证和压力容器设计、制造安装、检验单位的资格审查,特种设备制造、安装、维护资格安全认可等工作,制定了《福建省压力容器操作人员培训考试管理暂行办法》,进一步规范了管理;举办了各类承压及特种设备安装、维修、质检人员和安全员培训班13期,培训500多人次,提高了各类人员的业务素质和能力。三是认真开展检验检测工作。加强对检验检测机构的统一管理。抽查了厦门、漳州、泉州、省锅检所、特种设备检测检验中心等7家检验检测机构的管理情况,逐步建立完善了各项规章制度。成立了"福建省电站进口锅炉联合检验机构",完成了华阳后石电厂和湄洲湾电厂90%的进口设备检验任务。加强对定期检验工作的监督检查,促进了定检率的提高。目前,全省锅炉内部定检率94%,在用液化石油气钢瓶定检率为60%,其它各类气瓶定检率为80%,电梯定检率为90%,起重机械及厂内机动车辆定检率为80%,客运索道为95%。通过检验,及时发现并消除了大量事故隐患,为承压及特种设备的安全运行打下了基础。

3. 标准化工作

**【农业标准化工作】** 全省各市及绝大多数的县(市、区)政府都成立了农业标准化工作领导小组,健全了工作机构,加大了经费投入,三年全省落实专项经费150万元,促进了农标工作的深入发展。全省市一级质量技术监督局共建立新的农业产业化综合标准化示范区36项,省局确定了东山芦笋、上杭青梅、柘荣太子参和古田银耳等4项省级综合标准化示范区,目前,省级示范区累计已达42项。2000年还对1998年开展的24项农业产业化综合标准化示范项目进行了考核验收,截止2000年12月31日,已有18个示范区通过了验收。从验收情况看,示范区取得明显的经济效益和社会效益,仅安溪乌龙茶、沙县板鸭和连城地瓜干3个示范区,三年共增产2亿多元,人均年收入安溪县增加500多元,沙县增加850元。

**【消灭无标工作】** 2000年又有38个县市全面开展消灭无标工作,其中永泰、南靖县列人国家级的示范县。目前全省85个县市区中,已有72个县市区通过了消灭无标生产的考核验收。据不完全统计,验收的72个县市区的产品标准覆盖率由开展前的55.2%提高到开展后的96.8%,产品质量抽查平均合格率由开展前的75.6%,提高到开展后的85%。

**【标准化管理工作】** 12月19日习近平省长签署省政府59号令,《福建省标准化管理办法》正式颁布实施,标志着福建省标准化管理工作迈上新的台阶。采标工作有新的发展,2000年全省采用国际标准和国外先进标准注册登记275项,历年累计已达8 927项。全省企业产品标准备案2 870个,历年累计达18 900个。制、修订96项省地方标准,特别把涉及人民群众身体健康安全的标准列为工作重点,先后出台了《家畜屠宰检疫技术规范》、《家禽屠宰检疫技术规范》等强制性地方标准,批准发布了《无公害蔬菜通用标准》、《无公害蔬菜栽培技术规范》,为保证群众吃上"放心肉(菜)"提供了执法监督检查的依据。商品条码和组织机构代码工作取得新成果。全省商品条码成员单位已达3 056家,续展率达60%,组织机构代码的赋码单位达40.3万家。

4. 计量工作

**【计量器具监督管理】** 重点抓了电能表、水表、煤气表、衡器、加油机和出租车计价器、电话计费器等7种重点计量器具的监督和管理，加强农户电能表校验和新建住宅"三表"检定工作，基本保证农户新表首检与农网改造同步进行。新建住宅"三表"检定达到555 412台件，合格率达96.5%。

**【1112强检工程】** 加强对"1112强检工程"的考核与跟踪检查，在宣贯强检规范，进行调查摸底的基础上，完成了建账立卡、登记造册及采用强检标志等工作。全省"1112强检工程"验收县(市、区)达到15个，跟踪县(市、区)达到28个。加大对强检计量器具的管理力度，强检计量器具达1 284 637台件，受检率达92.3%。

**【定量包装商品计量监督管理】** 对与消费者密切相关的食品、茶叶、大米、味精、干果、蜜饯、液化气、贵重药材、黄金首饰等定量包装商品进行了专项监督检查，仅"3·15"前后，就抽查定量包装商品7 819批，合格6 812批次，合格率87.1%。

**【计量检测体系(合格)确认】** 全省申请"计量检测体系(合格)确认"的企业93家，已经合格确认的企业56家，完成1家国家级的完善计量检测体系确认，促进了我省企业计量检测管理制度的完善，为尽快与国际贸易接轨，适应高新技术发展的需要打下了较好的基础。

**【全面启动"光明工程"】** 加强对眼镜销售企业的监督管理，加大对眼镜标识、验光仪器及与眼镜生产有关的计量器具的检查力度，全年对眼镜销售业监督检查215家，抽查1 568批次，合格1 365批次，合格率87.1%。

**【计量法规和技术规范的制定】** 完成了《福建省计量管理条例》初稿，报送省政府审批；完成了《医用诊断计算机断层摄影装置(CT)X射线辐射源》福建省地方计量检定规程审定工作。

**【计量检定机构建设】** 认真抓好部门企业、事业单位最高标准和社会公用计量标准建标考核到期复查换证工作。新建10家73项，完成到期复查换证98家237项，保证了量值的统一和法律手续的完善。举办检定人员培训班，培训了670名各种类型的检定人员，提高了企业和计量法定检定机构检定人员的素质。年初在邵武市计量所进行了"法定计量检定机构分级标准"试点工作，并在全省推广，各地级市所都投入几十万元进行基础建设，省所也投入近百万元经费改善设施建设。

**【计量机构】** 全省质量技术监督系统法定计量技术机构有省局直属的省计量科学技术研究所和9个市局所属的计量科研所以及各县级局所属的计量所共计70多个计量技术检测机构。福建省计量科学技术研究所是全省最权威的计量检测单位。配有检测设备1 600多台件，建有社会公用计量标准108项，其中最高标准57项，次级计量标准51项。主要开展几何量、温度、力学、电磁、无线电、时间频率、电离辐射、化学、声学、光学等十大专业计量检定、测试，并从事计量科学、测试技术的研究以及检测仪器设备的研制，研究、起草计量技术法规，承担计量仲裁检定、计量器具产品质量监督检查和样机试验等任务，开展计量测试和计量校准等技术服务，执地强制检定和其它检定任务，是福建省量值传递中心。

## 三、省、地(市)质量技术监督机构简况

**【省级质量技术监督机构】** 福建省质量技术监督局内设9个职能处、室，1个机关党委，1个纪检组、监察室。处室有办公室、计划财务科技处、政策法规处(行政复议办公室)、质量管理与认证处、监督稽查处、标准化处、计量处、锅炉压力容器安全监察处、人事教育处等。共有行政编制68人，事业(含工勤)编制11人，现有人数79人，其中局长1名，副局长4名，纪检组长1名，巡视员1名，助理巡视员2名。省局直属的事业单位有8个：福建省中心检验所，福建省计量科学技术研究所，福建省质量技术监督情报研究所(省标准化研究所)，福建省质量技术监督干部学校(国家质量技术监督局福州培训中心)，福建省锅炉压力容器检验所，福建省特种设备监督检测中心站，中国方圆标志认证委员会福建审核中心(福州认证工作站)，福建认证咨询中心，局属单位共有事业编制375人。

**【地级市质量技术监督机构】** 全省有1个副厅级和8个正处级的质量技术监督行政机构。厦门市质量技术局为副厅级，其他8个局是：漳州市质量技术监督局、泉州市质量技术监督、三明市质量技术监督局、莆田市质量技术监督局、南平市质量技术监督局、龙岩市质量技术监督局、宁德市质量技术监督局。

撰稿人 曹祥禄

审稿人 楼小钢

# 江西省质量技术监督工作

## 一、概　　述

2000年，是世纪交替之年。在省委、省政府和国家局的领导下，江西省质量技术监督局坚持以党的十五大精神为指导，认真贯彻全国质量工作会议和国务院《关于进一步加强产品质量工作若干问题的决定》及《关于开展严厉打击制售假冒伪劣商品违法犯罪联合行动的通知》的精神，围绕质量这个中心，抓住质量技术监督管理体制实行垂直管理这个契机，以促进国民经济和社会发展、推进自身改革和发展为主线，突出了“提高质量、净化市场、加强技术基础、推进与国际惯例接轨”这四个重点，加大了监督管理、行政执法力度，强化了锅容管特的监管，全面推进了标准化、计量和质量建设，提高了质量技术监督行政有效性，为江西省的经济建设作出了积极的贡献。

## 二、质量技术监督工作

### 1. 质量管理工作

**【质量振兴工作】** 2000年，江西省质量技术监督局进一步加大《质量振兴纲要》贯彻落实的力度，从宣贯《产品质量法》为契机，围绕“质量——新世纪的呼唤”这一主题，组织开展了“3·15保护消费者权益日”和“江西省2000年质量月”活动，制订下发了《贯彻〈国务院关于进一步加强产品质量工作若干问题的决定〉的实施意见》。按照国家局的要求，省局会同省监察厅对全省设区市落实质量工作和“打假”工作责任制情况及《质量振兴纲要》的实施情况进行了检查。第2季度，省局在全省范围内普遍开展了以“五查”为重点内容的企业自查活动，并选择了123家具有代表性的企业进行重点调研；同时，将“五查”工作与推动企业开展“降废减损”活动及质量改进活动结合起来，与推行全面质量管理(TQM)和贯标认证等科学的质量管理方法有机地结合起来，推动企业开展“三全”管理，从严治厂，走质量效益型发展道路。2000年，全省有4家企业获“全国质量管理先进企业”称号，有10名企业领导获“全国质量管理先进工作者”称号。

**【精品名牌战略】** 2000年，江西省质量技术监督局为进一步推动企业创名牌，紧紧围绕省委、省政府主攻工业的战略部署，按照国家局《关于推动企业创名牌的若干意见》的要求，结合全省的实际，制订了《江西省2000年重点产品创优实施计划》；确定了全省95家企业生产的147种产品为2000年度江西省重点保护产品；向国家局推荐了全省9家企业的产品为国家免检产品；联合省内外76家名牌优质产品生产、经销企业，共同组建了江西省质量技术监督局稽查大队打假保名优协作网。

**【生产许可证管理】** 2000年，江西省质量技术监督局按照国家生产许可证办公室的统一部署和要求，积极组织低压电器、电线电缆、水泥、电视广播接收机、矿灯、螺纹钢筋、医疗器械和白酒等产品的申报审查和补证换证工作，举办了2期培训班；会同省直有关部门深入企业，严格按《生产许可证实施细则》的要求进行审核，帮助企业完善条件、提高质量，严把质量关；对申报临时生产许可证的企业，严格按规定的程序进行审查，全年共对100余家企业进行了审查，发放临时许可证62个；同时，及时组织开展了无证查处工作，使生产许可证在提高产品质量、整顿行业秩序、打击假冒伪劣、促进技术进步等方面发挥了重要作用，起到了显著的效果。

### 2. 监督执法与“打假”工作

**【产品质量监督】** 2000年，江西省质量技术监督局进一步规范了质量监督程序，制定下发了《江西省产品质量监督检查计划管理办法》，避免了重复检查，减轻了企业的负担；专项监督抽查了50类商品；定期监督检验共抽查了103类2 018家企业的2 760批次产品，合格2 381批次，平均抽样合格率为86.3%，与1999年的平均抽样合格率相比提高了2.6个百分点；强化了对不合格产品的后处理工作，全年举办了两期监督检查不合格产品企业厂长(经理)培训班，共有273家不合格产品企业的厂长(经理)参加了培训；派出了100多人次为39家企业的75个产品进行了整改，复查合格率为98%。

**【打假工作】** 2000年，江西省各级质量技术监督部门紧紧围绕经济建设这个中心，抓住群众关心的热点问题，确定了10大类产品、6个重点市场、3个重点区域为全省质量技术监督系统打假工作的重点，有计划、有步骤地组织开展了“五查五保”专项打假活动。即：“查市场，保两节”、“查农资，保春耕”、“查烟花爆竹和燃气用具产品，保安全”、“查‘邦迪’创可贴和‘花都’激光视盘机，保名优”、“查建材，保建设”。

在打假联合行动中，成立了以刘和平局长为组长的江西省质量技术监督局打假联合行动领导小组，制定下发了《江西省质量技术监督局打假联合行动方案》、《江西省质量技术监督系统打假工作责任制》等多个文件。省局利用质量技术监督部门实行垂管的有利条件，采取“集中力量、统一部署、统一产品、统一时间”的查处方式，对螺纹钢等建筑用钢材、食品等先后组织开展了三次全省范围内的集中打假统一行动；按照“重点突破、以点带面”的工作思路，先后组织开展了对棉花、汽车配件、化妆品、成品油、卷烟和城乡电网改造用产品等6个专项打假行动。截止2000年12月31日，江西省质量技术监督系统共出动执法人员35 017人次，查获假冒伪劣商品标值5 543.1万元，端掉制假售假窝点374个，查处假冒伪劣商品标值在10万元以上的大案要案44起，移送公安机关案件18起。

3. 标准化工作

**【农业标准化工作】** 2000年，江西省质量技术监督局进一步加大了农业标准化推广力度，着重抓了“南康甜柚”、“万年淡水珍珠”全国高产优质高效农业标准化示范区工作，分别制定了《南康甜柚》8项系列标准，《万年淡水珍珠》6项系列标准，其中“南康甜柚”示范区于2000年11月份顺利通过了检查验收，已收到了较好的经济效益和社会效益；积极指导企业开发绿色食品，会同有关部门制定了《无公害蔬菜生产技术操作规程》、《大鄣山大米》标准，大鄣山大米已向农业部门申请AA级绿色食品；建立了食品企业的帮扶制度，确立了全省120个食品企业为帮扶对象。

**【消灭无标生产工作】** 2000年，江西省质量技术监督局全面开展了消灭无标生产工作，全省除11个县尚未验收之外，其他县、市均通过了检查验收。其中，全国消灭无标生产试点县德兴市和万安县均已通过验收。

**【采标工作】** 2000年，江西省质量技术监督局加大了采标工作的力度，积极引导企业采用国际标准和国外先进标准，全年对20个产品颁发了采标标志证书。

**【地方标准工作】** 2000年，江西省质量技术监督局全年共制、修订地方标准17项，清理了1999年5月1日前颁布的178项地方标准，对仍能符合规定的159项标准给予了确认。

**【企业产品标准备案】** 2000年，江西省各级质量技术监督部门围绕企业的技术进步、产品升级换代和新产品的开发，积极为企业服务，帮助企业制、修订了大量的产品标准，共受理了1 522项企业产品标准的备案，保证了标准的合法性和有效性。

**【标准实施监督】** 2000年，江西省质量技术监督局加大了标准实施监督检查的力度，组织了《啤酒瓶》、《一次性输液器》、《一次性输血器》、《饲料标签》和《消费品使用说明 纺织品和服装使用说明》等强制性国家标准的实施工作，评选出了全省“实施标准优秀企业”73家、优秀标准科技成果奖75项。

**【代码和条码工作】** 2000年，江西省质量技术监督局为提高代码工作的质量，及时开展了全省代码信息联网工作，举办了5期代码联网技术培训班，并于10月底提前实现了全省组织机构代码信息联网；为做好江西省WTO/TBT的咨询工作，为进出口企业服务，正式启动了“中国WTO/TBT江西咨询服务中心”的筹组工作；为提高商品条码质量，着力抓了《商品条码》国家强制性标准和《商品条码管理办法》的宣贯，加大了条码质量控制和监督工作，加快了全省商品条码的推广应用，促进了全省商业自动化和市场经济的发展；全省新发和换发代码证书23 900家，新发展商品条码系统成员290家，复审160家。

4. 计量工作

**【商品量计量监督】** 2000年，江西省质量技术监督系统积极开展了创建“计量信得过一条街”活动，在元旦、春节及国庆节期间，集中组织了两次全省范围内的商品量计量专项检查，共出动执法人员5 600余人次，检查了与人们生活密切相关的粮食制品、副食品、酒类、冷冻食品、化妆品、茶叶等10类商品约7 000批次，定量包装商品的净含量合格率为80%以上；积极配合国税部门认真开展了加油机税控装置的选型和试装工作。

**【法制计量工作】** 2000年，江西省质量技术监督局按照国家局的部署，在全省范围内开展了对报刊、电视使用法定计量单位情况的检查，共检查媒体广告8类1 665条，合格率为97.71%，与上年相比合格率提高了27个百分点；加强了对强检计量器具的监督管理，强检计量器具的受检率达到90%以上，其中夏粮入库的衡器受检率为100%；启动了民用“三表”使用前的强检，在国家局组织的电能表产品质量监督检查中我省被抽检的4家企业的产品全部合格。南昌市局、赣州市局开展了“光明工程”的试点工作，为2001年在全省实施“光明工程”摸索出了新路子。

**【计量器具监督】** 2000年，江西省质量技术监督局制定了《江西省制造计量器具许可证年审管理办法》，新建和完善了“衡器检定装置”、“出租车计价器本机检定装置”两个项目，全年对98个单位进行计量器具制造许可证年审工作，审核委托样机试验52个，办理样机试验合格证52个。

**【企业计量工作】** 2000年，江西省质量技术监督部门积极引导企业采用ISO 10012-1标准，建立和完善企业计量检测体系。全省有2家企业通过国家级完善计量检测体系确认，9家企业通过省级计量保证体系确认，400多家中、小型企业通过计量合格企业确认。

5. 认证工作

**【计量认证】** 2000年，江西省质量技术监督局进一步完善了计量认证工作，制定了《江西省计量认证管理办法》。全年完成计量认证首次评审发证52个，复查换证138个，计量认证监督检查22个。

**【质量认证】** 2000年，江西省质量技术监督局积极开展质量管理的宣贯和质量保证系列标准工作，帮助企业建立和完善质量保证体系。全年共有107个产品通过产品质量认证，获得认证证书418张；有239家企业通过ISO 9000质量体系认证；为加强质量体系内、外部审核员的培训工作，全年共举办内、外部审核员培训班4期，培训转换国家注册质量体系审核员30人，培训质量体系内审员100余人；全省近百家企业按ISO 9000标准建立或基本建立文件化的质量保证体系。

6. 执法队伍建设和宣传工作

**【执法队伍建设】** 2000年，江西省质量技术监督局狠抓了执法队伍建设，技术监督行政执法水平有了进一步提高。建立和健全了全省统一的《行政执法责任制》、《执法过错追究制》、《罚没物品管理制》等规章制度；积极开展“三五”普法教育，普法考试成绩平均95分；加强了执法监督工作，健全了制约机制，对违法违规违纪问题及时进行了查处，清退了8名执法人员；组织了全省范围内的行政执法检查工作，行政执法程序得到进一步规范。

**【宣传工作】** 2000年，江西省各级质量技术监督部门以宣贯新《产品质量法》为契机，围绕“质量——新世纪的呼唤”这一主题，广泛开展了质量技术监督法律法规的宣传工作。2000年9月9日，省局在南昌开展了一次大型的新《产品质量法》宣传活动，省政府王君副省长亲临现场，参加宣传和咨询人员达万人以上；组织了“质量——我们共同的事业”万人签名和集中销毁假冒伪劣物品活动；在《江西日报》开辟了产品质量“曝光台”，在《信息日报》、《南昌晚报》各开辟了一个“质量监督与服务”的专版，全年共办108期；编印了《江西质量技术监督简报》23期，在《人民日报》、《中央电视台》、《中国质量报》、《中国质量技术监督》杂志、《江西日报》、《江西电视台》、《江西人民广播电台》等新闻媒体上编发新闻390多篇；举办了新《产品质量法》骨干培训班和知识竞赛，组织了省、市、县的执法人员资格考试；获得了国家局2000年10月组织的新《产品质量法》知识竞赛组织奖。赣州市局举办了一台宣传新《产品质量法》的大型文艺活动。

7. 行风廉政建设

2000年，江西省质量技术监督局为加强行风廉政建设，树立良好形象，先后制订了《关于厅级领导干部配偶、子女经商办企业的具体规定》、《江西省质量技术监督系统关于进一步推行政务公开工作的实施方案》，向社会公开了政务活动中的5项工作内容；为落实党风廉政建设的责任制和责任追究制，省局领导与分管的处、室、大队、协会签订了党风廉政建设责任书；建立行政执法监督机制，加强错案的追究，规范财务管理和票据管理，严格落实“收支两条线”，实行统一帐户、分级管理制度；在执法和检验等窗口单位进行开门整顿，主动接受社会监督，全系统聘请行风监督员638人，自上而下地开展“三查三找”活动。2000年，全省质量技术监督部门共收到感谢信100多封，锦旗20多面，有3个市局、21个县局被省政府评为“文明单位”。

## 三、质量技术监督机构简况

江西省质量技术监督局于2000年6月升格为省政府直属一级局。全省质量技术监督系统中行政机构103个，其中省级1个、设区市11个、县9个、技术机构138个。全省质量技术监督系统现有干部职工3 471人，固定资产总额8 132万元，其中仪器设备总值为2 021万元。

**【省局机构】** 江西省质量技术监督局机关行政和事业编制58名，其中行政编制50名，事业编制8名；现有省局领导职数7名，局长1名、副局长4名、纪检组长1名、助理巡视员1名；内设机构为办公室、政策法规宣传教育处、标准化处、计量处、质量管理与认证处、监督处、计划财务科技处、人事处、锅炉压力容器安全监察处、机关党委、纪检组(监察室)等11个职能处(室)和机关后勤服务中心。

**【省局直属机构】** 江西省质量技术监督局的直属机构有：江西省质量技术监督局稽查大队、江西省计量教育培训中心、江西省计量测试研究所、江西省产品质量监督检验所、江西省锅炉压力容器检验研究所、江西省技术监督信息研究所、江西省特种设备检测检验中心。

**【省局协会】** 挂靠在江西省质量技术监督局的协会有：江西省质量管理协会、江西省质量检验协会、江西省计量协会、江西省标准化协会。

**【市、县级机构】** 江西省11个设区市质量技术监督局中有9个是政府一级局，2个为政府二级局；全省99个县(市、区)行政区划中，有91个县(市、区)设立了质量技术监督局，其中78个为政府一级局，13个为政府二级局。

撰稿人　喻睦华

审稿人　徐光辉　潘家昌

# 山东省质量技术监督工作

## 一、概　　述

2000年，山东省各级质量技术监督部门在党委、政府的领导下，按照国家质量技术监督局的要求，紧紧围绕政府的中心工作，在开展打假治劣等活动，努力提高企业素质，维护市场经济秩序，保护消费者合法权益等方面都取得了显著成绩；机构改革、管理体制改革取得了重大进展。

## 二、质量技术监督工作

### 1. 质量管理工作

**【开展“质量月”活动】**　2000年9月，按照国家的统一部署，全省开展了以宣传《质量振兴纲要》和《产品质量法》，提高全民质量意识为主要内容的“质量月”活动。“质量月”期间，全省共出动宣传车辆800多辆次，发放宣传材料500万份，接受现场咨询服务40万人次。各市和有关行业还开展了“一把手质量意识培训工程”、“五查一访”、“打假保优”等活动。

**【召开全省质量工作会议】**　2000年1月5日，省政府再次召开了全省质量工作会议，各市分管市长(专员)、经贸委主任、技术监督局局长，省直有关部门和省重点企业的负责同志参加了会议。会上，省质量技术监督局通报了全省质量工作状况，韩寓群副省长讲话，强调了在当前形势下抓好质量工作的重要意义，并对今后质量工作提出了要求，做了部署。省政府印发了《关于公布1999年度山东省产品质量名单的通知》(鲁政字[2000]1号)，授予海尔牌电冰箱等33个产品为1999年度山东省产品质量奖。

会议结束后，各市也都分别召开了质量工作会议，传达贯彻全省质量工作会议精神。

**【山东省部分企业质量工作受国家和省表彰】**　国家质量技术监督局对全国质量管理先进企业和个人进行了表彰，山东省有17家企业被授予“2000年全国质量管理先进企业”称号，28名个人荣获“2000年全国质量管理先进工作者”。海尔集团首席执行官张瑞敏、潍坊亚星化学股份有限公司副总经理唐文军被授予“2000年全国质量管理突出贡献奖”；省质量技术监督局通报表彰了63家山东省质量管理先进企业和120名山东省质量管理先进工作者。

**【出台质量工作措施】**　4月30日，省政府颁布了《山东省人民政府关于贯彻国发[1999]24号文件进一步加强产品质量工作的通知》(鲁政发[2000]40号)和《关于实行质量工作和打假工作行政领导责任制的通知》(鲁政发[2000]41号)两个重要文件，要求各级政府、有关部门认真贯彻执行《中华人民共和国产品质量法》、《质量振兴纲要》和《国务院关于进一步加强产品质量工作若干问题的决定》，提出了贯彻落实质量工作的意见和措施，明确了省质量技术监督局是省政府的质量工作和打假工作的职能部门，负责统一管理、组织协调全省质量工作和打假工作，市地县级质量技术监督部门主管当地质量工作和打假工作。各级政府主要负责人对本地区质量工作和打假工作负领导责任；政府分管领导对分管范围内的质量工作和打假工作承担相应的责任，有关部门对监督管理范围内的工作承担监督管理责任，并制定了考核办法。进一步推动了全省质量工作和打假工作。

**【生产许可证工作】**　2000年重点围绕提高有效性开展工作，全年共帮促485家企业申报办理了许可证，对316家生产企业进行了生产条件审查。同时，认真做好无证产品查处工作，全省全年共查处无证生产、经销企业2 108家。有569家企业被限期整顿，832家被责令停产停售，建议工商部门吊销124个企业的营业执照。对具备条件的84家企业查处后补办了生产许可证证明。

**【“三包”规定宣贯工作】**　2000年6月至8月，为深入宣传《部分商品退货更换修理规定》和《农业机械退货更换修理规定》，提高全社会服务质量水平，全省开展了“三包”规定示范单位推荐活动。对海尔集团、海信集团、三联商社等70家执行三包规定优秀单位，在质量月活动期间给予了表彰。

### 2. 监督执法与“打假”工作

**【产品质量监督】**　在生产领域，省监督抽查了712家企业的789批产品，合格551批，抽样合格率为69.8%。国家抽查了我省694家企业的802批产品，其中521家企业的615种产品合格，抽样合格率为76.7%。各地开展定期监督检查7.4万批次。从省抽查情况来看，大型企业产品质量抽样合格率为92.7%，高于全省平均抽样合格率22.9个百分点，中型企业抽样合格率为80.4%，比全省平均抽样合格率高10.6个百分点，小型企业抽样合格率仅为58.9%，小型企业的产品质量问题突出。省、市质量技术监督局按照后处理程序，分别对国家、省监督抽查不合格企业，通过举办不合格企业厂长(经理)学习班，并在新闻媒体曝光、实施行政处罚，对企业整改情况验收、实物质量复查等步骤进行处理，总的处结率在90%以上。

**【商品质量监督】**　在流通领域，全省共检查4.2万个商店，检查商品8.7万批次，合格6.4万批次，合格率73.5%。元旦、春节和春耕期间，开展了“查市场、保两节”、“查农资、保春耕”执法检查活动，查获假冒伪劣商品标值7 764.4万元。随后还组织开展了电动机、电话机等9类产品的市场专项检查。

**【打假工作】**　2000年10月26日，国务院召开全国打假电视电话会议，全省组织省、市、县三级政府和有关部门负责人收听收看了会议，随即召开了全省打假联合行动电视电话会议，对全省打假联合行动进行了部署，省政府以鲁政发[2000]89号文印发了《山东省人民政府关于开展严厉打击制售假冒伪劣商品违法犯罪活动联合行动的通知》,成立了以省委常委、副省长韩寓群同志任组长的山东省打假工作领导小组,领导小组办公室设在省质量技术监督局,负责全省打假工作的日常联络和协调。各市政府均成立了打假工作领导小组,制定了具体的打假联合行动实施方案并组织实施。据初步统计,截止2000年底,全省质量技术监督、工商行政管理、药品监督、烟草专卖、卫生、公安等执法部门共出动执法人员21万多人次,查获假冒伪劣商品货值2.5亿元,立案查处制假售假案件1万多起,其中5万~20万元的案件281起,20万~50万元的案件55起,50万~100万元的案件10起,100万元以上的案件16起;捣毁制假售假窝点2 233个。全省各级检察院受理涉及制假售假案件58件108人,批捕40件63人,起诉29件50人,判刑20件27人。查获的假冒伪劣产品主要有棉花、药品、化妆品、洗涤用品、摩托车、汽车配件、钢材、一次性输液器、食品、卷烟、酒类、饮料、低压电器、石油制品、农资、兽药、家用电器、电池、服装等。

遵照国家局的部署,全省各级质量技术监督部门组织开展了一系列检查活动,配合有关部门继续开展了"百城万店无假货"活动,对临沂商品城、潍坊天坛市场、即墨燃气用具市场等10个批发市场以及惠民安全网、邹平青阳乡白酒、高密轮胎等9个假冒伪劣产品集中生产区域和东阿阿胶、多星电器等6个名优企业周围仿冒包围圈的治理整顿工作。冲破阻力,查办了一批大案要案,如查处石油公司销售劣质柴油案、德州临邑双盛日化厂假冒"舒肤佳"香皂案、鱼台掺油大米案等,得到了省委、省政府领导的充分肯定,在社会上也引起了强烈反响。省委吴官正书记先后两次对全省打假工作做出重要批示,李春亭省长、陈建国副书记、韩寓群副省长等也都对打假工作做出指示,坚决支持打假工作。

2000年,省质量技术监督部门组建了打假保优协作网,确定了89家企业78种产品作为全省质量技术监督部门"打假保优"重点保护对象。

3. 标准化工作

**【采用国际标准和国外先进标准】** 2000年全省有526种产品取得采用国际标准合格证书,有56个产品使用采标标志。采标验收合格产品累计已达6 113种,使用采标标志的产品已达472种。年内有5项采标新产品列入国家重点新产品计划。

**【消灭无标生产试点工作】** 2000年,平度市、曲阜市、禹城市等三个全国消灭无标生产试点县(市、区)通过了国家验收;全省对设立的42个消灭无标生产试点县(市、区)进行了验收。全省累计共有102个县市区完成了消灭无标准生产试点工作。

**【农业标准化工作】** 2000年,完成了12个第二批全国农业标准化示范区验收工作,17个市围绕农业产业化、订单农业等积极开展标准化工作。累计完成26个国家省级示范区,有60个县开展了农业标准化工作。发布农业标准和规范40余项,累计达180余项。

**【地方标准的制修订工作】** 2000年,省质量技术监督局组织制定、发布地方标准27项,其中强制性标准12项,推荐性标准15项;开展农业标准化的市地、县发布了一批农业标准规范,建立了适应当地农业发展的标准体系。

**【企业标准备案工作】** 全省各级质量技术监督部门受理审查备案的企业产品标准达6 000余项,其中在省质量技术监督局受理备案的涉及安全、卫生和农资方面的产品标准800余项。

**【强制性标准的贯彻实施】** 重点组织了珠宝玉石和贵金属饰品、玩具使用说明、农业机械作业质量、纯净水等标准的宣传贯彻。各市地根据当地需要还组织宣贯了国旗、图形符号、GB/T 1.3、形位公差等标准。

**【服务标准化工作】** 发布了照相业的省地方标准。在淄博市开展服务标准化试点工作,取得了显著成效。其他市也相应开展了服务标准化工作,对洗染业、旅游业等行业进行了规范。

**【代码、条码工作】** 2000年,全省新发放机构代码证书90 615家,发行IC卡107 000张,累计发卡160 586张。

在代码应用方面,省局与青岛海关、省统计局、省总工会、省残联推动组织机构代码在进出口单位、统计系统、基层工会等领域中的应用。社会保障应用组织机构公共信息卡已完成系统开发、调试和试运行,为全面推广奠定了基础;省信息产业厅已批准公共信息卡作为山东省电子商务数字证书载体,省代码中心与CA中心通讯光缆已铺设完毕,CA证书发放准备工作基本就绪。

全省条码工作新增系统成员1 207家,增长率达30%。续展597家,续展率为72.9%,居全国前列。截止2000年底,全省条码系统成员保有量已达4 789家,在5万多种商品上应用了条码。根据国家局发布《商品条码印刷资格认定工作管理办法》,对申请资格认可企业进行评审,其中20家企业通过条码印刷资格认可。对70多家企业进行了印刷质量检查,抽取条码印刷品53种,检测合格率为94.34%。

4. 计量工作

**【商品量计量监督】** 全省共监督检查定量包装商品生产企业和经销单位4 540余家,抽查定量包装商品25 319批次,平均计量合格率82.5%,查处定量包装商品故意短量行为234起,处罚36.1万元。检查农村农资销售、农产品收购网点1 723家,查处计量违法行为140余起,为农民挽回经济损失30万余元。有效地净化了城乡市场,规范了商品量的计量行为。

**【强检计量器具管理】** 强化了医疗卫生领域的强检计量器具的监督管理,加大了对住宅建设市场电能表、水表、燃气表进行首次强制检定的工作力度,对用于贸易结算的电能表、安全防护的计量器具进行了监督抽查,抽查电能表、瓦斯计、矿用风压表、锅炉用压力表等计量器具7 500余台(件)。全省检定计量标准器具59 840台(件),检定强制检定的工作计量器具2 839 884台(件)。

**【计量器具产品质量监督】** 对重点管理计量器具的生产企业加强了生产设施必备条件建设,对全省400家计量器具生产企业进行了年度注册审核。发放样机试验合格证书144个,制造计量器具许可证107个。在生产领域,对单相电能表、水表进行了省监督抽查,电能表合格率为33.3%,水表合格率为92%。在流通领域,组织了台、案秤和单相电能表的省监督抽查，台、案秤合格率为60.7%，电能表合格率为47.5%。对计量器具产品监督抽查不合格的企业进一步加大了后处理力度。

**【计量检定机构建设与管理】** 加强了对全省量传体系的统筹规划，引导法定计量检定机构配合法制计量工作的深入开展，积极加强自身建设。全省有10余家法定计量检定机构对一些社会影响大、工作量大、投资大的强制检定项目，采取了与行业联合建立标准或联合开展工作的方式，进一步拓宽了工作领域。调查处理了5家法定计量检定机构或授权单位的检定工作质量问题，促进了法定计量检定机构的规范化管理。

**【企业计量工作】** 全省有2家企业通过了完善计量检测体系确认，取得了国家局颁发的计量确认合格证书，有396家企业通过了计量保证或计量合格确认。

**【计量检定规程的制修订】** 批准发布了3个地方计量检定规程。起草、审定国家计量检定规程2个，地方计量检定规程1个。

**【法定计量单位工作】** 对全省广告使用法定计量单位的情况进行了检查。共检查新闻单位312家，商业企业1 726家，检查各类广告17 070个(条)，差错率为4.2%。

5. 认证工作

**【质量认证管理】** 2000年省质量技术监督局先后制定印发了《关于建立山东省质量认证信息通报制度的通知》、《山东省质量认证咨询师注册管理办法》、《山东省质量体系内部审核员注册实施细则》等规范性文件，对质量认证工作进行了规范。截止到2000年年底，全省共有8家认证咨询机构通过了备案审查，取得了咨询机构备案资格。国家注册的审核员(包括实习审核员)人数达到646人。

**【质量认证审核】** 全省共有1 776家企业获得了带有国家认可标志的质量体系认证证书，其中经山东审核中心审核取得方圆体系认证证书的有680家。同时，全省还有646家企业获得了4 039张产品认证证书，其中，有102家企业的207种产品经山东审核中心审核并取得了方圆标志产品认证证书。

**【质量认证咨询】** 山东质量认证咨询中心等认证咨询机构，为86家企业提供了咨询服务，其中已有46家企业通过了认证审核。省质量认证咨询中心累计对44家企业提供了咨询服务，其中已有30家企业通过了认证审核。

**【内审员培训与注册】** 2000年山东质量认证培训中心、省质量认证咨询中心及省局直属有关单位，共举办内审员培训班67期，培训人员2 100人，并对285名符合注册条件的内审员进行了注册，全省注册内审员达到776人。

**【质检机构计量认证】** 2000年共向110个通过计量认证考核的检验机构颁发了计量认证合格证书，其中新计量认证的检验机构27个，到期复查的83个。通过单项计量认证考核的11个。全省共有777个各类为社会提供公证数据的检验机构通过了计量认证考核，获得了计量认证合格证书。

6. 法制工作

**【行政执法工作】** 2000年全省质量技术监督系统共办案28 594起，罚没款金额为6 633万元。全年全省共发生质量技术监督行政复议案件19起。

为加强行政执法监督管理，对当事人投诉本系统市县局违法违规执法、乱收费等问题的14起案件，进行了认真的调查处理。其中12起已处理完毕，另2起正在处理之中。通过对这些案件的处理，宣传了国家法律、法规和党的路线方针政策，规范了行政行为。

**【新修改的《产品质量法》的宣贯工作】** 新《产品质量法》于2000年9月1日起施行。在《新产品质量法》施行前后，为使质量技术监督系统的广大干部正确掌握和运用这部法律，采取多种形式宣传教育培训，印发了有关资料10万余份，收到了较好的效果。

## 三、省、市质量技术监督机构简况

2000年全省质量技术监督系统共有职工13 495人，其中具有高级技术职称的514人，中级职称的1 868人，初级职称和未评定的7 355人。固定资产总额60 973.17万元，其中仪器设备总值是19 839.78万元。省质量技术监督局内设机构有：办公室、计划财务处、政策法规处、组织人事处(挂离退休干部处牌子)、质量处(挂省工业产品生产许可证办公室牌子)、监督管理处、标准化处、计量处、认证处、锅炉压力容器安全监察处、政治工作处、机关党委、山东省纪律检查委员会驻山东省质量技术监督局纪检组办公室、山东省监察厅驻山东省质量技术监督局监察专员办公室。下属事业单位有：山东省计量科学研究所、山东省产品质量监督检验所、山东省纤维检验局、山东省技术监督信息研究所(山东省质量信息中心)、山东省锅炉压力容器检验研究所、山东省质量技术监督干部学校(山东质量工程学校、山东省标准计量中等职工专业学校)、山东质量认证中心(山东省质量认证咨询中心)、山东省质量技术监督局稽查局、山东省质量技术监督局机关服务中心等9个处级直属单位和山东省质量技术监督局仪器供应站、山东省质量技术监督局幼儿园2个科级单位，以及山东省标准计量实业总公司1个经济实体。另外，山东标准化协会、山东计量协会、山东计量测试学会、山东质量检验协会、山东防伪行业协会、山东认证协会、山东质量新闻工作者协会挂靠在省质量技术监督局；《齐鲁质量》编辑部挂靠在省技术监督信息研究所。省局及各事业单位实际在编人数644人。淄博、枣庄、东营、烟台、威海、潍坊、济宁、泰安、莱芜、日照、滨州、德州、聊城、临沂、菏泽15个市质量技术监督局为省局直属机构，济南市、青岛市质量技术监督局业务受省局指导。全省质量技术监督系统总编制为12 995人。全省有136个县(市、区)设有质量技术监督局或分局。

**【机构改革工作】** 2000年8月，省政府办公厅印发了《关于印发山东省质量技术监督局职能配置内设机构和人员编制规定的通知》，根据这一方案，省局人员编制80人(另外增加纪检人员编制4人)，内设11个处室和机关党委。处级领导职数29人，调研员职数5人，助理调研员职数10人，增设了总工程师职位。

根据省政府批准的“三定”方案，省局组织实施了机关机构改革工作。对各内部机构进行了定编定岗；对处级干部进行了调整交流；通过采取民主推荐、竞争上岗、组织考察和任前公示等程序，提拔了一批年富力强的处级干部；对科以下工作人员实行了双向选择。通过改革调整，局机关正处级领导职务的平均年龄由原来的 53.5 周岁，下降为 48.4 周岁，平均下降了 5.1 周岁；副处级领导职务的平均年龄由原来的 45.9 周岁，下降为 40.2 周岁，平均下降了 5.7 周岁；事业单位副处级领导职务的平均年龄由原来的 50.6 周岁，下降为 44.2 周岁，平均下降了 6.4 周岁；有 4 名副主任科员通过竞争上岗破格提拔为副处级领导职务，其中最年轻的 32 岁。在机构改革中，正处级职务交流比例达到 47.4%，副处级职务交流比例达到 35.7%。

在全省机构改革中，省政府决定由原省劳动和社会保障厅负责的锅炉压力容器和特种设备管理职能划转到省质量技术监督局管理。省质量技术监督局与省劳动和社会保障厅正式办理了移交手续。锅炉处 9 位同志以及省锅检所已顺利划转到位，开展工作。

**【垂直管理体制改革工作全面展开】** 2000 年 1 月，省政府批准了省质量技术监督局《关于全省质量技术监督管理体制改革实施方案》，并召开了全省质量技术监督系统垂直管理改革工作会议。同年 8 月，省编办下达了《市（地）、县（市、区）质量技术监督系统实行垂直管理后上划人员编制方案》，市县质量技术监督局行政和稽查人员编制达到 6 195人，事业编制达到 6 800 人。行政和稽查编制有了大幅度提高，为全省质量技术监督系统上划分流和今后事业发展创造了很好的条件。在省局机关机构改革结束以后，省局三名局长分别带队赴全省 15 个市委组织部进行了领导班子的交接。

撰稿人　李子安　贯文品

审稿人　杨复

# 河南省质量技术监督工作

## 一、概　述

**【概况】** 2000年，河南省质量技术监督部门以党的十五届五中全会精神为指导，认真贯彻中央经济工作会议、全国质量工作会议和河南省委六届九次全会、省委经济工作会议精神，加大质量工作力度，严厉打击制售假冒伪劣产品的违法犯罪行为，继续深入开展全心全意为企业服务年活动，面向企业搞服务，面向市场求发展，面向社会树形象，围绕政府中心工作做贡献，大力加强以县级局为重点的各级领导班子建设，全面提高干部队伍的整体素质，积极稳妥地推进垂直管理体制改革，开拓进取，努力工作，圆满完成了与省政府签订的责任目标和国家质量技术监督局赋予的各项任务。

**【垂直管理体制改革】** 2000年，河南省质量技术监督部门顺利进行了市、县两级局公务员、技术检测中心人员的考试工作。按照与省人事厅联合下发了公务员考录方案，采取"三榜定案"的办法，对参考的5 770名人员进行了严格的资格审查，配合省人事厅成功地组织了5 256人参加的公务员考试工作。之后，又通过严格的资格审查，组织6 824名同志顺利参加了技术检测中心人员考试。为保证考录工作不发生问题，省质量技术监督局派出17个工作组驻各市地指导帮助考录工作，局领导分片到各市地进行巡视。各地领导还与参考人员签订了承诺保证书。整个考试工作组织严密，没有发生明显的问题，受到各级领导的高度评价。

**【省局机关机构改革】** 2000年，河南省质量技术监督局圆满完成了局机关机构改革和人员定岗工作。5月29日，河南省政府批准省质量技术监督局"三定"方案，省技术监督局更名为质量技术监督局，为省政府主管全省标准化、计量、质量工作并行使执法监督职能的直属机构，原有职能得到进一步强化，又增加了部分新的职能，机关编制99人，内设机构14个处室。省技术监督局积极稳妥地进行了机构改革。对7个副处级领导职位进行了竞争上岗，占定岗后处级领导总数的25%；对26名同志进行了轮岗。新的工作机构运行正常，干部职工思想稳定，确保了改革、工作两不误。

**【服务企业工作】** 2000年，河南省质量技术监督局继续在全省质量技术监督系统广泛深入地开展以"抓质量、增效益"为核心的服务企业活动。一年来，全省各级质量技术监督部门扎扎实实地开展工作，将服务企业活动进一步引向深入。10月，在商丘召开了全省质量技术监督系统服务企业工作汇报会，进一步促进了服务企业工作的发展。据不完全统计，全省各地质量技术监督部门共确定了2 500家企业为服务对象，创直接经济效益两亿多元。通过有效的服务，不仅提高了企业的产品质量和经济效益，而且使质量技术监督工作的业务领域得到拓宽，事业发展得到推进，树立了全省质量技术监督队伍的良好社会形象，赢得了政府、社会、企业和群众的广泛赞誉，同时，也受到了国家质量技术监督局和河南省委、省政府领导的高度重视。5月24日，省委书记马忠臣在新华社记者采编的"河南省质量技术监督服务比翼飞"的内参上专门做了批示："全省质量技术监督系统的工作在全省是走在前列的，望省质监局认真总结经验，继续走在全省各项工作的前列"。张涛副省长赞扬："技术监督部门开展为企业服务活动，想到了点子上，干到了点子上，为转变政府职能带了好头，很值得倡导和推广"。国家局简报、省委、省政府工作信息和新华社河南分社内参都相继刊登了技术监督部门服务企业活动的情况。《中国质量报》在头版显著位置连续三天整版刊登了我省质量技术监督系统服务企业的经验和做法。

**【党风廉政建设和行风建设】** 2000年，河南省质量技术监督局全面推行党风廉政建设责任制，进一步加强了党风廉政建设和行风建设。根据省委和国家局的部署，省质量技术监督局及各市地局开展了"三讲"教育"回头看"活动，促进了深入整改，巩固了"三讲"教育的成果。在着力要求各级局加大工作力度，加快事业发展的同时，省质量技术监督局进一步加强了党风廉政建设，强调严格依法行政，局党组专门下发了《关于严格依法行政，加强廉政建设的通知》，要求各级质量技术监督部门端正工作的指导思想，认清严格依法行政，加强廉政建设的重要性和紧迫性，正确处理好严格依法行政与加快发展的关系，处理好加大工作力度与廉政建设的关系，确保工作力度上去的同时，行业形象不能下来。各级质量技术监督部门高度重视，行动迅速，认真贯彻落实通知精神，不仅对行政执法和廉政建设方面存在的问题进行了自查，而且从建章立制入手，制定、修订了有关廉政建设的制度，严格责任追究，规范自身行为，行风廉政建设出现了新的局面。各地按照党风廉政建设责任制的要求，将党风廉政建设责任具体分解到领导干部廉政档案，加强了对干部的教育、监督和管理。为从源头上预防治理腐败，省质量技术监督局还有组织、有计划地开展收支两条线检查，对落实收支两条线规定三项清理进行了"回头看"。

**【精神文明建设】** 2000年，河南省质量技术监督局在全省系统开展了"争创文明单位"、"争做人民满意的公务员"和"争创机关文明处室"活动，使全省系统各级机关和基层单位的工作作风有了较大的转变，工作效率和服务水平有了明显提高。据统计，全省质量技术监督系统195个单位（含县、市、区局），已命名为文明单位145个，占单位总数的74.36%，其中：省级文明单位6个、市级文明单位27个，县级文明单位112个。

## 二、质量技术监督工作

### 1. 质量管理工作

**【全省质量工作会议】** 2000年4月，河南省人民政府在郑州召开了全省质量工作会议，会议传达贯彻了全国质量工作会议精神和《国务院关于进一步加强产品质量工作若干问题的决定》，全面部署今后一个时期的质量兴豫工作，推进河南质量振兴事业。中共河南省委书记马忠臣、省长李克强为会议发来贺信，充分肯定了近年河南质量工作取得的成绩和广大质量工作者对促进质量水平提高、推动经济发展作出的积极贡献。同时强调，质量水平代表着地方实力和形象，没有质量就没有市场，没有效益，更没有速度。要求各地各部门从战略高度重视质量工作，加强领导，定期研究解决质量、打假工作中的问题。省人大常委会副主任钟力生、省政府副省长张涛、省政协副主席杨显明、省经贸委副主任沈秋萍、省质量技术监督局局长刘景礼等领导出席会议并发表讲话，河南省政府有关厅局，各市地政府、经贸委和质量技术监督部门的主要负责人及省63家重点企业的代表近200人参加了会议。省政府秘书长贾连朝主持会议。

副省长张涛在会上发表了题为《实施质量兴豫，努力开创质量工作新局面》的重要讲话。他要求全省各地各部门要根据全国质量工作会议精神，结合河南实际，加强对今后一个时期全省质量工作的管理和监督。要引导企业面向市场加强质量工作；要以质量为中心，强化基础性工作；要改进和完善质量监督机制，强化质量法治，加大政府监督力度，依法严厉打击制假售假违法活动。他特别强调，要切实加强对质量和打假工作的领导，实行产品质量和打假工作行政领导责任制；要齐抓共管，形成合力，加强队伍建设，提高执法水平；要重视舆论宣传教育，营造质量振兴的社会氛围。他还提出了河南省质量工作的目标：到2001年，全省人民质量意识进一步增强，质量兴国，质量兴豫的观念深入人心，各行各业牢固树立质量第一的宗旨，质量法制建设、市场质量规则进一步完善，各主要产业和企业素质全面提高，全省产品质量、工程质量和服务质量水平不仅能适应国内市场的竞争，其中相当一部分达到能参与国际市场竞争的先进水平，质量振兴在两个文明建设中发挥重要的作用。

省人大常委会副主任钟力生希望各级政府、各有关部门把质量工作当成大事来抓，铁腕抓质量，为经济建设作出贡献。他要求各级人大常委会要进一步加大质量立法工作步伐和力度，为质量工作创造良好的法制条件，要加强对质量法律法规实施情况的监督检查，坚决支持打假工作，保证依法行政，做到严格执法、公正执法。省政协副主席杨显明要求各级政协利用优势，加大对质量工作的宣传力度，提高全社会的质量意识；通过政治协商，为质量工作争取政策措施，提供关心和支持；加强调查研究，为提高质量工作整体水平献计献策。

省经贸委副主任沈秋萍就全省经贸委如何加强质量管理工作与经贸中心工作“三改一加强”密切结合，提出了具体要求。省质量技术监督局局长刘景礼就进一步加大力度，做好质量技术监督工作进行了安排。会上，郑州、洛阳等市地，省建设厅、机电厅等有关部门和安钢、漯河“双汇”等名优产品生产企业共19个单位就如何做好质量工作进行了交流与探讨。会上还印发了《河南省人民政府关于贯彻国发[1999]24号文件，进一步加强产品质量工作的意见》。省政府办公厅副主任曹国营对会议进行了总结，要求各地区各部门结合本地实际，贯彻落实好会议精神，在适当时机召开专门会议，分析当地质量状况，明确目标，有针对性地解决问题，落实好质量工作和打假工作责任制。同时，他强调作为分管质量工作的质量技术监督部门，一定要切实负起责任，加强综合协调，给政府当好参谋，为经济发展作出贡献。

**【全省质量指标统计】** 2000年，河南省质量技术监督局对全省18个省辖市的441家主要工业企业产品质量进行了调查统计，调查结果显示：反映全年度主要工业企业产品质量水平和企业保证能力的产品质量等级品率为94%，呈稳步上升趋势。100家重点工业的产品质量等级品率为117%，高出全省平均水平23个百分点；工业生产销售情况良好，全年全省工业产品销售率为97%；全年工业企业质量损失额为5亿元，质量损失率0.47%，基本保持稳定；全年新产品产值率为14.4%，其产值为1.56亿元，开发能力有所增强。

**【质量理论培训】** 2000年，河南省质量技术监督局积极引导各市局开展内容丰富、形式多样的质量理论培训活动，推广先进的质量管理经验和方法，先后组织了“质量——21世纪经济竞争的核心和动力”外国专家质量管理学术讲座，举办了“中南六省（区）质量管理学术研讨会”、质量认证普及知识讲座、ISO 9000标准知识培训班、企业内部审核员培训班、QC小组培训班、QC小组质量诊断培训班等教育培训活动，进一步提高了全省质量技术监督系统和企业质量管理人员的整体素质。据统计，2000年全省共举办质量理论培训班60多期，受训人员达5 000多人次。

**【2000年质量月活动】** 2000年9月，河南省质量技术监督局按照国家经贸委、国家质量技术监督局的统一部署，组织开展了以“质量——新世纪的呼唤”为主题的质量月活动，成立了以刘景礼局长为组长、省委宣传部、省经贸委等5家单位参加的“质量月活动领导小组”。9月15日张涛副省长在《河南日报》上发表了题为《实施质量兴豫，提高全省质量整体水平》的署名文章，号召全省各地积极行动起来，广泛开展以宣传贯彻《产品质量法》为内容的质量月活动，为提高本省产品质量及质量管理水平多做贡献。同时，省质量技术监督局与河南电视台联合制作了以质量为主题的公益广告。全省各地积极响应，上下联动，齐心协力广泛开展了宣传《产品质量法》、《质量振兴纲要》、《河南省计量监督管理条例》等一系列法律、法规，打击假冒伪劣、弘扬名优产品，为企业服务等形式多样、内容丰富的活动。据统计，质量月活动期间，全省各地共组织开展了大规模宣传、咨询、展优、打假活动2 000多场（次），印发各类宣传材料20多万册（张），受教育人数50多万人（次），集中收缴、销毁假冒伪劣商品标值2 200万元。质量月活动的开展，提高了各级政府、社会各界特别是广大企业的质量意识及质量法制观念。

**【质量认证】** 2000年，河南省质量技术监督局进一步加大了质量认证工作的管理力度，组织开展了质量认证“5+3”工程，加强了对认证市场监管、认证咨询备案、认证培训等工作，有力地推动了全省质量认证工作的持续健康发展。2000年4月6日，中国方圆标志认证委员会河南审核中心通过了中国质量体系认证机构国家认可委员会

(CNACR)的认可,成为河南省唯一通过国家认可的独立的认证审核机构。截止2000年12月31日,全省累计730家单位通过了质量体系认证,全省共有251家企业的1 128种产品通过了国家产品质量认证,其中2000年全省共有223家企业通过了质量体系认证;95家企业的204种产品通过产品质量认证。中国方圆委河南审核中心成立当年受理了101家申请认证审核,颁发了73张方圆认证证书,占河南省获证企业的32.7%。

2000年,河南省质量技术监督局根据国家《质量认证咨询机构管理办法》,印发了《河南省质量认证咨询机构备案管理办法》,对全省质量认证咨询机构实施强制性备案,进一步规范了认证咨询市场。省局中州质量认证咨询中心共与60余家企业签订委托咨询认证服务协议,全年经过咨询服务取得ISO 9000认证企业53家。通过认证咨询,所服务企业经调查产品合格率平均提高5%以上,产品销售率平均提高3%以上,质量成本平均有所下降,内部管理效率有所提高。

**【生产许可证管理】** 2000年,河南省质量技术监督局进一步加强了工业产品生产许可证管理工作,实现了由分散管理向集中管理的过渡,各项管理和监督制度进一步完善,全年受理企业申报1 732个,获国家质量技术监督局颁证214个。

**【"用户满意产品"跟踪调查调动】** 2000年,河南省质量技术监督局针对市场上用户、消费者反映的热点产品质量问题,组织开展了对电视机、家用电脑、电热水器、电冰箱等耐用消费品进行"用户满意产品"及"用户不满意产品"质量跟踪调查活动。河南省公证处对活动过程和调查结果进行公证。12月18日,省质量技术监督局召开新闻发布会,向社会公布了这次调查活动的结果。通过跟踪调查活动进一步规范市场、引导消费、弘扬名优,帮助广大消费者识别产品的优劣,帮助生产厂家及时发现产品瑕疵和产品缺陷,督促生产企业、商家提高产品质量及服务质量。

**【质量管理小组成果发布会】** 2000年8月,河南省质量技术监督局、经贸委、科技厅、总工会、科协、团省委在许昌召开了"2000年度河南省质量管理小组成果发布会"。全省200多家企业的QC小组约500人参加了会议。会议总结了全省各条战线上的4.3万个QC小组紧紧围绕降低成本、降低消耗、提高质量、增加经济效益开展活动情况,为河南省的经济建设做出了突出贡献,全年全省QC小组活动创直接经济效益7.7亿元。会议向国家推荐了49个QC小组;评选出2000年度河南省QC小组成果奖,38个QC小组获省优QC小组成果一等奖,46个QC小组获省优QC小组成果二等奖,139个小组获省优QC小组成果三等奖,13个班组被评为河南省质量信得过班组,41位同志被评为河南省先进质量工作者,16个企业被评为河南省推行QC小组活动优秀企业,5家企业被评为河南省优质服务月先进单位,13篇论文被评为河南省质量管理优秀论文。

2. 质量监督工作

**【国家监督抽查】** 2000年,国家质量技术监督局抽查河南省370家企业生产(经销)的104类428种产品,合格357种,抽样合格率为83.4%,高于全国平均合格率4.5个百分点。

**【省监督抽查】** 2000年,河南省质量技术监督局在生产领域共安排抽查了195家企业生产的15类232种产品,合格199种产品,抽样合格率为85.8%。

**【产品质量定检】** 2000年,河南省质量技术监督局组织对全省3 577家企业生产的100类4 407种产品进行了定期监督检查,合格3 505种,合格率为79.5%,较1999年降低了2.3个百分点。大、中、小型企业产品抽样合格率分别为97.6%、92.3%、73.2%,三资、国有、股份、集体、个体(私营)企业产品抽样合格率分别为93.4%、88.7%、86.4%、79.9%、65.9%,检查结果表明小型、个体(私营)企业产品质量较差,是制约我省产品质量进一步提高的重要原因。经对受检企业调查,产品出厂按规定逐批检验的占61.4%,不按规定检验的问题仍比较严重。针对定检中反映的问题,依据有关法律法规的规定,按照后处理五项制度的要求,寓监督检查后处理工作于服务之中,采取切实有效的措施,加大力度,强化了后处理工作,提高了监督检查的有效性。据统计,全省18个市共召开了37次质量分析会,举办了22期不合格厂长(经理)学习班,对29家产品质量严重的企业进行了公开曝光,对4家产品质量连续不合格企业的厂长(经理)免去职务,对产品质量问题严重的企业依法给予了经济处罚。

**【城乡电网改造使用产品监督检查】** 2000年,河南省质量技术监督局对城乡电网改造工程使用的电线电缆、镀锌钢绞线、钢芯铝绞线、配电柜(箱)、电能表、电杆、低压开关等产品进行了重点检查。全省质量技术监督部门共出动898人次,检查了249个供电部门,357个正在建设的城乡电网改造工程、479个电网改造工程的物资供应站,共涉及891家生产企业的7类2 386批次产品,标识合格1 694批次,抽查合格率为71.0%;产品内在质量检验834批次,合格498批次,检验合格率为59.7%。

**【游乐设施安全检查】** 2000年,河南省质量技术监督局根据国家质量技术监督局的要求,在全省范围内先后组织安排;游乐设施安全、"太空船"类游艺机安全等专项检查,在检查工作中,各级行政执法部门注意宣传游乐设施大检查工作的重要性和必要性,增强了游乐设施经营后的安全意识和遵守安全法规的自觉性,为青少年儿童的活动营造了一个安全有序的环境,通过全省的大检查工作,做到了凡是不符合安全质量要求的游乐设施,一律责令停运,限期整改。2000年我省未发生一起因游乐设施而发生的人身伤亡事故。

**【监督抽查后处理工作】** 2000年,河南省质量技术监督局,依据国家、省有关法律、法规、规章的规定,对1999年第3、第4季度和2000年第1、第2季度国家监督抽查和省监督抽查不合格企业进行了整改。全省共有90家企业生产(经销)的95种产品质量不合格,省质量技术监督局及时将抽查结果向省政府进行了报告,向各市政府及质量技术监督部门进行了通报。对抽查不合格企业提出了处理意见,要求不合格企业一把手亲自抓产品质量整改工作,按照"三不放过"的原则,发动全厂职工认真查找产品质量不合格的原因和质量责任,制订具体的整改措施,保证产品质量整改到位，责任落实，并及时向质量技术监督局写出整改报告。省质量技术监督局有针对地进行了跟踪检查。目前，全省不合格企业整改率达到100%。全省除33家生产(经销)企业的33种产品停产(撤柜)外，其余62种产品经复查合格，产品复查合格率为100%，为全面提高全省产品质量打下了比较好的基础。

**【市场监督抽查】** 2000年，省质量技术监督局共抽查35种市场商品1 834批次，涉及农资类、建材类、食品饮料类、首饰、家俱、服装、医疗器械、热水器类等与人们生命财产、家居生产密切相关产品。其中天然石材放射性检验按标准规定以类别判定，不计入总体合格率。全年市场抽查纳入合格率计算的共计1 713批次，合格1 039批次，合格60.02%。

**【"查市场、保两节"执法大检查】** 2000年，河南省质量技术监督局按照国家质量技术监督局《关于2000年元旦、春节期间在全国开展"查市场、保两节"执法大检查活动的通知》要求，在全省范围内开展了"查市场、保两节"执法大检查活动，取得了显著成效。据统计，这次执法大检查活动中，全省共出动执法人员75 924人次，查获伪劣产品标值7 530万元，检查专业市场801个，检查专业商业街793条，检查商业门店55 856家，查处销售伪劣产品商店9 589家，摊店5 486家，端掉制假售假窝点278个，查处违法案件7 279件，移送司法机关案件63个，质量检查商品17 063批次，质量合格商品10 431批次，检查食品标签12 609种，合格食品标签10 678种，现场检查在用计量器具28 921台(件)，合格计量器具22 977台(件)，检查定量包装商品12 524批次，合格定量包装商品10 089批次。

**【创建"购物放心一条街"活动】** 2000年，河南省质量技术监督局按照国家质量技术监督局关于创建"购物放心一条街"的总体部署，对全省创建活动进行安排布置，各地有领导、有组织、有计划地开展了创建"购物放心一条街"活动。18个市地结合当地情况，分别确定了创建"购物放心一条街"试点街道。郑州市北二七路、洛阳市中州中路、漯河市交通路被确定为创建国家"购物放心一条街"试点街道。

**【啤酒瓶市场大检查】** 2000年，河南省质量技术监督局为深入贯彻执行《啤酒瓶》(GB 4544—1996)国家标准，召开省轻工总会，省酿酒工业协会及省内较大啤酒生产企业领导参加的座谈会，派出专门人员深入重点地市，及啤酒生产企业调查研究，并向省政府写出专门报告，以规范全省啤酒市场，杜绝"非B瓶"啤酒的生产和销售，为各啤酒生产企业提供一个公平竞争的经营环境。同时，在全省生产、流通领域进一步加大对"非B瓶"啤酒的监督检查力度，在广泛宣传大造声势的基础上，抓源头，查市场，实施拉网式检查，使"非B瓶"啤酒的生产和销售得到了有效遏制。

**【假日市场专项检查】** 2000年，河南省质量技术监督局按照国家质量技术监督局统一部署，在国庆节前后围绕"加强监督检查，净化假日市场，服务假日经济"这一主题，有针对性地在全省开展了质量、计量执法检查和打假活动，促进了我省旅游事业的健康发展。据统计，全省共出动执法人员9 300人次，检查旅游景点、旅游商店997个，检查宾馆饭店826个，检查商品质量3 210批次，合格2 632批次，检查食品标签10 714种，合格7 607种，现场检查计量器具9 813件，合格7 318件，查处违法案件866件，端掉制售假冒伪劣产品窝点53个。

3. 标准化工作

**【农业标准化】** 2000年，河南省实施的6个国家级农业标准化示范区项目，示范工作进展顺利，成效显著，已按国家局的要求，完成示范任务。唐河县黄牛综合标准化示范区，2000年扩大到对39个育肥场30万头黄牛实施了标准化的管理，黄牛的品质和等级有明显提高，三年创效益3.2亿元；永城市小麦综合标准化示范区，2000年示范区面积扩大到6.67公顷，平均单产比前三年每公顷增产968千克，新增效益7 747万元；扶沟县一麦两玉米标准化示范区，全县示范户11.8万户，示范面积2.08公顷，平均增产6 000千克/公顷，新增产值0.97亿元；平舆县的白芝麻标准化示范区，面积5.07万公顷，平均增产432.5千克/公顷，新增产值1.2亿元；新郑市大枣标准化示范区，标准化示范区8个，示范村158个，示范户6.3万户，示范面积1.1公顷，平均增产3 032千克/公顷，新增产值2.4亿元；延津花生标准化示范区，开展示范后增效明显。

省级农业标准化示范项目，按计划实施，取得较好的成效。11个示范项目为：内乡县伏牛白山羊综合标准化、汤阴县平菇标准化、渑池县谷子标准化、温县优质小麦标准化、正阳县优质生猪标准化、郑州市无公害蔬菜、许昌市花卉标准化、中牟大蒜标准化。

市、县级农业标准化项目的广泛深入开展，受到农民的欢迎，政府赞誉，取得了良好的社会效益和经济效益。全年市、县质量技术监督局开展的农业标准化示范项目26项。南阳市13个县(市、区)已全部开展了各具特色的农业标准化项目，据统计，每年可直接创经济效益和社会效益3.2亿元。三门峡市5个县区开展了11个农业标准化项目，制定实施农业标准31个，通过农业标准化项目的开展，促进了"一优双高"农业发展。

**【采用国际标准】** 2000年，河南省质量技术监督局认真贯彻"鼓励引导、积极推进、企业自主、分类指导"的采标工作方针，积极采取措施，加大工作力度，加快了采用国际标准工作的步伐。全年总计完成产品采标确认222项，完成采标标志备案114项，涉及冶金、建材、电工、电子、机械、化工、轻工、纺织、医药等主要行业，为提高全省企业标准化水平、提高产品质量、增强市场竞争力，作出了积极的贡献。

**【标准备案】** 2000年，河南省质量技术监督局对标准备案工作作了较大的调整，进一步规范了备案程序，增加了工作透明度和制度化，受到广大企业的好评。全年备案企业标准726个。

**【标准宣贯】** 2000年，河南省质量技术监督局加强了对涉及安全、卫生规范的国家标准宣贯工作。加大对GB 17790—1999《房间调节器安装规范》强制性国家标准的贯彻实施，组织省标准化协会和各市质量技术监督局对本地区空调器安装人员进行培训，有效地规范空调器安装市场，保护了消费者、生产者和安装企业的合法权益。

**【进口机电产品标准化审查备案】** 2000年，河南省质量技术监督局认真落实《进口机电产品标准经审查备案管理办法》,加强与省经贸委、省机电办等部门的直辖市联系,积极做好对进口机电企业的服务工作,全年共完成5个进口机电产品项目的标准化审查备案工作。

**【食品标签审查监督】** 2000年,河南省质量技术监督局认真作好食品标签的审查认可工作,共完成1 000多种食品标签的认可。继续开展了食品标签的监督检查,对口25家生产企业、5 237家经销企业的14 882种产商品的标签进行了监督检查,合格率88%。

**【依法治理无标生产】** 2000年,全省依法治理无标生产工作成绩显著,21个县市区通过了依法治理无标检查验收,对正式生产1991年企业的4 861个产品完成了调查摸底,帮助企业查询标准1 935个,帮助企业制定标准213个,为企业备案标准374个,帮助、协助1 018个企业按标准组织生产,完善检测手段,产品标准覆盖率由治理前的平均50%提高到治理后的98%。通过依法治理无标生产工作的有效服务,使企业收益很大,有的还使企业摆脱困境,走上良性发展的道路。至此,全省所有县(市)全部通过了依法治理无标生产工作验收,并实现了经常性的动态管理。

4. 计量工作

**【法制计量管理】** 2000年,河南省质量技术监督局为了规范法制计量管理工作,依据国家计量法律法规组织修订了《河南省技术监督局计量认证工作程序》、《河南省技术监督局计量标准考核工作》、《河南省技术监督局计量器具新产品样机试验工作程序》。(1)加强了制造计量器具企业生产管理。完成了1999年度计量器具制造生产许可证年审公告发布工作,对不符合制造计量器具许可证条例的企业进行吊销;全年安排计量器具样机试验企业96个,已取证61个,办理样机试验合格证书75个;颁发制造计量器具许可证16家;计量器具新产品定型1家。对燃油加油机、税控出租汽车计价器、水表、煤气表、电能表、衡器等6种计量器具进行重点整顿。协同省国家税务局,进行了燃油加油机加装税控装置的试点工作,对加油机税控装置进行了招标选型。(2)加强计量技术机构和强检计量器具管理。筹建设立了河南省蒸汽计量检定站和河南省煤炭安全仪器计量检定站,填补了我省对分流旋翼式和涡轮式蒸汽流量计两型号的计量器具强制检定的空白,实现了全省煤炭安全仪器强制检定的全面覆盖;完成12家法定计量检定机构的监督抽查工作和对部分县级法定计量检定机构的抽查指导。全年受理计量标准考核共386项,完成计量标准考核323项,其中新建计量标准121项,复查计量标准202项。(3)完成质检机构及其检测机构计量认证工作。组织完成计量认证及审批发证150多家。对通过计量认证机构的进行了监督检查工作。全年受理组织社会计量行(站)计量认证评审6家,完成评审报批发证3家。

**【计量监督】** 2000年,河南省质量技术监督局通过加强计量监督,促进了计量法律法规的贯彻落实,提高了依法开展计量工作的有效性。(1)在全省统一开展电能计量检定检查工作,进一步加强对电能计量的监督管理,有效地规范了电能市场的计量行为,保护了国家和消费者的利益。(2)印发了《关于加强用于贸易结算蒸汽流量计强制检定工作的通知》,加强对蒸汽流量计的强制检定管理,提高强制检定受检率,保护了供热双方的利益。(3)为维护农民和粮食收购部门的合法权益,制止短秤缺量等计量违反行为,在夏粮收购期间组织开展专项计量监督检查,保证了收购用贸易结算计量器具合格率95%以上。(4)对报纸、期刊、电视、路牌、橱窗、印刷品、霓红灯等新闻媒体刊登、设置的广告使用国家法定计量单位进行监督检查。宣传了使用法定计量单位的意义和使用方法,促进了全省法定计量单位的正确使用。

**【企业计量工作】** 2000年,河南省质量技术监督局在1999年开展定量包装商品监督检查的基础上,针对企业存在的问题,对部分定量包装生产企业进行回访帮促,促进企业贯彻国家关于定量包装商品计量允差规定,加强内部计量管理,提高了企业信誉,维护了企业和广大消费者的利益。同时,继续在全省开展企业计量合格确认活动,全年完成企业计量合格确认250家;积极组织发动大中型企业参加国家组织的完善计量检测体系确认,全年完成郑州天然气公司、开封十一化建2家企业。

**【光明工程】** 2000年,河南省质量技术监督局根据国家质量技术监督局的部署,在济源召开了全省开展"光明工程"动员座谈会,全面启动了"光明工程";与省劳动保障厅联合下发了《关于全省眼镜从业人员实行职业资格证书制度的通知》,组织对眼镜验光人员、定配工进行统一培训,并组织制订发布了强制性地方标准DB41/148—2000《河南省眼镜行业企业计量、质量等级评定规范》,为规范全省的眼镜行业提供了依据。

5. 打假治劣工作

**【专项打假活动】** 2000年,河南省质量技术监督局围绕"三重一大",突出了对农资、建材、卷烟、汽配、燃气用具、食品、化妆品、低压电器、通讯器材和医疗器械10类重点产品的专项治理工作。先后组织开展了汽车配件、车用燃料油、农资产品、燃气用具和螺纹钢等建筑用钢材5个专项打假活动,查处了一批制假售假、掺杂使假、以次充好、计量违法和无证生产案件,严厉打击了制假售假违法行为。据不完全统计,全省质量技术监督系统共出动执法人员6.7万人次,捣毁制假售假窝点430余个,查获假冒伪劣商品货值总额1.49亿元,查处案件7 500余起,其中5万元以上的大案要案120起。

**【打假联合行动】** 2000年,河南省政府为认真贯彻落实《国务院关于开展严厉打击制售假冒伪劣商品违法犯罪活动联合行动的通知》(国发[2000]32号)和全国打假联合行动电视电话会议精神,根据国务院统一部署,结合河南实际,印发了《关于在全省开展严厉打击制售假冒伪劣商品违法犯罪活动联合行动的通知》(豫政[2000]68号),决定从2000年10月26日至2001年2月28日在全省范围内开展一场既声势浩大又讲求实效的打假联合行动。河南省质量技术监督局按照国务院和省委、省政府的统一部署,充分发挥打假主力军作用,认真履行省政府打假办的职能,及时制定了全省打假联合行动实施方案,围绕"三重一大",确定了11种重点产品、15个重点市场、11个重点地区和8个大案要案为打击重点,组织协调10多个执法部门和全省系统开展了以打击假冒卷烟、劣质钢材、农网改造重点产品、劣质油品、掺杂使假棉花和双节市场商品为重点的10个专项打假战役，查处了一批大案要案，取得了阶段性成果。截止2001年2月28日，在打假联合行动中，全省共出动执法人员51.4万人次，查获假冒伪劣商品货值总额5.22亿元，销毁假冒伪劣商品货值总额2 350万元，捣毁制假售假窝点2 360个，破获犯罪团伙19个，查处案件5.16万起，其中货值金额5万元以上的大案要案704起，移交司法机关处理案件71起、移交司法机关处理人员154人，判刑14人，党政纪处理干部30人(其中，全省质量技术监督系统出动执法人员30.1万人次，查获假冒伪劣商品货值总额3.67亿元，销毁假冒伪劣商品货值总额1 370万元，捣毁制假售假窝点1 490个，破获犯罪团伙12个，查处案件47起、移交司法机关处理人员97人，判刑15人，党政纪处理干部23人)。通过打假联合行动，一大批假冒伪劣商品和大案要案被查处，制假售假窝点被捣毁；制假售假严重的重点市场得到有效监控；重点地区区域性、集团性制假售假的势头得到基本遏制；名优产品生产企业和外商投资企业合法权益得到有效保护；人民群众法制意识，质量意识普遍增强，依法维权意识逐步深化；市场环境得到进一步净化，春节期间投诉率大大降低。同时，联合打假也大大提高了质量技术监督部门大政府中的地位，进一步扩大了质量技术监督系统的社会影响。

**【3·15现场质量申诉活动】** 2000年3月15日，河南省各级质量技术监督部门在当地地域最繁华热闹的地点，举行形式多样的"3·15"国际消费者权益保护日现场质量申诉活动，取得了显著成效。据不完全统计，现场受理申诉6 286件，解决2 582件，解决货值1 633万元。现场设投诉台3 470个，各级检验机构，商业企业共计1 600家参加。接待咨询、检验、服务的消费者达92 751人次。

*6. 法规宣传工作*

**【《河南省计量监督管理条例》颁布实施】** 2000年5月27日河南省第五届人民代表大会第十六次常委会议通过并于2000年8月1日起施行。《条例》共分八章四十八条。内容涉及立法宗旨、适用范围、管理职责，有关法定计量单位的使用、计量器具管理、商贸计量、计量检定、认证和确认、计量监督等计量行为规范，以及违反相应规范应承担的法律责任。《条例》有以下几个突出特点：一是明确规范了商贸活动中，包括计量器具的配备、使用、检定，结算商品量或提供服务量的计量要求。二是明确规定了与人民群众生活密切相关的水、电、燃气、热力、燃油等行业使用计量器具供应方申请强制检定的义务。三是明确规定县级以上计量行政部门对房屋面积实施监督的职责。四是对计量器具的制造、修理、销售、使用、安装、出租、检定等行为规范进行了细化和补充完善。五是加大了对计量违法行为的处罚力度。《条例》的颁布，标志着河南省计量监督管理工作跨入一个崭新的历史阶段。《条例》的实施，对于加强计量监督管理，保障全国计量单位制的统一和量值的准确可靠，促进科技进步，提高产品质量，规范商品交易和经营性服务活动中的计量行为，维护社会经济秩序，加强经济发展，保护国家和人民的利益必将发挥重大作用。

8月1日《条例》开始实施，省质量技术监督局组织了广泛深入的宣传月活动。在省人大的领导下，召开了贯彻《河南省计量监督管理条例》新闻发布会；组织了宣贯培训，并对全省自来水行业主管计量的人员进行了培训。《中国计量》杂志全文刊登了《条例》，并发表了省质量技术监督局刘景礼局长署名的文章《河南省计量事业发展的里程碑》。通过一系列的宣传工作，使《条例》的贯彻做到家喻户晓、人人皆知，提高了广大人民群众的计量法律意识。

**【法规宣传】** 2000年，河南省质量技术监督系统法规宣传工作取得明显成效。省质量技术监督局把"越权执法"、"该处罚不处罚"、"不该处罚乱处罚"和擅自检查运输中的产品等问题作为执法监督的重点，认真纠正了执法违法行为和不行政行为，组织全系统开展了执法监督检查，有组织、有计划地开展了治乱减负回头看活动和减轻企业负担检查，治乱减负工作受到省政府领导及国家质量技术监督局、省减负办的好评；认真开展了执法文书的检查评比工作，有效促进了全系统依法行政工作。结合"中国质量万里行"、"中州质量行"、"3·15消费者权益日"、"打假联合行动"等重大活动，加大了对质量技术监督法规的宣传，弘扬名优产品、曝光假冒伪劣，增强了全国的质量法制观念和自我保护意识，先后对贯彻新《产品质量法》、《河南省计量监督管理条例》、质量技术监督服务企业、打假联合行动等进行了系列宣传报道，引起了社会各界的关注。

## 三、质量技术监督机构简况

**【河南省质量技术监督局内设机构】** 河南省质量技术监督局内设机构有：办公室、计划科技处(挂省防伪办公室牌子)、法规宣教处、财务审计处、人事劳动处、质量处、监督处、标准化处、计量处、锅炉压力容器与特种设备安全监察处、许可证管理处(挂河南省工业产品生产许可证办公室牌子)、离退休干部工作处；设有机关党委、纪检监察室，机关编制为99人。

**【直属机构】** 河南省质量技术监督局直属机构有：河南省质量技术监督稽查总队、河南省组织机构代码中心、河南省计量测试研究所、河南省产品质量监督检验所、国家建筑装修材料质量监督检验中心、河南省纤维检验局、河南省技术监督情报研究所、河南省技术监督培训中心、河南省质量技术监督局机关事务服务中心。

**【学会协会】** 挂靠在河南省质量技术监督局的单位有：河南省计量协会、河南省标准化协会、河南省质量管理协会、河南省质量检验协会、河南省计量测试学会、河南省中州质量认证咨询中心、中方委河南审核中心、河南省质量认证培训中心。

**【市、县级机构】** 截止2000年底，河南省共有18个市(地)、108个县(市)、29个市辖区设置了质量技术监督局。全省质量技术监督系统共有各类技术检验机构267个，其中：计量机构114个、质检机构103个、纤检机构8个、标准情报机构7个、综合技术机构35个。全省质量技术监督系统人员总数16 618人，其中：技术人员占72.13%，大专以上文化程度占31.17%，中专文化程度占41.29%。

撰稿人　采连斌

审稿人　吴永胜

# 湖北省质量技术监督工作

## 一、概　　述

全省质量技术监督系统干部职工认真贯彻党的十五届五中全会和全国质量工作会议精神，克难奋进，求是创新，紧紧抓住垂直管理和机构改革的契机，全面加强自身建设，充分履行两大职能，积极探索适应新形势需要的管理模式，协助省政府对全省的质量工作和打假工作实行目标责任制管理，对本系统内的双文明建设和党风廉政建设也实行目标责任制管理，有力地推动了各项工作的开展，全年工作取得新的成效。

## 二、质量技术监督工作

### 1. 质量管理工作

**【推进质量振兴】** 3月省政府召开全省质量工作会议，对质量工作作出全面部署。省政府出台《关于进一步加强产品质量工作的实施意见》。省局在全省组织开展"三查"活动，对695家质量管理联系点企业的质量管理现状进行调查。在联系点企业普遍开展降废减损活动，湖北双环公司和武汉石油化工厂在全国降废减损经验交流会上进行典型交流。枣阳市代表全省在全国"质量兴市"经验交流会上作了典型发言。全省共有5 000余名企业职工接受TQC基本知识教育，516名管理人员和职工接受ISO 9000系列标准培训，朱兰研究院执行院长Peter先生到汉举办"质量世纪的领先者"专题讲座。全省注册的质量管理小组达21 223个，创可计算经济效益4.3亿元。有75个小组获得全国优秀质量管理小组称号，4个班组被授予全国质量信得过班组称号，5个企业被授予全国质量管理小组活动优秀企业称号，4人被授予全国质量管理小组活动卓越领导者称号。省内有8家质量管理先进企业和16位质量管理先进个人受到国家局的表彰，有40家企业参加"质量月"在北京举行的"新世纪质量宣言"大会。

**【实施精品名牌战略】** 全年共有100家企业96个品牌127项产品被确认为省精品名牌产品，同时下达2000～2002年精品名牌确认滚动计划。制定了"湖北省重点扶植名优产品工作方案"。省局与省政府发展研究中心共同举办"湖北精品名牌授牌暨实施精品名牌战略研讨会"。

**【生产许可证管理】** 在做好国家发证产品的申报、审核工作的同时，开展对非白酒、纯净水和黄磷的省生产许可证的发证工作，布置全省棉花加工企业的复查换证工作。省生产许可证审核中心正式成立，全省许可证审核员队伍初步建立。

**【质量宣传】** 结合宣贯新《产品质量法》，除开展"3·15"和"质量月"的集中宣传外，在《湖北日报》上开办"质量技术监督"专版，坚持每月刊出两版，在省电视台举办为期一个月的专题联播。省局就"3·15"宣传活动和打假联合行动召开两次新闻发布会。

### 2. 监督执法和打假工作

**【产品质量监督】** 针对重点产(商)品，抓好质量监督检查和后处理，加大专项监督检查力度。全年国家监督抽查全省200家企业生产的86类247个产品，合格率为77.7%，比全国平均合格率低1.2个百分点，比1999年同期下降0.9个百分点；省定期监督抽查438家企业生产的784批次产品，合格率为96.9%，同比下降1.2个百分点。对国家抽查不合格企业的整改面达到了100%，对影响大、涉及面广的不合格问题及时召开质量分析会，达到抽查一类产品、规范一个行业的目的。年内组织完成全省饲料、塑料电线、电力变压器的监督检查和复混肥、磷肥、瓦楞纸箱的专项监督检查，以及纯净水、塑料电线、PVC管材、电热水器、鞭炮和汽油的市场监督检查。针对城乡电网改造工程中暴露出来的质量问题，重点组织对"两网"改造设备器材质量的专项监督检查，共检查100多家相关生产企业和500多处施工工地，涉及器材货值30 023万元，其中不合格器材货值2 401万元，依法查处一批标值较大的案件。同时组织省内3类7项产品申报国家免检产品。

**【棉花质量监督】** 全年完成棉花公证检验4 903批，15.252万吨，比1999年增加1 930批6.88万吨。其中经营性棉花2 907批，8.20万吨，储备棉1 110批，4.488万吨，出疆棉492批，10.54万吨，商品棉394批，1.51万吨。棉花质量监督检验覆盖面为97.2%，总量5万吨。

**【行政执法】** 省局围绕"三重一大"，组织全省系统深入扎实地开展了"查市场，保两节"、"查农资，保春耕"、"查食品，保健康"、"查建材，保建设"等专项执法打假和整治工作，全年全系统出动执法人员近47 100人次，立案查处案件10 158起，其中大案要案405起，查处假冒伪劣商品货值18 913万元，销毁假冒伪劣商品货值332万元，捣毁制假售假窝点951个，移送司法机关处理案件25起。针对棉花质量问题突出的状况，省局组织全省纤检系统开展棉花专项打假工作，共查处棉花质量案件144起，货值金额2 305.55万元，为国家和棉纺企业挽回巨大经济损失。同时，全省系统立案查处200多起市场定量包装商品计量违法案件。

**【打假联合行动】** 省"打假办"积极发挥组织协调作用，拟定了全省联合打假实施方案，经省政府批准下发实施，迅速在全省范围内掀起打假联合行动高潮，取得显著成效。从10月26日至年底，全省各地、各有关职能部门出动执法人员共89 630人次，共查获假冒伪劣产(商)品标值达19 144万元，查获制售假冒伪劣产(商)品案件8 734起，其中10万元以上案件318起，捣毁制假售假窝点944个，移送司法机关审理案件142个，协助公安部门拘审125人。省局在承担省"打假办"职能的同时，指导全省系统发挥打假主力军的作用，于12月1日和20日组织了两次全省联合打假突击行动，集中力量，迅速行动，着力端窝打点，查办大案要案，取得突出战绩。12月1日当天全省系统共出动执法人员3 617人次，查获假冒伪劣商品标值2 443.92万元，极大地震慑了违法犯罪分子。其中省局取缔武汉市和丹江口市几家小钢厂等十余起大案要案产生广泛的社会影响。

在各级“打假办”组织下，全年全省各级各执法部门共查获假冒伪劣商品货值 30 465 万元，销毁假冒伪劣商品货值 6 876万元，立案查处案件 21 373 起，移送司法机关处理案件 128 起，拘留收审制假售假违法犯罪分子 27 人，判决 13 人，捣毁窝点 1 666 个。

**【锅容管特安全监察】** 10 月省级实现与劳动部门锅容管特安全监察职能和机构的划转。全省系统认真履行锅容管特安全监察职能，在用锅炉压力容器、压力管道及特种设备的定期检验率为 87.8%，重大设备事故查处结案率达到 100%。承压和特种设备的注册登记管理和执法工作也已启动。

**【质检技术机构建设】** 对 10 个市州级质检所和 23 个授权质检站进行了复查考核，对其中 5 个所和职能没有交叉的 5 个站进行了换证。省民政厅批准成立了“湖北省质量监督与检验协会”。

3. 标准化工作

**【消灭“无标”生产】** 全年有 28 个县(市、区)通过消灭“无标”生产验收，至此全省 100 个县(市、区)全部通过消灭“无标”生产验收，全省进入巩固消灭无标生产工作成果和动态管理阶段。消灭无标生产工作在提高全民标准化意识、加强企业技术基础工作、提高产品质量整体水平、规范市场行为上已经体现出明显的作用。

**【采标工作】** 为完成省政府下达的目标任务，尽快缩小我省在采标工作上与其他省市的差距，省局采取有力措施，深入企业抓宣传，对地方局实行目标责任制考核。2000 年共有 210 项重点产品采用国际标准和国外先进标准，全省采标产品累计达到 3 788 项，有 51 项产品使用采标标志，累计达到 278 项。

**【农业标准化工作】** 省局多次到农业标准化示范区检查调度，现场办公，第二批 4 个示范区除“高体银鲫”外，“水产养殖”、“银杏”和“甜橙”顺利通过国家局组织的验收，取得良好的经济和示范效益；有 17 项农业地方标准完成制修订，由省局批准发布；仿制烟叶实物标准样品 907 套，其中烤烟 620 套，白肋烟 260 套，名晒烟 14 套，香料烟 13 套；仿制棉花实物标准样品 2 600 套，其中皮辊棉 1 550 套，锯齿棉 1 050 套。下半年，省局与省烟草专卖局对烟叶标准执行情况进行检查，标准等级合格率在 70%左右。

**【标准制修订及宣贯】** 全年共制修订地方标准 29 个，完成企业标准备案及复审 3 792 项，对 12 项进口机电产品进行标准化审查备案；省级组织 12 项国家重要标准的宣贯工作，培训标准化资格人员 500 多人次，全省获证人员参加培训累计已达 6 186 人次。

**【标准信息工作】** 标准文献馆藏与服务得到巩固和加强，馆藏总量经过结构调整后保持在 22 万件(不含复印本)，全年受理标准文献咨询近 6 000 人次，提供有效标准文献 2 万余件。以标准信息资源为依托，筹建“湖北省 WTO/TBT 通报咨询中心”。初步实现标准化工作向电子商务领域的拓展，省信息所与省电子商务安全证书管理中心达成将代码信息标识嵌入数字安全证书形成“网上身份证”的意向，并在激光负离子多功能过滤器、数字化磁性无损检测仪等专利转化为产品方面发挥了重要作用。

**【两码工作】** 全省组织机构代码数据库总量累计已达 348 161 条。代码数据库质量指标即重错码率一直控制在 0.01%以内。代码网络建设取得突破，76 个办证点中有 75 个实现联网，并通过网上远程交换数据。在鄂州市开展公共信息卡应用试点，成效明显，受到广泛好评。“湖北省组织机构代码信息管理网络”及其配套的公共信息卡系统获得国家局颁发的技术创新奖。商品条码使用资格申请、技术咨询、质量保障服务体系逐步完善，累计有 2 000 多家企业注册成为中国商品条码系统成员，有 10 000 多种不同规格的产品采用国际通用商品条码标识。商品条码技术的推广，有力地促进了我省外向型经济的发展和现代化商业网点的建立。

4. 计量工作

**【法制计量管理】** 按照分类指导的原则，加大法制计量监督管理和领域开拓力度，完成中小企业计量合格确认 254 家；完成计量器具强制检定 104 万台(件)，全省强制检定覆盖率超过 90%；积极实施“光明工程”，培训考核眼镜从业人员 890 人次。按照国家局的部署，加强对 6 种重点管理计量器具的监督管理，颁发样机试验合格证书 88 个，制造计量器具许可证 27 个。制定《关于加强贸易结算电能表强制检定工作的实施意见》，进一步明确了质量技术监督部门对电能计量进行监督管理的有关职能与工作方式。

**【商品量的计量监督】** 以《定量包装商品净含量计量检验规则》的宣贯为重点，完成师资力量的培训，组织开展全省定量包装生产企业基本情况的调查摸底，并加大监督管理力度。结合“3·15”、重大节日和创建“购物放心一条街”等活动，开展全省性的市场专项计量监督检查，抽查集贸市场和商业企业在用计量器具 8 000 余件，没收、销毁不合格计量器具 870 多台件，抽查商品 236 种 4 000 多批次，现场处罚 1 200 多起、立案查处 200 多起市场定量包装商品计量违法行为，有力地打击了计量违法行为，维护了市场秩序。

**【法定计量技术机构建设】** 年内完成计量标准考核(复查)410 项，培训计量检定员 1 200 多人次，依法吊销 48 个单位的计量认证合格证书。

5. 认证工作

围绕实施“五个一(百)”工程，积极开展产品质量认证和质量体系认证工作，取得实质性进展。截至 2000 年底，全省已有 557 家企业通过质量体系认证，有 165 家企业获得 682 张产品质量认证证书，拥有国家注册审核员 429 名，在省局注册的质量认证内部审核员达到 3 624 名，有 17 家检测机构通过中国实验室认可委员会的认可。按照政事分开的要求，完成中国方圆认证委员会湖北审核中心的组建工作。启动质量认证机构的备案，开展 2000 版 ISO 9000 标准的转换培训。省局从 1998 年通过体系认证的企业中选取 7 家进行回访，取得关于企业获证后体系运行情况、产品实物质量、市场开拓、企业经营效益、对认证工作的意见等多方面的一手资料。

撰稿人　王高辉
审稿人　刘源超

# 湖南省质量技术监督工作

## 一、概　　述

2000年，湖南省质量技术监督系统实行垂直管理新体制。全省质量技术监督工作，以努力营造良好的市场环境、消费环境和投资环境，着力推动全省质量总体水平全面提高为目标，全面履行综合管理和行政执法职能，在提高质量、净化市场、加强技术基础、强化安全监察和推进国际惯例接轨等方面取得新成绩。

**【质量技术监督管理体制改革和机构改革取得重大进展】** 在1999年管理体制改革的基础上，加快步伐，完成市、县两级质量技术监督部门编制上划和人员上收，行政机构和技术机构的设置及人员编制的重新核定，领导班子的考察与配备，以及确定经费上划基数、统一财务管理制度，完成国有资产的划转等项工作。年初，全省质量技术监督部门统一更名，并按垂直管理新体制运行。省局机关机构改革圆满完成。此次改革，省局划入职能11项，划出或交由社会中介组织或企业自主管理的事项共7项；职能处室由原12个精简为10个，减17%；行政编制由原121名精简为70名，减42%；正副处级领导职数由原36名精简为28名，减22%；机关干部的平均年龄由原来的46.3岁下降到43.4岁；公务员文化程度大专以上比例由81.1%上升到94.1%；处级以下干部轮岗达到70%，其中13名处长(主任)和6名所长全部换岗。

**【质量技术监督工作有效性不断提高】** 一是质量工作进一步深化。通过《湖南省质量振兴规划》的颁布实施，全省质量工作会议的召开，指导企业开展质量自查活动，宣传贯彻新修订的《产品质量法》，继续推进“实施名牌战略”和企业质量认证等工作，全省质量工作取得新成绩。2000年全省有92项产品获质量奖，93个产品被认定为湖南名牌产品，99家企业获质量体系认证证书，95个产品获产品质量认证证书，40家企业授予质量管理先进企业，69名个人授予质量管理先进工作者，146家非公有制企业授予“质量信得过单位”。二是执法监督与“打假”工作力度加大。国家依法监督抽查湖南省193家企业208种产品，159种合格，平均抽样合格率为76.4%；省级抽查1 004家企业1 362批次产品，其中合格1 305批次，合格率为95.81%；市(州)县级抽查15 763家企业，18 484批次产品，其中合格14 514批次，合格率为78.52%。检查商业企业40 906家，检查商品78 220批次，其中合格57 301批次，合格率为73.26%，查出伪劣商品12 642批次，占检查商品批次总数的16.16%，查出不合格商品价值9 478.81万元，其中伪品价值3 978.5万元。全省打假联合行动形成态势。全年共查处制假售假案件15 150起，捣毁制假售假窝点1 206个，查获假冒伪劣商品标值3.07亿元。其中质量技监部门出动执法人员69 784人次，检查工商企业17 852家，查处案件3 672起，已结案2 453起，端掉制假售假窝点877个，收缴制假工具162台(套)，立案1 721起，移送司法机关受理案件19起，查获假冒伪劣商品标值1.15亿元，罚没款金额4 475万元。三是标准化、计量工作的技术基础作用进一步发挥。全省建立农业标准化示范区29个，示范面积达31万公顷；制定农业技术规程56项，新增产值3.1亿元；有87个县开展消灭无标生产工作，已验收的71个县标准覆盖率达95%以上；制定地方标准7项，完成采标标志38项，采标认可47项；新颁发和换发代码证书3.7万个，发展中国商品条码系统成员475家。全省强检计量器具37 324台(件)，工作计量器具869 661台(件)；质检机构计量认证，考核150家，其中新认证35家；有175家企业获计量合格确认证书。四是安全监察工作进一步加强。在全省范围内开展3次较大规模的安全大检查，对新颁发的12个承压及特种设备安全监察部门规章组织全省性宣传贯彻，为各类承压及特种设备制造、安装、检验、使用等单位换发或取证审查120家，办理特训作业人员证件1 500个。

**【自身建设取得较大发展】** 一是开展“三讲”教育。在全省质量技术监督系统20个处级以上领导班子和151名领导干部中深入开展以“讲学习、讲政治、讲正气”为主要内容的党性党风教育，依次完成思想发动，学习提高；自我剖析，听取意见；交流思想，开展批评；认真整改，巩固成果四个阶段的任务。通过“三讲”教育，基本达到思想上有明显提高，政治上有明显进步，作风上有明显转变，纪律上有明显增强的目的。二是开展经常性思想教育和业务培训。通过开展“警示”教育，认真学习“三个代表”重要思想，多层次组织业务知识技能培训，以及在全系统深入开展“争创文明窗口单位”和“争创人民满意公务员”活动，全系统干部职工的整体素质明显提高。三是推行政务公开。按垂直管理的需要，制修订内部管理规章制度56个，全面加强管理，全系统职工责任心进一步增强，工作质量和工作效率明显提高。四是强化党风廉政建设责任制。省局下发加强党风廉政建设责任制的通知，制定《党风廉政建设责任制的规定》的实施办法和考评实施细则，全省各级质量技术监督部门签订党风廉政责任状。年底，省局对14个市州局落实党风廉政责任制进行考评，情况良好。全年全系统共上交红包2.67万元，有价证券3 500元，拒贿6 678人次，拒贿金额38万元。受留党察看1人，党内严重警告、警告处分6人，降级、记大过处分4人，辞退2人，调离执法岗位、通报批评6人。2000年，省文明办、省纠风办、湖南日报社联合举办窗口行业行风测评活动，质量技术监督部门是被评为行风明显好转的7个部门之一，且是7个部门中唯一的执法部门。

## 二、质量技术监督工作

### 1. 质量管理工作

**【质量管理工作】** 2000年，进一步加大质量工作力度，在宏观管理方面重点抓了5项工作：

（一）《湖南省质量振兴规划（2000～2010年）》颁布实施。为深入推动国务院《质量振兴纲要》的实施，全面贯彻落实《国务院关于进一步加强产品质量工作若干问题的决定》，2月16日，湖南省人民政府以湘政发[2000]2号文件颁发《湖南省质量振兴规划（2000～2010年）》，从颁发之日起实施。"规划"提出了湖南省2000～2010年质量振兴的主要目标，以及从宣传教育、法律、制度、监督等方面所采取的政策和措施，是我省质量工作中的一件大事。

（二）召开全省质量工作会议。为贯彻落实全国质量工作会议精神，湖南省人民政府于2月19日至20日在长沙召开全省质量工作会议。各市州政府、省直各部门负责人及100家大中型企业厂长（经理）参加会议。郑茂清副省长作题为《以国务院决定为指针，扎扎实实抓好全省质量工作》的报告。这是一次专门研究和部署如何进一步加大质量工作力度，提高我省产品质量总体水平，全面推动我省质量振兴事业发展的一次重要会议。

（三）指导企业开展质量自查活动。重点指导170家企业（其中大型企业55家，中小型企业115家）开展以"查质量意识、查质量水平、查质量保证体系、查现场管理、查售后服务"为重点内容的质量自查活动，取得了大量的有效数据，对于摸清全省企业质量管理和产品质量现状、促进管理水平的提高起到重要作用。

（四）开展质量管理先进企业、先进工作者的表彰活动。根据《产品质量法》的规定，9月8日省质量技术监督局局在长沙召开表彰大会，授予40家企业为"2000年湖南省质量管理先进企业"荣誉称号，69名个人为"2000年湖南省质量管理先进工作者"荣誉称号。

（五）宣传《产品质量法》。在新修订的《产品质量法》颁布之后，省质量技术监督局联合省委宣传部、省经贸委、省总工会、团省委，组织开展"质量——新世纪的呼唤"为主题的"质量月"活动。全省14个市州共出动1 689人次，设立咨询（投诉）点182个，提供法律咨询35 849人次，接受投诉1 064起，处理911起。"质量月"期间，全省各市（州）县长、人大主任或质量技术监督局局长就新《产品质量法》的颁布实施发表电视讲话，《湖南日报》、《湖南工人报》开辟"企业谈质量"专栏，各主管厅局及近200家企业成立"质量月"活动领导小组，开展丰富多彩的质量活动，取得较好效果。

**【实施名牌战略】** 继续贯彻省人民政府"实施名牌战略"的部署，按照《湖南名牌产品管理办法》和有关规定，经企业自愿申请，市州质量技术监督局和有关行业主管部门推荐，湖南名牌产品审定委员会审定通过，确定93个产品为2000年度湖南名牌产品，授予"湖南名牌"产品称号，并颁发证书和奖牌，生产企业可以在产品或包装上使用湖南名牌产品标志。1997年授予的湖南名牌产品此次审定未通过者，不再享用湖南名牌产品称号，生产企业亦不能再使用湖南名牌产品的标志。

**【生产许可证管理】** 2000年，是生产许可证工作职能调整后正式运作的第一年。省质量技术监督局在充分发挥各方面力量的基础上，进一步加强生产许可证的统一管理工作。一是严格按照国家质量技术监督局的有关政策，积极稳定地开展特种劳动保护用品、电线电缆、电焊条、低压电器等产品的全国生产许可证的换（发）证工作；二是根据我省实际，开展水泥、复混肥、化学试剂、农药、磷肥、游艺机、电力金具和钢筋混凝土用冷轧带肋钢筋等产品的补证工作；三是完成白酒生产许可证的申报、发证审查试点工作；四是办理或延期省临时生产许可证269张；五是重点指导热轧带肋钢筋、农药、复混肥、微型计算机、铝型材、水泥、化妆品、压力锅、一次性使用医疗器械等产品的无证查处和打假工作。

### 2. 监督执法与"打假"工作

**【产品质量监督检验】** 国家依法监督抽查湖南192家生产（经销）企业73类208种产品，其中159种合格，平均抽样合格率为76.4%，比全国平均抽样合格率低2.5个百分点，较1999年度平均抽样合格率低3.6个百分点。省级定期检验，共抽查1 004家企业生产的产品1 362批次，其中合格1 305批次，抽样合格率为95.81%，比1999年高0.83个百分点。市（州）县级共抽查15 763家企业生产的18 484批次产品，其中合格14 514批次，抽样合格率为78.52%，较1999年低0.78个百分点。检查商业企业40 906个，检查商品78 220批次，其中合格57 301批次，合格率为73.26%，查出伪劣商品12 642批次，占检查商品批次总数的16.16%，查出不合格商品价值9 479.81万元，其中伪品价值3 978.5万元。

从国家监督抽查湖南省产品质量结果分析反映的主要特征和问题是：一是抽样合格率有所波动，一度呈现滑坡的苗头。第1和第4季度抽样合格率分别为81.8%、81.2%，而第2和第3季度抽样合格率分别为70.5%、70.0%，较第1和第4季度低11个百分点。二是大、中型企业的产品抽样合格率仍然保持较高水平，全年度平均为87.4%，高于平均抽样合格率11个百分点。三是小型企业和乡镇、民营企业产品质量抽样合格率偏低。本年度抽查99家生产（经销）企业105种产品，合格69种，抽样合格率为65.7%，低于平均抽样合格率10.7个百分点，是导致综合抽样合格率偏低的主要原因。四是抽查中涉及人体健康和人身财产安全的烟花爆竹、眼镜、溶解乙炔、联合收割机等4类30种产品，13种不合格，合格率为56.7%。五是抽查单相电能表、猪饲料、混凝土输水管、家用薄膜、烟花爆竹、眼镜、溶解乙炔等7类55种产品，26种不合格，合格率仅为52.8%。均带有行业倾向性质量问题。

省质量技术监督局根据抽查结果，对抽查中质量较好的产品及其生产企业给予公开表扬和宣传以引导消费；对抽查不合格产品生产企业，加大后处理力度，责令限期整改。

**【"打假"取得重大成果】** 2000年，打假工作力度进一步加大，有四大特点：

（一）领导重视，打假联合行动形成态势。认真贯彻国务院《关于开展严厉打击制售假冒伪劣商品违法犯罪活动联合行动的通知》和全国打假联合行动电视电话会议精神，各级领导对打假联合行动高度重视。省委书记、省人大常委会主任杨正午、省委副书记、省长储波、副省长郑茂清等14位省领导先后对打假联合行动作重要批示，大力支持执法部门打假；11月6日，省政府召开全省打假联合行动电视电话会议，对打假联合行动进行动员和部署；省政府发出《关于开展严厉打击制售假冒伪劣商品违法犯罪活动联合行动的通知》，并调整、充实省打假工作协调小组及办公室；11月17日，参与打假联合行动的9个省直部门联合召开全省打假联合行动誓师大会，向全省人民表明打假的态度和决心；全省各级人民政府切实履行打假责任，加强对打假联合行动的领导和协调，确保了打假联合行动的顺利进行。

（二）重拳出击，打假取得重大成果。通过全省各地、各有关部门协同作战，迅速行动，对重点商品、重点市场和重点区域进行"拉网式"检查；大力发动群众举报，摸清案源；对已发生的大案要案，组织力量严厉查处，有力地打击了不法分子制售假的嚣张气焰，从一定程度上遏制了制售假蔓延的势头。据统计，全省共查处制假售假案件15 150起，捣毁制假售假窝点1 206个，查获假冒伪劣商品标值3.07亿元。其中，质量技监部门出动执法人员69 784人次，检查工商企业17 852家，查处案件3 672起，已结案2 453起，端掉制假售假窝点877个，收缴制假工具162台(套)，立案1 721起，移送司法机关受理案件19起，查获假冒伪劣商品标值1.15亿元，罚没款金额4 475万元。在钢材打假专项活动中，全省共有185家小冶炼、小轧钢厂，关停并转182家，查获假冒伪劣钢材22 739.22吨，总标值4 400余万元，销毁假冒伪劣建筑钢材标值60.88万元，清理整顿建筑钢材市场和门店569个，有效地净化了钢材市场。12月14日，全省质量技监部门在10个销毁点，集中统一销毁一批假冒伪劣产品，仅长沙点就销毁56 017件，标值达366万元。此举群众拍手称快，社会反响良好。

（三）查处大案要案，落实"四个一批"。在打假联合行动中，突出查大案，端窝点，全省查处一批大案要案，其中比较重大的有15起；有3起已被全国打假办公开曝光。取缔782家制假售假企业，其中质量技监部门责令停产、转产和建议工商部门吊销营业执照的小轧钢厂和土炼油厂150家，对经销假冒伪劣商品情节严重，构成较大社会危害的经销企业，责令停业和建议工商部门吊销营业执照的32家。移送司法机关受理案件39起，惩处制假售假违法犯罪分子182名。处理一批违纪国家工作人员，在棉花打假专项行动中，13名国家工作人员因参与、袒护棉花掺杂使假，受到党纪政纪处分。

（四）舆论配合，形成强大舆论监督声势。打假联合行动以来，各新闻媒体积极配合，安排大量的播出时间和版面，有的开设固定栏目进行专题报道，形成声像图文立体宣传态势，仅下半年，全省质量技监部门就在300多家新闻媒体上刊播稿件近万篇(条)。强大的宣传舆论，既震慑了制假售假违法犯罪分子，又鼓舞教育了广大人民群众，为打假联合行动的开展创造了良好的舆论氛围。

**【免检产品】** 依据《国务院关于进一步加强产品质量工作若干问题的决定》、《产品免于质量监督检查管理办法》和《产品免于质量监督抽查工作实施细则》，2000年，全省有4家企业的4种产品被国家质量技监局授予免检资格。

免检产品及其生产企业名单

| 企业名称 | 品牌 | 规格型号 |
|---|---|---|
| 伊莱克斯中意(长沙)电冰箱有限公司 | 伊莱克斯 | BCD冷藏冷冻箱 |
| 湖南省道州建业皮革制品有限公司 | 道州 | 胶粘皮鞋 |
| 郴州化工集团有限公司 | 吐绿 | 含N≥46.3%，农业用 |
| 涟源钢铁集团有限公司 | 双菱 | $\phi$10 mm～$\phi$50 mm |

3. 标准化工作

**【农业标准化工作】** 2000年，全省农业标准化工作，在各级政府及有关部门的高度重视和大力支持配合下，取得显著成绩。截止年底，全省建立农业标准化示范区的县(市、区)已达60个，较1999年度增加29个。示范区面积达31万公顷。共制定各级农业技术规程56项。据不完全统计，全省因开展农业标准化全年新增产值达3.1亿元。2000年召开全省第四次农业标准化工作会议，总结第三次全省农业标准化工作会议以来所取得的成绩和基本经验，部署今后农业标准化工作。邵阳市农业标准化工作，领导重视，行动快，不等待，全方位进行示范，收效明显，全市制订农业技术示范28项，仅隆回县就占15项，各类示范面积近100万亩。由于隆回县农业标准化工作成绩突出，全省第四次农业标准化工作暨现场经验交流会在该县举行。

**【消灭无标生产】** 全省消灭无标生产工作3年滚动计划顺利完成。到年底，已有87个县(市、区)开展消灭无标生产工作，已通过验收的71个，已验收的县标准覆盖率达95%以上，基本达到国家质量技监局的要求。通过消灭无标生产，有效地促进企业提高产品质量，为县域经济乃至全省经济的发展打下了良好的基础。通过几年的工作实践，各地总结开展消灭无标生产工作的基本经验：一是消灭无标生产必须纳入政府工作议程，加强组织领导，制订相关政策和工作文件；二是质量技监局要做扎实的工作。宣传发动家喻户晓，普查工作不留死角；三是监督与服务并举。为企业查找国家、行业标准，帮助制订企业标准，解决标准实施中的困难，提高执行标准的自觉性；四是县级质量技术监督局通过开展消灭无标生产工作，进一步提高了自身素质，密切了与政府各部门之间的联系，有利于工作的开展。

**【标准制定与宣传贯彻】** 省质量技监局紧紧围绕经济工作重点，以标准化工作服务经济，服务社会为宗旨，给全省有关部门下达制(修)定地方标准15项，到年底，已发布实施7项，其中强制性(或部分强制性)5项：《在用燃油机动车排气污染物排放标准》、《内河高速小艇安全航行要求》、《微型计算机产品标识》、《棉胎》、《日本赤松毛虫质型多角体病毒及其杀虫剂(J-DSCPV)的质量、生产、使用技术规程),推荐性2项:《石门银峰茶综合标准》、《建筑物与建筑群综合布线系统设计规范——布线、空间与路由、接地、设施管理》。上述地方标准的制定,为我省经济建设,调整农业产业结构,推动科技进步,保障人民生命财产安全等方面起到促进作用。如《内河高速小艇安全航行要求》强制性地方标准的制定,解决了我省多年来内河湖泊地区高速小艇管理无序、无章营运、安全事故屡屡发生的问题。该项标准填补了国内空白。《在用燃油机动车排气污染物排放标准》,严于国家标准要求,为防止空气污染,净化环境,造福人民,将带来不可估量的社会效益和经济效益。《石门银峰茶综合标准》,为湖南省制定其他地域名产品地方标准积累了经验。

在标准的宣传贯彻方面,省局加大对国家标准的宣贯力度,其特点:宣传内容广泛,宣贯方式灵活多样,参加人员量大面广。5月,针对国内烟花爆竹生产恶性事故频繁发生的情况,省局会同省二轻集团总公司,下到烟花爆竹主产区浏阳市,举办近200人的厂长、技术人员参加的学习班,宣贯《烟花》国家标准。随后在长沙、醴陵、永州等地举办学习班。此举为全省乡镇企业烟花爆竹的安全生产起到积极作用。6月,正值房间空调器销售旺季,为搞好强制性国家标准《房间空调器安装规范》的贯彻实施,省局举办4期空调器安装维修人员培训班。2000年,省局及各市州举办《饲料标签》、《纺织品、服饰系列标准》、《主要粮食质量标准》、《国家行政机关公文格式》、《烟花》、《空调器安装规范》国家标准及地方标准《金银珠宝、玉石饰品标准管理规定》的宣贯。

**【采用国际标准】** 全省采用国际标准和国外先进标准工作稳步推进。全年共完成采标标志备案38项,历年累计完成306项;采标认可47项,历年累计完成1 505项。株洲冶炼厂等一批采标工作扎实、高起点的大型国有企业继续保持良好的经济增长势头。湖南化工研究院的采标新产品“35%丁硫克百威千拌种剂”,被国家评为国家重点新产品。

**【标准实施及监督检查】** 全省各级质量技术监督部门开展了《烤烟》、《种子标签》、《金银首饰品标识标签》等项国家标准、地方标准的监督检查工作。把《烤烟》国家标准的实施监督检查作为重点,从省局到烟叶主产区的质量技术监督部门加大监督检查力度,郴州、永州、湘西自治州、张家界、常德、衡阳、怀化等市州成立了联合检查组,省、市两级检查组对全省烟叶生产区进行二次以上的监督检查,确保了本省烤烟的质量。此项工作受到省委领导和各级政府及烟草部门的好评。《种子标签》、《饲料标签》、《食品标签》、《化妆品标签》是涉及人体健康、人身财产安全的强制性标准,也是全省标准实施监督检查的重点之一。为保证经修订并于该年开始实施的强制性国家标准《饲料标签》的贯彻实施,对全省的饲料生产企业进行了全面检查,发现问题及时督促整改,对于问题严重,如无保质期,假冒厂名、厂址的进行了处罚,仅常德市就查处此类产品11种,罚款1.2万元,有效地保护了农民的合法权益。

全省各地开展企业标准化综合试点24个。长沙市质量技术监督局将企业标准化工作和消灭无标生产结合起来,使该项工作开展得有声有色。他们帮助浏阳医药设备总厂结合体系认证,建立114个管理标准和工作标准、68个技术标准的企业标准体系。湖南银海石油化工有限公司结合采用国际标准和体系认证,建立了较完备的标准体系,年产值在1999年比1998年增长170%的基础上,2000年又比1999年增长40%,再创历史新高。

全年,共受理企业标准备案3 595个,至此,全省企业产品标准备案累计达20 868个,保证了国家标准在企业产品中的贯彻实施。

**【组织机构代码和商品条码】** 全省新增、变更组织机构代码数据3.7万个。至年底,全省组织机构代码数据库的数据量已达278 670个。这年全面完成国家代码中心签订的目标管理责任,重错码率等7项指标均达到目标要求。完成组织机构代码的联网工作,全省已有102个市、县实现电话拨号上网,在网上赋码和传输代码信息。并争取到国家代码中心给湖南省调拨80套计算机联网设备,均分配到有关市、县质量技监局,其中10套赠送给国家级贫困县。

商品条码工作再上新台阶。全年发展系统成员475家,超额完成国家条码中心目标任务的2倍。完成续展系统成员191家,续展率达66%。完成商品条码数据库信息采集1 515条。完成市场条码质量调查共411种商品,对存在质量问题的10家成员单位提出整改意见。

2000年,标准提取8 000余件,数据库新登录标准题录3 000余条,并已初步建立连接全国的标准查询网络。

4. 计量工作

**【“390”工程全面启动】** 2000年,根据国家质量技监局的统一部署,我省“390”工程全面启动。这年省局主要抓了三个方面工作:

(一)加大对重点计量器具产品质量的监督抽查力度。全省共抽查电能表、水表、煤气表、衡器8 926台(件),合格率为31.02%。9月份,组织对电能表生产企业第一次省级统一监督抽查,共抽查31个企业的68批产品,合格的36批,合格率为52.9%。其中本省产品31批,合格的18批,合格率为58.1%;外省产品37批,合格的18批,合格率为48.6%;此次抽查对生产企业震动很大。

(二)对全省粮油食品、农资类定量包装商品生产企业进行摸底调查。已摸清1 028家生产企业的基本情况,为全省分步完成“390”工程计划做了前期准备。对107家生产企业的3 962件(包)定量包装产品进行了计量监督检查,净含量合格率为84.6%。岳阳、永州、湘潭、衡阳等市局帮助一批定量包装生产企业较好地解决了其袋装产品正负偏差偶然性较大等问题,提高了合格率。

(三)“光明工程”逐步启动。继长沙、株州之后,2000年又有岳阳、益阳、衡阳等市开展此项工作。岳阳市局采取与工商局联合发文,市、县联动;益阳市局与工商局、工商联一道对眼镜市场进行联合整治等做法,推动了此项工作的顺利进行。

**【商品量计量监督】** 2000年,商品量计量管理进一步加强。一是开展对经销海鲜的宾馆(酒家)、石油液化气罐装站(经销门店)的计量专项执法检查。7月份,省、市质量技术监督部门对长沙市范围内的48家宾馆、酒楼、超市、海鲜坊进行专项计量检查,合格率仅为4.7%,计量负偏差最高达25.7%，用于海鲜计量的衡器检定率为0，质量技术监督部门对27家单位进行现场处罚，对16家单位进行立案查处，并组织有关违法单位负责人、海鲜经营操作人员举办专门的计量法规培训班。中央电视台生活栏目对此进行报道，在社会上引起较大反响。二是加大对零售商品市场的计量监督力度。如常德市局对甘露寺大市场进行检查时，查出多种短秤少量的违法行为，即与市场管委会对该市场进行整顿，并与市场管委会、工商所联合发出有关计量管理的通知，使该市场短秤少量现象得到遏制。三是服务农村粮、棉收购工作，保护农民的切身利益。华容县局积极筹措资金，上检定项目，组织技术人员下乡，对用于贸易结算的衡器、棉花水分测定仪、谷物水分测定仪进行强制检定；临湘县局在粮棉收购期间，对全县17个乡镇135个粮棉收购点进行全面的计量监督检查，查处一个体收购点有意破坏计量器具准确度的违法行为。四是对电信计量计费的计量检查有突破。邵阳、常德、株洲等市局查处电信局重复收费、通话计时不准、市话当网话计费的多种违法行为。五是商品房面积计量工作继续进行。郴州市局全年接用户投诉46起，实测面积3.9万平方米；湘潭市局实测面积1.3万平方米。六是通过各种计量专项执法检查，提高了用于贸易结算的计量器具的受检率。

**【强制检定】** 全省各级质量技术监督部门强制检定计量器具37 324台(件)，工作计量器具869 661台(件)。强制检定工作重点：一是坚持强检年度备案核查工作。通过近几年来开展这一强检管理措施，各地核查率达95%。二是积极创造条件，在全国率先采取由省局统一贷款的筹款方式，首批为11个市(州)和29个县(市)计量所配备46台电能表检定装置，提高了本系统对电能计量监督管理的能力。三是开展对住宅中使用的电能表、水表、煤气表实行安装使用前的首次强制检定。常德、长沙、岳阳、娄底等市对15 000块煤气表实行了强制检定。株洲市局与市建筑工程质监站达成协议，对新建楼房的水、电表实行首轮强检，已检电能表5 100块，水表4 100块。临湘县局与工程验收单位一起对4栋96套房的水表、电能表进行竣工验收。四是坚持对"医用三源"(即医用辐射源、医用激光源、医用超声源)等医用强检计量器具实施强制检定。常德市局以监督执法开路，对全市使用强检计量器具的单位和个人进行查处。永州市局提出，检定人员只要进入医院，不检不撤退。隆回县局还将此项工作延伸到了乡镇。五是长沙、岳阳、湘潭等市开展出租车计价器的使用误差检定装置，确保了出租车计价器在实际营运中的可靠性。

**【量传管理】** 主要抓了三方面工作：一是抓市州最高计量标准复查。全省有13个市州248项最高计量标准到期需复查，省局采取集中考评员、集中考核时间、集中考核资料的复查方式，并制订详细的实施方案，严密组织，保证了复查工作的顺利进行。此次复查严格按有关检定规程及计量标准考核(复查)要求进行，对达不到要求的限期整改，并明确整改内容和要求；整改后仍达不到要求的，则判为不合格，不得开展相应项目的检定。至年底，长沙、常德、益阳、岳阳计量所申请复查项目复查全部合格，其他市州计量所均有项目仍在进行整改或经整改后仍不合格。二是严格计量标准考核管理。各市州能按有关要求开展工作，常德、永州等市还召开宣贯会，进行专业培训；岳阳市局已按规定使用管理软件对全市计量标准实施动态管理。三是规范实验室工作。重点是对《质量管理手册》进行修订，并于10月1日开始实施。

**【税控装置推广使用成效显著】** 按照省政府的统一部署，与省国税局密切合作，全省各级质量技术监督部门积极组织加油机税控计量器、出租车税控计价器的推广使用，并取得显著成效。一是加油机税控计量器的安装改造工作基本完成。2000年底，全省共安装加油机税控计量器6 823台，更换税控加油机1 152台，查封408个加油站934台加油机，停业157个加油站，256台加油机。通过安装税控装置，全省加油站行业的税收迅速增长。据湘潭市国税部门统计，在石油价格不稳、各私营加油站普遍亏损的情况下，全市1～9月增加税收200多万元，较1999年同期增幅翻了一番。永州市增加税收20%以上。二是出租车税控计价器的安装工作也在全省部分地区展开。如长沙市已安装5 280台，为该市出租车行业在全国率先采取按实际营业额计税奠定了基础。三是严把税控产品质量关。按照国家质量技监局有关文件的要求，省局通过与生产厂充分协商，并委托省计量测试技术研究所制订相应的出厂检定方法，承担出厂检定任务，确保了产品质量。

**【企业计量工作】** 全省有5家企业列入国家质量技监局"2000年帮助企业完善计量检测体系确认计划"的56家单位中，其中4家已完成审核工作，并报国家局审批、发证；有175家企业获计量合格确认证书。按照国家局的要求，为督促企业改进、完善生产条件，确保产品质量，全省已完成对衡器、电能表、煤气表、水表生产必备条件的检查工作。

5. 认证工作

**【质量认证】** 全省质量认证工作主要抓了三件事：一是推进全省质量认证工作。通过开展质量宣传教育活动，企业建立和完善质量保证体系工作得到加强。全年有99家企业通过质量体系认证，获证书99张。至1999年底，全省通过质量体系认证企业累计278家获证书278张。累计体系认证企业证书所占比例为全国的1.08%，排全国各省、市、自治区第19位，较1998年所占比例提高0.27个百分点，排名退后2位。产品质量认证企业34家，获证书95张。至2000年底，累计产品认证企业139家，获证书483张。实验室认可1家，累计7家。二是加大质量认证审核员的培训力度。配合中国认证人员国家注册委员会，在长沙举办一期外审员培训班，其中我省获国家注册资格12人，累计136人。举办内审员培训班20期，有824人获内审员资格，累计3 200人。三是规范咨询机构行为。全年有4个咨询机构予以备案，全省累计备案的咨询机构共14家。凡省局备案的咨询机构咨询的企业，全部顺利通过质量体系认证审核。

**【质检机构计量认证】** 质检机构计量认证工作在巩固原有成绩的基础上有新的发展。全省共完成计量认证考核150家，其中新认证35家。其特点：一是开辟新领域。省局通过和省交警总队联合发文，并通过试点，推动了全省汽车安全技术检测站的计量认证工作。到2000年底，已完成30个站的初审、预审，4家通过正式评审。通过计量认证，引起了各级交警部门对车辆安检工作管理规范性、数据准确重要性的高度重视，扩大了质量技术监督部门的影响。通过和省气象局联合发文，推动全省防雷检测机构的计量认证。着力对省防雷中心的规范，为来年全省防雷检测机构计量认证工作的全面铺开打下了基础。二是监督检查工作的有效性、针对性进一步加强。结合年度核查情况，对19家省级检测机构进行了监督检查，落实整改措施，重申了计量认证的规范要求。

6. 非公有制企业质量技术监督工作

**【非公有制企业质量技术监督工作全面展开】** 2000年，是湖南省开展非公有制企业质量技术监督工作的第三年，全省非公有制企业质量技术监督工作取得可喜成绩。一是加大非公有制企业质量技术监督工作力度。针对省非公有制企业无主管部门、质量管理水平和技术基础比较薄弱、质量技术监督工作严重滞后的状况，为引导和促进非公有制企业在加强质量技术监督工作的基础上健康发展，省质量技术监督局和省工商联联手开展非公有制企业质量技术监督工作，从省到市(州)、县建立协调办事机构，开展调研及普法教育，采取引导和帮扶措施，全面开展质量管理、标准化和计量基础工作，经过近3年的努力，使全省非公有制企业质量技术监督工作明显加强。二是开展"质量信得过单位"评选活动。经过近8个月的宣传发动、教育培训、帮扶整改、考核评审等一系列工作，按评选条件，经企业自愿申请，各市、州推荐，省非公有制企业技术监督工作协调领导小组审定，首次评选出146家企业(其中生产企业124家，经销企业22家)为2000年度湖南省非公有制企业质量信得过单位。这一活动的开展，有力地促进了非公有制企业质量技术监督工作的开展，为非公有制企业走质量效益之路树立了榜样，提高了非公有制企业的知名度。三是召开总结表彰大会。在世纪之交，经省政府批准，在长沙召开全省非公有制企业质量技术监督工作总结表彰大会，总结近3年来的工作和基本经验，给146家非公有制企业质量信得过单位颁发奖牌和荣誉证书，质量信得过单位向全省非公有制企业发出"质量立信"倡议书。省人大、省政府、省政协领导出席会议并颁奖，郑茂清副省长讲话，省、市(州)质量技监局、工商联负责人及百余家非公有制企业代表出席会议。《湖南日报》整版套红刊登"质量信得过单位"表彰公告。这样高规格、大范围地宣传非公有制企业质量技术监督工作，在湖南省属首次。

7. 安全监察工作

**【安全监察工作】** 2000年，在实现全省锅炉、压力容器、压力管道及特种设备安全监察职能和机构的划转平稳过渡的同时，全省各级质量技术监督部门进一步加强安全监察工作，确保全省承压及特种设备的安全使用。主要抓了三个方面的工作：一是在全省范围内开展三次较大规模的安全大检查。采取企业自查和监察机构抽查相结合，重点检查锅炉、压力容器制造、安装、使用和操作人员持证上岗情况，并对电梯、起重机械、客运索道、"太空船"类游艺机及大型游乐设施进行专项检查，查处并治理了大量安全隐患。特别是针对锅炉压力容器非法制造、无证使用、旧锅炉压力容器交易混乱等严重问题，以及液化气充装站、客运索道、游乐设施存在的易造成群死群伤的安全隐患，开展有效的整顿治理，在现场监督方面取得实效。二是对国家质量技术监督局新颁发的12个关于承压及特种设备安全监察方面的部门规章，及时组织全省性宣传贯彻，共召开宣贯会、举办培训班11次，参加培训1 200人次。三是按程序和要求，全年共审查锅炉设计图纸资料302套，对16家锅炉制造单位、5家封头制造单位、8家压力容器制造单位、18家锅炉安装单位、11家气瓶检验站、44家气体充装站、2家化学清洗单位进行换证或取证审查；对2家压力管道元件制造单位进行安全注册登记；对12家电梯起重单位的制造、安装、修理资质进行换证或取证审查；对2条客运索道发放安全使用许可证。全省无损检测Ⅰ、Ⅱ级人员培训、考核、发证278人次，电梯、起重机械、维修人员培训、发证562项，厂内机动车驾驶员培训、发证173人，共办理特训作业人员证件1 500个。

2000年，全省承压及特种设备事故略有上升，发生土锅炉(即无证、非法制造的蒸汽发生器)爆炸事故1起，爆炸事故率为0.64起/(万台·年)；发生锅炉炉膛爆炸事故1起；压力容器爆炸事故2起，爆炸事故率为0.39起/(万台·年)；气瓶爆炸事故1起，爆炸事故率为0.26起/(百万只·年)；压力管道爆炸事故为0起；特种设备严重损坏事故3起。全年因承压及特种设备事故伤亡5人，伤9人，直接经济损失200余万元。

8. 法制工作

**【质量技术监督法制建设】** 2000年，全省质量技术监督法制工作取得新成绩。代国家质量技监局起草作为部门规章的《罚没物资管理办法》，参与审议、修改、协调地方性法规及政策规章80起，办理报批报备案件70起，书面答复有关执法问题20件，受理行政复议案件7起，其中已审理完结6起。全系统开展了年度执法监督检查工作，促进了执法水平的提高。举办各类人员培训班366期，培训人员达17 623人。

## 三、质量技术监督机构简况

截止2000年底，全省质量技术监督行政机构109个，其中省级1个，市(州)级14个，县(市、区)级94个；事业机构82个，其中省级6个，市(州)级75个，县级1个。全省质量技术监督部门共有在职人员6 264人，其中行政机构人员2 020人，占32.25%，事业机构人员4 244人，占67.75%。省级343人，占5.47%，市(州)级2 013人，占32.14%，县(市、区)级3 908人，占62.39%。公务员1 690人，占在职人员总数的26.98%。固定资产18 773.72万元。

湖南省人民政府办公厅湘政办发[2000]53号《湖南省质量技术监督局职能配置、内设机构和人员编制规定》：省质量技术监督局是管理全省标准化、计量、质量工作并行使执法监督职能的省人民政府直属机构。设10个职能处(室)：办公室、计划财务科学技术处、政策法规宣传教育处、监督处、质量处、标准化处、计量处、认证评审处、锅炉压力容器与特种设备安全监察处、人事劳动处。另设机关党委、纪检(监察)机构。机关行政编制为70名。下属事业单位有：湖南省产品质量检验所、湖南省计量测试技术研究所、湖南省纤维检验所、湖南省锅炉压力容器检验所、湖南省质量技术监督情报所、湖南省计量仪器仪表试验所。

全省质量技术监督系统实行垂直管理。14个市(州)、并有94个县(市、区)设有质量技术监督机构,名称统一为质量技术监督局。

全省质量技术监督系统人员编制5 966名,其中行政编制1 680名(省级88名、市州级524名、县市区级1 068名)、事业编制4 286名(省级322名、市州级1 425名、县市区级2 539名)。

撰稿人 李忠孝

# 广东省质量技术监督工作

## 一、概　　述

2000年，是广东省省质量技术监督事业改革和发展极为重要的一年。一年来，全省各级质量技术监督部门坚持以发展为主题，以深化改革为动力，以质量为主攻方向，以规范市场秩序，服务企业、服务社会为宗旨，充分发挥省以下质量技术监督部门实行垂直管理的体制优势，各项工作取得新的进展，为"九五"画下了圆满的句号，也为"十五"期间的深化改革，加速发展奠定了基础。

**【"两思"、"三个代表"教育】** 江泽民总书记年初视察我省发表重要讲话后，省质量技术监督局党组高度重视，迅速部署在全系统范围内深入开展"两思"（致富思源、富而思进）、"三个代表"教育，要求各级质量技术监督部门认真贯彻落实"三个代表"的重要思想和省委八届五次全会精神，加强领导班子思想政治建设，把各级领导班子建设成为政治坚定、团结实干、开拓创新、廉洁为民，能够担当起领导新世纪发展历史重任的坚强领导核心。

**【"'三讲'回头看"活动】** 3、4月份，按照中央和省委的要求，省质量技术监督局党组以整风精神认真开展"'三讲'回头看"活动。以江泽民总书记"三个代表"重要思想为指导，结合省局领导班子建设和工作实际，认真听取群众意见，巩固和发展了"三讲"成果，省局领导班子和领导干部的党性党风得到了提高。经过省委检查组的检查，省局"回头看"满意和基本满意率达到94%以上。

**【地市局班子任命】** 省局党组依靠各地党委，组织指导各地级市质量技术监督局开展"三讲"教育活动，进一步强化了垂直管理后各地级市局领导班子的思想政治建设，全面考察了领导班子成员，并于12月底以前完成了对18个地市局班子和顺德市局班子的重新任命工作。

**【明确全系统行政经费总盘】** 与有关部门协调配合，基本完成了全系统人、财、物的清理、核定与移交，初步明确了全系统行政经费的总盘子，为各级质量技术监督行政工作正常开展提供了必要的条件。

**【严格内部管理】** 明确实行垂直管理后系统内部层级管理原则和省局在机构、编制、经费、干部、业务上的五统一管理框架，制订了相关的管理制度，垂直管理的新机制初步建立。

**【落实新增职能】** 迅速接手并开展锅炉压力容器与特种设备安全监察工作，实现了职能划转的平稳过渡并在工作深度与广度上有新的招展，确保新增职能的具体落实。

**【完成市、县机构改革调研】** 配合省编办完成了市、县质量技术监督部门机构改革调研，形成了调研意见，为抓好市、县质量技术监督部门机构改革奠定了基础。

**【省局机关机构改革】** 省局机关在省委、省政府的统一部署下，紧紧围绕转变职能这个中心开展机构改革工作，重点抓住"三定"方案制定、处级领导职务竞争上岗和人员定岗、分流三项工作，省局机关机构改革平稳顺利完成，通过竞争上岗择优提拔8名年轻干部走上处级领导岗位，处级领导平均年龄下降了4.25岁。

## 二、质量技术监督工作

### 1. 质量管理工作

**【宏观质量管理】** 按照《国务院关于进一步加强产品质量工作若干问题的决定》，认真履行宏观质量管理职能，积极参与我省国民经济和社会发展规划制订，提出了我省提高产品质量的主要目标和政策措施。组织各市和省直有关部门对《质量振兴纲要》阶段目标落实情况进行检查，推动了各地总体质量水平的进一步提高。

**【质量认证和质量体系认证】** 进一步推动企业质量管理与国际惯例接轨步伐，广泛开展产品质量认证和ISO 9000质量体系认证，我省各类企业产品质量认证和体系认证累计数分别达到了3 333家和2 057家。

### 2. 标准化工作

**【企业标准化工作】** 积极应对我国加入WTO后对企业提出的更高要求，不断加强企业标准化工作，重点针对本省支柱企业和高新技术企业，积极推进采用国际标准和国外先进标准工作，促进企业提高产品档次，加快升级换代。全省新增441家企业612种产品采用了国际标准或国外先进标准，全省累计共有3 413家企业4 054种产品按国际标准组织生产并获得采标认可证书。全年全省新增企业产品标准备案12 252个，累计企业产品标准81 135个，占全国的1/7。

**【农业标准化工作】** "全国农业标准化工作会议"在广东省高州市召开后，全省认真贯彻会议精神，提出了加速本省实施农业标准化工作的意见，以珠江三角洲10大农业现代化示范区和50家农业龙头企业为重点，加快推动我省农业标准化工作步伐，组织制定了无公害产品等五项省地方标准，对五个年底到期的国家级、省级农业标准化示范区进行检查验收。

### 3. 计量工作

**【企业计量工作】** 分层次加强企业计量基础工作，帮助企业提高计量检测水平，达到节能降耗的目的。我省韶关冶炼厂等三家大型企业顺利通过国家局"2000年帮助企业完善计量检测体系确认计划"并取得国家局颁发的证书，引导全省360家中小型企业完成"计量保证体系确认"工作。按照国家费改税改革要求，配合省国税局共同组织、实施了加油机安装税控装置的试点工作，明确了安装范围、使用要求和实施步骤等，并在试点基础上逐步加以推广。

4. 质量监督工作

【后处理工作】 进一步加大产品质量监督检查力度，做好对不合格产品企业的后处理工作。全年省级定期检验共检查2 257家企业的2 720批次产品，产品抽样合格率为75.6%；省级市场监督抽查共对38类1 871批次产品抽查，抽样合格率为44.1%。积极配合国家质量监督抽查全省部分企业和产品，受检企业850家，产品134类983批次，抽样合格率77.8%。针对市场监督抽查和省级定期检验的结果，对不合格产品生产企业进行了整改，停止了不合格产品的销售，还对连续两次产品不合格的企业发出51张红牌警示，责令停产整顿。召开新闻通报会5次，质量分析会14次。

5. 行政执法与打假专项行动

为进一步规范市场秩序，加大打假工作的力度和提高打假工作有效性，为企业创造公平竞争的市场环境，为消费者提供放心满意的购物环境，根据国务院关于开展联合打假的通知精神和省委、省政府领导关于要加大打假力度的指示精神，在总结多年打假工作实践的基础上，省质量技术监督局制定了"三重一大"(重点地区、重点产品、重点市场和大案要案)打假实施方案，并经省政府批准下发全省执行。全省打假工作会议后，按照省政府部署，对重点地区、重点市场、重点产品和大案要案进行了声势浩大的打假行动，联合有关部门组织了"10·14粤东打假行动"、珠江三角洲"11·09"、粤西"11·29"联合行动。与此同时，各地质量技术监督部门在当地党委、政府的统一领导、部署下，从本地实际出发，组织有关职能部门开展联合打假。据统计，全年全省质量技监系统共出动行政执法人员122 368人次，捣毁制假窝点1 133个，公开销毁假冒伪劣商品177批次，查办案件16 259宗，查获假冒商品货值28 706万元；其中移送司法机关48宗，拘捕45人，判刑13人，有力地打击了制、售假冒伪劣商品的违法犯罪行为。

6. 锅炉、压力容器、压力管道及特种设备安全监察工作

2000年江总书记针对安全生产面临的严峻形势，先后两次作了重要批示。全省各级质量技术监督部门紧紧围绕贯彻落实江总书记的重要批示，把安全生产工作提到讲政治、保稳定、促发展的高度，摆上了重要位置，不断加大检查整治力度，做了大量务实和卓有成效的工作。4月份以来，各级质量技术监督部门对上万家企业的锅炉压力容器、电梯、起重机械、厂内机动车辆、游艺机、游乐设施、客运架空索道进行了安全检查，受检设施达20多万台(套)，查出事故隐患8 000多项，发出安全监察意见通知书7 875份，其中已有6 000余项隐患进行了整改，有效地整治了重大事故隐患和突出薄弱环节。

【打击、取缔"土锅炉"】 据统计，全年全省共查缴销毁"土锅炉"3 235台，查封无证使用的锅炉压力容器1 500多台，查封无证制造土锅炉窝点32家、销售点161个。

【液化石油气安全管理】 以检查过期液化石油气钢瓶为突破口，加强了对液化石油气的安全管理，共检查出过期瓶30多万只，检验判废的达8万多只。

【游乐设施专项整治】 加大了对游艺机等游乐设施专项整治力度，"六一"儿童节前夕省质量技术监督局会同省旅游局、省建委、省公安厅、省总工会、团省委、省少工委、省妇联开展了以"为了孩子的安全、快乐，为了明天"为主题的游艺机、游乐设施质量安全大检查。对广州、深圳、中山、珠海、惠州等5市34个游乐园281台游艺设备进行了检查，共下达监察意见通知书32份，责令停业整顿的游乐场所1家，封停了18台无证或事故隐患较大的游艺机、游乐设施，对154台存在事故隐患的游艺机下达了限期整改通知。年底，再次对全省游艺机、游乐设施进行地毯式安全大检查，共检查游艺机游乐设施982台，对70台不合格的游艺机游乐设施予以封停。

全年全省发生锅炉爆炸事故5起，钢瓶爆炸事故5起，分别比1999年减少13起和23起。特种设备事故29起，未发生重特大事故。

7. 法制工作

【地方立法】 以建立完善的质量技术监督地方法规体系为目标，加快了地方立法的步伐，为质量技术监督综合管理和行政执法两大职能全面到位提供法律依据。《广东省组织机构代码管理办法》(政府规章)已经省政府常务会议审议通过并颁布实施；《广东省锅炉压力容器与特种设备安全监察条例(草案)》(地方性法规)起草工作顺利完成，已提交省政府审议。

【教育培训和法制指导】 以提高全省质量技术监督行政执法水平和队伍整体素质为目标，加强了教育培训和对市、县局的法制指导工作。认真开展新增行政执法人员的培训考核；结合《产品质量法(修正案)》的颁布实施，开展全省系统法制、执法骨干培训。全年共培训、考核执法人员近500人。

【法制宣传】 以增强全社会质量法制意识、为质量技术监督各项工作顺利开展营造良好氛围为目标，法制宣传工作取得了新的进展。积极开展质量技术监督法律法规的宣贯工作，协助省烟草专卖局、省邮政局、广石化集团以及广州开发区举办《产品质量法》讲座；按照国务院质量工作决定的部署，举办了大中型企业《产品质量法》、《广东省查处生产销售假冒伪劣商品违法行为条例》、《产品免于质量监督检查管理办法》等法律法规宣贯班。

组织"3·15"消费者权益保护日、"质量月"大型宣传活动；省局全年通过各类新闻媒体刊载或播出宣传报道稿件1 000余篇；全年共印发法律、法规及其他宣传资料60 000多份。成立了《广东质量》杂志社，并将双月刊改为月刊，使这个刊物在原有基础上有了新的发展。协助《中国质量报》完成了广东记者站建站工作，加大了对我省质量技术监督工作的宣传力度。

8. 队伍建设和行风廉政建设

全省质量技术监督系统"三讲"和"做人民满意的公务员"教育活动的顺利开展，极大地促进了领导班子的思想政治建设和队伍建设。

【落实党风廉政建设责任制】 明确要求各单位一把手要认真履行职责，以高度的政治责任感抓好党风廉政建设。

【完善内部层级监督机制】 省、市两级质量技术监督

机构设立了纪检组和监察室，对各级领导干部遵守《廉政准则》、《廉政守则》的情况进行检查，在全系统处级以上干部中，建立"个人廉政卷宗"。

**【基层窗口单位行风整顿和考核验收】** 6月份省局组织对地级以上市局窗口和基层单位进行了检查验收，群众满意率在80%以上。全省各级质量技术监督部门还结合胡长清、成克杰贪污腐化典型案例，在全系统开展了警示教育，对党员干部树立正确的世界观、人生观和价值观，努力实践江总书记"三个代表"重要思想，提高拒腐防变能力，起到了积极的推动作用。全省系统社会主义精神文明建设都取得了很大进步，对凝聚人心和各项任务的圆满完成起到了保证作用。

撰稿人　张　晖
审稿人　任小铁

# 海南省质量技术监督工作

## 一、概　　述

2000年是海南省质量技术监督事业发展十分重要的一年。在这个重要的年份里，省政府召开了全省质量工作会议，省委书记杜青林、省长汪啸风致贺信对全省质量技术监督部门给予了鼓励和鞭策；省政府下发了《关于在全省实行质量工作和打假工作责任制的通知》、批准了《海南省打击制售假冒伪劣违法犯罪活动联合行动方案》，将打假办设在我局，并组织开展了声势浩大而又讲求实效的打假联合行动；国家质量技术监督局局长李传卿同志专程赴海南省考察，与省领导一起共商本省质量技术监督工作与事业发展大计；全省质量技术监督系统管理体制改革筹备工作基本就绪；海南省技术监督局正式更名为海南省质量技术监督局，并以省政府正厅级工作部门开始运作；局领导班子开展了"三讲"教育"回头看"活动，制定了"立足自身努力，大胆开拓进取，5年改变面貌"的工作与事业发展规划；副局长进行了竞争上岗，领导班子得到进一步充实；局机关完成了机构改革。在经历这一系列重大事件过程中，海南省质量技术监督局在省委、省政府的领导下，在国家质量技术监督局的指导下，高举邓小平理论伟大旗帜，以党的十五大、十五届三中、四中全会和全国质量工作会议精神为指导，以全面贯彻落实《质量振兴纲要》、《国务院关于进一步加强产品质量工作若干问题的决定》和全省经济工作会议的精神为主线，以在实施"一省两地"产业发展战略中提高质量、净化市场为主攻方向，继续坚持"以质量为中心，标准化、计量为基础"的工作方针，以及质量、标准化、计量、锅容管特安全监察四位一体的工作原则，切实履行综合管理和行政执法两大职能，在提高质量、净化市场、加强技术基础、推进与国际惯例接轨和强化锅容管特安全监察等方面做了大量工作，圆满完成了全年各项工作任务。

### 1. 队伍建设

**【"三讲"教育回头看活动】** 海南省质量技术监督局作为全省"三讲"教育面上铺开的第一批单位，1999年针对领导班子在"三讲"教育中查摆出来的党性党风和工作方面存在的突出问题，制定整改方案，认真开展整改工作，取得了初步成效。按照省委部署，2000年又开展了"三讲"教育"回头看"活动，对照"三讲"教育整改方案对整改情况进行了认真查看，找出了整改工作存在的不足，在实施"三讲"教育整改方案的基础上，制定了"三讲"教育"回头看"活动整改方案，并狠抓方案的贯彻落实。

**【政治理论教育】** 坚持每月集中学习两个半天的制度，组织干部职工学习了江泽民总书记的一系列重要讲话，中央、省委、省政府有关文件，党的十五届五中全会通过的《中共中央关于制定国民经济和社会发展第十个五年计划的建议》及朱镕基总理所作的《建议》说明；邀请海南大学、海南省委党校2名教授作专题学习辅导讲座；举办了以"我国加入世贸与质量技术监督部门面临的机遇和挑战"为主题的专题研讨会和以"共产党员、国家机关工作人员应树立什么样的世界观、人生观、价值观"为主题的演讲比赛。形式多样、内容丰富的学习教育活动，帮助干部职工努力掌握马列主义、毛泽东思想和邓小平理论的精髓，掌握辩证唯物主义和历史唯物主义的方法论，不断提高马克思主义理论水平和思想政治素质，牢固树立正确的世界观、人生观和价值观，坚定共产主义理想信念，为做好各项工作打下了良好的思想基础。认真开展警示教育，增强干部职工遵纪守法意识。贯彻落实省纪委、省监察厅《关于共产党员、国家工作人员涉赌行为的党纪政纪处分规定》，结合澄迈县3·19聚赌事件在全系统开展了党纪政纪教育；根据省纪委、省委组织部、省委宣传部、省公安厅等单位《关于利用胡长清、成克杰典型案例，在党员干部中进行警示教育的通知》精神，组织学习有关宣传材料、观看反腐倡廉题材电影《生死抉择》，使干部职工增强了拒腐防变能力。

**【业务培训】** 通过培训班、以会代训、印发学习资料等多种形式，在全系统广泛组织开展新修改的《产品质量法》等质量技术监督法律法规的学习。针对市县人员素质普遍不高，在一些需持证上岗的岗位，通过考试考核把好学习关；在一些新业务工作开展时，进行专业知识培训学习；特别是结合管理体制改革，制定了考核录用办法，拟定了考试复习提纲，在全系统掀起了一股抓业务学习的热潮。注重省局、省级技术机构人员的知识更新，在经费困难的情况下，坚决保证派员参加国家局各种学习班的费用；尤其是在机构改革中，根据工作和事业发展的要求，对局机关全体公务员进行了业务知识和业务能力的考试考核，对竞争处级岗位的人员进行了业务知识答辩。

**【党风廉政建设】** 认真对党风廉政建设工作进行部署，年初多次召开党委会议，对如何贯彻落实党风廉政建设责任制进行研究，召开局机关党员干部及直属单位领导会议，传达贯彻国家局纪检监察工作会议、全省精神文明建设工作会议和省纪委三次全会精神，结合我省质量技术监督工作实际，把在体制改革中加强全系统的党风廉政建设和行风建设，树立正气，提倡学风，改变面貌作为首要任务，制定了《海南省质量技术监督局机关管理规章制度》，规范机关工作人员的行为；制定了《关于加强全省质量技术监督系统精神文明建设和纪检监察工作的意见》，强调加强领导班子建设，领导干部带头廉洁自律对做好各项工作的重要性，要求在全系统开展一项活动（树质量技术监督行业形象）、把住两个关键环节（依法行政、按章理财）、加强三个监督（组织监督、群众监督、社会监督）、坚持四项制度（学习教育制度、领导责任制度、立案查处制度、表彰先进制度），并提出了具体实施意见。坚持"谁主管谁负责"的原则，"行头抓行风”，层层抓落实，将党风廉政建设责任落实到人。组织修订了《海南省质量技术监督系统党风廉政建设和行风建设的规定》，对各级质量技术监督部门主要负责人党风廉政建设责任作了明确规定，要求一把手对所在单位党风廉政建设工作全面负责，分管领导对分管范围的党风廉政建设具体负责，并对各类人员的道德规范、行风廉政建设的责任及检查办法做了具体规定，印发给全系统人手一册。局党组成立后，把党风廉政建设和行风建设作为局党组的重要工作内容，及时制定了《海南省质量技术监督局党组成员党风廉政建设职责》，对党组成员的反腐倡廉责任分工进行了调整，规定了各成员的职责范围和任务。局领导班子成员严格要求自己，以身作则，特别是在打假工作坚决抵制“说情风”，为全系统做出了榜样。加强纪检监察工作，认真调查处理群众来信来访，严厉查处违法乱纪现象，杜绝不正之风。全年处理群众来信18封，接待市县局群众来访3批12人次，区分不同情况做了妥善处理。对局机关1名参与澄迈县“3·19”聚赌的干部，按照有关规定给予了撤职处分。

## 二、质量技术监督工作

### 1．质量监督管理与打假工作

**【质量工作与打假工作责任制】** 4月中旬，省政府召开了全省质量工作会议，对全省质量工作和打假工作做出了部署，随后，省政府专门下发了《关于在全省实施质量工作和打假工作责任制的通知》(琼府[2000]32号)，规定省政府分管质量技术监督工作的副省长是全省质量工作和打假工作的主管负责人，省局统一管理全省质量工作及会同有关部门组织开展打假工作，省局局长是全省质量工作和打假工作的直接责任人。文件确定了全省各级政府和有关部门在质量工作和打假工作上应负的责任。省局和省监察厅还根据国家局和监察部的安排，对全省实施“两个”责任制的情况进行了检查，全省各市县政府都制定了质量工作和打假工作责任制，将质量工作与打假工作纳入了议事日程，对本地区质量问题和假冒伪劣问题限期治理整顿都提出了工作目标和措施。我局抓住这一契机，在各级政府的大力支持与配合下，加大了质量监督管理与打假工作的力度。

**【质量振兴活动】** 继续大力推动《质量振兴纲要》的实施，全省各地广泛开展了质量振兴活动。在省政府召开全省质量工作会议后，不少市县公开亮出了“质量兴市”、“质量兴县”的口号，并在企业中广泛开展各种质量振兴活动，如定安县技术监督局在2家糖厂开展了“质量兴厂”活动，三亚市技术监督局在企业中推广质量管理先进单位的经验等。

**【质量统计工作】** 为了加强对全省主导工业产品质量状况的调查研究、综合分析、定量评估和统计上报工作，逐步建立健全一套科学的质量指标体系，对企业质量管理工作实行分类指导，与省统计局联合下发了《关于认真做好产品质量统计工作的通知》，制定了质量状况统计专用调查表，确定将全省100家大、中型企业作为统计对象，将产品质量等级品率、质量损失率、工业产品销售率和新产品产值率4大指标作为统计数据基础，为今后做好质量管理工作提供决策依据。努力推进质量认证工作，大力推行先进的质量管理办法。

**【质量认证】** 进一步在企业中宣传实施质量认证的意义和作用，总结已通过质量认证企业的经验和做法，完成了海南富岛化工有限公司等9家企业的质量体系认证和6家企业产品质量认证的年度监督审核，并正在对9家企业进行质量认证咨询。举办了企业内部审核员培训班9期，培训内部审核员121人。同时在全省率先开展了ISO 14000环境管理体系认证工作。加强质检机构资格认可管理工作，完成了2家质检机构的资格审查和换发证工作，对全省14个质检机构进行了调查和年度考核。

**【生产许可证管理】** 完成了40家企业生产许可证的受理、审查和上报工作。加强对国家实施安全认证的电工产品进行强制性监督管理，对申报安全认证的5家企业进行审查，指导完善质量管理体系，给4家具备条件的企业发放了安全认证临时准销证。会同相关部门共同制订了《加工增值出口业务管理办法》，认可了4个加工企业具备加工矿产品的资格，办理37批共计22 298吨利用内地硅锰合金进行加工增值出口的产品加工状况的现场鉴证。

**【质量监督】** 强调对重要产品的质量监管，组织开展了一系列质量监督抽查活动。在生产领域中，对化妆品和洗涤用品、白砂糖、食用酒精、化肥、天然橡胶、水泥、食品、饮料、饲料、医用氧产品质量进行了监督抽查，合格率分别为61.7%、88.6%、100%、64%、84%、100%、81%、78%、64%、100%。在流通领域，对化肥、眼镜片、眼镜、洗涤用品、无铅汽油、轻柴油、防盗门产品质量进行了监督抽查，抽检合格率分别为69.2%、62%、14%、67.6%、61.1%、33%、31%。2000年还特别组织在36家酒店中抽取了69个沐浴液、洗发液、香皂、洗洁精样品，合格率仅1.4%。加强监督抽查后处理工作，在依法对不合格产品生产经销企业进行处罚的基础上，积极为企业服务，帮助企业分析产生不合格产品的原因，指导企业规范管理、认真整改。如今年我省白砂糖质量合格率有所下降，不合格项大都是色值超标，原因是国家对原标准进行了修订，而企业没有相应改变生产工艺，针对这种情况，组织企业学习新标准，制定了新工艺。

**【打假工作】** 继续以“三重一大”为重点开展“打假”斗争，努力规范我省市场秩序。各市县局根据省质量技术监督局1999年关于“三重一大”的部署，结合本地实际情况，确定了本地打假工作的重点商品、重点市场、重点地区，采取突击行动与日常市场巡查相结合的手段，大力解决我省存在的突出质量问题，取得了一定的成效，如过去假冒伪劣问题比较严重的白酒、洋酒、牙膏、农药、化肥、摩托车等商品，已经很少大批量发现。继续开展打假“三大战役”，查获了大批假冒伪劣商品。在今年元旦、春节期间，全省质量技术监督系统出动执法人员2 000多人次，以“五子”商品为重点，开展了“查市场、保两节”打假活动。在冬季瓜菜和春耕期间，出动1 500多人次，深入到全省30多个专业市场，15条专业商业街，800多家化肥、农药、种子、农机产品及配件等农资产品经销点，开展了“查农资、保春耕”打假活动。在国家局召开钢材打假电视电话会议前后，开展了“查建材、保建设”打假活动，特别是对海府地区的钢材批发市场组织了几次大型打假行动，查获了3家制售假冒伪劣螺纹钢的窝点。组织进行了"3·15"、六一儿童商品、质量天涯行、旅游商品、汽车配件等一系列专项打假活动，并加强了市场日常清理整顿工作。国家局李传卿局长在海南省考察后，省局根据李局长的指示，进一步加大了打假力度，在6月份每周开展一次大型打假活动，6月中旬捣毁了国商大厦、友谊商场、中侨大厦底层等3处假借已停业大商场减价清仓名义，大肆销售假冒伪劣商品的窝点，在全省引起强烈反响，产生了良好的社会效果。广泛开展了"打假保名优"活动，经常与名优产品生产经销企业联合行动，清市场、端窝点。2000年10月底国务院下发关于开展打假联合行动的通知后，省局一方面担负起了省打假联合行动协调小组办公室的责任，积极制定联合打假行动方案，部署全省联合打假具体战役；一方面组织全系统集中出击，至12月10日已出动执法人员10 000余人次，查获假冒伪劣商品货值500多万元。据不完全统计，全省质量技术监督系统全年查获假冒伪劣商品总货值达3 100万元，是去年的1.55倍。

**【"购物放心"创建活动】** 大力帮助企业建立抵御假冒伪劣商品自律机制，在省内商业企业中树立了一批先进典型。在1999年开展"海南百镇千店无假货"活动的基础上，2000年表彰了32家省级示范单位，琼海、三亚等市县也表彰了一批市县级示范店；全省确定了8条创建"购物放心一条街"的街道，各市县局纷纷联合相关部门，采取得力措施，开展创建活动。省局还组织海口、三亚等市县局和创建街区部分企业代表，赴京参加了专门学习。

### 2. 标准化工作

**【农业标准化工作】** 召开了全省农业标准化工作专题会议，大力推广澄迈县香蕉示范区工作经验；重点抓好全国第二批农业标准化示范区——昌江芒果、定安甘蔗、澄迈香蜜杨桃示范区工作，深入示范县指导实施2000年示范区工作方案；组织审定通过了《杨桃嫁接袋装苗》、《香蜜桃栽培技术规程》、《冬春植甘蔗栽培技术规程》、《冬春植甘蔗施肥规程》4个县级农业地方标准；为贯彻落实《海南省人民政府关于切实加强无公害瓜果菜生产工作的意见》，与农业部门共同研究制定了海南省《无公害瓜果菜产品质量标准》、《无公害瓜果菜产地环境质量标准》、《无公害瓜果菜生产技术规程总则》、《香蕉质量分级、包装及标志》等9项地方标准，并协调对《优质大米》、《大米陈化鉴定》、《小麦陈化鉴定》3项地方标准进行审定。

**【服务标准化工作】** 认真抓好旅游服务行业贯彻《服务指南》国家标准，与省旅游局联合举办《服务指南》国家标准宣贯班，全省共有90多家旅游企业的120多名总经理和部门经理参加了学习。

**【消灭无标生产工作】** 大力推广琼海市消灭无标生产工作经验。在重点抓好国家试点县——澄迈县消灭无标生产试点工作的同时，深入各市县进行分类指导，海口市、三亚市已通过省级验收。

**【企业标准化工作】** 热情为企业服务，指导帮助企业制修订、备案企业产品标准259个；宣贯《饲料标签》国家强制性标准，帮助全省饲料生产企业修订备案企业标准近100项，标签认可150多个。

**【标准化情报工作】** 认真抓好标准情报工作，全年共为145家企事业单位154人(次)提供标准咨询服务，查阅资料350种，订购标准资料339册，预订新书571册，新书登录上架154册。

**【标准化监督工作】** 组织对《啤酒瓶》、《玩具标签》强制性标准执行情况进行了监督检查，抽查海口、定安、琼海啤酒瓶合格率为97.5%；抽查海口市玩具市场合格率为65%，其他市县为40%。

**【条码工作】** 新发展条码系统成员40家，续展条码系统成员57家，对拟注销的45家企业进行了调查摸底、校对落实。

**【组织机构代码管理】** 开发了网络版代码管理系统并顺利投入使用，全省20个市县代码管理机构利用该系统全部联网，实现了网上查重、集中赋码和数据传输，经过近10个月的测试，该系统运行情况良好。扩大了代码应用范围，代码应用延伸到工会法人组织及银行系统，并通过省编办确定全省机关、事业单位、人民团体必须填报组织机构代码。"电子商务安全身份认证"项目的技术方案、商业运作模式、经济效益评估等材料已定稿报国家局。加强了组织机构代码行政执法检查，对代码证超期未按规定进行年检的单位发出了限期改正通知书900多份，催办通知书近300份，对475家单位进行了处罚。办理组织机构代码证8 896家(比去年增长17%)，其中新办3 296家，年检1 196家，变更2 638家；新办IC卡5 426张。

### 3. 计量工作

**【计量检定机构与人员管理】** 加强对全省法定计量检定机构及企事业单位计量检定人员的管理，对全省200名计量检定员的检定员证进行了年审，编制了《全省计量检定员计算机管理数据库》，将全省计量检定人员的基本情况输入计算机管理。加强对计量检定人员及产品质量检验机构检测人员的培训，对海南华立电能表有限公司等单位14名计量检定员进行了培训和考核，完成海南省卫生防疫站等单位60名检测人员的培训发证。

**【强检工作】** 加强对强制检定计量器具的管理，印制了《强检计量器具基本情况调查表》，编制《全省强制检定计量器具计算机数据库管理软件》进行试运行；加强对全省医疗卫生系统的计量管理，对进一步加强全省医疗卫生系统计量管理工作提出了意见及具体要求；进行了全省贸易结算电能表的计量执法检查。

**【计量器具许可证】** 加强对全省申请制造计量器具许可证的考核工作，完成了5家生产电能表企业的计量器具新产品样机试验及生产条件考核。

**【计量认证】** 与省建设厅协调，理顺了建设质检机构计量认证工作，完成了8家质检机构计量认证复核换证及考核工作，并初步对已认证单位基本情况建立数据库，进行计算机管理。

**【法制计量】** 加强定量包装商品计量监督工作，健全全省定量包装商品计量跟踪网建设，开展了定量包装商品计量执法检查。开展了企业计量状况调查、全省使用贸易结算电能表基本情况调查、全省医疗卫生系统使用强制检定计量器具情况抽查。加强法定计量单位的检查工作，对全省新闻媒体、出版社、广告牌、印刷品使用法定计量单位情况进行了检查。

**【标准器考核】** 对省计量所申请的11项我省最高计量标准器的审查并报国家局考核，完成了省计量测试所7项次级计量标准器及华南热带农业大学化学分析测试中心等单位申请14项计量标准的考核（复查）工作。

4. “锅容管特”安全监察工作

**【“锅容管特”安全监察】** 从严执法，坚决打击违规违章事件。组织对全省“锅容管特”（锅炉、压力容器、压力管道，以及电梯、起重设备、厂内机动车辆、游乐设施、防爆电器等特种设备）使用单位开展集中安全大检查10次，共计检查单位459家（次），查处违章违规事件60次，查处和销毁土制锅炉94台，处理“三无”锅炉58台，查处违规的液化石油气充装站11家、溶解乙炔气瓶充装站2家和销售网点6家、无证充装氟利昂气瓶单位1家，对5台达不到国家标准要求的医用氧舱要求进行整改，共向全省发出安全检查通报13份，发出安全监察意见及整改通知书128份。围绕“质量与安全”的主题，做好锅炉压力容器安全监察的日常工作。对全省11家液化石油气钢瓶检测单位的检验质量进行了2次抽查，并及时将抽查结果向省内有关单位通报。严格审查了有关单位报送的各种图纸资料、技术文件153套，审批新装锅炉79台、移装锅炉21台，对安装竣工的锅炉验收颁发使用证115台；对53项新装压力容器和压力管道工程设计中存在不符合安全要求的问题提出了整改意见，确保了锅炉压力容器及压力管道的安装工程质量。举办各类特种作业人员培训班5期，颁（换）发特种作业人员操作证243个。组织对14家单位的相关资格证进行了发证、换证审查。加强在用“锅容管特”设备检验工作，对检验中发现的缺陷和安全隐患进行了及时处理。大力宣贯锅炉压力容器技术法规，召开了4次专题宣贯会议，基层质量技术监督工作者、相关企业负责和技术人员共有近300人次参加。

5. 质量技术监督法制建设

**【质量技术监督法制建设】** 加强质量技术监督地方立法工作，《海南省名牌产品管理办法》列入2000年省政府立法计划后，与省法制办多次沟通进行修改；草拟了《海南省锅炉压力容器压力管道特种设备安全监察管理办法》，报请省政府列入2001年立法计划。加强立法协调工作，对农业厅起草的《海南省无公害瓜果菜管理办法》5次提出意见，将质量技术监督部门的标准化、质量管理、质量认证的行政管理权和行政执法权纳入本办法中。为规范质量技术监督执法人员执法行为，制定了《海南省质量技术监督着装风纪管理暂行规定》和《海南省质量技术监督行政案件审理规定》。加强了行政案件审理、复议工作，审理行政案件7件、复议案件4件、质询案件1件、投诉案件1件。成立了“三五”普法验收小组，认真做好各项“三五”普法查漏补缺工作，局机关在省普法办组织的“三五”普法验收中取得了103.5分（标准分99分，奖励分13.5分）的好成绩。

6. 宣传与政务信息工作

**【宣传与政务信息工作】** 下发了关于加强质量技术监督宣传与政务信息工作的意见，对各级质量技术监督部门的宣传与政务信息工作任务进行了量化。继续加大新闻宣传力度，进一步加强了质量技术监督宣传网络建设，省内各大新闻媒体增强了质量技术监督的报道的密度、深度。据不完全统计，省内外各级新闻媒体刊播我省质量技术监督稿500多篇（条）。全系统广泛开展了3·15、六一少年儿童质量维权、质量月、新修改的《产品质量法》、打假联合行动等专题社会宣传活动，在全社会产生较大的影响。国家局、省委、省政府政务信息简报刊用了本省质量技术监督系统稿件近20篇（条）；编印了16期《海南省质量技术监督简报》、1期《海南省质量技术监督重要情况反映》、6期《局内工作动态》；省计量所、省代码中心、海口局、三亚局等单位编印了工作简报。在英特网上设立了海南省质量技术监督局网站，积极拓展新的宣传阵地。

7. 技术机构建设

**【技术机构建设】** 积极筹措资金，围绕海南省经济发展、质量技术监督执法、技术检测市场的要求，加大技术装备投入。省计量所通过争取省财政支持，利用企业闲置设备等办法，完成了7项检定汽车检测线设备标准器具，电能表标准检定装置等11项标准的建设，投入资金68万元，比1999年增加了5倍多；省质检所购置了用于农药检测的高效液相色谱仪和紫外分光光度计等设备20台套，投入资金43万余元，比1999年增长137.6%，并争取到国家局2000年立项拨款100万元购置“国家热带作物产品质量检测中心”项目仪器设备。加强内部管理，提高工作效率。省质检所建立重点检验室“检验报告质量情况统计”制度，实行成本核算管理，改革抽样人员组合及分配方法；省计量所引入用人竞争机制，奖优罚劣；省锅检所健全行政财务、技术质量管理等规章制度，完善《管理手册》，增强管理透明度，改进了工作，提高了业务工作质量。积极拓宽业务领域，增强自身积累、自我发展能力。省质检所与78家企业签订了委托检验协议，省计量所在人员培训、实验室建设方面为企业提供一条龙服务，省锅检所利用技术优势开展水处理承包业务，省安检站在全系统首开工程监理业务之先河。这些工作为企业办了实事，受到企业欢迎，同时也增加了技术机构的经济收益。省质检所完成检验量4 000批次，超额完成5.3%；省计量所完成检定计量器具13 700台（件），比1999年增长3.6%；省锅检所人均事业收入从去年的3万元增加到4万元；省安检站完成各种特种设备定检、复检等2 900余台（条）。

8. 管理体制改革

**【管理体制改革】** 质量技术监督管理体制改革是全省质量技术监督事业和工作发展的重要机遇，海南省质量技术监督局党组对此十分重视和慎重。在调查研究、多方征求国家局、有关部门和群众意见的基础上，多次对去年制定的实施方案进行了修改，在机构设置、人员编制、班子建设、经费保障、财产划转等，提出了比较切合实际的措施，省委省政府已原则同意，国家局也给予了肯定，并得到了相关部门的支持。对管理体制改革过程中的一些具体工作，也提出了相应的实施细则。

**海南省创建"购物放心一条街"名单**

海口市新华南路电器一条街
三亚市河东区商业街
琼海市元亨街
儋州市那大解放南路
通什市红旗路
文昌市文城镇东风街
琼中县城商业街
澄迈县金江镇人民路

**海南省"百镇千店无假货"活动省级示范单位**

海南第一百货商场
海口精功眼镜有限公司
海南工美鑫生珠宝有限公司
海南生生百货商场
海南富士兴电器有限公司
海南乐普生百货有限公司
海南万福隆百货有限公司
海口市农业生产资料公司
三亚天成商场
三亚京润珍珠文化馆有限公司
三亚市崖城植保服务部
三亚三联商业城
琼海宝真商贸有限公司宝真商场
琼海市化妆品总汇
琼海市农业生产资料农药农具购销部
华南热作两院商贸公司
海南施达商业有限公司儋州商场
儋州市农业机械供应公司
海南施达商业有限公司万宁商场
兴隆热带植物园科技产品展销部
琼山市琼台商场
琼山市商业日用品公司
海南施达商业有限公司府城商场
澄迈县松力电器城
海南通什利达商场
海南施达商业有限公司文城商场
保亭县食品世界商行
保亭县种子公司益农综合服务部
白沙县农业生产资料公司
琼中县丰达商场
东方市上海三联商厦有限公司

撰稿人　王家荣
审稿人　符　坚

# 重庆市质量技术监督工作

## 一、概　述

2000年，重庆市质量技术监督工作以市委一届六次全委(扩大)会、全市经济工作会精神为指导，全面贯彻全国质量工作会议精神，坚持“贴紧经济、贴紧生活”的工作方针，抓住实施西部大开发战略、加入WTO和垂直管理的三大机遇，跟踪重庆参与西部大开发的动作、跟踪我国入世的动向、跟踪重庆产业结构和产品结构调整的动态、跟踪消费者反映的热点难点问题，抓好“五百工程”的滚动实施。全年指导帮助55家企业通过质量体系认证；完成市级产(商)品质量监督检查11 568批次，批次合格率为74.24%；指导帮助40家企业培育和发展名牌产品，其中24家企业已培育出了自己的名牌产品；抓好“降损”和QC小组活动，全年“降损”和QC小组活动创造可计算经济效益3.7亿元；市级医疗卫生单位的强检计量器具受检率达96.4%，公话分局管理范围内的电话计费器受检率达90.6%；指导、帮助黔江烤烟国家级农业标准化示范区和6个区县(自治县、市)开展消灭无标生产工作，并通过了国家验收；指导企业采用国际标准和国外先进标准40项，备案企业产品标准1 284个。

## 二、质量技术监督工作

### 1. 质量管理工作

**【实施名牌发展战略】** 2000年，认真贯彻落实重庆市人民政府《关于实施名牌战略加快重庆经济发展的意见》，继续实施各级质监局将发展名牌战略作为经济建设的首要任务，积极引导和支持企业发展名牌产品。全年对162家企业178个产品进行培育帮助，并对名牌产品企业进行具体指导，这些企业积极采用国际标准和国外先进标准组织生产，不仅使企业的质量管理水平和实物质量水平得到提高，而且带动了全市企业产品质量总体水平的提高。全市有效期内的208个名牌产品2000年实现销售收入224.3亿元，利税45.5亿元，2000年我市推荐的66个名牌产品实现销售收入57.1亿元，利税9.48亿元，平均利税率为16.6%。名牌产品不仅成为我市经济新的增长点，而且成为我市区县经济的有力支撑。另外，还积极推动增创农业名牌产品活动，市质量技术监督局与农业局一起积极培育农产品名牌，重点培育了江津柑桔、江津先锋花椒两个农产品名牌。

**【群众性质量管理活动和降损活动】** 全市QC小组取得成果4 830个，有16个QC小组被命名为全国优秀QC小组，创造可计算的直接经济效益3.7亿元，比1999年度增加42.3%，2000年本市按照中国科协、国家经贸委的要求，重点帮助33家企业开展降损工作，由于减少质量损失率，提高产品一次合格率，就获得了2.8亿元的经济效益。

**【生产许可证管理】** 加强生产许可证的统一管理，加大无证产品查处力度，查处了20个无证企业及经销门点，涉及售值金额150余万元，坚决杜绝无证生产、无证销售，维护市场经济的正常秩序。同时，根据国家部署和市政府的要求，结合本市产业结构调整，积极配合有关部门在全市范围内做好小水泥、小钢铁、小化肥、小玻璃、小煤窑等五小企业的清理整顿工作。

### 2. 监督执法与打假工作

**【质量监督】** 近年来，假冒伪劣屡禁不止的现象十分突出，严重地干扰了社会正常的经济秩序。1999年，坚持贯彻全国质量工作会议精神和国务院关于开展全国联合打假行动的通知精神，加大质量监督和打假力度，在规范市场秩序方面发挥了积极作用。加强生产领域和流通领域的产品质量监督。全年完成6 574个企业产(商)品的监督抽查11 568个批次，超计划完成市政府考核目标。其中，抽查生产领域2 983家企业产品4 795个批次，合格率为88.63%，比1999年下降1.76个百分点。抽检流通领域的3 591个企业6 773批次商品，合格率为64.05%，比1999年提高0.43个百分点。

**【打假工作】** 2000年，开展了“查市场、保两节”、“查农资、保春耕”、“查建材、保建设”三大战役。据统计，三大战役共出动1.9万人次，抽查生产企业、经销门点2.27万个(次)，检查集贸市场和专业产品地段779个；检查商品4.36万批次，查获假冒伪劣产(商)品标值1 885万元，捣毁窝点23个，为消费者挽回损失1.15亿元。为保证西部大开发的基本设施建设质量，市局还把对建材的监督打假作为工作重点来抓，全年检查了590个工程建筑工地，102座桥梁的主要建材以及1 822家预制构件生产企业，确保了我市工程质量。

**【打假联合行动】** 全市全年出动打假人员14万次(其中，质监系统2.25万人次)，查获假冒伪劣产品标值12 965.96万元(其中质监系统5 064.54万元)，捣毁窝点342个(其中质监系统125个)，立案1.42万件(其中质监系统3 100件)，为企业、消费者挽回损失1.15亿元(其中质监系统4000万余元)。

**【扶优治劣工作】** 根据有法必依，执法必严的方针，对严重危害名优产品的大案要案，集中力量进行重点查处，与重庆嘉陵、建设、隆鑫、重庆牙膏厂等名牌产品企业，加强合作，围绕名牌产品开展联合打假，发现线索，主动出击，有效地狙止了假冒伪劣产品对名牌产品的冲击。

**【锅炉压力容器安全监察工作】** 全年贯彻江总书记关于锅炉和压力容器的重要指示，开展安全检查。全市共查处事故隐患6 066个，其中当场消除隐患1 412个，发出《安全监察意见书》720份，停止了有严重隐患或无证单位制造的463台压力容器，3 440余只钢瓶，47台锅炉的使用和运行，停止了两家设计单位的违规设计操作，端掉3个非法制造压力容器的窝点，对违法的28家单位、42人进行了依法处理，有力地保证了人民生命和财产安全。

**【帮助企业抵制假冒伪劣的机制】** 开展质量信得过商店及大型商业企业清理柜台的活动，帮助全市质量信得过商店巩固成果，树立良好信誉。2000年，市质量技术监督局、市委宣传部、团市委等8家单位开展了山城百店无假货活动，评出14家山城百店无假货活动示范店。继续巩固和创建“购物放心一条街”、“无假冒伪劣一条街”工作。目前解放碑步行街和沙坪坝区商业贸易街成为重庆信誉较好的商业中心。

3. 标准化工作

**【采用国际标准和国外先进标准】** 全年指导帮助企业采用国际标准和国外先进标准40个，采标工作有力地促进了企业经济效益的提高，如川维厂生产的乙烯共聚乳液采用了美国先进的生产标准，为提高该产品质量、稳定生产提供了保障，产品畅销全国各地，深受用户好评。该产品98年实现产值4 416万元，利润362万元，2000年产值达5 234.6万元，利润425万元，成为该厂经济效益的主要支柱。

**【制订发布地方标准】** 2000年，制定发布涉及农业、消防建材等方面的地方标准8个，督促帮助和指导企业建立企业标准体系，全年备案企业标准1 284个。

**【消灭无标生产工作】** 2000年在全市26个区(自治县、市)组织实施消灭无标生产工作，到目前为止产品标准覆盖率达到95%以上。由于中小企业采用标准组织生产，其产品质量抽查合格率比开展消灭无标工作前提高了10%，经济效益也显著提高。如合川水泥厂在消灭无标生产工作中，建立了以技术标准为主体，工作标准和管理标准为主要内容的企业标准体系，产品质量有了确实保障，市场竞争力也得到增强。在水泥行业竞争激烈，很多厂亏损的情况下，该厂利税逐年增长，2000年实现利税493万元。有力促进企业整体质量水平提高。

**【农业标准化工作】** 重点帮助黔江烤烟、忠县施格兰柑桔全国农业标准化示范区开展工作。施格兰柑桔全国标准化示范区发布实施了“品种”、“苗木”、“建园”标准。为此黔江区严格执行烤烟生产标准，烤烟质量大幅提高，黔江烤烟的市场信誉得到了恢复和发展，烟农收入也得到增加，预计2000年烟农收入为7 500万元，比1998年的4 178万元，增长44.2%。

**【服务标准化和信息标准化工作】** 结合重庆经济工作的中心，在全市组织宣贯了GB/T 19004.2《质量管理和质量体系要素 第2部分：服务指南》国家标准，配合本市开展创建“中国优秀旅游城市”工作，配合重庆市旅游局开展了《公共信息图形符号》国家标准的宣贯，促进了全市服务性企业服务水平的提高。为适应当前信息技术和内外经济贸易的需要，积极推行了代码条码技术，2000年全市组织机构赋码数量达2万个，办理IC卡1.5万个，商品条码100余家，对于促进我市产品的流通，全面提高产品知名度全面发挥了积极作用。

4. 计量工作

**【工业计量工作为经济发展作出较大贡献】** 着力于企业计量工作的指导和服务，帮助企业建立计量检测体系。重点帮助重庆长安汽车有限公司、重庆科源电力有限公司、重庆智能水表有限公司等180余家企业建立适应自身发展模式的计量检测体系，其中有80家企业达到了我市计量合格确定标准，10家通过了计量合格评定。同时，还通过对计量器具生产企业的指导和帮助，使全市计量器具产品质量和经济效益大幅上升，企业亏损面由原来的87%下降到10%，总产值由于原来每年3个亿上升到目前的27.5个亿，成为西部最大的计量器具生产基地，为全市经济发展作出了贡献。

**【法制计量解决了群众关心的生活问题】** 围绕人们关心的医疗卫生问题，市质量技术监督局与卫生局组成检查组对市级医疗卫生单位强检计量器具进行了检查，据不完全统计，检查的市区县级医院共439家，受检率达到了85.5%，其中市级医院23家，受检率达到了96.4%。针对人们关心的“三表”计量问题深入开展了生活用水、电、气三表的首次强检工作。强化了对全市“三表”的监督管理，年内全市首检“三表”达35万只以上，比1999年增加了10万只，增幅达71%，有效地保护了消费者、用户和电力部门的合法权益。针对因公用电话、出租车计费器的失准引发纠纷的热点问题，加强了对计费、计价的强检工作。市质量技术监督局加大检查力度，全年共检定电话计费器15 400台，受检率达到90.60%，监督检查出租车606辆，检查合格率达到98%以上。

5. 认证工作

**【质量体系认证】** 认真贯彻质量保证体系国家标准，大力宣贯ISO 9000系列标准，推行企业开展质量体系认证，帮助55家企业通过了质量体系认证。目前，全市通过质量体系认证的企业累计达196家。

**【产品质量认证工作】** 2000年，全市15家企业的41种产品获得了产品质量认证证书。全市通过产品质量认证的企业共达90个。还帮助部分国家免检产品和安全认证产品的生产企业开展了认证前的工厂条件审核工作。

**【检测机构的认证】** 全年完成了18家到期复查换证检测机构的认证考核和完成对22家检测机构的监督检查工作。同时，抓好企业质量体系内审员、检测机构内审员的培训。这些工作有效地推行了企业加强内部质量管理，提高了质量管理水平。

6. 法制建设和队伍建设工作

**【法制体系建设】** 起草并由市人大审议发布了《重庆市计量监督管理条例》，起草修订了并经重庆市人民政府94号令颁布实施了《重庆市统一代码管理办法》。

**【行政执法监督】** 1999年，先后起草了《重庆市质量技术行政执法监督实施办法》、《重庆市质量技术监督行政执法考核办法》，并在此基础上，对执法任务重，行政复议和诉讼率高，容易出现问题的执法单位，组织了行政执法抽查，确保了监督的有效性。

**【干部队伍素质不断提高】** 一大批符合干部“四化”要求的同志进入各级领导岗位，大大提高了管理队伍的年轻化、知识化、专业化程度。按照德才兼备的原则对各区县局领导班子进行了重新考核任命，各级领导班子建设得到进一步加强。在区县局领导班子中，大专以上学历人员占84.1%。市局和12个区局开展了“三讲”教育，各县（自治县、市）质监局开展了“三个代表”的学习教育，使全系统广大党员干部的思想素质和政治素质有了较大提高。

**【科技队伍实力明显增强】** 科技队伍是质量技术监督人才队伍的重要组成部分，对质监事业的发展起着重要作用。到2000年底，全市质监系统科技队伍有1 058人，比1995年底增长54%，市局直属单位科技队伍有263人，其中大学以上学历人员达到249人，有55名高级专业技术人员的骨干力量。质监科技工作取得明显成绩。“九五”期间，全系统完成市级以上科技成果34项，其中国家局项目6项。

**【执法队伍素质不断提高】** 到2000年末期，全系统已拥有885名执法人员。执法范围已覆盖标准化、计量、质量、锅容管特各个专业的生产、流通领域。我们注重对全系统行政执法人员，尤其是执法骨干的法律培训，2000年我们组织有关专家给广大执法人员讲解了《行政处罚法》、《行政复议法》、《合同法》、《新刑法》以及WTO/TBT等与质监行政执法密切相关的法律知识。目前，质监行政执法队伍已成为全市公认的打击假冒伪劣、保护企业、消费者权益的基本力量。

### 7. 行风建设

**【落实市政府“十个一批”工作】** 2000年，按照市府“十个一批”的重要决定和市府[2000]25号文件要求，对我局规范性文件及收费项目进行了全面清理，共清理53件规章、政策以及规范性文件，取消许可审批项7项，取消收费项目1项。在1999年社会公开评价政府职能部门活动中，市局社会满意和基本满意率为80.3%。

**【认真贯彻党风廉政建设责任制】** 2000年，系统从上到下都成立了党风廉政建设领导小组，形成了一把手挂帅，分管领导各负其责，纪检监察组织协调，部门之间相互配合，干部职工积极参与的工作局面，从市局到各区县局，党风廉政建设和行风工作都有领导主管，有至少1名干部具体负责，并明确了一把手挂帅，一级抓一级，一级对一级负责，层层抓落实的责任制，从组织上保证了这项工作的落实。2000年还针对系统实施垂直管理，重新印发了《重庆市质量技术监督局关于实行党风廉政建设责任制的实施办法》。在责任制的实施方面，全局将重点放在强化监督检查，严格责任考核和责任追究上，今年底或明年初，由局纪检组牵头，有关部门配合，对局系统各部门、各单位的党风廉政建设责任制的实施情况进行一次检查，对落实不到位的单位或部门将追究主要领导的责任。

**【“三讲”教育】** 重庆市质量技术监督局认真开展“回头看”活动，巩固和扩大“三讲”教育成果。开展“三讲”教育回头看，是“三讲”教育的继续和深化，严格按照市委的统一部署，重点抓了局整改措施的落实，督促完善了各项规章制度，促使一些问题得到了有效解决。“回头看”教育使处以上党员干部的思想素质和政治素质有了较大提高，有力地促进了领导班子的思想政治建设，推动了机关工作任务的完成。按照市委的统一部署，抓好区县局的“三讲”教育。为了全面完成全市14个区质量技术监督局领导班子和领导干部的“三讲”教育工作，市局对各区质量技术监督局的“三讲”教育工作进行了指导。市局专门成立了指导组，并派出8人参加了区巡视组，切实保证了“三讲”教育工作与体制划转工作的同步进行，做到了“两不误、两促进”。

**【职业道德教育】** 职业道德建设是精神文明建设的重要内容，也是纠正行业不正之风的一项治本之策略。本局全年认真组织广大干部职工学习和贯彻《全国技术监督职业道德规范（试行）》。各单位也通过报告会，讨论会，知识竞赛等多种形式，开展了广泛的学习教育活动，并组织干部职工按照规范中的要求，逐一进行对照自查，看要求，找差距，定目标，对问题突出的进行耐心教育，通过贯彻实施职业道德规范，促进了行业的作风建设，对质量技术监督系统树立“科学、公正、廉洁、高效”的行业现象起到了积极的作用。

### 8. 质量技术监督宣传教育工作

**【质量技术监督宣传】** 通过报刊，电台等新闻媒体广泛宣传质量技术监督工作。通过与重庆电视台协调，在《走进生活》栏目中编制质量技术监督节目，与重庆电视二台联合开办了《TV大都会》质量节目。全年在报刊、电台、刊播新闻稿件900名多件。利用新闻发布会，质量分析会等形式进行宣传。全年召开了产品质量新闻发布会，质量分析会8次，使全社会及时了解全市质量状况。开展系列活动，寓宣教于乐，扩大宣传面。今年，全市开展了2000重庆世纪质量大家行、“3·15”活动等系列活动，向社会发放宣传资料13 000多份，接受咨询投诉3 700多人次。处理投诉220件，为消费者挽回直接经济损失80万元，在社会上引起强烈反响，使广大人民深受教育。

**【质量技术监督教育】** 加紧培养企业质量监督管理人才，全年举办各类质量技术监督业务培训班18期，培训质量技术监督、企业质量骨干质量管理操作人员1 200多人次。积极开展与社会联合办学，与重庆师范学院联合开办的商品检测专业，与重庆钢铁专科学校联合开办的质量检测专业也在良好地运作之中。

### 9. 垂直管理工作

根据国务院《批转国家质量技术监督局质量技术监督管理体制改革方案的通知》和《重庆市人民政府关于批转市质量技术监督局重庆市质量技术监督管理体制改革实施方案的通知》的具体部署，精心组织，狠抓落实，稳妥有序地做好质量技术监督管理体制改革工作。一方面做好区县局的接收工作。按照成熟一个、接收一个；先接收、后理顺的原则，分组进行，责任到组；统一要求，规范程序，确保了交接工作的进度和质量，对体制改革中的问题积极协调，力争当地党委和政府的支持，顺利实施了27个区县质量技术监督局的机构上收、编制经费上划、干部交接工作。并按照《党政领导干部选拔任用工作暂行条例》的规定，对27个区县质量技术监督局的领导班子和领导干部进行了重新考核、任命。另一方面，与市劳动和社会保障局多次接洽协商，顺利完成了一处、两所（站）、一个培训中心的划转移交，并使他们尽快地投入工作，履行职能。

## 三、质量技术监督机构和人员简况

1．市级机构和人员情况

**【机构情况】** 根据《重庆市人民政府办公厅关于印发重庆市质量技术监督局职能配置、内设机构和人员编制规定的通知》，重庆市质量技术监督局是主管全市标准化、计量、质量工作并行使行政执法监督职能的市政府直属机构。市质量技术监督局设有办公室（安全保卫处）、干部人事处、计划科技处、财务处（审计处）、政策法规处（宣传教育处）、质量管理处、质量监督处、标准化处、计量处、认证与实验室评审管理处、锅炉压力容器安全监察处、离退休人员工作处、纪检组、监察室、机关党委等处室，有重庆市质量技术监督局执法总队，重庆市质量技术监督局高新技术产业开发区分局、重庆市质量技术监督局经济技术开发区分局等三个正处级直属行政单位。有重庆市产品质量监督检验研究所（国家洗涤用品质量检测中心）、重庆市计量技术研究所、重庆市流量技术检测研究所、重庆市纤维织品检验所、重庆市技术监督情报研究所、重庆市城市技术监督杂志社、重庆市锅检所、重庆职业卫生安检站、重庆市劳保教育中心等10个直属事业单位。

**【人员编制和领导职数】** 重庆市质量技术监督局机关行政编制90名（含纪检监察单列编制3名），离退休工作人员专项编制3名。其中，局长1名，副局长4名；纪检组长和机关党委书记按市委有关规定配备；正副处长职数27名（含机关党委专职副书记1名）。市质监局执法总队、高新技术产业开发区分局、经济技术开发区分局正副处级领导职数各3名。设立市质量技术监督局机关后勤服务中心（市质量技术监督培训中心），为直属处级事业单位，核定事业编制15名（其中财政全额拨款10名，自收自支5名），处级领导职数2名。市局直属事业单位共有编制490个。

2．区县（自治县、市）机构和人员情况

到2000年底，共有区县（自治县、市）质量技术监督局40个，行政编制384个，有事业单位110个，事业编制1 002个。

撰稿人　宋波

审稿人　钱涛

# 四川省质量技术监督工作

## 一、概　　述

2000年是中央实施西部大开发战略，四川省委、省政府提出实现“追赶型”、“跨越式”发展的第一年，也是质量技术监督系统实行省以下垂直管理的第一年。全省各级质量技术监督部门在国家质量技术监督局和省委、省政府的正确领导下，深入贯彻党的十五大和十五届五中全会精神，以邓小平质量思想为指针，围绕政府工作报告和全省经济工作会议提出的各项要求，坚持改革、业务两手抓，着力提高质量技术监督工作的有效性，不断深化综合管理，切实加大质量监督和行政执法力度，有力地促进了全省质量整体水平的进一步提高，为西部大开发和四川经济发展作出了积极贡献。质量技术监督工作在国民经济和社会发展中的地位和作用不断提高，系统的整体优势得到了更好的发挥。

## 二、质量技术监督工作

### 1. 质量管理工作

**【实施名牌战略】** 省局将名牌战略工作纳入了各级质量技术监督部门的目标管理范畴，作为职能目标中的一项重要内容。为适应西部大开发的形势，省局提出了“监督与服务并举，以服务为主”、“企业困难我帮助、企业发展我服务、企业问题我指出、企业违法我查处”，建立质监与企业新型关系的指导思想。省政府从各地区和省级行业主管部门推荐的400多个产品中筛选出了174个产品列入了“第五届四川名牌争创计划”。对已确认或列入争创计划的名牌产品和企业，省局实行了严格的动态管理，并严厉打击假冒伪劣商品，为企业创(保)名牌营造良好的外部环境，初步形成了集“帮、促、扶、管”于一体的立体服务格局。

**【贯彻实施《质量振兴纲要》】** 结合四川实际提出了2000年和2010年的目标任务，狠抓了“四个落实”，即领导责任落实、实施计划落实、保证措施落实、监督检查落实，有力地促进了产品、工程和服务质量的提高。一是全省质量稳定提高率达到93.76%(截止3季度)，较1999年同期上升0.7%；产品质量等级品达到102.9%，比1999年同期上升3.55%。二是服务行业的服务质量均有不同程度的提高。广大窗口单位相继推行了《限时服务标准》、《承诺服务标准》等标准和规范，成都双流机场等一批单位还通过了质量体系认证，基本实现了服务质量制度化、程序化、标准化。三是工程质量监督保证体系进一步完善，全省的工程质量尤其是住宅工程质量显著提高，竣工交付使用的工程全部达到国家标准或规范要求，大型工程建设项目综合试车率和验收合格率达100%，其他工程一次验收合格率也达到85%以上，其中优良率达到了25%左右。

**【推行全面质量管理】** 组织广大企业认真贯彻了质量管理和质量保证系列国家标准，强化了质量体系和产品质量认证工作。以企业为主体，广泛开展了质量管理基础知识的普及和更新教育，全省全年受教育人数达到15万人次以上。坚持科技与管理并举，充分调动广大职工的积极性和创造性，鼓励并引导企业做好生产全过程的质量控制，提高产品一次合格率。同时，大力实施用户满意工程，督促企业切实做好售前、售中和售后服务。全省全年群众性的质量管理活动增创经济效益2.55亿元。

**【质量宣传】** 充分利用“质量月”搞好宣传工作，扩大质量工作的社会影响。在“质量月”活动期间，省局组织动员100余家企业共同发表了《质量承诺宣言》。全省质监系统出动宣传人员1 700人次，组织宣传车300余辆，印发各类宣传资料10万余份，现场接受投诉800余起，接受咨询16 000余人次，增强了全民的质量意识，促进了“振兴质量，人人有责”的良好社会氛围的形成。在广泛宣传和发动的基础上，选择了900余家有代表性的企业开展了“查质量意识，查质量水平，查质量体系，查现场管理，查售后服务”为主要内容的自查活动。通过自我查找、跟踪调查及督促整改等手段，进一步完善了质量保证体系，增强了管理的有效性，促进了企业质量管理水平和产品质量的提高。

**【质量监督抽查】** 2000年度全省各级质量技术监督部门共监督检查生产企业、经销企业61 543个，检查产(商)品87 751批次，合格68 778批次，批次合格率78.38%，较1999年下降2.39%。其中，监督检查生产企业33 112个，产品41 619批次，合格35 185批次，批次合格率84.54%，较1999年下降0.95%。查出不合格企业5 340个，商品46 132批次，合格33 593批次，批次合格率72.81%，与1999年相比下降4.31%，查出不合格品价值3 288.03万元，其中伪劣商品价值768.11万元。

2000年省级季度抽查中，省局重点组织安排了对大米、食用油、化肥、猪用浓缩饲料、水泥包装袋、插头插座接线板、电机、电话用户线、饮水机、啤酒瓶等产(商)品，以及旅游景区宾馆饭店的客房部、餐饮部提供消费者使用的牙膏、洗涤用品、袋泡茶、方便面、食用植物油、瓶装饮料等共28类产(商)品的省级监督抽查，共抽查产(商)品1 190批次，合格510批次，批次合格率42.86%。其中方便面、瓶装饮料质量较好，抽查合格率100%；抽查合格率较低的产品有袋泡茶6.45%，电机8.70%，电话用户线8.00%，铁、锌、硼微量元素肥料10.00%。

在专项抽查上，围绕全省市场上出现的问题狠抓市场商品的监督治理整顿，加强锁具及水嘴产品、贵金属首饰及珠宝玉石饰品、彩电、音响、家用微波烹调器、乳胶漆及人造板等7大类产(商)品的专项治理。

2000年度全省产品质量监督检查情况与1999年相比，部分产品合格率有所上升，但农用化肥、化学农药、肉制品、保健食品、罐头、纸制品、眼镜、化妆品、橡胶、塑料制品、服装、涂料、油漆、电工仪器仪表、卫生建筑陶瓷、型材、原煤、水暖管件、工业专用设备、线材等产品合格率均有不同程度下降。生产这些不合格品的企业大多是小型和个体企业，这些企业的质量水平亟待提高。

**【强化锅容管特安全监察工作】** 在全省开展了为期3个月的锅容管特安全大检查，共检查了2 463家企业、32 656台锅炉、5 386台压力容器，查处和扣压非法制造的锅炉和压力容器547台，发出监察意见通知书359份，提出整改意见1 274条，查封、取缔了一批不合格充气站，送检过期钢瓶3 500多只。

对许可证到期的企业进行了严格审查，对人员设备流失较严重、达不到基本条件和管理混乱、产品质量得不到保证的企业分别作出了限期整改或取消换证资格等处理。2000年全省共换发许可证128家，其中气瓶充装55家，气瓶检验资格6家，锅炉21家，压力容器8家，电梯安装维修12家，酸洗单位21家，水处理设备注册登记1家，水质监测单位授权4家。

确保在用设备的安全，将定期检验率列入了工作目标，全年锅炉定检率达到97%，压力容器定期检验率达到86%，电梯定期检验率达到90%，全年无因漏检而发生的事故。

**【质检机构建设】** 初步完成了省级质检机构基本材料清理归并工作，摸清了质检机构的人、仪、房情况，实行了分档管理，为即将启动的技术机构改革奠定了基础。合理布置质检网络，全年新设机构3个，重组机构1个，审批新增项目130余项，设立省级消费者争议仲裁机构83个，撤销设立(委托)机构3个。按照国家局的要求，在全省质检机构中开展了“公正、廉洁”大检查，对存在的问题进行了严肃处理。

2．行政执法与“打假”工作

**【健全打假机构】** 规范了全省打假工作组织机构。经省编办批准，省质监局成立了稽查分局(稽查总队)，21个市州局成立了稽查分局(稽查支队)，各分局成立了稽查大队。全省首批核定行政执法编制(按公务员管理)901人(不含成都市237名)，并向中编办申请增配行政执法编制1 400名，为行政执法工作提供了人员和经费保障。

加强稽查队伍的技术装备。国家局专项拨付打假技术装备经费后，省局及时向省委、省政府作了汇报，落实了等额地方财政配套经费，并有重点、有计划地分配给了全省系统，解决了部分单位急需的行政执法车辆，取证器材、快速检验设备等打假技术装备。

加强对行政执法工作的组织领导。省政府下发了《四川打击制假售假违法犯罪联合行动的通知》，成立了“四川省打假领导小组”，王金祥副省长任组长，领导小组办公室设在省质监局，韩儒理局长兼任主任。制定了《四川省打击制售假冒伪劣商品违法犯罪的联合行动方案》，组织召开了全省电视电话会议和专题打假会议。省委、省政府主要领导还多次就联合打假工作作出了重要批示，提出了具体要求。各级党委、政府一把手亲自挂帅，直接负责部署和协调，为全省的打假联合行动提供了强有力的领导保障。

**【建立自我监督约束机制】** 省局制定了《廉政监督执法制度》、《行政赔偿制度》、《办案廉政制度》等制度；各级稽查队伍建立了内部考核制度，定期检查和测评稽查人员的综合能力。结合宣贯新的《产品质量法》，加大了学习掌握质量技术监督法律、法规及相关业务知识的力度。通过制定学习制度，安排学习时间，交流总结经验，全省稽查人员的业务能力和办案水平得到了明显提高。全年系统立案查处制售假冒伪劣产(商)品案件10 693件，已结案10 578起，端掉制假窝点619个，违法产(商)品货值2.7亿元，未发生一起严重违规违纪现象。

**【联合打假行动】** 全省各行政执法部门共出动执法人员84 429人次，出动车辆10 090台次，捣毁制假售假窝点195个，查获假冒伪劣商品货值9 715.08万元，提交公安机关收审的涉嫌违法犯罪人员39人，其中已被刑事拘留的48人，强有力地打击了一批制售假冒伪劣产(商)品的违法犯罪分子。特别是狠抓大案要案的查处，2000年8月，在全省范围内开展了打击假冒上海强生集团公司“邦迪”产品的专项打假活动，全省共出动稽查人员1 218人次，车辆538辆次，查获假冒“邦迪”51.5万张，货值近20.6万元。11月上旬，质监系统集中力量对全省范围内的小型轧钢企业进行了全面治理整顿，共出动执法人员400余人次，车辆80台次，检查生产企业98家，钢材市场37个，销售门市169家，查封地条钢胚350余吨，劣质钢材500余吨，涉案货值150万余元，提请工商部门吊销营业执照5起。

积极开展“打击假冒，保护名优”活动，按照国家局“121”工程和省委、省政府的要求，加大了对全省80户重点优势企业和30种名优产品的保护力度。一是在办案过程中，对企业产品的一般标识问题坚持以整改为主，不罚款，不曝光；二是积极帮助协调处理产品标识等一般问题在省外受查处的有关事宜，先后为16户重点优势企业协调21件次，挽回经济损失约1 760万元；三是帮促完善质检体系，加强内部管理，提高产品质量，规范经营行为。有效地保护了重点优势企业和名牌产品，其龙头和扩张作用得到了更充分的发挥。

**【受理质量投诉】** 全省各级稽查部门受理质量投诉12 958起，经调解、协商已处理完毕12 372起，为企业和消费者挽回经济损失1.19亿元。

3．标准化工作

**【采用国际标准】** 完成采标认可300余项，采标标志认可150项，颁发企业产品执行标准证书10 000余份，发放各类名白酒实物标样2 000余件。

**【地方标准制、修订】** 制订发布了《长白猪出场质量》、《三江黄牛》、《凉山光紫花苕》等3项农业地方标准，对全省农业产业化发展起到了积极的推动作用。制定了《钢质保险柜》、《幼儿园教育教学设备》等18个地方标准，其中强制性标准9个，推荐性标准6个。

**【消灭无标生产】** 通川、泸县、冕宁三个国家级“消无”试点县(区)和30个省级“消无”试点县(区)顺利通过验收，市场标准覆盖率由原来的80%提高到95%左右。全省实现“消无”的县(区)已达到70%，超额完成了“九五”既定目标。名山县(茶叶)、旺苍县(杜仲)两个国家级农业标准化示范区也于2000年11月正式验收合格。

**【标准宣贯和标准实施的监督检查工作】** 宣贯了国家《房间空气调节器安装规范》强制性标准，出台了具体实施意见，对空调安装人员实行了“两证一本”考核上岗制度。同时还按照省政府110号令的要求，对涉及人身财产安全健康的产品标准实施情况进行监督检查。

**【代码工作】** 收集全省代码数据（不含成都市）302 934条，省级年检代码4 744家；全省净增代码数据20 997家，实际新增24 869家，增长率为8.82%；变更代码49 355家。按照国际标准ISO 9002编制了《质量手册》和《程序文件》，投资近10万元，对代码中心网络系统进行改造；分别与省总工会、中国人民银行成都分行会签了有关文件以扩大应用领域。

**【条码工作】** 全省商品条码系统成员保有量已达2 000余家，采用条码标志的商品品种约为30 000余种；发展系统成员360家，续展系统成员401家，分别创下了历史最高水平；完成条码质量定期监督检验110家，条码印刷企业认可50家；对成都好又多等9个大型商场，10个服装专卖店使用的4 000多个条码标识开展了监督检查，对查出的429种存在问题的条码标识进行了处罚。

4. 计量工作

**【扶持和发展四川造计量器具】** 完成了成都宝兴公司生产的加油机税控装置雅安地区试点工作，并与省国税局商定，将该产品在全省范围内推广使用。同时，还应企业要求，积极与吉林、广西等7个省市协调联系，使该产品顺利进入了上述省区市场。省局还主动配合国家局考评组的工作，使成都日月加油机厂生产的税控加油机首批取得了国家局颁发的《制造计量器具许可证》，这是目前西南地区唯一具备合法生产该设备资格的企业。上述两厂产销两旺，年产值达到5 000万元以上。全省重点管理的6类计量器具生产企业产值较1999年增加近1个亿，其中加油机3 000万元、衡器2 000万元、水表2 000万元、电表1 000万元，其他2 000万元。全省加油机安装税控装备工作已完成74%，居全国前茅。

**【法定计量机构改革】** 在摸清全省技术机构项目和开展情况的基础上，严格控制新建项目，逐步调整现有的检测项目，合理分配利用了计量资源，调整了计量保证体系，以合作方式与有关企业签定了“计量服务检定合同”。成都等地还在以检定为主要手段的基础上，逐步推行校准、比对等多种统一量值的方法，率先迈出了走向市场的关键步伐。

**【企业计量工作】** 修订完善了《四川省企业计量确认办法》、《四川计量确认要求》，安排了4家单位开展省级确认工作，一批参与试点的企业已通过审查验收，取得了确认资格。各地还在定量包装商品生产企业中组织开展了计量整顿与规范管理试点工作，督促企业提高认识，增加计量检测投入，确保计量准确率，提高了“四川造”产品的信誉度。

**【农村计量工作】** 对棉花、粮食收购、农资产品计量器具进行了强制检定和突击检查，部分地区还对农电改造中的新电表实行了安装前的强制检定，有效保护了农民的切身利益。

**【强化法制计量监督】** 组织对新闻媒体、广告行业中使用法定计量单位的情况开展了监督检查；节假日期间，对有影响的集贸市场进行了计量突击检查；内江、绵阳等地区基本理顺了电能表、电话计费器等产品的强检工作，拓宽了监督范围。

5. 认证工作

**【工程质量认证】** 全省共有64家工程质量检测机构、5家公路工程质检机构、2家防雷检测机构、1家种子检验机构和2家药品检验机构通过了省局计量认证。

**【能力验证评定工作】** 在开展比对试验的基础上，经过对考核成绩的综合评议，在《四川日报》上公告了比对试验结果。对成绩优秀者给予了表彰；对补考仍不合格的单位作出了取消其认证合格项目资格的处理。这项工作引起了社会各界的重视，同时也得到了中国实验室国家认可委员会能力验证部领导的肯定。

**【认证咨询机构备案登记工作】** 有8家机构通过了备案考核，取得了资格证书，824名质量体系内部审核员考核合格，通过了省局注册认可。全省注册内审员已达2 102人，居全国之首。

6. 教育培训

**【四川省技术监督学校】** 成功申办高职教学班，成为被省教育厅首批批准招收五年制高职的18所中专学校之一，招收五年制初中起点大专生，与四川工业学院、中国计量学院联合办学，首次招收高中起点三年制大专生，丰富了办学形式。

大力开拓生源市场，深入各省市地落实招生计划，2000年共招生472人。在毕业生推荐就业上，学校加强与企、事业单位、职介所的联系，为96级425名学生联系了800多个就业岗位，并在省局争得48名优秀毕业生进入质量技术监督系统就业的指标。大力改善办学条件，投入400万元资金，修建新的教学大楼、学生宿舍、学生食堂；投资80万元，建成校园网一期工程；投入61万元购置教学实验设施设备，新建了电教教室、金银珠宝质检实验室，添加实验设备，完善了质检、电学专业实验室建设。学校办学规模扩大，办学条件明显改善，办学实力不断增强，丰富了办学形式，取得了良好的社会效益和经济效益，为学校发展备足了后劲。

7. 科技成果及表彰奖励

**【科技成果】** 省技术监督管理研究所承担完成了省应用基础研究课题《二维条码技术应用研究》，为二维条码在全省的应用奠定了基础；省局打假办在总结多年打击假冒伪劣产品工作经验的基础上完成了《四川省假冒伪劣现状分析及打假对策研究》软科学课题，为管理决策提供参考依据；省技术监督学校研究开发了《中专校综合管理系统》软件；针对混凝土砂浆工程普遍存在的塑性收缩和应力开裂的现象，省质量检验技术开发所研究开发了“混凝土用高性能聚合物微纤维”，以替代原用的钢纤维和玻璃纤维。该成果以80万元的价格转让于四川华神化学建材有限责任公司生产，今年初通过省建委组织的技术鉴定，现已投入到多项工程应用（国道318线、省道105线），用户反映良好。该所还研制开发了用于散状物料动态累积计量的ICS-960A型智能皮带秤及与之配套的微机皮带配料系统。省质量技术监督检验所开发的蓄电池性能测试设备，现已有5大系列，十几个机型。软科学课题“四川省防伪工作现状及发展对策研究”已基本完成，为四川省防伪技术产品管理办法制定提供参考。“四川省技术检验机构现状及改革发展研究”完成了部分调研工作；省经委的技术创新项目“四川省商品质监、防伪信息查询网络”已完成网络一期建设，开通省内部分地市查询点，入网企业上千家，其中“商品真伪信息识别率”已收集整理省内外近百家名优企业产品真伪识别资料，为县、区质监局打假提供信息。

**【表彰奖励】** 全省有324个产品被省政府授予“四川名牌产品”光荣称号；荣获“全国用户满意工程先进单位”1个，先进企业3个，先进产品8个，先进服务企业5个；11家企业荣获“2000年全国质量管理先进企业”称号，22名个人荣获“2000年全国质量管理先进工作者”称号，3名同志荣获“2000年全国质量管理突出贡献奖”殊荣。全省有45个小组荣获“全国优秀质量管理小组”称号，5家企业荣获“全国质量效益型先进企业”称号。省局代码工作获“全国代码工作目标管理”一等奖，条码工作获“全国条码工作先进单位”表彰，纤检工作获“全国纤检工作先进”表彰，质量监督工作获“全国质量监督先进”表彰。省局办理工作获“全省办理工作先进”表彰，目标管理工作获“全省目标管理工作先进”表彰，行政执法责任制工作获“全省行政执法责任制工作先进”表彰。

## 三、四川省质量技术监督机构简况

**【省级行政机构】** 省质量技术监督局现为四川省人民政府直属工作部门。

**【体改后编制情况】** 全省21个市(州)、163个县(市、区)质量技术监督局均独立设置。全系统总编制7 920名，其中行政编制1 659名(省级114名、市级425名、县级1 120名)，事业编制6 261名(全额拨款1 911名、差额拨款3 791名、自收自支559名)；实有人员7 681人，其中行政编制1 848名，事业编制5 833人(全额拨款1 754名，差额拨款3 574名，自收自支505名)。市(州)局、分局名称已经全部规范。

**【经费基数上划工作】** 在全省系统多数市县局原属自收自支性质的情况下，省局通过大量艰苦细致的工作，最大限度地争取到了各级党委、政府、省财政的积极支持，去年底确定了按系统1998年底实际在册人数计算，上划基数为人均6 913元的标准，较原来提高13%。这个标准基本上可以解决系统职工的“温饱”问题。同时，行政执法办案经费省财政同意按罚没收入100%的比例按时拨付全省系统，有力地保证了行政执法工作的需要。

**【职能划转工作】** 锅炉、压力容器、压力管道、特种设备质量安全监督监察职能全面划转到位，工作移交完毕，人员也得到了妥善安置；质量管理职能划转工作也已基本就绪，原设省经贸委的省政府“打假办”和质量管理处、省质量管理协会职能和人员一并划转省局，大部分市(州)也如期完成了划转交接工作。

**【省局机关机构改革】** 省局机关是省编委首批核准实施“三定”方案的18个单位之一。“三定”方案是依据国务院有关规定，结合四川省实际，对省局的职能职责作出的全面而准确的规定，尤其对一些与其他部门长期交叉的职能作出了明确界定，较好地解决了职责不明、权限不清、扯皮推诿等历史遗留问题。省局机关公务员编制72名。分流比例32%，是这次省级机构改革中缩编最低的单位之一。省局设局领导8名(局长一正三副、总工、机关党委书记、纪检组长、助理巡视员各1名)，设职能处室14个，另设稽查分局、机关后勤服务中心各1个。

为了确保机构改革工作的顺利进行，省局党组制定了《推行竞争上岗和定岗分流工作实施意见》(川质监党组[2000]53号)，设置了各职能处室的岗位，并按照省委组织部的要求，采取“双推—公示—群众评议—组织任命”方式选配了中层干部，省局机关内部职能调整和人员定岗分流工作也圆满完成。

撰稿人 赵 梅
审稿人 张光伟

# 贵州省质量技术监督工作

## 一、概 述

2000年，贵州省质量技术监督系统认真贯彻党的十五大、十五届五中全会和中共贵州省委八届四次会议精神，认真落实全国质量技术监督局长会议、全省经济工作会议和全省质量工作会议的各项工作任务，坚持以质量为中心，标准化、计量为基础的工作方针，以体制改革和机构改革为动力，全面履行综合管理和行政执法两大职能，以贯彻实施《产品质量法》、《质量振兴纲要》、《关于进一步加强产品质量工作若干问题的决定》为主线，以全面提高贵州经济增长的质量和效益、发展和完善市场体系、深化国有企业改革、加强农业基础地位，加强基础设施建设，营造良好的市场环境、消费环境和投资环境积极开展各项质量技术监督工作。2000年全省质量技术监督系统加强了对质量工作的宏观管理和指导，加大了打假执法的力度，强化了标准化和计量各项基础工作，在围绕支柱产业重点产品开展打假行动、加强对重点工程在用建材设备的质量监督、强化锅容管特的安全监察、认真开展产品质量监督检查、创立名牌产品、抓好"消无"试点县、建设"二高一优"农业综合标准化示范区、加强计量监督管理、抓好自身建设等项工作中都作出了新的成绩，取得了新的成效，实现了"有为、有威、有位"的良性循环，为贵州经济社会发展作出了新的贡献。

## 二、质量技术监督工作

### 1. 质量管理工作

**【生产许可证管理】** 2000年，省质量技术监督局根据国家质量技术监督局(全国生产许可证办公室)的工作部署，开展了对水泥、白酒、低压电器、电线电缆、电焊条等7类13种产品的生产许可证的申报受理和向国家质量技术监督局的申报工作。全年共受理并申报了396家企业的466个产品。受国家质量技术监督局的委托，省质量技术监督局组织对申请企业生产条件、产量质量状况等进行了审查。到年底，除水泥等产品国家质量技术监督局还在对其生产条件等进行审查外，其余的已颁发了生产许可证。

**【宣传贯彻新《产品质量法》】** 重新修正颁布的《中华人民共和国产品质量法》于2000年9月1日开始实施。8月上旬省质量技术监督局印发《贵州省质量技术监督局学习、宣传、贯彻〈产品质量法〉实施方案》，还与省司法厅联合下发关于在全社会认真组织学习新《产品质量法》的通知，并将宣传贯彻新《产品质量法》作为'2000贵州质量万里行活动的主要内容。自此，全省质量技术监督部门在系统内外举行了一次声势浩大的法律宣传培训活动。从省质量技术监督局举办的地州市局法律宣贯骨干培训班开始，全省质量技术监督系统在8月份自上而下地进行了一次系统内的新《产品质量法》的全员培训。通过培训，质量技术监督部门的干部职工，特别是执法人员基本上能较准确地理解和掌握新法，特别是修改和新增的每一法律条款的立法原意和主要内容。在此基础上，从8月底开始，各级质量技术监督部门结合当地实际，采取举办培训班、组织讲座、开展知识竞赛等多种形式，有计划地对生产者、销售者、经营性服务者、工程建设与施工单位、质量检验机构、质量中介机构的有关人员进行了法律知识的普及培训。省质量技术监督局先后举办了"贵州省大中型企业、重点民营企业新《产品质量法》培训班"、"贵州省法定产品质量检验机构新《产品质量法》培训班"、"贵阳市花香村批发市场经营户新《产品质量法》培训班"，还举办了"新《产品质量法》座谈会"，省人大财经委、省高级法院、省检察院、省政府法制局、省经贸委、省司法厅等部门的负责同志参加了会议。贵阳市、黔西南州质量技术监督局组织所辖各区、县局进行了《产品质量法》知识的全员考试；安顺市质量技术监督局与《安顺晚报》联合在晚报上举办《产品质量法》知识竞赛活动。根据省局的要求，各级质量技术监督部门认真组织本行政区域内的企业、事业单位参加由国家质量技术监督局、司法部、全国普法办共同举办的《产品质量法》知识竞赛，全省共有12 065人参赛，准确率在一至三档的有253人，参赛人数和答题准确率均位居全国各省区参赛单位的前列，获主办单位颁发的"组织奖"。各级质量技术监督部门还认真组织对新《产品质量法》实施后的一些典型案例进行剖析，并在新闻媒体上予以刊载、报道。

**【评审确认贵州省名牌产品】** 2000年贵州省广大企业认真贯彻国务院颁布的《质量振兴纲要》和省人民政府颁布的《贵州省质量振兴意见》，积极实施名牌战略，在提高产品质量，开拓市场和增加经济效益等方面取得了新的进展。为了加大宣传，提高名牌产品的知名度，拓展市场，促进地方经济发展，本着企业自愿申请和科学、公正、公开的原则，省经济贸易委员会、省质量技术监督局对申报的产品和3年到期的原贵州省名牌产品分别进行了评审和复审，经省名牌产品审定领导小组审核，并报经省人民政府批准同意，评审确认79种产品为2000年贵州省名牌产品。2000年，省质量技术监督局还对1998年和1999年的15个名牌产品的生产企业的经营状况、产品质量和质量管理、技术创新以及名牌产品标志的使用和宣传进行了抽查。从抽查情况看，这些产品仍符合贵州名牌产品的基本条件，市场占有率和经济效益均有所提高。

**【'2000贵州质量万里行】** 2000年9～11月，'2000贵州质量万里行活动以"质量 贵州 21世纪"为主题，以宣传贯彻修正后重新颁布实施的《中华人民共和国产品质量法》和《国务院关于加强产品质量工作若干问题的决定》为主线，热烈而又扎实地在全省开展。由贵州日报、贵州人民广播电台、贵州电视台、贵州都市报等媒体的记者和万里行组委会工作人员组成的采访队伍先后在贵阳、六盘水、兴义、黎平等地进行产品质量、服务质量检查情况的实地采访，共发稿50余篇，贵州人民广播电台还专门开设了质量万里行的“曝光台”栏目。9月9日，以“质量——新世纪的呼唤”为主题的2000年“质量月”宣传咨询活动在全省各地同时开展，拉开了’2000贵州质量万里行的序幕。副省长刘长贵、政协副主席吴静波等参加了贵阳地区的活动。通过媒体省质量技术监督局向社会公布了当年上半年水泥产品定期监督检验和中秋月饼质量监督抽检的结果。在质量万里行活动期间，全省质量技术监督系统狠抓了修正后的《产品质量法》的宣传贯彻，举办了数百期培训班。9月下旬，各家媒体先后对六盘水市质量技术监督局查处掺入有害物质“雕白块”(非食用化工原料硫酸氢钠甲醛)米粉案件进行报道，对遏制违法行为，让市民吃上放心米粉起到积极作用。同时，对六盘水市百货公司狠抓全面质量管理，建立互控机制，围绕商品质量和服务质量两大主题树立企业形象和六盘水山城啤酒有限责任公司以先进技术为依托、主动面向市场、以质量创品牌、以品牌拓市场、以市场求发展，连续3年名列全省同行业经济效益之首的事迹也进行了采访报道。10月28日，省打假办组织省、黔东南州质量技术监督、烟草专卖、公安等部门端掉位于黎平县境内一林场内的地下制假烟厂，案值100余万元，这是该县年内被查到的第三起制假烟案，前两案值分别为200余万元和500余万元。11月16日在公安部门的配合下，省、黔西南州质量技术监督局一举查获了兴义市顶效经济技术开发区8家农用车拼装作坊，现场查获非法拼装劣质农用车24辆，案值130余万元。

2. 质量监督执法与“打假”工作

**【产品质量监督抽查】** 2000年，省质量技术监督局组织对螺纹钢筋等16种(类)产品质量进行监督抽查。共抽查739个批次的产品，合格的377个批次，综合合格率为51%。其中，重点工程用水泥合格率为87.5%(同比降8个百分点)；重点工程用螺纹钢筋合格率为85.7%(同比升28个百分点)；电线电缆合格率为32.6%；卫生陶瓷洁具合格率为50%；乳胶漆合格率为59.1%(同比降9个百分点)；阀门合格率为15.7%(同比降16.8个百分点)；灯泡合格率为17.2%；镇流器合格率为33.3%；啤酒合格率为85.7%(同比升15.7个百分点)；消火栓合格率为83.3%；木地板(含强化木地板)合格率为63.9%；月饼合格率为76.2%。电线电缆合格率低的主要问题是普遍存在导电电阻、抗张强度、绝缘、直径尺寸等项指标不合格，有的还出现在作电压试验时被击穿的现象。阀门是本次抽查合格率最低的产品，存在的主要问题是管螺纹精度、阀门强度、密封试验、喷涂表面质量等项指标不合格。灯泡(含普通照明灯泡、装饰灯、节能灯泡)合格率低的原因主要是标志、平均寿命、初始光通量、功率、流明维持率、颜色特征等项指标不合格。

**【产品质量定期监督检验】** 2000年，根据《贵州省2000年度定期监督检验产品目录》，在各地州市质量技术监督局和各有关法定产品质量监督检验机构的配合下，省质量技术监督局组织对2000余家企业的51种(类)4274个批次的产品质量进行了定期监督检验，合格的有3060个批次，综合合格率为71.6%，比1999年度下降0.2个百分点。服装、汽车、电力变压器、插头插座、各种轮胎、卷烟、农作物种子、稀释剂、煤炭产品、果酒保健酒、铁合金、铝型材等产品合格率最高，为100%；其次是农药、低压电器、水泥圆孔板、啤酒、塑料制品等产品，合格率在90%左右；合格率在60%以下的有钢筋钢材、棉絮、电器类、家具、食品、电线电缆、粮食、调味品、建筑五金、墙体材料、石棉波瓦、文教用品、电能表、洁净度等，最低的是棉絮、建筑五金、石棉波瓦，合格率为0。产品质量合格率低的主要原因有3点：生产设备落后陈旧，不能满足产品生产的需要；检验手段不全或根本就没有检验手段，无法保证出厂产品及入库原材料的质量；领导质量意识差，质量管理制度不健全，有的根本没有质量管理制度。

对查出的产品质量问题，省和相关地、县质量技术监督局已责令其生产企业认真整改，并进行复查，对质量问题严重的企业还依法进行了行政处罚。

**贵州省2000年度产品质量定期监督检验结果汇总表**

| 序号 | 产品名称 | 合格率/% | 与1999年比较 | 序号 | 产品名称 | 合格率/% | 与1999年比较 |
|---|---|---|---|---|---|---|---|
| 1 | 矿泉水 | 82.35 | +14.35 | 13 | 茶 | 66.7 | −3.4 |
| 2 | 纯净水 | 73.3 | +1.1 | 14 | 各种轮胎 | 100 | — |
| 3 | 玻璃瓶 | 83.3 | −17 | 15 | 橡胶制品 | 69 | −16.2 |
| 4 | 钢筋钢材 | 40.8 | +2.5 | 16 | 卷烟 | 100 | +0.3 |
| 5 | 服装 | 100 | — | 17 | 农药 | 94.6 | +3.6 |
| 6 | 棉絮 | 0 | −40 | 18 | 农作物种子 | 100 | — |
| 7 | 汽车 | 100 | — | 19 | 包装箱 | 60 | +26.2 |
| 8 | 电力变压器 | 100 | — | 20 | 低压电器 | 94.4 | −1.4 |
| 9 | 电器类 | 57.9 | — | 21 | 白酒类 | 79.69 | −1.31 |
| 10 | 插头插座 | 100 | — | 22 | 家具 | 31.8 | +1.6 |
| 11 | 竹制品 | 72.7 | −22.2 | 23 | 磷肥产品 | 78.6 | +9.5 |
| 12 | 油漆 | 81.8 | +9.1 | 24 | 水泥 | 91 | +3 |

续表

| 序号 | 产品名称 | 合格率/% | 与1999年比较 | 序号 | 产品名称 | 合格率/% | 与1999年比较 |
|---|---|---|---|---|---|---|---|
| 25 | 水泥圆孔板 | 87.34 | −9.46 | 39 | 建筑五金 | 0 | −63.6 |
| 26 | 食品 | 56.94 | −10.36 | 40 | 水泥电杆 | 82.05 | −17.95 |
| 27 | 稀释剂 | 100 | +27.3 | 41 | 墙体材料 | 56.6 | −2.6 |
| 28 | 饲料 | 81.3 | +25.1 | 42 | 石棉波瓦 | 0 | — |
| 29 | 煤炭产品 | 100 | +9.5 | 43 | 水泥包装袋 | 84.6 | +24.6 |
| 30 | 电线电缆 | 57.9 | +40.7 | 44 | 文教用品 | 43.3 | −15.8 |
| 31 | 啤酒 | 95.5 | +16.9 | 45 | 辣椒制品 | 66.7 | −33.3 |
| 32 | 粮食 | 40 | +1.2 | 46 | 人造板木地板 | 68.75 | −23.55 |
| 33 | 调味品 | 44.3 | −12.7 | 47 | 电能表 | 57.1 | |
| 34 | 食用油 | 62.5 | −37.5 | 48 | 洁净度 | 9.5 | |
| 35 | 机床刀刃具 | 60 | −31.6 | 49 | 铸造用生铁 | 80.75 | −13.34 |
| 36 | 果酒保健酒 | 100 | +15.8 | 50 | 铁合金 | 100 | |
| 37 | 塑料制品 | 95 | −5 | 51 | 铝型材 | 100 | +22.2 |
| 38 | 日用五金 | 80 | −14.1 | | 合计 | 71.6 | −0.2 |

**【质量技术监督“打假”执法与市场商品质量监督检查】**

2000年，全省质量技术监督系统在质量技术监督行政执法检查中，共受理案件9473件，其中立案查处3198件，现场查处6275件，结案率为98%。受理案件数比上年度增加了24%。共出动58 000余人次，检查生产、销售企业(含摊商)37 000多家，检查商品27 000个批次。检查整顿各类市场700余个，查获假冒伪劣商品标值1亿多元，销毁或技术处理假冒伪劣或有质量问题的商品标值1 411万元，端掉制假窝点400余个，罚没金额908万元，调解质量民事纠纷案件1 656件，为用户、消费者挽回经济损失1 576万元。

2000年元旦、春节期间，围绕严厉查处“标实不符、以次充好、掺杂使假、缺斤少两”违法行为，组织开展了“查市场，保两节”的执法检查活动，共出动执法人员9 338人次，检查专业市场200个、商业街道169条、商店(摊位)14 357个。检查商品17 083批次，质量合格的15 634批次，合格率为91.5%，查获假冒伪劣商品的标值有582.87万元。元月至4月，省质量技术监督系统继续开展“查农资，保春耕”农资产品质量监督检查活动，出动执法人员4 824人次，检查商品2 622批次，查处违法案件156件，假冒伪劣产品标值184.25万元。5月至7月，根据国家质量技术监督局的统一部署，开展了“查建材，保建设”建材市场执法检查，出动3 987人次，共检查建筑材料2 208个批次，查获假冒伪劣建材标值达319.53万元。

2000年，全省质量技术监督系统还组织开展了棉花及棉花制品、建筑钢材、一次性输液器、药品、汽车配件、化妆品、卷烟、白酒、农网改造电力器材、食盐等市场商品的专项质量监督检查。

10月26日，紧接国务院召开的全国打假联合行动电视电话会议后，省政府随即召开了全省打假联合行动电视电话会，对全省打假联合行动进行了部署。省政府还下发了《关于开展严厉打击制售假冒伪劣商品违法犯罪活动联合行动的通知》。10月28日凌晨，省、黔东南州质量技术监督、烟草专卖、公安等部门联合出击，一举捣毁隐藏于黎平县二望坡林场内的一个地下假烟生产窝点，案值100多万元。打响贵州联合打假的第一仗。这也是这一年中，质量技术监督、烟草专卖等部门在黎平县查获的第3起特大制造假烟案。前两起案件的案值分别为200万元和500万元。11月16日在省打假办组织协调下，省、黔西南州、兴义市质量技术监督、公安等部门联合对兴义市顶效开发区9个非法拼装劣质农用车的窝点进行了突击检查，查获非法拼装的24辆农用车和部分零配件，标值达131.3万元，该批农用车经检验均为不合格产品。12月中旬，根据国家质量技术监督局的通知精神，全省各级质量技术监督部门联合工商行政管理、卫生、粮食等部门开展了一场围剿“有毒大米”(用石蜡等矿物油抛光的大米)的战役。对粮食市场、宾馆饭店、大中型企业和大中专院校食堂进行了专项检查，查获“有毒大米”60多吨，并通过媒体告诫消费者，把危害程度降低到最低限度。此项工作得到省委书记、省长的充分肯定。

**【锅容管特安全监察监督工作】** 2000年，全省锅炉、压力容器、压力管道、特种设备(简称锅容管特)安全监察监督工作职能逐步从劳动部门转移到质量技术监督部门。4月，省质量技术监督局组织了全省缆车、索道、电梯、锅炉、压力容器的安全质量大检查，5月中旬至“六·一”儿童节前，全省质量技术监督系统检查了公园里的大型游乐设施502台(套)，对存在重大安全质量隐患的设施责令停运整改。9月中旬至国庆节前，省质量技术监督局牵头，组织省经贸委、劳动厅、旅游局、建设厅等单位对重点风景区的索道、缆车进行检查。在对黄果树景区的索道、缆车进行检查时发现轨道和箱体已变形，存在严重的安全质量隐患。质量技术监督部门当即采取了封存措施，并向安顺市政府下达了停运整改的建议，安顺市政府立即作出了停运决定，并责令景区管理部门认真进行整改。

3. 标准化工作

**【采用国际标准】** 2000年，贵州省质量技术监督部门认真推行采用国际标准工作。为推动地方产品质量上台阶、上档次，争创名牌，扩大出口，鼓励企业积极采用国际标准——ISO标准、IEC标准和国外先进标准(简称采标)。贵州青溪酒厂生产的低度浓香型白酒、浓香型白酒、贵州省镇远县光华铁合金厂生产的锰硅合金、贵州省镇远县兴达冶炼厂生产的锰硅合金、贵州胜镜化建有限责任公司生产的钙镁磷肥、贵州水晶有机化工(集团)有限公司生产的工业甲醛溶液、正安县正阳水泥股份有限责任公司生产的普通硅酸盐水泥425#、贵州贝斯特服饰有限公司生产的男、女西裤、贵州贵王电器有限公司生产的额定电压450/750 V及以下聚乙烯绝缘电缆线和软线、贵州前进橡胶内胎公司生产的汽车轮胎内胎等26个企业的30种产品经过审查、备案，获国家质量技术监督局颁发的《采用国际标准产品标志证书》，并获准使用国家质量技术监督局全国统一的"采标标志"。这一年，省质量技术监督局还对1996年获得"采标标志"的30个企业的32种到期产品进行复查、换证。至此，贵州累计已有155种产品获准使用"采标标志"。

**【制订地方标准和企业标准备案】** 2000年，省质量技术监督局共组织制订DB52/424—2000《矮小型黑羽乌骨鸡》、DB52/425—2000《贵州省检疫性斑潜蝇检疫操作规程》、DB52/426—2000《建筑消防设施工程技术检验评定工程》、DB52/T427—2000《油菜秸杆还田技术规范》、DB52/428—2000《金银珠宝玉石饰品标识规定》、DB52/T 429—2000《贵州省机关档案管理工作标准》等6项地方标准。历年累计贵州省地方标准为368项。其中，按标准性质分，强制性标准194项，推荐性标准174项；按标准类别分，产品质量、安全等方面的标准243项，管理、方法等方面的地方标准125项。全省认真做好企业标准备案工作，备案的企业标准2 307项。全省累计备案的企业标准9 415项。

**【贯彻国家基础标准，确保烤烟收购质量】** 2000年6月，省质量技术监督局和省烟草专卖局根据国家《烤烟标准》，监制烤烟仿制标准样品1 231套，分发全省各烤烟收购站(点、厂)。8月，省质量技术监督局组织有关专业技术人员对黔西、大方、毕节、金沙等县(市)的15个烤烟收购站(点、厂)收购的烤烟等级质量进行随机抽样，对照《烤烟标准》和烤烟仿制标准样品进行了检查。检查结果表明，收购的烤烟质量基本符合标准样品等级。在检查中检查组发现有的收购站点不按标准收购下等烟，有的收购站点收烟还有打白条的现象。省质量技术监督局及时将发现的问题向省政府作了汇报，并向收购单位提出了指导性意见，对确保全省烤烟收购质量，促进烤烟生产，起到了积极的作用。

**【推行消灭无标生产县试点工作】** 2000年，省质量技术监督局根据《质量振兴纲要》以及《消灭无标生产试点县实施方案》的要求和国家质量技术监督局的部署，认真推行消灭无标(指标准)生产县试点工作。对列为"全国消灭无标生产试点县"的贵阳市乌当区和铜仁地区玉屏侗族自治县，省、地、县各级质量技术监督部门和当地政府做了大量的组织领导和督促服务工作。这两个县的企业，特别是乡镇企业和小型企业，认真抓了各类标准的制订和贯彻实施，产品标准覆盖率和产品质量合格率都有大幅度提高。乌当区政府成立了消灭无标生产工作领导小组，由分管区领导担任组长、副组长，质量技监、工商、经贸、乡企、粮食、财政等部门的负责人为成员，并明确专职标准化人员。乡镇也相应成立了消无领导小组。经过努力，全区工业企业产品标准覆盖率由消无前的62%上升到96.46%，提高了34.46个百分点；产品质量抽检合格率由消无前的55%上升到82.5%，提高了27.5个百分点。达到了国家验收条件，于7月下旬通过了验收。玉屏侗族自治县政府将消无工作纳入国民经济计划，作为政府的一项重要工作安排实施，在财力相当困难的情况下仍拨出专款用于消无工作。县质量技术监督局建立了较完善的企业档案资料，并实行动态管理。通过消无工作，该县工业企业产品标准覆盖率由消无前的65%上升到99%，提高了34个百分点；产品质量抽检合格率由消无前的55%上升到81%，提高了26个百分点。由于开展消无工作，促进了当地经济的发展，工业总产值1999年为14 250万元，较试点前的1998年增长了15.6%；1999年实现财政收入2 217万元，较试点前的1998年增长了20.2%。该县达到了国家验收条件，于10月下旬通过了验收。

**【农业"两高一优"标准化示范区达标验收工作】** 2000年11月、12月，"全国油菜综合标准化贵州余庆县示范区"、"全国杂交玉米综合标准化贵州遵义县示范区"相继通过国家质量技术监督局验收组验收合格(受国家质量技术监督局委托，验收组由贵州省质量技术监督局组织有关专家、技术人员组成)。验收组按照《全国高产优质高效农业标准化示范考核验收项目和纪要一览表》，分别对这两个县自1998年立项以来的工作从组织管理、保障体系建设、建立标准体系、示范工作效果、经济效益等方面逐项进行评分考核。经过"示范区"工作，两县均取得明显经济效益。余庆县"示范区"油菜籽产量增加19.6%，遵义县"示范区"杂交玉米产量增加13.1%。

**【质量技术监督情报信息工作】** 2000年，省质量技术监督信息所新收集并上架的国际标准、国外先进标准、国家标准、行业标准、地方标准、计量检定规程等技术资料3 000件，同时还清理剔除了部分过时、作废的标准等技术资料。截至年底，省质量技术监督信息所馆藏资料共129 930件。该所及其下属图书发行站2 000年里接待前来查阅、购置资料的人员约2 000人次，提供技术资料5 000余件(册)。

**【物品编码工作】** 2000年，中国物品编码中心贵州中心完成申报条形码用户成员138家，发放条形码试印证单位2家、准印证单位1家。2000年对条形码用户成员、条形码试印单位、准印单位分别进行了核查和清理，截至年底，全省条形码用户成员710家，获条形码试印证、准印证的单位分别为21家、5家。

**【企事业和社会团体统一代码标识制度】** 2000年，全省各级质量技术监督部门继续推行企事业和社会团体统一代码标识制度。在银行帐户管理、工商企业执照年审、税收征管、企业标准备案、企业执行标准登记、计量认证、条形码管理、生产许可证管理、统计监督、车辆管理、清产核资、三产普查、工业普查等项工作中继续强化执行。这一年，全省质量技术监督部门完成了第一批45个代码办证点的联网工作。全省代码工作实施新的工作管理模式，即"分级管理，网上集中赋码，办证点自行制证"，严格禁止先赋码再制证，有效避免了重码、错码的现象。2000年，全省赋码颁证(含换证)14 149 个,其中各类企业 12 290 个、机关事业单位 1 625个、其他 234 个。截至年底,全省累计赋码颁证 122 781个,其中各类企业 91 789 个、机关事业单位 28 881 个、其他 2 111 个。

### 4. 计量工作

**【商贸计量监督】** 根据贵州省质量技术监督局《关于对部分定量包装商品生产企业进行计量监督检查的通知》精神,为“从源头上把好定量包装商品计量关,确保定量包装商品净含量准确”,全省质量技术监督部门对食品、化妆品、洗涤用品等定量包装商品的生产企业进行了一次计量监督检查。共抽查了 139 个企业生产的 218 个规格的定量包装商品,净含量准确性合格率仅为 67.4%。主要原因是:企业负责人计量法制意识较差,相当部分的企业负责人不熟悉相关计量法律、法规;计量管理机构不健全,53%的企业没有计量管理机构;计量管理制度不完善,占抽查企业总数的 56%。省质量技术监督局要求各地质量技术监督局针对企业存在的问题,及时下达整改通知书,帮助企业提高计量管理水平,逐步达到《中小企业计量检测保证规范》的要求。

**【医疗卫生计量监督】** 2000 年,省质量技术监督局在全省范围内对医疗单位使用的强制检定工作计量器具进行了一次专项计量执法监督检查。据统计,共检查医疗单位 384 个(省级 6 个、地级 30 个、县级 348 个),检查医疗卫生强制检定工作计量器具 3 432 台(件),具有有效期内检定证书的 890 台(件),综合合格率为 25.93%。其中黔西南州、铜仁地区、遵义市等 3 个地州市的合格率为 0。从检查结果看,大部分医疗单位计量法制意识淡漠,规章制度不健全或者根本就没有,多数单位连最起码的本单位计量器具台帐都没有,难以保证医疗用强制检定工作计量器具的准确、可靠,从而直接影响到医疗诊断和医疗效果。针对监督检查发现的问题,各地质量技术监督部门加大了追踪监督的力度,帮助医疗单位建立健全规章制度,对违法行为比较严重的医疗单位还给予了必要的行政处罚。

**【计量器具管理和强制检定】** 2000 年,省质量技术监督局部署了全省社会公用计量标准的摸底调查和清理整顿工作。共检查社会公用计量标准 385 项,其中地级的社会公用计量标准 67 项,县级社会公用计量标准 318 项。从调查情况看,地级的运行较好,而县级的有 64.1%的《计量标准考核合格证书》已超期。针对上述情况,省质量技术监督局要求各有关地、县质量技术监督局要加强监督管理,督促整改。

2000 年,全省完成了 7 项计量器具新产品的样机试验。至此,全省通过样机试验的计量器具新产品为 251 项。全省通过型式批准的计量器具新产品 19 项。省质量技术监督局继续组织对社会公用计量标准的考核、复查和清理。据不完全统计,建立的社会公用计量标准共 550 项(其中授权建立的 108 项)。还对 60 个计量器具生产企业(含个体工商户)颁发了《制造计量器具许可证》,累计全省颁发该证 305 个;对 36 个计量器具的修理企业(含个体工商户)颁发了《修理计量器具许可证》,累计全省颁发该证 209 个。

全年全省质量技术监督系统共检定(含修理)各种计量器具 10.82 万台(件)(同比下降 31.6 个百分点)。其中强制检定计量器具 10.14 万台(件)(同比下降 29.1 个百分点)。强制检定计量器具中属强检计量标准器具的 0.93 万台(件),强检工作计量器具 9.29 万台(件)。强检工作计量器具中贸易结算、安全防护、医疗卫生、环境监测计量器具分别为 7.78 万、0.81 万、0.42 万和 0.28 万台(件)。这一年中还抽查了各类计量器具 1.13 万台(件)。

**【企业计量检测体系确认】** 2000 年,全省质量技术监督部门继续抓好帮助企业建立计量检测体系的工作。5 月,下达 2000 年企业计量检测体系确认工作的计划。为搞好确认工作的试点,经过培训考核,按有关规定,对考核(考试)合格的彭洪虎等 32 人给予注册登记,并颁发《企业计量确认内审员证》。经过企业申请和内审,省质量技术监督局评审组评审,贵州林海新材料制造有限公司和贵阳云关预制构件公司(含云关冷轧带肋钢材厂)分别于 11 月 28 日和 12 月 11 日通过了企业计量检测体系确认。这两个企业编制的计量管理手册和计量检测体系管理程序文件符合国家计量法律、法规和国家质量技术监督局颁布的《中小企业计量检测保证规范》及贵州省质量技术监督局颁发的《贵州省计量合格确认规范》,对提高产品质量、降低能源和原材料消耗、优化工艺规范、加强安全环保监测等方面均能提供一个科学、准确、可靠的计量保证手段。

## 三、质量技术监督机构简况

**【质量技术监督机构队伍建设与业务培训】** 2000 年,贵州省质量技术监督系统继续进行省以下垂直管理体制改革的有关工作。至 2000 年底,除贵阳市质量技术监督局正在筹建其云岩区、南明区分局外,省、地、州、市、县、区均对应行政区划设立了独立的质量技术监督局。同时,贵阳市质量技术监督局按省编委办公室和省质量技术监督局核批的方案,设立了该局的小河开发区分局。另外,全省除地、州质量技术监督局外,省、市、县各级质量技术监督局均设置了质量技术监督稽查队。省质量技术监督稽查队为省质量技术监督局领导下的处级行政执法队伍;贵阳市、遵义市、六盘水市、安顺市质量技术监督稽查队为该市质量技术监督局领导下的副处级行政执法队伍;县、市、区、特区质量技术监督局(分局)统一增挂质量技术监督稽查队的牌子。2000 年,根据省编委办公室《关于全省质量技术监督事业单位设置与人员编制事项的通知》,省、地、县各级质量技术监督局对下属的事业单位分别进行了调整。其中省局下设 9 个处级事业单位:贵州省计量测试技术研究所更名为贵州省计量测试院;贵州省产品质量监督中心检验所更名为贵州省产品质量监督检验所;贵州省煤炭产品质量监督检验站更名为贵州省煤炭产品质量监督检验所;贵州省标准计量情报所更名为贵州省质量技术监督信息所(增挂中国物品编码中心贵州分中心和贵州省组织机构代码管理中心的牌子);贵州省技术监督培训中心更名为贵州省质量技术监督教育培训中心(由副处级升格为正处级);贵州省纤维纺织品监督检验所更名为贵州省纤维检验所与贵州省纺织品服装监督检验所(一个机构两块牌子);贵州省锅炉压力容器检验所与贵州省化工设备检验站合并,组建为贵州省锅炉压力容器检验所(并承担防爆电器等特种设备的检验职责);由贵州省、贵阳市安全检测中心站和贵州省电梯产品质量监督检验站相关职责合并,组建贵州省电梯产品质量安全监督检验所;贵州省技术监督局机关服务中心更名为贵州省质量技术监督局机关服务中心。地、州、市和所在地的市、区计量测试所与质量监督检验所合并组建为地(州、市)质量技术监督检测所;保留各地(州、市)的锅炉压力容器检验所,隶属地(州、市)质量技术监督局领导下的科级事业单位;县(市、区、特区)计量测试所与质量监督检验所合并组建为县(市、区、特区)质量技术监督检测所,隶属县(市、区、特区)质量技术监督局(分局)领导下的股级事业单位。据统计,截至2000年底,全省质量技术监督系统固定资产4 616.89万元,其中仪器设备2 374.16万元。本年度新增的固定资产为374.42万元。现有房屋面积7.68万平方米,新竣工房屋面积0.21万平方米。全省质量技术监督系统职工总人数1 726人(编制数2 612人),其中行政机构847人(其中公务员796人,行政机构的编制数1 038人)、事业机构879人(编制数1 574人)分别占总人数的49.7%、50.3%。文化程度大专以上991人、中专561人、其他人员174人,分别占总人数的57.4%、32.5%、10.1%。业务技术人员1 538人,其他人员188人,分别占总人数的89.1%、10.9%。2000年,全省质量技术监督系统共举办岗位培训、资格培训、普及性培训等培训班156期,4 500人次参加培训。另外还有204人分别在大学本科、专科或中专学习,其中40人2000年已毕业。

**【全省法定产品质量监督检验机构建设】** 2000年,省质量技术监督局继续加强对省、地、县各级法定产品质量监督检验机构的监督管理。6月中旬至11月底,重点对省产品质量监督检验所、省运输包装产品质量监督检验站、省石油产品质量监督检验站、省机械产品质量监督检验站、省汽车产品质量监督检验站、省测绘产品质量监督检验站、铜仁地区质量技术监督检测所、铜仁地区饲料产品质量监督检验站、黔东南州质量技术监督检测所、毕节地区质量技术监督检测所、遵义市质量技术监督检测所、遵义市粮油产品质量监督检验站、仁怀市质量技术监督检测所等26个产品质量监督检验机构进行了监督检查。检查结果表明:①绝大部分质检机构的工作质量稳定提高,遵守本单位《质量手册》,例如省测绘产品质量监督检验站、遵义市矿产品质量监督检验站等一批质检机构,所出报告、原始记录等都比较规范;②内部管理明显加强,各项规章制度进一步完善,省产品质量监督检验所、遵义市质量技术监督检测所较为突出;③法制意识普遍提高,廉政建设得到进一步巩固,所检查的质检机构在2000年均未发现违法违纪的行为;④存在问题:有的机构计量设备未按期送检,有的机构计量认证已超期而又未提出复查申请,个别机构用废止的标准判定产品质量,还有一些机构原始记录不完整,等等。针对检查出的问题,省质量技术监督局各检查组均提出了整改意见。到年底,有关质检机构都已进行了整改。

撰稿人 蓝端正
审稿人 邱桊功

# 陕西省质量技术监督工作

## 一、概　　述

2000年,陕西省质量技术监督局以党的十五届五中全会和中央经济工作会议精神为指导,在省委、省政府的领导下,按照国家质量技术监督局的要求,突出质量中心工作,加强计量和标准化基础工作,加大监督稽查力度,充分发挥综合管理和行政执法两大职能,为地方经济建设和社会稳定服务。

## 二、质量技术监督工作

### 1. 质量管理工作

根据国务院《关于进一步加强质量工作若干问题的决定》,结合省情,陕西省质量技术监督局组织起草了《陕西省关于进一步加强质量工作的决定(草案)》《陕西省关于实行质量工作和打假工作责任制的决定(草案)》等重要文件。配合国家质量技术监督局,首次对全省的质量管理工作现状进行了大范围调研,被调查企业达368家。9月份,发起组织了有157家企业参与的"陕西省百家企业质量宣言"活动,开全国各省市之先河,经《中国质量报》《陕西日报》等多家媒体宣传报道,引起社会广泛关注。2000年,经省局评选推荐,陕西省有8家企业和15名个人获得了国家质量管理先进单位和个人的荣誉称号。

**【生产许可证工作】** 2000年,陕西省质量技术监督局加强了对生产许可证工作的领导。一方面进一步完善规章制度,制定发布了《陕西省工业产品生产许可证暂行规定》,明确了生产许可证申报、受理的工作程序以及管理规定。另一方面紧抓许可证和许可证审查员的管理。要求各地市县都必须明确许可证工作岗位、人员及职责,并制定出各项工作程序。制定了许可证审查员工作纪律、工作守则等,进一步加强了考核选拔及培训工作,充实审查员队伍。2000年,陕西省质量技术监督局共对93家企业进行了现场审查,新颁发生产许可证66张。

### 2. 认证工作

本年度完成认证咨询机构备案1家,累计3家。通过审查认可/计量认证(含复查)的技术机构85家。

2000年,中国方圆标志认证委员会陕西审核中心签订认证协议100家;全年完成认证初审118家(比1999年增长了3倍),监督审核74家,复评审核14家。

### 3. 监督执法与打假工作

**【监督检查】** 2000年,陕西省质量技术监督局依法对全省2 039家企业生产、经销的3 027个批次产(商)品进行了监督检查,合格2 255批次,综合合格率为74.5%,比1999年提高了1.8个百分点。

**【纤维检验】** 截止2000年11月底,陕西省纤维检验局共完成各类纤维和纺织品检验4 193批次,比上年增长448%;查处各类纤维和纺织品违法案件120起,上缴省财政罚没款31万元。其中完成经营性棉花公证检验537批,9267.23吨;进行山羊绒国家检验477批,生丝国家检验28批;完成进口化纤检验54批(8 802.9吨),国产化纤13批;纺织品检验901批。特别是完成19个国库棉出库公证检验任务,共检验国库棉3 349批,50 264吨,涉及货值6亿多元。承担此项任务的陕西省纤维检验局因工作出色被评为全国棉花公证检验先进单位(全国仅4家)。同时,继续对高校床上用品进行监督检验,全年检验出证278批,有力维护了高校学生合法权益。

**【能源检验】** 陕西省能源质量监督检验所全年完成检验任务3 500批次,出具检验报告3 500份,收入450万元。继1993年以来,连续第5次承担并完成冶金焦用煤国家监督抽查工作。顺利完成攀枝花钢铁公司的煤炭代理验收任务;并在河南省焦作市建立了全国首家煤炭公正检验行,积极开辟省外检验市场。

**【打假工作】** 2000年,陕西省质量技术监督局先后对农资、建材、卷烟、汽配、燃气用具、通讯器材、化妆品、食品、低压电器等10类重点产品进行了专项打假,并对假冒伪劣产品较严重的重点市场:康复路日用批发市场、轻工产品批发市场、环城南路食品饮料批发市场进行了重点查处。全省质量技术监督系统全年共查处制假售假违法案件12 978起;捣毁制售假窝点1 219个;整顿商店16 162个,摊位13 342个;涉案产品总值超过1.7亿元。

全省联合打假工作。从10月26日起,按照国务院统一部署,陕西省成立了由巩德顺副省长任组长的打假工作领导小组,并由省质量技术监督局牵头组织全省的打假联合行动。据统计,全省先后出动执法人员10多万人次;检查市场3 264个、商店31 903个;查处案件13 474起,其中大案要案263个;涉案货值16 509万元;追究刑事责任23人。取得了自1992年打假以来前所未有的成效,得到了国务院领导和国家打假办的赞扬和肯定。

### 4. 标准化工作

**【消灭无标生产工作】** 截止年底,除杨凌区外,全省108个县区全部通过消灭无标生产验收,提前半年完成国家任务(原计划2001年6月完成)。其中,兴平市、洛川县为国家试点市县,已验收合格。

**【采标工作】** 2000年,全省共办理66家企业采用国际标准和采标标志。全省采标产品累计已达1 702种,使用采标标志的产品累计526种。

**【企业标准备案工作】** 全年共办理企业标准备案735件,完成118种新产品的标准化审查。

**【地方标准工作】** 按照国家质量技术监督局要求,顺利完成了地方标准的清理工作,共清理出陕西省现行地方标准493项。全年共组织制修订地方标准15项。特别是加强了服务业标准化工作，在美容美发、干洗、影楼、加油站四个行业制订了6项地方标准。

**【农业标准化工作】** 2000年，继第一批国家农业标准化示范区通过国家局验收后，陕西省第二批示范区：澄城苹果示范基地、横山绒山羊示范基地、镇安板栗示范基地都已顺利完成计划目标，准备验收。同年，省质量技术监督局拟定了陕西省“山川秀美工程”标准综合体大纲，制定了退耕还林、还草、环保等五大方面34项标准。并配合省政府《以苹果为主的果业产业化发展决定》，组织起草了苹果标准综合体，确定17项苹果标准，已完成其中4项的草案，正在编写的有7项。

**【代码、条码工作】** 2000年，陕西省代码工作首次实现了全省联网。在全国代码工作十年表彰会上，荣获精神文明奖和目标责任考核三等奖。全年新颁发代码证书9 152个，累计已达159 618个(不含西安市)。

全省全年发展条码系统成员148家，累计发展数已达763家，现在的保有量是576家。约1 700种产品使用了条码标志，累计达到7 000余种。31家印刷企业通过了条码印刷资格认可。

### 5. 计量工作

2000年，全省计量工作坚持“以法制计量为重点，以量传体制改革和完善为基础，以技术机构建设为保障”的指导思想，强化计量器具的监督管理，规范商品量计量行为，加强技术机构建设。

**【计量管理和计量技术法规体系建设】** 先后起草制定了《陕西省计量监督管理条例》《陕西省眼镜业监督管理办法》《陕西省眼镜业评价定级实施细则》《医用诊断X射线计算机断层摄影装置(CT机)》《油压千斤顶》《盐雾试验设备》《高低温湿热设备》《电阻炉试验设备》等地方规章和规范性文件。

**【商品量计量监督】** “3·15”期间，组织全省市、县局进行定量包装商品大检查。共出动执法人员3 264人次，检查各类市场60多个，检查定量包装商品11类137种4 516批次，合格3 952次，合格率87.5%，并将检查结果向社会公布。同时，按照国家新出台的房屋面积测量标准，继续对消费者、单位、执法部门委托的商品房面积进行公正测量，全年共测量房屋面积35 000多平方米。

**【强检工作】** 2000年全省强制检定计量器具60.5万台(件)，强检覆盖率达85%，合格率为87%。同时，积极贯彻国务院办公厅关于住宅建设中使用的电能表、水表、燃气表、热量表安装使用前进行首次强制检定的要求，组织进行了对全省住宅建设中使用的电能表、水表、燃气表等安装使用前的首次强制检定。强检覆盖率分别达到：电能表85%，水表88%，燃气表80%，全面完成了工作任务。

**【农业和农村计量工作】** 加强了农业生产资料购销和农副产品收购的计量监督管理。全省先后出动执法人员5 560人次，检查农用计量器具183 920台件，农用计量器具的检定率达到85%以上；没收不合格计量器具1 307台(件)；处罚计量违法案件63起。

**【工业计量】** 通过积极宣传引导，全省有77家企业通过了小型企业计量合格确认，有12家大中型企业自愿申请计量体系确认，其中陕西省渭河化肥股份有限公司申请国家级计量确认。截止年底，已有3家企业通过评审取得了证书。

**【法定计量检定机构和中介计量服务机构的监督管理】** 组织安排了对全省社会公正计量行(站)的监督检查，批准新成立公正计量站1个且通过了计量认证。

### 6. 锅容管特安全监察工作

2000年是陕西省锅容管特(锅炉、压力容器、压力管道和特种设备)安全监察工作由劳动部门划归质量技术监督部门的第一年。当年，陕西省质量技术监督局首次对全省的锅炉等特种设备开展了一次全面普查，基本摸清了在用设备底数，为以后的安全监察工作打下坚实基础。按照江总书记三次批示和省委、省政府的安排，陕西省质量技术监督局先后组织进行了七次全省规模的安全大检查。“五一”和“十一”前后，又进行了专项抽查。据不完全统计，全年共检查4 251个单位，设备10 500台，发现事故隐患7 122处，现场纠正4 900多处，下发整改指令书524份。同时，继续抓好锅炉等特种设备的检测工作，各项设备检测率均达80%以上，其中锅炉为100%，压力容器、电梯为95%。

### 7. 宣传咨询

“3·15”活动期间，陕西省质量技术监督局联合西安市局，共同举办了以“规范市场、促进消费”为主题的大型质量宣传咨询活动。省市有关领导亲临现场参加活动仪式；省产品质量监督检验所、省纤维检验局、省化妆品质检站、省眼镜质检站等技术机构在现场免费为群众检测商品；海尔、长岭等知名企业也在现场接受群众的质量咨询，受理本企业的投诉。参加本次活动的质量技术监督系统的工作人员有100多名，共发放宣传资料59万份，接待群众咨询6.87万人次，受理投诉600多件，其中现场处理280多件。30多家新闻媒体进行了现场采访报道。活动期间，陕西省质量技术监督局还与省委宣传部、省文化厅等单位联合举办了“3·15”大型文艺晚会，设置5部投诉电话，现场接受消费者的质量投诉。

9月8日，省市质量技术监督局又联合在西安新城广场举办以“质量——新世纪的呼唤”'为主题，以新修改的《产品质量法》为中心的大型“质量月”宣传活动。质监部门以法律咨询台、质量投诉台、伪劣产品辨识台、宣传品投放台等方式宣传质量法规及质量常识，受理群众投诉。与百姓生活息息相关的工业、交通、商贸、电信、铁路、民航等10多个有关部门和上百家企事业单位也在现场参与咨询。当日，共出动工作人员200多名，企业工作人员1 000多名，发放宣传资料近百万份，接待市民咨询近10万人次，受理投诉600多件，现场解决400余件。

## 三、质量技术监督机构简况

2000年，按照陕西省委、省政府的统一部署，陕西省质量技术监督局进行了省级机关机构改革。在局党组和局机构改革领导小组的领导下，经过学习文件、制定“三定”方案、竞争上岗、制度建设、总结验收五个阶段的工作，顺利完成了省局机关机构改革。目前，陕西省质量技术监督局机关行政编制57名；共设置10个职能处(室)：办公室、计划科技处、政策法规处、人事教育处、质量处、监督稽查处、标准化处、计量处、认证与实验室评审管理处、锅炉特种设备安全监察处；另按党章规定设置机关党委，按有关规定设置纪检组、监察室。

陕西省质量技术监督系统自1999年7月开始进行省以下垂直管理体制改革。截止2000年底，已基本完成机构、编制、人员的上划工作。目前，全省质量技术监督系统(不含西安市)共有机构281个，其中行政编制的行政机构17个，事业编制的行政机构118个，技术机构146个。人员编制数4 405名。

撰稿人　刘军霞
审稿人　李斐然

# 青海省质量技术监督工作

## 一、概　　述

2000年，青海省质量技术监督各部门在省委、省政府和国家质量技术监督局的领导下，坚持以邓小平理论和江总书记“三个代表”重要思想为指导，紧紧围绕经济建设这个中心，以西部大开发、青海大发展总揽工作全局，牢固树立发展是硬道理的观念；深化改革，转变职能，简化审批程序，提高工作效率，坚持依法行政，强化监督，优化服务，深入开展“打假”斗争，维护市场经济秩序，为经济发展创造了良好的外部环境；在质量监督方面，坚持“以质量为中心，标准化、计量为基础”的工作方针，认真履行质量技术监督综合管理和行政执法两大职能，加强质量宏观指导，强化质量监督和质量管理，大力推进企业质量体系和产品质量认证，积极开展标准化、计量工作，在提高质量、净化市场、加强企业技术基础工作，开展技术服务等方面取得了较好成绩，为青海省国民经济发展和社会进步做出了贡献。

一是积极深化管理体制改革，五月份按照省政府机构改革“三定”方案，青海省质量技术监督局新增加了锅炉、压力容器、电梯、防爆电器等特种设备的安全监察监督管理等职能，全省质量技术监督系统实行省以下垂直管理，是省政府管理标准化、计量、质量工作并行使执法监督职能的直属机构，受省政府和国家局双重领导。在实施“三定”方案的过程中，省局机关内部对干部人事制度实行改革，通过改革，增强了机关工作人员的事业心和责任心，调动了干部职工的积极性，提高了工作效率，推动了全局各项工作的顺利开展；在干部选拔任用方面，实行竞争上岗，通过笔试、演讲答辩、民主测评、组织考察、任前公示等程序，提高了任用干部工作的透明度；同时坚持公开、公正、公平的原则，对主任科员以下岗位实行双向选择，使广大干部有了紧迫感和危机感，初步形成了爱岗敬业、热爱本职工作、不断加强理论学习、提高业务能力和整体素质的良好氛围，激发了干部的工作热情。二是认真抓局机关作风建设，认真开展“三讲”教育。通过“三讲”，加强了局领导班子自身建设。领导班子和领导干部的思想觉悟、党性原则、理论水平、整体素质有了新的提高；使干部受到了一次深刻的马克思主义理论和党性党风教育，坚定了理想信念；局领导班子成员精神面貌焕然一新，机关作风有明显转变，为基层、为企业服务的意识进一步增强，办事效率有明显提高；提高了领导班子廉洁自律的自觉性，增强了局领导班子的凝聚力和战斗力。三是抓干部职工政治理论学习。以“三讲”教育为契机，局党组加强对领导干部政治理论学习的督促与指导。通过党组中心组学习，带动了质量技术监督系统干部队伍的理论学习。通过认真学习邓小平理论，江总书记“三个代表”重要思想，党的十五届四、五中全会精神和省委九届三、四次全会精神，把干部职工的思想统一到党的一系列方针政策上来。在学习中，注重理论学习和工作实际相结合，重点加强干部队伍思想政治建设。针对执法队伍存在的问题，加强党风廉政建设和开展行风检查工作，在局系统认真开展了警示教育活动，加强对执法人员的业务培训，利用举办培训班、学习班、送出培训等形式对执法人员进行培训。同时，建立和完善各种规章制度，对干部职工强化宗旨意识教育、强化革命事业心和责任心教育、强化集体荣誉感教育，使干部队伍素质有进一步提高，树立了科学、公正、廉洁、高效的行业形象。

## 二、质量技术监督工作

### 1．质量管理工作

**【质量工作会议】** 认真组织实施国务院《质量振兴纲要》和《青海省质量振兴实施计划》。为贯彻落实朱镕基总理对质量工作的重要批示，2000年5月，召开了全省质量工作会议，会议传达了赵乐际省长关于质量工作的重要指示，马培华副省长在会议上就全省质量工作做了重要讲话，讨论修改了《青海省人民政府关于贯彻落实〈国务院关于进一步加强产品质量工作若干问题的决定〉的实施意见》。会议围绕西部大开发、青海大发展，专门研究和部署了全省质量工作，为推动全省产品质量上水平，促进经济发展起到了积极的推动作用。

**【质量宣传工作】** 认真组织新《产品质量法》的宣贯工作。积极组织省级有关部门、各大中型企业召开了学习贯彻新《产品质量法》座谈会；举办了大中型企业厂长（经理）培训班；结合“质量月”的宣传活动，组织省直属各单位在西宁市区广泛进行宣传。同时在全省州、地、市、县广泛开展以“质量——新世纪的呼唤”为主题的，“质量月”宣传活动。我局联合有关单位在省会西宁共同主办质量宣传咨询服务活动，联系新闻媒体宣传新《产品质量法》，通过散发宣传材料，悬挂横幅标语，设立宣传台、咨询台、投诉台帮助群众识别假冒伪劣产（商）品等活动，积极引导广大企业和消费者在广泛参与中学法、知法、守法，收到良好的社会效果，进一步增强了全民质量意识和质量法制观念。加大ISO 9000质量体系培训力度。先后为企业培训质量管理骨干230多人次，其中ISO 9000标准培训60人次。

认真组织开展2000年“3·15”消费者权益日宣传活动。全省各级质量技术监督部门组织开展了丰富多彩的宣传活动。在省会西宁市，由省、市质量技术监督局主办，联合省委宣传部等十四个单位，在省纺织品大楼门前开展了声势浩大的“3·15”宣传大会，当天参加宣传活动的企事业单位有60多个，群众上万人次，散发宣传资料1万余份，受理质量投诉12起，增强了消费者的自我保护意识，维护了消费者的合法权益。

**【深入开展QC小组活动】** 积极引导群众性质量管理活动，2000年全省注册QC小组1 654个，比1999年增加

100多个，为企业质量改进，降废减损做出了积极的贡献，据统计：开展QC小组活动创造经济效益达3 000多万元，并涌现出了一批QC小组活动先进单位。2000年7月，联合省科协、省总工会、团省委召开了全省第22次质量管理QC小组代表会议，对省内50个优秀质量管理QC小组进行了表彰，促进了QC小组活动的开展。

**【生产许可证管理】** 同时配合省级有关部门审核、颁发工业产品生产许可证共24户企业45种产品，另外，按照简化程序，方便用户的要求，对21家企业33种产品颁发了工业产品临时生产许可证，受到用户的好评，有力地推动了当地经济的发展。

**【组织制定“十五”规划】** 以党的十五届五中全会和省委九届四次全会精神为指导，牢牢把握发展这个主题，结合西部大开发及青海大发展，国家局制定的“质量技术监督事业改革发展三年规划”精神，组织力量重点研究并拟定了青海省质量技术监督事业发展“十五”计划和2015年目标纲要。省局“十五”规划的制定，进一步明确了“十五”期间质量技术监督事业的发展方向、发展目标和主要措施，为我省质量技术监督工作的发展规划了未来。

2. 监督执法与打假工作

**【质量监督抽查】** 对重点产（商）品质量监督抽查的力度进一步加强。其中重要产品抽查覆盖面达到91%，比年度目标提高了一个百分点；2000年监督抽查了1 109家企业的1 587个批次样品（生产领域834家1 182批次，流通领域275家405批次），比年度目标提高58%。

**【联合打假】** 根据《国务院关于开展严厉打击制售假冒伪劣商品违法犯罪活动联合行动的通知》（国发[2000]32号）和国务院召开的全国打假联合行动电视电话会议精神，由青海省质量技术监督局牵头组织全省质量技术监督、工商、公安、卫生、药监、烟草等部门开展联合打假行动，共出动执法人员23 386人次，捣毁制假售假窝点250个，查获假冒伪劣商品货值1 587.81万元，公开销毁假冒伪劣商品标值683万元。打假联合行动的开展，为规范我省市场经济秩序发挥了重要作用，取得了较好的社会效益，受到了广大企业和人民群众的欢迎，也得到了国家打假办和省政府的充分肯定。

**【专项整治】** 全省质量技术监督系统查处假冒伪劣产（商）品货值578万元，端掉制售假冒伪劣产品窝点147个，没收处理产（商）品货值105.63万元，公开销毁假冒伪劣商品货值180多万元，挽回经济损失149.33万元。通过声势浩大的“打假”联合行动，保护了广大消费者的合法权益，为营造我省良好的市场环境和投资环境起到了重要作用，受到了社会广泛的赞誉。同时，加大监督抽查后处理力度，严格执行公告制度、整改制度和通报制度。抽查结果及时通过新闻媒体向社会公布。对监督抽查不合格的企业，重点帮助整改，2000年在全省范围内，集中力量对流通领域的制假、售假违法犯罪活动进行了查处，特别是对“重点产品，重点市场，重点区域”的大案要案，加强了打击力度。在各名优生产厂家的积极配合支持下，2000年对农药、化肥、白酒、面粉、冷饮、汽车配件等产品，安排了专项“打假”。共查获假冒伪劣商品货值总额131.11万元，捣毁制假窝点3个。

**【安全大检查】** 认真组织全省质量安全大检查工作。安全大检查共出动598人次，检查经营企业1 484家，查出存在安全隐患企业179家，发出限期整改《监察意见书》190份，提出整改意见298条，保证了经营场所和企业的安全运行。

**【质量投诉】** 全年共办理执法案件278起，查处不合格产（商）品标值149.81万元，为消费者挽回经济损失12.678 4万元，为法院受理的诉讼、仲裁等提供产品质量检测35起。

3. 标准化工作

**【采用国际标准和国外先进标准】** 2000年全省共有15个产品取得了采用国际标准合格证书，并且备案使用了采用国际标准标志，超额完成了国家下达的10个产品采用国际标准的任务。

**【标准制、修订】** 完成地方标准制、修订17项（其中：农业16项、工业1项）。全年受理企业标准备案102项，办理食品标准审查登记123项，帮助企业建立和完善企业标准体系5个（其中：服务质量标准体系2个）。

**【农业标准化】** 继续抓好农业标准化示范区工作，开展农业标准化工作，全年共制定地方农业标准及技术规范15项。完成了对乌兰县政府承担的《乌兰县绒山羊标准化示范区》项目的考核验收。通过示范工作的开展，使绒山羊示范区域占到绒山羊养殖面积的75.4%以上，绒山羊繁活率较试点前提高了5%，共增加农牧民纯收入160多万元，经济效益十分显著。

**【条码、代码工作】** 推进商品条码工作。今年全省新发展条码用户45家，超额完成了中国物品编码中心下达的20家任务。全年共办理组织机构代码证书4 299本，完成了省、市代码管理机构的改革工作；根据全国组织机构代码管理中心的要求，克服困难使我省18个州（地）、市、县代码网络全部联通，实现了网上集中赋码并通过了全国组织机构代码管理中心的验收。

**【消灭无标生产】** 消灭无标生产工作进展顺利，截止2000年底，除完成省政府下达的二市（格尔木市、德令哈市）、一县（民和县）、三区（西宁市城东区、城中区、城西区）消灭无标生产任务外，海东地区的平安县、循化县、化隆县，海北州的祁连县、刚察县和门源县也通过了消灭无标生产验收，标准覆盖率由试点前的30%提高到95%以上，超额完成了省政府下达的目标任务。

4. 计量工作

**【强检计量】** 衡器强制检定工作有了新的进展。2000年对全省607家企业、3 210个商店、575个集贸市场、3 859个流动摊位使用的699台（件）数字指示秤、7 121台（件）模拟指示秤、6 240台（件）非自行指示秤、3 559台（件）杆秤共计17 608台（件）在用衡器进行了强制检定，占全省应检衡器的92%，比目标责任提高了2个百分点，其中不合格衡器1 238台（件），合格率为93%，比目标责任提高了3个百分点。对408台（件）不合格且无法修复的衡器予以没收。通过衡器的强制检定，进一步规范了市场计量行为，维护了消费者的合法权益。

以法制计量工作为重点，确保“双90”目标的完成。全省各地共检定衡器 17 608 台(件),确保了省政府下达的"全省衡器受检率、合格率达 90%"工作目标的完成。全省共完成强检计量器具 99 474 台(件),比 1999 年提高近 10%。

**【工业计量】** 会同省国税部门共同完成了 600 台税控加油机的税控装置安装工作,检定税控加油机 200 台;为保证本省公路、桥梁基础建设工程质量,提高对流动施工单位计量检测仪器设备的量值准确,筹备成立了"青海省公路、水运工程检测仪器专业计量站",为本省基础设施建设提供了计量保证。

5. 认证工作

**【质量认证】** 加快了质量认证工作步伐。2000 年全省有 13 家企业通过了 ISO 9000 标准质量体系认证(青海青稞酒集团公司、青海水泥股份有限公司、青海化工机械厂、黄河上游水电开发有限公司水电安装检修分公司、西宁供电局、青海橡胶厂、青海特种水泥厂、青海第一面粉厂、青海兴旺建工贸集团有限责任公司、青海电线电缆厂、青海盐湖钾肥股份公司、解放军 3419 工厂、青海湟源水泥厂),完成年度目标的 260%。质量认证工作的开展,推动了企业素质和管理水平的提高,为全省国企改革与发展、提高企业产品质量和市场竞争力打下了基础。

**【计量认证】** 2000 年对海北州煤炭开发总公司实验室、青海省电力环境监测中心站、格尔木市质量技术监督检验检测所、格尔木市环境检测站、青海省燃料社会公正计量站、青海省海南州汽车综合性能检测站、青海省工程勘察院、青海省柴达木综合地质勘查大队实验室等 8 家行业实验室进行了计量认证,并对四家已取得证书的质检机构通过了计量认证的复查。对青海铝业有限责任公司等 18 家企事业单位的 32 项最高计量标准器进行了到期复查换证;对青海电力实验研究所的 11 项最高计量标准器进行了考核和计量授权。

**【锅炉审查认证】** 严格锅炉审查认证制度,全年审批锅炉清洗单位 1 家、复审压力容器制造单位 1 家、压力管道安装单位 5 家、注册气瓶定装单位 1 家、初审压力容器安装单位 3 家、锅炉房安装前审查 17 家、锅炉竣工验收办证 54 台、监督液化气体罐车检修 142 台、液化气体罐车审查办证 68 台。

6. 锅容管特安检工作

**【现场安全监察】** 依法参与了新安装、改造的载人特种设备的竣工验收,重点对龙羊峡、李家峡电厂、青海省博物馆等重点工程安装的电梯进行了验收,确保了重点工程附属设备的安全运行。全年共检验发证 266 台(其中,起重机械 56 台、电梯 210 台)。严把开工审批关,做好特种设备的安装、维修保养、改造、质量审查、登记工作,全年审查、登记施工单位 63 家,对未办理开工审批手续和电梯存在质量问题的 3 家单位,及时下发了《特种设备安全检察意见通知书》,纠正违章行为,消除事故隐患。

**【持证上岗培训】** 为提高锅容管特操作人员的业务素质,做到持证上岗,加大培训力度,全年组织司炉工培训发证 697 名,水化验人员 93 名,压力容器操作培训、塔吊作业人员培训,审核发证 32 人。

## 三、质量技术监督机构简况

**【省级机构】** 2000 年 5 月,根据青海省政府青政办(2000)94 号文《关于印发青海省质量技术监督局职能配置内设机构和人员编制规定的通知》成立青海省质量技术监督局,是省政府管理标准化计量、质量工作并行使执法监督职能的直属机构。内设办公室(含法规处)、计划科技财务处、质量管理处、监督管理处、计量处、标准化处、锅炉压力容器安全监督处、人事教育处等八个职能处室,另设机关党委。省质量技术监督局机关行政编制为 30 名、机关工勤人员事业编制 7 名。纪检(监察)机构编制 3 名。

**【州地市县机构】** 州、地(市)、县共有质量技术监督机构 20 个,职工总数 316 人,实行垂直管理。

**【省级技术机构】** 局属事业单位共 10 个:省计量测试研究所、省产品质量监督检验所、省纤维检验局、省技术监督信息研究所、省电子产品检验所、省建材产品检验所、省轻纺产品检验所、省质量技术监督稽查大队、省食品质量检验所、省包装产品质量监督检验测试所,共有职工 232 人。省级各技术检测机构,发挥技术优势,改进工作作风,树立为企业、为群众服务的思想意识,转变思想观念,深化改革,不断创新,增加检测服务项目,各项检测水平有新的提高,取得了比较好的成绩。

撰稿人 李玉西

审稿人 赵洪泉 王清喜

# 新疆维吾尔自治区质量技术监督工作

## 一、概　　述

2000年是新疆维吾尔自治区质量技术监督系统实行垂直管理的第一年，也是理顺管理，夯实基础管理，加快发展的一年。自治区质量技术监督工作以十五届全会精神和邓小平理论为指导，认真贯彻中央、自治区经济工作会议和全国质量工作会议精神，以西部大开发为契机，紧贴自治区的经济建设，以宣传落实《产品质量法》和国务院《关于进一步加强产品质量工作若干问题的决定》为主线，以铁腕抓质量，加大执法力度，强化综合管理，加强技术基础性工作为重点，着力提高质量技术监督工作的有效性。结合垂直管理后的实际，进一步转变职能加强系统体制建设，通过地区质量技术监督部门"三讲"教育活动的开展，各级领导班子建设进一步加强，队伍整体素质有较大提高，全区质量技术监督工作加快发展。

年初，召开了自治区质量工作会议，自治区人民政府与各州(市)人民政府和地区行署签定了质量和打假工作责任书，把质量和打假工作纳入各级政府工作议事日程。通过对质量和打假工作责任制情况的检查和考核，各项工作在"九五"期间有了一个良好开端。体制改革，使各地、县质量技术监督局都成为行政机构，同一城市的同类技术机构和稽查机构都分别进行了重组，理顺了关系，健全了领导班子，增强了质量技术监督的整体功能。为加强基层建设，采取了区、地、县1∶1∶1的筹资办法，为33个县级质量技术监督局配备了交通工具，为23个县局解决了办公检测用房经费。为了规范基层管理，自治区质量技术监督局制定了"目标责任管理办法"并层层签约，使工作目标明确，责任清楚，考核标准统一，奖惩分明，不但保证了政令畅通，步调一致，而且有力地推动了事业的发展。全区业务收入6 310万元，比目标3 947万元超额60%，比垂管前的3 200万元增长了97%。坚持两手抓，两手都要硬的原则，加强精神文明建设和纠风建设。自治区质量技术监督局在跨入自治区级文明单位之后，纠风目标达到优秀，同时被乌鲁木齐市授予社会治安模范单位。全区有79%的质量技术监督局进入了各级精神文明单位行列，有91%的地、县局达到纠风优秀和良好目标。经考核评定，和田地区、石河子市、昌吉州、乌鲁木齐市、哈密地区等5个质量技术监督局获2000年系统目标管理先进单位，乌鲁木齐市、玛纳斯县等16个地、县质量技术监督稽查队获执法先进单位。

## 二、质量技术监督工作

### 1. 质量管理工作

**【生产许可证管理】** 2000年，重新编制了《自治区工业产品生产许可证取证企业名录》，共收录44种产品759家企业。编制了《2000年自治区取得许可证产品质量定期检验计划》，将642家企业生产的44种产品委托给10家"自治区级质检机构"进行质量定期监督检验。组织生产低压电器、电线电缆、电焊条、劳保产品、防水卷材、水工金属结构产品、建筑门窗的249家企业进行了国家工业产品生产许可证的取证申报、考核工作。组织生产蓄电池、乙炔气、塔式起重机、施工升降机、抽油杆、瓦楞纸箱、钢桶、混凝土电杆、化妆品、橡胶"O"型圈、电梯、过磷酸钙、冷轧带肋钢筋、食用酒精、螺型弧焊钢管的394家企业，进行了国家临时生产许可证的申报、考核和发证工作。组织106家生产白酒企业、66家生产水泥企业、5家生产民爆器材企业、40家生产洗洁精、化妆品企业进行了国家工业产品生产许可证的取证申报工作。

### 2. 监督执法与打假工作

**【定期监督检查】** 2000年，自治区质量技术监督局组织编制了全区16个地、州(市)的《产品质量定期监督检验目录》，23家自治区质量监督检验机构的《产品质量定期监督检验计划》。对生产领域的9 465家企业生产的400余种产品进行了定期监督检查，全年共抽查11 915批次，合格8 763批次，合格率为73.55%，比1999年提高5个百分点。

**2000年度新疆产品质量监督检查情况汇总**

| 产品种类 | 受检企业数 | 检查批次 | 合格批次 | 批次合格率/% |
|---|---|---|---|---|
| 农用产品 | 255 | 384 | 308 | 80.21 |
| 加工食品和饮料 | 4 775 | 5 667 | 3 809 | 67.21 |
| 家用电器 | 4 | 4 | 4 | 100.0 |
| 轻工产品 | 830 | 1 021 | 725 | 71.01 |
| 纺织、鞋类产品 | 251 | 329 | 293 | 89.06 |
| 化工产品 | 414 | 535 | 399 | 74.58 |
| 建材产品 | 2 418 | 3 066 | 2 467 | 80.46 |
| 机电产品 | 113 | 144 | 122 | 84.72 |
| 冶金产品、金属制品 | 162 | 399 | 328 | 82.22 |
| 能源产品 | 212 | 313 | 272 | 86.90 |
| 其他 | 31 | 53 | 36 | 67.92 |

**【统一监督检验】** 2000年，自治区质量技术监督局组织完成了农用地膜、瓶装饮用水、水泥、葡萄酒、电线、电缆、预制构件六种产品的自治区统检工作，共检查631家生产企业的724批次数产品、合格641批次，合格率88.5%；抽查农用地膜94批次，合格80批次，合格率85.1%；抽查142家生产企业的146批次瓶装饮用水，合格91批次，合格率62.3%，其中，瓶装饮用天然矿泉水和瓶装饮用天然

冰川水，合格率为100%，瓶装饮用纯净水，合格率61.3%；抽查90家企业生产的137批次水泥，合格132批次，合格率96.4%；抽查23家企业生产的47批次葡萄酒，合格31批次，合格率65.96%，其中，大型企业的合格率100%，中型企业的合格率55.56%，小型企业的合格率57.89%；抽查24家企业生产的42批次电线电缆，合格39批次，合格率92.86%，其中，大型企业和中型企业的合格率为100%，小型企业的合格率91.42%；抽查277家企业生产的285批次预制混凝土构件，合格268批次，合格率94.04%，其中，大型企业和中型企业的合格率为100%，小型企业的合格率92.73%。

**【质量监督抽查】** 2000年，自治区质量技术监督系统针对消费者关心的质量热点问题、涉农物资、季节旺销商品，在全区的流通领域组织了35种商品的监督抽查活动，涉及全区10个地区的798家经销单位，共抽查商品1 459批，合格867批，商品质量抽查合格率为59.4%。在元旦、春节、肉孜节、古尔邦节期间，组织抽查了食用油等5种商品，抽查合格率为57.7%，公布了抽查结果，建议吊销了部分商家的营业执照。在查农资保春耕活动中，对化肥、种子、农药等12种商品进行了抽查，抽查合格率为63.1%，向主管部门通报了抽查结果，并对出售不合格商品的经销商进行了处罚。在“3·15”期间，对热水器、皮鞋等7种商品进行了抽查，抽查合格率为45.5%，召开新闻发布会，公布抽查结果，对部分经销劣质商品的单位曝了光，对质量问题特别严重的调压阀予以禁销。在六一儿童节期间，对果冻等5种商品进行了监督抽查，合格率为80%，通过函告与行政处罚相结合的方式，对不合格品的生产经销单位进行了处理。为配合联合打假活动，对轮胎、钢材、面粉、电线、防水卷材、宝石玉石等商品进行了专项监督抽查，对不合格产、商品进行了质量通报和转办处理。

**【打假扶优】** 2000年，为落实自治区质量工作会议精神，自治区质量技术监督局分南、北疆分片区召开了质量监管工作座谈会，对质量和打假责任制工作作了统一部署。制定了自治区质量和打假工作目标责任书检查验收规范和验收结果评定标准。5～6月间，会同监察厅对阿克苏、巴音郭楞、昌吉、奎屯、乌鲁木齐等地、州、市落实质量和打假目标责任书的情况进行了检查。组织召开了全区农业生产资料质量整顿和打假工作电视电话会议，成立了自治区农业生产资料整顿和打假工作领导小组，安排部署了全区农业生产资料的专项打假工作。与伊犁酒厂联合，在乌鲁木齐、石河子、奎屯等重点地区，开展了“伊力牌”名酒专项打假活动。根据国家质量技术监督局的统一安排，开展了燃气用具和汽车配件产品专项打假活动。与八一钢铁集团组织了自治区劣质钢材专项打假活动，全区共检查小钢铁厂82个，钢材销售商65家，建筑工地265个，依法拆除炼制地条钢、用地条钢生产劣质钢材的企业10家，有9家小钢铁生产企业自行拆除了设备，摧毁劣质钢材生产能力共11.2万吨，封存、没收劣质钢材6 000余吨。为配合自治区严厉打击假冒伪劣商品违法犯罪活动，11月初，成立了自治区质量技术监督系统打假领导小组，在两个月的时间里，全区质量技术监督系统共出动执法人员20 382人次，捣毁制售假冒窝点169个，查获假冒伪劣商品货值5 770.9万元，立案查办制售假冒产商品案件2 069起，罚没金额295.95万元，移送司法机关14人。

**【行政执法检查】** 2000年，自治区质量技术监督局在春耕期间安排了“查农资，保春耕”执法检查活动。会同自治区旅游局对旅游市场、旅游商店和宾馆等进行了旅游商品执法检查，在乌鲁木齐、吐鲁番、阜康(天池)等地，检查经销企业和宾馆共80家，抽检珠宝玉石饰品200件，合格128件，合格率为64%。会同建设厅、工商局对安全防护用品进行了执法检查。经自治区人民政府批准，与自治区公安厅、轻工厅、工商局、供销社等组成联合检查验收工作组，在6～7月，对自治区8家生产烟花爆竹企业进行了安全检查验收。在“中秋”、“国庆”节日期间，开展了市场商品质量执法检查活动，全区质量技术监督系统共出动执法人员4 580人次，检查商品和定量包装商品总标值2 507.97万元，查获假冒伪劣商品标值76.91万元，没收劣质计量器具502台(件)，现场处罚经销单位803家，端掉制、售假冒窝点6个。检查商品126 316批次，合格106 611批次，合格率为84.4%；检查食品标签66 618种，合格60 822种，合格率为91.3%；检查在用计量器具7 614台(件)，合格7 005台(件)，合格率为92%；检查定量包装商品26 975批次，合格23 577批次，合格率为87.4%。全年共受理案件10 687起，行政处罚10 077起，申请法院强制执行160起，移送司法机关7起，移送其他部门10起，现场处罚7 369起，挽回经济损失3 380万元。

**【纤维检验】** 2000年，自治区纤维检验局深入基层检定纤维检验计量器具1 400台(件)。仿制并发放棉花品级实物标准1 935套，11 505盒，其中细绒皮辊棉730套4 380盒；细绒锯齿棉1 100套6 600盒；长绒棉105套525盒。制定了《棉胎》和《细羊毛包装》地方标准。自治区人民政府批准将羊毛列入《出疆农产品质量监督管理目录》后，加强了羊毛的公正检验工作，全年共完成羊毛公正检验和净毛计价1 287批次8 836吨，山羊原绒公正检验2 602批次977吨，山羊分梳绒公正检验493批次324吨，其他毛类纤维公正检验85批次1 255吨。委托检验“萨帕乐”牌羊毛149批次750吨，其他羊毛270吨。根据中国纤维检验局的安排，承担了国家储备棉公正检验任务，全年共完成棉花公正检验5 830批次94 262吨，完成棉花监督检验973批次8 301吨，相符批次747批；完成棉花仲裁检验119批次2 417吨，经济差额21万元；完成棉花委托检验3 259批次67 184吨。对十余家企业生产的棉胎进行了检验，共检验棉胎81批，38 807条。完成桑蚕茧鲜茧检验111批次3 000吨。进行了衬衫市场日常监督抽查和国旗市场抽查检验工作，共抽查衬衫96批次、国旗20批次；对全疆76个企业的4类产品进行了定期监督检验，其中棉纱146批，棉布22批，毛布9批，羊毛衫57批，全年共完成纺织品监督检验320批，相符批次317批。受理纺织品委托检验105批，其中大中专院校卧具90批，中小学校服15批；进行棉纤维理化性能试验40批；受理消费者投诉鉴定75批。完成纤维含量委托检验1 600批次。在棉花收购期间，开展了“双百”战役，组织100人检查100天。全区共出动检查人员5 650人次，检查收购站1 288站次，检查棉农售棉小样5 264个，检查收购籽棉大垛726个，查处违法所得61.78万元，处罚金额183.12万元；自治区人民政府、自治区质量技术监督局分别组成工作组对不严格执行国家标准，未按“一试五定、密码检验”规程检验，甚至不进行检验，采取提高衣分、等级等办法变相提价抢购棉花，严重影响新棉收购秩序的行为进行了查处。对未经资格认定的单位和个体商贩使用小轧花机、土打包机加工棉花的行为进行了专项治理。经自治区人民政府批准同意在哈密星星峡检查站驻站对棉花进行重点检查。全疆专业纤维检验机构在流通领域统一开展了大检查，全区共查处无证销售、伪造证书、涂改唛头、改换唛头、标示不全、货证不符的棉花12 300多吨，立案查处97起，罚没金额358.55余万元；查处涉嫌质量问题的羊毛300余吨；查处纤维制品质量案件146起，货值金额808.9万元。组织专门检查组开展了对大中专院校统一购置的学生卧具质量大检查，共检查乌鲁木齐的大中专院校38所，卧具36 100套。全年共办理纤维违法案件501件，其中大要案49件，立案373件，现场处罚128件，涉及交易金额27 360.7万元，为企业挽回损失31.8万元，结案460件，移送司法机关追究刑事责任1件，移送其他行政执法机关3件。

3. 标准化工作

**【标准制修定与备案】** 2000年，自治区质量技术监督局制定了自治区2000年度地方标准制修定计划，发布了《棉胎》、《汽油中PSA-SDQI清净剂的检验方法》、《天然彩色细绒棉》、《杏苗木》、《桃苗木》、《石榴苗木》、《无花果苗木》、《手工打结和田羊毛地毯》、《食用红花籽油》、《绵羊毛包装》等10个地方标准。截至2000年底，自治区共有地方标准157个，其中强制性标准49个，推荐性标准108个。受理企业产品标准备案1 243项，其中自治区质量技术监督局受理225项。截至年底，全区累计备案企业标准5 586项。

**【采用国际标准】** 2000年，自治区采用国际标准工作所依靠的主要力量，由以前的行业主管部门逐步过渡到各地、州、市质量技术监督部门。在主要工业产品目录的基础上建立了采标工作考核指标体系，下发了建议采标产品目录和已采标产品目录。根据《采用国际标准管理办法》和有关规定，经企业申报，各地、州(市)质量技术监督局及有关部门推荐，通过专家审定，全年有55家企业的91个产品符合使用采用国际标准标志的条件，获得采标标志证书。经各地、州(市)、各行业组织评审，由自治区质量技术监督局审核确认，全年有12家企业14个产品获《采用国际标准产品认定合格证书》。

**【农业标准化工作】** 2000年，自治区及各地、州、市、县和新疆生产建设兵团各师、团组建或调整了农业标准化领导小组，形成了农业标准化管理体系。组织专家对列入第二批农业标准化示范县的精河、福海、巩留、乌鲁木齐县、库尔勒市和新疆生产建设兵团1团、29团、148团等8个县(团场)进行了验收。受国家质量技术监督局的委托，对列人国家级高产、优质、高效农业标准化示范项目的福海县大尾羊、乌鲁木齐县蔬菜和新疆生产建设兵团1团棉花、29团香梨、148团甜菜5个示范区进行了验收。组织申报吐鲁番葡萄、青河绒山羊和精河枸杞3个新的国家级示范项目。

**【消灭无标生产】** 2000年初，自治区质量技术监督局先后在南疆和北疆分片召开了标准化工作座谈会，提出了在2000年完成消灭无标准生产工作的目标。截至年底，全区所有县、市的消灭无标准生产工作均顺利通过了考核验收，提前一年完成了消灭无标准生产工作，使全区的企业产品标准覆盖率达到了国家质量技术监督局规定的95%目标。受国家质量技术监督局的委托，组织验收了乌苏市、伊宁市、呼图壁县、和田县4个国家级消灭无标准生产的试点工作

**【标准信息工作】** 2000年，自治区组织机构代码管理中心在全区开展代码办证点联网工作，年底通过了全国组织机构代码管理中心验收，81个代码办证点全部联网成功，并加大了网上监测力度，使错码率由原来的万分之二降低到万分之一。全区代码年配证27 000套，新增及变更、到期换证25 000个，年检代码证书65 000个，制作发放IC卡27 000张。截至年底，全区累计配发代码证171 200个。为自治区编委、财政厅等部门和单位提供代码信息数据93 000条。在地、州质量技术监督局设立了条码业务代办点，发展系统成员28家，督促完成续展企业55家。全年共发展系统成员126家，续展企业110家。对7家条码印刷企业进行了资格认定，加大了条码检查力度，采集116家商品条码数据400条，提高了条码印刷质量。全年新购进标准4 300项，剔除各类作废标准3 400项，接待查询用户3 480人次，提供标准5 958项。截至年底，馆藏有效标准总数47 331项。

**【标准实施与监督】** 2000年，自治区质量技术监督局会同水利厅宣贯了供水井管地方标准，对30个生产企业进行了考核验收，有27家合格并取得了准用证。受自治区人民政府办公厅的委托，举办了《国家行政机关公文格式》国家标准宣贯班，128个部门和单位派人参加了学习。发布了汽油清净剂检测方法地方标准，会同自治区环保局共同组织标准的实施。对信封、食品标签、化妆品标签等重要标准组织了实施监督，共检查食品标签、化妆品标签3 500批次，标签合格率分别达到89.5%和91.2%。监制检验和监督检查信封50批次，使信封上机合格率达到84.3%。

4. 计量工作

**【建标考核与授权检定】** 2000年，自治区质量技术监督局先后下发了第一批及第二批计量标准考核计划，全年对52个单位的426项计量标准进行了考核(复查)，颁发计量标准合格证书420套，颁发社会公用计量标准证书4套。对12个单位依法进行了计量授权，颁发计量授权证书12套，其中授权8个单位37项计量标准用于对社会开展强检和非强检工作，授权6个单位的24项计量标准对其内部开展强检工作。截至年底，由自治区质量技术监督部门考核合格，在有效期内的计量标准共989项；累计授权55家单位，247个项目对社会或内部开展强检计量检定工作。

**【计量器具管理】** 2000年，自治区质量技术监督局对生产计量器具的企业进一步规范，全年受理6家企业制造计量器具许可证申请，对5家企业通过考核合格，颁发了制造计量器具许可证；受理9家企业计量器具样机试验申请，

完成了7家，并颁发样机实验合格证书，截至年底，全区有56种计量器具新产品进行了样机试验，63家企业获自治区颁发的《制造计量器具许可证》。

**【计量检定】** 2000年，自治区质量技术监督局举办计量检定员培训班3期7班，培训检定员676人次，委托培训124人次。与自治区建设厅联合下发了《关于住宅建设中使用的电能表等四种计量器具安装使用前首次检定的通知》，开发了“检定防伪数码机”、“四表首检合格标志”，全区60家法定、授权检定机构开展了电能表、水表、煤气表和热量表的首检工作，并实施了标志化管理，提高了四表的首检率，保护了住宅消费者的权益。新疆计量测试研究所新建《计量罐检定装置》、《生化分析仪检定装置》、《气体分析检定装置》、《χ、γ射线探伤仪与超声探伤仪检定装置》4项计量标准，截至年底，全所共建社会公用计量标准119项，在用计量标准和530台(件)工作计量器具全部经过检定，受检率100%，对外开展计量检定170 200台(件)。全区共检定计量器具708 303台(件)，其中强制检定计量器具506 701台(件)。

**【社会中介公正计量机构】** 2000年，自治区质量技术监督局印发了《关于加强社会公正计量行(站)监督管理的通知》，使社会公正计量行(站)进一步规范化。自治区质量技术监督局组织考评组，先后对博尔塔拉州诚信称重公正计量站、石河子市荣盛称重公正计量站、昌吉州公正计量行、呼图壁县城镇称重公正计量站及呼图壁县大丰称重公正计量站进行了计量认证，并颁发了《社会公正计量行(站)认证合格证书》。截至年底，全区已有10家社会中介公正计量行(站)经考核通过自治区计量认证，在本行政区域内，向社会提供公正计量服务。

**【计量监督检查】** 2000年，自治区质量技术监督局针对医疗卫生单位拒检的情况，经自治区人民政府同意，组织召开了自治区医疗卫生计量工作座谈会，在全区开展了医疗卫生单位行政执法大检查。检查医院1 792家，合格1 421家，合格率79.30%。其中自治区医院13家，合格12家，合格率92.31%；地、州医院546家，合格499家，合格率91.39%；县(市)医院655家，合格556家，合格率84.89%；行业医院57家，合格19家，合格率33.33%；社会办医院430家，合格279家，合格率64.88%；武警部队医院91家，合格56家，合格率61.54%。共检查心电图仪等14种计量器具5 307台(件)，具有有效检定证书的4 377台(件)，合格4 165台(件)，合格率78.48%，通过检查，对问题严重拒不整改的59家医院进行了处罚。为配合“3·15”活动，对两个批发市场的16种定量包装商品、43台(件)计量器具进行了抽查；对6家商业单位的10类48种定量包装商品进行抽查；对乌鲁木齐市5家生产企业的20种定量包装商品进行了抽查。棉花收购期间，对棉花收购专用计量器具进行了监督检查，共抽查5种335台(件)，合格315台(件)，合格率94.03%。

**【计量监督管理条例】** 新疆维吾尔自治区计量监督管理条例(草案)的起草工作始于1997年，九易其稿，于2000年3月7日上报自治区人民政府法制局，法制局经过审查，并组织有关人员到乌鲁木齐、昌吉、伊犁、石河子、奎屯等地进行调研，听取基层意见，多次召开有关厅局、行业会议，征求意见，进行协调，与自治区质量技术监督局共同修改，形成《条例》的审修稿上报自治区人民政府。5月11日，经自治区第九届人民政府第十次常委会议讨论同意，提请自治区人大常委会审议。5月29日自治区第九届人民代表大会第十六次会议，审议了《计量监督管理条例(草案)》。7月26日，自治区人大常委会副主任哈德斯·贾那布尔一行11人，到自治区质量技术监督局及局属事业单位，围绕《条例》的制定进行了考察。9月22日，自治区人大常委会发布公告，《新疆维吾尔自治区计量监督管理条例》已由新疆维吾尔自治区第九届人民代表大会常务委员会第十八次会议通过，于2000年12月1日起实施。

### 5. 认证工作

**【计量认证】** 2000年，自治区质量技术监督局下发了《自治区质量检验机构计量认证与审查认可(验收)工作程序的有关规定》，把县级产品质量监督检验所的“二合一”评审和检测试验室的计量认证、现考核委托给地、州、市质量技术监督局。组织专家评审组，对申请计量认证的检测机构进行了评审，有61个检测机构经考核合格，颁发了《计量认证合格证书》，其中计量认证复查合格单位32家，首次计量认证合格单位29家，注销6家。自治区岩矿宝石产品质量监督检验站、自治区测绘产品监督检验站等6家单位通过了自治区质量技术监督局产品质量检验机构考核认可，验收合格，具备了承担相应产品检验资格。

**【质量认证】** 2000年，自治区质量技术监督局组织了农产品质量认证出国培训团12人，赴美国肯尼索大学接受培训，并对美国农产品认证状况进行了考察，以推动自治区农产品认证的发展。采用各种形式，向社会各届宣传国家质量认证的法律、法规和制度，规范全区的质量认证工作。先后同西峰集团公司，中国人民解放军7555工厂等数十家企业签定了认证咨询协议，通过对认证企业的前期咨询和复合性审核，为企业的正式审核通过创造了条件。全年有139家(次)企业通过了质量体系认证合格，并取得了质量体系认证证书。截至年底，全区持有效质量体系认证证书企业共252家(包括双证)。2000年，自治区又有4家企业的9种产品通过了产品质量认证，截至年底，累计有17个企业的48个产品通过了产品质量认证。

## 三、质量技术监督机构简况

**【自治区级机构】** 2000年，自治区质量技术监督局设办公室(含史志办公室)、综合计划处、政策法规宣传处、人事教育处、质量监督处、标准化处、计量处、行政执法处、质量认证处(含生产许可证办公室)、实验室评审办公室等10个职能处室和老干部管理处、机关党委、纪检监察室、机关服务中心。编制101名，其中行政编制87名，事业编制14名。局直属事业单位有自治区产品质量监督检验所、自治区计量测试研究所、自治区纤维检验局、自治区质量技术监督信息研究所、自治区质量技术监督培训中心。事业编制507名。

**【地、州、市机构】** 乌鲁木齐、克拉玛依、石河子3市，吐鲁番、哈密、伊犁、塔城、阿勒泰、阿克苏、喀什、和田8个地区，昌吉、博尔塔拉、巴音郭楞、克孜勒苏4个自治州均设质量技术监督局（一级局），其中乌鲁木齐、克拉玛依、石河子、吐鲁番、哈密、阿勒泰、博尔塔拉、克孜勒苏8个地、州、市质量技术监督局设立了稽查队；除乌鲁木齐外，均设立了质量检验和计量检定技术机构；除乌鲁木齐、克拉玛依外，均设立了纤维检验所。

**【县（市、区）机构】** 全区17个县级市、62个县、6个自治县11个市辖区，其中88个县（市、区）设立了质量技术监督局（分局）并加挂稽查队牌子，县和非地、州所在市质量技术监督局均设立了质量检验、计量检定技术机构；奎屯、沙湾、乌苏、且末、库车、沙雅、新和、莎车、麦盖提、巴楚等10个县（市）设立了纤维检验站。

撰稿人　赵绍双
审稿人　苗世旺

# 沈阳市质量技术监督工作

## 一、概　　述

2000年1月1日起，沈阳市质量技术监督系统实行垂直管理的领导体制正式运行。在上级业务部门及市委、市政府的领导下，沈阳市质量技术监督工作以《国务院关于进一步加强产品质量工作若干问题的决定》为主线，按照国家、省关于质量技术监督工作的总体部署，坚持以质量为中心，标准化、计量为基础的工作方针，在提高质量，净化市场，加强企业技术基础，推进与国际惯例接轨，加强自身建设等方面，都取得了显著成绩。

1. 市接收各区、县（市）质量技术监督系统的工作进行比较顺利，接收后的全市质量技术监督工作得到加强，运行健康良好。

1999年12月13日，市政府常务会议讨论通过的《沈阳市质量技术监督管理体制改革实施方案》（沈政发[1999]18号文），在本年度得到了落实。1月17日，市政府召开专门会议，部署了全市质量技术监督系统管理体制改革工作。接着，市质量技术监督管理体制改革领导小组组织市编办、市人事局、市财政局、市国有资产管理局、市质量技术监督局，共同制定并印发了《沈阳市质量技术监督系统实行垂直管理交接工作方案》，并以沈质技监发[2000]5号文发各有关单位。市有关部门组成了接交工作组，于3月24日开始交接工作。到7月11日，除法库县外，逐一完成了其他12个区、县（市）质量技术监督系统的交接工作。市政府考虑法库县尚不具备交接条件，经请示国家质量技术监督局同意，决定暂不移交。

纳入市级管理的12个区、县（市）质量技术监督机构的编制、人员、财务经费及国有资产已经由市有关部门确认，办理了交接手续。市从区、县（市）共接收编制635人，其中机关编制130人（59人为行政编、71人为事业编），稽查队编制142人（事业编），技术机构编制363人（事业编）。共接收在岗人员647人，其中机关124人，稽查队165人，技术机构358人。接收离退休人员137人（机关88人、稽查队2人、技术机构47人）。

接收小组按照政策规定，对不符合接收条件的29人未予接收。其中区、县局级领导干部5人（已由区县妥善安排）、一般工作人员24人。

市财政以1998年各区、县（市）财政实际拨付经费为基数，从13个区、县（市）财政共上划到市人员经费292万元，并按上划基数对口下拨。行政事业性收费和罚没款，市财政全额返还给质量技术监督部门，以解决各项经费不足。

市从12个区、县（市）共接收资产1 936万元，其中固定资产1 604万元，流动资产332万元。

经市编制委员会办公室同意，市区5个分局撤销了质量检验职能。5个分局从事质检的24人编制撤销，增加到执法队。

2. 市质量技术监督综合楼落成，市级机构的工作环境大为改观。

在市有关部门的大力支持下，在市质量技术监督局原位置翻建、扩建的市质量技术监督综合楼落成。2000年4月，市质量技术监督标准信息研究所、市能源标准计量所、市质量技术监督稽查所以及市局机关喜迁新大楼办公。至此，市本级的质量技术监督各机构均在两座大楼内办公。国家质量技术监督局局长李传卿以及其它领导先后视察了新落成的综合楼以及前几年落成的检验、检定楼，对沈阳市质量技术监督局本级的办公条件表示满意。

3. 2000年是垂直管理后的第一年，全市质量技术监督系统运转状况良好，工作成效明显提高。

首先，机构设置明确了，关系更顺了。市局为本级政府的工作部门，对市以下实行垂直管理，业务上受省局领导。县（市）局为市局的直属局，区局为市局的派出机构。

其次，编制，特别是郊区和县（市）机关编制以及区、县（市）执法机关编制，得到了较好的明确。

再次，垂直后，工作的系统性更强了，工作力度加大，效果更显著了。2000年，全市的“联合打假行动”、“消灭无标生产”以及其它涉及全局性的工作，都取得了良好效果。这一切与垂直管理的有效实施密不可分。

## 二、质量技术监督工作

沈阳市政府在其下发的关于市质量技术监督系统垂直管理的沈政发[2000]18号文件中已经明确了“质量管理”、“锅炉管理”、“压力容器管理”等业务划归质量技术监督部门，但具体操作与市政府机构改革一并进行。故，本年度的“质量技术监督工作”仍不含尚未划入的部分。

1. 生产许可证管理工作

**【换发国家生产许可证】** 按照国家质量技术监督局关于对电线电缆、低压电器、电焊条、电视机、白酒等产品，换发生产许可证的工作要求及省局有关部署，对沈阳市相关企业进行了调查摸底，组织申报，进行初审。全市有101家企业申报，有40家电线电缆企业、3家电焊条生产企业、10家低压电器生产企业、2家电视机生产企业，通过了生产条件审查。白酒产品发证工作已经完成了前期准备工作，正在对申报企业进行条件审核。

本着对企业服务促进地方经济发展的精神，对新投产或转产的企业申办国家生产许可证的，给予了积极支持。全年共为涉及冷轧带、钢筋、交混配料、建筑门窗、潜水泵、空压机、化妆品等产品的65个企业办理了临时生产许可证。

**【地方生产许可证发放】** 会同市畜牧副食局完成了对申报省生产许可证的10家肉灌制品、7家调味品生产企业的审核发证工作。

**【查处无证产品】** 全年查处生产、经销无证产品的违法案件150件，罚没金额80 262元。从而，有力地打击了违法行为，保护了广大群众和企业的合法权益。

2. 质量监督工作

**【监督抽查】** 2000年加大了对涉及人身健康、安全的商品及消费者反映质量问题较多的商品的监督抽查力度。全年共检验各类产品8 828批次，合格7 780批次，平均合格率为88.1%。抽查的重点有4个方面：一是元旦、春节期间，重点抽查了粮油商品。共检查粮油经营业户60个，抽取小麦粉样品122批次（代表2 115吨），合格65批次，合格率为53.3%。不合格的57批次中，增白剂超标的47批次。针对增白剂超标严重的情况，在全市范围内清理，通过媒体予以曝光，责令停止销售；二是继续对全市重点工程项目使用的建筑材料实施准用证制度。一年中，对重点工程使用的新型墙材、塑钢窗、建筑钢材、水泥、空心砖等50种产品开展检验，合格49种，合格率98%；三是对获得市政府“放心食品”称号的产品，开展了专项抽查。共抽查66个企业的90批次产品，合格77批次，合格率为85.6%。对于抽查不合格又不认真整改的，建议市放心工程领导小组办公室取消其放心食品称号；四是全年共完成产品定期检验565批次，合格555批次，批次合格率达到97.7%。

**【监督抽查后处理】** 2000年，该局制定印发了“沈阳市质量技术监督局产品质量监督抽查后处理工作规范”，进一步明确了后处理工作的范围、主体、程序、职责等，建立了后处理公告制度、后处理曝光制度、后处理整改制度、后处理处罚制度、后处理通报制度。从而，后处理工作更规范了。

2000年，共处理抽查产品不合格报告608份（国家抽查不合格报告11份、省抽查不合格报告37份、市级抽查不合格报告560份），其中，市局处理106份，市稽查大队处理26份，转给各分局、直属局处理428份。经对不合格企业复查，其整改率达75%。

**【质检机构与企业签验货协议】** 为使质量监督检验工作适应新形势要求，市产品质量监督检验所先与沈阳市商业城鞋帽公司、沈阳张市灯具市场签订了验货协议。产品所对企业进货后销售前的商品逐一进行验货检验，帮助企业把好质量关，取得了明显成效，受到了企业的欢迎。在此基础上，又与90余个企业建立了验货协作关系。为配合沈阳市推广洁净煤工作，市能源标准计量所与煤炭经营单位签订了验货协议，完成了325批次验货检验。

**【区、县（市）企业产品调查】** 为全面掌握企业及产品质量状况，2000年，市局组织各分局、直属局对所属企业进行了调查。摸清了区、县（市）属2 495个企业、3 719种产品的标准执行情况，企业质检机构、质检人员及产品出厂检验等有关情况。经查，被调查过的2 495个企业中，有526个有质检机构；3 719种产品中，有136种达到国内先进水平以上。

3. 标准化工作

2000年，该市标准化工作坚持适应和服务于地方经济发展，提高标准化工作有效性为指导思想。紧紧围绕提高质量，加强技术基础，推进与国际惯例接轨开展工作，取得了显著成绩。

**【消灭无标生产】** 通过组织领导，宣传培训，调查摸底，普查登记，帮助企业制定标准，查询标准，检查验收等一系列艰苦细致的工作，摸清了企业底数、产品底数，密切了质量技术监督部门与企业的关系，推动了企业管理水平和技术水平的提高。经摸底，沈阳市现有中小企业8 262户，有批量定型产品的企业4 636户，生产8 799种产品，开展消灭无标生产前，标准覆盖率为55%。通过开展消灭无标生产，标准覆盖率达到了96.3%。到11月29日，全市13个区、县（市）全部达到了《全国消灭无标生产试点县（市）验收办法》的规定，通过了国家局和省局组织的验收。

**【农业标准化】** 继续完善无公害蔬菜标准体系，制定了《无公害蔬菜肥料合理使用准则》、《无公害蔬菜营养成分含量限量》两个通用基础标准及《无公害黄瓜》、《无公害蕃茄》等30多个农产品标准。制定了《有机大豆》、《有机大米》、《绿色食品芹菜》、《绿色食品土豆》等有机、绿色农产品标准。积极贯彻实施农产品标准。2000年，全市无公害、有机、绿色基地面积已达到1万多公顷。

继续开展了农业标准化示范区建设，取得了新的突破。2000年9月19日，法库县葡萄产业化高产、高效农业标准化示范区一次通过了国家验收合格。

**【采用国际标准】** 为推动企业进一步适应我国加入WTO的需要，结合我市制定的经济发展战略和名牌产品战略，突出抓了名牌产品和65项（大类）重点产品的采标工作。2000年，完成了48项重点产品和名牌产品的采标工作，占全年采标总数（105项）的46%。

积极推荐重点采标产品，申报国家级新产品项目。2000年共推荐了14项，其中9项被国家批准。这9项，获得了国家批准证书，并奖励和帖息款90万元。

**【信息标准化和服务标准化】** 为提高该市对外开放水平，迎接国家对中国优秀旅游城市的复核，市质量技术监督局对全市涉外及重点酒店、宾馆、旅游场所（景区、景点）等公共信息图形符号进行了检查，针对存在的问题及时组织改正，确保了一次性通过。

积极开展了企业代码和商品条码的申办和续展工作。全市累计完成代码年检30 857户，办理企业代码22 000户，发展商品条码550户。

该市继续开展了餐饮业服务标准化、计量达标单位的考核验收。有16家餐饮企业经考核合格，被授予达标单位称号。

4. 计量工作

**【企业计量】** 为了更好地为大中型企业服务，市质量技术监督局召开了大中型企业座谈会，在此基础上，对大中型企业计量现状进行了调研，为服好务打下了良好的基础。对市北方制药厂等16家企业进行了计量合格确认考核，进一步提高了企业计量管理水平。对66家企事业单位的258项最高计量标准进行了复查换证。帮助指导14家企业建立了21项企业最高计量标准，并授权其自行开展检定。举办了12期培训班，为企业培训计量管理和各类检定、检测人员800多人（次）。按照省局的工作安排，对全市制造、修理计量器具企事业单位进行了清理整顿，进行了生产条件考核。68家制造、修理计量器具企业通过了计量合格确认考核。

**【计量监督检查】** 为了给消费者和经营者创造良好的公平贸易环境，加大了对市场和固定街办市场进行了重点整顿，使这些市场的民用计量器具的受检率达到95%以上。一次检定合格率达到95%以上。按照国家局的要求，对全市定量包装商品生产企业进行了调查，对全市72家方便面等9类定量包装商品生产企业进行了净含量专项抽查，共抽查118批次，合格率为70.3%。全年共抽查定量包装商品13 580批次，合格10 601批次，合格率78.1%。

加强了对计量器具产品质量的监督抽查工作。对全市44家生产企业和26家商店经销的100种器具产(商)品进行了监督抽查，抽查合格率为78%。

加大了对日常计量违法案件的查处力度，全年办理计量违法案件26起，立案14起，受理计量仲裁7起。

**【强检计量】** 为保证在用电能表、水表和煤气表的准确可靠，今年对全市民用的"三表"进行了监督抽查。共抽查了146块，其中工业电能表20块，合格14块，合格率70%；民用电能表36块，合格14块，合格率39.8%；工业水表10块，合格9块，合格率90%；民用水表20块，合格15块，合格率75%；工业煤气表10块，合格9块，合格率90%；民用煤气表20块，合格12块，合格率60%。

为提高全市强检工作的管理水平，今年对全市法定计量检定机构进行了互查，统一了管理，对15家企业20项强检授权进行了复查换证。

**【行业计量】** 继续开展医疗卫生单位计量合格确认工作。全年共对120家医疗卫生单位进行了计量合格确认的考核。针对医院有用工业用氧冒充医用氧的现象，2000年对全市78家医院进行了监督检查。对存在问题的医院进行了依法处理，维护了广大患者的利益。

继续加大对餐饮娱乐业计量监督管理的力度，对28家饭店进行了检查验收。

5. 质量认证工作

为确保认证工作的有效性，使全市质量认证工作健康发展，对全市已经通过质量认证的248个单位全面进行了质量认证的有效性调查。同时，对25个单位进行了重点监督检查。在被检查的25个单位中，产品质量明显提高的，有3户，占12%；能保持认证水平的，有22户，占88%。质量体系基本有效运行或有效运行的，有22户，占88%；问题较多的有3户，占12%。通过调查和检查，基本了解了沈阳市认证单位的质量管理的总体水平，产品质量状况及存在的问题，保证了指导工作的针对性。

**【登记备案工作】** 继续开展了对全市取得产品质量认证、安全认证、质量体系认证单位的备案工作。截止2000年12月，全市已有345户企业通过认证，其中通过产品认证的有40户，通过体系认证的有305户。较1999年的182户相比将近翻了一番。

**【内审员注册培训】** 国家从1996年起开始实行质量体系内审员注册制度。而沈阳市的大部分认证单位的内审员过去未予注册。为改变这种局面，2000年，市质量技术监督局委托有关部门举办了5期内审员注册培训，先后有200名内审员通过培训，办理了注册手续。从而，内审员水平提高了一大步，进一步推动了该市认证单位质量体系的有效运行。

**【质量认证情况调查】** 沈阳市常务副市长姜宪志要求：2000年年底前，沈阳市的名牌产品要全部通过第三方质量体系认证。为落实这一工作，沈阳市质量技术监督局对全市121种名牌产品涉及的112户企业进行了全面的质量认证情况调查。情况是：已通过认证的有78户，正在进行的有16户。正在开展认证或认证已过期的有18户。这18户中，有13户有条件但尚未开展，正在积极推动其开展认证工作。

按着国家要求整顿质量认证咨询市场的精神，市质量技术监督局对全市的认证咨询单位进行了调查。弄清了该市现有15家质量认证咨询单位，其中7家已按要求注册。

**【查处违法案件】** 2000年，加大了对伪造、冒用认证标志和未进行安全检查认证的违法案件的查处力度。全年查处万元以上案件5件，罚没款金额约20万元。

6. 打假工作

2000年度，沈阳市的打假工作，按着国家打假办、省打假办的统一部署与要求，在市委、市政府的直接领导下，打假办较好地发挥了组织协调作用，使全市打假办系统各成员单位同心协力，优势互补，取得了良好效果。全年共立案查处各类制假售假违法案件2 961件，其中大案要案476件，查获假冒伪劣产品标值9 420.33万元，销毁假冒伪劣产品标值1 101.5万元，收缴罚没款项2 789.66万元，捣毁制假售假黑窝点1 106个，拘留收审31人，其中判刑15人。

市工商局组织全系统开展了"红盾百日大行动"，先后出动了4 671人次，检查各类市场184个，查处违法案件453件，查获假冒伪劣商品标值197.5万元，捣毁制假窝点166个，有力地打击了制售假劣饮品、食品的违法行为。市公安局组织了"一打两保"战役，打击制售假冒伪劣商品的违法犯罪行为，确保了国有大中型企业经济健康发展，确保了农业春耕生产顺利进行。努力为国企改革和发展创造良好的社会环境。市质量技术监督局开展了"打假保春耕"战役和"夏日打假行动"。在打假保春耕战役中，对全市875家各种农资产品的生产经销单位进行了全面检查，查获假劣农资产品标值达76.6万元，净化了农资产品市场。在"夏日打假行动"中，全系统出动执法人员近万人次，查处各类制假售假案件1 664件，其中万元以上大要案143件，查获假冒伪劣商品标值达3 898.53万元，端掉制售假冒窝点136个，并对查获的100余万元的假劣商品组织了集中销毁。市国税局加大税务稽查力度，打击偷、坑、骗税等违法活动。全年国税系统共实施各类稽查27 972户次，查处税务违法违章案件13 600件，查补应征税款57 320万元，应征滞纳金及罚款17 695万元，查补入库税款、滞纳金及罚款33 307万元，较好地发挥了税务稽查应有的作用，取得了明显的成效。市药品监督管理局加大对假药、禁药、一次性输液器的查处打击力度。截止到12月底，共出动执法检查人员600余人次，端掉销售假药、禁药及一次性输液器窝点62个，查处案件142起，其中大案要案18起，查获假冒伪劣产品标值总额达150多万元，并于12月8日对这批假劣药品及输液器进行了集中销毁。市卫生局加大对食品、化妆品、一次性输液(输血、注射)器的监督查处力度，使我市食品、化妆品和一次性输液(输血、注射)器生产经营市场得到了净化，保障了人民群众的身体健康。

打击假冒，保护名优是打假工作的重点。市质量技术监督局根据举报一举查获了一起该市企业制造假冒阿迪达斯运动鞋的大案。市公安局巡警支队铁西大队破获了一起制假红梅味素案。市工商局查获了加工假冒“南孚”电池大案，收缴罚没款10万元。市质量技术监督局大东分局在广州宝洁公司、联合利华上海有限公司的配合下，一举查获了东北地区首例制造销售假冒宝洁、联合利华的洗涤、化妆品用品的违法犯罪团伙。这些大案要案的查处，有力地维护了中外名优企业的合法权益，净化了市场环境、投资环境。

10月26日，国务院召开电视电话会议后，沈阳市于11月2日召开了全市打假领导小组扩大会议，部署了沈阳市打假联合行动。会后，全市打假办系统各成员单位主动出击，积极配合，效果显著。截止到2000年12月28日共出动执法人员20 158人次，查获制假售假案件1 888件，万元以上案件338件，端掉黑窝点465个，伪劣商品案值3 211.05万元。各单位还组织了销毁活动，销毁的物品货值达300多万元。12月8日，全国打假联合行动协调小组副组长、全国打假办公室主任、国家质量技术监督局局长李传卿来沈阳视察工作时，对该市的联合打假行动予以肯定。

## 三、质量技术监督机构简况

本年度，沈阳市质量技术监督局仍是沈阳市人民政府所属的一级局，业务上归辽宁省质量技术监督局领导。局领导编制4人(1正3副)，实有4人。

局机关设办公室、人事监察处、计划财务处、法规宣传处、质量监督处、标准化处、计量处、质量认证处、机关党委。局机关编制58人(含司机4人)，实有47人。沈阳市质量技术监督稽查大队为事业单位，其人员比照公务员管理。

市局所属技术机构有4个：沈阳市产品质量监督检验所、沈阳市计量测试所、沈阳市能源标准计量所、沈阳市标准信息研究所。另外，市局还设有一个全民事业单位：沈阳市标准计量技术咨询服务中心。

市局现有9个分局：和平分局、沈河分局、大东分局、铁西分局、皇姑分局、于洪分局、东陵分局、苏家屯分局、新城子分局。

市局现有3个直属局：新民质量技术监督局、辽中质量技术监督局、康平质量技术监督局。法库县质量技术监督局本应移交市直属管理，但因条件不成熟，市政府决定暂缓移交，仍由法库县政府管理。

市经贸委的质量管理和市劳动局的锅炉、压力容器等管理职能，市政府已以文件形式明确移交质量技术监督系统，但具体操作待市政府机构改革时一并进行。故质量管理、锅炉压力容器管理等机构，本年度不属于质量技术监督系列。

撰稿人　卢兴德

审稿人　唐燕宁

# 长春市质量技术监督工作

## 一、概　　述

2000年，是长春市质量技术监督系统实行垂直管理体制的第一年。一年来，全系统广大干部职工以“有为、有威、有效”为工作目标，牢牢把握为全市经济发展大局服务这条主线，全面履行质量技术监督和行政执法职能，在加强企业技术基础，提高我市产品质量总体水平，规范市场经济秩序，加快自身事业发展等方面做了大量工作，取得了一些成绩。全年全系统实现全口径收入2 400万元，较1999年的1 939万元增长了23.7%，其中市局系统完成1 328万元，较1999年增长了15.8%；各县(市)、双阳区完成1 072万元，较1999年增长了36.7%。

**【管理体制改革工作】** 按管理体制改革的要求，除积极协调并理顺了有关财务经费、人员编制管理等问题，并于2000年12月完成了市本级的质量管理、锅容管特安全监察职能及机构编制的划入和人员接收工作。

**【技术机构建设】** 2000年，全系统新上检验项目8项。其中针纺服装、插头插座两个检验项目实现了当年收回投资并略有盈余。利用PCR技术鉴别种子真伪、绿色食品、卫生陶瓷、铝塑管材、石油液化气、电动工具等检测项目也已准备就绪，待经过省局认证后既可开展工作。另外，技术机构在委托检验、公正计量、验货把关服务等中介服务中发挥自身优势，进行有益探索，走出了新的发展路子。仅市质检所全年就与119户生产企业签订了委托检验协议，与7户销售企业签订了验货服务协议，实现收入110万元，占全所总收入的44%。科研开发方面也实现新突破。便携式无公害蔬菜快速检测仪、牛乳激素含量测定项目已正式在市科委立项，并获得科研经费5万元。

**【法制建设】** 组织开展了“3·15”保护消费者权益日、《产品质量法》颁布实施、“质量月”等系列宣传咨询活动，活动的形式和内容较之过去有了明显改进。加强了对执法人员的考核培训，全年共举办法律法规培训班5期，培训人员800余人(次)。加强了行政执法的层级监督。对全系统397名行政执法人员进行了重新审核登记，实现了全系统执法人员持证上岗；强化了案审委员会职能，特别是加强了对各县(市)、区局查处的大案要案和疑难案件的监督指导力度，保证了执法的准确性；全面实施了办案公开、程序公开和错案追究等制度，增强了行政执法工作的透明度；依法履行了行政复议职能，全年共受理行政复议案件5件，均得到了较好处理，使上下级之间法律监督职能得到了充分发挥，维护了法律权威。此外，还接受了市人大的述职评议，对全系统加大执法力度、坚持依法行政起到了极大的促进作用。由于坚持把依法行政作为突出任务来抓，在执法力度不断加大的同时，全系统执法水平普遍有所提高，全年未发生一例行政复议、诉讼败诉案件。

**【行风建设】** 按照“举旗帜、抓生命、打基础、树形象”的总体要求，落实了行风建设责任制，实行层层包保和责任追究；在全系统推行了政务公开，并通过组织开展以“三查三找”为主要内容的基层窗口单位行业作风整顿和“学树创”等活动，使全系统各基层窗口单位的服务质量和工作效率均有了明显提高，涌现出了一批以市编码所、市计量一所等为代表的文明示范窗口单位。

**【党建工作】** 通过认真开展“三讲”教育“回头看”活动，“双评”活动、“双思”教育和“警示”教育，认真学习“三个代表”的重要思想，多层次组织业务知识技能培训，使全系统干部职工的整体素质有了明显提高。以“三创一争”、“塑优”等活动为载体，推动全系统精神文明建设达到了新水平。通过开展一系列内容生动、形式新颖的教育活动，如观看《胡长清案件警示录》，参加党纪政纪条规知识竞赛、组织开展党员奉献日、定向捐资助残募捐、捐资扶困活动等，对广大党员干部进行党性党风教育；组织参加长春建城200周年系列活动和游泳、乒乓球、长跑比赛等丰富多彩的竞赛活动，增强了部门的整体意识和光荣感、责任感。我们还积极培养发展新党员，为党组织输入新鲜血液，全年仅市局系统就有8名同志光荣地加入了中国共产党。

## 二、质量技术监督工作

### 1. 质量管理工作

**【质量监督】** 2000年，共监督抽查企业1 083户，其中监督抽查生产企业434户，商业企业649户；监督抽查我市企业产品1 681批次，合格1 548批次，抽样合格率为92%；监督抽查流通领域的产(商)品1 444批次，合格786批次，抽样合格率为54.4%。监督抽查产(商)品涉及农资、建材、成品油、针纺服装、食品、酒、酿造产品、机电产品、燃气具、熟肉制品等近30类。

**【化肥市场的监督抽查工作】** 2000年，共抽检化肥样品502批次，合格438批次，抽样合格率为87.3%。在不合格的产品中，涉及水分、颗粒强度不合格的化肥约5 849吨；属有效成分不足的劣质化肥71吨，标值近10万元，对这部分产品，进行了集中销毁，避免了劣质化肥流入市场坑农害农。

**【粮食检验】** 2000年元旦、春节期间，先后有100多位农民通过市长公开电话反映，部分粮库在粮食收购过程中存在“故意压等压价、克扣农民利益”的问题，此事引起了有关市领导的重视，责承市局会同有关部门共同查处，并由市局具体负责监督抽查工作。对此，市局抽调骨干人员组成检验小组，共深入全市38家粮库，抽检玉米80批次，经检验人员通过二次烘干法检验，部分粮库确实存在农民反映的“压等压价”问题，对此，依据有关法律法规对这些粮库进行了处理，并将检验结果及时上报了市粮食局和市纪检委。

此项工作受到了广大农民的普遍欢迎和有关市领导的肯定。1999年年底，又组织对全市38家粮库进行了复查，“压等压价”的现象已基本消灭。

**【鞭炮市场监督抽查】** 针对市民反映较多的鞭炮市场质量问题较多的实际，2000年，我局从帮助经销企业严把进货关入手，并建立了严格的市场准入制度，共抽检烟花爆竹107批次，合格率达到了85%，较“解禁”第一年的不足20%合格率提高了65个百分点。

**【监督抽查后处理工作】** 对定期监督检验和市场监督抽查结果，建立了公示制度。采取召开新闻发布会、在新闻媒体开设“质量红黑榜”专栏、发布监督抽查公告等形式，正确引导消费和促进企业整改。全年共在《长春日报》发布监督抽查公告4期，在长春电视台播出《质量5分钟》节目50期，刊发质量红榜23期，质量黑榜25期，表扬企业80家，批评企业83家。对国家和我市监督抽查不合格产品，建立了不合格企业档案，实行强制整改和复查制度。目前，我市监督抽查不合格产品季度整改率为100%。

**【质量管理】** 组织开展了重庆路、长江路电脑经济技术开发区两条主要商业街(区)的创建购物放心街活动；以熟肉制品生产企业为试点，组织实施了“名牌产品培育工程”，为企业产品争创名牌创造条件，现重点扶持的8户企业不仅产品质量稳定，而且市场销售形势良好。

**【质量认证】** 为8家企业提供了质量体系认证咨询服务，其中5家企业通过了国家质量认证机构的认证并获得认证证书。

2. 计量工作

**【计量器具检定】** 2000年，共检定计量器具14.6万台(件)，较1999年增长了12%。其中，检定出租车计价器13 950台，加油机1 799台，电话计费器3 230台，电话计费装置207个，金银珠宝饰品6 000件。与市建委联合发布了《关于对新建建筑安装的计量仪表实行安装前首次强检的通知》，2000年，检定电度表1 458块，水表50 000块，煤气表37 500块。与市工商局联合发布《关于加强农贸市场计量器具监督管理的通知》，用1个月时间对长春市5个城区69个农贸市场在用的3 100余台(件)计量器具进行了强制检定，同时对长春市200余个宾馆、酒店、海鲜行使用的500余台计量器具进行了强制检定。

**【计量管理】** 2000年，组织完成了15户27项最高计量标准到期复查工作；完成了5户强检授权的复查工作；根据国家局《关于制造修理计量器具许可证监督管理办法》的规定，完成4户制造修理许可证的复查换证工作；配合省局计量处对21户制造计量器具生产企业进行复查考核工作；完成了5户计量认证到期单位的复查工作。

**【工业计量】** 2000年，共完成56户乡镇企业的计量确认工作。

**【法定计量技术机构的考核评定工作】** 由局计量处牵头，组成专家组对榆树市、德惠市、九台市、农安县、双阳区及市计量三所、市计量四所共计11个法定计量技术机构进行考核评定，评出九台市质量技术监督检验测试中心为法定计量技术机构先进单位，赵铁钢等12名同志为先进个人。

**【计量仲裁检定】** 充分发挥计量测试学会的中介服务职能，开展计量仲裁检定，解决了长春税务学院与供电部门的用电量纠纷，为长春税务学院挽回多交的电费68万元；受理并解决了长春市业丰公司同宽城供电局四间供电所的用电纠纷，为业丰公司找回多收的29 692度电量，折和人民币2万余元。

**【定量包装商品监督检查】** 全年共出动1 000余人次，检查生产企业35家，抽查样品258批次，合格231批次，抽样合格率为83.6%；检查商业企业1 350家，检查商品3 650批次，合格3 432批次，合格率为83.6%。对存在问题的企业，依法进行了处罚，对基础较好的商业企业，如五环超市、荣德超市、一汽新世纪超市、重庆大路恒客隆超市，授予了“购物放心超市”牌匾。

**【计量培训】** 2000年，协助九台市、德惠市举办2期燃油计量管理员学习班，为两市所属加油站培训燃油计量管理员74个；协助榆树市质量技术监督局兴办了一期衡器新规程宣贯学习班，40个参加了学习；免费为亚泰超市举办计量法律、法规培训班80余人(次)，为长春市20个超市及有关企业举办了质量技术监督法律、法规学习班，培训管理人员50人。

3. 标准化工作

**【标准备案】** 2000年，完成企业产品标准备案642项，较1999年提高了10.5个百分点。其中长春市局完成企业产品标准备案405项，各县(市)、双阳区局(分局)完成企业产品标准备案237项。

**【标准制、修订】** 配合市政府12件实事之一的“中小学生营养午餐”计划，组织制定了《中小学生营养餐》地方标准，并于2000年4月27日经省局专家组审查批准予以发布实施；组织制定了《兼香曲酒》、《吉林烧酒》两项地方标准，并于2000年6月21日通过省局专家组审查予以发布实施，这两项标准的发布实施，填补了吉林省白酒产品地方标准的空白。

**【农业标准化】** 重点开展了无公害蔬菜的宣传推广，现全市无公害蔬菜种植面积达到4 000公顷，较1999年翻了一番，无公害蔬菜质量经质检机构检验，合格率为100%。

**【采用国际标准和国外先进标准】** 2000年，完成“双采”19项，超年初计划1项，创历史最好水平。

**【消灭无标生产】** 指导农安、双阳两县(区)开展消灭无标生产工作，并于2000年11月份通过了省局消灭无标生产验收。农安县通过开展消灭无标生产工作，企业产品标准动态覆盖率由1999年的87%提高到2000年年底的98%，提高11个百分点；双阳区通过开展消灭无标生产工作，企业产品标准覆盖率和产品质量抽查合格率分别较开展无标生产工作前提高了67.9%和17个百分点。

**【标准宣贯】** 举办《吉林烧酒》、《兼香曲酒》2项地方标准和《酿造酱油》等7项国家、行业标准宣贯会，70余户企业参加了学习。深入长春经济技术开发区、高新技术产业开发区、净月潭旅游经济开发区免费举办ISO 9000系列标准宣贯班11期，培训人员600余人(次)，企业自主采标意识明显增强。

**【标准实施监督】** 2000年，对100余户企业执行食品标签通用标准情况和全市50条主要街道102个大型公共场所的信息图形符号进行了检查，对发现的问题及时予以纠正并限期整改。

**【组织机构代码和商品条码】** 2000年，办理组织机构代码证书17 014套；颁发代码IC卡9 660张；为14 744个组织机构办理了代码证书年审；发展商品条形码系统成员139户，系统成员复审88户，分别较1999年增长了28%和25%，系统成员增长率和复审率在全国44个省级、副省级城市排名第一和第三位。

**【防伪工作】** 2000年，长春市防伪协会发展个人会员60人，发展团体会员11个，并在全市初步建立了商品质量信息查询系统，推动了电话电码等防伪技术的应用。

4. 行政执法和打假工作

**【行政执法工作】** 2000年，全系统共办理质量技术监督违法案件3 756件，其中万元以上的大要案177件，较1999年翻了一番，捣毁制假售假黑窝点111个，实现罚没收入801.7万元。其中，长春市局系统办案532件，万元以上大要案113件，捣毁制假售假黑窝点57个，罚没收入374.6万元。

**【打假保名优工作】** 2000年，会同一汽集团、长铃集团、粤海银瀑啤酒有限公司、市酿造公司、榆树大曲酒业公司及通钢集团、沈阳红梅味精、上海白猫、浙江雕牌等国内知名企业开展了联合打假行动。其中全年仅查处制售假冒一汽产品案就有58件，共查获假冒伪劣产(商)品标值近500万元。通过与通钢等企业合作对钢材市场进行专项整治，使我市钢材市场质量状况有了明显好转，抽查合格率由年初的6.7%上升到现在的近70%，通钢等大型国有企业的产品市场占有率明显提高，仅去年7～9月份，通钢在我市市场每月销售额都在一亿元以上，三个月的利润相当于1999年全年利润总和。此项工作受到了各名优企业的欢迎和好评，全年全系统共收到有关名优企业送来的锦旗8面，感谢信20余封。

**【打假“三大战役”】** 全年共出动近万人次，对与百姓日常生活息息相关的“五子”商品、食品、酒类、熟肉制品和影响国计民生及生命安全的农资、建材产品等开展了专项整顿，共检查各类生产、经销企业9 000余家，专业市场74个，查获假冒伪劣商品和不合格商品标值5 000余万元。表现突出的如农资市场整顿，全年共查处不合格化肥总量约5 800吨，其中收缴封存劣质化肥1 500余吨，集中销毁劣质硫酸钾、硫酸锌400余吨。此外，还查获并收缴伪劣种子16吨，劣质农药11吨，劣质农机配件3 200件，挽回和避免了部分农民的经济损失。

**【长春汽贸城整治工作】** 根据省政府、国家局的部署和要求，从7月中旬开始，组织对我市汽配市场开展了专项整顿。由18人组成了市质量技术监督驻汽贸开发区办公室，具体负责组织协调并查处制售假冒伪劣汽车配件违法行为；对长春汽贸城及其周边地区制售假冒伪劣汽车配件的业户进行了集中清理，重点查处假冒一汽产品和涉及人体健康、生命财产安全的安全类产品，截至1999年年底，共检查各类生产、经销汽车配件企业1 338家，查处制售假冒伪劣汽车配件违法案件134件，其中万元以上的大要案36件，移送公安机关1件，捣毁制假售假黑窝点25个，没收安全类商品标值76万元，罚没收入138.22万元。此外，为引导和规范长春汽贸城的健康发展，立足于整改和帮扶，先后两次组织对驻区业户开展了法律法规和鉴别假冒伪劣汽车配件产品知识培训，共有480余户企业法人代表参加了学习；建立了假冒伪劣汽车配件展示厅，对查处的180余件(套)假冒伪劣产品进行公开展示，对广大业户进行教育。通过半年来的集中整治，长春市汽配市场的生产经营秩序已出现明显好转，9、10月份销售额较1999年同期比分别增长了21%和23.6%，安全类产品的市场抽查合格率由整治前的50%上升到现在的100%。

## 三、质量技术监督机构简况

长春市质量技术监督局是市政府一级局，局机关内设7个行政处(室)，包括办公室、综合法规处、标准化处、计量管理处、质量监督处、生产许可证办公室和机关党委。直属事业单位有计量所、质检所、标准化信息编码研究所和稽查队。自2000年实行垂直管理后，原我市辖区的4个县(市)技术监督局上划为我局的直属机构，双阳区技术监督局改为长春市质量技术监督局双阳区分局，为我局的派出机构。全系统现实有人数1 281人，其中行政人员109人，事业人员1 162人，工勤人员10人，并均已经省、市编办确认。全系统现有事业单位40个，其中全额拨款的事业单位7个，差额拨款的事业单位10个，自收自支的事业单位23个。全系统现有固定资产总值3 411.6万元，其中长春市局属2 663.8万元，县(市)、双阳区局(分局)747.8万元。

撰稿人 李洪权

# 哈尔滨市质量技术监督工作

## 一、概　　述

2000年，哈尔滨市质量技术监督工作紧紧围绕全市经济建设和社会发展总体目标，以贯彻落实全国质量工作会议精神和《国务院关于进一步加强产品质量工作若干问题的决定》为主线，以提高技术监督工作有效性为重点，加大了整顿和规范市场经济秩序的工作力度。针对市场消费热点和社会反映焦点，加强打假治劣和监督检查。打假工作从分散的专项行动，发展到查大案、端窝点、整市场、清柜台、抓专项、保名优的齐头并进综合整治，从狠抓"三重一大"发展到与部门、企业联手打假，同扶优扶强并举，走出了一条扶优和治劣相结合的道路，为经营者创造公平竞争的市场环境，为消费者创造放心满意的购物环境。为了适应加入WTO的需要，加强了技术机构建设，开展了国际实验室认证，开通了中国哈尔滨质量信息网站，为让世界了解哈尔滨，让哈尔滨了解世界，进而宣传全省、全市名牌产品并进入国际市场提供了一个重要窗口和广阔展台。同时全力推动质量认证，夯实计量技术基础，提高产品的标准水平和产品出口创汇能力，为哈尔滨市经济快速持续健康发展做出了贡献。

## 二、质量技术监督工作

### 1. 质量监督与管理工作

2000年，针对市场消费热点和社会反映焦点，以规范市场行为，净化市场环境为重点，加强商品质量监督检查力度。一年来，共立案3 191起，其中大要案9起，强制执行1起，移送公安机关2起；出据商品质量检验报告9 097批次，接待咨询投诉420件，受理投诉207件，为企业咨询服务2 000多人（次），端掉制售假冒伪劣产品黑加工点119个。一是在日常监督检查中，检查食品、酒类、纺织、机械、室内加热器、建筑材料、收录机、家用电器、儿童玩具、手机电池等6大类26个品种867批次，合格570批次，合格率为65.74%，比1999年同期提高4.85个百分点。二是在专项监督检查中，检查了蓄电池经销企业29家31批次，合格16批次，合格率为51.6%；检查伪劣散热器3个窝点，扣押收缴伪劣散热器近5万片，标值近40万元，封存伪劣散热器30多万片，标值近300万元；检查VCD经销企业25家43批次，合格25批次，合格率为58.1%；检查汽柴油经销企业56家，生产企业9家，合格25批次，合格率为69.69%，与1999年同期相比提高13.99%；检查保暖内衣经销企业8家，生产企业51家共54批次，合格20批次，合格率为37%，与1999年相比降低10.5个百分点；查处经销假茅台酒594瓶，标值10万元，查处销售假冒小糊涂仙酒360瓶，标值3.564万元等共13项专项检查；三是定期监督检查325家生产企业，其中不合格生产企业67家，占20.62%，抽样检查661批次，合格584批次，抽样合格率为88.35%。为增强企业的质量意识，加强质量管理，提高产品质量，对连续生产不合格产品的183家生产企业进行了通报批评，定期发布监督检验通报4期（见监督检验通报）。方存忠副市长对全市产品质量状况非常重视，连续在监督检验通报上批示："对产品质量问题必须严肃认真，不可姑息！请经贸委配合技术监督部门抓好质量工作，同时请区县（市）经贸委送本区、县政府领导阅"，"此次商品质量检查所暴露的问题是严重的，应当引起各行业及商业主管部门的高度重视。"四是开展保真保优活动。在几年的检查中，有些企业的产品质量一直稳定合格。为表彰这些企业，树立保质量上水平的典型，评选"连续三年产品质量监督检验合格"企业40家，评选"保真保优"企业10家，"商品质量信得过"企业28家，并首次为连续三年抽检合格加油站发匾。为此编写了一整套考核标准，考核办法和考核程序。经严格考评，哈尔滨市石油供应公司顾乡加油站、哈尔滨市石油供应公司任家桥加油站、哈尔滨市石化经销公司哈西加油站、哈尔滨市石化经销公司北新加油站、哈尔滨市石化经销公司哈同加油站5家加油站为连续三年抽检合格加油站并发牌匾以表彰。企业反映：过去我们注意商品质量、进价高，但和别人一样卖，就赚的少，总觉得吃亏，授匾以后销量增加、信誉提高，这是花钱也买不来的。在保真保优的同时，整顿和取缔6个小炼油厂，使国营主渠道石油销量大幅增长，达到日增300吨，受到市石油公司好评。五是加强生产许可证管理。按照国家局和省局下达的查处14种生产许可证管理的产品计划，重点检查了一次性医疗器械、螺纹钢筋等7种生产许可证产品。检查许可证、准产证经销单位197家，其中无许可证生产经销企业130家，无准产证企业47家，查处无证产品总价值430多万元。立案查处无证企业25家，现场处罚22家。在医院及经销医疗器械单位检查假冒伪劣输液器10万多支，价值6万多元，为保护患者的身体健康，公开销毁了这批劣质输液器。在对钢材市场检查时，检查钢材生产企业23家，经销单位9家，查出无证产品销售数量500多吨，总标值近290万元。在水泥市场，检查水泥生产企业11家，查出无证产品总值110万元。同时对纯净水、冰制品、眼镜等6种准产证产品进行检查，受理企业办理省市准产证申请182家，其中省准产证4种，市准产证2种，限期整改18家，取消生产资格2家，发省准产证98家，市准产证64家，总计办证162家。

### 2. 打假联合行动

根据《国务院关于开展严厉打击制售假冒伪劣商品违法犯罪活动联合行动的通知》精神，自2000年10月26日起，我市开展了一场声势浩大的打击制售假冒伪劣商品违法犯罪行为的联合行动。成立了以副市长方存忠同志为组长，由市经贸委、市公安局、市工商局、市人民检查院、武警哈尔滨支队、市监察局、市财政局、市农委、市对外经济贸易合作局、市爱卫办、哈尔滨海关、市政府医药管理办公室、市法制局、市政府调研室、市烟草专卖局18家单位组成的哈尔滨市打假联合行动协调小组，打假联合行动协调小组办公室设在市技术监督局。2000年11月17日，副市长方存忠主持召开了全市打假联合行动协调小组第一次会议。传达了吴邦国副总理在全国打假联合行动电视电话会议上的讲话、国务院《通知》精神和省打假联合行动部署；会议一致通过了《哈尔滨市开展严厉打击制售假冒伪劣商品违法犯罪活动联合行动实施方案》。

这次联合打假行动共出动执法人员19 805人次，查处制售假冒伪劣商品违法案件3 206起，捣毁黑加工点2 805个，涉案人员1 563人，查处大要案61起，新闻报道751次，移送公安机关62人，刑事拘留63人，报捕4人，劳动教养4人，行政拘留3人，查获的假冒伪劣产品标值3 264万元。为了震慑制假售假违法犯罪行为，营造浓厚打假氛围，在市闫家岗垃圾场对假冒伪劣商品进行了公开销毁。主要有伪劣药品、食品、饮料、劣质水泥、种子、化肥、柴油、肉灌制品、名酒、手机电池等22大类、1 285种18.5万件标值865万元。

本次打假联合行动坚持了打假同保名优相结合、打假同规范市场相结合、监督检查与服务帮助相结合、监督检查与宣传教育相结合的原则。采取集中力量，集中时间，点面结合，突出重点，联合行动与分头出击，具体分工与各系统相互协作的方法，重点查处了白酒、果酒、饮料、鞋、汽柴油、面粉、大米、化妆品、化肥、农药、装饰材料、一次性医疗器具、卷烟、药品、钢材等商品。

经过这场声势浩大的打假联合行动，使制售假冒伪劣商品违法犯罪活动猖獗的势头得到了有效遏制；重点商品、重点市场、重点地区假冒伪劣横行的严重局面基本得到扭转；集团性、大规模的制假售假问题得到有效整顿；制售假冒伪劣商品大案要案得到彻底查处，违法犯罪分子受到严惩，保护了消费者和企业的合法权益，维护了社会主义市场经济秩序。

此次联合打假行动查处10多起具有代表性的严重制假售假案件。

一是查获假冒汽车钢板案。11月6日，根据群众举报，对位于道里区松源街一单位出租的三个库房中查出冒用他人厂名、厂址的假冒汽车用钢板弹簧80多吨，价值20余万元。

二是端掉豆制品黑加工点。11月21日清晨，执法人员在公安、卫生、新闻等部门的配合下，出动50余人，对位于王岗镇红星村、榆树乡三姓村的豆制品黑加工点进行了集中打击。现场发现加工车间卫生条件差，环境恶劣，到处散发着霉酸味，工人手拿铁锹，脚穿运动鞋加工豆粉，劣质原材料随意堆放，在各种熟豆制品加工场所，检查人员发现，“麻辣牛排”、“精制豆皮”、“湘味麻辣香干”、“牛排香干”，其产地分别标注为“郑州”、“沈阳”、“哈尔滨市太平区”等字样。这三个豆制品加工窝点，没有办理任何手续和证照，属非法加工。执法人员对17台造假设备和3 000公斤劣质豆油、豆制品等予以封存。

三是端掉一非法翻制销售劣质盗版录音带窝点。11月16日，在南岗区鼎新二道街33号五单元一楼二门一处租用的居民住宅内，查获一处将劣质的空白录音带翻制成盗版录音带的生产销售黑窝点。共查获劣质翻版录音带7.6万盘，价值8万余元。犯罪嫌疑人曾凡华供认，自1999年3月起，伙同其妻李明芝及其同乡张宏伟、兰新香、共销售盗版劣质录音带达2 000余箱(200盒/箱)，销售金额达40余万元。主要犯罪嫌疑人被刑事拘留。

四是侦破一起全市最大制假、贩假酒案。11月10日，查获一个大型假酒黑加工厂，在现场发现有几百瓶“五粮液”成箱酒、装满酒精的大塑料桶、空酒瓶、瓶盖、商标等。他们用不足4元钱一塑料瓶的“尖庄”，用纱布过滤后，灌到“贵州茅台”、“五粮液”等酒瓶中，贴上商标，装箱，在南极批发市场中销售。执法人员在南极批发市场犯罪嫌疑人的仓库内又发现“贵州茅台”、“五粮液”、“郎酒”等一大批酒。经四川宜宾酒厂打假办人员鉴定，这些“名酒”全部是假酒，其中一些商标和外包装是从宜宾市制假窝点购进的。从李福志的3个仓库、1个门市部、一个加工点共搜出假酒、制假原料、外包装物等12卡车，其中假“茅台”190箱，“五粮液”185箱、“江南春”14箱、“古井贡”空瓶21 200个、“五粮液”空瓶”300个、“五粮液”包装盒与商标分别为800个和15 000个、“茅台”包装盒2 600个、礼品袋4麻袋，用做“原料”的“尖庄”酒1 050箱，还有“北大仓”600余箱。犯罪嫌疑人被警方刑事拘留。

五是查获假冒“五常大米”、“富硒大米”彩色包装袋案，11月23日，38人组成联合执法检查组在依兰县查处销售假冒“五常大米”彩色包装袋一案，深挖案源，扩大战果，并顺藤摸瓜，对哈尔滨市道外区南小六道街26家经销大米包装袋商店进行了突击检查，现场查扣非法印有“五常大米”、“富硒大米”包装袋20万条，货值14万余元。

六是查处伪造生产日期、劣质饮料案。11月30日，根据群众举报，哈尔滨市场上有人大量低价销售生产日期标注为2000.12.01、2000.12.03、2000.12.10等日期的强力饮料，执法人员立即展开调查，并于12月1日，对位于哈尔滨市动力区外经路1号的中国铁路物资哈尔滨公司孙家材料厂33～36号仓库进行了现场检查。现场查封日期超前的强力饮料5万余箱，扣押700箱，抽样检验28个批次，货值金额100余万元。

七是端掉一阀门造假窝点。12月14日，执法人员成功地端掉一个加工、销售伪劣阀门的经销点，查封各式伪劣阀门总标价近100万元。执法人员在道外十四道街“哈尔滨市引配阀门经销部”，分别对该部位于南十五道街哈尔滨轻工储运公司院内的18号库和通港街三棵树配合饲料加工厂院内的仓库进行了检查。在两个约200平方米的库房内分别堆放着口径从20毫米、重约0.25公斤到500毫米、重约450千克的各式阀门1 100余台件，其阀体上无任何标识。

八是省、市、区联动，查处储运销售假冒伪劣水泵案。根据群众举报，经半个月的调查，哈市北环商城附近有一储运、销售假冒伪劣水泵等机电商品的货运站；11月27日，由省质量技术监督局、哈尔滨市质量技术监督局以及南岗分局、道外分局在省市新闻单位及省公安厅、市公安局的配合下，分别对位于道里区井街5号货运站，道外北环商城内的4处零售摊点及其库房进行突击检查。对该站销售的两台高低压水泵进行了检验，均为劣质品。该货运站为哈市道里区温岭货运站。是一个集购、运、销一体的制造、销售假冒伪劣水泵及机电商品的货运站。销售网已覆盖黑龙江、辽宁、吉林三省及哈市周边几乎所有县(市)。是我市查处的购、运、销假冒伪劣商品的数量与品种最多、危害最大的窝点。

此次联合打假，还查处了北环商城共5家零售摊点和7个库房，查获三大类近百件机电商品，涉案金额500多万元。

九是捣毁黑炼油厂。呼兰县利民乡有一个黑炼油厂，用土锅炉生产柴油，日产达3吨，全部销往哈尔滨市各大宾馆、饭店、浴池。执法人员在现场看到土锅炉正在冒烟，民工正在往炉里添煤，土油罐内淌着柴油，落地油杂乱无章地散落在院内，有的民工往塑料桶里装柴油，准备运往市区。经检查这是个黑炼油加工点，既无工商执照，又未进行税务登记，执法人员当即封存了两台简陋的土锅炉和储油罐里的柴油，对当事人进行了审查。

十是查获劣质药品案。11月24日，市药品监督检查人员在公安干警的配合下，检查了辽宁天龙药业有限公司哈尔滨销售部，查处了卫生部三年前就已吊销批准文号的劣质药品"精制蝮蛇抗栓酶"总价值19.5万元，封存了违法经营药品价值50多万元。

3. 标准化工作

**【工业标准化】** 2000年加大了工业标准化工作力度，先后宣传贯彻了《房间空气调节器安装规范》、《黑龙江省信息技术标准化管理办法》，监督检查了《消费品使用说明、化妆品通用标签》、《食品标签通用标准》等强制性国家标准的实施情况，共检查24家商业企业20种化妆品和233种食品标签，化妆品标签合格率为75%，食品标签合格率为78%。在检查调味品和乳制品中，发现有的企业无标生产，在专业技术人员的帮助指导下企业制定了产品标准，解决了无标生产问题。同时为企业办理标准备案317项，办理企业标准注册登记83户246种产品。为加强对企业的管理，提高标准水平，2000年1月建立了企业标准备案公告制度，为108家企业310项标准进行了备案公告。宾县、巴彦、方正、木兰4县通过了国家和省消灭无标生产县验收。至此哈尔滨市12县(市)全部通过了国家和省消灭无标生产验收。在对哈尔滨市汽车、冶金、轻工、化工、石化、电子、建材、医药、纺织、机械等9个行业150个生产企业1 219个产品的统计中，没有无标生产现象，标准覆盖率达100%；在3 733个区属企业的5 174个产品中，发现有235个无标产品，标准覆盖率达95.5%，达到了国家规定的标准覆盖率95%以上的要求。哈尔滨市在全省是第一个完成消灭无标的城市，为产品质量的提高打下了坚实的技术基础。

**【农业标准化】** 2000年是我市"3121"农业标准示范工程全面实施的关键一年。通过示范提高农产品产量和质量，增加了经济收益。道里区通过实行"日光温室高产栽培，无公害蔬菜栽培，各种肥料、农药试验示范、蔬菜名特优品种引进与栽培"，使全区蔬菜产量由示范前的63 555千克/公顷增加到73 724千克/公顷，增加产量16%；巴彦县通过实行"大豆永常高产技术规程"使全县大豆产量由示范前的2 100千克/公顷增加到2 700千克/公顷，增加产量29%；方正县通过实行"水稻超稀植栽培技术规程"使全县的水稻产量由示范前的7 560千克/公顷增加到9 310千克/公顷。市技术监督局与农业局联合制定了《棚室无公害黄瓜生产技术规程》、《棚室无公害番茄生产技术规程》和《无公害秋白菜生产技术规程》三个地方农业标准。各区县组织发布《标准化训养鱼》、《肥猪直线育肥技术》和《农作物生长管理技术规程》等地方农业标准9项。市技术监督局还在农业标准化的推广体系、培训体系、运行体系、保障体系、领导体系建设方面加大了工作力度，有效地促进了农业标准化管理工作。

**【条码代码标准化】** 2000年标准情报工作，收集标准文献资料1 174件，接待用户5 000多人次，为212家企业制修订350个企业标准进行查新认证，出具认证报告228份，为500多家企业提供信息咨询服务。新发展商品条码系统成员200户，超过国家条码中心下达的120户指标。组织机构代码工作中接待用户2.4万人次，颁发新代码证书1.2万户，完成到期换证7 000户，年检代码证1 000户。我市组织机构代码工作在"2000年全国组织机构代码工作总结表彰会"上荣获全国代码工作精神文明先进集体称号，有两位同志获"全国代码工作先进个人"称号。

**【定量包装专项抽查】** 2000年，按照国家质量技术监督局《关于布置定量包装商品净含量国家监督专项抽查的通知》精神，对哈尔滨市生产企业进行了国家监督专项抽查。共抽查了42家生产企业生产的方便食品、小食品、酒类、酱油、醋、洗涤品、化妆品、冷冻食品共8大类93个批次的定量包装商品。其中79个批次合格，14个批次不合格，合格率为84.9%。抽查方便食品类6个批次，合格率为100%；小食品类11个批次，合格8个批次，合格率72.7%；酒类22个批次，合格17个批次，合格率77.2%；酱油8个批次，合格7个批次，合格率87.5%；醋10个批次，合格8个批次，合格率80%；洗涤品6个批次，合格5个批次，合格率为83.3%；化妆品8个批次，合格6个批次，合格率为75%；冷冻食品类22个批次，合格22个批次，合格率100%。

不合格产品主要原因有：一是部门企业对落实《定量包装商品净含量计量检验规则》不够重视。有的部门企业产品出厂前，很少或根本不检查产品的净含量，靠生产设备设置的"量"来代替。二是部门企业检测设备失准，有的企业不按周期检定设备。三是个别生产企业弄虚作假、见利忘义。个别企业法制意识差；只顾眼前利益，经营道德较差，为减少成本，提高利润，偷工减料，坑害消费者。四是有的企业生产设备落后。五是部分企业管理不到位。部分企业对包装的皮重没有明确的规定，对外加工的产品不验收入库，对皮重采取估值，使出厂产品的净含量失控，导致产品计量的不准确与不稳定。

**【质量认证】** 2000年，引导企业采用ISO 9000国际质量管理标准，推动企业质量认证43家，累计153家。为做好认证工作，从调查摸底开始，以点带面推动一两户企业带动一个行业，认证企业类型由原单一的国有大中型企业发展到国有企业、合资企业、私营企业、企业集团和高科技产业；认证领域也由机械制造业扩展到机械、电子、冶金、轻工、化工以及饮食、物业、安装、商店等服务行业。针对企业特点有重点地帮助哈尔滨鼓风机厂、阿城配电柜厂、依兰气化厂以及哈尔滨和平金属材料有限公司、哈最一特机电设备厂等15户企业提供技术服务，为企业做了认证前的质量体系诊断，帮助解决有色金属公司等特殊行业来货检验，用ISO 9000质量管理标准控制运输过程中货物丢失等疑难问题500多个。经质量认证的东北轻合金有限公司提高了产品市场竞争力，其利税25%来自出口，哈尔滨飞机制造公司的产品远销国内外；哈尔滨龙滨酒厂生产的龙滨酒系列，森永乳品厂生产的森永乳品系列，哈尔滨市家用电器厂生产的电热淋浴器等系列产品已成为全省的地方名牌产品。

为加强认证队伍建设，培养认证工作骨干，举办各种形式的质量认证学习班达30多次，有60多人通过国家注册的审核员培训和考试，为2 000多人宣讲了ISO 9000质量管理和质量保证标准，共为企业培训认证工作骨干4 000多人，先后为哈尔滨第二空气调节机厂等10户企业减免学费万余元。同时对传真机、收款机、空调扇、计算机及显示器、家用空调器等10多种电工产品进行了市场监督检查，检查电工产品经销企业20多家，对9家有问题的企业进行了依法处理。

## 三、质量技术监督机构简况

哈尔滨市技术监督局是哈尔滨市政府管理本行政区域内技术监督工作的职能部门，内设办公室、计量处、市场处、监督管理处、认证处、许可证办公室、综合标准化处、农业标准化处、政策法规宣传教育处、综合计划科学技术处、人事处以及机关党委、纪检监察室13个处室；局属6个处级单位：哈尔滨市计量检定测试所（哈尔滨市计量科学技术研究所）、哈尔滨市产品质量监督检验所（黑龙江省哈尔滨产品质量监督检验所）、哈尔滨市标准情报研究所、哈尔滨市技术监督培训中心、哈尔滨开发区技术检测服务中心、哈尔滨市技术监督稽查大队。

市7个行政区设置技术监督局，为市局派出机构，正处级、加挂稽查队牌子。分别是：哈尔滨市技术监督局南岗分局、哈尔滨市技术监督局道里分局、哈尔滨市技术监督局道外分局、哈尔滨市技术监督局太平分局、哈尔滨市技术监督局香坊分局、哈尔滨市技术监督局动力分局、哈尔滨市技术监督局平房分局。

12县（市）技术监督局为市局直属机构，设稽查队。分别是：哈尔滨市五常技术监督局、哈尔滨市双城技术监督局、哈尔滨市阿城技术监督局、哈尔滨市呼兰技术监督局、哈尔滨市宾县技术监督局、哈尔滨市方正技术监督局、哈尔滨市依兰技术监督局、哈尔滨市尚志技术监督局、哈尔滨市延寿技术监督局、哈尔滨市巴彦技术监督局、哈尔滨市木兰技术监督局、哈尔滨市通河技术监督局。

# 南京市质量技术监督工作

## 一、概　　况

2000年,南京市质量技术监督工作在南京市委、市政府和国家质量技术监督局、江苏省质量技术监督局的领导下,以党的十五大精神和邓小平质量思想为指导,紧紧围绕地方经济建设、社会发展,认真履行质量技术监督工作职能,开拓创新,团结奋进,完成了年初确定的各项工作目标,全市质量技术监督工作,尤其是推行行政执法责任制、打假联合行动、安全监察、创建文明行业等方面取得新的进展,为地方的经济建设和社会发展做出了积极贡献。

## 二、质量技术监督工作

### 1. 质量管理工作

**【实施《质量振兴纲要》年度计划】** 制定下发了南京市贯彻《质量振兴纲要》年度计划。认真贯彻落实《国务院关于进一步加强质量工作若干问题的决定》,以南京市政府的名义制定下发了《进一步加强质量工作若干问题的实施意见》,对今后一个阶段南京市质量工作提出了指导性意见。会同市有关主管部门和区县质量技术监督部门,对全市500余家大中型企业进行了质量法制培训,共培训企业领导人2 400余人次,是近年来参加人数最多的一年。为强化企业的质量管理意识,引导企业走质量效益型道路,在全市开展了质量管理奖评审活动,并制定下发了《南京市质量管理奖管理办法》和《南京市质量管理奖评分细则》,推动了企业产品质量的提高。

**【组织开展质量攻关活动】** 引导企业强化质量意识,围绕赶超国际先进水平,开展技术创新、技术改造、降废减损等质量攻关活动。通过质量攻关,南京四力化工有限公司的N.N-二甲基苯胺等11种产品质量指标达到国际同类产品先进水平,50项降废减损项目取得直接经济效益7 500万元,在帮助企业提高产品质量和经济效益方面取得了实效。

**【清理整顿生产许可证申领】** 生产许可证职能划转到质量技术监督部门后,组织对全市获证企业进行了调查,初步掌握了全市发证情况。在此基础上,加强了对许可证申领工作的管理,重点抓了特种劳保用品、电线电缆、电视机、低压电器、建筑门窗、白酒、电动自行车等产品生产许可证的发放工作,使该项工作初步走上正规。年内,还对月饼实施地方许可证管理进行了试点,首批发证21家企业。地方许可证的实施,促进了企业的规范生产经营,也为质检机构提供了检验来源。

**【积极实施名牌战略】** 2000年,南京市获省名牌产品22个,累计63个。积极参与市名牌产品的评审工作,从质量稳定、标准技术水平、质量体系建设、许可证、认证管理等方面进行把关,共评出市名牌产品123个,并由市政府颁发证书。继续实施"打假保优"工作,南京钢铁股份有限公司等29家企业的36种产品被列为重点保护产品,为144家企业发放产品质量考核合格证书。同时,积极组织名牌企业参加名牌企业综合实力评估,并参与了南京市政府在武汉举办的南京名优产品展示会,扩大了南京企业和名牌产品的知名度。

### 2. 监督执法与"打假"工作

**【质量、计量监督】** 全年完成产(商)品检验36 343批次,其中完成工业产品质量抽查1 227家企业的1 291批次产品,样品合格率89.5%,比1999年高出4个百分点;市场抽检1 300家企业经销的146种1 705批次商品,样品合格率为49.9%,比1999年下降1.2个百分点。抽查计量器具62台(件),受检合格率98%;完成计量器具商品质量抽查260台(件),合格率85.8%。全市达到计量合格确认的计量器具制造企业有82家,占全市该类企业总数的93.2%。对全市装饰材料、汽配专业市场开展整顿治理和"清柜台"活动,清查不合格商品6 570件,标值862万元;对247家生产企业出厂检验情况进行了执法检查。开展计量专项执法检查8次,电线电缆抽查52批次,冷冻等定量包装商品抽查339批次,啤酒抽查8批次;完成国家局定量包装商品净含量监督专项检查86批次,全市定量包装商品企业计量保证能力考核200余家。

**【质量专项监督检查】** 围绕在南京市举办"第六届中国艺术节"、"第二届世界科技大会"等重大活动,组织开展了轻纺日用品、饮料、家用电器等商品以及宾馆、饭店内商品的质量专项监督检查11次,组织开展了重大节假日前的净化假日市场、服务假日经济的质量大检查活动。围绕"三重一大",在全市范围内组织开展了农资、一次性输液(输血)器、通讯产品、家用电器、儿童食品和卫生用品专项检查以及汽摩配件、茶叶、保健品市场检查,为人民群众创造一个购物放心的市场环境做出了积极的努力。

**【创建太平南路"购物放心一条街"】** 太平南路是南京市一条传统商业街,是国家质量技术监督局2000年确定的首批"购物放心一条街"试点街。在创建活动中,白下区政府在市质量技术监督局的帮助和支持下,加大了对这条老商业街的创建力度,组织编写有关法律法规工作手册,分发给一条街上每家企业,开展强制性全员培训,多次帮助企业进行自查、整改,使创建工作取得了明显成效。沿街整体环境和形象得到明显改观,沿街商家的经营行为得到进一步规范,商业街的经营管理水平得到显著提高,街区的服务水平明显提高,企业的法律意识明显增强,商品质量状况明显改善。

**【商品专业市场整顿治理】** 在全市装饰材料、汽配专业市场开展了整顿治理和"清柜台"活动。制定颁发了《南京市商品专业市场质量监督管理办法》,规范和引导各类专业市场的经营者和驻场销售者建立质量自律机制。整顿治理和“清柜台”活动坚持：宣传发动与骨干培训相结合，自查自纠与跟踪服务相结合，面上普查与重点抽查相结合，收到了较好效果，共回收企业自查情况统计表近 4 000 份，清查出不合格商品 6 570 件，标值 862 万元，市场的开办者、管理者以及经销者的法制质量意识得到明显提高。

**【烟花爆竹生产经营单位清理整顿】** 为认真贯彻落实江总书记关于安全生产的重要批示和国务院关于加强烟花爆竹生产经营监督管理和清理整顿的紧急通知精神，组织了对辖区内烟花爆竹生产企业和流通企业的拉网式检查，并建立了管理档案，有效地防止了劣质产（商）品流入消费者手中。

**【工业企业产品出厂监督检查】** 为加强对企业出厂产品的监督，保证出厂产品的质量，有针对性地选择了出厂检验能力相对薄弱但与人民生活息息相关的化肥、农药、油漆、化学试剂等化工类生产企业，对其中的 247 家生产企业开展了产品质量出厂检验情况执法大检查。检查表明，南京个体、小型企业质量管理工作还比较薄弱，其中相当一部分企业基本处于自然质量状态，较低的质量控制水平已成为制约全市质量整体水平提高的瓶颈，需要重点整治。

**【法制建设和行政执法】** 1 月 7 日，以南京市人民政府令第 178 号发布《南京市商品条码管理办法》。全市各级质量技术监督部门进一步加大了行政执法力度，全年共出动执法检查人员 21 480 人次，办理各种违法案件 5 637 件，其中：现场处罚 3 051 件，立案查处 2 586 件，万元以上案件 205 件，捣毁制假售假窝点 100 多个，罚没金额 1 360 余万元。

**【开展打假联合行动】** 10 月 26 日，国务院召开打假联合行动电视电话会议。根据国务院《关于开展严厉打击制售假冒伪劣商品违法犯罪活动的通知》（国发[2000]32 号）精神，全市各级行政执法部门在市打假工作领导小组的领导下，按照国务院明确的 9 类商品、省政府明确的 8 类商品和市政府明确的 3 大类商品，先后组织开展了对一次性输液器、食盐、烟草、街头非法收购药品、农资、农机、通讯、食品、保健品、化妆品、建筑钢材、电线、电缆、低压电器、电动工具等产（商）品的专项执法检查。据不完全统计，全市共出动执法人员 17 000 余人次，查处假冒伪劣商品案件 1 960 余件，涉案商品 690 余种，查处假冒伪劣商品标值总额 9 200余万元，罚没款 880 余万元，捣毁制售假冒伪劣产（商）品窝点 667 个，破获制售假冒伪劣商品犯罪团伙 15 个，拘留收审 75 人，移送司法机关案件 47 起。12 月 12 日，召开全市公开处理制售假冒伪劣商品违法犯罪分子大会和集中销毁假冒伪劣商品现场会，对 10 名违法犯罪分子进行了公开逮捕和刑事拘留；销毁失去使用价值、危及人体健康和人身财产安全的假冒伪劣商品共 18 大类 159 万余件，总标值 1 093 余万元。

**【调整市打假工作领导小组】** 为加强对全市打假工作的领导，11 月 8 日，以市政办发[2000]117 号发布了《市政府办公厅关于调整市打假工作领导小组的通知》，成立了以市政府副市长奚永明为组长、市政府副秘书长王鹤兴、严肃、市质量技术监督局局长许海容为副组长、市委宣传部、市经委、市外经委、市工商局、市财政局、市公安局、市检察院、市中级人民法院、市监察局、市政府研究室、市政府法制局、市物价局、市卫生局、武警南京市支队、市农林局、市医药总公司、南京烟草专卖局、南京盐务局、市总工会、市质量技术监督局、南京进出口商检局等 21 个部门和单位参加的领导小组。办公室设在市质量技术监督局，负责日常组织、协调和联络工作。

**【全市“打假”工作】** 全市共出动执法人员 12 万余人次，车辆 4 731 台次，检查各类企业 78 422 家，立案 11 078 起，罚没款 5 428.6 万元，查获各类假冒伪劣商品总标值 16 234.8万元，捣毁各类制假窝点 889 个，判刑 8 人，拘留 105 人，取缔无照黑户 962 个，销毁各类假冒走私、影响人身健康、危及生命安全及使用价值的产（商）品共 2 620.38 万元。

**【建立名优企业“打假”网络】** 注重发挥企业在打假工作中的积极性，12 月 5 日至 6 日，市打假办组织市内和省内外 52 家企业、26 家打假成员单位和 10 家新闻单位参加的联手打假工作座谈会。会上企业代表纷纷建言献策，南京金陵制药厂、金城集团有限公司、南京依维科汽车有限公司等企业联合发出打假倡议书，44 家企业通过并向全社会提出了打假倡议。会议通过了由市打假办成员单位和 52 家企业组成的联手打假网络。

3. 标准化工作

**【标准化监督管理】** 继续抓了消灭无标生产长效管理，完善了执行标准管理系统软件。进一步巩固创建“江苏省执行标准优秀乡镇（街道）”成果，对 1999 年全市 35 家“江苏省执行标准优秀乡镇（街道）”进行了复查。加强强制性标准实施监督检查工作和企业标准备案的管理，对 27 家旅游宾馆和旅游点，以及 150 余家化妆品销售流通企业执行 GB 族标准情况进行了检查。年度全市产品标准覆盖率保持在 99%以上。

**【采用国际标准】** 积极组织企业采用国际标准。全年完成采标项目 49 项，其中非等效采用 24 项，等效采用或等同采用 25 项，累计“采标”1 134 项。

**【农业标准制定与发布】** 加快农业产品标准的制定步伐，南京雨花茶和栖霞香椿两个标准项目已列入江苏省农业地方标准项目，完成江宁“珍珠大米”农业产品标准的制定与发布。指导 13 家豆制品生产厂家制定了豆制品产品标准。结合南京市洗染行业的清理整顿，会同市财贸委制定发布了《南京市洗染行业服务质量标准》。

**【服务标准制定与实施】** 组织实施夫子庙秦淮风光带服务标准，确定了 13 家宾馆为试点单位，并制定了考评细则。积极适应社区建设形势，抓了玄武区社区服务标准的制定工作，已制定出《社区服务通用要求》、《社区服务家政中介服务规范》和《社区服务老年公寓服务规范》三项标准草案。

**【两码工作】** 大力推进代码信息管理，全年新办代码 22 167 张，发放 IC 卡 14 325 张，发展条码用户 240 户，新增馆藏标准 4 460 册，提供标准咨询 12 084 人次。

4．计量工作

**【积极推进医疗卫生机构计量确认】** 针对南京市医疗卫生机构计量工作基础比较薄弱的情况，首先在区县级医院进行计量确认试点。试点完成后，组织人员编写出医院计量确认要点、计量确认实施指南等指导性材料，培训计量确认评审员30名。走访了江苏省人民医院、南京市第一医院等多家省、市属医院，上门开展咨询服务工作。至2000年年底，南京市脑科医院、江苏省中医院等34家医疗单位通过计量确认评审。

**【组织定量包装商品生产企业计量保证能力考核】** 为保证定量包装商品生产企业计量能力考核工作顺利进行，依据国家质量技术监督局《定量包装商品净含量计量检测规范》，举办有定量包装商品生产企业法人、计量工作人员和区（县）局技术机构检测人员、监督检查人员参加的学习班16期。在搞好试点的基础上，对达标考核困难的单位进行帮助，并适时调整考核进度。2000年，全市应考272家，实际完成201家，占考核数的74%。

**【实施计量器具制造单位计量确认长效管理】** 2000年初，对制造企业进行了清理，清理后全市共有88家计量器具生产企业，其中8家通过质量体系认证，4家通过计量能力保证确认，8家通过计量能力合格确认。对清理出的68家尚未通过计量合格确认的单位进行分类排队，逐家落实确认工作。通过一年的工作，共有82家计量器具制造企业达到计量合格确认水平，占总数的93%。

**【水表、电表、煤气表监督管理】** 进一步将做好水、电、煤气“三表”的计量监督管理工作，作为贯彻实施计量法、维护消费者合法权益的重要工作。年内，组织有市人大代表、政协委员参加的检查组，对在用“三表”进行了5次检查。针对检查存在的问题，会同南京市市政公用局研究制定了解决方案，受到市人大代表、政协委员的好评。

5．认证工作

**【深入开展质量体系认证工作】** 全年，为获证企业颁发备案证书81个，累计达255家。继续开展内审员注册工作，颁发内审员证书累计达2 411个。为提高服务质量，与市交通、电信、邮电、房地产、旅游和市政公用等部门，共同研究开展服务行业的质量认证工作，分别与市旅游局、房产局等部门联合发文，引导企业开展质量体系认证工作，有力地提高了服务行业的服务质量。

**【安全确认工作】** 全年，完成电工产品安全确认240家，累计达700家。配合国家第二批实施强制性监督管理电工产品目录的实施，举办了3期安全认证电工产品生产、销售企业人员培训班，培训人员390余名。组织全市强制性监督管理安全认证电工产品专项检查，共检查各类市场、商场（店）570家，电工产品6.5万台（件）。

**【组织质量认证工作经验交流】** 为贯彻落实“质量兴国”战略，适应经济建设和我国即将加入WTO的新形势，在回顾近年来质量认证工作的基础上，组织召开了首次“全市质量认证工作总结交流会”，市各主管部门、区（分局）县局、获证企业共280人出席了会议，并对65家质量认证工作先进单位进行了表彰。

6．安全监察工作

**【锅炉压力容器监督检查】** 认真贯彻落实江总书记关于安全生产的重要指示，对锅炉压力容器进行了6次大检查，检查出“土锅炉”1 282台，其中改为常压使用690台，责令停用310台，报废192台；查处钢瓶14 800只，强检12 400余只，判废停用2 400余只，对查出的“土锅炉”和判废钢瓶进行了集中销毁；完成锅炉检验1 853台，定检率达95%以上，压力容器检验1 575台，定检率达90%以上。

**【特种设备安全监督检查】** 强化特种设备的监察管理，完成电梯检验3 800台，对全市10家起重机械、17家电梯制造、安装单位进行了安全资格认可，对5家未按规定进行施工的电梯安装单位进行了行政处罚，对16台（套）游艺游乐设施投入运营进行了检查验收。10月17日，玄武湖“太空飞船”发生转动臂断裂事故，及时进行了调查处理，对全市14台在用的塔机进行了抽检，提出整改意见112条，封停6台，责令停机整改3台，限期整改5台。

**【换发全国统一电梯准用标志】** 对全市的电梯进行了清查核对，基本掌握了全市电梯情况，电梯总数为5 012台，在用电梯为4 483台，停用529台。对全市89%的电梯进行了年检并换发了全国统一的电梯准用标志。从对105家使用单位的713台电梯张贴统一标志情况抽查情况看，89%的被查电梯按期年检并张贴了准用标志。

7．其他

**【全系统被市委、市政府授予创建文明行业工作先进单位称号】** 8月6日，全市质量技术监督系统被南京市委、市政府授予1998～1999年度“创建文明行业工作先进行业”荣誉称号，市技术监督情报所、市计量测试所获市级文明单位称号，鼓楼、玄武、白下、建邺、栖霞分局和高淳、江宁县局获区县级文明单位称号。

**【开通南京质量技术监督金网】** 积极实施政府上网工程，11月28日，对外正式开通“南京质量技术监督金网”，该网与“中国·南京”网站相连，能向企（事）业单位和社会提供快速、准确、优质的质量技术监督信息。南京质量技术监督金网网址：www.njzljj.gov.cn

## 三、质量技术监督机构简况

**【全市质量技术监督系统实行管理体制改革】** 按照江苏省质量技术监督管理体制改革工作的总体部署和要求，2000年1月10日召开了全市质量技术监督管理体制改革大会。根据会议精神，锅容管特安全监察职能从劳动部门、质量管理有关职能从经委系统划转质量技术监督系统。年内完成15个区县局（分局）机构、编制、人员、财务的上划及市经委、市劳动局随职能划转的人、财、物的交接工作。

**【市质量技术监督局机构】** 根据职能变化，调整了南京市质量技术监督局机关内设处室，设局长1人，副局长4人，总工程师1人，局机关设12个处室，原有9个处室保留7个：办公室（政策法规处合署）、综合计划科技处、人事教育处、标准化处、计量处、稽查处、机关党委，新增加质量处（加挂“市工业产品生产许可证办公室”牌子）、锅炉压力容器安全监察处、特种设备安全监督管理处、纪律检查组（监察室合署）4个处室。原质量监督管理处更名为质量监督处，撤销认证处，原职能划入质量处。

**【局直属事业单位】** 南京市质量技术监督局下属南京市质量技术监督稽查支队、南京市产品质量监督检验所（江苏省电子产品监督检验所）、南京市技术监督情报所、南京市计量测试所（南京市度量衡所）、南京市锅炉压力容器监督检验所、南京市特种设备监督检验所等6个直属事业单位，共284人，其中拥有高级技术职称25人、中级技术职称98人。

撰稿人 钱玉峰

审稿人 许海容

# 济南市质量技术监督工作

## 一、概　　述

2000年,济南市技术监督系统坚持“以质量为中心,标准化、计量为基础”的质量技术监督工作方针,以实施全方位目标管理和执法责任制为总抓手,着力提高质量技术监督工作的有效性。

**【质量工作】** 对全市共计5 402家企业生产和销售的产品质量进行监督检验,检验批次达9 267个,合格率为74.17%。其中,生产领域监督检验2 130家的2 682批次产品,合格率为78.71%;流通领域监督检验3 272个企业的6 585批次产品,合格率为72.17%。全年开展了16次专项检查,包括农药、电话机、手机电池、珠宝玉石和金银饰品、建筑装饰用石材和卫生洁具、插头(插座)、贮水式电热器、汽车配件、阀门、钢塑及铝合金门窗等,组织全市60家生产电线电缆、低压电器、电焊条、冷轧带肋钢筋、水泥、复混肥的企业申报(换发)生产许可证,到2000年底,全市共有291家企业取得了16类48种产品的生产许可证。全年查处无证生产、经销售企业100余家,查处无证产品货值300余万元。省监督抽查的后处理工作继续保持了90%以上的处结率。全年共对33个省监督抽查不合格产品的生产企业进行了后处理,特别突出抓了涉及人体健康和人身财产安全的产品,使后处理工作的有效性明显提高。对全市贯彻实施《质量振兴纲要》的情况进行了检查和总结,从检查情况看,济南市基本上完成了第一阶段的主要质量指标。在“质量月”活动中,全市各级技术监督部门对新修定的《产品质量法》开展了大规模的宣贯、咨询活动,促进了新《产品质量法》在全市的普及。

**【标准化工作】** 以采用国际标准、国外先进标准和消灭无标准生产为重点,加强标准实施的监督,提高全市标准覆盖率,促进与国际惯例接轨,加强标准化工作在企业经济运行中的有效性。全年新增采标产品35项,累计达到1 387项,企业标准备案360项,累计达到4 378项。全市产品标准覆盖率达95%以上,2000年,济阳、槐荫两县、区“消灭无标准生产县”工作通过了山东省质量技术监督局的验收。历城区通过了国家质量技术监督局的消灭无标准生产县复查。全年办理各类组织机构代码(含到期换证)14 930个,居全省首位。商品条码用户新增120个,复审91个。到2000年底,济南市代码数据库共存储企业法人34 588个,企业非法人26 399个,事业法人1 973个,事业非法人2 679个,机关法人809个,机关非法人597个,社团法人361个,社团非法人2 648个,其他157个,以上合计70 211个。商品条码应用企业达410家,产品达7 000余种,居全省前列。

**【创建泉城路购物放心一条街】** 为深入开展“百城万店无假货”活动和打假治劣,国家质量技术监督局从2000年开始,在全国范围内开展创建“购物放心一条街”活动,济南市确定位于市中心位置,基本代表本市商业形象的泉城路(西门至天地坛街)为创建对象。

4月,市政府成立了副市长马纯济为组长的创建工作领导小组和相应的工作机构,制定了明确的创建标准,将创建活动做为一项为民、利民、便民的“民心工程”,环境创新的组成部分和形象工程的重要内容。

参加创建活动的泉城路段共有大小经营单位和业户140余家,经营范围涉及到食品、服装、鞋帽、金银饰品、百货等几十大类、上万个品种,工作难度较大。创建工作经历了筹备策划、动员发动、自查自纠、检查帮促4个阶段。创建活动领导小组办公室先后4次组织有关执法和专业技术人员对140余家单位和业户进行拉网式集中检查,检查的重点是商品的管理制度、商品的标签与标识、商品的内在质量和售后服务等。针对自查和检查中发现的问题,并结合商家中以中、小企业和业户居多的特点,创建领导小组办公室适时组织商家进行商品知识、有关法律、法规和标准的学习培训,根据检查情况,评出16家较好的单位,授予“购物放心示范店”的流动红旗,对于较差的单位,除依法作出处理之外,还积极予以帮促。根据创建工作标准,制订出切实可行的规章制度,并狠抓落实。

通过近一年的努力,泉城路创建“购物放心一条街”的工作收到成效。2001年2月21日,山东省质量技术监督局对创建工作进行了验收,经国家质量技术监督局批准,于2001年3月17日,以质技监局监发[2001]45号文件予以公布。

**【计量工作】** 为促进经济发展和科技进步提供技术保证,围绕企业开展两本管理和加强市场计量行为以及商品量的监督。全年各级计量检定部门共检定各类计量器具35万台(件),社会公用计量标准、企事业单位最高计量标准和强检工作计量器具的受检率分别为100%、99.3%和98.5%,工业计量作为企业的一项重要基础性工作,得到进一步加强,大力推行了GB/T 19022(ISO 10012)标准,全市共有73家企业通过了计量确认,对54个单位的184项最高计量进行了复核换证,对30个单位申请新建的31项计量标准进行了考核,颁发了证书,考核了12家计量器具生产单位。对其生产的14种计量器具颁发了制造许可证,对不符合《计量器具制造许可证考核规范》的4家计量器具制造单位的5种计量器具产品制造许可证予以注销。全年为85个企业培训120名计量确认内审员,为190个单位培训467人(743项)计量检定员。

**【行政执法工作】** 为进一步落实行政执法责任制,围绕市委、市政府提出的“四个创新”,特别是环境创新,全市技术监督系统着力强化了以“打假”为重点的行政执法工作,以重点地区、重点市场、重点产品和大案要案的整治、查办为切入点，“打假”与“扶优”并举，110 报警服务社会联动的工作机制进一步完善，使技术监督行政执法的有效性进一步加强，与济南钟表厂、轻骑集团、济南煤油厂、济南酿酒有限公司、济南卢堡啤酒集团、茅台酒业、五粮液集团等名优产品生产企业联手“打假”。打击了假冒产品，为名优产品夺回了被挤占的市场份额。四季度，在全市范围内开展了打击制造、销售假冒伪劣商品违法犯罪活动的联合行动(详见【开展打假联合行动】条)，净化了全市的市场，有效遏制了假冒伪劣商品的蔓延势头。当年，全市技术监督系统办理各类违反技术监督法律、法规行政案件 2 298 起，其中立案查处 868 起，查没假冒伪劣产品标值 1 000 余万元。为企业和消费者挽回和避免经济损失 6 380 万元。在办理行政案件中突出了抓大案、端窝点，立案查处案值万元以上案件比 1999 年增长了 44%。行政案件的调查取证、案件审理和处罚决定执行三分离制度，罚没款罚缴分离制度得到有效执行。全年无行政复议和行政诉讼案件发生。

“九五”期间，质量监督的广度和深度不断加大，抽查的企业和产品由“八五”末的 4 871 家、6 791 批次，增加到“九五”末的 5 402 家、9 267 批次(最高年份达 6 765 家、11 440 批次)。对国家、省抽查的后处理处结率由“八五”末的 80%，提高到“九五”期间的 95%以上。在国家和省监督抽查、定期抽查中，压力机、全自动洗衣机、轻柴油、钢坯、生铁、铝锭、微机、彩电、电子秤、针织内衣、小麦粉等产品的检查合格率保持在 100%。全市共有 166 家企业通过了质量体系认证，62 种产品通过了产品认证。标准化工作为全市经济建设和技术进步提供了有力的技术基础。收藏有效国家标准、行业标准 22 000 余件，备案企业标准 3 597 件，按国际标准和国外先进标准组织生产的产品比例，由“八五”期间的 35%，提高到“九五”期间的 65%。章丘、历城、平阴、济阳、槐荫五个县(市)、区通过了“消灭无标准生产县”验收，济阳县建成了“棉花标准化种植示范区”，组织机构代码办理共计 70 211 个，为“八五”末的 3 倍。商品条码应用企业 410 家，为“八五”末的 4 倍。到“九五”末，全市共建立 126 项社会公用计量标准，561 项企事业单位最高计量标准，构成了全市量值传递的基本框架。完成了从集贸市场固定摊位淘汰木杆秤的工作，社会公用计量标准、企事业单位最高计量标准和用于贸易结算、安全防护、医疗卫生和环境监测的工作用计量器具的受检率稳定保持在 100%、98%和 95%以上。

质量技术监督工作的整体实力得到增强。全市技术监督系统的固定资产原值达到 3 828.47 万元，人员达到 633 人，具有中级以上职称的专业人员达 117 人，分别比“八五”末增长 135.79%、31.60%和 50%，形成了覆盖全市，基本满足我市经济建设、科研教育和社会发展所需的技术保障体系。

## 二、质量技术监督工作

**【宣贯《产品质量法》】** 新修定的《中华人民共和国产品质量法》(以下简称新《产品质量法》)于 7 月 8 日经第九届全国人大常委会第十六次会议审议通过。9 月 1 日起施行。为迎接新《产品质量法》的施行，全市技术监督系统会同各有关部门和广大企业于 9 月 1 日前后进行了深入的宣贯活动。

首先，结合国家、省和济南市质量工作会议精神，推动各行业树立“质量兴市、质量兴业、质量兴厂”的意识，深入全市 500 多家企业开展“查质量意识、查质量水平、查质保体系、查现场管理、查售后服务”的“五查”活动，并选择 21 家大中型企业进行跟踪检查。

第二，以技术监督系统工作人员、企业厂长(经理)、质管人员等为不同对象，分层次、有侧重地进行全员培训或普法宣贯。据统计，全市共培训执法人员、企业厂长(经理)和质管人员 1 049 人次。9 月 9 日，在泉城广场举行了省暨济南市新《产品质量法》大型宣传咨询活动，发放宣传材料万余份，现场接受消费者和群众咨询 1 800 人次，接受宣传的群众 2 万人。

第三，大力宣传“争先创优”、“质量第一”的思想，积极引导生产企业走“以质取胜”的道路，建立完善的质量保证体系，努力提高产品质量。经初审推荐，全市有 9 家企业的 10 个产品争创“山东省产品质量奖”。在流通领域中开展泉城路“购物放心一条街”活动。

第四，9 月 21 日，省暨济南市质量技术监督系统在济阳县召开销毁假冒伪劣产品现场会。省、市技术监督局和地方的有关领导参加了销假活动。会后，将标值 157.6 万元的食品、酒类、卷烟、农资、化妆品、低压电器、电线电缆等 7 大类假冒伪劣产品付之一炬。对制假、售假违法行为起到了教育和震慑作用。形成了全社会重视、关心产品质量的氛围。

**【开展打假联合行动】** 10 月 26 日，国务院召开严厉打击制造销售假冒伪劣商品违法犯罪活动联合行动电视电话会议之后，济南市各级政府迅速行动，市政府成立了副市长王存兴任组长，由市直属 19 个部门及各县(市)、区政府分管领导组成的“济南市打假工作协调领导小组”，负责对全市打假工作的领导。同时组成由技术监督、药品监督、工商、公安、卫生、农业、烟草专卖和经委等部门参加的“济南市打假工作协调领导小组办公室”，办公室设在市技术监督局，由局长卜银根任主任，负责打假工作的日常协调、调度工作。市政府专门印发了《济南市人民政府关于开展严厉打击制造销售假冒伪劣商品违法犯罪活动联合行动的通知》(济政字[2000]73 号)，对全市的打假工作做出部署。

本次打假联合行动的重点产品，除国务院通知中提出的农药、复混肥、种子、建筑用材料、汽车配件、卷烟、药品、一次性输液(输血、注射)器、化妆品等 9 类商品之外，又结合本市实际，增加了酒类和饮料、燃气用具、低压电器、小家电等 4 类商品，确定了段店批发市场、中恒商场等一批重点治理的市场和章丘的塔机、普集的衡器、章丘和历城的小轧钢等一批区域性制假问题，特别突出了元旦、春节两个节日市场的检查。除市直、部门外，各县(市)、区也确定了本地的打假工作重点。

技术监督、工商、公安、药监、卫生和烟草专卖等执法部门依照各自职责范围在全市开展了既声势浩大，又讲求实效的打假联合行动。对重点区域性问题、重点市场和重点产品进行了集中整治，查办了一批大案要案。截至 2001 年元月底，全市各执法部门共出动执法人员 24 770 人次，检查各类商店和业户 21 900 余家，重点治理了段店市场、中恒商城等 30 多个市场，使小轧钢、衡器等区域性的制假问题得到有效遏制。严厉打击了危及广大消费者人体健康的制售劣质棉衣、棉被、掺油大米等违法行为。保护了"康巴丝"石英钟、"轻骑"摩托、"风船"酱油、"将军"和"大鸡"卷烟、"佳宝"牛奶、"菲利浦"小家电、"宝洁"系列日用化妆品等省市名牌产品和外商投资企业的合法权益。查办了济阳县刘家营村制造假烟窝点案，历城区凯达机械加工经销售处制售假冒"轻骑"摩托车案，侯军、马振虎等人贩运假冒卷烟案，张松林销售假冒"康巴丝"石英钟案等一批大案要案。

据统计，在此次打假联合行动中，共检查各类商品 53 974批次，查办以次充好、以假充真、标实不符、掺杂、掺假、伪造产地和厂名、厂址等制假售假案件 2 904 起，查没假冒伪劣商品标值 1 571 万元，捣毁制假售假窝点 141 处，破获制假团伙 6 个，涉案人员 101 名，向司法机关移送严重违法犯罪案件 5 起，吊销营业执照 7 家。打假联合行动有力地打击和震慑了制假售假违法犯罪分子，净化了市场，改善了全市的经济环境，取得了阶段性成果。

**【槐荫区、济阳县消灭无标准生产】** 继章丘市、平阴县、历城区消灭无标准生产之后，济阳县和槐荫区也跨入了"消灭无标准生产县"的行列。

为进一步加强本地经济，特别是工业企业的技术基础，提高产品档次和实物质量水平，适应加入 WTO 以后的市场形势，促进本地总体经济实力的增强，经槐荫、济阳两区县申请，山东省质量技术监督局将其列入 1999 年度全省 42 个"消灭无标准生产试点县(市、区)"。

两区、县政府分别成立了由分管区、县长任组长的领导小组，负责本地区的全面领导工作，技术监督局对本地企业的产品种类、执行标准情况和产品质量状况进行了摸底调查，并登记备案。槐荫区登记企业 182 家，标准覆盖率为 55%，济阳县登记企业 89 家，标准覆盖率为 75%。

针对本地区企业标准覆盖率低的实际问题，两区、县采取了以下工作措施。

首先，对无标准生产和使用已做废标准组织生产的企业限期整改，特别加强了强制性标准执行情况的监督。其次，为企业提供标准信息资料咨询服务。槐荫区技术监督局先后为企业进行标准咨询服务 600 余人次，提供标准 298 个，并帮助企业编写企业标准 59 件。济阳县为企业提供标准资料 150 份，为 42 家企业规范了产品标识，帮助企业编写企业标准 31 份。槐荫区的山东国贸集团、山东峨嵋集团、济南汽车低温起动装置厂、济南第二变压器厂通过了质量体系认证。第三、通过为企业培训标准化工作人员，建立健全实验室、化验室和检验室等，加强了企业的技术基础工作。

通过上述工作，使槐荫区和济阳县的工业企业的标准化工作法律意识和法制观念明显提高，标准化工作的硬件基础得到加强，标准覆盖率和产品实物质量都有长足进步，槐荫区登记企业的标准覆盖率由试点前的 55%提高到 97%。国家统检、抽查的产品质量全部合格。济阳县全县工业产品的标准覆盖率由试点前的 75%提高到 97%，其中县属企业重点产品标准覆盖率达到 100%。

山东省质量技术监督局于 10 月份组织了验收，槐荫区、济阳县工作达到国家质量技术监督局《全国消灭无标准生产试点县(市)验收办法》的要求。验收合格，于 11 月 29 日颁发"消灭无标准生产县(市)验收合格证书"。

**【锅、容、管、特划入技术监督部门】** 根据国务院机构改革"三定"方案，由劳动部门承担的锅炉、压力容器、压力管道和特种设备安全监察职能划转到质量技术监督部门；相应的监察机构和人员也整建制划到质量技术监督部门。

11 月 26 日，市编委印发《关于调整安全生产管理机构隶属关系的通知》(济编发[2000]62 号)，将市劳动和社会保障局内设的锅炉压力容器安全监察处及其人员编制移交市技术监督局管理；市锅炉压力容器检验所(县级事业单位、自收自支、编制 80 人)、市劳动安全卫生检测站(县级事业单位、自收自支、编制 20 人)，由市劳动和社会保障局划归市技术监督局管理。其中市劳动安全卫生检测站更名为市特种设备检测站。

隶属关系调整之后，上述机构在市技术监督局领导下，对济南市行政区域内的锅炉、压力容器(包括固定式、移动式和载人式压力容器)、压力管道(包括工业管道、公用管道和长输管道)、特种设备(目前主要指电梯、起重机械、厂内机动车辆、客运索道、游艺机和游乐设施、防爆电气设备)的生产、安装、使用、维修依法进行安全监察和检验、检测。

**【开通数码防伪查询系统】** 为保护企业产品不被假冒，巩固打假成果，做到打防结合，济南市技术监督局开发并开通了数码电话保真查询系统。

该系统综合运用了现代计算机技术、网络通讯技术、信息编码技术、高科技印刷技术及现代管理技术对商品进行防伪。其工作原理是，由计算机运用信息编码技术为每一件使用数码防伪的商品随机生成一组 18 位数码，存入中心数据库中，再将 18 位数码印刷成防伪标签，贴于商品包装上，一件产品一个唯一的防伪数码，只需拨打相关查询电话，即可查询。该系统已于 11 月 24 日正式开通。消费者购买的商品只要是加入该系统的，均可查询，查询方法是拨通 7965315 或 16841315 之后，听到语音提示，即可输入该件商品的 18 位数码，当查询的商品是真品时，系统语音将告知"您所查询的产品为××企业生产的××产品，是正宗产品，请您放心使用。"当查询的产品是假冒产品或数码输入有误时，语音将回答"您查询的号码不存在，您所购商品可能不是真品，请向 7957193 咨询举报"。当一组查询过的防伪数码被再次查询时，语音将回答"请输入商品密码"，说明该组号码已经失效。

## 三、质量技术监督机构简况

**【机构状况】** 到 2000 年底，济南市技术监督局内设办公室、法规处、质量监督处、标准管理处、计量管理处、稽查处、锅炉压力容器安全监察处(11 月 26 日由市劳动和社会保障局划入)等 7 个处室。8 月 7 日，经市总工会批准，成立济南市技术监督局工会，受市总工会领导。

当年，局机关编制人数 41 人，局领导职数，局长 1 人，副局长 5 人，纪检组长(副局级)1 人。

局属事业单位有济南市计量检定所、济南市衡器检定管理站、济南市产品质量监督检验所、济南市开发区技术监督站、济南市锅炉压力容器检验所、济南市特种设备检测站。并管理济南市纺织产品质量监督检验站等9个专业质检站。

济南市所辖的章丘市、长清县、平阴县、济阳县、商河县和历下区、市中区、槐荫区、天桥区、历城区均设有技术监督局。

到2000年底，全市技术监督系统人员共计690名，(不含新划入的锅容管特机构及人员，下同)。其中，市直202名，县(市、区)488名。高职15名，中职102名。

撰稿人 李新华

审稿人 卜银根

# 广州市质量技术监督工作

## 一、概　　述

2000年，广州市质量技术监督局认真贯彻落实全国质量工作会议的部署和《国务院关于进一步加强产品质量工作若干问题的决定》，切实加大工作力度，为提高我市产品质量总体水平、促进我市经济发展发挥了积极的作用。

2000年10月，广州市技术监督系统开始实施管理体制改革。11月10日，召开了广州市技术监督管理体制改革工作会议，部署我市技术监督系统管理体制改革工作，广州市技术监督局正式改名为广州市质量技术监督局。12月完成了劳动部门锅容管特安全监察职能划转我局的交接工作。

2000年，广州市质量技术监督局完成全市采用国际标准和国外先进标准109项，其中74项通过采标认可；完成企业产品标准备案1 949个，企业产品执行标准登记2 274个；办理代码证书申报、年检、换证共51 692份；检定、检修计量器具近21万台(件)，其中检定强检计量器具53 932台(件)；监督抽查产品、定期检验产品3 544批次；完成产品委托检验31 906份；检查各类专业市场、经销单位及个体店档1 948家；查处违法案件834宗，其中立案查处567宗，万元以上案件251宗；查获假冒伪劣商品标值3 244万元，收缴罚没款903万元。

花都区、番禺区、从化市、增城市、开发区技术监督局全年共完成企业产品标准备案624个，企业产品执行标准登记2 974个；办理代码证书申报、年检、换证32 818份；检定计量器具42 294台(件)；监督抽查产品、定期检验产品6 588批次；检查各类专业市场、经销单位及个体店档2 645家；查处违法案件662宗；查获假冒伪劣商品标值348.4万元，收缴罚没款195.9万元。

## 二、质量技术监督工作

### 1. 质量监督和管理工作

**【突出重点，加强产品质量监督】** 坚持对重点产品实行质量监督抽查制度，着力抓好后处理工作。对VCD视盘机、防盗门、天然石材、儿童玩具与用品、瓶装饮用水等114种产品进行了日常监督抽查，批次合格率为54%；对48种产品进行了定期监督检验，批次合格率为89.5%。对抽查不合格的产品，在限期整改、强制复检、跟踪抽查的基础上，坚持定期通报、定期办班、定期公告制度。对质量问题严重的产品，采取立案查处、公开曝光、建议有关部门吊销证照等措施，增强了监督的有效性。

**【开展专项整治工作】** 对小型轧钢企业生产状况及产品质量进行摸底和抽样检验，抽查产品73批次，批次合格率为78%。为下一步清理整顿小型轧钢厂打好基础。对服装产品标识进行专项执法检查，查处了大批标实不符和无中文标识的产品。针对声频功率放大器产品的区域性质量问题，制定了一整套整改方案。花都市局结合实际，强化了对VCD机、功放机行业的质量整顿，建立起该行业企业质量技术监督工作档案，实行有效监控。

**【组织召开全市质量工作会议】** 明确质量目标，部署我市下一阶段的产品质量工作。经市政府批准，制定并向全市发出了《关于贯彻实施国务院关于进一步加强产品质量工作若干问题的决定的通知》，动员全社会集中起来，加强产品质量工作。

**【开展企业“五查”活动】** 查产品质量意识，查质量水平，查质量体系，查现场管理，查售后服务。共向企业发放调查问卷300多份，跟踪走访企业30多家，详细掌握了企业的质量状况。

**【开展创建“购物放心一条街”活动】** 会同海珠区政府及有关职能部门在海珠区江南西路创建全国“购物放心一条街”，使其形成购物放心的消费环境。

**【开展“信得过产品”评审工作】** 审定122个产品为广州市2000～2001年度质量监督信得过产品，有效地推动了我市名优产品的发展。

### 2. 执法与打假工作

**【组织专项整治，开展声势浩大、扎实有效的联合打假行动】** 紧紧围绕“三重一大”的工作重点，加大执法力度。制定了《广州市深入开展“三重一大”“打假”工作的实施方案》，明确打假目标，突出打假重点，狠抓大案要案。对农资、建材、卷烟、汽配、通讯器材、化妆品等重点产品和兴发广场、新塘宏达市场等重点市场以及有关重点地区开展了大规模的打假。在国务院发出开展全国打假联合行动的通知后，连续出击，一个多月里共出动检查人员1 147人次，对我市白云、天河、荔湾区的有关单位和出租屋进行了彻底的检查，集中力量对同和镇五仙桥等地制造假烟的窝点进行了反复的清查和打击。去年11月28日在我市石井龙湖村首次查获大型制造假烟的设备2台，价值近30万元。通过对制假售假违法行为保持不间断打击的高压态势和对有关责任人进行严厉的处罚，有效地遏制了我市制假售假的势头。

**【组织市场专项检查】** 开展了农资产品、酒楼食肆计量器具、夏季饮料、瓶装石油气净含量、节前市场商品等一系列专项大检查，提高了商品的质量，规范了市场计量行为，保障了消费者的利益。

**【投诉举报处理工作】** 认真做好投诉举报的处理工作。2000年共受理投诉举报案件3 169宗，为企业和消费者挽回经济损失158万元。对投诉举报假冒名优产品的个案，采取特案特办的方法，予以快速查处，受到了企业和消费者的好评。

**【法制工作】** 加强立法。我局草拟的《广州市产品维修质量监督条例》经市长常务会议审议通过，已由市政府提请市人大审议。全面开展普法工作，加强法制宣传。通过各种形式重点向社会宣传新修订的《产品质量法》，包括举办电视宣传晚会，在报纸上举行有奖知识竞赛，在电视上做公益广告等形式，掀起一个学法的高潮。在“3·15”、“质量月”期间，举办大型质量咨询活动，提高全民质量意识和法制观念。通过新闻传媒大力宣传报道监督执法与打假工作，加大了舆论监督的力度。

3．标准化工作

**【消灭无标生产工作】** 进一步巩固消灭无标生产工作。开展消灭无标生产工作抽查活动，加强对生产企业执行标准的监督管理，对过期标准进行全面复审、修订，全年复审、修订396个产品标准；对市内18个商场所售商品的标识标注执行标准进行了抽查；通过电脑联网建立动态管理制度，不断提高了企业标准的覆盖率。

**【标准实施监督检查工作】** 重点对《车用无铅汽油》强制性国家标准的实施进行监督检查，抽查了销售汽油的油库和油站，确保了标准的顺利实施。抓好我市窗口单位的公共信息图形符号强制性国家标准实施的监督检查。对80个企业的513个产品进行了产品能耗检测。

**【农业标准化工作】** 组织完成了甜玉米高产技术规程的制定，并在生产上大面积示范。会同有关部门对我市发布的农业标准的实施情况进行了检查，结果表明，水稻、蔬菜标准的大面积应用已取得了显著的效益。每季度定期对我市批发和销售的蔬菜进行抽样检验，共抽查了14种蔬菜的240个样品，总合格率为80%，同时加强对生产环节中实施《无公害蔬菜安全生产技术规程》的监督，对我市蔬菜的质量实行了有效监控。

**【商品条码工作】** 做好对条码申办和复审企业的服务工作。全年共为219家企业办理了商品条码的申请，为350多个企业办理了条码的续展，为533个企业代办了4 305个条码胶片的制作，同时要求国家抽查中存在条码质量问题的48个企业进行整改。

**【配合做好环保工作】** 配合做好广州市治理机动车排气噪声污染协调小组的有关工作，对销售轻质柴油进行调研，对生产治理汽车尾气污染产品的企业进行标准实施监督检查。

4．计量工作

**【强制检定计量器具管理工作】** 对宾馆、酒楼、农贸市场使用的商用衡器、对用于机动车排气检测的烟度计和废气分析仪以及出租车计价器等强检工作计量器具进行了重点监督检查。采取宣贯、检定、登记备案、执法检查相结合的有力措施，实现了强检计量器具的有效管理。同时加强计量标准的管理，严格控制计量标准的建标，使我市计量标准的管理制度化、规范化。

**【法定计量单位宣贯工作】** 分阶段、有计划地对户外广告、价目牌、标语以及报纸、刊物使用法定计量单位的情况进行摸查和执法检查，共检查计量单位9 897个，出错率为5.9%。向社会全面宣贯法定计量单位，使我市各单位使用法定计量单位的意识有了普遍的提高，取得一定的成效。

**【定量包装商品计量管理工作】** 加强对全市定量包装商品生产企业的计量管理。对9大类定量包装商品净含量进行了监督抽查，共抽查了75家企业的135批次商品，抽查合格率为92%。广州局主持起草了国家计量技术规范——《定量包装商品净含量计量检验规则》，由国家质量技术监督局于2000年7月3日发布。

**【计量授权工作】** 加强我市计量授权工作的管理。对申请计量授权的单位进行严格考核，确定了我市26家企业为企业内部强检计量授权单位，有效期为三年，既方便了企业，又充分发挥了企业计量机构的力量。

**【推动企业计量管理工作】** 推动企业加强计量管理基础工作。开展企业计量水平合格确认，共66家企业通过确认。做好计量检定人员的培训、考核、复核工作。

5．锅容管特安全监察工作

锅容管特安全监察工作职能正式划转广州局后，迅速开展工作，对元旦、春节节前全市液化石油气钢瓶、游艺机和游乐设施进行专项检查，消除事故隐患，保障人民群众的生命财产安全。

## 三、质量技术监督机构简况

自锅容管特安全监察机构于2000年12月8日从市劳动和社会保障局划转广州局后，局机关设有办公室、政治处、综合计划处、政策法规处、标准化监督管理处、计量监督管理处、质量监督管理处、锅炉压力容器特种设备安全监察处，属下有7个技术机构：广州市产品质量监督检验所、广州市计量测试所、广州市纺织纤维检验所、广州市锅炉压力容器检验所、广州市劳动安全卫生检测站、广州市能源技术测试所、广州市标准计量情报所，另有行政执法机构：广州市质量技术监督稽查大队（原广州市技术监督检查所，于2000年12月7日改名）。

撰稿人　伍韵虹

审稿人　梁献民

# 成都市质量技术监督工作

## 一、概　　述

2000年是质量技术监督事业发展具有特殊意义的一年，也是全面落实全国质量工作会议和全国打假联合行动电视电话会议极其重要的一年。全市质监系统广大干部职工在局党组带领下，认真贯彻了市委、市政府和国家局、省局的各项方针政策，上下一心，奋斗拼搏，群策群力、忘我工作，质监事业在十分困难情况下不断发展，在努力适应新形势下全面推进，围绕成都经济和社会发展，充分履行综合管理和行政执法两大职能，取得了明显的经济和社会效益。全市有62个产品以其质量水平高、效益好、市场潜力大而列入四川省名牌产品规划，超过全省的1/3；全市重点考核的150种工业产品质量稳定提高率为99.25%，同比上升4.29%；全市工业产品质量等级品率为96.95%，同比上升6.81%。全市共有84户企业取得质量体系认证，15户企业取得产品认证证书，3户企业获得ISO 9000体系认证，3户企业获得GMP认证；市场商品抽查合格率为73.06%；提前8个月圆满完成四川省"九五"消灭无标生产年度实施计划和市政府一级工作目标任务；初步建立了农业标准化管理体系；完成了特种设备安全监督监察职能划转工作，强化锅炉、压力容器、电梯等特种设备的安全监察；全系统共办理结案行政处罚案件3 506件，罚没金额1 471.27万元，行政处罚案件结案率95%。在全系统认真开展了"三讲"教育，干部职工对市局领导班子的满意和基本满意率达100%。

## 二、质量技术监督工作

### 1. 质量管理工作

**【贯彻落实《质量振兴纲要》】** 于5月底完成了阶段目标的检查。全市产品质量总体水平有了较大幅度的提高，"五一五"创名牌产品目标规划得到了较好的落实，工程质量明显提高，服务质量有所改善。

**【实施名牌战略】** 成都市有62个产品以其质量水平高、效益好、市场潜力大而列入四川省名牌产品规划，超过了全省规划的三分之一，超额完成了市政府下达的目标任务。部分重点优势企业和科技成长型企业产品也列入了规划，为其发展壮大创造了良好条件。

**【质量管理和"贯标"工作】** 基本摸清了本市企业质量管理和产品质量现状，找到了进一步加强企业质量管理工作的着力点。全年新达标和通过复查的企业达到115家，其中民营企业占了较大比例，民营企业质量管理基础工作普遍薄弱的状况有所改善，23户获得了质量工作先进单位，部分企业获得省级先进单位称号。

**【质量培训】** 全市共有1 830名企业经营者经培训、统考，取得结业证书，超过市政府下达目标任务的83%。有7万多名职工参加了《产品质量法》知识竞赛，4 920名职工参加了"全面质量管理知识竞赛"，3 251名职工参加了全面质量管理基础知识培训并取得了统考合格证。

**【群众性质量管理活动】** 成都市获全国优秀QC小组20个，省优秀QC小组55个，市优秀QC小组105个，超额20个百分点完成了市政府目标任务。

**【用户工作】** 33个单位荣获市优质服务月先进单位，11个单位荣获全国优质服务月先进单位，评选出了26户市用户满意企业，37个市用户满意产品，24户市用户满意服务单位，50位市先进用户工作者，其中4个产品获全国用户满意产品，2个单位获全国用户满意服务单位。使成都市成为2000年全国开展优质服务月活动成效显著的城市之一。

**【完成各项质量考核指标】** 全市重点考核的150种工业产品质量稳定提高率为99.25%，同比上升4.29%，超市政府目标6.25%。全市工业产品质量等级品率为96.95%，同比上升6.81%，超市政府目标16.95%。

### 2. 质量认证工作

**【认证工作】** 共有84户企业取得质量体系认证，15户企业取得产品认证证书，3户企业获得ISO 14000体系认证，1户企业获得GMP认证；加强了对全市认证执法工作的协调、管理，查处认证违法案件123件，罚款150余万元；严格实行产品质量安全认证制度，依法查处销售不符合国家规定的电工产品的经销商。进一步规范认证咨询市场，实行统一管理。签定咨询合同22家。咨询企业初次审核一次通过率达100%。

### 3. 质量监督工作

**【强化了质量监督职能，提高质量监督工作的有效性】** 全市共监督抽查了14 832个生产、经销企业的25 432批次产(商)品，其中工业产品抽查合格率为91.41%，比1999年度提高了1.18个百分点；市场商品抽查合格率为73.06%，比1999年度降低了9.55个百分点。加大了后处理力度，坚持了公告通报制度、严格整改制度、实施行政处罚、强化教育培训与帮助服务等制度，并采取公告、整改、通报、行政处罚、帮助服务等手段，提高质量监督的有效性。

**【产(商)品质量、计量大检查】** 认真落实市政府打假为民办实事目标和全国打假联合行动电视电话会议精神。按照集中检查与日常监督相结合，专项打假与综合治理相结合，市场监管与企业自律相结合，打假治劣与扶优保名相结合，行政执法与社会舆论监督相结合的原则，认真组织开展打假治劣工作。(1)于元旦、春节期间、"3·15"国际消费者权益保护日期间、"六一"儿童节前夕、质量月期间、中秋节、国庆节、元旦、春节期间组织了8次大规模的打假行动，检查企业4 361家，产(商)品17 865批次，查获假冒伪劣产(商)品标值2 000多万元，立案查处667起，端掉制假售假窝点12个,较好地净化我市市场环境。(2)对重点区域、重点市场、重点产品进行集中整治。对全市各主要专业商品交易市场、城乡商品集散地、"五小"企业以及卷烟、低压电器等10类产品进行集中整治,查处了一批大要案。(3)实施"打假保名优"战略。确定了成都可口可乐饮料公司等13家生产企业及其主导产品为全市"打假保名优"重点企业及重点保护产品。加大了对假冒"娇子"、"五牛"卷烟和"蓝风"洗衣粉等名优产品行为的打击力度,端掉制售假冒"川路"塑管的窝点一个,查缴了假冒"三电"电线电缆一批。

**【专项治理】** 重点针对政府重视,群众普遍关心的产(商)品及有关行业,开展了专项治理。对牛奶质量进行定期专项检查,共抽查122批次,合格率为95.9%,比1999年度提高了8.77%,通过专项治理,5~11月连续7个月牛奶质量抽查合格率达100%;对月饼质量和茶楼茶叶进行专项监督检查,合格率分别为99.3%和56.1%;开展"查建材、保建设"专项检查,检查重点建设工程85个,在建商品住宅工地210个,建材生产和经销企业1 027家,查获国家淘汰产品632吨,查获伪劣建材标值134.4万元,立案查处质量违法案件59起;对机动车及零部件质量进行专项检查,抽查机动车45批次,合格率62.2%,汽车零部件145批次,合格率19.4%,汽车合成制动液21批次,合格率71.4%;为确保CNG改装汽车高标准、高质量、快速推广应用,对全市11家CNG汽车改装定点企业进行了检查,对存在问题的8家企业进行了限期整改;对微机、妇女儿童用品、眼镜、成品油等进行规范管理和专项检查。2000年9月,市局还与市贸促会联合承办了"2000成都国际家具工业展览会",参展企业140家,展位500个,签订了数亿元订单,受到国家局、省、市领导及广大家具生产、经销企业的好评。

**【实施"放心工程"】** 在总府路开展了创建"购物放心一条街"、博美装饰城创建"购物放心市场"活动,指导和帮助商家建章立制,完善经营质量保证体系,作出公开质量承诺,开展优质服务竞赛活动,在短短几个月时间内,使总府路"一条街"和博美装饰城分别达到了创建标准的要求,并已12月18日通过省质量技术监督局代表国家质量技术监督局组织进行的考核验收。

**【探索质量监督工作新思路】** 对城区技术机构进行大胆改革,撤销了五城区技术机构,实行城区质监分局和市质检所的整体捆绑式运作。通过整体运作,发挥了市质检所的技术设备优势,建立了高效、统一、规范、有序的质量监督检验体系,提高了工作效能,杜绝了重复抽查,减轻了企业负担,受到市委、市政府和商家企业的充分肯定和欢迎。

4. 标准化工作

**【采用国际标准和国外先进标准】** 全年共有36家企业54项产品通过了采用国际标准确认,受理采标标志使用企业备案8家产品10项,为提高我市产品知名度,发挥了标准化应有作用;初步掌握了1 159项采标产品的现时生产状况。

**【消灭无标生产】** 县以下工业企业产品标准覆盖率由"消无"前的76.4%提高到98.3%,促进了区(市)县工业产品质量的提高,提高了标准化为当地经济发展服务的能力,对促进区(市)县经济的发展起到了积极的作用。

**【农业标准化】** 积极争取市政府转发了《关于加强农业标准化工作的意见》,为今后全市农业标准化工作提供了政策指导性文件,确定了"提高意识、加强领导、明确任务、宜贯结合、协调配合、整体推进、立足市场、提高效益"的农业标准化工作方针,为解决本市当前存在的农村产业结构调整,增产不增收问题找到了一条有效手段和途径。

**【加大标准实施监督检查力度】** 重点抽查了112家国有企业的267种产品,2 600家乡镇企业、"三资"企业等其他经济类型企业的4 270种产品,产品标准覆盖率分别为99%和96%;配合优秀旅游城市复核迎检,对23个主要景点、景区、餐饮娱乐、车站执行GB 10001《公共信息标志用图形符号》国家标准情况进行了专项检查,共检查了159个公共信息图形标志,并按标准要求责令设置了新的标志87个;为了创造"成都市国人居环境与建设"和"2000·中国西部论坛"国际盛会的良好氛围,普遍开展对重要场所公共信息标志用图形符号的专项检查,对不符合标准规定的104个公共信息图形标志进行了规范。

**【两码工作成效显著】** 全市共赋码组织机构14 743家,其中新增19 345家,新增率为21%;变更及换证共16 857家,无错重码。全市组织机构代码年检率达76%,在全国居第三位;发展条码系统成员378家,办理续展263家,续展率为76%。新增采用条码标识商品4 093家,完成条码承印资格认可19家,续展25家。

5. 计量工作

**【市场计量监督】** 全年监控产(商)品10大类984种,监控抽查59 440批次,量值准确率为98%;检查计量器具27 831台(件),商品品种3 276种71 061批次,其中计量器具合格率为91.4%,商品量值准确率94.1%;对69个秋粮收购站点开展了专项计量监督检查,强检衡器、水份测试仪等共746台(件),合格率为97.18%;结合社会热点组织开展了"光明工程"活动和对"缩水相片"的查处,并于4月18日在中央电视台30分播出。

**【强制检定工作和计量执法工作】** 对各分局法定计量技术机构进行了交叉检查,及时纠正不规范行为;依法开展强制检定工作,检定计量器具469 337台(件),其中强制检定308 702台(件),保证了我市计量量值的统一;加强了计量执法工作,全年共查处计量违法案件474起,其中大要案167起,罚没款230万元;重点抓好水、电、气表的首次强检工作以及衡器、加油机、出租车计价器、公用电话计价器等周期强检工作,城区共检出租车计价器14 600台(次),电能表10万余只。

**【计量管理】** 完成21家生产企业、3家修理企业的计量器具许可证考核发证工作;审核发放123家单位9个项目的计量器具安(改)装资格证书;指导和帮促部分企业开展计量管理工作,节能降耗,提高企业的产品质量和经济效益;完成92家工业企业的计量体系等级确认工作;7家县级医院取得了二级计量体系证书,全市取得计量体系等级合格证书的已达40%。

6. 法制建设

**【立法与建章立制工作】** 1月21日,市政府发布了《成都市组织机构代码管理办法》;草拟了《成都市市场准入产品质量监督管理办法》(草案);按照修改后的《产品质量法》起草了《成都市产品质量监督条例》(征求意见稿);为适应新形势,对市局原有的行政执法规定和制度进行了一次全面清理,制定和修订完善了新的行政执法工作制度7个。

**【行政执法责任制】** 注重抓好行政执法体制的基础建设,进一步落实的行政执法责任制,明确具体的执法责任制目标和指标。在全系统推行了《行政执法责任书》,“执法承诺制”;对全系统行政执法人员进行了学习、整顿和换证考试,对其中取得成效的7个单位和124位成绩突出的先进个人进行表彰;经过审查,全系统重新任命行政执法人员726名,对43名新任行政执法工作人员实行资格培训,合格40名;对优秀案卷进行了表彰、讲评,进行了模拟听证的培训和研讨,组织了执法文书竞赛,加强“三五”普法教育工作,并受到市“三五”普法检查组的好评。今年全系统办理结案行政处罚案件3 506件,立案案件2 138件,罚没款金额1 471.27万元,行政处罚案件结案率达到95%。处理投诉案件277件,挽回经济损失115.20万元,投诉结案率98.6%。

7. 特种设备安全监督监察

**【职能划转顺利完成,确保全市特种设备安全监察监督工作的正常运转】** 在条件较为困难的情况下,稳定了局势,做到了秩序不乱、思想不散、工作不断。职能划转后,及时安排了全市在用锅炉、压力容器、电梯的普查统计,召开了《锅炉压力容器安全监察暂行条例》等特种设备监督条例的宣贯会,保证了工作的连续性、准确性。

**【打击了非法制造、销售“土锅炉”、“土容器”的违法违规行为】** 共检查各类企业2 000余家,纠正违章735起,排除运行中的事故隐患235起,捣毁非法制造“土锅炉”、“土容器”窝点4个,拆除违规使用“土锅炉”86台、“土容器”10台。

**【对制造锅炉、压力容器的单位和在用锅炉、压力容器的安全运行进行常规监督检查】** 检查全市锅炉、压力容器制造单位36个,产品监检率100%,检查在用锅炉1 825台、压力容器1 435台(只),及时排除事故隐患。对普遍存在的压力表未按规定时间进行校验的问题,提出了解决措施。全市在用锅炉1 492台,年检1 423台,年检率为95.3%,在用固定式压力容器8 981台,年检率达86%。检查各类气体充装站15家,溶解乙炔充装站7家,液化石油气充装站16家,CNG充装站11家,审查CNG汽车改装厂10家。

**【抓好在用电梯的安全监察、监督检验工作】** 全年未因管理不严,使用不当,违章操作而发生各类事故,年检电梯2 787台,办理更换电梯使用证1 825台。为确保西部论坛盛会的顺利召开,对会展中心使用的39台电梯进行了重点监控。

## 三、其他工作

1. 宣传教育工作

**【加强了全系统宣传工作的规范化管理】** 增强全系统的宣传意识,加大日常宣传力度。在成都晚报、成都电视台等省、市主要新闻媒体反映质量技术监督工作的稿件数达2 150篇(条),同比有大幅上升。与成都电视台“今晚8：00”节目部联合制作专题节目4期,中央电视台“焦点访谈”节目对我市开展燃油计量加油机整顿的情况进行了肯定性报道。

**【质量月、“3·15”宣传活动有声有色】** 围绕“规范市场、引导消费”这一主题,开展了形式多样、内容丰富的“3·15”保护消费者权益活动,收到较好的成效。在《产品质量法》正式实施的第一个质量月,精心筹备,认真组织,开展了以“质量——新世纪的呼唤”为主题,以宣传贯彻新修订的《产品质量法》为重点的质量月系列宣传活动。对联合打假行动进行了跟踪采访报道,省市新闻媒体刊发相关情况的报道达180篇,如查处掺杂使假的“黑心棉”,中央电视台“焦点访谈”节目、人民日报也前来采访进行了报道,宣传报道声势大,效果好,形成了大家关注打假、支持打假的舆论氛围,促进了打假工作的顺利开展。

**【教育培训工作取得新进展】** 共举办各种培训班100余期,培训人次2 000余人次。集中精力抓了新《产品质量法》的宣贯,组织近千人参加了知识讲座和座谈会,编印了上万册宣贯资料。

2. 党风廉政建设、队伍建设和干部人事制度改革

**【党风廉政建设责任制取得了明显效果】** 被市委、市政府评为全市纪检监察先进集体,陶武先书记亲自为我局授牌;并作为工交系统先进典型在全市工交系统作经验交流发言。以“三讲”教育为动力,推动干部廉洁自律工作深入开展,局级干部和处级干部自查自纠率达100%;根据系统垂直管理的工作特点,经过认真考察,各分局全部配备了纪检组长,从组织上确保了全系统党风廉政和反腐败工作的顺利开展;制定加强党风廉政建设的系列配套文件,逐一明确负责领导、牵头部门和承办单位,切实做到了有部署、有措施、有制度、有检查,做到了一级抓一级,层层抓落实;以行风建设为重点,坚持行风建设与行政执法建设相结合,推行“廉政监督卡”制度,规范了执法人员的行政执法行为;坚持了“走出去,请进来”的工作方法和案件回访制度,回访率达12%。聘请10名行风监督员,对本局执法工作进行了有效监督;认真开展了警示教育活动,并取得明显成效。对“收支两条线”管理情况进行严格监督检查,有效防止违法违纪行为的发生。

**【加大了干部人事制度改革力度】** 队伍建设和干部人事工作以局党组年初提出的“抓巩固、一盘棋”思路为依据,着眼于质监事业未来发展,加大了干部人事制度改革和干部交流调整力度。严格按照《国家党政机关干部管理规定》、《党政干部选拔任用工作条例》和全市组工会议精神,积极推行了竞争上岗、公示制、试用制等一系列干部人事制度。今年对各分局班子进行了认真考核,干部进行了认真考察,在认真考核考察的基础上调整充实一批年青有为,政治品质优秀,事业心强的中青年干部,调整交流领导干部45名,并全部进行了公示。对试用期满的14名机关处级干部和部分所、队、站干部进行了述职、考核测评和公示。认真做好了老干部工作及工会工作,帮助老干部们解决了实际困难。在局里经费十分紧张的情况下,拨出专款组织老同志到外地,

对部分老同志生病医疗费用，局党组每次都专题研究，给予了充分保障。

3."三讲"教育活动

按照市委的部署，成都局从2月29日开始历时69天，在全系统开展了领导班子和领导干部"三讲"教育，顺利完成了各阶段的任务，达到了预期目的，个人思想上有较大收获，班子整体合力进一步增强。在"三讲"中，我们通过各种形式收集到群众对领导班子的建议和意见30条，对市局领导干部的意见和建议40条。针对群众意见，局党组进行了认真剖析，从党性党风方面查了8个方面的问题，确定了三个层面的整改思路，制定了精简会议、强化调查研究、加强干部队伍建设、做好干部人事制度改革、强化基础建设、加强执法体系建设、为职工办实事、加强思想政治工作等8个方面的整改意见。市委"三讲"教育简报和成都晚报等新闻媒体都分别刊载了我局的整改成效。由于精心组织，查摆透彻，整改得力，广大群众对市局领导班子领导干部"三讲"教育比较满意，干部职工对市局领导班子自我剖析的满意和基本满意率达100%，对市局领导干部自我剖析的满意和基本满意都在93%以上，平均满意率达98.37%，对整个"三讲"教育情况的综合满意率达98.6%。"三讲"教育在质监系统取得初步成效。

# 西安市质量技术监督工作

## 一、概　述

2000年,西安市各级技术监督部门紧紧抓住西部大开发、我国即将加入世贸组织和质量技术监督管理体制改革的历史性机遇,深入开展"三讲"教育、邓小平理论和"三个代表"的学习,认真贯彻执行党的十五大、十五届四中、五中全会精神和全国质量工作会议的部署,继续坚持以"质量为中心,标准化、计量为基础"的工作方针,在着重提高质量总体水平,狠抓执法打假、强化技术基础,改革管理体制,加强自身建设方面加大工作力度,成效突出。继续坚持精神文明和物质文明"两手抓,两手都要硬"的方针,团结一致、大胆开拓、锐意进取,真抓实干,圆满完成了全年工作任务,取得两个文明建设的双丰收。2000年市局被评为市级文明机关,目标管理连续7年获得一等奖,在省市纠风办和纪检监察部门组织的行风评议中,我市质量技术监督部门获群众满意率达93%,比1999年上升了7个百分点。打假治劣、消灭无标生产、宣传教育、代码条码和标准图书资料发行等项业务工作受到国家和省质量技术监督局的肯定和表扬。质量技术监督工作的加强和发展,为促进西安市产品质量、工程质量和服务质量的提高,为实现西安发展新跨越作出了应有的贡献。

## 二、质量技术监督工作

### 1. 质量管理工作

**【全面推行ISO 9000质量管理和质量保证体系】** 在西安市各个领域和各种性质的企业中继续开展了宣贯、咨询、服务和质量体系认证工作。一年来,在市局的指导与帮助下,西安帆布厂、西安化工厂、西安黑牛机械公司等32家企业建立健全了质量管理和质量保证体系。据不完全统计,到2000年底,西安地区通过ISO 9000认证的企业(组织)已达350家左右。认证工作的全面开展,进一步提高了企业的管理水平和产品质量,增强了企业竞争力。

**【实施名牌战略】** 鼓励和支持企业争创名牌产品和质量先进产品,圆满完成了1997年度西安名牌产品企业质量体系复审和列入2000年度12家名牌产品的质量体系审查。此外,市局评出2000年度西安市质量先进产品55种。为了提升质量工作的层次,鼓励和表彰多年来在质量管理工作中取得突出成绩的集体和个人,市局在2000年恢复了中断多年的质量管理先进企业和先进工作者的评定,并以市政府的名义对31个先进企业和45名先进工作者,在全市质量月动员大会上进行了命名、表彰。名牌产品、质量先进产品和质量管理先进企业、先进工作者的评选表彰,极大地促进了我市的质量管理工作向纵深发展。第三,加强了对生产许可证和我市实施准产证产品的管理和监督。按照国家局、省局的统一安排,分别向省局上报了电线电缆、低压电器、电焊条、水泥、白酒、电视接收机等8种生产许可证产品生产企业的名单。对西安市的稠酒生产正式实施准产证管理,在加强管理的基础上,今年新发准产证58个,到期换证40个,年审61家。为探索准产证管理的科学化、规范化,完成了准产证数据库的建设。

### 2. 质量监督工作

**【产品质量的监督检查】** 在生产领域内加强对产品质量的监督检查,有效监控重点产品质量。定期检查企业1 200家、检验产品1 650批次,合格1 522批次,合格率为92.24%,比去年同期增长了6.9个百分点,较大幅度提高了本市产品质量的合格率。对无铅汽油、电线、螺纹钢筋、食用油和种子等6类商品实行了市场准入制度,审查和检验不合格的商品一律不得进入市场。重点开展了对食用植物油、小麦粉、化肥、农药、冷饮、酱油、食醋、稠酒等产品的专项监督检查,并通过新闻媒体向全社会通报和公告检查结果,全年共发布质量状况通报和公告4次,表扬企业及产品150家,批评曝光21家,促进了质量监督有效性的提高,并正确引导了消费。

**【治理整顿规范市场行为】** 开展了对低压电器、微机、眼镜、家用电器、汽车及农机配件和建筑材料等六类商品专业市场的治理整顿和"购物放心一条街"活动。市各分局在专业市场设立了质量监督站,向市场引入了自我管理、自我监督机制收到了较好效果。南大街创建"购物放心一条街"活动开展得声势大、工作扎实、效果显著,已顺利通过审查验收,被国家局命名为全国首批"购物放心一条街"。经营商品质量信得过活动又取得了新的进展,今年又有"西安世纪金花股份有限公司"和"陕西富豪大厦有限公司"两家商企被市政府授予"西安市经营商品质量信得过"荣誉称号,截止今年共有26家商业企业获此殊荣,从而有力地促进了西安市商业企业管理质量的全面提高。

**【加强规范管理,严格进行行业整顿】** 为保证人民群众,特别是儿童安全,加强了对全市大型游乐设施的安全检查,并实行了"游艺机营运质量合格证"、"安全操作上岗证"制度,且对操作人员进行了培训和考核发证。今年共发证25个,培训上岗人员90多名。在日常检查的同时,"六一"儿童节及国庆节前后又进行了专项检查,对存在不安全隐患和没有取得"两证"的游乐设施责令停止运营。针对家俱质量争议增多和高档服装投诉不断的问题,为规范家俱和高档服装的生产和销售,提高家俱和服装行业质量水平,在调研的基础上,实行了"家俱三包卡"和"服装三包卡"制度,制定了"三包"规定,印制了"三包卡",并已开始实施。

### 3. 执法打假工作

以重点产品、重点市场、重点区域为主,深入开展打假工作,围绕元旦、春节市场,开展了"查市场,保双节"活动,对节日商品进行了严格的监督检查,继续开展了"查农资、保春耕”活动，且对低压电器、微机、汽车配件、手机、化妆品等实施重点执法检查。继续坚持“查大案、端窝点、整市场”的打假工作方针，加大了大案要案的查处力度。市局执法人员查处的以旧充新的微机显示器案、雁塔分局查处的货值50多万元的假冒名酒案、未央分局查处的土炼油案等，都产生较大的社会影响和震慑力量。并且加强了案件的审理和复议工作，从而取得打假治劣的丰硕成果。据不完全统计，全年全市质量技术监督部门共出动执法打假3万多人次，查处违法大案要案100多起，查处假冒伪劣商品货值1.6亿多元，接待群众来访来电咨询投诉6 500件次。

联合打假行动迅速，成效显著。自2000年10月26日国务院发出了《严厉打击制售假冒伪劣商品联合行动的通知》后，市政府对此十分重视，成立了以主管领导为组长的市打假工作领导小组，制发了打假联合行动实施方案，组成了由我局牵头，公安、工商、卫生、烟草、医药、农业等部门参加的打假办公室。在市政府的直接领导下，按照实施方案的要求，市局着力组织实施，具体安排，在短短的一个多月时间里，组织了全市性的联合打假行动4次，十几支质量技术监督执法队伍持续不断地“查大案、端窝点、整市场”，出动执法人员10 650人次，查处各类质量违法案件1 421起，其中大案要案74起，共查获假冒伪劣商品货值近7 000万元，端掉制假售假窝点42个。在联合打假中，一举取缔了长安县纪阳乡38家无证生产的小轧钢厂，现场断电并拆除炼钢炉26座，拆除冷热轧机38组，封存钢材1 000吨，案值达6 000万元，受到了国家局和省政府的赞扬。

4. 标准化工作

**【消灭无标生产工作】** 在7个区县完成任务并通过验收的基础上，2000年西安市剩余的6个区县经过认真工作，积极准备，也全部通过了国家和省级消灭无标生产验收，使西安市步入全国消灭无标生产市行列，为提高本市经济增长的质量和效益创造了条件。为配合开展消灭无标生产工作，大力开展了企业标准注册登记工作，给777户企业913个产品发放了标准登记证。

**【采用国际标准和国外先进标准】** 作为提高本市产品在用标准水平同国际接轨的一项重要措施抓紧抓好。在全市开展的消灭无标生产工作中，提高采标率是考核的硬指标，验收结果，全市主要工业产品采标率已达30%以上。此外，企业标准审查备案完成210项，完成食品标签审查150项。组织机构代码证书的办理和年检更加规范，2000年代码办证、换证12 000多户，年检8 200多个，处罚超期办证单位2 500户。按照国家局要求，采用国家代码局域网管理系统，建立了代码电子档案，目前已开始运行，为实现代码工作的现代化管理打下了基础。为了把编码管理中心建成市局对外联系的文明窗口，筹集资金20多万元，全面装修了办证大厅，改善了硬件设施，提高了代码和条码工作的效率及服务质量。2000年物品条码工作又有了新的进展，发展物品编码新成员210家，续展150家，超额完成了中国物品编码中心下达的任务。

5. 计量工作

继续开展法制计量工作，保证了量传准确，维护了市场计量秩序。对全市水表、电能表、眼镜市场进行了计量执法检查，抽检水表28批次，电能表52批次，进一步加强了重点计量器具的管理。检查了182家眼镜店的419台计量器具，并在东大街、小寨、解放路等地区设立了眼镜检测分站，促进了眼镜质量的提高，保护了广大消费者的身体健康。

按照检查周期，对1997年确定的30家医疗卫生单位“计量合格确认”工作进行复查，并根据市医疗制度改革的实际情况，将复查范围扩大到市医疗定点单位近60家，增加了工作量，扩大了检查范围，保护了广大患者的利益。为了加强进口计量器具的依法管理，历时2个多月，对经销进口计量器具的60多个企业进行了检查，结果表明90%以上的单位能按照有关计量法律要求进行经营。

配合西安市出租车部分调价，对出租车计价器进行了集中维修检定。市面上检查路运出租汽车2 731辆，里程计价器合格率96%，促进了出租汽车行业服务质量的提高。配合税务部门进行了加油机税控装置改装和检定工作，全年共改装检定税控加油机1 500多台，此项工作受到国家税务总局及陕西省质量技术监督局的表扬。

6. 体制改革工作

技术监督体制改革工作是本局2000年主要工作之一。对此高度重视并做了积极充分的准备，成立了工作机构，制定上实施方案并获得市委、市政府的批准通过。对区县技术监督局人、财、物情况做了大量的调查研究，与人事、编办、财政、国资等部门多次研究，反复协商确定划转接收的实施细则，并组成两个划转接受小组，分赴各区县进行工作，在各区县政府的配合下，完成了全市13个区县局的划转接受工作，并于6月29日举行了“全市质量技术监督系统管理体制改革授牌仪式”，西安市质量技术监督管理新体制从7月1日起正式运行。

为了加强领导，理顺关系，建立统一、协调、高效的全市质量技术监督系统，局党组即时提出了“理顺五个关系，建立三个系统”的工作思路。一是理顺干部管理关系，加强班子和队伍建设，强化全系统干部职工的政治思想工作和行风廉政建设力度，建立了市局党委，并设立各分局、县局党组，为发展质量技术监督事业提供组织保证。二是为理顺财务、资产管理关系，形成严格管理，增收节支的激励机制，制定全系统财务资金管理和国有资产管理办法，为发展质量技术监督事业提供充足的物质保障，三是转变观念，调整职能，理顺综合管理及业务领导关系，建立以市局行政机关为核心，各分局、县局行政权构为主线的协调高效的行政管理系统。四是规范管理，加强监督，注重协调，形成合力，理顺行政执法工作关系，建立以市局稽查大队为龙头，各分局、县局执法队协同的统一有力的全市质量技术监督执法系统。五是理顺技术机构关系，建立以市技术机构为中心，委托授权的所、站和县级技术机构为依托的科学、公正的技术保障系统。

7. 区、县技术监督工作

2000年，各分局、县局围绕体制改革这一个中心工作，认真清理财产资金，积极稳定人员思想，主动配合市局顺利完成划转接收工作，取得了改革和正常工作双丰收。特别是新体制的正式运行，极大地激发了广大职工的工作热情，各分局、县局均组织了“新体制下如何做好技术监督工作”、

“西部大开发，我们怎么办”等专题讨论，进一步统一大家思想，转变工作作风，理顺各种关系，修订完善各种规章制度，积极认真履行综合管理和行政执法职能，加强队伍建设和宣传教育，狠抓执法打假、质量管理、质量监督、标准化、计量等工作，各项工作形势喜人，成绩显著。全年各分局、县局共出动执法人员2.8万人次，查获假冒伪劣产品货值1.5亿元，检定各类计量器具4.9万台件，县级以上新闻媒体宣传报道230篇次，罚没款和事业性收入较上年有所增长，为提高当地经济增长的质量和效益以及促进质量技术监督事业的发展做出了贡献。

2000年，全体职工在局党委的正确领导下，解放思想，开拓进取，努力工作，在技术监督的改革和发展中，在质量管理、质量监督和执法打假、标准、计量、法规宣传、行风建设、创佳评差、思想政治等各项工作中，均取得了显著成绩。在新的一年里市局将以新的姿态，发扬成绩，再接再厉，为西安市经济建设和社会发展做出更大贡献。

## 三、质量技术监督机构简况

西安市质量技术监督局为市政府一级局，截止2000年底，局机关编制58人，处室设置9个：办公室、政工处、质量监督处、质量管理处、计量管理处、标准化管理处、科技教育处、综合处、执法检查处。下辖8个分局、5个县局：新城分局、莲湖分局、碑林分局、未央分局、雁塔分局、灞桥分局、阎良分局、临潼分局、长安县质量技术监督局、户县质量技术监督局、周至县质量技术监督局、蓝田县质量技术监督局、高陵县质量技术监督局。直属四个技术机构：西安市计量测试研究所、西安市产品质量监督检验所、西安纤维纺织品监督检验所、西安市市场计量商品质量检查所。并在西安地区设立了17个质量监督检验站，29个计量授权站，拥有一批较为先进的检验检测设备，已基本形成了较完整的质量监督检验和计量检测网络。

撰稿人　崔安利　周院旗
审稿人　吕锦城

# 大连市质量技术监督工作

## 一、概　述

2000年，大连市技术监督系统认真贯彻落实《国务院关于加强产品质量工作若干问题的决定》和全国质量工作会议精神。紧密围绕经济发展和现代化国际城市建设，突出质量工作中心地位，加大监督执法力度，强化标准化、计量基础作用，扎实有效开展各项工作。

**【李传卿视察大连质量技术监督工作】** 2000年12月9至10日，全国打假工作协调小组组长、国家质量技术监督局局长李传卿视察了大连质量技术监督工作。在听取大连市打假工作汇报后，他认为大连打假联合行动"开局很好，势头不错，取得阶段性成果"。李传卿局长还在大连市有关领导的陪同下，视察了大连南关岭国家粮食储备库和北良码头，参加了大连市产品质量监督检验所20周年所庆活动。

**【法规宣教】** 大连市技术监督局组织全系统干部和行政执法人员学习研讨新的《产品质量法》，对区市县局局长、科(队)长以及行政执法人员进行轮训，对大、中型工业企业、商业企业主管质量工作的领导、质量管理人员及街道质量专干共170余人次进行培训。开展"3.15"消费者权益日活动和"质量月"普法宣传活动，制作宣传板44块，发放各种宣传材料2.8万份，播发专题新闻11篇，现场接待投诉举报75人次，咨询服务5 000多人次，对6大类163种假冒伪劣产品进行公开曝光。

**【行政执法责任制检查】** 按照《2000年度大连市实行行政执法责任制检查考核标准》，对7个区市县局进行检查。重点抽查监督检查制度执行情况，罚没财物处理情况，发布具有普遍约束力的规范性文件和通告(通知)备案情况和实行公示制情况。抽查行政执法卷宗110份，案件审理委员会会议记录7份，罚没财物处理登记7份以及行政执法责任制文本、公示图板等。召开行政管理相对人座谈会7次，对110人进行行政执法责任制考试。从检查的情况看，行政执法责任制在本市质量技术监督系统得到较好落实。根据辽宁省质量技术监督局整顿清理行政执法人员队伍的要求，对全市256名执法人员进行整顿清理，精简并收回执法证件29人，转岗、离岗培训20人。

## 二、质量技术监督工作

### 1. 质量监督与打假工作

依据《产品质量法》及有关法律法规，围绕影响人民群众人身健康、财产安全和国民经济发展的重点产品开展质量监督工作，围绕重点产品、重点市场、重点区域和大案要案开展监督执法与打假工作。对2053个企业、3079批次的产品进行产品质量定期监督检验，批次合格率为85.6%；对铝塑门窗、建筑用钢筋、煤炭、一次性输液(注射)器、纯净水、啤酒瓶等6大类产品进行质量监督抽查，共抽查生产企业111家，抽查产品198批次，合格率分别为：铝塑门窗58.8%，建筑用钢筋24.5%，煤炭58.3%，一次性输液(注射)器70.8%，纯净水81.3%，啤酒瓶64%。国家产品质量监督抽查共抽查本市54家企业，20类、63个批次的产品，平均合格率为90.5%，比全国平均水平高出11个百分点。

**【安全质量检查】** 2000年，大连市技术监督局对大连市烟花爆竹生产企业和游乐设施的安全质量进行检查。检查烟花爆竹生产企业28家，抽样检验样品19种，除多数样品的"单个产品最大装药量"超标外，其它各项指标均符合标准要求，但除一家生产企业具备质量检验机构和检验设备手段外，其余企业均不具备检验机构和手段；共检查城乡23个游乐园(场)正在运营中的32种439台(套)游艺机和游乐设施，瓦房店东山公园的木马；金州动物园的飞椅、木马因质量不符合要求，存在安全隐患被停止营业。从检查情况看，多数游乐园(场)普遍比较重视游乐设施的安全运营，能够较好地落实安全管理制度和措施，安全保障系数和设备完好率比以往有较大提高。

**【专项产品抽查】** 为配合大连市节水和环境治理等重点工作，大连市技术监督局对卫生洁具、煤炭和洗涤用品进行专项抽查。卫生洁具，对市场经销的坐便器、水龙头、阀门、淋浴器产品进行专项抽查，其中2种坐便器因一次排水量超标被责令停止销售；煤炭专项抽查，确定了含硫量不高于0.6%、灰分不高于20%的指标，抽查16个单位27个样品，合格率74.1%；洗涤用品，抽查洗衣粉、洗涤剂319批次，其中35批次的洗涤用品因含磷超过1.1%被没收，并禁止销售。经过连续2年的专项检查和整顿治理，目前大连市市场销售的洗涤用品95%以上都已达到环保标准要求。

**【工业企业"五查"】** 根据国家质量技术监督局的布署，大连市技术监督局选择大连市121家各种类型的工业企业进行以质量意识、质量水平、质量体系、现场管理和售后服务为主要内容的"五查"工作。检查发现，大连市工业企业质量意识明显增强，企业主要领导亲自参与质量决策和管理的有120家；质量水平稳步提高，企业生产执行国际先进标准、国际一般标准、国家标准的比例依次为8.3%、15.7%和66%，没有无标生产现象；质量体系日趋健全，大型企业多数通过GB/T 19000和ISO 9000认证，中小型企业的认证意识也普遍提高；现场管理较为规范，生产设备完好率90%以上的企业占79.3%，建立原材料入厂检验制度的企业达100%，执行较好的占83.5%；售后服务尚需加强，12.4%的企业没有提供产品使用说明，19.8%的企业对维修人员没有进行定期培训。

**【打假联合行动】** 2000年11月1日，大连市召开打假联合行动动员大会，并确定把建筑用钢材及其他建筑装修材料、电子电器、汽车配件、一次性输液(输血、注射)器、化妆洗涤用品、烟酒、食品等7类商品作为打假联合行动的重点产品，瓦房店地区的轴承、水泥、水泵市场和双兴商品城作为重点治理整顿的市场。截至2000年12月31日，大连市工商、技术监督、卫生、医药、烟草、酒类专卖、公安等部门共出动执法人员16 333人次，查获假冒伪劣商品货值金额1 230万元，销毁假冒伪劣商品货值金额19万元；捣毁制假售假窝点120个，其中制假窝点53个；立案查办制假售假案件1 204起，结案637起，其中大案要案25起，已结案12起，移交司法机关4起；罚没款总额188万元。

**【假冒瓦轴轴承案查处】** 大连市技术监督局与瓦轴集团前往河北省定州市查处东方轴承器材供应站制售假轴承并向军工企业提供伪劣产品的案件，现场发现假冒成品轴承价值达50余万元，仅假冒瓦轴的产品就有12个规格，477套(不包括未组装的散件)，价值11万多元，还查出大量假冒瓦轴集团产品注册商标(ZWZ)的半成品包装物、合格证等。此案得到国家质量技术监督局的高度重视，国务院副总理吴邦国亲自批示要予以严肃处理。

**【建立外资企业举报投诉联络制度】** 2000年11月16日，大连市技术监督局召开日清制油、辉瑞制药、博格曼、可口可乐、华润啤酒等12家外资企业参加的座谈会。会上，大连市外资企业举报投诉联络制度正式建立。各外资企业均指派专人担任联络员，与政府有关部门定期沟通。大连市技术监督局承诺，把外资企业举报投诉的制假售假案件作为查处重点，把假冒外资企业产品的违法行为作为打击重点，坚决维护外商和投资者合法权益，设立投诉热线电话，专人负责，对外资企业举报投诉的制假售假案件进行认真调查，只要属实，就要做到发现一件，查处一件。这些措施得到外商的一致好评。

**【重点产品执法检查】** 2000年，大连市组织对假冒伪劣问题较为严重的酒水、食品、建筑材料、电子电器、汽车配件、轻工纺织品、化妆洗涤用品、粮油制品、塑料制品、服装、儿童食品、消防产品等12类重点产品进行专项市场监督抽查，共抽查1 109批次，合格率为41%，其中，纺织品纤维含量、电器产品、节能灯、皮鞋、玩具的合格率都低于30%，问题较为严重。对此，均依法予以严厉处罚。

**【农资产品执法检查】** 2000年，大连市在农资产品执法检查中，出动执法人员3 354人次，查处假冒伪劣产品总值347.7万元，检查生产企业229家，商业企业638家，检查整顿专业市场24个，抽样检验产品456批次，批次合格率为86.4%，立案查处行政案件71件，端掉制售假冒伪劣商品窝点2个，处理投诉53起，挽回经济损失82.6万元。

**【质检所实验室改造顺利完成】** 2000年9月，在国家质量技术监督局和大连市政府的关心支持下，大连市产品质量监督检验所新建的实验室大楼正式投入使用。质检所自筹资金200多万元对技术设备进行更新改造，购置50台(套)具有国际先进水平的仪器设备，引进3名高级技术人才，新开发120个检验项目，产品质量检验能力大幅度提高，先后承担了“引英入连”工程油漆质量和大连电视台竣工验收等重点工程的质量检验工作。

2. 标准化工作

2000年，大连市开展《消费品使用说明》系列标准、《食用标签通用标准》、《安全标志》、《啤酒瓶》等国家标准贯彻实施情况的监督检查，检查生产企业395家，经销企业617家，其中211家企业因不符合标准要求被处以罚款，275家企业被责令限期整改，74万多只非“B”瓶被销毁。市技术监督局还举办《家用空调器安装规范》国家标准的宣贯培训班，培训家用空调器安装专业技术人员210人，并经考核发放了相关资格证书。

**【标准备案】** 完成企业标准备案1 602项，受理1 034个企业、2 678种产品执行标准注册登记。截止年底，大连市产品执行标准注册登记已达4 482个企业、11 625种产品。其中，产品执行国家标准的3 707种，执行行业标准的3 290种，执行地方标准的20种，执行企业标准的4 608种。审核完成食品标签备案2 052项，饲料标签备案633项。

**【农业标准化】** 根据大连市政府加快发展县域经济的决定，大连市技术监督局大力推进农业标准化工作。与有关部门合作，调整部分土地用于发展名、优、特蔬菜，扩大优势品种，推广无公害无污染农产品种植面积。新发展绿色食品11个品种，已拥有绿色食品标志产品21个，占辽宁省的29.6%。国家质量技术监督局、农业部已确定由本市负责制定果树花粉质量标准、雏鸡检疫技术规程、大樱桃苗本繁育标准。

**【信息技术标准化】** 2000年，大连市办理组织机构代码证书11 197户，审核换发组织机构代码证书4 102户；发展商品条码系统成员186户，复审180户。本市累计发展商品条码系统成员934户。与14家出版社建立信息标准资料直供关系，新増各类标准文本1 546种，馆藏标准资料已达35 422种。年内，为450个企业、2 300多人次提供标准文本资料4 495册。

**【汽车液化石油气转换装置选型】** 大连市为推广节能、环保型液化石油气(LPG)汽车应用，由市技术监督局会同计委、交通、环保、公用、劳动等部门对10余家生产、安装汽车LPG转换装置的企业进行产品审核、评鉴，并确定意大利罗瓦托公司、大连绿源公司、韩国昌源净化器公司、大连北方顺达工贸公司、辽宁森驰汽车节能转换装置制造厂5家企业的产品为大连市首批选用的汽车LPG转换装置。

3. 计量工作

2000年，大连市技术监督局依法开展以商品量为重点的计量监督。对生产领域粮食、食品、建材、化工、饮品等31家企业、84个品种的定量包装产品进行计量监督抽查，平均合格率为89.3%；对流通领域150多家商店、超市、摊点4 500批次的定量包装产品进行计量监督抽查，平均合格率为71%；对计量器具制造、修理企业进行清理整顿，70家制造企业和4家修理企业通过了审核，28家企业因不具备生产条件和未按期申请复查被吊销制造计量器具许可证。

**【计量器具监督管理】** 2000年，大连市技术监督局根据国家关于“住宅建设中使用的电能表、水表、燃气表、热量表安装使用前进行首次强制检定”的要求，对本市住宅建设安装的3.5万余块电能表、水表、燃气表实行首次强制检定；抓好计量器具产品质量和强检工作计量器具的管理，对33家企业生产的658批次的压力表、水表、煤气表进行抽检，合格率为88%。

**【企业计量】** 依法对企业建立的最高计量标准进行复查和考核,完成32家企业、221项最高计量标准的复核,对未通过复核的4家企业责令限期整改;坚持分类指导原则,帮助企业建立健全计量保证体系,11家大中型企业通过了国家级体系审核,3家小型企业通过了计量合格确认;根据改善招商引资软环境的需要,在大连经济技术开发区建立计量测试分支机构,为外资企业提供计量测试服务,检测各类计量器具1万多台件;会同市国税局推行加油机税控装置,完成对397个加油站753台加油机税控装置的安装。

**【计量所技改后检测能力大幅提高】** 2000年,大连市计量检定测试所技改项目被列入大连市国民经济计划,市政府拨专款200万元,高标准、高起点更新了各专业实验室的仪器设备。完成技改项目后的计量所,检测能力大幅度提高。年内,完成计量器具检定5.7万台件,强检计量器具检测2.3万台件,出租车计价器及营运汽车里程表检测3.6万台次,医用CT机检测30台,眼镜验光设备90套,并为50多家ISO 9000认证企业提供计量测试咨询服务,代培技术人员。

## 三、质量技术监督机构简况

大连市技术监督局是统一管理和组织协调全市计量、标准化质量监督及打假工作的职能部门,负责《中华人民共和国产品质量法》、《中华人民共和国计量法》和《中华人民共和国标准化法》的组织实施及行政执法工作,是大连市人民政府组成部门。大连市人民政府打假治劣领导小组办公室也设在大连市技术监督局。

市局编制55人。现有局长1人,副局长2人。

市局内设7个职能处室:办公室、人事监察处、法规宣教处、计量监督处、标准监督处、质量监督处、市场监督处(打假办公室)。

市局所属事业单位:大连市计量检定测试所,大连市产品质量监督检验所,大连市技术监督稽查队,均为处级建制。

撰稿人 刘 哲
审稿人 麦德仲

# 宁波市质量技术监督工作

## 一、概　　述

2000年，宁波市质量技术监督系统通过全面实施“世纪工程”，增强了为宁波经济和社会发展服务的意识、能力和自觉性。全系统的综合管理能力、行政执法威力、技术保障实力得到进一步加强，区域性产品质量问题整治工作取得令人瞩目的成绩，制售假冒伪劣产品的违法行为得到一定程度的遏制，全社会的质量意识明显提高，企业的标准化、计量技术基础工作得到进一步加强。文明创建活动又有新的突破，局机关被宁波市委、市政府授予“文明机关”称号。行风廉政建设、队伍建设和依法行政工作得到社会各界的充分肯定，在宁波市政府组织的质量技监、司法、环保3个系统的行风评议中，名列第一。贯彻《产品质量法》及其相关法律法规情况受到浙江省人大执法检查组的肯定。

2000年宁波局的工作主要有以下4个特点：一是围绕经济建设中心和市委、市政府工作中心，进一步强化中心意识、责任意识和服务意识，工作更加积极主动。宁波局在认真调查研究的基础上，制定了《宁波市质量技术监督系统为宁波经济和社会发展服务的实施意见》，共28条，得到宁波市政府的认可、批转。产品质量定期监督检查、消灭无标生产、查处无证生产、完善量传体制、监管商品量、ISO 9000认证咨询、进驻重点专业市场、在企业中组织开展“五查”活动等工作，为促进产品质量的提高，促进商业市场的繁荣，促进公平的市场竞争环境的形成，发挥了积极的作用。二是围绕“三重一大”，积极开展打假治劣工作。宁波局以涉及人体健康和人身财产安全的产品为重点，以区域性、行业性产品质量问题为重点，以消费者关注的热点产品为重点，组织开展了钢瓶、减压阀、取暖器、洗衣机等产品的专项整顿治理工作，组织开展了烧结砖、酱油、食醋、实木地板、汽车配件等产品的专项检查，取得了显著成效。三是区域性产品质量问题的整治工作取得圆满成功。宁波慈溪的减压阀整治历时7年，2000年宁波局全力以赴，历尽艰辛，终于摘掉了区域性产品质量问题的帽子。取暖器的整治工作也通过了省局的验收。四是按照垂直管理体制改革的要求，宁波局领导班子及时调整工作思路，转变工作方式，采取切实措施，使各项工作齐头并进。重业务工作、轻思想政治工作的局面在一定程度上得到改变，做到了两个文明一起部署、一起落实、一起考察、一起检查。

## 二、质量技术监督工作

### 1. 质量管理工作

**【区域性产品质量问题整治】** 慈溪减压阀和取暖器两个区域性产品质量问题的专项整治，在当地党委、政府的领导和重视下，通过省、市、县3级质量技术监督局的共同努力，均通过了“摘帽”验收。减压阀的合格率省、市抽查均为100%；取暖器的合格率省局抽查为84.7%，宁波局抽查为82%。无证无照生产现象已基本杜绝，现有企业的生产条件符合或基本符合要求。通过整治，减压阀和取暖器生产不仅没有受到影响，反而使产品的产量、销售、产值、利润、出口均有较大幅度增长，受到了国家局、省局和当地政府的肯定。

**【生产许可证管理】** 按《工业产品生产临时许可证明申领程序》的要求，对88家企业进行初审，并发放了临时生产许可证。对3家化妆品企业、4家漆包线生产企业以及1家电力企业进行生产许可证考核，并通过国家质量技术监督局审核，发放了全国工业产品生产许可证。

**【进驻专业市场】** 专业市场兴旺发达是宁波经济的特色之一。宁波局把对专业市场的监管摆上重要议事日程，分5个阶段实施：一是宣传发动，提高认识，让“质量是市场生命”的理念深入人心；二是调查摸底，突出重点，在全市118家专业市场中，确定宁波电脑市场等6家市场为省级首批质量监管重点市场；三是组织实施，制定了《宁波市市场商品质量监管先进单位和无假冒、保质量、建三包规范商场认定、推荐管理办法》；四是通过对《质量技监部门进驻市场有关问题的调查》问卷的分析，指导、督促首批重点监管市场制定实施相应的监管制度；五是通过宁波局对杭州市场，舟山局对宁波市场的互查考核，使彼此都学到了经验，看到了差距，为今后进一步加强市场监管工作拓展了新思路。

**【实施“放心工程”】** 在推出首批“放心酱油”产品的基础上，2000年继续实施“放心工程”，又向社会推出“放心饮用水”、“放心配镜企业”，以引导消费，扶优扶强。在开展“放心配镜企业”活动时，除推出设备齐全、人员专业、体系运行有效、商品质量稳定的商店为“放心配镜企业”外，还对全市中小学生配戴的眼镜进行了一次质量普查，掌握眼镜质量状况，发现存在问题。

**【帮助企业提高管理水平】** 按全国质量工作会议的要求，指导、督促辖区内的51家生产企业开展“质量意识、质量水平、质量体系、现场管理、售后服务”5方面的自查活动。通过组织“五查”活动，较全面地掌握了生产企业的工艺、技术装备水平、生产环节计量检测、设备配备、质量检验、质量保证等方面的情况，为全面质量管理工作打下了良好的基础。

### 2. 监督执法与打假工作

**【行政执法工作】** 2000年共出动检查人员9 501人次，检查企业7 293家，查处假冒伪劣产(商)品标值3 653.2万元，检查专业市场303个。办案2 148起，立案983起，其中罚没款万元以上的大要案197起，捣毁制假售假窝点168个，处理群众投诉案件1 052起。

**【定期监督检查】** 2000年，国家监督抽查了宁波市160家企业生产的62种174批次产品，合格140批次，合格率80.5%，高于全国平均合格率1.6个百分点。这是宁波市自1996年以来国家监督抽查合格率首次高于全国平均水平。省级监督抽查了693家企业生产的796批次产品，合格699批次，合格率87.8%，高于全省平均合格率1.5个百分点。市级定期监督抽查了1 704家企业生产的172种1 889批次产品，合格1 610批次，合格率85.2%，比1999年高出5.2个百分点。

**【查市场、保两节】** 元旦、春节临近之机，对市区的主要市场进行地毯式检查。与此同时，各县(市)区局也对辖区内的各类批发、专业市场开展了检查。全市出动检查人员589人次，检查专业市场44个，商业街16条，商业企业491家，查处销售伪劣产品商店、摊位133个，查获伪劣产品标值25.35万元。检查商品质量840批次，合格674批次；检查食品标签894批次，合格576批次；检查在用计量器具297台，合格240台；检查定量包装商品265批次，合格247批次。

**【查农资 保春耕】** 重点查处了郊区、农村生产、批发、零售农药、化肥、种子的企业。共出动执法人员120人次，检查农业生产资料经营公司72家，化肥、饲料生产企业4家。检查化肥160批次，合格146批次，合格率91.25%；检查农药450批次，合格410批次，合格率91.11%。查处销售伪劣农资产品商店7家。

**【打假保健康】** 市县两级对车站、学校、医院、宾馆饭店等地的商品进行专项检查。全市共出动934人次，查获伪劣商品标值93.58万元；检查各类专业市场18个，商店982家；查处销售伪劣产品商店、摊点208个；端掉制造伪劣产品窝点2个；查处各类违法案件88起。

**【打假保旅游】** 为打击旅游商品销售中的假冒伪劣和各类质量欺诈违法行为，推动宁波市旅游服务业的发展，从9月底到10月25日，共出动执法检查人员240人次，检查旅游景点商店17个，宾馆饭店50个，车站8个，查处违法案件21起，检查商品97批次，合格率59.8%；检查食品标签134批次，合格率86.6%；检查在用计量器具54台，合格率70.4%；检查定量包装商品108批次，合格率74.1%。查处无生产许可证的洗发液生产企业一家，没收假冒伪劣商品标值3.3万元。

**【联合打假行动】** 从2000年10月下旬开始，全系统根据国务院的部署，按照“三重一大”的要求，组织了各类专项检查行动，严厉打击制售假冒伪劣产品违法行为。共出动检查人员1 680人(次)，立案46起，捣毁制假窝点16个，案值811.79万元，罚没款81.94万元。

3. 标准化工作

**【发布无公害蔬菜系列标准】** 通过宣贯，已有近千名蔬菜生产者接受了无公害蔬菜生产技术培训，有100余家生产场(户)获得无公害蔬菜证。市区无公害蔬菜推广面积已达3 800亩。余姚、镇海、北仑等地也均在大面积推广。并解决了部分地区由于缺乏无公害蔬菜标准所引起的矛盾。

**【编辑出版《浙江省宁波市农业地方标准选编》】** 会同农口部门从已发布的120余项农业地方标准中精心选择57项，合编成册，为广大农民和农业企业生产提供依据，促进农业产业化发展。首印3 500册。

**【制定农业地方标准】** 为全市有实力、有潜力和具有一定产业优势的农产品制定了30项农业地方标准，其中市级农业地方标准17项。

**【按标准组织生产】** 在基本消灭无标生产的基础上，2000年在全市21个行业和3个乡镇中开展按标准组织生产情况整治。各县(市)、区局对列入整治的企业提出明确的要求，进行帮助指导，组织集中检查。宁波市局抽查了12家企业的84种产品，总体情况较好。通过整治，企业的标准化意识进一步提高，基本上能按标准组织生产和检验，文本制作较规范，检验记录齐全，产品标识符合有关规定，标准的覆盖率达到95%以上。

**【采用国际标准和国外先进标准】** 积极为企业提供“采标”的各种技术资料和便利条件，鼓励企业“采标”。2000年全市共完成“采标”68项，使用采标标志14项。企业标准化水平确认46家。受理新增企业产品标准备案1 820项。

**【制定服务标准】** 2000年与有关部门一起制定了《客运出租车营运规范》、《商厦服务质量规范》、《眼镜店服务质量规范》、《燃油加油站经营服务规范》共4项服务标准。《餐饮业服务标准规范》等一些服务标准正在协调落实之中。

**【组织机构代码】** 2000年共完成24 374家组织机构的集中赋码、数据采集和代码证书的颁发，代码证IC卡颁发21 976张，废置组织机构代码32 348家，处罚未按时进行代码证换证、变更的组织机构500多家。添置了一批印卡机，实现了全市各代码颁证点的证、卡同时颁发。

**【商品条码】** 新发展中国商品条码系统成员300家，比1999年增加20%，并为这些企业进行了注册后条码设计、编码、订制胶片、印刷指导、商品条码免费质检等工作；有250家到期系统成员办理了续展手续，条码续展率达到70%；采取商品条码信息200家。抽查77家企业印刷的100批次条码质量，合格率为83%，比1999年提高14个百分点。查处假冒商品条码的企业6家。

4. 计量工作

**【计量产品监督检查】** 在生产领域查处计量器具生产企业12家，罚没款7万元；在流通领域检查了36家企业经营的21类55批次计量产品，合格率73%。

**【许可证管理】** 2000年考核发放《制造计量器具许可证》企业3家，复查换证4家。同时配合省局做好重点管理计量器具的换发证工作。

**【计量产品质量抽查】** 电能表的抽查合格率为95%，水表的抽查合格率为87%，煤气表的抽查合格率为85%，衡器(包括天平、传感器、称重仪表)的抽查合格率为85.7%。

**【商品量监督】** 采取节假日前突击检查和日常监督检查相结合的方法，以定量包装大米、食品、化妆品、洗涤用品、灌装液化气等与老百姓生活密切相关的商品为重点，加强了对大型超市、批发市场、集贸市场、商店及包装食品生产厂家的检查。商品量的抽查合格率为92%。

**【水表强制检定】** 2000年3月26日在《宁波日报》上发布水表强检公告，4月1日起对居民和企事业单位新装和到期轮换的水表进行强制检定。2000年共强制检定水表5 785只。

**【电能表抽检】** 根据消费者对电能表计量投诉居高不下的情况，抽检居民在用电能表 490 只，合格率 90.6%。宁波市的新闻媒体对抽检情况作了连续报道，引起了社会各界的广泛关注，也引起了电力管理部门对电能表计量工作的高度重视。

**【计量水平确认】** 根据宁波市政府审批制度改革要求，宁波局的计量水平确认工作转入宁波市计量测试学会，由企业自愿申请，学会考核确认。2000 年全市共通过三级计量水平确认 81 家，二级计量水平确认 9 家。

**【计量基础管理工作】** 复查市级社会公用计量标准 29 项，新建 1 项，通过电能表等计量认证 5 项。考核了 52 家企事业单位的 101 项计量标准。检查计量认证与计量授权单位 16 家。

**【加油机税控改造】** 加油机税控改造是 2000 年计量工作的一项重要内容。按照严把质量关、为企业负责的宗旨，稳妥地完成了税控改造工作。一是根据竞争原则确定 5 家持证企业生产的税控装置为选择对象。二是在全面安装前对 3 种品牌的税控装置进行试装，安装后按国家有关标准进行验收，将发现的问题反馈给厂家和代理商。确认安装单位资格。税控产品安装前又对加油机进行了全面检查。三是对经清理整顿合格的加油站使用的加油机安装税控装置，共安装了 353 家 1 270 台。

## 三、质量技术监督机构简况

2000 年 11 月 2 日，中共宁波市委、市政府批准印发《宁波市质量技术监督系统管理体制改革实施方案》。宁波市技术监督局更名为宁波市质量技术监督局，为政府的工作部门，同时主持宁波市打假治劣工作领导小组办公室日常工作。内设 6 个处(室)：办公室、综合计划科技处、政策法规处、质量监督管理处、标准化处、计量处。市“打假办”对内作为一个处。局机关行政编制为 27 人，老干部工作事业编制 1 人。在任局长 1 名，副局长 2 名，副总工程师 1 名，局长助理 1 名。

宁波市质量技术监督局下设事业单位 7 个：宁波市产品质量监督检验所、宁波市计量测试所、宁波市技术监督稽查大队、宁波市物品编码所、宁波市纤维检验所、宁波市技术监督情报所、宁波认证咨询中心。事业单位总计编制为 148 人。

宁波市质量技术监督局挂靠学术团体 2 个：宁波市计量测试学会、宁波市标准化协会。其中，宁波市计量测试学会下辖有宁波市水表协会。

宁波市 5 个区、6 个县(市)均设有质量技术监督局。部分县(市)还在乡镇设立了质量技术监督站。

撰稿人　陆一飞
审稿人　林如峰

# 青岛市质量技术监督工作

## 一、概　　述

2000年是承上启下的一年，也是完成“九五”目标的最后一年，全市技术监督系统以党的十五届四、五中全会精神为指针，认真学习江泽民总书记“三个代表”的重要论述，认真履行了综合管理和行政执法两大职能，进一步加强了自身建设，圆满地完成了年初确定的各项目标任务，使全局的综合管理能力、行政执法威力、技术保障实力得到进一步提高，技术监督部门的整体合力得到进一步增强，树立了良好的社会形象。

**【班子和干部队伍建设】** 局党组把加强各级领导班子建设做为工作的重点。通过“三讲”回头看和扎扎实实地开展党组中心组学习，领导干部理论水平不断提高，党性得到进一步锻炼，班子廉洁、团结、求实、创新，为广大党员干部树立了讲学习、讲政治、讲正气的典范。

切实加强了对干部的监督、管理和教育培养。在局属各单位建立了干部任期目标责任制，坚持事业单位干部聘任制。通过党课、政治学习制度、党员民主评议、重温入党誓词、警示教育等活动，加强了对广大干部职工的思想政治教育。各基层支部战斗堡垒作用得到进一步加强。各市、区局领导班子也通过“三讲”、“四民”教育增强了凝聚力、战斗力。黄岛技监中心和莱西市局党支部被上级党委评为先进党支部。

**【党风廉政建设和行风建设】** 按照市委的要求，市局党组参加了第三季度党风廉政建设报告会，由于班子成员从严要求，廉洁自律，报告中敢于说实话、敢于开门见山面对问题，受到与会领导的一致好评，满意率达94.76%。积极参加全市政风、行风民主评议，进一步树立了技术监督社会形象，针对去年行风评议中存在的突出问题，分别召开了行风教育大会和政风行风民主评议动员大会，召开了10余次不同行业参加的座谈会，出台了关于治理政风、行风有关问题的意见，出台了实行明示卡制度、聘请行风监督员、下企业一律不在工作单位用餐等10条措施，用铁腕抓行风，收到明显效果。

**【内部管理与文明创建工作】** 各单位都加强了以岗位目标责任制为主要内容的内部管理。青岛市局加强重点目标管理和行政管理，保证了机关正常工作秩序；胶州局强化措施，严格考核，收到实效，在全国质量技术监督行风互查和全国消灭无标准生产复查中均取得较好成绩，受到好评；崂山局、胶南局按照ISO 9000标准要求，开展内部管理；开发区技监中心针对基础管理工作薄弱的现状，重点抓制度落实与考核，各项工作逐渐步入正轨，职工向心力、凝聚力明显增强；市质检所继续深化内部改革力度，积极适应事业发展的需要；市纤检所积极创建文明单位，扎实的工作，受到工交工委的好评；市仪器供应站，以发展求生存，一方面加大内部改革力度，顺应发展的要求，另一方面正确处理思想政治工作与业务工作，做思想工作与解决职工实际困难等“四个关系”，稳定了职工队伍，增强了凝聚力。青岛市局在创建全国环保模范城市工作中做出积极努力，被评为先进单位。

**【管理体制改革工作】** 召开了两次质量技术监督管理体制改革筹备领导小组会议，市政府常务会议讨论通过了《青岛市质量技术监督管理体制改革实施方案》，目前正在组织实施。锅炉压力容器及特种设备安全监察职能和机构已成建制划归我局。各市、区局也都完成了职能划转和人员交接，体制改革工作有了良好开端。

**【宣传工作】** 系统共在各级新闻媒体发表稿件2 173篇次，其中省级以上212篇。宣传工作方式进行了新的尝试，与市消协、青岛电视台共同举办了“3.15”特别行动电视节目，举办了《产品质量法》知识竞赛，都首次进行了电视录播，将技术监督工作者良好的精神风貌展现给电视观众，收到良好效果。2000质量月形成全市宣传高潮，青岛市局在各新闻媒体刊稿202篇，创单月宣传稿件数量的纪录。崂山局注重宣传工作树立形象，“3.15”与省有线台、崂山台联合主办了“明明白白消费——商家买家面对面”大型谈话节目，是全省第一个与省台联合主办节目的基层技术监督局，全年共发表信息稿件183篇，其中市级以上107篇，平均每三天一篇市级以上稿件。

## 二、质量技术监督工作

### 1. 质量管理工作

**【质量月与质量兴市】** 认真贯彻《国务院关于进一步加强产品质量工作若干问题的决定》和新《产品质量法》，深入开展了“2000质量月”活动。质量月期间，发表了市领导贯彻新《产品质量法》的署名文章、局长答记者问、开展了质量宣传咨询服务、市场检查、企业“五查”、评选放心满意产品、“长生杯”《产品质量法》知识竞赛等活动。在即墨召开了全市“质量兴市”现场会，即墨市介绍了“质量兴市”的经验，该市还做为质量兴市先进市县参加了全国质量立市会议，并在大会上做了典型发言；莱西市出台了《莱西市质量兴市实施意见》，提出了“质量兴市”的具体措施；平度市召开了全市质量工作会议；全市质量振兴的良好氛围正在形成。

**【质量监督】** 完成产品质量监督检验19 743批次，超市府目标64%。其中工业产品定期检验8 616批次，合格率为90.2%。市场商品日常监督检查10 121批次，合格率为84.79%。市监督性抽查为1 006批次，批次合格率为68.9%。加大了后处理工作力度，发布质量监督信息、通报公告28期，对100余个质量不合格企业予以通报批评。国家局、省局监督性抽查处结率达100%。

**【质量认证】** 建立了以市内各技术机构和各市、区技术监督局为依托的全市质量认证咨询服务网络，崂山区、胶南市、纤检所、质检所认证咨询工作发展较快；组建了青岛市质量教育培训中心，并已取得国家局国家注册内审员培训认可；全系统共有国家注册各级别审核员26人，筹建了上海质量体系审核中心青岛分中心，已申报国家局认可。2000年全市有87家企业通过GB/T 19000系列认证，超市府目标58%，累计全市共有476家企业通过GB/T 19000系列认证。

**【生产许可证】** 组织完成了电线电缆、电焊条、电视机等16种产品77家企业换发证材料预审工作；对针织内衣产品和新型墙体材料产品实施了地方生产许可证制度，对符合条件的21家生产企业核发了产品生产许可证；对已取得许可证的铁塔、空压机等企业年审92家；组织了农药、化肥、微机等产品的无证查处工作。

2. 监督与执法工作

**【打假联合行动】** 认真贯彻国务院《关于开展严厉打击制售假冒伪劣商品违法犯罪活动联合行动的通知》精神，开展了积极而有效的工作。起草了青岛市人民政府关于开展严厉打击制售假冒伪劣商品违法犯罪活动联合行动的通知，市政府成立了由宗和副市长为组长的全市打假工作领导小组，领导小组办公室设在我局，具体负责打假联合行动的日常联络和协调，建立了打假通报制度。分别召开了打假领导小组会议，三资及私营企业“打假扶优”座谈会及打假保优工作会议，并成立了协作网，将我局打假保优重点保护企业扩大为50个。从局属各单位抽调了11名业务骨干，充实专职执法机构，并在物质条件上给予必要的支持，切实加大了打假工作力度。积极协调各打假部门开展了“打假保优周”活动和“市场检查周”活动。

**【节日市场检查】** 组织开展了“元旦”、“春节”、“3.15”、“五一节”、“国庆节”等五次综合性的市场大检查。共出动检查人员6 413人次，检查经销单位5 903家，集贸市场106个，检查各类商品总价值为7 164.08万元，查处假冒伪劣商品价值为448.76万元，捣毁制假售假窝点39个。

**【商品量计量监督】** 共检查336个商店和农贸市场，126个企业，检查定量包装商品总标值近1.5亿元，计1995批次，合格率91.1%，超市政府重点目标53.5%。参加了全国十城市定量包装商品净含量国家监督抽查，共检查企业96家，检查十大类定量包装商品250批次，合格率为95.2%，提前三年完成国家局下达的90%的目标要求。

**【专项监督】** 按照“三重一大”的要求，对燃气用具、建筑材料、橡胶制品、农资产品、汽车配件等10余种商品进行了专项整顿，开展了棉花专项打假活动。在橡胶制品重点整顿中，会同各市、区局坚持监督与服务相结合，对质量意识较强、具备一定条件的企业，边检查边服务，帮助他们健全质量保证体系，提高产品质量；对质量意识差、不具备生产条件的企业，实行限期整顿和停产整顿。

**【加强法制建设，严格依法行政】** 注重法律法规的学习，完成了“三五”普法确定的各项任务。宣贯了新《产品质量法》，向市人大、市政府领导讲解了《产品质量法》；落实了执法责任制，做到了加大执法力度与规范执法行为并举。全系统依法实施行政处罚3 312起，罚没款571.18万元，办理行政复议诉讼案件10起，无败诉现象发生。获全市贯彻《行政处罚法》、《行政复议法》先进单位和执法责任目标考核先进单位。即墨局执法水平不断提高，共查处各类违法案件1 450起，其中万元以上大案22起，捣毁窝点20个，查处违法货值300余万元，为消费者挽回经济损失130万元。

3. 标准化工作

**【农业标准化】** 共制定无公害蔬菜系列标准等青岛市地方农业标准10项，与电视台制作了无公害蔬菜标准化电视片，中央人民广播电台播放了我市无公害蔬菜地方标准发布的消息。各区、市积极组织实施青岛市农业标准化示范项目，共发布区、市地方农业标准13项。于冲副市长还主持召开了农业标准化座谈会，对下一步工作的开展提出了要求。

**【消灭无标生产】** 青岛市八市、区全部通过国家或省级消灭无标生产试点县、市验收。平度市通过国家级验收，黄岛区、城阳区通过省级验收后，青岛市八市、区企业产品标准覆盖率均达到95%以上。

**【采标和标准实施监督】** 共完成采用国际标准和国外先进标准验收55项，超市府目标83%，有15种采标产品使用采标标志；共备案企业标准1 002项；配合崂山和海滨风景区升4A级国家旅游景区，开展了公共信息图形符号标准实施情况检查，还开展了国旗、食品、化妆品标签的监督检查工作。

**【代码条码应用】** 发展条码系统成员270户，同比增长23.8%，续展率达57%，全市累计1 283个企业5 700多种产品使用了商品条形码。颁发代码证书17 600件，同比增长28%，首次进行了代码证年检，已年检7 000余家，为实现代码数据库的动态有效性提供了保障。代码网络管理系统获市科协优秀项目奖。

4. 计量工作

**【重点计量器具的监督管理】** 在继续做好水表、煤气表、出租车计价器监督管理的基础上，重点加大了对加油机、电能表、衡器的监督力度。配合全市居民用电一户一表工作，对新装一户一表进行了首次强检，并进行了电能计量监督检查，对发现的问题按要求进行了整改。加强了对商用衡器使用中作弊现象的查处力度，并予以曝光，有力地打击了市场缺称少两的违法行为。加强对强检计量器具的管理，共对366个单位26.7万台件进行强检年审，对水表3.2万台件、煤气表1.88万台件、电能表5万台件进行首次或周期检定。

**【计量器具产品质量监督】** 为鼓励有关计量器具生产企业提高质量水平，从2000年起对连续3年抽检合格的企业实行免检一年。对16个单位的22个产品发放了制造计量器具许可证。对86个单位生产的产品进行了年度审核。对市场销售的计量器具进行了抽查。市衡器所承担了全国电子计价称产品质量抽查任务，受到国家局好评。

**【工业计量】** 下发了2000年工业企业计量意见，召开了134个企业参加的计量工作会议；纪念《计量法》颁布十五周年，召开了计量工作“双先”表彰大会，表彰了先进集体65个，先进个人100名；对四方机车厂等3家完善计量检测体系单位进行证后监督，完成了15个企业的计量确认和定级复查工作；共考核计量标准371项，授权考核21个单位207个项目。

**【全国质量计量技术委员会秘书处】** 完成了国家局下达的规程制修订任务，召开了《重力式自动装料衡器》等三个计量规程审定会议，召开了R50皮带称国际建议研讨会，起草了质量计量相关规程不确定度评定与表示征求意见稿，为统一全国质量计量器具量值传递和标准做出了积极努力。委员会的工作受到国家局的表彰。

5. 锅容管特安全监察工作

**【安全大检查】** 开展锅炉压力容器安全管理大检查活动四次，共检查960个单位、180个液化气体充装站、9个钢瓶检验站、260个锅炉房，累计检查锅炉、压力容器8 100台，各种钢瓶5 000只。组织调查了三起锅炉、压力容器爆炸事故，严肃查处了非法制造锅炉压力容器违法行为。

**【安全管理基础工作】** 认真做好锅炉压力容器安全管理基础工作。宣贯了《压力容器安全技术监察规程》，培训锅炉、压力容器操作及管理人员2 455名，办理锅炉压力容器使用登记1 275台，检验锅炉1730台，压力容器2 091台，各种气瓶5.68万只。

**【特种设备安全监察】** 加强了对电梯、起重机、厂内机动车辆和索道、游艺机等特种设备的安全管理，安全检验工作程序基本完善，共办理各类使用许可证2 000余台次；检验各类特种设备1 700余台次；培训各类特种设备操作人员2 610名。

6. 技术保障工作

**【技术开发工作】** 全系统投入技改资金437.6万元，当年回收162.9万元。市质检所设备投资364万元，设备原值达1 440万元，固定资产达2 000万元，该所的综合实力已跃居全国、全省前列，该所还顺利通过国家局"三合一"审查验收和美国香港安泰公司的电器实验室认可，质检业务微机管理信息系统的建设走在全省乃至全国同行业前列，该成果获青岛市优秀信息成果一等奖。胶南局把增加投入、开发新项目、拓宽新领域当做加快发展的一项重要工作来抓，全年共投资28.7万元，新上项目12个，增加经济收入42.2万元，连续三年获开发流动红旗；市计量所投资近60万元，新购检测设备63件，对实验室进行了较大改造，该所研制的出租车计价器自动化检定管理网络系统，通过国家局的成果鉴定，在全国同行业中处于领先地位，获市优秀信息成果二等奖。平度市技术监督检测中心已投入使用，莱西市技术监督检测大楼已经批准立项，并完成征地，为事业发展增添了后劲。

**【内部管理日趋规范】** 市纤检所把抓管理做为各项工作的根本，认真巩固通过国家实验室认可的成果，连续三年获得管理工作流动红旗。在棉花公正检验中，靠严格的内部管理，表现出较好的集体责任感和团队合作精神，而且报出的几万个数据无差错，是参与公检的115个机构中唯一一个差错率为零的机构，做为独立承检机构，工作量列全国之首，品级、长度、重量复验相符率为100%，获全国国储棉公正检验先进集体称号。市衡器所通过国家认可委实验室认可和计量认证后，被国家局列为第一批授权承担重点计量器具定型鉴定的技术机构之一。

**【技术保障能力】** 产品承检能力和检测范围进一步扩大，全年共新上检测项目42项，检验检定业务量明显增长。市质检所年检验批次突破万批大关，市计量所检修计量器具13万台件，黄岛区技术监督中心计量检定工作积极拓展新的检测项目，年强制检定计量器具突破1万台件，实现比去年翻一番的目标。

## 三、质量技术监督机构简况

根据《青岛市质量技术监督管理体制改革实施方案》的要求，青岛市技术监督局名称改为青岛市质量技术监督局，为政府直属一级局。各市、区技术监督局名称更改为分局。目前局机关内设8个处室：办公室、组织人事处、法规宣教处、标准管理处、计量管理处、质量监督处、质量管理处、锅炉压力容器安全监察处。

局直属分局八个，分别为：即墨分局、胶州分局、胶南分局、平度分局、莱西分局、崂山分局、城阳分局、黄岛分局。

局直属事业单位九个，分别为：青岛市质量技术监督稽查局、青岛市产品质量监督检验所、青岛市纺织纤维检验所、青岛衡器管理所、青岛市计量测试所、青岛市技术监督科技信息所、青岛市计量仪器供应站、青岛市锅炉压力容器检验所、青岛市特种设备检验所。

撰稿人 李宗卫
审稿人 王连生

# 深圳市质量技术监督工作

## 一、概述

2000年,深圳市质量技术监督部门紧紧围绕促进全市社会经济发展这一工作重点,在推进全市质量振兴、开展打假治劣、加强企业技术基础、促进高科技产业健康发展、提高产(商)品质量、确保锅容管特安全运行、加强队伍建设和精神文明建设等方面加大工作力度,有力地推动了全市质量技术监督事业的快速发展,为提高全市质量工作的总体水平做出了新的贡献。特别是一年来,各级质量技术监督部门始终坚持"为社会服务不变,为企业服务不变,为当地经济服务不变"的工作宗旨,把为当地经济发展服务作为开展质量技术监督工作的立足点,有力地提高了质量技术监督工作的实效性。如福田质量技术监督部门根据华强北商业街在全市商业物流中的重要地位,把规范、促进华强北商业街经营秩序与创建华强北"购物放心一条街"有机地结合起来,从而有力地提高了华强北商品质量和经营管理水平,也有力地提升了华强北的社会知名度和信誉度,2000年8月,华强北创建顺利通过省的考核验收并上报国家,这项被市领导称为"民心工程"的创建活动得到了市、区政府的高度肯定。而南山根据南山"三个基地、一个中心"的定位,加强对高新技术企业、旅游企业、商贸企业的技术服务;罗湖努力改变过去重稽查监督、轻管理服务的单一工作模式,充分利用质量技术手段和资源优势为提升辖区经济质量服务;盐田则多次开展中英街专项打假,设立中英街金银珠宝质量检测站,改善中英街经营秩序;宝安开展专项整治VCD机和规范深圳机场候机楼等"窗口"单位经营质量秩序等行动。这些想政府所想、急政府所急、做政府想做的做法都赢得了当地政府、广大企业和消费者的大力支持。

## 二、质量技术监督工作

### 1. 质量振兴工作

一年来,深圳市的质量振兴工作得到了极大的增强,完成并部分超额完成了《深圳市贯彻国家〈质量振兴纲要〉(1996—2010年)实施方案》中提出的质量目标。在推进全市质量振兴工作中,深圳质量工作部门做到"四个加强"。一是加强政策引导,组织制定并以市政府名义下发了《深圳市进一步加强产品质量工作实施意见》和《深圳市2000年质量工作要点》,使全国质量工作会议精神和国务院《关于加强产品质量工作若干问题的决定》得到了落实,首次明确了质量工作行政领导责任制,并第一次以市政府名义表彰了36家质量工作先进单位和120名先进个人,提高了各级政府和广大企业对质量工作的思想认识。二是加强了基层质量振兴领导机构的组织建设,全市六区均成立或调整了质量振兴领导小组,进一步加强了各辖区质量振兴工作的领导;特别是宝安区政府指导公明、沙井两镇在全市范围内率先成立镇级质量振兴领导小组,有效地把质量振兴工作向基层延伸。同时,各区质量振兴工作也结合本辖区的中心工作开展得有声有色,如:罗湖区为贯彻落实国家"三重一大"打假工作部署,成立了"三重一大"打假工作联合行动小组;福田区组织开展了创建华强北商业街全国"购物放心一条街"活动,有力地提高了华强北商业街商品质量和经营管理水平;南山区针对辖区旅游景点众多的特点,在旅游景区内实行"服务质量信誉卡"制度,规范了旅游景点的服务质量行为;盐田区设立中英街金银珠宝质量检测站,现场接受消费者所购金银珠宝首饰质量检测的委托,有效地打击了质量欺诈行为,较好地改善了中英街经营秩序等。三是加强宣传教育,市质量工作部门成功举办了全市质量工作会议、"3.15"消费者权益保护日、"质量月"等一系列重大质量宣传活动。仅"质量月"期间,就开展了市长电视讲话、质量咨询宣传日、新闻发布会等活动,据不完全统计,质量咨询宣传日活动就吸引数万名市民参观、咨询和参与,发放各类宣传资料7万余份,接受咨询1万多人次,为市民免费维修和检测家电等商品近600件。深圳市质量振兴办和深圳市质量技术监督局还制作了《质量决定生命》电视公益广告,并多次播放,在社会上引起了强烈的反响,在全市营造出"质量振兴,人人有责"的良好氛围。有力地提高全民质量振兴意识。四是加强了质量振兴工作目标的监督检查,由市质量振兴办牵头对各有关单位质量振兴工作完成情况分别进行了中期和年度质量目标检查,促进了全市质量振兴工作的落实。从检查情况看,深圳市质量振兴工作年度目标基本完成。

### 2. 监督执法工作

【打假工作】 按照国家局开展"三重一大"的打假要求,深圳市质量技术监督局制定并报经市政府批准下发了《深圳市开展"三重一大"打假治劣工作实施方案》,有针对性地加大了对假冒伪劣重点商品、重点市场、重点区域的整治力度,狠抓大案要案的查处。全年市质量技术监督部门共出动执法人员9 000多人次,检查市场70家、商户6 050家,查处制假售假违法案件1 400宗,端掉制假售假窝点45个,其中大案要案6宗,违法商品总值达2 976万元,查获的假冒伪劣食品、通讯产品、建材、汽车配件、VCD机等违法产品达15万余件,移送司法机关追究刑事责任案件1件,并配合广东省质量技术监督局开展跨地域打假行动13次。特别是2000年10月国务院部署在全国范围开展打假联合行动以来,市质量技术监督执法部门开展了多项声势浩大、成效显著的打假专项行动。在打假中,质量技术监督部门注重打假与保优并举,全年为近200家国内外名优企业开展打假行动500多次,较好地保护了名优企业的合法权益;各质量技术监督分局在组建时间短、人手少的情况下,从辖区热点问题入手,打假稽查工作有了很大的进展。

如龙岗分局查处假冒伪劣案件46宗，查获的假冒伪劣商品货值600多万元，有力地打击了制售假冒伪劣商品的违法行为，净化了辖区市场质量环境。年底，市质量技术监督局便一次销毁了包括烟、酒、家电、化妆品、食品等20多个门类的5 000多万件假冒伪劣商品，市场标值约6 000万元。在行政执法过程中，全市质量技术监督部门建立健全了依法行政责任制，从行政执法主体、岗位职责分工、持证上岗、办事程序公开等方面推进依法行政工作，并建立行政执法自动化系统，将行政执法的每一个环节都纳入法定程序管理，使之在阳光下操作，有力地规范了行政执法行为。一年来，市质量技术监督局做到行政执法办案无一差错，并在全市30多家行政部门的依法行政执法责任制考核中名列总分第一。

**【质量监督】** 一年来，深圳市质量技术监督部门突出质量监督重点，实行"抓小扶大"的监督原则，将监督抽查重点放在关系人民群众人身健康和财产安全的产（商）品，及质量问题较为突出的中小企业上，对工地建材、低压电器、电线电缆、眼镜、黄金珠宝首饰、防盗门、食品饮料、VCD机等与人民群众密切相关的产（商）品进行重点监督抽查。产品质量监督方面，共抽查395家企业生产的18类611批次产品，抽样产品合格率为90.5%；其中，抽样合格率在90%以上的本地产品有12种，占抽查产品总数的66.7%，抽样合格率达到100%的产品有家用燃气器具、眼镜、食用植物油、传呼机、饲料、涂料；其它质量较好的产品还有：PVC管材、干电池、化妆品、钟表、电话机等；而抽样合格率较低的则是小家电产品和功率放大器，其合格率低的主要原因是电磁兼容性能不合格。商品质量监督方面，共抽查商品19类1 195批次，抽样合格率为80.3%；其中，质量状况较好的有乳制品、食用植物油、酒类、干电池、洗衣粉、金银珠宝首饰、汽（柴）油和液化石油气等，合格率均在90%以上；而质量状况较差的有净菜、固定式插座、瓶装水、月饼等，这几类产品的合格率只有50%～70%。抽查条码7 214批次，合格率超过90%。监督抽查中，质量技术监督部门通过帮助抽查不合格产（商）品企业积极整改，使产品实物质量有了较大的提高。如电话机的抽查合格率从年初的50%提高到90%以上。工地建材抽查合格率也比去年提高约10个百分点。同时，接受消费者商品质量投诉206起，处理204起，涉及商品总值288.6万元，为消费者挽回经济损失60多万元。

在强化产品质量监督的同时，市质量技术监督部门进一步深化在商贸企业中开展创建"信誉好商店"、"购物放心店"活动，积极引导商贸企业建立质量自律机制，有力地规范了我市的商业流通主渠道，全市分别有万佳百货等43家商店和新一佳园岭店等84家商业企业获得"信誉好商店"与"购物放心店"称号。

3. 安全监察工作

2000年，深圳市质量技术监督部门加强了锅容管特法规体系的建设，先后完成了《深圳经济特区锅炉压力容器压力管道质量与安全管理条例》的草拟和《深圳经济特区电梯及自动扶梯安全管理条例》的修订工作，起草了《深圳市游艺机和游乐设施质量与安全管理办法》等一系列规范性文件，明确并规范了锅容管特安装、使用、维修保养、资质管理等各个环节，为依法对锅容管特实施质量与安全监管提供了法律支持。同时，加大了现场安全监察和执法力度。锅炉压力容器方面，共组织液化石油气储罐站、常压热水锅炉等各类专项安全检查6次，检查企业473家次，各类设备1 893台，发出安全监察意见通知书120份，查封违规设备35台，气瓶34支，并及时跟踪落实整改。同时全年完成了678台锅炉容器设备、14 823米压力管道的报建报装修理改造技术方案的审核工作。特种设备方面，首次将游艺机、游乐设施及厂内机动车辆纳入监督管理的范围，同时将深圳火车站等14个地点作为我市电梯及自动扶梯重点检查场所，全年共检查在用电梯、起重机、厂内机动车辆使用企业149家，发出整改通知书143份，监督检查游乐设施16家次，发出监察意见通知书4份，并对有安全隐患单位的整改工作进行了跟踪落实。确保了锅容管特安全形势的基本稳定。针对特区外非法制造、安装"土锅炉"、简易电梯严重泛滥的现象，市质量技术监督局还开展了"土锅炉"、简易电梯专项整治工作，仅安全月期间，就依法对13家13台非法制造、安装、使用的"土锅炉"和16家22台无证运行的锅炉、压力容器及49台不符合安全规范的简易电梯坚决当场予以封停。并在龙岗区布吉镇开展了清查整治试点，为全市下一步全面开展清查整治工作打下了良好的基础。

4. 标准化和计量工作

**【标准化工作】** 组织制定了《深圳市重要工业产品目录》、《深圳市采用国际标准和国际先进标准产品认可办法》，积极推动高新技术企业和百强企业采标，全年共完成采标认可52个，采标标志26个，累计达230个，全市主要工业产品和重点工业产品的采标率分别达80.1%和85.3%；审订并发布了《无公害蔬菜生产环境》、《无公害蔬菜生产技术规程》、《杂色鲍工厂化养成技术规范》、《杂色鲍工厂化育苗技术规范》等四个农业地方标准，加快了农业标准在宝安区公明农业示范区的推广应用工作；改革产品标准登记备案体制，将产品标准备案由过去的市局集中办理，改为实行分局就近办理，受到企业的欢迎，全年共受理企业标准登记备案1 160项；信息技术标准化有所突破，完成了广东省地方标准《建筑物综合布线系统检测验收规范》的制定和《深圳市信息化建设标准化指南》大纲的编写，争取广东省质量技术监督局授权成立了广东省技术监督综合布线系统监督检验站；此外，以明斯克航母世界和西部田园风光等旅游景点为试点，加强了公共图形标志等强制性标准执行情况的监督检查；并开展了全市企业产品质量状况的调研工作，基本掌握了全市企业产品质量状况。

**【计量工作】** 2000年，深圳市质量技术监督部门加强了中小企业计量工作，帮助51家企业通过了计量保证能力的考核，完善了工业计量保证体系，全市累计通过考核的企业已达242家；进一步完善企业的计量标准体系，完成了15家企业的52项最高计量标准的考核、复查，新建了气相色谱、液相色谱等5个社会公用计量标准；加强法制计量监督，对用于贸易结算、医疗卫生、安全防护的电能表、煤气表、水表、出租车计价器、燃油加油机、衡器、医疗器具、压力表等共273 143台（件）工作计量器具进行了强制检定，完成了37家制造计量器具企业的年审,分别对5家计量授权技术机构、35家称重公正站和定量包装商品不合格生产企业进行了监督检查,并在全市的金行、煤气站、油库和加油站开展了创建“计量质量信得过单位”的活动,以保证市场计量器具的准确,有152家计量质量工作成绩突出的单位获得了该年度“计量质量信得过单位”的光荣称号;各质量技术监督分局还对辖区服务行业使用的计量器具进行了监督检查,特别是严厉查处了部分宾馆、酒楼通过使用短斤缺两的不合格计量器具以牟取非法利益的行为,有力地打击了市场计量欺诈行为。

5. 质量认证工作

根据本市建立国际性城市的长远目标和适应加入WTO后产品进入国际市场的需要,2000年,深圳质量技术监督部门进一步加快了推行ISO 9000标准工作步伐,全年新获ISO 9000认证的企业增加255家,大大超过年初确定的100家的目标值,全市累计获得ISO 9000认证的企业已达到1 390家。同时,ISO 14000环境管理标准的推动工作也取得新进展,仅深圳市质量认证中心便完成了20家企业ISO 14000认证;产品质量认证工作取得突破,全市累计有240种产品获得产品质量认证。为确保企业的获认证企业质量体系运行有效,规范质量认证市场,市质量技术监督部门对6家已获认证企业开展了质量体系和质量管理状况的监督检查,促进了企业质量工作健康有序的运行。针对加入WTO后质量技术监督工作面临的新形势,还开展了一系列以研究WTO/TBT规则为主要内容的调研和学术讲座,制定了全局“十五”计划草案,为适用未来的挑战做了积极的准备。

6. 技术服务

2000年,全市各类技术机构面向市场,努力提高工作质量和工作效率,增强了自我发展能力,取得了良好的社会效益和经济效益。深圳市计量质量检测研究院实行“定人员、定任务、定时间、定质量”的管理办法,有效地调动了全体员工的工作积极性,共完成计量器具检定190 000台件,产品质量检验11 721批次,分别比去年增长12%和63%,创造产值2 800万元;特别是委托检验业务增长较快,委托计量检定和产品质量检验已分别占全部检验业务的86%和79%。同时,该院EMC实验室二期筹建进展顺利,并新建了社会公用计量标准5个、检定项目15项,新增食品化工、轻工机械、五金建材、电子电气、纺织服装等产品质量检验项目25项,其质检实验室相继通过CNACL认可复查,EMC实验室也通过了美国FCC和德国TUV的认可。深圳市标准化与编码技术研究院通过强化内部业务整合,增强了全院的整体竞争能力,全年为社会各界提供标准文献咨询18 124家,提供有效国内外技术法规和标准25 800件,新办代码证书22 826项,代码办理质量实现了有效投诉为零、重错码率为零,并完成技术监督评鉴项目65个。深圳市锅炉压力容器检验所共完成锅炉压力容器等各类设备、部件检验7 500余台件,高质量地完成了月亮湾电厂锅炉和龙岗中心城垃圾发电厂焚烧锅炉等十多项市大型、关键项目设备的安装监检工作。深圳市特种设备质量安全检测所通过国家实验室认可委员会评审,成为国内同行中首家通过ISO导则25认可的实验室,并建成具有国内先进水平的电梯安全部件型式试验室,全年完成电梯、起重机、游艺机等各类设备检验近13 000台次。深圳市质量保证中心通过改革用人机制,强化成本核算,拓宽业务渠道,业务创收比去年翻了一番。深圳市质量认证中心加强软硬件建设,新增认证专业大、小项85个,认证企业数达400家。

## 三、质量技术监督机构简况

局内设六处一室:办公室、标准化处、计量处、质量监督处、质量认证处、锅炉压力容器与特种设备安全监察处、综合法规处,局领导职数为一名局长、二名副局长和一名总工程师。局长:张士明,副局长:吴文炳、袁宝成,总工程师:詹一峰。下设派出机构福田、罗湖、南山、盐田、龙岗、宝安六分局,及事业单位市技术监督稽查大队、市计量质量检测研究院、市标准化与编码技术研究院、市质量保证中心(市维修行业技术管理所)、市质量认证中心、市锅炉压力容器检测所、市特种设备安全检测所、市质量技术监督培训中心。此外,还有代管的市标准化协会、计量学会、检验协会、质量管理协会、商品质量促进会、情报协会、条码协会、维修行业协会、眼镜同业公会、锅炉压力容器行业协会、特种设备行业协会等相关协(学)会及市康达信认证咨询中心。

深圳市质量技术监督局组织机构一览表

| 单位(部门)名称 | 机构性质 | 编制数 |
|---|---|---|
| 办公室 | 行政(正处) | 13 |
| 标准化处 | 行政(正处) | 6 |
| 计量处 | 行政(正处) | 7 |
| 质量监督处 | 行政(正处) | 6 |
| 质量认证处 | 行政(正处) | 6 |
| 锅炉与特种设备安全监察处 | 行政(正处) | 10 |
| 综合法规处 | 行政(正处) | 5 |
| 福田分局 | 行政(正处) | 20 |
| 罗湖分局 | 行政(正处) | 20 |

续表

| 单位(部门)名称 | 机构性质 | 编制数 |
|---|---|---|
| 南山分局 | 行政(正处) | 20 |
| 宝安分局 | 行政(正处) | 25 |
| 龙岗分局 | 行政(正处) | 25 |
| 盐田分局 | 行政(正处) | 15 |
| 市技术监督稽查大队 | 全额事业,公务员管理(正处) | 46 |
| 市计量质量检测研究院 | 差额事业(正处) | 169 |
| 市标准化与编码技术研究院 | 差额事业(正处) | 75 |
| 市质量保证中心(市维修行业技术管理所) | 部分全额事业(正处) | 28 |
| 市质量认证中心 | 自筹事业(副处) | 25 |
| 市锅炉压力容器检验所 | 自筹事业(正处) | 21 |
| 市特种设备安全检测所 | 自筹事业(副处) | 40 |
| 市质量技术监督培训中心 | 未定级 | 20 |

深圳市质量技术监督局地址:深圳市福田区上步中路市政府第二办公楼六楼

撰稿人　王卓民
审稿人　张士明

# 厦门市质量技术监督工作

## 一、概　　述

2000年,厦门市技术监督部门在市政府和省质量技术监督局的领导下,认真贯彻落实国务院《关于进一步加强产品质量工作若干问题的决定》和全国、省、市质量工作会议精神,采取切实有效的措施,全面履行综合管理和行政执法两大职能,突出用铁腕抓质量,进一步加大执法力度。经过全体干部职工的共同努力,技术监督各项工作均取得较好成绩。为提高全市质量总体水平,促进全市国民经济的持续、快速、健康发展做出了积极的贡献。全年完成产品质量监督检验1 532批次,其中生产领域601家1 016批次,批次合格率91.34%,流通领域390家516批次,批次合格率59.11%;用于贸易结算的计量器具及定量包装商品监督检查668批次,批次合格率77.24%,比1999年同期上升7.7个百分点;完成采用国际标准注册登记数11家企业48项,采标标志数7家企业25项;全市7个区的消灭无标生产工作全部完成,并以优异成绩率先在全省9个地市中实现全市消灭无标生产工作目标;市"打假办"各成员单位共立案查处制售假冒伪劣产品案件1 152起,标值5 676.46万元,捣毁制售假冒伪劣商品窝点47个,集中销毁的假冒伪劣商品总数有6.7万余件,标值1 325.57万元。全年行政执法案件结案率为92.62%,高于计划2.62%;错案率为0;监督检查后处理及反馈率达100%。

## 二、质量技术监督工作

### 1. 质量管理工作

**【质量振兴工作】** 继续组织贯彻实施《厦门市实施国家〈质量振兴纲要〉计划》,指导各部门制定具体实施计划并抓好阶段目标的检查落实,提高全市质量总体水平。从落实的情况看,第一阶段目标完成情况良好。工业整体水平和装备水平以及电子、机械、化工等支柱产业的整本素质和企业的管理水平有明显提高,涌现出31个省名牌产品,有88家企业的214项产品采用国际标准,全市可比性监督抽查合格率保持在91%以上,并初步实现服务质量的制度化、规范化、程序化。

**【质量立区工作】** 加强对质量立区工作的业务指导。厦门市思明区发布实施了《质量立区实施方案》,并出台《考核细则》和3种奖励规定及考评办法。通过狠抓落实,全区各行业的质量水平有了很大的提高。该区质量立区工作基本达到验收标准。湖里区的质量立区工作也已着手进行。

**【开展企业调查工作】** 2000年5月,厦门市技术监督部门组织开展了以"五查"(查质量意识、质量水平、质量体系、现场管理、售后服务)为主要内容的全市工业企业质量状况大调查。调查涉及8个行业500多家企业,是一次范围广、规模大、内容实的企业质量调查,目的是为更好地制定加强质量管理,强化质量监督和提高产品质量水平的政策措施提供依据。

**【生产许可证工作】** 逐步建立生产许可证监督管理体系。主要是履行生产许可证的受理工作和参与现场审核工作。共受理53家企业的申请,有13家取得正式的生产许可证。

**【"质量月"活动】** 活动的主题是:"质量——新世纪的呼唤",活动的内容主要有五项:一是举办大型质量宣传咨询服务活动;二是举办培训班和讲座,向企业宣贯新《产品质量法》;三是通过"质量卫士行动周"活动,组织旅游商品、食品、化妆品、建材、节能灯等专项检查和打假行动,并进行一次集中销毁假冒伪劣商品。此次活动共出动1 125人次,检查了4 268家企业(经营户);四是制作反映质量月主题的公益广告,在厦视一套滚动播放一个月;五是通过新闻媒体、印发材料、制作板报、举办知识竞赛等形式,向全社会广泛宣传新《产品质量法》,宣传质量管理的典型经验和做法。

### 2. 监督执法与打假工作

**【产(商)品质量监督】** 统筹安排质量监督抽查。监督检查计划的下达继续采取"以文件计划为主、检验任务书为辅,分阶段分批下达"的方法。全年完成1 532批次检验任务。其中,流通领域的产品合格率和1999年相比有所下降,主要原因是服装、紧固件、眼镜等产品的合格率偏低。

**【开展"放心工程"和专项治理整顿】** 结合本市实际,配合政府的产业政策,针对群众关心的"热点"产品,开展"放心工程"(项目有眼镜、大米、面粉、食用油、桶装饮用水、酱油、水泥、加饭酒等8项),开展专项监督检查,实施"查市场,保两节"、"查农资,保春耕"、"查建材,保建设"三大战役。在厦门市国联建材城开展专业市场治理整顿试点;在思明南、北路开展"创建购物放心一条街"活动,以此营造放心满意的购物环境,切实保护广大企业和消费者的合法权益。

**【"打假"工作】** 深入开展"三重一大"打假活动,强化打假力度。厦门市"打假办"各成员单位全年共立案查处制售假冒伪劣产品案件1 152起,结案1 123起,标值5 676.46万元,罚没款总额461.39万元,捣毁制售假冒伪劣商品窝点47个,集中销毁的假冒伪劣商品总数有6.7万余件,标值1 325.57万元。全国打假联合行动电视电话会议召开后,市"打假办"立即行动起来,研究制定了贯彻方案,进行具体分工,要求各成员单位按方案认真组织实施。

### 3. 标准化工作

**【消灭无标生产工作】** 根据厦门市政府要求,2000年本市同安、集美、杏林、鼓浪屿4个区作为消灭无标生产工作试点并通过省级验收。经过一年多的努力,4个区的企业产品执行标准覆盖率提高50个百分点,达95%以上,顺利通过省局验收。至此,厦门市7个区的消灭无标生产工作全部完成,并以优异成绩率先在全省9个地市中实现全市消灭无标生产工作目标。

**【采用国际标准】** 采取走访企业并对采用标志的项目给予奖励的办法，促进企业积极采用国际标准。共完成采用国际标准注册登记数11家企业48项，其中采标标志数7家企业25项，超额完成年度工作计划。

**【产品标准备案和登记】** 全年共完成企业产品标准备案数347家654个产品，注册登记企业数568家1 065个产品。

**【农业产业化综合标准化工作】** 主要抓无公害蔬菜综合标准化工作，组织无公害蔬菜通用标准和生产技术规范的宣贯实施，落实示范基地，完善蔬菜农药残留量检验方法和手段，并建立相应的运营管理制度。此项工作已通过省局验收。

**【代码、条码工作】** 全年办理及换发代码证书9 200家，累计已达5.12万家。实现全市赋码办证无重名重码并第一批完成与国家代码中心的网络连接和数据周报。代码工作取得新突破。发展条码系统成员82家，全市条码系统成员已达423家，实现了条码工作的网络化管理。

**【标准情报服务】** 全年增加国内外标准和规程3 000个，提供外索标准300多个，标准资料近10万张。

4. 计量工作

**【强制检定工作】** 主要抓以下4项工作：一是组织实施住宅"三表"安装使用前首次强制检定，共检定水表40 035台、煤气表29 554台、电表17 1251台，"三表"首检率超过80%。同时成立住宅"三表"首次强检的现场检查小组，对"三表"首次强检情况进行检查(现场抽检合格率96%)，取得较好的社会效果。二是按照《强检计量器具考核标准》的要求开展完善"1112强检工程"工作。考核区开元区备案强检计量器具9 425台(件)，于11月中旬通过考核验收；同安区、杏林区作为跟踪区，增加强检备案计量器具124台(件)。三是开展农户电能表校验，并与农网改造同步进行。四是组织对本市二类B级以上汽车修理厂及执法部门使用的汽车尾气分析仪进行强检，备案率82.35%。

**【加油机税控装置的安装工作】** 采取"先大后小"的顺序，按照建议选型、动员、供需见面会、安装前检定、安装后检定、出具税控证明的流程有条不紊的组织实施，共完成905台税控装置的安装工作。

**【定量包装商品计量监督】** 共监督检查定量包装商品668批次，批次合格率77.24%，比1999年同期上升7.7个百分点。

5. 认证工作

在前几年质量认证工作稳步发展的基础上，继续积极引导企业建立有效的质量管理运行体系，促进企业提高质量管理水平。全年共指导15家企业申请质量体系的认证，其中8家已获证。还对历年在该局备案并在有效期内的169家通过ISO 9000认证企业及安全认证产品的24家企业，在《厦门日报》上予以公布宣传，以促进该市质量认证工作深入开展。

6. 技术监督法制、宣传工作

工作中坚持加大执法力度与规范执法行为并举。一是加强技术监督行政执法的统计管理。全年共办理技术监督行政案件596件，结案率92.62%，罚没款总数185.34万元，入库数161.75万元。二是定期组织行政执法监督检查，保证办案质量，提高办案水平。三是出台了《厦门市技术监督局关于技术监督行政执法的若干意见》，进一步规范了自身的执法行为，推动了执法工作的开展。

积极发挥宣传的先导作用，加大宣传工作力度，出台了《关于加强技术监督宣传报道工作的意见》，对宣传报道工作作了比较明确的规定，使这一项工作较以前有新的起色。一是借助新闻媒介进行宣传报道。利用报刊、电视、广播等对质量技术监督工作进行跟踪报道，共发表稿件、图片、影像192条。二是利用各种形式开展宣传。共印制简报16期879份，发送的单位和部门87个；报送有关政务信息98条；发动区、街道、镇及有关企业出墙报、板报196板，悬挂横幅、标语351条；印制宣传材料2万本，宣传画8 500份。三是开展各种培训。共举办培训班20期，培训人数约2 060人次；举办讲座11期，800余人参加。

## 三、质量技术监督机构简况

厦门市技术监督局是厦门市政府直属的一级局，同时肩负厦门市打假工作领导小组办公室日常工作。局机关内设5个职能处室，分别为：办公室、标准化处、计量处、质量处、法规宣教处。局机关核定人员编制23名(行政编制20名，事业编制3名)，现有在职人员20名。现任局长曾靖碧，副局长洪锡庚、于国胜。

市局直属事业单位有5个：厦门市产品质量检验所、厦门市计量测试所、厦门市技术监督局稽查所、厦门市技术监督情报所、厦门市衡器检定站。事业单位总计编制为127名。

厦门市7个区，其中5个区设有技术监督机构，分别是：同安区技术监督局、杏林区技术监督所、开元区技术监督所、思明区技术监督所、湖里区技术监督所。

撰稿人　孙添乙
审稿人　于国胜

# 大事记

# 2000年大事记

1.【国家质量技术监督局颁发《压力管道元件制造单位安全注册与管理办法》等规范性文件】 为规范压力管道元件制造单位的安全注册工作，加强综合管理，根据《压力管道安全管理与监察规定》，1月10日，国家质量技术监督局印发了《关于颁发〈压力管道元件制造单位安全注册与管理办法〉等规范文件的通知》(质技监局锅发[2000]7号)。

2.【ISO秘书长劳伦斯·艾克致函感谢我局为1999年北京国际标准化组织大会所做的工作】 1月11日，ISO秘书长劳伦斯·艾克给李传卿局长致函并发来ISO大会特别决议。函中说："为了进一步感谢中国国家质量技术监督局为99 ISO北京大会所做的出色安排和热情接待，我很高兴将镶框的大会特别决议寄给您。"

ISO大会第1999/01号特别决议指出："大会谨向中国国家质量技术监督局表示诚挚的敬意，感谢它为1999年北京国际标准化组织大会所做的热情招待和出色安排。大会还感谢中国国家质量技术监督局的工作人员，他们在会议期间不辞辛劳的帮助与合作，为会议讨论提供了极大便利，为整个会议成功作出了贡献。"

3.【国家质量技术监督局与国家税务总局联合发布《关于生产使用出租车税控计价器有关问题的通知》】 1月19日，国家质量技术监督局与国家税务总局联合发布《关于生产使用出租车税控计价器有关问题的通知》(质技监局量发[2000]13号)，对出租车税控计价器的生产、使用及对使用单位的监督管理作出了明确规定。

4.【中国标准研究中心完成组建工作】 中国标准研究中心经周密安排，在较短的时间里，完成了"中国标准研究中心的方向和任务"及"中国标准研究中心三定方案"的报批，并按照被批准的"三定"方案，对内设机构进行了调整，完成了标准中心处职干部的竞争上岗等工作。至此，中国标准研究中心的组建工作全部完成。

5.【王以铭副局长任全国工商联专职副主席】 1月25日，王兆国同志签发了中共中央统战部《关于王以铭同志副部长级待遇的通知》(统函[2000](四)47号)，王以铭同志由全国工商联兼职副主席转为专职副主席。根据中组部(85)干任字520号文件精神，王以铭同志按中央机关副部长级待遇。

6.【王以铭副局长会见法国国家干邑酒办公室外宾】 1月26日，王以铭副局长会见并宴请了来访的法国国家干邑酒办公室总干事费醴普先生和法律部主任吉兰多先生，并代表我局与法方签署了2000年度合作协议。

7.【潘岳副局长任国务院经济体制改革办公室副主任】 1月27日，国务院发出《关于彭森等3人职务任免的通知》(国人字[2000]18号)，任命潘岳同志为国务院经济体制改革办公室副主任。此前，中组部于1月13日分别发出"组任字[2000]13号、14号、16号"文，任命潘岳同志为国务院经济体制改革办公室党组成员，免去潘岳同志的国家质量技术监督局党组成员、副局长职务。

8.【高洁同志当选为中国工程院院士】 1999年末，测试院副院长高洁研究员当选为中国工程院院士。李传卿局长专门打电话表示祝贺。春节前，四川省委组织部负责同志受省委书记谢世杰的委托，前去测试院看望高洁院士并祝贺他新春快乐。

9.【国家质量技术监督局批准对绍兴酒实施原产地域产品保护】 1月31日，国家质量技术监督局发布2000年第3号公告，正式对绍兴酒实施原产地域产品保护，这是国家质量技术监督局发布实施的第一个原产地域保护产品。

10.【王秦平副局长会见摩洛哥驻华大使馆经济商务参赞】 2月1日晚，王秦平副局长会见并宴请了摩洛哥驻华大使馆经济商务参赞阿拉维先生，宾主在亲切友好的气氛中进行了会谈。去年9月份，王秦平副局长率我局代表团首次赴摩洛哥访问，并代表我局与摩工贸部标准化与质量促进局签署了双边合作协议。

11.【党委在党建与思想政治工作优秀研究成果中获中央国家机关工委表扬，三篇论文获奖】 2月10日，中央国家机关党建研究会和中央国家机关职工思想政治工作研究会联合发出《关于颁发'99党建、思想政治工作优秀研究成果奖和研究活动工作奖的决定》，我局系统有3篇论文获中央国家机关党建、政工研究会'99优秀研究成果三等奖，它们是：计量学院刘黎清的《努力提高高校教师思想政治工作的实效性》、编码所李善德的《我所是如何加强领导班子建设的》和计量院魏素芝的《浅谈新时期如何做好宣传思想工作》。我局直属机关党委获中央国家机关党建、政工研究会'99研究活动工作奖。

12.【国家质量技术监督局印发《关于强制性标准实行条文强制的若干规定》】 2月23日，国家质量技术监督局在《关于印发〈关于强制性标准实行条文强制的若干规定〉的通知》(质技监局标发[2000]36号)文件中明确：自文件发布之日起，我国强制性国家标准、强制性行业标准和强制性地方标准实行全文强制和条文强制两种形式。

13.【国家质量技术监督局印发《关于发送国家质量技术监督局关于深入开展"三重一大""打假"工作的实施意见的通知》】 2月25日，国家质量技术监督局印发了《关于发送国家质量技术监督局关于深入开展"三重一大""打假"工作的实施意见的通知》(质技监局监发[2000]38号)，提出在今后一段时期，全国质量技术监督系统深入开展重点产品、重点市场、重点区域的"打假"及查处一批大案要案工作的实施意见。

14.【李传卿局长会见以色列标准协会理事长】 3月2日下午，以色列标准协会理事长阿莫斯·伯考维奇先生到我局拜访，就进一步加强双边合作问题与我局交换了意见。李传卿局长会见并宴请了阿莫斯·伯考维奇先生。李传卿局长对他1999年12月率团访问以色列时受到的热情接待表示感谢。他指出,中以双方在标准化、计量和认证方面有许多经验可以互相学习、借鉴,应当不断加强交流与合作。

**15.【国家质量技术监督局与人事部联合印发《关于印发质量技术监督系统专业技术人员继续教育科目指南的通知》】** 3月3日,国家质量技术监督局与人事部联合印发《关于印发质量技术监督系统专业技术人员继续教育科目指南的通知》(质技监局政发[2000]43号),《质量技术监督信息专业技术人员继续教育科目指南》、《纤维检验专业技术人员继续教育科目指南》、《标准化专业技术人员继续教育科目指南》、《计量专业技术人员继续教育科目指南》等4个继续教育科目指南开始在有关单位实施。

**16.【国家质量技术监督局举办"3·15"系列宣传活动】** 3月15日上午,李传卿局长、朱明暹副局长以及北京市副市长刘海燕等领导同志出席了由国家质量技术监督局主办、北京市质量技术监督局、中国质量万里行促进会协办,中国质量报社承办的大型宣传咨询免费检测活动,这次活动以北京为中心,联合上海、广州、南京等10个城市共同开展。

3月15日晚,李传卿局长、朱明暹副局长出席了由中央电视台、国家质量技术监督局、司法部、国家工商局、国家出入境检验检疫局以及中国消费者协会等六家单位共同举办的3·15电视专题晚会。全场120分钟的晚会,以我局独家发布的四次产品质量监督抽查结果为主线,同时,以贵州马岭河索道质量事故和黑龙江省泰来县技术监督局执法人员牺牲在执法一线的感人事迹推动晚会进入高潮,突出展现了质量技术监督部门在打假执法和扶优治劣方面所担负的神圣使命。

**17.【国家质量技术监督局公布全国第一批创建"购物放心一条街"试点名单】** 3月21日,国家质量技术监督局印发了《关于公布全国第一批创建"购物放心一条街"试点名单的通知》(质技监局监发[2000]54号),确定北京市朝阳区建国门外商业街等103条街为全国第一批创建"购物放心一条街"试点街。

**18.【国家质量技术监督局实行产品免检制度】** 3月24日,国家质量技术监督局以2000年第7号局令的形式发布了《产品免于质量监督检查管理办法》;7月24日,印发了《产品免于质量监督检查工作实施细则》,对实施产品免检制度作出了具体规定。

**19.【国家质量技术监督局2000年第一季度抽查结果】** 2000年第1季度,我局组织监督抽查了2 201家企业的68类2 683种产品,合格2 151种,抽样合格率为80.2%,比1999年第1季度的77.8%提高了2.4个百分点。

**20.【国家质量技术监督局副局长王秦平率团访问澳大利亚和新西兰】** 2000年4月,应澳大利亚标准协会和新西兰标准协会的邀请,以国家质量技术监督局副局长王秦平为团长的代表团一行6人对上述两国进行了访问。在澳期间,访问了澳大利亚标协、澳大利亚认证服务公司、澳大利亚国家实验室认可机构、卢卡斯航空设备公司等,澳大利亚工业、科技和资源部副部长瓦伦恩执先生会见了王秦平副局长。在新期间,代表团访问了新西兰标协,并与新西兰测量标准实验室的专家进行了座谈。

**21.【2000年全国组织机构代码工作会议暨十周年表彰大会召开】** 4月7日至9日,2000年全国组织机构代码工作会议暨十周年表彰大会在福州市召开。福建省副省长贾锡太、我局副局长李忠海,标准中心主任矫云起、书记刘平均及福建省质量技术监督局局长孙海山等同志出席了会议。会议总结了十年来代码工作取得的成绩和经验,对为代码工作作出突出贡献的18个先进集体和181个先进个人给予了表彰和奖励,并签定了2000年度目标管理责任书。

**22.【国家质量技术监督局再次组织为甘肃礼县捐赠物品】** 4月中旬,我局京区系统职工为甘肃礼县捐赠的衣物安全运抵该县。在这次活动中,局机关各司(室、局)、局直属机关团委、京区各直属单位积极行动,共捐献棉、毛巾被263床,棉(羽、皮)衣裤1 832件,绒、毛衣裤2 132件,单衣10 112件,鞋(帽)65双(顶),文化用品5 000余件,电脑15台及其它物品1 080件,充分体现了我局广大职工心系礼县,奉献爱心的精神风貌。

**23.【国家质量技术监督局副局长朱明暹率团访问罗马尼亚、土耳其和意大利】** 2000年4月,以国家质量技术监督局副局长朱明暹为团长的代表团一行7人应邀赴三国进行访问。其间,代表团访问了罗马尼亚国家锅炉压力容器起重设备监察局,举行了中罗两国锅炉压力容器安全监察第十五次年会,并签署了会议纪要。代表团还访问了意大利政府承压及特种设备安全监察执行机构—健康部职业安全与事故预防高级事物所,并向意大利质检机构介绍了中国质量技术监督管理体制、法规标准、产品质量监督、锅炉和压力容器等特种设备质量监督与安全监察等情况,与意方探讨了合作意向。

**24.【国家质量技术监督局追授单国义、王立国同志"忠于职守的质量卫士"荣誉称号】** 4月24日,国家质量技术监督局追授在执法工作中以身殉职的黑龙江省泰来县质量技术监督局执法大队大队长单国义、副大队长王立国同志"忠于职守的质量卫士"荣誉称号,同时,下发《国家质量技术监督局关于在全国质量技术监督系统开展向单国义、王立国烈士学习的决定》(质技监局人发[2000]74号),号召全系统广大干部职工都要向两位烈士学习。

**25.【赵墨田被授予全国先进工作者荣誉称号】** 4月28日,国务院作出关于表彰全国劳动模范和先进工作者的决定(国发[2000]7号)。其中,国家标准物质研究中心研究员赵墨田被授予全国先进工作者荣誉称号。赵墨田同志经过十多年的研究,建立了十几中元素的同位素稀释质谱测量方法,为我国标准物质研究增加了新的测试方法,填补了我国在这一领域的空白。

**26.【国家质量技术监督局设置并公布锅炉压力容器压力管道及特种设备事故和紧急事件举报电话】** 5月8日,国家质量技术监督局印发《关于设置锅炉压力容器压力管道及特种设备事故和紧急事件举报电话的通知》(质技监局锅发[2000]72号),举报电话是:(010)84273522(设备事故调查办)，(010)62031118(局总值班室)。

**27.【中国合格评定国家认可中心正式挂牌成立】** 5月8日，中国合格评定国家认可中心举行揭牌仪式。李传卿局长、王以铭副局长为认可中心揭牌。国家局各司(室、局)、各直属挂靠单位的负责人出席了仪式。揭牌仪式的举行，标志着国家认可中心正式成立。

**28.【国家质量技术监督局机关开展“三讲”教育“回头看”活动】** 根据全国第三次“三讲”教育工作会议的统一部署，国家质量技术监督局党组从3月22日至5月9日在局机关认真组织了“三讲”教育“回头看”活动。

**29.【中国计量学院移交浙江省人民政府管理】** 5月12日，国家质量技术监督局与浙江省人民政府在杭州举行中国计量学院管理体制调整交接仪式。李传卿局长、浙江省副省长鲁松庭和有关部门负责人一起参加了交接仪式。从即日起，中国计量学院实行省、国家局共建，以省为主进行管理的模式。

**30.【蒲长城同志任国家质量技术监督局党组成员、副局长】** 5月16日，中共中央组织部发出《蒲长城同志任职》通知(组任字[2000]103号)：“同意蒲长城同志任国家质量技术监督局党组成员。”6月5日，国务院发出《关于蒲长城、王以铭职务任免的通知》(国人字[2000]74号)：“国务院2000年6月2日决定，任命蒲长城为国家质量技术监督局副局长；免去王以铭的国家质量技术监督局副局长职务。”

**31.【全国农业标准化工作经验交流会召开】** 5月31日至6月2日，全国农业标准化工作经验交流会在广东省高州市召开。参加这次会议的有30个省、自治区、直辖市及计划单列市质量技术监督局、国务院有关部门及单位的代表，有农业、林业等方面的专家、学者等，共190多人。会上，向验收合格的黑龙江讷河市等95个示范区颁发了“农业标准化项目示范县(区)”荣誉证书、奖牌，学习交流了18篇经验材料和论文，参观了高州市荔枝、龙眼两个标准化示范区。李忠海副局长在会上作了题为《提高认识，相互学习，努力开拓农业标准化工作的新局面》的讲话，并作会议总结。

**32.【中央人民广播电台开设产品质量监督《曝光台》栏目】** 为了进一步加大国家产品质量监督抽查工作的宣传力度，同时对产品质量抽查中发现的问题进行公开曝光，中央人民广播电台从6月13日开始开设产品质量监督《曝光台》栏目，于每周二定期在《新闻和报纸摘要》节目播发国家产品质量抽查信息，并在当日的《新闻纵横》节目中作专题报道。

**33.【国家质量技术监督局与国家冶金工业局联合开展打击生产和经销假冒伪劣螺纹钢建筑钢材违法行为专项活动】** 6月9日，国家质量技术监督局与国家冶金工业局联合印发《关于在全国开展打击生产和经销假冒伪劣螺纹钢建筑钢材违法行为专项活动的通知》(质技监局监发[2000]81号)，决定在下半年集中在全国开展打击生产和经销假冒伪劣螺纹钢等建筑用钢材违法行为的专项活动。

**34.【国家质量技术监督局印发《关于全面推进质量技术监督系统依法行政的若干意见》】** 6月12日，国家质量技术监督局下发了《关于印发〈关于全面推进质量技术监督系统依法行政的若干意见〉的通知》(质技监局政发[2000]87号)，对全面推进质量技术监督系统依法行政作出部署。

**35.【棉花质量检验专业技术人员执业资格制度正式建立】** 6月16日，人事部和我局联合发布《棉花质量检验师执业资格制度暂行规定》(人发[2000]70号)，我国棉花质量检验专业技术人员执业资格制度已正式建立起来。这是继全国珠宝玉石质量检验师执业资格制度之后，人事部授权我局组织实施的第二个执业资格制度。

**36.【安国同志任国家质量技术监督局党组成员、党组纪律检查组组长】** 6月16日，中共中央组织部发出《安国、刘早生同志职务任免》通知(组任字[2000]150号)：“同意安国同志任国家质量技术监督局党组成员、党组纪律检查组组长；免去刘早生同志的国家质量技术监督局党组成员、党组纪律检查组组长职务，退休。”

**37.【李忠海副局长会见越南标准、计量和质量总局局长】** 6月28日，李忠海副局长会见了应邀来访的越南标准、计量和质量总局局长阮友善一行四人，并向客人介绍了我局的情况。双方就开展两国标准计量和合格评定领域的合作进行了会谈，一致表示愿意在今年10月签署双边合作协议。

**38.【国家质量技术监督局直属机关党委召开局京区系统1996—2000年度先进党支部、优秀共产党员、优秀党务工作者表彰大会】** 6月29日下午，直属机关党委召开了局京区系统1996—2000年度先进党支部、优秀共产党员、优秀党务工作者表彰大会，授予标准中心第11党支部等12个党支部“先进党支部”称号；授予计量院于靖等20名同志“优秀共产党员”称号；授予纤检局瞿晓等9名同志“优秀党务工作者”称号。局党组书记、局长李传卿，局党组成员、副局长朱明暹、蒲长城，局党组成员、党组纪检组组长安国参加了大会，并为受表彰人员代表颁奖。

**39.【国家质量技术监督局2000年第二季度抽查结果】** 2000年第2季度，我局组织监督抽查了1 934家企业的45类2 240种产品，合格1 767种，抽样合格率为78.9%，比1999年第2季度的79.4%下降了0.5个百分点。

**40.【李传卿局长会见美国商务部副部长舍乎斯博士一行】** 7月11日上午，李传卿局长会见了美国商务部副部长舍乎斯博士一行，双方进行了亲切友好的会谈。

**41.【澳大利亚工业、科学和资源部商务环境司司长维基布郎女士和副司长罗伯特·麦克恩先生拜访我局】** 7月12日，澳大利亚工业、科学和资源部商务环境司司长维基布郎女士和副司长罗伯特·麦克恩先生拜访了我局。维基布郎女士一行来访，是为开展中澳有关产品检验与认证的合作进行会谈，并为在电工、机械产品领域签署政府间互认协议做准备。

**42.【国家质量技术监督局印发《关于为实施西部大开发战略做好有关质量技术监督工作的意见》】** 为贯彻落实党中央关于实施西部大开发的战略部署，在实施西部大开发中发挥质量技术监督的优势，作好有关服务工作，7月13日，国家质量技术监督局向全系统印发了《关于为实施西部大开发战略做好有关质量技术监督工作的意见》。

**43.【国家质量技术监督局印发《国家质量技术监督局对省、自治区、直辖市局实行业务领导的意见(试行)》】** 7月13日,国家质量技术监督局印发了《国家质量技术监督局对省、自治区、直辖市局实行业务领导的意见(试行)》,就质量技术监督管理体制改革、实行省以下垂直管理后,国家局对省级局如何实行业务领导提出明确意见。

**44.【国家质量技术监督局印发《关于质量技术监督系统为国有企业和发展做好服务的意见》】** 7月17日,国家质量技术监督局印发了《关于质量技术监督系统为国有企业和发展做好服务的意见》,就质量技术监督系统在国有企业改革和发展中进一步作好服务工作提出明确的工作要求。

**45.【国家质量技术监督局印发《关于为我国加入世界贸易组织WTO做好有关质量技术监督工作的意见》】** 7月18日,国家质量技术监督局印发了《关于为我国加入世界贸易组织(WTO)做好有关质量技术监督工作的意见》,就我国加入WTO,各级质量技术监督部门的重点改革思路、当前应作好的工作及工作要求等作出部署。

**46.【王秦平副局长率检查组赴四川、湖北对两省落实质量工作和"打假"工作责任制的情况进行检查】** 7月23日至28日,局党组副书记、副局长王秦平率领由我局和监察部联合组成的检查组赴四川、湖北,对两省落实质量工作和"打假"工作责任制的情况进行检查。在检查中,分别听取了四川省副省长王金祥、湖北省政府副秘书长夏贤忍代表省政府所作的关于落实两个责任制情况的汇报,并对四川德阳市、湖北襄樊市政府落实两个责任制的情况进行了检查。

**47.【全国质量技术监督系统《产品质量法》宣贯工作会议在京召开】** 7月26日至28日,"全国质量技术监督系统《产品质量法》宣贯工作会议"在京召开。李传卿局长、朱明暹、蒲长城副局长出席会议并分别作了讲话。全国各省(区、市)局的主要领导及法规处、监督处处长,执法大队队长共120余人参加了会议。国务院法制办主任杨景宇、全国人大法工委副主任卞耀武到会作了专题讲座。

**48.【朱明暹副局长率检查组赴福建、山东对两省落实质量工作和"打假"工作责任制的情况进行检查】** 8月6日至11日,局党组成员、副局长朱明暹率领由我局和监察部联合组成的检查组赴福建、山东,对两省落实质量工作和"打假"工作责任制的情况进行检查。在检查中,分别听取了福建省副省长贾锡太、山东省常务副省长韩寓群代表省政府所作的关于落实两个责任制情况的汇报,并对福建漳州市、山东滨州地区政府落实两个责任制的情况进行了检查。

**49.【全国部分地区质量立市工作座谈会在温州市召开】** 8月8日至10日,我局在温州市召开了"全国部分地区质量立市工作座谈会",11个省的27个市、县政府及质量技术监督局的领导参加了会议。王秦平副局长出席会议并在会议开幕时作了讲话。

**50.【中共国家质量技术监督局直属机关第四次代表大会在京举行】** 8月29日至31日,中共国家质量技术监督局直属机关第四次代表大会在京举行。来自京区系统的117名代表出席了会议。中央国家机关党工委委员、纪工委书记张成寅出席大会开幕式并讲话。局党组书记、局长李传卿,局党组副书记、副局长王秦平出席会议并作讲话。副局长朱明暹、李忠海,局党组成员、党组纪检组组长安国出席了会议。陈万民同志代表第三届直属机关党委作了《深入贯彻"三个代表"的重要思想,切实加强直属机关党的建设》的工作报告,魏俊同志代表第三届直属机关纪委作了《认真贯彻从严治党方针,努力推进党风廉政建设深入开展》的工作报告。

**51.【贯彻实施《产品质量法》千家企业新世纪质量宣言大会在京召开】** 9月1日,"贯彻实施《产品质量法》千家企业新世纪质量宣言大会"在京召开。8月30日,吴邦国副总理向大会致信:"加强产品质量工作,对国民经济和社会发展具有非常重要的意义。修订后的《产品质量法》即将正式施行,这是质量工作的一件大事。各地区、各部门、各企业要以贯彻实施《产品质量法》为契机,进一步加强产品质量工作,努力改变一些产品档次偏低、可靠性不强、质量不稳定、抽查合格率较低的状况,严厉打击制造和经销假冒伪劣产品违法犯罪行为,全面提高我国产品质量的总体水平,为促进国民经济持续快速健康发展做出新的更大的贡献。"

会上,对全国256个获"2000年全国质量管理先进企业"的企业、478名获"2000年全国质量管理先进工作者"的个人及60名获"2000年全国质量管理突出贡献奖"的个人进行了表彰,同时正式开始了2000年全国质量月活动。

**52.【第三届海峡两岸计量技术研讨会在兰州市召开】** 9月18日至19日,第三届海峡两岸计量技术研讨会在兰州市召开。台湾地区的28位科技人员、企业界人士参加了研讨会。两岸科技人员在会上分别宣读了论文,并进行了讨论。

**53.【国家质量技术监督局李忠海副局长率团赴意大利参加第23届ISO大会】** 2000年9月,国家质量技术监督局李忠海副局长率团赴意大利参加第23届ISO大会、发展中国家委员会会议及二十一世纪合格评定研讨会,并出席了第67届ISO理事会。上述会议的召开,确定了ISO未来发展战略方针和议程;探讨了二十一世纪合格评定活动对经济全球化的重要影响和有效性;强调了国际和区域性标准化组织伙伴关系和加强协作的战略意义;提出了未来几年将开展国际标准化活动的新领域(兴奋剂、气候变暖、老年人生活质量等);要求发展中国家加快信息技术基础建设,积极参与国际间技术法规和标准的协调活动;鼓励企业和民间社团积极参与国际标准的制、修订活动;充分发挥全球市场标准论坛作用。

**54.【亚太实验室认可合作组织对中国实验室国家认可委员会(CNACL)进行跟踪检查】** 9月17日至18日,亚太实验室认可合作组织(APLAC)委派Max Roberston博士对中国实验室国家认可委员会(CNACL)进行了跟踪检查。通过两天的查证,APLAC同行评审组长Max Roberston博士对CNACL的实际运作给予了高度评价,并提出了尽早建立计算机网络系统和扩大CNACL工作人员队伍,以满足日益增长的工作量的要求。CNACL顺利通过了这次检查。

**55.【蒲长城副局长会见国际审核员培训与注册委员会(IATCA)主席乔治·洛夫格林先生一行】** 应国家认可中心的邀请,国际审核员培训与注册委员会(IATCA)主席乔治·洛夫格林先生等一行三人于9月24日至30日对我国进行了工作访问。访问期间,蒲长城副局长在京会见了洛夫格林先生一行。

**56.【国家质量技术监督局实施“光明工程”】** 9月26日,国家质量技术监督局下发了《关于印发“光明工程”计划实施方案的通知》(质技监局量发[2000]164号)。为规范眼镜行业,治理整顿眼镜市场,打击生产、经销假冒伪劣眼镜产品违法行为,提高眼镜质量及眼镜行业服务的整体水平,让人们配戴放心眼镜,力争用三年左右时间,使全国眼镜质量的整体水平有明显提高,大中城市国家抽查配装眼镜的合格率达90%以上,国家质量技术监督局决定实施“光明工程”计划。

**57.【国家质量技术监督局原副局长王以铭率团赴瑞典参加IEC第64届年会】** 2000年9月,国家质量技术监督局原副局长王以铭率团赴瑞典参加IEC第64届年会、IEC理事局(CB)、执委会(CA)和合格评定局(CAB)的会议。在会议换届选举中,王以铭当选为CB成员,标准化司宿忠民当选为IEC/CA委员,认评司谢军当选为CAB委员。

**58.【国家质量技术监督局2000年第三季度抽查结果】** 2000年第3季度,我局组织监督抽查了2 110家企业的61类2 451种产品,合格1 971种,抽样合格率为80.4%。本季度有25类产品抽样合格率有所提高,12类产品抽样合格率与上季度相比基本保持稳定。本季度大、中、小型企业产品抽样合格率分别为94.2%,84.5%和73.6%,其中,大型国有企业的产品抽样合格率达到96.7%。

**59.【国务院开展严厉打击制售假冒伪劣商品违法犯罪活动联合行动】** 10月24日,国务院印发了《国务院关于开展严厉打击制售假冒伪劣商品违法犯罪活动联合行动的通知》(国发[2000]32号),10月26日,国务院召开了全国“打假”联合行动电视电话会议。为保护消费者和企业的合法权益,维护社会主义市场经济秩序,促进改革开放和国民经济健康发展,国务院决定在全国范围内开展一场声势浩大而又讲求实效的严厉打击制售假冒伪劣商品违法犯罪活动的联合行动。根据国务院部署,成立了全国联合打假行动工作协调小组,吴邦国副总理任组长,全国联合打假行动工作协调小组办公室设在国家质量技术监督局,李传卿局长担任办公室主任。

**60.【2000年全国棉花质量监督工作会议在杭州召开】** 2000年10月,中国纤维检验局纤检局在杭州召开了2000年全国棉花质量监督工作会议。来自全国各省、自治区、直辖市、计划单列市及有关地市纤维检验局(所)的103名代表参加了会议。国家局朱明暹副局长到会并讲话。

**61.【李传卿局长、李忠海副局长会见俄罗斯联邦国家标准化、计量委员会主任格那基·瓦洛宁】** 11月1日下午,李传卿局长、李忠海副局长会见了随团来京参加中、俄两国总理定期会晤的俄罗斯联邦国家标准化、计量委员会主任格那基·瓦洛宁。会见中,李传卿局长和瓦洛宁主任分别介绍了双方机构的情况,并就进一步加强双边合作与交流进行了友好协商。会见结束时,李传卿局长和瓦洛宁主任共同签署了中、俄两国《关于在标准化、计量、合格评定、认可和产品质量领域的合作协议》。

**62.【中国测试技术研究院移交四川省人民政府管理】** 12月20日,王秦平副局长出席了在成都市举行的中国测试技术研究院交接仪式。经科技部、中编办和财政部同意,测试院正式移交四川省人民政府管理。王秦平副局长和四川省副省长王金祥分别代表国家质量技术监督局和四川省政府签署了《关于中国测试技术研究院移交四川省人民政府管理的议定书》。

**63.【国家质量技术监督局召开2000年强化奶粉产品质量国家监督抽查结果新闻发布会】** 12月22日,我局在新东安市场召开了2000年强化奶粉产品质量国家监督抽查结果新闻发布会。首都新闻界近50家新闻单位的记者参加了新闻发布会。本次共抽查了45家企业生产的45种强化奶粉样品,其中7家大型企业生产的7种产品100%合格,这7家企业的年产量占全国强化奶粉总产量的70%以上,其余38家中小型企业生产的38种强化奶粉均不合格。本次在商场召开新闻发布会,是我局对抽查结果新闻发布会形式进行改进的首次尝试,宗旨是要使消费品抽查信息“走近消费者”,以更好地引导消费,更好地体现国家监督抽查工作的有效性。

**64.【2000年全国质量技术监督局长会议在京召开】** 2000年12月26日至28日,全国质量技术监督局长会议在京召开。李传卿局长,王秦平、朱明暹、李忠海、蒲长城副局长,党组纪检组组长安国出席了会议。各省(区、市)、计划单列市、副省级市及新疆建设兵团质量技术监督局局长,国家局机关各司(室、局)及直属、挂靠单位的主要负责人参加了会议。李传卿局长在会上作了题为《认真贯彻落实十五届五中全会精神,做好新世纪第一年的质量技术监督工作》的工作报告。王秦平副局长作了会议总结。上海、辽宁等8个省(区、市)局负责同志在会上作了经验交流。

**65.【国家质量技术监督局2000年第四季度抽查结果】** 2000年第4季度,我局组织监督抽查了1 897家企业的63类2 331产品,合格1 766种,抽样合格率为75.8%,比1999年第4季度的78.4%下降了2.6个百分点。

# 附　　录

附录 1

# 2000 年国务院发布的有关文件

## 国务院关于开展严厉打击制售假冒伪劣商品违法犯罪活动联合行动的通知

国发〔2000〕32 号

各省、自治区、直辖市人民政府，国务院各部委、各直属机构：

为保护消费者和企业的合法权益，维护社会主义市场经济秩序，促进改革开放和国民经济健康发展，国务院决定，在全国范围内开展一场声势浩大而又讲求实效的严厉打击制售假冒伪劣商品违法犯罪活动的联合行动（以下简称打假联合行动）。现就有关问题通知如下：

一、统一思想，提高认识

近年来，我国产品质量总体水平有了较大提高，部分产品质量接近或达到国际先进水平，打击制售假冒伪劣商品违法犯罪活动的工作也取得了一定成绩，有力地推动了我国经济持续快速健康发展。但是，制售假冒伪劣商品的违法犯罪活动还没有从根本上得到有效遏制，主要表现为：假冒伪劣商品品种多、数量大、范围广；有些地方区域性、集团性、大规模地制假售假问题越来越突出；有些地区拒绝、阻碍或者以暴力手段抗拒国家工作人员依法执行打假任务的事件时有发生。假冒伪劣商品横行，严重损害国家和人民利益，危害人民的生命和财产安全，侵犯消费者和企业的合法权益，干扰社会主义市场经济秩序，损害我国的国际形象。同时，制售假冒伪劣商品违法犯罪活动还严重腐蚀干部队伍和企业经营管理人员，败坏社会风气。各地区、各部门一定要充分认识当前制售假冒伪劣商品违法犯罪活动的严重性和危害性。在全国范围内严厉打击制售假冒伪劣商品的违法犯罪活动，既是认真贯彻落实江泽民同志“三个代表”重要思想的具体行动，又是依法整顿、规范、健全社会主义市场经济秩序的迫切要求，也是我国面对加入世界贸易组织，进一步扩大对外开放，提高我国产品的市场竞争力，营造良好的市场环境和投资环境的需要。我们一定要站在改革开放和现代化建设全局的高度，站在依法治国、建设社会主义法治国家的高度，充分认识严厉打击制售假冒伪劣商品违法犯罪活动的重要性和紧迫性。

二、突出重点，明确目标

为迅速、严厉地打击制售假冒伪劣商品的违法犯罪活动，从现在起到 2001 年春节前，要集中时间、集中力量，在全国范围内开展一场打假联合行动。打假联合行动要达到预定目标，必须做到充分准备，周密部署，精心组织，动员各方面力量，联合打击，综合治理。各省、自治区、直辖市人民政府要按照国务院统一部署，制定本地区联合行动方案，广泛发动企业和群众举报投诉，调查线索，核实案源，狠抓大案要案，务求取得实效。

打假联合行动要做到点面结合，突出重点。重点查处假冒伪劣农药、复混肥、种子、建筑用钢材、汽车配件、卷烟、药品、一次性输液（输血、注射）器、化妆品等9类商品；重点整顿群众反映强烈、假冒伪劣商品充斥的集散地和具有明显一地一品或一地多品制假售假、在全国产生恶劣影响的地区。同时，还要严厉查处外商投资企业举报投诉的制假售假案件。各省、自治区、直辖市人民政府要结合本地区实际情况，确定本地区的重点查处对象。

打假联合行动要注重实效，行动要快，措施要硬，处理要严，彻底解决一些危害性大、群众反映强烈的制假售假突出问题。通过打假联合行动，使制售假冒伪劣商品违法犯罪活动的猖獗势头得到有效遏制；重点商品、重点市场、重点地区假冒伪劣横行的严重局面基本得到扭转；集团性、大规模的制假售假问题得到有效整治；制售假冒伪劣商品的大案要案得到彻底查处，违法犯罪分子受到严惩；人民群众对打假联合行动的成果表示满意。

## 三、集中力量查处大案要案，严厉惩治违法犯罪分子

打假联合行动一定要集中力量突破一批涉及面广、数额巨大、危害严重、影响恶劣的大案要案，依法从快、从重惩处一批制假售假违法犯罪的首恶分子和惯犯，形成对违法犯罪分子的震慑力量。要依法严厉打击区域性、集团性、大规模、屡打屡犯的制假售假活动，坚决取缔制假售假窝点。对情节严重的，要依法吊销其营业执照、生产许可证、经营许可证，没收假冒伪劣商品、制假设备和工具以及原辅材料和包装物，彻底摧毁其制假售假能力。在生产假冒伪劣产品的重点地区，要加强对大宗假冒伪劣商品批发商，以及为制假售假活动提供运输、仓储、保管等便利条件的单位和人员的查处，形成对重点地区制假售假活动进行集中打击的态势；对售假严重的市场要限期整顿，整顿后仍达不到要求的，要坚决予以关闭；对屡教不改的经营业主，要坚决清出市场，触犯刑律的依法追究刑事责任。

要加大查处大案要案的力度。对屡打屡犯、查处阻力大、久拖不结的大案要案，有关地区或部门的主要领导要亲自过问，组织专门力量直接查办；对涉及多地区、多部门的重大案件，全国打假工作协调小组要组织联合办案，形成整体合力，提高办案效率。

开展打假联合行动，要与整治腐败相结合。打假联合行动要坚决排除一切阻力和干扰，不论案件涉及到什么单位、什么人，都要一查到底，依法惩处，决不姑息。特别要严厉查处国家机关工作人员中与制假售假分子相互勾结，包庇、纵容制假售假违法犯罪活动的腐败分子。

## 四、标本兼治，强化法制

各地区、各有关部门要按照“集中打击与日常监督相结合，重点打击与综合治理相结合，加强市场监管与引导企业自律相结合，打假治劣与扶优扶强相结合”的方针，既要较长时期地保持对制假售假违法犯罪活动的高压打击态势，防止出现反弹和死灰复燃，更要从根本上完善法制，标本兼治。一是各地区、各部门要全面清理、废除与国家法律法规相抵触的地方法规和部门规章，破除各种形式的地方保护。二是针对制售假冒伪劣商

品违法犯罪活动严重的情况，进一步完善现行有关法律法规，使打假工作有法可依。三是加强执法监督检查，杜绝有法不依和执法犯法现象；加大执法力度，依法严惩制假售假违法犯罪分子。四是在打假联合行动中，要深入开展普法教育活动，提高全民法制观念，形成自觉抵制和打击制假售假违法犯罪活动的社会环境。同时，继续深入开展“百城万店无假货”和“清柜台”等活动，创建“购物放心店”、“放心街”、“放心市场”。

## 五、加强领导，狠抓落实

（一）加强对打假联合行动的领导和协调。国务院决定成立全国打假工作协调小组，由国家经贸委、公安部、监察部、财政部、农业部、外经贸部、卫生部、海关总署、国家工商行政管理局、国家质量技术监督局、国家药品监督管理局、国务院法制办、国务院研究室、国家烟草专卖局等部门组成，并邀请中宣部、最高人民法院、最高人民检察院、武警总部参加，负责对打假联合行动的协调、指导和监督检查。全国打假工作协调小组办公室设在国家质量技监局，具体负责打假联合行动的日常联络和协调。各地区、各有关部门要切实帮助解决打假联合行动所需的资金和必要的执法装备，确保打假联合行动顺利进行。

（二）落实打假工作领导责任制。各省、自治区、直辖市人民政府要切实落实本地区的打假工作责任，成立打击制售假冒伪劣商品违法犯罪活动领导小组，具体负责本地区打假联合行动的领导、组织和推进，并确定一名主要领导负责。对制假售假严重而又屡禁不止的地区和市场，所在省、自治区、直辖市人民政府要明确提出整治期限和要求，并派出工作组直接督查、督办。

（三）充分发挥舆论监督作用。电视、广播、报刊、网络等媒体要密切配合打假联合行动。对取缔的制假窝点，重点清理的假货集散地，数额巨大、情节严重的大案要案以及地方保护的典型，要加大曝光力度，彻底揭露制假售假违法犯罪分子及其幕后支持者，形成强大的舆论监督声势。

（四）制定打假举报奖励办法。各省、自治区、直辖市人民政府和国务院有关部门要按照《中华人民共和国产品质量法》及有关法律、法规的规定，尽快制定打假举报奖励办法，落实奖励经费，重奖举报和打假有功人员，以鼓励和支持广大群众、企业以及社会各方面积极参与打击制假售假的违法犯罪活动。

（五）建立打假联合行动通报制度。各省、自治区、直辖市人民政府和国务院有关部门要及时将本地区、本部门打假工作部署、实施情况和查办大案要案情况报告全国打假工作协调小组办公室。全国打假工作协调小组办公室要及时将各地打假进展情况和大案要案查处情况通报全国，重大问题报国务院。

国务院责成国家质量技术监督局会同有关部门在明年适当时间，对这次打假联合行动的进展情况进行一次检查。成绩突出的，要通令嘉奖；打击不力，敷衍塞责，不能在限期内扭转局面的，由监察部门依法追究当地政府主要负责人的责任。

中华人民共和国国务院

二〇〇〇年十月二十四日

附录 2

# 2000 年发布的国家质量技术监督局令及有关文件

## 国家质量技术监督局令

第 7 号

《产品免于质量监督检查管理办法》，已于 2000 年 3 月 9 日经国家质量技术监督局局务会议通过，现予发布施行。

局长：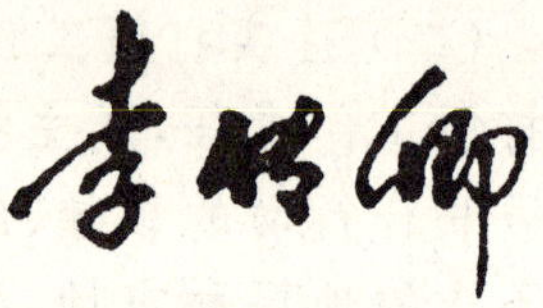

二〇〇〇年三月十四日

## 产品免于质量监督检查管理办法

### 第一章 总 则

**第一条** 为鼓励企业提高产品质量，提高产品质量监督检查的有效性，扶优扶强，避免重复检查，规范产品免于质量监督检查工作，依据《中华人民共和国产品质量法》和《国务院关于进一步加强产品质量工作若干问题的决定》，制定本办法。

**第二条** 国家质量技术监督局对符合本办法规定条件的产品实行免于政府部门实施的质量监督检查（以下简称免检）制度。免检产品在一定时期内免于各地区、各部门、各种形式的质量监督检查。

**第三条** 免检产品的审定及监督管理必须遵守本办法。

**第四条** 国家质量技术监督局负责管理全国产品免检工作，并定期公布开展免检产品类别目录。

省级质量技术监督部门负责产品免检工作的具体实施。

**第五条** 质量技术监督部门开展免检产品的审定及监督管理，不收取任何费用。

### 第二章 免检条件及审定程序

**第六条** 免检产品及其生产企业应当符合下列条件：

（一）产品质量长期稳定，企业有完善的质量保证体系；

（二）产品市场占有率、经济效益在本行业内排名前列；

（三）产品标准达到或者严于国家标准、行业标准要求；

（四）产品经省级以上质量技术监督部门连续三次以上（含三次）监督检查均为合格；

（五）产品符合国家有关法律法规和国家产业政策。

**第七条** 凡符合本办法第六条规定条件的企业可以自愿提出产品免检申请，填写产品免检申请表，如实提供有效证明材料，报送企业所在地的省级质量技术监督部门。

**第八条** 省级质量技术监督部门负责受理企业申请，对申请材料进行书面审查，签署审查意见，报送国家质量技术监督局。

**第九条** 国家质量技术监督局在征求社会有关方面意

见后，对免检产品予以审定，向符合规定条件的申请企业颁发免检证书，并向社会公告。

**第十条** 获得免检证书的企业在免检有效期内可以自愿在产品或者其包装上使用规定的免检标志。使用的免检标志应当注明获准免检的时间及有效期限。

免检的有效期为三年。免检到期后产品需要继续免检的，企业应当重新提出申请。

## 第三章 监督管理

**第十一条** 免检产品生产企业应当加强质量管理，保证产品质量。

**第十二条** 免检产品生产企业应当按照规定每年向所在地的省级质量技术监督部门和国家质量技术监督局报告一次免检产品的质量状况。

**第十三条** 免检产品生产条件或者企业组织结构发生重大变化，以及产品标准修订的，企业应当在三十日内向所在地的省级质量技术监督部门和国家质量技术监督局报告。

**第十四条** 免检产品在有效期内发生质量事故的，视情节责令其生产企业限期整改、停止使用免检标志、收回免检证书、予以公告，并依法追究企业的产品质量责任。

**第十五条** 用户、消费者有权对免检产品进行社会监督。依照用户、消费者对免检产品质量问题的申诉、举报而进行的调查处理由被申诉人所在地的省级质量技术监督部门组织。处理结果应当报送国家质量技术监督局，并抄送免检产品生产企业所在地的省级质量技术监督部门。

**第十六条** 不得以非免检产品冒充免检产品，不得伪造免检证书或者免检标志，不得转让免检证书或者免检标志，不得擅自扩大免检证书或者免检标志的使用范围；违反该条规定的，依照《中华人民共和国产品质量法》第四十一条规定追究责任。

**第十七条** 有关单位违反本办法规定，对在免检有效期内使用免检标志的产品进行质量监督检查的，对其进行通报批评，责令改正；已收取检验费的，责令退回检验费；情节严重的，可对直接责任者或者该单位负责人给予行政处分。

**第十八条** 企业在申请产品免检时未如实提供证明材料的，退回免检申请，并在两年内不准其再申报免检；免检产品公告后发现企业提供的证明材料失实的，撤销其免检证书，并在两年内不准其再次申报免检。

**第十九条** 从事产品免检管理的国家工作人员滥用职权、玩忽职守、徇私舞弊，构成犯罪的，依法追究刑事责任；未构成犯罪的，给予行政处分。

## 第四章 附则

**第二十条** 免检证书由国家质量技术监督局统一制作；免检标志由国家质量技术监督局统一规定式样。

**第二十一条** 本办法由国家质量技术监督局负责解释。

**第二十二条** 本办法自发布之日起施行。

# 国家质量技术监督局令

## 第 8 号

黑龙江省泰来县质量技术监督局执法大队马英海同志，2000 年 2 月 25 日在当地大兴镇进行取缔非法“土炼油”窝点的执法工作中，坚守岗位，忠于职守，坚决打击制假售假违法行为，表现突出。

特此通令嘉奖，颁发奖状。

局长：李传卿

二〇〇〇年四月二十日

# 国家质量技术监督局令

## 第 9 号

《质量技术监督行政复议实施办法》，已于 2000 年 4 月 21 日经国家质量技术监督局局务会议通过，现予发布施行。

局长：李传卿

二〇〇〇年四月二十四日

# 质量技术监督行政复议实施办法

## 第一章 总 则

**第一条** 为保证质量技术监督行政复议工作的有效开展，正确、及时处理质量技术监督行政复议案件，根据《行政复议法》，制定本办法。

**第二条** 公民、法人或者其他组织认为质量技术监督行政部门的具体行政行为侵犯其合法权益，向质量技术监督行政部门提起行政复议申请；质量技术监督行政部门审理并作出行政复议决定，适用本办法。

**第三条** 质量技术监督行政复议工作，应当遵循合法、公正、公开、及时、便民的原则；坚持有错必究，保障法律、法规的正确实施。

**第四条** 上级质量技术监督行政部门应当加强对下级质量技术监督行政部门行政复议工作的指导和监督，发现下级质量技术监督行政部门在行政复议工作中确有错误的，应当及时指出，并监督其纠正，必要时依法直接予以纠正。

**第五条** 质量技术监督行政复议部门在审理行政复议案件中存在违反法律规定的，主管负责人和直接责任人员应当承担行政责任。对主管负责人和直接责任人员责任的追究，依照本办法第八章的规定和《质量技术监督行政执法过错责任追究办法》的规定执行。

## 第二章 行政复议机构与职责

**第六条** 依法履行行政复议职责的质量技术监督行政部门为行政复议机关(以下简称"行政复议机关")。

行政复议机关的法制工作机构是本部门的行政复议机构(以下简称"行政复议机构")。行政复议机构负责办理行政复议案件的有关具体事项。

行政复议机构的工作人员名单应当报上一级质量技术监督行政部门备案。

**第七条** 行政复议机构的具体职责如下：

(一) 受理行政复议申请；

(二) 向有关组织或者人员调查取证；

(三) 组织审理行政复议案件；

(四) 拟订行政复议决定；

(五) 处理或者转送对本办法第十条所列有关规定的审查申请；

(六) 对涉及国家秘密和申请人、相关人商业秘密或者个人隐私依法采取保密措施；

(七) 整理行政复议案卷，并负责归档工作；

(八) 办理因不服行政复议决定提起行政诉讼的应诉事项；

(九) 对本部门或者下级部门违反本办法规定的行为，依照法定的权限和程序提出处理建议；

(十) 指导下级质量技术监督行政部门的行政复议工作，并对行政复议工作中发现的问题分析研究，提出改进工作的意见和建议；

(十一) 法律、法规规定的其他职责。

## 第三章 行政复议范围与管辖

**第八条** 有下列情形之一的，公民、法人或者其他组织可以依照本办法的规定申请行政复议：

(一) 对质量技术监督行政部门作出的行政处罚决定不服的；

(二) 对质量技术监督行政部门作出的行政强制措施不服的；

(三) 对质量技术监督行政部门作出的有关许可证、资质证、资格证等证书变更、中止、撤销的决定不服的；

(四) 认为质量技术监督行政部门侵犯合法的经营自主权的；

(五) 认为质量技术监督行政部门违法集资、征收财物、摊派费用或者违法要求履行其他义务的；

(六) 认为符合法定条件，申请质量技术监督行政部门颁发许可证、资质证、资格证等证书，或者申请审批、登记有关事项，质量技术监督行政部门没有依法办理的；

(七) 申请质量技术监督行政部门履行保护人身权利、财产权利的法定职责，质量技术监督行政部门没有依法履行的；

(八) 认为质量技术监督行政部门的其他具体行政行为侵犯其合法权益的。

**第九条** 不服质量技术监督行政部门对民事纠纷作出的调解或者其他处理的，依法申请仲裁或者向人民法院提起诉讼。

不服质量技术监督行政部门作出的行政处分或者其他人事处理决定的，依照有关法律、行政法规的规定提出申诉。

**第十条** 公民、法人或者其他组织认为质量技术监督行政部门的具体行政行为所依据的下列规定不合法，在对具体行政行为申请行政复议时，可以一并提出对该规定的审查申请：

(一) 国家质量技术监督局或者国务院部门的规定；

(二) 县级以上地方各级人民政府及其工作部门的规定；

(三) 地方各级质量技术监督行政部门的规定。

前款所列规定不含国务院部门规章和地方人民政府规章。规章的审查依照法律、行政法规的规定办理。

**第十一条** 对国家质量技术监督局的具体行政行为不服的，向国家质量技术监督局申请行政复议。

对国家质量技术监督局的行政复议决定不服的，可以向国务院申请行政裁决。

**第十二条** 对省、自治区、直辖市质量技术监督行政部门的具体行政行为不服的，可以向国家质量技术监督局申请行政复议，也可以向同级人民政府申请行政复议。

对计划单列市及其他副省级市质量技术监督行政部门的具体行政行为不服的，可以向省、自治区、直辖市质量技术监督部门申请行政复议，也可以向同级人民政府申请行政复议。

向同级人民政府提起行政复议申请的，上一级质量技术监督行政部门不再受理行政复议申请。

**第十三条** 对市、县级质量技术监督行政部门的具体行政行为不服的，向其上一级质量技术监督行政部门申请行政复议。

**第十四条** 对质量技术监督行政部门所属的机构，依据法律、法规授权而做出的具体行政行为不服的，向其主管的质量技术监督行政部门申请行政复议。

**第十五条** 对质量技术监督行政部门依法设立的派出机构，以自己的名义做出的具体行政行为不服的，向设立派出机构的质量技术监督行政部门申请行政复议。

**第十六条** 对质量技术监督行政部门委托的机构，以实施委托的质量技术监督行政部门的名义做出的具体行政行为不服的，向实施委托的质量技术监督行政部门的上一级质量技术监督行政部门申请行政复议。

**第十七条** 对依法需要批准的具体行政行为不服的，向做出批准决定的质量技术监督行政部门的上一级质量技术监督行政部门申请行政复议。

**第十八条** 对质量技术监督行政部门与其他行政部门共同做出的具体行政行为不服的，向做出决定的部门的共同上一级部门申请行政复议。

## 第四章 行政复议申请与受理

**第十九条** 根据本办法的规定向质量技术监督行政部门申请行政复议的公民、法人或者其他组织，是行政复议申请人（以下简称“申请人”）。

有权申请复议的公民死亡的，其近亲属可以申请行政复议。有权申请复议的公民为无民事行为能力人或者限制民事行为能力人的，其法定代理人可以代为申请行政复议。有权申请复议的法人或者其他组织终止的，承受其权利的法人或者其他组织可以继续享有申请人的权利，申请行政复议。

**第二十条** 同申请行政复议的具体行政行为有法律上的利害关系的公民、法人或者其他组织，可以作为第三人参加行政复议。

**第二十一条** 申请人、第三人可以委托代理人代为参加行政复议。

代理人代为参加行政复议的，应当由委托人出具委托书。

**第二十二条** 申请人对质量技术监督行政部门的具体行政行为不服申请行政复议的，作出具体行政行为的质量技术监督行政部门为被申请人（以下简称“被申请人”）。

**第二十三条** 申请人申请行政复议，可以书面申请，也可以口头申请。口头申请的，行政复议机构的工作人员应当当场填写《质量技术监督行政复议申请笔录》，记录申请人的基本情况、行政复议请求、申请行政复议的主要事实、理由和时间，并由申请人签字。

**第二十四条** 申请人申请行政复议，可以自知道具体行政行为之日起 60 日内提出；但法律规定的申请期限超过 60 日的除外。

因不可抗力或者其他正当理由耽误法定申请期限的，申请期限自障碍消除之日起继续计算。

**第二十五条** 行政复议机构收到行政复议申请后，应当在 5 日内对申请复议的主体资格、申请期限及有关的证据材料进行初步审查，并作出如下处理决定：

（一）对符合本办法规定的行政复议申请，决定立案审理；

（二）对不符合本办法规定的行政复议申请，行政复议机构可以要求其补正。不补正或者补正后仍不符合规定的，决定不予受理，并书面告知申请人；

（三）对不属于本部门管辖的行政复议申请，应当告知申请人向有关的行政部门申请行政复议；

（四）对于人民法院已经受理行政诉讼的行政复议申请，决定不予受理，并书面告知申请人。

**第二十六条** 申请人提出行政复议申请，行政复议机关无正当理由不予受理的，上级质量技术监督行政部门应当责令其受理；责令下级质量技术监督行政部门受理申请人的行政复议申请的，应当填写《责令受理行政复议申请通知书》，并送达申请人和被责令受理行政复议申请的质量技术监督行政部门。

上级质量技术监督行政部门认为必要时，也可以直接受理申请人的行政复议申请。上级质量技术监督行政部门直接受理行政复议申请的，应当按照本办法的规定审理行政复议申请。

**第二十七条** 行政复议期间具体行政行为不停止执行。但是，有下列情形之一的，可以停止执行：

（一）被申请人认为需要停止执行的；

（二）行政复议机关认为需要停止执行的；

（三）申请人申请停止执行，行政复议机关认为其要求合理，决定停止执行的；

（四）法律、法规规定停止执行的。

行政复议机关做出停止执行原具体行政行为的决定的，应当填写《行政复议通知书》，并送达申请人和被申请人。

**第二十八条** 行政复议机构应当自行政复议申请受理之日起 7 日内，将行政复议申请书副本或者行政复议申请笔录复印件发送被申请人。

被申请人应当自接到行政复议申请书副本或者行政复议申请笔录复印件之日起 10 日内，提出书面答复，并提交当初作出具体行政行为的证据、依据和其他有关材料。

## 第五章 行政复议审理

**第二十九条** 行政复议原则上采取书面审查的方式。但是，行政复议机构认为必要时，可以向有关组织和个人调查情况，听取申请人和第三人意见。对申请人提出的涉及案件产品的检验、鉴定请求，行政复议机构认为确有必要，应当依据《产品质量仲裁检验和产品质量鉴定管理办法》的规定进行检验、鉴定。

**第三十条** 在行政复议审理过程中，申请人、第三人可以查阅被申请人提出的书面答复、作出具体行政行为的证据、依据和其他有关材料。但是，涉及国家秘密、商业秘密或者他人隐私的材料除外。

**第三十一条** 在行政复议审理过程中，被申请人不得自行向申请人、其他有关组织或者个人收集证据。

**第三十二条** 行政复议机构在受理行政复议案件时，应当对申请人提出的本办法第十条所列规定或者被申请人具体行政行为的依据进行审查，并按照下列规定办理：

（一）对本部门发布的规定或者依据，应当在 30 日之内进行审理，并报本部门负责人批准后作出处理决定；

（二）对上级质量技术监督行政部门发布的规定或者依据，应当于 7 日内呈送该上级部门。该上级部门应当自接到呈送件之日起，于 60 日内作出处理决定，并书面送达呈送单位；

（三）对国家质量技术监督局发布的规定或者依据，应当经省级质量技术监督行政部门报送国家质量技术监督局，国家质量技术监督局应当自接到呈送件之日起 60 日内作出适用或者不适用的处理决定，并书面送达省级质量技术监督行政部门；

（四）对地方人民政府发布的规定或者依据，应当于7日内报该级人民政府所属质量技术监督行政部门转呈该级人民政府，请其在60日内作出处理决定；

（五）对国务院所属部门发布的规定或者依据，应当于7日内报省级质量技术监督行政部门转呈国家质量技术监督局，由国家质量技术监督局报请国务院做出适用或者不适用的处理决定。

**第三十三条** 对于需要转呈审理的规定或者依据，应当填写《规范性文件审理请示函》，请示函应当包括以下内容：

（一）请求审理的文件的名称；

（二）请求审理的主要内容；

（三）请求书面答复的最后日期要求。

**第三十四条** 有关政府及其部门对上述规定或者依据审理期间，行政复议中止；处理决定作出后，行政复议期间继续计算。

**第三十五条** 行政复议机构应当组织有关人员对申请行政复议的具体行政行为进行全面审查，对影响重大的行政复议案件应当报请局长办公会议进行讨论，并按照下列规定提出行政复议审理意见：

（一）被申请人的具体行政行为认定事实清楚、证据确凿、适用依据正确、程序合法、内容适当的，建议维持原具体行政行为；

（二）被申请人不履行法定职责的，建议责令其在一定期限内履行；

（三）被申请人的具体行政行为有下列情形之一的，建议撤销、变更或者确认该具体行政行为违法；并可以建议责令被申请人在一定期限内重新作出具体行政行为：

1. 主要事实不清、证据不足的；
2. 适用依据错误的；
3. 违反法定程序的；
4. 超越或者滥用职权的；
5. 具体行政行为明显不当的。

（四）被申请人在接到行政复议申请书副本或者行政复议申请笔录复印件10日内，未提出书面答复、提交当初作出具体行政行为的证据、依据和其他有关材料的，视为该具体行政行为没有证据、依据，建议撤销该具体行政行为。

**第三十六条** 行政复议机构对申请人申请行政复议时提出行政赔偿要求，应当依据《质量技术监督行政赔偿实施办法》的规定与被申请复议的具体行政行为一并审理，并提出处理意见。

申请人在申请行政复议时没有提出行政赔偿请求的，行政复议机关在依法决定撤销或者变更原具体行政行为时，应当责令被申请人返还财产或者解除对财产的强制性行政措施或者赔偿相应的价款。

## 第六章 行政复议决定与执行

**第三十七条** 行政复议机构应当根据审理意见拟订《行政复议决定书》，报行政复议机关负责人批准。

《行政复议决定书》应当具备以下内容：

（一）申请人、被申请人情况；

（二）申请行政复议的主要事实和理由；

（三）被申请人作出具体行政行为或不作为的理由和依据；

（四）行政复议机关审理认定的事实和理由；

（五）行政复议机关作出的行政复议决定；

（六）申请人不服行政复议决定，应当向人民法院提起行政诉讼的有效期限；

（七）行政复议机关的名称、印章以及作出行政复议决定的日期。

**第三十八条** 行政复议机关负责人同意审理意见的，签发《行政复议决定书》；认为审理意见有错误的，可以退回行政复议机构，行政复议机构应当组织重新审理。

**第三十九条** 行政复议机关审理行政复议案件，应当在行政复议机构接到有效的行政复议申请之日起60日内作出行政复议决定。情况复杂，不能在规定的期限内作出行政复议决定的，经本机关负责人批准，可以适当延长，并告知申请人和被申请人。但是，延长期限最多不得超过30日。

**第四十条** 行政复议决定作出前，申请人要求撤回行政复议申请的，经说明理由可以撤回。撤回复议申请的，行政复议终止。

对终止的行政复议案件，行政复议机关应当书面通知申请人和被申请人。

**第四十一条** 行政复议机关审理行政复议案件，应当使用统一的质量技术监督行政复议文书。

《行政复议决定书》、《不予受理行政复议决定书》应当加盖行政复议机关印章，其他行政复议文书可以加盖行政复议机构印章。

**第四十二条** 行政复议机关一般应当采用邮寄送达的方式送达行政复议文书；根据工作需要，也可以采用直接送达、留置送达、委托送达和公告送达等方式予以送达。

**第四十三条** 《行政复议决定书》一经送达即发生法律效力，申请人、被申请人应当严格执行。

**第四十四条** 行政复议机关责令被申请人重新作出具体行政行为的，被申请人不得以同一的事实和理由作出与原具体行政行为相同或者基本相同的具体行政行为。

**第四十五条** 被申请人不履行或者无正当理由拖延履行行政复议决定的，行政复议机关或者上级质量技术监督行政部门应当责令其限期履行。

**第四十六条** 申请人逾期不起诉又不履行行政复议决定的，按照下列规定分别处理：

（一）维持具体行政行为的行政复议决定，由被申请人依法申请人民法院强制执行；

（二）变更具体行政行为的行政复议决定，由行政复议机关依法申请人民法院强制执行。

**第四十七条** 被撤销或者被变更的具体行政行为涉及申请人财产的，应当按照行政复议决定的要求，解除封存或者返还财产；应当解除封存或者返还的财产灭失或者损坏的，按照《质量技术监督行政赔偿实施办法》的有关规定赔偿相应的价款。

**第四十八条** 有下列情形之一的，申请人可以自收到《不予受理决定书》、《行政复议决定书》或者行政复议期满之日起15日内，依法提起行政诉讼：

（一）行政复议机关决定不予受理行政复议申请的；

（二）行政复议机关受理行政复议申请后，超过行政复议期限不做答复的；

（三）对行政复议决定不服的。

**第四十九条** 行政复议案件审理结束后，行政复议机构应当对行政复议案件进行总结，并写出结案报告。

有重大影响的行政复议案件，结案后应当报省级质量技术监督局和国家质量技术监督局备案。

## 第七章 法律责任

**第五十条** 行政复议机关违反本办法规定，无正当理由不予受理依法提出的行政复议申请或者在法定期限内不作出行政复议决定的，对直接负责的主管人员和其他直接责任人员依法给予警告、记过、记大过的行政处分；经责令受理仍不受理造成严重后果的，依法给予降级、撤职、开除的行政处分。

**第五十一条** 行政复议机关工作人员在行政复议活动中，徇私舞弊或者有其他渎职、失职行为的，依法给予警告、记过、记大过的行政处分；情节严重的，依法给予降级、撤职、开除的行政处分；构成犯罪的，依法追究刑事责任。

**第五十二条** 被申请人违反本办法规定，不提出书面答复或者不提交作出具体行政行为的证据、依据和其他有关材料，或者阻挠、变相阻挠公民、法人或者其他组织依法申请行政复议的，对直接负责的主管人员和其他直接责任人员依法给予警告、记过、记大过的行政处分；进行报复陷害的，依法给予降级、撤职、开除的行政处分；构成犯罪的，依法追究刑事责任。

**第五十三条** 被申请人不履行或者无正当理由拖延履行行政复议决定的，对直接负责的主管人员和其他直接责任人员依法给予警告、记过、记大过的行政处分；经责令履行仍拒不履行的，依法给予降级、撤职、开除的行政处分。

## 第八章 附 则

**第五十四条** 行政复议机关受理行政复议申请，不得向申请人收取任何费用。行政复议活动所需经费，应当从本机关的行政经费中列支。

行政复议中，行政复议机构应申请人请求组织检验、鉴定所需费用，由申请人预付。待行政复议案件结案时，该预付费用按以下规定处理：

（一）检验、鉴定结论与原具体行政行为所依据的检验结论一致的，该项检验、鉴定费用由申请人承担；

（二）检验、鉴定结论与原具体行政行为所依据的检验结论不一致，且经证明原检验结论错误的，该项检验、鉴定费用由被申请人承担。

由被申请人承担的检验、鉴定费用，待行政复议案件结案后，被申请人可以依据《质量技术监督行政赔偿实施办法》的规定，向有关的检验机构进行追偿。

**第五十五条** 本办法有关期间的规定，是指工作日，不含节假日。

**第五十六条** 外国人、无国籍人、外国组织在中华人民共和国境内申请质量技术监督行政复议，适用本办法。

**第五十七条** 本办法由国家质量技术监督局负责解释。

**第五十八条** 本办法自发布之日起施行。《技术监督行政复议实施办法》同时废止。

# 国家质量技术监督局令

## 第 10 号

《质量技术监督行政执法过错责任追究规定》，已于 2000 年 5 月 15 日经国家质量技术监督局局务会议通过，现予发布施行。

局长：李传卿

二〇〇〇年六月八日

## 质量技术监督行政执法过错责任追究规定

**第一条** 为了加强对质量技术监督行政执法工作的监督管理，保证行政执法人员及有关人员依法行使职权，根据有关法律法规，制定本规定。

**第二条** 行政执法过错责任是指质量技术监督行政执法人员及有关人员在办理行政案件过程中，由于主观故意或者过失使自身行为违反了法律、法规和规章的规定，导致认定事实错误、适用法律不当或者违反法定程序，从而使行政处罚错误或者显失公正，并造成了严重后果时应当承担的责任。

**第三条** 行政执法过错责任的追究应当坚持实事求是、过错与处罚相适应、惩诫与教育相结合的原则。

**第四条** 质量技术监督行政执法人员及有关人员的下列行为，应当承担行政执法过错责任：

（一）不履行法定职责的失职行为；

（二）无法定依据或者超过法定种类、幅度实施行政处罚的行为；

（三）违反法定程序规定实施行政处罚的行为；

（四）违反法律、法规、规章规定实施行政检查或者行政强制措施的行为；

（五）对罚没款、罚没物品违法予以处理的行为；

（六）利用职务的便利，索取或者收受他人财物，情节轻微的行为；

（七）依照法律、法规和规章规定承担行政执法过错责任的其他行为。

**第五条** 因行政案件承办人员过错导致处罚决定错误或者显失公正的，行政案件承办人员应当承担行政执法过错责任。

**第六条** 因行政案件审理组织过错导致做出错误处罚决定的，行政案件审理组织的成员应当共同承担行政执法过错责任；但是已经表示不同意见的成员除外。

**第七条** 因质量技术监督部门或者执法机构的负责人过错导致做出错误处罚决定的，该质量技术监督部门或者执法机构的负责人应当承担行政执法过错责任。

**第八条** 因行政复议部门的有关人员过错造成行政复议案件认定事实错误、适用法律不当的，行政复议部门的有关人员承担行政执法过错责任。

**第九条** 两人以上共同行为导致的行政执法过错，依其过错的大小分别承担行政执法过错责任。

**第十条** 因检验、检定人员过错导致处罚决定错误的，检验、检定人员应当承担相应的连带责任。

**第十一条** 有下列情形之一的，可以从轻、减轻或者免除过错行为人的行政执法过错责任：

（一）主动承认错误并及时积极进行了纠正的；

（二）因过失出现错误并没有造成严重社会影响的；

（三）其他可以从轻、减轻或者免除责任的情形。

**第十二条** 有下列情形之一的，从重追究过错行为人的行政执法过错责任：

（一）不配合有关调查，阻挠追究行政执法过错责任的；

（二）对控告、揭发、检举行政执法过错的知情人进行打击报复的；

（三）一年内连续发生两次行政执法过错的；

（四）其他应当从重追究责任的行为。

**第十三条** 质量技术监督部门在行政执法中发生违法违纪问题，并造成严重社会影响的，该质量技术监督部门的负责人应当向上级质量技术监督部门作出书面检讨。

质量技术监督部门在行政执法中一年内发生两起违法违纪问题，并造成严重社会影响的，该质量技术监督部门的负责人应当承担相应的过错责任。

**第十四条** 行政执法过错责任形式包括以下几种：

（一）通报批评；

（二）吊销行政执法证件，调离执法工作岗位；

（三）依法给予警告、记过、记大过、降级、撤职、开除的行政处分；

（四）因行政执法过错引起行政赔偿的，承担全部或者部分赔偿金额；

（五）涉嫌犯罪的，移送司法机关进行处理。

**第十五条** 追究行政执法过错责任，由过错行为人所在地的质量技术监督部门负责进行。上级质量技术监督部门认为有必要的，可以直接追究下一级质量技术监督部门及其过错行为人的行政执法过错责任。

**第十六条** 质量技术监督部门的法制工作机构会同有关工作机构，根据过错事实、过错行为人的法定职责，以及主观过错和产生的后果确定行政执法过错责任，提出处理意见，报质量技术监督部门做出处理决定。

**第十七条** 行政执法过错责任的被追究人对责任的认定有异议或者对处理决定不服的，可以向做出处理决定的质量技术监督部门或者上一级质量技术监督部门提出申诉。法律、行政法规另有规定的，从其规定。

**第十八条** 受理申诉的质量技术监督部门应当及时做出处理决定并告知申诉人。申诉期间不停止原处理决定的执行。

**第十九条** 本规定由国家质量技术监督局负责解释。

**第二十条** 本规定自发布之日起施行。

# 国家质量技术监督局令

## 第 11 号

《小型和常压热水锅炉安全监察规定》，已于 2000 年 5 月 15 日经国家质量技术监督局局务会议通过，现予以发布，自 2000 年 8 月 1 日起施行。

局长：李传卿

二〇〇〇年六月十五日

# 小型和常压热水锅炉安全监察规定

## 第一章　总　　则

**第一条**　为加强小型和常压热水锅炉的管理和安全监察，确保安全运行，根据《锅炉压力容器安全监察暂行条例》和国务院赋予质量技术监督行政部门的职能，制订本规定。

**第二条**　本规定适用于以水为介质的固定式小型锅炉和常压热水锅炉。本规定不适用于壁挂式热水器。

**第三条**　本规定所述的小型锅炉是指：

（一）小型汽水两用锅炉（额定蒸发量不超过 0.5 吨/小时、额定蒸汽压力不超过 0.04 兆帕的锅炉）；

（二）小型热水锅炉（额定出水压力不超过 0.1 兆帕的热水锅炉，自来水加压的热水锅炉）；

（三）小型蒸汽锅炉（水容积不超过 50 升且额定蒸汽压力不超过 0.7 兆帕的蒸汽锅炉）；

（四）小型铝制承压锅炉（本体选用铝质材料制造，额定出口蒸汽压力不超过 0.04 兆帕，且额定蒸发量不超过 0.2 吨/小时的锅炉）。

**第四条**　本规定所述的常压热水锅炉是指锅炉本体开孔或者用连通管与大气相通，在任何情况下，锅炉本体顶部表压为零的锅炉。

**第五条**　小型锅炉应当以本规定的技术要求为准，本规定未明确的其它技术要求应当执行《蒸汽锅炉安全技术监察规程》和《热水锅炉安全技术监察规程》。

**第六条**　各有关单位必须执行本规定，各级质量技术监督行政部门负责监督本规定的执行。

## 第二章　监督管理

**第七条**　小型和常压热水锅炉产品的设计文件（图样、强度计算书等）应当经省级质量技术监督行政部门锅炉压力容器安全监察机构审查批准。

**第八条**　生产小型锅炉的单位必须取得省级以上质量技术监督行政部门颁发的 $E_2$ 级以上（含 $E_2$ 级）《锅炉制造许可证》。

常压热水锅炉的生产实行制造许可证制度，《锅炉制造许可证》由省级质量技术监督行政部门颁发，其有效期为五年。

具备 $E_2$ 级以上（含 $E_2$ 级）锅炉制造资格的单位同时具备常压热水锅炉制造资格。

**第九条**　任何单位或者个人不得安装、销售和使用未取得《锅炉制造许可证》的单位制造的小型或者常压热水锅炉。

**第十条**　小型和常压热水锅炉的安装、修理和改造单位必须取得省级质量技术监督行政部门颁发的资格证书。

小型和常压热水锅炉制造单位可以安装本单位生产的锅炉。

**第十一条**　小型和常压热水锅炉安装前，安装单位必须携带有关资料向当地的质量技术监督行政部门锅炉压力容器安全监察机构提出申请，经批准后方可安装；未经批准,任何单位或者个人不得安装锅炉。

**第十二条** 小型和常压热水锅炉的安装、修理和改造应当遵守国家有关锅炉方面的规程和技术标准的规定。

**第十三条** 小型和常压热水锅炉安装完毕后,由锅炉使用单位组织验收,验收时应当有锅炉压力容器安全监察机构或者其委托的代表参加。

**第十四条** 小型和常压热水锅炉经安装验收合格后,由锅炉使用单位持有关资料到当地质量技术监督行政部门锅炉压力容器安全监察机构办理锅炉登记手续,取得锅炉使用登记证后方可投入使用。

**第十五条** 小型和常压热水锅炉使用单位必须做好锅炉设备的维护保养工作。锅炉设备运行中发现存在危及安全的隐患时,应当立即停止运行。

**第十六条** 各级质量技术监督行政部门锅炉压力容器安全监察机构应当对小型和常压热水锅炉的使用情况进行不定期的检查。

**第十七条** 锅炉的制造监督检验和定期检验工作由当地质量技术监督行政部门授权的检验单位承担。

**第十八条** 小型和常压热水锅炉发生事故时,发生事故的单位必须按照《锅炉压力容器压力管道设备事故处理规定》报告和处理。

## 第三章 小型和常压热水锅炉通用技术要求

**第十九条** 小型和常压热水锅炉的设计应当符合安全可靠的要求。锅炉受热面必须得到可靠冷却。选用的燃烧设备应当安全可靠,且应当与炉型相匹配。

**第二十条** 锅炉受压元件的强度计算应当按照GB/T 16508《锅壳锅炉受压元件强度计算》或者GB 9222《水管锅炉受压元件强度计算》的规定进行。

**第二十一条** 锅炉主焊缝不得采用搭接和角接接头。锅炉的成排管孔不得开在焊缝上,且不得采用十字焊缝。

**第二十二条** 采用焊接方法制造、安装、修理和改造小型锅炉受压元件时,施焊单位应当制定焊接工艺指导书并按照《蒸汽锅炉安全技术监察规程》附录Ⅰ的规定对受压元件之间的对接接头和受压元件之间要求全焊透的T形接头进行焊接工艺评定,符合要求才能用于生产。

**第二十三条** 额定出口压力小于等于0.1兆帕的小型锅炉,在制造厂保证焊缝质量的前提下,可以免做无损检测。

**第二十四条** 小型锅炉应当至少装设一只压力表。压力表应当按照有关规定进行校验。小型汽水两用锅炉、小型蒸汽锅炉和小型铝制承压锅炉应当至少装设一只水位表。

**第二十五条** 小型和常压热水锅炉出厂前应当进行1.5倍额定工作压力且不小于0.2兆帕的水压试验,保压时间20分钟,合格标准应当符合《蒸汽锅炉安全技术监察规程》第二〇九条规定。

## 第四章 小型锅炉特殊技术要求

### 第一节 小型汽水两用锅炉

**第二十六条** 小型汽水两用锅炉受压元件的材料应当为镇静钢,经省级质量技术监督行政部门锅炉压力容器安全监察机构批准可以采用不锈钢材料。锅筒(壳)或者炉胆的取用壁厚不得小于3毫米。

**第二十七条** 小型汽水两用锅炉的锅筒(壳)、炉胆与相连接的封头、管板可以采用插入式全焊透的T形连接结构。

**第二十八条** 小型汽水两用锅炉不得采用弹簧式安全阀,应当采用符合下列要求的水封式安全装置:

(一)水封管的直径应当根据锅炉的额定容量和压力确定,且内径不得小于25毫米;

(二)水封装置安装时,其有效水柱高度不得超过4米且只允许负偏差;

(三)水封管上不得装设任何阀门,同时应当有防冻措施。

**第二十九条** 小型汽水两用锅炉每两年应当进行一次水压试验,水压试验按照第二十五条规定执行,在水压试验前,应当进行必要的内外部检查。

### 第二节 小型热水锅炉

**第三十条** 小型热水锅炉受压元件的材料应当为镇静钢。锅筒(壳)或者炉胆的取用壁厚不得小于3毫米。

**第三十一条** 小型热水锅炉的锅筒(壳)、炉胆与相连接的封头、管板可以采用插入式全焊透的T形连接结构。

**第三十二条** 对于同时符合下列条件的小型热水锅炉,其安装、检验、使用环节不纳入强制管理,但其制造单位应当具有锅炉制造资格:

(一)仅承受自来水压力,无给水泵;

(二)额定出口水温不超过85℃,装有可靠的超温保护装置;

(三)采用燃油(气)或者电进行加热。

**第三十三条** 除第三十二条以外的其它小型热水锅炉,每两年应当进行一次水压试验,水压试验按照第二十五条规定执行,在水压试验前,应当进行必要的内外部检查。

### 第三节 小型蒸汽锅炉

**第三十四条** 小型蒸汽锅炉的设计图样应当标明锅炉设计水容量。小型蒸汽锅炉的材料按照《蒸汽锅炉安全技术监察规程》中的规定选取。锅炉焊缝减弱系数取$\Phi=0.8$,锅筒(壳)或者炉胆的取用壁厚不得小于3毫米。

采用《蒸汽锅炉安全技术监察规程》第二十三条规定以外的材料,应当同时符合以下条件:

(一)符合《蒸汽锅炉安全技术监察规程》第二十二条的规定;

(二)经省级质量技术监督行政部门锅炉压力容器安全监察机构批准。

**第三十五条** 小型蒸汽锅炉主焊缝不得采用T形接头。

**第三十六条** 焊工、焊接工艺评定、焊缝外观检查、返修应当按照《蒸汽锅炉安全技术监察规程》的规定执行。锅炉可以免做产品检查试板。

**第三十七条** 产品应当按照下列要求进行无损检测:

(一)按锅炉焊缝数量或者焊缝总长度的10%(焊缝交

叉部位必须包括在内)进行射线检测;

(二)对接接头的射线探伤应当按 GB 3323《钢熔化焊接对接接头射线照相和质量分级》的规定执行;射线照相的质量要求不得低于 AB 级;

(三)额定蒸汽压力大于 0.4 兆帕的小型蒸汽锅炉,对接接头质量不低于Ⅱ级为合格;额定蒸汽压力小于或等于 0.4 兆帕的锅炉,对接接头质量不低于Ⅲ级为合格。

**第三十八条** 小型蒸汽锅炉本体上应当至少装设一只弹簧式安全阀。

水位表与锅筒(壳)之间的汽、水连接管上可以不装阀门。

**第三十九条** 小型蒸汽锅炉应当每两年进行一次外部检验和水压试验,水压试验按照第二十五条规定执行。

**第四十条** 小型蒸汽锅炉使用期限应当不超过 8 年,超过 8 年的予以报废。

### 第四节 小型铝制承压锅炉

**第四十一条** 小型铝制承压锅炉的材料应当符合 GB 3193《铝及铝合金热轧板》和GB/T 3190《变形铝及铝合金化学成分》的规定。铝材的许用应力按照国家标准提供的力学性能选取,其安全系数:$n_b=4.0$,$n_s=1.5$。锅筒(壳)或者炉胆的取用壁厚不得小于 4 毫米。

**第四十二条** 小型铝制承压锅炉的锅筒(壳)、炉胆与相连接的封头、管板可以采用插入式全焊透的 T 形连接结构。

**第四十三条** 小型铝制承压锅炉的封头应当用整块铝板制造,需拼接时不得超过两块,拼接焊缝应当采用全焊透结构,并保证焊透。

**第四十四条** 小型铝制承压锅炉必须采用符合下列要求的水封式安全装置:

(一)水封管的直径应当根据锅炉的额定容量和压力确定,且内径不得小于 25 毫米;

(二)水封装置安装时,其有效水柱高度最大不得超过 4 米且只允许负偏差;

(三)水封管上不得装设任何阀门,同时应当有防冻措施。

**第四十五条** 小型铝制承压锅炉应当每两年进行一次水压试验,水压试验按照第二十五条规定执行。在水压试验前,应当进行必要的内外部检查。

**第四十六条** 小型铝制承压锅炉不得采用酸、碱进行清洗。

## 第五章 常压热水锅炉

**第四十七条** 常压热水锅炉的设计、制造、安装必须确保在运行中不承受压力。常压热水锅炉的设计、制造、检验、验收及出厂技术文件等应当满足 JB/T7985《常压热水锅炉通用技术条件》的要求。

**第四十八条** 常压热水锅炉的额定热功率应当小于或等于 2.8 兆瓦。

**第四十九条** 常压热水锅炉的水质应当符合 GB 1576《低压锅炉水质》的规定。

**第五十条** 常压热水锅炉安装竣工后,验收时应当有当地质量技术监督行政部门锅炉压力容器安全监察机构或者其委托的单位参加,确认所安装锅炉的非承压性后,方能投入使用。使用单位应当将有关资料存入锅炉技术档案。

**第五十一条** 常压热水锅炉投入使用后,任何单位和个人不得擅自改变锅炉的结构和安装系统管路、阀门。常压热水锅炉严禁改作承压锅炉使用。

## 第六章 罚 则

**第五十二条** 未取得省级以上质量技术监督行政部门颁发的《锅炉制造许可证》,从事小型和常压热水锅炉制造的,责令其停止制造,处以一万元以下的罚款;有违法所得的,处以违法所得三倍以下,最高不超过三万元的罚款。对不具备安全条件的非法生产锅炉予以没收。

**第五十三条** 制造不符合有关规定或者标准的小型和常压热水锅炉产品,或者提供的出厂资料与实际情况不符的,责令其限期改正;逾期未改的,由发证部门吊销其制造许可证。

**第五十四条** 有本规定禁止的下列违法行为的,应当责令其改正,处以一万元以下的罚款;有违法所得的,处以违法所得三倍以下,最高不超过三万元的罚款:

(一)小型和常压热水锅炉制造单位,采用未经省级质量技术监督行政部门锅炉压力容器安全监察机构审批的锅炉设计文件的;

(二)销售未取得《锅炉制造许可证》的单位制造的小型和常压热水锅炉的;

(三)未取得省级质量技术监督行政部门颁发的相应资格证书,从事小型和常压热水锅炉安装、修理和改造的;

(四)小型和常压热水锅炉安装单位,安装无资格单位制造的锅炉的;

(五)将常压热水锅炉安装或者改造成承压锅炉的。

**第五十五条** 小型和常压热水锅炉使用者有下列情况之一的,责令其改正,属非经营性使用行为的,处以一千元以下的罚款;属经营性使用行为的,处以一万元以下的罚款:

(一)使用未取得《锅炉制造许可证》的单位制造的锅炉的;

(二)未按规定履行锅炉安装报批手续的;

(三)未按规定组织安装竣工验收的;

(四)未按规定办理锅炉使用登记的;

(五)未按规定进行定期检验的;

(六)擅自超压使用锅炉的;

(七)对发生锅炉事故隐瞒不报、谎报或者破坏事故现场的。

属本条第一项情况的,除对其进行罚款处理外,对不具备安全条件的锅炉应当责令其做报废处理。

**第五十六条** 质量技术监督行政部门锅炉压力容器安全监察机构的人员发现违反本规定的违法行为,应当责令其纠正;对违法单位和个人,由地方各级质量技术监督行政部门依照《技术监督行政案件办理程序的规定》实施行政处罚;涉嫌犯罪的,移送司法机关追究其刑事责任。

## 第七章 附 则

**第五十七条** 各省级质量技术监督行政部门可以结合本地区实际情况，依据本规定制定实施办法。

**第五十八条** 真空相变锅炉的管理按照常压热水锅炉的规定执行。

**第五十九条** 本规定由国家质量技术监督局负责解释。

**第六十条** 本规定自2000年8月1日起施行。

# 国家质量技术监督局 令
# 公　　安　　部

## 第12号

《安全技术防范产品管理办法》已经国家质量技术监督局局务会议和公安部部长办公会议通过，现予发布，自2000年9月1日起施行。

国家质量技术监督局局长：李传卿

公　安　部　部　长：贾春旺

二〇〇〇年六月十六日

# 安全技术防范产品管理办法

**第一条**　为了保证安全技术防范产品质量，加强安全技术防范产品行业的监督管理，防止国家、集体、个人财产以及人身安全受到侵害，根据质量技术监督法律法规和国务院赋予的职责，制定本办法。

**第二条**　本办法所称安全技术防范产品，是指用于防抢劫、防盗窃、防爆炸等防止国家、集体、个人财产以及人身安全受到侵害的并列入《安全技术防范产品目录》的专用产品。

《安全技术防范产品目录》由国家质量技术监督局、公安部共同制定并公布。

**第三条**　质量技术监督部门是产品质量监督管理的主管部门，具体负责安全技术防范产品质量国家监督管理工作。

公安机关是安全技术防范工作的主管部门，在质量技术监督部门指导下，具体负责安全技术防范产品质量行业监督管理工作。

**第四条**　对安全技术防范产品的管理，分别实行工业产品生产许可证制度、安全认证制度；对未能纳入工业产品生产许可证制度、安全认证制度管理的安全技术防范产品，实行生产登记制度。对同一类安全技术防范产品的管理，不重复适用上述三种制度。

**第五条**　实行工业产品生产许可证制度的安全技术防范产品的管理，按照国家有关工业产品生产许可证制度的规定执行；实行工业产品生产许可证管理的安全技术防范产品，未取得工业产品生产许可证的，禁止生产和销售。

**第六条**　实行安全认证制度的安全技术防范产品的管理，按照国家有关安全认证制度的规定执行；实行安全认证强制性监督管理的安全技术防范产品，未获得安全认证的，禁止销售和使用。

**第七条**　实行生产登记制度的安全技术防范产品，未经公安机关批准生产登记的，禁止生产和销售。

**第八条**　生产实行生产登记制度的安全技术防范产品的企业，应当持下列材料到所在地的地市级公安机关提出申请：

（一）生产登记申请书；

（二）营业执照；

（三）符合法定要求的产品标准；

（四）法定检验机构出具的产品检验报告或者鉴定证

明。

**第九条** 地市级公安机关应当在接到生产登记申请材料之日起十五日内完成初审。初审合格的，报省级公安机关复审；初审不合格的，退回申请并说明理由。

省级公安机关应当在接到地市级公安机关报送的企业生产登记申请材料之日起七日内完成复审。复审合格的，做出批准登记决定，填发生产登记批准书，并将批准登记书送地市级公安机关，由地市级公安机关通知提出申请的生产企业；复审不合格的，做出不批准登记决定，并将不批准登记决定和理由书面通知地市级公安机关，由地市级公安机关通知提出申请的生产企业。

**第十条** 销售安全技术防范产品的单位或者个人，应当进行进货验证，验明生产企业的产品质量检验合格证明和工业产品生产许可证证书或者安全认证证书或者生产登记批准书。

**第十一条** 生产、销售安全技术防范产品的企业，必须严格执行质量技术监督法律法规的有关规定，保证产品质量符合有关标准的要求。

**第十二条** 安全技术防范产品质量检验机构必须经省级以上质量技术监督部门或者会同公安机关审查认可并考核合格，在授权的产品质量检验范围内从事检验活动。

**第十三条** 安全技术防范产品质量国家监督抽查由国家质量技术监督局组织实施，行业监督抽查由国家质量技术监督局批准后由公安部组织实施，地方监督抽查由地方质量技术监督部门组织实施或者会同地方公安机关组织实施。

安全技术防范产品质量日常监督检查由地方质量技术监督部门和公安机关在各自的职责范围内依法组织实施，并避免重复检查。

**第十四条** 违反本办法规定，有下列行为之一的，由县级以上公安机关责令其限期改正；拒不改正的，根据情节轻重予以警告或者处以一万元以下罚款；有违法所得的，处以违法所得一倍以上三倍以下、最高不超过三万元罚款：

（一）未经公安机关批准登记，擅自生产实行生产登记制度的安全技术防范产品的；

（二）销售实行生产登记制度的安全技术防范产品，但该产品未经公安机关批准生产登记的。

**第十五条** 对安全技术防范产品生产、销售、检验活动中的质量违法行为的行政处罚，由县级以上质量技术监督部门依据有关法律、法规、规章的规定执行。

**第十六条** 当事人对行政处罚不服的，可以依法申请行政复议或者提起行政诉讼。

**第十七条** 质量技术监督部门和公安机关的工作人员，在安全技术防范产品管理工作中滥用职权、玩忽职守、徇私舞弊的，由有关部门按照干部管理权限，予以行政处分；构成犯罪的，依法追究刑事责任。

**第十八条** 对于进口安全技术防范产品的管理，按照国家法律、行政法规的有关规定执行。

**第十九条** 本办法由国家质量技术监督局、公安部共同负责解释。

**第二十条** 本办法自2000年9月1日起施行。

## 安全技术防范产品目录

| 序号 | 产品名称 |
|---|---|
| 1 | 入侵探测器 |
| 2 | 防盗报警控制器 |
| 3 | 汽车防盗报警系统 |
| 4 | 报警系统出入口控制设备 |
| 5 | 防盗保险柜(箱) |
| 6 | 机械防盗锁 |
| 7 | 楼宇对讲(可视)系统 |
| 8 | 防盗安全门 |
| 9 | 防弹复合玻璃 |
| 10 | 报警系统视频监控设备 |

# 国家质量技术监督局令

## 第 13 号

《特种设备质量监督与安全监察规定》，已于 2000 年 6 月 27 日经国家质量技术监督局局务会议通过，现予以发布，自 2000 年 10 月 1 日起施行。

局长：李传卿

二〇〇〇年六月二十九日

# 特种设备质量监督与安全监察规定

## 第一章　总　　则

**第一条**　为了规范特种设备质量监督与安全监察工作，确保特种设备的产品质量和安全使用，保障人身和财产安全，促进经济发展和社会稳定，根据法律、行政法规的规定及国务院赋予质量技术监督部门的职责，制定本规定。

**第二条**　特种设备是指由国家认定的，因设备本身和外在因素的影响容易发生事故，并且一旦发生事故会造成人身伤亡及重大经济损失的危险性较大的设备。

本规定所称"特种设备"包括电梯、起重机械、厂内机动车辆、客运索道、游艺机和游乐设施、防爆电气设备等。执行本规定具体的特种设备目录，由国家质量技术监督局根据特种设备危险性程度提出，征求有关方面意见后确定，并公布实施。

防爆电气设备的质量监督与安全监察规定另行制定。

**第三条**　本规定适用于特种设备的设计、制造、安装、使用、检验、维修保养和改造。

**第四条**　国家质量技术监督局统一负责全国特种设备的质量监督与安全监察工作；地方质量技术监督行政部门负责本行政区域内特种设备的质量监督与安全监察工作；各级质量技术监督行政部门的特种设备安全监察机构（以下简称特种设备安全监察机构）在各自职责范围内，负责实施特种设备的质量监督与安全监察。

各级特种设备安全监察机构在实施特种设备的质量监督与安全监察时，应当发挥行业部门、社会中介组织的作用。

**第五条**　从事特种设备监督检验工作的技术机构（以下简称监督检验机构），应当具备相应的条件，经省级以上质量技术监督行政部门资格认可并授权后，方可以开展授权项目的特种设备监督检验工作。

## 第二章　通用规定

### 第一节　设计与制造

**第六条**　设计单位及其设计人员对所设计的特种设备的质量和安全技术性能负责。

设计必须符合相应的标准和安全技术要求。未制定国家标准或者行业标准的，必须符合保障人体健康，人身、财产安全的要求。

**第七条**　制造单位对制造的特种设备的质量和安全技术性能负责。

对实施生产许可证管理的特种设备，由国家质量技术监督局统一实行生产许可证制度；对未实施生产许可证管理的特种设备，实行安全认可证制度。未取得相应产品生产许可证或者安全认可证的单位不得制造相应产品。

特种设备生产许可证的取（换）证和管理工作，按照国家有关工业产品生产许可证的具体规定执行。

特种设备安全认可证的取（换）证工作，实行分级分类管理。证书申请的受理分别由国家特种设备安全监察机构或者省级特种设备安全监察机构负责，审查工作由国家特种设备安全监察机构授权的单位承担，审查合格后，分别由国家质量技术监督局或者省级质量技术监督行政部门批准发证。

**第八条** 有下列情况之一的，必须由国家质量技术监督局认可的监督检验机构进行整机或者部件的型式试验，合格后方可以提供用户使用：

（一）试制特种设备新产品或者部件；

（二）制造标准或者技术规程有型式试验要求的产品或者部件。

需要正式生产的，取得相应产品生产许可证或者安全认可证后，方可以正式生产、销售。从型式试验合格到提出生产许可证或者安全认可证取证申请的期限，不得超过6个月。

**第九条** 特种设备产品出厂时，必须按照有关法律、行政法规及本规定第三章的具体要求，提供相应的随机文件，并保证备品配件的供应。

**第十条** 在中国境内销售境外制造的特种设备，其产品必须符合我国有关特种设备的法律、行政法规、规章、强制性标准及技术规程的要求。

境外企业在中国境内销售境外制造的特种设备，必须明确中国境内注册的代理商，并由代理商承担相应的质量和安全责任。该代理商必须持接受委托代理和在中国境内注册的证明材料，到所在地省级特种设备安全监察机构备案。

凡在中国境内销售境外制造特种设备的产品或者部件，其同类型首台产品或者部件必须由国家质量技术监督局指定的监督检验机构进行型式试验，合格后方可以正式销售。

## 第二节 安装、维修保养与改造

**第十一条** 特种设备安装、维修保养、改造单位必须对特种设备安装、维修保养、改造的质量和安全技术性能负责。

安装、维修保养、改造单位必须具备相应的条件，向所在地省级特种设备安全监察机构或者其授权的特种设备安全监察机构申请资格认可，取得资格证书后，方可以承担认可项目的业务。该资格证书在全国范围内有效。

特种设备安装、维修保养、改造业务不得以任何形式进行转包或者分包。

**第十二条** 安装、大修、改造特种设备前，使用单位必须持施工方案等相关资料到所在地区的地、市级以上特种设备安全监察机构备案。

**第十三条** 安装、大修、改造后特种设备的质量和安全技术性能，经施工单位自检合格后，由使用单位向规定的监督检验机构提出验收检验申请，并由执行当次验收检验的机构出具检验报告，合格的，发给特种设备安全检验合格标志。

除国家法律、行政法规另有规定外，任何行政部门不得要求再进行强制性的验收检验。

**第十四条** 安装、大修、改造的特种设备验收合格后，负责该项目施工的单位必须将施工的技术文件和资料等，移交使用单位存入该特种设备的技术档案。

## 第三节 使用与管理

**第十五条** 特种设备使用单位必须对特种设备使用和运营的安全负责。

特种设备使用单位必须使用有生产许可证或者安全认可证的特种设备。对使用的特种设备，必须按照本规定有关要求申请相应的验收检验和定期检验。

**第十六条** 新增特种设备，在投入使用前，使用单位必须持监督检验机构出具的验收检验报告和安全检验合格标志，到所在地区的地、市级以上特种设备安全监察机构注册登记。将安全检验合格标志固定在特种设备显著位置上后，方可以投入正式使用。

**第十七条** 使用单位必须制定并严格执行以岗位责任制为核心，包括技术档案管理、安全操作、常规检查、维修保养、定期报检和应急措施等在内的特种设备安全使用和运营的管理制度，必须保证特种设备技术档案的完整、准确。

**第十八条** 特种设备遇可能影响其安全技术性能的自然灾害或者发生设备事故后，以及停止使用一年以上时，再次使用前，使用单位应当对其进行全面检查，必须消除影响安全的隐患。

**第十九条** 特种设备作业人员（指特种设备安装、维修保养、操作等作业的人员）必须经专业培训和考核，取得地、市级以上质量技术监督行政部门颁发的特种设备作业人员资格证书后，方可以从事相应工作。

**第二十条** 使用单位必须对在用特种设备进行日常的维修保养。特种设备的维修保养必须由有资格的人员进行，无特种设备维修保养资格人员的使用单位，必须委托取得特种设备维修保养资格的单位，进行特种设备日常的维修保养。

**第二十一条** 使用单位应当严格执行特种设备年检、月检、日检等常规检查制度，经检查发现有异常情况时，必须及时处理，严禁带故障运行。检查应当做详细记录，并存档备查。

**第二十二条** 在用特种设备实行安全技术性能定期检验制度。使用单位必须按期向使用特种设备所在地的监督检验机构申请定期检验，及时更换安全检验合格标志中的有关内容。安全检验合格标志超过有效期的特种设备不得使用。

安全检验合格标志的有效期自签发验收检验或者定期检验合格报告之日起计算。各类特种设备定期检验的周期按第三章的具体规定执行。

**第二十三条** 标准或者技术规程有寿命期限要求的特种设备或者零部件，应当按照相应要求予以报废处理。特种设备进行报废处理后，使用单位应当向负责该特种设备注册登记的特种设备安全监察机构报告。

**第二十四条** 特种设备一旦发生事故，使用单位必须采取紧急救援措施，防止灾害扩大，并按照有关规定及时向当地特种设备安全监察机构及有关部门报告。

**第二十五条** 在爆炸危险场所使用的特种设备，除执行本规定有关要求之外，还必须符合防爆安全技术要求。

## 第四节　监督、监察与监督检验

**第二十六条**　各地质量技术监督行政部门应当根据本地区的实际情况，按照上级质量技术监督行政部门的安排，对特种设备组织定期或者不定期的产品质量监督抽查。

各级特种设备安全监察机构对特种设备的设计、制造、安装、使用、检验、维修保养与改造单位执行本规定的情况应当进行现场安全监察，发现存在隐患及问题的，责令相应单位改正，必要时向其发出《特种设备安全监察意见通知书》(格式见附件)，并督促其及时予以解决。

**第二十七条**　各级质量技术监督行政部门的特种设备安全监察人员，必须经过专业培训和考核，取得国家质量技术监督局颁发的特种设备安全监察员证书后，方可以从事相应的安全监察工作。

特种设备安全监察员在行使安全监察职权时，应当出示特种设备安全监察员证书。

**第二十八条**　各级特种设备安全监察机构应当按照有关规定对特种设备事故进行报告、调查，督促处理和结案批复，做好事故统计工作，并按照规定期限逐级上报。

**第二十九条**　监督检验机构进行特种设备型式试验、验收检验和定期检验等各类监督检验的程序、内容、方法、合格判定规则等，必须按照国家质量技术监督局发布的相应检验规程执行。

**第三十条**　监督检验机构必须加强检验工作质量的管理，确保检验工作质量保证体系的正常运转，按期完成监督检验工作任务，必须对出具的检验报告负责。

**第三十一条**　监督检验机构在接到具备验收检验或者定期检验条件的检验申请后，必须在10个工作日内安排相应的检验。完成相应检验工作后，必须在10个工作日内出具检验报告，同时应当将检验报告报送负责注册登记的特种设备安全监察机构。

**第三十二条**　在用特种设备数量较多而且具有该类特种设备独立检验机构的大型企业，可以向所在地省级特种设备安全监察机构申请成立企业自检站，经上述机构核准建站方案，并经资格认可及授权后，可以承担本企业内在用特种设备的定期检验。

企业自检站检验范围内的在用特种设备，应当接受监督检验机构的抽检，抽检比例不得高于该企业当年应当检验设备总量的20%。具体抽检比例由企业所在地省级特种设备安全监察机构确定。

企业自检站及其检验人员从事授权检验类别以外的或者本企业之外的特种设备检验所出具的检验报告，不具备法律效力。

**第三十三条**　从事特种设备监督检验工作的人员，必须经专业培训，并接受省级以上特种设备安全监察机构组织的考核，取得相应资格证书后，方可以从事批准项目的监督检验工作。

**第三十四条**　受检单位对检验结果有异议时，可以在收到检验报告之日起15日内，以书面形式向监督检验机构提出。监督检验机构必须在15日内对受检单位提出的异议予以书面答复。

受检单位对监督检验机构的答复仍有异议时，可以在收到答复之日起15日内，以书面形式向当地与该监督检验机构同级的特种设备安全监察机构提出。接到异议申请的特种设备安全监察机构，应当在30日内，委托由国家特种设备安全监察机构授权的监督检验机构或者组织专家，对被提出异议的检验结果进行鉴定或者确认。鉴定或者确认的结论为最终结论。

上述鉴定或者确认所需费用，由提出异议的单位支付。鉴定或者确认结论证明原检验结果错误的，该费用由出具原检验结果的监督检验机构承担。

**第三十五条**　特种设备安全监察机构开展特种设备的质量监督与安全监察工作中，以及监督检验机构开展特种设备的监督检验工作中，需要收取费用的，必须按照财政、物价行政管理部门的规定收取。

**第三十六条**　监督检验机构及其检验人员不得从事特种设备的设计、制造、销售、安装、维修保养和改造等经营性活动，并保守受检单位的商业秘密。

# 第三章　特殊规定

## 第一节　电　梯

**第三十七条**　电梯出厂时，必须附有制造企业关于该电梯产品或者部件的出厂合格证、使用维护说明书、装箱清单等出厂随机文件。合格证上除标有主要参数外，还应当标明驱动主机、控制柜、安全装置等主要部件的型号和编号。门锁、安全钳、限速器、缓冲器等重要的安全部件，必须具有有效的型式试验合格证书。

**第三十八条**　电梯制造企业承担自己制造电梯的安装、维修保养、改造业务时，应当按本规定要求，申请并取得相应的资格证书。与制造资格同时提出申请的，执行资格审查的机构应当同时安排该企业制造、安装、维修保养、改造的资格审查。

**第三十九条**　在用电梯的定期检验周期为一年。

## 第二节　起重机械

**第四十条**　起重机械出厂时，必须附有制造企业关于该起重机械产品或者部件的出厂合格证、使用维护说明书、装箱清单等出厂随机文件。合格证上除标有主要参数外，还应当标明主要部件的型号和编号。

起重机械的超载保护等安全装置，必须具有有效的型式试验合格证书。

**第四十一条**　自行制造或者改造本单位使用起重机械的单位，必须将设计或者改造的相关资料，报所在地监督检验机构审核通过，并报所在地区地、市级以上特种设备安全监察机构备案后，方可以进行制造或者改造。

此类起重机械使用前，必须按照本规定要求进行验收检验，取得安全检验合格标志并办理注册登记后，方可以投入正式使用。

**第四十二条**　在用起重机械的定期检验周期为二年。

## 第三节　厂内机动车辆

**第四十三条**　厂内机动车辆出厂时，必须附有制造企业关于该厂内机动车辆的出厂合格证、使用维护说明书、备品配件和专用工具清单等出厂随机文件。合格证上除标有主要参数外，还应当标明车辆主要部件（如发动机、底盘等）的型号和编号。

**第四十四条** 新增厂内机动车辆的单位，必须按照本规定要求到所在地区地、市级以上特种设备安全监察机构注册登记。该特种设备安全监察机构可以指定所在地的监督检验机构，了解申请注册登记车辆的情况，并根据实际情况确定是否进行验收检验。免于验收检验或者验收检验合格的，由该监督检验机构发给厂内机动车辆安全检验合格标志。特种设备安全监察机构应当凭有效的厂内机动车辆安全检验合格标志办理该车辆的注册登记，并核发厂内机动车辆牌照。厂内机动车辆安装牌照并粘贴安全检验合格标志后，方可以投入使用。

**第四十五条** 厂内机动车辆使用单位应当结合本单位生产作业区或者施工现场的实际情况，按照《工业企业厂内运输安全规程》等国家标准的要求，在生产作业区或者施工现场设置交通安全标志和进行交通安全管理。

**第四十六条** 在用厂内机动车辆定期检验周期为一年。定期检验不合格或者安全检验合格标志超过有效期的不得使用，特种设备安全监察机构应当收回牌照。

## 第四节 客运索道

**第四十七条** 对新建或者改建的客运索道实行设计审核制度。设计审核工作由省级特种设备安全监察机构组织，审查由国家客运索道监督检验机构承担，审核通过后，方可以投入制造和施工。

**第四十八条** 客运索道的驱动机、抱索器、运载车辆、钢丝绳、减速机等主要部件出厂时，必须附有制造企业关于该部件的出厂合格证、使用维护说明等随机文件。合格证上除标有主要参数外，还应当标明部件的型号和编号。

**第四十九条** 客运索道安装工程竣工后，索道站（公司）或者索道运营承包单位必须向所在地省级特种设备安全监察机构提出运营申请。经省级特种设备安全监察机构对索道站（公司）或者索道运营承包单位的安全管理审查合格，并经国家客运索道监督检验机构对客运索道进行验收检验合格，发给安全检验合格标志后，方可以投入正式运营。

**第五十条** 客运索道安全检验合格标志有效期为三年。有效期自国家客运索道监督检验机构签发验收检验报告之日起计算。有效期满后需要继续运营的，其索道站（公司）或者索道运营承包单位必须在期满前三个月向所在地省级特种设备安全监察机构提出运营复审申请。经所在地省级特种设备安全监察机构审查其安全管理状况合格，国家客运索道监督检验机构全面检验合格，取得新的安全检验合格标志后，方可以继续运营。

**第五十一条** 在客运索道安全检验合格标志有效期内，客运索道每年要进行一次年度检验。年度检验不合格的不得运营。年度检验由索道站（公司）或者索道的运营承包单位提出申请，由当地具备客运索道检验资格的监督检验机构承担，当地没有具备客运索道检验资格监督检验机构的，年度检验由国家客运索道监督检验机构承担。

**第五十二条** 索道站（公司）站长（经理）或者索道运营承包单位负责人对保证客运索道的安全运营负责。站长（经理）要熟悉所管理的客运索道的安全技术知识，必须经过专业的培训与考核，合格后，方能够上岗。

**第五十三条** 索道站（公司）或者索道运营承包单位必须建立救护组织，并按照国家有关规定和标准，结合本索道的实际情况，配备相应数量的营救装备与急救物品。必须制定救援预案，并定期进行救援演习。当索道营运过程中出现意外事件或者发生事故时，能进行紧急处理，防止事态恶化，及时妥善地救援、救护乘客。

**第五十四条** 索道站（公司）或者索道运营承包单位必须按照《客运架空索道安全规范》的规定，对索道进行日常检查和维护。索道日常营运、检查、维护、救护演习、发生意外事件和事故等情况，应当记入运行日记，由索道站（公司）值班站长（经理）签字认可并存档备查。

## 第五节 游艺机和游乐设施

**第五十五条** 对新建或者改建危险性较大的游艺机和游乐设施实行设计审核制度，设计审核工作由省级特种设备安全监察机构组织，审查由国家游艺机和游乐设施监督检验机构承担，审核通过后，方可以投入正式制造和安装。

**第五十六条** 游艺机和游乐设施出厂时，必须附有制造企业关于该游艺机或者游乐设施的合格证、使用维护说明书和有关图纸等随机文件，并向用户提供备品配件和专用工具。

**第五十七条** 危险性较大的游艺机和游乐设施由国家游艺机和游乐设施监督检验机构进行验收检验和定期检验；其它游艺机和游乐设施由所在地区具备相应检验资格的监督检验机构进行验收检验和定期检验。

移地重新安装的游艺机和游乐设施，必须进行验收检验和办理注册登记。

**第五十八条** 在用游艺机和游乐设施的定期检验周期为一年。

**第五十九条** 游艺机和游乐设施的使用与运营单位，在游艺机和游乐设施每日投入营运前，必须进行试运行和相应的安全检查。每次运行前，操作和服务人员必须及时向游客讲解安全注意事项，并对安全装置进行检查确认；运行中要注意游客动态，及时制止游客的危险行为。安全注意事项必须张贴在游客易于看到的明显位置上。

**第六十条** 游艺机和游乐设施的所有者与运营单位，必须按照国家有关规定与标准配备适用的救护设施和满足需要数量的经过专业培训合格的监护或者救护人员。必须制定救援预案，并定期进行救援演习。在出现意外事件或者发生事故时，能进行紧急处理，防止事态恶化，及时妥善地救援、救护游客。

## 第四章 罚 则

**第六十一条** 有下列情形之一并拒绝按照特种设备安全监察机构发出的《特种设备安全监察意见通知书》进行整改的，由质量技术监督行政部门按照以下规定进行处罚：

（一）违反本规定第七条、第四十一条、第四十七条、第五十五条，未履行设计审核手续即进行制造者，或者无相应产品有效的安全认可证即投入制造者，责令停止制造和销售其产品，并处5 000元至20 000元罚款；

（二）违反本规定第七条，持相应产品有效的生产许可证或者安全认可证，但不能保证特种设备产品质量或者安全技术性能的，吊销相应的生产许可证或者安全认可证；

（三）违反本规定第八条、第十条，未按照要求办理有关手续即提供用户使用本单位产品的，责令补办有关手续，并处5 000元至20 000元罚款；

（四）违反本规定第十一条，无资格证书或者有资格证书但无相应项目即从事特种设备的安装、维修保养、改造者，责令承担项目停止进行，并处5 000元至20 000元罚款，有资格证书但无相应项目的，吊销相应的资格证书；

（五）违反本规定第十五条、第十六条、第四十九条，对购置无生产许可证或者安全认可证产品并投入使用者，或者未办理注册登记手续即投入运营的使用者，责令其设备停止使用，属于非经营性使用行为的，并处1 000元以下罚款；属于经营性使用行为的，并处3 000元至10 000元罚款；

（六）违反本规定第二十条、第二十一条，未按照要求定期维修保养特种设备的，以及发现异常情况未及时处理的，属于非经营性使用行为的，处以1 000元以下罚款；属于经营性使用行为的，处以3 000元至10 000元罚款。发现设备带故障运行的，必须责令设备停止使用；

（七）违反本规定第十九条、第三十三条、第五十二条，使用无相应有效资格证书的人员从事特种设备管理、安装、维修保养、改造、检验、操作的，对用人单位处以10 000元以下的罚款；

（八）违反本规定第二十二条，安全检验合格标志超过有效期或者定期检验不合格仍然继续使用的，责令设备停止使用，并处3 000元至10 000元罚款；

（九）对伪造、涂改、转借特种设备生产许可证或者安全认可证、安装（维修保养、改造）资格证书、安全检验合格标志和厂内机动车辆牌照等有关证书和牌照者，没收或者吊销其相应的证书和牌照，并处10 000元至30 000元罚款。

**第六十二条** 违反第二十四条规定，特种设备发生事故后不采取紧急救援措施，未能及时有效抑制灾害扩大，或者未按照规定及时报告事故以及隐瞒事故不报的，由质量技术监督行政部门予以警告，并处5 000元至25 000元罚款。

**第六十三条** 对违反本规定进行特种设备的设计、制造、安装、使用、检验、维修保养或者改造，并因此造成事故的，由质量技术监督行政部门责令相关设备停止使用，并处10 000元至30 000元罚款；涉嫌犯罪的，移送司法机关依法追究有关责任人的刑事责任。

**第六十四条** 从事安全监察或者监督检验的安全监察员和检验人员，在工作中玩忽职守、徇私舞弊、泄露或者剽窃商业秘密的，由所在单位视其情节和后果，给予相应的行政处分；涉嫌犯罪的，移送司法机关依法追究其刑事责任。

**第六十五条** 监督检验机构不能按照有关规定履行职责或者因管理不严，造成工作人员失职的，由授予其检验资格的质量技术监督行政部门予以警告，并视情节暂时停止或者取消其检验资格。

**第六十六条** 法律、行政法规对违反本规定行为的处罚机关、处罚方式有明确规定的，依照该法律、行政法规的规定执行。

## 第五章 附 则

**第六十七条** 本规定配套的规范性文件或者技术规程，由国家特种设备安全监察机构另行组织制定，国家质量技术监督局发布实施。

本规定中明确由质量技术监督行政部门颁发的各类证书和牌照的格式，由国家质量技术监督局统一规定。

**第六十八条** 本规定不适用于军事用途的特种设备。但军队所有，用于民用场所的特种设备必须执行本规定。

**第六十九条** 取得特种设备生产许可证或者安全认可证的企业、取得相应资格的特种设备监督检验机构，由国家质量技术监督局发布公告。取得相应特种设备的安装、维修保养、改造资格的企业，由颁发相应资格证书的省级质量技术监督行政部门发布公告。

**第七十条** 本规定由国家质量技术监督局负责解释。

**第七十一条** 本规定自2000年10月1日起实施。

# 国家质量技术监督局令

## 第 14 号

《质量技术监督技术成果奖励办法》，已于 2000 年 11 月 27 日经国家质量技术监督局局务会议通过，现予以发布施行。

局长：李长江

二〇〇〇年十二月十八日

## 质量技术监督技术成果奖励办法

**第一条** 为促进质量技术监督事业的发展，调动科技工作者的积极性和创造性，奖励在质量技术监督科技工作中做出突出贡献的组织和个人，制定本办法。

**第二条** 质量技术监督技术成果奖（以下简称成果奖）奖励工作，坚持尊重知识、尊重人才、突出技术创新、促进技术进步和成果转化的原则。

**第三条** 国家质量技术监督局负责组织成果奖评审工作。成果奖每年评审一次。

**第四条** 成果奖评审的组织形式：

国家质量技术监督局设立成果奖奖励工作办公室，负责评审工作的日常事务。

国家质量技术监督局组织成立成果奖评审委员会，由有关方面的专家及管理人员组成，为奖励评审的终审机构。成果奖评审委员会下设专业评审组，由有关方面的专家组成，负责成果奖的初评工作。评审专家由国家质量技术监督局统一聘任，任期三年。

**第五条** 成果奖的奖励范围包括：

（一）国家标准，为制订或贯彻标准而研究的新方法、新原理、新技术及测试仪器装置；

（二）计量基标准，计量规程，量传与检定技术，检验检测技术及仪器仪表；

（三）质量监督与检验，锅炉压力容器压力管道及特种设备安全监察，防伪，信息技术分类与编码等领域的新技术、新方法、新仪器及装置；

（四）为质量技术监督事业决策科学化、管理现代化而进行创造性研究并取得显著效果的技术法规及软科学成果；

（五）在成果转化中取得显著经济效益或社会效益的质量技术监督科技成果。

**第六条** 成果奖划分为技术开发、社会公益、软科学等三类，每类共设三个等级，分别为一、二、三等。

技术开发类成果奖按照成果的科技创新水平、技术难度、经济效益和推动行业技术进步的作用进行综合评定。

社会公益类成果奖按照成果的科技创新水平、技术难度、社会效益和推动行业技术进步的作用进行综合评定。

软科学类成果奖按照观点、方法和理论的创新性、研究难度、复杂程度、科学价值、社会效益、对决策科学化和管理现代化的作用和影响进行综合评定。

成果奖单项授奖人数和授奖单位数实行限额。一等奖的人数不超过 10 人，单位不超过 7 个；二等奖的人数不超过 7 人，单位不超过 5 个；三等奖的人数不超过 5 人，单位不超过 3 个。

**第七条** 成果奖的申报条件包括：

符合本办法第五条规定范围、并具备下列条件之一的成果可申报成果奖：

（一）国家标准、技术法规、计量规程等成果发布实施一年以上的。

（二）其他成果经省、部级组织鉴定（评审、验收），办理了省、部级成果登记，并实际应用一年以上，且取得显著效益的。

**第八条** 成果奖的申报程序如下：

(一) 成果完成单位或完成人按照行政隶属关系向国务院有关部门或者省、自治区、直辖市、计划单列市质量技术监督局提出申请。受理部门对项目进行初审，提出审查意见和奖励等级建议后，向国家质量技术监督局推荐。

(二) 几个单位共同完成的成果，由该成果的第一完成单位负责组织申报。

(三) 申报成果奖，必须按规定认真填写《质量技术监督技术成果奖推荐书》，并提供真实、可靠的技术成果评价材料。

**第九条** 成果奖的评审程序如下：

(一) 形式审查：成果奖奖励工作办公室组织对推荐项目申请资料符合性进行审查。

(二) 专业评审：专业评审组召开会议对通过形式审查的项目进行专业评审。

1. 每个项目安排两名主审员。主审员应当在评审会上向评审小组介绍其主审项目的科技水平、技术难度、关键技术和创新点、取得的经济效益和社会效益；

2. 专业评审组的评审会议应当有三分之二多数(含三分之二)委员参加，在充分评审的基础上，会议表决结果有效；

3. 专业评审组将专业评审结果报成果奖评审委员会。

(三) 终审：由成果奖评审委员会以会议方式对各专业评审组的专业评审结果进行审定。会议应当有三分之二多数(含三分之二)委员参加，会议表决结果有效，产生最终评审结果。

**第十条** 终审结束后，评审结果将在《中国质量报》上公告。自公告之日起两个月内为异议期，任何单位和个人均可对公布的项目提出异议。

对有异议的项目，由成果奖奖励工作办公室组织调查核实，并提出处理意见。重大问题提交成果奖评审委员会裁决。

凡属于对项目评审等级的异议，不予受理。

**第十一条** 获成果奖的项目，由国家质量技术监督局授予荣誉证书和奖金。奖金的标准是：一等奖 15 000 元，二等奖 10 000 元，三等奖 3 000 元。各地可对获奖项目根据实际情况酌情予以奖励。

**第十二条** 成果奖获奖情况应当记人成果完成人档案，作为考核、晋升、奖励、专业技术职务任职资格评定的依据。

**第十三条** 申报成果奖要严肃认真，实事求是。对弄虚作假或者剽窃他人成果的，撤销其奖励，追回荣誉证书和奖金，并由有关单位视情节轻重给予行政处分。

**第十四条** 参与成果奖评审活动的有关人员在评审活动中弄虚作假、徇私舞弊、以权谋私的，由其所在单位或者上级主管部门视情节给予行政处分。

**第十五条** 本办法由国家质量技术监督局负责解释。

**第十六条** 本办法自发布之日起施行。原国家技术监督局发布的《国家技术监督局标准化科学技术进步奖励办法》、《国家技术监督局计量科学技术进步奖励办法》同时废止。

附录 3

# 国家质量技术监督局同有关部门共同发布的重要文件

## 关于印发《关于停止生产销售非税控加油机和非税控计价器的通告》的通知

国税发〔2000〕198 号

各省、自治区、直辖市国家税务局、地方税务局、质量技术监督局，各计划单列市国家税务局、地方税务局：

根据国家税务总局和国家质量技术监督局《关于加油机安装税控装置和生产使用税控加油机有关问题的通知》（国税发〔1999〕110 号）和《关于推行使用出租汽车税控计价器有关问题的通知》（国税发〔1998〕164 号）的规定，从 2000 年 1 月 1 日起不得再生产、销售非税控加油机和非税控计价器。为了做好使用税控加油机和推广使用税控计价器的工作，现将《国家税务总局　国家质量技术监督局关于停止生产销售非税控加油机和非税控计价器的通告》印发给你们，请利用广播、电视、报刊等宣传媒体广而告之，使社会各界了解不再生产、销售非税控加油机和非税控计价器的有关规定，积极配合，共同做好此项工作。

国家税务总局

国家质量技术监督局

2000 年 12 月 22 日

### 关于停止生产销售非税控加油机和非税控计价器的通告

为了加强税收征管，强化税源监控，堵塞税收漏洞，规范计量器具的制造，国家税务总局、国家质量技术监督局联合下发了《关于加油机安装税控装置和生产使用税控加油机有关问题的通知》(国税发〔1999〕110号)和《关于推行使用出租汽车税控计价器有关问题的通知》(国税发〔1998〕164号),规定从2000年1月1日起不得再生产、销售非税控加油机和非税控计价器。为了做好使用税控加油机和推广使用税控计价器的工作,现通告如下:

一、凡生产、销售加油机、计价器的企业必须按国家税务总局、国家质量技术监督局联合发文的规定,停止生产、销售非税控加油机和非税控计价器。对确有特殊需要生产非税控加油机和非税控计价器的,必须经国家税务总局和国家质量技术监督局批准。

二、负责定型鉴定和样机试验的单位,自本通告下发之日起,不得再受理非税控加油机和非税控计价器的定型鉴定和样机试验工作。

三、各地质量技术监督部门,要严格把好产品质量关,加强税控加油机、税控计价器的出厂检定、周期检定等计量监督管理。

四、本通告下发后,各地质量技术监督部门对新投入使用的非税控加油机和非税控计价器不予进行检定。

五、根据国家质量技术监督局、国家税务总局《关于生产使用出租汽车税控计价器有关问题的通知》(质技监局量发〔2000〕13号)的规定,各地质量技术监督部门和税务机关要做好出租汽车使用税控计价器的过渡工作,从本通告下发之日起,对新投入使用的出租汽车,必须安装使用税控计价器。自2005年1月1日起,非出租汽车税控计价器打印的凭证,一律不得作为财务报销凭证。

六、本通告下发后,对不按规定仍继续生产、销售非税控加油机和非税控计价器的企业,注销其税控功能合格证和制造计量器具许可证。

各地税务机关、质量技术监督部门要相互配合,严格执法,对不按规定使用税控加油机、税控计价器的,按照国家税务总局、国家质量技术监督局《关于加油机安装税控装置和生产使用税控加油机有关问题的通知》(国税发〔1999〕110号)和《关于生产使用出租汽车税控计价器有关问题的通知》(质技监局量发〔2000〕13号)的有关规定处罚。

# 关于石油、石化集团所属加油站安装税控装置问题的通知

国税发〔2000〕159号

各省、自治区、直辖市国家税务局、质量技术监督局,计划单列市国家税务局:

根据《国务院办公厅转发国家经贸委等部门关于清理整顿小炼油厂和规范原油成品油流通秩序意见的通知》(国办发[1999]38号)和《国家税务总局、国家质量技术监督局关于加油机安装税控装置和生产使用税控加油机有关问题的通知》(国税发[1999]110号)的要求,目前加油机安装税控装置工作已经进入全面安装阶段,考虑到石油、石化集团将要实施IC卡缴费系统的实际情况,经与石油、石化集团协商后,现就石油、石化集团所属加油站安装税控装置及其他有关问题通知如下:

一、凡石油、石化集团所属加油站已经安装设置IC卡联网装置的,可由各省销售公司根据税控和IC卡联网一体的要求,在已取得防爆、计量和税控功能合格证的税控装置产品中选型。非IC卡联网的加油站,应按照当地加油站清理整顿的总体部署,组织安装税控装置。新建和改造的加油站,必须安装符合国家规定的税控加油机。

二、税控装置安装时,必须严格按照《燃油加油机税控装置现场安装注意事项及有关要求的通知》(质技监量函[1999]029号)的规定实施。要特别注意税控装置与加油机连线的防爆安全问题,切实消除安全隐患。各地要组成由税务、质量技术监督、消防等部门参加的联合检查小组,对已经安装的和正在安装的税控装置逐台进行检查,凡不符合安装和防爆要求的,不得投入使用,并立即采取措施加以整改。

三、安装税控装置的售后服务要按照《国家税务总局关于报送加油机税控装置安装情况的通知》(国税明电[2000]9号)和《国家税务总局关于印发〈关于加油机安装税控装置的通告〉的通知》(国税发[2000]76号)的有关规定实施。对安装单位和人员要进行审查考核,全面安装前要进行安装试点或建立安装示范站,明确安装规范,保证安装质量。

四、考虑到整个安装和检测工作任务重、时间紧的实际情况,现决定,全国税控装置安装工作结束时间延迟到2000年12月底。各地安装工作总结于2001年1月底前报国家税务总局和国家质量技术监督局。

国家税务总局
国家质量技术监督局
2000年9月12日

# 关于2000年深入开展“百城万店无假货”活动的通知

中宣发〔2000〕2号

各省、自治区、直辖市党委宣传部,文明办,商委(财办)、商业(贸易)厅(局、集团总公司),工商行政管理局,质量技术监督局,共青团委员会:

“百城万店无假货”活动自1995年底开展以来,影响广泛,效果显著,得到了中央领导同志的肯定,受到了广大群众的欢迎。为了把这项深得民心的活动进一步引向深入,现就2000年开展“百城万店无假货”活动的有关事项通知如下:

一、各有关部门要充分认识深入开展“百城万店无假货”活动的重要意义,在党委和政府的领导下,认真贯彻党的十五届四中全会精神,落实《中共中央关于加强和改进思想政治工作的若干意见》,加强协调配合,精心抓好活动的规划、部署和指导。要把“百城万店无假货”活动与创建文明城市、文明行业、文明企业结合起来,按照“巩固成果,加大力度,搞好延伸,稳步推进”的原则,将活动提高到一个新的水平。

二、大力推广南京市湖南路“百城万店无假货”活动示范街教育与管理并重,创建促文明、文明促繁荣、繁荣出效益的经验,在全国大中城市中,继续开展形式多样的创建示范街活动。各地工商行政管理部门、质量技术监督部门正在创建的“打假维权、消费者满意街(区)”和“购物放心一条街”,是“百城万店无假货”活动向基层延伸的组成部分,条件具备的,可申报全国“百城万店无假货”活动示范街。准备在“3·15”国际消费者权益日前夕,推出第三批全国“百城万店无假货”活动示范街。各地要积极创造条件,力争使地级以上的城市都有一条示范街。

三、进一步扩大“百城万店无假货”活动示范店的范围,完善“五联服务一体化”的具体措施。各示范店要加强内部管理，认真履行质量承诺，坚持推行无障碍退货、送货上门、跟踪回访等方式，采用开办消费者学校、提供咨询服务等做法，为消费者提供更多的便利。“3·15”前，将在全国再推出100家“百城万店无假货”活动示范店(具体方案由国家国内贸易局另发)。各地也可以从实际出发，推出自己的示范店。

四、随着社会主义市场经济体制的逐步建立和完善，各类批发市场在经济生活中的作用日益扩大。各地要注意加强调查研究，总结批发市场规范管理和文明服务等方面的经验。适当时候，将从各地选择10个条件具备的专业批发市场，作为首批全国“百城万店无假货”活动的示范市场推出。

五、认真抓好烟酒、食品、饮料和家用电器等与人民生活关系密切的商品的质量治理整顿。商业零售业要认真执行国家国内贸易局《关于加强商品流通质量工作的意见》的有关规定，提高商品服务质量。饮食服务业要认真执行国家规定的技术质量标准和操作规程，严禁使用过期变质原材料，不得在商品中掺杂、掺假，以假充真，以次充好，严格价格标准，制止不合理收费。

六、严厉惩治制售假冒伪劣商品的违法行为，工商行政管理部门和质量技术监督部门要集中力量抓好一批重点商品、重点地区、重点市场的打假工作，端窝挖点堵源头，狠抓大案要案的查处，并向社会公布结果。

七、继续以城市示范街、示范店为骨干，发展连锁、代理、配送等新的营销方式，组织货源下乡，向农民提供货真价实质优的日用消费品和农用物资，介绍识假、防假、打假知识。30条全国“百城万店无假货”活动示范街所在的城市，在春节前后，要重点组织好送货下乡；在“3·15”期间，要集中开展一次大型的打假宣传咨询活动。

八、各级团组织要动员内贸系统青年职工，参加以遏制假货、技术创新、管理创新、营销创新、服务创新和企业增效为主要内容的“百城万店青年文明号促销创效”活动(具体活动方案由团中央另发)。对活动中作出成绩的先进集体，将授予“青年文明号”称号。

九、下半年，将组织有关部门对全国“百城万店无假货”活动示范街、店进行复查。请各地按照示范街的六条标准，示范店的五条标准先行自查，对不合格的示范街、店要限期整改。对有名无实的示范街、店，将取消其称号。年底对全国“百城万店无假货”活动进行总结，推广经验，表彰先进。

十、“百城万店无假货”活动是群众性精神文明创建活动中涌现出来的新生事物，中央和地方新闻单位要及时报道各地开展活动的经验和做法，反映社会各界的呼声和要求。在春节前后和“3·15”期间，这方面的报道要相对集中，形成一定声势。

中国共产党中央委员会宣传部
中央精神文明建设指导委员会办公室
国家国内贸易局
中华人民共和国国家工商行政管理局
国家质量技术监督局
中国共产主义青年团中央委员会
2000年1月3日

# 关于印发《质量专业技术人员职业资格考试暂行规定》和《质量专业技术人员职业资格考试实施办法》的通知

人发[2000]123号

各省、自治区、直辖市人事厅(局)、质量技术监督局,国务院各部委、各直属机构人事(干部)部门:

为适应加入世贸组织和完善市场经济需要,科学、客观、公正地评价和选拔质量专业技术人才,加强质量专业技术人员队伍建设,提高产品质量水平和产品竞争力,经人事部、国家质量技术监督局研究决定,在工程系列质量专业实行全国统一的职业资格考试制度。现将《质量专业技术人员职业资格考试暂行规定》和《质量专业技术人员职业资格考试实施办法》印发给你们,请遵照执行。

附件:1.《质量专业技术人员职业资格考试暂行规定》

2.《质量专业技术人员职业资格考试实施办法》

中华人民共和国人事部

国家质量技术监督局

2000年12月22日

## 附件1：

# 质量专业技术人员职业资格考试暂行规定

**第一条** 根据国务院《质量振兴纲要》和《关于进一步加强产品质量工作若干问题的决定》精神及关于职业资格证书制度的有关规定，制定本规定。

**第二条** 本规定适用于企业、事业单位和社会团体中从事质量专业工作及相关工作的人员，在质量技术监督检验机构从事专职检验工作的人员除外。

**第三条** 国家对质量专业技术人员实行职业资格制度，纳入全国专业技术人员职业资格制度的统一规划。

**第四条** 质量专业技术人员职业资格（以下简称“质量专业资格”）实行全国统一考试制度，由国家统一组织、统一时间、统一大纲、统一试题、统一标准、统一证书。

质量专业实行职业资格考试制度后，不再进行工程系列相应专业技术职务任职资格的评审工作。

**第五条** 质量专业资格实行一考多用的原则。通过质量专业资格考试并获得该专业相应级别职业资格证书的工程技术人员，表明其已具备质量专业相应岗位职业资格和担任相应级别工程技术职务的水平和能力。用人单位可根据工作需要，从获得质量专业资格证书的人员中择优聘任。

**第六条** 质量专业资格分为：初级资格、中级资格和高级资格。

（一）取得初级资格，作为质量专业岗位职业资格的上岗证，可根据《工程技术人员职务试行条例》有关规定聘任工程技术员或助理质量工程师职务。

（二）取得中级资格，作为某些重要产品生产企业关键质量岗位职业资格的必备条件，可根据《工程技术人员职务试行条例》有关规定聘任质量工程师职务。

（三）高级资格实行考试与评审相结合的评价制度，具体办法另行规定。

**第七条** 参加质量专业资格考试的人员，必须遵守中华人民共和国宪法和各项法律，认真贯彻执行国家质量工作的方针、政策，遵守有关质量工作法律法规，热爱质量专业工作，恪守职业道德。

**第八条** 参加质量专业初级资格考试的人员，除具备本规定第七条所列基本条件外，还必须具备中专以上学历。

**第九条** 参加质量专业中级资格考试的人员，除具备本规定第七条所列的基本条件外，还必须具备下列条件之一：

（一）取得大学专科学历，从事质量专业工作满5年。

（二）取得大学本科学历，从事质量专业工作满4年。

（三）取得双学士学位或研究生班毕业，从事质量专业工作满2年。

（四）取得硕士学位，从事质量专业工作满1年。

（五）取得博士学位。

（六）本规定发布前，按国家统一规定已受聘担任助理工程师职务，从事质量专业工作满5年。

**第十条** 质量专业资格考试工作，由人事部、国家质量技术监督局共同负责。

国家质量技术监督局负责拟定考试大纲、考试科目、考试命题、编写考试用书、研究建立考试题库，组织或授权组织考前培训等有关工作。

人事部负责审定考试大纲、考试科目和试题，会同国家质量技术监督局对考试进行指导、监督、检查和确定合格标准。

**第十一条** 质量专业资格考试合格，由各省、自治区、直辖市人事（职改）部门颁发人事部统一印制，人事部、国家质量技术监督局用印的质量专业技术人员职业资格证书。该证书全国范围有效。

**第十二条** 质量专业资格证书实行定期登记制度。资格证书每3年登记1次。持证者应按规定到国家质量技术监督局指定的机构办理登记手续。

**第十三条** 对有伪造学历或资历证明、违反考试纪律行为的质量专业技术人员，一经发现，将取消其资格，收回其证书，2年内不得再参加质量专业资格考试。

**第十四条** 本规定报名条件中所规定的从事质量专业工作年限，其截止日期为考试报名年度当年年底。

**第十五条** 经国务院有关部门同意，获准在中华人民共和国境内就业的外籍人员，也可按本规定要求，报名参加考试。

**第十六条** 某些重要产品生产企业关键质量岗位由国家质量技术监督局另行规定。

**第十七条** 本规定由人事部、国家质量技术监督局按职责分工负责解释。

**第十八条** 本规定自2001年1月1日起施行。

**附件2：**

# 质量专业技术人员职业资格考试实施办法

根据《质量专业技术人员职业资格考试暂行规定》(以下简称《暂行规定》),制定本实施办法。

**第一条** 质量专业技术人员职业资格(以下简称“质量专业资格”)考试在人事部、国家质量技术监督局的统一领导下进行。两部门成立“质量专业资格考试专家委员会”和“质量专业资格考试办公室”,办公室设在国家质量技术监督局质量司,负责考试的日常管理工作。具体考务工作委托人事部人事考试中心组织实施。

各地考试工作由当地质量技术监督部门和人事(职改)部门共同负责。具体职责分工,由各地协商确定。

**第二条** 质量专业资格考试,原则上每年举行1次,考试日期定于每年6月。首次考试拟定于2001年9月进行。

**第三条** 质量专业初级资格考试设:质量专业相关知识、质量专业基础理论与实务两个科目。

质量专业中级资格考试设:质量专业综合知识、质量专业理论与实务两个科目。

各级别考试均分两个半天进行,每个科目的考试时间为3个小时。

**第四条** 参加考试的人员必须符合《暂行规定》中与报名资格有关的各项条件。

对在《暂行规定》发布前,按国家统一规定已受聘担任工程系列助理工程师、工程师职务的质量专业人员,只参加“质量专业基础理论与实务”或“质量专业理论与实务”一个科目的考试,考试合格者即可取得质量专业相应级别的资格证书。

**第五条** 凡符合报名条件并申请参加质量专业资格考试的人员,由本人提出申请,单位审核同意,按规定携带有关证件到当地考试管理机构报名。报名时,各地质量技术监督部门负责审核从事质量专业工作经历。经考试管理机构核准后,向应考人员核发准考证,应考人员凭准考证在指定的时间、地点参加考试。

中央和国务院各部门直属单位的人员参加考试,实行属地化管理原则。

**第六条** 考场原则上设在省辖市以上中心城市的大、中专院校或高考定点学校。

**第七条** 国家质量技术监督局负责组织或授权组织编写培训教材和有关参考资料。严禁任何单位和个人盗用国家质量技术监督局名义,编写、发行考试用书和举办各种与质量专业资格有关的考前培训,使考生利益受到损害。

**第八条** 为保证培训工作健康有序进行,国家质量技术监督局负责组织质量专业资格考试的师资培训。

各地要认真做好培训工作,组织培训要有计划地进行。培训单位必须具备场地、师资、教材等条件,由当地质量技术监督部门会同人事(职改)部门审核推荐,报国家质量技术监督局批准。

**第九条** 培训必须坚持与考试分开的原则,参与培训工作的人员,不得参加考试命题及考试组织管理工作。应考人员参加培训坚持自愿原则。

**第十条** 质量专业资格考试和培训等项目的收费标准,须经当地价格主管部门核准。

**第十一条** 考试考务管理工作要严格执行有关规章和纪律,切实作好试卷的命制、印刷、发送和保管过程中的保密工作。严格遵守保密制度,严防泄密。

考试工作人员要认真执行考试回避制度,严肃考场纪律。对违反考试纪律和有关规定者,要严肃处理,并追究领导责任。

# 关于印发《有关消费争议的商品送检规定》的通知

工商消字[2000]第43号

各省、自治区、直辖市及计划单列市工商行政管理局，质量技术监督局，出入境检验检疫局，贸易(商业)厅(局)，轻工业厅(局)：

现将《有关消费争议的商品送检规定》印发给你们。请各地有关部门积极宣传，并认真组织实施。

附件：1.《有关消费争议的商品送检规定》

2. 有关消费争议的商品检验申请表

3. 第一批受理有关消费争议的商品检验机构名单

中华人民共和国国家工商行政管理局

国家质量技术监督局

中华人民共和国国家出入境检验检疫局

国家国内贸易局

国家轻工业局

2000年3月10日

## 有关消费争议的商品送检规定

**第一条** 为保护消费者的合法权益，方便消费者送检消费争议的商品，依据《消费者权益保护法》、《产品质量法》等法律法规的规定，制定本规定。

**第二条** 有关消费争议的商品送检，是指消费者为生活消费需要购买、使用商品或接受服务时，发生商品争议，消费者自愿或者与经营者协商一致后，将该商品提交到有关消费争议的商品检验机构进行检验，获得有关数据和结论。

**第三条** 有关消费争议的商品检验机构名单由国家工商行政管理局、国家质量技术监督局、国家出入境检验检疫局、国家国内贸易局、国家轻工业局联合公布。

地方性的有关消费争议的商品检验机构名单，由各省、自治区、直辖市有关部门予以公布。

被确定为有关消费争议的商品检验机构可以挂牌公示。

**第四条** 有关消费争议的商品检验机构应按照公正、公平、科学、求实的原则，为消费者提供检验服务。

**第五条** 消费者送检有关消费争议的商品时，应向检验机构提供争议商品和购物凭证，并填写《有关消费争议的商品检验申请表》。

**第六条** 检验机构接到《有关消费争议的商品检验申请表》和商品后，经查验，受理的，双方签字确认；不予受理的，在申请书上注明原因。

检验机构无正当理由不得拒检。

对已进入仲裁程序、诉讼程序的消费争议案件，按照其他有关法律法规的规定进行争议商品的检验。

**第七条** 检验机构按照消费者要求的检验项目和内容，依据经双方确认的相关标准、产品说明或科学依据进行检验，并出具检验报告。

**第八条** 检验机构徇私舞弊出具虚假检验报告的，依法追究有关人员的责任，并负责经济赔偿；情节严重的，由有关部门取消其检验资格。

**第九条** 有关消费争议的商品检验费用按国家规定的收费标准收取。检验费用由争议双方当事人协商支付或者由消费者先行支付，责任确定后，依法按责任情况承担。

**第十条** 农民购买、使用直接用于农业生产的生产资料争议的送检，参照本规定执行。

**第十一条** 本规定自发布之日起实行。

# 关于加强调味品生产销售管理的通知

内贸局联发消费字[2000]第17号

各省、自治区、直辖市、计划单列市贸易(商业、商务)、卫生、质量技术监督、工商行政管理厅(局):

近年来,随着人们生活水平的提高和食品工业的发展,我国调味品生产大幅度增长,产品质量不断提高,花色品种增多,市场日趋繁荣,改善和丰富了城乡居民的“菜篮子”。但是,目前在调味品的生产、销售中还存在一些问题,主要是市场上不符合标准的产品较多,部分产品卫生指标超标,假冒伪劣产品现象屡禁不止,特别是一些企业因添加不合格的“酸水解植物蛋白”导致我国的酱油不符合欧盟有关产品标准而被禁止出口,对我国调味品行业的发展和参与国际贸易造成不利影响。为了维护消费者权益,打击假冒伪劣产品,严格规范调味品生产销售及市场管理,引导消费,促进调味品生产企业提高产品质量,增强国际竞争力,特通知如下:

一、提高认识,加强领导,把做好调味品生产、销售管理工作摆上重要议事日程。酱油、食醋等调味品是人民生活必需品,也是我国食品工业的重要组成部分。各地商品流通和卫生、质量技术监督、工商部门要以对人民健康高度负责的精神,切实加强对调味品生产销售管理工作的领导,密切配合,分工协作,各司其职,严格管理,积极做好调味品行业管理和监督检查工作。中国调味品协会和各地调味品中介组织要配合政府有关部门做好宣传工作,积极引导消费。广大消费者要增强自我保护意识,提高抵制假冒劣质产品的能力,自觉维护自身的合法权益。

二、适应加入WTO的要求,加强调味品标准化工作。我国已经发布了GB 2717—1996《酱油卫生标准》和GB 2719—1996《食醋卫生标准》。最近,GB 18186—2000《酿造酱油》、GB 18187—2000《酿造食醋》国家标准,SB 10336—2000《配制酱油》、SB 10337—2000《配制食醋》和SB 10338—2000《酸水解植物蛋白调味液》行业标准也已正式发布,其中,《酸水解植物蛋白调味液》规定了三氯丙醇含量≤1 ppm,使我国调味品标准体系日趋完善。以上标准的实施,将促进我国调味品行业与国际接轨,对提高我国调味品质量和档次、增加出口提出了更高的要求。因此,各地商品流通和质量技术监督、卫生行政部门要适应WTO的要求,认真做好调味品标准的宣贯和监督检查工作,对违反标准的要严肃查处。各调味品生产企业要坚决贯彻国家标准和行业标准,及时做好新老标准和现存产品标签的更换衔接工作,以减少损失。

三、加强调味品生产、销售的监督管理,清理整顿不符合条件的调味品企业和市场。各地商品流通主管部门要加强行业管理,引导企业依法生产、经营。卫生、质量技术监督、工商部门要加强对调味品生产和销售的监督管理。对无食品卫生许可证和营业执照的生产企业,应依法取缔;对证照齐全,但产品质量不合格的企业,要限期整改;对卫生条件不符合要求的生产企业,应限期改正,逾期不改的,由卫生部门吊销其卫生许可证,工商部门吊销其营业执照。对生产酸水解植物蛋白调味液的企业,要按照卫生部1991年颁布的《调味品卫生管理办法》和SB 10338—2000《酸水解植物蛋白调味液》标准的规定执行。凡未经省级卫生行政部门批准的,一律停止生产。要加强对调味品市场的监督检查工作，对发现的假冒伪劣产品一律封存、扣押，并予以没收；对为制假售假提供场地、设备、仓储、运输、资金等手段和条件的单位和个人，要依法从严处罚；有关主管部门根据各自的职责，将不定期在全国范围内进行抽查，公布抽查结果，扶优限劣，引导生产和消费。

调味品生产企业要坚决贯彻执行有关法规和标准，进一步加强和改善内部管理，严格生产工艺，确保食品卫生，坚决把好检验关，不合格产品不得出厂。鼓励生产企业采用传统酿造技术，开发新产品，满足不同消费者的需求。调味品销售企业要严把进货关，不得销售无营业执照和卫生许可证的生产企业的产品以及无产品检验合格证明的产品。

四、各地接此通知后，请即查找解决调味品生产、销售管理中存在的问题，认真总结经验教训，并及时将有关建议和意见报国家内贸局。

国家国内贸易局
中华人民共和国卫生部
国家质量技术监督局
中华人民共和国国家工商行政管理局
2000年11月23日

# 关于印发《国家“学生饮用奶计划”暂行管理办法》的通知

农垦发[2000]6号

各省、自治区、直辖市人民政府：

为了加强对实施国家“学生饮用奶计划”的全面指导和有效管理，以确保这项关系我国青少年健康成长的计划顺利开展，根据农业部、国家发展计划委员会、教育部、财政部、卫生部、国家质量技术监督局、国家轻工业局等七个部委局联合发出的《关于实施国家“学生饮用奶计划”的通知》的精神，现将《国家“学生饮用奶计划”暂行管理办法》印发给你们，请认真贯彻执行。

中华人民共和国农业部
中华人民共和国教育部
国家质量技术监督局
国家轻工业局
2000年10月13日

## 国家“学生饮用奶计划”暂行管理办法

### 第一章　总　　则

**第一条**　为改善我国中小学生的营养状况，以利青少年健康成长，决定实施以在校中小学生为主的国家“学生饮用奶计划”。为使这项计划顺利实施，并纳入规范化、法制化管理的轨道，特制定本办法。

**第二条**　本办法所称“学生饮用奶”，系指由国家有关部门认定的定点企业生产、符合国家标准、专供中小学生饮用的灭菌牛奶。学生饮用奶必须符合“安全、营养、方便、价廉”的基本要求。

**第三条**　实施“学生饮用奶计划”，必须坚持“统一部署、规范管理、严格把关、确保质量”的工作方针，各有关部门要密切配合，精心组织，各司其责，严格监管。通过政府、企业、学校和全社会的共同努力，在试点基础上逐步扩大推广，积极稳妥地把这项工作抓实抓好。

**第四条**　严格贯彻执行《中华人民共和国食品卫生法》、《中华人民共和国产品质量法》、《中华人民共和国消费者权益保护法》以及其他相关法律法规，并按照社会主义市场经济的原则和机制进行管理与运作。

### 第二章　生产企业

**第五条**　对学生饮用奶定点生产企业实行资格认定制度。从事学生饮用奶生产的企业，必须具备以下基本条件：

1. 有稳定、优质的鲜奶原料基地，奶牛饲养达到规范化要求，卫生防疫体系健全；
2. 有符合相应规范要求的生产工艺和设备条件；
3. 有健全完善的经营管理制度和质量保证体系；
4. 有必备的检验仪器设备和素质良好的专职检验人员；
5. 有稳定的产品质量，未发生过重大产品质量事故；
6. 有完善的、高效的配送和服务系统。

**第六条**　凡申报从事学生饮用奶生产的企业，必须填写“学生饮用奶定点生产企业申请表”，向实施“学生饮用奶计划”城市的学生饮用奶工作机构进行申报，同时提供企业法人营业执照、乳品生产卫生许可证、试生产的学生饮用奶样品及质量与卫生检验报告、企业综合情况等材料。经初审，上报国家“学生饮用奶计划”办公室进行复审，必要时派专家组实地调查和评估。凡当地无学生饮用奶工作机构的，企业可直接向国家"学生饮用奶计划"办公室申报。符合学生饮用奶生产条件的企业，经农业部、教育部、国家质量技术监督局、国家轻工业局共同认定，方可取得供奶资格，有效期为三年。

**第七条** 凡取得供奶资格的企业，授予"中国学生饮用奶定点生产企业"证书和标牌，准予使用中国学生饮用奶标志，并统一公告。

**第八条** 定点企业必须建立起一套完善、科学的管理制度，努力提高生产效率，降低成本，并指定专人负责，定期检查执行情况，及时解决存在的问题，确保学生饮用奶的质量。

**第九条** 定点企业要坚持科技兴奶，形成规模化的原料生产、加工与配送一条龙的产业化经营体系。

## 第三章 质量监督与价格管理

**第十条** 学生饮用奶的质量及其标识应执行国家标准 GB 5408.2—1999《灭菌乳》和 GB 7718—1994《食品标签通用标准》的规定，但应采用符合 GB/T 6914—1986《生鲜牛乳收购标准》规定的原奶生产，不得用复原乳生产。每份奶的单件包装净含量应采用 180 毫升、200 毫升、250 毫升等规格，净含量负偏差符合国家规定。在包装盒(袋)上印制统一标志，并注明"不准在市场销售"字样。

**第十一条** 定点企业必须按照质量标准，对所生产的每批产品进行质量检验，并提出规范化检测报告，同时建立产品质量档案，对每批受检产品进行留样封存，以备待查。

**第十二条** 定点企业必须依法接受当地的卫生、质量技术监督等部门的监督管理，产品卫生和质量不合格的，有关执法部门应责令其停产整顿，限期达标。

**第十三条** 学生饮用奶的价格按保本微利的原则核定。有条件的城市可由政府适当补贴，使学生饮用奶的价格水平低于当地市场同类同质产品。

**第十四条** 有关管理部门对定点企业申报认定、标志使用及质量监督均不向企业收取费用。

## 第四章 学校准入与配送

**第十五条** "学生饮用奶计划"在地方的组织实施由当地人民政府全面负责，当地教育部门负责在学校的实施与落实。根据奶业生产发展状况和近期内可能提供学生饮用奶的数量，可先选择一部分后勤服务、交通等条件较好的学校，批准加入实施"学生饮用奶计划"行列，并向上一级行政管理部门备案。随着奶业发展和学校条件的改善，可逐步扩大实施范围。

**第十六条** 实施"学生饮用奶计划"的学校，按照当地"学生饮用奶计划"工作机构的安排在定点企业中进行招标，自主选定供奶企业，并签订供货合同，明确双方的权利与义务。

**第十七条** 学生饮用奶应由定点企业组织专人专车按供货合同向学校直接配送。必要时企业可以在学校集中的区域或规模较大的学校设立学生饮用奶配送站(点)，以提高配送效率。鼓励具有集团优势的定点企业跨城市、跨地区向学校供奶。

**第十八条** 学校应做好学生饮用奶的营养健康知识宣传教育工作。要采用各种适当形式向师生及家长进行宣传教育，学生饮用应坚持学校引导、学生自愿的原则，对家庭经济困难的学生，可采取多种方法给予帮助。

**第十九条** 学校要加强并完善对学生饮奶的管理工作，制定必要的制度，对牛奶分发、饮奶时间、奶费收缴、饮后包装物的统一收集和处理作出规定。有关学生饮用奶在学校储藏、保管、发送中发生的费用由企业承担，但需由当地教育部门商物价部门统一核定。不允许学校在核定的价格之外任意加价或收取其他费用。

**第二十条** 凡实施"学生饮用奶计划"的学校，学生课间或午餐，只组织学生饮用定点企业生产的学生饮用奶。

## 第五章 法律责任

**第二十一条** 违反本办法的规定，生产和向学校配送不符合国家卫生和质量标准的学生饮用奶造成中毒事故或其它食源性疾患的定点生产企业，除按有关法律、法规进行处罚外，取消学生饮用奶定点生产企业资格，撤消其学生饮用奶标志的使用权，并予以公告。

**第二十二条** 违反本办法规定，未取得学生饮用奶定点生产企业资格，擅自使用学生饮用奶标志的，由当地质量技术监督部门予以制止。

**第二十三条** 学校不得定购和组织学生饮用非定点企业产品。由于学校管理不善或工作失职，造成集体安全卫生事故，由教育行政主管部门对有关责任人员给予处分。造成严重后果的，应依法追究责任。

## 第六章 附 则

**第二十四条** 凡生产、配送、组织消费学生饮用奶的单位或个人，必须遵守本办法。

**第二十五条** 本办法由国家"学生饮用奶计划"部际协调小组办公室负责解释。

**第二十六条** 本办法自发布之日起执行。

# 印发《关于加强糖精生产销售使用管理的规定》的通知

国经贸运行[2000]500号

各省、自治区、直辖市及计划单列市人民政府，新疆生产建设兵团：

经国务院同意，现将《关于加强糖精生产销售使用管理的规定》印发你们，请遵照执行。

中华人民共和国国家经济贸易委员会
中华人民共和国财政部
中华人民共和国对外贸易经济合作部
中华人民共和国卫生部
国家质量技术监督局
中华人民共和国国家工商行政管理局
中华人民共和国海关总署
2000年5月26日

## 关于加强糖精生产销售使用管理的规定

为加强糖精(含不溶性糖精，下同)生产、销售、使用的管理，制定本规定：

**第一条** 严格控制糖精生产能力。国家对糖精实行定点生产，非糖精定点生产企业，严禁生产糖精。国家经贸委会同有关部门确定糖精定点生产企业，并公布糖精定点生产企业名单。

**第二条** 严格控制糖精生产总量和内销总量。糖精生产和销售实行计划管理，糖精定点生产企业要严格按照计划生产和销售。糖精的内销、外销生产计划由国家经贸委按年度下达，国家石油和化学工业局负责实施监督。

**第三条** 糖精的出口管理和审价。继续实行由中国医药保健品进出口商会对糖精出口价格预核签章的管理办法，中国医药保健品进出口商会及时将预核签章情况报国家经贸委、外经贸部等部门备案。海关凭中国医药保健品进出口商会预核的签章验核放行。

**第四条** 糖精定点生产企业要严格按照国家、行业有关标准组织生产，确保产品质量。出厂产品包装、标识应符合国家有关法律法规及标准的规定。质量技术监督、卫生行政管理部门依法加强对糖精产品质量、食品卫生的监督管理。

**第五条** 严格实行糖精生产月报制度。糖精定点生产企业每月向本省、直辖市经贸委(经委、计经委)报送本企业糖精生产量、库存量、内销量、出口交货量等数据。有关省、直辖市经贸委(经委、计经委)负责监督检查，并汇总上报国家经贸委，抄送国家石油和化学工业局、国家轻工业局。

**第六条** 规范糖精销售。糖精生产企业要严格按照国家下达的内销计划销售，外贸出口企业以及用糖精作为生产原料的企业，必须到糖精定点生产企业或国家规定的指定场所直接采购，其他企业和个人不得经销糖精。

**第七条** 加强糖精的使用管理。食品生产和加工企业必须严格执行有关的法律、法规和标准的规定。严禁在婴幼儿食品中添加糖精等合成甜味剂。在允许使用糖精等合成甜味剂的食品中，食品生产和加工企业要严格按标准控制其用量，并在食品包装上标明糖精或其他合成甜味剂的名称和含量。要逐步缩小和降低糖精等合成甜味剂在食品中的使用范围和使用量。

**第八条** 国家经贸委会同有关部门对糖精生产、销售、使用进行监督检查。对于违反规定，超计划生产、超计划内销糖精的企业，扣减其当年和下一年度的生产和内销计划，企业超计划生产和超计划内销部分所实现的利税，由国家经贸委、财政部审核后，在年终办理决算时全部上交中央财政，情节严重者将追究有关领导责任；属于无照或超范围非法生产、销售糖精的由工商行政管理部门依法处理。对于违反规定，超范围、超量使用糖精等合成甜味剂的企业，由工商行政管理、质量技术监督、卫生等有关行政管理部门依法处理。

**第九条** 其他合成甜味剂产品参照本规定执行。

**第十条** 本规定由国家经贸委负责解释。

**第十一条** 本规定自发布之日起施行。

# 关于组织开展“三绿工程”试点工作的通知

内贸局联发消费字〔2000〕第8号

各省、自治区、直辖市、计划单列市贸易(商业、商务)、财政、卫生、铁路、环境保护、质量技术监督厅(局):

内贸局、财政部、卫生部、铁道部、环保总局和质监局联合下发《关于组织实施“三绿工程”的通知》(内贸局联发消费字〔1999〕第23号)后,各地认真贯彻,大力宣传,积极组织,起步良好。为积极稳妥地推进“三绿工程”,现决定在全国范围内进行试点工作,现将有关事宜通知如下:

## 一、试点工作的指导思想和目标

今年内将选择百家单位进行“三绿工程”试点,包括10条绿色通道,50家绿色市场(其中25家批发市场、25家零售商场),20条绿色加工生产线,20个绿色产品品牌。

试点工作以提高人民生活质量、保护人民身体健康为宗旨,以开展争创绿色通道、争创绿色市场、争创绿色加工生产线和绿色品牌活动为手段,实现“菜篮子”产品生产和流通的全程质量控制。

通过“三绿工程”试点工作,在全国建立绿色通道,形成绿色通道运输网络;建设绿色市场,确保商品质量,形成绿色市场销售体系;培育绿色加工生产线和绿色品牌,增加卫生、无污染、无公害、营养、高质量的商品供应,提高人民生活水平。

## 二、试点单位的条件和报批程序

### (一) 试点的单位应符合下列条件

争创绿色通道的试点条件:运输方式比较先进,不乱设关卡,不乱收费;运输工具符合商品运输保鲜的要求,并能有效防止污染。

争创绿色市场的试点条件:市场规模比较大;硬件设施比较好,管理比较先进;市场环境干净卫生。

争创绿色加工生产线的试点条件:加工生产线比较先进;生产过程符合卫生标准,禁止存在污染源。

争创绿色品牌的试点条件:商品的有害物残留较低,不会造成二次污染,产量较大,在社会上有一定的影响。

### (二) 试点单位报批程序

各省、自治区、直辖市流通主管部门会同财政、卫生、铁道、环保和质监部门根据试点条件,对本地区符合试点条件单位的名单进行初选,每个省(区、市)选择1—5个单位,于5月底前报全国三绿工程工作办公室。全国三绿工程工作办公室研究确定后公布试点单位名单,正式开展试点工作。

## 三、试点的主要工作内容

绿色通道试点的主要工作内容:1、改进运输方式,严防食品的在途污染,白条肉实行吊挂、封闭式恒温运输,蔬菜运输采取保鲜措施;2、推进直达运输,消除不必要的关卡和收费,降低运输成本;3、制定和发放绿色食品、有机食品运输的标志,并采取一定扶持措施;4、开展绿色通道连万家市场活动。

绿色市场试点的主要工作内容:1、加强硬件建设,按环保要求改善环境,逐步实现设施现代化,批发市场应配备冷库或冷藏设施;2、加强市场软件建设,强化内部管理,应用电子技术,提高服务水平;3、改进销售方式,肉的销售要退路进店,提高肉菜在连锁、超市销售的比重,批发市场推广竞拍交易方式和电子结算;4、添置检测手段,开展农残等质量检测工作,保证商品质量,抵制假冒伪劣食品入市销售的自律制度;5、鼓励销售冷却肉、分割肉、小包装肉,推广净菜上市。

绿色加工生产线试点的主要工作内容:培育绿色加工生产线,尤其是生猪屠宰线;生产加工原料符合绿色产品要求;生产工艺流程要符合国家有关规定。

争创绿色品牌工作的主要试点内容:鼓励企业生产绿色食品、有机食品;引导鼓励消费绿色食品、有机食品;开展消费咨询宣传活动,树立大众绿色消费的理念和时尚。

## 四、制定规划,加强宣传

试点工作的目的是为了通过试点,总结经验,稳妥、全面、健康地推进“三绿工程”,真正提高人民群众的生活水平。因此,在“三绿工程”试点过程中,要分阶段有重点加强宣传工作,使全社会都来关注和重视“三绿工程”试点工作。在争创“三绿工程”试点单位名单确定后,要对试点对象的基本情况、经营业绩和社会影响等广泛宣传;要从绿色食品、有机食品的特点、标识、标准和产销情况以及当前食品质量体系中存在的问题及引发的后果等各个角度进行宣传引导,争取社会各界的参与和支持。在试点工作进行过程中,要不断总结试点过程中的好经验、好做法,对试点工作所取得的成效及示范效果等进行总结,宣传推广,以在全国全面推进“三绿工程”的建设。

## 五、加强领导,健全组织

为加强组织领导,提高工作效率,保证试点工作的顺利进行,特组建全国三绿工程工作领导小组,下设全国三绿工程工作办公室,办公地点设在国家内贸局消费品流通司,负责“三绿工程”的日常工作。

地址:北京月坛北街25号

邮编:100834

电话:010-68391760 传真:010-68391755

国家国内贸易局
中华人民共和国财政部
中华人民共和国卫生部
中华人民共和国铁道部
国家环境保护总局
国家质量技术监督局
2000年4月18日

# 关于加强2000年蚕茧收购工作的通知

国经贸外经〔2000〕443号

有关省、自治区、直辖市及计划单列市茧丝绸协调(领导、改革)小组、经贸委(经委、计经委)、物价局、工商行政管理局、质量技术监督局:

经过各方面的努力,1999年我国丝绸出口全面滑坡的形势有所遏制,国际丝绸市场需求有一定恢复,但是丝绸市场产大于销、供大于求的格局还没有根本改变,丝绸消费需求和出口全面增长尚需时日,丝绸产销形势仍不能盲目乐观。2000年蚕茧收购即将开始,各地要严格执行国家经贸委、国家计委、国家工商局、国家质量技术监督局《关于印发〈茧丝价格和流通管理办法〉的通知》(国经贸〔1998〕315号)有关规定,根据本地区情况,提早准备,认真布置,做好边界地区协调,确保蚕茧收烘大局的稳定。现就2000年收购管理有关问题通知如下:

一、加强蚕茧的统一收购管理。蚕茧收购和经营管理继续由中国丝绸进出口总公司和各省、自治区、直辖市及计划单列市丝绸公司统一负责。蚕茧收购单位必须持有省级丝绸公司颁发的有效的《蚕茧收购委托书》和工商行政管理部门颁发的营业执照。禁止以任何形式将蚕茧收购站承包给个人或其他单位经营。蚕茧收购前,各地要对蚕茧收购站、点进行一次认真清理,对不具备收烘条件的,取消其收茧资格。工商行政管理部门要加强蚕茧收购市场的管理,对没有经营资格的单位和个人从事蚕茧(包括干茧)收购和经营的,要坚决予以取缔,对违法收购、经营蚕茧的,依照《投机倒把行政处罚暂行条例》严肃处理。对违规参与抢购蚕茧的缫丝企业,由有关部门相应取消其准产资格。

二、各地蚕茧收购单位不得跨地区收购鲜茧,各部门要在当地政府领导下,积极配合,共同做好毗邻地区协调工作。凡跨地区收购的鲜茧由工商行政管理部门依法予以查扣。其查扣的蚕茧,由原产地丝绸公司按国家和省(自治区、直辖市)规定标准和价格予以收购。对于跨地区收购鲜茧的收购单位,情节严重的,由所在地省级丝绸公司收回其《蚕茧收购委托书》,工商行政管理部门按有关规定进行处罚。

三、严格执行价格政策。各省(区、市)应根据国家确定的鲜茧收购基准价格及浮动幅度,尽快确定公布本省(区、市)的具体收购价格,定价权不得下放。对收购价格执行过程中出现的新情况、新问题,要及时向国家计委报告。对在收购中抬级抬价或压级压价的,由各地物价部门依照《中华人民共和国价格法》的有关规定严肃查处。

四、加强质量监督管理。蚕茧收购应严格实行仪评,禁止手估目评。在收购中如发现不采用仪评或不符合技术规范要求的茧站,由技术监督部门责令整改;整改无效的,由所在地省级丝绸公司收回《蚕茧收购委托书》,工商行政管理部门取消其相关经营资格。

五、各级茧丝绸主管部门和企业要提早筹集蚕茧收购资金,各有关银行要积极支持蚕茧收购。用于蚕茧收购的银行贷款要专款专用,不得挤占挪用,要防止出现"打白条"现象。

六、各地要加强蚕茧收购工作领导。要重视并搞好宣传工作,引导蚕农和蚕茧收购单位正确认识形势,避免盲目抬价。各级茧丝绸主管部门应切实加强对蚕茧收购工作的组织协调。在蚕茧收购集中期间，国家有关部门将组成联合执法检查组赴有关地区监督检查。各地茧丝绸主管部门也应会同当地物价、工商、技术监督等部门组成联合执法检查组共同维护收购秩序。

中华人民共和国国家经济贸易委员会
中华人民共和国国家发展计划委员会
中华人民共和国国家工商行政管理局
国家质量技术监督局
2000年5月15日

# 印发《关于进一步推进“中国绿色照明工程”的意见》的通知

国经贸资源〔2000〕223号

各省、自治区、直辖市、计划单列市及新疆生产建设兵团经贸委（经委、计经委）、建委（厅）、质量技术监督局（技术监督局），国务院有关部门：

为实施可持续发展战略，促进中国绿色照明工程健康发展，国家经贸委、建设部、国家质量技术监督局联合提出了《关于进一步推进“中国绿色照明工程”的意见》，现印发你们，请结合实际，贯彻执行。

中华人民共和国国家经济贸易委员会
中华人民共和国建设部
国家质量技术监督局
2000年3月16日

## 关于进一步推进“中国绿色照明工程”的意见

“中国绿色照明工程”是一项利国利民、促进可持续发展的节能环保工程，是“九五”期间我国节能工作的重点之一。自1996年10月实施以来，在各地区、有关部门和企业的积极支持和配合下，开展了一系列活动，取得了明显成效，促进了照明节电工作的深入发展。一是完成用户照明节电意识和照明电器产品、元器件产品生产企业基础状况调查，摸清了照明电器行业发展及照明节电潜力的基本情况；二是制定并发布4项高效照明电器产品国家标准，组织6

个品种的高效照明电器产品的监督抽查及质量分析会议，在4个城市开展质量承诺制试点活动，引导照明电器产品市场有序发展；三是组织高效照明电器产品的技术开发、项目示范及应用推广，促进了生产企业的技术进步；四是广泛开展照明节电的科普宣传、培训教育、国际交流与合作，使绿色照明工程逐步得到社会的认同和支持。抽样调查表明，仅我国内贸系统大型商厦、中小型商厦（宾馆）在用的高效照明电器产品已分别占照明装置总功率的90%、70%，取得了显著的社会节电效果。

尽管绿色照明工程取得了长足的进展，但是，仍然存在部分产品质量较差、市场不规范、高效照明电器产品推广应用力度不大，以及相关的政策法规不够完善等问题。为进一步推动中国绿色照明工程的实施和发展，现提出以下意见：

**一、进一步提高认识，加强领导**

1. 中国绿色照明工程旨在发展和推广高效照明电器产品，节约照明用电，建立优质高效、经济舒适、安全可靠、有益环境的照明系统，满足社会对照明质量、照明环境和减少环境污染的需要。

2. 绿色照明是国际社会公认的实施可持续发展战略的成功范例。照明节电是终端用电设备中节电率较高、成本效益较好的有效措施之一。我国照明用电量占全社会总用电量的10%左右，照明用电多以低效白炽灯为主，高效电光源普及率低，推广潜力很大。

3. 进一步明确绿色照明工程的范畴，除推广“节能灯”（紧凑型荧光灯）外，还应推广高效荧光灯、高压钠灯和金属卤化物灯等高强度气体放电灯，以及高效照明灯具和电器附件、调光控制设备等。要将科学的照明设计引入工程设计和建设中。

4. 各级经贸委、建委（厅、局）、质量技术监督局及有关政府部门，要加强对这项工作的组织领导，制定实施规划，采取有效措施，推进技术进步，规范产品市场，强化信息服务，增强公众的节能环保意识，促进中国绿色照明工程健康发展。

**二、完善标准，制定办法，规范市场，强化监督和管理**

1. 加强高效照明电器产品标准和建筑照明节电设计规范的制定和完善工作。质量技术监督部门应进一步组织制定和完善高效照明电器的产品标准和能效标准，为实行高效照明电器产品的节能认证和能效标识制度奠定基础。在建筑照明节电设计规范出台前，各地可根据实际情况，制定本地区建筑照明节电设计技术要求，以保证在新建项目中采用高效照明系统。

2. 各地区、有关部门要按照《中华人民共和国节约能源法》减少照明能耗的规定，制定适合本地区、本部门的绿色照明工程管理办法，促进高效照明电器产品的推广。在固定资产投资项目的可行性研究报告中应把照明系统设计纳入合理用能的专题论证，严格限制使用低效照明系统。

3. 质量技术监督部门要有序地、规范地开展高效照明电器产品的国家、地方监督抽查工作，公布抽查结果，督促企业严格按标准组织生产，引导用户购买优质产品，逐步达到规范市场的目的。对在国家和地方监督抽查中质量较好的产品及生产企业，要通过宣传媒体大力宣传和推广。对在监督抽查中拒检的企业和在监督抽查中产品被判不合格的生产企业，要通过新闻媒体曝光，并责令限期整改。对整改后复查仍不合格的企业，质量技术监督部门要会同当地经贸委责令其停产整顿。各地经贸委要会同有关部门根据国家和地方监督抽查的结果，制定配套的整顿高效照明电器产品市场的政策和措施。

各级质量技术监督部门要从规范生产、整顿市场、加强引导、提供服务等方面入手，会同有关部门加强对国家标准的宣传贯彻，禁止非达标产品的生产，特别要杜绝使用质量低劣的原材料和元器件；要引导企业充实和完善检测手段，建立健全质量保证体系。各地质量技术监督部门、工商行政管理部门依法查处制售假冒伪劣产品、虚假广告和不实的产品标识的违法行为。

4. 要加快照明电器行业的结构调整，鼓励企业通过联合、兼并、参股以及中外合资、合作生产等多种方式实现结构重组和产业升级，提高照明电器行业的整体竞争力。照明电器生产企业应根据市场需求积极调整产品结构，严格执行国家标准，积极参与产品节能认证和质量承诺制活动，牢固树立质量是企业生命的思想，努力创造国产名牌。

**三、采取有效措施，加快高效照明电器产品的推广应用**

1. 绿色照明工程的重点推广领域是机关学校建筑、商业建筑、体育建筑等各类公共建筑以及工业建筑和公用设施。

2. 各地区、有关部门应研究制订并实施促进高效照明电器产品推广应用的优惠政策和激励机制，对在实施绿色照明工程中有突出贡献的单位和个人，应给予表彰和奖励。

3. 要积极研究、试行高效照明电器产品的政府采购制度，扩大质量承诺制实施范围，引导、促进高效照明电器产品的大批量直销、采购活动，通过招标、投标和承诺活动，促进经国家监督抽查合格或通过节能产品认证的产品在竞争中扩大市场份额。

4. 有条件的地区和行业，要建设绿色照明示范工程，大力宣传示范项目的经验，以点带面，逐步推广，让用户真正了解使用高效照明电器产品及高效照明系统的意义，树立高效照明电器产品“既节电又省钱”的形象。

5. 要将绿色照明工程纳入综合资源规划和需求侧管理试点项目，建立、完善能源服务公司，采用“合同能源管理”的项目筹资机制，对用户实施照明系统改造。

6. 要培育、发展绿色照明的中介机构，促使其建立适应市场经济的运行机制，为推进绿色照明工程开展科研设计、项目筹资、咨询服务、信息交流和技术培训等工作。

7. 建立中国绿色照明工程实施效果追踪和评价制度。各地区、有关部门每年应向国家经贸委中国绿色照明工程办公室报送本年度绿色照明工程的实施情况，办公室将根据各地实施情况进行宏观指导。

# 关于实施国家“学生饮用奶计划”的通知

农垦发[2000]3号

各省、自治区、直辖市人民政府：

为改善我国中小学生的营养状况，保证青少年的健康成长，经国务院领导批准，决定在全国分步实施“学生饮用奶计划”，即采取政府引导、政策扶持的方式，通过专项计划向在校中小学生提供由定点企业按国家标准生产的学生饮用奶。这一计划的实施，充分体现了党中央、国务院对我国青少年营养健康的高度重视和关怀，必将对提高国民身体素质产生重要作用，同时对拉动消费，扩大内需，调整和优化农业结构，促进奶业及相关产业的发展，增加农民收入具有重要的意义。现将实施“学生饮用奶计划”的有关事宜通知如下：

一、实施“学生饮用奶计划”，必须坚持“安全、营养、方便、价廉”的原则和“统一部署、规范管理、严格把关、确保质量”的工作方针。各有关部门必须密切配合、精心组织、各司其责，扎扎实实把这项工作做好。

二、实施“学生饮用奶计划”是政府引导的行为，各有关行政部门不能凭借这项工作牟取经济利益。学校也不得在核定的奶价和劳务费用之外任意加价或收取其它费用。同时，这项工作要遵循社会主义市场经济的基本原则进行。

三、学生饮用奶生产企业要认真学习和贯彻执行有关法律法规，严格执行有关国家标准，建立健全质量控制体系。有关行政部门应按照职责分工，依法加强管理和监督，切实保障饮奶卫生和安全。

四、实施“学生饮用奶计划”，要从一开始就用大生产的方式进行操作，鼓励信誉好的大型骨干企业或公司进行规模化的生产、储运、配送，实行有限的市场竞争。学校应当通过在定点企业中公开招标的形式，自主选择质优、价廉的供货单位，并运用合同的方式确定各方的责任。

五、实施“学生饮用奶计划”，要坚持先试点、后推广的原则，根据奶业发展情况分步实施，逐步扩大范围，不能一哄而起。要防止不顾客观条件提出过高的指标和要求，也要防止盲目上奶制品加工等项目，搞低水平的重复建设。

六、实施“学生饮用奶计划”，是一项面向新世纪的系统工程，涉及到人们饮食习惯和消费观念的转变，也涉及到消费水平和生活质量的提高。有关部门、学校、新闻媒体要密切配合，广泛深入地进行有关饮奶与营养健康方面的宣传与教育，树立科学的饮食观念。

七、为保证实施“学生饮用奶计划”的工作健康有序地开展，决定成立由农业部牵头、有关部委局参加的国家“学生饮用奶计划”部际协调小组，下设办公室，负责全国“学生饮用奶计划”实施的组织、协调与指导工作。开展“学生饮用奶计划”的城市可设立或指定相应的机构，负责本市“学生饮用奶计划”的组织与实施工作。

八、“学生饮用奶计划”的实施，按国家“学生饮用奶计划”部际协调小组制定的“实施方案”(见附件)执行。“管理办法”由国家有关部门另行制定。

中华人民共和国农业部
中华人民共和国国家发展计划委员会
中华人民共和国教育部
中华人民共和国财政部
中华人民共和国卫生部
国家质量技术监督局
国家轻工业局
2000年8月29日

**附件：**

# 国家“学生饮用奶计划”实施方案

根据国务院领导同志对实施“学生饮用奶计划”的批示，按照实施“学生饮用奶计划”必须坚持“安全、营养、方便、价廉”的原则和“统一部署、规范管理、严格把关、确保质量”的工作方针，制定本方案。

## 一、意义和条件

实施国家“学生饮用奶计划”体现了党中央、国务院对我国青少年营养健康问题的高度重视和关心，对改善我国青少年的营养健康状况，提高国民身体素质具有重要意义，同时也是拉动消费、扩大内需，加快农业产业结构调整，促进奶业发展，增加农牧民收入的一项有效措施。

在政府的政策扶持、行政推动和消费引导下，通过专项计划向学生提供奶制品，即开展“学生饮用奶计划”，是世界上许多国家为改善学生营养和健康状况而采取的一种通用而有效的做法，得到有关国际组织的充分肯定与支持。我国国家“学生饮用奶计划”的启动表明坚持改革开放的中国已加入世界实施“学生饮用奶计划”国家的行列，必将对我国的经济发展和民族强盛产生深远影响，具有现实和长远的战略意义。

从我国现实情况看，开展这项工作已具备了基本条件。第一，具有较充足的奶制品原料资源，有较稳定的奶源生产、加工基地；第二，人们的饮食结构和习惯正在发生变化，越来越多的人开始注意饮食的营养构成；第三，已有了较好的前期工作基础，各有关部门为此做了大量的工作，而且还有实施“大豆行动计划”的工作经验；第四，社会主义市场经济的有关政策、法规正在逐步完善，基本形成了实施“学生饮用奶计划”的良好的外部环境。

## 二、实施步骤

实施国家“学生饮用奶计划”应先试点、后推广，以点带面、分步实施，充分调动各方面的积极性，必须防止一哄而起。具体实施拟分三步进行：

1. 首先在京、津、沪、穗、沈五城市进行试点。通过试点总结经验，对学生饮用奶定点生产企业认定条件、学生饮用奶标志等提出完善意见。试点工作已于1999年正式启动。

2. 第二步向省会城市扩展。在现行五个城市试点的基础上，扩大到省会城市。此项工作2001年正式启动，省会城市的启动和实施视准备情况进行，不一刀切。

3. 第三步向中小城市和其他有条件的城镇推广。这一步需在省会城市实施取得经验的基础上进行。

## 三、组织领导和运作

实施“学生饮用奶计划”是一项系统工程，涉及面广，责任重大。政府有关部门必须密切配合、精心组织、界定职责、绝对确保学生的安全，扎扎实实把这项工作做好。

1. 成立国家“学生饮用奶计划”部际协调小组，负责“学生饮用奶计划”的规划、组织、协调与指导工作。部际协调小组由农业部、教育部、卫生部、国家轻工业局、中宣部、国家发展计划委员会、财政部、国家质量技术监督局、国家食物与营养咨询委员会组成。

2. 成立国家“学生饮用奶计划”部际协调小组办公室(简称“学生饮用奶计划”办公室)，负责日常工作。

3. 开展"学生饮用奶计划"的省会城市设立或指定由政府有关部门组成的相应机构,明确职责,负责组织"学生饮用奶计划"的实施。各试点城市对试点工作中出现的问题要及时协调和解决,不断总结经验,推动"学生饮用奶计划"工作顺利开展。

4. 在中、小城市和城镇推广阶段,由各省成立"学生饮用奶计划"工作机构,负责全省"学生饮用奶计划"的实施。

5. 成立专家组,主要负责对"学生饮用奶计划"工作提出技术和政策咨询意见。

6. 在试点阶段,由实施"学生饮用奶计划"的城市教育主管部门确定和提出准入学校的名单及分批进入的顺序、数量,商市"学生饮用奶计划"工作机构予以安排。

7. 按照市"学生饮用奶计划"工作机构的安排,学校通过招标等办法货比三家,自主选定质优价廉的供奶企业后,与生产企业签订供货合同,明确各方的责任。企业按合同规定按时供货,学校按合同规定结算货款。

8. 由卫生部会同教育部组织实施"学生饮用奶计划"城市的有关部门开展对学生饮奶后的营养与健康状况,进行跟踪监测。

**四、宣传教育和政策扶持**

(一)宣传教育

1. 要通过各种新闻媒体对实施国家"学生饮用奶计划"进行大张旗鼓的宣传。宣传重点是:实施国家"学生饮用奶计划"的意义和目的、原则和工作方针;奶制品与营养健康的科学知识,奶业振兴与民族强盛;党中央和国务院对青少年营养与健康的关心和重视等。

2. 在部委局联合下发关于实施国家"学生饮用奶计划"的通知时,召开新闻发布会,进行集中宣传,造成声势。

3. 制作宣传"学生饮用奶"的公益广告在中央电视台定期播放。

4. 在实施"学生饮用奶计划"的城市,由当地政府选定一报一台进行有关宣传。

5. 按教育部的统一安排,在健康教育计划中,充实奶类与健康的教学内容。

(二)政策扶持

1. 千方百计降低学生饮用奶的价格,减轻学生家长负担,是"学生饮用奶计划"顺利实施的必要保证。涉及政策问题,需通过试点,深入调查研究,提出解决问题的政策性意见。各试点城市要根据自己的实际情况,因地制宜地制定有关优惠政策措施。

2. 随着"学生饮用奶计划"的实施,牛奶的消费必将有大的增长。要以"学生饮用奶"为突破口,进一步推动奶类行动计划,加快我国畜牧业结构调整和发展,以缩小我国奶业生产消费与世界的差距。对此,农业部要结合"十五"计划和"2001—2010年我国食物与营养发展纲要"的制定,研究制定和实施奶业发展规划。各地可根据自己的实际情况,制定奶业发展计划,实行科技兴奶,保证学生饮用奶的生产和奶源供应,以加快"学生饮用奶计划"的实施。

**五、需要强调的几个问题**

1. 卫生、质量技术监督、工商、物价、税务等政府部门要按照现行法规,加强对学生饮用奶生产、销售的管理和监督,严厉查处违法行为。

2. 除物价部门核定的价格和收费外,各有关行政部门不能凭借这项工作牟取经济利益,不能向企业收取评审、标志使用费,也不允许学校在核定的价格之外任意加价和收取其他费用。

3. 实施"学生饮用奶计划"一开始就要用大生产的方式去操作,鼓励信誉好的大型骨干企业或公司进行规模化的生产、储运、配送,实行有限的市场竞争。

4. 凡实施"学生饮用奶计划"的学校,学生课间或午餐只组织学生饮用定点企业生产的学生饮用奶。

5. 推广学生饮用奶既要贯彻自愿消费的原则,又要能在学生中普遍推广,逐步养成学生喝奶的习惯。要关注和解决好经济困难学生的喝奶问题。

# 关于印发《棉花质量检验师执业资格制度暂行规定》的通知

人发[2000]70号

各省、自治区、直辖市人事(人事劳动)厅(局)、质量技术监督局,国务院各部委、各直属机构人事(干部)部门:

根据《国务院关于深化棉花流通体制改革的决定》(国发[1998]42号)精神和深化职称制度改革的要求,为加强棉花质量检验人员队伍的管理,提高棉花质量检验人员的素质,维护国家、棉农和消费者利益,决定对棉花质量检验专业技术人员实行执业资格制度。现将《棉花质量检验师执业资格制度暂行规定》印发你们,请遵照执行。

中华人民共和国人事部
国家质量技术监督局
2000年6月16日

## 棉花质量检验师执业资格制度暂行规定

### 第一章 总 则

**第一条** 为了加强对棉花质量检验专业技术人员的执业准入控制,提高棉花质量检验人员的素质和执业水平,规范棉花质量检验工作,根据《国务院关于深化棉花流通体制改革的决定》(国发[1998]42号)精神和职业资格制度的有关规定,制定本暂行规定。

**第二条** 国家对棉花质量检验专业技术人员实行执业资格制度,纳入全国专业技术人员执业资格制度的统一规划。

**第三条** 棉花质量检验师是指经全国统一考试合格,取得《棉花质量检验师执业资格证书》并经注册登记,从事棉花质量检验工作的专业技术人员。

**第四条** 凡出具棉花质量检验证书的棉花质量监督单位和棉花收购、加工、经销等经营单位,在检验技术的关键岗位,必须配备棉花质量检验师,并以此作为开办棉花质量监督单位、棉花经营单位和在棉花质量检验关键岗位工作的必备条件。

在产棉、用棉单位中,从事棉花质量检验关键岗位工作的专业技术人员,也应取得棉花质量检验师执业资格。

**第五条** 人事部授权国家质量技术监督局负责全国棉花质量检验师执业资格制度的组织实施工作。人事部对其进行指导、监督、检查。

### 第二章 考 试

**第六条** 棉花质量检验师实行全国统一大纲、统一命题、统一组织的考试制度。原则上每年举行一次。

**第七条** 凡中华人民共和国公民,遵纪守法并具备下列条件之一者,可申请参加棉花质量检验师执业资格考试:

(一)取得棉花检验及相关专业(棉花种植与加工、纺织、仪器仪表等,下同)中专学历,从事棉花质量检验工作满七年。

(二)取得棉花检验及相关专业大专学历,从事棉花质量检验工作满五年。

(三)取得棉花检验及相关专业本科学历,从事棉花质量检验工作满三年。

(四)取得硕士以上学位,从事棉花质量检验工作满一年。

(五)按国家有关规定评聘为助理工程师后,从事棉花质量检验工作满四年。

(六)按国家有关规定评聘为工程师及以上专业技术职务。

**第八条** 国家质量技术监督局组织成立全国棉花质量检验人员执业资格考试专家委员会。专家委员会负责拟定考试大纲、考试试题及考前培训教材,提出考试合格标准意见。专家委员会的日常工作机构设在中国纤维检验局。

**第九条** 国家质量技术监督局负责审定考试大纲、考前培训教材,与人事部共同确定考试合格标准。

**第十条** 国家质量技术监督局授权中国纤维检验局组织棉花质量检验师考试等具体工作,有关省、自治区、直辖市人事部门监督指导。

**第十一条** 国家质量技术监督局负责统一规划并组织协调考前培训的有关工作。培训工作按照培训与考试分开、自愿参加的原则进行。

**第十二条** 棉花质量检验师考试合格者,由各省、自治区、直辖市质量技术监督部门颁发人事部统一印制、人事部与国家质量技术监督局用印的《中华人民共和国棉花质量检验师执业资格证书》。该证书在全国范围内有效。

## 第三章 注 册

**第十三条** 棉花质量检验师执业资格实行注册登记制度。国家质量技术监督局为注册管理机构,各省、自治区、直辖市质量技术监督部门为注册登记机构。人事部及各省、自治区、直辖市人事(职改)部门对棉花质量检验师注册工作进行监督、检查。

**第十四条** 考试合格取得资格证书者,必须在规定的期限内,到所在地注册登记机构登记注册。经注册后,方可从事相应的执业活动。

**第十五条** 申请注册者,必须同时具备下列条件:

(一)取得棉花质量检验师执业资格证书;

(二)遵纪守法,遵守棉花质量检验师职业道德;

(三)身体健康,能坚持在棉花质量检验关键岗位工作;

(四)经聘用单位审核同意。

**第十六条** 经国家质量技术监督局批准注册者,由各地注册登记机构在《棉花质量检验师执业资格证书》注册情况栏内加盖注册专用章,核发国家质量技术监督局统一印制的《棉花质量检验师注册证》,并将注册情况报同级人事(职改)部门备案。

**第十七条** 棉花质量检验师注册有效期为三年,有效期满前三个月,持证者应到注册登记机构重新办理注册手续。棉花质量检验师变更执业单位应及时办理变更注册手续。再次注册除符合第十五条规定外,还须有接受继续教育和业务培训的证明。

**第十八条** 棉花质量检验师有下列情形之一的,由所在单位向注册登记机构办理注销注册手续:

(一)不具有完全民事行为能力的。

(二)死亡或被宣告失踪的。

(三)受刑事处分的或取消执业资格以上处分的。

(四)因健康或其他原因,连续两年未从事棉花质量检验业务工作的。

凡注销注册的,由所在省的注册登记机构向国家质量技术监督局备案。

**第十九条** 国家质量技术监督局对棉花质量检验师注册证使用等有关情况,定期向人事部通报并予以公布。

## 第四章 职 责

**第二十条** 棉花质量检验师必须遵守棉花质量检验相关的法律、法规及职业道德,忠于职守。

**第二十一条** 棉花质量检验师必须严格执行国家标准及有关棉花质量检验的规章制度、检验规程。棉花质量检验师对违反有关规定的行为或决定,有责任提出劝告、制止、拒绝执行并向上级报告。

**第二十二条** 棉花质量检验师必须客观公正、实事求是,对所出具的检验证书的真实性、准确性负责。

**第二十三条** 棉花质量检验师在执业范围内负责对棉花检验质量的监督管理,参与棉花质量管理。

**第二十四条** 一个棉花质量检验师只能在一个单位专职执业,只具有该单位质量检验报告的签字权。

**第二十五条** 棉花质量检验师岗位设置和职责规范,由国家质量技术监督局统一制定。

## 第五章 继续教育

**第二十六条** 棉花质量检验师需努力钻研业务,不断更新知识,保持较高的专业水平。

**第二十七条** 棉花质量检验师应按国家有关规定接受继续教育。国家质量技术监督局负责制定棉花质量检验师继续教育管理办法,组织拟定、审批继续教育内容。

**第二十八条** 棉花质量检验师实行继续教育登记制度,并以此作为再次注册的依据之一。

## 第六章 罚 则

**第二十九条** 对以不正当手段获取《棉花质量检验师执业资格证书》或《棉花质量检验师注册证》的人员,发证机构应收回证书,取消其棉花质量检验师执业资格,注销注册。

**第三十条** 对棉花质量检验师在检验工作中数据失准的,由聘用单位予以批评教育;发生重大技术差错并产生严重后果的,由发证机关暂停其执业资格;两次发生重大技术差错并产生严重后果的,发证机关取消其执业资格,注销注册。聘用单位应对直接责任者根据有关规定给予行政处分。

**第三十一条** 对棉花质量检验师违反本规定有关条款的,其所在单位须如实上报,由质量技术监督管理部门根据情况给予处分。注册机构对棉花质量检验师所受处分,应及时记录在其《棉花质量检验师执业资格证书》中备注(执业情况记录)栏内。

**第三十二条** 棉花质量检验师在执业期间违反法律法规构成犯罪的,由司法机关依法追究其刑事责任。

## 第七章 附 则

**第三十三条** 通过全国统一考试取得棉花质量检验师执业资格的人员,聘用单位根据专业岗位工作需要可聘任工程师专业技术职务。

**第三十四条** 对未按规定配备棉花质量检验师的单位,需在本规定发布后三年内完成配备工作。对已在需由棉花质量检验师担任的岗位工作,但尚未取得棉花质量检验师资格的人员,要进行强化培训,限期达到要求。对经过培训仍不能通过棉花质量检验师资格考试者,必须调离岗位。

**第三十五条** 对在关键岗位工作且业绩突出的棉花质量检验师,应给予表彰和奖励。

**第三十六条** 人事部和国家质量技术监督局按职责分工,对本暂行规定进行解释。

**第三十七条** 本暂行规定自发布之日起执行。

# 青岛澳柯玛股份有限公司

集团董事长：鲁群生

青岛澳柯玛股份有限公司1998年12月28日在原澳柯玛电器公司基础上组建，是山东省首家经过中国科学院和国家科技部认证的高科技上市企业，澳柯玛A股股票12月13日在上交所发行。作为中国电冰柜行业的龙头企业，澳柯玛拥有全国最大的冰柜和无CFC冰柜生产基地，有200万台冰箱、冰柜和展示柜的生产能力，自1994年开始连续六年冰柜全国销量第一，其中1999年市场占有率达33.21%。

依托澳柯玛国家级企业技术中心的雄厚实力，青岛澳柯玛股份有限公司在超保温、节能、保鲜、超低温、恒温等多项制冷技术中保持了国际领先水平。澳柯玛冰柜的工业设计水平一直领导着国内冰柜行业的发展方向，其工业设计成就受到国内外同行业的广泛关注。率先在国内推出了多功能展示柜、药品储存柜、智能化多功能绿色冰柜、绿色变温冷柜、绿色变温水冷柜、双绿生态冰箱以及-86℃超低温医用绿色冰柜等换代型、前瞻型产品。

青岛澳柯玛股份有限公司在1994年和1997年在行业内率先通过了ISO 9001质量保证体系认证和ISO 14001环境管理体系认证。目前，正在积极准备OHSAS18001职业安全卫生管理体系认证，预计到今年年底可一次性通过。

长期以来，该公司一直坚持向国际管理标准体系靠拢。1994年和1997年分别通过ISO 9001质量保证体系和ISO 14001环境管理体系双认证，并通过欧洲CE、美国UL、俄罗斯GOST、澳大利亚COA等多项国际认证。产品远销欧洲、美洲、非洲、东南亚等40多个国家和地区，在中东、东南亚、俄罗斯等地区和国家，市场占有率已经占到了30%以上，并成为具有影响力的冷饮和冷食配套产品供应商。

该公司从1998年建立独具特色的SZDP（System Zero Defects Pattern）管理模式。简而言之，SZDP模式就是从公司管理的总系统到各个子系统，在"没有最好，只有更好"的企业信念导向下，提出与传统的"人非圣贤，孰能无过"的思想挑战，并就管理上提出了"承担社会责任，实现永续经营"这一明确主题，摒弃了企业经营管理上的短视行为，最终使产品和服务最大限度的满足消费者的需求，从而达到企业的永续发展。它的构建以系统工程和无缺陷控制两个原理作为原理基石，完善组织的方方面面的管理工作，达到系统的良性发展。

SZDP管理涵盖了澳柯玛股份有限公司企业文化建设、管理、人力资源开发的观念和方法等各个方面，其深入职工精神观念的企业文化、程序化的文件体系、高标准的控制指针、多层次制约和激励机制，形成了澳柯玛独有的管理特色，为澳柯玛股份有限公司注入永续发展的动力。

企业名称：青岛澳柯玛股份有限公司

法人代表：王大亮

**企业标识：** aucma

**企业理念：** **没有最好，只有更好**

地址：青岛经济技术开发区前湾港路315号

邮编：266510

电话：0086-532-6765169　0086-532-6765167

传真：0086-532-6765166

# 青岛即发集团

即发集团是在即墨市发制品集团公司基础上组建的股份制企业。其前身是1955年创建的二轻手工业档发社。1988年，成立即墨市发制品总厂，1992年成立即墨市发制品集团公司。1997年，改制为青岛即发集团股份有限公司。目前集团公司辖设子公司、合资企业12个，拥有独立的进出口公司，员工总数2000人，总资产8亿元。被确定为国家大型企业，山东省重点企业集团，国家经贸委重点联系单位。

自1984年以来，企业经过积累与发展，抓住国际纯棉针织品畅销的机遇，开始跨行业生产经营针织品，1988年在国家轻纺产品出口基地招标中一举中标，运作补偿贸易、黑字还流贷款，引进国际先进生产设备4000余台套，建立了织、漂、染、印、缝、绣、水洗、包装全功能的综合配套生产基地，确立了企业发制品、针织品两大支柱产业，主要生产棉纱、针织品、发制品、高档手套、玩具、水洗服装，包装制品等7大系列上千个品种，主销日本、美国、德国、瑞士、香港，中东等20多个国家和地区。其中针织内外衣具有年产能力1亿件，出口创汇和自营出口创汇位居全国同行业首位。发制品主要有高档男假发、教习假发、玩具假发，女假发、装饰假发等系列，生产规模位居全国第一，高档男假发占国际市场份额40%以上。

即发集团属综合性全功能集团企业，研、学、产和贸易形成一体化经营格局，生产工序齐全配套，技术力量雄厚，从国外引进的丝光烧毛和后整理针织加工设备属国际针织行业领先水平。集团具有雄厚的科技开发实力。1998年，与山东省纺织行业唯一的纺织科研机构省纺织科学院合作成立了"鲁科即发技术创新中心"，形成了完美的创新体系，年新产品率达到40%以上，先后被认定为青岛市和山东省级技术中心。1996至1999年先后通过ISO 9002和ISO 9001质量体系认证后，2000年又通过ISO 14001环保体系认证，是山东省同行业率先通过质量、环保双认证和运用电脑辅助产品设计、工艺和生产的企业。"即发"牌商标被认定为青岛市，山东省著名商标。"即发"牌针织品荣获山东省同行业唯一产品质量奖和青岛市、山东省名牌产品称号，被列入山东省争创全国名牌产品计划。集团先后研发出生态记忆、电脑提花、成品染色、大麻针织品、海洋生物甲壳质纤维针织品等几百种新产品、新技术和新材料，其中有4项获国家专利，新产品销售率达到40%以上。

集团办公楼

领导班子

生产车间

**即发集团下设：**

青岛即发集团针织有限公司
青岛华泰针织有限公司
青岛永泰针织有限公司
青岛即发集团发制品有限公司
青岛即发进出口有限公司
青岛即发集团手套有限公司
青岛即发纺织有限公司
青岛贵华针织有限公司
青岛华和针织有限公司
青岛颐和针织有限公司
青岛龙世包装制品有限公司
青岛华日塑料制品有限公司
青岛华绵水洗制衣有限公司
青岛华诺针织有限公司
青岛即发房地产开发有限公司
青岛世纪发制品有限公司
青岛中绵针织有限公司

**董事长：**陈玉兰
**总经理：**宋延亮
**青岛即发集团股份有限公司**
地址：青岛即墨市即发路1号
电话：0532-8513493
传真：0532-8514298
邮编：266221

# 青岛振华工业集团有限公司

青岛振华工业集团始建于1986年，其前身是青岛振华橡胶厂，1998年9月实行股份制改造。集团下设橡胶制品公司、车辆公司、帘布浸胶厂和建筑公司，占地面积26万平方米，职工400余人。总资金6.6亿元。年销售收入4.5亿元。公司拥有自营进出口权，1997年通过ISO 9002国际质量认证，被评为山东省乡镇企业100强、青岛市乡镇企业20强，山东省重合同守信用企业和青岛市著名商标重点保护单位。

主导产品"栈桥"牌轻卡车、农用车、摩托车、力车内外胎及货仓车、服务车、平板车、工具车、手推车等系列车辆产品。产品畅销全国各地，远销南美洲、北美洲、欧洲、非洲、东南亚等多个国家和地区。

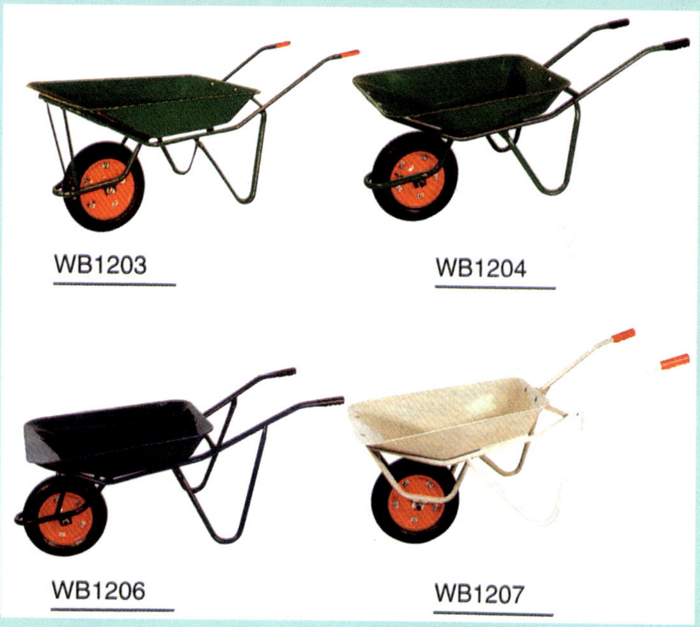


青岛振华工业集团公司始终坚持"勤奋务实，和谐创新"的企业精神，以人才为根本，以服务顾客为最终目标，抓管理、努力加快企业前进步伐，不断提高产品质量。

公司董事长兼总经理赵天来携全体员工，诚邀国内外朋友前来洽谈合作。

地址：中国 青岛 胶南 隐珠
电话：+86-532-3192257 3191888
传真：+86-532-3192258 3191518
网址：www.China Zhenhua.com.
邮编：266431

# 国家特种防护服装质量监督检验中心

国家特种防护服装质量监督检验中心，是国家有关部门认可并授权的国家级质检机构。

该中心设有服装冷热舒适性评价、服装防护性能、纺材物理机械性能、织物纱线光学评价、鞋帽服饰装具专用性能、材料光谱性能、个体防护抗击穿性能等多个检验室。主要承担织物与防护服装的抗油拒水、防静电、防水透湿、防酸碱、防紫外、防寒、阻燃、易去污等性能检测，负责个人防护用品如防弹头盔、防弹（刺）背心、安全帽、防护鞋靴等24类品种的检验。

该中心设有国内首台暖体假人测试系统，曾获国家科技进步二等奖，是用于服装保暖性能评价的先进检验手段，该测试技术国内领先，达到国际同类设备的先进水平。

该中心检测手段新、业务范围广。有一支较稳定并富有经验的检测人员队伍，并建立了一套完整的质量管理体系。恪守公平、公正、高质、快捷的服务宗旨。

通讯地址：北京市西直门北大街28号　邮政编码：100088
联系电话：（010）62258892　传真：（010）62258892

阻燃性能实验室，引进国外先进设备测试织物和材料的阻燃性能

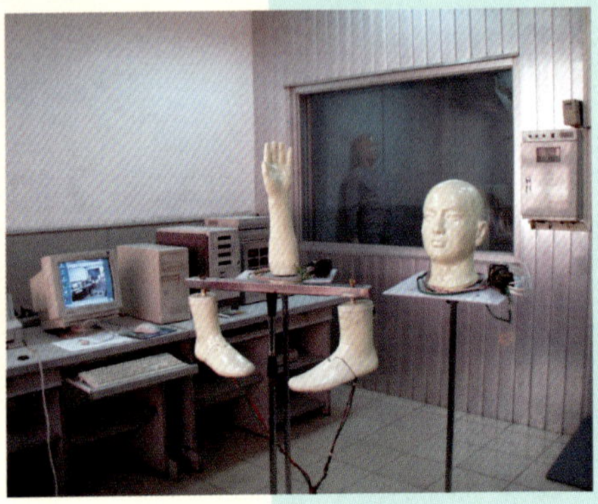

BW-99系列暖体假人测试系统是国内测定服装（含鞋、帽、手套）整体保暖性能的最新科学、有效方法。

防水性能实验室，通过对涂层织物进行静水压、淋雨或沾水实验，测试其抗渗水性能。

# 中国药品生物制品检定所

中国药品生物制

中国药品生物制品检定所中药标本馆收藏中药植物标本6万余种，为全国最大的中药标本馆。

中国药品生物制品检定所（NICPBP，简称中检所）成立于1950年，原隶属于卫生部。1998年国家药品监督管理局组建时，成建制划转国家药品监督管理局。中检所负责对全国药品、生物制品和医疗器械的技术监督，为我国药品、生物制品最高技术仲裁机构，是国家药品监督管理局的技术依托单位。

中检所的职责是：

1. 负责全国药品、生物制品和进口药品、生物制品的检验和技术仲裁。
2. 承担全国药品、生物制品和进口药品、生物制品的抽验工作，提供国家药品质量公报所需的技术数据和分析报告。
3. 承担国家药品、生物制品标准的技术审核、修订或起草工作；承担一类新药、新生物制品和进口药品、生物制品的质量标准和有关的技术复核工作。
4. 负责药品、生物制品检定用标准物质，包括国家标准品、对照品、特殊试剂、药品对照品等的研制、标化和分发。
5. 负责生产用菌毒种、细胞株和医用标准菌株的收集、鉴定审核、保存和分发。
6. 开展与药品、生物制品的检定方法、质量、质量标准、标准物质以及与药品、生物制品安全性、有效性有关的科研工作，组织、制定、实施全国药品检验科技发展规划。
7. 指导全国药品检验所及生物制品研究、生产单位监督部门的业务技术工作，协助解决技术疑难问题，培训技术和管理人员。
8. 负责省、自治区、直辖市药品检验所和口岸药品检验所实验室认证的组织工作及业务管理的标准化、科学化工作。
9. 综合上报和反馈药品质量情报信息。
10. 负责国家药品监督管理局所指定的医疗器械的质量监督和质量标准的审核工作。
11. 开展药品、生物制品监督和研究用实验动物标准化工作，承担国家啮齿类动物种子中心和国家实验动物质量检测中心的任务。

——技术队伍和专家

现有工程院院士1人；高级研究技术职称128人，中级职称221人。博士生18人，硕士生62人，大学本科240余人，WHO专家委员会专家3人，国外进修一年以上40多人。拥有一大批老专家和中青年专家，分别任新药评审专家、药典委员、生物制品委员会委员、中药保护品种审评委员等。

——业务专业学科

药物分析、中药学、中药化学、生物化学、抗生素、药理学、毒理学、免疫学、生物统计学、高分子化学、应用同位素学、血清学、病毒学、细菌学、寄生虫学、病理学、遗传学、分子生物学、实验动物学等。

中国药品生物制品检定所检验人员在认真地进行药物质量检验

地址：北京市崇文区天坛西里2号
电话：67017755，传真：67018094
邮政编码：100050
网站：http://www.nicpbp.org.cn

# 青海青稞酒（集团）有限责任公司

董事长　周生岳

青海青稞酒（集团）有限责任公司（以下简称集团公司），是根据《中华人民共和国公司法》组建的国有大型（二档）企业。直属企业有：青海青稞酒厂、青稞酒经销有限责任公司、青稞酒省外经贸有限责任公司、青稞酒贸易有限公司、青海青稞酒厂综合加工厂、青海青稞酒宏兴彩印股份合作公司、青稞酒家等。是集科、工、贸、服务为一体的企业集团。

龙王仙丹育青稞，王母玉液酿美酒。青稞酒采用传统的"清蒸清烧四次清"工艺，以青藏高原特有的粮食作物——青稞为原料，利用无污染的天然优质矿泉水，科学配料，精心酿造，长期陈酿，科学勾兑，久储自然老熟而成。产品具有清香醇厚、绵甜爽净，饮后头不痛、口不渴的独特风格，在强手如林的酒类行业中独树一帜。"互助"牌青稞酒因其"地理环境独特、酿酒原料独特、大曲配料独特、制酒工艺独特、产品风格独特"，被全国酿酒专家誉为"高原明珠，酒林奇葩"。

现代化的技术装备和完善的质量检测手段为产品质量的稳定提高提供了有力的保证。多年来，本公司的产品质量和卫生指标合格率连续达到100%。"互助"牌头曲酒、青稞液、青稞酒、虫草青稞酒、鹿茸青稞酒等产品在国际国内博览会上荣获多项大奖，其中"互助"牌头曲酒是"中国公认名牌"产品，被青海省委，省政府指定为省级接待贵宾专用酒。除白酒外，以青稞鹿茸酒、虫草青稞酒为代表的优质保健酒和以青稞清酒、青稞黄酒为代表的营养型饮料酒深受消费者青睐，具有巨大的市场潜力。目前，青稞系列酒除稳固青海市场外，已销往省外20个省、市、自治区。

集团公司坚持以市场为导向，不断调整产品结构，开发适合不同层次消费水平的适销对路产品。同时，视质量如生命，在激烈的市场竞争中，抓质量、促效益、求发展，走质量规模效益型道路，产品质量稳定提高，经济效益稳步增长，已连续11年被授予青海省上缴税利大户。集团公司以青海青稞酒厂为中心，全面推行ISO 9000系列标准，建立健全了文件化的质量管理体系，进一步明确了各级管理部门、各个生产环节的质量责任，有力地促进了质量体系的完善和提高。1999年顺利通过了ISO 9002国际质量体系认证，同时，"互助"牌头曲酒、青稞酒、青稞王、青稞金酒等五种产品通过了中国方圆标志认证委员会的产品质量认证。

有耕耘就有收获。1998年集团公司被中华全国总工会授予"五一劳动奖状"（先进企事业），同年被中国质量管理协会授予"中国质量效益型"先进单位。1999年荣获"中国企业管理杰出贡献奖"和"全国食品工业科技进步优秀企业奖"，并被评为"中国食品工业优秀企业"。2000年，"互助"牌系列酒被国家认定为"中国白酒新秀著名品牌"和"中国知名白酒信誉品牌"，企业被国际质量体系管理中心确认为"国际质量检测合格，服务质量达标"企业。

2001年是青稞酒集团公司的改革创新之年，通过实施规范的公司改造，进一步完善产权清晰、权责明确、政企分开、管理科学的现代企业制度。同时将实施企业创新战略，不断提高管理水平和经济效益。在各级党委和政府的正确领导下，乘着西部大开发的强劲东风，我们将迎来青稞酒事业的新时代。


地址：青海互助县威远镇西街6号
电话：(0972)322362　322442
电传：(0972)323892
邮编：810500
电挂：6794
格尔木分公司昆仑路
电话：498209

青海青稞酒集团科技大楼

## 国家消防装备质量监督检验中心

实验室大楼

汽车侧倾稳定性实验

国家消防装备质量监督检验中心于1987年7月获国家技术监督局批准认可，系公安部直属技术警察检验机构，现同时为国家进出口商品检验局消防装备认可实验室、国家级汽车新产品定型鉴定试验和汽车质量监督检验及汽车安全法规强制检验机构、国家级科技成果检测鉴定检验机构、上海市消防产品质量监督检验站。

中心位于上海市闵行区莘庄，占地约20亩，拥有各种检验实验室30个，具备承担各类消防产品的全套检验能力。主要承担的产品检验有：各类灭火器，各类消防车及特种车，消防泵、泵组及供水设备，各种材料和构件的防火阻燃性能，消防梯、消防枪炮、消防泡沫和干粉设备、机动车火花熄灭器、消防排烟风机设备、消防船、消防飞机，水带及接口。各类消防员个人装备及器具、破拆工具和救援设备、火场避难器材，汽车的安全法规项目检验等。

灭火器灭A类火实验

地址：上海市莘庄西环路391号
（上海市中山南二路601号）
电话：021 64176049 64175928-8103
传真：021 64176049
邮编：200032

## 国家纺织器材质量监督检验中心

自研胶圈检测仪

国家纺织器材质量监督检验中心是国家质量技术监督局授权的具有第三方公正地位的法定专职质检机构，是社会公益型的非盈利性事业单位。现有实验场地1800m$^2$，先进仪器设备80台(套)，拥有各类专业技术人员12人，占总人数的80%。中心于1998年5月第三次通过国家质量技术监督局的复查验收和中国实验室国家认可委员会的认可，授权承担金属器材、塑料器材、橡胶器材、木质器材等四大类31种产品的国家、部门、地方组织的质量监督检验工作，行业各单位、各企业的委托检验和送样检验工作，以及ISO 9000族质量体系标准认证工作中纺织器材产品质量委托检验工作，质量争议仲裁检验工作以及新产品鉴定检验等工作。

经过多年的工作实践，中心积累了丰富的纺织器材产品质量检验经验，自行开发研制了胶圈静摩擦系数检测仪、内周长测试仪、厚度测试仪；木梭检测工装；钢筘测试仪、喷气织机用钢筘气压值检测仪以及针织用针系列检测工装、检测仪等纺织器材专用检测仪器。

国家纺织器材质量监督检验中心严格按照国家有关技术监督的法律法规运作，贯彻质量第一、用户至上的原则，公正、准确、科学、先进、迅速地为一切用户提供相同质量的服务。

自研专用检测工具

国家纺织器材质量监督检验中心
联系人：张　舵(中心主任)
辛少明(中心副主任)
中心地址：天津市河西区福建路160号
邮编：300202
联系电话：022-23231136(带传真)

## 国家水产品质量监督检验中心

国家水产品质量监督检验中心是经国家质量技术监督局和农业部认可并授权的唯一国家级水产品质量检验机构，挂靠于中国水产科学研究院黄海水产研究所。中心实行严格规范化管理、科技人员素质高、行为公正、方法科学、服务及时；2000年11月通过中国实验室国家认可委的“三合一”评审。中心拥有等离子发射光谱仪、原子吸收、气谱、液谱、气-质联用仪、氨基酸自动分析仪等大型精密分析仪器和完善的分析实验室，其测试能力和实验条件在国内同行业居领先水平。

近年来，中心已多次承担了国家、农业部安排的多种水产品抽查、博览会产品评奖及历次的国优、部优评比和鱼粉生产许可证产品检验任务；承担了本行业产品质量管理、检验技术的调研和培训工作；开展了广泛的国际技术交流与合作，率先进行水产品安全性研究和监控。

中心还是农业部渔业药品饲料质量监督检验测试中心，并承担了1990年以来历年来的对虾配合饵料、鳗鱼饲料的监督抽查和部优产品评比的检验与养殖效果试验，及鱼虾防治病药物对比筛选。此外，中心还承担了全国水产品加工专业标准化技术归口工作，十几年来，组织制定国家和行业标准40多项，形成了较完整的本专业标准体系。

地址：青岛市南京路106号　　电话：0532-5836348 5826579
传真：0532-5825917　　E-mail:NCQSTAP@public.qd.sd.cn

中心实验大楼外景班

中心与国际组织合办水产品检验与质量控制师资培训

## 国家石油产品质量监督检验中心

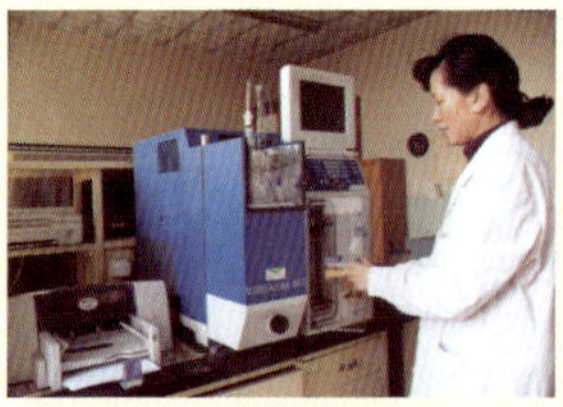
石油产品馏程检验

轻油硫含量检验

润滑油发动机台架评定

国家石油产品质量监督检验中心于1995年通过国家质量技术监督局审查认可和计量认证，2000年通过复查认可和国家实验室认可，是国家质量技术监督局授权的、具有第三方公正地位的国家级质量监督检验机构。

中心现有人员28人，其中工程师以上职称人数占总人数的77%。实验室总面积2380m$^2$，主要仪器设备83台套，其中润滑油台架评定台架及配件均从美国进口，是全国唯一拥有全套润滑油台架评定装置、并且设备全部平稳运转的实验室。

中心主要承担汽油、煤油、喷气燃料及润滑油产品的质量监督抽查、统检、普查任务，以及新产品鉴定检验、质量争议仲裁、产品认证、日常委托等检验工作，同时提供检验技术咨询及技术培训等服务。

中心将一如既往，坚持“公正、科学、高效、廉洁，全心全意为客户服务”的质量方针，为石油产品质量的提高和高质量油品的生产发展做出新贡献。

汽油重要指标辛烷值的检验

地址：北京学院路18号
电话：(010)62327551转
传真：(010)62311290
邮政编码：100083

## 江苏省产品质量监督检验中心所
## 国家化妆品质量监督检验中心

江苏省产品质量监督检验中心所是一个综合性、专业性的省级产品质量监督检验机构，成立于1982年2月，隶属于江苏省质量技术监督局；国家化妆品质量监督检验中心于1991年由原国家技术监督局授权建立，是法定的国家级化妆品质量监督检验机构。我所拥有先进的检测仪器设备，检验人员具有较高的文化水平和检验技术，工程师以上职称的技术人员占全所职工总数75%以上，所内设置十个专业实验室，有着运行良好的质量体系，所与中心于1995年通过中国实验室国家认可委的认可，1999年又通过其复评审，已有617个产品，51个参数获得认可，可承担全国、全省各类食品、饲料；鞋类、皮革制品、塑料、眼镜、家具、包装材料等轻工产品；家用电器、电光源、电动工具、电线电缆等电工产品；各类电子产品；化工产品；各类化妆品；灶具、燃气器具、太阳能热水器、阀门等机械产品以及建材、室内装璜等的监督检验、仲裁检验、鉴定检验、委托检验。

我所始终坚持以质量为中心，质量监督与优质服务相结合，把“科学、公正、廉洁、高效”作为行为准则，为政府、企业、商业、消费者提供各类检测，服务于社会、服务于人民，为提高我国产品质量水平、保护消费者权益、打击假冒伪劣做出应有的贡献。

地址：南京市石鼓路227号
邮编：210029
法定代表人：焦二乐
电话：025-6658881　025-6608929
传真：025-6608930
电子信箱：jszj@publicl.ptt.js.cn

## 国家防火建筑材料质量监督检验中心

NFTC:（被确认标志编号）

NFTC:（被确认标志编号）

本中心是经国家质量技术监督局、公安部批准并授权的具有第三方公正性地位的法定的国家级消防产品检验机构。行政上受公安部消防局直接领导，检验业务受国家质量技术监督局、公安部消防局和科技局指导。主要担负各类防火建筑材料：阻燃织物(地毯、窗帘、幕布等)；耐火建筑构(配)件；新型墙体材料；各类防火涂料；防火封堵材料；阻燃(耐火)电线电缆；防火家俱及组件等产品的国家抽检、许可证检验、仲裁检验、进出口检验、型式检验、地方监督检验、企业委托检验以及建筑材料、装饰装修材料及组件的防火安全性能分级检验任务。凡经有关质量监督部门抽样送本中心检验并符合相应燃烧性能等级要求的产品，企业可按有关规定在产品或包装上使用本中心的“燃烧性能等级确认”标志。本中心建立了专门的网站，该网站开辟的栏目有：“中心简介”、“主办刊物”、“检验数据库”、“标识服务”、“质量跟踪”、“产品质量查询”、“防火规范”、“燃烧分级”、“检验标准与检测技术”、“检验公告”、“业务咨询与服务”等栏目，欢迎您登陆本中心网站，并在该网站上查询您所需的信息和资料。

地址：中国·四川
　　　都江堰市外北街266号
中心主任：李凤
业务电话：028-7132037
　　　　　028-7123822
E-mail:jds@fire-testing.net
网址：www.fire-testing.net
邮编：611830
电话：028-7123791
传真：028-7123813

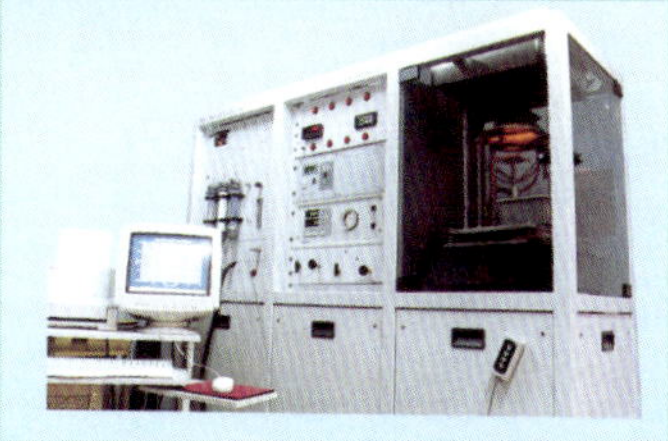

## 四川省产品质量监督检验所

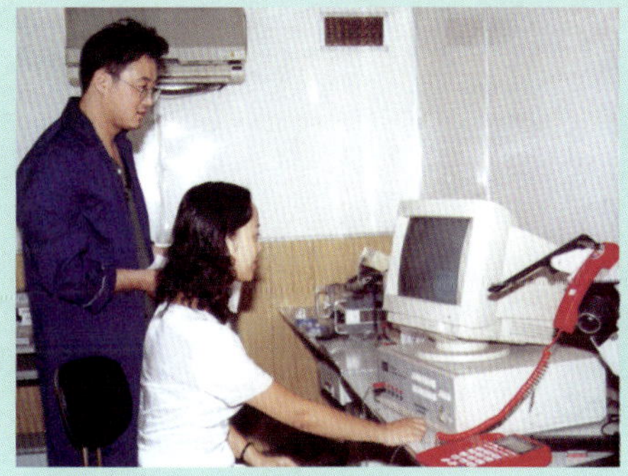

国家日用金属制品质量监督检验中心(成都)

四川省产品质量监督检验所于1981年经四川省政府批准而依法设置的综合性产品质检机构。

1991年经国家质量技术监督局批准，在该所组建了“国家日用金属制品质量监督检验中心(成都)”。建有6千余平方米、功能齐备的试验室，拥有固定资产1000余万元，600余台(套)的检测设备，有一支占职工总数70%的专业技术门类广、水平高的技术队伍。年均完成万余个批次的检验，受到各界好评。该所、“中心”先后通过国家局和中国实验室国家认可委员会验收、认可的检验产品为330余种、省级计量认证1160余种产品，先后参加了亚太组织(APLAC)、欧洲组织(EAL)组织的能力比对。

地址：成都市东门街2号
电话：(028)6642917
邮政编码：610031

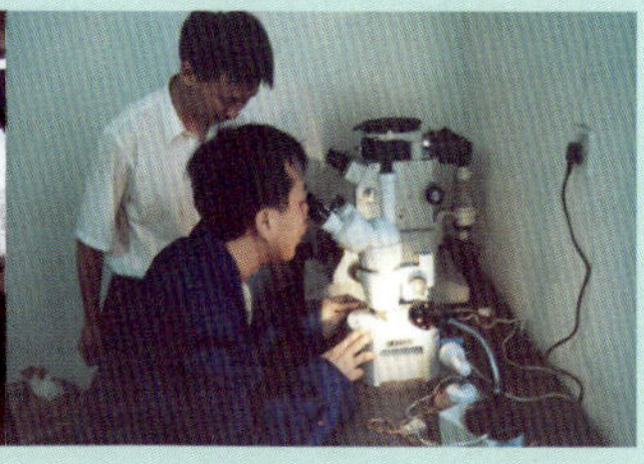

## 国家电力电容器质量监督检验中心

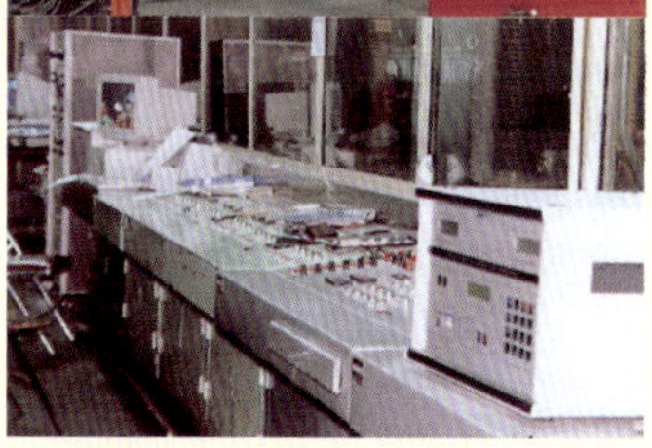

国家电力电容器质量监督检验中心于1995年12月通过了中心审查认可和国家计量认证。质检中心是国家科委授权的《科技成果检测鉴定国家级检测机构》。质检中心现有工程技术人员15人，质检中心共有建筑面积2590m$^2$，仪器设备286台套，拥有固定资产448万元，内设中心办公室、高压检验室和电力电容器检验室。

质检中心主要的检测范围：并联电容器(高、低压并联电容器、自愈式并联电容器、集合式并联电容器)、交流电动机电容器、串联电容器、电热电容器、脉冲及直流电容器、断路器电容器、耦合电容器及电容分压器、电容式电压互感器、交流滤波电容器、高低压无功补偿装置等10个系列约100多种产品。

质检中心业务范围为：承担国家指定的电力电容器及无功补偿装置等产品质量监督抽查，受有关部门的委托对进出口产品进行检验和测试工作；对质量分等的定级和颁发生产许可证的检验与审查工作；承担仲裁和质量认证工作；承担产品科研及产品的鉴定检验工作；开展产品测试方法、标准验证及专用测试设备研究工作。

地址：西安市西郊桃园路北口
　　　西安电力电容器研究所内
邮编：710082
电话：(029)4221419
传真：(029)4264081
主任：(029)郭天兴

# 国家空调设备质量监督检验中心（中国建筑科学研究院空调设备检测中心）

国家空调设备质量监督检验中心(中国建筑科学研究院空调设备检测中心)是国家授权的具有公正性、科学性、权威性的国家质检机构，也是国家实验室认可委员会认可的国家实验室。它以第三方的身份为国家和社会各方提供具有法律效力的产品性能检测数据。

国家空调设备质检中心1986年由中国建筑科学研究院空气调节研究所负责筹建，1989年5月通过国家技术监督局进行的机构审查认可和计量认证，1990年3月国家技术监督局对中心正式授权，1995年通过国家技术监督局复查，2000年7月又分别通过国家实验室认可和国家技术监督局复查。中心至今已开展工作十多年，下设7个检验室，完成国家技术监督局授权检验的房间空调器，风机盘管机组，组合式空调机组，空气过滤器，空气分布器等空调设备检验。

本中心依据国家有关标准，长期对国内厂家生产的产品和进口空调产品进行检验。受国家技术监督局的指令，于1987年、1989年、1996、1997年对高效空气过滤器进行了四次国家产品质量监督抽查，1990、1992、1993和1995年对风机盘管机组进行了国家产品质量监督抽查；1991年对房间空调器全国评优产品进行了性能检测。1998年、2000年接受中国制冷空调工业协会的委托，对风机盘管和新风机组进行推荐产品的检验。多次受国家质量技术监督局指令进行产品质量鉴定工作，受地方法院委托进行仲裁检验，另外，中心负责编制了10多份空调产品的国家标准和行业标准，并为十多个生产厂家建造空调产品检测装置进行了设计和调式。

负责人：李玉田
联系人：曹阳
地址：北京市北三环东路
邮编：100013
电话：84272233转2384(李)
电话：84272233转2289(曹)
传真：84274062

# 国家试验机质量监督检验中心

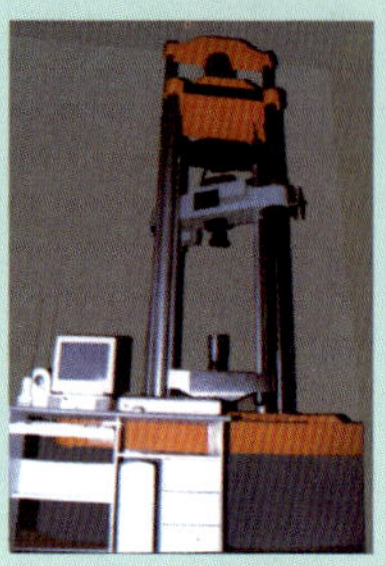
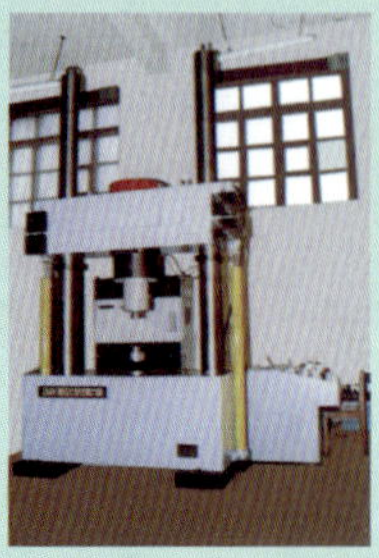

国家试验机质量监督检验中心是中国实验室国家认可委员会认可的、国家质量技术监督局授权的、国内唯一从事试验机产品质量监督检验的国家及行业质检机构和计量认证合格实验室。

质检中心拥有一支高素质专业技术检验队伍和国内外先进的检测仪器及设备，现有职工12名，有检测仪器设备199台(套)，建筑面积680平方米，固定资产218万元，质检中心质量体系完善，从样品的抽样到检验报告的形成有一整套严格的管理程序和内部监督机制，以确保对产品质量作出公正、科学、准确地评价。

质检中心的产品检测范围为：金属材料试验机、非金属材料试验机、工艺试验机、力和变形检测仪器、平衡机、无损检测仪器。

质检中心主要业务范围：承担国家监督抽查检验、定期检验、统检、产品质量认证检验、新产品定型鉴定和样机试验、新产品与科技成果检验鉴定、进出口产品质量检验、产品广告的技术鉴定、委托检验和仲裁检验等业务。

质检中心为社会提供服务的宗旨是：质量第一，科学公正，廉洁高效。

地址：吉林省长春市解放大路112号
邮编：130021
电话：(0431)5620742
传真：(0431)5635767
E-mail：tminet@mail.jl.cn
联系人：孙　群　王学智

# 国家建筑工程质量监督检验中心

本中心于1985年开始筹建，1989年通过国家技术监督局的审查认可及计量认证，1999年又按CNACL201—99《实验室认可准则》(等同ISO/IEC导则25《校准和检测实验室资格的通用要求》)通过中国实验室国家认可委员会的“三合一”评审(计量认证、审查认可和实验室认可)。是国家依法授权的有公正地位的建筑工程质量监督检验机构。

中心的基本任务是承担建筑工程、建筑产品及有关工程材料的质量监督检验工作。包括国家监督抽查、仲裁、实行生产许可证产品的检验以及新产品鉴定和有关单位委托检验工作；编制有关工程和建设工业产品的标准、规格；研究开发新的检验技术和方法；指导地方工程质量检验机构的检验业务；培训工程产品的检验人员等。

中心的质量方针：以技术标准为依据，独立的组织机构为保证，完善的检测手段和熟练的检测技术为基础，真实客观地评价工程产品质量水平，准确及时的提供检验报告，坚持质量检验工作的“公正、科学、准确”，使　中心保持我国建筑工程一流的检验机构地位。

中心现有工作人员137人，设有中心办公室和11个质检部(室)，分别承担结构工程、地基工程、混凝土制品及工程材料、幕墙门窗、建筑采光照明、建筑抗震动力性能、建筑防火性能、建筑装修防水、空调净化、建筑扣件和建筑节能及声学环境等19大类共183项的检测工作。

中心现有的试验室面积达11000m²。拥有各类检验仪器设备500余台(套)，其中有些仪器设备具有国际先进水平。

随着改革开放的继续深入和建筑业的飞速发展，中心将紧密跟踪建筑技术的发展，适应市场的需求，进一步利用先进技术，完善检测方法，不断加强自身建设，更好地为提高我国建筑工程质量做出贡献。

# 国家半导体器件质量监督检验中心

国家半导体器件质量监督检验中心行政上隶属于信息产业部电子第十三研究所，业务上直属国家质量技术监督局和信息产业部，1990年通过国家审查认可和计量认证，2000年通过国家“三合一”评审。

该中心曾多次承担以高频、超高频低噪声晶体管和微波晶体管为主的半导体分立器件的生产许可证确认试验、质量监督抽查试验、仲裁试验、创优试验和鉴定试验。同时还是全国半导体标准委员会主任单位，IEC/TC 47的归口单位，IEC/TC 47国际标准化工作网秘书单位，承多次承担或参与国家标准和专业标准的制订、修订及标准的验证工作。

该中心具有先进的测试仪器和失效分析设备台套。中心可靠性试验设备基本上以进口为主，可按照IEC、GB、GJB、SJ、MIL标准对半导体器件、集成电路、电子组件、部件、小整机等进行测试、筛选、老化试验以及鉴定检验和质量一致性检验。

该中心有一支以教授级高工为学术带头人的技术队伍，可为您提供科学准确的数据和公正的技术服务。

地址：石家庄市合作路113号
电话：0311-7041921转8343
E-mail：gbqzjzx@public.sj.he.ch
邮编：050051
电传：0311-7045695

## 天津发配电及电控设备检测所
## 国家电控配电设备质量监督检验中心
## 机械工业中小型水力发电设备产品质量监督检测中心

国家电控配电设备质量监督检验中心和机械工业中小型水力发电设备产品质量监督检测中心设在独立注册的事业法人单位—天津发配电及电控设备检测所内。国家电控中心是我国唯一的国家级电控配电设备质检机构，1989年获得国家质量技术监督局验收授权。同年，中小水电中心获得国家商检局出口许可证检验实验室验收授权。天津发配电及电控设备检测所1999年通过了中国国家实验室认可，2000年又成立了国质电气设备监理中心，是全国电气行业唯一的设备监理中心。多年来质检中心先后多次承担了国家质量技术监督局下达的电控配电设备及水力发电设备产品质量国家监督抽查，全国统一检查，仲裁检验，新产品鉴定，全国交流变频调速装置的评测以及大量的委托检验工作。质检中心现有建筑面积5600m²，拥有16个专业实验室，技术人员38人，各种先进仪器设备450台套。

质检中心主要业务范围：低压成套开关设备和控制设备、母线干线系统、电缆桥架、低压直流成套开关设备、无功功率补偿控制器及装置、箱式变电站、直流调速装置、交流变频及其他类型调速装置、节能装置、电控装置用各种变压器、电抗器、电源等、装置用机械结构框架、接插件、接线座、各种压接端头、绝缘件、塑料件等电气辅件产品、水轮机、水轮发电机、水轮机调速器、励磁装置、电站控制设备等。

地址：天津市河东区津塘公路174号
邮编：300180
电话：(022)24391401－24391410分机7376(主任室)/7381(综合管理部)
传真：(022)24391401－24391410转7358

## 国家钢铁产品质量监督检验中心

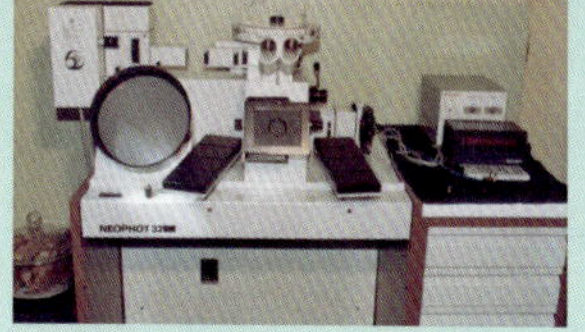

国家钢铁产品质量监督检验中心是国家质量监督检验检疫总局授权的第三方质量监督检验机构；是国家科技部授权的"中华人民共和国科技成果检测鉴定国家级检测机构"；经中国方圆标志认证委员会同意将冶金工作站设在本中心，并作为中国方圆标志认证检验实验室；是中国实验室国家认可委员会(CNACL)的第一批认可实验室。

中心承担的业务：

1.国家监督抽查；
2.冶金产品质量认证、中国方圆标志认证的实物检验；
3.冶金产品生产许可证的检查和检验；
4.科技成果和产品鉴定检验；
5.冶金产品进出口检验；
6.仲裁检验和委托检验。

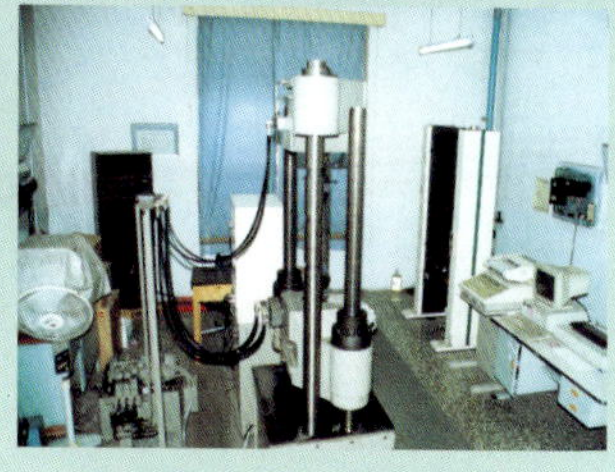

监督检验的冶金产品种类：生铁、铁合金、普通和优质碳素钢、合金钢和低合金钢、军工用钢、高温合金、耐蚀合金、精密合金、钢铁粉末及其制品等。

监督检验的冶金产品类型：管、板、带、丝、型材、棒材、粉料和多孔产品等。

本中心在承担国家下达的冶金产品质量监督检验任务的同时，热忱欢迎各行业、企业的委托质检项目，并竭诚达到顾客的期望和要求。

负责人：张振武　鲍磊
地址：北京市海淀区
学院南路76号钢铁究总院南院　　邮编：100081
电话：(010)62182863、62182864　　传真：(010)62182864
E-mail:sicenter@mx.cei.gov.cn

## 国家水泥混凝土制品质量监督检验中心

本中心是国家质量技术监督局授权的国家级质检机构，1999年通过了中国实验室国家认可委员会评审认可。

中心授权范围为水泥混凝土制品，包括混凝土输水管、排水管、电杆、管桩、构件、砌块、路面砖、外加剂及纤维水泥制品等产品。

中心的业务范围为水泥混凝土制品的产品质量监督抽查；对实行生产许可证的产品、质量认证的产品进行检验；新投产的产品的鉴定检验；产品质量分等分级检验；质量争议的仲裁检验；社会各方的委托检验、试验；研究开发新的检验技术、方法和装备；参与国家标准、行业标准的制、修订和有关标准的试验验证工作；培训质检人员和帮助企业建立健全质量体系。

中心有26名工作人员组成，其中高级工程师10人、工程师6人、助理工程师4人；房屋使用面积共1792m²，其中试验用面积1360m²；拥有满足承检产品的检验设备；具有健全的质量体系；我们的质量方针是：公正、科学、严谨、求实、廉洁、高效。

主任：金舜
常务副主任：斯培浪
副主任：田华
地址：江苏省苏州市三香路162号
邮编：215004
电话：0512-8271667
传真：0512-8284223

## 西安高压电器研究所
## 高压电器实验室

西安高压电器研究所高压电器实验

西安高压电器研究所高压电器实验室是"一·五"期间国家156项重点建设项目之一。自1965年通过第一机械工业部验收后，一直从事高压电器的试验、检测及其技术的研究，为交、直流输变电事业作出了应有的贡献。现拥有固定资产8000万元，当前实验室代表性的检测能力是：——对750kV产品实施完整的耐受电压试验；——对1/2极的550kV断路器实施50kA的开断能力试验；——对12kV断路器实施63kA三相直接试验。近几年来斥资3亿元兴建的第三期工程即将完成。李肇林先生系现任实验室主任。

西安高压电器研究所高压电器实验室先后于1986年、1989年和1990年取得了有关部门授权，以"中国高压电器产品质检中心"、"国家高压电器质量监督检验测试中心"和"国家进出口商品检验局高压电器认可实验室"的名义开展检测活动至今。1999年又进而取得了中国实验室国家认可委员会按照CNACL 201-99(即ISO/IEC导则25)的规定对实验室技术能力的认可。

当前实验室正以"科学、准确"为方针，努力向"不断扩大在国际上的影响，提高在国际同行中的地位"的目标迈进。

西安高压电器研究所高压电器实验室

西安高压电器研究所高压电器实验室

## 国家肉类食品质量监督检验中心

国家肉类食品质量监督检验中心是国家质量监督检验检疫总局依法授权的产品质量监督检验机构，同时承担北京市食品质量监督检验三站的任务。我中心检验仪器设备精良，技术力量雄厚，1999年9月通过国家实验室认可委“三合一”评审认可。

业务范围：畜禽肉及其制品、蛋与蛋制品、冷饮食品(包括碳酸饮料，饮用水等)、冷冻饮品、速冻食品、水产品。

主要任务：上述产品的质量监督检验，产品认证和企业体系的认证咨询和评审，国家标准、行业标准的制修订，检验方法的培训。

电话：010-67264821
邮编：100075
地址：北京市丰台区洋桥70号

## 国家灯具质量监督检验中心

国家灯具质量监督检验中心(简称CLTC)是经国家质量技术监督局审查认可的，不以营利为目的的，具有第三方公正地位的国家级监督检验和认证机构。

CLTC还承担以下机构职能：

中国电工产品认证委员会照明电器检测站
国家进出口商品检验局灯具认可实验室
中华人民共和国船舶检验局授权船用灯具试验验证中心
国家级照明灯具防爆安全监督检验站
全国灯具标准化中心
国家轻工业局灯具质量监督检测中心

CLTC主要从事灯具及其附件的检验，工厂质量保证体系检查，向客户提供全面的产品质量服务，包括通用灯具、防爆灯具、船用灯具、机场灯具、镇流器、启动器、灯座等安全要求的检测，以及光度、色度、噪音等性能的检测。

承担照明电器产品的型式认可试验以及工厂检查工作。

承担出口灯具产品的生产许可证的检测工作。

CLTC制修订灯具的国家标准，行业标准和灯具国家标准的管理工作，承担IEC/SC34D灯具标准的国内归口工作。

CLTC已与美国UL、德国莱茵TUV、德国TUVPS、意大利的IMQ、法国LCIE的实验室合作，开展相应标志的检验工作。CLTC广泛的联系渠道，密切的合作关系，有利于国内企业通过我们向这些机构申请认证标志。

CLTC在国内享有声誉，是唯一的国家级灯具检验中心，拥有一支具有丰富经验的专门技术队伍，高级工程师占5%，工程师占63%，CRBA/IATCA高级审核员4人、审核员1人，CNAB注册主任评审员3人、评审员2人。

仪器设备齐全，质检中心面积1013m²，仪器设备383台(套)。

CLTC的联络信息如下：
地址：中国上海北宝兴路75号
电话：021-56623662、021-56622253、021-56622505
传真：021-56981793
E-mail：cltc@public3.sta.net.cn

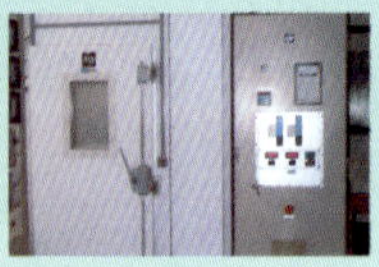

## 国家电子计算机质量监督检验中心

国家电子计算机质量监督检验中心(以下统称质检中心)于1986年6月成立，经原国家技术监督局考核、验收后授权的唯一国家级计算机质检中心。

信息产业部IC卡质量监督检验中心(以下统称质检中心)于1998年1月成立。质检中心是两个中心一套编制，一个质量保证体系。质检中心的计算机系统产品、IC卡及IC卡机具产品的检验业务已先后取得国家质量技术监督局的授权。

质检中心承担计算机整机、板卡、显示器、打印机、IC卡、IC卡读写机具和计算机网络产品的各种质量检验；承担微型计算机、显示器、打印机、IC卡、IC卡读写机产品生产许可证产品质量确认试验；承担计算机系统产品、IC卡产品、IC卡读写机产品质量行业、国家监督抽查检验；承担中国电磁兼容认证中心信息技术产品EMC认证的委托检验；承担计算机、显示器、打印机和计算机网络、IC卡、IC卡读写机产品等进出口商品的质量检验；承担用户计算机、显示器、打印机、IC卡、IC卡读写机产品投诉的质量仲裁检验；承担信息技术设备产品设计、生产过程中的EMC改进业务等等。

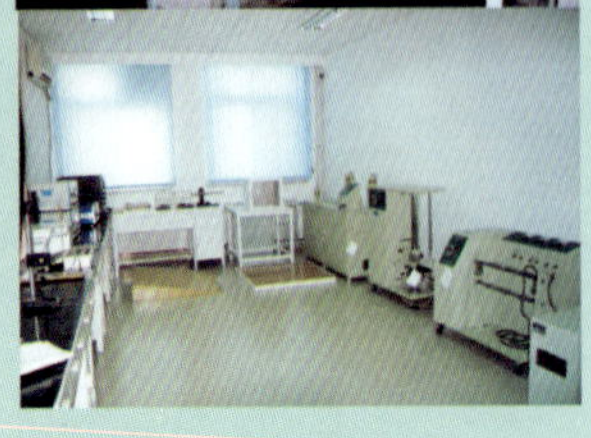

邮编：100083
通信：北京619信箱27分箱
地址：北京海淀区北四环中路211号
E-mail：nctc@sina.com
电话：010-82387860
　　　010-62325864
传真：010-82387861
网址：www.nctc.org.cn

## 国家焊接材料质量监督检验中心

国家焊接材料质量监督检验中心同时也是国家进出口商品检验局授权的国家进出口商品检验局焊接材料与焊割设备认可实验室、国家科委和国家质量技术监督局授权认可的科技成果国家检测鉴定机构，设在机械科学研究院哈尔滨焊接研究所内。中心是业务上相对独立的质量监督检验机构，具有第三方公正性和科学性。中心现有人员31名，技术人员占74%。设有综合办公室、电焊条产品生产许可证审查部、焊接检验室、钎焊检验室、化学分析室和力学探伤室。中心技术力量雄厚，检验仪器和设备精良，检验手段先进，可以按照各国有关焊接材料标准进行所有项目的分析检验工作。

中心经授权主要对焊条、焊丝、焊剂、钎料、喷涂(焊)合金粉末等焊接材料产品进行监督检验工作。中心可向焊接材料制造厂和用户提供国内外焊接材料产品发展动向，国内外有关标准和资料、试验方法、特殊性能试验等方面的技术咨询服务、培训焊接材料产品质量检验人员和焊接材料化学分析及物理检验人员，为提高焊接材料产品质量服务。

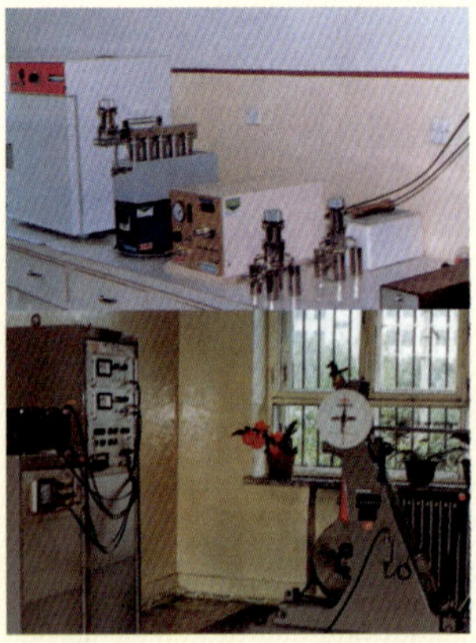

地址：哈尔滨市和兴路111号
电话：(0451)6334855
传真：(0451)6335217
邮政编码：150080

## 广西壮族自治区环境监测中心站

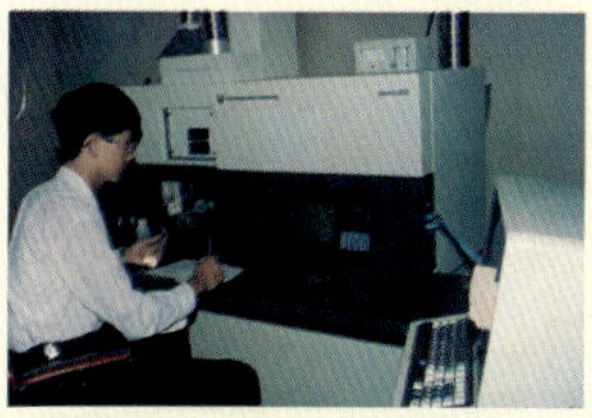

广西壮族自治区环境监测中心站创建于1974年，自治区环境保护局直属的处级事业单位，全国环境监测网络二级站，担负着广西环境质量报告书、季报、简报的编报和全区的各种环境监测和监测科研工作，业务上接受中国环境监测总站的指导，同时也负责本辖区范围内的三、四级环境监测站的业务指导、培训和技术考核工作，1995年通过国家级计量认证，2000年再次通过国家级计量认证复查，是广西环境监测唯一获得国家级计量认证的单位。

广西壮族自治区环境监测中心站是一个具有监督和服务职能，集环境监测和科学研究为一体的社会公益型事业单位，学科领域包括环境、化学、生物、地质、物理、医学、工程、计算机、法律等，拥有一大批高、中级职称包括环境保护的各门类专业技术人员，专业人员所学专业涉及到30多个专业，技术力量雄厚。多年来，根据业务工作需要，不断更换增添先进的仪器设备和监测手段，全站有大小仪器设备近二百台套，实验室面积2000平方米，具有水(含大气降水)和废水；环境空气和废气；土壤、底质、植物、生物残留体、固体废物；生物；机动车污染物；噪声、电磁辐射、电离辐射等七类154个项目的监测能力。多年来开展了建设项目环境影响评价现状监测、环保设施竣工验收监测、环境污染事故调查、环境污染纠纷仲裁、绿色食品产地环境现状调查与评价、广西重点工业污染源的监督监测等各类监测工作。同时也负责全区环境监测仪器质量认证、环境标志认证和环保产品认证的技术检验等工作。

广西环境监测中心站以严格执行国家有关环境保护法律法规为己任，坚决维护国家、集体和个人利益，以高度责任心和实事求是的科学态度执行《质量管理手册》，坚持质量第一，确保环境监测结果的可靠、准确、科学；秉公办事，不徇私情，不以职谋私，对被测单位一视同仁，不受部门和各种关系的影响，以保证检测数据的公正性，为政府决策和公众提供最优质的服务。

地址：广西南宁市教育路5号
邮政编码：530021

## 农业部沼气产品及设备质量监督检验测试中心

农业部沼气产品及设备质量监督检验测试中心是由农业部授权的通过国家计量认证的，从事沼气等可再生能源产品、设备质量监督检验及检验技术研究的，法定的具有第三方公正地位的专职检验机构，是社会公益性技术服务事业单位。

中心的主要任务是：承担农业系统或其它部门指定的可再生能源产品质量监督检验、优质产品的鉴定检验、质量跟踪；受农业系统或其它部门的委托，对实施证书管理(如生产许可证、质量认证、进出口登记、推广许可证、新产品登记)的产品进行检验；对主要新产品、新品种和科技成果的鉴定进行检验；承担农业系统企业的产品质量考核和产品质量的分等分级检验；承担有关产品的质量仲裁和其它委托检验；负责对有关企业和地方同类检验机构进行技术指导、技术咨询和人员培训；研究新的检验技术和方法；承担或参与有关国家标准、行业标准和企业标准的制修定以及有关技术标准的试验验证工作。

中心设有产品检验室、分析实验室、办公室。现有工作人员10人，高级职称5人，中级职称3人，拥有实验室300平方米和主要检测仪器设备30余台(套)。

中心可提供沼气产品、沼气工程、城镇生活污水沼气净化池处理效果评价及其它可再生能源产品(太阳能产品、秸秆气化产品、液体燃料产品等)的检验服务，还提供新产品鉴定及技术咨询服务，产品信息交流，技术人员培训等服务。

地址：四川省成都市人民南路四段13号
邮编：610041
电话：(028)5230679
传真：(028)5230702
E-mail：zqzj@mweb.com.cn
网址：www.biogas.con.cn

## HQTS 恒实质量技术服务有限公司

HELMSMANQUALITY & TECHNOLOGY SERVICES CO.,LTD

恒实质量技术服务有限公司(HQTS)是中国大陆最早从事管理咨询顾问及质量技术服务的大型专业性服务机构，她汇集了众多领域经验丰富的管理精英和专业工程师，长期以来，HQTS本着“专业、高效、公正、精确”的服务宗旨，为国内外客户提供卓越的服务。

HQTS服务承诺：
- 最佳的工作品质
- 优化的服务成本
- 协助客户踏上成功之路

● 管理咨询服务：为客户提供全方位的管理咨询服务
- 企业管理顾问服务
- ISO9000/ISO14000咨询
- OHSAS18000、SA8000咨询
- MRP Ⅱ/ERP等管理软件实施咨询
- CI策划
- 企管人员培训

● 验货服务：客户委托第三方公正验货，协助客户降低商业风险，节省时间、费用
- 工厂生产条件评估
- 生产前期检验
- 生产中期检验
- 交货前检验
- 装柜监查

● 仪器设备服务：以最优化的品质和成品，提供产品生产、检验、试验所用专业仪器设备
- 仪器设备配备策划方案
- 仪器设备供应
- 仪器设备使用人员专业培训
- 实验室的策划及建立

● 测试服务：国家级试验室为客户提供各类仪器、产品及材料的检测及测试服务

地址：中国福建省福州市杨桥西路山头角121号
邮编：350002
Tex：86-591-3714524　3770784　3713459
Fax：86-591-3714654　3724643
E-mail：HOTS@publ.fz.fi.cn　　http://www.hqts.com

## 全国烟草质量监督检验中心

全国烟草质量监督检验中心(以下简称“质检中心”)于1986年开始筹建，1994年6月通过国家技术监督局的审查认可和计量认证，9月颁发证书并授权为国家烟草质量监督检验中心，成为国家技术监督局授权的烟草及其制品、原辅材料专职检验及仲裁、科技成果检测鉴定国家级检测机构。1999年国家烟草专卖局将其永久性名称确定为全国烟草质量监督检验中心，同年9月通过中国实验室国家认可委员会的“三合一”认证，即实验室认证、审查认可和计量认证。

质检中心拥有国内外最先进的专用检测设备74台套及较高素质的检验人员。授权检验的产品有：卷烟(烟丝)、醋纤滤棒、丙纤滤棒、醋纤丝束、丙纤丝束、烟叶、卷烟纸、滤咀棒纸、水松纸、烟草薄片、烟用香精香料、羧甲基纤维素钠、聚乙酸乙烯酯胶粘剂、三乙酸甘油脂等；具有承检能力的新项目的烟用薄膜。

质检中心将坚持公正和科学的质量方针，以高质量的服务持续满足客户需求。

单位名称：全国烟草质量监督检验中心
Unit Title:China Tobacco Quality Supervision Test Centre(CTTC)
地　址：郑州市金水路98号
Address:No.98,JInshui Lu,Zhengzhou,Henan,CHINA
通讯地址：郑州市二七路88号
Message Address:No.88,Erqi Lu,Zhengzhou,Hen
邮政编码：450000
Zip Code:450000
电话/传真：(0371)6251410
E-mail:CTTC@371.NET

CTTC
实验室标志

## 国家葡萄酒质量监督检验中心

2000年四季葡萄酒感官品评现场

国家葡萄酒质量监督检验中心1989年成立并挂靠于烟台市产品质量监督检验所。中心成立以来先后承担了6次国家抽查和3次全省抽查任务；起草了GB／T 15038—1994和参与了GB／T 15037—1994、QB／T 1980—1994等标准的制修订任务；1997年在澳大利亚国家检测机构协会(世界最具权威的检测机构)组织的有40多个国内外实验室参加样品比对试验中取得了第二名的好成绩。中心成立以来先后举办了15期有800多人次参加的葡萄酒质检人员培训班；2000年又与法国干邑酒行业办公室葡萄酒试验站联合举办了中法蒸馏酒分析检验培训班。国际葡萄酒局局长罗伯特·丁洛特先生来我中心参观指导时给予中心较高的评价并题词：烟台国家葡萄酒检验中心现在和将来都是发展国内外市场的支柱。中心于1994年通过了国家技术监督局的计量认证和审查验收，1999年通过了国家认可委的实验室认可。

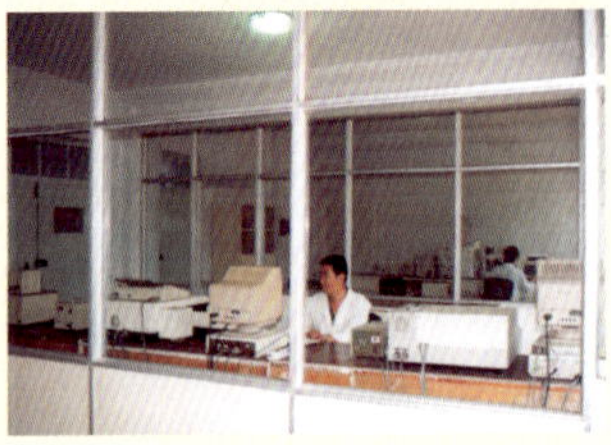

中心地址：山东省烟台市芝罘区上乔西路101号
邮政编码：264001
中心主任：吕琦昌
联系电话：(0535)6086959　6085417

## 国家继电器质量监督检验中心

国家继电器质量监督检验中心挂靠在许昌继电器研究所，是由国家质量技术监督局和原机械工业部认可并授权的质检机构，中国实验室国家认可委员会认可的国家实验室，中国国家商品进出口检验实验室认可委员会批准的国家商检认可实验室；国家科委及国家质量技术监督局认可的国家级科技成果鉴定检验机构。

质检中心内设综合管理室、电气性能检验室、环境试验检验室、电磁兼容检验室及电力系统动态模拟实验室。质检中心共有25人，其中高级工程师4人，工程师8人，硕士研究生2人，技术人员占中心人数的88%。中心建筑面积达4000m2，检测大楼全部实现温控。质检中心具有大批国际先进的检验设备。其中有加拿大RTDS数字实时电力系统仿真设备、美国Doble公司数字仿真试验仪，以及能满足IEC61000-4的全部抗扰度试验装置和满足IEC61000-3-2～3及CISPR16、CISPR22的电磁兼容试验设备，固定资产达3000万元。

质检中心检测的主要产品为电力系统自动化及继电保护等设备的检验。具体包括继电器、量度继电器、电力系统主设备保护、输电线路保护、电力系统安全，监控、调度、配电自动化装置以及电力系统用收发信机、载波机、直流电源设备，故障录波设备和控制屏、保护屏和电气化铁道继电保护及自动化监控设备等200余种产品的检测工作。现执行国家标准已达30余项，行业标准约100余项。是我国继电器及装置行业唯一能满足IEC标准规定的检测项目的检测单位。检验结果正确，并以其优质服务受到行业的一致好评。

电气试验室

负责人：韩天行
地　址：河南许昌市
　　　　建设路183号
邮　编：461000
电　话：(0374)3310177
　　　　(0374)3312247(主任室)　(0374)3212775(管理办公室)
传　真：(0374)3310177

## 广州电气安全检验所

广州电气安全检验所(简称CEST)又名广东省产品质量监督检验中心、广东省试验认证研究所，是原国家质量技术监督局和广东省政府属下的法定非赢利检验和认证机构，其经费来源于政府拨款和业务收入，是独立的第三方机构。

CEST是专门从事电气产品安全检验和认证的机构，其精良的检测设备，高素质的专业技术人员，有效的管理以及权威的地位，可为客户提供电工、电子产品及其它有关产品的优质、公正、快捷的检验和认证服务。

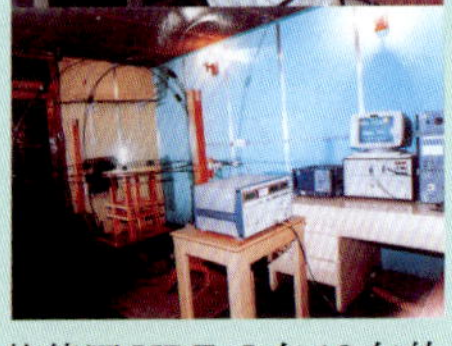

CEST现有实验场地21661平方米，其中广州东南部琶洲测试基地16000平方米，市内本部5661平方米，仪器设备近1500台(套)，职工人数110人，其中有3名国家级审核员教师和多名高级审核员、电气检测专家，高级工程师近40人，工程技术人员约占职工总人数的85%。目前，除开展国内认证、检验工作外，还与国际著名认证检验机构德国VDE-I有18年的合作历史，也是意大利IMQ、法国LCIE等22个国家和地区的认证机构在华的代理机构。

CEST始终坚持“优质、高效”的服务宗旨，严格保守客户的商业和技术秘密，切实维护客户的利益，欢迎广大企业来我所联系检验和认证业务。

地址：广州市海珠区南村路泰山庙前三号　邮编：510220
电话：(020)84420606、84240551
传真：84420604
E-mail：cest@mx2.gd.cei.gov.cn
cestgz@public.guangzhou.gd.cn

## 上海东方质量体系认证中心

上海东方质量体系认证中心—中国电子质量体系认证中心上海评审中心是经中国质量体系认证机构国家认可委员会(CNACR)认可的、专业从事质量体系认证的第三方审核机构。本中心坚持“科学公正、严格审查、忠于事实、优良服务”的方针，开展认证审核工作，为用户提供按ISO 9000、QS 9000、ISO／TS 16949等标准实施的认证审核、培训、评估等服务。本中心专业技术力量雄厚，拥有一批具有丰富实践经验的CRBA／IATCA注册高级审核员、审核员和技术专家，认证审核的业务范围包括：塑料、基础金属、机械及设备、电子电气及光电设备、汽车与其它运输设备、汽车及个人家庭用品的修理和服务等大类的数十个专业项目。本中心已为数百家企业进行了第三方认证审核，颁发了认证合格证书，为企业提供了有效服务。

本中心地址：上海市康平路66号
　　　　　　301室
邮政编码：200030
电话：(021)64745711(总机转)
传真：(021)64746216
E-mail：eiqasoqc@online.sh.cn
联系人：郑锦钰

## 中国机械工业质量体系认证中心

中国机械工业质量体系认证中心(CCMQS)于1994年经机械工业部批准成立，同年首批获国家认可(国家认可注册号：SC11)，经授权开展质量体系认证，根据1998年国际互认协议，CCMQS颁发的质量体系认证证书已获得国际互认。

CCMQS的宗旨是坚持客观、公正、科学的方针，依法开展质量认证工作，信守对用户的保证与承诺，维护用户的合法权益，竭诚为用户提供优质满意的服务。

CCMQS的审核员多年从事质量管理和质量保证工作，不仅对质量管理有比较深入的研究，而且具有丰富的实践经验和深厚的专业技术知识。

CCMQS质量体系认证覆盖的专业范围有：机械、电气、冶金、汽车、软件、橡胶、塑料和化工等行业。

CCMQS特别获准开展美国三大汽车公司QS 9000认证。

CCMQS接受用户委托，开展各类质量培训。

CCMQS与国内外认证机构有着广泛的联系与合作。

地址：北京市海淀区首体南路2号　邮政编码：200031
电话：(010)68321826　68931553　68362358　68931566
传真：(010)68931572　68321826

## 上海市实验动物质量监督检验站

上海市实验动物质量监督检验站(简称质监站)【(97)量认(沪)字(S0302)】【(沪)省质监认字(082)号】，1998年由上海市质量技术监督局授权；1999年在国内率先开展上海地区实验动物质量监督抽查；1999年11月通过国家科技部国家实验动物质量检测管理办公室组织的专家组的技术审查和考核，上海市科委命名为上海市省级实验动物质量检测机构。

技术力量：质监站所有人均经专业培训；其中研究员2名，副研究员1名，高级实验师1名。

仪器设备和工作环境：实验室拥有现代化的仪器设备和良好的实验室环境。绝大部分系进口的新型号。

检测工作：质监站根据有关的国家标准和其它标准，对实验动物细菌、病毒、寄生虫、遗传、营养分析和环境设施作了大量的检测工作，积累了丰富的经验。至目前为止，计量认证参数131项，承检能力100%；机构认可的产品范围包括大鼠、小鼠、豚鼠、地鼠、兔、犬和猴，检测的动物等级从普通级到无菌级。

地址：上海市徐汇区斜土路2140号
邮政编码：200032
联系人：高诚
联系电话：021-64049215-3503/3515
传真：021-64171304
E-Mail:gaocheng@mail.sippr.stc.sh.cn

## 上海市化工产品质量监督检测中心

上海市化工产品质量监督检测中心(以下简称“市化工检测中心”)是经上海市经济委员会、上海市质量技术监督局联合批文：沪技监管[1997]第233号文批准成立的。

市化工检测中心是面向化工大行业、向社会提供公正性、科学性、权威性的检验及有关技术服务、并承担政府有关的监督检验的检测机构。于2000年2月通过计量认证和质监机构认可。计量认证合格证书编号：(2000)量认(沪)字(B0381)号；质监机构认可证书编号：(沪)质监认字(094)号。

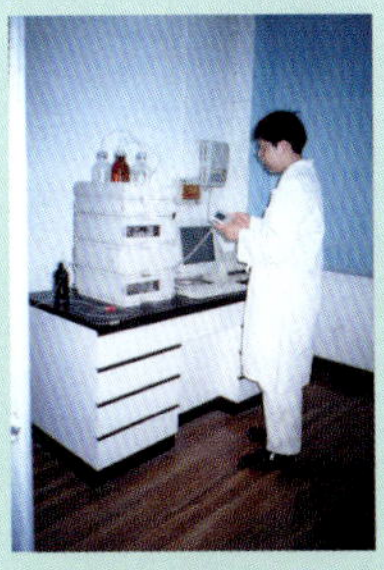

市化工检测中心的质量方针：

“公正检验、科学判定、优质服务。”

质量目标：

“一流检验水平、一流管理水平、一流服务水平。”

市化工检测中心由“中心”实验室和精细化工站、涂料颜料站、染料站、化学试剂站、胶鞋站、橡胶制品站、塑料站、农药站组成。其中，塑料站、橡胶制品站均已通过上海通用汽车公司CP10实验室认可。

市化工检测中心拥有3747平方米工作场地、432台(套)检验设备和一支实力雄厚的专业检验队伍，其中具有专业技术职称的占81.8%，中高级职称占56.2%。

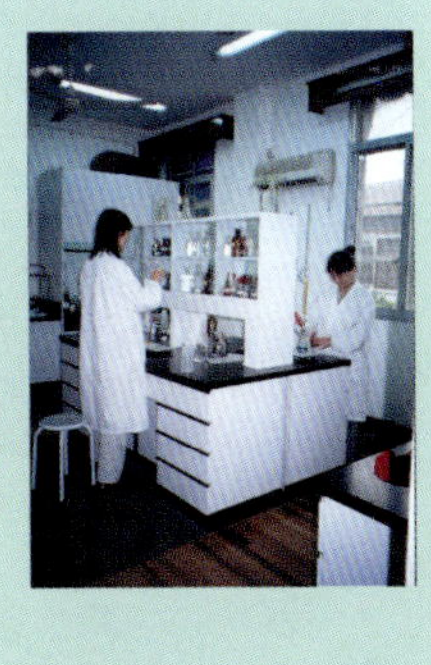

承接的业务范围：

承接国家、上海市行业主管部门指令性的对无机化工原料、涂料、颜料、染料、化学试剂、胶鞋、橡胶制品、塑料、农药等产品的监督抽查；委托仲裁检验；发放生产许可证(准产证)产品的检验，产品认证质量检验；参与标准的制修订、新的检验方法和测试技术的研究；为客户提供验货检验；提供技术咨询等业务工作。

## 北京市农药、助剂质量监督检验站

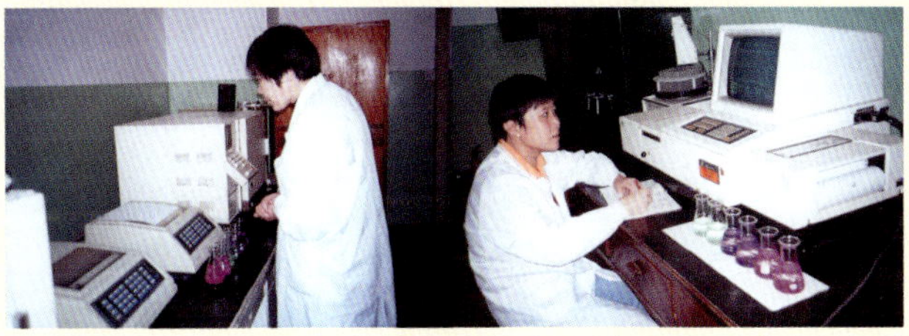

北京市农药、助剂质量监督检验站于1982年组建。为全民所有制“法人事业单位”。独立于生产及流通领域，向社会提供公正的检测服务。

本站具有科学，完善的质量管理体系和保证体系。拥有美国沃特斯公司、瓦里安公司及日本岛津公司生产的先进分析仪器。并且拥有高技术素质的质量检测人员，其中教授级高工1人，高级工程师2人，全部人员具有助理工程师以上技术职称。

本站承担着农药产品，助剂产品、焦化副产品，水处理剂，基本有机化工产品的检验工作；及化肥产品的行业抽检工作。可提供的承检项目300多项。同时，我站还提供相关产品标准的制、修订和验证工作，以及有关检验人员的技术业务培训和技术咨询服务。

另外，我站还开发了从事残留分析的超微量分析检测项目。

我站的工作守则是：“科学求实，公正公平，程序规范、注重时效，秉公检测，严守秘密，遵章守纪，严格自律”。

我站承诺以科学的管理、先进的设备、严谨的工作为保障，向社会提供科学、权威的检测数据。

欢迎各界朋友到我站来，我们将为您提供可靠，满意的服务。

法人代表：郑茂坤
联系人：王萍
电话：(010)67619433
传真：(010)67619433
电子信箱:nyzjjcz@sohu.com
地址:北京市丰台区永定门外宋家庄顺八条8号　邮政编码:100078

## 化学工业橡胶杂品质量监督检验中心

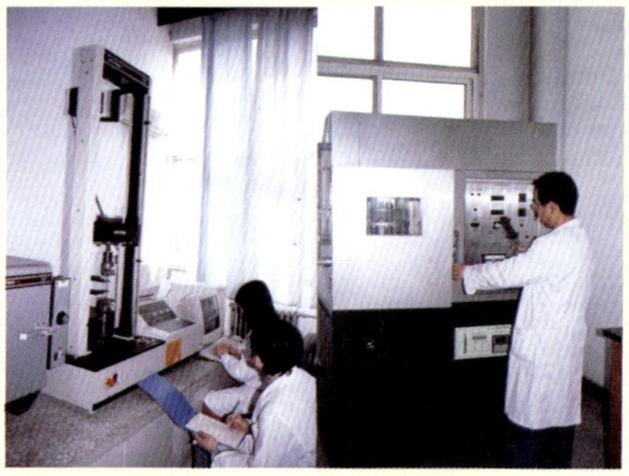

化学工业橡胶杂品质量监督检验中心即北京市橡胶产品质量监督检验站、北京市橡胶制品设计研究院橡胶制品检验中心，是已获中国实验室国家认可委员会认可的全国性橡胶专业检验中心（认可证书号：0285号），配备有一流的检测仪器设备、高水平的检验技术人员，本中心在承担国家与行业授权监督检验的同时，愿竭诚为各类顾客提供各种形式的委托检验服务以及合作。中心承检产品的范围：高分子防水制品与材料、工程和减震橡胶制品、橡胶衬里、胶辊、车辆橡胶配件、胶版类、橡胶铺地材料、橡胶密封制品、电器橡胶配件、橡胶手套、橡胶鞋、橡胶用材料和助剂以及其它橡胶制品。本中心还是全国橡胶杂品标准化归口单位，承担国家标准制定、标准化国际组织交流、标准信息服务以及检验方法的研究和验证工作。

本中心愿为各界顾客提供服务、欢迎合作！

地址：北京市丰台区马家堡角门14号
邮编：100075
电话：010-67584609
010-67581207
010-67584608
传真：010-67584608
联系人：武晓星　张素英　王建萍
电子信箱：cnrublab@cnrublab.com

## 北京市印刷工业产品质量监督检验站

北京市印刷工业产品质量监督检验站是经北京市技术监督局批准并授权的具有独立法人地位的市级产品质量监督检验机构。目前配备的检测设备有彩色反射密度计、条形码检测仪、色差计等设备，并配有长期从事印刷工作的技术人员8人，已具备满足现代印刷产品检测能力。主要检测范围：彩色印刷品、书刊印刷品、包装装璜印刷品、文化印刷品。我站担负着北京市技术监督局、北京市新闻出版局及上级政府下达的各项印刷产品质量监督检验任务，受理各种法律形式的产品质量委托检验、仲裁检验，所出报告具有法律效应，并担负印刷业新产品、新技术的鉴定、咨询和服务工作。

地址：北京市朝阳区和平里西街21号
电话：84272255
邮编：100013
邮箱：yinshuazhijian@sina.com
法人代表：张庆连

## 福建省地质测试研究中心

福建省地质研究中心组建于1957年6月，现有职工75人，其中高工24人，工程师25人，拥有等离子体光量计和X荧光光谱仪等实验设备48台。中心下设测试技术部，福建省宝玉石质量监督检验站、矿产开发室和技术服务部等科研、经营和服务单位7个，主要从事化学测试，珠宝玉石检测、科研和矿产品加工贸易。中心的质量方针是准确、科学、公正、及时、热情地为用户服务。

40多年来，完成福建省区域地球化学、矿产普查和地质科学研究中的实验测试任务，完成了多项分析测试方法研究和包括玻璃微珠和磨料等矿产品开发研究项目。此外，还为我省公安司法、商检、医药环保、科研、厂矿企事业、高等院校等单位提供多种形式的技术服务，享有较好的声誉。

机构名称：地质矿产部福建中心实验室（福建省地质测试研究中心）
负责人：沈国春
通讯地址：福建省福州市洪山桥梁厝97号
电话：0591-3711183
传真：0591-3710032
E-mail：FJDZSYS@163.net
邮政编码：350002

## 信息产业部电子第二十三研究所检验中心暨信息产业部信息传输线质量监督检验中心

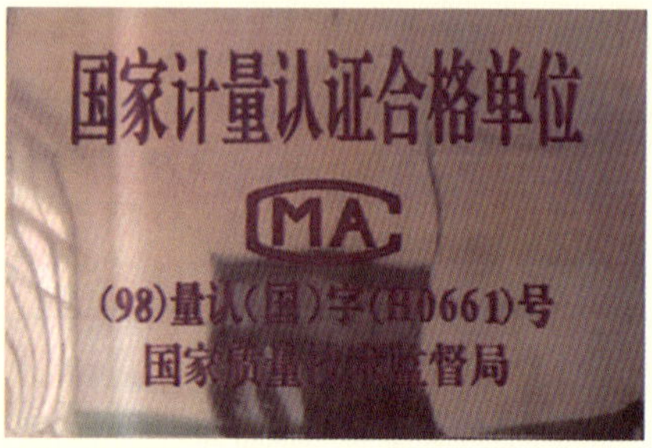


信息产业部电子第二十三研究所检验中心暨信息产业部信息传输线质量监督检验中心成立于1988年1月，十多年来我检验中心一直从事于军用和民用的电线电缆、电连接器、电缆组件、光纤光缆、光无源器件、光电传输系统设备及相关原材料产品的质量监督检验工作。今天，我中心已成为国内具有相当规模和一定权威的信息传输线行业质量监督检验机构。拥有检验仪表设备固定资产1500多万元、办公和检验用房2500多平方米。我们能按相应的国家标准、行业标准、国际标准等对产品进行检测，并保证测试数据的公正、准确。

我检验中心于2001年1月通过中国国家试验室认可委员会(CNACL)的认可，获得实验室认可证书。我们一直致力于同国际电工委员会(IEC)TC46和TC86的国内委员会、光电线缆行业协会、电子线缆情报网等行业相关单位进行广泛的合作和交流，及时掌握国际上先进的测试理论和方法，了解国际国内的行业动态，我们将一如既往地为各行业的客户提供优质的服务。

## 国家海洋局南海环境监测中

国家海洋局南海环境监测中心是国家海洋局属下的技术支持单位。中心以开发海洋资源、保护海洋环境、维护海洋权益为宗旨，承担着南海海域环境调查、监测、评价、科研和社会公益服务等任务。并根据《中华人民共和国海洋环境保护法》的要求，开展防止海洋石油开发、陆源排污和海洋倾废造成污染损害的环境保护工作；对海洋工程开发，近岸和沿海的河口、港湾、码头建设、航道疏浚等海岸、海洋工程项目进行环境调查、预测和环境评价；开展重大污染事故应急调查监测，如船舶海滩、溢油、漏油、井喷、赤潮、核电站事故、死鱼事件等。

中心现有专业技术人员99人，其中高级职称16人、中级职称35人、初级职称24人，涉及水文、气象、地质、生物、测试分析、放射化学、环境评价和地理信息等多门学科；同时拥有一批专门调查海洋环境，测定水文、气象、水质、沉积物、生物、大气等各种国内外先进仪器设备。

单位地址：广州市新港西路155号
联系电话：(020)84457833、84457983（Fax）
邮政编码：510300

## 上海市环境监测中心

上海市环境监测中心建于1983年，隶属上海市环境保护局，属全国环境监测二级站。

中心主要承担上海市行政管辖范围的环境质量监测和污染源监测工作，包括水、大气环境质量、环境噪声以及一些敏感地区的环境监测工作，如饮用水源取水口等。为本市的环境管理和决策提供技术监督、技术支持和技术服务，是全市环境监测系统的网络中心、技术中心、信息中心和培训中心。

中心拥有完善的质量保证体系。1994年、1999年本中心先后两次通过了由国家质量技术监督局、国家环境保护总局组织的计量认证评审；2000年底通过了由中国实验室国家认可委员会组织的"国家实验室认可"评审。确认了本中心具备向社会提供水(含大气降水)和废水、环境空气和废气、汽车尾气、土壤、底质、固体废弃物、生物残留体、生物样品、噪声振动等58个环境标准中200个检测参数的资格。

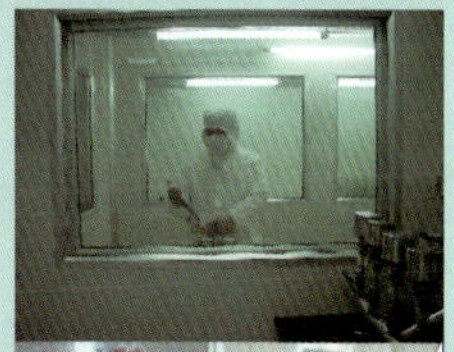

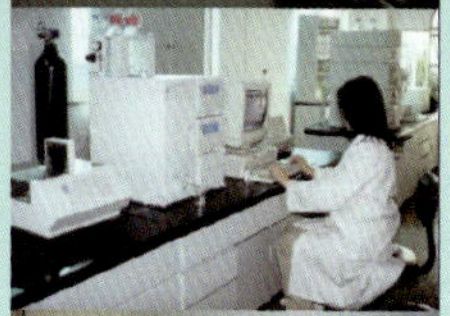

中心实验室配备了先进的监测分析仪器和设备。其中包括气相色谱／质谱仪、气相色谱仪、高效液相色谱仪、电感耦合等离子体发射光谱仪、流动注射仪、离子色谱仪、原子吸收仪等先进的大型分析仪器。

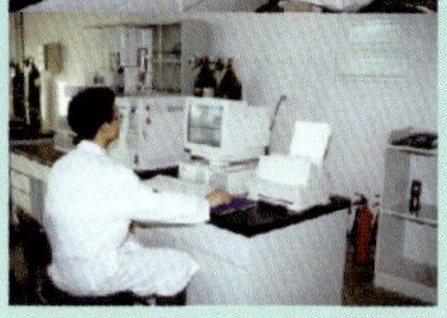

联系地址：上海市南丹路1号
邮编：200030
电话：64392063
Fax:64393639
Email:admin@semc.com.cn

## 化学工业设备质量监督检验中心

化学工业设备质量监督检验中心成立于1981年10月，是国内成立最早的专门从事化工和石油化工设备制造、安装、施工等第三方检验和工程监理的机构，属非官方的公证性的技术检验机构。

中心得到国家质量技术监督局、原化学工业部及原国家劳动总局等的认可，并取得相应资格证书、由国家质量技术监督局颁发的国家实验室认可证书和计量认证合格证书、由原化学工业部颁发的产品质量监督检验授权证书和科技成果检测鉴定证书、由原国家劳动总局颁发的锅炉压力容器检验证书、建设部颁发的工程监理证书。

中心的检验服务，除了可以按中国标准外，也熟悉和可以执行主要工业国的标准：ASME、BS、AD、JIS、API……。中心为TECNIMONT Corp.、SNAMPROGETTI Corp.、MITSUBISHI Corp.、JGC Corp.、AHLSTRON Corp.、TEC cor.、Shell Co.、John Brown Corp.、BP Corp.、Siry Chamon Corp.、ASH Corp.、ASAHI Corp.、APCI Co.、Technip、Tianchen Co.、Roche Co.、OXYSYNTHESE Chemical Co.、TOTAL Co.Linde Co.、CALTEX Co.,Ltd.等提供ASME非钢印压力容器和压力管道的第三方检验、工程检验监理及无损检测服务。

中心现有职工50名，技术力量雄厚，拥有专职人员45名，其中教授级高级工程师2名，高级工程师16名，工程师18名。从事过八年以上检验人员有40名。中心技术人员持有多种资格证书：持有劳动部R2检验员证22人；持有无损检测学会和劳动部四级证书7人次，Ⅱ级证书30人次；持有化工部产品质量监督员证3人；持有国家注册实习审核员证1人；持有工程建设监理员证7人；持有美国ASME的AI检验员证2人。

中心有完备的质量保证体系，有一套完整有效的检验和监理质量保证制度，设有总工程师室，负责技术工作和质量工作。中心还有严格的保密制度和档案管理制度，绝对保证委托方的关键技术不泄漏。

中心配有检验和监理工作所必须的检测仪器设备，可以在现场进行材料、焊接、尺寸、热处理、硬度、方位、振动、噪音、无损检测等各种检验检测，验证制造和施工单位检测结果，提高设备检验和工程监理的质量。

中心保证提供的服务是全面、周到和高质量的。

南京市宁海路125-6号(210024)
电话：(025)3307148，3301779
传真：(025)6637058
E-mail:qscce@pubicl.ptt.js.cn

## 北京兴国环球质量认证中心

北京兴国环球质量认证中心(简称XGQC)由中国兵器工业总公司出资启动，经北京市工商行政管理部门批准、登记注册的全民所有制企业；并经中国质量体系认证机构国家认可委员会(CANCR)评定、批准、确认，授予质量体系认证机构国家认可证书(注册号SC13)，同时通过中国国家进出口企业认证机构认可委员会(CNAB)认可、批准(认可注册号Q22)，是国家授权的、独立公正的第三方质量体系认证机构。依据GB／T 19000—ISO 9000质量体系标准或国家军用系列标准等进行质量体系认证，为促进申请认证企业不断完善质量体系、提高产品和服务质量、树立质量信誉做出贡献。

中心质量目标是：

无违规：遵循国际和国家认可委对认证机构公正性的要求，在认可业务范围内向所有申请人开放。严格执行对申请人质量体系评定的准则做到无违规。

无延误：配备适当人员和设施，加强培训提高人员素质，强化审核全过程的管理，对申请人质量体系的初审、监审、复评无延误。

无投诉：严格执行中心质量体系文件规定，一丝不苟，精益求精，确保评定质量，做到无投诉。

中心质量承诺

为实现上述质量方针和目标，XGQC全体人员必须理解、贯彻、保持并不断完善质量体系文件中阐述的质量保证原则，并履行相应的职责，执行有关的程序。

地址：北京市海淀区车道沟10号
电话：(010)68413663
邮政编码：100089

## 国家低温容器质量监督检验中心
## （低温容器及设备检测实验室）

授权产品：低温绝热压力容器、低温液体槽车、贮槽、自增压式低温容器、液氮生物容器、液氮泵等低温设备相关产品。

业务范围：低温容器产品质量监督检验、低温压力容器型式试验、液氮容器生产许可证质量检验、质量仲裁、质量鉴定、委托检验测试、科技成果鉴定。

低温与真空、检漏、危险气体监测、极微量气体分析等检测人员培训与专用测试设备开发研制。

通讯：兰州市94号信箱　　邮编：730000
传真：0931-8265391

中心主任：施宝毅(研究员)
电话：0931-8264461、0931-8267121-5224

常务副主任：陈光奇
电话：0931-8274090、0931-8267121-5289

副主任：刘志东
电话：0931-8274090、0931-8267121-5522

联系人：黄宏
电话：0931-8274090、0931-8267121-5521

## 中国环境标志产品认证委员会秘书处

中国环境标志产品认证委员会秘书处(China Certification Committee for Environmental Labelling，简称SCCEL)是经国家产品认证机构认可委员会认可的，认证环境标志产品的唯一机构。代表国家对绿色产品进行权威认证，是我国实施绿色技术措施的重要手段。

SCCEL坚持“搭建双绿桥梁、推广双优产品、创造双赢绩效”的质量方针，把环境管理体系加环境标志产品的双绿，产品质量优、环境行为优的双优，环境加经济双赢的理念向全世界传播，向所有的申请人开放。

SCCEL立足于整体推进ISO 14000国际环境管理标准，把生命周期评价的理论和方法、环境管理的现代意识和清洁生产技术融入产品环境标志认证，形成保障体系。

SCCEL高举中国双绿色发展工程的旗帜，开拓中国企业的双绿色发展模式，建立中国的绿色技术措施，做名符其实的全球环境标志网中国中心。让环境标志产品，成为联系公众与可持续发展战略的纽带，推动可持续消费。

地址：北京安定门外大羊坊8号
邮编：100012
电话：010-84915309
传真：010-84913899

## 四川质量管理咨询服务中心

中心始建于1995年，是1996年在国家技术监督局首批备案的12家咨询机构之一，以推贯ISO 9000族标准的认证咨询为主要业务。认证咨询是指导企业按照ISO 9000族标准的要求，建立、健全质量管理体系，达到认证注除条件。

中心经过五年来的发展，在国内已建立起良好的信誉，现在经过我中心咨询过的企业达200多家，均一次性通过认证注册。咨询的业务范围扩大到机械及设备，电子、电气及光电设备，化学品，化学制品及纤维，食品、饮料和烟草，建设、金融、房地产、出租服务，运输，仓储及通讯等22个专业大类。咨询服务的领域到达云南、贵州、湖南、河南、青海、四川和重庆等地市，咨询服务的主要业务有：

· ISO 9000族标准介绍和选用指导。

· 辅导编写质量管理体系文件，包括：质量手册、程序文件、作业指导书。

· 贯彻实施质量管理体系文件和程序及运行。

· 指导企业对质量管理体系进行内审。

· 提供独立的符合性审核(模拟认证的第三方审核)。

· 实施纠正措施提供建议。

· 提供质量管理认证咨询信息、师资和培训服务。

· 承办国家注册审核员培训班。

中心的宗旨：“质量第一、服务企业、遵约守信、注重实效”。愿为企业建立质量管理体系，通过第三方认证提供满意的服务！

## 国家大容量第二计量站

国家大容量第二计量站

微机进行检定数据处理

国家大容量第二计量站是国家技术监督局授权建立的国家法定计量检定机构，代表国家局开展对全国范围指定区域内的大容量计量的量值传递和监督管理工作，其具体任务是：

1.开展大容量计量的检定、测试，负责协调有关部门、地区的大容量计量检定工作，并进行监督管理；

2.开展大容量计量新的检定技术和方法的研究，制订有关检定规程；

3.培训大容量计量检定人员，组织经验交流，参加国内外有关的学术活动；

4.负责大容量计量的技术仲裁和监督管理；

5. 承担国家局下达的科研和其他任务。

该站立式(含浮顶)金属罐测量范围：$100 \sim 100000\text{m}^3$，扩展不确定度：$1 \sim 2 \times 10^{-3}$；卧式金属罐测量范围：$20 \sim 100\text{m}^3$，扩展不确定度：$4 \times 10^3$；球形金属罐测量范围：$D \geqslant 2\text{m}$，扩展不确定度：$3 \times 10^{-3}$。该站是全国流量、容量计量技术委员会的成员单位，与全国各行业大容量计量人员进行学术交流，为全国各地和部队大容量检定人员进行培训和考核工作。

大容量计量检定用部份仪器设备

## 济南交通高等专科学校汽车实验中心

汽车实验中心是承担学校实验教学、科研和技术服务任务的基地。同时又是面向社会开放，进行汽车和发动机产品质量检验的机构。于1994年3月通过原国家技术监督局和交通部主持的国家级计量认证，证书编号为：(1994)量认(国)字(P1101)。

本中心现有各类专兼职技术人员18名，其中具有高级专业技术职称者8名，中级专业技术职称者8名。万元以上设备总计310余万元，建筑面积7800m²。

本中心是山东省开展汽车新产品鉴定试验最早的单位。从1983年起，已承担过客车、全挂车、半挂车、工程专用车及农用汽车等多种车型的定型试验任务，共计250余次；承担汽车总成、零部件及节能产品的定型、考核、试验任务共计200余次。实验的准确性及公正性得到上级主管部门的认可，试验水平在省内外享有很高的信誉。

本中心作为产品质量检验机构下设整车试验室、发动机试验室、技术研究室等。具备授权面向社会开展汽车和汽车发动机性能与参数检测工作的资格，可承担汽车和汽车发动机产品定型、质量抽查、转厂生产、技术改造及性能对比检测任务，也可承接技术交流和人员培训工作。本中心坚持独立、公正、科学、廉洁地开展汽车和发动机的各项检测工作。

本中心还设有服务于专业教学的实验教学部，以及展示汽车文化、进行汽车科普教育的汽车博物馆，以求全方位为社会服务。

## 海南汽车试验研究所

海南汽车试验研究所地处湿热带气候的海南东部——琼海市加积镇，是我国成立最早的汽车试验科研机构。该所从1958年创建至今，已有43年历史。目前，海南汽车试验研究所已经发展成为功能较为齐全的综合性汽车道路试验研究基地。

海南汽车试验研究所是经过国家计量认证和机构认可的汽车质覦鉴定的试验机构，是汽车产品、汽车材料、汽车零部件耐久性、耐候性试验基地。国内独有的科研项目有：汽车道路强化腐蚀试验、摩托车试验、汽车材料大气老化试验、ABS试验等。

海南汽车试验场是我国第一个试验场，场内设施齐全，是国内唯一获汽车行业科技进步一等奖和国家科技进步二等奖的试验场。

联系人：杨柳

电话：0898-62831671

传真：0898-62831673

地址：海南省琼海市加积镇富海横南13号

邮编：571400

欢迎访问海南汽车试验研究所网站：

http://www.hnpg.net

## 武汉港口机械质量监督检验测试中心
## 武汉港口门座起重机生产许可证检测站

武汉港口机械质量监督检验测试中心（原交通部港口机械质量监督检验测试中心（汉）、含武汉港口门座起重机生产许可证检测站）于1985年分别经全国工业产品许可证办公室和交通部批准建立，按计量法规定，通过国家计量认证，可承担13项产品，29个参数的检测任务，1998年被国家质量技术监督局授予"全国技术监督工作先进单位"，两人被评为全国技术监督先进个人。

质检中心现有专、兼职人员34人，中级职称以上占91%，高级职称占62%。配置有可满足起重运输机械检测的各种仪器设备40余台套，TDS-303数据采集仪、SDA-810C数字动态应变仪等为最新进口的设备。所有检测仪器和设备均通过计量部门检定。

质检中心建立以来，完成了国家及交通行业计划下达和企业委托的各项检测任务。累计检测各类产品300余台，包括港机产品生产许可证、新产品鉴定、在用产品的技术状况检测，产品评优、产品事故仲裁检测等。质检中心以交通行业为重点、面向全国港口、工厂、企业、科研设计单位，提供检测服务。中心坚持质量第一、信誉第一、服务第一的宗旨，真诚欢迎合作，热忱为企业服务，为保证安全生产、提高产品质量作积极贡献。

负责人：孙国正

联系人：孙昌之

联系电话：027-86534380（带传真）

通讯地址：武汉市武昌区和平大道1040号

邮编：430063

## 煤炭工业常州通讯监控产品
## 质量监督检验中心

承检产品：煤矿载波调度通信装置；煤矿工作面通信、控制装置，煤矿生产调度电话机、总机及通信系统；煤矿电话安全耦合器；漏泄通信系统；煤矿无线电通讯系统；煤矿信号设备及提升信号装置；煤矿监测监控系统和信息传输装置；电力监测监控系统；提升机综合后备保护装置；煤矿用直流稳压电源及变换器；煤矿用速度传感器、设备开停传感器、井下紧急闭锁开关、胶带跑偏传感器及温度传感器；矿用摄像仪。

承检电工电子产品例行试验：交变及恒定湿热、高温、低温、振动、冲击、碰撞、跌落、运输、外壳防护性能、表面温度及温升、电气绝缘性能等。

地址：江苏省常州市木梳路1号

邮编：213015

电话：(0519) 6974971-296

中心常务副主任：沙凤华

## 中国船舶工业噪声检测中心

中国船舶工业噪声检测中心于1989年9月20日经中国船舶工业总公司批准成立。1991年10月通过国家计量认证，并由国家技术监督局颁发计量认证合格证书。该中心具有当前国内最完善的噪声振动试验、检测手段。技术力量雄厚、设备精良。多次荣获国家、部级科技成果奖。多年来，承担了“七·五”至“十·五”国防预研课题，完成了多种型号装备的噪声振动检测，以及承担了多项国军标、检测规程的主编任务。目前该中心可以培养硕士研究生，联合培养博士生，并提供博士后进站工作。本中心从总体上已达到国内领先水平，正筹建国家级重点实验室。

多年来该中心以声功率、吸声系数、隔声量、阻尼损耗因数、隔振效果、应力应变、振动加速度、轴系扭振、脉动压力、混响时间、消声器消声效果等检测，为国防、航天、航空、兵器、船舶及民用方面提供了准确的检测数据，为国防和国民经济发展作出了贡献。

中国船舶工业噪声检测中心
主任：张国良
中心地址：湖北省武汉市紫阳路268号声学楼
通信地址：武汉市64291信箱19分箱
邮编：430064
联系电话：88063393
联系人：孙光苏

## CSSCEMC 检测中心 CCIBLAC 认可实验室

中国船舶工业电磁兼容性检测中心、中国国家进出口商品检验认可实验室(CCIBLAC)、国防科技电磁兼容性重点实验室三位一体。中心(实验室)1996年10月通过国家计量认证换证复查，1997年国家技术监督局颁发计量认证合格证书；1998年3月通过CCIBLAC实验室认可，授权中心(实验室)开展设备与分系统的电磁发射和敏感度；弹筒、机柜、材料、屏蔽室的屏蔽效能、滤波器等网络的插入损耗(空载)、武备安全性、天线性能、电磁辐射环境检验／试验及进出口商品检验业务。

中心(实验室)拥有国际90年代先进水平的EMI／EMS自动测量系统，符合国际标准的中型屏蔽暗室、亚洲唯一，国际先进的船舶(含单根天线)总体优化天线布置模拟试验场及测试系统。实验室功能齐全、设备精良、实力雄厚。近十年来，中心(实验室)承接船舶、航空、航天、电子、邮电、机电等领域近千台设备及数十个系统电磁兼容性检测。获国家、部委、省市级科技成果奖30余项。研制成功多项EMC专用仪表设备及附件。

中心(实验室)在电磁环境测试技术与近场研究、电磁兼容数模预测与分析技术、天线最佳布置缩尺模拟试验技术、电引爆武备安全性检测技术及研究领域属国内先进水平。中心(实验室)以系统级的电磁兼容设计优化、多设备集中布局的电磁干扰控制为主，在有限空间电磁干扰控制、电磁环境特性与电磁辐射危害防护、电磁兼容性试验与测试等方面，开展深入的研究。

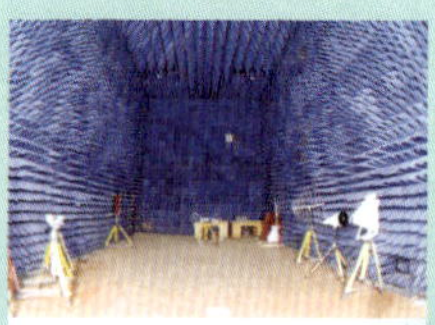

中心(实验室)质量方针是“检验独立公正、数据准确可靠、管理规范严格、服务热情周到”。中心(实验室)的质量目标是“质量方针体现了中心对质量的追和对顾客的承诺，是中心全体员工质量行为准则和质量工作方向。”

中心主任：赵刚
中心副主任、技术负责人：汤恒正
中心副主任、质量负责人：李国成
电话：027-88044814
传真：027-88042076
E-mail：emclab@public.wh.hb.cn
地址：湖北省武汉市武昌区紫阳路268号5号楼
邮编：430064

## 中国石化胜利油田有限公司采油工艺研究院 采油工艺专用材料检测实验室

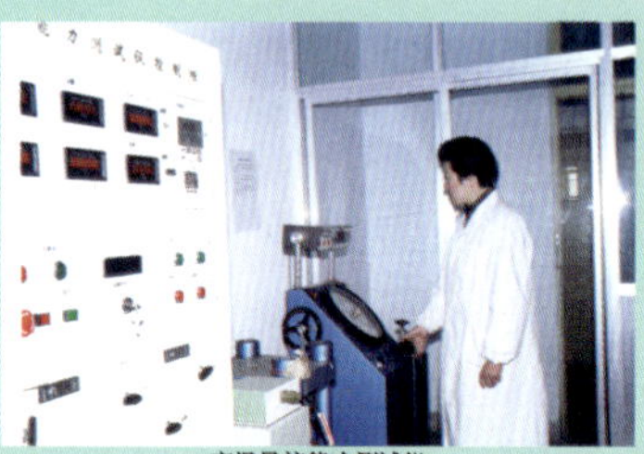

高温导流能力测试仪

胜利油田有限公司采油工艺研究院采油工艺专用材料检测实验室始建于1992年，并于1994年11月通过国家计量认证，于1999年11月通过国家计量认证复审。现主要从事油田采油工艺(如压裂、酸化、堵水调剖、防砂、注水)用化学剂及添加剂的产品性能检测。

本实验室拥有完备的油田化工产品质量检测仪器设备，技术力量雄厚，并拥有智能岩心流动实验仪、压裂支撑剂支撑裂缝导流能力实验仪、X射线衍射仪等评价实验设备。本实验室与国内知名大学合作，研究建立了以支撑剂支撑裂缝导流能力为基础的压裂设计软件。本实验室可承担油田区块开发油层保护实验与方案编制、低渗透油田注水开发工艺实验与方案编制等。

本实验室坚持科学、准确、可靠和公正的原则，提供高质量的服务。

实验室负责人：崔付义
通讯地址：山东省东营市西三路
电话：(0546)8793098 8777871 8555621

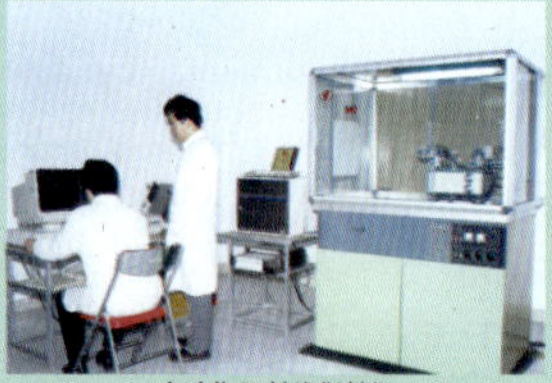

自动化X射线衍射仪

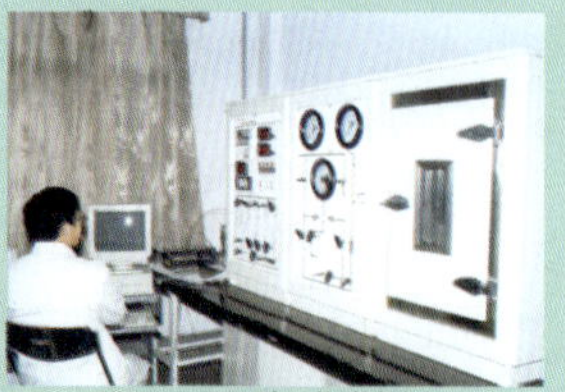

LDY32-180型岩心流动试验仪

## 机械工业机床产品质量检测中心(昆明)

主任：[signature]

机械工业机床产品质量检测中心(昆明)挂靠在云南省机械研究设计院，是原机械工业部授权的产品质量检测中心，成立于1984年，1990年通过机械工业部组织的机构认可和国家质量技术监督局的计量认证，同时是国家出入境检验检疫局授权的“国家出入境检验检疫局机床认可实验室”。

质检中心检测产品目录：1.车床、2.铣床、3.钻床、4.镗床、5.磨床、6.齿轮加工机床、7.螺纹加工机床、8.刨床、9.拉床、10.插床、11.切断机床、12.数控机床。

质检中心业务范围：

1.金属切削机床及变型产品质量监督检测、进出口机床产品的检验鉴定以及仲裁检验；

2. 机械产品的减震、降噪的研究和方案设计及实施，提供机床、机械设备的维修服务及设备的安装、调试。开展质量检验的技术咨询，提供检验标准及检验方法。

质检中心自成立以来，受机械工业部、云南省技术监督局和商检局等部门委托，对全国的机床行业进行质量监督检测264个企业，591个产品，机床全面性能试验62个企业，质检中心接受法院、保险公司、质量争议双方委托，对28种产品进行了仲裁检验。1992年3月机电部发文对本中心进行先进集体表扬。

美国HP动态信号分析仪

美国HP双频激光干涉仪

地址：云南省昆明市交林路12号
邮编：650031
电话：(0871)5381367、5335477
传真：(0871)5381367
质检中心副主任：王家昆、罗磊

## 中国船舶工业声学振动仪器检测中心

负责人姓名：吴坚华
联系人姓名：杨兴隆
联系电话：021-63135195-284
传真：021-63140742
邮政编码：200011
单位地址：上海市南江路18号
归属单位：中国船舶重工集团公司七院七一一研究所
发证单位：国家技术监督局
认证证书有效期：2002年3月31日
认证证书编号：(97)量认(国)字(M0728)号

认证合格项目：
1.声学测量仪器：电容传声器、声级计、声校准器、1/1和1/3倍频程滤波器。
2.振动测量仪器：压电加速度计、电荷放大器。
3.声学振动配套仪器：声频信号发生器、数字电压表、相位计、测量放大器。
其它开展检测仪器：功率放大器、振动台、频谱分析仪、振动仪。
本检测中心同时通过国防科学技术工业委员会的计量认可考核。

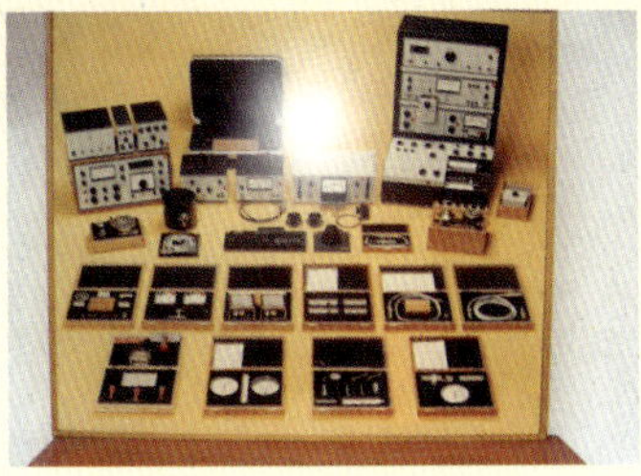

对外称呼:上海国防区域计量站2004校准实验室。
证书号:国防计认字第101号

## 机械工业电工材料产品质量监督检测中心

本中心是根据机械工业部机科质[1997]076号文要求，将原机械工业部绝缘材料产品质量监督检测中心和原机械工业部电工合金材料产品质量监督检测中心合并组建成机械工业电工材料产品质量监督检测中心。并于2000年2月通过国家计量认证和国家机械工业局的机构认可，同年4月获得国家质量技术监督局计量认证合格证［(2000)量认(国)字(A0233)号］。

本中心建筑面积7000平方米，拥有各种先进的设备421台(套)，价值1100余万元，具有覆盖各类绝缘材料和电工合金材料产品及制品的检测能力。内设理化性能检验室；电学磁学性能检验室；力学性能检验室；老化及热学性能检验室和金相检验室。

本中心贯彻、执行“以计量为基础，以标准为准则，严格检验、科学、公正地判定”的质量方针。为委托方提供高效、优质的综合服务。并承诺对本中心的检验数据、结论的公正性、准确性、科学性负责。

本中心具有研制、生产绝缘材料检测专用测试仪器设备、仪器计量、实验室设计技术及检测人员培训等能力。

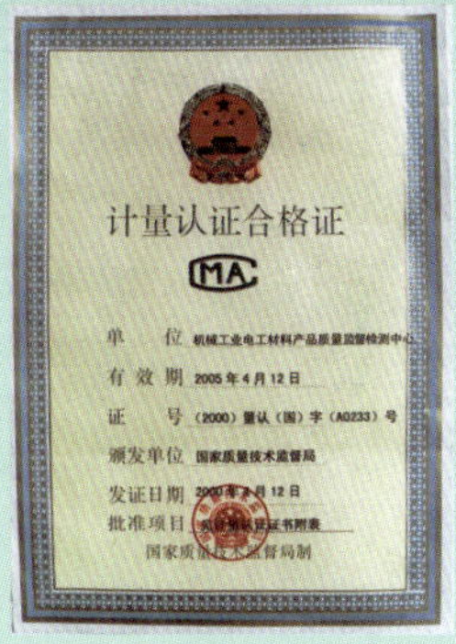


地址：广西桂林市辰山路1号
邮编：541004
联系电话：0773-5812501-2294或2408
传真：0773-5813513

## 中国安全玻璃认证中心

中国安全玻璃认证中心(简称认证中心)是经中国产品认证机构国家认可委员会(CNACP)认可的国内专门从事玻璃及深加工玻璃产品认证的专业机构。认证中心是中国汽车用安全玻璃认证委员会的认证实体，中国汽车用安全玻璃认证委员会是1990年经国务院标准化行政主管部门批准设立的安全玻璃行业产品认证机构，编号C05，英文名称为：China Certification Committee For Automotive Safety Glazing Materials。

认证中心的质量方针是：严格按国际标准、国家标准及必要的补充技术要求和认证程序实施安全认证。靠科学、客观、公正、优质、高效的服务获得客户信赖，靠良好的信誉树立权威，以赢得社会的信任。

认证中心的宗旨是通过科学、客观、公正的产品认证工作，为认证产品的质量，特别是安全质量提供信任。同时通过认证工作推动行业技术进步，促进国际贸易的发展和国际间的认证合作。

认证中心的认证范围包括：汽车用安全玻璃、夹层玻璃、钢化玻璃、半钢化玻璃、铁道车辆用安全玻璃等玻璃产品。

中心主任：石新勇
联系人：王文彪
电话：8610-65759640，65761715，65761331-2389
传真：8610-65761715
地址：北京市朝阳区管庄中国建材研究院玻璃科学研究所
邮编：100024

## 中国科学院武汉岩土力学研究所<br>岩土工程检测中心

中科院武汉岩土力学所研究大楼

中国科学院武汉岩土力学研究所岩土工程检测中心是专门从事岩土力学基本性质及其工程应用、研究、开发，为社会提供服务的综合性检测机构。

本中心自90年成立以来，坚持质量第一的方针、坚持科学、公正的原则，先后为我国二十多个省市自治区的重大岩土工程开展了研究与检测，如三峡大坝工程、大亚湾核电站工程、敦煌莫高窟加固工程等，取得了巨大的社会与经济效益。特别是桩基工程检测项目，服务遍及全国，为我国的桩基检测技术与发展作出了重要贡献。

本中心承担的质量检测主要服务范围如下：
桩基完整性与承载力及桩侧土阻力分布的静、动力检测；
复合地基与原位土承载力检测；
岩、土、建筑材料、复合材料与结构的物理力学特性测试；
洞、基、坡等岩土工程变形与稳定性测试；
建筑物、构筑物及周边环境沉降与变形观测；
振动、震动、爆炸信号力学参数与运动参数的测试；
其它与岩土工程相关的参数测试。

联系地址：武昌小洪山中科院武汉岩土力学研究所
邮政编码：430071
联系人：黄理兴　　Tel:027-87869263 87884560
E-mail:Lxhuang@dell.whrsm.ac.cn.

# 国家环保总局环境监测仪器质量监督检验中心

国家环保总局环境监测仪器质量监督检验中心是国家环保总局唯一认可的环境监测专用仪器检定机构。本质检中心于1994年8月30日首次通过国家级计量认证，2001年1月通过复审。

依据《中华人民共和国计量法》和《关于国家环保总局环境监测仪器质量监督检验中心通过环保产品检验机构资质认可的通知》(国家环保总局环发［2001］99号)的有关规定和要求，本质检中心先后开展了烟尘、烟气连接排放自动监测系统、水和废水$COD_{Cr}$在线自动监测系统、烟尘采样器、孔口流量计、TSP采样器、24小时恒温自动连续大气采样器、定电位电解法二氧化硫测定仪、污染治理设施运行记录仪、酸雨采样器、油烟分析仪、环境空气在线自动监测系统、污水流量计及TOC、DO、pH、浊度计、电导率、$COD_{Mn}$、TN、TP、$NH_3$-N自动环境监测仪器等各种类型的环境监测专用分析仪和采样器的检测工作。此外，本质检中心还负责中国环境保护产业协会环境监测仪器专业委员会的日常工作，并将定期举办环境监测专用仪器设备展览，竭诚为各地环境监测站和广大仪器生产厂商提供咨询服务。

经过多年的发展，本质检中心积累了丰富的经验，建成水和废水、气和废气、噪声、固体废气物等领域的环境监测专用仪器设备的国家级质检中心，以全面的检测能力、完备的检测手段、良好的检测信誉、严谨的科学态度、实事求是的工作方法，为我国环境监测事业的健康发展贡献自己的力量。

地址：北京市朝阳区北四环东路育慧南路1号 中国环境监测总站
联系电话：84653885、84636370、84918144、84637722-2116
传真：84653885
负责人：滕恩江(主任)
联系人：孙海林

# 中铁第十四工程局测试计量中心

中心主任：任宪合

中铁十四局测试计量中心(山东铁正工程试验检测中心)。1998年正式向山东省工商局注册为山东铁正工程试验检测中心。中心下设综合室、计量室、测试一室、测试二室。现有工作人员20人，其中高工3人、工程师6人，助理工程师4人，试验工5人，均持证上岗。主要仪器设备190台件，固定资产280万元，工作房屋915平米。

检测资质：中铁第十四工程局测试计量中心为国家质量技术监督局认证合格的工程质量检测机构(认证号：国量认字2000No.304)，认证检测参数269项；山东省建筑企业一级试验室(证书号：鲁建试资证字01114号)；中华人民共和国建设部工程桩动测资质证书(国字030号)；铁道部桩基检测甲级资格证书(证书号：检测甲字95004号)；山东省公路工程检测资质证书(证书号：交鲁工检字003号)。

开展检测项目：铁路、公路、机场、隧道、水电、房建等工程的建材、土工、水质等材料的物理、力学性能试验及化学分析等常规试验300余项。开展野外试验和特殊试验有：地基静、动力触探，载荷试验，沥青混凝土车辙试验，钢绞线松弛及弹模试验，橡胶支座力学试验，路面面层粗集料磨光值试验、5000kN以内各种吨位张拉千斤校验、预应力锚具探伤硬度试验，混凝土构件静载试验、强度超声回弹综合检测，桩基高低应变无损检测，混凝土工程钻芯取样等综合检测。1986年到2000年间，测试计量工作得到较快发展，尤其在1990年后，测试计量工作逐渐得到主管领导的重视和支持。人员、仪器设备、组织机构及环境条件得到明显改善，局平均每年投入约20万元购置新设备。先后购置MC-3型核子仪，桩基检测仪，沥青混凝土稳定度仪、车辙试验机，钢绞线松弛试验机、5000kN压剪扭试验机、火焰光度计、沥青含蜡时测定仪、建材自动采集系统等。

桥梁橡胶支座试验

钢绞线松弛弹模试验

# 中国科学院南京土壤研究所

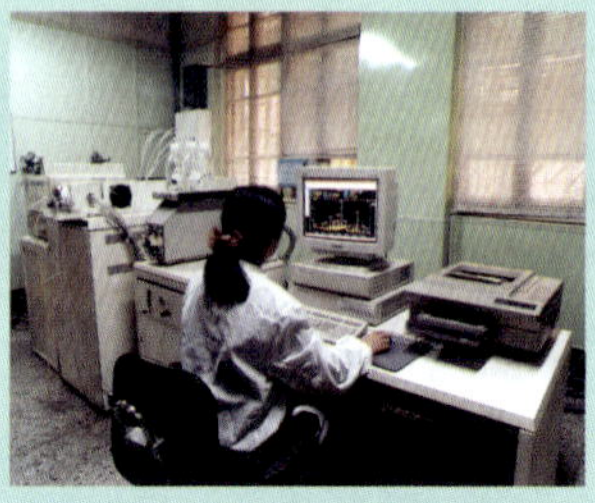

中国科学院南京土壤研究所是我国唯一的综合性土壤科学研究机构，是“全球土壤恢复和重建网络”亚太地区和“中国生态研究网络土壤分中心”的所在地。土壤与环境分析测试中心是研究所的重要技术支撑之一。

土壤与环境分析测试中心具有一批技术素质高、工作能力强的分析测试人员，并装备有一批技术性能优良的精密分析仪器，其技术水平在国内有一定的先进性和代表性。多年来，在开展新技术、新方法研究和应用，以及为国民经济服务方面积累了丰富的经验，形成了自己的特点和技术优势。

依据50项中国国家标准方法、行业标准方法和国际先进测试，土壤与环境分析测试中心主要从事土壤与生态环境样品中无机成分、有机成分、碳氧氮稳定性同位素和粘土矿物的分析。

土壤与环境分析测试中心于1995年4月获国家技术监督局颁发的中华人民共和国计量认证合格证书：(95)量认(国)字(Z1294)号，又于2000年5月通过了复查换证的评审，其质量方针为：科学、先进、准确、严谨。

中心主任：曹亚澄(兼技术负责人)
地址：南京市北京东路71号
邮编：210008
联系电话：(025)3366094

# 淮河流域水环境监测中心

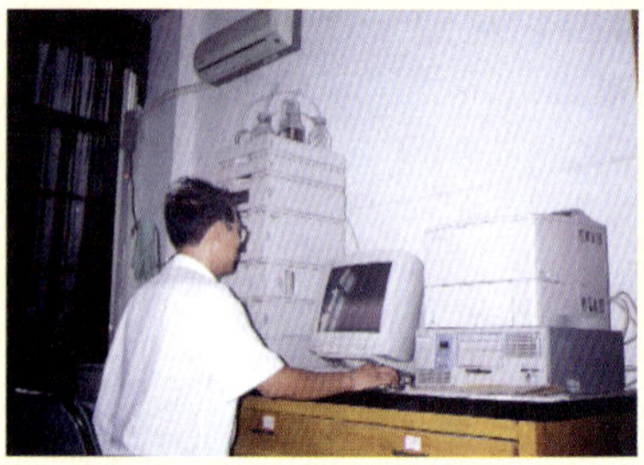

淮河流域水环境监测中心成立于1983年10月，主管部门为水利部、国家环保总局淮河流域水资源保护局。现有职工31人，其中具有高、中级技术职称以上的人员占76.4%，拥有各类先进的大、中型水质分析仪器30余台，检测范围为十大类环境要素的83项参数。1995年通过国家级计量认证考核，取得“国家计量认证合格证”，2000年又通过国家计量认证复查换证考核。中心实验室连续多年被水利部评为“水质监测全优分析室”。

淮河流域水环境监测中心自成立以来，一直坚持“认真负责、作风严谨、操作规范、数据准确、报告工整、服务至上”的方针，在淮河流域省界及重点监控河段、重要入河排污口的水质监测以及淮河流域水质监测站网规划、科学研究等方面做了大量的工作，作为水资源保护工作的重要技术支持，为淮河流域水资源保护和水污染防治工作做出了重要贡献。

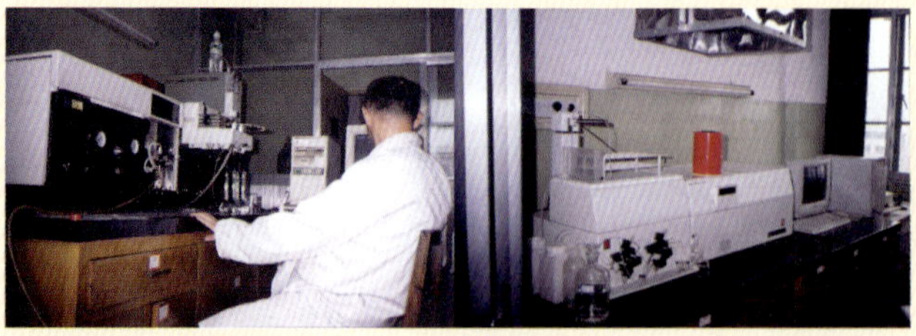

## 中铁第十一工程局第四工程处

中铁第十一工程局第四工程处为国家铁路工程、公路工程施工一级企业。年生产能力5亿元以上，能独立承担铁路、公路、电力、港口码头、机场、市政和工业与民用建筑等工程的施工。曾独立承担亚洲最大的试车场——东风汽车试车场的施工，参加过襄渝、南昆、京九等铁路和宜黄、京珠等高速公路及青岛高架桥、重庆江北国际机场等一大批国家重点项目的建设。获国家优质工程银质奖和鲁班奖2项；获铁道部优质工程奖3项；被业主评为优质工程或样板工程32项。先后被中国施工企业管理协会、湖北省评为全国优秀施工企业和先进企业，1999年随局跨入全国精神文明建设先进单位行列，2001年5月又获得“湖北省‘五一’劳动奖状”。处计测室1991年被国家技术监督局认证通过为计量认证合格单位，并于1995年、2000年先后通过复评。

通信：湖北省随州市青年路39号中铁十一局四处计测室
邮政：441300
电话：0722-3064617

被评为国家鲁班奖的亚洲最大的试车场
——东风汽车试车场高速环形道

被评为铁道部优质工程的青岛高架桥

## 中国国家信息安全测评认证中心

中国国家信息安全测评认证中心是代表国家对信息技术、信息系统、信息安全产品以及信息安全服务的安全性实施公证评价的技术职能机构。中心的主要职能是：

- 对信息安全技术、产品进行安全性检验与测试；
- 对国内信息工程和信息系统进行安全性评估；
- 对信息技术产品和安全设备进行安全性认证；
- 研究信息安全标准，提供信息服务及技术培训。
- 开展国际合作与互认。

国家信息安全测评认证活动的技术依据是有关信息安全的国家标准、行业标准、国际标准和中国国家信息安全测评认证管理委员会确认的其他技术要求与技术规范。“中华人民共和国国家信息安全认证”是国家对信息安全技术、产品或系统安全质量的最高认可。

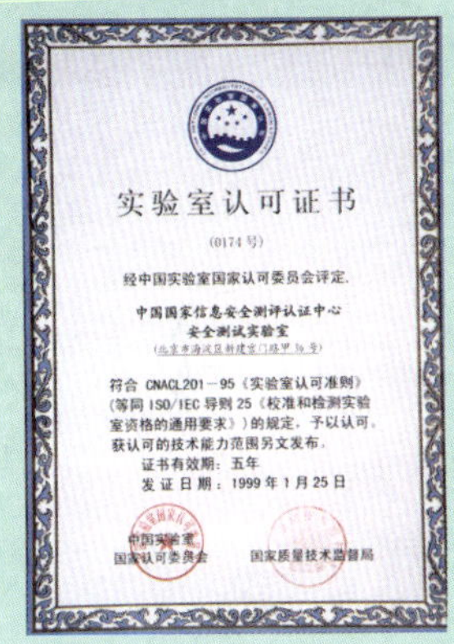


## 国家城市供水水质监测网广州监测站的水质管理

广州市自来水公司一直视供水水质为企业的生命。在净水生产全过程中推行全面质量管理，建立水质质量保证体系，通过层层制订质量目标，设立工作标准等严格把关，有力地保证了供水水质。

完善的水质管理制度。各水厂严格执行公司职能部门根据不同的工艺特点和不同时期的水源水质相应制定的净水工艺水质标准、技术标准和管理标准，强化生产现场管理制度，有效地控制影响水质的五大因素(人、设备、原材料、工艺、环境)，保证供水水质全面达到或超过标准要求。

严格的水质三级监测制度。公司有严密的全天候三级水质监测网：每个净水流程岗位的净水设备运行参数和水质主要指标都有自动连续检测仪表进行自动监控记录，当班人员全天候对净水工艺各环节的水质进行常规五项以上水质监测，保证了净水流程各环节的水质；厂级化验室每日对原水、待滤水、出厂水、管网水进行26～30项水质检测项目，以监测各水厂的原水和供水水质；公司水质部每日对市内管网进行常规抽检，对水厂出厂水质进行抽查监测，定期对公司各水源水、出厂水和管网水按国家水质标准进行全分析监测，以保障广州市供水水质。

国家水质监测机构，拥有先进的监测设备。国家城市供水水质监测网广州监测站设在公司水质部，于1993年7月通过国家计量认证的评审，同年9月国家技术监督局颁发了计量认证合格书。该站具有较强的技术力量和先进的水质检验仪器，为广州市承担着城市供水、饮用水源水质、净水处理质量检测和水质管理的任务。具有一套完善的质量体系，多次参加中国水协组织的全国性水质分析质控考核，均取得优秀的成绩。

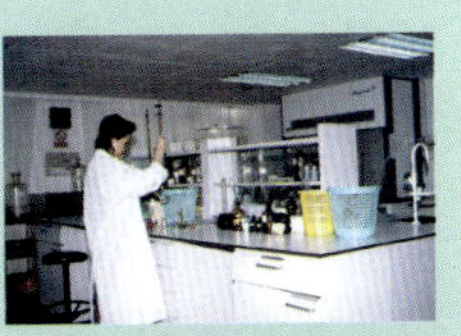

具有完善的水质指标考核体系。公司根据生产运行情况和科学预测，制定一套严谨、周详的供水水质考核指标，并签订了经济责任，将水质指标与工资效益紧密联系，树立质量就是效益的水质管理观念。公司的自来水水质综合合格率一直高于国家二级企业标准。

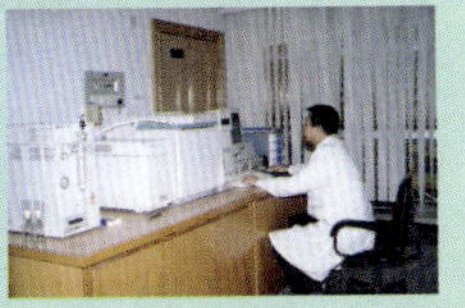

广州市自来水公司由于建立了完善的水质质量保证体系，确保广州市800多万人口的饮用水安全卫生，为广州市的经济发展作出了贡献。

## 海湖盐检测中心

检测中心图

国家轻工业海湖盐质量监督检测中心成立于1982年。负责全国海湖盐区20多个省、自治区、直辖市盐业产品的检测、质量监督、评价、仲裁以及新产品质量鉴定；全国海湖盐区三级检测网的业务指导、人员培训及考核；以及检测方法、检测仪器的研究开发工作，同时担负全国海湖盐标准化工作。

中心技术力量雄厚，高级职称技术人员占55%，拥有美国P-E公司生产的原子吸收分光光度计，贝克曼公司生产的扫描分光光度计等先进仪器设备20余台套。研制开发的碘量仪已在国内外广泛应用。

海湖盐中

检测中心1988年、1989年通过国家计量认证和部级实验室认可，并于1995年和2000年通过计量认证和实验室认可复审。

检测中心承担着国家对食用盐质量监督抽查、统检任务，承担定点企业发(换)产品生产许可证的抽查检验和行业内外委托性检验任务。近20年来，检测中心在全国盐业产品质量管理与监督、国家标准与行业标准的起草与实施、盐业质检队伍的建设和盐业检测领域的科学研究上作出了应有的贡献，已发展成为具有一定规模、较高业务水平和有一定影响的质检及标准化的公益型检测机构。

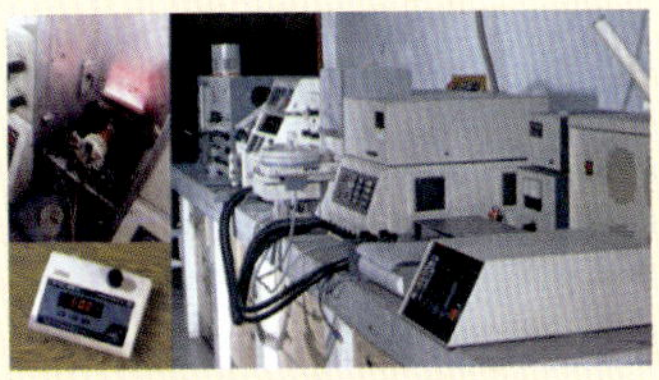

检测仪

## 云南大学实验中心

云南大学实验中心成立于1980年，利用世行贷款引进了电镜、ICP等大型精密仪器20余台，建有三千平方米实验大楼及二百平方米辅楼各一幢。中心下设5个分析室，2个教学实验室。现有32人，其中教授3人，副高15人。“云南省高校联合分析测试中心”挂靠于云南大学实验中心，使中心成为昆明地区仪器类别最齐的集教学、科研、分析测试为一体的现代化实验室。1994年中心通过国家质量技术监督局组织的计量认证考核，1999年又通过了复审，对被批准的五类十五项项目具有为社会提供合法律测试数据的资格。

中心为学校高层次人才培养和重点学科建设起到了积极作用。为配合中央西部开发战略的实施，及云南省建设“绿色经济强省”等一系列战略构想，紧紧围绕学校“211工程”建设的目标，目前在材料科学、生化制药、环境科学等方面逐步形成特色。与澳大利亚悉尼大学、美国约翰·霍普金斯大学等校建立了长期合作关系。中心自成立以来，参加和承担了国家自然科学基金项目、国际合作项目、省部级等科研项目多项。曾获省部级科技进步奖、星火奖、发明奖等奖项20多项，在国内外学术刊物发表论文200余篇，出版专著和教材5部。

地址：云南省昆明市一二一大街云南大学英华园 云南大学实验中心
负责人：鲍慈光
电话：0871-5033214
传真：0871-5033215
邮编：650091
E-mail:labct@yun.edu.cn

## 北大兴华宝石鉴定中心

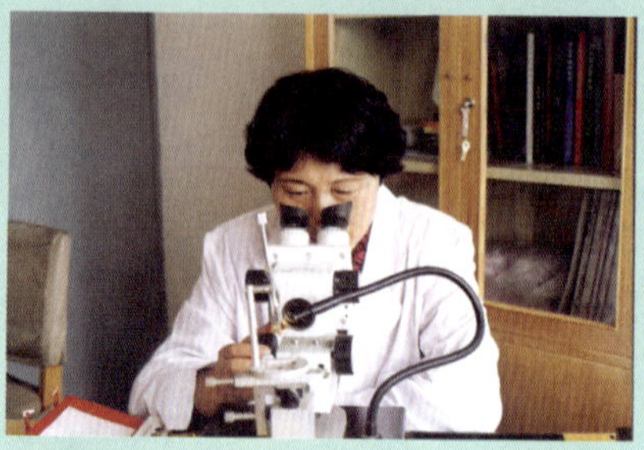

北大兴华宝石鉴定中心是我国宝石界双认证单位，即首家取得国家技术监督局认证实验室国家认可证书和首批取得国家技术监督局计量认证合格证书的国家级珠宝鉴定单位。

该中心拥有一批多年从事珠宝教学和研究工作的专家、教授和从事珠宝鉴定工作经验丰富的技术人员。中心的设备齐全，拥有先进的检测鉴定仪器，除常规鉴定仪器外，还有电子探针、红外光谱仪、X光衍射仪、等离子光谱分析仪等现代化大型精密仪器。高水平的技术队伍、先进的仪器设备，可以确保珠宝检测鉴定工作的科学性、准确性和公正性，尤其是对珠宝疑难问题的分析鉴定具有突出的优势。

该中心的宗旨是保护消费者的利益和维护经营者的信誉，坚持质量第一的方针，为社会提供优质的服务。

## 武汉船舶救生设备质量检验测试中心
## （原交通部船舶救生设备质量检测中心）

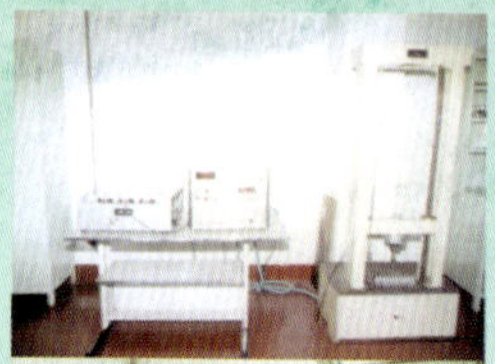

武汉船舶救生设备质量检验测试中心由交通部和中国船级社归口领导，挂靠武汉规范研究所。本中心的宗旨是加强行业管理，强化交通部工业产品质量监督检测工作，特别是进一步加强对国内救生设备生产质量的监督检测和管理，并为开展工厂认可、型式认可、新产品验证等方面提供验证服务。它的任务是负责对船舶救生设备产品实施监督及委托检验测试工作。

中心现有专业人员10名，其中有高级职称人员6名、中级职称4名，均具有扎实的理论基础和丰富的实践经验，多年从事船舶检验技术工作和救生设备检验工作。中心下设办公室和检测室，拥有先进的调温、调湿等检测设备，并按照国家技术监督局“关于在计量认证中对检测仪器设备进行检定、校验的规定”的要求，经湖北省计量科学研究所进行检定合格。

中心的质量方针是：“坚持‘质量第一’，为用户提供及时优质服务，确保对产品质量作出公正、科学和准确的评价”。

中心的人员及设备满足对船舶救生设备救生圈、救生衣两大类产品关于物理、化学、温度和性能等39个项目进行检验测试的能力。中心热诚为广大船东、船厂、产品、设计制造及有关单位提供及时的检测试验和可靠的数据，为保障船舶和水上人身安全提供优质服务。

中心还接受国家技术监督局和交通部的授权，对船用救生设备进行统检、抽查和生产许可证发放的检测工作，为保障船舶和人命安全，为全国的防洪救灾工作及提高救生设备产品的质量作出了贡献。

地址：武汉市桥口区六角亭新路128号
邮政编码：430022
电话：027-85865135
传真：027-85856274
网址：CCS whir @public.wh.hp.cn

## 化学工业胶带产品质量监督检验测试中心

化学工业胶带质量监督检验中心、青岛市橡胶制品质量监督检验站(统称监测中心)是具有第三方公正地位的独立于生产、销售与消费群体，为国家、社会服务的质量监督检验机构。监测中心通过国家计量认证、认可的检测项目为：输送带、传动带等23项橡胶胶带产品和6项硫化橡胶参数；同时通过山东省计量认证、认可的检测项目为：轮胎、胶带、胶管、胶板、密封材料和乳胶制品等20项橡胶产品和70项橡胶参数。

监测中心坐落于美丽的海滨城市——青岛。实验室总面积2000m$^2$，其中，检测室面积1600m$^2$；监测中心拥有仪器设备或装置53台(套)，固定资产200万元；现有员工20人，其中，工程技术人员15人。监测中心的质量方针是：科学、求实、公正、进取。

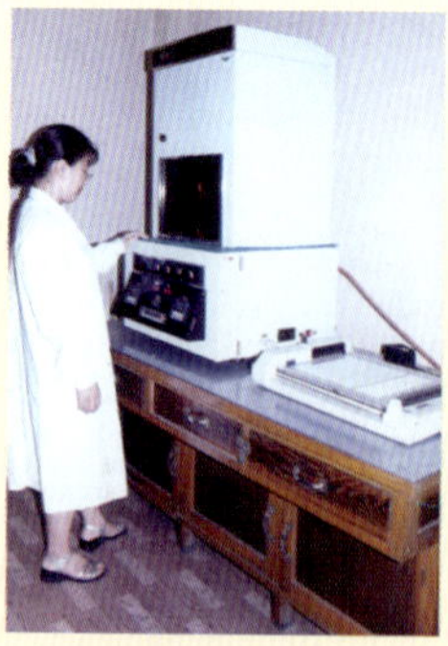

## 二三公司焊接研究所

二三公司焊接研究所成立于1989年，其前身是成立于1964年的二三建设公司焊接试验室。现有仪器设备200多台套，具有焊接工艺试验、机电加工、理化试验、无损检测能力。该所设有河北省审批的“锅炉压力容器焊工考试委员会”和国家核安全局审批的“民用核承压设备焊工考试委员会”，同时，中国安装协会焊接专业委员会也设在该所。现在该所已成为具有相当规模和实力的专业性焊接试验研究机构，焊接人才济济，对各种规格的合金钢、异种钢、不锈钢、铝材、铜材、钛材的焊接均能得心应手，曾荣获十多项国家和省部级科技进步奖。历年来，在大亚湾核电、秦山核电等大型项目中，对关键项目的攻关，使该所积累了丰富的焊接施工经验，为保证安装质量起到了至关重要的作用。该所下属的理化试验室，于1995年通过了国家质量技术监督局的计量认证，且于2000年通过了复审认证。多年来，理化试验室为大亚湾核电站、清华高温堆等项目提供了客观、公正、准确的检测数据，为保证工程质量作出了重要贡献。

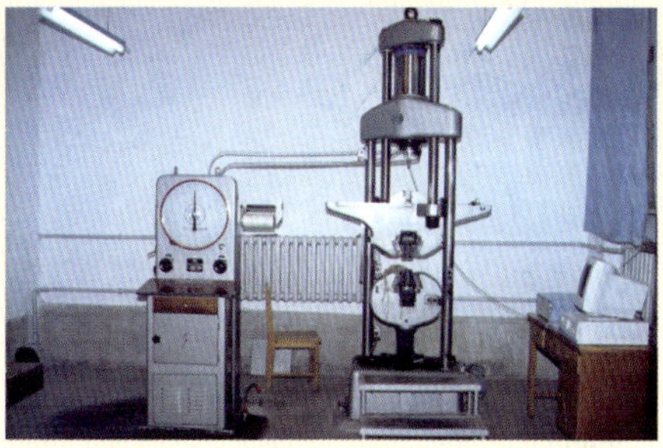

## 中国科学院沈阳分院理化测试中心 大连化学物理所测试部

## （中国科学院大连化学物理研究所分析检测中心）

本部专门从事分析检测，以及新分析方法和技术的研究，已有50余年的学科积累和经验传递。所承担的重大分析课题多次获国家、省部(科学院)奖励，以能综合解决复杂高难分析课题而享有良好声誉。所分析的对象涉及化学化工、环境科学、生命科学、医药卫生、矿产冶金、农产品、物证科学和进出口商品等诸多领域。本部建有严格的质量管理制度。1992年经国家技术监督局考核成为计量认证合格单位，并通过了随后的各次考核[(98)量认(国)字(Z0876)号]。

本部现装备有各类色谱、色谱／质谱、傅氏变换红外光谱、紫外－可见－近红外光谱、核磁共振波谱、全谱直读等离子体发射光谱和原子吸收光谱等大型仪器30余台，实验设备和理化测试仪器20余台件。现有分析检验人员30余人，其中具高级职称10人。

测试部主任：张青
副　主　任：陈吉平
联系电话：0411-3606605
　　　　　0411-3693476
传真：0411-3606605
　　　0411-3680026
通讯地址：辽宁省大连市
　　　　　中山路161号
邮政编码：116012

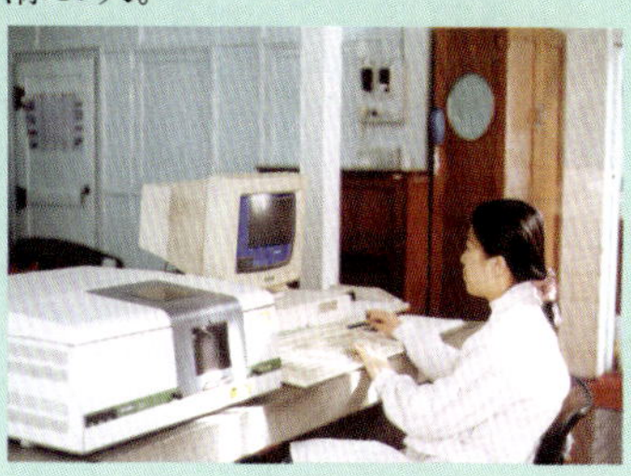

## 中国地质大学GIC珠宝检测中心

中国地质大学珠宝检测中心(也是湖北省珠宝质检中心)，是在中国地质大学珠宝学院的基础上建立的。成立于1992年，专业人员均获国家注册质检师资格并具有国际知名证书。年检工作量几十万件。GIC珠宝检测证书市场认可度高，检测设备精良，检测数据联网管理，电话咨询查询方便。1995年中心通过国家质量技术监督检验检疫总局计量认证和质量认可，是全国珠宝质检“疑难杂症”的咨询中心。

中国地质大学珠宝学院是国家批准成立的第一所珠宝学院，是最具规模和成就的宝石教育、科研、质检和仪器开发的机构之一。

完备的珠宝教育体系。学历教育有普通高等教育、成人高等教育，包括本科及研究生层次，开设宝石及材料工艺学、首饰设计专业。GIC职业技术教育课程从宝石鉴定、钻石分级、翡翠鉴定到首饰设计及制作课程涵盖市场的需求，毕业生供不应求，GIC证书学员深受业界欢迎。这里教师队伍精、标本多、实验条件好、“学珠宝到地大”成为业界的共识。

珠宝仪器研制开发成绩斐然。十几年来研制的既有传统的，也有新型的宝石鉴定仪器。如宝石阴极发光仪、钻石切工目镜、莫伊桑石测试仪等。技术上达到了国际先进水平，有6项技术获国家专利。产品行销全国及港台、英国、瑞士等地。

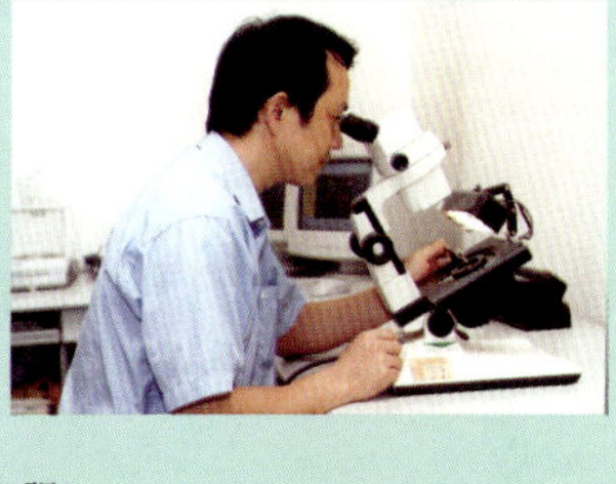

珠宝学院院长、检测中心主任：袁心强
检测中心副主任：杨明星
地址：武汉市武昌鲁磨路338号中国地质大学(武汉)珠宝学院
邮编：430074　　电话：027-87481007
传真：027-87482950
电子信箱：gic@cug.edu.cn
网址：http://www.gic.net.cn

## 广州军区联勤部油料技术监督室

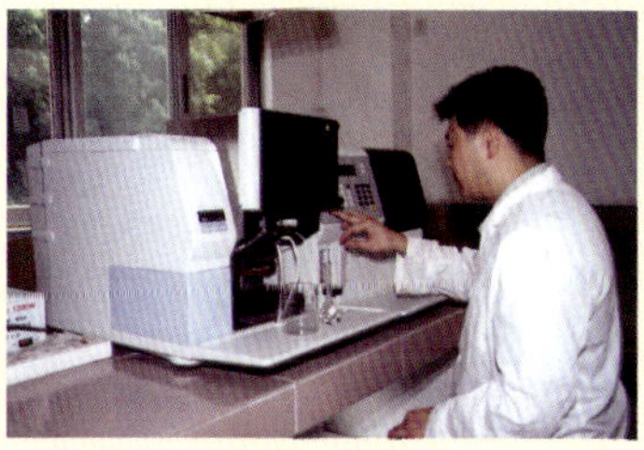

广州军区联勤部油料技术监督室，组建于1951年，担负着广东、广西、湖南、湖北和海南五省(区)部队油料监督工作。1994年12月先后通过国家技术监督局和广东省技术监督局计量认可，为广东省技术监督局产品质量监督检验授权单位；1999年11月和2000年9月又先后通过了广东省技术监督局和国家技术监督局复查认可。该站拥有总面积达3000平方米的业务工作用房，各种检验检测设备56台(套)，更配备有美国ASTM-CFR型辛烷值机、美国PE原子吸收光谱仪、美国MAGNA-IR550型傅里叶红外光谱仪、MRS-10型四球摩擦试验机等一批国内外技术领先的测试仪器。该室一贯坚持“科学、公正、准确、优质、高效”的质量方针，属事业法人性质，是非赢利的检验机构，可以独立地、公正地开展检验工作。

单位名称：广州军区联勤部
　　　　　油料技术监督室
负责人：胡建军
联系电话：020-87713217
联系人：张国英
单位地址：广州市广园东路2133号大院
邮政编码：510500

## 国家粮食局上海粮油食品质量检验测试中心
## 上海市粮油制品质量监督检验站

国家粮食局上海粮油食品质量检验测试中心、上海市粮油制品质量监督检验站，主要从事粮油食品检验方法的研究和粮油食品质量检验，承担市场粮油食品的质量监督检验。1992、1993年，分别由上海市技术监督局、商业部组织专家评审，通过了计量认证和机构认可，1998、1999年，又分别通过了上海市技术监督局(现上海市质量技术监督局)、国家粮食储备局(现国家粮食局)的复验。并授权对上海及华东地区的粮油食品实施质量监督检验。认定的质量监督检验范围有油脂、面粉、大米、面制品、油料、原粮等五大类54个粮油品种70多项参数的检验，接受社会委托检验的项目有180余项。内部质量管理根据GB／T 15481-1995《校准和检验实验室能力的通用要求》执行。

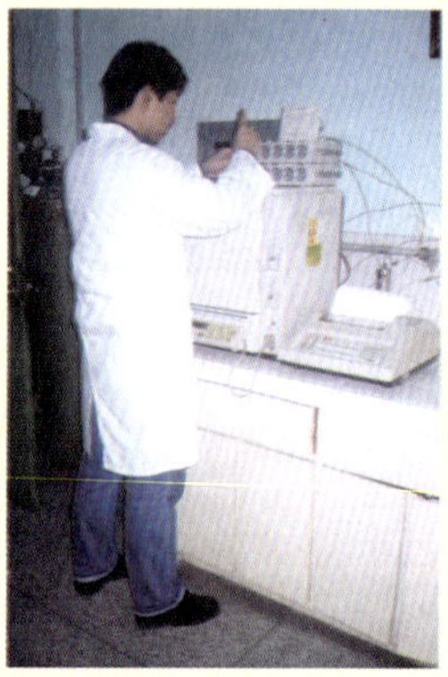

地址：上海光复西路441号
电话：(021)52903055
邮政编码：200063

## 广州铁路工程质量检测中心

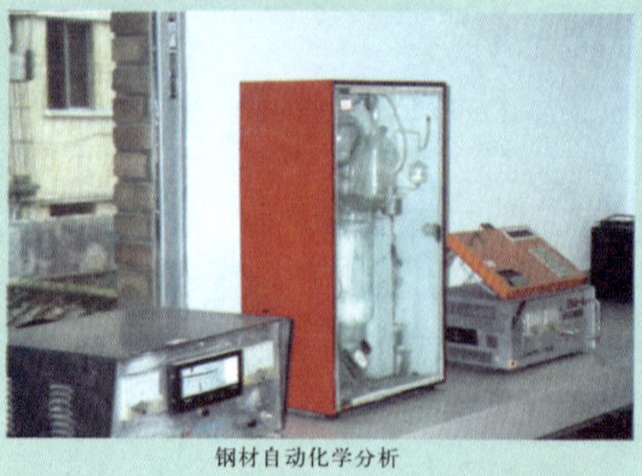

钢材自动化学分析

本中心始建于1954年，隶属于广州铁路工程质量监督站，主要承担广铁集团公司辖内广东、湖南、海南三省铁路工程质量监督检测工作。近年来，参加检测的工程主要有：京广电化、广深高速铁路、广梅汕铁路、京九铁路、渝怀铁路、洛湛铁路、广州地铁、广州内、外环高速公路、京珠高速公路、广州新机场，9栋30层以上高层建筑等。本中心于1993年、1998年通过国家技术监督局计量认证，主要检测项目有：

200吨压力实验机

1、水泥 2、混凝土、砂浆用砂 3、混凝土用碎石或卵石 4、混凝土拌合物 5、混凝土力学性能及耐久性能 6、非破损检测混凝土强度 7、建筑砂浆 8、建筑钢材 9、沥青 10、防水材料 11、石料(道渣) 12、土工 13、石灰 14、水 15、墙体材料 16、混凝土轻骨料 17、建筑胶凝材料配合比 18、混凝土外加剂

中心负责人：王新明
地址：广东省 广州市东山区共和西路2号
邮编：510600
电话、传真：(020)87124447 (057)24447

## 武汉汽车质量监督检验鉴定试验所

武汉汽车质量监督检验鉴定试验所是独立注册的法人单位，具有第三方公正地位。该所于1984年12月根据中国汽车工业总公司《关于建立汽车工业产品质量监督检验机构的通知》精神成立，1991年5月通过了由原有国家技术监督局和中国汽车工业总公司组织的计量认证及机构认可审查，1994年12月通过了原国家技术监督局和原机械工业部的认可评审，1999年通过了中国实验室认可委员会的“三合一”认可，即国家实验室认可、计量认证和机构认可。该所同时也是湖北省汽车质量监督检验站、武汉市产品质量监督检验汽车站。

试验所现有检验、校准用仪器设备和标准物质107台件，工作人员28人，其中高级工程师5人，工程师8人，试验所内设综合管理室、检测一室、检测二室、仪器检定室。

试验所具有汽车整车检验能力和汽车专用仪器的校准能力，能够承担汽车质量监督检验、产品定型试验、委托检验、质量仲裁检验、汽车产品认证检测，并能参与标准的制修订工作。

地址：湖北省武汉市汉阳二桥东村67号
电话：027-84871322
邮编：430051
传真：027-84865394

## 中国电子技术标准化研究所

中国电子技术标准化研究所(CESI)——信息产业部电子第四研究所成立于1963年，是电子工业综合性技术基础研究所，是不以营利为目的的中立的第三方技术支撑服务机构。30多年来，CESI已从原来的单一从事标准化研究发展成为集电子技术领域的标准、计量／测试、试验检测、合格评定于一体的综合性基础科研实体。

标准化工作：CESI是全国电子行业各专业标准技术业务的总归口单位，是电子行业标准的中心工作机构，又是电子工业国际标准化工作总归口单位。承担着标准研制和组织管理两大方面的任务。

计量测试：CESI是电子计量测试研究中心，也是国防微电子元器件计量一级站。

试验检测：CESI设有分别由国际机构和国家认可机构认可的“电子工业安全与电磁兼容检测中心”、“信息处理产品标准符合性检测中心”、“军用电子元器件破坏性物理分析(DPA)实验室”、“IC卡检测中心”。

合格评定：CESI设有国家认可机构认可的“中国电子质量体系认证中心”、“电子行业质量体系认可委员会一分部”、“中文信息技术产品认证中心”。

标准信息传媒：CESI设有标准与期刊出版发行中心。中心拥有国内外公开发行的《电子标准化与质量》、《安全与电磁兼容》杂志，全面报道电子工业标准制修订、质量体系认证及电子产品安全试验检测和电磁兼容理论与实践的进展动态，提供信息技术标准化工作领域最新研究成果；中心编辑出版发行电子行业标准，提供标准文献咨询服务；中心提供电子行业标准全套光盘共六盘(按专业分类)。

进入21世纪CESI将以其具有生机和活力的自我发展运行机制，朝着进入国际一流的综合性技术基础权威机构的行列的目标奋进！

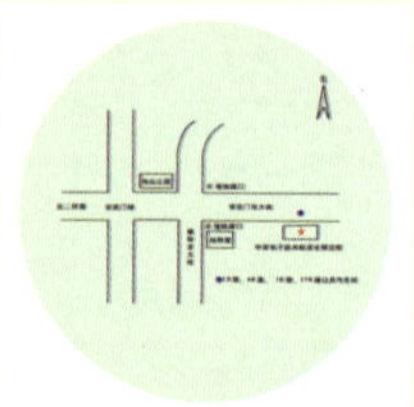

地址：北京市安定门东大街1号
邮政信箱：北京1101信箱(100007)
电话：(010)64007688(综合办公室)
(010)64007685(科技发展部)
传真：(010)64008392(综合办公室)
网址：www.cesi.ac.cn

## 国家城市供水水质监测网深圳监测站

站长：卢益

本站成立于1994年。位于深圳市万德大厦22楼，建筑面积2630m²，现有各类专业技术人员20余人。其中高工6人，工程师7人，硕士研究生8人。是一个具有较强的技术力量、良好业务工作条件和拥有相当数量高精尖仪器设备的现代化检验监测机构。

主要工作范围和内容如下：

1.对原水、出厂水、管网水及制水化学药剂等进行监测、分析和评价，确保饮用水的卫生安全。

2.为保持和提高水质，开展必要的水质污染状况、水处理工艺与技术以及水质分析方法、操作技术的科学研究。并向社会提供检验服务。

3.通过对水质的严密监视，对供水生产和管理全过程提出改进意见。

4.现能开展水中102项指标的检验，包括AMES致突变试验和藻毒素试验。

化验员正在进行检验

站长：卢益新
技术负责人：卢益新
质量负责人：农晋琦
电话：0755-2137826
传真 0755-2137827

## 南京大学现代分析中心

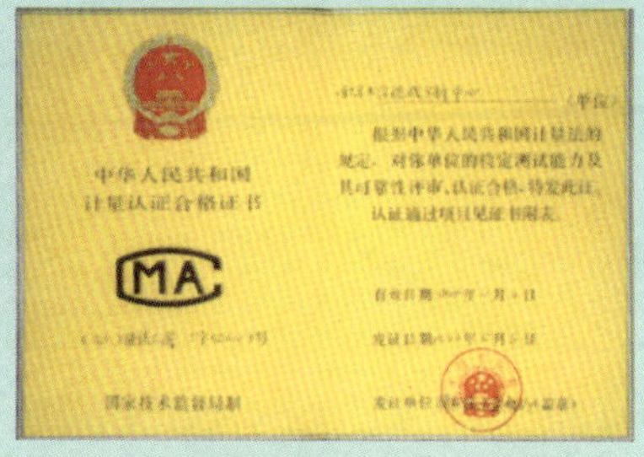


南京大学现代分析中心(以下简称中心)创建于1983年，中心的成立旨在促进大型仪器的资源共享和跨学科的交叉研究，提高仪器的使用效益，为培养高层次人才提供良好的实验基地。其任务是为全校的教学和科研服务，同时面向社会开放，积极为地方的经济建设作出贡献。

中心技术力量雄厚，现有教授、副教授和高级工程师20名，讲师和工程师25名。进口仪器设备配套较全，技术指标较高，总价值达400多万美元。可用于无机、有机成分的定性和定量分析、结构分析、物相分析、表面分析、微区形貌和成分分析，以及热分析等。它是集分析测试，科学研究和科技开发为一体的理化检测中心。

中心是国家技术监督局确认的国家级计量认证合格单位。1997年被江苏省技术监督局授为"江苏省技术监督新材料工程计量测试实验室"，并是江苏省计量测试网络的核心成员。可为贸易出证、产品质量评价、成果鉴定、质量仲裁等提供具有法律效力的公证数据。

1987年5月28日著名化学家、诺贝尔奖金获得

中心欢迎有关科研单位、兄弟院校、工矿企事业单位前来委托分析测试、样品剖析、项目研究和技术培训等任务。热忱为社会各界提供方便和优质的技术服务。

## 中国科学院上海有机化学研究所分析测试中心

中国科学院上海有机化学研究所建于1950年5月，主要研究领域有：天然有机化学，生命有机化学，元素有机化学，金属有机化学，物理有机化学，材料化学，分析化学，谱学和计算机化学。

1959年成立了分析室，在国内率先建立了有机元素微量分析，红外光谱分析，核磁共振分析和有机质谱分析等分析技术。经几十年坚持不懈的努力，有机所分析室已拥有比较先进和齐全的分析仪器设备和一支训练有素的分析测试专业队伍。分析测试中心于1994年12月通过了国家技术监督局的计量认证，并以此为新的起点，进一步提高分析测试人员的素质，提高分析测试水平和组织管理水平。

2000年4月分析测试中心通过了国家计量认证复评，取得(2000)量认(国)字(Z1244)号证书。随着大型仪器的不断更新，检测能力不断的提高，仪器实现了计算机网络化管理，使计量管理更规范化、科学化，为社会各领域提供更完备的服务。

单位名称：中科院上海有机化学研究所分析测试中心
联系地址：枫林路354号
邮编：200032
电话：02164163300-1912
传真：64166128
E-Mail：jil@pub.sioc.ac.cn

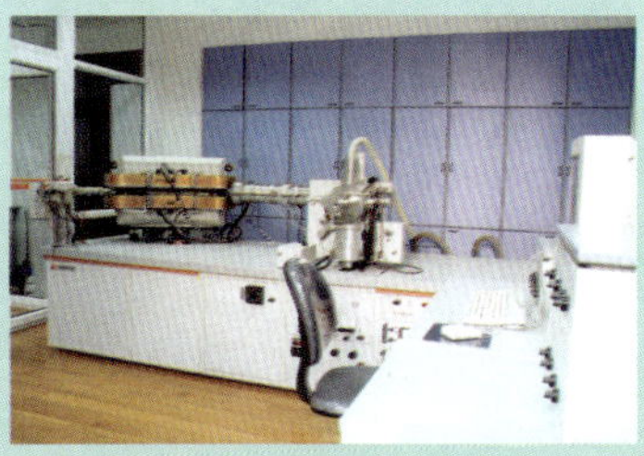

## 中国地质大学(武汉)分析测试中心

中国地质大学(武汉)分析

中国地质大学(武汉)分析测试中心现有理化分析室、有机分析室、物性检测室、电镜探针室、X光红外室、同位素分析室、岩土工程室、工程桩基检测室等八个专业室。

中心拥有现代分析水平的大型精密测试仪器(如等离子质谱仪、同位素质谱仪、色谱－质谱联用仪、电子探针、四圆单晶衍射仪、色相色谱仪、液相色谱仪、离子色谱仪、元素分析仪)、材料工程实验仪器(如电液伺服材料实验机、万能材料实验机、动三轴剪切仪)等各类测试仪器。

分析测试中心是面向社会的产品质量检验的实体，其主要检测范围：

1.有色金属、黑色金属、贵金属、稀有稀散金属、稀土、非金属、煤炭、天然气与石油、水、矿物岩石等矿产品检测。
2.地质工程岩土和建筑耐火矿产品、贵金属饰品珠宝玉石检测。
3.新材料(纳米材料)形貌、粒度、成分的检测。
4.承担国家和行业的标准方法和标准物质的制订的研制。
5.对大型精密仪器的精度进行检测、调试和故障维修。
6.对上级下达的质检任务提供检测和仲裁。

本中心于1995年6月正式通过国家计量认证评审，于2000年6月通过了国家计量认证复查换证评审，为计量认证合格单位。

单位名称：中国地质大学(武汉)分析测试中心
中心主任：王焰新教授
联系人：袁曦明　王春明
中心地址：湖北省武汉市洪山区
鲁磨路388号
邮政编码：430074
电话：027-87482970　027-87481029
传真：027-87481392
E-mail:ceshib@cug.edu.cn

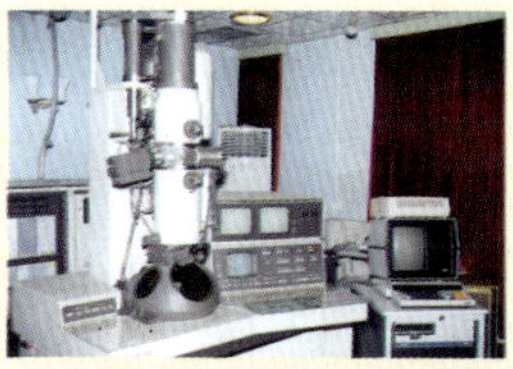
荷兰菲利普公司的高分辨率透射电子显微镜

## 中铁十一局三处计量测试中心

中铁十一局三处计量测试中心是在原中国人民解放军铁道兵第一师第三团司令部工程试验室的基础上发展起来的，成立于1955年1月1日，1984年兵改工并入铁道部，改编为铁道部第十一工程局第三工程处计量测试室，1999年脱离铁道部更名为中铁十一局第三工程处计量测试中心。先后参加过鹰厦、贵昆、襄渝、兖石、京广、焦枝、宝中、桃威、漳泉、京九、南昆、京九复线、西康、内昆、西南、洛湛、秦沈高速等二十多条铁路，重庆机场、三明机场、102、104、107、210、宜黄公路、京沈、内宜、隆纳、绵广、达渝、成南、中郝、新疆乌外环公路以及新疆阿勒泰和克拉马依引水隧道等重要工程的试验、检测工作。现有试验人员106人，其中工程师以上职称占33%。试验室占地面积700平方米，试验检测设备1616台件，价值322万元。

中铁十一局三处计测中心于1990年7月首次通过国家质量技术监督局计量认证，又先后于1995年7月、2000年7月两次通过国家质量技术监督局的计量认证，现已能检测水泥等16类234个参数。

## SCCC QUALITY EXPERTS 深圳康达信认证咨询中心

康达信管理咨询中心为国内最早成立的专门从事管理咨询的机构，并由深圳市质量技术监督局组建，自1991年开始从事ISO9000全过程认证咨询服务，第一家通过国家主管机构国家质量技术监督局备案注册后，又通过国家环境保护局ISO14000咨询的备案注册，除了提供ISO9000／QS9000／ISO14000全过程咨询服务外，还提供其它项目的管理咨询服务以帮助企业全面提升管理素质。中心总部设在深圳，已在珠海、惠州、广州、佛山及北京设立了分支机构。

地址：深圳市华强南路无线电管理大厦8楼西
电话：(0755)3202740
邮政编码：518033

## 株洲化学工业乳胶制品质量监督检验中心

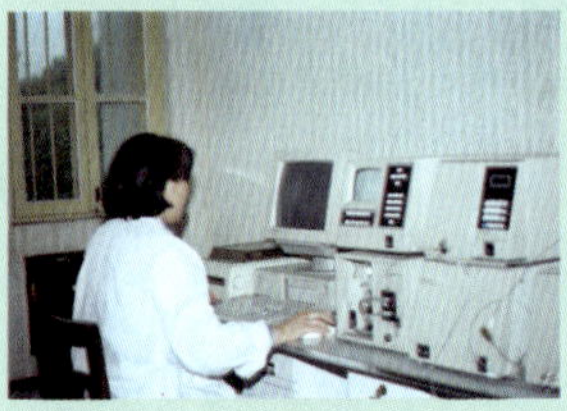

株洲化学工业乳胶制品质量监督检验中心是根据化工部(91)化生监字第020号文批准建立的，从事乳胶制品的委托检验、生产许可证检验、国家监督抽查和产品质量认证及检验工作；于1990年首次通过国家技术监督局组织的计量认证验收；1993年为配合橡胶避孕套质量认证，化工部乳胶研究所批准成立化工部乳胶制品检验实验室，并于1993年12月接受国家技术监督局及认证委员会的评审认可，于1994年批准为化工部乳胶工业研究所乳胶制品检验实验室。1995年通过计量认证复查验收。

中心除具备满足乳胶制品常规检验所需仪器设备外，还配备了日本日电公司生产的JEM－1200EX电子显微镜，其加速电压为120kV，分辨力为0.14nm，放大倍数为100万倍；美国沃特公司生产的高效液相色谱仪其配备有999二极管阵列检测器、470荧光检测器、410示差折光检测器、600E四元梯度泵，具有GPC功能；美国尼高力公司生产的410红外光谱，仪，能定性鉴定物质的结构；英国UNICAM公司生产的紫外光谱仪，能对物质的含量进行分析测定；德国捷高公司生产的2MR－2R臭氧老化试验机，具备测试橡胶耐臭氧老化的能力；美国孟山都公司生产MV－2000门尼粘度仪，能对橡胶的基本指标门尼粘度进行检测；RPA－2000橡胶加工分析仪，能对橡胶加工的全过程进行监控测试，为生产配方提供科学的分析依据。

此外，中国实验室国家认可委员会于1999年3月21～22日组织了有关专家，根据CNACL201－99《实验室认可准则》对我实验室进行了严格的认可复评审，并于1999年7月20日以质技监局认函［1999］180号文正式批准我实验室获准认可，认可的范围包括：橡胶避孕套、新系列气象气球、橡胶医用手套、一次性使用橡胶检查手套、橡胶家用手套、橡胶工业手套、橡胶输血胶管、丁基橡胶输液瓶塞、丁基橡胶抗生素瓶塞、天然胶乳、合成胶乳等11个产品的全项检验能力。2000年12月5～6日，通过了国家技术监督局组织的国家实验室认可监督评审和计量认证复查。为促进实验室的发展上了一个新的台阶。

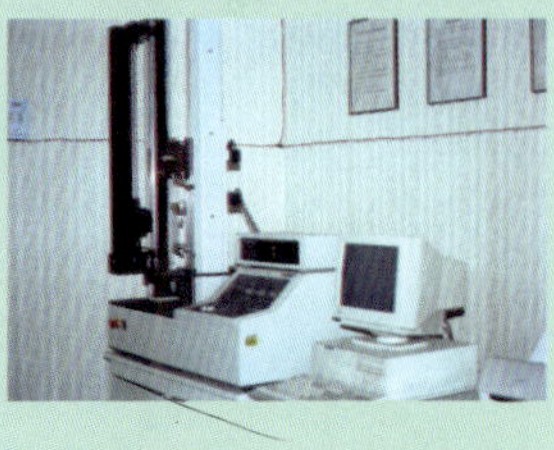

## 中铁五局集团第二工程有限责任公司

中铁五局集团第二工程有限责任公司(原铁道部五局二处)始建于1964年，具备铁路一级、市政一级、水利水电一级施工资质的国家一级施工企业。能够独立承担铁路、公路、机场、码头、市政、地铁、水利水电等大型综合工程施工，具有年完成建筑安装产值6亿元以上的施工能力。公司现有职工2800余人，其中专业技术干部798人，拥有国内外施工机械400多台(套)，各类测量、试验、检测设备500多台(套)，1998年通过了ISO9002国际质量体系认证。

公司坚持“竞争、创新、合作、共益”的企业理念，走“一元为主，多角经营”的发展道路，先后承担了成昆、衡广、京九、秦沈等20多条国家重点铁路工程的建设，担负过上海地铁一号线、二号线、轨道交通明珠线、黄浦江上游引水工程，武汉天河国际机场，京沈、京珠高速公路，四川都江堰拦水闸等多项重点工程建设。公司还远涉重洋，参加过坦桑尼亚、赞比亚、伊拉克、尼泊尔等国的铁路建设。

公司坚持“质量第一、信誉至上”的宗旨，创建了一大批精品工程。先后有20多项工程被评为全线“优质样板工程”，有150多项工程被评为部(省)、局(市)级“优质工程”，所承担的衡广复线衡阳——郴州段131.33正线公里全段被评为铁道部“优质工程”，上海地铁一号线车辆段获“全国市政工程金杯奖”和“上海市政工程金奖”。近年来，公司先后被授予“贵州省双文明单位”、“湖南省建筑百强企业”(排名第11位)、“衡阳市建筑六强企业”(排名第1位)、“衡阳市明星企业”等荣誉称号，荣获铁道部“火车头奖杯”。

## 中铁五局集团第二工程有限责任公司

董事长　党委书记　唐云

总经理　邓卓力

中铁五局集团第二集团工程有限责任公司（原铁道部五局二处）始建于1964年，具备铁路一级、市政一级、水利水电一级施工资质的国家一级施工企业。能够独立承担铁路、公路、机场、码头、市政、地铁、水利水电等大型综合工程施工，具有年完成建筑安装产值6亿元以上的施工能力。公司现有职工2800余人，其中专业技术干部798人，拥有国内外施工机械400多台（套），各类测量、实验、检测设备500多台（套），1998年通过了ISO9002国际质量体系认证。

公司坚持“竞争、创新、合作、共益”的企业理念，走“一元为主，多角经营”的发展道路。先后承担了成昆、衡广、京九、秦沈等20多条国家重点铁路工程的建设，担负过上海地铁一号线、二号线、轨道交通明珠线、黄浦江上游引水工程，武汉天河国际机场，京沈、京珠高速公路，四川都江堰拦水闸等多项重点工程建设。公司还远涉重洋，参加过坦桑尼亚、赞比亚、伊拉克、尼泊尔等国的铁路建设。

公司坚持“质量第一、信誉至上”的宗旨，创建了大批精品工程。先后有20多项工程被评为全线“优质样板工程”，有150多项工程被评为部（省）、局（市）级“优质工程”，所承担的衡广复线衡阳——郴洲段131.33正线公里全段被评为铁道部“优质工程”，上海地铁一号线车辆段获“全国市政工程金杯奖”和“上海市政工程金奖”。近年来，公司先后被授予“贵州省双文明单位”、“湖南省建筑百强企业”（排名第11位）、“衡阳市建筑六强企业”（排名第1位）、“衡阳市明星企业”等荣誉称号，容获铁道部“火车头奖杯”。

## 北京久仟企业标准技术发展有限公司

● 北京久仟企业标准技术发展有限公司是经工商行政管理局批准，国内最早从事国际标准认证咨询培训的机构

● 国家质量技术监督局及国家环保总局双重备案批准的专业国际认证咨询机构

● 中国合格评定中心鉴约合作方，具有直接向中国合格评定中心申报国家注册审核员资格

● 科技部全国软件及信息技术质量认证论坛指定的国际标准认证咨询机构

● 中关村科技园海淀园高新技术企业协会监事单位，为园区内企业提供ISO 9000、ISO 14000专业咨询服务

● 国际认证管理互认机构——国际审核员和培训认证协会(IATCA)中国代表，质量和环境工作组委员朱立本先生任总经理；原国家质量技术监督局总工程师兼局认证司司长丁其东先生任总工程师。

● 专业的师资力量，专业的培训方法，专业的咨询服务。为30余米，400余家企业提供了认证咨询，均一次性通过认证，其中包括：中国电信软件开发中心、清华紫光集团比威网络技术公司、中国普天西安邮电通信设备厂、北京房建集团公司以及上市公司——江苏索普集团、中牧实业股份有限公司、北京化二股份有限公司、阳光股份公司、南风集团公司等。

久仟企业

地址：北京市西城区金融大街27号投资广场B座17层
邮编：100032
电话／传真：(010)66211969　66211625　66211873　66211752
Http://www.isoks.com.cn
E-mail:chinaks@public3.bta.net.cn

## 中国预防医学科学院环境卫生监测所

本所是卫生部直属单位成立于1985年。该所工作任务：负责有关环境卫生的国家法规、卫生标准及标准检验方法的起草、制定和实施，并受权对有关规定和卫生标准进行解释。是卫生部健康相关产品的国家级检验单位和仲裁单位。开展环境卫生科研，负责全国性环境卫生问题的调查，是全国卫生系统在环境卫生领域的技术指导单位。

该所1993年取得国家技术监督局颁发的计量认证合格证书，并于1999年通过复查获国家技术监督局颁发的计量认证合格证书。

截止2001年7月，该所共有职工145人，其中高级科技人员41人，中级科技人员34人，初级科技人员40人。设有空气监测、水质监测、生物监测、环境对健康影响、环境微生物、有毒化学品登记室、环境卫生标准和环境毒理等7个研究室及理化实验室、微生物实验室和毒理实验室等3个实验室。有精良的、先进的大型进口仪器设备，用于科研和检测。强有力的科研队伍、较完备的仪器设备和合理的机构设置，为保证科学研究和检测工作奠定了基础。

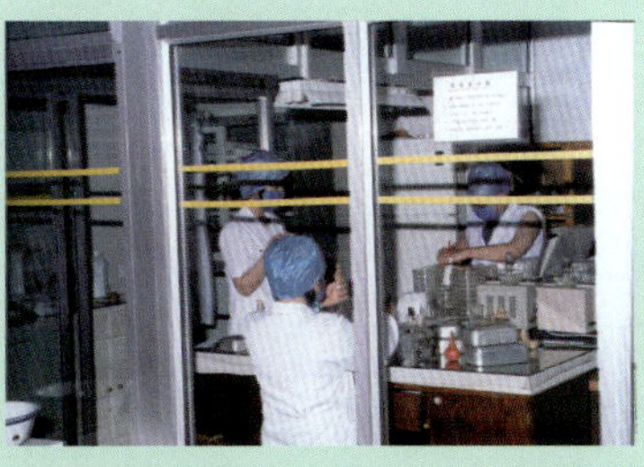

地址：北京市潘家园南里7号
电话：(010)67791262
传真：(010)67719392。

## 信息产业部
## 电真空器件产品质量监督检验中心

中心位于北京电子城中心，挂靠信息产业部电子第十二研究所，业务归信息产业部电子产品质量监督管理办公室领导。

中心成立以来，多次从事电真空器件国家监督抽查、进出口商检、生产许可证确认试验、质量争议和仲裁等工作。本着“科学、准确、规范、公正”的原则，服务于广大客户。业务范围包括显象管、显示管、投影管、电子镇流器等电真空器件。

· 1987年，检验中心成立；
· 1990年，经国家进出口商品检验局批准为“电真空器件产品认可实验室”；
· 1991年，经原电子部和国家技术监督局联合评审，首次通过了国家计量认证；
· 2001年，通过了信息产业部和国家质量技术监督的复查评审。

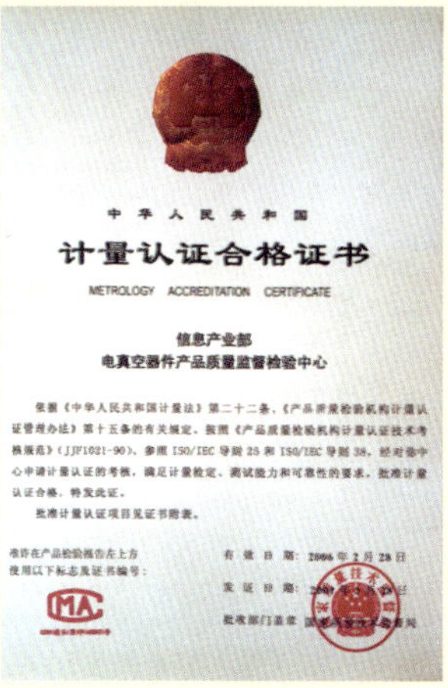
中华人民共和国
计量认证合格证书
METROLOGY ACCREDITATION CERTIFICATE
信息产业部
电真空器件产品质量监督检验中心

地址：北京749信箱47分箱
邮编100016
负责人：沈先锋　梁思雄
电话：(010)64372685
　　　(010)64361731-20029
传真：(010)64362878
认证证书编号：(2001)量认(国)字(H0547)号

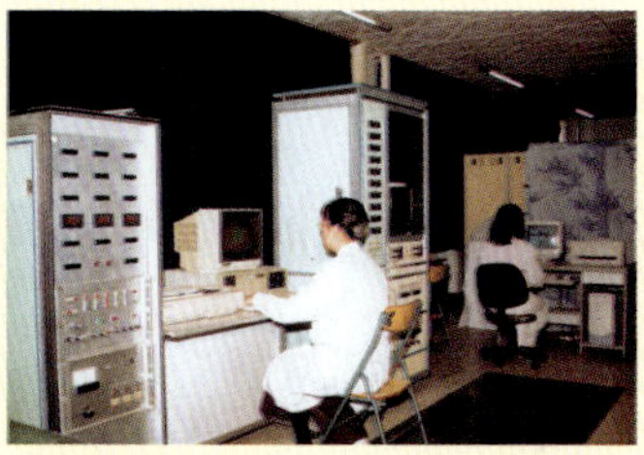

## 中国泰尔实验室

TTL

### 科学　公正　客观　准确
### 您知道进网标志的五种防伪技术吗?

说明:
A.夹在标贴纸中间的塑料荧光防伪线，在紫外线灯下可见，用刀可刮出。
B.密纹印刷底纹，防照像，防仿制。
C.隐形“CMII”荧光油墨印迹，在紫外线灯下可见。
D.缩微印刷，肉眼看是一条线，放大镜下看是字符，防仿制。
E.计算机扰码，该码与进网证号、型号、序号相关，具有唯一性，不可仿制。

地址：中国·北京月坛南街11号
邮编：100045
电话：010-68051533　68051532
传真：010-68011404
网址：http://www.chinattl.com
E-mail:cpu@chinattl.com

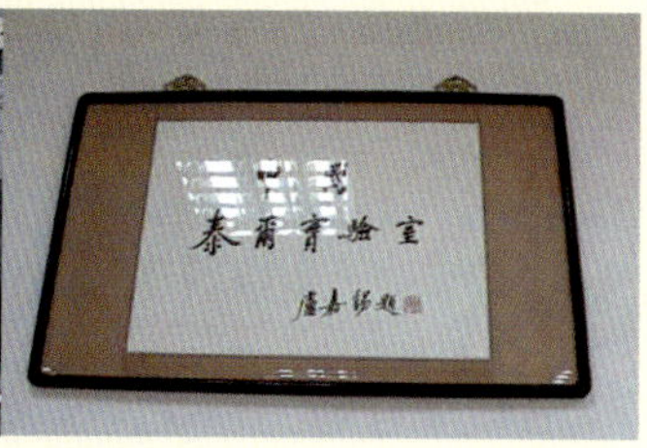


## 信息产业部无线通信产品监督检验中心

信息产业部无线通信产品监督检验中心，是根据原邮电部“邮部编（1992）8号文”于1993年开始筹建，并于1994年1月通过原国家技术监督局计量认证和原邮电部的审查认可。中心业务上直属信息产业部管理，具有独立的第三方公正性地位。因此中心可向全社会提供具有法律效力的检验数据。

中心拥有资深的确通信计量、测量技术专家和微波、无线通信专家，以及先进的仪器设备；先后为众多国内外知名厂商实施微波和无线通信设备的检验。检验手段先进、科学；测试数据准确、可靠，深受部主管部门和受检厂商的好评。

为加快国际化进程，并与国际机构接轨，中心正在进行国家实验室认可准备工作。中心长期为国内外通信厂商提供公平、公正、科学、优质的检验服务。

主要职能范围：□ 承担国家和上级主管部门下达的无线通信产品的进网检验、监督检验□ 承担无线通信产品的委托检验、仲裁检验、新产品鉴定检验□ 有关通信产品部件的测试□ 参加无线通信产品国家和行业标准、实施细则的制订和修改□ 参加国家和部门的计量检定规程、较准规范的制订和修改□ 研究和开发无线通信新产品的检验技术和测试方法□ 为通信设备制造商、供货商、电信运营商提供无限通信产品检验测试方面的咨询服务□ 为测试人员、维护人员提供培训。

主要承检产品种类：□ PDH数字微波通信系统□ SDH数字微波通信系统□ 电视传输通信系统□ 点对多点微波通信系统（宽带、窄带、LDMS、阔频等）□ 无线接入系统（450MHz、SCDMA、DECT、PAS等）□ 数字蜂窝通信系统基站（900/1800MHz GSM、800/1900MHz CDMA等）□ 各类移动通信直放站（900/1800MHz GSM、800/1900MHz CDMA等）□ 无线电寻呼发射机（高速、低速）□ 无线调制解调器□ 其他无线通信产品（设备）

地址：陕西省西安市翠华路边15号
邮编：710061
电话：029-5231236　　传真：029-523139
E-mail:WXZHJZHX@public.xa.sn.cn
wx@radio-qtc.com.cn
http://www.radio-qtc.coms

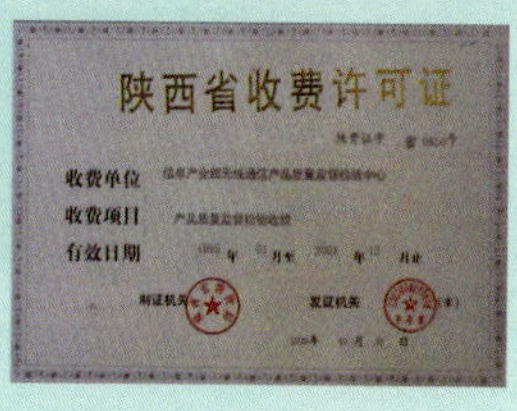


## 中油辽河油田分公司勘探开发研究院试验中心

中油辽河油田分公司勘探开发研究院试验中心，始建于1967年2月，30多年来已发展成为辽河油田最大的试验研究中心，下设地质试验室、地层岩矿室、开发试验室、采收率室、生产准备室等五个专业试验室，拥有员工100人，技术人员71人，其中高、中级技术人员37人、工作面积9889平方米，拥有国内外先进设备1000多台(套)，设备资产总值四千多万元。能够承担与石油天然气勘探开发有关的12个专业体系，100多个项目的分析检测及相关的试验技术研究工作。本中心曾取得了一大批具有国内外先进水平的试验研究成果，其中国家级3项，省部级10余项，局院级200余项。并于1996年全面通过国家技术监督局计量认证。2001年本中心又通过了实验室国家计量认证复检和增项考核。本所现已成为全国石油系统检测项目齐全，试验设备先进，技术办量雄厚，全面符合国家计量认证规范的综合性试验中心。

地址：辽宁省盘锦市辽河油田分公司勘探开发研究院试验技术研究所
电话：0427-7820512　0427-7822044
邮编：124010

## 机械工业节能监测中心
## 兵器工业节能监测管理中心

机械工业节能中心(机械工业节能监测中心)成立于1984年。该中心长期从事机械行业企事业单位的节能监测工作(承担部分其他行业或地方有关单位委托的节能监测)及协助行业主管部门进行能源和节能管理工作。机械工业节能监测中心研究员级高工及高级工程师占总人数的60%，有丰富的节能工作及检测经验，具有较先进、齐全的测试仪器仪表和设备，有健全的规章制度。多年来协助行业主管部门编制并公布了18批“节能机电产品推广项目”及17批“淘汰能耗高、落后机电产品项目”，得到国民经济各部门的普遍认可和采用；组织编制的84项“机械工业炉窑站房能耗分”等行业标准，为各行业、各地区有关部门及企业提供了节能管理的可靠依据。

兵器工业节能监测管理中心协助行业主管部门对12个兵器工业节能监测站的节能监测、测试进行技术指导、技术仲裁及部分专用设备的检测。协助行业主管部门进行节能新技术、新产品推广工作。

## 航空综合环境重点实验室

**航空综合环境重点实验室**（航空工业总公司可靠性与环境试验中心三〇一所分部）是国内环境与可靠性领域最具优势的骨干单位之一，主要从事气候环境试验、力学（机械）环境试验、可靠性试验、环境应力筛选方面的技术研究和试验服务。实验室建立了一套完整的质量保证体系和管理制度，并于1998年通过国家质量技术监督局的计量认证和可靠性和环境鉴定实验室资格认证。

实验室科研试验用房面积达4200平方米，配备有种类齐全、技术先进的气候、力学、可靠性试验设备和测试仪器50台（套）。实验室由环境实验研究单元、可靠性实验研究单元和技术开发单元组成。

**环境实验研究单元**具备实施各种气候环境试验的能力。除了温度、湿度、盐雾、霉菌和低气压等常用气候环境试验外，还能按照GJB 150（MIL-STD-810）的要求实施砂尘、淋雨和太阳辐射等特种气候环境试验。

**技术开发单元**拥有基于VXI总线的综合开发平台、电应力控制分析系统、振动噪声测量分析系统、参数测量分析系统，主要从事环境分析方法和试验方法的研究，以及环境试验设备的开发，同时能够进行环境条件和产品响应的测量分析处理等各种实验研究和技术开发工作。

实验室还是UD公司（中国）产品服务中心所在地，由一批经过UD公司专门培训并获得资格证书的技术人员负责美国UD公司振动台在中国的安装、维修和技术咨询工作。

实验室将本着**“勤奋敬业、求实创新、高效发展、协作奉献”**的精神，坚持**“质量第一、公正严谨、科学管理、持续改进”**的质量方针，竭诚为各行业提供环境和可靠性试验服务。

地址：北京东直门外京顺路7号
电话：（010）64663322-2505
网址：http：//WWW.acel.ac.cn
信箱：北京1665信箱，100028
传真：（010）64649893
电子邮件：acel@163．net

## 信息产业部广州电话交换设备质量监督检验中心
## 信息产业部通信产品防护性能质量监督检验中心

信息产业部广州电话交换设备质量监督检验中心和信息产业部通信产品防护性能质量监督检验中心挂靠在广东省电信科学技术研究院内，其检验业务由信息产业部电信管理局、科技司归口管理，行政关系隶属广东省电信科学技术研究院。

多年来，两个质检中心一直承担着信息产业部的电信设备进网检验、国家质量技术监督局的产品质量监督抽查和电信设备制造商的委托检验以及国家标准、通信行业标准、规范的制修订等工作。

信息产业部广州电话交换设备质量监督检验中心业务范围：

ADSL设备、以太网交换机、路由器、Home PNA设备、电话机（含无绳、IC卡）、用户接入网设备、局用交换机、用户交换机、光端机、N0.7信令交换与控制设备、数字程控调度机、数字排队机、电话自动计费器集中管理系统、ISDN网络终端设备、电话主叫识别信息显示设备、数字移动交换机、语音邮箱系统、ISDN交换设备、集团电话、传真机、调制解调器、电话机附加设备、数字交叉连接设备、数字复用设备、通信用高频开关电源、综合布线产品。

信息产业部通信产品防护性能质量监督检验中心业务范围：

光纤配线架、光缆交接箱、光纤光缆活动连接器、光纤耦合器、光缆接头盒、数字配线架、总配线架、电缆交接箱、电缆分线箱（盒）、电源避雷器、网络避雷器、气体放电管、半导体管、热敏电阻、压敏电阻、通信电缆、光缆、电信设备过电压过电流防护性能。

“公正、科学、准确、保密”是我们的质量方针，我们将为广大客户提供热情、优质、高效的服务。

通信地址：广州市中山大道109号
广东省电信科学技术研究院综合楼19层
邮政编码：510630
联系电话：020-38639351、38639339、38639365
传真电话：020-38639370

## 全国民用爆破器材产品
## 长沙质量监督检测站

全国民用爆破器材产品长沙质量监督检测站位于长沙市岳麓山下，挂靠长沙矿冶研究院，业务归国防科工委民爆器材管理办公室领导。

本站建立于1987年，1989年通过国家技术监督局计量认证，是非盈利性的国家民用爆破器材产品质量监督检验机构。本站有工作人员15名，其中：高中级技术人员占84.6%；拥有检测实验室26间；爆炸塔一座，试验室面积共计760平方米。主要承担全国民爆器材产品的质量检验、评价、认证和仲裁业务；研究新的检测技术和方法；承担或参与国家标准、行业标准的制订、修订和试验验证工作。

地址：湖南省长沙市麓山南路1号（长沙矿冶研究院内）
负责人：郭子庭　李建湘
电话：0731-8657008
传真：0731-8657378
邮编：410012
计量认证编号：(95)量认(国)字(E0271)号
服务范围：全国

## 浙江省技术监督检测研究院

浙江省技术监督检测研究院隶属于浙江省质量技术监督局，是浙江省内规模最大、综合能力最强的法定检测机构。全院现有职工200余人；其中科技人员占90%；硕士、高工占25%。目前，全院办公楼、实验楼总建筑面积达1．5万平方米；仪器设备总值3000余万元；内设有6个管理部门，19个专业检测实验室。

本院主要承担着全省各类产（商）品质量检验、质量鉴定、灾后产品质量评估等任务，目前能开展橡塑、机电、电器、机械、信电、电子、油品、化工、轻工、包装、建材、黄金珠宝、眼镜等600余种不同类型的产品和环境试验、电磁兼容、无损探伤等项目的检测；同时还承担着全省量值传递和溯源，拥有长度、力学、热工、电磁、无线电、声学、理化、光学、时间、频率等省级社会公用计量标准132项，可开展计量器具计量检定、定型鉴定和样机试验、计量仲裁检定等业务。于2000年4月经中国实验室国家认可委员会（CNACL）考核，通过国家实验室认可。

# 吉林省公主岭市质量技术监督局

局长李亚军同志

吉林省公主岭市质量技术监督局全系统共有职工248人。局机关内设人秘科、质量科、计量科、标准化科、物业管理办、编码办。市政府打假办、质量兴市办、名牌战略办设在我局。局所属事业单位：衡器所、测试所、质检所和稽查大队。所属第三产业有衡器修造厂、计量仪器经销公司、宾馆。

几年来，特别是实行垂直管理体制以来，在上级局和当地党委政府的正确领导下，充分发挥综合管理和行政执法两大职能。一是坚持依法行政工作，增强执法人员法制观念和法律意识，公正执法、规范执法，执法水平和能力不断提高。二是加强质量工作。全面开展质量兴市，积极推动名牌战略的实施。加强产品质量监督检验，促进了全市产品质量水平的提高。三是加强计量工作。定期对定量包装商品开展监督检查，使强检计量器具的检定检修工作不断加强。四是加强标准化工作。引导和鼓励企业采用国际标准和国外先进标准，启动ISO 9000标准质量认证咨询服务工作，为企业提供优质服务。农业标准化已圆满完成了种、养、加产业化标准示范区任务，今年又获得了国家级甜玉米生产、加工标准化示范项目立项。五是加大"打假"力度。始终把打假工作作为"一号工程"紧抓不放，组织全市开展联合打假，狠抓大案要案的查处，围绕节假日查重点商品、围绕保春耕查农资、围绕保建筑查建材。

局领导班子研究名牌战略工作

几年来，全局共出动执法人员10000多人次，查处案件1200多件，涉案金额500多万元，其中大要案10起，共端掉8个制假窝点，已收缴罚没款170多万元。通过开展一系列重大行动，净化和规范了市场，保护了企业和广大消费者的利益。

1998年，我局被省局评为行政执法先进单位；2000年我局被国家局授予"农业标准化项目示范市"，2000年获得市委、市政府颁发的"优质服务杯"。在全市开展的招商引资活动中，获二块金牌，二块银牌。此外，我局于去年参加了全国在温州召开的质量兴市工作会议，并在会上做了典型经验介绍。

执法人员正在检查汽车配件

# 深入开展专项整治　巩固打假治劣成效

## 杭州市质量技术监督局局长　潘荣琨

2001年9月12日销毁假冒伪劣产品现场

根据国务院关于开展打假联合行动，努力整顿和规范市经济秩序的要求，我市质量技术监督系统广大干部职工以高度的政治责任感和高昂的斗志，积极投入到整顿和规范市场经济秩序工作中去，查大案、端窝点，掀起了声势浩大的打假治劣"冲击波"。据统计，自去年10月以来，全系统出动执法检查13261人次，检查生产企业、专业市场及各类经销企业7638家，查获假冒伪劣产（商）品货值4156万余元，立案查处1012件，万元以上大案203件，捣毁制假窝点96个，移送司法机关处理5件。有力地打击了制假售假违法犯罪分子的气焰，有效地保护了广大消费者和企业的合法权益，取得了联合打假阶段性成果。

图为工作人员正在浇柴油

根据国务院和省、市政府关于整顿和规范市场经济秩序的部署，下一步，我们将突出抓好七个专项整治，推动打假联合行动向纵深发展。一是组织开展重点产品质量专项整治。在全市范围重点整治饮用水、化妆品、电线电缆、食品、农资（包括种子、化肥、农药）、汽摩配、一次性医疗用品、建筑用钢材、棉花等九类商品。每季度对杭州市区销售的桶装饮用水进行监督抽查，并在报纸上公告检测结果，对不合格的杭产桶装水责令限期整改，对不合格的外地桶装水禁止在杭销售，努力使市民喝"放心水"。为增强专项整治的效果，每季度组织开展一次集中统一行动，掀起打假高潮，遏制制假售假的势头，力争每年规范几类让群众放心的产品。二是组织开展重点市场商品质量专项整治。我局会同各城区分局着重抓好省汽配市场、市粮油批发市场等10个专业市场的整治。各县（市）局抓好一个以上市场的专项整治工作。市场整治的主要内容是组织市场管理人员和经营户学习质量法律法规，增强质量意识和自律意识；加强业务培训，提高识假辨假能力；规范进货渠道，严把商品进货关；加强日常监督检查，打击销售假冒伪劣商品违法行为；规范售后服务，树立良好的职业道德和商业信誉。通过整治，树立一批"放心市场"和"放心摊位"。三是组织开展区域特色产品质量专项整治。突出治理无标准生产、无许可证生产、无安全认证生产和产品质量不高等问题，帮助企业做到依法生产，科学管理，提高质量，努力创塑区域经济品牌。我局重点抓好富阳造纸业的整治，各县（市）局要针对区域经济的特点，选择一至二个行业开展区域经济整治工作。整治中，要从制订标准入手，综合运用质量监督、计量、行政执法和技术检测等手段，发挥综合效应。为切实掌握区域经济产品质量状况，开展"走访百个乡镇、服务千家企业"活动，并在各乡镇建立质量技术监督联络员，及时掌握企业所需所想，适时为企业提供服务，增强工作针对性和有效性。四是组织开展假冒知名品牌专项整治。建立与企业联系网络，市局建立百家重点企业、百家个私企业、百家高新技术企业、百家外资企业和百家农业龙头企业联系服务网，定期走访企业，及时掌握情况，适时为企业提供服务。开展打击假冒名牌产品专项行动，认真受理企业和消费者的举报投诉，加强明查暗访，严厉打击假冒名牌产品行为，维护名牌产品声誉，保护名优企业权益。帮助企业创名牌，积极主动向企业提供信息，帮助企业加强质量管理，提高产品质量，争取有更多的产品获得国家免检资格和中国名牌产品称号。五是组织开展市场计量专项整治。整顿的重点产品是市场销售的水表、电表、衡器等重要计量产品以及贸易结算用计量器具和定量包装商品，查处短秤少量、使用未经检定或检定不合格计量器具等破坏市场秩序的违法行为，保证贸易结算的计量准确性。六是组织开展农副产品质量专项整治。抓好"放心菜"系列标准的推广运用，严格落实外地蔬菜进杭准入制，加大蔬菜农药残留量检测的覆盖面和力度，每月对市区上市蔬菜进行一次抽查，并指导生产基地、批发市场和农贸市场加强日常管理。加强农副产品检测体系建设，建立杭州市农产品安全性能检测中心，增强检测能力，在抓好放心菜的基础上，逐步推进放心水产、放心畜禽、放心茶叶、放心水果等，扩大农副产品的放心面。七是组织开展维修企业质量专项整治。整治的主要对象是空调、冰箱、电视机、办公自动化设备等维修企业，查处维修人员无证上岗，维修零配件以假充真、以次充好、以不合格品冒充合格品等违法行为。

## 不断开拓　迈向新高

宁波市局办公楼外景

宁波市质量技术监督局前身为宁波市标准计量局，组建于1984年6月。1995年底更名为宁波市技术监督局并升格为一级行政局。2000年底，宁波市质量技术监督系统实行市以下垂直管理体制。2001年元月，更名为宁波市质量技术监督局。现在该局下辖6个县（市）质量技术监督局，5个系派出机构的区分局和7个直属事业单位，局机关内设9个处（室）。全市在职人员516人。

1996年以来，该局紧紧围绕宁波经济建设和社会发展的中心，坚持“以质量为中心，标准化、计量为基础”的工作方针，认真履行综合管理和行政执法两大职能，面向企业，服务经济，尤其在规范市场经济秩序，提高全市产品质量水平，打击假冒伪劣、制售假冒伪劣产品，加快农业生产现代化进程，推动地方经济与国际惯例接轨等方面发挥了主导作用。该局工作主要特点：一是局班子团结有为，领导有方。局党委书记、局长贺挺同志紧紧团结班子成员，带领全系统干部职工，在“九五”期间先后组织实施了开局、强基、台阶、强力和世纪五大工程，从而使全系统的综合管理能力、行政执法威力、技术保障实力得到

国家总局副局长王秦平视察宁波市局质检所。该所现正在筹建国家塑料机械产品质量监督检验中心和国家纺织服装产品质量监督检验中心

贺挺局长（右一）向宁波市市长张蔚文（左一）、副市长吕国荣汇报“质量立市”工作

为提高服务有效性，改善投资环境，宁波市局对全市重点“三资企业”逐家上门征询意见。图为贺挺局长（左一）正在与埃索中油（宁波）石油化工储配有限公司负责人交谈

局党委领导班子成员正在研究新世纪开局之年的工作思路

## ——记宁波市质量技术监督局

了全面增强。二是工作不断开拓，有效服务经济建设。该局几年来坚持以提高工作有效性为原则，不断开拓监管领域，使质量技术监督工作广泛涉及全市工业、农业、商业贸易、建设工程、服务行业和高科技等许多领域，大力推进了“质量立市”进程，使质量技术监督工作成为促进宁波经济建设和社会发展的重要依托。三是坚持发展是硬道理和“两手都抓”原则，勇创宁波特色。该局从夯实工作基础着手，不断提升工作层次，使各项目业务工作和实验室总体技术保障实力在全省走在前列。同时，该局狠抓党建和精神文明建设，不断提高队伍素质，树立了质量技术监督部门的良好形象。自1996年以来，该局先后获得全国技术监督先进单位、浙江省打假治劣工作先进市、浙江省质量技术监督优胜单位、宁波市“一五”依法治市先进单位、宁波市创建中国旅游城市先进集体、宁波市县局级党委理论学习先进中心组、全国技术监督系统政务信息工作先进单位等荣誉称号。

机关支部组织全体党员干部到革命老区接受革命传统教育

2001年1月16日，宁波市质量技术监督局举行隆重的挂牌仪式

宁波市局经常通过召开新闻发布会等形式，向全社会宣传质量工作

宁波市局举行《质量月》专场文艺晚会

爱普生（中国）有限公司为感谢宁波市局协助该公司打假保名牌，特送来横匾一桢。
图为朱顺恩副局长（左）从日方代表手中接过横匾

## 常熟市技术监督局

局长归无忌(左一)陪同市委副书记纪金元康视察

新《产品质量法》颁布实施后，根据国务院第一、第二次全国打假联合行动电视电话会议精神，苏州市常熟质量技术监督局党组认真部署，并明确表示要认清形势，高举打假治劣的旗帜，坚持质量第一、安全第一的宗旨，集中力量打好这一仗，着力解决好假冒伪劣产（商）品扰乱市场秩序这一社会热点问题。自全国打假联合行动开展后至2001年8月，共出动行政执法人员3200余人次，查处各类假冒伪劣产商品案件656起，案值2193.22万元，查获假冒国内外著名品牌服装服饰7万余件，捣毁制假窝点31个。

在这次联合打假行动中，我局重点抓好了三个方面的工作。第一是突出重点，围绕事关人身财产安全、假冒伪劣严重的产商品、假冒名优产品、人民群众关注的热点商品等重点开展工作，加强整治力度，强化打击力度，牵头组织了假冒伪劣通讯器材、汽车配件、拼装摩托车、食盐、保健品、化妆品、儿童食品等的专项打假活动，加大了不锈钢、螺纹钢、水泥、成品油等一些无生产许可证产品、假冒国内外著名品牌产品的打击力度和冒用他人厂名厂址、以假充真、以次充好的质量欺诈行为和侵权违法行为的查处力度，结合日常质量监督，对一些事关人民群众生命和财产安全的产品如电线电缆、油漆涂料、食品饮料、酒类、营养保健品等加大抽查力度。第二是抓专业市场的整治，对招商城地区以打击假冒国内外著名品牌产品为主，对菱塘副食品市场以打击假冒伪劣的食品、饮料、保健品为重点，在两大专业市场建立打假责任制，在经营户中散发、张贴了两万份省技监局、检察院等部门联合发布的制假售假者坦白自首的通告，化大力气着手查清了3公里范围内的仓库，造成了强大的舆论攻势和打击的震慑力，将假冒名牌的产品拒之门外。注重标本兼治，在严打严查的同时，注重规范引导，为市场内经营户提供技术咨询、质量检测等技术服务，积极组织开展商品质量信得过活动和创建购物放心专业市场活动，至目前招商城地区已有86个门店通过了商品质量信得过单位的验收，招商城五金市场通过了省级购物放心专业市场的的验收。三是一手抓打假，一手抓扶优，加强对本市及外省市名优产品的保护，建立我市及外省市名优产品生产企业打假信息网，及时了解企业对打假工作的意见和要求，局主要领导亲自深入名优产品生产企业及外商投资企业调查研究，倾听意见和要求，帮助企业开展跨地区联手打假，2000年11～12月份以来，先后组织力量赴浙江台州、河北保定、本省的南通等地，帮助企业进行跨地区打假，有效地保护了企业的合法权益。

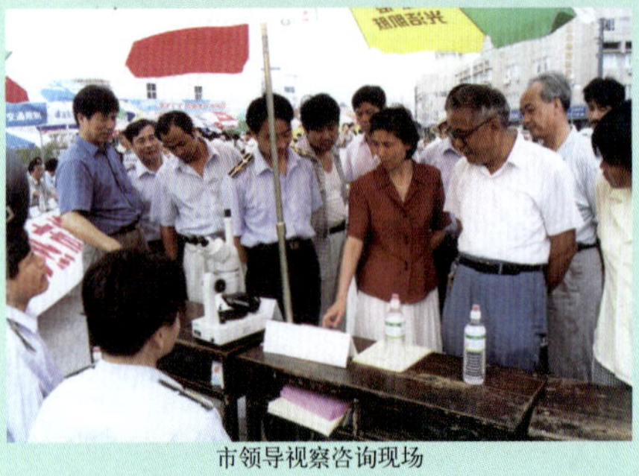

市领导视察咨询现场

## 青岛齐兴肥料开发有限公司

青岛齐兴肥料开发有限公司系山东省畜产新程实业总公司与日本清和肥料工业株式会社的合资企业。我公司成立于1988年，主要生产高级动植物有机复混肥、配合肥、发酵肥。生产的肥料产品性能稳定，质量可靠，集有机、无机肥料优势于一体，于2001年被青岛市科委评为青岛市高新技术产品。

青岛齐兴肥料开发有限公司是中国唯一的中日合资动植物有机肥料公司，年产2万余吨各种高级动植物有机复混肥料：公司引进先进的日本设备，凭借高新的日本技术，现代化科学管理，利用中国丰富的资源，如骨粒、骨粉、肉骨粉、蚕蛹粉。鱼粉、棉仁饼等，每年将生产的绝大部分颗粒动植物有机复混肥料出口到日本和世界其他国家和地区。公司还利用自产的肥料种植、加工各种蔬菜及蔬菜制品对外出口，公司为方便拥护，在开发新产品的同时，还承接用户来样和配方，生产出用户需要的产品。

欢迎广大朋友来公司指导工作，洽谈贸易。公司将以优质的产品、周到的服务恭候您的光临。

青岛齐兴肥料开发有限公司
地址：青岛市李沧区长顺路15号
电话：0532-4811630　　4913715
传真：0532-4816691

# 江苏双沟酒业集团有限公司

董事长，总经理
潘家珊

江苏双沟酒业集团有限公司（原江苏双沟酒厂）座落于洪泽湖与淮河交汇处，南临京沪线，紧倚徐宁高速公路，水陆交通便利。企业具有悠久的历史，其前身始于1732年（雍正10年）建成的“全德糟坊”，是生产浓香型双沟大曲酒的国有大型一档企业。现企业拥有职工3700人，其中各类技术人员500人，总资产7亿元，占地面积130万平方米，拥有18条机械化生产流水线和2万吨大容量酒库，年生产能力5万吨，销售收入5亿元，利税总额2亿元。

目前，公司已形成“双沟”、“牡丹”、“山河”、“苏酒”四大系列200多个品种。国内大的代理商有200多家，主要分布在华东、南方、中原地区，在台湾省我们的产品受到台胞的欢迎，公司和成都露维高集团在越南合作生产、销售双沟大曲系列酒，随着我国的入世，企业正在积极寻找国际性合作伙伴。

双沟大曲自古已名播江淮，香飘九州。早在1910年（清宣统年间），双沟大曲即取得南洋劝业会的“国际名酒第一”称号，并获得金质奖章。主产品双沟大曲在1984年、1989年第四、第五届全国评酒会上，均被评为“国家名酒”，荣获金质奖章。

企业先后荣获“全国质量管理先进企业”、“国家一级计量先进单位”、“全国‘五一’劳动奖状”、“全国思想政治工作优秀企业”、“全国质量效益型先进企业”、“全国投入产出先进集体”、“国家光荣纳税大户”、“全国精神文明先进企业”、“江苏省文明单位”、“江苏省质量管理标兵企业”、“江苏省重合同、守信用企业”等多项称号。在全国同行业中，首批通过国家方圆标志认证和质量体系认证。

公司的经营宗旨是：按照资本经营的要求，通过投资、控股、参股，实现资源的优化配置和高效运营；按照产业经营的要求，通过不断提高生产力水平和经济效益，实现授权范围内的国有资产保值增值，以壮大集团整体实力，实现跨世纪的宏伟目标。

过去的都将成为历史，辉煌的过去是我们今天高基准的起跑线，在新世纪里，我们将牢抓时代赋予的机遇，成为苏酒的排头兵。

联系地址：江苏省泗洪县双沟镇中大街坊173号

邮编：223911

联系电话：0527-6713580

传真：0527-6713867

# 四川全兴股份有限公司

四川全兴股份有限公司是以天府蜀都数千年文明历史和独特的民族酿造工艺为基础，在解放初期社会制度的大变革中创立设厂、在几十年的艰苦奋斗中不断发展壮大、在改革开放和现代化建设中振翅腾飞的“中国名酒”厂家。“全兴”作为“中华老字号”、“中国驰名商标”，其酒业历史可上溯到元末明初，老厂旧址“水井街酒坊”，是唯一通过国家有关部门正式考古鉴定的全国、以至全世界最早、最全面的白酒酿造遗址，已被列为省、市两级重点文物保护单位，并被誉为“中国白酒第一坊”，且被评为“一九九九年中国十大考古新发现”之一。

建国50年来，新时代的全兴人秉承悠久的历史文明、倡扬现代都市文化，把民族传统工艺同生物科学技术紧密结合起来，使其主导产品“全兴大曲”早在60年代初即跻身全国八大名酒之列，在1963年、1984年、1989年三届全国评酒会上荣获国家金奖；全兴头曲1988年获部、省双优称号，其他品种也屡获优质奖章和称号，形成国优、部优、省优、市优和多种国际金奖的优质系列产品阵容和较大的知名品牌效应及商誉，已成为全国酿酒行业中拥有一流生产经营设施、一流科技队伍、一流管理水平的国家大一型骨干企业，并多次荣获国家和省、市政府授予的先进企业、优秀企业、最佳文明单位、四好领导班子等荣誉称号，企业经营者荣获“优秀企业家”称号和“全国五一劳动奖章”。

90年代以来，原四川省成都全兴酒厂通过“授权经营——资产置换——股权收购”重组“四川制药”组建而成了四川全兴股份有限公司，公司按照建立市场经济体制和现代企业制度的要求，抓住深化改革、扩大开放的大好机遇，全面实施企业总体发展规划和“八．五”技改、“九、五”一期改扩建项目，把推进企业改革、加快技术改造和提升企业文化、加强企业管理紧密结合起来，使企业进入了一个历史上发展最快、效益最好的新时期，大大增强了品牌市场优势、新品开发能力、营销竞争能力和资本扩张实力，被列为中国500家最大工业企业、行业50强最佳工业企业、全国质量效益型先进企业。

四川全兴股份有限公司控股的子公司有四川制药股份有限公司、成都全兴销售公司、成都水井坊有限公司、成都水井坊销售有限公司、成都太合生物材料有限公司，参股的企业有四川生物材料科技产业基地开发有限公司。清华源兴生物医药科技开发股份有限公司（筹）等。四川全兴股份有限公司现拥有总资产16．8亿元，2000年完成主营业务收入12．81亿元，实现主营业务利润3.55亿元，其中酒业主营收入9．46亿元，较1999年增长9%，药业主营收入3．34亿元，较1999年增长7%。公司在沪上市的“全兴股份”证券代码为600779，英文名称为SICHUAN QUANXING CO．，LTD，总股本为40753万股， 2000年实现每股收益0．439元（摊薄后），每股净资产1．63元（调整后），净资产收益率26．40%。

目前，四川全兴股份有限公司已形成了酒类、药类两大生产经营体系，并在此基础上将实施产业创新的跨世纪发展战略，以现有高盈利酒业为支撑，加快发展高科技、高成长的现代生物技术产业，与科技界合作兴办四川生物医学材料科技产业化基地和国家级生物医学材料工程技术研究中心，与清华大学企业集团联合收购重组清华源兴药业有限公司，开发生物基因工程和基因治疗药物。

今日的全兴股份，正以其优良的业绩和巨大的发展潜力，成为了中国证券市场上的一颗耀眼新星。

# 江苏兴澄集团公司钢管厂

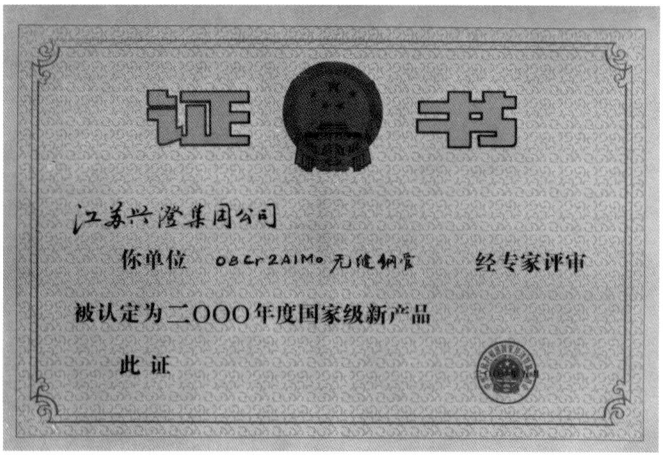


江苏兴澄集团公司是中国500家最大经营规模企业之一，是以冶金为主，多种行业并举的多元化大型省级国有企业集团。

集团公司现拥有总资产40亿，职工总数3500多名，其中大中专以上文化700名，各类专业技术人员500名，高中级专业技术人员200名。

集团公司于1993年与中信泰富（香港）公司合资成立了江阴兴澄钢铁有限公司，并于95年底，从德国引进了九十年代一流水平的“电炉-精炼-连铸-连轧”四位一体现代化特钢生产线，成为中国优特钢基地之一。

1999年9月，“世界第四，中国第一”的悬索桥——江阴长江大桥，其钢材的80%采用兴澄公司产品。

江苏兴澄集团公司钢管厂组建于1993年，办厂宗旨是为石化，电力、化工、冶金等行业提供耐腐蚀特种钢管为主；以优质合金管、锅炉管、流体管、结构管服务市场为辅的小型全能钢管厂。年生产能力已达到一万吨无缝钢管；三千吨高频焊管、低中压锅炉管，生产许可证号XK05-104-0059。91年初江阴钢厂（兴澄公司前身）与上海材料研究所联合开发耐硫酸露点腐蚀用钢ND钢，95年该项目荣获国家级优秀新产品证书（证号264-95），该钢种为兴澄钢管厂第一种耐腐蚀钢管钢种。99年初，再次与上海材料研究所联合开发了08Cr2AlMo抗硫化氢、氯化氢应力腐蚀用无缝钢管；并在通用机械总公司指导下开发了09MnD耐低温钢管。

兴澄钢管厂贯彻总公司“创兴澄名牌，让用户满意”的质量方针，按ISO9002标准建立质量保证体系，通过中国方园标志认证委员会质量认证，注册号1999B0536。09CrCuSb（ND钢）耐硫酸露点腐蚀用无缝钢管已纳入GB150—1998、1999年获全国压力容器标准化技术委员会独家颁发技术评审证书，编号007。08Cr2AlMo抗硫化氢、氯化氢应力腐蚀开裂热交换器专用无缝钢管1999年经全国压力容器标准化技术委员会通过技术评审，确认符合GB 150—1998规定，并独家颁发技术评审证书，编号006。兴澄钢管厂生产以耐腐蚀，抗低温为主体的多种合金管、锅炉管、流体管、结构管，其管坯材料全部采用兴澄钢铁公司提供的合格管坯（已取得高压管坯生产许可证），从穿孔到拉拔及成品包装形成连续生产线，除依托总公司雄厚的检测实力外，单独引进了水压试验、涡流探伤、超声波探伤等先进检测设备，确保产品质量让用户满意。

总部：江苏省江阴市人民东路161号

生产基地：江阴市山观镇河西村路3号

邮编：214437

电话：0510-6286088（总机）6131211（厂办）6131084（销售）

传真：0510-6136356

E-mail:xcgf.jy@public1.wx.js.cn

# 洛阳玻璃股份有限公司

洛阳玻璃股份有限公司是同时在上海、香港发行股票并上市的公司，拥有资产29.66亿元，现有员工6000余人，由中国洛阳浮法玻璃集团有限责任公司于1994年3月独家发起创立。1994年，本公司获政府批准到香港上市，成为中国建材行业及河南省首家在境外发行H股并上市的公司；1995年，本公司A股在上海证券交易所发行并上市。目前，公司总股本70.000万股，社会公众股30．000万股。

本公司的6条浮法玻璃主产线均采用世界三大浮法工艺技术之一的“洛阳浮法”工艺技术，该工艺曾获国家银质发明奖，经过二十多年的发展提高，现更趋完善。用该工艺技术建造的全国“第二代提高型洛阳浮法”生产线——洛玻浮法一线，代表了国内当前浮法工艺技术的最高水平。该线呈现出吨位大（熔化能力600T／D），原板宽(4.5m)、规格大（4m × 10m)、品种全（能生产2mm—25mm玻璃)、自动化程度高、装备新等特点，为生产优质浮法玻璃提供了可靠的技术、装备保证。

公司主导产品为“洛玻牌”系列浮法玻璃，产品在品种、质量、规格和品牌等方面育较为显著的优势，一是品种多、规格全。年产2-25mm多品种、多规格、多色彩浮法玻璃1300万重箱，最大板宽4．5m，最大规格4m × 10m，最小规格0.4m × 0.6，能全方位满足用户需求；二是质量优，品牌、商誉优势强劲。公司深入开展贯彻ISO9001族标准活动，并于97年12月通过了中国质量管理协会质保中心认证，从组织上、制度上保证了公司能够长期、稳定地向客户提供优质的产品和满意的服务，浮法玻璃质量已接近国际先进水平，先后荣获“国家浮法玻璃质量奖—银质奖”、“92年国优精品会博览会金奖”、“94年第五届亚太地区国际贸易博览会金奖”。公司凭借高质量的产品和完善的销售服务优势，在广大用户中享有较高的信誉和地位，经有关部门评估品牌无形资产达8.7亿元。

公司在全国拥有12个地区分部、12个配送中心、38个小配送服务中心，并拥有40多家实力雄厚的联营、联销单位和销售代理商；在国外设有多个驻外分公司，并拥有自己的国外代理商和分销商，形成了遍布内外的营销网络体系，实现了企业与国内外市场双向沟通。

洛阳玻璃股份有限公司创立迄今，公司领导班子率领公司全体员工团结拼搏，开拓进取，公司不断发展进步。尤其是“九五”以来，公司遇到前所未有的困难与挑战，由于全国玻璃行业重复性建设严重供求矢衡导致无序竞争，低价倾销，公司出现了亏损。面对严重供大于求的外部环境和市场竞争愈演愈烈的态势，公司上下迎难而上，奋力拼搏，深挖内潜，外拓市场，1999年一举扭亏为盈，实现利润5124.88万元。2000年，广大干部员工继续巩固扩大扭亏成果，克服原燃材料大幅涨价、铁路运力不足等外部不利因素，深挖内潜，降低成本，外拓市场，增加效益，实现利润6492．34万元，企业实力进一步增强。

地址：河南省洛阳市唐宫中路9号

邮编：471009

电话：(0379)3908001　(总机)3908815　3908838(销售)

传真：(0379)3938894　3908816(销售)

# 中国石油天然气第六建设公司

中国石油天然气第六建设公司是中国石油天然气集团公司直属国家石油、化工工程施工一级企业，国家二级企业。

公司主营：一级石油工程、石油化工工程、化工工程、民用建筑安装工程。

兼营：金属结构、非标准件、一二类压力容器设计制造安装、三类压力容器组焊、工程设计（乙级）、机械化施工、无损检验、理化试验、汽车货运、汽车修理、批零兼营石油制品。

公司能独立承担大中型石油炼厂、石油化工厂、天然气处理厂、化工厂、石油储运工程等大型施工项目的建筑和安装。公司1998年通过了ISO9002质量体系认证，已获得一二类压力容器设计及制造资格证、三类压力容器（球罐）现场组焊许可证、工程设计（乙级）资质证书、锅炉安装A级许可证、压力管道安装许可证、消防安全许可证、80t以下桥式起重机械安装安全认可证、理化检验评定证书、完善计量体系合格证书。

广西桂林市空明西路7号

邮编：541004

电话：0773—5813479

# 北京市丰台区锅炉辅机厂

脱砷西服器

本厂始建于1983年，是北京市率先取得一、二类压力容器制造许可证的生产厂家，是北京市星火示范企业，中国锅炉水处理协会会员。

我厂位于西三环六里桥往西一公里出，丰台高科技园区内。现有职工150人，其中大中专毕业生20人，高中级工程技术人员15名。我厂先后与清华大学、机电部设计院、核工业第二研究设计院等大专院校、科研单位共同合作开发了居国内先进水平的真空除氧器、生活消防共用给水设备、高效换热器等产品。我厂各种产品检测手段齐全，是一个集科研、设计、制造、销售、售后服务于一体的压力容器及锅炉给水设备专业制造厂。

不锈钢薄管板换热器

由于我厂注重与科研机构合作，产品质量层层把关，在用户中取得了良好的信誉。我厂热忱欢迎全国各地用户来人来函洽谈业务。

# 北京兆华锋锅炉制造有限公司

WNS(CWNS)0.47-2.8全自动燃油(气)卧式热水炉
ZR0.035-0.47全自动燃油(气)立式热水炉
产品特点：
1.经济：湿背式多回程，热效率90%以上。
2.方便：自动化程度高，操作简便。
3.安全：双重低水位及过热保护装置。
4.环保：采用进口燃烧机，燃烧充分，无污染，无噪音。

CLDR CWDR DRZQ系列全自动电热热水锅炉
用途及特点：
1.无噪音，无污染，热效率高。
2.体积小，重量轻，运输安装方便。
3.谷电蓄能，运行费用低。
4.用途广泛，采暖洗浴均可。

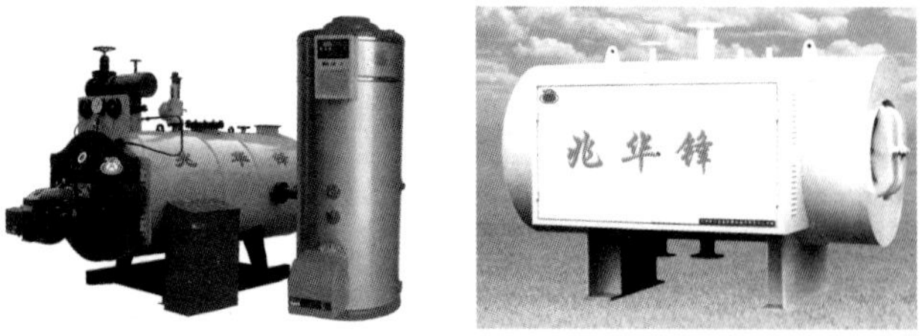

"兆华锋"系列燃油(气)、燃电全自动热水锅炉

地址：北京市朝阳区小红门牌坊开发路18号
邮编：100176
售后服务热线：87604022
电话：010-87604022 87605589 87605883
传真：010-87605590
网址：ZHF.5AB.COM

# 中国航空工业沈阳发动机设计研究所
# 沈阳航发热计量技术有限公司

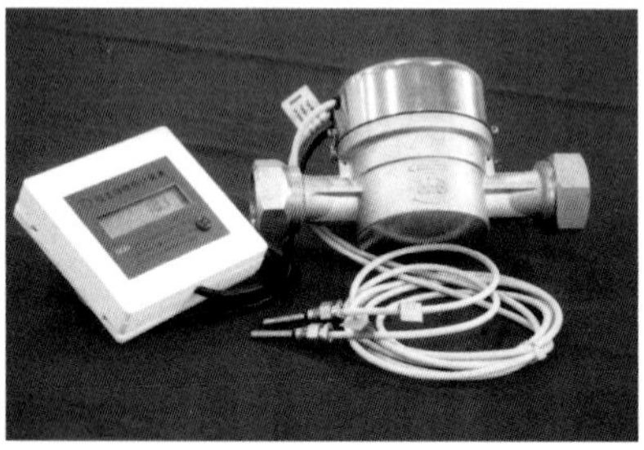
航发捷德热计量表

中国航空工业沈阳发动机设计研究所创办的沈阳航发热计量技术有限公司，是专营热计量技术开发和热计量装置研制生产的高科技企业，现为国家标准《采暖通风与空气调节设计规范（采暖）》和国家行业标准《热量表》等相关标准的编写单位，获得"质量计量信誉保证单位"证书。

该公司发挥航空技术优势，在国内率先推出的航发捷德热计量表，技术先进、计量准确、运行稳定可靠，抗污防腐能力强，使用寿命长，适应我国采暖水质。这一产品已被选入北京市和辽宁省建筑标准图集，并入选中国名牌产品集辽宁分集。

地　　址：沈阳市沈河区万莲路1号
邮政编码：110015
联系电话：024—24224336
　　　　　024—24820057—2375
传　　真：024—24820673
通信地址：沈阳市428信箱10分箱
E-mail:606hfjb@sina.com

## 哈尔滨普华煤燃烧技术开发中心

哈尔滨普华煤燃烧技术开发中心成立于1987年，是由国内主要锅炉制造厂、国家级锅炉技术研究所和著名高校组成的科研生产联合体；系哈尔滨市高新技术企业。

普华中心的主要业绩：

·"中国动力用煤——锅炉设计型谱"编制，获原机械工业部科技进步二等奖。

·编制国家标准"大型锅炉炉膛及燃烧器性能设计规范"。

·开发PW型煤粉燃烧器及其燃烧技术(国家专利)，被批准为1993年国家级新产品，列为1995年国家级科技成果重点推广项目。已成功应用于30多个锅炉房的锅炉节能、增容技术。

·低NOX火焰可调型自动化油、汽燃烧器(国家专利)，特别适用于燃煤工业锅炉以气代煤改造，并以其优越功能和较低的价格取代进口燃气燃烧器。

·开发油田锅炉房以煤代油整体改造技术，包括煤燃烧系统，对原有锅炉改造和粉尘污染防治系统等组成的全套改造技术，已在辽河油田实施，效益显著。

·中、低温余热(200～400℃)利用——蒸汽／热水闪蒸余热发电技术(国家专利)，应用于窑外分解水泥窑低温余热发电，可供设备自身用电量的20%以上。应用于余热为400～450℃时，燃机电厂可增加发电能力30%以上。

·开发"特种燃料燃烧技术"、"高温空气加热炉"、"有害物质焚烧锅炉"等新技术产品，已付诸生产实践。

哈尔滨普华煤燃烧技术开发中心成员单位：

上海锅炉厂股份有限公司、哈尔滨锅炉厂有限责任公司、武汉锅炉集团有限公司、东方锅炉(集团)股份有限公司、北京巴·威公司、上海四方锅炉集团公司、广州锅炉工业公司。

西安热工研究院、上海发电设备成套设计研究所、哈尔滨电站设备成套设计研究所。

清华大学、西安交通大学、哈尔滨工业大学、华中理工大学。

地址：哈尔滨动力区旭升街53号　　邮编：150046
电话：0451—2198853

## 实力国际发展（香港）公司

实力国际发展（香港）公司，创立于1984年，总代理美国"精工牌"电热锅炉。较有影响的用户有：浙江秦岭核电站，广东岭澳核电站（35T/h-38T/h）锅炉、北京电科院（140，000M²供暖工程）等。

美国"精工"电锅炉曾获中国质量技术监督局进口锅炉安全质量许可证、获ISO9002质量认证、得到ASME、NCE、 UL认证、获上海市环境保护局的境外环保产品认定证书等。积半个多世纪的成功经验，体积小、安全节能、电热元件不易结垢、热效率99%、运行成本大幅降低，用户遍及全国。

美国"精工"电热锅炉系列产品：

1、电热水锅炉(即热式、储水式)、电热蒸汽锅炉：由15kW-3600kW。

2、蓄热系统：集控制、热交换、蓄热为一体，功率范围可达1800kW，容量大至17800加仑或更大，蓄热温度138℃—145℃，压力1kg/h-5kg/h，最适合夜间低谷用电。

3、高电压电极型蒸汽锅炉：容量可选范围从0．7MW（1T／h）至50MW（75T/h）。

联系地址：上海市建国西路91号瑞金花园3号楼19F
电　　话：8621-54560058
传　　真：8621-64457251
Email　sutlick＠online.sh.cn

## 江都市永坚有限公司

江都市永坚有限公司（原江都市气动元件厂），地处江苏省长江北岸，邻近古城扬州。国家级高速公路京沪（北京市——上海市）、同三（黑龙江同江市——海南省三亚市）与宁通（南京市——南通市）在江都交汇贯穿南北、东西全境。从公司到上海虹桥机场仅3小时的路程。

江都市永坚有限公司是中国液（压）气（动）密（封）协会会员，气动分会常务理事。多年的努力，使公司发展成为具有专业加工特色的中型企业。公司拥有精干的科技队伍，完善的工艺装备，先进的检测手段和一套完善的质量保证体系。形成了具有以气动、液压为主体的气动元件、液压缸及气动、液压成套系统一百多个系列、一千余种产品的设计制造能力，产品覆盖汽车、冶金、矿山、化工、食品、医疗等各种行业。

务实求精的永坚人对品质的追求，赢得了所有用户的信赖和帮助。公司连续十二年被扬州市工商行政管理局评为"重合同，守信用"企业，并被江苏国际咨询评估公司评为AA级资信企业。自八八年单独主建以来，公司的自有资产、制造能力均翻了几十倍，为更好地为用户服务提供了有力的保障。

"品质领先，服务一流"是永坚人对您的承诺，更是永坚人的生命主题！为实现这一主题，公司在97年就积极贯彻ISO9002标准，并于99年3月份顺利通过了中国方圆标志认证委员会质量认证中心的"质量体系认证"。 CAD辅助设计及MIS管理系统等现代化手段运用，使企业内部走上高效运行的轨道。

开拓进取的永坚人正以全新的势态服务于社会，引导社会的需求，不断推动社会工业向自动化方向迈进。

地址：江苏省江都市武坚镇(一厂区)　　江都市珠江路1号(二厂区)
电话：0514—6601471　　邮编：225253
传真：0514—6601417
网址：http://www.yongjian.com
Email:jd.qdyjc＠public.yz.js.cn

## 第七〇三研究所

第七〇三研究所组建于1961年，是中国船舶工业总公司第七研究院的大型动力研究所。主要从事船舶和工业用蒸汽与燃气动力装置及其设备、电站、热能工程、机械传动和自动控制等应用研究和设计；从事科技咨询服务、技术转让、新产品开发、工程承包、国内外贸易及经济技术合作等业务。

建所以来，研制成功多型舰船用蒸汽轮机、锅炉、燃气轮机、传动、自动控制等方面的设备和装置。近十多年来，在能源、石化、机械、自控、建材等领域开发了数百个工程项目和新产品、新技术，获得了国内外用户的信任和好评。

资质与能力

1.轮机工程专业博士硕士培养点；
2.高级专业技术职务任职资格评审权；
3.热能电力乙级工程设计证；
4.一二三类压力容器设计证；
5.黑龙江省工业锅炉设计图纸审核权；
6.3000千瓦热电联供汽轮机制造权；
7.受压设备无损探伤检验权；
8.工程总承包资格证（乙级）；
9.1998年10月获得ISO9001标准质量体系认证。

通讯地址：哈尔滨市77信箱
邮　　编：150036
电　　话:(0451）5650888
传　　真:(0451）5662885

# 上海市标准化研究院

SHANGHAI INSTITUTE OF STANDARDIZATION

●上海市市长徐匡迪、常务副市长陈良宇、副市长蒋以任到我院现场办公

上海市标准化研究院是市一级的标准化研究与服务机构，主要从事标准化研究、分类编码研究、WTO/TBT研究和标准文献服务、质量认证服务等工作，为本市标准化期刊与质量技监声像宣传、组织机构代码管理、商品条码管理、方圆标志质量认证等工作的归口单位。

上海市标准化研究院弘扬“爱国精神、团队精神、敬业精神”，倡导组织的“学习力、创造力、凝聚力”，坚持“始终让客户满意”的宗旨，致力于建设国内居一流、国际有影响的标准化研究与服务中心。

设有主要机构：

- 上海市组织机构代码管理中心
- 中国物品编码中心上海分中心
- 标准化研究中心
- 标准文献服务中心
- 信息中心
- 上海市信息标准化技术委员会秘书处
- 《上海标准化》编辑部
- 东方电视台“质量时空”摄制中心

●上海市标准化研究院大楼

地址：上海市长乐路1219号　　邮编：200031
电话：(021)64370807转各部门　　传真：64719231